激盪
30年
|1978~2008|

우샤오보어 지음
박찬철·조갑제 옮김

현대 중국의
탄생 드라마와
역사·미래

샘물결

CHINA'S GO-GO YEARS(激蕩 三十年) by Wu Xiaobo(吳曉波)
copyright ⓒ 2007 by China CITIC Press

All rights reserved.
Korean edition copyright ⓒ 2014 by Saemulgyul Publishing House-
Korean language edition arranged with CHINA CITIC PRESS Through Eric Yang Agency

옮긴이 박찬철
서울대학교 동양사학과를 졸업하고 출판기획사 CULTURE MAP 대표로
중국 관련 문화 콘텐츠를 기획 및 개발 중이다. 지은 책으로는 『귀곡자』, 『인물지』,
『장부의 굴욕』 등이 있으며, 옮긴 책으로는 『마음을 움직이는 승부사 제갈량』,
『자기 통제의 승부사 사마의』, 『나를 지켜낸다는 것』이 있다.

조갑제
고려대학교 중문과를 졸업하고 대우전자 중국사업단, 한국저작권위원회
중국사무소 대표를 역임했다. 중국 현지의 문화콘텐츠 전문가로 북경중의대와 함께
『병을 고치는 음식이야기』를 기획 출판했고, 다수의 한국 도서를 중국에서 출판했다.

격탕 30년—현대 중국의 탄생: 드라마, 역사, 미래

지은이 | 吳曉波
옮긴이 | 박찬철 조갑제
펴낸이 | 홍미옥
펴낸곳 | 새물결 출판사
1판 1쇄 | 2014년 8월 12일 | 1판 3쇄 | 2018년 8월 28일
등록 | 서울 제15-52호(1989.11.9)
주소 | 서울특별시 마포구 포은로 5길 46 2층 121-822
전화 | (편집부) 3141-8696 (영업부) 3141-8697 팩스 3141-1778
이메일 | saemulgyul@gmail.com
ISBN 978-89-5559-378-5(03910)

이 책의 한국어판 저작권은 에릭양 에이전시를 통해 저자와 독점 계약한 새물결 출판사에 있습니다.
신저작권법에 의해 보호받는 저작물이므로 무단 전재와 복제를 금합니다.

차례

서문 · 9

1부
혼란의 시대
1978~1983년

돌아온 중국 **1978년** · 21
| 기업사 인물 | · 56
새로운 전환기와 반짝이는 별 **1979년** · 59
| 기업사 인물 | '바보' 녠광쥬 · 87
| 기업사 인물 | '사장' 위안경 · 90
낭만과 이별한 해 **1980년** · 97
| 기업사 인물 | 스촨 사람 천춘셴 · 116
새장과 새 **1981년** · 121
| 기업사 인물 | 잊을 수 없는 사람 '런중이'와 '샹난' · 141
결코 낭만적이지 않은 봄 **1982년** · 145
| 기업사 인물 | 개미 같은 '대왕들' · 165
'부신성'의 해 **1983년** · 169
| 기업사 인물 | 재봉사 신화 · 195

2부
풀려난 요정
1984~1992년

현대적 기업의 원년 **1984년** · 201
무절제한 광란의 유희 **1985년** · 227
| 기업사 인물 | 레이위의 두 얼굴 · 254
아무것도 가진 것 없는 역량 **1986년** · 257
| 기업사 인물 | '정씨'의 죽음 · 277
| 기업사 인물 | 화시촌의 가장 우런바오 · 280

기업가 시대 **1987년** · 285

| **기업사 인물** | '도급자의 전형' 마성리 · 303

자본의 소생 **1988년** · 307

| **기업사 인물** | '20인'의 흥망 · 335

꽃샘추위 **1989년** · 341

급열급냉急熱急冷 **1990년** · 363

창해의 한바탕 웃음소리 **1991년** · 385

| **기업사 인물** | 모어牟씨의 환각 · 406

봄날 이야기 **1992년** · 411

| **기업사 인물** | '천사' 황씨 · 444

3부
민족 브랜드
행진곡

1993~1997년

전세의 반전 **1993년** · 449

| **기업사 인물** | 장주庄主의 죽음 · 481

청춘기의 불안 **1994년** · 487

| **기업사 인물** | 교육 지원 기업 · 513

| **기업사 인물** | 퀀안 대부 · 516

수복의 노역 **1995년** · 521

| **기업사 인물** | '골칫거리 백성' 왕하이王海 · 545

| **기업사 인물** | 완귀의 어르신 · 550

500대 기업의 꿈 **1996년** · 555

| **기업사 인물** | 1인 천하 산쥬 · 579

'세계의 탈주술화' **1997년** · 583

| **기업사 인물** | 시대의 표본 · 607

4부
폭풍우 속에서의 전환
1998~2002년

지뢰밭으로의 돌진 **1998년** • 617

| 기업사 인물 | '담배 왕'의 시비 • 639

큰손, '악의 꽃' **1999년** • 645

| 기업사 인물 | 루퍼트 후거워프Rupert Hoogewerf의 '부호 리스트' • 674

서광 후의 겨울 **2000년** • 679

| 기업사 인물 | '패왕'의 숙명 • 707

WTO 가입과 도태 **2001년** • 713

메이드 인 차이나 **2002년** • 741

| 기업사 인물 | 양룽의 비극 • 766

5부
실현되는 대국의 꿈
2003~2008년

중형화 운동 **2003년** • 775

| 기업사 인물 | '다우'의 자금 모집 • 803

표면적 승리 **2004년** • 809

| 기업사 인물 | '강호'의 총수 • 843

심수 구역 **2005년** • 849

자본의 성대한 잔치 **2006년** • 877

| 기업사 인물 | 갑부 마을 • 899

대국굴기 **2007년** • 903

펼쳐지고 있는 미래 **2008년** • 933

일러두기

1. 이 책은 吳曉波의 蕩激三十年: 中國企業(1978~2008)을 우리말로 옮긴 것이다.
2. 원서의 주는 각주로 처리했다. 옮긴이의 첨언은 〔 〕안에 넣었다.
3. 단행본이나 학술지, 잡지는 『 』로, 논문과 시, 단편 소설은 「 」로, 당의 결의안 등은 〈 〉로 표시했다.

서문

> 나는 역사의 본질에 대해 줄곧 혼란스러울 따름이다.
>
> ─ 롤랑 바르트

> 매번 새로운 영웅이 쏟아지지만
> 막상 자랑할 만한 영웅이 없다는 사실에 괴롭다.
> 비록 오늘날 영웅은 끊임없이 속출하고
> 매년 매월 언론은 그들 이야기로 장식되고 있지만
> 훗날 그들은 진정한 영웅이 아님이 드러난다.
>
> ─ 바이런George Gordon Byron, 『돈주앙Don Juan』

1

1867년 9월 27일 톨스토이가 부인에게 보낸 편지에는 이렇게 적혀 있다. "하느님이 건강과 안녕을 주어 나는 이전 사람들이 여태껏 채택한 적이 없는 방식으로 보로디노 전투Battle of Borodino를 묘사하려 한다." 당시 그는 『위대한 노동』이라는 책을 쓰고 있었는데, 이 책이 바로 훗날 이름을 바꿔 불후의 명작이 된 『전쟁과 평화』이다. 2004년 7월 어느 날 저녁 나는 아내와 MSN으로 채팅을 하던 중 1978~2008년까지의 중국기업사를 쓰고 싶다는 생각을 한번 내비쳤다. 당시 나는 하버드대학 비즈니스스쿨의 단기 방문학자로 있었다.

그날 오후 나는 하버드대학 비즈니스스쿨의 교수 및 학생들과 함께 경치가 아름다운 찰스 강가에서 토론을 벌였다. 주제는 중국 기업의 성장 여정이었다. 우리는 중국 기업을 주제로 토론을 벌였지만 서로 출신 국가가 다르고 또 학술적 배경이 달랐기 때문에 종종 미국과 일본, 유럽과 인도 등 서로 다른 국가와 제도를 비교하고 참조하면서 토론과 논증을 펼쳤다.

이러한 커뮤니케이션 속에서 나는 중국 기업들에 대한 연구가 매우 빈약함을 깨달았다. 정리된 사례 모음이나 믿을만한 통계 시스템이 없을 뿐만 아니라 역사 연혁에 대한 체계적 서술도 아직 이루어지고 있지 않았던 것이다. 중국 기업들에 대한 모든 판단과 결론은 종종 감성적이고 개인적인 관찰, 심지어는 순간적인 느낌을 기초로 이루어신 것이어서 국제적인 커뮤니케이션에 커다란 장애로 작용하고 있었다. 그리하여 산만하기 짝이 없는 당대 중국의 기업사를 어떻게 하면 정리할 수 있을까가 나에게 하나의 과제로 자리 잡게 되었다.

갑자기 이런 생각이 떠올랐을 때 나조차도 깜짝 놀랐다. 당시 눈앞에 산적한 일을 해결하는 것만으로도 버거웠던 나에게 그처럼 방대한 작업이 매우 힘든 여정이 되리라는 것은 너무나 자명했다. 개인적 능력에 비추어볼 때도 그것은 지난한 프로젝트가 될 것이 틀림없었는데, 나 또한 역사학 전공자로서 훈련받은 바도 없었으며, 경제학과 출신도 아니었다. 비록 대중매체와 관련된 여러 해의 경력이, 많은 사실을 접할 수 있는 기회를 제공했고, 어떤 경우에는 직접 현장을 경험할 수 있도록 해주었으며 그리고 이전에 10여 권에 달하는 경제 관련 책을 출판하기는 했지만 무려 30년에 달하는 방대한 현대 기업사를 처음으로 완성하는 것은 분명히 전에 없던 도전이었다. 나의 학문적 기초, 역사 파악 능력, 창작의 기교와 방법론, 심지어 시간과 체력 등 모두가 전례 없는 시험에 직면하게 된 것이다.

하지만 결국 누군가는 이 일을 완성해야 했다. 하버드대학의 찰스 강가의 햇볕 따사롭던 오후, 거대하지만 침묵을 지켜오던 하나의 사명이 하늘에서 내려와 소리 없이 내 앞에 서서 나를 굽어보고 있었다. 영어와 중국어가 뒤섞인 토론에서 나는 이미 도망갈 곳이 없음을 깨달았고, 향후 4년의 피로가 마치 운명처럼 정해진 것 같았다. "나는 지금이 이 일을 준비해야 할 때라고 생각한다." 나는 MSN상에서 간절하게 이렇게 썼다. 그때 나는 갑자기 100여 년 전에 톨스토이가 편지를 쓸 때의 '나 아니면 또 누가 있겠는가'라는 사명감, 또 다른 길을 찾는 자신감과 곧 시작될 일에 대한 만족감을 분명하게 느낄 수 있었다.

2

비록 모든 역사가 다른 어떤 것으로도 대체될 수 없는 독특함을 갖고 있기는 하지만 그중에서도 1978~2008년 사이의 중국은 다시는 반복되기 어려운 역사이다. 13억 명의 인구를 가진 대국에서 경직된 계획경제 체제는 점차 와해되고, 일군의 평범한 사람들이 중국을 거대한 시험장으로 바꿈에 따라 중국은 수많은 사람이 주시하는 가운데 돌이킬 수 없는 자태로 상업 사회(우리로서는 '자본주의'라고 해야 하겠지만 중국은 그것을 인정하지 않으니 '상업 사회'라고 표현한 듯하다)를 향해 체제를 바꾸어갔다.

과거 20여 년 동안 하루가 다르게 급변하는 세상은 종종 사람들로 하여금 격세지감을 느끼게 했다. 오늘날 보기에 황당하고 불가사의한 많은 일이 이 시기에 일어났다. 1983년 이전에 정부는 개인의 자동차 매매와 운송을 금지했고, 오늘날 이미 사라진 경제 범죄 용어인 '투기전매投機倒把'(계획경제 시대의 산물로 수중의 권한을 이용해 계획적으로 상품을 매수한 후 비싼 가격으로 전매하는 투기 행위를 말한다)는 당시에는 중죄였다. 저장성 일대에서는 자전거를 타고 이 마을 저 마을을 다니면서 자전거 뒤에 세 마리 이상의 닭이나 오리를 싣고 오다가 발견되면 '투기전매'로 간주되어 공개비판을 받거나 심지어는 감옥살이까지 해야 했다. 원저우의 한 지역에서는 한 여성이 이 '투기전매' 혐의로 사형에 처해진 적도 있었다. 1980년대 말까지 공매매挂賣買는 악질적 행위였고, 마오둔茅盾은 소설 『자야子夜』에서 이런 상인을 생동감 있게 묘사해 매우 깊은 인상을 심어준 바 있다. 그리고 1992년 전후까지 사영기업에 대한 은행의 대출은 5만 위안을 넘을 수 없었다.

1980년대 내내 많은 도시에서 민영공장에 출근하는 것은 면목이 서지 않는 일이었고, 작은 점포를 열어 장사를 하는 것은 멸시하는 의미를 담아 '개체호個体戶'로 불렸다. 이들은 '조직에 속하지 않은 사람'으로, 정부의 보호를 받지 못하는 체제 밖의 유랑인으로 여겨졌다. 이러한 현상은 줄곧 계속되다가 '만원호萬元戶'(자영업자의 수입이 관료 등 출근족에 비해 많다는 의미로 이렇게 불리었다)라는 명사가 출현한 이후 점차 멸시에서 선망으로, 다시 칭송으로 바뀌었다. 20년 전의 국영기업과 집체

서문 11

기업은 모두 거대한 집단이었다. 수많은 대형 국유공장들은 '화장터 말고는 모든 것이 있다'고 할 만큼 거의 모든 사회적 기능을 구비하고 있었다. 그러한 곳에서 근무한다는 것은 아주 자랑스러운 일이었고, 또 자손에게 물려줄 수도 있었다. 지금은 대부호가 된 중칭허우宗慶後는 당시 농촌의 인민공사에서 일하다가 도시로 돌아가기 위해, 학교에서 운영하던 공장에서 일하던 어머니에게 미리 퇴직하도록 사정해 일자리를 물려받았다. 이후 중칭허우는 삼륜차를 타고 시내의 학교 교문에서 연습장과 연필을 팔아 약간의 돈을 모은 후 와하하娃哈哈아동건강식품공장을 설립했는데, 이 공장은 현재 중국 최대의 음료업체가 되었다.

앞서 나는 '평범한 사람들'이라고 말했는데, 역사를 바꾼 이들에게 부여할 명칭으로 이보다 더 적합한 것은 아마 없을 것 같다. 그들은 자신들이 역사상 이처럼 중요한 역할을 맡으리라고는 생각하지 못했다. 원저우의 한 말단 관리는 일찍이 "오랜 시간에 걸쳐 개혁은 규율을 위반하면서 시작된 것이었다"고 말한 적이 있다. 누구나 이 말로부터 부득이함과 결연함을 읽어낼 수 있을 것이다. 그의 말을 반박하고 공격하고 멸시할 수는 있겠지만 그를 멈추게 할 수는 없다. 왜냐하면 그는 이 한마디로 역사를 대변했기 때문이다.

처음부터 나는 전통적인 교과서나 역사서 방식으로 이 책을 쓰지 않기로 결정했다. 나는 차가운 숫자나 모델을 이용해 인간이 역사 속에서 창조한 격정, 희열, 함성, 고뇌와 비분 등을 매몰시킬 생각이 없다. 사실 역사란 본래 사람 자체에 대한 기술이어야 한다. 사마천의 『사기』는 이 방면에서 가장 훌륭한 귀감이라 할 수 있다. 피와 살, 운동과 우연성으로 가득 찬 역사란 응당 접촉할 수 있고, 감지될 수 있어야 한다.

나는 사람들의 운명에 대해 보다 많이 쓰려고 했고, 정말로 흥미 있는 사례를 찾아냈다.

1978년 대학입시가 부활되자 100만 명이 넘는 청년들이 강을 거슬러 오르는 물고기 떼처럼 막 문을 연 대학에 몰려들었다. 화난華南이공대학의 무선전신학과에도 무려 나이 차가 20살이 넘는 학생 수십 명이 모여들었다. 그중 리둥성李東生, 천웨이룽陳偉榮, 황훙성黃宏生 등 세 명이 10여 년 후 TCL, 캉자康佳, 창웨이創維를 설립했는데,

전성기에 이 세 기업의 TV 생산량은 전국 총생산량의 40%를 차지했다.

또 1978년을 전후해 후난과 스촨의 감옥에서 현지 사투리가 강한 두 남자가 출소했다. 한 사람은 양시광楊曦光이었고, 다른 한 사람은 모어치중牟其中이었다. 그들이 감옥에 간 것은 각각 문제가 된 동일한 제목의「중국은 어디로 가는가?」라는 글을 써 반혁명분자로 몰렸기 때문이다. 줄곧 우국충상의 도리를 말하던 후난과 스촨에서 이들은 공인된 '지하 청년사상가'였고, 언제나 뜨거운 피로 혼란에 빠진 조국을 일깨울 준비가 된 사나이들이었다. 이처럼 둘은 비슷한 남자였다. 양시광은 출소 후 전국대학입시에 응시해 1등으로 합격했고, 3년 후 중국 사회과학원에서 공부한 다음 2년 후에 미국의 프린스턴 대학의 경제학 박사과정에 들어가 이름을 양샤오카이楊小凱로 바꾸었고, 훗날 중국 경제학계의 대표적인 인물이 되었다. 그는 모델, 데이터와 매우 예리한 사고로 젊은 시절 제기한 문제들을 이성적인 측면에서 하나하나 탐구했다. 기독교에 귀의한 그는 2004년에 세상을 떠났다. 반면 모어치중은 손에 땀을 쥐게 하는 또 다른 길로 나섰다. 그는 출소 후 바로 300위안을 빌려 아주 작은 무역회사를 차렸다. 이후 10년 동안 그는 '깡통 통조림으로 비행기를 구입하는' 등의 수법을 통해 벼락부자가 되었고, 결국 '중국 최고 부자' 중의 하나가 되었다. 하지만 정치에 대한 그의 열정은 한 번도 수그러든 적이 없었고, 오히려 최고 부자가 된 후에는 갈수록 강해졌다. 결국 50세가 되던 무렵에 다시 감옥에 들어가게 되었고, 그는 지금까지도 우한武漢의 감옥에서 매일 신문을 읽고, 어떤 때는 사람들을 감동시키는 편지를 쓰고 있다.

운명과 관련된 이 모든 이야기가 중국 기업사의 한 페이지를 장식하고 있다. 나는 기업사는 본질적으로 기업가가 역사를 창조하는 과정이라고 생각한다. 따라서 세세한 역사 묘사를 통해서야 비로소 온갖 것이 복잡하게 뒤엉켜 도무지 앞뒤를 헤아릴 수 없던 당시의 공간으로 돌아가 당시 사람들의 지혜의 빛과 매력 그리고 이기심, 우매함과 잘못을 훗날 사람들이 진지하게 기록하고 열람하도록 할 수 있을 것이다. 1978~2008년까지 중국 경제계에는 이러한 기업가들이 출몰했다. 그들은 보잘것없는 초야 출신으로, 조금은 야만스럽고 성정은 표류했지만 꾹 참으면서도 무엇인가를 얻는 데는 과감했다. 그들의 천박함은 어떠한 경제 문제에 대해서도 단도직입적으로 핵심을 찔러 처리할 수 있도록 했고, 그들의 냉혹함은 일체의 도덕성을 버리면서 분명한 이익관계로 돌아갈 수 있도록 했다. 천명을 두려워하지 않는 그들의 태도는 금기 없이 모든 규칙과 기준을 타파할 수 있도록 했고, 그들의 탐욕은 무슨 방법을 동원해서라도 번듯하게 거짓말을 날조할 수 있도록 해주었다.

그들은 사실 낯선 사람들이 아니었다. 어떤 국가에서도 부의 축적 초기에는 이러한 부류의 사람들이 출현했을 뿐만 아니라 또한 반드시 이런 유형의 사람들이 필요했다. 나는 부가 한 개인을 개조할 수 있고, 똑같이 번영은 한 민족을 변화시킬 수 있다고 믿는다. 원고를 정리하던 어느 늦은 밤 심지어 나는 갑자기 매우 이상한 생각을 하게 되었다. "나는 아주 다행히도 이처럼 변화와 격정이 충만한 시대에 살고 있다. 하지만 솔직히 말하면 그것이 빨리 지나가기를 희망한다."

3

지난 30년 동안 중국 시장에는 국영기업, 민영기업, 외자기업이라는 세 종류의 세력이 존재했다. 내가 보기에 중국의 기업사는 기본적으로 이 세 종류의 세력 중 한쪽이 쇠하면 다른 쪽이 성하는 상호 경쟁 과정으로, 이들이 이익을 창출하기 위해 시도한 산업과 자본의 온갖 구성이 궁극적으로는 중국의 경제 성장 과정에서 나타난 온갖 표상을 만들어냈다.

넓은 의미에서 민영경제의 맹아는 의외의 일이었고, 혹자는 예상된 의외의 사건이었다고 말한다. 시장의 갑문이 조심스럽게 열리던 시기 자유의 물줄기가 침투하기 시작하자 모든 것은 돌이킬 수 없게 변했다. 이러한 자유의 물줄기는 조금은 약했고, 또 조금은 제멋대로였다. 그것은 바람따라 흘렀고, 돌을 만나면 돌아갔다. 시냇물이 모여 흐르자 요란하게 세를 이루었다. 그것은 타협하는 능력이 뛰어났지만 어떠한 타협도 반드시 도도하게 앞을 향해 나가는 법칙을 따랐다. 그것은 건설과 파괴의 집대성자였다. 모든 구질서가 무너지고 넘어지던 시기에 신천지는 오히려 혼란스럽고 무절제한 면모를 드러냈다. 30여 년 동안 중국의 기업들은 줄곧 규범화되지 않은 시장 분위기에서 성장했다. 백만 개를 헤아리는 민영기업은 체제 밖에서 강대해졌고, 자원, 시장, 인재, 정책, 자본 심지어 지리적 위치까지 모두 우세할 것 하나 없는 조건 속에서 고속성장을 실현했다. 성장의 이러한 특징이 중국의 기업들의 재야(在野)성과 회색(灰色)성을 결정했다.

나는 상당히 많은 지면을 할애해 다국적기업들의 중국에서의 성장 궤적을 기록하려 한다. 그들은 근본적으로 피해갈 수 없는 세력으로, 중국 시장에 진입하던 그날부터 어느 정도는 이미 중국 기업이었다. 거의 30여 년의 시간 동안 중국에서 외국 기업들이 흥망성쇠를 거듭한 역사는 그 자체로 교훈으로 삼을 만한 가치가 있다. 1980년대 초 가장 먼저 중국에 진입한 외국 기업은 마쓰시타, 소니, 도시바를 대표로 하는 일본 기업들이었다. 마쓰시타 고노스케(松下幸之助)는 중국을 방문한 최초의 글로벌 기업가였고, CCTV에 방영된 도시바의 광고 카피 'TOSHIBA, TOSHIBA, 우리 모두의 도시바'는 지금도 사람들 뇌리에 생생하게 남아있다. 이는 당시 일본 기업의 전 세계적 강세와 밀접하게 관련되어 있었다. 오늘날에 이르기까지 여러 가지 이익이 밀집된 영역에서 외국 자본이 보여주고 있는 역량과 경영자 집단이 가진 지혜는 아직도 중국 경제와 정책 방향에 깊은 영향을 미치고 있다.

이와 동시에 우리가 명확하게 알아야 할 것은 중국의 경제 변혁이 국가가 직접 나서서 참여한 기업들 간의 게임이었고, 이러한 게임의 규(規)칙에는 필연적이고 태생적인 불공평성이 존재했다는 사실이다. 아마도 파노라마식의 연구를 진행한 후에야 비로소 우리는 기적과 같은 빛줄기를 투과시켜 역사의 깊은 곳에 존재하는 미로를 발견할 수 있을 것이다. 국가가 기업의 굴기(崛起)에서 맡은 역할은 무엇일까? 왜 위대한 경제 기적이 위대한 기업을 탄생시키지 못했을까? 중국의 기업들의 발전 모델은 선진국과 어떤 차이가 있을까? 우리는 이제 경제 성장률 덕택에 즐겁기도 하지만 동시에 중요하면서도 언제나 소홀히해왔던 문제, 곧 사회적 공평성 문제, 환경보호 문제, 인간에 대한 보편적인 존중의 문제 등을 관찰할 수 있게 되었다.

나는 이러한 분석 틀 이외에도 비즈니스의 역사에서 발생한 각각의 사건들이 결코 필연적인 것만은 아니었음을 논증하려 했다. 만약 그해 롄샹(聯想)의 니광난(倪光南

과 류촨즈柳傳志가 반목해 원수가 되지 않았다면 롄샹은 기술적 색채가 훨씬 더 농후한 또 다른 길을 가지 않았을까? 만약 장루이민張瑞敏과 그의 회사가 일찌감치 하이얼海爾그룹의 자산 지배자가 되었거나 그가 하이얼의 자산 구조를 이처럼 복잡하게 하지 않았다면 하이얼의 성장 궤적은 어쩌면 더 투명하고 분명하게 되지 않았을까? 만약 1997년에 아시아 금융위기가 갑자기 발생하지 않았다면 중국 정부는 한국과 일본 같은 재벌그룹 양성을 추진할 수도 있었을 텐데, 그렇다면 중국 기업의 성장 판도가 완전히 바뀌지 않았을까?

만약 이러한 질문이 그다지 큰 의미가 없다고 생각한다면 아마도 역사에 내재된 극적인 면을 음미할 방법이 없을 것이다.

나는 앞으로 글을 쓰면서 오늘날까지도 신선과 요괴 이야기로 가득한 중국이란 땅에서 아래의 기술이 거듭 실증된 것임을 증명할 것이다. 즉 기적처럼 여겨지는 어떠한 일도 왕왕 지속되기는 어렵다는 것이 그것이다. 왜냐하면 그것은 통상적인 것을 뛰어넘는 과정에서 비롯된 것인데, 그러한 과정에서 거대한 이익을 획득한 인간은 매번 평생 잊기 힘든 기회를 떨쳐버릴 수 없어 그것을 운명이라고 믿고, 매번 행운이 가득해 운 좋게 승리하고, 마지막으로 모든 영광이 종종 자신의 후광 속에서 이어지기를 바라기 때문이다.

겉보기에는 당연한 것 같은 신화도 종종 믿을 수 없고, 흠잡을 데가 없으면 없을수록 의심할 필요가 있다. 나는 여태껏 사물의 발전이란 거칠고 조잡한 데다 예리함과 부족함이 있을 수밖에 없는 것으로 믿어왔다. 어떤 기업 이야기가 비할 바 없이 원활하고 생동감 있는 자태로 펼쳐질 때야말로 가장 먼저 의심해야 한다. 그리고 모든 의심은 결국 정확하거나 최소한 가치가 있는 것으로 증명되어야 할 것이다.

중국의 기업계는 기적을 맹신하는 경제 권역이지만 30년이라는 시간은 이미 이 울타리 안의 사람들이 상식을 뛰어넘어 가져온 각종 효과를 다시 한 번 생각해 보도록 하기에 충분하다. 진상眞相은 물밑의 표주박처럼 조만간 수면으로 올라올 것이다. 나는 심지어 기업계에도 '인과응보'가 존재한다고 믿는다.

4

기업사를 쓰는 일은 나로 하여금 중국 기업들의 성장 과정을 전체적으로 사고하도록 만들었다. 그것은 누에고치로 실을 뽑는 과정이었다. 과거 30년 중국은 눈부신 성취를 이루었다. 특히 100년을 침묵한 중화민족에게서 그것은 수많은 사람의 영광과 꿈을 싣고 거의 한 세대가 함께 성장하면서 축적한 모두의 기억이다. 피로를 느끼면 나는 항상 리프먼Walter Lippmann의 다음과 같은 한마디 말로 스스로를 격려하곤 했다. 미국의 매스미디어 역사상 가장 위대한 이 기자는 70세 생일 연회에서 이렇게 말했다.

우리는 현상부터 본질까지, 가까운 것에서부터 멀리 있는 것까지 탐구하는 것을 임무로 삼는다. 우리는 내부에서 무슨 일이 발생하고 있는지, 그것이 오늘은 무엇을 의미하며 내일은 무엇을 의미할지에 대해 곰곰이 생각하고 귀납하며 상상하고 추측한다. 여기서 우리가 하는 일은 주권을 가진 국민이라면 응당 누구나 해야 할 일일 뿐이다. 단지 다른 사람들은 시간과 흥미가 없을 뿐이다. 이것은 우리의 직업이지만 간단치 않은 직업이다. 우리는 이로 인해 긍지를 느낄 권리가 있고, 이로 인해 기뻐할 권리가 있는데, 왜냐하면 그것이 우리 일이기 때문이다.

리프먼이 잘 표현하고 있는 대로 그것이 '우리 일'이기 때문이다.

나는 지금 너무나 즐겁다. 2004년 여름 이 책을 쓰기로 결심한 이후 나는 줄곧 조사하고 정리하고 집필하는 데 여념이 없었고, 이로 인해 내 생애 중 정력이 가장 왕성하고 사유가 가장 활발한 시기를 소모하고 있었다. 사람이 자신을 기쁘게 하는 것은 사실 어렵지 않다. 자신에게 비교적 장기간의 목표를 부여한 후 하나하나 착실히 진행해 목표에 접근하고, 그것을 실현하면 된다. 결과가 어떠한가는 어떤 의미에서는 별로 중요하지 않다. 중요한 것은 이 과정에서 당신은 아주 단순해지고 만족해 할 것이라는 사실이다.

매일 저녁 나는 홀로 역사의 짙은 안개 속으로 뛰어들었다. 나의 서재는 징항京杭

〔베이징—항저우〕대운하를 바로 마주하고 있다. 창 아래로 강물이 서쪽으로 3km를 흘러 한 모퉁이에서 방향을 바꾸는데, 그곳이 운하의 기점이다. 이 강물은 북쪽으로 구불구불 흘러 해가 뜨고 달이 지는 화북華北〔중국 북부 지역으로 베이징, 톈진, 허베이, 산시, 네이멍구 지역을 포함하고 있다〕평원을 내내 가로지르며 마지막으로 베이징 시내에 도착한다. 710년 동안의 세상사는 창망滄茫했지만 지금까지 그것이 말없이 흐르는 것을 막지는 못했다. 20여 년 전 항저우 구간의 운하는 물고기가 보일만큼 투명했지만 지금은 아파트가 날로 빽빽하게 들어서면서 강물은 결국 혼탁해지고 말았다. 현지 정부는 운하를 정비해 밤에 유람할 수 있는 강남의 관광명소로 개발하려 하고 있다. 이 시각, 이 글을 쓰고 있는 지금 창 아래에서 물품을 운송하는 화물선이 그르렁 소리를 내며 지나가고 있다. 들리는 말로는 올해가 지나면 시멘트를 실은 이 배는 소음이 너무 커 강 양안 주민들의 생활에 영향을 미치기 때문에 밤에 운하를 이동하는 일은 없을 것이라고 한다.

　나의 사고는 항상 현실과 관련 있는 듯하면서도 차이가 많은 시공을 거닐고 있다. 프랑스의 비평가 바르트Roland Barthes는 일찍이 "나는 발생할 가능성이 거의 없는 일과 역사의 본질에 대해 줄곧 혼란스러울 따름"이라는 절묘한 말을 한 적이 있다. 당대사를 쓰는 쾌감과 특이함은 전부 거기에 있다.

1부

1978~1983년
혼란의 시대

1978년
돌아온 중국

나는 유랑아처럼 맨발로 걸어왔다.
길 위의 날카로운 돌덩이의 딱딱함을 깊이 느끼면서.
게다가 촘촘하게 길을 가로막고 있는 가시덤불은
발걸음을 옮길 때마다 핏자국을 남기게 했다.

— 궈루성郭路生, 「생명을 사랑하면서」(1978년)

1978년 11월 27일 중국과학원 컴퓨터기술연구소에 근무하던 34세의 엔지니어 류촨즈는 정시에 출근했다. 그는 사무실에 들어가기 전에 먼저 접수처에 들러 뜨거운 물병을 들고, 나이든 수위와 몇 마디 농담을 주고받은 후 개인 사물함에서 『인민일보』를 꺼내들었다. 보통 그는 오전 내내 신문을 읽으면서 보냈다. 20년 후 그는 이렇게 회고했다.

1978년 처음으로 『인민일보』에서 어떻게 소를 키울 것인가라는 문장을 보았을 때 얼마나 흥분했는지 모릅니다. '문화대혁명' 이래 신문에 게재되는 것은 전부 '혁명'이나 '투쟁' 혹은 그와 관련된 논설뿐이었습니다. 당시 닭을 키우고 채소를 심는 내용은 모두 자본주의를 추종하는 것으로 간주되었고, 제거해야 할 대상이었습니다. 그런데 『인민일보』가 뜻밖에도 소를 사육하는 기사를 싣게 되었으니, 정말 세상이 변했다는 생각을 했습니다.

오늘날 자료를 찾아보면 훗날 롄샹그룹을 설립해 대단한 명성을 얻은 류촨즈의 기억에는 아마도 약간의 오류가 있는 듯하다. 왜냐하면 이미 누렇게 변해버린

1978년의 『인민일보』의 해당 호에는 소를 사육하는 것에 관한 글은 없고, 단지 과학적인 돼지 사육에 관한 기사만 있기 때문이다. 그날 신문의 3면에 「대중이 돼지 사육을 가속화하는 경험을 창조하다」라는 장편기사가 실려 있고, 윗면에는 광시성과 베이징의 퉁(通)현에서 돼지 사육의 효율을 획기적으로 높인 방법을 소개하고 있는데, 류촨즈가 본 것은 분명 이 장편기사였을 것이다.

그러나 소 사육이냐 돼지 사육이냐는 중요하지 않았다. 중요한 것은 '봄 강물이 따뜻해지니 오리가 먼저 안다'는 말처럼 확실히 류촨즈와 같은 사람들이 전국적으로 있었고, 한기가 남아있는 쌀쌀한 이른 겨울에 이미 계절과 시대의 변화를 감지하고 있었던 사실이다.

중국의 현대사에서 1978년은 매우 미묘하면서도 중요한 시기였다. 비록 2년 전에 극좌 정치노선을 고수한 '사인방'이 이미 타도되긴 했지만 당과 국가의 최고위 지도층 중 일부는 '두 개의 범시(凡是)'(범시는 '무릇'이란 뜻으로, '무릇 마오쩌둥이 말한 것은 모두 옳고, 무릇 마오쩌둥의 지시는 반드시 집행해야 한다'에서 나온 두 개의 '무릇'을 말한다)'라는 정치적 주장을 내세워 정치와 경제 양대 영역에서 이념적 통치를 주장하고 있었다. 반면 막 복권된 지도자 덩샤오핑은 자신의 영향력을 이용해 중국의 운명을 바꾸고자 했다.

1978년 1월 14일 난징대학 교수 후푸밍(胡福明)은 갑자기 『광명일보』 편집장 왕창화(王強華)가 보낸 한 통의 편지를 받았다. 반년 전에 후푸밍은 한 편의 글을 이 신문에 투고한 적이 있었는데, 오랫동안 회답을 받지 못했었다. 별다른 기대를 갖고 있지 않던 그에게 왕창화의 갑작스런 편지는 너무 뜻밖이었다. 후푸밍은 지난날을 이렇게 회고하고 있다.

왕창화는 편지와 함께 교정지를 보냈는데, 「실천은 진리를 검증하는 기준」이라는 교정지였습니다. 저는 아직도 그 편지를 보관하고 있는데, 이 글에서 당신이 무엇을 말하려는지 잘 알고 있으니 빨리 수정해서 보내달라는 내용이었습니다. 그것은 일종의 건의였고, 논리를 좀 더 완벽하게 가다듬어 마르크스주의가 시대에 뒤떨어진다는 느낌을 주지 않도록 하자는 내용이었습니다. 그 후 우리는 몇 차례 원고를 주고받았는데, 내가 수정한 원고를 보내면 그는 며칠 후 원고를 고쳐 다시 보냈습니다. 그런데 나중에 다시 저에게 온 편지는 이전 내용과 달랐습니다. 논조가 다시 변한 것이었죠. 저보고 오히려 좀 더 선명하게, 더욱 예리하고 비판적으로 써달라는 것이었습니다. 앞서 말한 논조가 변한 것이었습니다.

5월 11일 『광명일보』는 「실천은 진리를 검증하는 유일한 기준」이라는 제목으로 전문 평론가의 글을 실었다. 당일로 신화사가 이 글을 전재했고, 다음날에는 『인민일보』가 전문을 전재했다. 이 글은 당시 중국에서 가장 중요한 정치 선언으로 여겨졌다. 이 글의 말미에서 필자는 용감하게 이렇게 선언했다.

무릇 실천을 넘어선 절대적 금역禁域임을 신봉하는 부분이 있다면 거기에는 과학이 없고, 진정한 마르크스-레닌주의, 마오쩌둥 사상도 없으며, 단지 몽매주의, 유심주의, 문화 전제주의만 존재할 뿐이다.

이 글이 발표되자 당시 우울하고 숨 막히던 중국 사회에 거대한 반향을 불러일으켰다. 사상적으로 비교적 보수적인 동북東北[랴오닝, 지린, 헤이룽장, 네이멍구 자치구를 가리킨다]과 상하이 등지에서는 이를 두고 '칸치砍旗[사회주의와 마오쩌둥 사상의 깃발을 내린다는 뜻이다]'나 '중앙 정신을 위반하고 마오쩌둥 사상에 반대한다' 는 등 성토의 목소리가 사방에서 일어났다. 신문을 본 후 집에 돌아와 후푸밍이 부인에게 "나는 이미 마음의 준비를 했소. 감옥 갈 준비가 되어 있네"라고 말하자 부인은 "나도 당신과 같이 감옥을 가든지, 아니면 당신이 감옥에서 나올 때까지 매일매일 밥을 지어 보내겠소"라고 말했다고 한다.

5월 19일 덩샤오핑은 문화 부문 핵심영도소조 책임자들을 접견하면서 이 글을 언급했다. 그는 이 글이 마르크스-레닌주의에 부합한다고 인정했다. 이후 그는 전군정치업무회의에서 재차 이 글을 주제로 삼아 교조주의를 호되게 비판했고, '정신의 속박을 타파해 사상을 해방시키자!'라고 호소했으며, 「실천은 진리를 검증하는 유일한 기준」에 관한 토론을 가리켜 매우 필요한 것이라고 지적했다.

'진리 검증 기준'에 관한 대토론은 중국의 모든 개혁 과정에 영향을 끼쳤다. 그것은 사상적 토대 위에서 철저하게 '두 개의 범시론'이 주장하는 정치 원칙을 타파했고, 완전히 새로운 실천주의 이론을 이끌어냈다. 그리고 경제 변혁에서는 완전히 새로운 사상적 토대와 비지니스 윤리의 수립을 시도했다. 30년이 흐른 지금도 우리는 여전히 그것이 중국의 개혁에 미친 영향을 강렬하게 느낄 수 있다. 이후 몇 년 동안 그것은 '경제 건설을 중심으로 한다'와 '안정을 모든 것에 우선 한다' 등의 정치 격언과 일맥상통해 방법론, 전략 목표와 성장 범위 등 세 분야로 나뉘어 각각 명확하게 표현되었다. 이로부터 중국의 개혁 문화와 3대 사상의 초석이 마련되었다. 이후 중국의 기업들과 다른 여러 사업의 발전은 수많은 절충을 거듭하며 우회하면서 전진하게 되는데, 그것의 가장 근본적인 기점과 경계는 모두 여기에서 비롯되었다고 할 수 있다.

연말에 류촨즈가 신문을 읽은 지 20여 일이 지난 후 역사적 전환의 의의가 있는 중국공산당 11기 3중전회가 베이징에서 개최되었다. 이 대회에서 덩샤오핑을 핵심으로 하는 제2대 중앙 지도부가 구성되었다. 전회는 당의 업무 중점을 사회주의 건설로 전환하기로 결정했다. 그리고 전회의 개최를 전후해 중국공산당 베이징시위원회는 '4·5 톈안먼 운동'[1]을 완전한 혁명 행동이라고 선언했다. 이와 동시에 중국공산당 중앙은 펑더화이彭德懷, 타오주陶鑄 등 문화대혁명 중 누명을 쓴 정치가들을 복권시키고 추도회를 열었다. 이후 2년 동안 전국적으로 300여만 명의 간부들이 복권되었고, 55만 명의 '우파'가 시정되었다. 이로써 '과오 수정의 역사적 임무'가 기본적으로 완성되었고, 중국의 발전 주축도 이로부터 전면적으로 전환되었다.

이 기업사의 전반부에 만약 한 명의 '주연'이 있다면 그는 분명 덩샤오핑이다.

객관적으로 말하면 덩샤오핑은 중국 변혁의 사상적 기초를 다졌고, 통치 기간 동안 모든 변혁의 템포를 주도했다. 이 자그마한 체구의 스촨 사람은 인내와 통찰을 모두 갖춘 정치적 결단력이 있었다. 그와 가까웠던 한 사람의 회고에 따르면,

---

1) 1976년 1월 8일 저우언라이 총리가 서거하자 4월 5일 청명절 전후에 북경의 인민들이 톈안먼 광장에 모여 인민영웅기념비 앞에 화환과 꽃바구니를 바치고, 전단을 붙이고 시를 낭송하며 저우언라이에 대한 애도의 정을 나타냈다. 이 집회는 신속하게 전국적인 범위로 확대되었다. '사인방'이 독차지한 중앙정치국은 '이것은 반혁명 성질의 반격'이라고 규정하고 진압했다.

그는 중대한 결정을 내릴 때 방안에서 묵묵히 '판다' 담배를 피우는 것을 좋아했다고 한다. 그가 모종의 결단을 내리면 그것을 바꿀 수 있는 사람은 적었다. 1927년 노벨문학상을 수상한 프랑스 사상가 베르그송은 일찍이 다음과 같이 말한 바 있다. "사회의 진보가 역사의 특정 시기의 사회사상의 조건에 의해 자연스럽게 발생한다고 말하는 것은 그야말로 터무니없는 이야기이다. 사회의 진보는 실제로 사회가 미리 결정을 내리고 실험한 이후에 비로소 단번에 완성될 뿐이다. 이는 곧 사회가 앞으로 받게 될 진동에 자신이 있거나 아니면 진동을 견뎌내는 것에 어쨌든 동의해야 하며, 그리고 그러한 진동이 줄곧 어떤 누군가가 부여한 사명이라는 것을 믿고 있어야 함을 의미한다." 덩샤오핑은 의심할 나위 없이 베르그송이 말한 '어떤 누군가'였다.

1978년은 덩샤오핑이 진정으로 중국의 운명을 주도한 원년이었다. 이해 3월에 개최된 중국인민정치협상회의 제5기 전국위원회 제1차 회의에서 그는 정협政協 주석으로 당선되었다.

정협 주석에 오른 후 덩샤오핑이 주관한 첫 번째 대회는 곧이어 개최된 '전국과학대회'였다. 대회에서 그는 '과학기술이 생산력이다', '지식분자는 노동자 계급의 일부분이다'라는, 예상을 뛰어넘는 테제를 제기했다.

이 대회에서 이 국가 지도자는 중국이 여러 방면에서 세계 수준보다 15~20년 뒤떨어져 있음을 인정했다. 동시에 108개 항목을 전국 과학기술 연구의 중점 과제로 확정하고, '20세기 말까지 세계 수준을 따라잡거나 추월한다'는 대담한 발전 목표를 제시했다.

이후의 역사는 그것이 결코 절실한 목표도 아니었고 또 완전히 실현되지도 않았음을 증명했다. 그러나 당시 그러한 목표는 확실히 전 중국을 진작시켰고, 모든 사람들은 시대의 기차가 궤도를 바꾸는 예리한 소리를 듣는 듯했다. 이 과학대회에는 모두 6,000명이 참가했는데, 그중에 35세 이하는 겨우 150여 명에 불과했다. 대회의 뒷줄에는 인민해방군에서 파견된 런정페이任正非라는 33세의 청년이 앉아 있었는데, 그는 전군 기술 성과에서 1등상을 받아 이런 뜻밖의 영예를 얻었다. 당시 그는 부친의 복권과 본인의 입당 여부에 대한 일로 고민하고 있었다. 그런 그가 10

년 후 남방의 선전深圳에 정착해 2만 위안이라는 보잘것없는 돈으로 화웨이华为라는 전자회사를 설립하고는 엄격한 군대식 관리와 공격적인 저가 전략으로 고속 성장해 전 세계의 동종업계 사람들을 골치 아프게 만들 줄은 누구도 생각하지 못했다.

과학대회 후 국가는 과학과 교육 방면의 개혁에 속도를 냈다. 4월 교육부는 55개 대학의 회복과 증설을 결정했다. 이중에는 유명한 지난暨南대학도 포함되어 있었다. 전국적으로 통일된 대학입시가 부활했다는 소식이 아주 빠른 속도로 전국에 퍼져나갔다.

사실상 대학입시제도는 1977년에 이미 부분적으로 회복되었지만 전국적인 입시가 정식으로 실시된 해는 1978년이었다. 전국적으로 통일된 대학입시가 부활하자 대학들은 학생 모집을 시작했다. 교육부가 출제를 담당했고, 각 성, 자치구, 직할시가 시험과 채점을 하고 현지 대학은 학생 선발을 담당했다. 문과시험은 정치, 어문, 수학, 역사, 지리와 외국어였고, 이과 시험은 정치, 어문, 수학, 물리, 화학과 외국어였다. 외국어 시험에는 영어, 러시아어, 일본어, 프랑스어, 독일어, 서반아어, 아랍어가 있었지만 이 시험 성적은 잠정적으로 총점에 합산되지 않고, 단지 입학 선발의 참고로만 삼았다. 앞에 열거된 외국어를 배운 적이 없는 사람들은 시험이 면제되었다. 하지만 외국어 대학과 그곳의 전공에 응시한 사람들은 반드시 말하기 시험을 봐야 했고, 외국어 필기 성적도 총점에 합산되었으며, 수학 성적은 참고사항으로 삼았다. 덩샤오핑은 "시험을 본 사람들의 명단과 전체 수험생의 각 과목별 시험 성적을 공표하고, 현(구)의 학생선발위원회가 학생처에 통지해 단위单位[직장, 기관, 단체, 회사 또는 한 기관 단체 내의 부, 부처, 부서, 부문]별로 각각 본인에게 전달하라"고 지시했다. 이러한 시험 성적 공표는 학생선발시험 과정의 투명성을 높이고 '뒷문 입학'과 불법 행위 두절 등 사회 기풍을 전환하는 데서 중요한 역할을 했다.

자료에 따르면 대학입시에 응시한 수험생은 580만 명이 넘었는데, 이는 대학의 선발 계획을 훨씬 넘어선 수치였다. 그래서 선발 인원을 확대하라는 요구가 전국에서 빗발쳤다. 베이징과학기술대학 교육과학연구소 소장 마오주환毛祖桓은 이렇게 회고하고 있다.

선발 인원 확대는 임시로 결정된 것이었습니다. 애초에 각 학교마다 몇 명을 선발할 수 있는지를 보고하게 했고, 그렇게 보고하면 그것이 곧 선발 정원이 되었습니다. 그해 시험을 잘 본 학생이 비교적 많았습니다. 왜냐하면 여러 해 동안 누적된 사람들이 함께 시험을 보았기 때문이었습니다. 제 기억으로는 당시 베이징 시장 린후쟈林乎加가 솔선수범해 정원을 늘렸습니다. 가령, 원래 330점, 340점이 되어야 합격이 가능했지만 이후 300점 이상이면 모두 대학에 합격할 수 있게 되자 일시에 정원이 40%정도 증가했습니다. 이후 톈진, 상하이 등의 대도시가 정원을 늘리기 시작했고, 이렇게 해서 추가 선발하는 추세가 생기게 되었습니다.

교육부가 발표한 통계자료에 따르면 1978년 전국에서 610만 명이 응시해 40만 2천 명이 대학에 합격했다고 한다.

이해의 '전국고등학교통일선발어문시험지'를 뒤지면 첫 부분은 한 단락의 문장을 주고 구두점을 찍는 것으로, 첫 번째 문제는 경제와 관련된 것이었다.

(1) 實現機械化要靠人的思想革命化有了革命化才有机械化机械化不是一口气出來的要經過一番艱難奮戰才能成功要把揭批四人帮的斗爭進行到底要肅清他們的流毒促進人民的思想革命化一个軟懶散的領導班子是挑不起這副重担的

〔기계화의 실현은 사람들의 사상의 혁명화에 달려있다. 혁명화가 있어야 기계화도 있다. 기계화는 큰소리친다고 단숨에 나올 수 있는 것이 아니라 힘든 분투를 거쳐야 비로소 성공할 수 있다. 사인방의 잘못을 폭로하고 비판하는 투쟁을 끝까지 진행하고, 그들이 남겨놓은 독소를 깨끗이 제거하는 것이 인민의 사상혁명화를 촉진하는 일이다. 용기가 없고, 단결하지 않고, 적극성이 없는 지도층은 이러한 중책을 감당할 수 없다.〕

이것이 당시의 가장 주류적인 가치관이었다. 사상의 해방과 좌경화되어 경직된 교조주의의 여독의 제거는 경제 진보를 위한 최우선의 전제조건이었다. 이로부터 1978년에 경제 성장의 추구가 참으로 사람들을 전전긍긍하게 하는 하나의 사업이었음을 짐작할 수 있다.

등용문이 갑자기 열리자 강의 잉어들이 비약했다. 10여 년 동안 누적된 인재들이 세찬 기세로 솟구쳐 나왔는데, 이 40여 만 명의 사람들 중 뛰어난 인재가 없을 리 없었다.

랴오닝성 선양瀋陽철도국의 노동자 마웨이화馬蔚華는 지린吉林대학 경제학과에 입학해 국민경제관리를 전공했고, 21년 후 자오상招商은행 본점 은행장이 되었다. 항저우 출생의 장정위張征宇는 베이징공업대학에 입학해 박사졸업 후 1987년에 창업해 1세대 PDA '상우퉁商務通'을 개발했다. 베이징 176중학의 청년 교사 두안용지段永基는 베이징항공항천대학 대학원에 입학해 6년 후 창업한 스퉁四通공사에 참여, 훗날 베이징의 중관춘中關村의 풍운아가 되었다. 스촨성의 류융싱劉永行은 1977년 대학입시에 참가해 이과 수석이라는 좋은 성적을 얻었으나 '출신 성분'이 좋지 않다는 이유로 꿈을 이루지 못했다. 이후 그를 포함한 삼형제는 아주 조그만 사육장을 설립했는데, 20년 후 그들은 '중국 최고 부자'가 되었다.

전국의 모든 대학과 마찬가지로 광저우의 화난華南이공대학도 대학입시가 재개된 후 신입생을 받았다. 전자과의 강의실 안을 가득 채운 학생 모두는 호기심 어린 눈빛으로 서로를 가늠하고 있었다. 그들 중 가장 나이가 많은 사람은 40세였고, 가장 어린 사람은 18세였다. 이 학생들 중 나이가 비슷한 세 명이 가깝게 지냈는데, 가장 어린 천웨이룽은 광둥성 루어딩羅定현 출신이었고, 그보다 한 살 더 많은 황훙성과 리둥성은 각각 하이난海南 우즈五指산과 후이저우惠州 출신이었다. 동창생들은 훗날 당시를 회고하면서 이렇게 말했다.

황훙성은 가장 어른스러운 과의 큰형님이었습니다. 학교에서 적지 않은 동생 같은 학생들을 보살폈습니다. 천웨이룽은 엄지발가락이 빠져나온 해방화(과거 인민해방군이 신었던 신발)를 신고 교실에 들어왔습니다. 그는 반장으로 학교생활 4년 동안 거의 도서관에 묻혀 살았습니다. 리둥성은 반의 학습위원으로 성격이 아주 내성적이었습니다. 평소에는 다른 친구들과 노는 것도 좋아하지 않았고, 특히 여학생을 만나면 얼굴을 붉혔습니다. 이 때문에 어떤 여학생들은 졸업 후에도 그의 이름을 똑바로 부르지 못했습니다.

이 세 사람은 훗날 각각 캉쟈, 창웨이와 TCL이라는 전자회사를 설립했는데, 한

창 때 이 세 회사의 칼라 TV 점유율은 전국 총 생산량의 40%에 이르렀다.

물론 모든 지식 청년이 두안용지段永基와 리둥성처럼 그렇게 행운이 따른 것은 아니었다.

후난성 창사長沙에서는 10년 동안 감옥에 있던 양시광이 풀려나 집으로 돌아왔다. 1968년 2월 당년 21세이던 그는「중국은 어디로 가는가?」라는 글을 발표했는데, 당시 극좌 문혁 지도자인 캉성康生에 의해 3차례에 걸쳐 중요 '사상범'으로 지명 당해 10년 형을 선고받고 감옥에 들어갔었다. 출소 후 양시광은 중국 사회과학원 연구생(석사과정)에 등록하려 했다. 하지만 비록 일부 전문가들이 그의 재능을 알아봤지만 '정치 경력 심사'에서 불합격되어 입학할 수 없었다. 이후 2년 동안 상고하러 사방을 뛰어다닌 결과 당시 중앙서기처 서기인 후야오방胡耀邦이 친히 중앙조직부에 양시광 문제를 법원이 의법 처리하도록 지시해 비로소 '정치적 결백'이 확인되었다. 이후 그는 어린 시절 이름인 '양샤오카이'로 이름을 바꿔 다시 사회과학원 연구생에 지원했고, 마침내 당대 중국 최고의 인문 비판 정신을 가진 경제학자가 되었다(재미있게도 또 다른「중국은 어디로 가는가?」라는 글을 쓴 스촨성의 완현 사람 모어치중은 1979년 12월 31일에야 비로소 출소할 수 있었다. 그는 대학입학시험을 보지 않고, 오히려 사업을 시작했다. 이후 10여 년 동안 그는 '중국 최고 부자'에서 '중국 최고 사기꾼'으로 변신을 거듭했다. 양샤오카이는 2004년 기독교에 귀의한 후 세상을 떠났으나 모어치중은 1999년 또다시 감옥에 갇히게 된다).

네이멍구에서는 뉴건성牛根生이라는 한 청년이 부친상을 당했다. 그는 태어난 지 한 달 만에 시골에서 도시로 팔려간 불행한 아이였다. 일설에 따르면 겨우 50위안에 팔렸다고 한다. 그는 자기 성이 무엇인지도 몰랐고, 단지 양아버지가 소를 키웠기 때문에 성을 뉴牛라고 했다. 그의 양부는 한국전쟁이 끝난 이후부터 28년 동안 소를 키웠기 때문에 그도 소 떼와 함께 성장했다. 아버지가 돌아가신 그해 아버지 뒤를 이어 뉴건성은 눈물을 훔치면서 계속 소를 키웠다. 5년 후 뉴건성은 회족回族 유제품 공장에서 병을 씻는 일을 시작으로 16년 동안 일했으며, 마침내 멍뉴蒙牛그룹을 창립했는데, 훗날 이 회사는 중국 최대의 유제품 회사로 성장했다.

원저우에서 13세의 난춘후이南存輝는 가난 때문에 학교를 다닐 수가 없었다. 그는 이 골목 저 골목을 돌아다니며 신발 수리공으로 일했다. 그는 이 시기를 평생 마음속 깊이 기억했다.

신발을 고치는 일은 조금이라도 정신을 놓으면 못이 손을 깊이 찔러 바로 피가 솟아났습니다. 그냥 파지로 상처를 싸매고는 눈물을 머금으며 고객의 신발을 수리할 수밖에 없었습니다. 그때 저는 매일 동료들보다 많은 돈을 벌었습니다. 제가 믿는 구석은 빠른 속도였고, 더 열심히 수선했으며, 품질도 믿을만했습니다.

6년 후 이 신발 수선공은 낡은 집안에 수공업 형태의 스위치 공장을 세웠고, 20년 후 그가 설립한 정타이正泰그룹은 중국 최대의 사영기업 중의 하나가 되었다.

남방의 작은 동네인 선전에서 왕스王石라는 27세의 문학청년은 『데이비드 코퍼필드David Copperfield』를 베개 삼아 건축 현장의 대나무 막사에서 자고 있었다. 그는 훗날 자서전에 이렇게 쓰고 있다.

1978년 4월의 선전은 활짝 핀 목면화가 이미 시들어 떨어지고 있었다. 철로 가에는 죽은 돼지가 버려져 있었고, 쉬파리가 앵앵거리며 날아다녔다. 공기 중에는 가축들의 분뇨와 시체 썩는 냄새가 혼합된 악취가 가득 차 있었다. 나는 선전 순강深圳 북역 검역소독창고 현장에서 막 배수 공정 시공을 지도하고 있었다. 내지의 각 성과 시에서 철로를 통해 홍콩으로 수출하는 신선한 상품이 선전으로 운송되어 순강 북역에서 검역을 받은 후 루어후교羅湖橋를 지나 출하되고 있었다. 운송 중 병이 나거나 죽은 가축과 변질된 과일과 채소는 여기에서 검역을 거쳐 제거되었다.

1977년 란저우蘭州철도대학 졸업 후 광저우철도국 공정 5구역에 배수 기술자로 배치되었는데, 당시 월급은 42위안이었다. 공정 5구역의 주요 업무는 북으로는 광둥과 후난의 경계인 핑스坪石, 남으로는 선전의 루어후교 구간 철로변의 토건 공정이었다. 이 관할 구간에서는 항상 몇 개의 공정이 동시에 진행되었는데, 1978년 나는 순강 북역의 창고 소독 업무를 담당하고 있었다. 당시 선전은 변방의 민간인 출입 금지 구역에 속했는데, 아무 사람이나 마음대로 드나들 수 있는 곳이 아니었다.

공사가 없을 때 나는 샤터우쟈오沙頭角에 갔다. 구부러진 거리 중간에 경계비가 쓸쓸하게 서 있었다. 경계비를 넘어갈 수 없었고, 중국 쪽에 있는 두 개의 점포에는 그냥 보통의 일용잡화가 진열되어 있었다.

순강 북역의 공사 현장은 매우 초라했다. 잠자고 휴식하는 임시 숙소는 철로변에 지어졌는데, 30여 명이 대나무로 만들어진 이 임시건물에 모여 살았다. 2층짜리 철 침대에서 나는 위층을 선택해 모기장을 설치한 후 공사 진도표와 결산표를 만들거나 책을 보면서 잠을 잤다. 광둥의 모기는 오로지 외지인만 괴롭혔다. 물린 부위는 붉게 달아올라 종기가 생기기 일쑤였고, 가려움은 참기 힘들었다. 모기장을 설치해 모기에 물리지 않고 또 쇠파리의 성가심도 막았다. 옷을 너는 밧줄이나 전깃줄 위는 항상 파리들이 빽빽하게 점거하고 있어 온몸에 소름이 끼치곤 했다.

여가 시간에 나는 늘 책을 들고 있었고, 저녁을 먹은 후 혼자 방안에서 새벽이 될 때까지 독서도 하고, 글도 쓰며 보냈다. 국경일 등 쉬는 날에는 영어학원에 갔다. 한번은 주말에 광저우 우정극장에서 열린 음악회에 갔는데, 홍콩의 바이올린 연주가인 류위안성劉元生이 광저우악단과 바이올린 협주곡 〈양산백과 축영태梁山伯與祝英台〉를 협연했다. 나는 이 로맨틱한 협주곡을 매우 좋아해서 공연이 끝난 후 무대 뒤로 달려가 연주자에게 축하 인사를 건넸다. 류위안성은 나에게 자신이 연주한 협주곡의 녹음테이프를 건네주었는데, 당시에는 류위안성이 내가 선전에서 설립한 완커萬科의 사업 동료이자 상장 후 대주주 중의 한 사람이 될 것이라고는 결코 생각하지 못했다.

공사는 계속되고 있었다. 나는 이 공사가 되도록 빨리 끝나 홍콩과 강 하나를 사이에 두고 있는 선전에서 멀리 떠나기를 기대하고 있었다.

1978년 중국의 기업들은 어떤 모습을 하고 있었을까? 아마 외국인 눈으로 보면 훨씬 더 분명하게 보일 수도 있을 것이다.

1978년 7월 28일 『워싱턴포스트』에는 기자 제이 매튜스Jay Mathews가 쓴 중국 공장 관찰기가 실렸다. 어떤 절차를 통했는지는 알 수 없지만 그는 최초로 구이린桂林의 한 국영공장 참관을 허락받았다. 이해 여름부터 시작해 당국은 해외기자들의 중국 기업 취재에 대한 비준을 완화했다. 그래서 사람들은 각국 언론을 통해 생소함으로 가득한 여러 편의 중국 목격기를 읽을 수 있었다. 「공장 개혁을 선포했음에도 불구하고 여전히 느슨한 업무」라는 제목의 보도에서 매튜스는 이렇게 쓰고 있다.

중국의 대다수 공장의 상황과 마찬가지로 구이린제사繫絲공장 노동자들은 결코 의욕이 넘쳐 보이지 않았다. 취업 보장, 퇴직금 보증 및 기타 등의 여러 이점이 보였기 때문에 사람들은 고등학교 정도만 졸업하고 빨리 공장에 나가 일을 하려고 했다. 이로 인해 수많은 사람이 이미 과다 상태인 공장 노동자 대열에 합류하고 있었다. 생산라인에서는 노동자가 너무 많아 장시간 할 일 없이 시간을 때우고 있었다. 내가 한 작업장에 들어갔을 때는 세 명의 여공이 바로 옆의 탁자에 있던 다른 세 명의 여공과 수다를 떨고 있었다. 내가 들어가자 그녀들은 재빨리 자기 위치로 돌아간 후 팔짱을 끼고 앉아 호기심어린 눈으로 우리를 둘러보았다. 내가 머물던 몇 분 동안 단지 한 명만 일하고 있었다. 그리고 어느 한 여공도 자신의 책임 작업량이 얼마인지 명확하게 말하지 못했다.

중국 노동자들은 일을 일종의 권리로 여기고 기회로 여기지 않았다. 공장 경영진은 노동자 계급의 구성원을 감히 억압하지 못했다. 이들 기업에서 노동자 신분은 세습되었다. 노동자들은 퇴직하면 자녀 중의 한 명을 같은 공장에 취업시킬 수 있었다. 구이린 제사공장에는 2,500여 명의 노동자가 있었는데, 지금까지 이들을 해고한 적은 한 번도 없었다.

이 공장의 개혁위원회 주임 셰광즈謝光之는 기자에게 작년에 85% 이상의 노동자들의 임금이 약간 올랐는데, 대부분 10~20년 만에 처음 오른 것이라고 했다. 거의 모든 노동자의 임금이 올랐기 때문에 이번의 임금 상승은 뚜렷한 자극을 주지는 못했다. 금년부터 이 공장은 일 잘하는 노동자에게 약간의 보너스를 주기 시작했는데, 분기별로 1.75달러를 넘지 않았다.

마지막으로 매튜스는 "이렇게 느슨한 업무 태도는 여전히 전 세계에서 인구가 가장 많은 국가의 현대화 실현을 방해하는 주요 장애물로 작용할 것"이라고 단언했다.

중국 중부의 한 현지 기업을 탐방한 일본 기자는 충칭제철공장에서 140여 년 전의 기계를 발견했다. 이 제철공장은 연 30만 톤의 철강을 생산하고 있었는데, 사용하는 기계 설비는 전부 1950년대 이전의 것이었다. 그중에는 특히 140여 년 전 영국에서 제조된 증기식 압연기도 있었다. 기자는 감히 자기 눈을 믿지 못하고 기계에 붙어있는 제조 표지판을 가리키며 공장장에게 물었다. "연대가 잘못된 것 아닌가요?" 공장장이 대답했다. "아니, 맞습니다. 성능이 좋기 때문에 아직까지 사용하고 있습니다."

1978년 8월 28일 『니혼게이자이신문』에 베이징 주재원 오카다 기자는 「늘 결항하는 중국 비행기」라는 제목의 관찰기를 발표했다.

중국은 지금 국내 교통을 발전시키고자 하나 중국민항Air China은 여전히 믿을 수 없다. 우선 시간표를 믿을 수 없다. 아주 상세한 중국민항 시간표에는 '유령 항공편'이 섞여 있다. 예를 들어 시간표 25페이지에는 매일 아침 8시 15분에 베이징에서 출발하는 하얼빈행 항공편이 나와 있다. 그러나 실제로는 목요일과 일요일에는 항공편이 없었다. 내가 창구에서 이유를 묻자 대답은 "어이쿠, 왜 그러지? 아마 언젠가부터 바뀌었나봅니다"였다. 비행기 탑승 후에는 또 어떤가? 제시간에 목적지에 도착하는 것을 보증할 방법이 없다. 이번 베이징에서 하얼빈에 갈 때 1시간 늦게 이륙했고, 선양에서 4시간을 머물고 또 지체하다 가까스로 창춘에서 비행기를 갈아타려 했더니 "하얼빈에 지금 비가 오기 때문에 오늘 항공편은 취소되었습니다"라는 말이 전해졌다. 부득불 창춘에서 하룻밤을 보냈으나 다음날에도 여전히 '금일 취소'라고 했다. 하얼빈에 도착한 후 비로소 원인을 알았다. 원래 하얼빈 공항에는 콘크리트 활주로가 없고, 비행기는 초원 위에서 달달거리며 움직인다는 것이었다. 그래서 비가 오면 항공편은 반드시 취소되어야 했던 것이다.

마찬가지로 8월에 브로드Eli Broad라는 미국의 한 건축업자가 베이징, 광저우 등 5개 도시를 돌아보고 UPI 기자와 중국에 대한 소감을 이야기했다.

저는 깊은 인상을 준 저개발 국가를 목격했습니다. 중국인은 진흙과 볏짚으로 벽돌을 만듭니다. 하지만 일부분은 미리 제작해놓은 시멘트블록으로 집을 짓기도 합니다. 중국의 집은 원시적이고 지어진 후의 상태도 매우 어설퍼 보이지만 실용적인 면을 매우 중시합니다. 종종 두 개의 방이 있는 한 집에 80세 증조모부터 어린 아이까지 4대가 거주하기도 합니다.

동시에 그는 막 발생하기 시작한 변화도 느끼고 있었다.

제가 가는 곳마다 모두 상수도관을 교체하고, 새로운 공업구 건설을 시작하고 있었습니다. 그러나 오염을 억제하는 조치를 어떻게 취하는지는 보지 못했습니다.

『요미우리신문』의 홍콩 주재원 마쓰나가 기자도 중국 기업의 낙후성에 대해 매우 의아해했다. 6월 그는 상하이의 집적회로 공장을 시찰하고 나서 다음과 같이 말했다.

일본의 집적회로 공장은 한 점의 먼지도 없이 깨끗합니다. 이와 비교하면 상하이의 공장은 그야말로 길거리 공장이나 다름없었습니다. 공장에서 생산한 제품의 반 이상이 불합격품으로 팔 수 없는 것들이었습니다.

그는 또 장기간의 정치 투쟁으로 학교가 학생을 모집하지 못해 공장이 필요로 하는 기초 인재가 심각하게 부족한 현상이 초래되었다고 말했다. 그는 상하이 내 연기관연구소에서 일하는 31명의 엔지니어의 평균 연령이 56세인 점을 예로 들었다.

상하이의 민항구閔行區의 한 전기기계공장에서 마쓰나가는 '누가 먼저 목표를 달성하는지를 보자'라는 표어를 목격했다. 이 공장은 목표액을 초과 달성한 노동자에게 장려금을 지급하는 제도를 시행 중이었는데, 매월 3위안, 5위안, 7위안 등 3등급으로 나누어 지급하고 있었다. 마쓰나가가 "장려금을 반환하고 여전히 사회주의 건설에 노력하는 노동자가 있습니까?"라고 묻자 공장 책임자는 분명하게 대답했다. "없습니다."

이러한 관찰을 통해 마쓰나가는 중국이 머지않아 새로운 경제 혁명을 시작할 것으로 예측했다. 10월 3일자 신문에서 그는 단도직입적으로 이렇게 말했다. "건국 30주년에 진입하는 중국의 이후 과제는 고속 경제 성장 정책을 시행해 중국을 강대한 경제 대국으로 만드는 것이다." 그리고 중국이 채택한 방법을 "복권된 덩샤오핑의 지도 아래 서방의 선진국을 중심으로 한 외국과의 경제 관계를 강화하기 위한 대책을 강구하고, 국내적으로는 능력과 효율성을 중시하는 노선을 추진하는 것"이라고 썼다.

마쓰나가는 사례를 들어 그가 관찰한 것을 증명하려 했다.

중국의 지도자는 이미 상하이의 경우처럼 노후한 공장에 의지해서는 신속한 현대화를 실현할 수 없다는 사실을 인식하고 있기 때문에 외국의 선진기술 도입 결정은 필연적인 것이었다. 근래 강화된 중국의 외국과의 경제 교류 활동은 사람들을 어리둥절하게 만들고 있다. 금년 9월까지 중국은 당정 지도자들을 31개국에 파견했고, 또 15개국 정부 지도자를 접견했다. 그런데 절대 다수는 이전의 적국, 즉 서방 선진국이었다. 말할 필요도 없이 이러한 문호개방 정책의 목적은 선진기술을 받아들이는 데 있었다.

마쓰나가의 관찰은 매우 정확했다고 할 수 있다. 1978년 주요 지도자들이 빈번히 외국을 방문한 것 외에도 중국 정부는 일련의 별도의 조치를 취했는데, 당시에는 별다른 주목을 받지 못했다. 하지만 이런 조치들은 훗날 전문가들 눈에 결코 우연이 아닌 일로 비쳐졌다. 7월 3일 중국 정부는 대베트남 원조를 중단했고, 13일에는 알바니아에 대한 일체의 기술과 경제 원조를 중단한다고 선언했다. 10월 23일 〈중일평화우호조약〉이 정식 발효되었고, 12월 16일 중국과 미국은 국교 수립 공동성명을 발표했다.

일소일근 疏近(소원하기도 하면서 가깝기도 하다는 의미) 전략은 마치 아무 상관없는 듯했지만 사실은 내부로부터 모종의 선택이 있었음을 어렵지 않게 알 수 있다. 이념적 대립에서 벗어나 경제 발전을 주축으로 조용히 선진국에 접근하는 발전주도형 전략이 이미 발효되기 시작했던 것이다.

1978년 톈안먼에서의 국경절 행사에 리쟈청李嘉誠이라는 한 홍콩 상인이 모습을 나타냈다. 그는 몸에 딱 붙는 남색의 중산복中山服을 입고는 또 다른 중산복 차림의 중앙 간부들 옆에 조금은 어색하게 서 있었다. 톈안먼 광장은 너무 커서 작은 섬에서 온 차오산潮汕 사람에게는 익숙하지 않았다. 11세에 대륙을 떠난 그에게 이번 행사 참여는 40년 만의 첫 귀국이었다. 몇 년 전 그는 대륙의 언론에 의해 '만악萬惡의 자본가'로 비판받았으나 지금은 이미 존경받는 손님이 되어 있었다. 아마 본인도 20년 후 톈안먼으로부터 1km 떨어진 곳에 거대한 초현대적 동방플라자東方廣場를 짓게 될 줄은 생각지 못했을 것이다. 그는 덩샤오핑의 초청으로 국경절 행사에 참여하게 되었는데, 오기 전에 '주제넘게 자신을 내세우지 않고, 정치에 대해 말하지 않겠다'고 다짐했다고 한다.

홍콩에 돌아온 리쟈청은 곧 고향인 차오저우潮州시에 14동의 '대중 아파트'를 지어 기부하기로 결정했다. 그는 고향 사람들에게 보낸 편지에서 "고향 사람들이 집이 모자라 고생하는 심각한 상황을 생각하면 자못 마음이 쓰입니다. 그래서 그곳에 이러한 계획을 고려하고 있으니 적절한 지지를 바랍니다"라고 적었다. 그는 고향 언론에 이와 관련한 어떠한 홍보도 하지 말 것을 요청했다. 그런데 이와 관련해 하나의 사소한 사건이 있었다. 2년 후 '대중 아파트'가 건설된 후 새 집에 입주한 사람들이 "고통에서 해방되었으니 공산당을 잊지 않고, 행복하게 되었으니 리쟈청을 잊지 않는다"라는 대련對聯을 문 앞에 붙인 것이 발단이었다. 이 대련은 곧바로 기자에 의해 '내부 참고(보고서)'로 중앙에 보고되어 적지 않은 파장을 불러일으켰다. 리쟈청은 정치를 건드리지 않았으나 정치가 그를 건드리는 것은 막을 수 없었던 것이다.

리쟈청이 베이징의 국경절 행사에 참가하기 4개월 전, 36세의 룽즈젠榮智健은 간단한 여장과 편도 통행증을 몸에 지닌 채 가족과 작별하고 베이징을 떠나 홍콩에 도착했다. 항구에 도착한 그를 맞이한 사람은 사촌형제 룽즈첸榮智謙과 룽즈레이榮智鑫였다. 백 년 동안 명성을 날린 룽씨의 4대가 마침내 눅눅한 여름에 다시 모이게 되었다.

우시無錫의 룽가는 청말 민국 초기에 염색 공장으로 집안을 일으켜 쟝수와 저쟝 연해 일대에서 이름난 대상인이 되었다. 최전성기에 룽가는 중국 방직 산업의 거의 절반 이상을 장악했다. 1949년 이후 룽가는 줄곧 공산당의 확고한 옹호자였다. 1953년 당 중앙이 공사公私합영 실험을 계획하자 룽가의 3대 장문인 룽이런榮毅仁의 적극적인 주도로 그가 지분을 갖고 있던 광저우 제2방직공장이 전국 최초로 합영 신청서를 제출한 기업이 되었다. 이는 전국적으로 시범 효과와 선전 효과를 가져왔고, 마오쩌둥도 룽가를 '민족 자본가 중 최고 부자'라고 지지했다. 3년 후 전국의 공사 합영 계획이 점차 마무리되자 전국정협 제2기 2차 회의에서 룽이런은 공상계의 대표가 되어 마오쩌둥과 류샤오치劉少奇에게 기쁜 소식을 전했다. 이 날은 '전국적인 범위에서 기본적으로 자본주의 상공업에 대한 개조가 완성되고, 사회주의 사회로 진입했음'을 상징하는 날이었다. 1957년 41세의 룽이런은 상하이 부시장이 되었고, 이후 방직부 부부상을 겸임했다.

문혁 기간 룽이런은 현직에서 좌천당한 후 적지 않은 고난을 당했다. 집게손가락은 홍위병들에게 절단되었고, 여러 해 동안 줄곧 전국공상연합회의 식당 보일러실에서 석탄을 나르고 모든 화장실을 청소해야 했다. 그의 아들 룽즈젠은 스촨성 량산凉山의 수력발전소로 유배되어 흙 나르는 일을 했다. 사인방이 물러난 후 덩샤오핑이 다시 등장하자 룽이런도 즉시 복권되었고, 1978년 2월에 개최된 제5기 정협 회의에서 덩샤오핑은 전국정협 주석으로, 룽이런은 부주석으로 선임되었다.

비록 정치적으로는 다시 빛을 보게 되었지만 룽가의 자산은 대륙에 한 푼도 존재하지 않았다. 이때 이미 베이징에 돌아와 있던 룽즈젠은 아무 일도 하고 있지 않았다. 그는 과학 연구나 정치에는 어떤 흥미도 갖지 않았다. 그래서 홍콩으로 남하하는 가장 좋은 선택을 하게 되었다. 그곳에서는 해방 전에 도망갔던 일부 룽가 자손들이 비록 조상들의 영화를 회복하지는 못했지만 계속 가업을 고수하고 있었다. 홍콩에 가기 전 룽즈젠은 아주 오랫동안 주판을 튕겼다. 그는 한창 때 부친이 홍콩에 설립한 여러 방직공장이 30년 동안 배당과 이윤 분배를 한 차례도 실시하지 않은 것을 기억해냈다. 룽즈젠은 부친의 귀띔에 따라 결산한 결과 적지 않은 자금을 모을 수 있었고, 이로 인해 다시 홍콩이라는 강호에 뛰어들 수 있었다. 명문가 자제는 어쨌든 범상치가 않았다. 시작부터 고수의 수를 빼어 들었던 것이다. 12월 그와 두 사촌형제는 공동으로 출자해 아이카爱卡전자공장을 설립했다. 총 출자금은 100만 홍콩달러였고, 세 사람 각각 1/3의 지분을 소유했다. 처음 시작한 일은 홍콩의 값싼 손목시계, 녹음기, 전자시계 등을 대륙에 판매하는 것이었는데, 당시 '대륙 판매권'을 획득하는 것은 상상하기 힘든 특권이었다. 3년 후 배경이 든든한 이 작은 전자공장은 미국의 FITELEC사에 1,200만 달러라는 고가에 팔렸다. 룽가의 능력은 가히 명불허전이었다. 훗날 룽즈젠은 '중국 최고 부자' 지위까지 올랐는데, 근원은 결국 이 여름에 시작된 것이었다.

홍콩으로 보낸 아들과 비교해 전국정협 부주석을 역임한 룽이런은 대륙에서 악전고투했다. 그는 붓을 들어 덩샤오핑에게 "국외에서 자금을 끌어들이고 선진 기술을 도입하기 위해서는 국제투자신탁공사를 설립해 해외투자를 집중적이고 통일적으로 흡수해야 하고, 국가 계획과 투자자의 염원에 따라 국가 건설에 투입해야 한다"고 건의했다. 여기서 룽이런은 머지않아 설립될 중국국제신탁투자공사, 흔히 중신中信, CITIC이라고 불리는 회사의 설립을 제안한 것이다. 이 제의는 즉시 덩샤오핑의 인가를 얻었고, 다른 지도자들도 상당한 지지를 표명했다. 1979년 중신공사가 정식 설립되었고, 상당히 긴 기간에 걸쳐 이 회사는 중국이 외국 자본을 끌어들이는 데서 중개 역할을 맡게 되었다.

국내에서 '진리 기준 대토론'이라는 사상 열기를 성공적으로 불러일으킨 후 1978년 10월 22일 덩샤오핑은 일본을 방문했다. 방문 중 일본 기업 시찰은 그가 출국한 중요 일정 중의 하나였다. 일찍이 프랑스로 유학해 인쇄공장에서 노동자로 일했던 이 중국 지도자는 반세기 동안 자본주의 공장을 가본 적이 없었다. 이때 그는 견학뿐만 아니라 일거수일투족마다 자신의 깊은 뜻을 명확히 드러냈다.

그는 먼저 동경의 일본제철과 닛산자동차를 견학했다. 닛산자동차공장에서 그는 진정으로 '현대화'된 생산라인을 이해하게 되었다. 오사카를 탐방할 때는 특별히 마쓰시타의 이바라기 공장에 들렀는데, 그곳에서 머리를 치켜들고 그를 기다리던 사람은 다름 아닌 아시아의 전설적 인물이자 마쓰시타의 창업자이며 '일본 경영의 신'으로 존경받는 83세의 마쓰시타 고노스케松下幸之助였다.

동행한 신화사 기자는 보도 중에 이 장면을 이렇게 묘사했다.

이 일본 친구가 덩샤오핑에게 마쓰시타가 생산한 각종 TV의 개황을 소개했다. 1952년 최초의 TV를 생산한 이래 1978년 3월에 이르기까지 이 회사는 이미 5,000만 대가 넘는 TV을 생산했다. 덩샤오핑은 생산 현장으로 가서 조립생산라인, 자동 삽입장치 및 완제품 검사 등의 생산 과정을 참관했다. 작업장을 떠난 후 덩샤오핑은 전시실에 진열된 이중화면 TV, 고속 팩스기, 한자 배열장치, VTR, 비디오 음반, 스테레오 음향기기 및 전자레인지 등의 상품을 관람했다. 덩샤오핑은 연설에서 중국의 4대 현대화 발전 과정에서 전자공업, 전자계측기 및 자동화 등이 모두 필수적이라고 말했다. 〈중일평화우호조약〉의 체결과 발효로 양국의 우호 합작은 더욱 광범위하게 진행될 수 있었다. 덩샤오핑은 일본의 요청에 따라 이 공장의 기념 책자에 '중일 우호는 전도양양하다'고 썼다.

덩샤오핑의 마쓰시타 방문은 83세인 마쓰시타 고노스케 회장에게 깊은 인상을 남겼고, 그로 인해 이 노인은 마쓰시타의 중국 진출을 생각하게 되었다. 마쓰시타 고노스케는 글로벌 기업가로는 처음으로 중국을 방문했다. 마쓰시타 회장은 중국 정부와 〈기술협력 제1호〉 계약서에 서명했고, 상하이 전구공장에 흑백 브라운관 생산 설비 일체를 제공했으며, 국제교류기금을 통해 베이징대학, 푸단復旦대학에 1억 2천만 위안에 달하는 설비를 증정했다. 그해 마쓰시타의 북경사무소가 개설되었다. 마쓰시타가 솔선해 중국에 진입하자 과시 효과가 나타나기 시작해 다른 일본 회사들도 쏟아져 들어오기 시작했고, 이후 10년간 일본 기업은 중국 시장의 첫 번째 외래 개척자가 되었다.

전 주중일본대사 요스키 나가이[中江要介]는 『중국을 부유하게 만드는 덩샤오핑』이라는 회고문에서 덩샤오핑의 방일 목적 중 또 다른 내용을 이렇게 기록하고 있다.

내가 수행하던 도중 일본의 무엇에 흥미가 있는지를 묻자 덩샤오핑은 중국 인민은 겨울에 알탄을 사용하는데, 항상 일산화탄소에 중독되는 일이 발생해 일본에 일산화탄소를 생성시키지 않는 알탄이 있는지를 알고 싶어 했다.

방일 후 덩샤오핑은 싱가포르를 방문했다. 리콴유[李光耀]는 『리콴유 회고록: 1965~2000년』에서 이때의 경험을 이렇게 소개하고 있다. 리콴유는 덩샤오핑에 깊은 인상을 받아 책에 이렇게 썼다.

덩샤오핑은 내가 지금까지 만나본 지도자 중 나에게 가장 깊은 인상을 남긴 사람 중의 하나이다. 그는 5척 단구의 단신이었으나 인중지걸[人中之傑]이었다. 비록 74세의 나이였지만 유쾌하지 못한 현실에 직면했을 때 언제나 생각을 바꿀 준비가 되어 있었다.

리콴유가 예상한 것보다 덩샤오핑은 훨씬 더 싱가포르의 경제 제도에 강한 흥미를 표시했다. 그는 회고록에서 이렇게 쓰고 있다.

덩샤오핑이 떠난 몇 주 후 어떤 사람이 베이징의 『인민일보』에 실린 싱가포르 관련 기사를 보여주었다. 보도 방침이 바뀌었는지 분분하게 싱가포르를 화원[花園] 도시로 형용했고, 이곳의 녹화, 공공주택과 관광업은 살펴 연구할만하다고 적혀 있었다. 우리는 이제 더 이상 '미제국주의의 주구'가 아니었다. 덩샤오핑은 이듬해 첫 강연에서 '나는 싱가포르에서 어떻게 외자를 이용하는지를 살펴보았는데, 싱가포르는 외국인이 설립한 공장에서 이익을 얻고 있다. 첫째, 외국 기업의 이익 중 35%를 세금으로 국가가 징수했고, 둘째 노동 수입은 모두 노동자에게 돌아갔으며, 셋째, 외국 투자는 서비스업을 선도했다. 이들은 모두 국가의 수입이 되었다'라고 말했다. 그가 1978년에 본 싱가포르는 중국인이 쟁취해야 할 가장 기본적인 성취를 위한 참고 기준을 제공했다.

이와 같은 세세한 내용은 1978년의 뉴스 보도에는 나타나지 않았다. 사람들은 덩샤오핑의 해외 순방을 단지 여러 정치적 의의에 주목해 칭송했지, 중국이 향후 진행할 경제 제도 개혁을 위해 취득한 경험을 발견하지는 못했다. 덩샤오핑은 깊이 생각하고 신중하게 행동하는 사람으로, 모종의 주장을 할 때는 이미 이에 대해 심사숙고한 후였다. 연말의 제1차 중앙업무회의에서 덩샤오핑은 돌연 한 가지 새로운 이론을 내놓았다. "일부 도시를 먼저 부유하게 하자." 당시 그는 단숨에 10여 개의 도시를 열거했는데, 첫 번째가 바로 선전이었다.

당시 좌석에 앉아 이를 기록한 경제학자 위광위안于光遠은 당시를 회고하면서 덩샤오핑이 거론한 것은 사람들이 흔히 말하는 '바오안寶安'이 아니라 '선전'이었다고 말했다. 그리고 왜 선전이 먼저 부유해져야 하는지에 대한 이유를 열거했다고 한다. 이를 보면 덩샤오핑은 선전에 대해 오랫동안 관심을 가졌을 뿐만 아니라 깊이 있게 생각했음을 알 수 있다. 그리하여 1979년 3월 선전경제특구가 설립되었다.

1978년 말 미국의 『타임』지는 덩샤오핑을 '올해의 인물'로 선정했다. 국제적 영향력을 가진 이 주간지는 모두 48페이지에 달하는 분량으로 덩샤오핑과 중국의 문호 개방을 소개했는데, 표지 제목은 '신중국의 몽상가Visions of a New China'였다.

1978년 중국의 가장 중대한 경제적 사건은 도시가 아니라 외지고 가난한 한 작은 시골 마을에서 일어났다. 이는 곧 시작될 30년의 역사에서 조금도 이상한 일이 아니었다. 왜냐하면 이후 중국을 변화시키고 운명을 바꾼 수많은 사건은 모두 미리 계획되었던 것이 아니라 아주 외진 곳에서 매우 평범하고 보잘 것 없는 사람들로부터 뜻하지 않게 야기되었기 때문이다.

11월 24일 저녁 안후이 성 펑양鳳陽현 샤오강小崗 생산대生産隊[신중국 설립 후 인민공사제도가 도입되었는데, 1962년 이후부터 인민공사는 공사公社, 생산대대生産大隊, 생산대의 3단계 구조로 세분화되었으며, 이들을 토대로 하는 기업을 사대社隊 기업이라 불렀다. 사대기업은 이후 사영 경제의 발전에 따라 '향진기업'으로 불리게 된다]의 한 낡은 오두막에서 18명의 남루한 옷을 걸친 채 얼굴이 누렇게 뜬 농민들이 어두컴컴한 석유등 아래 한 장의 계약서를 보면서 모두 긴장된 기색으로 빨간 지장을 찍으면서 "감옥에 가 목이 잘리는 한이 있더라도 가구별로 밭을 나누어 경작하는 도급제를 실시해야 한다"고 맹세했다. 훗날 중국혁명박물관에 소장된 이 도급(包干) 계약서는 중국의 농촌 혁명의 첫 번째 신호탄으로 간주되었다.

1978년 이전 20여 년 동안 실행되어온 인민공사제도는 전국의 농민을 토지에 단단히 묶어놓음에 따라 '철밥통(鐵飯)'의 폐단을 남김없이 드러냈고, 농업의 효율성을 저하시켜 농민들이 생존하기 어려운 지경에까지 이르게 했다. 샤오강촌은 주변에서 '산카오촌(三靠)〔즉 먹는 것은 국가가 방출한 식량을 먹고, 돈은 구제 기금을 쓰며, 생산은 대출에 의존하는 사실에서 나온 말이다〕'으로 유명했는데, 매년 추수가 끝나면 거의 모든 집이 외지로 나가 걸식해야 했다. 1978년의 안후이는 봄부터 가뭄이 들어 성 전체의 여름 식량이 크게 감소해 샤오강촌 농민들은 별다른 출구가 없는 이런 상황에서 '농가 단위 도급 생산'이라는 한길로 내몰린 것이었다. 도급제는 결국 상당한 효과를 보았다. 다음해 샤오강촌은 대풍작을 이루었고, 먼저 국가에 현물세를 납부한 후 차입금도 갚게 되었다. 당시 안후이성위원회 서기 완리(萬里)의 강력한 지지 하에 샤오강촌의 도급제 경험은 하룻밤 사이에 안후이성 전역으로 퍼져나갔다. 이후 '농가생산도급책임제(家庭聯産承包責任制)〔개혁개방 이후 농촌에서 추진되었던 농업 경영 방식으로, 농가에 생산량을 할당하고 성과에 따라 포상하거나 책임을 묻던 제도〕'라고 명명된 중국의 농촌 개혁은 신속하게 전국으로 퍼져나갔고, 중국 농촌은 온 세상이 인정하는 변화를 가져왔다.

농가 단위의 도급 생산이 가진 의미는 확실히 엄청났다. 그것은 중국의 농민들로 하여금 노동에 대한 적극성을 억제한 인민공사제도에서 탈피하게 함으로써 생산력을 해방시켰는데, 그것의 보급은 중국의 식량 생산 문제를 근본적으로 해결했다. 그리고 또 다른 방면에서 그것은 농민을 토지의 속박에서 해방시켰다. 특히 토지가 부족하고 사고방식이 비교적 앞서 있던 동남의 연해 지역에서는 대량의 유휴 인구가 토지를 떠나 아주 자연스럽게 공업 제조 영역에 진입해 생존 기회를 찾게 만들었다. 이러한 사람들의 출현은 직접적으로 향진기업(鄕鎭企業)의 '의외의 굴기'를 유발시켰다. 어떤 의미에서 중국의 민간 기업의 성장의 논리적 근원은 샤오강촌의 저 겨울밤에서 시작되었다고 할 수 있을 것이다.

만약 샤오강촌의 도급제가 하나의 혁명이었다면 1978년 그곳에서 수백km 밖에 있던 쟝수성의 화시華西촌에서도 또 다른 농촌 변혁이 일어나고 있었다. 샤오강촌과는 달리 이곳은 인민공사 조직에서 변이되어 나온 일종의 집체 경제로, 상당히 긴 시간 동안 정부의 허가를 받아 생산력을 발전시킨 민간 기업 모델의 또 다른 유형이었다.

화시촌은 일찍이 1960년대의 '농업은 다자이大寨를 배우자!'[2]는 운동의 전국적인 전형이었다. 이 마을에서 48년째 당위 서기를 맡고 있던 우런바오吳仁寶는 농촌 기층 정권의 지도자인 동시에 향촌 기업의 기업가였다. 그는 여러 차례 이러한 이중 역할을 솜씨 있게 처리하기도 했으나 몇몇 시기에는 극단적인 어려움에 직면하기도 했다. 이처럼 기쁨과 슬픔이 동시에 교차한 운명은 그의 변혁적 생애 내내 관철된다.

당시 화시촌은 전국적으로 유명한 '농업은 다자이를 배우자!'의 모범 대대大隊였다. 우런바오가 이로 인해 소재지인 쟝인江陰현의 현위원회 서기를 맡게 될 정도로 쟝수와 저쟝 일대에서 화시촌의 지위와 영예는 다자이와 견줄만했다. 우런바오는 확실히 '천융구이陳永貴[다자이의 농업 운동을 이끈 지도자 천융구이는 후에 국무원 부총리를 역임했다]'의 훌륭한 간부였다. 1975년 10월 26일 자 『인민일보』에는 화시촌에 대한 신화사 기자의 묘사가 실려 있다.

화시생산대대는 11년 동안 성실하게 다자이를 배워왔다. 1무[666.7m^2에 해당된다]당 식량 생산량이 1톤을 초과했고, 올해는 2,400근에 달했으며 …… 우런바오는 스스로에게 5개 요구사항을 제기했다. '…… 넷째, 80%의 역량을 농업에 매진하는 데 쓰고, 10%의 지방 재정을 농업 기계화에 투입하며, 각종 직업은 농업을 기초로 해 정상 궤도에 올려놓는다. 다섯째, 64개의 선진 생산대대에 계속 중점을 두는 동시에 6개의 뒤처진 공사公社가 따라올 수 있도록 돕는다.' 이 이외에도 1만 명의 이론 대오와 1만 명의 과학기술 대오를 건설했다. 그는 쟝수성 전체 대표에게 토질 개량 및 치수, 작물 품종 배치, 가을의 농지 개간, 경지 정리

2) 다자이는 산시성 타이항산 기슭에 위치한 마을로, 1964년 '공업은 다칭을 배우고, 농업은 다자이를 배우자'라는 운동이 전개되면서 중앙 정부에 의해 자력갱생으로 농토를 개간하는 모범으로 전국적인 운동으로 보급되었다.

계획을 강연하기도 했다. 그는 자신의 청사진을 이렇게 한 편의 시로 표현했다. '90만 인민의 마음은 당을 향하고, 70만 논밭은 반듯하니, 6만의 산지는 새로운 모습으로 바뀌고, 오업五業(전문업, 학업, 직업, 취업, 사업)이 발전하고 육축六畜(말, 소, 양, 돼지, 개, 닭)이 왕성하니, 인민공사의 구성원 모두 기쁨이 가득하네.'

이러한 보도는 눈에 보이는 확실하고도 빛나는 데이터로 가득 찼고, 일찍이 81세의 문학가 예성타오葉聖陶를 무한히 감동시켰다. 쟝인 출신의 그는 이를 토대로 한 편의 찬미시를 썼는데, 그중에는 "쟝인 출신의 우런바오 동지, 영웅적인 업적을 책임으로 생각하니, 전국의 수천 현을 헤아려본들 어느 현이 쟝인과 같을 수 있으랴"라는 구절이 있다.

하지만 실제로 우런바오는 다자이를 배우자고 목소리를 높이는 동시에 또 다른 '떳떳치 못한' 일을 하고 있었다. 일찍이 1969년 그는 마을에서 20명을 선발해 몰래 조그만 철물 공장을 열었다. "당시는 바로 자본주의 추종자를 잘라내던 시기였으니 절대 외부로 알릴 수 없는 일이었습니다." 훗날 우런바오를 대신해 화시촌의 당서기를 역임한 그의 넷째 아들 우세언吳協恩은 당시를 회고하면서 이렇게 말했다.

밭에는 붉은 깃발을 나부끼게 하고 나팔소리를 울리면서 검사하던 동지가 떠나면 우리는 몸을 돌려 공장에 들어갔습니다. 왜 위험을 무릅쓰면서까지 이런 공장을 했냐구요? 농사로는 정말 돈벌기가 힘들었습니다. 당시 마을 사람 전체가 죽기 살기로 일해 번 농업총생산액은 24만 위안에 불과했지만 단지 20명이 일하는 철물 공장은 3년 후에 24만 위안의 매출액에 도달했습니다.

1978년 우런바오는 화시촌의 재산을 조사했는데, 공유 고정자산이 100만 위안, 은행 예금 100만 위안에 3년 치 식량을 갖고 있었는데, 이는 전국의 수천 개 농촌 중에서 한동안은 갑부라고 할 수 있는 정도였다. 당시 담배 한 갑 가격이 0.2위안이었고, 쟝인현 전체의 농공업총생산액은 겨우 수억 위안에 달할 뿐이었다.

이처럼 우런바오는 아주 특별한 방법으로 고향을 개조시켰다. 1978년 12월 8일 『인민일보』는 1면에 「농민은 이러한 사회주의를 열렬히 사랑한다」라는 제목으로 화시촌을 다시 보도했고, 이와 동시에 『인민일보』 평론가의 「화시촌의 경험은 무엇을 말하는가?」라는 글도 게재했다. 이것은 당시 '중국 제일 언론'의 전국 농촌에 대한 최고 수준의 보도였다. 그러나 쟝수성의 쟝인 일대에서 화시촌은 '허풍 대대'로 놀림을 받았고, 또 어떤 사람은 중앙에 내부 참고용으로 '화시촌은 거짓의 전형'이라고 보고했다. 이러한 풍파 속에서 우런바오는 날아오는 화살을 기적처럼 피했지만 한 차례 고발 후에 현서기직에서 물러나야 했다. 하지만 그의 공장은 계속 지하에서 운영되었다. 보호받지 못하면서 몰래 운영되던 철물 공장은 이후 중국을 휩쓴 향진집체기업의 모태가 되었다.

시야를 조금만 넓혀보면 당시 중국에서 우런바오는 결코 고독하지 않았음을 어렵지 않게 발견할 수 있다. 북방의 톈진 징하이(靜海)현 차이궁쟝(柴公庄)의 다츄쟝(大邱庄)의 위줘민(禹作敏)이라는 마을 서기도 몰래 냉간압연강공장을 운영하고 있었다. 다츄쟝은 "3년치 쌀겨만 있어도 다츄쟝으로 딸을 시집보내지 않는다"는 민요가 있을 정도로 주위에서 가장 가난한 마을로 알려진 곳이었다. 누구도 10년 후 다츄쟝이 부자 마을이 되어 '천하 제일촌'으로 불릴 줄은 생각지 못했다.

그리고 오래 전부터 공업의 전통이 있던 쟝수와 저쟝성 일대에서 1,000개가 넘는 수공업 작업장이 이미 드문드문 출현하기 시작하고 있었다. 저쟝성의 샤오샨(蕭山)에서 루관츄(魯冠球)는 농기계공장을 설립해 조용히 10주년 기념일을 보내고 있었다.

여기서 독자들에게 한 가지 사실을 미리 말해야겠다. 중국의 민영기업의 성장은 시작과 함께 두 가지 근원이 있었다는 것이 그것이다. 하나는 화시 식의 농촌 기층 정권과 집체기업 조직이고, 다른 하나는 루관츄 식의 자주 창업형 기업이었다. 이후 오랫 동안 우런바오와 루관츄는 중국 향진기업 최고의 '쌍둥이자리'가 되었다. 하지만 둘의 출발점은 상당히 큰 차이가 있었다. 전자는 줄곧 촌급 정부의 조직에 의탁한 것이었고, 후자의 굴기는 대부분 개인이 창조한 것이었다. 처음 시작할 때 이러한 차이는 사람들 눈에 들어오지 않았고, 심지어 상당히 긴 시간 동안 당사자들조차도 이 점에 주의하지 않았다. 둘 다 향진기업이라는 개념을 공용했으나 '기업 재산권'의 귀속 여부가 문제가 되자 둘의 운명은 비로소 다른 방향으로 달리기 시작했고, 이는 1990년대 후반에 이르러 자연스럽게 화젯거리가 되었다.

샤오산은 비록 어미지향魚米之鄕인 강남에 위치하고 있었지만 강의 모래가 밀려와 만들어진 작은 평원에 인구는 많지만 땅은 척박한 곳이었다. 루관츄는 애초에 이러한 땅에 아무런 흥미도 갖지 않았다. 그는 어려서 마을을 떠나 유랑하면서 처음에는 철공 기술을, 나중에는 자전거 수리를 배웠다. 25세가 되던 해 그는 여기저기서 4,000위안을 빌려 여섯 사람을 데리고 닝웨이寧圍농기계공장을 설립했다. 후에 저명한 '중국 기업의 상록수'가 된 이 사람은 그가 태어난 닝웨이에 회사를 차려 50년의 생애 중 거의 그곳을 떠난 적이 없었다.

루관츄가 공장을 차린 일은 정말 빈궁하고 아무것도 없는 곳에서 자수성가한 것이라고 할 수 있었다. 공장은 원자재를 살만한 여력이 없었고, 그래서 그는 낡은 자전거를 타고 매일 강을 건너 항저우 시내로 나가 거리를 돌아다니면서 고철을 수집해야 했다. 어떤 때는 대형 국영공장의 문밖에서 하루 종일 웅크리고 있다가 공장에서 필요하지 않는 폐강관이나 오래된 철사가 나오면 보물을 다루듯 갖고 왔다. 무엇을 생산해도 한 끼는 되지만 다음 끼니는 보장할 수 없을 정도로 영세했다. 처음 1천 개의 쟁기를 만들어 이를 팔기 위해 국영 농기계업체를 찾아갔지만 해당 업체는 판매 목표가 없다는 이유로 문전박대했다. 당시는 철저한 계획경제 시대였고, 그래서 생산, 판매, 구매는 모두 국가에 의해 조정되었고 목표 외의 물품 유통은 불법에 속했다. 영리한 루관츄는 동분서주해 가까스로 살아갈 틈을 찾아냈는데, 그것은 주변 국영기업에 농기계 부품을 생산해서 제공하는 것이었다. 가령 사료 기계의 망치나 목판, 트랙터의 갈퀴, 디젤 기관의 주유구 등 필요한 것은 뭐든지 만들어냈다.

1978년, 루관츄의 공장은 눈덩이 불어나듯이 성장해 직원 400명, 연매출 300여만 위안 규모로 성장했고, 공장 입구에는 '농기계 공장', '베어링 공장', '체인 공장', '로스트 왁스Lost Wax 주물공장'이라는 현판이 걸려 있었다. 그해 가을이 되자 그는 또 '유니버설조인트Univercial Joint 공장'이라는 현판을 걸었다. 주변 농민들은 아마

'로스트 왁스 주물'이나 '유니버설조인트'가 무엇인지 알지 못했을 것이다. 후대 사람 눈으로 보면 루관츄는 농업과 초기 공업화 사이에서 힘겹게 기업의 초석을 닦았다고 할 수 있다.

사람들을 더욱 놀라게 한 것은 초등학교 1학년 학력으로 어떠한 기업관리 지식도 접해보지 못한 루관츄가 일찍부터 특정한 방법을 갖고 공장을 관리했다는 점이다. 1969년에 공장을 설립한 이래 그는 기본월급제를 시행해 노동자들의 기본급은 고정시키고, 근태 상황에 근거해 급여를 계산했다. 1971년 그는 작업량과 시간에 따른 급여 제도를 시행해 노동량에 따라 수입을 분배했다. 7~8년이 지난 후 소수의 각성한 국영공장이 비로소 조심스럽게 이러한 분배 제도를 시험하기 시작했다. "공장을 한다고 해서 무엇이든 다 만들 수는 없다. 일정한 시간이 흘러야 작지만 전문적이고, 작지만 정교해지는 것이다." 훗날 루관츄는 1978년부터 이러한 문제를 고려하기 시작했다고 말했다. 이것이 사실이라면 그는 당시 8억의 중국 농민 중 이 문제를 생각하기 시작한 얼마 안 되는 사람 중의 하나였다고 할 수 있다. 1978년 일부 기업은 조심스레 인센티브 제도를 복원하기 시작했고, 어떤 기업은 작업량에 근거한 급여 제도를 시도하기 시작했다. 9월 우징롄, 저우수롄周叔蓮, 왕하이보어汪海波는 「기업기금 인센티브 제도의 건립과 개선」이라는 장편의 논문을 발표했다. 그들은 경제학, 정치학의 복잡한 용어를 사용해 이윤 비교와 인센티브 제도는 사회주의 경제 특징에 부합하는 것으로 자본주의의 이윤 제일과는 다르다는 것을 어렵게 논증했다. 결론에서 그들은 자연스럽게 그처럼 잘못된 관점을 린뱌오林彪와 사인방 탓으로 돌렸다. "그들은 아무 상관도 없는 이 두 가지 일을 하나로 섞어서 우리 기업을 놀고먹는 관공서로 만들 속셈이었다."

1978년 겨울 베이징의 아침은 매일 몹시 추웠다. 한 신화사 기자는 뉴스 원고에 다음과 같이 썼다. "회백색 태양이 마침내 힘겹게 박무를 뚫고나오자 열기라고는 하나도 없는 햇살이 밀집된 건물, 비좁은 바둑판같은 거리와 꿈틀거리는 인파 등이 거대한 도시의 구석구석을 비추고 있다."

만약 연말의 덩샤오핑의 일본 방문에 자못 투자 유치의 의미가 있었다고 한다면 구미의 기업가들도 분명 중국의 변혁의 냄새를 맡았을 것이다. 특히 일찍이 1972년에 중국과의 관계를 정상화한 초강대국 미국의 코카콜라는 일찍부터 임시 사무소를 왕푸징王府井거리의 베이징호텔에 설치했다. 12월 17일 중미 쌍방이 〈중미수교공동성명〉에 합의했으며, '1979년 1월부터 대사급 외교 관계 수립에 합의한다'고 발표했다. 이튿날 코카콜라는 중량中糧그룹과 중국에서 코카콜라 병 제품 판매에 관한 계약을 체결했다. 당시의 계약에 따라 코카콜라는 보상 무역 및 기타 지급 방법으로 중국의 주요 도시와 관광지에 코카콜라 캔 제조 및 캔 주입 설비를 제공하고, 중국에서 캔과 병 주입 전문 공장을 설립하는 동시에 중국 시장에서 이들 제품을 판매하기로 했다. 캔 주입 공장 설립 전인 1979년부터 중량그룹은 위탁 판매 방식으로 먼저 코카콜라 음료를 판매했다. 계약은 대외경제무역부의 뜰에서 체결되었다. 대외무역부 부장[장관] 리챵李强은 비준 중에 '외국인 전용 호텔 및 관광 매장에 한해 판매할 수 있다'는 조항을 추가했다. 비록 합작 태도가 신중하고 조심스러웠지만 코카콜라 본사는 매우 만족해보였는데, 왜냐하면 수문은 한번 열리면 다시는 닫을 수 없기 때문이다.

미국과 코카콜라의 속도는 사람들의 질투를 사기에 충분했고, 이제 막 문호를 개방한 중국에 대해 흥미를 갖지 않는 자본주의 국가는 거의 없었다. 당시 국제 환경을 보면 미국은 막 베트남 전쟁에서 빠져나와 다른 지역의 일에 관여할 여력이 없었고, 소련도 아프가니스탄 개입으로 인해 다른 것을 살필 겨를이 없었기 때문에 냉전 국면은 소강 상태에 놓여 있었다. 경제적인 측면에서는 막 경기 불황에서 빠져나온 서방 국가들의 경우 여유 자금이 비교적 풍부했고, 이로 인해 해외 시장 확대가 절실한 상황이었다. 4월 국무원 경제 부총리 구무谷牧는 중국 대표단을 이끌고 유럽 각국을 방문했는데, 도착하는 곳마다 정치인과 기업가들은 중국과의 경제 합작 의향을 강력하게 표명했다. 프랑스 대통령 지스카르 데스탱Valery Giscard d'Estaing과의 회담에서 주중프랑스대사는 구무에게 "120개의 대형 프로젝트를 추진한다고 들었는데, 우리 프랑스도 공헌하는 바가 있기를 바랍니다. 우리에게 10개를 주는 것은 어떻습니까?"라고 물었다. 독일의 바덴뷔르템베르크주 주지사는 50억 달러 대출은 지금 서명할 수 있다고 말했고, 노르트라인베스트팔렌은 100억 달러라도 큰 문제는 안 된다는 입장을 표명했다. 이러한 소식들은 중국 지도자들로 하여금 외자유치에 대해 적극적인 태도를 갖도록 자극했고, 이로 인해 해외투자 유치에 대한 생각이 빠른 속도로 확대되기에 이르렀다.[3]

6월 22일 덩샤오핑은 위츄리余秋里, 구무 등과 함께 담화를 나누던 중 "외국과의 사업을 좀 더 크게 하는 것이 좋겠다. 500억을 해라. 형세를 놓쳐서는 안 되니, 좀 더 대담하게 걸음걸이도 좀 더 크게 하는 것이 좋겠다. 늘 논의만 하지 말고, 정확히 보고 바로 행하라. 탄광, 비철, 석유, 발전소, 전자, 군수, 교통운수에서 사료기계 공장에 이르기까지 모두 가능한 빨리 가동해라"고 지적했다.[4] 한 가지 사람들에게 잘 알려지지 않은 사실은 덩샤오핑의 이 몇 마디 말에 따라 중앙 정부는 600억 달러의 외자를 끌어들여 공업, 농업, 과학기술과 무기 생산을 더욱 크게 확대하는 방대한 10년 자본 도입 계획을 수립했다는 사실이다. 그중에는 광산, 철강연합기업과 석유화공설비와 같은 120개의 대형 프로젝트가 포함되어 있었다. 하버드대학의 중국 문제 전문가 페어뱅크는 이후 한 논평에서 다음과 같이 말했다.

이 목표는 현실과 유리되어 있다. 부득불 1년 안팎으로 계획은 대폭 축소될 것이다. 외국과 조인한 많은 계약은 취소되거나 연기될 것이다. 중국의 지불 능력이 모자라기 때문이다.

여기서 숨겨진 한 가지 사실은 개혁개방 초기 덩샤오핑은 '거액 자본 집중 투입' 방식을 사용해 신속하게 중국 경제를 구하려 했다는 점이다. 이는 여전히 국가가 강력하게 경제를 운용하는 방식으로, 마오쩌둥이 군중을 발동해 경제를 운용하는 방식과는 달랐다. 덩샤오핑의 이러한 시도는 자본주의의 돈을 빌려 '중국 빌딩'을 건설하려고 한 것이었다. 그러나 이 낭만적인 청사진이 곧 실행될 수 없는 것으로 드러나자 덩샤오핑은 신속하게 전략을 바꾸었다. 그는 1만 개가 넘는 국유기업의

---

3) 참고할만한 데이터는 1978년 중국의 외환보유고가 1.67억 달러라는 것으로, 없는 것보다는 조금 나은 정도였다.
4) 이 담화는 리정화李正華가 편한 『개혁개방의 준비를 위한 1차 중요회의』와 『국사연구참고자료』에서 인용했다.

개조에 중점을 두기 시작했고, 그들에 대한 '권한 이양 개조'를 통해 생산의 적극성을 유발시킬 수 있기를 기대했다. 이와 동시에 지리적으로 비교적 멀리 떨어지고 국유경제의 힘이 약한 남방에서 '특구 실험'을 진행해 창구 효과를 통해 외국 자본과 기술을 들여오게 했다.

지도자의 조급한 마음은 각급 경제 간부들에게 재빨리 감염되었다. 중국 최초의 외국 자본 도입 열기는 이해 하반기에 갑자기 나타났다. 펑민彭敏은 『당대 중국의 기본 건설』에서 '1978년 1년 동안 78억 달러의 외자 도입 계약이 맺어졌는데, 이중 절반 정도의 금액이 12월 20일에서 연말까지 10일 동안 서둘러 체결된 계약에 따른 것'이라고 밝혔다.

1978년 8월 자동차 산업을 주관하는 제1기계공업부는 미국의 GM과 포드, 일본의 도요타와 닛산, 프랑스의 르노와 시트로앵, 독일의 벤츠와 폭스바겐 등 글로벌 기업에게 중국에 대한 시장 조사를 요청하는 초청장을 보냈다. 곧바로 피드백이 왔다. 타이완과 30만 대의 자동차 생산 프로젝트로 정신이 없던 도요타는 완곡하게 거절했고, 벤츠는 기술 이전을 할 수 없다고 했으나 나머지 회사들은 모두 흥미를 표시했다.

제일 먼저 연락한 곳은 미국의 GM이었다. 10월 21일 GM이 파견한 대규모 방문단은 세단과 중형 자동차 프로젝트를 상담했다. 후에 부총리가 된 리란칭李嵐淸이 이들을 접견했는데, 상담 중에 GM은 처음으로 '합자' 개념을 제기했다. GM은 "당신들은 왜 기술 도입만 이야기하고, 합자경영Joint Venture은 이야기하지 않습니까?"라고 물었다.

리란칭은 후에 CCTV 기자와의 인터뷰에서 이렇게 말했다.

비록 사람들이 영어를 알고는 있어 'Joint'가 '공동 또는 공동으로 부담한다'는 뜻이고, 'Venture'는 '위험'이라는 뜻으로, 이를 연결해 '공동 위험 부담' 정도로 이해하기는 했지만 그에 대한 정확한 의미는 명쾌하지 않았습니다. 그래서 GM은 중국 측에 'Joint Venture'는 공동 투자하는 '합자경영기업'이라고 상세하게 설명해주었습니다. GM은 합자경영기업의 장점과 어떻게 합자경영을 하는지, 그리고 그들이 유고슬라비아에 세운 합자경영기업의 경험 등을 소개했습니다.

GM은 다시 보충해서 설명했다.

간단하게 말하면 합자경영은 함께 돈지갑을 내놓고 공동으로 기업을 경영하는 것입니다. 돈을 벌면 같이 벌고, 손해 보면 같이 손해 보는 것으로 서로 이득을 나누는 일종의 합작 방식입니다. 좀 더 통속적으로 말하면 합자경영은 '결혼'해 공동의 '가정'을 꾸리는 것에 비유할 수 있습니다.

이러한 설명을 들은 후 리란칭은 신선한 흥미를 느꼈다. 모임 후 리란칭은 곧바로 회담 내용을 국무원과 중앙정치국에 보고했고, 덩샤오핑은 '합자경영은 고려할 만하다'는 입장을 표명했다.[5]

덩샤오핑의 의사 표명으로 제1기계공업부와 GM의 회담 속도는 매우 빨라졌다. 이듬해 3월 제1기계공업부는 미국으로 방문단을 파견해 GM과 합자경영에 대한 협의를 진행했다. 하지만 뜻밖에 GM의 이사회가 마지막에 회장의 합자 건의를 부결시켰고, GM은 결국 중국으로의 발걸음을 멈추고 말았다. 이리하여 세계 최대의 자동차 회사는 거의 20년 후인 1997년에야 비로소 상하이에 첫발을 내딛게 된다. 이때는 독일의 폭스바겐이 벌써 중국에서 돈을 쓸어 담고 있었고, 폭스바겐 자동차의 연 판매량은 50만 대에 달했다.

GM 이사회가 중국과의 합자를 부결한 것과 거의 동시에 독일의 한 자동차 전문가가 상하이를 시찰하고 상하이의 지도자와 폭스바겐 자동차 합자 프로젝트에 대해 논의하기 시작했다. 이 논의는 10년에 걸쳐 진행되었다. 중국 측이 회담 중 유일하게 견지한 것은 폭스바겐 자동차가 반드시 국산화되어야 한다는 것이었다. 당시 폭스바겐을 따라 중국에 왔던 주간지 『슈피겔』의 한 기자는 수공업 작업장과 같이 낙후된 중국의 공장을 살펴본 후 약간은 시니컬하게 "폭스바겐 자동차는

---

5) 리란칭이 CCTV 다큐『개혁개방 20년』인터뷰에서 회고한 내용에 의거한 것이다.

외로운 섬에서 생산될 것 같다. 여기에는 거의 어떤 부품공급업체도 없다. 작업장에 있는 호이스트, 긴 걸상, 고무망치 등은 할아버지 세대에 사용하던 생산방식"이라고 보도했다. 당시 현장을 시찰한 거의 모든 독일인들은 상하이의 자동차제조업이 단기간 안에 이토록 낙후된 상황을 변화시킬 수 있으리라고는 믿지 못했다. 사용할 수 있는 것은 타이어, 라디오, 경적, 안테나와 표지판 정도로 자동차 부품 전체의 2.7%정도에 불과했다.

비록 원망과 우려가 있었음에도 불구하고 중국이 세계를 받아들이고, 세계가 중국에 진입하려는 열정은 점점 더 뜨거워지고 있었다.

1978년은 물이 흐르면 도랑이 생기듯이 모든 일이 자연스럽게 진행되었다. 덩샤오핑을 핵심으로 하는 지도부가 국가의 주도권을 잡았고, 뒤이어 과학대회에서 현대화 건설의 주선율이 확정되었다. 등샤오핑은 5월의 '진리 기준 대토론'에서 사상해방운동을 시작해 개혁 사상이 주도권을 획득했다. 일본 방문 및 일련의 계속된 외자 협상으로 무겁게 닫혀있던 문호가 조금씩 열리기 시작했다. 11월 베이징시위원회는 1976년의 '톈안먼 사건'이 혁명 운동이었음을 선포했고, 문혁 기간 중 박해받았던 혁명가와 인민들이 곧바로 명예를 회복할 수 있도록 했다. 이처럼 변혁은 매일 일어났고, 중국의 미래의 향방은 날로 분명해지고 있었다. 연말인 12월 18~22일까지 중국 당대사에서 가장 중요한 회의 중의 하나인 중국공산당 11기 3중전회가 개최되었다.

이 회의의 유일한 의제는 '전 당의 업무 중점의 사회주의 현대화 건설로의 전환'이었다. 이와 관련해 3중전회는 '계급투쟁을 핵심으로'와 '무산계급 독재 하의 혁명 유지'라는 구호의 사용을 중시하는 새로운 당 노선을 확정했고, 또 개인에 대한 우상 숭배를 반대했으며, 잘못 처리된 수많은 사건과 주요 지도자들의 공과시비 문제를 해결했다. 3중전회는 '정치 생활'이 다시는 중국 인민들의 주요 생존 방식이 될 수 없다는 것을 확고하게 해준 상징적인 의미를 갖게 되었다. 중국은 세계가 평화롭게 경쟁하는 큰 무대로 되돌아왔다. 백 년 동안 격동을 경험한 동방의 국가가 경제 발전이라는 방식으로 머나먼 내일로 나아가게 되었다. 비록 2년 전에 극좌 노선을 걸은 사인방이 타도되었지만 2년이 지난 오늘에서야 비로소 중국은 진정으로 '개혁개방'의 시대에 진입했다.[6]

3중전회가 끝나고 이틀 후 상징적인 의미를 가진 프로젝트가 상하이에서 시작되었다. 12월 24일 훗날 중국 제철업의 지주가 된 바오강寶鋼제철이 상하이 북쪽 교외의 한 모래사장 위에 첫 주춧돌을 놓았다. 국무원은 국가계획위원회, 건설위원회 등의 보고를 비준하면서 일본에서 플랜트를 도입해 상하이의 바오산에 연생산량 1,320만 톤의 대형 제철소를 건설하고, 이를 위해 214억 위안을 투자하기로 결정했다. 이중에는 외화 48억 달러, 국내 투자 70억 위안이 포함되어 있었다. 언론은 바오강을 '중국 제일의 현대화된 대형 제철 기지'로 표현했다. 이 프로젝트는 1978년 중국 정부의 경제 발전과 외자 유치 의지를 대변한 최대의 조치였고, 이에 대한 전국 각계각층의 기대는 가히 짐작할 수 있었다.

1978년은 실제로는 요원하고도 모호한 과거라고 할 수 있다. 1978년에 미국은 〈파산 개혁법〉을 반포했는데, 이전에는 전 세계 최대의 경제 국가인 미국에서도 기업 파산 부분에 체계적인 법률이 없었다(중국에서는 5년 후에 최초로 파산 기업이 출현했다). 그해 마이크로소프트사가 막 2살이 되었고, 빌 게이츠는 자신에게 급여를 지급하기로 결정하면서 공동 경영자에게 "올해 내 연봉은 절대로 낮게 책정되어서는 안 되고, 1만 6천 달러는 되어야 한다"고 말했다. 그해 포드자동차의 전설적인 CEO 아이아코카Lee Iacocca는 헨리 포드의 질투로 해고되었다. 당시 54세이던 그는 파산에 임박한 크라이슬러에 스카우트되었고, 6년 후 마침내 기적처럼 손실을 만회하면서 24억 달러라는 막대한 이익을 올렸다. 이로 인해 그는 미국 경제계의 영

---

6) 실제로 11기 3중전회 이전까지 정부의 많은 고위 관리들은 여전히 중앙의 태도에 대해 잘 알지 못했다. 훗날 국가경제위 주임을 역임한 위안바오화袁寶華는 이렇게 회고했다. "1978년 12월 초 나와 정치가인 덩리췬鄧力郡, 경제학자 마훙馬洪이 일본을 방문했는데, 기자회견장에서 한 기자가 '위안 선생, 중국은 외국이 투자해 공장을 세우는 것을 허가할까요?'라고 물었다. 그가 왼쪽에 있던 덩리췬에게 묻자 그는 눈을 감고 대답하지 않았고, 오른쪽의 마훙을 보자 입을 꾹 다물고 머리를 흔들었다. 그래서 할 수 없이 '기자 선생, 당신이 제기한 문제는 매우 중요한 것이니 진정으로 생각해보겠습니다'라고 대답했다. 다음날 비행기를 타고 베이징에 돌아왔는데 3중전회가 개최되고 있었다"(CCTV, 『개혁개방 20년』 해설, 작가출판사, 1998년).

웅이 되었고, 중국 기업가가 가장 숭배하는 우상 중의 하나가 되었다. 미국의 시카고에서는 전 세계 최초로 이동전화 통신시스템이 조용히 개통되었는데, 사람들은 이 신기술을 안중에도 두지 않았고, 누구도 그것이 글로벌 정보 시대의 발단이 될 것임을 생각하지 못했다.

1978년의 중국과 세계는 피차 낯설었고, 각자가 직면하고 있던 생활과 화제는 상당한 거리가 있었다. 미국 가정의 TV 보급률이 이미 70%를 넘던 시기 근엄하던 『인민일보』에 처음으로 TV와 관련된 만화가 출현했다. 7월 이 신문에는 처음으로 광고가 실렸고, 10월부터는 간혹 CCTV의 프로그램 예고가 등장하기도 했다. 정부는 인민에게 근검절약을, 특히 폐기된 시멘트 포대를 반드시 회수해 이용할 것을 호소했다. 한 베이징 사람은 상하이의 한 서점에서 뜻밖에 '개가식 진열장에서 책을 읽는 모습'을 보고는 아주 신선하게 느껴 바로 신문사에 편지를 보내 전국적으로 이처럼 좋은 방법을 보급해줄 것을 희망했다.

만약 1978년에 중국과 세계의 거리가 의외로 아주 멀다는 사실을 명확하게 알았더라면 우리에게 과연 세계를 따라잡으려는 용기가 생길 수 있었는지에 대해 잘 모르겠다.

훗날 어떤 사람은 조심스럽게 이에 대한 증거를 찾은 적이 있다.

정확하게 말하면, 여러분은 처음부터 중국과 세계가 마치 두 개의 전혀 상관없는 시공에서 생존하면서 완전히 다른 경제 구조와 사유방식, 언어 체계 및 발전 맥락을 갖고 있어 양자 사이에서 공통점을 발견하기 어렵다는 사실을 발견할 수 있을 것이다. 하지만 조금씩 그들은 절묘하게 접근을 거듭하면서 오랜 시간이 흐른 후 마침내 하나로 융합되어 서로 분리하기 어렵다는 사실도 발견할 수 있을 것이다.

1978년 12월 26일 저녁 처음으로 미국 유학을 떠나는 50명의 방문학자들이 밤의 어둠 속에서 베이징발 미국행 비행기에 몸을 실었다. 이 방문단에는 최소 32세에서 최대 49세의 다양한 연령이 포함되어 있었고, 유학 기간은 2년이었다. 국무원 부총리 팡이/方毅는 떠나기 전에 그들을 특별히 접견했고, 중국과학기술협회 회장 저우페이위안周培源과 교육부 부부장 리치친李琦親이 공항에 나와 그들을 배웅했다.

이는 하나의 시작이었다. 영국의 『옵서버』의 발표에 따르면, 중국은 이듬해 이미 캐나다, 영국, 프랑스, 독일과 일본에 각각 500명의 유학생을 받아줄 것을 요청했고, 미국에게는 5,000명을 받아주길 희망했다. 『옵서버』는 다음과 같이 논평하고 있다.

이 젊은이들은 앞으로 충분히 영어를 접하게 될 뿐만 아니라 적나라한 정치평론 등 민주주의 체제 하의 모든 것을 접하게 될 것이다. 그들은 빅토르 위고와 디킨스가 이미 죽었고, 그들에게 줄곧 주입된 저 비참한 상황의 영국의 모습도 다시 그려져야 할 필요가 있다는 것을 머지않아 인식하게 될 것이다. 이 모든 것은 그들에게 또 막 문호를 개방한 중국에게 무엇을 의미하고 있을까?

확실한 것은, 그것이 진정한 시작이었다는 점이다.

| 기업사 인물 |

　미국 예일대학의 금융학 교수 천즈우陳志武는 "1978년 이전의 중국의 모습은 아마도 극히 엉망인 상태였을 것"이라고 말했는데, 이는 어떤 의미에서 경제학계의 공통된 인식이었다.

　1978년 이전의 중국은 순수한 계획경제 성장 모델을 따르고 있었다. 1952년을 전후해 중국은 개인 자본에 대해 한 차례 철저한 청산을 행했고, 모든 개인 기업을 이 시기에 국유화했다. 이후 1978년까지 중국 국경 내의 모든 기업은 국영 또는 집체소유제 기업이었다. 모든 물자의 생산과 분배는 국가에서 조정했고, 당시의 연도 계획회의는 몇 개월에 걸쳐 열렸다. 국가계획위원회의 경제종합사 사장司長을 역임한 주즈신朱之鑫는 당시를 회고하며 이렇게 말하고 있다.

　당시 계획을 수립하는 것은 노새와 말의 대회 같았다고 할 수 있는데, 아주 지독했습니다. 탄광의 경우 얼마를 채굴하고, 필요한 갱목의 수량이 얼마인지에 대한 보고가 올라오면, 저는 다시 임업 부문에 가서 얼마의 목재가 있는지를 알아보고, 그것으로 석탄 산업에 얼마를 나누어줄 수 있는지를 확인한 다음, 다시 철도 부문에 가서 운송을 확인했습니다. 이런 식으로 계획이 만들어졌습니다.

　명백히 이것은 아주 엄밀한 시스템을 가진 계획 생태 사슬로, 고도의 집중과 전면 봉쇄된 체계 내에서 운영되었고, 전국의 기업은 한 공정을 담당하는 작업장과 같았다. 국무원 총리는 공장장, 계획위원회는 조정실에 해당되었는데, 계획위원회가 음식을 주문하면 재정부는 돈을 꺼냈고, 은행은 계산하는 등 아주 질서정연해 보였다. 하지만 효율에 대한 이러한 계획경제의 배척과 무시는 이미 논증할 필요가 없는 사실이었다.

국가의 모든 산업적 배치는 중공업을 절대 우선으로 했다. 1953~1979년 사이에 중공업의 성장은 경공업의 성장에 비해 선행계수가 1.47이었고, 심지어 어떤 시기에는 6.00까지 올라갔다. 정치 목표와 국가의 생존 전략에서 나오는 수요는 군수산업을 가장 중요한 위치에 놓게 했고, 철강, 석유 등 중공업이 이에 결합되어 있었다. 이로 인해 중공업 생산품은 정상 경제의 운행 체제와는 달리 국민경제가 확대 재생산되는 순환 과정에 유입되지 않았고, 이것은 직접적으로 경공업 및 국민생활 필수품 생산의 심각한 부족 현상을 초래했다. 사람들에게 필요한 식량이나 일용품 등은 모두 제한된 배급표에 따라 공급되었다.

이 외에 전국적인 기업의 배치도 매우 불합리했다. 전쟁 중 피동적인 지위에 놓이는 것을 면하기 위해 공업기업을 경제적으로 유리한 연해 지구에 배치한 것이 아니라 내지, 즉 가장 후방에 두는 전략을 채택했다. 이리하여 중요한 공업기업은 모두 운송비가 많이 드는 높은 산악 지대에 배치되었고, 경제적 합리성을 전혀 계산하지 않은 채 광범한 지역에 분산되어 있었기 때문에 규모의 우위를 상실하면서 경제 효율을 크게 떨어뜨렸다.

금융 체계에서 1978년 이전의 중국에는 단 하나의 은행만 있었고, 보험회사나 기타 어떠한 금융적인 성격을 띤 기업도 없었다. 국영기업 예금과 재정 예금이 1,089.9억 위안으로 은행 예금 종액의 83.8%를 차지했다. 국가가 저축의 주체이자 투자의 주체였기 때문에 금융 중개가 필요치 않았다. 국유 고정 투자는 주로 재정 지출이었고, 은행의 대출은 주로 유동 자금이 되었다.

1978년 이전의 중국은 문을 닫고 자기만 고집하는 경제 체제로 세계 경제 체계와 기본적으로 절연되어 있었다. 고도로 집중된 경제 열차는 20년을 운행한 후 1970년대 말 마침내 공전의 진흙구덩이 속으로 빠져들었다. 1958~1978년까지 20년 동안 중국의 도시 주민의 평균 수입은 겨우 4위안밖에 증가하지 못했고, 농촌 주민은 2.6위안을 넘지 못했으며, 전 사회의 물자는 전면적으로 부족했고, 기업의 활력은 완전히 사라지고 없었다.

1979년
새로운 전환기와 반짝이는 별

나의 시대가 등 뒤에서
갑자기 큰 북을 울린다.[1)]

— 베이다오北島, 「직장崗位」(1979년)

1979년 시카고대학에서 제도경제학을 연구하던 홍콩의 청년학자 장우창張五常이 광저우를 여행하고 있었다.

그는 사소한 곳에서 진리를 발견하는 데 뛰어난 사람이었다. 그는 머물던 호텔에서 두 명의 여공이 매일 수십 평방미터에 달하는 뜰에서 낙엽을 쓰는 것을 보았는데, 그것이 마치 둘이 하는 일의 전부인 듯했다. 담장의 작은 구멍을 보수하는 데는 세 사람이 필요했는데, 한 명은 회반죽을 들고 있고, 다른 한 명은 회반죽을

---

1) 본 장의 제목은 북경의 시인 베이다오가 1979년 3월 『시간詩刊』에 발표한 한 편의 시 「회답回答」에서 따왔다. 이 시는 일종의 결연하면서도 토로하는 듯한 어조로 시대에 뒤떨어진 구체제에 대한 반항을 외치고 있다. "니체가 '신은 죽었다'라고 말한 것처럼 참신하지만 대단히 혼란스러운 시대가 임박한 것이다. 너에게 말하마, 세계/나는 믿지 못한다!/설령 너의 발아래 일천 명의 도전자가 있더라도/그것은 바로 나를 천 한 번째 사람으로 여기는 것이다. 나는 하늘이 푸르다는 것을 믿지 않는다/나는 번개의 반향을 믿지 않는다/나는 꿈이 거짓이라는 것을 믿지 않는다/나는 죽음에 응보가 없다는 것을 믿지 않는다. 만약 바다가 제방을 무너뜨릴 운명이라면/이전의 모든 고통을 내 마음 속으로 들어오게 하고/만약 육지가 솟아 오를 운명이라면/인류가 다시 한번 생존의 산꼭대기를 선택하게 하자. 새로운 전기와 반짝이는 별은/막힘없는 하늘을 가득 수놓고 있다/그것은 오천 년의 상형문자이고/그것은 미래의 사람들이 응시하는 눈동자이다."

구멍 안으로 밀어 넣고, 마지막 세 번째 사람은 옆에서 구멍을 손가락으로 가리키고 있었다. 아침 식사는 1시간 동안 제공되어야 했지만 반시간만 지나면 일하는 사람은 없었고, 20여 명의 종업원들은 식당 한구석에 모여 제멋대로 한담을 나누고 있었다. 또 한 토목기사는 중국 학생의 미국 유학 수속을 모두 알고 있다고 큰소리 쳤는데, 그가 제공한 자료는 사실과 전혀 부합되지 않았다. 광저우의 한 고급 관리는 비자와 여권을 확실하게 구분하지 못했다. 홍콩 상인과의 비즈니스 협상을 위해 파견된 사람들은 '무지하기 짝이 없었고', 모든 상담은 쓸데없이 힘만 쓰는 꼴이었다. 더욱 심한 것은 중국 관리들의 직위와 계급이 천차만별이어서 외국인들은 간부들의 도착 순서에 따라 직급의 높낮음을 판별해야만 했다.

장우창은 그래서 이렇게 결론을 내렸다.

중국의 현대화는 어느 길을 선택하더라도 모두 커다란 장애에 부딪칠 것이다. 다른 국가를 기준으로 가늠해보면 중국 전체에서 양질의 교육을 받았다고 칭할 수 있는 사람은 45세 이하에서는 거의 몇 사람 찾기 힘들다. 그 결과 일군의 방만한 노동 인구와 무지한 관리들이 나타났다. 이 방면에서 조성된 장애는 앞으로 아주 심각한 상황이 될 것인데, 일반인들이 말하는 소위 '외자 외환外患' 문제와 견줄 수 있을 것이다.

1979년 1월, 56세의 홍콩 상인 휘잉둥霍英東은 광둥성 정부에 광저우에 5성급 호텔 바이텐어白天鵝 호텔을 세울 것을 제안했다. 그가 1,350만 달러를 투자하고, 호텔 측이 은행에서 3,631만 달러를 대출해 합작 기간을 15년으로 해서 지은 이 호텔은 건국 후 첫 번째의 중외합자 고급 호텔이자 최초의 5성급 호텔이었다. 후에 전국정협 부주석에 임명된 휘잉둥은 당시를 회고하면서 이렇게 말했다.

당시 대륙 투자 시 두려운 것은 정책의 돌변이었습니다. 그해 베이징공항에는 소수 민족의 명절 장면을 묘사한 한 폭의 벽화[2]가 있었습니다. 거기에는 한 소녀의 나신이 그려져 있었

---

2) 베이징공항 낙성시에 설치된 대형 벽화 〈시쉐이지에洗水節〔운남 태족의 명절〕―생명 찬가〉로, 화가 위안윈성袁運生의 작품이다.

는데, 그것은 국내에서 많은 논쟁을 불러일으켰습니다. 저는 베이징에 갈 때마다 가장 먼저 이 그림이 있는지 없는지를 확인했는데, 만약 있으면 마음이 비교적 안정되었습니다.

휘잉둥이 호텔을 세울 때 가장 먼저 직면한 것은 계획경제가 초래한 자원 부족 문제였다.

큰 호텔 하나에는 거의 10만 종의 인테리어 재료와 용품이 필요한데, 당시 대륙에는 거의 아무것도 없었습니다. 욕조 마개조차 생산되지 않아 부득이 보온병 마개로 대체해야 했습니다. 더 곤란한 것은 어떤 물건을 소량이나마 수입하려면 10여 개 부서에 가서 허가 도장을 받아야 하는 것이었습니다.

극도의 시달림을 받은 휘잉둥은 마침내 절묘한 방법을 생각해냈다. 그는 먼저 개업 일자를 정해 놓고 베이징과 광둥, 홍콩, 마카오 인사들에게 초청장을 발송했다. 그리고 초청장을 주관 부서에 보이면서 신속한 처리를 재촉했다. 이 조치가 의외의 효과를 보아 공사 진도는 빠르게 진척되었다. 1983년 2월 바이텐어호텔이 문을 열자 당일 호텔에는 1만여 명의 시민들이 몰려들었다.

휘잉둥과 비교해 프랑스의 피에르가르뎅이 받은 환영의 정도는 훨씬 더 컸다. 3월, 그는 최초로 중국에 온 국제적인 디자이너 거장이었다. 예술가와 상인이라는 두 가지 기질을 가진 이 프랑스인은 열두 명의 모델을 이끌고 베이징민족문화궁에서 패션쇼를 열었다.

당일 중국의 거리를 가득 채운 것은 '푸른색의 바다'였다. 당시 유행한 복장은 소매가 헐렁한 때가 낀 솜저고리였다. 그러나 세심한 사람이라면 맵시 있고 아름다운 여인들이 분홍색 스카프를 걸치거나 회남색 덧옷 속에 꽃무늬 상의를 드러내고 있는 것을 어렵지 않게 발견할 수 있었을 것이다. AP통신 기자가 찍은 사진이 지금도 남아 있는데, 피에르가르뎅은 검은색 외투를 입고, 양손을 윗주머니에 넣은 채 베이징의 대로를 걷고 있고, 그의 왼편 앞쪽에는 쭈글쭈글한 가죽 가방을 든 나이든 농민이 고개를 돌려 호기심 어린 눈길로 이 긴 얼굴의 서양인을 지켜보고 있다. 그의 모자와 숨저고리는 피에르가르뎅과 선명한 대조를 이루고 있다.

비록 어색하기는 했지만 두 세계는 마침내 함께 길을 걸었다. 패션쇼의 입장권은 무역업계와 패션업계의 관료와 엔지니어들의 '내부 견학용'으로 엄격하게 제한되었다. 베이징민족문화궁은 임시로 T자형 무대를 설치했고, 여덟 명의 프랑스 모델과 네 명의 일본 모델은 거침없고 자연스러운 무대 매너로 일종의 자유스러운 스타일을 표현했다. 무대를 빈번하게 움직이던 남녀 모델은 서로 상냥한 눈길을 주고받으며, 어깨를 맞대고 팔짱을 끼는 등 당시 중국인들에게 약간은 정중하지 않게 여겨질 수도 있는 친밀함을 표현했다.

무대 뒤의 탈의실에서는 재미있는 사건이 발생했다. 한 세심한 중국인이 커다란 커튼을 쳐 탈의실을 두 개로 나눈 것이 원인이었다. 그는 남자와 여자 모델들이 몸에 달라붙는 옷을 입은 채 서로 섞여 있으면 매우 불편하리라 생각했다. 하지만 피에르가르뎅은 커튼을 거둘 것을 고집했다.

우리 남녀 모델들은 줄곧 한 방에서 옷을 갈아입기 때문에 조금도 불편한 점이 없습니다. 패션 디자이너라면 외과 의사처럼 우리 모델들의 형체를 이해해야 합니다. 미안하지만 커튼을 없애주십시오. 이것은 일입니다.

무대를 설치한 중국인들은 서로 얼굴을 살폈지만 결국에는 그의 의견을 따랐다. 단 이 일을 '기율'로 간주해 절대 외부로 소문이 새나가지 않도록 했다.

낭만적인 예술의 거장으로 여겨지는 피에르가르뎅은 중국 대륙에서 불러일으킨 충격파에 대해 매우 만족스러워했다. 이해부터 1994년까지 이 프랑스 패션 디자이너는 중국을 20여 차례 방문했다. 이 20년 동안 그는 줄곧 패션쇼를 열었고, 매우 행복해했다. 오랜 기간 동안 '피에르가르뎅'은 중국 소비자들에게 지명도가 가장 높은 외국 패션 브랜드였고, 한동안 고급 패션과 사치의 대명사가 되었다. '선입견에 고정'되는 브랜드 효과는 여기에서 아주 극단적으로 드러났다.

중국에게 1979년은 경제 세포가 재생된 해로, 현대 경제의 각종 요소가 시동을 걸고 다시 사용되기 시작했다.

베이징은 외환관리총국을 설립해 인민폐와 외환 거래 업무를 전면적으로 관리했다. 3월 중국기업관리협회가 설립되었고, CCTV는 처음 광고부를 만들었는데, 20년 후에는 중국에서 가장 실력 있는 광고방송업체가 되었다. 5월 1일 베이징 카오야(烤鴨) 허핑먼(和平門) 분점이 문을 열었다. 건축 면적 1만 5천m^2, 사용 면적 4,000m^2, 각종 연회실 40여 개, 수용 인원 2,000여 명으로 세계 최대의 북경오리구이 전문점이었다. 가장 새로웠던 점은 이 식당이 '취안쥐더(全聚德) 카오야점'이라는 유명 간판을 되찾은 것이다. 청나라 동치 3년(1864년)에 설립된 취안쥐더 카오야는 베이징에서 가장 유명한 오리구이 전문점이었는데, 문혁 기간 동안 전국의 모든 전통 있는 가게와 마찬가지로 간판을 내려야 했다. 취안쥐더의 부활은 과거에 간판을 내렸던 가게들이 모두 부활할 수 있다는 사실을 알리는 뚜렷한 신호였다.

상하이에서 일부 상공인사들과 해외 교민들은 민간에서 자본을 조달하는 방식으로 '상하이시공상애국(工商愛國)건설공사'라는 기업을 설립했는데, 이 기업은 훗날 중국 최초의 민영기업으로 인정되었다. 최초의 광고회사도 백 년의 상업 전통을 가진 이 도시에서 출현했다. 3월 5일자 『문회보(文匯報)』에는 최초로 외국 브랜드인 스위스의 '라도 시계' 광고가 실렸다. 당일 라도 시계는 상하이방송국에서도 광고 방송을 내보냈는데, 시간과 운영상의 이유로 영어 해설에 중문 자막만 단 채 방영되었다. 비록 낭시 중국에서 영어를 알아듣는 사람이 많지는 않았지만 3일 만에 황푸(黃浦)구 상가에서 이 브랜드 시계를 문의한 소비자는 700명을 넘어섰다.

광저우 등지에서도 일부 서비스 기업이 출현했다. 여행업도 발을 내딛기 시작했고, 신문지상에서는 호텔도 기업적으로 관리할 수 있는지에 대한 토론이 전개되었다. 국민 경제는 경공업으로의 전환을 시작했다. 국무원은 경공업 발전을 장려하는 문건을 내놓았는데, 세수, 노동자 고용 등 6개 분야에서 적절한 안배가 이루어졌다. 상하이에서 한 제철공장은 공장 건물 하나를 상하이복장공사에 양도했는데, 당시 국영기업 간의 이러한 재산권 양도는 센세이션을 일으킨 뉴스 중의 하나였다.

보험업의 허가 여부에 대한 토론도 일정이 잡혔다. 불가사의하게도 1959~1979

년까지 중국 국내의 보험 업무는 모두 중단되었다. 당시에는 기업과 가정에는 이러한 '자본주의적인 착취 도구'가 필요치 않다고 여겼다. 1980년에 이르러 중국인민보험공사가 다시 설립되었고, 6년 동안 시장을 독점했다. 1986년에야 두 번째 보험 영업허가증이 나왔고, 다시 6년이 지나서 외국계 보험회사의 진입이 허가되었다. 보험업의 이러한 단계적 개방은 중국의 거의 모든 독점형 업종의 축소판이었다.

중국 경제의 굴기가 향후 세계에 도대체 어떤 의미를 갖는지를 생각하는 사람들이 해외에서 생겨나기 시작했다.

『타임』, 『뉴스위크』가 여전히 중국의 문호 개방에 대해 이러쿵저러쿵 떠들고 있던 시기 줄곧 큰소리를 내지 않던 『이코노미스트』는 훨씬 더 심층적인 사항들을 지적했다. "중국의 굴기가 기존의 국제 시장에 치명적인 충격을 만들어낼 수 있을까? 이 문제는 20년 후에 진짜 하나의 '문제'가 될 수 있음을 알아야 한다." 기존의 자료를 보면 『이코노미스트』가 이러한 의문을 제기한 최초의 매체였고, 이러한 점에서 진정한 예언가라고 할 수 있었다.

1979년 3월 3일에 발표된 「중국은 얼마를 수출할 수 있는가?」라는 글에서 『이코노미스트』는 다음과 같이 분석했다.

> 미국, 소련과 유사한 대륙형 국가로서 중국의 장기적인 수출증가율은 4~5%를 유지할 수 있을 것이고, 1990년을 전후로 중등 규모의 무역 국가가 되기에 충분하다. 중국이 갖고 있는 것은 토지, 에너지, 노동력이고, 현재 부족한 것은 시장경제의 경험과 의식이다.

『이코노미스트』는 비록 눈앞만 바라보면 중국이 대량의 수입을 필요로 하기 때문에 선진 공업국의 생산을 자극할 수 있을 것 같지만 장기적으로 보면 "중국 수출품은 필연적으로 홍수나 맹수처럼 밀려올 것"이라고 대담하게 예언했다. 필자는 다음과 같이 말했다.

중국의 수출 성장이 훨씬 더 빨라질 수 있을까? 원유 분야에서 확장을 억제하는 가장 중요한 요소는 공급이다. 그러나 그들은 일정 기간 내 상당한 강세를 유지할 수 있을 것이다. 이윤은 가공 수출에 달려있다. 현재 한국의 총수출액은 중국 대륙의 25배이고, 홍콩과 대만은 대륙의 100배나 된다. 중국은 조금 간단한 제조업 영역, 가령 방직, 신발류, 보석, 완구와 여행용품 등의 영역에서 이미 시장화되기 시작했다. 전자업과 소형 기계 공업은 머지 않아 따라잡을 수 있을 것이다.

시장에 대한 상식의 부족이라는 중국의 장애 중의 하나는 시장이 어떤 상품, 어떤 디자인과 품질 기준을 필요로 하는지에 대한 경험 부족이다. 다른 국가의 경험을 모방하는 것이 하나의 방법인데, 사실 중국은 이미 그렇게 하기 시작했다.

중국은 토지, 에너지, 노동력 및 원자재를 제공하고 외국은 설비, 원천 기술, 관리와 시장 경험을 제공한다(예를 들면 한 해외 화교가 이미 중국 대륙에 공장을 설립해 홍콩으로 연간 200대의 버스를 수출하고 있다). 결국 최대의 수출 지역은 타이완이 될 것이다.

또 다른 큰 장애는 보호무역주의다. 미국은 이미 중국과 방직 제품 문제에 대해 '시장질서 조정' 협상을 시도하고 있다. 하지만 중국은 최고의 가격 협상 능력을 갖추고 있다. 중국은 곧 이윤폭이 매우 큰 공급업체가 될 것이고, 동시에 새롭고 흡인력을 갖춘 최고의 시장을 갖고 있다. 머지않은 장래에 빛연석으로 중국의 수출품들이 맹렬하게 쏟아질 것이다. 중국 대륙의 수출액은 1990년까지 4배로 증가할 것이고, 일본 수출액의 1/3보다 많을 것이다. 10년의 고속 성장, 게다가 거기에 소요되는 원자재와 석유는 중국이 지금의 영국과 비슷한 중등 무역 국가가 된다는 것을 의미할 것이다. 서방은 응당 이러한 현실을 참고 받아들여야 한다.'

이상이 1979년 서방국가가 중국 경제의 회복에 대해 가장 안목 있는 시각으로 바라본 보도였다.

덩샤오핑은 전 세계에서 중국 기업을 진흥시킬 모델을 찾고 있었다. 1월 그는 원래의 스케줄에 따라 미국을 방문했다. 미국 방문을 마친 덩샤오핑은 2월 7일 도쿄에 도착해 오랜 친구인 오오히라 마사요시大平正芳와 일본 수상 관저에서 회담을 가졌다.

미국 방문에서 덩샤오핑의 가장 중요한 임무는 정치적인 것이었다. 그는 조지아주 주지사 관저에서 그를 예방한 주지사들과 함께 만찬을 가졌다. 덩샤오핑은 번거로움도 마다하지 않고 중국이 정치와 경제 정책에서 개방화로 나아가고 있음을 소개하고, 중미 간의 정상적인 외교관계가 미국인들의 지지를 받기를 희망한다고 말했다. 반면 그의 일본 방문은 학습의 의미가 훨씬 더 컸다.

여기서 간단하고 짧게 1979년의 세계를 돌아보기로 하자. 과장하지 않고 말하면 이 해는 그다지 태평스런 한 해는 아니었다. 4월 파키스탄 총리 부토가 처형당했고, 우간다의 독재자 아민 정권이 전복되어 국외로 망명했다. 5월 미국에서는 244명이 사망한 항공기 사고가 발생했다. 8월 호메이니가 통치하게 된 이란은 팔레비 국왕을 지지하는 미국에 보복하기 위해 석유 운송 금지를 선언했다. 이에 유가는 배럴당 15달러에서 35달러로 급등했고, 이로 인해 제2차 석유 위기가 발생했다.[3] 9월 필리핀 대통령 마르코스가 부패와 유언비어 유포죄로 체포되었다. 10월 한국 대통령 박정희가 피살되었고, 11월에는 볼리비아에서 쿠데타가 발생했다. 12월 소련이 아프가니스탄을 침공했고, UN은 이란에 대한 경제 제재를 선포했다. 이러한 사건들은 1970년대의 마지막 1년을 신경질적인 긴장감으로 가득 채웠다.

이러한 정치적 사건들에 비해 경제 영역에서 전 세계적인 화제는 딱 하나, 일본의 굴기였다. 이 제2차세계대전 패전국은 강인한 국민성과 현실적인 기업 성장 전략으로 불가사의한 경제 기적을 이루어냈다. 1945년 연합군총사령관 맥아더 장군은 필리핀에서 일본으로 갈 때 히로히토 천황과 회견하는 것을 거절하고, 그를 미국대사관으로 불러 문안하게 했다. 그는 담뱃대를 물고 『시카고트리뷴』 기자에게 "일본은 이미 4류 국가로 몰락했고, 다시는 세계 강대국이 될 수 없다"고 말했

---

[3] 제1차 석유위기는 1973년의 중동전쟁과 함께 일어났다. OPEC 회원국들이 서방을 제재하기 위해 연합해 석유 생산량을 감축하자 석유 가격이 배럴당 3달러에서 12달러까지 상승했다.

다. 1955년 중국의 국민소득은 세계의 6.5%를 차지했고, 일본은 2.5%에 불과했다. 1960년에 이르자 일본은 이미 중국과 어깨를 나란히 했다. 일본 부흥의 상징적 사건은 1970년 3월에 개최된 오사카 세계박람회였다. 일본 정부는 역사적으로 전례가 없는 20억 달러를 들여 이 공전의 상품박람회를 개최했는데, 전 세계에서 77개 국가가 몰려들었다. 미래학의 창시자 중 하나인 칸Herman Kahn은 25년 전 맥아더의 말을 게재한 신문인 『시카고트리뷴』에서 "일본은 이미 세계 경제 대국의 행렬에 진입했고, 21세기는 일본의 세기가 될 것"이라고 예언했다. 1970년대 전반 내내 일본은 세계에서 경제 성장이 가장 빠른 나라였다. 1979년 7월 하버드대학 교수 보겔Ezra F. Vogel은 『일본, 세계 제일』이라는 책을 출판했는데, 이 책은 전 세계로 하여금 1980년대 내내 일본을 언급하게 했다. 국제 시장에서 가전, 시계, 카메라, 자동차, 반도체 등의 일본 상품은 거의 한 시대를 풍미했고, 천하무적이었다. 일본 기업의 관리 경험은 전 세계 기업과 정치가들이 학습하는 본보기가 되었다. 오라클 회장 엘리슨Larry J. Ellison은 1979년 한 일본 기업가의 강연에서 들었던 말을 자주 언급하곤 했다.

> 일본에서 우리는 100%미만의 시장점유율은 충분치 않다고 생각했습니다. 우리는 나만 성공하는 것만으로는 충분하지 않고, 반드시 상대가 실패해야 한다고 믿었습니다. 우리는 반드시 경쟁자들을 패배시켜야 했습니다.[4]

싱가포르에서는 도도한 리콴유 총리가 정부, 기업과 학교에 모두 일본식 관리를 배우고 일본식 기업관리 제도를 도입할 것을 요구했다. 예를 들어 정부가 일본식 관리 학습 세미나를 열어 일본의 저명 기업의 고위층을 싱가포르에 초빙해 자

---

4) 전후 일본 경제의 중건을 이끈 요시다 시게루 수상은 『격동 100년사』에서 "일본은 모험 정신이 충만한 민족이고, 일본인의 시야는 결코 편협하지 않고, 단지 일본이라는 범위에 국한되지 않는다"라고 공언했다. 이와 유사하게 일본 기업가들도 똑같이 "천하독존, 우리를 빼면 누가 있겠는가"라는 패기를 갖고 있었는데, 이러한 기질은 프로테스탄트 윤리의 전통과 기사도 정신 위에 세워진 구미의 자본주의 윤리에 거대한 충격을 주었다. 그러나 협력 정신과 공동 이익 정신이 결여된 글로벌 경쟁 이념이 이후 일본 기업을 완전 고립시켜 10여 년 동안 성장의 쇠퇴를 야기한 원인인지 아닌지에 대해서는 아직까지 공통된 인식은 없다.

신의 경험을 이야기하도록 주관하면 참석한 대학 교수들은 내용을 필기해 교재의 일부로 사용하기도 했다.

이제 막 잠에서 깨어난 중국의 덩샤오핑도 일본을 제일 먼저 학습해야 할 대상으로 여겼다. 당시 외교부 일본처 부처장이던 왕샤오셴王效賢은 당시를 이렇게 회고하고 있다.

덩샤오핑의 이번 일본 방문은 조약의 비준서를 교환하는 것 외에 가장 중요한 임무는 일본을 배우는 것이었습니다. 저의 기억으로는 그가 마쓰시타에서 마쓰시타 고노스케 선생에게 '4개의 현대화를 하려면 전자공업이 없으면 어렵기 때문에 나는 당신의 공장을 보려 한다. 당신이 일본의 전자공업을 동원해 중국에 투자하고 공장을 세우길 희망하고, 우리는 당신들한테 배울 준비가 되어 있다'라는 취지의 말을 했습니다.

몇 달 후인 6월 29일 마쓰시타 고노스케는 덩샤오핑의 초청에 응해 중국을 방문했다. 덩샤오핑은 그를 접견하면서 여러 차례 기업 관리 강화와 전자공업 발전 문제에 대해 가르침을 청했다. 그는 대화 도중 중국이 가장 필요로 하는 것은 선진 기술을 끌어들여 기술 수준을 높이는 것이고, 그래서 더욱 일본의 가르침이 필요하며, 중국 현대화는 남의 뒤를 따라가서는 이루어질 수 없다는 점을 강조했다. 덩샤오핑의 이러한 겸손한 태도는 중국 투자에 대한 일본 기업의 열정을 직접적

---

5) 1989년 별세한 마쓰시타 고노스케는 중국 기업가들의 첫 번째 비지니스 우상이었다. 그는 자전거 점포 견습생에서 시작해 수십 년 후 하나의 기업 제국을 일구었다. 이러한 전기는 똑같이 출신이 비천한 중국 기업가들을 격려하기에 충분했다. 그 외에도 마쓰시타는 가장 기본적인 경영 이념을 많이 제시했다. 예를 들면 품질 중시, 인재 양성, 영업망 건립, 고객에게 제공하는 서비스 등등은 모두 중국 기업가들의 첫 번째 교과서였다. 하이얼의 장루이민은 지난 일을 회고하며 이렇게 말하고 있다. "1980년대 초 국내에서 찾을 수 있던 것은 마쓰시타 고노스케의 두꺼운 책뿐이었습니다. 그런 까닭에 처음 품질 관리를 시작했을 때 거울로 삼은 것은 모두 마쓰시타의 것이었습니다." 화웨이의 런정페이는 마쓰시타 전공을 참관했을 때를 이렇게 기억하고 있다. "사무실은 물론 회의실 또는 통로의 칸막이, 모든 곳에서 한 폭의 포스터를 보았는데, 포스터에는 곧 빙산과 부딪치려고 하는 한 척의 큰 기선이 있고, 아래에는 '이 배를 구해낼 사람은 오직 당신뿐입니다'라고 쓰여 있었다. 위기의식의 일부분을 엿볼 수 있었다." 런정페이는 『북국의 봄』에서 "화웨이공사에서 우리의 겨울 의식은 그처럼 강렬한가 그렇지 않은가? 기층까지 전달되었는가 그렇지 않은가? 사람들이 행동하기 시작했는가 그렇지 않은가?"라고 쓰고 있다.

으로 유발시켰다. 일본 기업들은 중국의 첫 번째 외자 도입 개방에서 가장 적극적인 태도를 보여주었다. 그들이 발 빠르게 중국에 진입함에 따라 일본 상품은 중국에서 1980년대를 풍미할 수 있었다. 1979년은 일본 기업과의 합작, 합자에 관한 각종 뉴스가 끊이지 않았다. 상하이 진싱金星TV공장은 히타치로부터 TV 생산라인을 도입했고, 창훙長虹은 마쓰시타로부터 흑백TV 생산라인을 도입했다. 텐진시컴퓨터센터는 후지쯔로부터 컴퓨터 후지쯔 F160을 도입했고, 미쓰비시는 베이징에 '미쓰비시전기무역주식회사 베이징사무소'를 설립했다. 소니 창업자 중의 하나인 모리타 아키오[6]도 중국을 방문해 『요미우리신문』과의 인터뷰에서 어떤 상품이라도 중국을 만족시키려면 "간단하고, 실용적이며, 값이 싸야 한다"는 생각을 표명했다. 이것은 일본 기업가가 중국 시장에 대한 전략으로 제시한 최초의 의견이었다.

일본에 비해 미국 기업들의 움직임은 조금 느렸다. 코카콜라 외에도 아메리칸 익스프레스, 이스트먼Eastman은 베이징에 지사를 설립했고, IBM은 70여 년 동안 떠나 있던 동방의 국가에 다시 돌아가기로 결정했다. 이해 가을 '커다란 괴물'을 실은 대형 트럭이 느릿느릿 선양의 송풍기 공장에 들어왔다. 노동자들의 대단한 호기심을 끈 이 괴물은 바로 IBM의 시스템 360이라는 첨단 서버였다. 위에서 말한 기업을 제외하고 모토로라와 같은 대기업들은 1987년이 되어서야 비로소 중국으로 눈을 돌렸다. 유럽의 기업들도 엔화 강세를 막아내기에 바빠 근본적으로 동방을 살필 여력이 없었다. 일본 경제의 도전에 맞서 미국 대통령 카터는 1979년 "독자적인 정책을 채택해 국가 경쟁력을 높이고, 기업 정신을 분발시켜야 한다"고 말하면서 처음으로 지적재산권 전략을 국가 차원의 전략으로 승격시켰다. 이때부터 오랫동안 누적된 과학기술 성과를 이용해 지적재산권의 우위를 공고히 하는 것이 미국의 경제 패권 유지를 위한 국가 전략이 되었고, 그 효과는 10년 후 전면적으로 나타나기 시작한다.

1979년이 극적인 요소를 많이 갖춘 한 해였음은 당시 중국에서 가장 유명한 기

---

6) 거의 동시에 소니는 세계 최초로 휴대용 음악시스템인 TPS-L2형 '워크맨'을 개발했다. 이것은 20세기에 가장 환영 받은 전자제품 중의 하나가 되었다. 일본의 엔지니어들은 이를 통해 뛰어난 기술 개발 능력을 보여줄 수 있었다.

업가가 챠오광푸喬光朴라는 허구의 인물이었던 점을 보아도 잘 알 수 있다.

톈진 출신의 작가 쟝즈룽蔣子龍의 중편소설 「챠오 공장장 부임기」가 1979년 『인민문학』 7월호에 발표되었다. 조금도 기이할 것 없이 평범하고, 하지만 은근히 심오함을 내포하고 있는 소설의 제목은 어떤 시작, 어떤 새로운 역량의 출현, 어떤 신시대의 찬란한 등장을 암시하는 듯 했다. 이후 여러 해 동안 사람들은 습관적으로 '챠오 공장장'을 차용해 개혁을 수행하는 사람을 형용하곤 했다.

챠오 공장장 이야기는 생활 자체에서 나온 듯했다. 한 중형 발전기 공장이 2년 반 동안 생산 임무를 완수하지 못하게 되자 챠오광푸라는 사람이 이러한 무기력을 타파하기 위해 스스로 자신을 공장장으로 추천하고는 사람들 앞에서 "국가 계획을 완성하지 못하면 당 내외의 일체의 직무에서 물러날 것"이라는 군령장을 내걸었다. 이러한 군령장은 조금 엉뚱했지만 당시에는 한 개인에 대한 가장 엄중한 징벌이었다.

챠오 공장장이 부임하자마자 시작부터 부공장장과의 모순이 발생했다. 원래 조반파造反派[문혁 기간 중 고급 간부 자제로 구성된 보황파 홍위병과 대비되어 일반 대중이나 하급 간부의 자제로 구성된 홍위병의 한 분파로, 이들이 활동하던 기간 전 중국이 홍색 공포에 빠져들었다]의 우두머리로서 문혁 때 챠오 공장장을 공개적으로 비판한 바 있던 그의 조수는 개혁에 대립각을 세우면서 당시 가장 유행하던 수법이던 '정치 쟁점화'를 시도했다. 당연히 공장의 상황은 아주 엉망이었다. 노동자들은 적극성이 없었고, 간부들 사이의 모순도 쌓여있었다. 이에 챠오 공장장은 곧 '이들 모순에 불을 지르기' 시작했다. 그는 9,000여 명의 직원들에 대한 대대적인 심사와 평가를 통해 정예 부대만 남기고, 심사에 불합격한 사람들로 서비스 조직을 만들어 농민공을 대신해 기초 작업과 운송을 담당하게 했다. 챠오 공장장은 또 친히 대외 업무를 진행하면서 원자재, 연료 조달과 각종 관계 기관과의 협조 문제를 해결했다. 그의 이러한 조치는 자연스럽게 여러 사람의 미움을 사게 되었고, 고소와 반발 그리고 명예훼손 등의 일들이 계속 발생했다. 하지만 챠오 공장장은 더욱 용감하게 행동했다. 그는 큰 소리로 외쳤다. "나는 그런 것들이 두렵지 않다. 단 하루 공장장을 하더라도 이렇게 할 것이다."

이 소설은 오랫동안 널리 읽혀질 수 있는 것은 아니었지만 시대와 맞물려 '개혁 모범극'으로서의 특징을 갖추고 있었다. 그러나 당시에는 정말로 센세이션을 불러일으켰다. 사람들은 챠오 공장장으로부터 기업을 책임지고, 짐을 짊어지며, 사람들의 미움을 사는 일도 대담하게 받아들이는 기업 경영자의 모습을 보았다. 또 진흙탕처럼 심하게 얽힌 국면이 일시에 타파된 후에 나타날 수 있는 새로운 현상을 목도했다. "반드시 바꿔야 한다면 진짜 바꾸지 않으면 안 된다." 이것이 「챠오 공장장 부임기」를 읽은 많은 사람들이 느낀 감상이었다. 이처럼 이 소설 속의 주인공은 한 세대로 하여금 자신의 운명을 바꾸고자 하는 격정을 불러일으켰다.

현실 생활에서 챠오 공장장과 가장 비슷한 사람은 서우두首都강철공사의 저우관우周冠五였다. 심지어 저우관우가 챠오 공장장보다 훨씬 더 개혁 소설 속의 인물을 닮았다고 할 수 있었다. 그는 군대 부참모장에서 방향을 바꾸어 서우두강철의 설립을 준비하면서부터 반평생을 이 공장에 바친 사람이었다. 1979년 거의 60세가 되던 즈음에 그는 거대한 변혁에 뛰어들었다. 그의 의표는 당당했고, 목소리는 우렁찼다. 윤기 나는 올백 머리를 빗질하는 것을 좋아했고, 강직한 개성을 잘 드러내며 사람들을 놀래키는 일을 잘했다. 어느 핸가 서우두강철은 창립 기념일을 맞아 공장 입구에 쇠로 만든 독수리 상을 세우려고 했다. 이는 당시 중국 기업들이 공통적으로 좋아하던 행사로, 공장 입구에 날개를 펼치고 비상하는 독수리 상을 설치하는 것은 1990년대 중반까지 계속되었다. 저우관우가 "베이징에서 현재 조각된 것 중 가장 큰 것은 어느 정도죠?"라고 묻자 "2미터입니다"라는 대답이 돌아왔다. 그러자 그가 "그럼, 전국에서는?"이라고 묻자 "6미터입니다"라는 답이 나왔다. 그러자 저우관우는 이렇게 말했다. "그럼 좋습니다. 우리는 12미터로 합시다." 이 12미터의 초대형 독수리는 지금도 서우두강철의 동쪽 문 앞에 웅크리고 앉아 있다.

지난해 11기 3중 전회에서 당 중앙은 "현재 우리나라 국민 경제 관리 체제의 심각한 결함은 권력이 과도하게 집중되어 있는 것이다. 대담하게 권한을 이양해 지방과 농공업기업이 국가의 통일된 계획 하에 더 많은 경영 관리 자주권을 갖도록 해야 한다"는 견해를 밝혔다. 이렇게 공유된 인식에 기초한 기업 자주권의 확대는 곧바로 국유기업 개혁의 시발점이 되었고, 이후 거의 20년 동안 줄곧 국유기업이 발버둥 치면서 시도한 개혁의 주요 노선이 되었다.

1979년 5월 국무원은 서우두강철, 텐진자전거공장, 상하이디젤기관공장 등 8개 대형 국유기업이 먼저 시범적으로 기업 자주권의 확대를 시행한다고 발표했다. 7월 국영 공업기업의 경영 관리 자주권 확대, 이윤 적립 실행, 고정자산세 징수, 감가상각률 제고 및 감가상각비 사용 방법 개선, 유동자금 전액 대출 실행 등과 관련한 5개 문건이 함께 발표되자 서우두강철 등 기업의 개혁 조치가 전국적인 관심의 초점이 되었다. 역사는 거의 60세에 이른 저우관우를 갑작스레 시대의 플래시 앞에 서게 했다.

저우관우는 무대가 크면 클수록 더욱 분발하는 사람이었다. 서우두강철이 '시범기업'이 되자 그는 신속하게 사람들의 이목을 집중시키는 '3개의 100%'라는 새로운 관리법을 제기했다.

> 모든 직원은 100% 규칙과 제도를 따라야 한다. 규칙이나 제도를 위반하면 100% 보고해야 한다. 손실 여부에 상관없이 위반한 사람들에 대해서 100% 당월 보너스를 삭감한다.

이 관리법은 당시 기강이 해이해져 동력이 전무한 중국 기업계를 자극하고 뒤흔들기에 충분했다.[7] 서우두강철의 생산 질서가 빠르게 회복되면서 직원들이 적극성을 띠게 되자 생산력은 매년 상승했고, 개혁은 하룻밤 사이에 거의 성공하는 듯 했다. 개혁 시작 후 3년 동안 서우두강철의 순이익은 연 평균 45% 증가했고, 국가에 납부하는 이윤도 연 평균 34% 증가했다. 그리고 1989년 서우두강철의 이윤증가율은 여전히 13.5%를 유지했는데, 이는 당시 전 세계 제철기업 연평균이윤증가율의

---

7) 참고할 수 있는 한 가지 예는 1984년 장루이민이 위임받아 사장으로 파견된 후 중국에서 가장 저명한 기업이 된 하이얼에서 실시한 첫 번째 규율이 공장 안에서 아무데나 대소변을 보는 것을 금지한 것이었다는 사실이다.

2.4배에 달했다. 서우두강철의 성과는 전국적으로 환상을 만들어내기에 충분했다. 국유기업의 고질병은 내부 관리의 무질서와 자주권 부족에만 있고, 이 두 문제만 해결하면 재산권의 변혁이라는 전제 없이도 개혁이 완성될 수 있다고 생각하게 만든 것이었다. 이러한 환상은 1997년까지 지속되었다.

다시 저우관우의 개혁으로 돌아가보자. 자주권 이양은 서우두강철과 상급 관리 부문의 직권 관계의 조정을 의미했다. 저우관우는 더 이상 이전처럼 20만 명을 관리하는 사람이 아니라 기껏해야 서명을 해야만 화장실 하나를 개조할 수 있는 권한만 가진 공장장으로서의 운명을 틀어줘야 했다. 국유기업 관리자와 자산 소유자를 직접 건드리는 권한 조정은 바로 중국 기업 변혁의 중요한 명제 중의 하나였다. 사실상 개혁 첫날부터 이러한 권한 조정은 애매하게 뒤엉켜 있는 상황 속에서 지속되었고, 기득권 집단 내부의 힘겨루기 게임도 첨예하게 진행되고 있었다. 재산권이 명확하게 전제되지 않은 상황 하에서 그러한 다툼은 시작도 없고 끝도 없이 오랫동안 계속될 수밖에 없었다. 서우두강철은 단지 대표적인 예일 뿐이었다.

자주권이 확정된 후 저우관우는 기업과 국가의 관계를 분명하게 정리하는 방안을 지속적으로 강구했다. 우선 그는 "할당량을 도급 맡고, 상납 부분을 확보하며, 초과분은 남기고, 손실은 스스로 책임진다"는 도급제를 제안했다. 이 말은 훗날 국유기업 개혁의 명백한 기준이 되었다. 1979년을 전후한 시기에 이 말이 가졌던 선진성은 의심할 필요가 없었지만 해결할 방법이 어려운 문제라는 것도 아울러 분명하게 드러냈다. 문제는 마지막의 "손실은 스스로 책임진다"에 있었다. 기업이 정말로 손실을 초래했을 때 기업의 체제와 기능이 정말 스스로 책임질 수 있을까? 이 문제는 상품이 부족한 시대에는 출현하지 않았지만 하나의 험악한 복선처럼 국영기업 개혁의 앞길에 잠복해 있었고, 겉으로 드러나지는 않았지만 오히려 비할 바 없이 치명적일 수 있었다.

1979년 후의 얼마 동안 저우관우 식의 개혁을 한 마디로 말하면 끊임없이 국가와 흥정하는 것이었다. 상품이 극도로 부족한 시대에 독과점 형태의 중공업 분야에서, 게다가 수요는 날로 왕성해지고 기업 내부 시스템이 점점 바뀌어가던 상황 하에서 서우두강철의 이익이 빠른 속도로 증가한 것은 일종의 필연이었다. 이렇게 서우두강철에 날로 돈이 쌓여감에 따라 저우관우의 목소리도 날로 커졌고 반면 관련 부문의 이윤 납부 독촉도 날로 커졌다. 서우두강철이 납부해야 하는 이윤은 처음에는 5%에서 후에 6.2%로 상승하더니, 다시 7%까지 올라갔다. 쌍방의 모순은 1986년 마침내 격화되었고, 12월 베이징시 재정국은 서우두강철에 1090억 위안을 추가로 납부하라는 통지를 하달했다. 저우관우가 집행을 거부하자 재정국은 은행을 통해 통장에 있던 2,500만 위안을 압류했다. 이때 전국적인 개혁 인물이던 저우관우는 즉시 국무원과 덩샤오핑에게 편지를 썼다.

> 만약 우리가 1억 위안을 납부해버리면 지금 시공 중인 기술 개조 프로젝트, 주택, 복리 시설 프로젝트를 바로 중단해야 하고, 직원은 원래 책임 할당량과 연계된 방안에 따라 이미 지급된 급여와 상여금 일부를 토해내야 하며, 12월 직원의 급여도 지불할 방법이 없습니다.

글이 이 정도에 이르면 이미 협박의 의도가 있어 보였다. 한 달 후 덩샤오핑의 지시가 내려왔다. "서우두강철의 도급 방식은 일체 변함이 없다."

이 사건은 매우 많은 보고 문학에서 저우관우와 도급제를 반대하는 구세력 사이의 힘겨루기 게임으로 묘사되었지만 다른 각도에서 보면 결국 국유 자본 집단 내부의 두 개의 서로 다른 이익집단 사이의 밀고 당기는 싸움이었다. 이러한 싸움은 거의 모든 국유기업에서 발생했다.[8]

서우두강철과 주관 부문의 모순은 날로 확대되는 보편적인 현상이었다. 기업 자주권이 시행되자 처음에는 억압되어 있던 생산 적극성이 단시간 내에 발휘되어 생산량은 빠르게 증가했다. 그러나 이 시기에 계획체제와 기업 사이에 내재된 모순은 곧 첨예해지기 시작했다. 서우두강철의 개혁보다 훨씬 일찍 스촨에서 처음 시범

---

8) '저우관우 모델'로 국유기업을 맡고 있던 사람들의 운명의 궤적을 묘사할 수 있을 것이다. 시작은 전기적이고, 중간에는 휘황찬란하지만 말년에는 쓸쓸한 몰락. 저우관우는 10여 년 동안 중국 개혁의 전형이 되어 그 영예는 세상에 겨룰 자가 없었다. 1995년 그의 아들이자 서우두강철의 총경리 저우베이팡周北方이 북경시 전 시장 첸시통陳希同 사건에 말려들어 경제 범죄 혐의로 체포되어 후에 무기징역형을 선고받자 저우관우는 퇴직했다. 이후 서우두강철의 개혁 효과는 날로 감소했다.

기업으로 지정된 충칭重慶강철의 공장장 왕위광王光도 똑같은 경험을 했다. 1979년을 전후로 생산량이 급증해 새로 생산된 강재는 두 달도 되지 않아 공장의 창고를 가득 채웠는데, 국가 물자 저축 부문이 충칭강철에 하달한 구매 지표는 이미 다 채워버렸다. 한편 강재를 필요로 했지만 계획 지표가 없던 기관들은 충칭강철의 문 앞에서 줄을 서고 있었다. 공장 안에서는 배가 불러 생산을 멈추려 했고, 밖에서는 물건을 달라고 아우성이었다. 공장장 왕위광은 입술을 깨문 채 문을 열어 물건을 내보냈다. 충칭강철의 강재는 일시에 빠져나갔다. 계획 부문은 충칭강철의 '규정 위반 행위'를 발견하고는 1980년 국가계획위원회와 국가경제위원회 공동 명의로 "강재를 스스로 판매하는 것은 국가 유관 규정을 위반하는 것으로, 반드시 단호하게 제지되어야 한다"는 공문을 하달했다. 충칭강철의 좋은 시절은 불과 몇 개월도 안 되어 바로 끝나버렸다. 왕위광은 깜짝 놀라 식은땀을 흘리면서 "다행히 우리가 시범기업이었기에 망정이지 그렇지 않았더라면 저는 큰일 날 뻔 했습니다"라고 말했다.

서우두강철 등 8개 시범기업을 필두로 '권한 이양'을 주제로 하는 국유기업 개혁이 1979년 정식으로 서막을 열었다.[9]

1979년 말까지 전국의 시범기업은 4,200개에 달했다. 우리는 앞으로 30년 동안 중국의 방대한 국유기업 집단이 어떻게 풀려나고, 흩어지고, 보호받고, 비호되고, 해체되는지를 보게 될 것이다. 그들은 규모도 달랐고, 업종도 달랐으며, 그리고 맞이한 시운도 달랐기 때문에 판이한 운명의 궤적을 그렸다. 하지만 처음부터 끝까지 일관된 것은 자산 소유자, 즉 중앙 및 각급 정부가 전력을 다해 어떻게든 그들을 보전하고 키우려고 시도했다는 점이다. 개혁이 시작된 첫날부터 이익 다툼은 시작되었다. 처음에는 권력을 이양 받은 국유기업과 그들을 수년 동안 관리 통제해

---

9) 국내외 학자들은 중국의 국유기업 개혁의 진행 과정을 보통 3단계로 나눈다. 1단계(1978~1993년): 권력을 이양하고 이익을 허락하는 것을 주요 노선으로 국유기업 개혁의 목표와 모델을 탐색하는 단계. 2단계(1993~2001년): 국유기업 개혁의 목표를 명확히 하고, 현대적 기업 제도를 시험하고 탐색하는 단계. 3단계(2001년 이후): 국유자산을 관리하는 신체제로의 개혁으로, 건전한 현대적 재산권 제도를 수립하고 주식제를 공유제의 주요 실현 형식으로 하는 단계.

왔던 정부 사이의 힘겨루기가 있었고, 나중에는 정부의 정책 지원에 의지하는 기업들과 '의외'로 흥기한 민영기업들 간의 힘겨루기가 있었다. 다시 훗날 다국적기업이 들어와 시장을 어지럽히면서 기존의 몫을 잠식해나가자 이익 구조는 갈수록 복잡해졌다. 30년 동안 중국 기업의 변혁은 복잡하게 진행되었고, 국가 정책은 갈피를 잡지 못해 효율이 떨어지기는 했지만 엄격하게 말하면 개혁이 요구하는 이익 목표와 전략 목표는 매우 명확했고, 또 시작부터 전혀 흔들린 적이 없었다.

국유기업 개혁의 핵심 명제는 무엇인가? 30년 후 경제학을 공부한 적이 있는 거의 모든 사람들은 이 문제를 들었을 것이고, 이들 모두는 노벨경제학상을 받은 코즈Coase가 1959년에 쓴 단호한 문장을 자연스럽게 암송할 수 있을 것이다. "경계가 명확한 재산권이 시장 교역의 전제다." 그러므로 국유기업 개혁의 핵심은 재산권 제도의 개혁에 있었다. 그러나 1978년에 시작된 중국의 국유기업 개혁은 오랜 시간이 지난 후에야 비로소 이러한 법칙을 의식하게 되었다. 혹자는 개혁의 주축이 점차 이러한 방향으로 전환되었다고도 말하기도 한다. 아주 오랜 시간 동안 정책결정권자, 학술계, 기업계에서 보통 시민에 이르기까지 모두들 국유기업의 효율 저하는 '내부 개조'를 통해 해결할 수 있는 것으로 믿었다.

북방의 저우관우들이 기업 자주권을 위해 투쟁하고 있을 때 남방에선 또 다른 사람들이 무에서 유를 만들어 새로운 경제 왕국을 창조하고 있었다. 덩샤오핑의 직접적 관여 하에 고위층 내에서 토론된 '경제특구'가 조금씩 실현을 향해 나아가고 있었다. 이해 위안경袁庚이라는 이름을 가진 인물이 이 실험 무대에 등장해 활약하기 시작한다.

중국의 100년 기업사에서 최초의 대기업은 '초상국招商局'이었다. 이는 청말 리훙장李鴻章이 1872년 조정에 주청해 설립한 것으로, 리훙장이 초상국의 초대 이사장을 역임했다. 초상국은 강남제조국江南制造局, 방직신국紡織新局과 함께 청 정부 시절 가장 큰 국유기업으로, 청나라 말기 양무운동洋務運動에서 초상국의 지위에 견줄만한 것은 없었다. 리훙장은 일찍이 한 편지에서 득의양양하게 "초상국'은 실로 양무 40년 이래 가장 성공한 단어"라고 말한 적이 있었다. 민국 및 신중국 이후 초상국은 비록 직능이 여러 차례 변했고, 이미 과거의 화려함은 회복할 수 없었지만 간판은 불가사의하게도 보전되어 왔다. 1979년 이 초상국의 제29대 이사장이 바로 위안겅이었다.

초상국은 당시 편제상 교통부에 속해 있었는데, 당시 교통부 외사국 부국장 위안겅이 역사적 명성은 컸지만 현실적 권력은 매우 작았던 이 기구를 담당하고 있었다. 위안겅은 체구가 건장하고, 네모난 얼굴에 큰 눈을 가진 군인 기질이 넘치는 사람이었다. 그는 일찍이 군을 따라 남하해 군부대 정보과장을 거쳐 1944년 연합군이 중국 동남 연해에 상륙할 때 중요한 정보를 제공했고, 후에 주쟝珠江삼각주 해방 전투에도 참여했다. 1949년 포병단장을 맡고 있던 위안겅은 부대를 이끌고 선전을 해방시켰다. 1950년대 초에는 천겅陳賡을 따라 베트남에서 호치민의 대프랑스 전쟁 시 군사고문을 맡았고, 1955년 자카르타 중국 총영사를 역임했다. 문화대혁명 기간에는 국제 간첩죄로 베이징의 감옥에서 7년 동안 감금되어 있었다. 사인방 타도 후 위안겅은 다시 세상에 복귀했다. 그는 초상국으로 돌아온 지 얼마 되지 않아 대담한 보고서를 제출했다.

〈홍콩 초상국 문제를 충분히 이용하는 것에 관한 지시 요청서〉라는 제목의 이 보고서는 1978년 10월 9일 교통부 명의로 중국공산당 중앙, 국무원에 보고되었다. 이 보고서에는 먼저 "국제 시장의 특징에 적응하기 위해서는 해외로 나가 조사하고, 장사를 해야 한다"는 대외개방 건의가 들어 있었다. 며칠 후 위안겅은 선전 서커우蛇口에 공업개발구를 건립하는 구상을 정식으로 제출했다. 그는 "홍콩에 근접한 바오안 서커우공사를 선정해 구역 내에 공업구를 건립하면 국내의 비교적 싼 토지와 노동력을 이용할 수 있을 뿐만 아니라 국제적인 자금과 선진기술 및 원료를 이용하기에 편리해 양자가 가진 유리한 조건을 충분히 이용해서 결합할 수 있다"고 제안했다. 12월 18일 당의 11기 3중전회가 베이징에서 정식으로 개막되었고, 교통부와 광둥성은 바로 위안겅의 구상에 동의했다. 25일 후인 1979년 1월 31일 오전 10시 위안겅은 베이징의 중난하이에서 중앙의 지도자들에게 종합적인 보고를 진행했다. 위안겅은 초상국에게 공업용지를 내줄 것을 요청했다. "당시 저는 모든 지도를 다 갖고 갔습니다. 초상국이 설립된 지 106년이 지난 지금 거의 아무것

새로운 전환기와 반짝이는 별 77

도 없었으므로 현재 국가가 나에게 땅을 내주길 희망한다고 말했습니다." 중앙의 지도자는 지도상에서 현재의 바오안구에서 화교성을 포함하는 70~80km^2의 지역을 연필로 선을 그으면서 "위안겅, 이곳을 모두 당신에게 드리겠소"라고 말했다. 위안겅이 깜짝 놀라면서 "제가 어떻게 감히 이렇게 많이 필요하겠습니까?"라고 하자 중앙의 지도자는 빨간색 연필로 지도에 가볍게 선을 긋고는 웃으면서 위안겅에게 말했다. "그럼 당신에게 이 반도를 드리겠소."

이 반도가 훗날의 서커우공업구가 되었다. 위안겅은 당시를 회고하면서 이렇게 말했다.

공업구를 만들기 전에 이곳은 바다를 통해 홍콩으로 몰래 들어가는 통로였고, 종종 홍콩으로 달아나다 익사한 사람들의 시체가 모래사장으로 밀려오곤 했는데, 대부분은 농촌의 젊은 노동력이었습니다.

서커우공업구의 출현은 아이디어에서 행동까지 겨우 3개월 밖에 걸리지 않았는데, 이러한 의사결정 과정의 화끈함과 신속함은 당시 관료 체계에서 실로 보기 드문 일이었다. 위안겅이 부국장급인 중간 간부 신분으로 중국 최초의 개발구 건립을 추진한 것은 생각해보면 시운이 절묘했다고 할 수 있었다.

서커우공업구는 2.14km2였고, 위안겅은 오히려 소라껍데기 같이 작은 이곳에서 커다란 터전을 만들어냈다. 공업구가 비준을 얻자마자 그가 처음 시작한 일은 산을 허물고 바다를 메워 부두를 세우는 것이었다. 초상국은 거의 1년 만에 5,000톤 이하의 화물선이 정박할 수 있는 600미터의 부두 정박지를 건설했다. 이렇게 서커우가 해상 운송 기능을 구비하게 되자 공업구와 홍콩을 오가는 정기 여객선으로 화물 운송의 병목 문제를 해결할 수 있었다.

위안겅의 공업구 건설은 국가 계획에도 포함되지 않았고, 재정적 지원도 없었지만 그는 다음 두 가지 권한을 쟁취했다. 하나는 500만 달러 이하의 공업 프로젝트는 자체적으로 비준할 수 있었고, 다른 하나는 외자 은행으로부터 대출받을 수 있도록 허가받은 것이었다. 이렇게 해서 그는 홍콩 상인과 은행으로부터 자금을 대출받았는데, 2년 동안 초상국이 빌린 돈은 15억 위안에 달했다. 이 돈으로 토지를 정리했고, 공업 기초 설비와 생활 설비를 건설할 수 있었다. 위안겅은 매우 간소화된 외자 유치 절차를 통해 외국 기업이 토지 협상에서부터 직원 모집에 이르기까지 항상 한두 달 만에 전부 결정할 수 있도록 조치했다. 서커우는 아주 빠른 속도로 중국에서 가장 개방된 '공업구'가 되어 기업과 인재들이 벌떼처럼 몰려들어 2년여 정도의 기간 만에 서커우의 기업은 100개를 넘어섰고, 이 조그만 간척지는 곧바로 아주 번화한 곳으로 변하게 되었다. 1979년의 중국에서 서커우와 위안겅의 출현은 철의 장막 같던 계획경제에 다시는 막을 수 없는 커다란 구멍을 뚫어놓은 것이었다. 서커우개발구가 기획된 지 반년이 지난 후에 선전특구가 건립되기 시작했다.

여기서 좀 더 시야를 넓혀보면 국유기업의 효율 저하가 오래 전부터 있어온 난제였다고 하지만 그것보다 훨씬 더 사람들을 벌벌 떨게 만든 또 하나의 도전이 이해 봄 눈앞에 바싹 다가왔음을 알 수 있을 것이다.

1979년 2월 하향했던 760만 명의 지식 청년 대군이 당초 출발한 도시로 조수처럼 밀려들어오면서 일련의 작은 소란이 여기저기에서 일어났고, 취업 문제가 갑자기 가장 시급하게 해결해야 할 발등의 불이 되어 나타났다. 10년 전 마오쩌둥의 지식 청년 하향 운동이 거세게 일어나 중학생들이 교문을 나서 배낭을 메고 농촌으로 내려가 재교육을 받았다. 그런데 이제 지식 청년으로 불리는 이들이 10년에 걸친 하향의 세례를 받고, 갑자기 꿈속에서 깨어나 돌아다니는 유랑자처럼 집단적으로 도시로 되돌아온 것이었다. 그리고 통계에서 보듯이 아직도 300만 명이 여전히 2년 내에 도시로 돌아올 예정이었다. 그들은 밥을 먹고, 일을 하고, 생존해야 했다. 그들은 스스로 청춘을 허비하면서 무슨 일이라도 할 수 있다고 생각하고 있었지만 오히려 할 수 있는 일은 아무것도 없던 방대한 집단이었다. 미국의 『뉴스위크』는 「덩샤오핑은 중국을 구할 수 있을까?」라는 글에서 다음과 같이 물었다.

우리는 잠에서 깬 중국을 보았다. 하지만 중국은 문혁이 파괴한 생산 질서와 업무 환경, 도시로 다시 돌아온 대규모의 지식 청년 등 많은 문제에 직면하고 있다. 덩샤오핑의 문제는 어떻게 사회주의 제도를 변경하지 않고 이 모든 것을 구할 수 있을까에 있다.

덩샤오핑은 가장 중요한 시기에 결정을 내렸다. 지난해 12월에 개최된 11기 3중 전회에서 두 개의 농촌 관련 문건을 통과시켰는데, 그것은 농촌의 상공업에 대한 해금을 선포한 것이었고, 가정의 부업과 농촌의 재래시장을 인가한 것이었다. 지식 청년들이 집단적으로 도시에 돌아온 2월 중국공산당 중앙과 국무원은 신속하게 개체 경제의 발전에 관한 보고를 비준해 통지했다.

각 지역은 시장 수요에 근거해서 관련 주관 업무 부문의 동의를 얻은 후 정식 호구를 가진 유휴 노동력이 수리, 서비스와 수공업 등 개인 노동에 종사하는 것을 비준한다.

전국 최초로 허가된 개체호는 알려진 바에 따르면 원저우 소상인 장화메이章華妹였다고 한다. 1979년 말 전국에서 비준을 얻어 개업한 개체 공상호는 약 10만개에 달했다.

솟구치는 취업 압력에 직면해 가장 지혜로운 해결 방법은 '수문을 열어 물을 내보내는' 것이었다. 경제 민영화의 필연성은 이 시기 적나라하게 드러났고, 이를 따르면 살아남았고, 거스르면 망했다.

법률과 정책적인 의미에서 중국의 민영기업의 합법성은 이때 확정된 것이었다. 2년 후 민영기업은 첫 번째 시험에 직면했고, 완전한 법률의 보호를 받게 되기까지는 아직 20년이라는 시간이 더 필요했다. 아무튼 비록 시작이 비정했고 원한 것도 아니었지만 분명 새로운 이야기가 시작되고 있었다.

안후이성 우후蕪湖에서 낫 놓고 기역자도 모르는 자칭 '바보'인 소상인이 중국의 이론가들에게 엄청난 난제를 제기했다.

42세의 녠광쥬年廣九는 보잘것없는 사람으로, 문맹이었다. 7살 때 거리에서 담배꽁초를 주워 돈을 벌었고, 9살에 장사를 배웠으며, 10대에 부친의 과일 노점을 이어받아 가정을 돌봤다. 1963년 그는 '투기폭리죄投機倒把罪'[10]로 1년형을 선고받았고, 출소 후 생활을 위해 해바라기 씨 볶는 일을 시작했다. 어디서 그런 기술을 배웠는지는 몰라도 그가 볶은 해바라기 씨는 이빨로 까면 세 조각으로 나누어졌으며, 맑은 향기가 입안에 가득할 만큼 맛있어 점차 이름을 얻게 되었다. 그래서 그는 자신의 해바라기 씨에 이름을 붙이기로 했다. 이리저리 생각하다 문득 이웃사람들이 아버지를 '샤즈傻子〔바보라는 뜻〕'라고 불렀고, 자신은 어려서부터 '작은 바보'로 불렸던 것에 착안해 아예 이름을 '샤즈과즈傻子瓜子〔바보표 해바라기 씨〕'로 정했다.

'샤즈과즈'라는 상표를 내걸자 특별한 이름 때문에 생각지도 않게 입소문이 났고, 장사는 날로 번창해 하루에 1,000~1,500킬로그램의 해바라기 씨를 팔게 되었다. 그는 곧 직업 없는 청년을 조수로 삼았는데, 이러한 사람들이 한 사람 한 사람 늘어나더니 가을에는 12명에 이르렀다. 그런데 뜻밖에도 여기서 말썽이 일어났다.

녠광쥬의 장사가 잘되자 당연히 주변사람들의 질투를 샀다. 당시 그는 12명의 조수를 고용했는데, 누군가가 바로 마르크스의 『자본』의 유명한 말을 연상하이냈다. "고용인이 8명에 이르면 보통의 개체 경제가 아니라 자본주의 경제, 즉 착취다." 그 결과 '안후이에서 녠광쥬라는 자본가가 나왔다', '녠광쥬는 착취분자'라는 유언비어가 일시에 안후이성 전역으로 퍼져나갔다. 이 논쟁은 당시에 공개적으로 신문지상에 나타나지는 않았지만 정부 관료들 사이에서 아주 널리 퍼져나갔다. "안후이의 녠광쥬라는 사람이 해바라기 씨 사업을 하고 있는데, 12명을 고용했으니 착취가 아닌가?" 이것이 아주 민감한 문제가 되어 전국 각지에 퍼져나갔고, 논쟁, 변호, 성토 등 이데올로기적 특징이 농후한 대논쟁이 시작되었다.

당시 정통 정치경제학의 용어 체계에서 녠광쥬의 행위가 착취라는 것은 의심할 여지가 없었다. 마르크스는 『자본』 1권 3편 9장 「잉여가치율과 잉여 가치량」에서 '소생산자'와 '자본가'에 대한 경계를 명확하게 구분하고 있다. 그의 계산에 따르면 당시(19세기 중엽) 고용 노동자 8인 이하는 자신도 노동자처럼 생산 과정에 직

---

10) 투기폭리 혹은 투기전매投機倒把는 '현물 없이 투기로 물건을 사고파는 것, 매점, 불법적으로 구입해 되파는 것 등 사기 수단으로 폭리를 취하는 것'을 가리킨다. 계획경제 시대에 그것은 광범위하게 운용되어 개인의 경제 교역 행위를 제한하는데 사용되었다. 그에 대한 정의의 경계가 모호해 '투기전매는 광주리처럼 어떤 죄도 다 집어넣을 수 있다'라는 말이 생겨났다. 1987년 9월 국무원은 〈투기전매 행정처벌 임시조례〉를 선포했다. 1997년『형법』수정안에서 '투기전매죄'는 경제 범죄에서 삭제되었다.

접 참여하므로 "자본가와 노동자 사이의 중간인인 소생산자가 된다." 그러나 8명을 초과하면 '노동자의 잉여가치를 점유'하기 시작해 자본가가 된다. 거의 모든 사회주의 이론 중에서 '7 이하 8 이상'은 분명하게 정해진 경계선이었다. 녠광쥬의 해바라기 씨 공장은 12명을 고용하고 있었으니 그의 공장의 성질은 굳이 말하지 않아도 명백했다.

'바보'가 '자본가'라고 말하면 누구도 믿지 않았지만 이론적으로만 보면 분명 자본가였다. 생생한 현실 앞에서 '경전'은 마침내 곤혹스러움을 드러내게 되었다. 만약 녠광쥬의 '샤즈과즈'를 반드시 제거해야 한다면 '가정 내 부업'은 어떻게 발전시킬 수 있을까? 설마 모든 공장의 인원수가 7인 이하로 통제되어야 하는가? '바보'가 내놓은 이 난제로 인해 전 중국의 이론가들은 얼굴이 귀밑까지 빨개질 정도로 논쟁을 계속했다.

사실 당시 중국에서 녠광쥬가 유일한 예는 결코 아니었다. 이제 막 개업한 10만의 개체 공상호에게 고용 노동자 인원을 제한해야 할지, 또 8명을 넘을 수 있는지는 추상적인 이론 문제에서 현실적으로 해결해야 하는 난제가 되어버렸다. 광둥성의 가오야오高要현에서 천즈슝陳志雄이라는 한 농민이 105무의 양어장을 도급 맡았다. 그는 직원 1명을 고용했고, 작업 일수 400일에 해당하는 임시공을 고용해 그해 순이익 1만여 위안을 벌었는데, 이것도 그 지역에서 논쟁을 불러일으켰다. 광저우에서는 가오더량高德良이라는 개체호가 해고당한 후 '저우성지周生記 치킨'이라는 이름으로 창업해 장사에 나섰는데, 반년도 되지 않아서 6명의 일꾼을 고용하게 되자 사회로부터 착취한다는 비난을 받았다. 그는 이를 인정하지 않았고, 고용 노동자 등의 문제를 반영한 장문의 편지를 중앙의 지도자에게 보냈다. 1979년 말 런중이任仲夷가 광둥성위원회 서기를 맡았는데, 그는 광둥에 개체호가 상당히 많고, 십여 명, 이십여 명, 심지어 수백 명을 고용한 사람도 있는 사실을 알게 되었다. 이 문제를 도대체 어떻게 할 것인가? 그도 고민스러워 바로 광둥사회과학계에 '잘 연구해보라'고 지시했다.

이러한 대논쟁은 1982년까지 계속되었다. 녠광쥬의 해바라기 씨 공장은 이미 105명을 고용하고 있었고, 일본산 해바라기 씨 9,000kg을 사용해 번 돈이 100만 위안을 넘는 것으로 알려졌다. '개체호는 도대체 몇 명을 고용해야 착취한다고 할 수 있는가?'에 대한 논쟁은 어떠한 결론도 나지 않았다. 이때 덩샤오핑의 강화가 나왔다. 중국공산당 중앙정치국의 1차 토론회에서 덩샤오핑은 녠광쥬의 예를 거론하면서 사영기업에 대해 '지켜보자'는 방침을 취할 것을 건의했다.

녠광쥬는 덩샤오핑의 한마디로 인해 중국 개혁사에 이름을 남겼다. 민영기업에 대한 정책에서 이것은 가장 먼저 버려야 할 작은 부분이었지만 이 아주 작고 작은 부분이 오히려 중국 기업의 운명을 결정했다. 정책에서 고용 노동자 숫자에 대한 제한을 사실상 없앤 시기는 1987년으로, 당시 중앙 5호 문건에서 사영기업의 고용 노동자 수 제한을 확실하게 풀어주었다.

1979년 『일본, 세계 제일』을 썼던 보겔이 광둥에 도착했다. 그는 이곳에서 조용하면서도 폭넓게 흥기하고 있던 작은 공장들의 창업자 절대 다수가 뜻밖에도 과거 홍콩에 밀입국했던 사람들이었으며, 그들이 공장을 운영하는 형식은 현지인으로부터 '삼래일보三來一補'라고 불린다는 사실을 발견했다.

소위 '삼래일보'는 상품 디자인, 원료 및 설비를 모두 해외에서 들여온 다음 생산된 상품을 다시 보상 무역 방식으로 수출하는 것을 가리켰고, 이를 통해 대륙 노동자와 정부는 일정한 가공비를 받았다. 전국 최초의 '삼래일보' 공장은 1978년 8월에 설립된 순더順德현의 다진大進의류공장이었고, 첫해 홍콩 상인이 지불한 가공비는 80만 홍콩달러였다. 이러한 형식은 주장 삼각주 일대에서 빠른 속도로 퍼지기 시작하면서 남방 공업 발전의 주요 모델이 되었다.[11]

재미있는 것은 이렇게 공장을 세웠던 홍콩 상인 대다수가 당시 밀항자였다는 사실이다. 보겔의 기록에 따르면 둥관東莞 현정부는 홍콩과 체결한 계약 중 대략 50%가 원래의 둥관 주민과 맺은 것으로 추정했다. 광저우의 성정부와 산하 현급 정부는 이 밀항자 문제에서 미묘한 차이를 보였다. 1979년 광둥성의 신문들에는

---

11) 다진의류공장이 문을 연 3개월 후 동남아 최대의 모방적毛紡績 제조업체인 홍콩영신기업유한공사의 차오광뱌오曹光彪는 주하이에 샹저우香洲모방적공장을 열었다. 홍콩 매체는 보도에서 최초로 '위탁가공'과 '보상 무역'이라는 신개념을 사용했다.

밀항자들을 공격하는 각종 뉴스로 가득 찼고, 12월에 성정부는 〈밀입국자 처리 규정〉을 통과시켜 밀입국 미수자를 상당히 엄격하게 처벌했지만 주장 삼각주의 일부 현급 시에서는 관료들이 도리어 이전의 밀항자가 고향에 돌아와 공장을 차리는 것을 환영하고 있었다. 특히 둥관, 중산中山 등의 현에서 진행된 대량의 '삼래일보' 프로젝트 모두는 이전에 홍콩으로 밀항한 자들이 돌아와 설립한 것이었다. 둥관의 한 간부는 취재온 보겔에게 이렇게 말했다.

10년 전 우리의 주요 업무는 홍콩으로의 밀항을 방지하고, 밀입국자들을 구금하는 것이었습니다. 그런데 과거에는 나쁜 사람으로 여겼지만 지금은 그들이 모험 정신이 있고, 재능이 출중하며, 남아있는 고분고분한 농민들과는 다르다고 생각합니다.

정부의 업무효율을 제고하기 위해 둥관현 정부는 대외 창구이면서 인허가 사무를 보는 '대외가공조립 사무실'이라는 기구를 설립했다. 홍콩 상인들은 여기에서 계약서에 서명했는데, 한두 시간이면 충분했다. 이는 당시의 중국에서는 거의 생각할 수 없던 일이었다. 전국에서 유일무이한 이 기구는 이후 10년 동안 유지되었다. 둥관의 공장은 매년 급증했고, 1978~1991년까지 둥관에 유입된 외자는 17억 달러로, 전국 현급 도시 중 으뜸이었다.

1970년대의 마지막 1년에 중국인들은 혁명의 뜨거운 열기로부터 깨어나기 시작했고, 가난은 가시에 찔려 막 회복되고 있는 피부처럼 사람들을 고통스럽게 했다. 남방의 푸젠에서 수팅舒婷이라는 여류시인은 아주 완곡한 방법으로 사람들의 빈곤 탈피 갈망을 이렇게 묘사했다.

나는 가난하다. 나는 슬프다. 나는 너의 조상대대, 고통스런 희망이다. 하늘을 나는 옷소매 사이로, 천백 년 땅에 떨어지지 않았던 꽃송이, 조국아!

『이코노미스트』는 연말 보도에서 통계를 들어 이렇게 말했다.

20년의 결핍을 경험한 후 베이징의 각종 지수는 미친 듯이 상승했다. 1979년 중국은 3억 3천 4백만 개의 마대 자루를 제조했고, 8억 5천만 개의 전등을 만들었다. 130만 대에 달한 TV 생산량은 1978년에 비해 157%나 증가한 것이었다. 국가통계국의 데이터에 따르면 중국의 인플레이션은 5.8%에 이르러, 이로 인해 중국 정부는 일부 사람들의 실제 수입이 사실상 줄어들었음을 인정했다. 그러나 국유기업의 노동자와 간부의 수입은 평균 7.6% 증가했다.

잰슨H. Janson이라는 한 유럽인이 상하이로 돌아왔다. 부친은 덴마크의 화학 엔지니어였고, 모친은 러시아인이었던 그는 35년 전 이 동쪽의 가장 큰 식민 도시에서 어린 시절을 보낸 적이 있었다. 그때 그가 본 상하이는 곳곳에 식민지의 흔적이 남아 있는 도시였다.

마오쩌둥이 문화대혁명을 시작한 상하이에는 이미 마오쩌둥 초상화 한 장 없었고, 정치를 언급하는 사람도 하나 없었다. 그들이 관심을 가진 것은 상품, 수입 그리고 미국인들은 모두 차를 갖고 있는지 여부였다.

물질의 시대가 도래한 것이었다.

1979년 12월 31일 각진 얼굴에 호리호리한 스촨성 완현 사람 모어치중이 석방되어 감옥을 나왔다. 4년 전 그는 「중국은 어디로 가는가?」라는 장문의 글을 쓴 것 때문에 반혁명분자로 몰렸고, 처음에는 사형이 내정된 것으로 알려졌으나 후에 이 소송은 계속 미뤄지면서 진짜 판결은 내려지지 않았다. 1979년 하반기 스촨에서 문혁 중 잘못 처리된 사건을 청산하기 시작함에 따라 모어치중과 같은 사람들이 무죄 석방된 것이었다. 그는 더 이상 현의 유리공장 가마 노동자로 일하지 않고, 출소 한 달 후 300위안을 빌려 '완현강북무역신탁복무부'를 설립했다. 이때 그는 이미 40에 가까운 나이였다. 그는 일찍이 19살 때 「우미인虞美人」이라는 시를 쓴 적이 있었다.

아홉 사람이 안개를 뚫고 산에 들어가 다시 태백암에 오르고, 깨어진 기와와 풀들을 보니 옛날의 풍광은 사라지고 없네. 무너진 담벼락과 기울어진 사당은 이미 피폐한데 어찌 다시 배회하는가. 선경의 옥기둥을 취하고자 하니, 아름다운 산하에 돌볼 사람 없다고 말하지 마라.

이처럼 멋들어진 시를 쓴 모어치중은 결코 평범한 사람은 아니었다. 그는 청년 시절의 의기로 정치적인 이상에 20년의 세월을 헛되이 쏟아 부었지만 이제는 오히려 비즈니스 세계에 모든 것을 쏟아넣고 있었다. 과연 '모어치중의 시대'가 다가오고 있었다.

| 기업사 인물 |

'바보' 녠광쥬

덩샤오핑은 모두 세 차례에 걸쳐 안후이의 이 '바보'를 언급했다. 첫 번째가 1982년으로, 그의 한 마디 말로 인해 녠광쥬는 이름을 얻었다. 두 번째는 1987년이었으며, 1992년의 남순강화 기간에 덩샤오핑은 세 번째로 녠광쥬를 언급했다. 여기서 우리는 이 '바보'가 덩샤오핑의 마음속에서 상징하는 의미가 컸음을 알 수 있다.

덩샤오핑에 의해 이름이 거론된 후 녠광쥬의 운명에는 드라마틱한 변화가 일어났다. 이름 석 자를 포함해 다섯 글자밖에 쓸 줄 모르던 소상인이 '중국 제일의 상인'으로 불리게 되었고, 이후 10여 년 동안 변화무쌍하게 진행된 개혁처럼 그의 시운도 그에 따라 요동쳤다.

1986년 설 이전에 '바보표 해바라기 씨' 회사는 전국 최초로 상하이의 브랜드 자동차를 일등상으로 내걸고 경품 판촉 활동을 펼쳐 3개월 만에 100만 위안의 이윤을 냈다. 하지만 그러한 호황은 오래가지 못했다. 중앙이 공문을 보내 모든 경품 판촉 활동을 금지하자 녠광쥬가 혼란에 빠지면서 회사는 원금조차도 건지지 못했다. 1989년 말 사영 경제가 다시 회색 명사가 되자 우후시는 갑자기 녠광쥬의 경제 문제를 조사하기 시작했는데, 그가 우후시 교외에서 정부와 연합 경영 기간 중에 공금을 횡령하고 유용한 혐의가 있다는 것이었다. 녠광쥬는 문맹으로, 정식 회계 체계에 의거해 만들어진 장부를 이해하지 못했기 때문에 기업의 재무 관련 장부는 당연히 엉망이었다. 그는 "나는 돈지갑에 돈이 얼마가 들어오고 얼마가 나가는지만 알면 그만이었다"라고 말했다. 이 소송은 2년을 끌었고, 1991년 5월 우후시 중급인민법원은 녠광쥬의 경제 혐의는 성립되지 않는다고 선고했다. 단 '공공질서 파괴죄'는 인정해 징역 3년에 집행유예 3년을 판결했다. 녠광쥬는 법정심문에서 판사가 "당신은 취업 해결을 명목으로 10명의 여직원을 강간했죠?"라고 묻자 "10명이 아니라 12명입니다"라고 대답했다. 훗날 그는 기자에게 "그들이 10명을 꽉 채워준 것보다는 내가 한 다스를 채워주는 것이 낫다"고 말했다고 한다. 1992년 덩샤오핑이 남방에서 그의 이름을 거론하자 1개월 후 그는 무죄 석방되었다.

녠광쥬는 네 번 결혼했다. 1987년 50세의 그는 20살 남짓한 젊은 여대생과 네 번째 결혼식을 올려 세상을 깜짝 놀래키는 애정 드라마를 연출했다. 당시 그의 결혼은 사람들이 벼락부자를 멸시한다는 사실을 증명했다. 녠광쥬는 돈을 벌게 되자 이웃과 고향사람들이 자기를 다른 눈으로 봐주기를 바랐다. 그리고 돈으로 사회의 존중을 사려 했다. 아들이 중학교에 다닐 때 담임선생의 소개로 학생들에게 장학금을 기부하려고 했는데, 학교에서 이에 대한 토론이 진행될 때 많은 선생들이 이의를 제기했다. "우수한 학생들에게 '바보' 장학금을 나누어주면 학교 얼굴에 먹칠을 하는 것이 아닌가?"

녠광쥬는 가내수공업 식의 노동에 익숙해 50여 세까지 줄곧 웃통을 벗은 채 작업장의 새빨갛게 가열된 큰 가마솥 앞에서 해바라기 씨를 볶았다. 시장이 커지자 그는 바빠서 어쩔 줄 몰랐다. 해바라기 씨가 충분치 않을 때는 다른 작업장에서 구입해 자신의 포장 봉투에 넣었는데, 품질이 일정치 않아 브랜드 이미지에 타격을 입는 결과를 초래하기도 했다. 그의 큰아들 녠진바오^{年金寶}는 아버지를 이렇게 평가했다.

당시 아버지가 이름을 얻은 것은 언론에서 볶아댔기 때문이었습니다. 11기 3중 전회 이후 전국에서 모범을 찾다가 공교롭게도 아버지를 만나게 되었던 거죠. 아버지는 천하에 두려운 것이 없었고, 많은 사람에게 죄를 지었습니다.

'바보' 브랜드 소유자로서 그는 언행에 주의하지 않았고, 이로 인해 브랜드에 적잖은 부정적 영향을 끼쳤다.

1998년 개혁개방 20주년에 『남풍창^{南風窓}』의 한 기자가 다방면으로 수소문해 마침내 우후시에서 61세의 녠광쥬를 만날 수 있었다. 『남풍창』은 다음과 같은 말로 당시의 '중국 제일의 상인'을 묘사했다.

헝클어진 머리는 황급히 침대에서 일어난 흔적을 보여주었고, 몸에 걸친 붉은 자주색을 띤 푸른 양복도 구겨진 채였다. 담배연기로 인해 누렇게 변한 손에는 긴 손톱이 남아있었고, 커다란 금반지가 빼빼 마른 손위에서 유달리 시선을 끌었다. 하지만 앙상한 얼굴에는 시장 상인 특유의 영리함이 서려있었다.

녠광쥬는 "큰 잘못은 하지 않았지만 작은 잘못은 끊이지 않았다"라고 자신을 평가했고, 그와 왕래한 많은 사람들은 그를 "작은 일에는 아주 치밀하고 교활했지만 큰일에는 어리석었다"라고 평했다.

녠광쥬는 일생에서 고마웠던 사람 딱 한 명을 이야기했는데, 바로 덩샤오핑이었다.

| 기업사 인물 |

'사장' 위안겅

서커우 사람들은 아무런 거리낌 없이 위안겅을 '사장'이라고 불렀는데, 이 자본가에 대한 그러한 호칭은 그에게 아주 잘 어울려보였다. 15년이라는 긴 시간 동안 그는 '사장'처럼 서커우의 모든 것을 장악하고 통제했다. 그는 친히 서커우를 창조했고, 아버지처럼 서커우의 모든 기관을 빚어냈다. 규칙과 제도부터 언덕 위의 한 그루 나무까지 그는 한마음으로 자기 자식들의 앞길을 보통 사람들과 다르게 원대하게 키우려 했다. 한때 그는 진정으로 성공한 듯이 보였다. 비록 떠날 때 아무것도 가져가지 않았지만 그의 영혼은 처음부터 끝까지 서커우의 주인이었다.

위안겅은 중국의 기업사에서 어떤 한 집단의 표본 격의 인물이라고 할 수 있다.

그가 관료였는지 아니면 기업가였는지는 명확하게 구분하기가 어렵다. 그의 직함은 서커우개발구관리위원회 서기이자 이 지역의 행정장관으로, 공공 자원의 분배권과 정책의 제정과 집행권을 갖고 있었고, 특히 서커우와 같은 '시범구'에서 중앙에 요청해 이양받을 수 있는 거의 모든 권력을 갖고 있었다. 동시에 그는 국유 지주 회사의 이사장이었다. 1979년 1억 위안도 안 되는 자산을 갖고 있던 초상국은 그가 떠날 때 자산가치가 200억 위안이 넘는 거대 기업이 되어 있었다. 자산가치의 증가는 한편으로는 개혁과 발전의 결과일 수 있었지만 다른 한편으로는 분명 독점을 전제로 한 제도의 산물이었다. 초상국은 서커우개발구 개발에 대한 독점권을 갖고 있었다. 공평 아니면 불공평, 합리적 아니면 비합리적이라는 논리로 그것을 이해하는 것은 아주 어렵지만 어떤 의미에서 그것은 엄연히 역사 그 자체라 할 수 있다.

경제학자 환상^{環湘}은 일찍이 "위안겅이 서커우를 만들어낼 수 있었던 연유는 바로 그가 중국의 계획경제에 대해 아무것도 몰랐기 때문"이라고 말한 적이 있다. 이 말은 언론과 위안경 본인에 의해 다시 인용되면서 자못 '과시하는' 뜻이 담기게 되었지만 역사학자들이 보기에는 반드시 사실이라고 할 수는 없다. 서커우의 실험은 결코 '무지한 사람은 두려움도 없다'는 식의 변혁이 아니었다. 문화학자 위잉스余英時는 『무술정변 금독戊戌政變今讀』에서 이렇게 말했다.

> 1980년대에 양대 개혁 역량이 출현했다. 하나는 개혁개방 정책을 집행한 당정의 간부들로, 그들이 처한 상황과 사고의 방향은 청말의 자강파와 매우 유사한 소위 '체제 내' 개혁자들이었다. 또 다른 하나는 지식인들의 역량으로, 특히 청년 학생들의 힘이었다.

위안경은 첫 번째 부류의 대표였다. 포병단장 출신의 위안경은 결코 정치를 모르는 '일개 무장'이 아니었다. 그는 당연히 1980년대 초 중국공산당 내에서 제도 변혁파를 상징하는 인물이었다. 그는 서커우공업구를 설립한 첫날부터 그것을 사회 개혁의 실험장으로 간주했는데, 이는 바로 그가 훗날 말한 것과 일치했다.

처음부터 서커우는 간부 체제, 민주 선거, 여론 감독 등의 분야에서 아주 대담한 제도 개혁을 실시했는데, 서커우가 사람들로부터 열렬한 관심을 불러일으킨 것도 상당 정도 이러한 개혁에서 비롯되었다. 1980년 3월 28일 서커우는 중국 최초로 간부와 직원의 공채 제도를 정식으로 시행했고, 이로 인해 신중국 31년 동안 시행되어온 간부의 이동 배치 제도를 제일 먼저 타파했다. 1983년 2월 9일 서커우를 시찰하고 돌아온 후야오방 총서기도 서커우의 간부 선출과 평가 진행 방식에 동의했다. 1983년 4월 24일 서커우 제1기 관리위원회의 간부 선발은 민의의 추천에 따라 후보자가 정해졌고, 다시 2,000여 명의 직접 선거로 결정되었다. 이에 따라 서커우로 발령받은 각급 간부는 기존의 직무와 직급을 단지 당안黨案에만 기록했고, 서커우의 실제 업무 대우에서 기존의 직급은 모두 효력이 없었으며, 어떤 직무를 담당할 수 있는지, 얼마의 급여를 가져가는지는 모두 민의에 의한 선거에 따랐다. 1986년 서커우에서 실시된 민주선거에서 15%의 사람들이 위안경에게 불신임표를 던졌고, 5명의 이사는 현장에서 낙마했다. 서커우는 해마다 간부를 채용하는 제도를 시행했고, 매년 시행되는 평가에서 과반의 지지를 얻지 못하면 면직되었다. 간부의 종신제나 임명제는 철저하게 폐기되었다.

위안겅은 서커우를 당시 중국에서 가장 주목받는 실험장으로 만들었고, 본인의 직업 생명 전체를 담보로 임전무퇴의 의지를 다졌다. 문헌 기록에 따르면 당시 광둥성위원회 서기 런중이가 여러 차례 위안겅에게 선전시 시장을 맡을 것을 설득했지만 그는 단호하게 거절했다고 한다. 이미 60세라는 퇴직 연령을 훨씬 넘어선 위안겅은 서커우에서 그가 가진 이상을 완성하고 싶어 했다.

위안겅은 고속 경제 성장이라는 명분으로 중앙의 지지를 얻는 일에 뛰어났는데, 이 분야에서 그는 중국 관료들의 처세술을 깊이 체득하고 있었다고 할 수 있다. 1982년 그는 공업구관리위원회 문 앞에 '시간은 곧 돈이고, 효율은 곧 생명이다'라고 쓴 아주 큰 표어를 만들어 나무 위에 걸게 했다. 이 표어는 초기에 광범위한 논쟁을 불러일으켰다. 1984년 덩샤오핑이 서커우를 시찰할 때 위안겅은 아주 '교활'하게 덩샤오핑 일행을 부추기면서 자문자답의 어투로 이렇게 말했다.

이 구호가 금기를 위반하는 것인지 아닌지 잘 모르겠고, 우리가 시도하는 모험도 정확한지 아닌지 잘 모르겠습니다. 저희는 덩샤오핑 동지께서 이 자리에서 그에 대한 태도를 표명하도록 요구하는 것이 아니라 단지 우리들이 실험을 계속할 수 있도록 허락해주시기를 원합니다.

위안겅의 말이 여기에 이르자 덩샤오핑과 현장에 있던 사람들 모두가 웃기 시작했다고 한다. 이후 이 표어는 전국을 풍미해 당시 가장 유명한 개혁 경전의 어록이 되었다.

미국의 정치윤리학자 롤즈John Rawls는 일찍이 개인적 진보의 기초 위에 세워진 권위 체제는 '사상누각' 같아 일단 그런 권위를 가진 인물이 물러나거나 영향력이 쇠퇴하면 체제가 갖춘 진보성이 자연스럽게 사라진다고 이야기했다. 위안겅과 그의 서커우는 이 구절과 딱 들어맞는다. 1992년 72세의 위안겅이 15년 동안 관리해온 서커우를 넘겨주자 서커우는 급속하게 선구자로서의 색깔을 잃기 시작했고, 겨우 4~5년 만에 더 이상 사람들이 알아주지 않는 곳으로 변해버렸다. 1998년 4월 8일

『선전상보』에는 「서커우가 왜?」라는 글이 실렸는데, 서커우의 각종 쇠퇴 현상을 이렇게 열거하고 있다.

부동산: 구조적인 수요가 장애가 되는 모순을 드러내기 시작했을 뿐 아니라 시장 경쟁은 더욱 치열해지고 있다. 석유화학: 사업 공간이 축소되고 있다. 해운: 서커우항이 점차 경쟁 우위를 상실하면서 설비 이용률과 정박 이용률이 모두 높지 않고, 생산력 과잉 현상이 나타나고 있다. 투자 서비스: 새로운 기업과 자본 유치의 어려움이 클 뿐만 아니라 공업구 내의 일부 생산 기업도 외부로 이전 중에 있다. 무역: 전 항구의 업무가 대폭 위축되었으며, 작년 거의 대부분이 적자 상태에 빠졌다. 제조업: 종류는 많고, 규모는 작으며, 과학기술 함량이 낮고, 탄탄한 우수 상품이 없다. 이러한 쇠퇴의 원인은 다음과 같다. 발전 방향: 중장기 전략 부족, 기본 업종의 발전 목표 결여. 기업 관리: 현대화된 관리 메커니즘 부재, 과학적인 계획 심사 시스템 부족, 유효한 감독 통제 시스템 및 합리적 분배 시스템 결여. 정신 상태: 진취성 상실, 경쟁의식 결핍……

이 글은 한때 세상에 파문을 불러일으켰다. 비록 언사가 귀납적이고 독단적이지만 그럼에도 사실을 지적한 것이었다. 2000년대에 진입한 후 서커우는 이미 일반적인 개발구로 전락해 있었다. '유신파' 리훙장이 창설한 107년 후 초상국은 뜻하지 않게 다시 한 번 중국 경제 발전의 실험자 역할을 맡았고, 영웅과도 같던 서막 후 다시 체제에 구속되어 중도에 무대에서 사라지고 말았다. 2004년 6월 서커우개발구는 광둥성 정부의 공문에 의해 정식으로 폐지되었고, 위안겅이 고심 끝에 설계한 모든 제도는 하룻밤 사이에 연기처럼 날아가 버렸다.

위안겅은 말년에 자신이 역사적인 잘못, 즉 서커우가 또 다른 종류의, 아마도 훨씬 더 효율성이 높은 성장 모델을 놓쳐버린 잘못을 저지른 것에 대해 탄식한 적이 있었다. 그가 '놓쳤다'고 한 기회는 1981년 홍콩의 거부 리쟈청과 거상 후어잉둥霍英東을 대표로 하는 13명의 홍콩 기업가들이 서커우를 참관하면서 그들이 출자해 이 땅을 공동 개발할 수 있는지의 여부를 물었던 것이다. 당시 위안겅은 일고의 고려도 없이 즉석에서 두 손을 모아 "감사합니다. 저는 투자 자금이 들어와도 회수할 수 있을지 걱정됩니다. 감히 여러분들이 그러한 일에 연루되게 할 수는 없습니다"라며 '교활하게' 완곡히 거절했다.

위안겅이 유감스럽게 생각한 것은 만약 그때 리쟈청과 후어잉둥의 출자를 허락했다면 서커우가 철저하게 자본화되었거나 아니면 훨씬 더 큰 경제적 활력을 얻을 수 있었을 수도 있었기 때문이다.

이것은 충분히 의미 있는 추론이다. 1980년대 초 개혁 정신을 갖고 있던 이 중국 관료의 확고한 믿음은 충분한 권한 이양과 개혁에 대한 의지만 있으면 국유기업을 잘 운영하고, 경제를 진흥시킬 수 있다는 입장을 표명하는 듯 했다. 하지만 1990년대 말에 이르러 그도 이미 어렴풋하게나마 이 체제의 포위망을 돌파하는 일이 이미 '극한'에 부딪쳤고, 어쩌면 한층 더 규모가 크고 자유로운 외래 자본의 수혈이 있어야 비로소 진일보한 추동력을 갖출 수 있음을 느끼고 있었다. 서커우는 너무 일찍 생겨났고, 그래서 동시에 두 가지의 시대적 사명을 짊어지는 것은 불가능했다.

위안겅은 분명 떠나기 전에 이러한 잘못을 의식했을 것이다. 그래서 그가 재임 기간 중 마지막으로 내린 중요한 결정이 바로 모두의 뜻을 배제한 채 서커우 소속의 세 개의 회사를 체제 바깥으로 내보내 주식화한 것이었다. 이 세 회사 중의 하나가 자오상招商은행으로, 이후 이 은행은 중국 최초의 고효율 은행(세계 7위)이 되었다. 또 하나는 핑안平安보험공사로, 이 회사는 나중에 중국에서 가장 활력 있는 보험회사가 되었다. 이 회사의 책임자는 오래 전에 위안겅의 기사였던 마밍저馬明哲로, 그는 후에 중국에서도 알아주는 갑부가 되었다. "만약 서커우 전체를 이처럼 체제 바깥으로 내보냈다면 오늘날 서커우는 또 어떻게 되었을까?" 이것이 말년의 위안겅이 항상 사람들과 이야기하던 화제였다.

사실 아무리 능력이 뛰어난 개인이더라도 완고한 제도적 장애에 직면했을 때의 행동은 여전히 연약하고 무력하기 마련이다. 위안겅이 서커우에 파견되었을 때 그의 지도자는 '강건하고 영리함'을 갖춘 무장이 '한 줄기 혈로를 뚫어내기'를 희망했다. 그는 확실히 이 임무를 완성했다. 하지만 골치 아프게도 그는 이 과정에서 분명 또 다른 훨씬 더 중대한 임무를 함께 완성하려 했다. 이처럼 새롭게 개척한 토지 위에 원래와 전혀 다른 제도를 구축하려 한 것은 분명 그의 '사명'을 넘어서는 것이었다. 그래서 최후의 몰락은 이미 운명 속에 정해져 있었다.

위안경은 1917년 과거 바오안으로 불리던 선전에서 태어났다. 1949년 포병단장의 임무를 맡아 부대를 이끌고 가난한 고향을 해방시켰다. 30년 후 그는 자신의 방식으로 또 한 번 이 지방을 경제적으로 '해방'시켰다. 그는 말년에 줄곧 서커우에 있는 해변의 아파트에서 살았다. 창밖으로 한눈에 홍콩의 위엔룽이 보였고, 옆에는 항상 한 권의 사진첩이 놓여 있었는데, 사진첩 안에는 덩샤오핑 등 당시의 국가 지도자들과 함께 찍은 기념사진이 들어있었다. 해질녘 한 장 한 장 넘기다보면 지난 일이 마치 딴 세상인 것처럼 느껴졌다.

1980년
낭만과 이별한 해

나는 벽에 반항할 수가 없고
단지 반항할 수 있는 소망만 있다.
내가 우선 반항해야 할 것은
나의 벽에 대한 타협과
이 세계에 대한 불안전한 느낌이다.

— 수팅, 「벽」(1980년)

1980년대를 시작하는 첫 봄 창장長江 남북의 날씨는 좋았고, 전국은 억제하기 힘든 일종의 희열로 들떠 있었다. 24세의 베이징 시인 구청顧城은 『별星』이라는 시 전문지에 그의 명작 「세대一代」를 발표했다. 이 시는 단지 2줄로 된 짧은 시였으나 꼬박한 세대를 오랫동안 짓눌러온 감정을 원자폭탄과 같이 폭발시켰다. "검은 어둠은 나에게 까만 눈동자를 주었고, 나는 오히려 그것으로 광명을 찾는다." 이것은 말로 표현하기 어려운 정서를 털어놓은 것으로, 개인의식의 회복이 이 두 줄의 시 속에 남김없이 드러나 있었다. 마치 사람들이 평온하지 않은 시대의 시작을 의식하기 시작한 듯했다.

1980년대의 첫 설을 전 국민이 잘 보내도록 하기 위해 상업부는 1월 18일 대도시에 충분한 돼지고기 공급을 요구하는 통지를 하달했다. 지난해 전국의 돼지 사육 두수는 800만 마리 증가했고, 돼지의 평균 중량은 12kg 증가했다. 통지는 각 지역에서 '현지 구매, 현지 도살, 현지 판매'할 것을 요구했다. 또 며칠이 지나 국무원은 '계란은 계절에 따라 가격 차이를 둘 수 있다'라는 문건을 하달했다. 이는 국가가 가격을 지렛대로 시장과의 조화를 시험하고 있음을 의미했다. 이러한 통지와 문건은 10년 동안 번거로움을 마다하지 않고 계속 하달되었는데, 국가가 줄곧 가정부처럼 세심하게 인민의 의식주를 돌보는 것을 새삼스레 느끼는 사람은 없었다.

봄, 가장 중요한 정치적 사건은 중국공산당 중앙이 전임 국가주석 류사오치의 명예를 회복시킨 것이었다. 2월 23일에 개최된 중국공산당 11기 5중 전회에서 65세의 후야오방이 중국공산당 중앙 총서기로 임명되고 비교적 젊은 간부들이 주요 직책에 올라왔는데, 이중에는 지난 2년간 안후이와 스촨성에서 '농가생산도급책임제'를 강력하게 추진한 완리같은 사람들이 포함되어 있었다. 14년 전 '반도, 간첩, 노동자의 적'으로 내몰렸던 류사오치가 정식으로 정치적 명예를 회복하게 되자 이와 관련된 억울한 사건들도 재조명받게 되었다. 득의양양한 덩샤오핑은 회의 중에 "정치 노선과 사상 노선을 해결한 후 이후의 업무는 체제 개혁에 중점을 두어야 한다"고 말했다.

덩샤오핑은 분명 전국 인민의 주의력을 경제 체제 개혁으로 돌리려고 했다. 지난해 말 전국에서 자주권 확대를 시범적으로 실시한 국영기업이 이미 4,200개에 달했고, 1980년에는 6,600개로 늘어났는데, 이는 전국 예산 내에 있는 공업기업의 16% 정도였고, 생산액과 이윤은 각각 60%와 70%를 차지했다. 중앙과 각 지방 정부의 안중에 있던 중점 국영기업은 기본적으로 '시범기업'이라는 큰 테두리 안에 이미 들어가 있었다. 이러한 중대한 개혁을 추진하기 위해 1월 22일 국무원은 서우두강철 등 시범기업의 경험에 근거해 〈국영 공업기업의 이윤공제적립 시행 방법〉을 발표해 기업 자주권을 확대한 시범기업이 기존의 '이윤전액공제적립'을 고쳐 '기준이윤 공제적립에 증가이윤 공제적립을 추가할 수 있도록' 허락했다. 단 공업기업은 반드시 생산량, 품질, 이윤, 물품 공급 계약 등 네 항목의 계획 지표를 완성한 후 비로소 규정된 공제적립 비율에 의거해 이윤공제적립 자금 전액을 수취할 수 있었다. 2월 국가경제위원회는 통지를 하달해 시범기업에게 '국가는 많이 거두고, 기업은 많이 남기고, 직공은 많이 받는다'는 것을 보증하도록 요구했다. 이것은 당연히 듣기에는 좋은 말이었지만 집행하기에는 아주 곤란한 요구였다. 통제가 한 단계씩 느슨해지는 각종 조짐이 드러났지만 중앙은 모든 것이 계획된 통제 속에서 질서 있게 진행되기를 희망했다. 각지에서 새로운 변혁의 소식이 계속 들려오고 있었다. 연초에 중국인민보험공사가 업무를 재개하면서 국내 보험 업무가 다시 회복되었다. 4월 10일 중국민항 베이징관리국은 홍콩의 중국항공식품공사와 합자를 시작했는데, 558만 위안의 등록 자본금으로 '베이징항공식품공사'를 설립했다. 국가공상국은 이에 중외합자기업 001호의 영업허가증을 내주었고, 이 회사는 중국 정부가 정식으로 비준한 최초의 중외합작기업이 되었다. 당시 베이징항공식품공사의 하루 기내식 수량은 단지 640개에 불과했으나 20년 후 이 숫자는 2만 5천 개로 늘어난다.

이러한 작은 회사의 중외합자와 비교할 때 남방에서는 듣기만 해도 훨씬 방대한 계획이 어렵사리 시동을 걸고 추진되고 있었다.

이후 중국의 개방 방향에 큰 영향을 미친 이 계획은 바로 남방에 '경제특구'를 건설하는 것이었다. 이 '특구'라는 경제 명사는 중국인들이 새롭게 발명한 것이다. 『선전, 스핑크스의 수수께끼』라는 책에 따르면 그것의 발명자는 덩샤오핑이었다. 1979년 4월 그는 광둥성위원회 제1서기이자 성장인 시중쉰習仲勳과 개방 관련 사안을 검토하면서 선전에 새로운 개방 구역을 건립해 전력을 다해 외자를 유치하는 동시에 특수한 경제 정책을 실행할 것을 제의하면서 아울러 그 개방 구역을 '특구'라고 부를 것을 제안했다.

덩샤오핑이 특구라는 개념을 제기한 시기에 위안경은 이미 분주하게 남방을 다니며 서커우공업구에 시동을 걸고 있었다. 특구라는 말이 나오자 시중쉰은 곧바로 개방 속도에 박차를 가했다. 7월 15일 〈중국공산당 중앙, 국무원의 광둥성위원회와 푸젠성위원회의 대외경제 활동에 대한 특수정책 및 융통성 있는 조치 실행에 관한 두 가지 보고〉가 작성되었고, 이 〈보고〉에서는 명확하게 다음의 사항을 제시했다.

선전, 주하이珠海, 산터우汕頭에 수출 특구를 시범적으로 개설한다. 특구 내에는 화교, 홍콩, 마카오 상인들이 직접 투자해 공장을 세울 수 있고, 일부 해외 제조업자에게도 공장 설립 투자를 허용한다. 혹은 그들과 합영 기업을 설립할 수 있고 ……. 세 개의 특구 건설은 순차적으로 진행되어야 하며, 가장 중점을 두어야 할 곳은 선전이다.

선전특구 설립에 대한 생각이 점점 명확해짐에 따라 선전은 명확하게 '경제특구'로 정의되었다. 국가가 3,000만 위안을 대출해 전적으로 선전경제특구 개발에 제공했다. 이 금액의 보잘 것 없음은 이후 푸둥浦東 개발과 비교하면 알 수 있다. 미루어 보건대 당시 특구는 순전히 실험적인 성격을 갖고 있었고, 중앙 정부도 이에 대해 전략적인 기대를 갖고 있지 않았음을 엿볼 수 있다. 이렇게 선전은 일개 현급 도시에서 일약 성의 직할시급 도시로 승격되었다. 특구 규모는 위안겅의 서커우와 비교할 수 없을 정도의 규모였다. 선전시의 총 면적은 2,020km^2, 경제특구로 구획된 면적은 327.5km^2, 동서 50여km, 남북 평균 6km 정도였다. 비행기에서 특구의 전모를 조감하면 폭이 좁고 긴 다시마가 산기슭과 해변 사이에 떠 있는 모습과 흡사했다.

면적은 컸지만 단지 3,000만 위안의 자금으로는 2km^2의 토지를 정리하고 수도, 전기, 도로를 개통하기에도 턱없이 부족했다. 개발자가 생각에 생각을 거듭해 고심 끝에 내린 결론은 토지를 임대해 현금을 마련하는 것이었다. 이러한 생각은 당시 국내에서는 '대역무도'한 행위였다. 반대 이유는 매우 간단했다. 공산당의 국토가 어떻게 자본가에게 임대될 수 있는가? 당시 부동산국의 한 간부는 마르크스-레닌의 원전을 뒤져 마침내 두꺼운 『레닌전집』에서 레닌이 인용한 엥겔스의 한마디 말을 찾아냈다.

…… 주택, 공장 등등 최소한 과도기에는 아무런 대가 없이 개인이나 코뮌이 사용하도록 할 필요는 없다. 마찬가지로 토지 사유제 폐지는 결코 지대를 폐지하는 것이 아니라 지대를 사회에 돌려줘야 한다는 뜻이다.

이 구절을 찾아낸 간부는 뛸 듯이 기뻐하면서 그날 밤 시위원회 서기에게 이 사실을 알렸다. 당시 선전 간부들은 모두 이 구절을 외우고, 멀리서 온 조사자나 질문자가 있으면 이들이 들을 수 있도록 유창하게 암송했다고 한다.

선전의 첫 토지임대 계약은 1980년 1월 1일에 체결되었다. 최초로 이 파이를 먹은 사람은 홍콩 상인 류텐쥬劉天就였고, 그와 협상한 사람은 바로 『레닌전집』에서 엥겔스의 말을 찾아낸 부동산국의 간부 루어진싱駱錦星이었다. 루어진싱은 훗날 당시를 회고하면서 협상에서 오고간 대화를 이렇게 소개했다.

류텐쥬는 '그냥 적당한 부지를 떼어주면 됩니다. 제가 설계부터, 건설, 판매까지 책임지겠습니다. 번 돈은 중국이 큰 부분을 먹고, 저는 작은 부분을 먹겠습니다'라고 말했습니다. 저는 '둥후東湖 공원 부근의 땅을 줄 수 있는데 어떻습니까?'라고 물었습니다. 그러자 류텐쥬는 이윤을 7:3으로 나누자고 제의했습니다. 저는 류텐쥬가 너무 많은 이윤을 챙긴다고 생각했고, 그래서 85:15의 비율을 제안했습니다. 류텐쥬는 '우리가 처음 교섭하는 것이고 앞으로 할 일도 많은데, 이번은 당신 말대로 하지요'라고 대답했습니다.

류텐쥬가 개발한 주택은 '둥후리위안東湖麗苑'이었고, 1기 108세대는 홍콩에서 도면 설계가 나온 후 3일 만에 모두 팔렸다.

둥후리위안의 성공은 선전 사람들의 생각을 트이게 했다. 그들은 곧바로 새로운 방안, 즉 토지 사용료를 거둔다는 생각을 하게 되었고, 매 평방미터 당 토지 사용료로 4,500홍콩달러를 제시했는데, 이 비용은 바다 맞은편 홍콩의 1/11에 불과했다. 선전은 거둬들인 수억 위안의 돈으로 토지를 정리했고, 도로와 전기, 수도, 우편 행정을 개통했다. 1980~1985년의 5년 동안 선전이 실제 이용한 외자는 12억 8천만 위안이었고, 인프라 구축에 모두 76억 3천만 위안을 투자했다. 대규모 에너지, 교통, 통신 등 기초 설비 공사가 준공되었고, 초보적 단계의 9개 공업구가 형성되었다. 홍콩과 외국 기업이 분분히 특구로 몰려들어 공장을 세우고 회사를 설립했다. 이로부터 남풍이 북상하게 되자 개방의 대세를 다시는 막을 수 없게 되었다.

국가나 개인의 최대 고민은 마음속에 억눌려 있으면서도 밖으로 내뱉을 수 없는 것이기 쉽다. 그런데 1980년 체제의 완화와 각종 새로운 정세의 출현으로 사람들은 자신의 감정을 표현하기 시작했고, 국가도 어느 정도는 이러한 행동을 암묵적으로 묵인했다. 광둥에서 다이허우잉戴厚英의 소설 『사람아! 아, 사람아!』가 센세이션을 불러일으켰다. 훗날 집에 침입한 도둑에 의해 살해된 이 여류작가는 처음으로 연민이 가득 찬 필치로 보통 사람들의 삶을 묘사했다. 남녀 간의 애정을 표현한 영화 〈루산롄廬山戀〉과 〈톈윈산전기天雲山傳奇〉는 청년들을 영화관으로 내몰았고, 여주인공 장위張瑜의 꽃무늬 옷은 젊은 여성들의 호기심을 불러일으켰다. 막 복간된 『대중영화大衆電影』라는 잡지는 대담하게 영국 영화 〈수정구두와 장미Slipper and the Rose〉의 한 쌍의 젊은 연인이 격정적으로 키스하는 스틸 사진을 실었다.

5월 발행량이 200만 부를 넘는 『중국청년中國青年』은 여공 판샤오潘曉의 장문의 편지 「인생의 길아! 어째서 걸으면 걸을수록 좁아지는가?」를 게재했다. 판샤오는 편지에서 다음과 같이 말했다.

시대는 전진하는데, 나는 시대의 힘찬 날개를 만질 수가 없다. 또 어떤 사람은 세상에는 넓고 위대한 사업이 있다고 말하는데, 나는 그것이 어디에 있는지 모른다. 인생의 길은 어째서 갈수록 좁아지는가. …… 나는 몰래 천주교 성당에서 예배를 드린 적이 있고, 일찍이 무작정 삭발하고 승려가 될 생각도 했으며, 심지어 죽을 생각도 했다. …… 마음은 매우 혼란스럽고, 모순으로 가득 차 있다.

이 글은 많은 사람의 공감을 산 동시에 격렬한 공격을 초래했다. 그래서 인생 노정 문제에 대해 전국적으로 대규모 토론이 전개되었고 판샤오라는 이름은 한때 전국을 뒤흔들었다. 토론은 다음해 3월까지 계속되었고, 『중국청년』의 발행부수는 369만 부에 달했다. 독자들이 잡지사와 판샤오에게 보낸 편지도 6만 통을 넘었다.[1]

---

1) 대략 1년 후 사람들은 판샤오가 방직공장의 여공 황샤오쥐와 북경경제학원 학생 판웨이를 합친 이름인 것을 알게 된다. 황샤오쥐는 중학교 졸업장만 있었지만 당시 센세이션을 일으킨 '판샤오 편지'를 쓴 후 방직공장에서 출판사로 자리를 옮겼고, 이후 고학으로 과학연구소에 진학했다. 그러나 과학연구소는 황샤오쥐가 바로 판샤오임을 알게 된 후 그녀를 해고했다. 이때 한때 판샤오의 숭배자였던 남편도 이혼을 요구했다. 황샤오쥐는 어쩔 수 없이 북경에서 가장 일찍 옷장사를 시작했다. 1980년대 후반 그녀는 돈을 벌기 위해 홀로 남쪽 선전으로 내려갔고, 후에 5개 점포의 사장이 되었다. 반면 판웨이는 키가 190cm인 남자로, 판샤오가 이름을 날리자 퇴학 수속을 밟고 사방을 유랑하기 시작했다. 그는 기차역 대합실, 자신이 지은 움막, 빌딩의 통로, 다리 밑에서 거주하며 2년을 유랑걸식한 후 하역부 일을 얻어 매일 100kg 이상의 짐을 100개 이상 나르며 창고에서 지냈다. 1984년 판웨이는 화물하차장에서 물건을 훔친 죄로 3년 반의 징

이러한 토론은 오랫동안 폐쇄된 한 사회를 뒤집어놓았다. 사람들로 하여금 이전에 갖고 있던 삶의 의미와 가치를 의심하게 했고, 미래의 생활에 대해 전에 없던 동경과 계획을 갖도록 했다. 훗날 중국 최대 음료업체 중의 하나가 된 광둥 러바이스樂百氏그룹의 창시자 허보어취안何伯權은 이렇게 말하고 있다.

저는 당시 중산현 샤오란진小欖鎭 공산주의청년단의 간부였고, 한 여성과 함께 이 화제에 대해 진지하게 토론했습니다. '판샤오'가 보냈던 편지로 인해 저는 제 인생을 되돌아보게 되었고, 당시의 그 여자는 지금 제 부인이 되었습니다.

'판샤오 현상'에 대해 토론하면서 사람들은 개방과 개혁이 이미 전 국가의 주요 흐름이 되었고, 그것의 변화와 발전 경로는 비록 곡절이 많기는 하지만 되돌릴 수 없는 방향으로 나아가고 있음을 몸소 느낄 수 있었다.

8월이 되어 반년 동안 은폐되어 왔던 중대한 기업 사건이 갑자기 처리되었는데, 이 사건은 두말 할 것 없이 당시 사람들이 가장 주목한 뉴스 중의 하나였다.

전년도 11월 24일에 발생한 보어하이渤海 2호 굴착선 전복 사고가 그것이었다. 관리와 지휘의 부당함(당시 용어로는 '관료주의'이다)으로 인해 72명의 석유 노동자가 사망한 것이었다. 발표된 자료에 따르면 보어하이 2호는 외국에서 구입한 후 7년 동안 기술 자료와 조작 규정에 대해 번역 작업이 이루어지지 않아 애초부터 과학적인 조작에 대한 개념이 없었다. 또 상부에서 걸핏하면 '총력전大會戰' 또는 '비무 겨루기'와 같은 부적절한 방식으로 생산을 독촉한 결과였다. 배가 전복되는 사고가 발생한 후 각급 관리 부문은 서로 책임을 전가하면서 신속하게 구조할 수 있는 시간을 놓쳐 결국 70여 명의 노동자들이 바다에서 산채로 얼어 죽고 말았다. 국무원은 높은 수위로 '보어하이 2호 사건'을 처리했고, 전국의 거의 모든 언론은 이

역에 처해졌다. 출옥 후 판웨이는 아무런 목표 없이 여러 직업을 전전했다. 한번은 인력 사이트의 '직업 자문'란 담당자로 일한 적이 있었다.

사건을 성토하는 보도를 내보냈다. 석유부 부장이 해임되었고, 석유 주관 부총리이자 50년대 '다칭大慶 결전'의 공신인 캉스언康世恩은 공개적으로 중과실 처분을 받았다. 심지어 석유부는 공개적인 자기비판에서 "1975년부터 해양국에서 발행한 각종 사고는 1,042건이었고, 이중 중대 사고는 33건이었으나 줄곧 진지하게 대처하지 못했다"고 밝혔다.

'보어하이 2호 사건'에 대한 높은 수위의 처리는 당시에는 예외적인 움직임으로, 그것은 과거와 같은 동원 식, 정치운동 식의 경제 업무 방식이 더 이상은 통하지 않을 것임을 예고하는 듯했다. 장기적인 시각에서 바라보면 이러한 '여론 대공격'은 문혁 시대의 낭만주의적 기운이 충만한 경제 발전 이념을 상징적으로 종결시킨 것이었다. "사람들의 대담성에 따라 땅에서의 생산력이 결정된다"거나 "석유 노동자가 소리치면 지구는 세 번 몸 사례 친다"라는 구호는 점점 주류 매체에서 사라졌고, 사람들은 과학과 관리적 사고를 통해 기업을 이끌고 관리하기 시작했다. 하지만 이것은 단지 관념의 전환의 시작이었을 뿐 여전히 아주 긴 여정을 거쳐야 했다. 기업 경영에서 과학과 관리의 중요성을 아는 것이 하나의 문제라면, 무엇이 과학이고, 어떻게 과학에 정통할 것인가는 또 다른 중요한 문제였다.

중국의 기업사에서 보어하이 2호가 가장 심각한 사고는 아니었지만 당시에는 '거국적으로' 규탄되었다. 국가가 엄격한 관리 수단을 사용하기로 한 것 외에도 언론인과 문화인도 추세를 좇아 함께 나섰다. 신화사 기자 양지성楊繼繩은 전국 언론에 배포한 원고「보어하이 2호 제祭」에 "우리나라에는 이러한 불합리한 제도가 있다. 즉 정황을 이해하는 사람은 결정할 권한이 없고, 결정할 수 있는 사람은 또 정황을 이해하지 못한다"라고 썼다. 그리고 여류시인 수팅은 한때 널리 유행한「폭풍이 지난 후」라는 시에서 이렇게 썼다.

마지막으로 나는 충심으로 희망한다. 미래의 시인들에게는, 다시는 이러한 무기력한 분노가 없기를. 72쌍의, 해조류와 붉은 산호가 자라난 눈동자가, 바짝 다가와 당신의 붓을 응시하고 있다.

1980년의 '보어하이 2호 사건'은 한 기업에서 일어난 사고였지만 점차 사람들의 관념에 충격을 주었고, 인문적인 반성을 하게 한 사건이었다.

다국적기업의 중국 진입 보폭은 조용히 속도를 올리고 있었다. 1979년 말 3,000상자의 코카콜라가 홍콩에서 베이징으로 보내졌는데, 발송자는 홍콩의 우펑항五豊行이었다. 테스트 마케팅을 거친 후 미국 측은 한발 더 나아가 중량그룹에게 분당 300병을 생산할 수 있는 생산라인을 증여했고, 10년 동안 중국에서 코카콜라 상표를 독점적으로 사용할 수 있는 권한을 주고 중국 대륙에서의 생산 판매 계약을 체결했다.

여기에는 재미있는 이야기가 하나 있다. 처음 중량그룹은 제1 생산라인을 1864년에 창립된 유서 깊은 상하이 정광허正廣和사이다공장에 설치하기를 희망했다. 그런데 이 제의가 도리어 상하이 측의 단호하고 강력한 배척을 받으리라고는 아무도 생각하지 못했다. 신문과 잡지들이 글을 발표했고, 시민들은 편지를 써 중량의 이러한 행위는 매국노의 짓이자 서양의 노예임을 자인하는 철학이며, 코카콜라를 들여오는 것은 부패하고 몰락한 자산 계급의 생활방식을 들여오는 것으로 민족 공업에 타격을 주는 것이라고 지탄했다. 중량그룹은 베이징 펑타이豊台 지역으로 물러날 수밖에 없었다. 이 생산라인으로부터 나온 코카콜라의 주요 공급처는 관광호텔이었고, 아주 빠르게 이 시장은 포화 상태가 되었다. 국가상업부의 비준을 거쳐 1980년 초 남은 코카콜라는 베이징의 시장에서 내수용으로 판매되기 시작했다.

훗날 중국 기업들의 운명을 철저하게 바꾼 변화는 여전히 체제 밖에서 어렵게 싹을 틔우고 있었다. 1980년 루관츄가 획득한 가장 큰 승리는 처음으로 '계획' 내의 서열로 비집고 들어간 것이었다. 오늘날 이러한 상황은 일종의 '의외'로 여겨질 수 있다.

연초 루관츄는 공장 입구에 있는 7~8개의 간판을 하나씩 내렸고, 마지막에 '샤오산완샹(유니버셜조인트)제조공장' 하나만 남겨 놓았다. 그는 직감이 아주 뛰어난 사람이었다. 온갖 역정을 경험한 10년 후 그는 단 하나의 상품에 모든 정력을 쏟아 붓기로 결심했다. 자동차에서 쉽게 마모되는 부품인 '유니버설조인트'가 그것이었다. 그는 기쁜 마음으로 등에 제품을 메고 산업박람회에 참가하러 갔지만 쫓겨나고 말았다. 왜냐하면 국영공장 외에는 어떠한 기업도 박람회에 참가할 수 없었기 때문이다. 당연히 루관츄는 여기서 단념하지 않았다. 그는 박람회장 입구에서 몰래 좌판을 열고 영업을 했다. 그가 갖고 간 유니버설조인트는 국영공장보다 20% 낮은 가격에 판매되었기 때문에 환영을 받았다. 그는 마멋Marmot(몽고 등지에 서식하는 다람쥐과 동물)처럼 조용히 기반을 확대했다. 제품의 시장 확대를 위해 루관츄는 보통 사람과는 다른 결심을 했다. 여름 안후이 우후 지역의 한 고객이 반품하면서 보내온 편지에서 조인트에 부분적으로 균열이 나타났다고 이야기하자 루관츄는 즉시 전국 각지의 거래처로 30명을 보내 상세히 검사하도록 한 후 결국 3만여 세트의 조인트를 회수했다. 루관츄는 공장의 노동자들을 전부 소집하고는 굳은 표정을 지으며 폐품으로 가득 찬 마대 자루를 스스로 메고 폐품 처리장으로 갔다. 이 3만여 개의 유니버설조인트는 500g에 0.6위안의 고철로 모두 팔렸고, 이로 인해 그는 43만 위안의 손실을 보았다. 이것은 당시로서는 거의 천문학적인 숫자였다.

루관츄의 이러한 전기적인 행동으로 그가 이끈 향진기업은 대공업기업의 성격을 갖추기 시작했다.[2] 그해 중국자동차공업총공사는 유니버설조인트 지정 생산 공장 세 곳을 확정해야 했다. 전국 56개의 유니버설조인트 생산 공장 중 샤오산완샹(유니버설조인트)공장만이 유일한 '집체 소유제 향진기업'으로, 원래는 심사 평가에 참여할 기회조차 없었다. 하지만 루관츄는 사방으로 작업해 어거지로 베이징 심사 평가단으로 하여금 자신의 회사를 평가 대상 명단에 포함시키도록 만들었다. 결

---

2) 향진기업은 중국식의 기업 명사이다. 향진기업TVE에 대한 세계은행의 정의는 이렇다. 독특한 재산권 형식을 구비한 기업으로 국유제도 아니고 사유제도 아니며, 지방 정부와 주민들 소유이다. 사영기업과는 동기 부여 시스템이 유사하고, 잉여는 제한된 계층(안정된 커뮤니티 및 현지 정부, 기업 관리자)에 배분되고, 기업에의 자유로운 참여, 경쟁, 경성예산의 제약, 지방 정부의 합당한 재정 적극성, 이런 특징들이 향진 기업의 비교적 높은 발전 속도와 경영 효율을 만들어냈다.

국 샤오산완샹은 마지막으로 심사를 통과해 세 지정공장 중의 하나가 되었다. 지정공장에 선정된 것은 루관츄에게는 결정적이었다. 이는 '미천한 신분'을 가진 기업을 주류 공장으로 인정받게 해주었다. 유니버설조인트는 큰 업종은 아니었지만 루관츄의 승리는 하나의 가능성을 미리 보여주는 것이었다. 체제 바깥의 민영기업도 시스템의 민첩성과 기술적 우위에 의거해 일부 주목받지 않는 업종에서 성공할 기회가 있다는 것이었다. 얼핏 보면 엄밀한 듯한 '계획'이 오히려 민첩한 '작은 녀석'에 의해 일거에 돌파되었는데, 이러한 이치는 이후에도 계속해서 효력을 발휘했다.[3]

전력을 기울여 '계획경제'의 빈틈을 뚫고나온 루관츄처럼 저장 남부의 원저우와 광둥 차오산, 광둥의 주장 삼각주 일대에서는 갈수록 늘어나는 향토 공장들이 심상치 않은 활력을 보여주었다. 『뉴스위크』의 한 기자가 푸젠의 스스(晉江)와 광둥의 난하이를 취재해 보도한 기사에는 이렇게 쓰여 있다. "스스의 소상품 무역과 난하이의 민간의 소철물, 소화공, 소플라스틱, 소방직, 소제련, 소가공이 들풀처럼 자라 세상을 가득 메우고 있다."

저장의 원저우는 편벽한 지역에 위치해 오랫동안 기차도 다니지 않는 등 교통이 매우 불편한 곳이었고, 경지는 희소해 일인당 평균 0.2무 남짓이었다. 이로 인해 이곳 농민들은 평생 토지를 떠나 외지로 나가 살려는 충동을 갖고 있었다. 1979년 이후 이곳의 러칭樂淸, 창난蒼南 일대에는 밀거래의 광풍이 밀어닥쳤다. 밀거래 어선이 밖에서 옷, 소형 가전, 작은 철물 등을 몰래 싣고 들어오면 일부 편벽한 작은 부두에서는 밀거래 시장이 형성되었다. 현지 정부는 법으로 이를 금하지 않고 대충 눈감아주었다. 그러자 이러한 밀수품은 문혁 이후 약간의 규모를 갖춘 1세대 상품교역 시장의 중요한 원천 중의 하나가 되었고, 이전부터 밀수품을 포함해 물건을 구입한 내지의 대담한 상인들과 이 상품들을 등에 지고 외지로 나가 행상한 원저

---

3) 1979년 7월 국무원이 공포한 〈사대社隊기업의 발전에 관한 약간의 문제의 결정(시행 초안)〉 중의 한 조항에는 "도시 공업은 생산 발전의 수요와 사대기업이 부담할 수 있는 능력에 근거해 계획적으로 부분 생산품과 부속품을 사대기업으로 확대해 생산할 수 있다"고 쓰여 있다. 루관츄가 심사에 참여해 선정될 수 있었던 근거는 이 규정에 따른 것이었다.

우 사람들이 개혁 초기의 1세대 상인이 되었다. 자료에 따르면 1980년을 전후로 원저우의 개체 공상호는 3,000개를 이미 넘어섰고, 러칭의 류스柳市 등과 같이 교역이 활발한 일부 마을에서는 전문적인 제조 공장이 계속 출현했음을 알 수 있다. 여기서 어느 정도 규모가 있는 사람은 현지에서 '대왕'이라는 칭호를 얻었다. 예를 들면 전자제품 대왕 후진린胡金林, 나사 대왕 류다위안劉大源, 광산용 램프 대왕 청부칭程步青, 코일 대왕 정샹칭鄭祥青 등이 있었다. 이들의 자산은 당시 10만 위안이 넘었고, 생산한 제품의 품질은 대체로 국영공장과 겨룰만했다. 루관츄와 다르게 이들 대왕과 그들의 기업은 처음 시작할 때부터 민간 성질을 갖고 있었는데, 이는 원저우와 주쟝 삼각주의 일부 지역을 제외하면 당시 국내에서는 거의 상상하기 힘든 일이었다.

밀거래로 인해 형성된 회색의 원시적 축적은 당시 동남 연해의 향토 경제를 추동한 중요한 요소였지만 지금까지도 학계에서 주목받지 못하고 있다. 1980년을 전후해 전국에서 밀거래가 가장 활발한 지역은 첫 번째가 저쟝 남쪽의 원저우와 타이저우台州였고, 두 번째는 광둥의 차오산潮汕 지역이었다. 이로 인해 이들 지역에서는 상품 경제가 가장 빨리 시작되었고, 민영경제 또한 가장 활발하게 진행되었다. 신화사 기자 웨이윈헝魏運亨은 푸젠 연해의 밀거래 정황을 이렇게 묘사하고 있다.

> 당시 매일 둥사다오東沙島 해역에 정박하거나 항해하는 밀거래선이 수십 척에 달했고, 밀수품을 교환하러 대륙에서 온 밀수선은 백 척이 훨씬 더 넘었다. 전자시계와 나일론 천이 밀물처럼 내지로 밀려들어왔고, 황금과 은화는 썰물처럼 밖으로 쓸려나갔다. 수많은 사람이 미쳐 갔고, 연해의 도시나 마을에는 이름난 밀수품 거래 시장이 형성되었다.

주쟝 삼각주나 원저우 등지에서 '지하 공장'이 잡초처럼 왕성하던 이 시기에 중심 또는 부심 도시에서 개인 색채를 띤 경제 활동은 아직은 조심스럽지만 드물게나마 나타나고 있었다. 장기간 계속된 계획경제는 사람들로 하여금 격식화된, 기율 있고 조직이 있는 환경에서 생활하는 데 익숙하게 만들었고, 그러한 관성을 탈피하는 데는 종종 커다란 외적인 힘이나 용기를 필요로 했다. 이것이 바로 개혁개방 초기에 개체 경제 활동에 종사한 사람의 절대 다수가 사회의 밑바닥 층에서 나온 이유였다. 그들은 실업자였고, 도시로 돌아온 사람들이었으며 형사 전과가 있거나 학력이 낮은 사람들이었다. 이들은 '온난'하고 '보장'된 체제 바깥에 내몰려 있었고, 어쩔 수 없는 지경에 이르러 장사와 창업의 길로 내몰린 사람들이었다. 우루무치烏魯木齊에서 막다른 골목에 몰려 학업을 그만둔 16세의 소년 탕완신唐萬新은 형 탕완리唐萬里와 함께 사진현상소를 차렸는데, 그가 20여 년 후 이 편벽한 변경 도시에서 출발해 시가 1,200억 위안에 달하는 더룽德隆 제국을 건설할 것이라고는 아무도 생각하지 못했다.

베이징에서는 류쟈셴劉佳仙이라는 중년 여인이 뜻밖에도 베이징 최초로 개체 식당 영업허가증을 수령했다. 류쟈셴은 유치원 잡역부로 집에는 5명의 아이가 있어 실제로 생계가 어려웠다. 그래서 작은 식당을 열고자 하는 막연한 생각을 갖고 둥청구東城區의 추이화翠花 골목에 위에빈찬관悅賓餐館이라는 이름의 식당을 열었다. 지금은 자료가 없어 베이징시가 왜 이 아무 배경 없는 여인을 선택해 처음으로 개인 식당을 열도록 해주었는지는 알 수가 없다. 개업 첫날 둥청구의 공상국 국장이 특별히 달려와 류쟈셴에게 훈계하며 이렇게 말했다. "이곳은 위에서 허가한 첫 번째 개인 식당이니, 잘 운영해서 절대 정부 얼굴에 먹칠해서는 안 됩니다." 류쟈셴의 개인 식당 운영은 실제로 쉽지 않았다. 당시 양식, 기름, 어류, 육류, 가금, 계란 등 거의 모든 식품은 배급표에 따라 공급되었기 때문에 둥청구는 그녀를 돕기 위해 공상국, 식량국, 음식복무공사 등의 관련 부문을 동원해 두부, 돼지고기, 식량 등에 대한 배급권을 제공했다. 이렇게 해서 이 식당은 문을 닫지 않을 수 있었다. 베이징 최초의 개체 식당이었기 때문에 매일 많은 외국 기자들이 와서 취재하면서 제기한 문제는 대체로 똑같았다. "이 식당은 당신이 스스로 연 것입니까 아니면 정부가 연 것입니까?", "당신은 공개비판이 두렵지 않습니까?", "당신이 돈을 벌면 누군가가 물어 갖고 가는 것은 아닙니까?"

사실 그러한 질문은 류쟈셴 자신도 사람들에게 명확한 답을 얻고 싶은 것이었다. 다음해 음력 12월 30일 두 명의 고위급 인사가 그녀의 식당을 찾았다. 그들은 천무화陳慕華와 야오이린姚依林 부총리였다. 이때부터 하나의 새로운 명사 '개체호'가 도시에서 유행하기 시작했다. '개체호'는 류쟈셴과 같이 국가의 보장 없이 자주적으로 작은 점포를 연 사람을 가리키는 말로 듣기에 따라 다양한 뉘앙스가 섞여 있는 이 명사는 멸시와 동정 그리고, 아주 작지만 '자유로운 몸'에 대한 암묵적인 동경을 포함하고 있었다.

베이징 최초의 개체 식당을 운영하면서 류쟈셴은 줄곧 추이화 골목을 떠난 적이 없었다. 30년이 지난 후에도 사람들은 여전히 날로 쇠잔해가는 이 좁고 긴 골목 안에서 단지 7~8개의 팔선상八仙床이 놓여있는 작은 식당을 찾을 수 있다.

1980년의 중국은 아직 세계와는 아주 멀리 떨어져 있었다.

4월 14일자 영국의 『가디언』은 중국에서 온 한 장의 사진을 실었다. 그것은 상하이에 있는 한 사진관 쇼윈도 모습이었다. 안에는 한 벌의 양복이 걸려 있고, 위에는 '양복 임대'라고 쓰여 있었다. 이 사진은 일종의 기지가 넘치는 은유를 드러내고 있었다. 그리고 『뉴스위크』는 또 다른 의미를 가진 사진을 하나 실었다. 서양의 한 여성 여행객이 자금성을 관람하고 있고, 건물 복도에는 그녀를 바라보는 관람객으로 가득 차 있는 모습을 찍은 사진이었다. 이는 실제 서로의 생소한 호기심을 표현하고 있었다.

1980년 전국 1인당 평균 식량 소비는 214kg으로 1952년에 비해 8.2% 증가했고, 돼지고기는 11.2kg으로 88.6% 증가했다. 전국에서 1억 6천 9백만 개의 구두가 팔렸는데, 10명 중 한 명이 가죽구두를 신었다. 인구 증가가 주택 건축을 초과하면서 1인당 거주 면적은 3.9m^2로, 1952년에 비해 0.6m^2 감소했다. 인구의 지속적인 증가를 억제하기 위해 국무원은 '산아제한 계획計劃生育'위원회를 만들어 처음으로 '한 부부가 한 명의 아이를 낳는 것이 가장 좋다'는 것을 명확하게 제기했고, 이는 곧바로 장기적으로 집행해야 할 국가 정책이 되었다. 이 이전에는 쿼터와 허가가 있어야 구매할 수 있던 TV 공급이 11월 1일부터 전면 허용되었다. 연말에 이르러 1인당 일용품 구입 금액은 42.2위안이었고, 이중 '사대 물건四大件', 즉 자전거, 시계, 재봉틀, TV의 구입 비율은 1952년의 0.5%에서 24.5%로 상승했다. 당시 젊은 여성이 최고의 혼수품으로 요구한 것은 이 '사대 물건'이었다.

국제적으로는 여전히 일본 경제가 두각을 나타내고 있었다. 국내총생산액으로 계산해 보면, 1960년대에는 중일 양국이 기본적으로 비슷했지만 1980년대 이르자 일본은 이미 중국의 4배가 되었다. 1980년 연말 일본통산성은 일본의 자동차 생산량이 최초로 1,000만 대라는 커다란 관문을 돌파해 1,104만 대에 달했고, 세계 자동차 총생산량의 30% 이상을 점유했으며, 일거에 미국을 물리치고 '세계 제일'이 되었다고 선언했다. 자동차는 공업 문명과 현대 국가 경쟁의 기준이 되는 상품으로, 이때문에 미국의 NBC는 황금 시간대에 〈일본은 할 수 있는데, 우리는 왜 할 수 없는가?〉라는 프로그램을 방영했다. 2시간 동안 방영된 이 프로그램은 미국과 일본의 공업을 비교했다. NBC 프로그램의 진행자는 "10여 년 전에 일본인들은 가짜 저질 상품 제조로 이름을 떨쳤고, '메이드 인 저팬'이라는 말은 저질 상품을 상징하는 말이었다. 하지만 지금의 '메이드 인 저팬'은 우수한 품질의 대명사가 되었고, 미국 젊은이들은 현재 일본 소형차를 운전하는 것을 영광으로 생각한다"고 이야기했다. 당시 서방의 미디어업계에서는 다음과 같은 이야기가 유행하고 있었다.

어느 날 점잖은 한 일본인이 영어를 배운다는 명분으로 한 미국 가정에 입주했다. 이상하게도 그는 매일 미국인들이 가정에서 어떤 음식을 먹는지, 어떤 TV 프로를 보는지 등 세세한 내용을 하나하나 전부 기록하는 것이었다. 3개월 후 그 일본인은 떠났다. 얼마 지나지 않아 도요타는 미국 가정의 니즈에 딱 맞고 디자인도 물건도 좋고 값도 싼 소형 승합차 station wagon를 출시해 대환영을 받았다. 이 차의 디자인은 세세한 부분에서 모두 미국인의 니즈를 고려했다. 미국인을 더욱 우울하게 한 것은 도요타가 그들이 행한 미국 가정에 대한 연구 보고를 신문에 싣고는, 그 집 사람들에게 사과하는 동시에 감사를 표한 일이었다.

일본인들의 도전에 대응하기 위해 미국 기업은 학습을 해야 했다. 일본의 복사 기업체에게 머리를 들 수 없을 정도로 얻어맞은 제록스는 벤치마킹을 적극 시행하기 시작해 생산과 경영의 모든 부분을 떼어내고 분해해서 가장 강력한 경쟁 상대인 일본의 후지쯔와 하나하나 비교하면서 개선할 점들을 찾아나갔다. 제록스는 이러한 프로세스를 10년 동안 계속했고, 마침내 복사기 영역에서 후지쯔의 공격을 격퇴했다.

마찬가지로 거대한 압력에 직면한 GE는 CEO를 바꾸었다. 퇴임하려던 레지널드 존스Reginald Jones는 다수의 의견을 물리치고 잭 웰치John Frances Welch Jr를 선택했다. 당시 웰치는 후보자 명단에도 없었다. 왜냐하면 그는 너무 젊어 성미가 급했고, 또 말을 조금 더듬었다. 20년 후 전 세계는 그것이 참으로 위대한 선택이었음을 알게 되었다.

11월 4일 할리우드 배우 출신인 레이건Ronald Wilson Reagan이 미국의 40대 대통령에 당선되었다. 그는 취임과 동시에 석유 위기, 미소관계 긴장, 일본 경제의 굴기 등의 도전에 직면했다. 누구도 그가 훗날 미국 역사상 가장 성공한 대통령 중의 하나가 될 것임을 생각하지 못했다.

12월 8일 비틀즈의 리더 존 레논이 집 앞에서 한 팬에게 암살당했다. 그와 그의 음악은 한동안 언론에 의해 '청소년들의 소동과 소란의 원인'으로 인식되었다. 그의 전설적인 삶은 여러 해가 지난 후에도 여전히 사람들에 의해 흥미진진하게 이야기되었다. 만약 중국에서 그와 조금이라도 관련이 있는 사람을 찾는다면 베이징의 추이젠崔健이라는 고등학교 졸업생을 주목할 수 있다. 당시 직업을 구하고 있던 그의 가장 큰 이상은 베이징가무단에 들어가 나팔수가 되는 것이었다. 6년 후 그는 자못 '레논 기질'이 있는 〈일무소유一無所有〉를 발표해 중국에서 가장 유명한 록 가수가 되었다. 레논의 죽음은 낭만적 기질이 풍부한 히피족 시대가 끝나고 상업적이며 사치스러운 새로운 주기가 때맞춰 도래할 것을 예시하는 듯했다.

전 세계 경제계에서 한 가지 기억할만한 사건은 기자 출신의 미국의 미래학자 앨빈 토플러Alvin Toffler가 한 시대를 풍미한 『제3의 물결』을 출판한 일이었다. 그는 공업이전사회, 공업사회, 공업이후사회에 대해 새로운 정의를 내렸고, 그것이 창조하는 재화의 중요 수단은 각각 토지, 자본, 정보라고 지적했다. 토플러는 미국과 유럽의 국가들에서 현대 서비스업의 취업 인구가 이미 공업노동인구를 넘어서 새로운 주도 산업이 되었음을 발견했고, 이로부터 신기술혁명을 전제로 한 '제3의 물결'을 제시했다. 이러한 관점은 사람들의 사고에 커다란 영향을 미쳤다. 이 책은 2년 후 중국에 들어와 비공개된 범위 내에서 '내부 발행'되었다.

존 레논이 피살된 지 2주 후 베이징의 중국과학원의 한 창고 입구에서 46세의 천춘셴陳春先은 차가운 바람 속에서 자전거를 타고 오는 사람들과 열정적으로 인사를 나누고 있었다. 이곳에 온 14명은 모두 중국과학원 물리연구소, 전자연구소, 역학연구소 연구원들로 천춘셴의 주도로 이 날 그들은 '대사건'을 일으켰다.

이 '대사건'의 창시자는 천춘셴이었다. 그는 중국과학원의 이름난 과학자로, 젊은 시절 러시아에서 유학했는데, 성적이 우수해 스탈린의 접견을 받은 적도 있었다. 그가 전공한 과학 분야는 최첨단의 핵융합 분야였다. 그는 중국 최초로 토카막Tokamak[핵융합 때 물질의 제4상태인 플라스마 상태로 변하는 핵융합 발전용 연료 기체를 담아두는 용기]을 만들었고, 허페이合肥의 핵융합 기지 설립에 참여했다. 1978년 중국과학원은 교수급 연구원을 공모했는데, 정원은 단 10명이었다. 이때 그와 유명한 수학자인 천징룬陳景潤이 함께 초빙되었다. 지난 2년 동안 그는 중국 최고의 중량급 과학자 중의 하나로 세 차례 미국을 방문했는데, 이 세 차례의 시찰로 그의 인생은 완전히 바뀌게 되었다.

천춘셴은 실리콘밸리와 보스턴 '128번 도로'에서 하이테크 기업의 번영에 깊은 인상을 받았다. 그는 직관적으로 중국에서도 실리콘밸리처럼 실험실에서 잠자는 과학기술의 성과를 이용해 시장 가치가 있는 상품을 만들어야 한다고 생각했다. 귀국 후 그는 여러 차례 각종 기관에 호소했다. 그의 방안에는 심지어 '중국의 실리콘밸리'의 장소까지 이미 정해져 있었는데, 그곳이 바로 그가 일하던 중관촌이었다.

중관촌은 베이징 북쪽의 한 작은 마을 이름이었다. 1949년 이전에 그곳은 70가구에 276명이 사는 자연 부락으로 주변의 묘지가 토지의 30% 이상을 차지하고 있었다. 1952년 중국과학원이 들어왔고, 이듬해 베이징대학이 그곳에 터를 잡았다. 이후 중관촌 일대에는 중국과학원의 중점 연구소와 직원 기숙사가 건립되어 과학연구 인력의 밀집도가 매우 높은 지역이 되었다. 천춘셴은 마음속으로 '이곳의 인재 밀도는 결코 샌프란시스코나 보스턴에 비해 낮지 않으며, 수준도 큰 차이가 없고, 잠재력은 매우 크지만 아직 표출된 적이 없다'고 생각했다.

이러한 구상은 오랫동안 그를 흥분시켰고, 세 번째 미국 시찰을 마치고 귀국한 후 마침내 자신이 직접 나서 중국의 실리콘밸리의 탄생을 재촉하기로 결심했다. 이를 위해 분주하게 뛰어다닌 결과 베이징과학협회가 그의 지지자가 되었다. 역량이 미약한 이 협회는 천춘셴에게 200위안을 빌려주어 회사 구좌를 개설할 수 있도록 도와주었다. 연말이 되어 천춘셴은 중관춘의 한 창고에서 국내 최초의 민영과학기술업체인 '베이징플라스마학회선진기술발전서비스부'를 설립했다.

천춘셴의 행동은 중국과학원 내부에서 적지 않은 파동을 일으켰지만 사회적으로는 충분한 이목을 끌지 못했다. 어떤 언론도 이 일을 보도하지 않았고, 천춘셴조차도 자신이 도대체 얼마나 멀리까지 나아갈 수 있는지 아직 알지 못했다. 중국 과학원 내에서 가장 활동적인 사고를 가진 이 중년 과학자는 과학자로서의 생애를 모두 내던지면서 평범하지만 우여곡절 많은 기업가로서의 인생을 새로 시작했다. 이후 그는 매일 정신없이 일에 파묻혔고, 심지어 채무 분규로 인해 두 번이나 납치되기도 했다. 그는 뜻을 이루지 못한 기업 경영자였다.

하지만 천춘셴은 한 사람의 힘으로 중국의 과학기술 산업의 문을 열어젖혔다. 그가 '서비스부'와 관련해 설정한 경영 원칙은 훗날 중국 민영 과학기술 기업 설립 시의 공통 법칙이 되었다.

> 과학기술 인원이 연구소를 나서면 과학기술을 시장경제의 법칙으로 전환시켜야 하고, 국가의 자금과 편제에 기대어서는 안 되며, 자체 자금 조달, 손익 책임, 자주 경영, 자주적 의사결정을 실행해야 한다.

3년 후 중관춘은 국가의 어떠한 투자도 없는 상황에서 중국에서 가장 유명한 '전자 거리'로 성장했고, 1992년까지 이곳의 민영 과학기술 기업은 5,180개에 이르렀다.

1980년 베이징의 겨울은 몹시 추웠다. 12월 내내 다섯 차례에 걸쳐 폭설이 내렸는데, 자료에 따르면 당시 적설량은 20년 만에 최대였다. 천춘셴의 '서비스부'는 개업 두 달 만에 첫 주문을 받았는데, 하이뎬海殿구의 한 조그마한 공장 사장이 핵융합 과학자 천춘셴에게 요청한 것은 "저희 공장의 전원 문제를 해결해주실 수 있습니까?"였다. 천춘셴은 잠시 멍하게 있다가 말했다. "당연합니다. 그런데 얼마를 주시겠습니까?"4)

4) 천춘셴이 '중국의 실리콘밸리'라는 의제를 내걸고 중관촌에서 창업한 것과 같은 시기에 대만에서는 신주新竹과기원을 만들어 '대만의 실리콘밸리'를 만들려고 했다. 이를 위해 당국은 과기원 관리국을 만들어 과기원 플랜을 제정해 발전 구상을 설계하고 자금 모집, 인재 훈련, 환경 우대 등 각 방면에서 일련의 체계적인 우대 조치를 내놓았다. 또 입주한 창업자에게는 신속하고 효율적인 원스톱식 서비스를 제공했다. 초대 관리국장 허이츠何宜慈 박사 말에 따르면 신주과기원은 1984년까지 70여 개의 하이테크 기업을 창업, 생산액 100억 타이완달러를 달성해 동방의 '실리콘밸리'로서의 모델이 될 수 있는 단서를 처음으로 보여주었다. 2000년에 이르자 전체 둘레가 6평방킬로미터인 신주과기원에는 300개가 넘는 하이테크 기업들이 입주하고, 2000년의 총 매출액은 9300억 타이완 달러에 달했다. 신주과기원은 대만 하이테크 산업의 부화기가 되었다. 거의 동시에 발걸음을 내딛은 중관촌과 신주과기원 양자의 운명은 상이했는데, 한번 대조 연구 할만하다.

|기업사 인물|

스촨 사람 천춘셴

2004년 8월 9일 천춘셴은 세상을 떠났다. 이틀 전 그는 막 70세 생일을 지냈다. 하지만 설사 중관춘 사람이더라도 그의 이름을 기억하는 사람은 거의 없었다.

1980년 10월 최첨단 핵융합 전문가인 46세의 중국과학원 물리연구소 연구원 천춘셴이 미국 시찰을 마치고 돌아왔다. 그는 2년 동안 세 차례에 걸쳐 미국을 방문했는데, 그때마다 가장 인상 깊었던 것은 동종업계의 학술적 진보가 아니라 기술의 산업화에서의 미국의 확산 능력이었다. 그는 매번 두 지역을 방문했는데, 하나는 서부의 실리콘밸리였고, 다른 하나는 동부의 보스턴 '128번 도로'였다. 두 줄로 늘어선 건물 사이를 걸으면서 그에게 갑자기 전에 없던 격정이 싹트기 시작했다. 천춘셴은 1978년 중국과학원이 개혁개방 후 최초로 교수급 연구원 10명을 공모할 때 훗날 '시대의 우상'이 된 수학자 천징룬과 함께 임용된 국내에서 가장 전도유망한 신세대 과학자였다. 그런데 이번의 실리콘밸리 여행이 그의 인생을 철저하게 바꾸어놓은 것이다.

귀국 후 그는 상부에 중국도 응당 실리콘밸리를 건설해야 한다는 보고서를 제출했다. 그는 "미국의 고속 발전의 원인은 기술의 신속한 제품화, 과학자와 엔지니어의 강렬한 창업 정신에 있고, 그들은 항상 자신의 발명, 전문 기술, 지식을 제품으로 바꾸는 데 정신이 없으며, 자신이 직접 돈을 빌리거나 공동 출자해 공장을 설립한다"고 썼다. 천춘셴은 머릿속으로는 이미 '중국의 실리콘밸리'를 지정해 놓고 있었는데, 중국과학원, 베이징대학 등이 모여 있는 중관춘이 그곳이었다. 그는 "우리는 중관춘에서 20여 년을 일했고, 이곳의 인재 밀도는 결코 샌프란시스코나 보스턴에 비해 낮지 않으며, 수준도 큰 차이가 없고, 잠재력은 매우 크지만 아직 표출된 적이 없다"고 생각했다.

만약 그가 단지 이렇게만 보고하고 말았다면 그런대로 괜찮았을 것이다. 하지만 천춘셴은 정말 자신을 실험 대상으로 삼아 자신의 전부를 투자했다. 귀국 후 2개월 동안 그는 열정적으로 사방에 호소하고 각급 부문에 건의하는 보고서를 작성했다. 2개월 후 베이징시과학협회는 그의 이러한 생각을 인정했고, 그에게 200위안을 빌려주며 은행에 계좌를 개설하는 데 동의했다. 12월 23일 미국의 실리콘밸리의 전설적인 이야기에 고무되어 천춘셴은 중관촌의 한 창고 모퉁이에 국내 최초의 민영과학기술업체 '베이징플라스마학회선진기술발전서비스부'를 설립했다. 천춘셴과 함께 비즈니스 세계에 뛰어든 사람은 중국과학원 물리연구소, 전자연구소, 역학연구소의 14명의 과학자들이었다. 훗날 중관촌은 중국에서 가장 중요한 과학기술 제품의 집산지가 되는데, 누가 뭐래도 천춘셴이 최초의 선구자였다.

중관촌이 진정 활기를 찾기까지는 아직 3~4년을 더 기다려야 했다. 천춘셴이 '서비스부'를 창업한 것은 중국과학원 안팎에서 커다란 충격을 불러일으켰는데, 거의 모든 사람이 그가 정당한 직업에 종사하고 있지 않다고 생각했다. 이 시기에 파촉巴蜀 출신의 천춘셴은 스촨 사람 특유의 고집스러움으로 자전거를 타고 다니면서 업무를 보았다. 난해한 핵융합 기술을 연구하던 이 과학자는 15명의 생존을 위해 부득불 먹고살 길을 찾아 나서야 했다. 창업 첫해 그의 '서비스부'에는 2만 위안 정도의 수입이 생겼는데, 당시로는 적은 액수가 아니었다. 천춘셴은 모두에게 매월 15위안의 수당을 주었다. 이 일로 인해 청빈한 중국과학원 안에서 잠깐 풍파가 일었다. 일부 사람들은 분개하면서 천춘셴이 자기 급여를 2배나 올린 것을 보면 그가 사도邪道를 행하고 있음이 확실하다고 비난했다. 1983년이 되자 천춘셴은 27개의 계약에 사인했다. 하이뎬구 4개 집체소유제 소공장과 기술 제휴를 맺었고, 또 하이뎬구가 하이뎬 신기술실험공장과 3개의 기술서비스기구를 설립하는 데 도움을 주었다. 중관촌 일대에는 조그만 기술을 가진 소규모 회사들이 출현했다. 언론보도로 인해 천춘셴의 실천은 상부의 관심을 이끌어냈다. 당시 경제 업무를 주관하던 후치리胡啓立와 팡이方毅가 그를 표창하도록 지시했다. 이러한 움직임은 하이뎬구가 중관촌에서의 회사 설립에 관한 정책을 완화하도록 했고, 1984년이 되자 스퉁, 신퉁信通, 커하이科海 및 롄샹이 계속해서 탄생함에 따라 '중관촌 전자 거리'가 처음으로 규모를 갖추게 되었다.

천춘셴의 연구 방향은 고도의 핵융합으로 그는 중국 최초의 핵융합 기지 건립에 참여했으며, 중국과학원 물리연구소에서 중국 최초의 토카막 장치를 만들었다. 그러나 중관촌에서 그의 전공은 거의 쓸모가 없었다. 1980년 이후부터 천춘셴은 기본적으로 학술 연구를 포기했다. 그는 '서비스부'를 개조해 화샤華夏실리콘밸리 공사를 만들어 일거리만 있으면 피곤함도 잊은 채 사방으로 상담을 하러 다녔다. 그의 회사의 가장 큰 업무는 미국의 한 회사를 도와 데이터를 입력하는 것이었다. 그는 이를 위해 100여 명의 대학생을 고용해 1,000자당 0.4위안을 벌었고, 만약 일이 순조로웠다면 1년에 30만 달러의 수입을 올릴 수도 있었으나 이 프로젝트는 중도에 유산되어 버렸다.

천춘셴은 분명 우수한 경영자는 아니었다. 그의 제창 하에 중관촌은 날로 규모가 팽창했으나 그의 회사는 줄곧 활기가 없었고, 롄샹, 팡정方正, 퉁팡同方 등 후발주자들과는 함께 논할 수도 없었다. 10여 년 동안 그는 여러 차례 경제 분규에 말려들었고, 심지어 두 차례나 납치되기도 했다. 그는 사람들에게 "사고가 활발한 것도 좋고, 잠재된 부가가치를 깨닫는 것도 좋지만 모두 회사를 잘 운영하는 것만 못합니다. 반대로 회사를 잘 운영하는 기업가 대다수는 영업을 하고, 금융을 다루며, 매우 강력한 관리 능력을 가진 사람이기는 하지만 진정한 과학자는 아닙니다. 나는 성공한 기업가는 아니었고, 이 점은 어떻게 해도 회피할 수 없습니다"라고 말하곤 했다.

천춘셴은 말년에 '역사적 인물'이 되었다. 평상시에는 그를 생각하는 사람이 없었으나 일부 기념일이 되면 언론의 인터뷰가 따랐다. 많은 사람들은 그가 계속 실험실에서 일했다면 위대한 과학자가 되었을 것이라고 생각했다. 그러나 그는 이렇게 말했다.

저는 각 세대마다 당시 가장 중요하다고 생각하는 일만 할 수 있다고 생각합니다. 사람은 살면서 늘 일을 해야 하지만 어떤 일을 하면 아마 다른 것을 버려야 할 것입니다. 제가 한 일에 대해 저는 후회한 적이 없습니다. 설령 제가 상당히 우매한 일을 했더라도 후회는 없습니다. 왜냐하면 시간은 항상 앞으로 나아가기 때문입니다.

천춘셴은 완고한 스촨 청두^{成都} 사람이었다. 그는 응당 사람들에게 오랫동안 기억되어야 할 인물이다.

인터넷에는 천춘셴을 기념하는 전문 사이트 http://www.chenchunxian.com이 있다. 일부 내막을 알고 있는 사람들을 제외하고는 이 사이트를 기억하는 사람은 지금 거의 없다.

1981년
새장과 새

중국이 선택할 수 있는 길, 각종 사건이
반드시 거치고 나아가야 할 경로는
우리가 쉽게 생각할 수 있는 것보다
훨씬 더 좁다.

— 페어뱅크, 『미국과 중국』(1981년)

개혁 국면의 형세가 연초에 바로 급전직하할 것이라고는 누구도 생각하지 못했다. 에이브럼스Charles Abrams는 이러한 한류寒流를 처음으로 느낀 미국의 비지니스맨이었다. 지난해 그는 『포춘』지에서 '중국에서 일확천금을 꿈꾸는 미국의 대표 주자'로 묘사되었다. 57세의 이 뉴욕의 부동산업자는 중국에 무역회사를 차렸고, 40여 차례나 중국을 방문한 후 중국은 하나의 거대한 회사라는 결론을 내렸다. 그는 중국의 수많은 관료의 열정적인 대접을 받았고, 그들로부터 여러 국유기업의 백서를 얻었는데, 이중에는 심지어 천만 위안이 넘는 초보적인 주문 계약도 몇 개 포함되어 있었다. 이러한 계약으로 그는 뉴욕의 주식시장에서 2,500만 달러의 자금을 모으는 데 성공했다.

그러나 다음해의 『포춘』지에서 에이브럼스는 좋지 않은 뉴스 속의 재수 없는 사람이 되어 있었다. 보도에 따르면 "베이징이 최근 대규모로 주요 산업의 계약을 잠시 정지시켰는데, 이러한 조치는 많은 중국 기업의 의욕을 꺾었고, 또 이곳에서 돈을 벌기 위해 막 움직이기 시작한 많은 미국 기업에게도 손실을 입혔다." 에이브럼스는 그중에서 가장 먼저 재난을 당한 사람으로 그가 맺었던 많은 주문 계약은 하룻밤 사이에 휴지로 변해 버렸다.

3년 전 중국 최초로 개혁 시범기업이 되었던 서우두강철도 국영기업 중 가장 먼저 충격을 받은 곳 중의 하나였다. 과거 2년 동안 서우두강철의 순이익은 매년 평균 45.32%나 증가했고, 납부하는 이윤과 세금은 매년 평균 27.91% 증가해 기업은 번창의 조짐을 보이고 있었다. 그런데 골치 아픈 일이 발생했다. 4월 국가경제위원회, 재정부, 물자총국, 야금부 등 8개 단위가 공동으로 전국의 제철 공장에 생산을 엄격하게 제한하라는 통지를 보낸 것이었다. 서우두강철의 삭감 목표는 36만 톤으로 1년 총생산량의 9%에 달했다. 사장 저우관우는 부득불 가동된 지 얼마 되지 않은 2호 용광로의 생산을 중단할 것을 지시했다.

답답한 일은 여기서 그치지 않았다. 감산 임무의 하달과 함께 베이징시 부시장 장평도이 또 서우두강철에 달려와 시 내부의 지령을 전했다. 정부 재정이 부족하니 베이징시 공업기업의 '선두 주자'인 서우두강철이 올해에는 지난해에 비해 9.3% 증가한 2억 7천만 위안을 납부하기 위해 힘쓰라는 내용이었다. 저우관우는 종이와 연필을 들고 하나하나 계산해가면서 부시장에게 이렇게 말했다.

서우두강철이 비축한 것을 전부 다 털어내 이것저것 다 계산에 넣어도 2억 6천 5백만 위안인데, 모두 거둬가 버리면 기업에는 한 푼도 남지 않게 되고, 직원들의 복리는 하늘로 날아가 버립니다.

그러나 장평도 아주 솔직하게 말했다. "올해 시 내부 형편도 어려우니, 당신네들에게서 거둘 수밖에 없습니다."

갑자기 형편이 어려워질 것이라고는 아무도 생각지 못했다.

3년의 개혁을 거치면서 중국은 정치적으로는 한 차례 '세례'를 끝마쳐 개혁이 무대 위의 주류가 되었고, 사인방에 대한 공개재판을 거치면서 좌경 사상에 대한 전 국민의 증오가 극에 달해 있었다. 농촌에서는 안후이성 펑양에서 시작된 농가생산도급책임제가 대규모로 보급되기 시작했고, 농민의 생산 적극성도 극대화되기 시작했다.[1] 도시에서는 국유기업의 개혁 시범의 범위가 갈수록 확대되었고, 소매 영역에서는 드문드문 개체 경제가 출현하고 있었다. 당시 많은 평론가의 말을 빌리면 '개국 이래 흔치 않게 좋은 경제 국면'이었다. 하지만 이와 동반해 중앙의 재정은 심각한 상태에 빠져 있었다. 이를 가장 잘 드러낸 지표는 1979년과 1980년 2년 연속 출현한 막대한 재정적자였다. 『중국경제연감(1981년)』에 따르면 1979년의 적자는 170여 억 위안, 1980년은 120여 억 위안이었다. 1980년이 되자 물가가 불안해지면서 상품 가격이 6% 올랐는데, 도시에서는 8.1%, 농촌에서는 4.4%가 올랐다.

재정 위기의 원인을 찾아보면 대부분 변혁 과정에서 비롯된 것이었다. 노동자와 농민의 생활수준 개선을 위해 지난 3년 동안 중앙이 임금 인상, 상여금 지급, 일자리 창출, 정책적인 배상, 농산품 가격 인상, 기업과 지방 재정권의 확대 등이 포함된 일련의 정책을 내놓으면서 재정 지출이 대폭 확대된 것이었다. 이와 동시에 경제 부활 추세가 인프라 구축의 부흥을 대동하면서 각지의 기초 건설 규모가 끊임없이 확대되어 예산으로 통제할 수 없는 지경에까지 이르게 된 것이었다. 국유기업의 권한 이양 및 이윤 양도 개혁은 중앙의 재정 수입을 크게 낮추었고, 한편으로는 개혁의 총체적인 효과도 실제로 모든 사람을 만족시킬 수 없었다. 1980년 연말 후야오방은 중앙이 특별히 조사팀을 꾸려 스촨, 안후이, 저쟝의 기업 자주권 확대에 대한 조사를 진행하도록 재촉했다. 조사보고서 〈경제체제 개혁의 출발 — 스촨, 안후이, 저쟝의 기업 자주권 확대에 대한 조사 보고〉는 이렇게 말하고 있다.

> 시범 개혁의 정황은 낙관하기 어렵다. 한 측면에서 권한 이양은 여전히 제한되어 있다. 기업 이윤 보류, 원자재 공급, 노동 관리 체제, 임금제도, 계획 외 생산 등의 방면에서 기업의 권한은 여전히 미미하고 기업의 활력을 제고하는 데 한계가 있다. 다른 측면에서는 집중 관리된 가격 체제와 불합리한 가격 차이는 각 공업 부문의 이윤 차이를 크게 하고 있다. 가장 전형적인 것은 석유업종의 원가 수익률이 석탄업종에 비해 100배가 많아 불공정 경쟁과 서로 지지 않으려고 허세를 부리는 현상이 초래되고 있는 점이다.

---

[1] 1980년 11월 최고인민법원 특별법정은 '사인방' 집단에 속하는 10명의 주범에게 최종판결을 내렸다. 이 재판은 TV를 통해 전국에 방영되었다.

조사팀은 또 예산에 대한 제약이 없는 제도 하에서 시범기업에서 '세금과 이윤 보류, 원가 조작, 상여금과 보조금 남발' 등의 행위가 나타나 권한 이양과 이윤 양도 개혁의 효과가 점차 줄어들고 있는 사실을 발견했다. 재정의 단계별 관리는 지방의 이익을 강화시켰고, 일부 지역에서는 이미 '할거'의 징후가 나타나면서 위아래가 이익을 다툴 뿐만 아니라 경제의 횡적 연계에도 장애가 되고 있었다. 도시와 농촌, 지역과 지역 간의 원자재 쟁탈, 중복 건설, 맹목적인 생산, 무작위적인 영역 침범 등의 혼란 현상이 늘어나고 있었다. 대외 경제 거래에서도 다양한 대립, 자체 경쟁 등의 현상이 나타났다. 이러한 현상을 겨냥해 덩샤오핑은 적시에 경고를 보냈다.[2]

이러한 상황에서 개혁개방이 시작된 후의 첫 번째 거시조정이 1981년에 시작되었다.

덩샤오핑의 생각은 아주 명확했다. 첫 번째가 중앙 재정을 확보하기 위해 긴급 제동 조치를 취하는 것이었다. 계획 외의 투자를 전면적으로 줄이고, 지방 재정의 예금을 빌리고, 기업 및 지방 정부에 국고채권을 발행하고, 기업이 은행에 갖고 있던 자금을 잠정 동결하고, 은행 대출을 축소하는 등의 방법을 동원했다. 1981년의 기초 건설 투자는 전년도에 비해 126억 위안이 감소했고, 누적율은 다시 28.3%로 떨어졌으며, 연간 적자를 35억 위안 이내로 통제했다. 이러한 조치로 인해 각지의 투자 열기는 크게 감소했고, 외국과의 협상 프로젝트가 하나하나 결렬되는 직접적인 결과로 나타났다. 이런 이유로 『포춘』지가 본 장의 첫머리에서 묘사한 상황이 나타난 것이다.

다음은 국유기업을 보호하는 것이었다. 어떻게 국유기업을 보호할 것인가에 대

---

2) 조방식粗放式 경영 및 기술상의 격차는 국영기업의 경제 효율을 상당히 떨어뜨렸다. 1980년 중국이 100만 달러의 생산액을 생산하는데 거의 2,140톤의 표준 석탄 소모가 필요했던 반면 소위 '추월 전략'의 전형적인 국가 인도는 동 수량의 생산액 생산에 중국의 40%의 에너지만 소모했고, 브라질은 중국의 25%, 기타 개발도상국인 이집트나 한국은 중국의 절반만을 소비했고, 유고슬라비아는 중국의 35%를 소모했다. 이러한 에너지 소모성의 발전 모델은 중국 기업 성장의 명확한 특징이었다.

해 논쟁이 벌어졌다. 국유기업의 시범 효과가 점차 줄어드는 문제에 대해 당시 경제계에서는 두 가지 목소리가 있었다. 당시 개혁의 총체적인 기획에 참가한 경제학자 쉐무챠오薛暮橋를 대표로 하는 추진파는 권한 이양과 이윤 양도 개혁은 한계가 있다고 생각했다. 그는 개혁의 중점을 '물가관리체제 개혁'과 '유통 채널 개혁'에 두고, 점진적으로 행정적인 지정 가격 제도를 폐지하고 상품 시장과 금융 시장을 건립해야 한다고 주장했다. 그는 16년 후 출판한 회고록에서 만약 당시 자신의 생각에 따라 정책을 추진했다면 중국의 경제 개혁은 덜 우회하면서 진행되었을 것이라고 말했다.

또 다른 의견을 가진 사람들은 국유기업 개혁은 '반드시 집중과 통일을 강화해야 한다', '최후의 목표는 중앙으로의 집중과 통일'이라고 생각했다. 그래서 어떤 사람은 '새장과 새'라는 이론을 제시했는데, 대의는 이렇다. "기업은 한 마리의 새로 언제나 날개를 묶어둘 수는 없고, 자유롭게 날도록 해야 한다. 하지만 국유경제 체제는 하나의 큰 새장으로, 새가 어떻게 날더라도 이 새장을 벗어나서는 안 된다." 이러한 논리가 결국 중앙의 결정권자들을 설득했고, '새장과 새' 이론은 1980년대 전반의 기업 개혁 사고의 방향을 지배했으며, 국유기업 개혁은 '새장 속의 변혁'이 되어버렸다.

이 이론으로부터 1981년의 국면을 다룬다면 결론은 매우 쉽게 도출될 수 있다. 국유기업의 변혁은 반드시 중앙의 안정된 통제 하에 순차적으로 진행되어야 하고, 어떻게 개혁이 되더라도 '돌다리도 두드려 건너듯이'3) 사정을 보아가면서 일을 진행해야 했다. 그리고 당장 급하게 처리해야 할 일은 지휘를 듣지 않는, 통제할 방법이 없는 '새장 밖의 새'를 정리하는 것이 되었다. 그들이 바로 전체 경제 국면을 교란하는 주범으로 인식된 것이다.

중앙의 이러한 판단은 국유기업들의 호응을 얻기에 충분했다. 바로 각지의 언론과 내부 보고에는 수많은 의견이 출현했는데, 모두 계획 밖의 소규모 공장들이

---

3) '돌다리도 두드리며 건넌다'는 말은 중국의 기업 변혁의 가장 생동감 있는 표현 중의 하나로, 1981년 10월 국무원이 비준한 〈공업생산경제책임제 실행에 관한 약간의 문제에 대한 의견〉중 "경제 책임제를 실행하는 것은 현재 아직 탐색 단계에 있기 때문에 돌다리도 두드리며 건너야 한다"에서 나온 말이다.

어떻게 모범적인 국영기업과 원자재를 쟁탈하고, 어떻게 시장 질서를 교란했으며, 어떻게 국유기업이 거대한 손실을 입었는지를 성토하는 것이었다. 요컨대 시범기업이 잘못된 이유는 모두 새장 밖의 들새들이 일으킨 재앙 때문인 것으로 여겨졌다.

형세에 대한 이러한 판단과 그로부터 나온 방향 조정은 직접적으로 개혁 정책의 대전환을 가져갔다.

사실 1981년 연초 이전의 정책 방향은 여전히 개인 경제를 격려하는 노선에서 추진되었다.

1980년 6월에 개최된 전국노동취업업무회의에서 중앙은 여전히 "개체 경제의 적당한 발전을 격려하면서 지원하고, 서로 다른 경제 형식도 같은 무대에서 경쟁할 수 있으며, 일체의 법을 지키는 개인 노동자는 모두 사회의 존중을 받아야 한다"고 제시했다. 또 9월에 있었던 성, 시, 구 제1서기 좌담회에서는 "개체 경영에 종사하는 농촌의 수공업자와 소상인이 생산대와 계약에 서명한 후 증서를 갖고 외부로 나가 노동하고 경영하고자 하는 요구"에 대해 허가해줄 것을 제안했다. 10월 국무원은 〈사회주의 경쟁 전개와 보호에 관한 잠정 규정〉을 발표해 "각종 경제 형식 사이, 각 기업 사이에 장점을 발휘하고, 경쟁하는 것을 허가하고 제창한다"고 제시했다. 하지만 1981년이 되자 접근 방식에 큰 변화가 나타났다.

1981년 1월 국무원은 두 차례에 걸쳐 〈투기폭리를 타도하자〉는 긴급 문건을 발송했다. 먼저 7일에 발송한 문건 〈시장 관리 강화, 투기폭리 및 밀수 행위 타도에 대한 지시〉에서 이렇게 말했다.

개인(개인 동업 포함)이 공상 행정 관리 부문의 비준을 거치지 않고 공산품을 판매하는 것을 불허한다.

농촌의 사대社隊 집체, 즉 본 사대와 부근 사대는 국가 구매 임무를 완성하고 국가 수매 계약을 이행한 후 여분의 상품이나 국가가 구매하지 않는 2, 3류의 농부산품을 다른 곳에 가서 팔 수 있다.

개인이 자동차, 트랙터, 발동선 등 대형 운송 수단을 구매해 운수업에 종사하는 것을 불허한다.

30일 국무원은 또 〈사대기업 영업 세수 부담 조정에 관한 약간의 규정〉을 발송하면서 명확하게 이렇게 말했다.

이렇게 규정책과 중대형 선진 기업과의 자재 싸움을 제한하기 위해 사대기업의 설립 초기에 영업세와 영업 소득세를 2~3년간 면제하는 규정을 바꾸어 서로 다른 정황에 근거해 구별해 대우하고 …… 무릇 큰 선진 기업과 자재 싸움을 벌이는 이익이 비교적 많은 사대기업은 신규 설립 여부에 관계없이 일률적으로 영업소득세를 징수한다.

이 두 문건은 어투가 강경했고, 조치가 세밀했으며, 모두 언론의 1면 기사로 보도되었다. 한 순간에 '투기폭리 타도'가 당시 가장 중요한 경제 운동이 되었다.

국무원의 이 두 문건(1986년 7월에 비로소 국무원에 의해 정식 폐지되었다)은 만약 정책적인 차원에서 본다면 결코 아니 땐 굴뚝에 연기가 난 것은 아니었다. 이런 까닭에 1979년 7월 국무원이 발표한 〈사대기업 발전의 약간의 문제에 관한 규정(시행 초안)〉을 재차 언급할 필요가 있다. 이러한 문건상의 대비를 통해 우리는 1980년대 초기 민영기업, 특히 농촌에서 싹트고 있던 향진기업의 역할과 작용에 대해 중앙이 생각하고 있던 위상을 알아챌 수 있다.

총체적으로 보면 〈사대기업 발전의 약간의 문제에 관한 규정(시행 초안)〉은 사대기업의 창업과 발전을 격려하는 것으로 매우 구체적인 지도 방향을 제시하고 있다. 그러나 정관의 구체적인 부분에서는 오히려 계획경제의 흔적을 명확하게 볼 수 있고, 전략적인 측면에서 보면 중앙이 사대기업을 발전시키고자 한 것은 주로 농촌 문제를 해결하기 위해서였음을 알 수 있다. 이 규정의 제2장 '발전 방침'에는 명확하게 다음 사항을 규정하고 있다.

사대기업은 반드시 사회주의 방향을 견지하고, 적극적으로 사회가 필요로 하는 상품을 생산하며, 농업 생산, 인민 생활, 대형 공업기업과 수출을 위해 복무해야 한다. 사대기업의 발전은 반드시 각지의 실정에 맞게 적절한 대책을 세우고, 현지의 자원 조건과 사회 수요에 근거해 작은 것에서 큰 것으로, 낮은 곳에서 높은 곳으로 나아가야 한다. 조건이 되지 않는데도 일을 벌이지 않고, 공급 과잉인 가공업은 하지 않으며, 선진적인 대형 공업기업과는 자재와 동력을 다투지 않고, 국가 자원을 파괴해서는 안 된다.

앞의 조항 중 '농업 생산을 위해 복무해야 한다'는 조항은 사대기업의 산업 운용 방향과 상품 생산 방향을 지정한 것이었고, '선진적인 공업기업과는 자재와 동력을 다투지 않는다'는 조항은 사대기업 성장의 반경을 한정한 것이었다. 그런데 거의 2년의 발전을 거치면서 사대기업은 새장 밖에서 왕성한 성장을 이루었고, 어떤 영역에서는 새장 안의 국영기업과 시장 및 원자재를 다투는 지경에까지 이르렀다. 그러자 규정 안에 있던 이러한 제한 조항이 곧 발동된 것이었다.

"1981년은 형편이 아주 좋지 않았다." 많은 세월이 흐른 후 샤오산의 루관츄는 당시를 회고하면서 이렇게 말했다.

강재 가격은 1.3배, 석탄은 5배 올라 원가는 계속 상승했다. 이와 동시에 원래 서명한 일부 주문 계약이 모두 중지되었는데, 이유는 '상부의 규정에 따라 향진기업의 상품을 다시는 구매할 수 없다'는 것이었습니다.

루관츄는 대학에 가서 대학생을 한 명 요청하려 했다. 당시 공장의 수백 명의 사람 중 고등학생이 한 명이었으니, 엔지니어는 말할 필요도 없었다. 대학에서 인력 배치 업무를 하던 사람은 마치 외계인을 본 것처럼 그를 보며 물었다고 한다. "혹시 잘못 찾아오지 않았나요?"

톈진의 다츄장에서 바야흐로 냉간압연공장을 세워 번창하고 있던 위줘민도 상부로부터의 압력에 부닥쳤다. 그의 제철소가 국영기업과 원자재를 다투었고, 생산된 강재 또한 계획된 강재 시장을 교란시키고 있었기 때문에 이번 운동의 첫 번째 타격 대상이 된 것이었다. 곧바로 현에서 조사팀이 파견되었다. 그래서 드라마 같은 1막이 출현했다. 먼저 용감한 위저민은 조사팀에 대해 전적으로 항거했다. 조사팀 사람이 "당신이 양심에 부끄러운 일이 없으면 귀신이 문을 두드려도 두려워할 이유가 없다"라고 말하자 말에 천부적인 재능을 가진 위저민은 그 자리에서 "설령 양심에 부끄러운 일이 없다 해도 귀신이 당신 집 문을 두드리면 생활이 편하겠습니까?"라고 반박했다. 그가 앞장서자 조사팀에 대한 다츄장 촌민들의 태도는 미루어 짐작할 수 있었다. 매일 노인들이 몽둥이를 들고 와서 조사팀에 "이제야 잘 지내고 있는데, 당신들이 왔다. 우리가 굶고 있을 때 당신들은 왜 오지 않았느냐?"라고 항의했고, 또 젊은 청년들은 "우리는 오랫동안 홀아비로 살아왔고, 이제야 상대를 찾았는데, 당신들이 오자 바로 달아나버렸다. 만약 부인을 못 찾으면 다 당신들 책임이다!"라며 쏘아댔다. 조사팀은 골치 아픈 '인민 전쟁'에 빠져들었고, 결국은 다츄장에 더 머물지 못하고 마을을 떠나야 했다.

이러한 투쟁과 힘겨루기는 여기저기에서 진행되었다. 루관츄와 위저민과 같이 향토에서 마구 생겨나는 공장들에 대한 정부의 태도는 아주 명확했다.

> 당신들은 현지에서 계속 발전하면서 주위 10여km2 내에 있는 농민들을 위해 필요한 농기구를 제공하고, 농촌 유휴 인구의 취업 문제를 해결하면 된다. 하지만 절대 도시로 들어가서는 안 된다.

혹자는 새장 안으로 들어와 먹을 것을 뺏는다고 표현했다. 본래 도시로 돌아온 지식 청년의 취업 문제로 인해 압력이 컸던 도시가 농촌 인구의 '소요'를 받아들이지 않도록 하기 위해 12월 30일 국무원은 다시 "농촌 노동력이 도시로 들어가 일하는 것을 엄격하게 규제하고, 농업 인구가 비농업 인구로 전환되는 것을 통제한다"는 통지를 하달했다.

이러한 일련의 조치는 객관적으로 두 가지 현실을 만들어냈다. 한편으로 거시경제의 방향을 효과적으로 규제해 과열로 인해 나타날 수 있는 각종 동요와 불안을 피할 수 있게 했다. 다른 한편으로는 이제 막 자라나기 시작한 향진기업으로 하여금 첫 번째 찬바람을 맞게 해 1980년을 전후로 설립된 거의 모든 기업은 1981년의 경제지표에서 지수가 하락하거나 정체되도록 만들었다.

거시경제에 대한 조정은 경제 정책의 변화뿐만 아니라 이데올로기 논쟁으로도 발전했다. 처음부터 규제 완화 정책을 마땅치 않아 했던 사람들은 공격할 무기를 찾았고, 첫 번째 공격 대상은 이제 막 남방에서 힘차게 발전하고 있던 특구였다.

광둥성위원회 제1서기 런중이는 가장 큰 압력을 받은 사람이었다. 연초에 중앙은 업무 회의를 개최하면서 전국의 각 성의 수뇌는 반드시 참석하도록 통지했다. 회의의 중심 의제는 국민 경제의 조정에 대한 토론이었는데, 회의 기간에 누군가가 청년 네 명이 경제 조정에 관해 중앙 지도자에게 보낸 편지를 나누어주었다. 편지는 '개혁 완화, 수요 억제, 조정 중시, 발전 포기'라는 방침을 제기하면서 구구절절 특구를 겨냥하고 있었다. 강직한 성정의 런중이는 이러한 도전에 직면해 피할 도리가 없자 회의에서 이렇게 발언했다.

편지의 출발점은 좋지만 처방은 잘못 됐습니다. 무엇을 '개혁 완화'라고 부릅니까? 바로 과거 사상을 고수하면서 개혁을 기꺼이 하려 하지도 않고 또 감히 하지도 않았기 때문에 개혁의 보폭이 너무 늦어졌고, 그 결과 경제적으로 수많은 문제가 나타난 것입니다. '수요 억제'는 무엇이죠? 사회적 요구, 물질과 문화에 대한 인민 대중의 수요의 부단한 성장은 필연적이고 정상적인 것으로, 점진적으로 적극 해결하고, 점진적으로 만족시킬 수 있을 뿐입니다. 특히 지금 같은 상황에서 군중의 요구를 억제하는 것을 다시 강조하는 것은 옳지 않습니다. 절대 다수의 군중은 생활에 대해 몹시 고통스러워하고 있습니다. 그들의 요구를 또다시 억제해서는 안 됩니다. '조정'은 필요한 것이지만 '발전 포기'는 잘못된 것입니다. 중앙이 광둥에 대해 특수한 정책과 융통성 있는 조치를 실행해 특구를 운영하는 것은 바로 광둥이 한 걸음 더 나아가 좀 더 빨리 발전하기를 바라기 때문입니다. 만약 앞서 말한 방침에 따라 처리한다면 광둥이 어떻게 먼저 한 걸음 더 나아갈 수 있겠습니까?

런중이의 이 말은 회의의 기조와는 맞지 않았고, 어떤 것은 심지어 배치되기도

했다. 많은 세월이 지난 후 런중이는 이 시기의 역사에 대해 취재하러온 기자에게 이렇게 말했다.

광둥은 한 가닥 혈로를 열기 위해 거대한 압력을 감당해야 했습니다. 당시 광둥의 개혁개방은 탐색도 해야 했고, 또 일부 몰이해는 물론 심지어 비난까지 받아야 했습니다. 광둥성위원회는 확고하게 잘못된 인식을 일소했고, 대외 개방을 견지했습니다.

런중이는 광둥으로 돌아온 후 조정적인 측면에서 일부 방책을 꾀했을 뿐 특구와 이와 관련된 개방 정책에는 커다란 변동이 없도록 했다.

런중이와 비교해 푸젠에서 일을 시작한 지 얼마 되지 않은 샹난項南의 처지는 더 미묘했다. 회갑을 맞은 샹난이 1980년 가을 푸젠의 성위원회 서기로 파견되면서 가져온 선물은 중앙이 샤먼廈門을 제1차 대외 개방 연해 도시의 하나로 선정하도록 한 것이었다. 샹난의 일처리는 줄곧 전광석화 같았고, 오랫동안 활기를 잃고 있던 푸젠에 새로운 바람을 불러일으켰다. 대외 개방에서 샹난의 움직임은 런중이에 비해 작지 않았다. 그는 일을 맡은 지 얼마 되지 않아 중앙에 특수 정책을 요구했다.

현재의 조건 하에서 화교와 외국 자본에 대한 푸젠의 흡인력은 광둥보다 못하고, 홍콩, 마카오에는 훨씬 뒤진다. 때문에 푸젠은 광둥, 홍콩, 마카오보다 더 많은 특혜, 더 많은 흡인력을 가진 정책을 채택해야만 한다. 구체적으로 말하면, '세 가지 해야 할 일', 즉 '외국 기업과 우리 쌍방에 모두 유리한 것이면 우리는 해야 한다. 외국 기업에게 유리하고, 우리 측에 이익도 손해도 없는 것도 우리는 해야 한다. 외국 기업에게 유리하고 우리 측에 조금의 손해가 있지만 취업 문제를 해결할 수 있다면 우리는 해야 한다'는 것이 그것이다.

그는 국무원에 이에 대한 원칙상의 인가를 청했다. 1981년 6월 푸젠이 일본 히다찌와 합자로 설립한 푸젠히다찌TV유한공사가 정식으로 생산을 시작했는데, 이 기업은 그해 유일하게 중국에 설립된 중외합작기업이었다. 조업을 시작하기 전에 국내 여론은 긴장했다. 이 회사의 설립 여부에 관한 토론이 푸젠에서 시작되어 베이징에까지 이르렀고, 어떤 사람은 이를 '식민지 성격의 공장'으로 규정하기도 했다. 푸젠성 정부는 한동안 이 회사의 운영을 잠정 중단하기로 결정하고 정치 풍향을 본 후에 다시 이야기하자고 했지만 오직 샹난만이 중의衆議를 배제한 채 '할 것이라면 마땅히 해야 한다'는 입장을 견지했다. 일본의 『요미우리신문』은 2년 후 당시의 일을 회고하면서 "샹난이 관직을 걸고 푸젠히다찌의 조업 개시 테이프 커팅을 진행했다"라고 썼다.

민영경제의 발전 문제에서 샹난은 동시대 관리들에 비해 생각이 상당히 깨어 있던 사람으로, 그는 1981년 향진기업의 무한한 가능성을 목격한 소수의 관리 중의 하나였다. 그는 이렇게 말했다.

푸젠의 2,500만 명의 인구가 도대체 어떻게 해야 빨리 부유해질 수 있을까? 농업, 공업은 모두 빨리 효과를 보기 힘들고, 그렇다면 길은 어디에 있는가? 활로는 사대기업의 발전에 있었고, 그래서 여러 종류의 경영을 대대적으로 전개한 것입니다. 사대기업은 우리의 희망이 존재하는 곳이었습니다.

여러 가지 브레이크를 밟는 소리가 사방에서 들려오던 시기 샹난은 또 각종 장소에서 공개적으로 자신의 태도를 표명했다.

사대기업을 도대체 살릴 것인가 말 것인가? 제가 살려야 된다고 말하면 단호하고 용감하게 살려야 하고, 모든 방해물을 제거하면서 전진해야 합니다.

향진기업을 친자식보다 더 친하게 대해야 합니다.

샹난과 런중이 등과 같은 사람들의 완강한 지지 하에 특구와 화남(중국의 남부 지역으로 광둥성, 광시성, 하이난, 홍콩, 마카오 지역을 포함한다) 경제는 이 시기의 거시 조정과 통제 속에서도 치명적인 충격을 받지 않았고, 마침내 이 두 성은 훗날 민영경제가 가장 활발한 지역 중의 하나가 될 수 있었다.

1981년에는 새로 시작되는 프로젝트에 대한 보도가 거의 없었다. 설령 2년 전에 착공된 일부 대규모 프로젝트라 할지라도 이 시기에는 전에 볼 수 없던 질문에 마주쳐야 했다. 『뉴욕타임스』는 「상하이에 정말 강철이 필요한가?」라는 제목의 기사를 실었다. 기사는 이렇게 말하고 있다.

최근 중국의 『인민일보』에 발표된 글은 계획과 관리에 대한 정책 결정의 부당함으로 인해 우한에서 준공된 제철 공장의 생산량이 25%나 떨어졌다고 비판했다. 그러나 그 글의 가장 중요한 내용은 곧 상하이에 착공되는, 연간 600만 톤을 생산할 수 있는 제철소 설립 계획을 비판한 것이다. 이 계획은 1978년 중국 정부의 가장 야심 찬 프로젝트 중의 하나였다. 중국의 철강 부문의 한 관료는 이러한 비판으로 인해 이 프로젝트가 순조롭게 추진되지 못하고 있음을 토로했다.

이밖에도 독일 언론의 발표에 따르면 중국은 독일의 한 기업과 추진 중이던 10억 마르크의 가치를 가진 압연강공장 구매 계약을 중지시켰다.

바오강 프로젝트에 대한 논쟁은 결국 덩샤오핑의 최종 결정으로 인해 괜히 실없는 일이 되고 말았다.

1981년에 유일하게 '대작'이라고 할 수 있는 것은 룽이런이 1978년에 설립한 중신공사였고, '중국 최초의 붉은 자본가'이자 전국 정협 부주석인 룽이런이 마침내 첫 '금광'을 발굴한 것이었다.

과거 2년 동안 60세가 넘은 룽이런은 70세가 넘은 이사 리원제李文杰를 데리고 매일같이 각계의 외빈을 접견했다. 1979~1981년까지 회사 전체가 접대한 외국 바이어는 모두 6,000명이 넘었다. 그는 미국의 전 국무부 장관 키신저를 중신공사의 고문으로 초빙하는 등 전력투구했지만 중신이 성사시킨 프로젝트는 입에 담기에도 부족한 3~4개 정도였다. 어느 날 룽이런은 이사 왕젠스王兼士와 한담하던 중 갑자기 '지방의 프로젝트에 기대어 채권을 발행해 자금을 모집하는' 방안을 생각하게 되었다. 10년이 넘게 방직부 부부장을 역임한 룽이런은 쟝수성의 이정儀征화학섬유 프로젝트를 떠올렸다. 이 프로젝트는 원래 국가 22개 중점 프로젝트에 속한 것으로, 전국 화학섬유 총생산량에 상당하는 원료 50만 톤을 생산할 수 있게 기획된 대형 프로젝트였다. 그런데 이 프로젝트는 총투자가 10억 위안에 달했고, 자금 부족으로 인해 중도에 중단되었기 때문에 중신이 바로 접수할 수 있는 상황이었다. 채권을 발행해 자금을 모으는 방법을 떠올린 룽이런은 국무원에 해외에서 채권을 발행해 이정화학섬유 프로젝트를 부활시킬 것을 제안했다.

신중국이 줄곧 자랑스럽게 여긴 것은 대내외로 채무가 없다는 것이었는데, 룽이런이 외국인들로부터 돈을 빌리는 것은 무엇보다 이데올로기적인 측면에서 그냥 넘어갈 수 없었다.

『룽씨 부자榮氏父子』의 작가 천관런陳冠任은 당시의 논쟁을 이렇게 기록했다. 수많은 사람이 국무원으로 달려가 중신을 고발했다.

사회주의가 자본주의한테 돈을 빌리면 그것이 어느 놈의 경제냐? 중신은 도대체 뭘 하려고 하느냐?

만약 정치적인 측면에서 토론했다면 룽이런은 확실히 어떠한 우위도 점하지 못했을 것이다. 더군다나 당시의 전체 분위기는 그가 제기한 안건에 하나도 이로운 점이 없었다. 다행히도 인맥이 넓었던 그가 재빨리 주요 지도자의 지지를 얻어냄에 따라 국무원은 중신이 일본에서 100억 위안의 사모채권을 발행하는 것에 동의하게 되었다.

룽이런은 반년이 넘는 시간 동안 잠시도 쉬지 않고 모든 초기 작업을 완성했다. 과장하지 않고 말한다면, 자신의 신용과 정치적 신분이 가장 중요한 담보가 되었다. 1982년 1월 중신채권의 발행은 성공했고, 일본의 30개 금융 기관은 12년 만기의 연이율 8.7%로 채권 구입을 신청했다. 3년 후 이정화학섬유 1기 프로젝트가 완성되어 조업에 들어갔다. 중신의 방법은 '이정 모델'로 불렸고, 이 일을 거치면서 룽이런과 중신은 마침내 예전의 감각을 되찾게 되었다. '자본이 돌아왔다.' 룽이런이 훗날 미국 기자에게 한 말이었다.

해외 채권 발행과 동시에 중신공사는 대담하게 임대 사업을 개척했다. 1981년 중신은 베이징전기기계공사 및 일본의 한 회사와 공동으로 임대 기업 설립을 준비했다. 베이징시의 '베이징'과 '서우두首都'라는 두 택시회사가 일본으로부터 각 200대의 택시를 임대하고, 중신공사가 택시 회사의 외환 문제를 해결하고, 택시 회사가 인민폐로 중신공사에게 지불하는 방식이었다. 비록 처음 제기되었을 때 이 계획은 일부로부터 변형된 수입으로 비난받기도 했지만 2년도 되지 않는 시간에 두 택시 회사는 택시 임대에 지불된 자금 전부를 회수하고, 또한 이윤을 남겼다. 이때부터 중신의 임대 사업은 날개를 달기 시작했고, 나아가 중신의 중요 사업 체제로 발전했다. 이 사업 체제는 중국국제임대유한공사, 외자 합자경영의 중국동방임대유한공사, 중신실업은행의 임대사업부를 포함하고 있었다.

1981년 중국 신문에 출현 빈도가 가장 높은 단어는 '3차 산업三産'과 '무급유직停薪留職'이었다.

소위 '3차 산업'이란 국영기업이 주업종에서 장애에 부딪힌 후에 전개한 자구식의 경영 행위로, 예를 들어 기존의 공장을 둘러싼 벽을 허물어뜨려 개체호에게 임대해 상점을 열게 하거나 또는 놀고 있는 트럭을 조직해 운수회사를 운영하고, 더 나아가 공장장들이 인맥을 이용해 일부 상품을 거래하는 일을 행한 것을 말한다.

'3차 산업'에 대한 적극적인 제창은 이후의 실행된 결과로 보면 두말할 나위 없이 후유증이 매우 큰 일시적 대책이었다. 그것은 국유기업이 갖고 있던 효율 저하라는 난제를 해결할 수 없었고, 오히려 가장 해결이 필요한 난제(예를 들면 기업의 노동 효율을 제고하거나 제품의 시장 경쟁력을 강화시키는 것 등)를 한편으로 방치시켰다. 이로 인해 국영기업은 각자 갖고 있던 업종의 지도적 우위를 점점 잃게 되었다.

물론 '3차 산업'과 '무급유직'을 통한 인원의 재배치는 바로 눈앞에 닥친 유휴 인원의 활용이라는 난제를 잠시 완화시킬 수는 있었다. 하지만 그것은 처음부터 국유기업 내부의 인심을 이완시켜 자신이 일하는 업무에 성실하게 집중하는 사람이 없게 만들어 기업의 핵심 능력이 아주 쉽게 방치되는 결과를 초래했다. 모든 사람이 근무 시간에는 빈둥거리다가 퇴근만 하면 고기가 물을 만난 듯 활기를 띠었다. 홍콩의 장우창張五常이 관찰한 대로 사업 단위의 노동자들은 모두 일반적으로 진취적인 생각이 결여되었고, 나태하고 태만했으며, 세 시간이나 낮잠을 자려했다. 그러나 퇴근 후에는 닭을 키우거나 가구나 기타 공예품을 만들어 자신이 쓰거나 친구나 아는 사람들에게 판매하는 일에 바쁘게 시간을 보냈다.

1981년은 중국에게 확실히 좋은 해는 아니었다. 여전히 개혁과 개방의 해였음에도 불구하고 2년 전 문호만 개방하면 곧 탄탄대로라고 상상한 것처럼 현실은 그렇게 간단하지가 않았다. 큰 기대를 건 국유기업 개혁은 첫 전투에서 교착 상태에 빠졌고, 중앙의 재정은 고갈되었으며, 사상도 다시 혼란에 빠졌다. 그리고 하늘도 무심해 연초부터 중원 지대에 가뭄과 장마가 시작되었고, 7월에는 스촨의 대홍수로 수천 명의 사람이 사망했으며, 50만 명의 이재민이 발생했다. 『뉴스위크』는 「홍수와 가뭄」이라는 보도에서 "베이징이 처음으로 국제 사회에 원조를 요청했다"라고 보도했다. 기사의 내용은 이러했다.

세계에서 가장 많은 인구를 가진 국가가 지금 1976년의 탕산唐山 대지진 이후 가장 심각한 자연재해인 홍수와 가뭄에 시달리고 있다. 재해 구역은 주로 허베이, 산시, 산둥 등을 포함하고 있다. 중국의 공산당 정부는 31년 이래 처음으로 국제 사회에 원조를 요청했다. 동시에 중국과 UN 관리들은 모두 이 사태의 심각성을 통제하려 노력하고 있다.

그리고 『이코노미스트』는 헤드라인에 두 가지 의미를 내포한 「도자기 상점의 황소Chinese Bull in a China Shop」라는 제목의 기사에서 이렇게 보도했다.

외환 보유고는 바닥났고, 국내의 인플레이션은 심각하며, 석유 생산의 장애로 인해 수출은 줄어들었고, 희소 에너지 자원에 대한 지나친 의존은 중국 경제에 심각한 문제를 발생시켰다. 대규모 투자 삭감으로 많은 프로젝트와 해외 공급업체들은 심각한 손실을 입었으며, 이중에는 상하이바오강, 난징석유화학, 베이징석유화학 등의 프로젝트들이 포함되어 있다.

상대적으로 『포춘』지는 조금 더 낙관적이었다. 가을에 『포춘』지의 한 기자는 화북 평원으로 들어가 눈으로 직접 목격한 사실을 세상에 보도했다.

가을날 새벽 나는 도요타 자동차를 몰고 허난 성의 정저우鄭州의 백양나무 대로를 달렸다. 허난은 중부의 한 성으로, 40년 전 나는 이곳에서 잠깐 일한 적이 있었다. 당시 허난은 때로는 가뭄, 때로는 홍수로 도처에 이재민이 널려 있었다. 지금 허난에는 매우 많은 변화가 일어나고 있는데, 이중 가장 놀라운 것은 각성되고 있는 기업 의식이다. 자유 기업에 대한 여론의 편파적인 태도도 이미 이러한 추세를 되돌릴 수 없게 했는데, 이는 중국이 각 분야에서 서방의 기업과 합작을 진행하는 데 도움을 주었다. 더 나아가 이는 중국이 더욱 활발한 무역 파트너가 되도록 재촉할 것이다.

그의 말에 따르면 비록 아주 완만하기는 하지만 중국은 정말로 좋은 방향으로 변화하고 있었다.

외국인들의 이러한 관찰을 통해 우리는 1981년 중국의 긴장된 맥박을 대충 감지할 수 있을 것이다. 진 세계는 막 잠에서 깨어난 동방의 거인을 주목하면서 그가 잠시 좌절을 겪은 후 또다시 깊은 잠에 빠질 것인지에 대해 궁금해하고 있었다.

일본과 아시아가 굴기함에 따라 글로벌 기업의 판도는 다시 변하기 시작했다. 1970년 세계 500대 기업에 이름을 올린 기업 중 1/3이 1981년에는 사라졌다. 새롭게 무대에 오른 미국 대통령 레이건은 케인스주의를 버렸고, 더욱 시장화된 수단과 느슨한 재정 관리 제도로 쇠퇴하는 미국 경제를 활성화시키기로 결정했다. 그토록 제일이라고 뽐내던 대기업들도 어렵사리 체질 전환을 시작했고, 새로운 경쟁력과 창조성을 가진 신세대 기업가들이 무대의 전면에 등장했다. GE의 새로운 CEO 잭 웰치는 LA에 있는 작은 도시에서 피터 드러커Peter Ferdinand Drucker를 만나 어떻게 해야

1,000개가 넘는 자회사를 정리할 수 있는지에 대해 가르침을 청했다. 드러커는 그에게 한 초식을 전수해주었다. "당신 수중의 회사가 가치가 있는지, 돈을 써서 그것을 사려고 하는 사람이 있는지만 보면 됩니다." 그 후 웰치는 GE 깃발 아래 있는 회사 중 만약 업계에서 1위나 2위를 할 수 없으면 바로 퇴출시킨다는 '1등 2등' 전략을 시행했다. 인텔 회장 앤드류 그로브Andrew Grove는 고도로 조직화되고 일체화된 회사 구조를 구축하기 시작했고, 심지어 '한 가지 일에 집중하는 사람만이 생존할 수 있다'는 이념을 제기하기도 했다.

신기술 면에서 1981년은 사람들을 흥분시킨 해였다. 8월 13일 IBM은 세계 최초로 PC5150 컴퓨터를 출시해 업계 표준으로 만들었다. 이 날은 세계가 PC 시대에 들어섰음을 의미하는 날로, IBM은 이 시장을 1994년까지 장악했다.

1981년 중국 청소년들은 갑자기 새로운 완구 '루빅큐브Rubik's Cube'를 갖게 되었다. 이것은 입방체의 플라스틱 완구로 여섯 면이 여섯 종의 색깔로 되어 있고, 매 면은 모두 아홉 개의 작은 입방체로 구성되어 있었는데, 누가 가장 빠른 시간 안에 이 여섯 개 면을 같은 색깔로 맞출 수 있는지를 겨루는 놀이기구였다. 교실, 가정, 길 어디서나 이 놀이 기구를 들고서 맞추기에 열중하는 사람들을 볼 수 있었다. 어떤 의미에서 이 시기의 중국 경제도 이러한 루빅큐브와 매우 흡사했다. 출구는 분명하게 있었으나 현실은 조금 복잡하게 전개되어 사람들은 단서를 찾기 힘들어했다.

전체적인 정책의 긴축으로 인해 1981년은 중국으로의 외자 유입이 자연스레 침체된 시기였다. 다만 일부 산발적인 합자 소식이 신문지상에 나타나기도 했다. 코카콜라는 광저우에 두 번째 공장을 설립했다. 그리고 펩시콜라도 오래된 맞수가 중국에 들어온 지 2년 후인 1981년에 중국에 들어왔다. 당시 펩시콜라의 중국 상무대표 리원푸李文富는 자전거를 타고 루어후羅湖교를 지나 선전에 도착해 선전경제특구와 합자 프로젝트를 추진하고 있었다. 협상은 거의 힘들이지 않고 진행되었다. 쌍방은 펩시콜라가 60%, 선전이 40%를 출자해 선전에 펩시콜라공장을 세우기로 합의했다. 1년 후 면적 1만 3천여m²의 공장이 정식으로 생산에 돌입했고, 당시 직원은 110명에 불과했다.

 독일의 지멘스도 중국에 진출하려 했지만 방법에서 매우 신중한 태도를 취했다. 그들은 중국에 무턱대고 지사를 설립하거나 공장 건설에 투자하지 않았고, 비정상적인 대표처 형식으로 서서히 일을 시작했다. 33세의 베렌스Ernst Behrens가 홍콩에서 베이징으로 파견되었는데, 훗날 지멘스 중국 회장에 임명된 그는 유머러스하게 당시를 이렇게 말하고 있다. "당시 저는 홍콩에서 망원경으로 베이징을 본 적은 있으나 온 적은 없었습니다. 또 베이징이 어떤 모습인지도 알지 못했습니다." 회사가 중국에 등기되어 있지 않았기 때문에 베렌스는 직접 영업을 할 수 없었고, 또 공장에서 직접 고객을 접견할 수도 없었다. 매일 아침 그는 베이징동물원 부근의 탄핀饊飢호텔로 출근했다. 그곳의 한 카운터에는 많은 봉투들이 쌓여 있었다. 지멘스에 온 봉투가 있으면 그는 바로 개봉했고, 봉투 안에는 서로 다른 각종 상품의 수요와 지멘스에 오퍼 제시를 요구하는 내용이 들어있었다. 그는 이러한 정보들을 지멘스의 홍콩 본부로 보냈고, 다시 구체적인 가격 조건과 상품 목록을 보내오면 그때서야 협상을 진행할 수 있었다. 베렌스는 첫해에 대략 500만 마르크의 영업 실적을 올렸다. 3년 후 지멘스 회장이 베이징을 방문했고, 이때부터 비로소 지멘스가 진정으로 중국에 진입했다고 할 수 있다.

 시카고대학에서 장기간 중국 문제를 관찰한 홍콩의 학자 장우창은 「중국은 '자본주의'를 향해 갈 수 있을까?」라는 제목의 논문 한 편을 발표했다.

중국은 결국 반드시 사유기업 제도와 거의 유사한 길을 갈 것이다. 덩샤오핑은 틀림없이 현대화를 위해 중국의 문호를 활짝 열어 과학기술 지식과 외자를 끌어들일 것이다. 국외로부터 유입된 지식은 향후 경제 제도와 관련된 컨설팅 비용을 낮추는 데 도움을 줄 것이다. …… 금일 중국의 권력을 장악한 실용파는 분명 충분한 자금과 기술만 있으면 공산주의 하에서의 경제적 잘못을 다 극복할 수 있을 것으로 믿고 있다.

나는 중국이 시간적 여유만 있다면 사유재산권과 유사한 산업 구조를 채택할 것이라고 생각한다. …… 나는 미래에 노동, 생산도구, 기계, 건축물, 심지어 토지도 일정 수준에서 개인 사용권 및 양도권이 허용될 것이라고 짐작하고 있다.

장래에 자원의 양도 및 개인 사용권을 설령 허용한다고 해도 중국은 아마 영원히 '자본주의' 또는 '사유재산권' 등의 명사로 그러한 경제 제도를 설명하지 않을 것이다.

10여 년이 지난 후 사람들은 그의 말이 절반만 맞았다는 것을 알게 되었다. 2000년을 전후로 '사유재산권'은 공개적으로 사용되는 명사가 되었다.

장우창의 이러한 논조는 매우 대담한 것이었다. 그는 이로 인해 이후 중국에서 유명해졌다. 그러나 1981년에 그는 분명 외톨이처럼 보였고, 억압적인 분위기는 여전히 전 국토의 하늘을 가득 채우고 있었다. 신문은 매일 각지에서 '투기폭리'를 응징하는 소식을 장황하게 보도했고, 많은 사람은 더욱 매서운 타격이 곧 시작될 것임을 어렴풋이 예감하고 있었다.

| 기업사 인물 |

잊을 수 없는 사람 '런중이'와 '샹난'

중국의 개혁개방 초기 기풍을 앞세우는 몇몇 지방의 고급 관리들이 있었기 때문에 개혁의 예기는 두려움 없이 진취적일 수 있었다. 농촌의 농가생산도급책임제의 경우 안후이의 완리가 있었는데, 당시 '쌀을 먹고 싶으면 완리를 찾아라'는 민간 가요가 있을 정도였다. 그리고 대외 개방의 경우에는 광둥의 런중이와 푸젠의 샹난이 있었다.

런중이는 65세에 랴오닝성에서 광둥성 제1서기로 부임했는데, 얼마 되지 않아 '마음대로 하는 사람任你胡來'이라는 별명을 얻었다. 기록에 따르면 '사영 경제'라는 말은 런중이가 최초로 공개적으로 제시한 것이었다. 그는 광둥에 부임한 후 당시 개체호가 상당히 많고, 100명 이상을 고용한 곳도 있음을 발견하고는 바로 광둥 사회과학계에 '이것이 착취인지'에 대한 연구에 착수할 것을 요청했다. 당시 정옌차오鄭炎潮라는 연구원이 논문 「사회주의 초급 단계의 사영 경제」를 그에게 보냈다. 런중이는 매우 흥분하면서 이 논문이 정책 설정에서 중요한 근거를 제공한다고 생각하고는 다음과 같은 의견을 표시했다.

개체 경제의 왕성한 발전은 막을 수 없는 추세로 지원할 수 있을 뿐 억누를 수는 없다. 그것에 적절한 이름을 붙여 '사영 경제'라고 하고, 크게 발전하게 하라.

런중이는 선전특구와 서커우공업구의 일을 처리하면서 위안겅 등의 사람들에게 매우 많은 권한을 부여했고, 자유롭게 성장하도록 맡겨두었다. 그를 비판한 한 관리는 "특구는 국가가 홍색인 것 빼고는 이미 사회주의의 느낌이 없다"라고 말하기도 했다. 또 모 성의 한 관리는 선전을 돌아본 후 집에 돌아와 침대에 엎드려 "수십 년을 고생했는데, 하룻밤 사이에 해방 전으로 돌아가 버렸네"라며 통곡했다고 한다. 억압적인 분위기가 농후하던 1982년 중국공산당 중앙연구실은 〈구중국 조계舊租界의 유래〉라는 자료를 작성했는데, 거기에 중앙 지도자의 "이 문건을 전국의 각 성과 시에 배포하라. 경제특구에 대해 이러한 문제에 경계하도록 하라"는 지시를 첨부했다. 런중이는 당시 살얼음을 밟듯이 신중하게 처신해야 했다. 그는 후에 담담하게 "만약 덩샤오핑의 지지가 없었다면 나는 일찌감치 고비를 넘지 못했을 것"이라고 토로했다.

샹난의 경력도 런중이와 유사했다. 그는 혁명세가 출신으로, 부친 샹위녠項與年은 푸젠성 서쪽에서 가장 먼저 당원이 된 사람이고 모친은 옥살이를 했으며, 숙부는 피살되어 중국공산당 원로 시중쉰習仲勛이 '충렬로 가득한 집안'으로 예찬한 가문 출신이었다. 그는 어려서 공산주의청년단 중앙에서 일했으나 1958년 '반혁명'으로 몰렸다가 21년 후인 1979년 5월에 이르러서야 중국공산당 중앙은 비로소 〈샹난의 잘못에 대한 결의〉와 원래의 처분에 대한 철회를 비준했다. 1981년 그는 남쪽으로 내려와 푸젠성을 맡게 되었다. 소문에 의하면 그가 기차를 타고 부임할 때 수행한 사람은 비서 한 명뿐이었는데, 마중 나온 푸젠성 간부가 누구를 따라야 할지 몰랐다고 한다. 샹난은 푸젠에 와서 대대적인 변혁의 길로 나아갔다. 그는 먼저 전면적인 '농가 세대별 도급생산책임제'를 시행해 농촌의 생산력을 해방시켰다. 그리고 계속해서 덩샤오핑에게 건의해 샤먼특구의 범위를 확대했다. 그는 쿠웨이트로부터 저금리 차관을 들여와 샤먼국제공항을 건설했다. 그는 가장 먼저 향진기업의 전략적 의의를 알아본 고위층이었고, 또 공개적으로 "향진기업을 자식보다 더 친하게 대해라!"고 말하기도 했다. 1984년 그는 적극적으로 국유기업 공장장들이 권한 이양을 호소하도록 부추겼고, 푸젠의 공장장들의 〈자주권 이양 공개서신〉을 친히 기획했다. 그는 친민親民 정치를 위해 10여 일 동안 산간벽지를 돌곤 했는데, 행색이 거지와 다를 바 없었다고 한다. 그가 부임한지 얼마 되지 않은 1981년 『푸젠일보』가 두 개의 경제 범죄 사건을 공포했는데, 그는 특별히 다음과 같은 사설을 기안했다.

일부 사건은 왜 오랫동안 제대로 처리되지 않았는가? 오늘 본보는 또 두 개의 중요한 사건을 공포한다. 나쁜 사람들을 폭로하는 것은 아주 좋다. 그런데 일부 문제의 경우 군중들이 이미 명확하게 알고 있고, 문제의 성질이 이미 매우 명백한데도 바로 또 오랫동안 처리되지 못하고 있다. 왜일까? 첫째, 자기 엉덩이에 똥이 묻어있고, 둘째 파벌의식이 존재하고, 셋째 연약하고 무능하기 때문이다. 소속 단위에서 문제를 오랫동안 처리하지 못하고 있다면 위의 어떤 것에 해당되는지 생각해보는 것도 좋을 것이다.

『크리스천사이언스모니터』는 이 글에 주목해 푸젠에서 '참신한 관리'가 출현했다고 보도했다.

런중이와 샹난의 품격은 화남 경제의 소생과 개방에 결정적인 작용을 했다. 이로 인해 훗날 "런중이와 샹난 두 사람이 자신의 힘으로 광둥과 푸젠의 발전을 추동했다"라는 공론이 생겨나게 되었다. 그러나 사람들의 주먹을 불끈 쥐게 한 것은 이 두 사람의 결말이 모두 신통치 않은 데 있었다.

런중이는 광둥에서 5년을 일하면서 매년 비바람에 흔들거렸다. 그는 여러 차례 중앙에 시말서를 썼고, 급기야 1985년에는 2선으로 후퇴했다.

샹난은 '연착륙'할 수 없었다. 1986년 그는 온힘을 다해 보살핀 푸젠성 진장晋江지구에서 '가짜 약 사건'이 일어나 그 여파로 파직되었다. 그는 개혁개방 이후 경제사안으로 파직 처분을 받은 첫 번째 고위직 관리가 되었다.

1997년 11월 샹난이 세상을 떠났다. 어떤 사람이 그를 위해 전기를 썼는데, 책 이름은 『인민을 경외하며』였다.

2005년 11월 런중이가 세상을 떠났다.

1982년
결코 낭만적이지 않은 봄

>바람이 너무 세다, 바람은,
>내 뒤에서,
>하늘을 뒤덮은 잿빛 모래는,
>눈처럼 하얀 구름을 노랗게 물들였다.
>나는 마음을 뿌린다,
>그것이 싹을 띄울 수 있을까?
>그럴 것이다, 전적으로 가능하다.
>
>— 구청顧城, 「땅을 갈고, 김을 매는 나」(1982년)

연초부터 시작해 후진린은 큰 재앙이 임박했음을 예감했다.

러칭현 '투기폭리조사팀'은 1월 류스진에 진주하면서 첫 번째로 후진린을 불러 이야기했다. "어떻게 장사를 했고, 세금은 성실하게 납부했는지에 대해 대충 말해 보시오." 조사팀장은 친한 사람이었고, 그래서 심문하는 말투도 그다지 심각하지 않았다. 후진린은 먹고 사는 일이 얼마나 고생스럽고, 자신이 하는 일이 얼마나 합법적이며, 어떻게 고객의 환영을 받았는지에 대해 설명했다.

막 30세를 넘은 그는 류스진에서 전기 부품을 만들어 장사하던 사람이었다. 처음에는 측량기나 표준 규격품을 팔던 조그마한 장사에서 시작해 훗날 '샹양崵陽철물전기제품 매장'을 열었고, 판매 외에도 몇 가지 간단한 것을 가공 제작했다. 그의 전기제품의 원료는 모두 다양한 경로를 통해 국영기업에서 유출된 것이었고, 생산한 제품도 상하이나 닝보寧波 일대의 국영기업에 팔았다. 1981년의 매출액은 120만 위안에 달했고, 주위에서 유명한 사장님이 되었다. 당시 류스진의 소형 전기제품 업종은 점점 규모를 갖추어 크고 작은 전기제품 작업장이 300여 곳에 이르렀는데, 그중 후진린이 가장 유명했다. 이로 인해 그는 '전기제품 대왕'으로 불렸다.

약속된 면담 둘째 날 이른 아침 후진린은 자발적으로 현금을 담은 가죽 가방을 들고 조사팀을 찾아갔다. 가방에는 6만 위안의 현금이 담겨 있었는데, 17개월의 세금을 추가 납부한 셈으로 쳤다. 그는 그렇게 하면 어쨌든 고비를 넘길 수 있을 것으로 생각했다. 설이 지났지만 류스진의 공기는 여전히 매우 무겁게 가라앉아 있었다. 대로변에는 '경제 영역의 범죄 행위를 엄격하게 타격하자'라는 표어가 내걸렸고, 지난 3~4년 동안 울린 적이 없던 확성기는 다시 소리치기 시작했으며, 매우 강경한 어조의 사설 같은 내용을 매일 내보내고 있었다. 후진린은 돌아가는 상황을 보고는 뭔가 낌새가 좋지 않다고 여겨 차라리 가게 문을 닫고 영업을 않기로 했다. 그는 신혼이 얼마 지나지 않은 부인을 데리고 전국 각지를 여행하면서 기분을 전환했다.

2주 후 류스에 돌아오자 그를 다시 보게 된 친구들은 "우리는 자네가 돌아오지 않을 걸로 생각했어"라며 매우 놀라워했다. 그때서야 후진린은 일이 그렇게 빨리 끝날 것 같지 않다는 사실을 깨달았다. 세무국은 백지에 붉은 도장을 찍은 문건을 그의 가게 콘크리트 기둥 위에 붙여 놓았다. 앞으로 영업세를 몇 년 전의 0.35%에서 추징금과 벌금을 합쳐 6%로 인상하고, 만약 문제가 있는데도 보고하지 않으면 2배의 벌금을 추징할 것이라고 통지하는 내용이었다. 또 1개월이 지나자 상부에서 갑작스레 사람을 보내 그에게 차갑게 한마디 했다. "당신은 지금부터 외지로 나갈 수 없소. 부르면 언제든지 나와야 하니까, 처분을 기다리시오." 각종 경로를 통해 들려오는 소식은 모두 조사팀이 이미 그와 관련된 자료를 정리하기 시작했음을 증명하고 있었다.

후진린의 생활은 뒤숭숭해졌고, 매일 그는 사방으로 상부의 동정을 살폈다. 7월이 되자 류스진에 있던 유명한 사업자들은 모두 조사팀에 불려갔고, 이들 중 일부는 불려간 후 다시 돌아오지 못했다. 후진린은 폭풍우가 곧 몰아닥칠 것임을 알았다. 어느 날 황혼 무렵 진의 간부 한 사람이 자전거를 타고 가다 그의 집 앞에서 갑자기 멈추고는 작은 목소리로 그에게 "큰일 났소. 큰비가 내리려 합니다!"라고 말하고는 황급히 가버렸다. 후진린은 몸을 돌려 집안으로 달려가 서랍에서 이전에 준비해둔 500근의 배급표와 2,000위안의 현금과 각종 증명서를 꺼내 들고, 부인에게 한 마디 이별의 말도 없이 황급하게 류스진에서 달아났다.

당일 밤 12시 경찰차가 그의 집 앞에서 멈추었고, 경찰들이 빈 집안으로 들이닥쳤다.

2개월 후 후진린은 경찰에 의해 전국에 지명수배 되었다. 죄명은 '투기폭리', '경제 질서 교란'이었다. 동시에 류스진의 7명의 공상호商戶가 그와 같은 운명을 맞게 되었다. 이들은 각각 '코일 대왕' 정샹칭, '카탈로그 대왕' 예젠화葉建華, '나사 대왕' 류다위안, '광산용램프 대왕' 청부칭, '계약 대왕' 리팡핑李方平, '전기제품 대왕' 정위안중鄭元忠, '중고 대왕' 왕마이첸王邁千이었다. 이 7인에 후진린을 추가해 사람들은 '8대왕'으로 불렀는데, 이 사건이 전국을 진동시킨 '8대왕 사건'이었다. 1981년부터 경제 질서를 관리하기 시작한 이래 한 지역에서 한 패거리를 겨누는 지정식 타격은 이것이 처음이었다. 이 여덟 사람의 사업 규모는 모두 미미했고, 이중 후진린과 정위안중만 100만 위안 정도의 매출을 올리고 있을 뿐이었다. 류다위안과 청부칭은 나사와 램프를 소매하는 것에 불과했고 예젠화, 왕마이첸, 리팡핑 등은 단지 상술한 몇 사람들이 다룬 상품 목록과 중고 가전을 전매하는 것에 지나지 않았다. 이러한 사람들이 중대 경제사범으로 몰려 중점 타격 대상이 된 이유는 첫째가 표본성과 집체성이었고, 둘째가 원저우에 연고를 두고 있었기 때문이다. 당시 원저우의 개체 공상호는 이미 10만 개를 넘어서 전국의 약 10%를 점하고 있었다. 또한 각지를 분주하게 돌아다닌 상인들은 이보다 훨씬 더 많은 30만 명에 달해 각지의 국영기업을 골치 아프게 하는 '메뚜기 부대'가 되어 있었다. 바로 이러한 배경 하에 '8대왕'에 대한 높은 수위의 처벌은 경제적 의미 이상을 갖고 있었다.

이후 2년여 동안 '8대왕 사건'의 먹구름은 원저우와 저장 상공을 뒤덮었다. 1980년 원저우의 공업 증가율이 31.5%였는데, 1982년에는 -1.7%로 떨어졌고, 그 후 3년 동안 줄곧 이 언저리를 배회하면서 나아지지 않았다.

그리고 전국적으로 중요한 사례가 된 '8대왕' 개개인의 운명도 순조롭지 않았다. 가장 먼저 붙잡힌 사람은 22세의 청부칭이었다. 러칭현 당국은 특별히 공개심문 대회를 개최했고, 그는 포승줄에 묶인 채 심문대에 올라 군중의 비판과 욕설을 들은 후 4년 형을 선고받았다. 전국적으로 경찰의 협력이 긴밀하게 이루어져 예젠화, 정샹칭, 리팡핑, 왕마이첸이 연이어 체포되어 형을 선고받았다. 정위안중은 밖으로 몰래 도망갔으나 후에 잡혀 감옥에서 168일을 살았다. 후진린은 상하이, 베이징을 거쳐 동북으로 달아났다. 심지어 그해 토비가 창궐하는 내용을 다룬 소설 속의 쥐산댜오兩山雕의 소굴인 쟈피거우夾皮溝에서 오랫동안 숨어 지냈다. 2년 후인 1985년 1월 15일 그는 상황이 좀 잠잠해진 틈을 타 류스진으로 돌아왔지만 그날 밤 경찰에 체포되었다. 다음날 러칭현 방송국은 "전국 중대 경제사범 '8대왕'의 우두머리 후진린이 체포되어 법정에 서게 되었다"고 보도했다. 후진린은 감옥의 독방에 갇혀 중형 선고 내지는 총살당할 준비를 하고 있었다. 하지만 66일 후 4명의 경찰이 면전에 나타나 무죄 석방을 선포할 줄은 아무도 예상하지 못했다. 유일하게 체포되지 않은 사람은 '나사 대왕' 류다위안이었다. 3년 내내 그는 쥐새끼처럼 사방으로 숨어 다니면서 어떤 때는 몸에 돈 한 푼이 없어 쓰레기통을 뒤져 먹을 것을 찾기도 했다. 그가 다시 류스로 돌아갔을 때는 이미 형체를 알아볼 수 없을 정도로 목이 말라 비틀어졌고, 심지어 친한 친구들조차도 알아차리지 못할 정도였다.

'8대왕 사건'은 1982년의 경제 정화 운동 중 빙산의 일각에 불과했다. 1월 11일과 4월 13일, 국무원은 두 차례에 걸쳐 엄격한 문건을 하달했다.

경제를 심각하게 파괴하는 범죄에 대해 그가 누구든, 어떤 단위든 직위 고하를 막론하고 모두 사사로움 없이 공평하고 단호하게 법을 집행하며, 추호의 예외도 허락되어서는 안 된다. 누구의 두둔, 부탁, 비호도 허락하지 않으며, 만약 위반하는 자가 있으면 일률적으로 책임을 추궁할 것이다.

1982년 연말 전국적으로 등록된 경제사범은 16만 4천 건에 달했고, 이중 선고가 내려진 것은 8만 6천 건이었으며, 유죄 3만 명, 추징금은 3억 2천만 위안이었다.

류스의 '8대왕'에 대한 높은 수위의 토벌은 전국의 민영기업이 다시는 공공연하게 국영기업과 원료를 다투거나 '시장 질서를 교란'하지 못하도록 했다. 이와 동시에 우한에서 발생한 또 다른 사건은 다른 영역 내에서의 쟁탈전을 보여주었다. 민영기업이 국영기업 내부에까지 손을 뻗쳐 기술과 인재를 쟁탈하기 시작한 것이었다. 이것은 당연히 용인될 수 없는 일이었다.

1982년 우한의 엔지니어 한칭성韓慶生은 감옥에서 설을 보냈는데, 그가 감옥에 들어간 죄명은 '기술 투기폭리'였다.

1981년 국영 181공장의 한칭성과 3명의 엔지니어는 우한의 한 향진기업에 오수정화기 생산 설계도 2개와 함께 2만 자가 넘는 기술설명서를 만들어주었다. 본래 이 공장은 거의 도산할 지경에 임박했으나 한칭성 등의 도움으로 기사회생했으며, 그해 5만 위안의 이윤을 실현했다. 이 공장의 공장장은 이 엔지니어들에게 연말에 감사의 뜻으로 각각 600위안을 지급했다. 결국 이 600위안이 한칭성을 감옥에 보냈다. 181공장이 이 사실을 알게 되었고, 결국 한칭성은 유죄 판결을 받았던 것이다. 국가 기술을 이용해 개인적 이익을 도모했다는 '기술 투기폭리죄'라는 죄목으로 1심 판결에서 300일 감옥행을 선고받았다. 한칭성의 말에 의하면 하루 감옥에 있는 대가로 2위안을 받았던 것이다.

당시 중국에서 민영기업에 몰래 기술을 이전한 사례는 결코 한칭성만이 아니었다. 당시 국내 과학기술 인원은 800만 명으로 알려졌는데, 이중 1/3은 일이 없어 방치되고 있었다. 반면 신흥 향진기업에는 인재가 부족했고, 이러한 과학기술 인재가 절대적으로 필요했다. 그리하여 수많은 국영기업의 엔지니어들이 주말이면 향진기업을 위해 봉사했고, 사람들은 이들을 '일요일 엔지니어'라고 불렀다. 이는 월요일부터 토요일까지는 국영기업에서 일하면서 일요일이 되면 도시 밖의 향진기업에 가서 기술적 도움을 제공했기 때문에 붙여진 별칭이었다. 한칭성은 바로 이러한 무리 중의 한 평범한 개인이었다. 그는 전국에서 처음으로 기술 유출 혐의로 유죄 판결을 받은 엔지니어였기 때문에 큰 관심을 받았고, 그래서 이 사건은 당시 상징적인 사건이 되었던 것이다.

당시 신문에 기재된 바에 따르면 3월 2일 한칭성이 처음으로 법정에 나갔을 때 방청석에 앉아 있던 300여 명의 사람들은 대부분 한칭성과 같은 지식분자였다. 법정에서 변호는 꼬박 하루 동안 진행되었다. 검찰과 변호인이 심문과 변호를 번갈아 하면서 모두 10회의 변론이 이루어졌다. 이는 당시 사법계에서 보기 힘든 투명한 공판 과정이었다. 변호인이 변론을 하면 방청석에서는 박수가 쏟아졌다. 그해 8월 우한시 우창구 인민법원은 한칭성에게 무죄를 선고했다. 검찰은 다시 중급인민법원에 상고했고, 12월 중급인민법원은 한칭성에 대해 유죄를 선고했다. 당일 한칭성의 가족은 상고장을 들고 기차를 타고 베이징으로 향했다.

사건이 여기에까지 이르자 한칭성 사건은 전국적인 관심을 불러일으켰다. 당시 지식분자와 과학기술자들에게 영향력이 컸던 베이징의 『광명일보』가 이에 대해 특별 토론을 전개하자 독자들이 보낸 편지가 눈발처럼 신문사에 날아들었다. 당시는 법률이 완비되지 않았기 때문에 이 사건에 대해 기본적으로 시비를 가릴 수가 없었고, 오직 법을 집행하는 쪽과 정책을 담당하는 쪽의 고려가 근거가 되었다. 한칭성 사건이 신문에 의해 공개적으로 토론되자 일시에 여론이 비등했고, 전국의 과학기술자들 대부분이 법원 판결에 불만을 제기했다. 중앙의 고위층이 직접 안건의 진전에 관심을 갖게 되자 이후 사건은 갑자기 새로운 전기를 맞이하게 되었다(이러한 드라마틱한 사건은 이후의 기업사에서 한 번 더 발생한다). 1983년 2월 3일 저녁 10시, 우한시 시장이 판결문과 600위안을 들고 한칭성의 집에 가서 사과하기에 이르렀던 것이다.

하지만 한칭성 사건의 드라마틱한 결말은 결코 유사한 사건에 대해서도 이미 결론이 났음을 의미하지는 않았다. 이후 몇 년 동안 국영 기구 내 과학기술자의 겸직 가능 여부는 여전히 불명확한 화두였다. 1985년을 전후로 상하이태평양침대시트공장의 정훙젠鄭鴻傑이라는 보조 기사는 업무 시간 외의 겸직으로 인해 징역형을 선고받아 투옥되었다. 1988년 1월 18일이 되어서야 국무원이 특별히 문건을 하달해 '과학기술 간부의 겸직을 허가한다'라고 발표함에 따라 이와 관련된 논쟁은 마침내 결론이 난 셈이었지만 사실상 당시 민영기업의 과학기술자 고용은 이미 매우 보편적이고 자연스런 현상이 되어 있었다. 아주 웃기지만 음미할 가치가 있는 일은 국가가 1980년에 특허국을 만들어 〈특허법〉을 통과시켰음에도 불구하고 과

---

1) 『특허법』은 1985년 4월 1일부터 정식으로 발효되었다.

학기술자의 기술 양도 가능 여부에 대해 법률적인 관점에서 문제를 제기한 사람은 아무도 없었다는 것이다.

'8대왕 사건'과 '한칭성 사건'은 모두 세상을 뒤흔들어 놓았다. 훗날의 각도에서 보면 이 사건은 국가가 정부 기관을 동원해 체제 외의 자본 역량을 억제한 것이었다. 이러한 제도적 억제는 이후 20년 동안 계속해서 발생했는데, 이는 어느 한 사람의 정책 결정에 의한 것이 아니라 전체 중국 기업의 변혁 논리가 그렇게 한 것이었다. 중국의 개혁이 시작된 첫해부터 자산의 신분 차이에 따라 정책을 다르게 제정하는 것은 의심할 여지없는 개혁 전략이었고, 많은 경우 심지어는 개혁의 가치관이 되기도 했다. 1981년 국영기업에 대한 개혁이 힘을 잃고, 막 싹트기 시작한 민영 역량이 본격적인 경제 역량으로 형성되기 시작할 때 전자에 대한 보호와 후자에 대한 억제는 바로 일종의 본능적인 정책적 반응이었던 것이다.

반드시 지적해야 할 것은 경제 정화로 민영경제가 첫 번째 찬바람을 맞아 성장 추세가 크게 꺾였는데, 특히 저장 남부와 주쟝 삼각주 일대가 거대한 충격과 압력을 감당해야 했다는 사실이다. 많은 시간이 흐른 후 어떤 기자가 런중이에게 "광둥을 맡아 일하던 기간에 실수는 없었습니까?"라고 묻자 그는 솔직하게 이렇게 말했다. "사람이 어떻게 실수가 없을 수 있겠습니까? 1982년에 하마터면 고비를 넘기지 못할 뻔했습니다."

'고비를 넘기지 못할 뻔한' 원인은 표면적으로 보면 화남 지구에서 밀수가 성행했기 때문이다. 당시 광둥의 적지 않은 지역에서는 "어민은 고기를 잡지 않고, 노동자는 일을 하지 않으며, 농민은 농사를 짓지 않고, 학생은 공부를 하지 않으며" 도로변이나 길거리 골목에서 벌집처럼 밀수품을 판매하는 현상이 나타났다. 확실한 데이터를 갖고 이러한 밀수로 도대체 얼마나 많은 상품이 유통되었고, 얼마나 많은 돈이 거래되었는지를 증명하기는 매우 어렵다. 그러나 확실한 것은 이러한 밀수 행위가 많은 사람의 원시적 축적 방식이었다는 점이다. 이러한 비합법적이고 조금은 피비린내 나는 '대중적인 밀수 운동'을 통해 화남 지역(광둥 동부의 차오산과 저장 남부 연해의 원저우, 타이저우를 포함하고 있다)이 제일 먼저 기업의 발전을 위한 자금과 제품 흐름을 독식하게 되었고, 훗날 공장을 설립한 적지 않은 기업가들은 당시 '밀항'과 밀수 경력을 갖고 있던 사람들이었다. 이러한 현상을 겨냥해 1982년 1월 중앙은 긴급 통지를 보내 밀수와 밀수품 판매 활동을 엄단할 것을 요구했다. 2월 중앙은 광둥과 푸젠에서 밀수, 밀수품 판매, 횡령, 뇌물수수 등의 단속을 주제로 좌담회를 개최했다. 후야오방 총서기가 회의를 주재했는데, 회의 분위기는 매우 엄숙했다. 그런데 밀수에 대한 논의가 곧바로 개방에 대한 비판으로 바뀌었다. 회의에서 한 사람이 "이번 투쟁은 우리를 향한 자산 계급의 또 한 번의 광폭한 공격"이라고 말했고, 어떤 사람은 "광둥이 이렇게 발전하면 3개월도 안 돼 무너진다"라고 말했으며, 또 어떤 사람은 "설령 경제적으로 손실을 입더라도 이번 투쟁을 끝까지 밀고나가야 한다"라고 말했다.

광둥을 맡고 있던 런중이는 이러한 압력 하에 평생 처음으로 반성문을 써야 했다. 그러나 그는 여전히 "오물은 배출하되 외국을 배척해서는 안 된다排污不排外"면서 이미 추진 중인 개방 정책은 되돌릴 수 없다고 주장했다. 그는 단호함으로 특구 개방의 진지를 단단히 지켰다. 얼마 후 광둥은 새로운 지방 법규를 공포했고, 개방을 지속적으로 추진했다. 선전은 홍콩과 마카오 상인들에게 복수비자를 내주어 출입국의 번거로움을 제거했고, 동시에 외자 공장들의 노동자 고용 및 해고 권리를 허가했다. 특구의 토지 임대도 제도화시켜 m^2당 공업 용지의 1년 임대료는 10~30위안, 상업 용지의 1년 임대료는 70~300위안으로 정했는데, 이는 홍콩에 비해 평균 90% 저렴한 가격이었다. 『남화조보南華早報』는 사설에서 "이것은 모든 홍콩 상인들이 꿈속에서 찾던 것"이라고 썼다. 그리고 『비즈니스 위크』는 "광둥성은 1949년 이래 중국에서 외국인들이 처음으로 장기적인 토지 임대, 임금 결정권과 노동자 해고권을 누릴 수 있도록 정책을 제정했다"고 보도했다. 마치 런중이의 개방 정책에 호응이라도 하듯이 이 해 10월 서커우개발구의 위안겅은 공업구 입구에 '시간은 곧 돈이고, 효율은 곧 생명이다'라는 표어를 내걸었다. 이 표어는 처음부터 광범위한 논쟁을 불러일으켰으나 곧바로 개혁의 경전 중의 하나가 되었다.

신규 정책의 선포와 런중이, 위안겅 등 지방 관리의 추진력은 홍콩 상인들을 대륙에 투자하는 첫 번째 외래 자본 집단으로 만들었다. 『이코노미스트』는 탐사보도에서 이렇게 논평했다.

선전에 투자하는 외자기업의 십중팔구는 대륙에서 홍콩 혹은 마카오로 이주한 중국인들로, 그들은 서방의 투자자들에 비해 중국의 모호한 법률에 훨씬 더 쉽게 적응했다. 홍콩의 장래를 고려해 그들 중 많은 사람들은 이 지방에서의 투자를 도박으로 간주했고 ……. 그러나 이러한 화교 투자자들은 여전히 조심스럽고 신중했다. 선전에서 70%에 달하는 외자 투자는 모두 오피스 건물, 호텔 및 기타 관광 시설에 집중되어 있었고, 겨우 7.3%만이 공업에 투자된 것이었다.

홍콩 상인들의 활기찬 움직임과 비교할 때 구미 기업은 훨씬 더 신중했다. 『뉴욕타임스』기자의 관찰은 다음과 같았다.

미국과 유럽의 투자자들은 아직도 이러한 경제특구를 회피하고 있다. 노동자들은 훈련되지 않았고, 납품과 출하는 기한을 맞추지 못하며, 관리 인력과 기술 인력이 부족하고, 합법적인 권리 문제에서도 변화무쌍하며, 중국의 내수 시장은 제한이 있고 …… 이런 이유로 구미의 투자자들이 무턱대고 일을 벌이지 못하고 있다.

1982년 말까지 선전의 가장 큰 투자 프로젝트는 펩시콜라 공장으로 투자 규모는 500만 달러였다.

남방의 특구 개방이 어려움을 겪고 있었다면 전국 범위의 국유기업 개혁은 더 말할 필요도 없었다. 원래 농촌 개혁에서 효과를 본 '도급제'를 기업 개혁에 적용하면 될 것이라고 생각했지만 국유기업의 복잡성 정도는 개인 생산을 위주로 하는 농촌 경제에 비할 수 없을 만큼 규모가 컸고, 그 결과 중국의 기업 개혁은 경제학자 가오상취안高尙全이 총결한 "관리하면 죽어버리고, 죽으면 소리 지르고, 소리 지르면 놓아주고, 놓아주면 엉망이 되고, 엉망이 되면 관리한다"라는 쳇바퀴 속으로 빠져들기 시작했다. 1982년 1월 중국공산당 중앙은 〈국영 공업기업의 전면적인 정돈에 관한 결정〉을 하달해 2~3년 내에 모든 국영 공업기업을 정돈하기로 결정했다. 내용은 경제 책임제 정돈 및 완성, 노동 기율 정돈 및 완성, 재무 기율 정돈, 노동 조직 정돈, 경영진 정돈 등 5개 항목으로 이루어져 있었다. 첫 대상은 전국의 9,150개 기업으로, 이중 중대형 핵심 기업은 1,834개였다. 국가통계국은 연말 보고에서 생산, 건설과 유통 영역에서 개선된 부분이 없고, 고정자산 투자 증가가 너무 많으며, 계획 외의 항목이 계획 내의 항목에 끼어드는 현상이 존재하고 있음을 시인했다. 국가에서 가동하려고 계획을 세운 80개의 중대형 프로젝트 중 33개가 완성되지 못했고, 가동 계획을 세운 80개의 개별 프로젝트 가운데서는 24개가 완성되지 못했다. 이중 주목할 만한 것은 상하이의 바오강이 거듭된 논쟁 속에서 마침내 한 가닥의 연기를 뿜어내기 시작했다는 사실이다.

사실 바오강을 둘러싼 각종 풍파와 논쟁은 1980년부터 시작되었다. 8월 22일 신화사는 보기 드문 뉴스 하나를 내보냈는데, 그것은 바오강 산하 '전력 서브 지휘부'가 재무 기율을 위반하고 외화를 유용해 고급 소비품에 속하는 소형 세단과 미니버스를 각각 네 대씩 수입한 것을 신랄하게 비판하는 내용이었다. 이후의 일부 논평에서 바오강은 '낭비와 적자 경영'의 전형으로 간주되었고, '모든 경제는 정치'라는 여론 속에서 대다수 사람들은 모종의 심상치 않은 기운을 느낄 수 있었다. 『이코노미스트』는 '중국 논평'에서 이렇게 밝혔다.

> 상하이의 중국 철강 공업 책임자가 일본철강JFE 사장에게 외부의 비판으로 프로젝트 진행이 어려울 수 있다고 이야기했다. 많은 사람들은 중국은 저렴한 비숙련 노동력을 갖고 있는데, 이러한 상황에서 소량의 숙련공만을 필요로 하는 자본 집중형 프로젝트를 건설하는 것은 미친 짓이라고 생각하고 있다.

9월 제5기 인민대표자회의 제3차 회의에서 일부 인민대표가 바오강 문제에 대해 야금공업부에 의문을 제기했다. 거기에는 프로젝트에 소요되는 투자 규모, 공장 건설 후 생산 가능 여부, 프로젝트의 경제적 타당성 여부, 공장 부지의 선택 문제, 프로젝트에 따른 수익 등의 문제가 포함되어 있었다. 야금공업부 부장 탕커唐克는 이에 대해 하나하나 대답하면서 바오강 프로젝트에 몇 가지 교훈이 있음을 인정했다. 예를 들어 상세한 타당성 연구를 진행하지 않았고, 각 방면의 전문가를 청해 논증을 진행하지 않았으며, 준비 업무에 부족한 점이 많았고, 그리고 충분한 준비 시간이 있었다면 외화를 절약할 수 있었으며, 자금 사용에서도 낭비 현상이 있었다는 점 등을 인정했다. 신화사는 이 질문을 공개적으로 보도했는데, 누군가가 사건의 공개화라는 방식을 통해 이 프로젝트를 유산시키거나 연기시키려 했음이 분명했다.

1981년 8월 거시경제가 날로 긴축되는 상황에서 중국은 일본 기업과의 설비 구매와 관련된 네 개의 계약을 중지하기로 결정했고, 이로 인해 계약 총액의 11%에 해당하는 위약금을 지불했다. 이듬해 3월 바오강이 독일 회사로부터 설비를 구매하는 거액의 계약도 납기가 3년 미뤄졌다. 이러한 조치들은 국제 여론에 커다란 파문을 불러일으켰고, 중국 경제의 '긴급 제동'을 상징하는 중대 사건으로 여겨졌다. 덩샤오핑의 지지 하에 마침내 바오강 프로젝트에 대해 '중단하라는 목소리'가 없어졌고, 1982년 8월이 되어 두 개의 거대한 용광로가 정식으로 가동되었는데, 이는 기존의 계획보다 대략 10개월 정도 늦어진 것이었다. 바오강은 연간 300만 톤의 철강을 생산했고, 이는 당시 전국 철강 생산 규모의 1/10을 차지했다. 언론은 다음과 같이 보도했다.

> 현대화된 제철 기업의 모델이 이미 사람들 눈앞에 드러났다. 길이 1km에 달하는 강철 블루밍 플랜트Blooming Plant, 청록색의 철 구조물 공장 건물이 이미 대부분 완공되었고, 4층 건물 높이의 두대의 블루머Bloomer가 쌍둥이 형제처럼 건실한 토대 위에 우뚝 서 있다. 멀리 떨어진 발전소의 2백 미터 높이 굴뚝에서는 옅은 연기가 휘날리고 있다.

이처럼 긴장된 분위기 하에 중국에 투자한 모든 외자기업도 동일한 압력을 체감했다.

앞서 중국에 진출한 일본 기업들은 계속해서 영역을 넓혀가고 있었다. 산요는 단숨에 다섯 개의 공장을 설립했고, 전설적인 사업가 이우에 토시오井植歳男가 친히 중국에 와서 현지에서 생산한 TV, 녹음기, 세탁기 및 냉장고가 아주 빠르게 중국의 여러 매장에 깔리는 것을 확인했다. 혼다는 중국 최대의 오토바이 공장인 충칭의 쟈링기기제조공장과 5만 대의 오토바이 합작 생산 계약에 서명했다. 미쓰비시자동차와 베이징트럭제조공장 사이의 협상도 순조롭게 진행되었다. 그러나 중국 정부는 이러한 회사를 크게 환영하는 동시에 또 그들이 가져올 산업적 충격에 대해 우려하고 있었다. 『니혼게이자이신문』은 5월 「중국, 내구성 소비품을 중심으로 무역보호 강화」라는 기사에서 일본의 내구재가 대량으로 중국에 밀려들어와 중국 기업을 압박해 재고 유발 및 발전 장애를 야기했고, 이로 인해 '민족 공업 보호'에 대한 목소리가 높아졌으며, 중국 정부는 무역보호 조치를 확대하고 있다고 지적했다. 이 신문은 보호조치가 취해질 가능성이 있는 것으로 자동차, TV, 시계, 자전거, 카메라, 냉장고, 세탁기 등 10종의 내구재를 열거했다.

마치 일본 신문의 그러한 관점을 인정하기라도 하듯 8월 17일 국무원은 〈광둥, 푸젠 두 성의 수입 상품 관리와 밀수품의 유통 저지에 관한 임시 규정〉을 발표해 자동차, TV, 냉장고 등 비준을 거쳐 수입된 17종의 상품은 성 내에서만 판매하는 것을 허가했고, 다른 도시로 나가는 것은 불허했다. 그러나 이러한 규정은 운용상의 결함으로 인해 사실상 엄격하게 관철시키는 것이 매우 어려웠다.

중국 시장에서 크게 한몫보고자 결심한 일본 기업들과 마찬가지로 이미 중국에 공장을 설립한 코카콜라는 중국 소비자들을 정복하기 위한 유쾌한 여정을 시작했다. 처음에 중국인들은 이런 종류의 탄산 맛을 좋아하지 않았다. 이러한 때 코카콜라는 사람들로 하여금 무엇을 상품 판촉이라고 하는지를 보여주었다. 매 주말마다 코카콜라 직원들은 코카콜라 상표가 인쇄된 칼라 풍선을 들고 베이징의 큰 상점에서 판촉 활동을 펼쳤다. 0.5위안에 콜라 한 병을 사면 풍선 혹은 젓가락 세트를 주자 일순간에 사람들이 몰려들었다. 이후 마케팅 연구자들은 이것을 중국의 현대 시장에서 처음으로 진행된 매장 판촉 활동으로 간주했다.

이러한 판촉 활동은 매우 큰 파문을 불러일으켰다. 베이징의 일부 잡지는 즉각 코카콜라를 규탄하는 글을 실었다. 이런 방법은 "중국을 침입해 자본주의 경영 방식을 도입한 것"이라고 말했다. 한 일간지는 내부 참고용으로「'입에 맞다可口'' 반드시 '즐거운可樂'것은 아니다[可口可樂는 코카콜라의 음역]」라는 글을 게재하면서 중국에서의 코카콜라의 여러 죄상을 열거했다. 곧바로 상부에서 "코카콜라는 외국인에게만 판매하는 것으로 엄격하게 제한하고, 중국인에게 한 병도 팔아서는 안 된다"는 지령이 내려왔다.

이러한 금지령은 거의 1년 동안 집행되어 미국인들을 매우 낙담시켰지만 후에 중국 합작 파트너의 두세 번에 걸친 쟁의를 통해 비로소 비준을 얻어 내수 판매를 회복했다. 하지만 미국인들을 은근히 기쁘게 한 현상은 남방의 광저우에서 나타났다. 유행을 좋아하는 일부 젊은이들이 코카콜라 캔의 상표를 오려내 자전거 핸들이나 뒷바퀴 보호대에 붙이고 다녔는데, 이것은 마치 '코카콜라 표 자전거'처럼 보였다. 서방으로부터의 문화 유입은 상품보다 한발 앞서고 있는 것이 분명했다.

기타 영역에서도 비록 긴장된 분위기가 사람들을 근심하게 만들었지만 갈수록 많은 기업이 중국으로 들어왔다. 그들을 끌어들인 것은 값싼 노동력과 광활한 소비 시장이었다.

1982년 3월 북미 최대의 스포츠용품업체 나이키는 푸젠에 서둘러 제4공장을 설립했다. 당시 나이키는 '나이지'耐吉'로 음역되어 생산된 모든 운동화를 해외로 수출했다. 몇 년이 흐른 후 중국 시장에서 내수 판매를 시작했을 때 이름을 '나이커耐克'로 바꾸었다.

사람들이 확실하게 기억한 것은 나이키 생산라인 전부가 인근의 한국과 타이완 공장에서 들여온 '중고 기계'로, 단계적인 산업 시설 이전의 특징을 처음부터 매우 명확하게 드러냈다는 사실이다. 홍콩의 『대공보大公報』는 "나이키가 중국 대륙에서 생산되는 주요 원인은 중국 노동력이 한국과 타이완보다 저렴하기 때문"이라고 보도했다. 연말까지 나이키는 톈진과 상하이에 설립된 3개의 공장에서 150만 켤레의 운동화를 생산했고, 회장 필 나이트Phil Knight는 1985년까지 중국 지역의 생산량이 나이키 총 생산량의 29%, 즉 1,800만 켤레에 달할 수 있기를 희망했다. 중국이 장차 '글로벌 공장'이 될 운명이 일찍부터 정해진 듯 했다.

스웨덴의 에릭슨Ericsson의 베이징전신 부문과의 통신설비 합작에도 성과가 있었다. 베이징에 7,500대의 프로그램 제어 전화를 설치하는 것이었는데, 이 이전에 중국에서 사용되던 모든 전화기는 낡고 오래된 다이얼식이었다. 계약 규모는 700만 홍콩달러였다. 나이키처럼 그들도 당시에는 기술적 색채가 농후한 '이리쉰易利信'으로 음역되었지만 후에 핸드폰을 팔기 시작하면서부터 훨씬 친화력 있는 '아이리신愛立信'으로 브랜드명을 바꾸었다. 당시 중국의 전화 보급률은 겨우 0.43%였고, 전국 10억 명의 인구에 200만 대의 전화기가 있었으니 500명당 1대의 전화기가 있는 꼴이었다. 베이징과 상하이에 40만 대가 집중되어 있었고, 그밖에 전국 12개 도시에서만 국제전화를 걸 수 있었다. 4월에 홍콩을 방문한 에릭슨 회장은 이렇게 이야기했다. "이러한 숫자들에 대해 생각할 때마다 흥분되어 잠을 이룰 수 없었다."

물론 모든 합작이 동화처럼 그렇게 아름답고 즐거운 것만은 아니었다. 경제 활동에서 문화와 관념상의 충돌은 줄곧 멈춘 적이 없었다. 프랑스의 레미마르텡Remi Martin은 텐진에 합자기업 왕차오王朝포도주공장을 설립했다. 레미마르텡의 한 매니저는 『워싱턴포스트』 기자에게 원망스럽게 이렇게 말했다. "우리는 부득불 그들에게 술 창고 안에서 아무데나 침을 뱉지 말라고 할 수밖에 없었습니다." 그러나 중국 측은 프랑스 사람들이 너무 까다롭다고 생각했다. "그들은 중국에서 일하는 데 아직 익숙하지 않아서, 정전이 되기만 해도 크게 화를 낸다." 프로젝트 협상 초기에 프랑스 측은 현지에서의 포도 구매를 승낙했다. 그런데 농민들이 포도를 공장 입구에 메고 왔을 때 반 이상은 거절당했다. 분노한 농민들은 포도를 전부 공장 문 앞에 버렸다. 이에 공장의 중국 측 파트너는 "포도당 함량이 18%를 넘지 않으면 매입하지 않았는데, 우리는 이전에 이런 사실을 들어본 적이 없었다"고 토로했다. 최종적으로 구매 기준과 조건이 발표되었고, 기준을 통과한 포도는 가격을 대폭 인상하는 선에서 문제가 해결되었다.

투자와 합작을 제외하고 훗날 갈수록 심각해진 무역 마찰은 이미 조짐을 보이고 있었다. 연말 중국의 방직 제품 수출이 급증하면서 북미와 일본 시장에서 중국산이 줄곧 선두를 지키던 타이완산을 앞질렀다. 당시 중국의 방직 제품 수출량은 전체 수출량의 32%를 차지했고, 이에 중국은 미국과 방직 제품 무역에 대해 힘겨루기를 시작할 수밖에 없었다. 이와 동시에 미국은 기타 상품에 대한 제재도 시작했다. 11월 미국국제무역위원회ITC는 중국의 버섯 통조림이 미국의 버섯 산업에 손해를 끼쳤다고 판결했는데, 이것이 최초로 언론에 공개된 중국 상품을 겨냥한 반덤핑 사건이었다.

　11월 24일 GATT의 장관급 회의가 스위스 주네브에서 개최되었다. 이 회의에 특별한 손님이 참석했는데, 그는 중국의 대외경제무역부가 파견한 사람이었다. AFP통신은 곧바로 "중국은 이 국제무역조직의 일원이 되려 하고 있고, 그가 이번에 온 목적은 가입 절차 문제를 이해하려는 것"이라고 민감하게 반응했다. GATT는 제2차세계대전 후인 1946년에 설립된 조직으로 '브레튼 우드 협정'의 일부로 동시에 설립된 IMF 및 세계은행과 함께 전 세계에서 가장 중요한 3대 국제 경제 조직이었다. 중국이 이 조직에 가입해 최혜국 대우를 획득하려면 우선 국내 시장을 개방해야 했다. 이후 매우 오랜 시간 동안 중국의 가입 여부가 중국이 글로벌 경제의 일원으로 융합되었는지를 보여주는 가장 중요한 상징적 사건이 되었다.

　1982년 물질생활의 개선은 인간 본래의 저급한 사치 욕망을 넘어설 수 있도록 해주는 듯했다. 도시의 상가에는 갈수록 많은 가전제품이 출현했다. 3년 전에야 중국에서 생산되기 시작한 중국산 세탁기는 연말이 되자 200만 대에 달했고, TV는 1,000만 대에 달했으며, 냉장고 수요도 급증하고 있었다. 몇 년 전만 하더라도 신혼 가정의 '3대 물품'은 '자전거, 재봉틀, 손목시계'였는데, 이제는 'TV, 세탁기, 냉장고'로 바뀌었다. 가전제품에 대한 수요는 이후 10여 년에 걸쳐 가전 열풍을 불러일으켰다. 이들 제품은 그리 높지 않은 기술 수준으로도 얼마든지 만들어 낼 수 있었기 때문에 일부 기업은 틈새시장을 찾을 수 있었고, 훗날 한 시대를 풍미한 가전업체들은 모두 이 2년 동안 무대에 올라 모습을 드러내고 있었다.

　그러나 1982년 중국에서 공급 부족을 초래할 정도로 잘 팔린 제품은 마쓰시타의 TV, 도시바의 냉장고나 코카콜라가 아니라 지린성 창춘의 군자란이었다.

　늘씬한 모양에 단아한 기운을 가진 이 관상식물이 왜 하룻밤 사이에 가격이 100배나 폭등하고, 이처럼 미친 듯한 '군자란 열풍'이 왜 여태껏 상품 의식이 희박한 동북 3성(랴오닝성, 지린성, 헤이룽장성)에서 발생했는지 지금은 근거를 댈 방법이 없다.

　창춘 사람들은 예로부터 군자란을 재배하는 풍속이 있었지만 과거에 그것을 매우 귀하게 여긴 사람은 없었다. 미친 듯한 열풍은 한 조그만 골목에서 먼저 시작되었다. 1년 전, "군자란에 기대어 부자가 된 사람이 있다"는 소문이 일부 창춘의 거리를 가득 메우고 있었다. "판매용으로 재배한 군자란이 어떤 외국 상인에게 1만 달러 가격에 팔렸다", "한 홍콩 상인이 '세계가 인정하는 초호화 고급 크라운 승용차'를 '펑관鵬冠'이라는 이름의 군자란과 바꾸려고 했으나 궈펑이郭鵬儀라는 한 화훼공사 사장은 그 자리에서 거절했다", "한 노인이 직접 재배한 진귀한 군자란을 한사코 사람들이 볼 수 없게 했는데, 어느 날 도둑맞자 그 자리에서 숨을 거두고 말았다", "어떤 사람이 멀리 선양에서 창춘까지 꽃을 훔치러 와 목적을 달성한 후 밤새 돌아가다가 차가 뒤집혀 죽었다." 이러한 이야기들이 매일 새롭게 고쳐지고, 만들어지면서 발효되었다. 매 이야기에는 이름과 성이 있었고, 코와 눈도 있었다. 이와 동시에 창춘 현지의 언론도 이를 부채질해 군자란이 좋다는 내용의 장황한 글을 발표했다. 품격이 고아하고, 꽃 중의 군자이며, 집안에 들여놓으면 집안의 공기를 깨끗하게 할 수 있고, 건강에 도움이 된다는 등의 기사를 쏟아냈다. 이러한 분위기 속에 원래 몇 위안에 불과한 군자란은 수백 위안, 수천 위안에 팔렸고, 심지어 1만 위안을 넘는 군자란도 있었다. 당시 일반 노동자들 임금이 겨우 30~40위안 정도였으니, 군자란을 키워 판매하면 큰돈을 벌 수 있는 것은 확실했다. 이렇게 투기 심리가 조장되면서 군자란은 미쳐가고 있었다.

1982년 전 도시를 열광시킨 군자란은 창춘 사람들의 생활에서 유일한 주제가 되었다. 군자란 가격은 오르고 또 올랐고, 전매를 통해 돈을 번 사람도 매우 많았다. 연초에 가장 번화한 훙치紅旗 거리의 꽃시장에서는 15만 위안에 팔리는 군자란도 있었다. 이 금액은 보통 사람이 평생을 모아도 만지기 힘든 거금이었다. 그리하여 관상 외에는 별 다른 용도가 없던 식물이 개방 초기 동북에서 한바탕 경제 거품을 유발시켰다.

이러한 거품은 2년 동안 계속되었고, 1983년 창춘시 정부는 〈군자란 교역에 관한 약간의 규정〉을 발표했다. 화초 매매가 특별히 정부 명의의 규정을 내놓게 만든 것은 전국에서 처음 있는 일이었다. 규정은 이러했다.

화초를 파는 데 가격 제한을 둔다. 다 자란 군자란은 500위안을 넘어서는 안 되고, 묘목은 5위안을 넘을 수 없다. 동시에 거래액에 따라 8%의 세금을 징수하는 것 외에도 한 차례의 거래 규모가 5,000위안을 초과하면 세율을 올리고, 1만 위안을 초과하면 또 배로 올린다.

하지만 이는 군자란 열풍을 억제하는 작용을 하지 못했을 뿐만 아니라 도리어 타는 불 속에 기름을 붓는 꼴이 되어 군자란의 가격 상승을 부채질했다. 1984년 10월 창춘시 인민대표대회는 정식으로 군자란을 '시화市花'로 정하는 규정을 통과시켰고, 전 시민에게 "집집마다 군자란을 키우되 적어도 3~5개를 재배해야 하고, 군자란을 기르지 않으면 창춘 사람으로서 부끄러운 일"이라고 호소했다. 이 지경에 이르자 광풍은 정점에서 신속하게 시들기 시작했다.

지나친 투기 행위는 각종 사회 혼란을 유발시켰다. 특히 우려할만한 사실은 많은 단위가 공금을 유용해 군자란에 투자한 것으로, 이러한 현상이 군자란 광풍의 가장 강력한 동력으로 작용했다. 마침내 다음해 6월 1일, 창춘시 정부는 각 방면의 압력으로 〈군자란 시장 관리에 관한 보충 규정〉을 발표했다. 규정은 "기관, 기업과 사업 단위는 공금으로 군자란을 구입해서는 안 된다. 재직 중인 직원과 공산당원은 군자란 투기로 이익을 취하는 활동에 종사해서는 안 된다. 이를 위반하는 사람에 대해서는 기율에 따라 처벌하고, 나아가 공직과 당적에서 제명한다"고 규정했다. 이러한 규정이 나오자 군자란 바람은 멈추기 시작했고, 가격도 대폭 떨어졌다.

창춘의 군자란 사건이 당시 유일한 사례는 결코 아니었다. 1982년을 전후로 저장 일대에서는 오침송五針松 투기 사건이 갑자기 터져나왔다. 이 사건도 군자란 사건에 뒤지지 않았다. 이러한 현상은 17세기 네덜란드에서 발생한 튤립 사건과 유사했다.[2] 오랫동안 가난에 시달려온 저층 인민들의 재부에 대한 갈망이 귀신에 홀린 듯이 풀려나오면서 나타난 것이었다. '판도라의 상자'가 정말 열린 것이었다.

---

2) 1630년을 전후해 네덜란드에서 튤립 투기 광풍이 일어나 전 유럽을 석권했다. 가장 심한 시기 튤립 가격은 1달 안에 100배가 올라 한 송이 튤립으로 4톤의 보리, 4마리의 소 또는 12마리의 양과 바꿀 수 있었다. 이것이 상업사상 기록된 첫 번째 거품 사건이었다.

객관적으로 말하면 1982년 거시경제의 긴축은 이데올로기 차원에서 전면적인 회귀를 야기하지는 않았지만 그것으로 인해 표출된 각종 조악함은 행정 수단과 사상적 맥락으로 경제 파동 문제를 해결하는 데 익숙한 정부가 새로운 환경에 직면했을 때 시장경제를 관리할 수 있는 능력이 부족함을 보여주었다. 중앙의 의사 결정권자들에게서 개혁은 여전히 주류의 역량이었고, 중대한 변혁들은 계속 추진되고 있었다.

1982년 1월 덩샤오핑과 후야오방 등의 강력한 주장 하에 국무원은 기구의 간소화를 선포했는데, 이는 건국 후 최대 규모의 감축이었고, 국제적으로도 호평을 얻었다. 일본 『도쿄신문』의 "관官이 클수록, 감축 규모도 크다"는 논평처럼 부총리 80%, 장관급 70%, 국장급 50%, 기타 1/3을 감축했고, 부나 위원회는 52개에서 41개로 감축했다. 외신은 "국무원은 새로운 본보기를 만들었는데, 만약 전국의 각 지방 정부가 이를 본받으면 중국의 기구 조직의 비대증을 절반 정도는 치료할 수 있을 것"이라며 낙관적으로 생각했다. 3월 8일 국무원은 경제체제개혁위원회 설치를 선포했다. 이 기구는 중국 체제 개혁의 탐색자가 되어 권력은 날로 커졌다. 한때 주식 상장 등의 비준권을 갖고 있었으며, 1998년 3월에 폐지되기 전까지 줄곧 가장 중요한 권력을 가진 경제 주관 기구였다.

9월 중국 공산당 제12차 대표대회가 개막되었고, 회의에서 가장 중요한 정치 의제는 '중국 특색을 가진 사회주의 건설'이라는 국가 전략을 확정하는 것이었다. 덩샤오핑은 개회식 치사에서 처음으로 이렇게 말했다. "마르크스주의의 보편적 진리를 중국의 구체적 실제와 결합해 자기 길을 가고, 중국 특색이 있는 사회주의를 건설한다. 이것은 우리의 장기적인 역사 경험에서 나온 기본 결론을 총결한 것이다." 바꾸어 말하면 중국은 고도로 집중된 '소련의 계획경제 모델'을 버리고, '계획경제를 주로 하면서 시장 조정으로 이를 보조'하는 경제 체제 개혁을 시작한 것이었다.[3]

---

3) 경제 체제와 관련된 목표 모델은 5차례의 변화를 겪었다. 1949~1977년은 계획경제, 1978~1983년은 '계획경제를 주로 하고, 시장조절을 부로 하는' 개혁 사상이 제시되었다. 1984~1987년에는 '계획을 갖춘 상품경제' 이론이 제시되었고, 1987~1992년에는 '계획과 시장이 서로 결합된 사회주의 상품경제' 이론이 제시되었다. 1992년 이후 정식으로 사

이 전략과 관련해 회의에서 중국공산당 중앙 총서기로 선임된 후야오방은 명확하게 "금세기 말까지 전국의 농공업 총생산량을 4배 확대한다"라는 경제 발전 목표를 제시했다. 1978년 전국과학대회에서 제기된 낭만적 청사진과 비교할 때 이 목표는 분명 구체적이었고, 실행 가능성이 많아 보였다. 이 목표는 상당히 오랫동안 사람들을 고무했고, 국민들로 하여금 어렴풋이나마 희망을 보게 했다. 이 목표는 1995년에 실현되었다.

이해 가을 량보어창梁伯騵이라는 한 청년이 홍콩에서 고향인 광둥성 중산현의 샤오란小欖진으로 몰래 돌아왔다. 2년 전, 당시 18세이던 그는 한밤중에 세 명의 친한 친구와 함께 차가운 바다 속으로 뛰어들어 생명의 위험을 무릅쓴 채 맞은편에 있는 마카오로 건너갔었다. 2년 동안 그는 홍콩과 마카오를 전전하며 도처에서 일했는데, 처음에는 항구에서 청바지 보따리를 짊어졌고, 후에는 가구공장에서 산수화조山水花鳥와 고대 미녀를 그렸다. 그는 밀항자, 창녀와 마약판매자로 가득한 가건물에 살면서 매일을 조마조마하면서 보냈다. 고향에서 온 사람들로부터 대륙에서도 먹고살 기회가 많아졌다는 말을 듣고는 고생고생해서 모은 3만 홍콩달러를 허리에 두른 채 몰래 고향으로 다시 돌아온 것이다. 하지만 그를 받아들이는 국영기업은 하나도 없었고, 원래 일하던 공장은 한때 그를 받아들이는 조건으로 공장의 전 직원 앞에서 '국가를 배반하고 적에 투항했다'는 표지를 건 채 반성문을 읽을 것을 요구했다. 량보어창은 실망하고는 어쩔 수 없이 채소 장사를 선택했다. 당시 〈희망의 들판에서〉라는 노래가 유행했다.

우리들의 고향, 희망의 들판에서, 밥 짓는 연기가 새로 지은 집 위에서 흩날리고, 작은 강은 아름다운 마을 옆을 흐르네. 밀과 수수로 넘실거리고, 사방에 펼쳐진 연못에 과일 냄새 가득하네!

회주의시장경제론이 제시되었다.

량보어챵은 매일 이 유쾌한 노래를 흥얼거리면서 초조하게 기회를 기다렸다. 얼마 후 그는 청바지 보따리와 가구 그림으로 모은 3만 홍콩달러로 자신의 공장을 설립했다. 이는 3년 전에는 근본적으로 불가능한 일이었다. 20년 후 그는 중국의 '손톱깎이 대왕'이 되었고, 그의 제품은 전국 시장의 60%를 점유했다.

당시 중산현의 샤오란진, 즉 중국의 각 연해 지역에서는 수많은 '량보어챵'들이 빈둥거리고 있었는데, 그들은 중국이라는 들판에서 부를 갈망하는 수많은 들꽃이었다. 비록 억제되기는 했지만 체제 밖의 역량은 계속 상승하는 길 위에 있었다. 1982년 말 전국의 개체 공상호는 101만 개에 달해 1979년의 10만 개와 비교할 때 10배 증가했다. 비록 노래 속의 그런 낭만은 없었다고 하더라도 진정 봄은 이미 도래하고 있었다.

|기업사 인물|

개미 같은 '대왕들'

역사 속의 인물들은 대체로 두 종류로 분류할 수 있다. 하나는 비중 있는 큰 인물이고, 하나는 보잘것없는 작은 인물이다. 큰 인물은 역사의 방향을 결정하고, 작은 인물은 역사의 진실을 체현한다. 원저우의 '8대왕'은 당연히 작은 인물들에 속하는데, 그들이 전국적으로 지명수배 되었을 때 어느 한 사람의 자산도 50만 위안을 넘지 않았고, 사건 후에도 대부분은 특이할 것 없는 아주 평범한 중생으로 복귀했다.

원래 사형당할 것으로 생각한 후진린은 무서워 벌벌 떨며 감옥에 들어갔으나 멍한 상태에서 석방되었다. 자유의 몸이 되지 얼마 되지 않아 그는 곧 압연공장 설립을 준비했다. "원저우에는 압연공장이 없고, 러칭에는 더욱 그렇다. 현재 기초 건설에는 강재가 급히 필요하기 때문에 나는 압연공장을 설립할 것이다!"라는 말을 할 때 그는 이미 3년 전 국영기업과 원자재 쟁탈을 벌이다가 타격을 입었던 일은 잊고 있었다. 상인은 원래 경제적 동물이어서 눈앞에 다가오는 비즈니스 기회를 절대로 놓치지 않는다. 겨우 4.5무밖에 되지 않던 개인 압연공장이 1988년에 더 이상 유지하기가 힘들어지자 후진린은 멀리 상하이와 선전에서 사업을 하기도 했다. 한때는 칭하이靑海성의 차이다무 분지를 돌아다니며 "신문에서 서부 개발이 21세기의 서광이라고 하니, 나는 바로 내 운세를 시험해 보려한다"고 말하기도 했다. 코를 베이고 돌아온 후 후진린은 다시 옛날 일을 수습해 '교류접촉기'의 생산과 판매를 시작했다. 이때 류스의 저압기기는 이미 눈부시게 발전하고 있어 후진린은 이제는 무슨 '대왕'이라고 할 수도 없었다.

'코일 대왕' 정상칭이 그해 잡혀 들어간 데는 약간의 블랙 유머가 있었다. 어느 날 '경제범죄조사처리팀'의 차가 류스진를 지나갈 때 3층 높이의 작고 하얀 건물이 눈길을 끌었다. 조사원들은 바로 차안에서 "저 집 주인이 자본주의를 하지 않았다면 과연 저런 건물을 지을 돈이 있었겠는가?"라는 의견을 내놓았다. 다음날 건물주 정샹칭은 중점 조사 대상이 되었고, 조사팀은 집을 수색할 때 뜰 안에서 폐기된 전기코일 더미를 발견했다. 그는 '저질 코일을 생산해 폭리를 취한 자'로 고발되었고, '코일 대왕'이라는 칭호는 이로 인해 확정되었다. 정샹칭은 수감 6개월 후 석방되었고, 거의 7~8년 동안 문밖에 나가 감히 사업할 생각을 하지 못했다. 후에 그는 막 유행하기 시작한 컴퓨터에 빠졌고, 류스진에 아주 작은 컴퓨터 학원을 열었다.

유일하게 체포되지 않은 '나사 대왕' 류다위안은 계속 나사로 생업을 이어갔다. 그가 진에서 가장 번화한 첸스䇹 거리에 연 '다위안 나사가게'는 한참의 시간이 지난 후 기자들이 찾아와 사진을 찍는 개혁 모델이 되었다. 그는 "1980년대 저희 가게에는 모든 나사가 구비되어 있었습니다. 당시 상하이규격품공사가 보유한 나사는 2만여 종이었지만 저는 4만여 종을 보유하고 있었습니다"라고 말하면서 그러한 사실을 가장 자랑스러워했다. 훗날 국영기업 상하이규격품공사는 정말 류다위안에 의해 무너졌다.

'카탈로그 대왕' 예젠화는 원래 사진을 찍던 개체호였는데, 어느 날 후진린이 찾아와 전기제품을 주며 제품 리스트를 찍어달라고 청했다. 예젠화는 이를 계기로 전문적으로 류스진의 기업들에게 카탈로그를 만들어주게 되었다. 그는 판로 확대 쪽으로 머리를 굴려 카탈로그에 상품의 명칭과 규격을 표시했고, '국가 가격'과 '류스 가격'을 비교해 놓았다. 전기제품에 대해 아무것도 모르는 영업사원들도 이 카탈로그만 있으면 아무런 걱정이 없었다. 그는 결국 이로 인해 '8대왕'의 한 사람이 되어 1년 반의 형을 선고받았다. 출소 후 예젠화는 다시 그런 일을 할 생각은 하지 못했고, 사진관, 광고 회사, 자동차 수리점을 열어 기존의 '8대왕'과는 다른 길을 걸었다.

나이가 가장 어렸으나 감옥에 가장 오래 있은 '광산용램프 대왕' 청부칭이 공개재판을 받은 후 부모형제들은 타향으로 떠날 수밖에 없었다. 청부칭은 출소 후 상하이로 가서 사업을 했는데, 훗날 소식이 끊겼다. '계약 대왕' 리팡핑은 청부칭과 유사했다. 그는 4개월의 감옥살이 후 석방되어 상하이로 건너갔고, 훗날 캐나다로

이민을 떠났다. '중고품 대왕' 왕마이첸은 1995년 50세의 나이로 세상을 떠났다.

'8대왕' 중 그나마 성과가 있던 사람은 '전기제품 대왕' 정위안중이었다. 그는 전국에 지명 수배된 후 아득히 먼 곳으로 도망갔지만 1983년 9월 경찰에 체포되었고, 다음해 3월 무죄 석방되었다. 출소 후에는 옛날처럼 스위치공장을 열었다. 1990년대 초 불혹의 정위안중은 원저우대학에서 국제무역을 전공하는 가장 나이 많은 학생이 되었다. 졸업 후 그는 돌연 쫭지(庄吉)복장유한공사를 설립해 의류 사업을 시작했다. 홍콩의 스타 뤼량웨이(呂良偉)를 브랜드 모델로 고용해 훗날 원저우 의류업계에서 비교적 규모가 큰 일가를 이루었다. 훗날 '원저우 개혁의 풍운아'로 선정된 정위안중은 항상 '8대왕' 대표로 이름을 올렸다.

'8대왕 사건'은 1982년을 전후해 전국적으로 알려졌고, 평판이 너무 나빠 한동안 원저우 민영기업들은 머리를 들 수 없을 정도였다. 1984년 원저우시위원회 서기를 맡은 위안팡례(袁芳烈)는 "8대왕 안을 번복하지 않으면 원저우 경제를 살리는 일은 희망이 없다"고 생각해 연합조사팀을 조직해 전체 조서에 대해 재조사를 진행하도록 했는데, "일부 경미한 세금 탈루 외에 8대왕의 모든 행위는 중앙의 정신에 부합된다"라는 결론을 내렸다.

창해의 물결은 거칠게 흘렀고, 역사는 줄곧 호탕하게 앞을 향해 나아갔다. '8대왕'의 신분은 미미했고, 운명은 개미와 같았다. '중앙의 정신에 부합된다'라는 이 말이 그나마 그들에게 하나의 명분을 제공해주었던 셈이다.

1983년
'부신성'의 해

> 만리장성은 영원히 무너지지 않고,
> 천리 황허의 물길은 도도하게 흐른다.
> 수려한 강산, 첩첩 쌓인 다채로운 산봉우리
> 우리나라 어디가 병에 감염되어 있는 것처럼 보이는가?
> — 홍콩 드라마 〈곽원갑霍元甲〉의 주제가(1983년)

1월 3일, 중국 최초의 슈퍼마켓이 베이징시 하이뎬구에 문을 열었다. 200m^2 크기의 작은 규모로 100명의 고객이 한꺼번에 몰려들면 몸을 돌리기조차 어려웠다. 그곳에서는 채소와 육류 2종의 상품을 판매했는데, 가까이 있는 채소 시장보다 5~40%나 비쌌다. 대다수 베이징 사람들은 호기심으로 한번 쭉 돌아보고는 바로 혀를 내두르면서 나가버렸다. 구매자들은 거의가 외국인이었고, 포장에 가격만 있고 상품명이나 품질 표시가 없는 것을 불평하면서 매번 닭고기를 돼지고기로 알고 사가곤 했다.

1월에 런던의 '아시아중동투자유한공사'는 1,000만 달러 규모의 '중국투자펀드'를 설립했다. 『월스트리트저널』의 보도에 따르면 이는 중국 전문 투자펀드로, '발전 잠재력이 있는 신규 혹은 기존의 중형 공업기업'에 투자될 예정이었다. 이 뉴스는 『참고소식参考消息』에 전재되었지만 어느 한 사람의 주의도 끌지 못한 것처럼 보였다. 당시 '투자펀드'는 실제로 아주 생소하고 요원한 명사였다.

개혁개방 5년 동안 예정된 바에 따라 진행된 것은 아무것도 없는 듯했다. 농촌에서 시행되어 효과를 본 도급제는 기업 개혁에서는 효과가 없었고, 계획 관리 체제에서 오랫동안 운영되어온 행정 부문과 국영기업은 시장 방식으로 자신을 변화시키는 것에 익숙지 않은 듯이 보였으며, 중국 투자에 대한 외국 자본의 관심은 생각한 것처럼 크지 않았다. 오히려 남방의 홍콩 교포들이 매우 적극적이긴 했으나 화이하이 전역淮海戰役[해방전쟁 시기 인민해방군이 쉬저우徐州 지역을 중심으로 국민당 군대에 대항한 공격전]을 치르고, 백만 용사를 지휘하며 창장을 건넌 덩샤오핑이 해갈을 느끼기에는 역부족이었다. 체제 바깥의 역량이 여기저기서 분출한 것은 생각지도 못한 일이었지만 도대체 그것이 얼마나 크게 자라서 중국을 어떤 방향으로 이끌어갈지는 여전히 지켜보아야 했다.

과거 2년여 동안 녠광쥬와 천즈슝과 같이 8명 이상의 조수를 고용한 것이 위법인지 아닌지에 대한 논쟁은 줄곧 계속되었고, 마르크스 경전의 이론은 누구도 감히 어기지 못했다. 그러나 현실은 팽창하는 기구처럼 금방이라도 폭발할 듯이 보였고, 덩샤오핑도 분명 이 문제에 주목하고 있었다. 쌍방의 논쟁이 해결되지 않자 모두들 그가 명쾌한 해답을 주기를 희망했다. 규정을 어긴 사영업자의 조수 고용 문제 처리에 대한 지침을 보고하는 자리에서 덩샤오핑은 거친 필체로 '2년 더 두고 보자'라고 자신의 의견을 썼다. 이러한 지시에 근거해 중국공산당 중앙은 곧 이에 대한 '3불 원칙'을 제시했다. "제창하지 말고, 공개적으로 선전하지 말며, 급하게 단속해서도 안 된다." 2년이 지나 이 일이 다시 제기되자 덩샤오핑의 의견은 여전히 '다시 두고 보자'였다. 다시 2년이 지난 1987년 중국공산당 중앙 5호 문건에서 고용 노동자 수에 대한 제한이 비로소 없어졌고, '3불 원칙'은 '존재 허용, 관리 강화, 이익 보호와 폐단 억제, 점진적 인도'라는 방침으로 바뀌었다. 그러나 당시 사영업자가 대량의 노동력을 고용하는 현상은 이미 곳곳에 존재했고, 여론에서는 이미 어떠한 논쟁도 없었다.

이처럼 사소한 부분에서부터 변혁을 이끌어가는 덩샤오핑의 전략적 사고의 방향을 엿볼 수 있었다. 즉 그의 사고 방향은 돌다리도 두드리며 나아가고, 논쟁하지 않고, 정책상 명확한 경계를 짓지 않으며, 최종 발생한 사실로부터 앞으로 나아갈 방향을 정의한다는 것이었다. 개혁에 대한 이러한 방향은 중국을 하나의 거대한 경제 실험장이자 모험의 낙원으로 만들었다. 모든 격정과 야심이 제한 없이 발산되어 나왔고, 사회 저층으로부터 분출된 용암은 마침내 대지를 훨훨 타오르게 했다. 단지 경제 발전과 재부를 축적하는 데 유리하기만 하면 모든 것에 금기가 없는 듯했다. 중국 사회의 도덕과 법제의 한계는 계속해서 도전과 충격을 받아야 했고, 공공 가치는 갈수록 세속화되고 물질화되어 갔다.

1983년 1월 이 모든 것이 시작되고 있었다. 12일 덩샤오핑은 한 담화에서 "일부 사람이 먼저 부자가 되는 것을 허용하자"는 의견을 제시했다. 이로부터 여러 해 동안 그는 수차례에 걸쳐 "일부 사람을 먼저 부유하게 하자!"고 제안했고, 이것은 그의 유명한 개혁 어록 중의 하나가 되었으며, "돌다리도 두드리며 강을 건너자!", "하얀 고양이든 검은 고양이든 상관없이 쥐만 잘 잡으면 된다" 등의 명언과 함께 덩샤오핑 식 개혁의 사상적 기초를 구성했다.

먼저 부유해진 사람 중에는 체제 바깥의 인물들이 많았다. 10여 년 후 그들은 중국의 부자 계층이 되었지만 1982년에는 여전히 가난한 가운데 위축된 모습으로 활로를 모색하고 있을 뿐이었다.

막 설이 지났을 무렵 스촨의 신진新津현 농업국에 배치되어 들어온 대학생 천위신陳育新은 돌연 사직서를 제출했다. 사람들을 더욱 놀라게 한 것은 그가 농촌에서 농업 전문가가 되겠다고 한 것이었다. 이 작은 동네에 한차례 큰 파문이 일었다.

천위신의 원래 이름은 류융메이劉永美였고, 그에게는 류융옌劉永言, 류융싱劉永行이라는 형과 동생 류융하오劉永好가 있었다. 이 류씨 사형제는 신진에서 이름난 전도양양한 젊은이들로 몇 해 전에 차례로 대학에 들어갔으며, 졸업 후에는 모두 괜찮은 공장과 기관에 배치되었다. 셋째가 돌연 사직하고 농민이 되겠다고 한 것은 다른 사람들이 보기에는 결코 이해할 수 없는 일이었다. 현위원회 서기 중광린鍾廣林은 현에서 처음으로 사직한 이 간부와 친히 이야기를 나누었다. 천위신의 태도는 매우 단호했다. 이에 중광린도 반대하기가 어렵게 되자 마지막으로 간곡하게 요구했다. "네가 농촌으로 가면 광활한 천지에서 배운 지식을 잘 발휘해 최소한 농가 열 곳 정도는 부유하게 해야 한다. 열 가구다."

천위신의 생각은 단지 류씨 사형제만이 알고 있었다. 네 명의 혈기왕성하고 현지에서 자못 식견이 있던 청년들은 무기력한 사업 기관에서 평생을 보내는 것을 참지 못했고, 일찍부터 서로 뜻을 모아 전자공장을 차리기로 결정했었다. 그들이 연구 제작한 첫 번째 제품은 스테레오 음향기기였다. 그들은 이 음향기기를 몰래 현의 상점 앞에 갖고 나가 틀어보았는데, 의외로 음향 효과가 괜찮았다. 당시 도시에서는 개인이 기업을 여는 것이 근본적으로 허가되지 않았고, 유일한 방법은 농촌에서 사대社隊기업을 하는 것이었다. 그래서 이들 중 라디오에 가장 정통한 셋째가 먼저 사직한 것이었다. 천위신은 교외의 한 마을에서 사대기업을 준비했고, 나머지 3형제도 곧 사직하고 동참했다. 당시 그들은 공장 이름도 미리 생각해놨는데, 대 발명가 에디슨과 그의 회사 GE를 숭배해 공장을 '신이新異'라고 불렀다.

천위신은 담요와 이불을 들고 구쟈古家촌에 들어가 몇 주 후 마을의 동의를 얻어 현에 가서 신이新異전자공장 영업허가를 요청했는데 뜻밖에도 한마디로 거절당했다. 원인은 "니들은 자금도, 기술자도 없는데, 무슨 소란을 피우려고 하느냐!"였다.

전자공장을 창업하는 길은 이렇게 해서 꽉 막혀버렸다. 천위신은 대성통곡했고, 중병에 시달려야 했다. 하지만 생활은 해야 했기에 사형제는 다시 상의해 농촌에서 먹고살 길을 찾아 나서기로 결정했다. 당시 농지의 농가생산할당제로 농민 생활은 점점 좋아지고 시작했고, 가축 사육이 발전의 싹을 드러내고 있었다. 류씨 형제들은 우량종자 농장을 하는 것이 좋을 것으로 생각했다.

이리하여 훗날 중국의 갑부가 된 류씨 형제는 평생 처음 사업을 시작했다. 그때가 1983년 가을이었다. 류융옌은 집에 있던 유일한 손목시계를 팔았고, 류융싱은 자전거를 팔아 사형제는 모두 1,000여 위안의 돈을 모았다. 천위신은 자기 집의 방을 부화실로 만들었고, 그와 부인은 인근 유치원의 작은 단칸방으로 이사했다. 1년 후 인즈궈尹志國라는 사람이 병아리 2,000마리를 사기 쳐 가져가버리는 바람에 농장은 하마터면 문을 닫을 뻔했다. 그때 다행히 류융옌은 한 뉴스를 보게 되었다. 북한의 김일성 주석이 중국에 메추라기를 선물했는데, 신문에서는 그것을 '황금알을 낳는 새'라고 소개했다. 그는 크게 들뜬 마음으로 인근 현에서 50마리의 메추라기와 200개의 종란을 사는 데 돈을 모두 써버렸다. 그래서 결국 메추라기와 종란이 들어있는 바구니를 메고 10리 길을 걸은 후에야 집으로 돌아올 수 있었다.

메추라기가 황금알을 낳는다는 것은 메추라기의 산란율이 높아 거의 매일 알을 하나씩 낳을 수 있어 나온 말이었다. 류씨 형제의 계산으로 평균 알 하나를 낳는 데 들어가는 사료 원가는 대략 0.02~0.03위안인데, 당시 알 하나는 0.05~0.06위안에 팔 수 있어서 이익률이 거의 100%를 상회했다. 또한 메추라기는 작고, 면적을 많이 차지하지 않아 대규모로 사육하기 쉬웠다. 이리하여 그들은 우량종 농장의 중점을 메추라기 사육으로 돌렸다. 사형제는 농업 기술과 라디오 방면에 각각 정통했고, 사업을 하는 것 또한 똑같이 운명과 싸우는 것으로 생각했기 때문에 그들의 메추라기 사육은 다른 사람들보다 훨씬 더 뛰어났다. 산란율을 높이기 위해 천위신과 류융하오는 전기 부화 기술을 개발했고, 류융싱은 매일 메추라기 알을 메고 신진 부근의 현이나 진으로 팔러 돌아다녔다. 매일 너무 많이 걸었기 때문에 어린 시절 상처를 입었던 왼쪽 다리의 오래된 상처가 재발했고, 결국에는 미세한 절름발이가 되는 후유증을 낳기도 했다. 그들은 재빠르게 메추라기 사육으로 큰 돈을 벌었다. 연말에 류씨 집안은 14인치 칼라TV을 사 이웃의 부러움을 샀다.

신진에서는 메추라기 사육이 점점 유행이 되었다. 수년 후 이곳은 전국 최대의 메추라기 사육 기지가 되었고, 사육 농가가 10만 가구를 넘어서자 류씨 형제는 '첫 금맥'을 채굴하게 되었다. 이 시기에 그들은 다시 재빠르게 다른 업종으로 눈을 돌렸다. 그들은 메추라기 사육에 가장 적당한 사료 배합을 시험하기 시작했다. 사육 농가가 날로 늘어가자 사료가 가장 부족한 상품이 되었고, 그래서 류씨 형제들은 곧 사료공장을 차려 이름을 '희망'이라고 지었다. 이 희망 공장은 훗날 중국 최대의 사료 기업이 되었다. 당시 청두 전체에는 단 하나의 국영 사료 공장이 있었는데, 체제상 근본적으로 류씨 형제의 상대가 될 수 없었다. 메추라기 사료에서 시작해 나중에는 수요량이 가장 많은 돼지 사료를 생산했는데, 1987년 전후까지 류씨 형제는 수천만 위안의 자금을 모았다. 이들은 아마도 개혁개방 이후 산업 발전에 의해 천만 위안 대의 자금을 모은 첫 번째 가족이었을 것이다. 류융싱은 훗날 자서전 『희망 융싱』에서 이렇게 적었다.

만약 우리가 계속 기관에서 기다리고만 있었다면 오늘날 잘하면 말단 중간 간부 정도는 되었을 것이다. 만약 우리가 계속 메추라기만 했다면 오늘날 먹고살 걱정 안하는 구멍가게 사장은 되었을 것이다. 만약 우리가 후에 돼지 사료를 하지 않았다면 아마도 몇 개 중소기업의 사장은 되었을 것이다.

류씨 형제가 즐겁게 메추라기를 키우던 시기 스촨성의 완ﾟﾟ현에서는 출소한지 3년이 넘은 모어치중이 다시 감옥에 갔는데, 그가 저지른 죄는 '투기폭리'였다.

모어치중이 설립한 '중더쟝베이中德江北무역서비스부'는 몇 년 동안 줄곧 장사가 신통치 않아 단지 소자본의 등나무 의자로 먹고 살고 있었다. 연초에 그는 상하이 공장에서 생산된 '555'라는 브랜드의 탁상시계가 시장에서 잘 팔리는데, 결혼한 젊은이들이 추가로 한 개 더 구입한다는 것을 알게 되었다. 그는 곧 충청에서 놀고 있던 군수공장을 찾아내 '555' 브랜드 탁상시계 모조품을 개당 25위안을 지불하기로 하고 1만 개 주문했다. 그런 후 그는 상하이에서 모조품을 32위안의 가격으로 무역회사에 넘겼다. 이렇게 되넘겨 팔아 그는 7만 위안의 수익을 올릴 수 있었다. 이는 당시에 매우 큰 돈벌이였으나 모어치중에게서 더 큰 의미는 유통의 거대한 공간을 알게 된 사실이었다. 원래 제조나 경영 관리에 전혀 흥미가 없던 그는 이로 인해 빈손으로 돈을 돌려쓰는 '지혜 산업'에 미친 듯이 빠져들고, 전기적이고 황당한 기질로 충만한 '갑부의 생애'를 시작한 것이었다.

그러나 그는 한 차례 시련을 격어야 했다. 그의 전매 소식은 완현 지역에 순식간에 퍼져나갔다. 9월 완현공상국은 '투기폭리'라는 죄명으로 모어치중과 7명의 직원을 구금했다. 당시의 『완현일보』는 이 사건을 이렇게 보도하고 있다.

완현의 개체 경영업자 '중더中德상점'은 백화, 철물 소매의 간판을 달고 각종 불법 수단을 동원하고 내외로 결탁해 국가가 일괄 구매해 판매하는 물자를 대량으로 부정하게 구입했고, 공매매와 투기 행위로 폭리를 취했다.

마음이 답답하고 괴로웠던 모어치중은 습하고 더러운 감옥에서 꼬박 1년을 보냈는데, 이 기간 그가 유일하게 한 일은 '입당신청서'를 쓰는 것이었다. 다음해 9월에 그는 석방되었다.

모어치중이 투기폭리라는 죄명으로 다시 감옥에 들어간 시기에 남방의 선전에서 『데이비드 코퍼필드』를 베개 삼는 것을 좋아한 왕스도 똑같은 일을 하고 있었는데, 그는 똑같은 액운에 마주치지는 않았다.

몇 년 동안 노동자와 관료 생활을 한 그는 마침내 선전으로 가서 꿈을 실현하기로 결심했다. 서커우 길거리를 거닐던 어느 날 그는 북쪽에 우뚝 솟은 하얀 철판으로 된 커다란 통을 보았다. 그것은 사료 공장을 설립한 태국의 챠타이[Chia Tai]그룹의 옥수수 창고였다. 이 옥수수들은 미국, 태국, 중국의 동북에서 생산되어 홍콩을 거쳐 선전으로 운송된 것이었다. 왕스는 챠타이의 사료 공장에 가서 관리인 한 사람을 찾아 물었다. "당신들은 왜 동북에서 옥수수를 직접 가져오지 않고 홍콩을 거쳐 가져오는 것입니까?" 그러자 관리인은 "우리도 그렇게 하고 싶습니다. 그런데 중국의 운수업체에는 필요한 지표가 있습니다. 외국 기업인 우리는 누구를 찾아 차량을 요구해야 할지 모르고, 또 그러한 일을 해결할 방법이 없습니다"라고 말했다.

왕스는 가슴을 두드리면서 "내가 운송 도구를 해결할 수 있습니다. 철도, 해운 모두 문제없습니다. 제가 옥수수를 갖고 오면 구매하실 수 있습니까?"라고 물었다.

이렇게 그는 인맥을 통해 광둥성 해운국을 찾아냈고, 쌍방은 단번에 의견이 일치했다. 왕스는 옥수수 중간 거래업체를 시작했다. 1983년 4월 12일부터 1년도 안 되어 그는 300여 만 위안을 벌었다. 그런 후 그는 이 돈으로 비디오 기자재를 전문적으로 수입하는 '현대과학교육기자재판매센터'를 설립했다. 이 센터가 바로 훗날 중국 최고의 부동산업체가 되는 완커의 전신이었다. 한참 후 스촨의 희망그룹의 류융하오를 우연히 만났을 때 왕스는 우스갯소리로 이렇게 말했다. "만약 당시 내가 길을 바꾸지 않았더라면 이 '사료대왕'의 직함은 내 것이 되었을 것입니다."

감옥에 갔던 모어치중과 옥수수로 돈을 번 왕스는 당시 민간에서 공통된 칭호를 갖고 있었는데, 그것은 칭찬이라기보다는 폄하의 의미를 가진 '다오예倒爺'[투기꾼]'였다.

1980년대 초 경제가 날로 회복되고 대중의 구매력이 부활함에 따라 물자(소비재와 생산 원료 포함)가 전적으로 부족하게 되었다. 이와 동시에 국가 수중에서 통제되던 유통망은 여전히 효율이 저하되고 경직되어 있었다. 이것은 농촌에서는 연해 농촌 소상품 및 전문 시장의 발육을 직접적으로 유발했고, 도시에서는 합법과 불법 사이의 지하 유통 세력을 형성시켰다. '다오예'로 불린 일부 사람들은 상품에 대한 비상한 후각과 운영 능력을 갖추고 있었고, 일부는 믿을만한 배경을 갖고 있었기 때문에 국가가 일괄적으로 구매 판매하던 유통 체계 밖에서 하나의 방대하고 복잡한 물류 네트워크를 만들었고, 그 와중에 가격차에 따른 이익을 도모했다. 이후 '다오예' 바람은 더욱 강렬해져 10여 년 동안 면면히 계속되었다. 그들의 부패, 허가증 전매, 벼락 축적 및 유통 질서에 대한 자의적 파괴는 대중의 마음속에 악질 이미지를 만들어냈고, 이로 인해 사람들마다 이를 갈면서 그들을 저주하게 되었다. 그러나 객관적으로 보면 이러한 '다오예'들은 개미가 제방을 갉아 먹듯이 경직된 계획 유통 체계를 타파해 상처투성이로 만들었고, 이로 인해 일종의 회색적이며 불법적인 방식으로 중국의 시장 유통과 자원 배치를 재건하는 데 도움을 준 것은 사실이었다. 그들은 시장의 전환기에 필연적으로 출현하는 경제 기생물이었다.

1983년을 전후로 중국 최초의 '다오예'들이 베이징과 선전에서 출현했다. 전자는 정책 자원, 권력, 돈 거래의 중심이었고, 후자에서는 느슨한 경제 분위기와 대외 개방의 창구 효과가 있었다. 이 시기 선전은 이미 개혁의 선행에 따른 '클러스터 효과'를 점차 보여주기 시작했지만 런중이와 위안겅 등이 예상한 것을 벗어나 계획에 있던 거대한 외자 유치 같은 것은 이루어지지 않고, 오히려 '전국을 사고파는' 기지로 변해 버렸다. 일부 내륙의 지방 정부가 잇달아 이곳에 무역 회사를 설립해 '창구'로 삼았고, 선전의 우대 정책을 이용해 화물의 전매 유통을 진행했다. '홍콩아시아연구센터'의 천원훙陳文鴻 박사는 당초 위안겅 등이 제시한 선전의 발전 목표가 1983년에 이르자 조금씩 벗어나고 있음을 발견했다.

'제품은 수출을 위주로 한다'고 했으나 실제로는 수입이 수출보다 4억 8천만 달러 많았고,

'선진 기술 도입을 위주로 한다'고 했으나 도입한 대부분의 설비는 홍콩과 일본에서 이미 도태되어 쓸모가 없어진 설비였다. '투자는 외자 유치를 위주로 한다'고 했으나 실제 외자의 점유율은 전체 투자의 30%정도였고, 그것도 대부분 홍콩 자본이었다. '구조는 공업을 위주로 한다'고 했지만 그해 선전의 공업 생산액은 7억 2천만 위안이었던 데 반해 사회의 상품 소매 총액이 12억 5천만 위안으로 장사를 해서 번 돈이 공업에 비해 훨씬 더 많았다.

일찍이 선전의 굴기를 묘사한 작품『선전, 스핑크스의 수수께끼』에는 다음과 같이 묘사되어 있다.

대출을 통해 돈을 벌려는 열정이 놀라웠고, 대출로 설립된 회사가 여기저기서 생겨났다. 선전의 거리는 매일 폭죽소리가 끊이지 않았고, 통제를 받지 않는 대출은 우리를 벗어난 야생마 같았다. 대출이 선전의 예금 보유고 20여억 위안을 이미 넘어서 부득이 중앙과 기타 성시, 자치구에 가서 돈을 빌릴 뿐이었다 …….

이러한 상황은 이후 몇 년 동안 조금도 바뀌지 않았다. 외국인의 입장에서 보면 선전의 투자 조건은 결코 원래 이야기된 것보다 좋아 보이지 않았다. 미국의『포춘』지 4월호에는 원망 섞인 한 편의 관찰기가 이렇게 실려 있다.

선전의 관리는 기구가 중복되어 있고, 경제 경험이 부족했다. 한 투자자는 대부분의 국가에서 전화 한 통이면 해결될 수 있는 문제도 선전에서는 아주 긴 시간과 관방 토론이 필요하다고 말했다. 이곳은 여전히 중국이다.

그러나 내륙과 기타 성의 입장에서 보면 선전의 정책 환경은 더 이상 좋을 수 없었다. 왕스와 같은 사람들이 나날이 그곳으로 와 기회를 찾았으며, 갈수록 많은 상품과 자금이 흘러들어왔다. 1979년 선전의 주요 은행이던 선전건설은행의 예금 보유고는 단지 381만 위안에 불과했는데, 1983년에 이르자 7억 위안을 넘어섰다. 선전 건설 초기 10년 동안 국유자산이 250억 위안으로 늘어났지만 은행으로부터의 차입이 180억 위안이었고, 이중 절대 부분은 내륙 지구에서 정식 혹은 회색의 각종 방식으로 융통해온 것이었다. 이런 의미에서 선전의 기적은 외자를 흡수해서 이루어진 것이 아니라 전국 인민의 투기에서 비롯된 것이었다. 광둥의 학자 허보촨(何博傳)은 『산간 평지 위의 중국』이라는 책에서 일찍이 전매 사례 하나를 이렇게 묘사한 적이 있다.

> 일부 상하이 사람들이 선전에서 접이식 우산을 샀는데, 이 우산이 상하이에서 홍콩으로 갔다 다시 선전으로 들어온 것을 알게 되었다. 상하이 사람들은 상하이에서 사는 것보다 돈을 적게 지출했다며 기뻐했고, 선전 사람들도 얼마라도 벌 수 있어 기뻐했으며, 똑같이 홍콩의 백화점도 돈을 벌 수 있어 기뻐했다. 정말로 누가 귀신에 홀렸는지 아무도 알지 못했다.[1]

유통 부분의 활기와 혼란 현상에 직면해 중앙 정부는 두 가지 문제에 봉착했다. 하나는 '다오예'와 각양각색의 민간 무역업체가 상품 유통의 계획 체계를 어지럽혀 물가 상승과 통화 팽창이라는 혼란을 조성한 것이었다. 그래서 베이징은 여러 차례 이에 대한 공문을 하달했다. 7월 국무원과 중앙기율검사위원회가 공동으로 긴급 통지를 하달해 "임의적인 물가 인상과 규정 외의 할당 두 가지 잘못된 풍조를 단호하게 제지하라"고 엄격하게 요구했다.

10월 이 두 기구는 다시 통지를 하달해 "농업 생산 물자 공급에서 법을 위반하거나 기율을 어지럽히는 활동을 단호하게 제지하라"고 요구했다. 이 두 통지가 객

---

1) 유통 영역의 비정상적인 활기와 자유주의적 경향은 1980년대 전반기 부의 분배와 축적의 가장 주요한 수단이었다. 당시 민영자본은 아주 세력이 약해 대규모로 상품을 생산할 힘이 없었고, 외자 회사는 진입을 망설이고 있어서 절대 다수의 사회적 상품은 여전히 국영공장에서 생산, 제조된 것이었다. 그러나 이러한 기업들은 오히려 체제의 속박을 심하게 받고 있어서 원자재 구매, 가격 책정, 영업상의 자주권이 없었고, 이것이 곧 '다오예'들이 각양각색의 무역회사를 차릴 수 있었던 최대의 생존 공간을 만들어주었다. 1980년대 전반기의 국영기업 개혁을 검토해보면 우리는 기업 개혁을 추동한 중점이 전략상의 편차에서 출현했음을 알 수 있다. 즉 국유자본을 가진 기업은 내부관리제도의 변혁에 중점을 두었는데, 사실상 당시 최대의 변화는 상품 유통 분야에서 발생했다.

관적으로 발휘한 효과는 달랐다. 배경 있는 '다오예'의 입장에서 보면 비록 위협이 되기는 했지만 근본적으로 그들의 활동을 막을 방법이 없었던 반면 '고분고분 말을 잘 듣는' 국영기업 입장에서는 그들 자신의 주장을 감히 내세울 수 없어 계획체제의 울타리 안으로 움츠러들 수밖에 없었다. 새로 창간된 『경제참고』는 7월 22일의 초판 1면에 음미할 가치가 있는 기사 한 편을 실었다.

> 상하이 제5제철소가 전장鎭江제련공장으로부터 몰리브덴을 구입하고자 했는데, 후자는 국가 정가보다 28%나 높은 가격을 요구하면서 제5제철소가 이 가격을 수용하지 못한다고 해도 다른 제철소가 이 가격으로 물건을 살 의사가 있다고 말했다. 제5제철소는 어찌할 도리 없이 이 가격으로 구매했고, 자신도 강재를 판매할 때 가격 인상의 압박을 받았다. 임의적으로 가격을 올린 전장제련공장도 나름의 어려움에 처해있었고, 국가 정가를 따르면 손해는 필연적이어서 어찌할 도리가 없었다.

이 뉴스는 강력하게 추진한 국가 주도 계획 가격 제도가 날로 시장화되어가는 환경 속에서 이미 구조적 어려움에 빠져들고 있었음을 보여주었다.

또 다른 방면에서는 가격관리제도의 완화와 상품의 가격결정권의 부분적 해방이 이미 대세가 되었음을 보여주었다. 이전에 중국의 모든 상품은 대형 기계에서 바느질 도구에 이르기까지 모두 국가 계획에 의해 가격이 정해졌다. 모든 기업은 조금의 자주권도 갖질 못했다. 하지만 이러한 상황을 계속 유지하기는 분명 어려웠고, 이로 인해 국가는 부득불 소상품 가격을 점진적으로 개방하기 시작했다. 1982년 9월과 1983년 9월 국무원은 두 차례에 걸쳐 510종의 소상품 가격을 개방했고, 동시에 동종 상품 중 5~15%에 대해 '품질에 따른 가격차'를 인정했다. 금상, 은상을 받은 제품들은 가격 결정 공간에 여유가 있었는데, 금상을 받은 상품의 경우 동종 제품 가격의 15%, 은상의 경우 10%를 초과할 수는 없었다.

소상품 가격의 개방과 완화는 상품 유통과 민영기업의 굴기를 가능하게 했다. 이후의 묘사에서 알 수 있듯이 중국 1세대 민영기업의 출현은 소상품 유통 및 제조와 밀접한 관계가 있었고, 중대형 국영기업이 거들떠보지도 않았던 영역에서 도끼

비처럼 활약한 민간 자본이 원시적 축적을 완성한 것이었다.

지금 우리는 저장성 중부와 남부의 일부 산간벽촌으로 눈을 돌리려 한다. 오늘날 사람들은 왜 철도도 없고, 공장도 없고, 자원도 부족하고, 지식 수준도 높지 않았던 산간벽촌이 상품의 집산지가 될 수 있었는지를 상상하기는 매우 어렵다.

1980년 이전 이우義烏라는 이 조그만 현을 아는 사람은 아주 드물었다. 이곳은 저장성에 있는 분지로 삼면이 산으로 둘러싸여 있고, 어디에서든지 비좁은 거리와 낮은 통나무집을 볼 수 있었다. 현 전체의 노동 인력 28만 명 중 유휴 노동력이 15만 명에 달했고, 1인당 평균 수입은 88위안에 불과했다. 근 100년 동안 이우에서 가장 유명한 것은 '맥아당으로 닭털 바꾸기'였다. 이곳은 흑설탕을 생산했지만 동시에 토지가 아주 척박했다. 사람들은 식량 생산량을 제고하기 위해 닭털로 밭에 거름을 주는 관습이 있었다. 이곳 사람들은 닭털을 수집하기 위해 겨울과 봄의 농한기에 설탕 보따리를 짊어지고 손으로 조그만 북을 돌리면서 이 마을 저 마을을 다니면서 맥아당을 닭털과 교환했다. 조금이라도 이익을 더 보기 위해 설탕 보따리 안에는 항상 부녀자들이 필요로 하는 재봉도구, 화장품, 비녀나 빗 등을 넣고 다녔다. 이러한 무리들이 대체로 만 명 정도였고, 100년 동안 이어지면서 저장성 일대에서 자연스러운 농민 상인이 된 것이었다. 1978년을 전후에 이우현 동부에 자생적인 마을 장터가 출현했다. 십여 명의 보따리상이 그곳에서 가판대를 차려 여러 종류의 재봉도구, 자체 제작한 닭털 먼지떨이, 솔 등을 팔았다. 2년 후 이러한 행상들이 현 중심으로 들어가 짐 보따리를 풀자 부근에 바로 두세 개의 새로운 장터가 생겼고, 이러한 장터는 갈수록 커졌다. 작은 노점들이 뱀처럼 길게 늘어섰고, 물건 파는 고함은 점차 함성이 되면서 곧 2백여 개의 노점이 들어서게 되었다. 현지 정부는 이러한 무리들을 어떻게 관리해야 할지 몰랐고, '일용잡화 임시허가증'을 발부함으로써 이러한 장사꾼의 존재를 묵인했다.

1982년 말까지 현 전체에 발급된 임시허가증은 부지불식간에 7,000개가 되었다. 처우청稠城진의 노점도 300개를 초과했고, 교역되는 상품도 규정 범주를 크게 초과했다. 이에 놀란 사람들은 성정부에 편지를 써 "이우에 자본주의 작은 온상이 출현했다"고 고발하기 시작했다. 당시 현위원회 서기였던 셰가오화謝高華는 거대한 압력에 직면하게 되었다.

셰가오화는 키가 165cm에도 미치지 못했고, 몸무게는 고작 45여 kg에 마르고 왜소한 중년남자로 길을 걸어가면 한 송이 목화꽃이 바람에 날리는 듯했다. 그러나 이 '목화꽃'이 일생 가장 굳세고 완강한 결정을 하게 된다. 1982년 11월 그는 '처우청진 소상품 시장'의 정식 개장을 선포했고, 또 '네 가지 허가', 즉 농민장사 허가, 장거리 운송 허가, 도시와 농촌의 시장 허가, 여러 유통망 사이의 경쟁 허가를 선포했다. 4개 조항 중 '장거리 운송 허가'는 중앙의 문건에 뚜렷이 위배되었고, 나머지 3개 조항도 법률적 근거가 없었다. 셰가오화는 소상품 시장의 첫 영업허가증을 펑아이징馮愛蝉이라는 농촌의 한 부녀에게 발급했는데, 그녀는 후에 전국적인 뉴스의 인물이 되었다. 1983년 7월 이우현 정부는 58만 위안을 투자해 200무의 땅에 시장을 만들었다. 시장 내부는 전부 시멘트로 바닥을 깔았고, 철과 유리로 된 구조물은 당시 중국에서 가장 현대적인 전문 시장이었다.

대담한 셰가오화가 이우에서 찾아낸 정책적인 클러스터는 신속하게 축적 효과를 만들어냈다. 연말에 주헝싱朱恒興이라는 사람이 낸 통계에 따르면 이우의 노천 점포는 1,050곳이 증가했고, 1일 평균 거래자는 6,000명으로, 이중 60% 이상이 원저우와 타이저우 출신의 외지인들이었다. 그리고 시장에 나온 상품은 많을 때는 3,000여 종에 달했는데, 현지에서 생산된 공업제품이 1/3을 점했고 나머지 대부분은 저장성 내 향진기업이나 장수와 광둥 일대에서 제조된 상품으로 양자강 이북 및 윈난 구이저우貴州 등 여러 지역으로 판매되었다. 성 경계를 넘어서 전국의 시장으로 퍼져나가는 것이 당시 추세가 된 것은 분명했다. 이와 동시에 상품 물류도 이우의 가내수공업 공장의 발전을 대동하면서 많은 장사꾼들이 시장에 노점을 벌리게 되었고, 집에서 가내수공업 공장을 차리는 소위 '전 매장 후 공장前店後廠' 모델이 저절로 생겨나게 되었다.

'상품은 많고, 가격은 싸고, 스타일이 새로운' 이우의 명성은 사람들이 믿기 어려울 정도로 신속하게 중국 각지의 농촌으로 전파되었고, 곧바로 전국 각지에서 온 장사꾼들이 이곳으로 모여들었다. 1984년 연말 상하이 『문회보』의 기자 선지칭沈吉慶

慶은 한 지인으로부터 저쟝에 이우라는 지방이 있는데, 참신한 소상품이나 신기술이 국내 도시에 출현하기만 하면 얼마 지나지 않아 이우에서도 바로 찾아볼 수 있다는 이야기를 들었다. 그는 호기심이 일어 바로 이우로 갔고, 훗날 「작은 산골짜기의 대시장」이라는 제목의 기사를 게재했다. 이로 인해 이우는 처음으로 언론에 얼굴을 내밀게 되었다. 선지칭은 소상품 시장 주변에 만 명이 넘는 장사꾼이 있고, 2,000여 가내수공업 공장이 활약하고 있으며, 이우 사람들의 기술은 모두 전국 각지의 상인들로부터 온 것이라는 사실을 알게 되었다. 플라스틱 가공은 광저우 상인들이, 메리야스 면직물 공예는 사오싱紹興과 쟈싱嘉興 상인들이, 어린이 신발 제작은 원저우 상인들이 들여왔던 것이다. 그는 다음과 같은 아주 생생한 이야기를 전했다.

연초 어떤 상인이 도시에서 선캡 장사가 아주 잘 된다는 말을 듣고는 일부러 항저우에 가 하나를 사서 돌아와 3일을 연구한 끝에 똑같은 선캡을 만들어냈는데, 가격은 도시 것의 절반이었다. 반년 후 이우 시장에서 선캡을 가공 경영하는 상인이 3,000명에 달했고, 전국 최대의 선캡 생산과 판매 중심이 되었다.

이우의 발전 모델[2]은 1980년대 중국의 민영경제 성장의 표본이었다. 한 전문 시장의 출현은 농촌과 중소도시에 걸친 상품 네트워크를 구축하게 했고, 물류 수요를 유발해 주변에 천 개나 되는 가내수공업 공장을 생겨나게 해서 앞면에 가게를 두고 뒤쪽에 공장을 두는 '전 매장 후 공장'과 '이륜구동'의 초기 산업 국면을 형성하게 했다. 중국 개혁의 초기 10년 동안 어떠한 산업 기초, 정책 지원, 인문 소양 및 지리적 위치 등의 객관적 조건도 현지의 개혁과 혁신 의식에 필적할 수는 없었고, 종종 한 지역에서의 관념의 해방 여부는 해당 지역의 발전 여부의 유일한 조건이 되었다. 공업의 기초가 풍부하고 지리적 위치가 우월한 도시 즉, 동북이나 화북,

2) 이우는 이후 전 세계에서 가장 큰 소상품 시장이 되었다. 2006년에 이르자 이 지역의 연 소상품 교역은 300억 위안을 넘었고, 4만여 명의 상인, 일일 유동 고객은 20만 명에 이르렀다. 중국과 외국의 이름 있는 6,000여 기업의 총판 혹은 총대리상이 있었고, 8,000여 명의 외국 상인이 이우에 상주했다.

상하이 등지는 계획경제 색채가 농후했고, 정부의 관리 능력과 인민의 체제 의존도가 강해 민영자본이 싹트기 어려웠다. 하지만 국유경제가 박약한 벽지, 즉 주장 삼각주나 푸젠 남부, 저장 중남부 일대는 의외로 스스로 살길을 찾아나서는 용기와 가능성을 구비하고 있었다.

이우의 소상품 시장에서 활약이 가장 두드러진 사람들은 원저우 출신 상인들이었다. 사실 이우의 굴기 전에 원저우의 전문 시장은 상당한 수준으로 성장해 있었다.

이우와 비교할 때 원저우는 훨씬 전설적인 색채를 가진 지명이었다. 중국의 당대 개혁사에서 원저우는 가히 '성지'라고 할 수 있다. 이곳에서 최초의 자영업자, 최초의 전문 시장, 최초의 개인 기업이 탄생했다. 이로 인해 원저우는 정치와 이념의 커다란 압력을 받아야 했고, 매번 관념이 맞붙어 싸울 때 모든 사람이 손가락질하는 지탄의 대상이 되었다. 지난 1년 동안의 '치리정돈治理整頓' 중 원저우는 주요 관심 대상이 되었고, '8대왕 사건'도 결코 우연한 현상은 아니었다. '치리정돈' 한 번에 어수선하고 북적거렸던 원저우 경제는 갑자기 소강 상태에 빠졌지만 민간에 잠재되어 흐르던 물결은 결코 끊어진 적이 없었다.

1983년 전후에 원저우의 가내수공업 공장은 10만 개가 넘었고, 종업원은 40만 명에 달했으며, 1년 내내 10만 명이 넘는 사람들이 전국 각지를 뛰어다니며 판로 개척과 원료 구매에 몰입했다. 러칭, 창난 등의 현에는 400여 개의 상품 교역 집산지들이 생겨났고, 이중 일부 규모를 갖춘 것들은 호사가들에 의해 '원저우 10대 전문 시장'으로 불렸다. 이들 시장에서 거래되는 물건은 주로 단추, 비닐 가방, 합성수지 신발, 저압전기기기, 피혁 제품, 알루미늄 표지 등의 일용잡화와 생산 원료들이었다.

더욱 놀라운 것은 이들 시장이 공교롭게도 교통의 요지나 도시 중심에 있지 않고, 교통이 매우 불편한 산골짜기나 물가에 있어 거래 차 왕래하는 데 시간과 노력이 많이 들었다는 사실이다. 가령 러칭의 단추 시장은 항저우와 원저우 국도에서 3.5km 떨어진 외진 산간 지역에 있었는데, 1979년에 출현해 20년이 지나 활기를 잃을 때까지 원래 있던 곳을 떠나 좀 더 국도에 가까운 지역으로 옮기려고 시도한 적이 없었다.

창난의 재생 방직제품 시장은 더욱 교통이 불편했다. 신화사 기자 후홍웨이胡宏偉는 당시 취재하러 갔을 때의 여정을 이렇게 기록하고 있다.

새벽에 중형 버스를 타고 링시灵溪현을 출발해 거의 2시간 동안 시골길에서 요동친 후에야 눈앞에 이름 모를 작은 강이 보였다. 배를 타자 연이어진 절벽과 산들은 청아하고 수려했다. 지붕이 없고 폭이 좁은 작은 배는 꾸불꾸불한 강을 따라 이리저리 방향을 바꾸었다. 뭍에 오르자 무리를 이룬 농민 '택시(일종의 소형 디젤 삼륜트럭으로 탑승자는 여섯 명으로 한정되어 있으나 실제로는 열 명이 넘는 인원이 탔고, 어떤 때는 아예 거미처럼 차 밖에 매달리기도 한다)'가 열렬하게 손님을 끌었고, 쿵쿵 소리를 내는 디젤 발동기는 사람의 마음을 불편하게 했다. 작은 강이 있었으나 장사꾼들에게는 돌아볼 겨를이 없는 풍경이었다. 오후 허기를 느낄 때가 되어 비로소 목적지에 도착했다. 창난에는 방직기가 1만 대를 넘었고, 종업원은 6만 7천 명에 달했다. 네 곳의 전문 향鄕, 58곳의 전문 촌, 일곱 개의 전문 시장이 있었고, 매년 이 지역으로 들어오는 합성 양모는 1만 7천 톤에 달했다. 어떤 사람이 계산하기로, 화물칸 1대에 20톤을 싣는다고 할 때 모두 850대의 화물차가 필요했다.

이처럼 거대한 양의 원료, 게다가 매년 1천만 벌이 넘는 재생 아크릴 섬유 의복이 이처럼 교통이 매우 불편한 지방에서 구입되어 판매되어 나갔다. 그러나 경영자는 결코 이전할 생각을 하지 않았는데, 이는 훗날 사람들이 보기에 매우 이해하기 어려운 현상이었다. 장런서우张仁壽라는 한 원저우 연구가는 일찍이 '변경 효과'로 이를 해석했다.

원저우의 10대 시장은 대부분 수륙 교통이 불편한 지역에 있었는데, 이는 이곳에서는 좌익 사상이 상대적으로 약했고, 계획경제의 구속이 상대적으로 적었기 때문이다. 그렇지 않았다면 이러한 시장들은 번성하기도 전에 바로 금지되었을 것이다. 중국의 개혁 경험은 구체제에 대한 첫 돌파가 종종 구체제가 허술한 지방에서 발생했음을 증명하고 있다.

이러한 견해는 가히 정곡을 찌르고 있다고 할 수 있다. 이로부터 당시 원저우 상인들의 위태로운 처지를 증명할 수 있고, 이 개혁 선구자들의 교활함과 괴로움은 대체로 여기에 원인이 있었음을 알 수 있다.[3]

1983년 말 원저우의 전문 시장은 중앙의 고위층의 주목을 받았다. 11월 29일 전국농촌업무회의에서 부총리 완리는 창난의 재생방직업에 대해 크게 칭찬하면서 모인 사람들 모두에게 견학할 것을 제안했다. 그의 발언이 원저우에 전해지자 현지 관료들은 이러한 사실을 사방으로 알렸고, 마침내 1년 전 '8대왕 사건'으로 드리워진 먹구름은 조금씩 걷히게 되었다.

유통 영역에서의 이러한 변혁은 당시의 중국 대륙에서는 매우 드문 일이었다. 하지만 아무리 활발했다고 해도 계획경제에 혁명적인 충격을 줄 수 있는 정도는 아니었다. 상품 공급 부족에 대해 정책결정권자들은 국영기업의 병증이 주로 관리의 경직과 저효율, 즉 내부에 있다고 여전히 생각하고 있었다. 그래서 모든 주의력과 정책 입안 노력은 이 분야에 집중되었다.

당시 국영기업들은 중국의 거의 모든 자산과 핵심 인재를 보유하고 있었고, 그들이 중국의 점진적 개혁의 주역이었다. 어떤 의미에서 그들의 성장 형태와 개혁 과정이 중국 개혁의 성질과 운명을 결정했다고 할 수 있다. 당시 전 세계 사회주의 국가는 국영산업 개혁이라는 난제에 직면해 있었다. 헝가리의 경제학자 코르나이

---

3) 원저우에서의 사영기업의 형성과 대비되는 것은 중국 최대의 상업 도시인 상하이이다. 그곳은 계획경제의 색채가 가장 짙었고 정부의 관리와 통제가 가장 엄중한 도시였다. 1990년대 초까지 상하이의 사영기업은 여전히 성장할 기력이 없었다. 1992년 1월 18일 자 『중화공상시보』에 따르면 1991년 상하이시 당국은 287호 문건을 하달해 상하이 사영기업의 제품은 "일률적으로 난징로나 화이하이로의 대형 상점에 들어가서는 안 된다"고 명확하게 규정하고 있다. 이 시의 2,195개의 사영기업은 한 곳도 외국회사와의 합자 비준을 얻지 못했는데, 이유는 "상하이에 일찍이 선례가 없다"는 것이었다. 상하이에 있는 은행에는 "사영기업에는 예외 없이 대출하지 않는다"는 규정이 있었고, 신용회사도 유가증권으로 담보하거나 혹은 실력 있는 국영기업을 담보로 해야 돈을 빌릴 수 있었고, 액수도 3,000위안 이하였다.

Janos Kornai는 2년 전 출판한 『결핍 경제학』에서 국영기업의 운영 모델과 특징을 이론적으로 해부해 사회주의 국가에 보편적으로 존재하는 기업 효율성 저하와 상품 부족 현상에 대해 근원이 '정책 오류'에 있지 않고, 기업의 예산 제약에 따른 사회경제관계 및 제도적 조건에 있음을 지적했다. 이는 대단히 치명적인 판단으로 현재의 사회 제도의 조건을 바꾸어야만 비로소 국영기업이 활력을 찾을 수 있을 뿐만 아니라 중앙의 정책 조정이나 기업 내부 관리의 변혁에 대해 희망을 가질 수 있음을 암시했다. 이러한 사고는 동구와 소련에서 강렬한 반향을 불러일으켰고, 결국 이들 국가가 급진적인 충격요법을 선택하도록 하는 이론적 근거가 되었다. 중국에서는 코르나이의 이론이 아주 일찍부터 전해졌으나 그의 결론이 확실한 인정을 받을 방법은 없었다. 그러나 그의 비균형 이론과 분석 방법은 중국의 경제학자들을 제대로 계몽시켰다.

최초의 국영기업 개혁은 만약 이익 분배에 대한 명확한 경계가 없다면 설령 기업의 생산 효율성이 잠시 나타난다 하더라도 국영기업과 상급 행정 주관 부문의 모순은 완화되지 않을 뿐만 아니라 시간이 흐를수록 더욱 격렬해질 가능성이 크다는 사실을 말해주고 있었다. 서우두강철과 베이징시 재정국 사이에 일어난 것과 같은 분쟁이 전국 각지에서 계속해서 일어났다. 예산의 구속력 결핍으로 인해 기업의 투자 충동이 맹목적으로 팽창했고, 과거 몇 년 동안 기초 건설과 계획 외 프로젝트는 갈수록 확대되어 통제하기 어려운 지경에까지 이르렀다. 이는 바로 투자 결과에 대해 책임을 지는 사람이 없이 먼저 파이를 키우고 나누는 것은 나중에 이야기하자고 하면서, 어떻게 사업을 수습할까라는 문제에 이르면 그것을 '국가의 문제'로 치부했기 때문이다. 이러한 문제점을 해결하기 위해 중앙 정부는 세제 개혁부터 손을 쓰기로 결정했다.

6월 국무원은 재정부에 〈국영기업의 '이윤 세금전환 정책'에 대한 시행 방법〉을 전달해 오랫동안 집행되어온 이윤 상납 방식을 비율에 따른 납세제로 고치는 것에 동의했다. 이익을 창출하고 있던 중대형 국영기업은 55%의 세율에 근거해서 소득세를 납부하면 되었다. 소형 국영기업은 8단계의 목표 초과액 누진세를 시행하도록 했고, 소득세 납부 후 기업 스스로 손익을 책임지도록 했다.

'이윤 세금전환 정책'은 국영기업을 현대식 기업 관리 제도로 개혁하는 첫 번째 중요한 조치였다. 이를 통해 기업은 모든 것을 다 부담하는 '부모식 사랑'으로부터 해방되었다. 비록 이러한 '해방'이 막 시작되었지만 '부모의 소득'은 여전히 문제로 대두되었다. 이후 집행된 정황으로 보건대 '이윤 세금전환 정책'은 객관적으로 기업의 적극성을 유발시켰고, 부분적으로 기업과 주관 부문의 긴장 관계를 완화시켰지만 잠복된 문제는 여전히 많았다. 가령 세종이 지나치게 단일해 세수를 지렛대로 경제를 조절하기가 어려웠고, 세후 이윤의 분배가 복잡했으며, 임의성 등의 문제가 존재했던 것이다. 더욱 중요한 것은 기업에 위험과 손실이 발생했을 때 책임 규정에 대해 언급하지 않았다는 점이다. 국영 경제는 여전히 '철밥통'이었고, '이윤 세금전환 정책'은 단지 부분적으로만 기업과 주관 부문 사이의 밥그릇 싸움을 해결했을 뿐이다.

세제 개혁과 동시에 중앙 정부는 조심스럽게 몇 가지 다른 분야에 대한 조정과 개방을 시험했다.

먼저, 기업의 규모에 근거해 '좋은 과일은 수확하고, 썩은 과일은 내버리는' 정책을 시도했다. 1983년부터 중앙의 투자로 만든 중대형 기업의 수입은 모두 중앙에 귀속시켰고, 중앙과 지방의 공동 투자로 만든 중대형 기업의 수입은 비율에 따라 분배했다. 중소기업, 특히 현에서 만든 기업에 대한 손실은 기존의 중앙 80%, 지방 20% 부담 규정을 수정해 중앙과 지방이 각각 절반씩 부담하도록 했다. 이러한 수입 구분과 '손실 부담 이관'은 중앙 정부 입장에서는 '무거운 짐을 떼어놓는' 방법이었지만 객관적으로는 이후 수많은 손실 기업의 혁신과 개혁을 위한 생각지도 않은 공간을 미리 남겨놓은 것이었다.

다음은 대외 개방 분야에서도 점진적으로 제한의 완화를 시도했다. 몇 년 동안 중국 정부는 외자 유치 방면에서 줄곧 사람들을 실망시켰다. 『월스트리트저널 아시아』가 밝힌 자료에 따르면 1980년과 1981년 중국은 각각 20개의 합자회사를 만들었는데, 1982년은 단지 여덟 개에 불과했다. 6월 『이코노미스트』는 딱딱한 말투로 중국의 외자 유치 업무를 비판했다. 「형식적인 중외합자기업」이라는 제목의 글에는 이렇게 적혀 있었다.

중국의 합자기업법은 실패했다. 1979년에 공표된 이래 중국은 150개의 합자기업을 비준해 2억 달러의 외자를 유치했다. 작년에는 열 개도 안 되는 신규 프로젝트를 계약했는데, 대다수 합자기업은 사진관 등 소규모 프로젝트에 머물러 있고, 현대화의 진전에도 별 도움이 되지 못했다.

이러한 목소리의 근거로 『이코노미스트』는 2억 달러라는 투자·유치 성적은 3년 전에 제기된 '5년 내 100억 달러 투자 유치'라는 목표와 실제로 너무 차이가 많이 난다는 사실을 제시했다.

9월 오랫동안 나오지 않던 〈중외합자경영기업법 실시 조례〉가 마침내 공표되었다. 이것은 외자기업의 중국 내 합자 및 경영 활동에 대해 명확하게 규정했고, 이러한 진보적이고 적극적인 자세는 국제 사회의 환영을 받았다. 미국의 3M은 이러한 변화를 가장 먼저 느낀 외자기업 중의 하나였다. 3M은 전액 출자로 생산절연체 제조공장 설립을 희망하면서 합자를 하지 않고, 기술을 이전하지 않으며, 수출을 하지 않는다는 '3불 원칙'을 제시했는데, 1년 전만 하더라도 중국에서는 근본적으로 실행될 수 없던 내용들이었다. 그러나 협상을 진행한 상하이투자신탁공사는 바로 거절하지 않고, 한 개 프로젝트를 먼저 진행하면서 중앙이 외국 기업 단일 소유제를 허가하면 주주권을 양도하는 것이 어떠냐고 완곡하게 제안했다.

분명 국가는 개혁의 발걸음이 더욱 빨라지길 희망했다. 2년 전에 시작된 '치리정돈'으로 경제 과열이 억제되기는 했지만 개혁에 대한 각지의 적극성에 상처를 안겨주기도 했다. 1983년 가을에 전국의 민심을 진작시키고, 개혁에 대한 열정을 환기시켜 여론의 중심을 다시 발전의 주축으로 되돌려놓는 일이 위정자의 최대 과제가 되었다. 이러한 배경 하에 저쟝 북부의 작은 현에 있는 재봉사 출신의 한 공장장이 집중 조명을 받게 되었다.

11월 16일 저쟝성 하이옌海鹽현의 셔츠 공장의 공장장 부신성步鑫生은 아침에 출근해서 신문을 펼쳐들다 신문 1면에서 불쑥 자기 이름을 보고 갑자기 얼굴이 상기되면서 눈꺼풀이 떨리는 것을 느꼈다. 「독창성을 가진 공장장 '부신성'」이라는 제목의 장편기사는 그날 모든 당 기관지 1면을 장식했다. 마음의 준비가 전혀 없던 상황에서 부신성은 그해 가장 눈부신 기업 영웅이 되었다.

지난 여름 퉁바오건(童寶根)이라는 신화사 기자가 하이옌현 우위안(武原)진을 방문한 적이 있었는데, 부신성은 그를 매우 조심스럽게 대접했다. 이 기자는 이틀 동안 공장을 둘러보면서 몇몇 사람을 취재했다. 하이옌현에서 부신성은 그다지 상부의 환영을 받는 사람이 아니었다. 그는 3년 전 공장장이 된 후 공장에서 자기 생각대로 개혁을 시행했다. 열심히 일하지 않는 몇몇 노동자의 월급을 삭감했고, 심지어는 두 명을 해고하기도 했다. 그는 공장에서 인센티브 제도를 시행해 '철 밥그릇'과 '철밥통'을 타파했고, '위로는 상한선을 두지 않고, 아래로는 하한선을 두지 않는' 사고를 견지했다. 그러나 이러한 행동은 나이든 노동자들의 불만을 사게 되었고, 이들이 고발장을 현이나 성에 보내면서 불편한 나날이 계속되고 있었다. 그의 철저한 관리로 말미암아 공장의 수익은 괜찮았고, 생산된 셔츠의 종류와 디자인도 다양해서 상하이와 항저우 같은 도시에서 환영받았다. 퉁바오건이 떠난 후 별다른 반향이 없었고, 부신성도 그다지 마음에 두지 않았다.

퉁바오건은 항저우로 돌아온 후 부신성이라는 사람에 대해 흥미를 느끼고 「독창성을 가진 공장장 '부신성'」이라는 글을 쓰기에 이르렀다. 그는 이 기사에 대해 자신이 없어 단지 내부참고용(이는 신화사의 독특한 뉴스 형태로, 공개적으로 발표되지 않고 단지 중앙 지도사의 내무 참고용으로 제공되는 기사 양식이다)으로 시험 삼아 올렸다. 11월 6일 총서기 후야오방이 무더기로 쌓여 있던 참고자료 중에서 이 기사를 보게 되었고, 부신성의 경험으로부터 대기업의 고위간부들이 교훈을 얻을 수 있다는 소견을 써낼 줄은 결코 생각지 못했다. 10일 후 신화사는 퉁바오건의 원고를 신문사에 하달했고, 후야오방의 소견도 '편집자 의견'이라는 방식으로 함께 발송되었다.

사람들이 재미있어 한 것은 퉁바오건의 기사와 후야오방의 소견이 부신성을 단번에 전국의 본보기로 만들지 못했다는 점이다. 아마도 사람들이 '편집자의 소견'의 배경에 대해 이해하지 못했기 때문이었을 것이다. 12월 『저장공인보』가 「우리에게는 어떤 독창성이 필요한가?」라는 적대적인 기사를 게재해 부신성의 독단적 행동을 비난하고, 노동조합장 자리에서 제명시키고, 발행부수가 백만 부가 넘는 상하이의 『간행물발췌報刊文摘』라는 잡지가 이 기사를 전재하면서 처음으로 부신성은 논란의 중심에 선 기업가가 되었다. 곧바로 공동조사팀이 하이옌현에 파견되었다. 조사 결과 부신성은 결점과 약점을 동시에 가진 개혁가로 마치 소련 내전기의 적군赤軍 장교인 차파예프 같은 사람으로 여겨졌다. 차파예프는 성질이 사납고 작은 잘못을 계속 저질렀지만 용맹하고 싸움을 잘하는 사람으로, 그의 개인사를 주제로 한 영화〈차파예프〉가 중국에서 방영된 후 중국 관객들의 많은 환영을 받았던 인물이다. 후야오방은 조사팀의 보고서에 이러한 살아 있는 본보기를 잘 활용해 경제 건설과 당정 업무에 잘 활용하자는 소견을 달았다. 부신성에 대한 논쟁은 후야오방의 말 한마디로 일단락되었다. 1984년 2월 신화사는 저장성위원회가 부신성의 개혁 정신을 지지한다는 보도를 내보냈고, 또 중국공산당 중앙당정업무지도위원회도 천 자가 넘는 장편의 논평을 함께 내보냈다.

　부신성이 본보기로 선정된 것은 아주 우연적인 요소가 있었지만 마치 필연성이 있는 듯이 보였다. 당시 강력한 행정 수단을 통해 경제 과열 현상이 이미 통제되고 있었고, '치리정돈'도 마무리 단계에 있었기 때문에 덩샤오핑 등의 입장에서는 다시 발전 열차의 시동을 걸어 개혁 열정을 회복시키는 것이 급선무였다. 그런데 대형 국유기업 중 확실하게 설득력 있는 '학습 본보기'를 찾기가 어려웠고, 상대적으로 조정과 통제의 영향을 비교적 덜 받은 중소 국영기업이나 집체기업, 특히 일용품 시장과 비교적 밀접하게 관련되어 있고, 효익이 그다지 큰 영향을 받지 않았던 기업들이 오히려 장점이 있었다. 이러한 상황에서 기업 규모가 그다지 크지 않은 셔츠 공장과 조금은 결점이 있는 경영자가 뜻밖에도 두각을 나타내게 된 것이었다. 두 차례에 걸친 신화사의 대대적인 보도와 중앙당정위원회의 논평이 나온 후 전국의 언론들이 움직이기 시작했고, 이렇게 해서 '부신성 붐'이 일어나게 되었다. 신화사 한 곳에서 한 달 동안 27편의 보도를 내보냈는데, 모두 합치면 3만 4천 자에 달했다. 전국 각지에서 참관단이나 시찰단들이 하이옌현에 물밀듯이 몰려왔고, 중앙의 각 기관과 지방 정부들은 계속해서 부신성을 초청해 보고회를 가졌다. 그는 전국 정협의 '특별 초청위원'으로 선정되었고, 그가 사용한 재단용 가위는 중국역사박물관에 기증되었다.

　일부 신문기자들의 도움으로 부신성은 재빨리 입에 딱 달라붙는 '개혁 구호'를 만들어냈다. 분배 원칙은 '매일 계산 월말 결산, 초과 달성 장려 보상, 손실 초래 손실 배상, 우수 장려 열등 처벌', 생산 방침은 '남들이 없으면 나는 있고, 남들이 있으면 나는 창조하고, 남들이 따라오면 나는 전환한다', 관리 사상은 '긴장된 생산, 엄격한 관리', 경영 방침은 '브랜드에 의지하는 생존은 계승되고, 인맥에 의한 생존은 붕괴된다', '누가 나의 브랜드를 파괴하면, 나는 그의 밥그릇을 깨부순다', '관리가 엄격하지 않으면 안정되고 견실한 기업을 만들 수 없고, 결국은 공장이 무너지며 모두가 해를 입게 된다'였다. 이처럼 소박하고 암송하기 쉬운 개혁 구호는 신속하게 전국으로 퍼져나가 수많은 기업들이 공장에 내건 표어나 기업 정신이 되었다. 부신성의 이러한 사고방식은 맨손으로 일어선 수많은 민영기업가들에게 가장 생동감 있는 계몽 과목으로 여겨졌다. 이후 이 시기에 창업한 많은 기업가들은 부신성의 개혁 구호에 의해 처음으로 시장과 비즈니스 문화의 세례를 받았음을 인정했다.

　'부신성 신화'가 점차 커지면서 그는 관리 전문가이자, 경영의 대가가 되었다. AP통신 기자는 1984년 5월 20일 자의 한 기사에서 이를 생동감 있게 이렇게 묘사하고 있다.

　　그의 노동자들이 그를 죽인다고 위협했고, 그의 처자는 지나치게 걱정한 탓에 병이 나 정신병원에 입원하게 되었다. 그러나 저쟝 하이옌의 셔츠 공장의 공장장 부신성은 압력을 견뎌내면서 중국의 개혁의 물결 속의 군계일학이 되었다. 이 52세의 재봉사는 어제 서양 기자와 회견할 때 '철밥통' 평균주의와의 전투 경과를 설명했다.

　이렇게 사람들이 추앙하는 위대하고 용감한 이미지는 두말할 것도 없이 당시의 거듭된 기대와 외침에서 나온 것으로, 그것이 부신성의 진면목인지 아닌지는 그다지 중요하지 않았다.

　샤오산의 루관츄는 훗날 그가 하이옌에 가서 시찰한 상황을 선명하게 기억하고 있었다.

하이옌의 우위안진으로 통하는 길 위에는 차들이 줄을 이었고, '참관 학습'하러 가는 사람들로 북적거렸다. 당시 부신성의 위세는 너무 대단해서 소문에는 국장급 간부조차도 그를 한 번 만나기가 어렵다고 했다. 우리의 승합차가 공장으로 들어가려하자 경비가 막아서면서 '공장장님은 오늘 매우 바쁘십니다. 다음에 다시 오시죠'라고 말했다. 우여곡절 끝에 그는 우리 차가 공장을 한 바퀴 도는 것에 동의했고, 이것으로 학습한 셈으로 치려고 했다. 그런데 공장 안에서 우연히 전부터 잘 알고 지내던 『절강일보』 기자를 만나 그의 안내로 부신성을 만날 수 있었다. 그는 말하는 데 있어서 아주 생동감 있고 비유를 아주 잘 썼다. 15분을 이야기한 후 우리는 바로 물러났는데, 뒤에는 다른 한 팀이 들어오고 있었다.

'부신성 붐'은 1983년 말에서 1984년 초에 출현해 오랫동안 음울했던 국내의 개혁 분위기를 일시에 날려버렸다. 중앙의 정책도 '조정, 개혁, 정돈, 제고' 방침에서 조용히 '개혁, 개척, 창조'라는 새로운 표현으로 바뀌고 있었다. 부신성에 대한 학습운동 중에 기업 자주권 확대, 공장장 책임제 추진, '철밥통' 타파 등 그동안 방치되어온 개혁 이념이 다시 주선율을 이루게 되었다.

1983년, 이 시기의 중국을 세계를 배경으로 놓고 본다면 비록 개혁을 시작한지 6년이 지났지만 중국은 여전히 세계의 중심 무대에서 멀리 떨어져 있었다.

일본은 여전히 세계 경제의 주연이었다. 훗날 『제5경영The Fifth Discipline』을 쓴 관리학자 센게Peter M. Senge는 포드자동차에 대한 조사연구를 진행하면서 놀라운 사실을 발견했다. 일본의 기업들이 포드의 시장을 잠식하고 있었음에도 불구하고 포드의 경영진은 여전히 패배한 원인을 '일본의 값싼 노동력'으로 생각하고 있는 사실을 발견한 것이다. 하지만 센게가 보기에 일본 자동차의 최대 혁신은 '절약형 생산Lean Production'과 '제로 인벤토리'였다. 가빈David. A. Garvin은 『하버드 비즈니스리뷰』에 발표한 「위험에 처한 품질」에서 이러한 결론을 실증했다. 그는 이 논문에서 하나의 놀라운 데이터를 제시했다. 그는 미국과 일본의 모든 에어컨 생산업체에 대한 연구를 근거로 일본 기업의 조립라인의 평균 불량률이 미국회사보다 70배 낮고, 고장률이 가장 높은 일본 기업의 고장률이 가장 우수한 미국 제조업체 고장률의 절반보다 낮은 사실을 발견했다. 무단결근 방면에서도 미국 기업들의 평균은 3.1%인데 일본 기업은 0%였다. 분명 일본의 굴기는 우연한 원인이 아니라 제조라인에서의 엄격함과 가혹함의 결과였던 것이다. 가빈과 다른 많은 경제학자들의 연구에서 보건대 미국이 품질, 현장 관리 및 원가 방면에서 일본을 이기는 것은 거의 불가능한 일이었고, 가장 잘해야 무승부였다. 이는 사람들을 절망시키는 결론이었다. 미국의 기업가들은 이러한 절망에 휩싸여 많은 해를 보냈고, 7년이 지난 후에야 정보 산업에서 다시 한 번 자신감과 우위를 찾게 된다.

타이완 기업들은 사람들이 부러워할 만한 전환을 시작했다. 왕융칭王永慶은 공장에서 컴퓨터화 작업을 시도해 생산 효율성을 크게 높였고, 이로 인해 타이완에서도 산업 자동화가 싹을 틔우기 시작했다. 궈타이밍郭台銘이라는 전문학교 학생은 1년 전 훙하이鴻海정밀공업유한공사를 설립해 전자산업을 새롭게 '정의'했다. 그는 훗날 회고록에서 이렇게 쓰고 있다.

세계의 전자업자들이 모두 컴퓨터업종을 신기술 산업이라고 칭하던 시기에 나는 그것의 대규모 제조 능력은 몰드 기술에서 체현될 것이라고 생각했다.

성숙된 금형 기술에 기대어 훙하이는 신속하게 커넥터 영역을 깊이 파고들었고, 22년 후 훙하이는 세계적인 컴퓨터 부품 생산업체가 되었다. 전 세계의 컴퓨터 5대 중 한 대는 훙하이의 부품을 썼고, 궈타이밍도 이로 인해 타이완의 거부가 되었다.

전 세계 경제계에서 유일하게 눈여겨본 중국인은 왕안王安이라는 화교 기업가였다. 그는 1983년 미국의 비즈니스 영웅이 되었다. 1949년 왕안은 세계 최초로 '자기 코어메모리'를 발명하고는 몇 년 후 '왕 연구소'를 설립했다. 이때부터 IBM을 대체해 컴퓨터 영역의 선두주자가 되었고, 1983년에 이르러 왕안의 매출액은 15억 달러로 급증해 미국 7위의 컴퓨터 기업이 되었다. 『포브스』의 부자 리스트에서 그의 재산은 20억 달러에 달했고, 전 세계 5위의 중국인 갑부가 되었다. 한참 후 빌 게이츠는 "만약 왕안이 두 번째 전략을 완성했다면 아마도 오늘날의 마이크로소프트는 없었을 것이고, 나는 아마 어느 지역에서 수학자나 변호사가 되었을 것"이라고 말한 적이 있다. 왕안은 세계적인 의미에서 최초의 중국계 기업가였다. 그러나 그는 또한 보수적인 동양 사람으로 워싱턴과 미국의 기업 제도를 믿지 않았다. 그는 "내가 투자 개방을 주장하지 않은 것은 내가 회사의 창업자였기 때문이고, 나는 내 회사의 완전한 통제권을 가지면서 내 자녀가 회사를 경영할 능력이 있는지 증명할 기회를 주려 했다"고 말했다. 동시에 그는 PC에 대한 애플의 노력이 일고의 가치도 없다고 생각했고, 개인용 컴퓨터를 만드는 것을 '들어본 적도 없는 황당무계한 일'로 여겼다. 2년 후 그는 이 말 때문에 대가를 치러야 했다. IBM과 애플의 개인용 컴퓨터가 세상을 풍미하기 시작했고, 왕안의 회사는 1985년 적자가 나고 말았다. 그는 『교훈』이라는 자서전을 출판했는데, 1990년 세상을 떠날 때 왕안의 회사는 이미 언급할 가치도 없게 되어버렸다.

1983년은 이러한 해였다. 계획경제의 갑문이 열리고 민간의 역량은 땅에서 솟아나는 작은 개울처럼 사방을 돌아다니고 있었고, 치부에 대한 갈망은 날로 전 국민 모두의 바람이 되었다. 하지만 사람들이 불안해 한 것은 비록 거의 모든 사람이 개혁이 유일한 출구임을 이해하고 있었지만 어느 한 사람도 미래의 중국과 우리의 생활이 어떤 모양으로 변할 지를 알지 못했다는 사실이다.

5월 중국 최고의 연극단인 베이징인민예술극단은 아서 밀러Arthur Asher Miller가 1949년에 쓴 『어느 세일즈맨의 죽음』을 무대에 올렸다. 이는 문화혁명 후 중국 최초로 상연된 외국 연극이었다. 잉루어청英若誠이 연기한 주인공 윌리 로만Willy Loman은 매일 두 개의 커다란 샘플 상자를 들고 사방을 돌아다니는 영업사원이었다. 그는 이미 50세가 넘어 피로로 녹초가 되었고, 또 대출금의 압박으로 쉬지도 못했다. 황금시대는 이미 지났고, 그가 직면한 것은 실업, 스트레스와 실패한 인생이었다. 마지막으로 로만은 쓸쓸하게 자신의 생명을 끝낸다.

1983년 중국의 관객들은 아마도 아서 밀러가 가져온 예술적 향수를 느낄 수 있었을 것이다. 그러나 진심으로 인물의 내면의 갈등을 절실하게 이해할 수 있는 여지는 없었다. 몇 년 후 비즈니스의 유령이 중국 사회의 모든 세포 하나하나에 침투한 시기에 사람들은 비로소 진정 윌리 로만 식의 처량함을 몸소 느낄 수 있게 된다.

|기업사 인물|

재봉사 신화

 1983년은 '부신성의 해'라고 해도 지나치지 않았다. 1978년 이래 30년 동안 부신성만큼 널리 선전되고 그보다 더 나은 대우를 받은 사람은 아무도 없었다. 천하를 뒤덮은 기세는 사람들로 하여금 그에 대한 선전을 한창 때의 쟈오위루焦裕祿⁴ʾ나 레이펑雷鋒⁵ʾ에 대한 선전과 비교하도록 했다. 하지만 이 세 사람의 차이는, 쟈오위루나 레이펑 두 사람에 대한 학습 운동은 사후에 시작되어 잘못을 범할 수가 없었지만 부신성은 그렇지 않았던 점에 있다.

 1980년대 초의 정치적 분위기 속에서 어떤 사람이 중앙에 의해 모범으로 지정된 후 곧바로 우상화되기는 아주 쉬웠다. 본래 고집스럽고 정치적 훈련이 부족한 부신성은 이러한 열기 속에서 곧 자신을 잃어버렸다. 그는 영웅처럼 전국 각지를 순회하며 강연을 했고, 꽃다발과 박수소리 속에서 자신도 잘 알지 못하는 이야기를 하기 시작했다. 그는 군대에서는 군사 개혁에 대해, 문예계에서는 문예 개혁에 대해 이야기했으며, 경제학자들에게는 개혁의 대세에 대해 이야기했다. 이념으로 경직된 체제에서 이제 막 깨어난 국가에서 사람들은 상부에서 제공하는 학습의 본보기에 익숙했는데, 그 결과 그는 종종 무소부지, 무소불능의 인격과 지혜를 갖춘 완벽한 '가오다취안高大全〔문혁기간 사용된 완벽한 인물에 대한 표현〕'이 되었다. 불행히도 부신성은 이러한 우상의 함정에 빠져들었다.

---

4) 1995년에는 가난한 산골 마을인 장카오현姜考縣 서기인 쟈오위루와 뺜위안邊遠 지구 아리阿里의 서기인 쿵판선孔繁森이 멸사봉공의 공무원으로 추앙받았다.
5) 레이펑雷鋒(1940~1962년)은 중국 인민해방군의 모범 병사로 사후 마오쩌둥 등 공산당 지도자들의 말을 인용한 일기가 발견되었다. 그는 이상적 군인상으로 널리 선전되기 시작해 1963년 3월 5일에는 마오쩌둥이 직접 '레이펑 동지에게 배우라向雷鋒同志学習' 운동을 지시하게 이른다. 이 슬로건은 문화대혁명 기간 중 각종 신문이나 교과서에 수없이 인용되며 우상으로 떠받들어졌다.

기왕에 '신화'가 된 마당에 상부에서는 당연히 그가 계속 빛을 발해 끊임없이 전 인민이 학습할 경험을 제공하길 바랐다. 셔츠 공장은 원래 디자인과 스타일로 승부를 보는 곳인데, 이러한 우세를 견고하게 하는 것은 매우 어려웠다. 그리하여 고위층과 전문가들의 계획 하에 '부신성 복장 생산 트러스트'라는 새로운 생각이 자연스럽게 생겨났다. 재봉사 출신의 부신성은 당연히 '트러스트'라는 단어를 들어본 적이 없었지만 운 좋게도 고위층의 부채질이 있어서 곧바로 전문가들의 건의 하에 새로 양복공장과 날염공장을 세워 옷감, 셔츠, 양복, 넥타이를 일괄 생산할 것을 제안했다. 그의 아이디어는 바로 상부의 열렬한 지지를 얻었다. 당시 부신성에 대한 지지는 바로 개혁에 대한 지지였고, 아무도 이를 소홀히 하지 않았다. 그의 프로젝트는 타당성 검토를 거치지 않은 채 바로 비준을 받았다. 또한 처음 시작할 때는 연간 생산량 8만 벌이던 규모가 30만 벌로 증가한 것은 분명 눈부신 본보기에 대한 후광이 부신성으로 하여금 다른 사람들은 근본적으로 기대할 수도 없는 발전의 기회를 얻게 한 것이라 할 수 있었다. 하지만 그는 이를 어떻게 관리할 줄 몰랐다. 훗날 가진 인터뷰에서 그는 "당시 저는 잘못된 생각을 갖고 있었는데, 이왕에 당 중앙이 나를 본보기로 만들려고 한다면 분명 나를 무너뜨리지 않을 테니 못할 일이 뭐가 있겠는가라고 생각했습니다"라고 말했다.

이러한 생각은 이후 2년 동안 부신성을 갈수록 현실에서 멀어지도록 만들었다. 한 번은 그가 보고하러 외지로 나갔을 때 한 건축 하도급업체가 양복 작업장 건축 하도급을 요청하자 흔쾌히 승낙했다. 공장의 조수가 그의 자질에 의문을 제기하자 "당신이 책임지나 아니면 내가 책임지나?"며 벌컥 화를 냈다. 그러나 이 하청업체는 진짜 사기꾼이었고, 작업장을 2층까지 지었을 때 품질 문제가 발생해 부득불 부수고 다시 지어야 했다. 또 한 번은 상하이 교외의 한 넥타이공장이 자신을 고문으로 위촉하자 감개무량해 이 공장의 '곤란'을 해결하기 위해 13만 개의 넥타이의 매입을 허락했다. 그러나 당시 그의 공장에도 10만 개가 넘는 넥타이가 쌓여 있었다. 1년 후 그가 지불할 능력이 없게 되자 상대방은 하이옌의 셔츠공장을 법원에 고소했고, 결국 대형 트럭으로 현물 상환해야 했다.

하이옌의 셔츠공장은 1985년에 이르자 더 이상 운영하기 힘들게 되었다. 양복

공장 프로젝트도 오랫동안 미루어지기만 한 채 진행되지 않았고, 원래부터 결단력과 소통 능력이 부족한 부신성은 속수무책이었다. 상부에서도 마땅한 해결책을 찾지 못했다. 개혁의 본보기와 시장 사이의 균열은 갈수록 커졌다. 1987년이 되자 공장은 444만 위안의 손실을 기록했는데, 이는 현급의 작은 공장 입장에서는 이미 천문학적 숫자였다. 부신성은 저쟝대학으로 보내져 기업 관리를 공부하게 되었고, 성에서는 공장의 모든 세금을 면제해주었다. 하지만 발걸음이 이미 흐트러진 부신성은 이때 어떠한 전략적인 모습도 보여주지 못했다. 양복 공장 프로젝트가 아직 결말이 나지 않은 상황에서 그는 갑자기 청바지원단공장 건설을 제안하면서 밖에서 7위안에 가공할 수 있다면 자신은 3위안이면 된다고 주장했다. 그는 또 레이저 복사가 유행한다는 이야기를 듣고는 복사업체를 차렸지만 수익은 전무했다. 막다른 골목에 이르렀을 즈음 그는 또 하나의 기발한 아이디어를 생각해냈다. 그는 우위안진 주민이라면 누구라도 1,000위안만 내면 바로 공장에 취직할 수 있다고 발표해 정말 적지 않은 돈을 모았다. 그러나 생산된 양복의 판로에 문제가 생겨 어쩔 수 없이 현장에서 할인 가격으로 팔 수밖에 없게 되었다. 이로 인해 마을의 '차 마시는 노인, 낚시꾼과 돼지 잡는 사람들'까지 부신성이 만든 양복을 입고 다니게 되었다. 1987년 11월 하이옌 셔츠 공장의 부채는 1,014만 위안에 달했고, 손실은 269만 위안이었지만 공장의 자산 총액은 1,007만 위안에 불과했다. 부채가 자산을 넘어섰고, 공장은 실질적인 파산 상태에 빠졌다. 1988년 1월 저쟝성의 조사팀이 파견되어 직원들에 대한 민의 조사를 진행했는데, 96%의 직원들이 부신성의 직무 수행을 반대했다. 1월 15일 그는 공장장 직무에서 면직되었다.

    이는 다시 한 번 센세이션을 일으킨 뉴스가 되었다. 부신성을 전 중국에 알렸던 신화사 기자 퉁바오건은 다시「부신성 흥망록」을 발표해 그를 다방면에서 해부했다. 재미있는 사실은 줄곧 신화사와 보조를 맞추었던『인민일보』가 이번에는 반론을 제기하면서「일인의 흥망, 대중 평가」를 발표해 부신성의 면직과 관련된 보도를 비난했다. 곧바로 이러한 논쟁은 '개혁의 본보기'에 대한 반성으로 이어졌고, 부신성의 흥망은 이처럼 전형을 만드는 정치적 수법이 근본적으로 시장의 요구에 맞지 않고, '본보기' 자신도 이상하게 변해 위정자들을 난처하게 만든 사실을 똑똑히 보여주었다. 이후 본보기 기업가에 대한 홍보 부문의 선전은 아주 조심스러워지기 시작했는데, 이는 오히려 '부신성 신화'가 남긴 의외의 유산이라 할 수 있다.

면직된 후 부신성은 헌신짝처럼 버려졌다. 그는 저쟝성을 떠나 베이징에서 3개월간 공장을 경영하기도 했지만 뜻을 이루지 못했고, 랴오닝성을 떠돌다가 러시아로 간 적도 있었다. 그는 곧 사람들의 기억 속에서 사라지기 시작했다. 1990년 7월 셔츠 공장을 견학한 적이 있었고 부신성과 상당한 친분이 있던 루관츄는 부신성이 홀로 외로이 베이징에 살고 있다는 이야기를 전해 듣고는 편지를 썼다. "일이 이미 이 지경에 이르렀는데, 병은 의사가 치료하고 일은 사람이 하는 것입니다. 하늘이 애석하게 여기니 너무 심려 마시길 바랍니다. 시간을 내어 남쪽으로 한 번 오시길 바랍니다." 9월, 병원에서 발행한 영수증을 가슴에 품고 부신성은 샤오산으로 갔다. 그는 10살이나 더 어린 루관츄에게 처량하게 이렇게 말했다. "우리는 공장을 열어 밥을 먹고 살았습니다. 이 일을 떠나면 정말 아무런 가치도 없습니다." 루관츄는 훗날 이 한마디 말이 비수처럼 자신의 잠재된 의식을 도려냈다고 말했다. 이후 2여 년 동안 루관츄는 매달 부신성에게 500위안의 생활비를 보내주었다.

1993년 60세의 부신성은 장빈張斌이라는 26세 청년의 요청으로 친황다오秦皇島로 가서 그의 이름을 딴 '부신성제복공사'9를 설립했다. 당시 부신성은 이미 이따금씩만 사람들의 기억 속에 떠오르는 추억속의 인물이 되어 있었다. 부신성이 마지막으로 공개석상에 얼굴을 내민 것은 1998년 11월 부신성그룹 회장 신분으로 말레이시아 콸라룸푸르 아태경제합작회의 경제포럼에 참가한 때였다.

1999년 부신성과 '하이엔 셔츠 공장의 흥망성쇠'는 1,300자 분량의 사례로 청화대학 MBA 과정 모의시험 문제로 출제된 적이 있었다. 3년 후 이 대학의 한 관리학 교수는 "부신성의 관리 사례는 바로 없어져야 한다. 어디까지나 지금과는 너무 거리가 있다. 최근 몇 년 동안 우리의 사례집은 빠르게 갱신되고 있다"고 말했다.

'최후의 신화'는 빛이 바랬고, 비록 달갑지는 않지만 결국 기억 속에서 사라져가는 '개혁의 화석'으로 굳어졌다.

2부

1984~1992년
풀려난 요정

1984년
현대적 기업의 원년

"우리 모두 사업의 바다로 나아가자!"

— 민간 어휘(1984년)

과학사, 예술사 그리고 경제사에서는 한 유파나 국가가 융성하는 상승기에 처해 있을 때 특정 시점에 집중적으로 위대한 인물이나 기업이 탄생하곤 한다. 이런 현상에 대해서는 전적으로 이성적인 논리만으로 어떤 결론을 끌어내기가 매우 어려운데, 대개는 역사에 내재하는 어떤 드라마틱한 요소가 있기 때문이다.

미국 기업사에서 1886년은 위대한 해였다. 뉴욕의 도서 세일즈맨 매코넬David McConnell은 셰익스피어 전집을 팔 때 놀랍게도 책과 함께 선물로 보낸 향수가 고객의 인기를 얻고 있음을 알게 되었다. 그리하여 그는 셰익스피어의 고향에 있는 '에이본Avon강'에서 이름을 따 에이본향수회사를 설립했다. 코카콜라가 애틀랜타에서 탄생했고, 이상한 형체의 병 제품이 시장에 출시되었다. 명성이 자자한 이스트만 George Eastman이 최초의 자동카메라를 제작해 이름을 코닥이라고 지었다. 우편 주문과 소매업의 시조 로벅Sears Roebuck은 창업 후 1992년까지 줄곧 글로벌 소매업의 패자로 군림했다. 시티그룹City Gruoup이 탄생했고, 훗날 이 은행은 세계 최대 은행이 되었다. 존슨앤존슨도 설립되어 의료 진료 제품을 제조하기 시작했고, 훗날 전 세계적으로 팔린 피부 보습제, 샴푸, 밴드를 생산했다. 만약 여기에 독일에서 벤츠Karl

Friedrich Benz가 발명한 세계 최초의 자동차를 더하면 1886년에 출현한 이러한 기업들 이름만으로 이후 100년의 글로벌 기업의 성장곡선을 그려낼 수 있을 것이다.

중국 기업사에서 이에 해당되는 위대한 해는 1984년이다. 이후 한때 활약한 수많은 회사들이 이해에 탄생했고, 후에 사람들은 이해를 중국의 '현대적 기업의 원년'이라고 불렀다.

1984년의 특수한 분위기는 양력설이 지나고 오래지 않아 산발적으로 나타나기 시작했다. 출국을 제외하고는 줄곧 베이징에 머물렀던 덩샤오핑은 갑자기 남방을 둘러보기로 결심했다. 이때 국내는 '부신성 개혁'의 집중적인 선전으로 부추겨진 개혁의 열정이 날로 끓어오르고 있었지만 전국적으로 어느 지역의 개혁이 가장 효과가 있고, 또 가장 대서특필 할만 했는지를 돌아보고 싶었던 것이다. 덩샤오핑은 사전에 중앙의 계획에 들어가지 못해 중앙 재정의 특별한 보살핌을 받지 못한 곳과 당시 논란으로 인해 어려움을 겪고 있던 선전특구에 주목했다.

덩샤오핑은 일생에 두 차례 유명한 남방순회를 했다. 첫 번째는 1984년이었고 두 번째가 1992년이었다. 이는 중국 경제의 풍향 변동에 결정적으로 작용했고, '덩샤오핑 남순'이라는 두 어휘의 조합은 그때까지 어떠한 정식 공문에도 나타난 적이 없었지만 민간과 언론에서 널리 인용되어 덩샤오핑에 대한 존중과 기대를 대신했다.

이후 연구자들이 발견한 바에 따르면, 덩샤오핑의 1984년 남방순회는 사전에 명확한 목적도 또 정책을 공개적으로 표명하는 책임도 따르지 않았지만 그것을 통해 끄집어내려던 개혁의 열정은 오히려 예상한 바를 훨씬 넘어섰다. 이전 1여 년 동안 선전에 대한 각종 비난과 질책이 비등하고 있었고, 북방의 한 당 기관지는 「조계의 역사적 유래」라는 장문의 글을 통해 선전특구를 새로운 '조계지'에 빗댔고, 이 외에도 다른 글에서는 중국의 새로운 매판과 리훙장식 인물을 경계해야 한다고 지적했다. 특구를 견학한 수많은 원로 간부들은 특구를 이단으로 여겼고, "선전은 오성홍기가 있는 것만 빼고는 사회주의를 이미 찾아볼 수 없게 되었고, 특구의 성은 '자씨[자본주의]'지 '사씨[사회주의]'가 아니다"라고 놀라 소리쳤다. 1월

24일 덩샤오핑이 선전에 도착하자 특구의 당위원회 서기 량샹梁湘은 담벼락에 걸린 선전의 지도를 가리키며 특구 개발 건설 상황을 소개하면서 1983년의 농공업 생산액이 지난 1년에 비해 2배로 뛰었고, 특구를 시작하기 전인 1979년에 비해서는 10배 성장했다고 보고했다. 압력을 받고 있던 량샹은 덩샤오핑의 명확한 지지를 얻고자 "특구 개발은 당신이 제안한 것이고, 당 중앙의 결정입니다. 선전 인민은 일찍부터 당신이 와서 직접 보기를 기대했습니다. 마음 푹 놓으시고, 저희는 당신의 지시와 지지를 얻기를 희망합니다"라고 말했지만 덩샤오핑은 별다른 의견을 피력하지 않았다.

이후 며칠이 지났고, 덩샤오핑은 길을 재촉해 특구의 여기저기를 두루 돌아다녔다. 도중에 그는 어떤 말이나 태도도 표명하지 않은 채 침묵을 지키면서 본심을 드러내지 않았다. 서커우공업구에 이르렀을 때 위안경은 종합보고를 하면서 '시간은 돈이고, 효율은 생명이다'를 전체 공업구의 구호로 할 것을 제안했다. 눈치 빠른 위안경은 자문자답 형식으로 이렇게 말했다.

이 구호가 금기를 범하는 것인지 아닌지 잘 모르고, 우리가 무릅쓰는 위험이 정확한지 어떤지도 모릅니다. 우리는 덩샤오핑 동지께서 당장 태도를 표명하길 요구하는 것이 아니라 단지 우리가 계속 실험을 진행할 수 있도록 허락해주시길 요구합니다.

이 말에 참석한 모두가 크게 웃었다. 선전에서의 덩샤오핑의 행동은 의미심장했다고 할 수 있다. 그는 행동으로는 지지 태도를 표명했지만 말은 공백으로 남겨두었다. 선전을 떠나기 전 또 다른 특구인 주하이에 들렸는데, 여기서 그는 선전에서의 침묵과는 반대로 '주하이경제특구 하오好'라는 격려의 글을 남기면서 마침내 경제특구에 대한 결론을 내렸다. 2월 1일 광저우로 돌아온 덩샤오핑은 광둥성과 선전특구 책임자들의 거듭된 암시와 간청 하에 "선전의 발전과 경험은 우리의 경제특구 정책 결정이 정확했음을 증명한다"라고 쓰고, 끝마무리에서는 특별히 시간을 '1984년 1월 26일'이라고 써 선전에 있을 때 이미 이런 평가를 내렸음을 표시했다.

덩샤오핑의 '남순 조치'는 뉴스를 통해 전국에 알려졌고, 특구 논쟁은 일단 일단락을 고했다. 그가 광둥을 떠난 지 두 달 만에 중국공산당 중앙은 중대 결정을 내려 '외국 투자자들에게 14개 연해 도시와 하이난다오를 개방한다'고 선포했다. 중국의 대외 개방은 점에서 면으로 넓혀졌고, 결국 연해 전 지역을 개방하는 국면이 만들어졌다.

1월 24일, 유쾌하게 옥수수를 전매하던 왕스는 자전거를 타고 선전의 무역센터를 지나다가 갑자기 수많은 경찰차와 경찰, 그리고 운집해 있는 군중을 보게 되었다. 들어보니 덩샤오핑이 빌딩 꼭대기에서 특구의 전모를 내려다볼 예정이어서 사전에 경찰이 현장을 정리하고 있다는 것이었다. 그는 훗날 당시를 회고하면서 "저는 마치 큰일을 할 때가 온 것처럼 느꼈습니다"라고 말했다.

5월 왕스는 '선전현대과학교육기자재전시판매센터'를 설립했는데, 이것이 곧 오늘날 완커의 전신이 된다. 당시의 특구 정책에 따르면 특구로 수입된 외국 제품은 특구 밖에서 팔 수 없었다. 단 특구 밖에 있는 고객이 특구 내에서 구매한 상품을 갖고 나가는 것에는 제한을 두지 않았다. 전시판매센터의 업무와 옥수수 전매는 큰 차이가 없었다. 먼저 물품을 필요로 하는 기업으로부터 물건 값의 25%를 계약금으로 받은 후 홍콩의 상인에게 물건을 주문하면서 동일한 비율로 홍콩 상인에게 물건 값을 지불했다. 물건이 선전에 들어오면 구매자가 나머지 금액을 지불했고, 그러면 물건을 발송했다. 매매의 관건은 홍콩 상인에게 지불하는 돈이 홍콩달러나 미국달러인 데 있었다. 전시판매센터의 이윤은 외화 획득 능력에서 나왔다. 이런 전시판매센터를 열기 위해서는 먼저 수입허가증이 있어야 했고, 다음에는 수출로 외화를 보유하고 있는 업체와의 끈이 있어야 했다. 다시 말해 정부의 배경과 공공 관계 능력 없이 이런 회사를 운영하는 것은 불가능한 일이었다.

왕스는 훗날 회사가 어떻게 돈을 벌었는지에 대해 예를 들어 설명했다. 1984년 가을 왕춘탕王春堂이라는 베이징 사람이 선전에 와서 수중에 3,000만 달러의 수출 외화가 있는데, 이를 1달러당 3.7위안으로 교환하자고 공공연히 이야기하고 있었다. 당시 수출 외화는 현금이 아니라 일종의 '쿼터 지표'였다. 이러한 수출 외화는 당연히 대형 국영무역회사 명의로 되어 있었는데, 결국은 회색 방식으로 관가를 배경으로 둔 '다오예' 손으로 이전되어 있었다. 당시 환율은 1달러당 4.2위안이었다. 왕스는 왕춘탕에게 1,000만 달러의 환전을 약속했고, 중국은행으로부터 순조롭게 2,000만 위안을 대출받아 3,700만 위안을 왕춘탕에게 송금했다. 이 한 번의 거래로 왕스는 환전 차액으로 500만 위안을 벌 수 있었다.

이러한 환치기 전매는 옥수수 전매에 비해 훨씬 더 시원시원했다. 당시 선전과 베이징 사이에는 이미 이러한 자원 수송을 위한 지하 통로가 형성되어 있어 끊임없이 흘러나오는 국가 쿼터와 공공 이익이 각종 형식으로 남방에 전매되었고, 법의 테두리를 벗어난 이런 행위의 과정에서 일부 사람과 회사는 큰돈을 벌 수 있었다. 왕스의 전시판매센터는 이런 게임에서 돈세탁 창구 역할을 했다. 그는 베이징에서 외환 지표가 날아오면 홍콩의 수출입상과 국내 기업에 연락해 화물의 수입과 판매를 통해 환율 차액을 유통 차액으로 세탁했다.

사람들을 의아하게 한 것은 이러한 환전 게임이 활발했음에도 불구하고 국가 법률은 오히려 줄곧 모른 척하면서 이에 필요한 범위를 규정하고 규범화하는 일을 진행하지 않은 것이었다. 왕스의 회고에 따르면 1984년을 전후로 전국 각지의 정부에 사무실 시설 개조 바람이 불었는데, 대량의 수입 설비가 모두 선전에서 흘러들어왔고, 많은 기업은 당시의 수입 열기 속에서 돈을 축적했다. 이들 중 어떤 무역업체는 군대의 화물기를 빌려 베이징까지 물건을 운송하면서 납품 속도를 경쟁 우위로 삼기도 했다. 1985년 초 왕스는 4,000만 달러에 달하는 불법 외환송금 사건에 휘말렸다. 이 사건의 조작 방식은 상술한 과정과 조금의 차이도 없었지만 단지 이익 분배가 고르지 않았다는 이유로 중앙의 관심을 끌게 되었고, 이로 인해 전국 주요 외화 유출 사건 중의 하나가 되었다. 군수업체까지 연루되어 중앙기율위원회와 군대기율위원회가 각각 조사팀을 남쪽에 파견하게 되었다. 당시의 법률은 '외화 유출'에 관한 뚜렷한 해석이 없었고, 전시판매센터의 외환 전매는 모두 정상적인 절차를 밟아 진행되었기 때문에 조사팀은 혐의점을 발견하지 못하고 단지 외화 전매 과정 중 뇌물 제공 혐의의 유무를 조사할 뿐이었다. 왕스는 훗날 "시간이 지나자 자연스레 잠잠해졌다"고 회고했다.

반드시 언급해야 할 부분은 이 시기의 왕스와 그의 회사는 우리 모두가 알고 있는 부동산업체가 아니라 백색이든 회색이든 상관치 않고 그저 묵묵히 원시적인 자본 축적을 진행했다는 점이다.

산둥의 칭다오에서 35세의 장루이민은 파산에 임박한 한 전자공장의 공장장으로 파견되었다. 그는 소위 '라오산제老三届(문혁의 혼란으로 제대로 된 교육을 받지 못하고 졸업한 1966~1968년 사이의 중고등학생) 세대로, 고등학교 졸업 후 공장에 들어가 노동자가 되었고, 후에 칭다오시의 한 가전업체에 배속되어 일했다. 그는 당시 경영 관리에 관한 어떤 인식도 없었다. 그는 '일은 모두 거짓으로 하는 것이고', '상급은 거짓으로 꾸며 노동자에게 임금을 지급하고 노동자는 거짓으로 일하고 있다'는 인상을 갖고 있었다. 그가 공장에서 노동자로 일하고 있을 때 전국에서는 '화루어겅華羅庚(중국의 세계적 수학자)의 우선법優選法 보급 운동'이 활발하게 전개되고 있었다. 당시 노동자들은 이 '보급' 운동을 아주 신선하게 받아들여 일부는 실천에 옮기려고 했지만 이는 즉시 효과가 나타날 수 있는 것은 결코 아니었다. 당시에는 상부에서 '반드시 바로 성과를 내라'는 요구가 내려오면 며칠 지나지도 않아 '성과'에 대한 통계를 내기 시작했고, 심지어 홍보대를 조직해 작업장에서 성과를 홍보하기도 했다. 당시 노동자들은 이러한 행위를 반은 연기, 반은 농담으로 여겼다.

이러한 형식주의를 극도로 싫어한 장루이민은 자신이 관리하는 공장에서 여전히 이러한 옛날 방식이 계속되는 것을 좋아하지 않았다. 그가 부임한 칭다오일용전기공장은 오래된 골칫거리로, 오래전 수공업 생산 합작사에서 집체 성질의 합작공장으로 바뀐 상태였다. 오랫동안 이 공장은 전동기, 기중기, 민간용 송풍기, 탁상용 선풍기 등을 생산했고, 최근에는 '바이허白鶴'라는 이름으로 세탁기를 생산하기 시작했으나 외양이 조잡하고 품질이 떨어져 줄곧 판로를 개척하지 못하고 있었고, 공장의 자산을 부채와 상쇄하면 결손이 147만 위안에 이르렀다. 장루이민이 부임하기 1년 전에 이미 세 명의 공장장이 바뀌었는데, 당시 그는 이 가전업체의 부사장으로 그가 아니면 공장을 맡을 사람이 없었다. 여러 해가 지난 후 그는 당시를 회고하면서 이렇게 말했다.

저를 환영한 것은 53장의 전근 요청서였습니다. 출근은 8시에 했으나 9시가 되면 공장을 떠나기 시작해 10시가 되면 공장에 수류탄을 던져도 죽는 사람이 없을 정도였습니다. 공장 안으로 들어가면 진흙탕 길이 하나 있었는데, 비가 오면 진흙 속에 신발이 빠지지 않도록 반드시 끈으로 신을 묶어야 했습니다.

공장을 회복시키기 위해 장루이민은 부임하자마자 13조항의 규정을 제정했다. 이중 첫 번째가 "공장 내에서 아무데나 대소변을 봐서는 안 된다"였다. 요즘 그러한 이야기를 들으면 대개는 모두 웃음을 터트리겠지만 당시에는 매우 심각한 상황이었다. 많은 국영공장 내에서 아무데나 대소변을 보는 것은 금지되지 않았고, 흔히 볼 수 있는 행위였다. 장루이민의 규정에는 '지각이나 조퇴는 안 된다', '근무 중에는 술을 마시면 안 된다', '공장 내에서 담배를 피우면 안 된다', '공장의 물자를 빼내서는 안 된다' 등이 포함되어 있었다. 마지막 조항을 집행하기 위해 장루이민은 어느 날 공장의 창문을 다 열고 주위에 사람을 배치해 물건을 갖고 가는 사람이 있는지 관찰하도록 했다. 다음날 오전 어떤 사람이 건들거리며 들어와 원료 한 상자를 메고 나가자 정오에 장루이민은 공개적으로 그를 해고했다. 이 일 이후 비로소 공장 사람들은 이번 신임 공장장이 정말 한다면 하는 사람으로 믿게 되었다.[1]

장루이민이 부임 후 처음 내린 전략적 결정은 세탁기 시장을 버리고 냉장고를 생산하는 것이었다. 그는 부임한 12월 초에 공장 이름을 '칭다오냉장고공장'으로 바꾸었다. 가전업체에서 부사장을 맡았던 시기에 일찍이 그는 독일을 시찰하면서 그곳의 냉장고기업 리브헤르Liebherr가 중국에 기술과 설비를 수출할 용의가 있음을 알고 있었다. 장루이민은 이를 놓치지 않고 칭다오시와 베이징의 경공업부에 거

---

[1] 재미있는 것은 많은 시간이 흐른 후까지 종업원에게 가장 기본적인 행위 규범을 교육하는 것이 여전히 중국 신흥 기업의 임무 중의 하나였다는 것이다. 2005년 말 당시 국내 최대의 인터넷 게임회사 성다盛大网络는 내부 행위 정돈을 시작했다. 창시자 천톈챠오陳天橋는 「'신문화운동'을 논함」에서 종업원에게 "흰 벽에 담배를 꺼서는 안 되고, 회사 복사지로 업무와 무관한 문서를 출력해서는 안 되고, 빌붙어 야식을 먹어서는 안 된다"는 규정을 만들었다.

듭 요구한 끝에 마침내 이 독일 기업으로부터의 기술 도입을 승인받아 경공업부가 확정한 마지막 지정 생산 공장이 되었다. 자본을 잠식한 작은 공장에서 생산 품목 전환과 기술 도입 결정이 가진 의의는 아주 빠르게 나타났다. 이 공장은 이후 여러 차례 개명을 거쳐 최종적으로 '하이얼'로 이름이 정해진다.

위대한 기업가로서의 장루이민의 매력은 바로 다음 해부터 발산되기 시작했다. 어느 날 한 친구가 장루이민의 냉장고를 사러왔다가 많은 제품에 이러저러한 문제가 있음을 지적했다. 친구가 돌아간 후 장루이민은 공장 안에 있던 400여 대의 냉장고 전부를 검사했고, 그 결과 76대의 냉장고에서 여러 가지 문제가 있음을 발견했다. 이러한 상황에 직면해 어떤 사람이 이들 냉장고를 싼값에 직원들에게 팔아버릴 것을 제의했다. 불량품을 염가로 처리하는 방식은 많은 공장에서 사용한 '좋은 방법'이었고, 모두들 이것이 직원에도 또 기업에도 이익이 되는 것으로 인식하고 있었다. 그러나 장루이민은 일언지하에 76대의 냉장고를 부수어 고철로 만들 것을 지시했다. 당시 냉장고 한 대 가격은 800여 위안으로 종업원 한 명의 2년 급여에 해당했다. 많은 종업원들은 냉장고를 부술 때 눈물을 흘렸다. 장루이민의 냉장고 사건은 훗날 중국 최대 가전업체의 성공 스토리가 되었고, 이는 몇 년 전 루관츄가 40여만 위안의 불량품을 폐품으로 팔아버렸던 이야기와 아주 비슷했다. 이 이야기는 상품이 부족했던 시기에 출현한 1세대 기업가의 자아의 탈바꿈은 바로 품질 의식의 각성에서 시작되었음을 보여준다.

1984년 중관촌은 처음으로 번영의 양상을 보이기 시작했다. 지난해 창간된 『경제일보』는 연속 보도를 통해 천춘셴을 용감한 '투사'로 형상화하면서 그의 실천은 실험실을 나온 과학기술자들이 앞으로 해야 할 일이 많음을 증명한다고 적었다. 이런 부추김으로 한 무리의 과학기술자들이 상품 경제의 대해大海에 뛰어들었다. 전년도에 커하이, 징하이京海 등의 회사가 잇따라 생겨났고, 1984년에 스퉁, 신퉁, 롄샹 등의 회사가 차례로 설립되었다.

겨울에 류촨즈는 매일 신문이나 읽던 한가한 생활과 고별했다. 그는 학자 집안 출신으로 외조부는 군벌 순촨팡孫傳芳의 재정부장을 지냈고, 부친은 공산당 초기의 금융인 중의 하나였다. 40세가 된 류촨즈는 '40 불혹'이 중국 남자에게 의미하는 바가 무엇인지를 깊이 이해하고 있었다. 소년 류촨즈의 이상은 공군 조종사가 되는 것이었다. 그래서 고등학교를 졸업한 후 자신감으로 충만해 공군학교에 지원했지만 시험에서 떨어지고 말았다. 이것이 그의 일생 중 첫 번째 좌절이었다. 후에 그는 시안西安에 있던 군사전자공정학원에 들어가 레이더 분야를 공부했다. 졸업 후에는 중국의 절반을 전전했고, 심지어 광둥의 한 농장에서 일을 하기도 했다. 1970년 그는 중국과학원 컴퓨터기술연구소에 배치되었다.

컴퓨터기술연구소는 중국이 개발한 원자탄과 인공위성에 필요한 컴퓨터 제작에 참여한 데서 잘 알 수 있듯이 당시 가장 권위 있는 컴퓨터 연구 전문 기관이었다. 1,500명의 연구원을 보유한 과학연구기구 내에서 류촨즈는 많은 동료들과 비교할 때 과학자로서의 자질과 평정심이 부족했고 이름이 알려진 사람도 아니었다. 그의 직무는 자성磁性 기록 엔지니어였는데, 사실 그는 이에 대해 아무런 흥미도 느끼지 못했다. 그가 연구소에 들어간 것은 처자식과 함께 부모 곁으로 가기 위한 자구책이었다. 이 연구소에서 14년 동안 그는 시종 과학 연구에 대해서는 흥미를 갖지 않았지만 중국에서 매일 발생하는 모든 일에 대해서는 흥미를 갖고 있었다. 그는 항상 몇몇 친한 동료들과 함께 빈방에 틀어박혀 린뱌오林彪의 비행기 추락 사건이나 사인방의 창궐, 마오쩌둥이 왜 화궈펑華國鋒을 후계자로 선택했는지 등에 대해 토론했는데, 답답한 연구소와 비교할 때 이러한 정치적 화제는 얼굴에 화색이 돌게 하고 마음을 격동시켰다.

1984년 중국과학원은 팽창과 전환의 끝자락에 와 있었다. 과거 몇 년 동안 각종 명목의 연구소가 계속 출현해 123개를 넘어섰지만 수행한 연구는 국제 수준과는 갈수록 멀어져갔다. 연구소의 전 역량을 기울여 8년 동안 연구 개발한 슈퍼컴 '757 프로젝트'가 완성되어 중국과학원의 '과학기술성과 1등상'을 수상했지만 슈퍼컴이 갖고 있던 1초당 천만 회의 계산 속도는 국제 수준과 비교했을 때 부끄러울 정도였고, 또한 군사적 목적을 위해 개발되었기 때문에 시장의 반응도 얻지 못했다. 슈퍼컴은 탄생한 첫날 바로 '버려진 아이'가 되어버렸다. '757 프로젝트'가 처한 난처한 운명은 연구소 원래의 목적이 막다른 길에 다다랐음을 의미했다. 군사 분야의 프로젝트 완성 후 연구소에는 더 이상 상부의 자금 지원이 없게 되었다. 이리하여 연구소장, 즉 중국 제1세대 컴퓨터 전문가 정마오차오曾茂朝가 앞장서서 신퉁컴퓨터공사를 만들었고, 또 다른 책임자인 과학기술처 처장 왕수허王樹和는 신기술발전공사를 설립했다. 줄곧 뜻을 이루지 못해 우울해 하던 류촨즈는 이때 일반관리를 책임지는 매니저로 영입되었다. 연구소 내에서 학술적 재능은 드러난 적이 없었지만 그의 관리 능력은 동료들의 인정을 받고 있었다. 경영 업무에 대해 중국의 과학자들은 자신감과 열정이 부족했지만 류촨즈는 오히려 정반대였다. 이 이전의 중국과학원 부원장이던 저우광자오周光召가 류촨즈를 불러 이야기하면서 앞으로 회사에 대해 어떤 계산을 갖고 있느냐고 묻자 그는 자신 있게 "장래 우리는 연 매출 200만 위안의 대기업이 될 것입니다"라고 대답했다.

류촨즈의 이 회사는 원래 연구소의 접수처였던 $20m^2$의 작은 공간에서 탄생했다. 이러한 사실은 여러 해가 지난 후 휴렛패커드의 '차고 창업'과 함께 회자되기도 했다. 류촨즈는 훗날 이를 회고하면서 이렇게 말했다.

그곳의 위치는 연구소 서문의 동쪽에 있었고, 벽돌을 쌓아 만들어 외벽은 짙은 회색이었으며, 안에는 방 두 개가 있었습니다. 바닥은 콘크리트였고, 벽은 석회였으며, 사무실에는 컴퓨터는커녕 책상도 없었습니다. 바깥방에는 두 개의 긴 의자가 벽 모서리를 따라 일자로 놓여 있었고, 안방에는 두 개의 3단 서랍장이 있었는데, 이들 의자와 장은 필요 없어 버린 물건이었습니다.

직원은 전부 11명이었고, 모두 40세가 넘었으며, 유일한 기술 전문가는 또 다른 매니저 장주샹張祖祥이었다.

류촨즈가 창업했을 때 중관촌은 이미 40여 개의 과학기술 기업을 보유하고 있었고, 베이징에서 '전자 거리'로 명성을 얻고 있었다.

당시 중관촌에서 가장 유명한 사람은 천춘셴이었고, 가장 잘 알려진 회사는 '양통양하兩通兩海', 즉 스퉁, 신퉁, 커하이, 징하이로 이들을 설립한 창시자들은 예외 없이 모두 중국과학원의 연구원 출신이었다. 지식인들이 밀집해 있던 중관촌은 개성

넘치는 별천지였다. 징하이의 창시자 왕훙더(王紅德)는 연구소의 엔지니어 신분으로 중국과학원에 보고할 때 결연하게 "전근해서 가던, 초빙되어 가던, 사직해서 가던, 해고되어 가던 어떤 방식으로라도 나갈 수만 있으면 된다"고 말했다. 그리고 스퉁을 설립한 황룬난(黃潤南)은 여러 곳에서 자신은 '상부가 관리하지 않는 민간 기업인' 임을 떠벌리고 다녔다. 이러한 창업자들에 비해 당시 무명에 가까웠던 류촨즈는 매우 소심해 보인 게 사실이었다. 하지만 힘을 빌리고 타협하는 데 능한 그의 개성은 오히려 다른 사람들보다 더 멀리 나아갈 수 있도록 해주었다. 시작부터 류촨즈는 회사와 연구소 사이의 '모자 관계'를 완전히 청산하지 않았고, 그렇게 할 생각도 없었다. 심지어 여러 차례 이런 모호한 혈연관계를 강화하길 바랐다. 당시 연구소가 회사의 창업 자금으로 20만 위안을 지급했기 때문에 렌샹은 국유기업의 성질을 띠고 있었다. 왕수허와 류촨즈 등 직원의 임명은 모두 중국과학원의 비준을 얻어야 했고, 회사의 직원은 연구소 내에서 계속 전문적인 기술 업무와 급여 방면에서의 권리를 누릴 수 있었으며, 회사는 무상으로 연구소의 연구 성과를 사용할 수 있었다. 심지어 연구소 내의 사무실, 전화 및 모든 다른 자원을 사용할 수 있었다. 거의 10여 년이라는 시간 동안 회사는 은행에서 대출받을 때 중국과학원컴퓨터기술연구소 명의를 사용했고, 중국과학원 개발국을 담보업체로 이용했다. 류촨즈는 국유 자원을 충분히 이용한 반면 재무, 인사, 경영 의사 결정에서는 상당한 자율권을 누렸다. 이처럼 뒤죽박죽인 현상을 명쾌하게 정리하려고 생각하는 사람은 아무도 없었다. 이후 렌샹이 점차 성장함에 따라 비로소 자산 귀속 문제가 민감한 사안이 되기 시작했다. 본질적으로 말하면 렌샹은 모체에 탯줄로 연결된 신생아와 다름없었다.

    회사 창업 초기 몇 달 동안 류촨즈는 훗날 보여준 전략 수립과 같은 리더로서의 재능은 보여주지 못했다. 그는 중국 최고 권위의 연구소를 배경으로 하면서도 운영할만한 사업 아이템 하나 찾지 못하고 매일 자전거를 타고 생각 없는 사람처럼 베이징의 여기저기를 돌아다녔다. 그는 먼저 연구소 정문 옆에 좌판을 깔고 전자시계와 롤러스케이트를 팔았고, 나중에는 운동용 반바지와 냉장고를 도매했다. 3년 전 천춘센이 중관촌에서 첫 회사를 설립했을 때 마음속으로 중국의 실리콘밸리를 만들 이상을 가졌다고 한다면 당시의 류촨즈의 머릿속은 어떻게든 돈을 벌어 회사 직원들을 먹여 살려야 한다는 생각으로 가득 차 있었다. 한번은 장시성의 한 여자에게 대량의 칼라 TV가 있다는 이야기를 듣고는 한꺼번에 이를 사들이면 1대당 1,000위안 이상을 벌 수 있다는 생각에 서둘러 사람을 보내 돈을 송금했는데, 결국은 사기를 당하고 말았다. 연구소가 마련해준 20만 위안의 창업 자금 중 14만 위안을 사기로 날려버리고 만 것이다. 20여 전 공군학교에 낙방한 것에 비하면 이번의 류촨즈의 좌절감은 훨씬 더 심각했다. 당시 연구소 교수의 월급이 200위안이 못되었고, 류촨즈의 월급은 105위안에 불과했으니 말이다.

류촨즈의 초기 '다오예' 인생은 이렇게 해서 어둡고 우울하게 막을 내렸다. 그런데 그의 회사가 '큰돈'을 만질 수 있었던 것은 매일 원망하고 불만을 가졌던 중국과학원 덕분이었다. 1985년 초 중국과학원이 500대의 IBM 컴퓨터의 구매와 유지 그리고 보수 업무를 류촨즈의 회사에 맡기게 되자 이로 인해 70만 위안의 서비스 비용을 챙길 수 있었던 것이다. 류촨즈는 이 업무를 통해 중국에 막 진입한 IBM의 중국 대표와 관계를 형성하면서 주요 판매대리업체가 되었다. IBM컴퓨터 판매대리 업무는 이후 렌샹의 가장 중요한 수익의 원천이 되었다. 이런 관계는 20년 후 렌샹이 16억 달러로 IBM의 PC사업부를 인수하기까지 줄곧 계속되었다.

류촨즈의 또 다른 중요한 성과는 1985년 봄 중국과학원에서 이름이 자자한 컴퓨터 전문가 니광난을 회사에 끌어들여 수석 엔지니어 직무를 맡긴 것이었다. 니광난은 중국에서 한자 정보처리 프로그램 개발의 개척자로서 밖으로 열정을 드러내는 류촨즈와는 달리 한 가지 일에 집중하는 성격으로 외모에는 전혀 신경 쓰지 않는 천생 과학자의 품성을 갖고 있었다. 『왜 렌샹인가?』의 저자 천후이샹陳惠湘은 책에서 류촨즈는 사람들과 이야기할 때 아무런 얽매임이 없는 반면 니광난은 기술적 요소가 매우 많은 어려운 질문으로 상대에게 상세하게 따져 묻곤 하는 것으로 묘사하고 있다. 1980년대 이래 PC시장이 점차 생겨남에 따라 IBM 컴퓨터도 밀물처럼 밀려들어왔는데, 당시 286보다 훨씬 수준이 떨어지는 XT PC의 CIF 가격이 2만 위안에 달했고, 중관촌에서의 거래가는 4만 위안이나 되었다. 이렇게 비싼 컴퓨터도 중국어 운영 시스템이 없었다. 그래서 중국 시장에 적합한 '한자 시스템' 개발이 당

장 필요한 연구 프로젝트가 되었다.[2]

당시 중국에서는 이미 많은 사람이 이에 대한 연구 개발을 진행하고 있었는데, 훗날 선전에서 크게 성공한 스위주史玉柱 등도 포함되어 있었다. 이러한 '한자 시스템'(훗날 '중국어 인터페이스 카드'로 통칭되었다)의 원리와 운용 과정은 대동소이했으나 니광난의 시스템이 다른 시스템과 달랐던 점은 그가 '연상 기능'을 발명한 것이었다. 니광난은 한자의 단어 조합과 동음자同音字의 특징을 이용해 자신만의 한자 식별 체계를 만들었는데, 다른 시스템에 비해 두 글자 단어 조합의 중복율을 50% 이하로 낮추었고, 세 글자 단어 조합은 98%까지 낮추었으며, 네 글자 이상의 단어 조합은 거의 중복이 없었다. 이것은 컴퓨터 한자 입력 기술에서 획기적인 발전임에 틀림없었다.

1985년 초 이 시스템에 대한 모든 연구를 끝낸 니광난은 이를 '연상식 한자 시스템'이라고 명명했다. 류촨즈는 이 소식을 듣자마자 지체 없이 니광난을 찾아갔다. 당시 류촨즈의 회사보다 훨씬 더 유명한 중국과학원 출신이 만든 신퉁컴퓨터도 니광난을 주시하고 있었지만 결국 류촨즈가 선수를 쳤다. 류촨즈는 니광난을 단 한 가지 조건으로 설득했다. "나는 당신의 모든 연구 성과를 제품으로 만들 것을 보증한다." 세상을 구하려는 마음이 충만한 과학자에게 이 말은 아마도 속마음을 직접 겨냥한 유혹이었을 것이다.

니광난의 결합은 회사의 향방을 완전히 바꾸어놓았다. 그의 인터페이스 카드 '롄샹 I'은 그해 300만 위안의 매출을 올렸고, 회사 이름도 '롄샹'으로 바꾸는 계기가 되었다. 여기서 음미해볼만한 사실은 니광난의 연구 성과는 사실 중국과학원에 속한 것이었는데, 류촨즈가 공짜로 자기 회사로 이전했다는 점이다.

비록 여러 해가 지난 후 왕스의 완커, 장루이민의 하이얼과 류촨즈의 롄샹이 전성기를 맞이해 중국에서 가장 유명한 '모범 기업'이 되었다고 해도 1984년에 중국

---

[2] 초기 중관춘에서 이름을 날린 기업으로 주목받은 기업은 모두 컴퓨터 한자 처리 기술 및 제품과 관련이 있었다. 그중 롄샹의 롄샹카드와 베이다팡정北方方正의 레이저 사진 식자, 스퉁의 한자 프린트가 있었다.

에서 가장 칭송할만한 회사는 이들이 아니었다. 당시 세상의 이목을 집중시킨 회사는 광둥의 산수이现현에서 탄생한 한 음료공장이었다.

3월 산수이현의 한 양조공장 공장장 리징웨이李经纬는 돌연 8월 미국의 LA에서 개최되는 올림픽에 주목했다. 그는 국가체육위원회가 6월에 중국대표단의 공식 지정 음료를 결정하려 한다는 소식을 들었다. 이때 그의 수중에는 시장에 내놓은 적도 없고, 심지어 음료를 담을 캔과 상표조차 확정되지 않은 새로운 음료만 있었다.

리징웨이는 당시 45세였다. 그는 어릴 때 부모를 잃고 고아원에서 자랐으며, 성년이 된 후 산수이현 체육위원회 부주임이 되었으나 1973년 현의 양조공장으로 밀려나 공장장이 되었다. 그곳은 몇 개의 술도가를 가진 수공업 공장이었다. 리징웨이는 부임 후 경영에 심혈을 기울여 맥주 생산라인을 개발했으며, 생산된 챵리飏力맥주는 현지에서 점점 자리를 잡아가고 있었다. 1983년 리징웨이는 광저우에 출장을 갔다가 거리에서 원터치 캔 코카콜라를 샀는데, 이것이 그가 평생 처음으로 마신 콜라였다. 이때 그는 갑자기 음료를 만들 생각을 하게 되었다. 그때 코카콜라가 대도시들에서 점점 유행함에 따라 일부 소규모 음료 공장들이 각지에서 생겨나기 시작했고, 어떤 곳은 심지어 직접 '콜라可乐'라는 이름을 사용하기도 했다. 스촨성 청두에서 생산되던 텐푸天府콜라가 최초의 국산 콜라였으며 이후 허난에서는 사오린少林콜라가, 항저우에서는 시후西湖콜라가 나왔다. 자료에 따르면 당시 국내의 각종 음료 공장은 이미 2,000여 곳을 넘어섰다. 체육위원회 간부 출신인 리징웨이는 '천재적'으로 스포츠 음료를 생각해냈다. 우연한 기회에 그는 광둥체육과학연구소 연구원인 어우양샤오欧阳孝가 운동선수가 신속하게 체력을 회복하고 일반인도 마실 수 있는 음료를 개발하고 있다는 소식을 듣고 바로 찾아가 합작을 제의했다. 어우양샤오의 주관 하에 오렌지색 음료수가 개발되었는데, 그것은 일종의 알칼리 음료였다.

당시 산수이양조공장의 1년 이윤은 몇 만 위안을 넘지 않았지만 리징웨이는 감히 올림픽에 눈을 직접 돌릴 정도로 식견과 담력이 뛰어난 사람이었다. 4월 아시아축구협회가 광저우에서 회의를 개최했는데, 리징웨이는 이 회의에 이 음료를 갖고 국가체육위원회 사람들과 접촉할 기회를 가지려 했다. 이때 그에게는 음료의 상표를 무엇으로 할지, 어떤 포장을 사용할지에 대해 아무런 생각도 없었다. 당시 공장에는 '스장健江'이라는 상표가 있었지만 리징웨이의 맘에 들지 않았고, 고심 끝에 '젠리바오健寶'라는 새로운 상표를 생각해냈다. 듣기에 낭랑하고, 건강을 암시하는 이 상표를 디자인하기 위해 제품 개발에 참여한 천신진陳新金은 서예를 좋아하는 형에게 '健寶' 세 글자를 화선지에 쓰게 했고, 리징웨이는 광고회사에 중국의 서예와 영문자가 결합된 상표의 도형 디자인을 의뢰했다. 1984년 중국 상표 중 가장 뛰어났던 이 상표는 모두를 깜짝 놀라게 했다. 'J'자 꼭대기의 점은 구기 운동의 상징이었고, 아래 세 줄의 곡선 구성은 트랙처럼 육상 운동을 상징하고 있었다. 전체적으로 보면 이 글자는 몸을 구부려 배를 집어넣은 자세를 연상케 해 체조나 다이빙 운동 선수의 모습을 보는 듯했다. 전체 상표는 젠리바오와 스포츠의 혈연관계를 체현하고 있었다. 이는 당시 진부하고 고만고만한 중국 상표 중 그야말로 군계일학이었다.

리징웨이의 또 다른 대담한 조치는 젠리바오의 포장을 원터치 캔으로 제안한 것이었다. 당시의 소비자들 눈에 원터치 캔은 고급 음료의 대명사였고, 국내에는 원터치 캔을 생산하는 기업은 없었다. 하지만 산수이양조공장에 이러한 캔 생산라인이 있을 리 만무했다. 사방을 분주하게 뛰어다닌 끝에 리징웨이는 마침내 선전의 펩시콜라를 설득해 이를 대신 생산해준다는 동의를 얻어냈다. 이렇게 우여곡절을 겪은 후 200상자의 산뜻한 젠리바오를 아시아축구협회 광저우 회의에 전시해 사람들을 놀래켰다. 6월 젠리바오는 아무 이견 없이 중국 올림픽대표단 공식 음료로 선정되었다. 출품된 다른 음료와 비교할 때 젠리바오는 유일한 캔 제품이었고, 상표의 이미지가 스포츠를 연상시켰으며, 맛과 품질에서도 흠잡을 데가 없었다.

8월 사상 최대 규모의 LA 올림픽이 개막되었다. 중국 대표단은 이 올림픽에서 사격에서의 금메달을 신호탄으로 15개의 금메달을 목에 걸어 전체 4위의 성적을 거두었다. 올림픽의 성공은 전 국민의 열광과 민족적 자부심을 불러일으켰고, 이로 인해 중국 대표단의 공식 음료인 젠리바오도 상상하지 못할 정도의 주목을 받았다.

8월 7일 여자 배구 결승에서 여자선수들은 개최국 미국을 격파하고 3연패의 위업을 달성했다. 11일자의 『도쿄신문』에서 한 기자는 「'마법의 물'에 의한 쾌속 진군?」이라는 제목으로 여자선수들이 경기 도중 지금껏 보지 못한 음료를 마시는 것에 주목했다. 사실 젠리바오는 당시 중국 대표단에 제공된 것 외에는 국내 시장에서조차 판매된 적이 없었다. 그래서 "중국 선수들이 15개의 금메달을 딴 것은 모종의 신비로운 효과가 있는 새로운 스포츠 음료 때문"이라고 추측한 것이었다. 분명 이 기사는 어떤 인터뷰나 확인 없이 임의로 작성한 것임에 틀림없었다. 중국 선수들의 성적이 크게 오르자 국제적으로 여러 추측을 낳았는데, 이것도 그러한 호의적인 관심 표시나 조롱의 일종이었다. 중국 대표단을 밀착 취재한 『양성洋城만보』 기자는 이 기사를 보고 '중국의 마법의 물'이 LA를 풍미했다고 교묘하게 고쳐 보도했다. 이 기사가 신문에 실린 후 놀라울 정도로 신속하게 널리 전재되면서 '중국의 마법의 물'과 '동방의 마녀〔중국의 여자 배구선수들의 애칭〕'가 서로 대비되면서 이미 끓어오르고 있던 올림픽 열기에 민족적 자긍심과 대리만족을 더했고, 젠리바오는 하룻밤 사이에 천하가 다 아는 음료가 되었다.

리징웨이는 이렇게 천운을 만났다. 1984년 젠리바오의 연 매출액은 345만 위안이었으나 이듬해 1,650만 위안으로 급증했고, 다음해에는 1억 3천만 위안을 기록했다. 이후 15년간 이것은 줄곧 '민족 음료 제일 상표'로 위상을 떨쳤다. 가장 잘 팔릴 때 산수이현 도처에는 전국 각지에서 물건을 싣기 위해 온 트럭으로 가득 찼는데, 트럭 한 대분의 구매권은 2만 위안에 거래되었다. 젠리바오의 굴기는 중국 음료 시장의 봄이 도래했음을 의미했다. 동시에 이에 자극받아 주쟝 삼각주 일대에는 무수한 음료 공장과 식품, 건강식품 공장이 생겨났고, '주쟝의 물'과 '광둥의 식품'이 중국을 북벌하는 시대가 시작되었다.

과장하지 않고 말해 1984년은 주쟝 삼각주 시대였다. 덩샤오핑의 남방순회로 선전 등지의 시범 효과가 마침내 이해부터 발효되기 시작했다. 야심을 품은 수많은 젊은이들이 속속 이곳으로 모여들고 있었다.

저장대학 수학과 졸업생 스위주는 안후이성의 통계국 사무실에서 첫 번째 통계 시스템 소프트웨어를 개발한 후 중국의 IBM이 될 것을 맹세했다. 얼마 되지 않아 그는 선전으로 남하해 우렁차면서도 비장한 생애를 시작했다. 마찬가지로 저장대학을 졸업한 두안융핑段永平도 발령받은 베이징전자관공장을 떠나면서 '사람들 각각은 능력이 있지만 어떤 것도 할 수 없는' 국영 공장에 다시는 출근하지 않을 것을 맹세하고는 기차를 타고 주장 삼각주로 내려갔다. 군의軍醫대학 교수 자오신셴趙新先은 '산쥬웨이타이三九胃泰'라는 위장약을 갖고 선전의 비쟈笔架산 아래에서 새로운 사업을 시작했다. 후이저우에서는 화남이공대학을 졸업한 리둥성이 허름한 농기계 창고에 자기 공장을 설립했고, 홍콩인과 합작으로 녹음테이프를 생산했는데, 이것이 훗날 가전업체 TCL이 되었다.

광둥성 순더의 룽구이容桂진에서는 초등학교 4학년의 학력을 가진 판닝潘寧이 망치, 줄칼 등 빈약한 공구와 만능측정기 등을 이용해 중국 최초의 양문형 냉장고를 만들고는 그날 홀로 빗속에서 큰 소리로 울었다고 한다. 10월 주장냉장고공장이 만들어졌는데, 상표는 '룽성容聲'이었다. 이 공장이 훗날 중국 가전업계 10여 년을 지배한 커룽科龍의 전신이었다. 판닝은 냉장고 제조에서 기술적으로는 베이징쉐화雪花냉장고공장의 지원을 받았고, 자금 부분에서는 지방 정부로부터 9만 위안의 시제품제작비 지원을 받았다. 그래서 '향진집체기업'이 된 커룽의 재산권 문제는 훗날 커룽과 판닝의 비정한 운명을 결정하게 된다.3)4)

1984년에 탄생한 이 기업들은 계속 자기 색깔을 발산했지만 당시에는 사람들의 관심을 끌지 못했다. 그들 모두에게는 자원이 많지 않았고, 창업자들도 보통 사람과 별 차이가 없으면서 조금은 편벽하고 외딴 곳에 분산되어 있었다. 그들의 주요 사업은 대부분 일상용품과 관련되어 있었고, 그런 이유로 급성장할 수 있었다. 대

---

3) 1984년 3월 2일 국무원은 정식으로 통지를 보내 사대기업을 '향진기업'으로 개칭하고, 새롭고 독립적인 기업 형태로 간주함에 따라 향진기업이 처음으로 수면위로 부상했다. 유관 자료에 따르면 당시 중국의 향진기업은 실제 165만개, 종사 노동력은 848만 명에 이르렀다.
4) 2개의 세부사항 보충 : 판닝이 당시 북경의 유명한 시장에 가 냉장고 판로를 개척할 때 한 점원이 "룽성은 뭘 하고, 어느 등급이냐?"라고 물었다. 판닝이 '우리는 향진기업'이라고 하자 직원은 바로 축객령을 내렸다. 1986년 판닝은 홍콩의 유명 배우이자 전국인민대표인 왕밍촨汪明荃을 냉장고 광고 모델로 삼았다. 광고가 방송되려면 상부의 비준이 필요했는데, 보고가 왔다 갔다 하며 도무지 감감 무소식이었다. 그래서 한참의 시간이 지난 후 이 광고는 지방 TV에서 방송되었으나 CCTV에서는 내보낼 수 없었다.

량의 설비, 기술, 인재와 자원을 갖고 있던 일부 국영기업에 비해 어떤 의미에서는 언급하기조차 너무 미약했지만 그들이 유일하게 갖고 있던 것은 바로 자유였다.

당시 이러한 회사들은 국유 혹은 집체 소유로 여겨졌지만 신규로 설립된 롄샹, 완커 등과 파산에 직면한 하이얼, 젠리바오 등과 같은 기업은 정부의 관심 대상에서 벗어나 있었기 때문에 그에 상응하는 일정 정도의 자율권을 갖고 있었다. 그런데 바로 이 '애처로운' 자율권이 그들을 다른 기업과 남다르게 보이게 했고, 모든 분야에서 '계획'을 필요로 하던 시대에 이들 기업의 경영자들은 자기 운명을 장악할 수 있던 몇 안 되는 사람들이 될 수 있었다.

장루이민, 류촨즈 같은 사람들의 어려움이 사업 아이템이나 방향을 찾지 못하는 데 있었다면 자원을 갖고 있던 전통적인 국영기업은 자유가 없어 고뇌하고 있었다. 이러한 현상은 일종의 숙명이었다. 체제가 점차 시장화되는 과정에서 국영기업들은 기력을 다 소모해 기진맥진했고, 이전에 갖고 있던 우월적 지위와 기술과 자본의 축적은 날로 노화되고 소실되어 결국 도태되기에 이르렀다. 연초에 있은 덩샤오핑의 남방순회는 전국의 각계각층으로 하여금 개혁의 확대를 위해 한 걸음 더 나아가도록 결심하도록 만들었다. 곧바로 각 영역에서 돌파성 사건이 빈발했으며, 정체되어 있던 개혁 열차는 다시 시동을 걸기 시작했다. 3월 24일 푸젠성에서 핵심 국유기업의 공장장 55명이 『푸젠일보』에 「우리에게 규제를 풀어 자유권을 달라!」고 호소하는 글을 실었는데, 이는 기업과 관련해 그해 파문이 가장 컸던 사건이었다.

경과는 이러했다. 3월 23일 푸젠성의 공장장 55명이 푸저우^{福州}에 모여 '푸젠성공장장연구회' 설립 대회에 참가했다. 회의 기간 내내 공장장들의 불만의 목소리가 끊이지 않았다. 그들은 "현행 체제의 여러 제약이 손발을 묶고 있고, 기업에는 압력만 있으며 동력은 없다. 활력은 더 말할 것도 없다"고 소리쳤다. 이리하여 황윈린^{黃文麟} 등이 앞장서 '우리에게 규제를 풀어 달라'면서 공동으로 성위원회 서기 샹난과 성장 후핑^{胡平}에게 편지를 보낸 것이었다.

언사가 간절하고 신중하게 표현된 공개서신에서 공장장들은 다음과 같이 요구했다.

우리는 권력 이양이 상층 부문 간의 권력 이전에 국한되어서는 안 되고, 권력을 기층 기업에까지 내려야 한다고 생각한다. 이를 위해 우리는 외람되지만 감히 권한을 달라고 요구한다. 우리는 현행 체제를 크게 바꾸는 것은 어렵지만 단지 우리가 일을 할 수 있도록 필요한 권한을 주는 것은 가능하다고 생각한다.

55명의 공장장들은 구체적으로 다섯 가지를 요구했는데, 주요한 세 가지는 다음과 같았다. 하나는 인사권으로, 기업 간부의 임명에서 공장장은 상급에서 임명하고, 공장장 보좌는 공장장이 추천하면 상급에서 심사해 임명하며, 나머지 간부는 모두 기업 스스로 임명하고 상부에서 간섭해서는 안 된다. 간부 제도는 '종신제'와 '철 의자〔철밥통, 퇴출 걱정이 없는 간부 직위〕'를 타파하고, 직무 순환을 실행해 진정 어떤 일이라도 능히 해낼 수 있도록 한다. 두 번째는 재산 소유권으로, 기업이 인출한 장려 기금은 기업 스스로 안배해 사용하고, 유관 부문이 간섭해서는 안 된다. 장려금은 세금과 이윤의 증감에 따라 유동적이므로 상한선과 하한선을 두어서는 안 된다. 기업 내부는 실제 상황에 근거해 유동적인 임금, 유동적인 승진, 직무 수당, 직책 수당 등 다양한 형식의 급여 제도와 상벌 제도를 실행한다. 세 번째는 기업의 자주 경영권으로, 국가 계획 지표를 완성한 상황 하에서 기업이 스스로 판매와 협력을 확대하는 것을 허용하고, 제품에 대한 가격 결정권을 갖도록 한다.

이후 드러난 자료에 따르면 이 '공개서신'은 공장장들의 자발적인 행동이라고만은 할 수 없었다. 주요 발기자인 황원린은 당시 푸젠성 경제위원회 부주임으로 기업 개혁을 주관하는 주요 관리 중의 하나였던 것이다. 어떤 의미에서 '공개서신'은 사실 푸젠의 관료들이 공장장들의 입을 빌려 '쌍방이 짜고 벌인 연극'이었다. 사실 이 편지가 쓰인 후 20여 년 동안 중국 기업가들이 집단적이고 조직적인 방식으로 권익을 쟁취하기 위해 행동한 적은 없었다.

황원린의 극단적인 행동은 분명 성위원회 서기 샹난의 묵인과 지원을 받았던 것으로 보인다. 황원린은 공개서신을 회의 당일 샹난의 사무실에 바로 보냈고, 샹난은 편지를 받자 바로 『푸젠일보』에 싣도록 비준하면서 신문사를 대신해 '편집자 소견'을 썼다. 다음날 공개서신은 곧 신문의 일면에 실렸다. 당일 푸젠성위원회 조직부는 바로 기업 인사 임면, 간부 제도 개혁, 공장장 권력 등 세 방면에서 기업에게 권한을 이양하기로 결정했고, 기타 주관 부문도 공문을 하달해 이러한 조치를 지지한다고 표명했다. 일주일 후 베이징의 『인민일보』는 55명의 공장장의 공개서신을 게재하면서 그와 관련된 '편집자 소견'을 추가하는 한편 푸젠성의 조치를 높이 평가했다.

이에 전국의 신문들이 앞다투어 이 기사를 전재하고 이에 대한 평론을 실어 '규제 완화' 뉴스는 전국적인 사건이 되었다. 기업사에서 그것은 중국 기업가가 최초로 경영자의 자주권을 자본 측, 즉 정부 부문에 공개적으로 청원한 것이었다. 사실 이런 목소리는 이미 오랫동안 억압되어 왔기 때문에 곧바로 우뢰와 같이 전국적인 센세이션을 불러일으켰다. 비록 이 사건이 관에서 조작한 냄새를 짙게 풍긴 것은 사실이지만 전국적으로 기업 개혁을 강력히 밀어붙이는 실제적인 효과를 가져온 것은 분명했다. 공개서신은 강렬한 시대의 숨결을 지니고 있었다. 그것은 최초로 '공장장(경리) 책임제 실행'이라는 의제를 명확하게 제기했고, 권한 확대를 통해 기업 경영자의 적극성을 환기시켰다. 이러한 호소는 곧바로 공통된 인식이 되었다. 5월 10일 국무원은 추세에 따라 〈국영 공업기업의 자주권의 진일보 확대에 관한 임시 규정〉을 발표했고, 이어 〈도시 경제 체제 개혁에 관한 약간의 결정〉을 내보냈다. 2년 후 국무원은 〈공장장(경리) 책임제의 전면 시행〉을 발표해 민간 소유의 공업기업의 공장장(경리)은 공장의 장이고 기업의 법인 대표로서 기업에 대해 전면적인 책임을 지고 중심적인 지위에서 중심적인 역할을 해야 한다고 명확하게 규정했다.

이 사건은 국영기업 개혁사에서 상징적인 사건이었다. '공개서신'이 발표된 3월 24일은 한때 '중국 기업가의 날'로 명명되었다. 이후 국영기업의 기업가들은 자율권의 전면적 이양을 위해 10여 년을 투쟁했다. '공개서신'이 발표된 지 20년이 지난 2004년 한 기자가 당시 55개 기업에 대해 추적 인터뷰를 실시했는데, 그중 1/3은 파산, 1/3은 민영 또는 외자기업으로의 합병, 1/3은 어려운 지경에 처해 있음을 발견했다. '공개서신'에 참여한 사람 중의 하나로 푸저우밸브공장 공장장이던 천이

정陳一正은 "우리는 당시 요구한 권한을 잘 활용했는지에 대해 항상 자신에게 묻곤 한다"고 말했다.

거시 조정이 느슨해짐에 따라 외자의 중국 진입에도 가속도가 붙기 시작했다. 마쓰시타 고노스케는 다시 중국을 방문했다. 당시 그는 전설적인 인물이 되어 있었다. 1980년대에 그의 관리 사상은 줄곧 숭배를 받았다. 그가 중국에 온 것은 단지 자기 사상을 전파하기 위해서가 아니라 일본 공장에서 막 도태시킨 칼라 TV 생산 설비를 팔기 위해서였다. 당시 칭다오의 하이신海信, 스촨의 창훙, 광둥의 캉자가 연이어 마쓰시타의 생산라인을 도입했다. 1985년을 전후로 일본 기업은 모두 105개의 칼라 TV 생산라인을 수출해 중국에서 최초로 돈을 번 다국적기업이 되었다. 또한 이렇게 생산라인을 도입한 중국의 기업도 빠르게 성장하기 시작했다. 소비가 날로 살아나는 국가에서 생산 능력과 설비의 선진성은 종종 가장 큰 경쟁력이 되었기 때문이다.

상하이에서는 처음으로 중국에 진입한 다국적 자동차기업이 큰 결실을 맺었다. 독일의 폭스바겐의 산타나가 조립에 성공하자 상하이폭스바겐은 독일의 콜 총리와 중국의 리펑李鵬 총리를 초청해 성대한 축하식을 치렀다. 반면 중국에서 자체 설계되고 생산되던 훙치紅旗 자동차는 지난해 조용히 생산을 중단했다. 이 차는 과거 저우언라이 총리의 주관 하에 연구개발된 것으로, 일찍이 중국인의 민족적 자부심을 불러 일으켰으며, 중국이 공업 현대화로 나아가는 이정표로 인식되었었다. 하지만 당시의 신문에서는 이에 관한 기사를 찾아볼 수 없다. 왜냐하면 그것은 실제로 강력하고 의미심장한 우의성寓意性을 갖고 있어 아무도 거기에 내재된 의미를 확대하는 것을 원치 않았기 때문이다.

몇몇 새로운 합자회사가 계속 설립되었다. 베이징에서는 새로 설립된 스퉁이 일본의 미쓰이주식회사와 중국어 문자처리기 개발 계약을 체결했는데, '스퉁 2400'로 불린 이 타자기는 몇 년 동안 전국을 풍미했다. 난징에서는 난징자동차가 이탈리아의 나베코Naveco와 자동차 생산 계약에 서명했다. 상하이에서는 체신 부문이 알카텔Alcatel그룹과 공동으로 상하이벨전화설비공사를 설립했다. 이것은 중국 최초의 프로그램제어 전화교환기를 개발한 중외 합자기업이었다.

1984년은 암시와 서스펜스로 가득한 해였다. 1949년 오웰George Orwell은 미래소설 『1984년』을 썼다. 소설의 주인공 윈스턴 스미스는 가공의 초대국 오세아니아의 전체주의 국가에서 생활했다.

1984년이 정말로 도래했을 때 세계에는 오웰이 묘사한 그런 공포는 없었다. 오히려 시장의 역량이 거의 기선을 잡은 듯했고, 레이거노믹스와 대처주의가 대세를 이루었다. 글로벌 비즈니스 세계도 격렬한 변화 중에 있던 중국처럼 막 새롭게 재조정에 들어간 해였다. 전통적 의미에서의 대기업은 분해되거나 곤경에 빠졌고, 새로운 산업이 막 싹을 띄우기 위해 기다리고 있었으며, 새로운 영웅들이 부르면 언제든지 뛰쳐나올 준비를 하고 있었다.

이해에 세계를 가장 놀래킨 기업 뉴스는 미국의 AT&T가 분해된 것이었다. 전화를 발명한 벨이 설립한 이 회사는 일찍부터 '미국의 상징'이었다. 한때 세계 최대 기업으로, 1980년대 초 회사의 총자산이 1,500억 달러에 달했으며, 영업 이익은 700억 달러로 미국의 국민총생산의 2%를 차지하고 있었다. 1984년 회사의 임직원은 100만 명에 달했으며, 주식 보유자도 300만 명에 달했다. 하지만 장기간의 독점 경영은 이 위대한 회사를 실제로 매우 허약한 거인으로 만들었다. 당시 일본에서 생산된 마쓰시타 전화기는 판매가가 20달러였는데, AT&T의 전화기는 제조 원가가 20달러였고, 수리 비용은 무려 60달러에 달했다. 1월 1일부터 벨은 전국 각지에 분포된 22개의 자회사를 쪼개어 7개의 독립 운영체로 다시 조직했다. 이는 상징적인 의미를 가진 사건으로 일거에 미국 전신업의 장기 독점을 타파했고, AT&T라는 거인을 묶고 있던 규제를 푼 것이기도 했다. 장기적인 관점에서 보면 근본적으로 전자 산업의 성장을 촉진시켰고, 인터넷 기술의 발전으로 인한 광활한 시장 공간을 창출시켰다. 우리가 중국의 기업사를 살펴보면서 일정한 지면을 빌려 이 부분의 역사를 쓰는 이유는 그것이 중국의 국영기업, 특히 독점형 기업의 개혁에 대해 본보기를 제공하기 때문이다. 앞으로 우리는 이들 국영기업의 점진적 개조를 묘사하려 하는데, 우리가 그러한 개혁의 득실을 평가할 때 AT&T는 분명 참고할 가치가 있는 사례이다.

AT&T가 분해된 것과 거의 동일한 수준의 중요한 사건은 1월 24일 애플이 매킨토시라는 가정용 컴퓨터를 보급하기 시작한 것이었다. 이 날은 훗날 『타임』에 의해 PC 대중화의 첫날로 평가되었다. 1976년에 애플이 최초의 개인용 컴퓨터를 출시했을 때 IBM은 이를 그냥 장난감 정도로 생각하고는 중시하지 않았다. 그러나 1981년 여름 IBM은 홀연 IBM PC를 들고 나와 기업 신뢰를 갖춘 브랜드로 PC시장의 신속한 성장을 이끌어냈다. 이때 애플이 출시한 개성 만점의 매킨토시는 거액의 광고비를 들여 전 세계 가정용 PC시장을 활성화시켰다. 창의력이 풍부한 애플의 사장 스티브 잡스는 암시로 가득 찬 TV 광고에서 새로운 시대의 도래를 이렇게 묘사했다.

무표정한 얼굴에 로봇과 같은 대머리의 남자들이 줄지어 오싹한 느낌을 주는 거실에 들어가 그곳에 앉아 거대한 스크린에서 방영되는 '빅 브라더'의 훈화를 듣고 있다. 그때 손에 쇠망치를 든 건강미 넘치는 여자가 거실 안으로 들어간다. 그녀는 깜짝 놀란 눈빛으로 '빅 브라더'가 훈화하는 스크린을 때려 부순다. 이때 구름이 걷히고 빛줄기가 사방으로 퍼져나가며 장엄한 소리와 함께 스크린 상에 글자가 나타난다. '1984년 1월 24일 애플 컴퓨터가 매킨토시를 출시합니다. 당신은 1984년이 왜 소설 속의 1984년과 다른지를 알게 될 것입니다.'

텍사스 대학 의학부 1학년인 19세의 델Michael Saul Dell은 사람들에게 깊은 인상을 준 스티브 잡스의 컴퓨터 광고를 보았다. 이 광고는 직접 그의 창업 욕망을 자극했다. 그는 지난 1년 동안 자주 수업을 빼먹으면서 컴퓨터를 조립하는 것에 빠져 있었다. 그는 애플의 광고를 보고 앞으로 컴퓨터가 사람들이 일하는 방식을 완전히 바꾸고, 비용도 점차 내려갈 것이라고 확신했다. 그는 바로 자신의 델컴퓨터를 창업하기로 결심했다. 소식을 듣고 말리러온 부모에게 그는 "저는 IBM과 경쟁하려 합니다"라고 말했다고 한다. 델의 경쟁 방법은 당연히 또 다른 IBM을 만드는 것이 아니었다. 그에게는 1,000달러의 창업 자금밖에 없었지만 이 천재적인 비즈니스맨은 다음의 간단한 질문을 갖고 사업을 시작했다. "어떻게 컴퓨터 구입 과정을 변화시킬 것인가?" 그의 답안은 컴퓨터를 사용자에게 직접 판매하는 것으로 유통업자의 마진을 제거해 소비자에게 혜택을 돌려주는 것이었다. 19세의 델과 40세의 류촨즈를 비교하면 아주 재미있는 부분이 있다. 그들 둘은 우연히도 창업한 첫날 IBM을 만났는데, 전자는 직접 판매 방식을 통해 기존의 컴퓨터 판매 모델을 전면적으로 부정한 반면 후자는 컴퓨터 거인 IBM의 중국 판매 대리업체가 된 것이다.

시애틀에서 창업한 지 9년이 지난 후 소프트웨어 산업에서 기반을 다진 마이크로소프트의 젊은 회장 빌 게이츠도 매킨토시 광고를 보고 흥분해 한 잡지사 기자에게 이렇게 말했다. "잡스가 성공하면 시장은 PC에 의해 장악될 것입니다. 우리는 애플컴퓨터에 매우 열광하고 있어 그들이 만약 생산 목표를 달성한다면 아마도 1984년도 마이크로소프트 판매 수입의 절반은 매킨토시와 관련이 있을 것입니다." 이후 얼마 지나지 않아 그는 위대한 이상을 제시했다. "사무실 책상마다, 가정마다 컴퓨터를 보유하게 한다."

감화를 받은 사람은 단지 델이나 빌 게이츠만이 아니었다. 샌프란시스코에서는 샌디 러너Sandy Lerner와 렌 보삭Len Bosack 부부가 5달러로 시스코시스템스라는 회사를 설립해 라우터라는 신제품을 연구하고 있었다. 백색의 이 작은 상자는 여러 대의 컴퓨터를 연결해 정보 공유가 가능하도록 했는데, 바로 이 혁명적인 제품이 이후 인터넷의 물결을 가능하게 했다.

델과 시스코의 출현은 기본적으로 신기술 기업의 두 가지 성장 경로, 즉 유일무이한 비즈니스 채널 모델과 고도의 독점적 핵심 기술 우위 모델을 대표했다. 이로부터 우리는 중국 기업과 미국 기업 사이의 거리를 알 수 있다. 그것은 창업 자본의 대소에 있지 않았고, 산업의 성장에 대한 전망과 이해의 차이에 있었다.

1984년은 소란스럽고 열광적인 한해였다. "우리 모두 창업의 바다로 나가자." 젊은이들뿐만 아니라 그다지 젊지 않은 사람들조차 이러한 말로 서로 의사를 떠보고 격려했다. 신중국 성립 후 모두 세 차례에 걸쳐 창업 열풍이 불었는데, 1984년이 처음이었고, 이후 1987년과 1993년에 다시 한 번씩 붐을 일으키게 된다. 거의 6

년에 걸친 준비와 격려를 통해 '전 국민이 상업에 종사하는' 열풍이 마침내 불었다. 당시 북방에서는 "10억 인민 중 9억이 망해도 1억은 여전히 장사거리를 찾고 있다"는 말이 유행처럼 떠돌았다.『중국청년보』의 조사에 따르면 1984년 가장 환영받은 직업은 택시 기사, 개체호, 요리사 순이었고, 환영받지 못한 직업은 과학자, 의사, 교사 순이었다. "머리를 사용하는 것은 이발사만 못하고, 미사일 만드는 것은 차茶 장사보다 못하다"는 말은 당시의 사회 풍조를 잘 말해주고 있다.

8월 모어치중은 다시 출소했다. 이번에는 11개월 동안 감옥에 있었고, 죄명은 여전히 날조된 것이었다. 그는 8월 31일에 출소했고, 9월 18일에 중더상점 영업 재개 간담회를 개최했다. 10월 5일에는 중더상점을 중더무역공사로 개명한 후 바로 회사 이름을 중더실업개발총공사로 승격시켰다. 수년 뒤에는 다시 난더南德로 바꾸었지만 그는 1984년을 회사의 설립 연도로 삼았다.

새로운 사무실에 그는 한 폭의 〈호묘도好猫圖〉를 걸어놓았는데, 그림 속에는 세 마리 고양이가 각각 생기 있고 민첩한 자태로 모여 있었다. 그것은 '흰 고양이든 검은 고양이든 쥐만 잘 잡으면 좋은 고양이다'를 은유하고 있었고, 그림 상단에는 횡폭으로 '자신의 길을 가고, 중국식 사회주의를 건설한다'는 글이 쓰여 있었다. 이 내용은 정치적인 이념에 가까웠지 결코 경제적인 이념을 담고 있지 않았다. 4/4분기에 그는 줄곧 쉬지 않고 회사를 등기했다. 그는 중더기업관리야간학교를 세워 경제계의 중요 인물과 기업가를 양성하는 요람으로 운영하려 했다. 그는 산샤三峽 여행개발주식회사를 만들고는 이사회를 만들어 주식을 발행하려 했다. 또 중더복장공업공사, 중더대나무공예공장, 중더조선소, 중더네온사인장식미술공사, 상품주택건축공사를 등기했다. 탁상시계 전매의 성공으로 그는 자신을 경제계의 천재로 여기고는 마치 천하의 모든 장사는 자신의 신통한 손이 닿아야 비로소 산처럼 돈이 쌓일 것이라고 생각했다. 하지만 호방하게 하늘을 자유롭게 나는 생각에는 뛰어났지만 구체적으로 실행하는 데 게을렀던 그의 비즈니스 기질은 이 시기에 이미 드러났다고 해도 과언이 아니다.

연말에 그의 모든 프로젝트는 중도에서 요절해 흐지부지되었다. 그러나 이것은 그에게 어떤 좌절감도 주지 않았고, 단지 완현과 같은 땅이 너무 작다고 느끼게 할 뿐이었다. 다음해 봄이 되자 그는 충칭, 베이징 등 더 넓은 세상으로 나가 그곳에서 비즈니스 제국을 만들어 꿈의 날개를 펼치려고 했다.

1985년
무절제한 광란의 유희

감각을 따라 가서
꿈의 손을 움켜쥐어라.
발걸음은 점점 가볍고 유쾌해진다.

— 수루이蘇芮, 「감각을 따라 가라」(1985년)

1984년 6월을 시작으로 바다위에 고립되어 적막하기만 하던 하이난다오는 갑자기 소란스런 땅이 되었다. 중국 전역에서 돈 냄새를 맡은 상인들이 돈 가방을 들고 몰려들어 100년에나 한 번 있을 법한 돈 잔치를 벌였고, 이 잔치는 반년 동안 지속되다 결국에는 비극으로 막을 내렸다.

하이난다오는 그때 광둥성에 속해 있었다. 1984년 1월 덩샤오핑의 남방순회 이후 중앙은 바로 연해 14개 도시의 개방을 결정했다. 홍콩과 선전에 이웃해 있던 하이난다오는 당연히 개방의 중점 지역이 되었다. 당시 하이난행정구 당위원회 서기이면서 관공서 주임이던 레이위雷宇는 흥분해 잠을 이루지 못했다. 그는 훗날 당시의 세밀한 계산을 이렇게 회고했다.

하이난다오가 발전하려면 반드시 원시 축적이 있어야 하는데 어디에 기댈 수 있을까? 중앙에 기대는 것도 중요하지만 충분치 않았습니다. 밖에서의 지원은 불가능했습니다. 지름길이 있다면 그것은 제 자신이 '초선차전草船借箭〔제갈량이 짚으로 만든 배를 이용해 화살을 얻은 것에 비유해 외부의 힘으로 발전을 꾀하는 것〕'하는 것 외에는 다른 방법이 없었습니다.

레이위의 '차전계'는 바로 중앙이 허락한 특별 정책을 이용해 진짜 금은을 만들어내는 것이었다. 일찍이 1983년 4월 중국공산당 중앙 국무원은 〈하이난다오 개발 가속화를 위한 토론 요록〉이라는 문건을 전달했는데, 그것의 요지는 이러하다. "하이난행정구가 수요에 근거해 농공업 자재를 수입해 생산 건설에 사용할 수 있도록 허락한다. 지방에 있는 외화를 사용해 하이난다오 시장에서 부족한 소비품(국가가 수출입을 통제하는 상품 포함)을 수입할 수 있다." 그렇지만 이 요록은 다시 "수출입 물자와 상품은 하이난행정구 내에서만 사용과 판매가 가능하고, 행정구 밖에서 판매해서는 안 된다"고 규정했다. 레이위의 '차전계'는 추가 규정을 슬그머니 못 본체하는 것이었다. 사실상 당시 선전에서도 국가가 통제하는 제품과 상품을 수입해 돈을 버는 업체가 대부분이었다.[1]

국가의 정책에 기대어 빠르게 대규모의 원시적 축적을 완성하기 위해 레이위와 수하들은 자연스럽게 자동차를 생각해냈다. 소형 가전이나 사무기기의 수입과 비교할 때 자동차는 이윤이 매우 컸고, 내륙 시장에서 가장 환영 받던 중량급 상품이었다. 당시 레이위는 '1만 3천 대를 수입해 내륙에 넘겨 2억 위안을 벌면 된다'는 계산을 갖고 있었다.

그런데 사태는 그의 예상을 벗어나 갑문이 열리자마자 너무나 속도가 빨라져 수습이 불가능한 상황으로 변해버렸다. 1984년의 하이난은 관민 모두가 가난한 궁벽한 지역이었다. 당시 섬 전체의 재정 수입은 2억 8천만 위안에 불과했는데, 레이위는 당시의 상황을 이렇게 말했다.

급여를 줄 돈조차 부족했고, 당시의 공사는 향진으로 간판을 바꿔 달아야 했는데, 간판을 바꿀 돈조차 없는 공사도 있었다. 징병徵兵 표어를 베낄 선전지를 살 돈도 없었는데, 이는

---

[1] 레이위는 이후 "1984년 7월 국가공상국 시장 담당 부국장이 전국 회의에서 광둥, 푸젠의 두 성에서는 수입 자동차를 성 밖으로 팔 수 있다고 선포했다"고 항변했다. 그러나 이는 개인의 이야기고 문건에 의한 것은 아니다.

모두 사실이다.

그런데 지금은 한 장의 비준 문서를 얻어 자동차 한 대만 전매하면 1만 위안 이상을 벌 수 있었다. 하이난다오 사람들에게는 집 앞에서 유전을 파내는 것이나 다름없었다.[2] 한 순간에 섬 전체가 귀신에 홀린 듯이 앞다투어 비준 문서를 위해 뛰어다니며 자동차를 전매했는데, 레이워도 뒤에 어쩔 수 없이 이를 인정할 수밖에 없었다.

유치원조차도 자동차 비준 문서를 요구했는데, 이는 비준 문서를 돈으로 바꿀 수 있었기 때문입니다. 다른 성에는 비준 문서가 없는데, 하이난다오에는 있으니 다른 성으로 가 비준 문서를 양도하는 순간 돈을 벌 수 있었습니다.

여름에 거의 모든 하이난다오 사람이 자동차 이야기를 했다. 찻집, 여관, 식당, 상점, 기관, 공장, 학교, 신문사, 심지어 유치원, 탁아소에 이르기까지 그냥 들어가 들을 수 있는 말은 머리를 어지럽게 하는 단어, 즉 '자동차'였다. 후에 한 편의 보고 문학에서는 이 부분을 이렇게 묘사한 적이 있다.

그날 아침 기관에서 청소하며 차를 따르는 한 아주머니가 손가락을 꼽으며 문 앞에서 우편물과 신문을 수거하고 있던 아저씨에게 계산을 해보이면서 12인승 일본 승합차를 수입하기 위해서는 4,000~5,000달러가 필요하고, 일본의 최고급 도요타 크라운을 수입하기 위해서는 5,700달러가 필요하다고 말하고 있었다. 환율을 1:2.8로 계산해서 관세를 내고 나면 적어도 100%, 심지어 200%의 차익을 얻을 수 있었다. 두 사람은 계산하면서 계속 즐거워했는데, 방금 한 장의 자동차 비준 문건을 얻었기 때문이다.

2) 레이워는 일찍이 1983년 전후의 화남의 농촌을 이렇게 묘사한 바 있다. "당시 하이난에는 근본적으로 어떤 상품 의식도 없었다. 사람들은 계란이나 수박을 마을 어귀나 골목, 나무아래에서 팔았고, 다른 지방에 나가 돈을 벌 생각을 감히 하지 못했다. 누군가 물건을 가져가면 돈을 바구니 밑에 눌러 놓았다. 그리고 그가 가고 난 후 챙겼다. 그들은 다른 사람에게 돈을 요구하는 것을 계면쩍어 했다. 단 돈이 없으면 팔지 않았다." 겨우 몇 년 만에 돈이 굴러들어오자 순박함을 다 잃게 될 줄 누구도 예상하지 못했다.

1984년 상반기에 하이난이 수입한 자동차는 2,000여 대였고, 7월이 되자 하이난 정부는 한번에 13,000대의 자동차 수입을 허가했다. 상반기의 월 평균 대수에 비해 36배나 증가한 숫자였다. 외화 암시장은 공개되었고, 가격은 미친 듯이 치솟아 달러와 인민폐 비율이 1:4.4, 심지어는 1:6으로 치솟았다. 사람들은 크고 작은 돈다발을 싸들고 주장 삼각주로 가서 홍콩달러를 샀다. 선전, 베이징 등지의 일부 사람들도 하이난의 정책에서 돈 냄새를 맡았다. 당시 다른 지방의 수입 가전, 자동차, 오토바이, 부품 등은 모두 국무원의 비준을 얻어야 했는데, 하이난다오만은 자체로 수입할 수 있는 특권을 갖고 있어 누구라도 이익을 얻을 수 있는 빈틈을 찾을 수 있었다. 그리하여 '하이난다오에서 자동차를 전매하는 것'은 당시 사람들을 유혹한 가장 좋은 비즈니스 기회가 되었다.

전례 없는 자동차 광풍은 이 가난한 섬에서 정식으로 시동을 걸었다. 하이난다오 직속의 94개 기업 단위에서 88개가 악마에 홀린 듯이 이 자동차 광풍에 휩쓸렸다. 당정 기관의 영향 하에 섬 전체의 모든 업종이 막무가내로 자동차 전매를 시작했다. 겨우 반년 만에 섬 전체에 872개의 기업이 출현했는데, 모두 자동차 전매를 위해 설립된 것이었다.

감당하기 힘들 정도로 더운 여름날 자동차가 밀물처럼 하이난다오로 몰려들었다. 이들 자동차는 하이커우海口시 안팎에 끝이 보이지 않을 정도로 빽빽하게 주차되었는데, 햇빛을 받아 오색찬란하게 반짝일 때는 그야말로 장관을 이루었다. 공상국은 적극적으로 전국 각지에서 몰려온 구매자들에게 '위약금을 내고 통과를 허가하는' 수속을 통해 자동차를 인도했는데, 벌금 4,000~5,000위안을 납부하고 문서에 도장을 받으면 자동차는 당당하게 배에 실려 섬을 나갈 수 있었다. 중간에 횡령, 뇌물, 외환 암거래, 온갖 범법 행위들이 밝은 대낮에 공공연하게 행해졌다. 이후에 밝혀진 사실에 따르면 반년 만에 하이난다오는 8만 9천 대의 자동차 수입 허가 문서에 도장을 찍었고, 발주한 것은 7만여 대, 이미 신용장을 개설한 것은 5만여 대에 달했다. 수입에 사용한 금액은 3억 달러에 달했다.

9월 하이난다오의 대규모 자동차 수입은 중앙의 관심을 끌었고, 국무원이 현지 조사한 결과 하이난행정구 정부의 보고 자료는 실제 상황과 커다란 차이가 있었다.

첫째, 하이난에서 수입한 자동차는 모두 섬 내에서 팔렸다(모든 자동차 영수증에는 '섬 내 사용에 국한함'과 '섬 밖으로 나가는 것을 불허함'이라는 글자가 새겨져 있었고, 이는 사실이었다). 둘째, 현재 입하된 자동차는 1만 5천 대가 안 된다(이것도 사실이다. 단 상부 보고 자료에는 이미 출하되어 하이난의 파도를 헤치면서 들어오고 있던 수만 대의 자동차는 언급되지 않았다). 셋째, 하이난의 수입 물자 관리는 매우 엄격해 섬 밖으로 나가는 것이 허가되지 않고, 위반한 자는 처벌을 받는다.

행정구 정부가 이런 자료를 상부에 보고하던 시간에 수만 대의 일본 자동차가 하이커우시의 항구에 끊임없이 하역되고 있었다. 9월 25일~10월 10일까지 하이난다오는 적어도 8,900여 대의 차량의 수입을 허가했다. 11월 25일 레이위는 국무원 특구사무실에 보내는 전보에서 여전히 "지금까지 하이난다오에 수입된 자동차는 전부 섬 내에서 판매되었다"고 말했다.

자동차는 결코 다이아몬드가 아니다. 수만 대의 자동차가 수입되어 섬을 빠져나가는 것을 모든 사람이 보고도 아니라고 한 것은 지나쳤다고 하지 않을 수 없다. 연말에 국무원 특구사무실은 더 이상 하이난다오의 보고를 믿지 않았다. 12월 광둥성 정부는 레이위를 광저우로 불러 자동차 수입을 중지할 것을 분명하게 명령했다. 1985년 초 중앙기율위원회, 중앙군사위원회, 최고인민법원, 최고인민검찰원, 국가회계감사부서, 세관총서, 국무원특구사무실 및 성위원회, 성정부 등 102인으로 조성된 방대한 조사팀이 꾸려져 하이난다오에 진주했다. 1985년 7월 31일 신화사는 「하이난다오의 자동차 등 대량 수입과 전매의 심각한 위법위규에 대한 엄중한 조치」를 공개적으로 발표했다.

중국공산당 하이난다오당위원회, 하이난특구정부의 일부 간부들이 1984년 1월 1일~1985년 3월 5일에 이르는 기간 동안 외화 투기와 대출 남발 등의 잘못된 방법으로 8만 9천 대

무절제한 광란의 유희 **231**

의 자동차 수입을 허가했고, 이중 7만 9천 대가 이미 입항했으며, 또 TV, VTR, 오토바이 등 대량의 물자가 전매되었다. 이는 우리나라의 대외 개방 이래의 중대 사건에 해당된다. 하이난행정구당위원회와 몇몇 책임자는 중앙의 하이난 개발에 관한 방침을 위반해 부분적인 이익의 관점에서 정책의 빈틈을 파고들었고, 중앙이 부여한 자주권을 남용했다. 이러한 심각한 위법위규 행위는 국가 계획에 충격을 주었고, 시장 질서를 어지럽혔으며, 외환 관리 규정과 은행의 대출 정책을 파괴했고, 당의 기풍과 사회 기풍을 손상시켜 국가에 커다란 손해를 입혔을 뿐만 아니라 하이난 개발 건설에도 혼란을 초래해 하이난다오 개발 건설을 지체시켰다.

머지않아 공포된 조사 자료에 따르면 1년 동안 하이난다오는 비합법적으로 전국의 21개 성과 직할시 및 중앙 15개 단위로부터 고가로 5억 7천만 달러를 사들였고, 기업들이 수입을 위해 지출한 대출금 누계는 42억 위안으로 1984년 하이난 농공업 총생산액보다 10억 위안이 많았다. 자동차 이외에도 286만 대의 TV와 25만 2천 대의 VTR이 수입되었다.

레이위는 파면된 후 한 농업 현의 부서기로 발령났다. 행정구위원회 상임위원이자 조직부장이던 린타오선林桃森은 1년 후 투기폭리죄로 무기징역을 선고받았다. 많은 시간이 흘러도 사람들은 여전히 전국의 도로 이곳저곳에서 광둥 번호판을 단 고급 밀수차를 볼 수 있었는데, 그것들은 모두 당시 하이난다오 사건의 유물이었다.

중국 개혁사와 기업사에서 '하이난다오 자동차 전매 사건'은 매우 강력한 '우의성'을 갖고 있다. 제도의 여러 결함이 경제 발전의 수요를 따라가지 못하고 개혁의 점진적 특징이 날로 분명해지자 한 지역이 경제 발전을 위해 길고 지루한 회색 지대에 진입하기 시작한 것이었다.

허보어촨이 『산간 평지 위의 중국』에서 밝힌 자료에 따르면, 1985년에 중국에 수입된 자동차는 1950~1979년까지 수입된 자동차 대수와 비슷했다. 하이난 사건 이후에도 정책의 빈틈을 이용한 자동차 밀수와 전매는 완전히 없어지지 않았고, 후속 여파는 2000년까지 계속 이어졌다. 1983~1987년까지 각지 정부가 외화를 유용해 수입한 자동차는 160억 달러에 달했는데, 이는 당시 미국 크라이슬러의 순고정 자산에 해당되는 금액이었다.

기타 상품의 수입 전매도 마찬가지로 계속되었다. 1988년 1월~9월까지 세관을 통과한 수입 VTR은 2만 대 정도였는데, 실제로 국내에 유입된 것은 33만 대 이상이었다. 신화사 기자가 베이징에서 가장 큰 두 곳의 국영 쇼핑센터를 조사한 결과 판매되는 VTR의 절대 다수는 광둥에서 구입한 밀수품이었고, 어떤 것은 중고품이기도 했다. 칼라 인화지를 예로 들면, 1989년 상반기 5개 특구에서 4천만 달러의 인화지를 수입해 전국 소비량의 1/3을 차지했는데, 이중 80% 이상이 회색 경로를 통해 내지에 유입되었다. 1988년의 세관 통계에 따르면, 전국 수입 소비품 시장은 13억 달러에 달했는데, 신화사는 이후의 논평에서 이렇게 말했다. "판단력 있는 독자라면 시장을 한 바퀴 돌아보고는 '이상한데, 두 배로 증가했다는데도 그치지 않네'라고 말할 것이다." 1995년 무역을 통한 정상 통로로 수입된 칼라 TV는 54만 9천 대였지만 시장에서 실제 판매된 TV는 500만 대였다.

한 해를 놓고 보면 하이난 자동차 사건은 결코 유일한 사례가 아니었고, 오히려 당시 전국 각지에서는 이와 비교해도 손색이 없는 설비 수입 열기가 왕성한 기세로 번지고 있었다.

지난해부터 시작해 대량의 생산라인이 잇따라 쏟아져 들어오기 시작했다. 중국 연해는 국제적으로 산업이 한 나라에서 다른 나라로 넘겨지는 하류 지대가 되어가고 있었는데, 외국 기업과 중국에 이는 현명한 선택으로 보였다. 수백 수천 대의 칼라 TV 생산라인, 냉장고 생산라인, 세탁기 생산라인과 VTR 생산라인이 계속해서 이전되었고, 이로 인해 아주 빠른 속도로 중국 가전업의 '전국시대'가 도래하게 되었다. 속도가 가장 중요한 지표가 되었는데, 텐진에서 22일 만에 독일의 오토바이 생산라인을 들여온 기록은 선진적 업적으로 여겨져 널리 전파되었다. 영국의 『파이낸셜 타임스』는 1985년 2월 27일자 보도에서 이렇게 말했다.

중국 전역에서는 설령 아주 작은 공장이더라도 기업 현대화를 실현하기 위해 외국 투자자를 찾고 있다. 중국에는 현재 5년 전에 비해 조직도 많고, 정보도 아주 빠르다.

그리고 10월에 미국의 『뉴스위크』는 「중국인들이 유용한 구 설비를 여기저기 찾아다니고 있다」라는 글에서 더욱 생동감 있게 이렇게 묘사하고 있다.

한 무리의 엔지니어, 기술자와 포장공이 프랑스의 공업도시 발몽Valmont에 가서 밤낮으로 일하며 이미 파산한 888 냉장고 설비를 전부 뜯어냈고, 5,000톤의 설비를 증기선, 비행기, 기차에 실어 텐진으로 운반했다. 그곳의 한 공장에서 그것은 재조립되어 매일 2,000대의 새로운 냉장고를 생산하는 생산라인이 되었다. 이와 유사한 상황은 도처에서 찾아볼 수 있다. 중국의 대표단 수중에는 유럽 전체에서 필요한 물품 명세서가 들려 있었고, 도처에서 중고 공장 설비를 찾아 다녔는데, 이는 일종의 추세였다. 유럽 기업의 입장에서 그러한 설비는 팔지 않으면 없애버리거나 쓰지 않고 내버려두어야 했기 때문에 중국은 매우 매력적인 무역 동반자였다. 왜냐하면 현금을 지급했기 때문이다.

화교 경제학자 황야성黃亞生은 훗날의 한 연구에서 "일본이 투자한 많은 기업들은 중고 기기를 사용하고 있는데, 일본 기업은 이들 기기를 사용해서는 자국에서는 이익을 낼 수 없었기 때문"이라고 지적했다. 오랫동안 중국에서 일한 UN의 고위급 고문 푸Dave Pugh는 『대역전』이라는 책에서 이렇게 밝히고 있다.

내막을 아는 인사들은 1985년을 전후해 많은 불량 무역이 진행 중임을 알고 있었다. 만약 어떤 외국회사가 정부로부터 제품 구매 계약을 받아내지 못하면 성이나 직할시 단위로 내려가 성사되지 못한 교역을 마무리 지을 수 있었다. 이렇게 하면 중국에 대량의 낡은 설비와 때가 지난 기술을 팔 수 있었다. 설령 근본적으로 기술로서는 함량 미달이거나 또는 중국이 본래 더 좋은 기술을 갖고 있음에도 불구하고 고급 기술에 대한 열광 때문에 고급 기술이라고 불린 기술은 모두 불티나게 팔렸다.

전국 각지에서 발생한 설비 도입 열풍은 이후 중국 기업의 발전에 지대한 영향을 끼쳤다. 이러한 설비 도입은 낡은 설비에 제품 경쟁력이 없던 많은 옛날식 기업을 신속하게 부활할 수 있도록 해주었고, 가장 빠른 속도로 폭발하고 있던 소비품 시장에 진입할 수 있도록 해주었다. 훗날 한 시대를 풍미한 유명 기업은 모두 이러한 생산라인 도입에 적극적이었다. 『경제일보』 보도에 따르면 1985년 베이징 시장에서 환영받던 냉장고 상표는 광저우의 완바오萬寶, 수저우의 샹쉬에메이香雪梅, 쟈싱의 이여우益友, 텐진의 빙펑冰峰이었고, 세탁기는 상하이의 수이셴水仙, 광저우의 우양五羊, 다롄의 보어랑波浪, 항저우의 진위金魚, 우한의 허화荷花, 창춘의 쥔즈란君子蘭 등이었다. 모두 중국 가전업계의 유명 브랜드들이었고, 하나의 예외도 없이 가장 먼저 외국의 생산라인을 도입한 국영기업들이었다.

이와 동시에 규칙도 또 질서도 없는 도입 열기는 큰 낭비와 산업 관리상의 통제력 상실을 초래했다.

이와 관련된 문제 중의 하나는 국내 실정에 맞지 않게 무조건 대규모로 외국 설비와 기술을 도입하려는 것이었다. 우한의 한 압연공장은 1천만 달러가 넘는 설비를 도입했는데, 동력 문제를 해결하지 못해 장기간 방치되었다. 스촨에서는 8억 위안을 들여 일본에서 비닐 생산설비 풀세트를 도입했는데, 조립 후 천연가스 공급 문제를 해결할 방법이 없음을 발견하게 되었다. 설사 충칭철강의 천연가스 전부를 가져오더라도 절반도 가동하기 어려웠다. 다칭大慶화학비료공장은 미국의 생산라인을 도입하고는 원래 있던 직원 1,520명을 315명으로 조정하려 했지만 그 후 관리 문제가 꼬리를 물고 나타났고, 기술자 자질이 업무의 전문적 협업을 보장할 방법이 없게 되자 2년 후 부득불 원래대로 되돌릴 수밖에 없었다.

두 번째는 맹목적 도입으로 이용률이 저하된 것이었다. 『광명일보』는 1987년 우한시가 조사한 설비 도입 실태를 보도했는데, 87개 기업에 911대의 설비가 있었고 규모는 5천 1백만 위안이었으며, 장시간 방치되거나 어떤 것은 포장 상자조차 뜯어보지 않은 것이 있었다. 1987년 12월 15일자 미국의 『비즈니스위크』는 중국 공장의 유휴 설비 가치가 약 200억 위안으로 추정되고, 그중 상당 부분은 2년 전에 도입된 설비일 것이라고 추측했다.

세 번째는 세트로 구성된 설비 도입이 지나치게 많고, 기술 도입은 너무 적은 점이었다. 당시 전문가들의 통계에 따르면, 설비 도입 열기 속에 세트 설비의 점유율은 80%, 단일 설비는 17%, 그리고 가장 중요한 기술 도입은 3%에 불과했다. 많은 설비가 도입된 후 생산에 필요한 부품과 설비 유지 등은 여전히 외국 기업에 의지해야 했다.

네 번째는 중복 도입, 계획의 결핍이었다. 1985년을 전후해 상하이는 모두 12개의 칼라 TV 생산라인을 도입했는데, 2년 후 7개 라인만 가동되었고, 나머지는 전부 방치되거나 폐기처분되었다. 이런 종류의 현상은 각 업종, 각 지구에서 모두 비슷하게 나타났다. 그해 5월 17일자 『경제참고보』는 초판 톱기사로 중국자동차공업공사의 조사 결과물인 「자동차 공업의 심각한 맹목적 배치와 중복 도입 상황」을 발표했다. 이 업종 관리 회사의 추산에 따르면 1990년 전국의 연간 자동차 판매량은 90만 대 정도였는데, 당시의 설비 도입 상황으로 보면 전국 생산량은 200만 대에 달했다. 이 이외에도 맹목적인 부품 조립 자동차, 동일 기술의 중복 도입, 도입 프로젝트의 중복 등의 현상이 존재했고, 어떤 지역에서는 자체적으로 프로젝트 비준을 편하게 하기 위해 하나의 대규모 프로젝트를 몇 개로 나누어 도입하기도 했다.

이러한 설비 도입 열기 속에서 옥석이 구분되지 않고 뒤섞이는 일이 자주 발생했다. 칭하이성은 홍콩의 한 무역회사를 통해 이탈리아와 독일에서 콘크리트 수송 펌프를 도입했는데, 결과적으로 그것은 30년 전의 오래된 설비였고, 전체 설비는 상표를 제외하고는 너무 낡아 심하게 마모되어 있었다. 8월 상하이의 『문회보』는 울지도 그렇다고 웃지도 못할 한 편의 뉴스를 실었다. 「'서양 두부'에 왜 사람들은 관심이 없는가?」라는 제목의 보도에서 기자는 이렇게 쓰고 있다.

6월 하순 자베이(閘北)두부공장은 160만 위안을 들여 일본에서 두부 생산라인을 도입했다. 애당초 이 설비는 두부 제품을 다양화해 시장 공급량을 늘릴 것으로 기대되었는데, 어셈블리 라인을 설치한 지 1달 만에 문제가 생길 줄은 아무도 생각지 못했다. 먼저 두부 원가가 너무 높았다. 시장에서 두부 한 모는 0.1위안이었는데, 그들의 원가는 0.4위안이었다. 다음은 품질 보존 문제였다. 전통 방식으로 만든 두부는 변질된 후에도 기껏해야 발효나 공기

구멍이 생기는 게 고작이었는데, 이 일본 두부는 한번 변하면 바로 물로 변하는 것이었다. 또한 이 라인의 스페어 부품이 너무 비싸 작은 사고라도 나면 일본에 전보를 치는 데만 적어도 20위안이 들었다.

기자는 이것은 아주 비싼 수업료를 지불한 것이라고 기사를 마무리 지었다.

1985~1987년까지 전국 각지에서 115개의 칼라 TV 생산라인, 73개의 냉장고 생산라인, 15개의 복사기 생산라인, 35개의 알루미늄 가공 생산라인, 22개의 집적회로 생산라인, 6개의 플로트 유리float glass 생산라인이 도입되었다. 광동성에서는 21개의 양복 생산라인, 18개의 음료 포장라인, 22개의 빵 생산라인, 13개의 가구 생산라인이 도입되었다. 그중 가장 전형적인 도입 사례는 9개 성과 직할시에서 이탈리아의 멜로니Merloni로부터 아홉 개의 동일 모델 '아리스톤Ariston' 냉장고 생산라인을 도입한 것이었다. 각 생산라인의 가격은 3,000만 위안에 달했고, 연간 생산 능력은 30만 대로, 일순간에 중국에는 '아리스톤 9형제'가 만들어지게 되었다. 이후 가전제품 구매 열풍 속에서 이들 기업은 모두 한때 영광을 누렸고, 전성기 시절 9형제의 생산량은 전국 냉장고 생산량의 1/3을 차지했다. 그러나 10년 후 여덟 곳은 몰락했고, 겨우 메이링美菱 하나만 살아남았다.

1985년의 도입 열기는 이후 많은 비판을 받았다. 대규모 도입 열기는 외화의 대규모 반출을 초래했고, 연말 전국의 무역수지 적자는 138억 달러라는 기록적인 수치에 달했는데, 이는 수출 총액의 52%에 상당했다. 그러나 객관적으로 통제 불능의 도입 열기는 중국 경공업 산업의 세대 교체와 소비재 시장의 개척이라는 커다란 효과를 만들어냈다. 이 시기의 중국 기업은 마치 사춘기 소년이 웃자라고 있는 초원으로 돌격하는 것과 같았고, 우리는 소년의 골격과 푸른 풀이 함께 발전하고 성장하는 소리는 들을 수는 있었지만 과도한 정력과 열정을 무절제하게 낭비하는 것은 막을 수 없었다.

『비즈니스위크』의 관찰에 따르면 중국은 1985년에 비로소 대외투자를 시도하기 시작했다. 11월에 이 잡지는 다음과 같이 보도했다.

중국이 해외에 투자를 시작했다. 첫 번째 지역은 홍콩으로 투자액은 60억 달러로 홍콩의 외래 투자 중 3위를 차지했다. 중국국제신탁투자공사와 두 개의 미국 기업은 워싱턴에서 3,500~4,000만 달러의 가치가 있는 산림을 샀고, 여기서 생산되는 목재는 중국에서 주택을 지을 때 사용되었다. 이것은 중국이 미국에 처음으로 직접 투자한 것이었다.

그러나 시작은 했어도 대외투자는 그렇게 순조롭지는 않았다.『뉴스위크』는 홍콩에서의 투자 실패 사례 2가지를 들어 다음과 같이 보도했다.

베이징에 기반을 둔 중국은행과 중국자원공사는 2,280만 달러로 코닉Conic사의 지분 34.8%를 매수했다. 그 후 중국 측은 이사회에 관리를 파견했다. 몇 개월 후 코닉의 주식 거래가 중지되었는데, 이유는 이 회사 회장이 1,000만 달러 가치의 그의 주식을 모두 중국 측에 팔았고, 또한 본인의 통제 하에 코닉으로부터 2,780만 달러를 대출했기 때문이다. 또 다른 사건은 한 중국 자본 회사가 처음에 1억 2천만 달러를 들여 건축 중인 여덟 동의 아파트를 사겠다고 선포했다가 이후 다시 철회한 일이다. 이 소식은 주식시장의 급락을 초래했고, 회사는 신용을 잃게 되었다.

이러한 뉴스는 여러 해가 지난 지금 다시 읽어보면 그렇게 신선하지는 않다. 하지만 1985년 전후의 세계는 오랫동안 폐쇄되었던 사회주의 국가가 비록 서툴게 보이기는 했지만 국제 자본의 게임에 참여하려는 노력을 계속 관철하고 있었음을 보여준다.

하이난다오 자동차 사건이 중앙에 의해 제지된 것과 거의 동시에 국내에서는 또 다른 중대 사건이 폭발했다. 광둥성에 인접한 푸젠성 진장에서 가짜 약 사건이 발생해 결국 성위원회 서기 샹난의 침울한 낙마를 직접 초래한 것이었다.

진장에서 가짜 약을 제조한 향진기업은 모두 57곳으로, 이중 45개가 천캉陳埭진에 집중되어 있었다. 그런데 이 진은 바로 성위원회 서기 샹난이 본보기로 육성한 곳으로 당시 농공업 생산량 1억 위안을 초과해 '푸젠의 한 송이 꽃'으로 불렸던 향진이었다. 1980년부터 이곳에서는 식품 공장이 발전하기 시작했는데, 이들은 폭리를 추구하기 위해 사업 방향을 점차 약품 생산으로 바꾸었다. 그곳의 사영 업주들은 각급 제약업체를 통해 '공공비용 의료'라는 특정한 소비 루트를 공략했다. 그들은 싸구려 흰 목이버섯에 설탕을 넣어 '혈압강하제', '폐약', '간장약' 등의 가짜 약을 만들어 부당 이익을 챙기려 했다. 신화사 기자는 훗날 보도에서 이렇게 말하고 있다.

가짜 약품 공장은 대부분 농민들로부터 자금을 모집해 설립되었고, 제약 기술자도 또 품질 모니터 기구도 없었다. 또 현대적 의미에서의 제약 설비를 갖추고 있지 않았고, 제약에 사용된 도구는 전부 보잘것없는 부뚜막, 쇠솥, 대나무그릇 등 원시적인 공구였다. 작업장에서 일하는 사람들은 현지 주민이었으며, 파리가 날아다니고 쓰레기는 쌓여 있었으며, 포장 작업대에는 먼지가 가득했다. 이런 부류의 공장이 어떻게 합법적인 지위를 얻을 수 있었을까? 절차는 매우 간단했다. 단지 촌, 진에 가서 계좌를 등록하면 촌과 진은 제품 판매액의 1~2%를 수취한 후 은행 계좌와 관인을 제공하는 것이었다.

원가가 저렴한 가짜 약은 고액의 리베이트 방식을 통해 공공의료 시스템으로 들어갔고, 자연스럽게 사람들이 부러워할 만한 기업 이익을 가져왔다. 그런데 현지 정부는 경제 발전을 위해 이를 방치했다. 1985년 초에 이르러 진쟝의 가짜 약이 맹렬한 기세로 팔리기 시작하자 진의 공상국도 건강음료 공장을 세워 가짜 약을 제조해서 판매했다. 더욱 안전하고 합법적인 신분으로 가짜 약을 생산하기 위해 진쟝 사람들은 공동 운영 방식을 생각해냈다. 그들은 곤경에 처한 샤먼, 산시의 일부 국영공장과 합작해 분공장을 차리거나 공동 출자 명의로 문서를 위조해 가짜 약을 생산했다. 욕망의 빗장이 활짝 풀린 후 만약 법률의 제약이 없었다면 이처럼 사악한 아이디어는 들풀처럼 멋대로 자라났을 것이다.

1985년 6월 16일 『인민일보』는 폭탄과 같은 뉴스를 보도했다. 「몸서리쳐지는 진쟝의 가짜 약 사건」이라는 제목으로 진쟝의 가짜 약 판매 정황과 원인을 밝히면서 현지의 가짜 약 공장이 100여 종이 넘는 가짜 약을 생산하고 있다고 보도한 것이다. 『인민일보』에 따르면 가짜 약의 규모는 10만여 상자, 판매액은 3,500여만 위안, 가담한 사람은 1,000여 명에 달했다. 이밖에도 위생 행정 부문의 약품 허가번호가 105개나 되었으며, 가짜 세금계산서를 발행하기도 했다. 이후 관련 부문이 지속적으로 조사하고, 언론이 연속해서 폭로하자 전국이 일시에 들끓어 올랐고, 진쟝은 '가짜 약'과 '사기꾼'의 대명사로 통하게 되었다. 이후 많은 시간이 지나서도 진쟝 사람들은 외지로 나가 장사할 때 진쟝 사람이라고 감히 밝히지 못할 정도였다. 이런 가짜 약 단속의 폭풍 속에서 샹난이 연루되어 사직하고 물러나게 되었다.

진쟝의 가짜 약 사건을 시작으로 중국의 드넓은 농촌에서 의도적이고 조직적으로 싸구려 가짜 제품을 제조하는 것은 이후 20년 이상 지속되었으며, 지금도 여전히 만연해 근절되지 않고 있다. 그것은 많은 지방에서 그것이 빈곤을 탈피할 수 있는 지름길이었고, 지방 정부에게는 현지 경제를 진흥시킬 수 있는 방법이기 때문이다. 진쟝의 가짜 약 공장의 창업자와 경영자는 현지 향진의 간부였는데, 이러한 특징은 이후에도 반복해서 나타났다. 중국의 기층 사회에 수천 년 동안 전해져 내려온 순박한 상도덕이 이때부터 무섭게 사라지기 시작했다.[3]

진쟝의 가짜 약 사건과 하이난다오 자동차 밀수 사건은 1985년의 중국을 기이한 분위기로 충만하게 했다. 한편에서 경제 개방과 기업 개혁은 갈수록 전 국민의 공통된 인식이 되었고, 새로운 변혁이 각 영역에서 장려되고 시도되었다. 주쟝 삼각주, 쟝수성 남부와 원저우 등지의 민간 자본은 힘차게 발전하기 시작했다. 빠른 투자와 빠른 발전은 다시 한 번 국가의 주제가 되었고, 거시경제는 수년의 침묵 후 다시 가열될 기미를 보였다. 다른 한편으로는 전 국민의 물질적 욕망이 맹렬하게 끓어올라 빈곤 탈출이 최고의 이상이 되었고, 이러한 목표 아래 제도나 도덕에

---

3) 중국의 향촌에서 발생한 가짜나 싸구려 제품 제조 사건이 가진 공동의 특징은 지역성 범죄이며, 또 어떤 한 향촌의 농민 집체가 참여해 이들 제품을 제조하는 과정에서 모든 사람이 그러한 범죄 행위가 어떤 결과를 초래할지, 사회와 소비자가 어떤 상해를 입을지 알고 있다는 점이다. 그러나 이익을 위해 이들 모두는 최소한의 도덕적 제약조차 뒷전으로 미루었다. 몇몇 기층 정부는 심지어 이런 종류의 집단 범죄의 보호막이면서 함께 이익을 꾀하는 공범이었다. 일찍이 한 기자가 가짜를 만든 향촌 간부에게 이렇게 물었다. "당신들은 이런 행위가 범죄이며 부도덕한 것인지 알지요?" 노련한 향장은 뒤쪽의 한 채 한 채 건축 중인 농민 주택을 가리키며 확고하게 말했다. "나도 안다. 세상 저 끝의 가장 큰 도덕은 우리 가난한 고향을 부유하게 하는 것이다."

대한 경시는 묵인되었으며, 동시에 보수 세력에게 공격의 빌미를 제공하게 되었다.

거시적인 각도에서 보면 1985년의 중국 경제는 다시 가열되고 있었다. 이는 당시 중앙의 화폐 정책과 관련되어 있었는데, 지난해 10월 1985년의 은행 대출 규모를 계획할 때 국무원은 그해 연말의 수치를 1985년의 대출 기준으로 공포했다. 이리하여 각 전문 은행은 목표 기준을 달성하기 위해 공격적으로 대출 정책을 시행했다. 그 결과 국가의 대출금은 급속하게 증가했으며, 은행은 밤낮으로 돈다발을 찍어냈고, 급기야는 80억 위안을 추가로 발행하게 되었다. 참고로 1983년 전국에 공급된 화폐 총량은 단지 90억 위안에 지나지 않았다.

기업의 계속된 창업과 소비 수요의 증가는 원자재 부족 현상을 더욱 심각하게 만들었다. 중국은 개혁개방 첫날부터 줄곧 자원 부족 상태에 있었고, 이것은 이후 30년 동안 지속되었다. 그리고 이런 상태에 대한 정책적 대응은 개혁의 성장 궤적과 그것에 내재된 논리를 파악할 수 있게 해준다. 어디라도 뚫고 들어가는 민영기업과 비교할 때 원자재 쟁탈에서의 국영기업의 적극성과 능력은 누가 봐도 훨씬 약해보였다. 그래서 국무원의 브레인들은 '이중가격제'라는 창조적 방법을 생각해냈다. 1985년 초 국가는 기업이 계획 외에 자체 판매하는 제품의 가격 제한을 취소한다고 선포했고, 생산 원자재의 '이중가격제'를 정식으로 선언했다.[4]

---

[4] 공개된 자료를 보면 1905년 5월 초 성제학자 환상(宦鄕)은 '중국의 미래'라는 심포지엄에서 최초로 "우리나라의 신경제 체제는 아마도 일종의 이중가격제일 것"이라고 문제를 제기했다. 그는 "앞으로 상당히 긴 시간 동안 집권 경제 체제와 분권 경제 체제가 병존하는 시기가 지속될 것"이라고 말했다. 이 생각이 정책결정자들의 마음에 들어 '이중가격제'의 이론적 기초가 되었다. '이중가격제'에 대한 역사적 평가에 관해 경제학계에는 논쟁이 있다. 어떤 사람은 '이중가격제'가 국가가 기회주의를 제도화해 거대한 부패를 양산했다고 생각한다. 그러나 장우창은 그것을 성공적인 방안으로 여겼다. 이유는 반문식이다. 만약 이원화 제도를 실행하지 않았다면 단지 두 가지 선택만 있었다. 하나는 계획경제를 계속하는 길이고, 다른 하나는 충격요법에 따라 직접 시장에 진입하는 길이다. 전자가 효율이 없다는 것은 이미 근거가 있는 사실이다. 그러나 후자는 큰 혼란을 초래할 수 있고, 또한 사실상 많은 어려움을 일으켰다. 원인은 우선 시장 개방 이후 애초의 경제 구조가 바로 바뀔 수 없어 대량의 국유기업에는 여전히 독점이 존재했고, 독점자는 특권을 이용해 가격을 올리고 시장의 혼란을 조성했다. 두 번째 원인은 시장이 개방되자 원래 경제에 있던 많은 경제적 고리들이 바로 끊어져 경제 성장을 급격하게 떨어뜨렸다. 그것과 비교하면 이중가격제도는 한 방면에서는 계획 가격을 유지하고, 동시에 다른 부분에서는 시장을 개방한 것이었다. 비록 많은 부패의 기회를 초래한 것은 확실했지만 이러한 제도는 비국유경제가 투자 발전의 기회를 갖고, 제품을 판매할 기회를 얻도록 해주었다.

이중가격제의 의미는 생산 원자재에 두 종류의 가격이 존재한다는 것으로, 하나는 국가가 통제하는 '계획 내 가격'이고, 하나는 시장에서의 '계획 외 가격'이었다. 후자의 원가는 전자보다 훨씬 더 비쌌다. 이처럼 왜곡된 가격 체제의 목적은 국영기업의 원자재 구입 우위를 보장하기 위한 것이었다. 동시에 국가는 시장의 수요량에 근거해 계속해서 계획 내 상품과 계획 외 상품의 판매 비율을 조정할 수 있었다. 1985년을 전후로 강재의 계획 내와 계획 외 비율은 78:22, 석탄은 92:8, 석유는 83:17, 시멘트는 64:36, 식품류는 73:27, 의류는 59:41, 내구소비재는 48:52였다. 이러한 비율로부터 원자재에 대한 국가의 통제가 일용품에 대한 통제보다 훨씬 더 컸음을 알 수 있다. '이중가격제'는 선명한 계획경제의 특징을 띠고 있었고, 이는 가격 폭등과 인플레이션을 억제하는 역할을 하기는 했지만 오히려 상당 기간 동안 민영기업의 성장을 방해하는 근본적인 원인이 되었다.

쟝수성 우시無錫시의 저명한 향진기업 홍도우집단紅豆集團의 저우야오팅周耀庭은 다음과 같이 회고하고 있다.

홍도우가 발전하자 국가는 1kg의 디젤조차 제공한 적이 없었고, 1kg의 면사, 계획 내의 원료, 어떤 것도 주지 않았습니다. 1985년과 1986년을 전후로 방직 기업의 원료는 극히 부족했고, 적지 않은 공장이 가동을 중단할 수밖에 없었습니다. 우리는 대외 무역을 하고 있는데, 면사가 없어서 우시시의 관련 부서로부터 융통하려고 시도했지만 당연히 거절당했습니다. 우리가 향진기업이기 때문에 1kg의 면사도 줄 수 없다는 것이었습니다. 그래서 제가 '국영기업은 큰 형님이고, 우리 향진기업은 어린 동생이라 할 수 있습니다. 어린 동생이 큰 형님에게 배우려고 하는데, 방직 공사로 하여금 우리에게 면사를 주게 하는 것은 어떻습니까?'라고 물었습니다. 그러자 한 간부는 '당신네 향진기업이 어린 동생이라고요? 말도 안 됩니다'라고 대답했습니다.

이 대화는 저우야오팅으로 하여금 각골난망하게 했다. 20년 후 CCTV의 〈개혁개방 20년〉 인터뷰에서 그는 카메라에 대고 이렇게 말했다.

국영기업은 큰 형님이고, 향진기업은 어린 동생이 아니었습니다. 향진기업은 사생아였습니다. 그때 우리 향진기업은 사생아 대우를 받았습니다.

'사생아'라는 표현은 듣기 거북했지만 당시로서는 명백한 사실이었다. 이중가격제를 엄격하게 집행하고, 체제 내의 국영기업을 보호하기 위해 3월 국무원은 엄격한 금령을 내렸다.

주요 생산 원자재와 잘 팔리는 내구재 소비품의 도매 업무는 단지 국영 단위에서만 경영할 수 있고, 매점을 통한 현장에서의 전매 행위를 금지한다. 계획경제의 공급 구매권을 전매해서는 안 되고, 임의로 가격을 올려서도 안 되며, 어떤 형식으로라도 초과 수입을 요구해서도 안 되며, 투기범에 대해서는 단호하게 제지하고 타격해야 한다.

이처럼 명확하고 엄격한 금령은 일부 담이 작은 사람은 놀래킬 수 있었지만 배경이 좋은 모험가들은 조금도 제지하지 못했고, 오히려 모험에 따른 이윤 공간을 더욱 크게 만들었다. '이중가격제'는 직접적으로 '다오예 경제'의 번영을 초래했다. 정부라는 배경과 자원을 가진 사람이나 기업은 국가의 계획 가격에 따라 공급이 부족한 원자재를 구입해서 시장 가격으로 전매했고, 차액만큼 이윤을 남겼다. 『경제일보』는 이러한 실례를 다음과 같이 보도했다.

국영인 네이멍구의 츠펑赤峰금속재료공사는 한 알루미늄 광산으로부터 톤당 3,714위안의 계획 내 가격으로 500톤의 알루미늄 괴를 구매한 후 톤당 6,500위안으로 광둥의 한 기업에 되팔았다. 후자는 다시 이를 전매해 가격이 톤당 7,000원으로 상승했고, 마지막으로 금속재료공사가 다시 되사 국영인 츠펑전선공장에 제공했다. 알루미늄 괴는 제자리에서 움직이지 않았지만 중간에서 되파는 '다오예'들이 큰돈을 벌었고, 국영 광산, 금속재료공사와 전선공장은 예외 없이 돈을 지불하는 매입자가 되었다.

'다오예'들의 창궐과 그들의 통찰력으로 인해 국가가 일괄 분배하는 각종 물자가 각종 형식으로 각종 통로를 거쳐 시장으로 흘러들었고, 국가의 계획은 완전히 엄격함을 잃게 되었다. '이중가격제'를 집행한 연도에 국가가 일괄 분배하는 물자가 국가에 납품해야 할 계약으로 마무리된 적이 없었고, 도리어 규칙을 잘 지키고 국가가 제어하는 계획을 잘 준수한 국영기업은 가장 큰 피해자가 되었다. 이런 의미에서 기형적인 가격 제도에서 이익을 취한 '다오예'들이 계획경제를 무너뜨린 마지막 지푸라기였다.

추산에 따르면 이중가격제가 중국 경제에 초래한 직접적인 손실은 적어도 연간 1조 1,000억 위안 이상으로 GDP의 9%를 차지했다. 이는 여러 해 동안의 중국의 경제 성장 속도와 기본적으로 같았다. 학자 후허리胡和立의 연구 보고에 따르면 1988년에 전국의 계획 상품의 가격차 총액은 1,500억 위안을 초과했고, 여기에 은행 대출의 이자 차액, 수입시의 환차를 합친 가격차는 3,500억 위안 이상으로, 당시 연간 국민소득의 약 30%를 차지했다. 그중 70%정도가 개인의 뒷주머니로 들어갔다.

비록 '이중가격제'의 보호를 받았다고는 해도 국영기업은 여전히 체제 내에서 발버둥치고 있었는데, 경영 활동에서부터 심리 상태와 관념까지 하나같이 시련의 과정의 연속이었다.

계획경제 하에서 형성된 '정통 관념'이 시장의 엄준한 도전을 받고 있었지만 사람들은 아직 그것을 익숙하게 느끼지 않았다. 오랫동안 '노동자는 공장의 주인이고', '기업은 당이 지도하는 노동자 조직'이라고 선동하는 선전 체계에 익숙해 있었는데, 이제 막 보급되기 시작한 공장장 책임제는 과거에는 도전을 허용치 않던 이런 이념을 난처하게 만들었다. 11월의 『노동자일보』는 「단호한 개혁의지를 가진 한 공장장의 고뇌」라는 기사를 실었다.

1년 전 옌스巖㐌는 겉으로는 이익이 나지만 실제로는 손해가 나던 창춘담배공장의 공장장으로 임명되었다. 그는 엄격하고 올바르게 경영했고, 그해 1,200만 위안의 이윤을 실현해 성 전체에서 1등을 차지했다. 그러나 지나치게 엄격한 그의 업무 방식은 안정 관리와 평균주의에 익숙해있던 노동자들의 저항에 직면했다. 옌스가 '상여금을 너무 많이 가져간다',

'가까운 사람만 임용하고 있다'고 호소하는 수십 통의 고발장이 상급 부문에 접수되었고, 7개의 조사팀이 공장을 조사하러 파견되었다.

신문은 옌스를 변호하면서 이렇게 적었다.

그의 급여는 보통 노동자보다 2단계 높아 매월 10여 위안이 많았다. 그리고 그가 임용한 간부는 모두 상급 부문의 심사와 비준을 통과한 것이었다.

이와 거의 동시에 『인민일보』는 한 국영공장에 대한 장편 보도 「공장장 형님」을 실었다. 네이멍구에 위치한 둥성중약东胜中药 공장에서 기자 리런천李仁臣이 노동자들에게 물었다. "당신은 마음속으로 공장장을 어떻게 평가하나요?" 노동자들은 흥분하며 말했다. "그는 우리의 공장장 형님입니다." 이 공장의 공장장 장밍루이张明瑞는 노동자를 수족처럼 대했고, 그의 이상은 이 공장을 서로 아껴주는 가정 같이 만드는 것이었다. 그는 직원들에게 "나이든 사람은 부모처럼 공경하고, 동년배는 형제자매처럼 사랑하고, 후배는 자녀처럼 사랑해야 한다"고 말했다. 노동자들은 "그 또한 노동자를 훈계한 적이 있었습니다. 단, 곧바로 가슴에 손을 얹고 자책하고, 자발적으로 훈계받은 사람에게 자기 잘못을 용서해줄 것을 청했습니다"라고 말했다.

분명 가혹한 옌스와 인자한 장밍루이 사이에서 사회 전체의 관념은 시계추처럼 격렬하게 흔들리고 있었고, 비즈니스에 내재된 냉혈적인 특징은 갈수록 분명하게 본색을 드러냈다. 그러나 많은 사람은 이에 익숙하지 않았고, 심지어는 그것을 인정하려 하지 않았다.

딱 떨어지게 말하기 어려운 또 다른 문제는 국영기업 내에서 도대체 공장장이 우선인지, 당위원회 서기가 우선인지 알 수 없었다는 것이다. 개혁 이전에 이는 근본적으로 문제가 되지 않았다. 서기는 공장의 의심할 여지가 없는 영도자였다. 그런데 새로운 관리 구조에서 공장장이 기업 경영의 제일 책임자가 되었는데, 그가 계속 서기의 지시를 받아야 할지가 문제였다. 정치적으로 민감한 이 문제에 대한 논쟁은 10여 년 동안 비공개로 계속되었다. '당위원회 영도 하의 공장장 책임제'에서 '서기, 공장장 이원 핵심제'로, 다시 '공장장 전면 책임제'까지 이 문제는 간결하게 맺고 끊는 맛이 없었고, 서로 뒤엉켜 분명치 않은 채 계속되었다. 1998년을 전후해 현대적인 기업 제도가 본격적으로 받아들여진 〈공사법(회사법)〉이 출현한 후에서야 이 문제는 비로소 흐지부지되었다.[5]

8월 3일 선양의 국영기업 세 곳이 〈파산경계통고〉를 받았다. 이는 건국 이래 처음 있는 일이었다. 선양시 정부는 이를 위해 성대한 기자회견을 열었다. 선양제3농기기공장, 선양철물주조공장과 선양방폭기계공장이 시범적으로 선택되었고, 시정부는 특별히 축구의 옐로카드를 본 따 노란색 봉투에 〈파산경계통고〉를 넣어 벌벌 떨고 있던 세 명의 공장장에게 보냈다. 1년 후 같은 날 선양방폭기계공장이 첫 번째 희생자가 되었다. 그곳은 그날 이후 파산을 선고받고 문을 닫았다. 미국의 『타임』지는 이에 대해 "서방에서는 결코 드물지 않은 현상, 즉 수만 명의 노동자가 회사가 곤경에 빠질 것이며, 일자리도 보존할 수 없을 것이라고 통보받는 현상이 디트로이트, 리용, 맨체스터가 아니라 중국 동북부의 선양에서 일어났다"고 논평했다. 한 일본 기자는 "선양에 8도를 넘는 개혁 지진이 일어나 중국의 '철밥통'이 정말로 깨지기 시작했다"고 보도했다. 4개월 후 중국의 〈기업파산법〉 초안이 베이징 인민대표회의에서 정식 통과되어 시행되었다.

절대 다수의 국영기업 공장장들에게는 어떻게 기업 관리를 강화하고, 생산 효율성을 높일 것인가가 시급히 해결해야 할 과제였다.

미국의 기업가 아이아코카가 마쓰시타 고노스케를 대신해 새로운 우상으로 떠올랐다. 그는 원래 포드자동차 회장이었지만 포드에서 20년을 일한 후 이사회 의장 헨리 포드와의 불화로 인해 쫓겨났다. 그때 그의 나이 54세였다. 불편한 마음의 아이아코카는 위기에 처해 있던 크라이슬러 자동차의 CEO가 되어 3년 만에 적자

---

5) 1985년을 전후해 중앙의 한 지도자는 "대사는 흐리멍텅하지 않게, 소사는 뒤엉키지 않게"라는 말로 기업에서의 서기의 직책의 범위를 정했다. 그러나 이러한 표현은 물론 생동적이기는 하지만 구체적인 일에서는 근본적으로 집행하기 어려웠다.

를 흑자로 전환시켰으며, 다시 3년 만에 회사 이익을 24억 달러로 올려놓아 미국에서 가장 영향력이 큰 '경영의 신'이 되었다.『타임』지는 "그가 한마디 하면 전 미국이 경청한다"라면서 그를 칭송했다. 이해에『아이아코카 자서전』이 출판되었고, 북미에서만 150만 부가 판매되었다. 이 책이 곧바로 중국어로 번역되자 아이아코카는 손실에 괴로워하던 국영기업가들에게 우상이 되었다. 사람들은 그의 경험에서 노력하면 된다는 희망을 보았고, 또한 그의 관리 테크닉에서 목마르게 바라던 기본적인 기업관리 지식을 학습했다. 창훙전자의 니룬펑은 당시를 회고하면서 이렇게 말하고 있다.

> 당시 서점에는 기본적으로 무슨 경영 관리 서적 같은 것은 없었고, 나의 관리 지식은 모두 아이아코카의 책을 읽고 배운 것이었습니다. 그가 막 부임했을 때 크라이슬러는 질서가 없고 느슨한 기율에 업무를 통제하는 사람이 없어 각자 독자적으로 일하고 있었고, 제품은 조금도 경쟁력이 없었습니다. 나는 당시 이러한 상황이 창훙과 똑같다고 생각했습니다.

허베이성의 스자좡石家庄에서 장싱랑張興讓이라는 공장장이 '만부하공작법滿負荷工作法'을 개발했는데, 이는 전형으로 간주되어 한동안 유행했다. 장싱랑은 스자좡 제일 플라스틱공장의 공장장이었다. 그는 비록 노동자들이 매일 시간에 맞게 출퇴근을 하지만 진정으로 일하는 시간은 매우 적고, 심지어 한 대의 기계 앞에 모여서 교대로 일하는 현상도 있음을 알게 되었다. 게다가 먹고 마시고 싸고 잡담하는 시간을 빼면 하루 노동시간이 2시간 40분에 불과한 것을 알고는 개혁 방안을 생각해냈다. 그는 기업 내부의 인력, 자산, 물자 등의 요소를 새로 조합해 원래의 조방粗放 경영을 집약 경영으로 바꾸었다. 이 방법은 우선 기업 각각의 업무에 노력 목표를 제시하고, 낮은 단계에서 높은 단계로 점차 구체적으로 실현해가면서 이를 개인의 보수와 연계한 체계였다. 심사 지표는 일인당 평균 효율, 일인당 평균 효익과 기업의 이익과 세율이었다. 구체적인 실시에서 그는 품질, 공급과 판매 경영, 설비 운전, 물자 사용, 에너지 이용, 자금 회전, 비용절감, 일인당 업무량과 업무 시간 이용 등 아홉 가지 요소를 종합적으로 고려했다. 그래서 설비를 최대한 가동한다는 개념을 빌려 이를 '만부하공작법'이라 칭했다.

그의 시도는 효과가 있는 것처럼 보였다. 개혁 전에는 공장에 세 대의 큰 보일러가 있었는데, 보일러 기사와 대체 인력, 석탄을 나르고, 배출하고, 유지하고 보수하고, 물을 주입하는 등의 일을 하는 직원이 모두 70여 명이나 되어 전 직원의 1/6을 차지했다. 하지만 장싱랑의 '만부하' 기준에 따르면 이 세 대의 보일러는 18명이면 충분했다.

장싱랑은 1985년부터 이 방법을 시행하기 시작했다. 2년 후 이 방법은 중앙의 높은 관심을 불러일으켰고, '일대 발명'으로 여겨져 전국적으로 수많은 기업에 대대적으로 보급되었다. 이로 인해 장싱랑은 남방의 부신성과 함께 저명한 기업가가 되었다.

우한에서는 훨씬 더 드라마틱한 인물이 출현했다. 그는 베르너 게리히Werner Gerich라는 독일인으로 지난해 11월 64세의 나이로 우한디젤엔진공장의 공장장으로 초빙되었는데, 이는 건국 후 최초의 외국 국적 국영기업 공장장이었다. 게리히는 퇴직한 엔진 기술자였다. 우한시 당위원회는 이 외국인이 순조롭게 일할 수 있도록 하기 위해 특별히 상임위원회가 인솔하는 9인의 업무 팀을 만들었다. 그는 '신시대의 노먼 베쑨Henry Norman Bethune[6]'으로 여겨졌다.

게리히가 직면한 것은 기율은 풀리고 관리는 혼조롭고 경영진은 일말의 책임감도 없는 국영기업이었다. 그는 노동자들에게 8시간 노동을 준수하고, 장기 지각과 무단 결근자를 해고할 수 있도록 해줄 것을 요구했다. 그는 매일 돋보기, 작은 망치와 철필을 갖고 작업장으로 가 현장의 난제를 처리했다. 이 이외에도 이전에 생산라인에 나온 적이 한 번도 없는 수석 엔지니어를 다른 근무처로 전출시켰다. 이러한 그의 방식은 한 신문기자에 의해 '서양 공장장의 세 도끼'로 총결되었다. 중앙의 한 고위층이 이 기사를 본 후 이렇게 말했다.

---

[6] 캐나다 출신의 외과의사이자 의료개혁가로 스페인 및 중국의 전장을 누비며 인도주의적인 의료 활동을 펼쳤다. 그의 중국식 이름은 '바이츄언白求恩'이었으며, 중국에서는 그를 '바이츄언 의사白求恩大夫'로 칭송해 '중국 인민의 영원한 친구'로 기념하고 있다.

우리 자신의 공장장들 대다수는 이렇게 하고 있지 않다. 어떤 사람은 이렇게 할 수 있는 조건이 없어서가 아니라 이러한 조건을 움켜쥐지 못하기 때문이고, 다른 사람은 원치 않거나 감히 그렇게 하려고 하지 않기 때문이다. 당연히 신체, 기능 등의 조건이 실제 능력 밖이기 때문에 그렇게 하려 해도 할 수 없는 경우도 있다.

게리히의 방법은 매우 선진적이고 관리의 기발한 초식으로 여겨져 언론으로부터 빠르게 환영을 받았다.

이 평범한 퇴직 엔지니어는 중국에서 전기적傳奇的 인물이 되었다. 그가 3년 동안 공장장을 역임하는 동안 이 공장에는 큰 변화가 일어났다. 이 기간에 그는 다섯 차례나 국무원 부총리의 접견과 가르침을 요청받았고, 독일 정부로부터는 '십자훈장'을 받았다. 중국을 떠날 때 그는 중국 정부에 편지를 한 통 썼는데, 그중에는 십여 종의 국영기업의 폐단을 귀납해 다음과 같이 건의한 내용이 들어있었다.

정부는 자애로운 부모가 사랑스런 자식을 대하듯이 기업을 대해서는 안 됩니다. 생산 과정 중의 놀랄만한 낭비를 관리하고 절약 생활을 제창해야 합니다. 청년의 취업 전 교육을 강화하고, 중앙에 설비 조절 센터를 만들어 몇몇 기업의 유휴 설비를 설비가 부족한 기업에 유상으로 배정해야 합니다.

현대적인 공장 관리 이론상 장싱랑의 '만부하공작법'과 게리히의 '세 도끼'는 분명 무슨 발명이라고는 할 수 없었다. 하지만 당시 오래되고 상황이 심각한 국영기업에서 이는 가장 선진적이고 효율적인 의식 개혁이었다. 하지만 그들의 실천은 최종적으로 중국의 국영기업을 구해낼 수는 없었는데, 이들 모두는 어느 정도 '담장 내의 변혁'이었기 때문에 이들만으로는 국영기업의 경쟁력과 재산권 자주성 부문에서의 타고난 결함을 바꿀 수는 없었다. 장싱랑의 개혁은 그의 공장을 기사회생시켜 국영기업 개혁의 표본이 되게 만들었다. 하지만 날로 치열해지는 시장 경쟁 속에서 재산권에 대한 근본적 개혁에 이르지 못한 기업은 진정한 활력을 얻을 수 없었다. 장싱랑과 그의 공장은 1992년 후 다시 곤란에 빠졌고, 2000년 양력설에 기진맥진한 장싱랑과 1,090명의 노동자는 모두 함께 퇴직을 선언했고, 기업은 더 이상 존재하지 않게 되었다. 게리히는 훗날 몇 차례 더 중국을 방문했고, 올 때마다 정부 관료들의 열렬한 환대를 받았다. 그러나 그는 자신이 전에 심혈을 기울였던 우한디젤엔진공장의 이후의 운명을 진정으로 알지 못했다. 1993년부터 이 기업은 손실을 보이기 시작했고, 1998년에는 기계가 전면적으로 멈추었다. 그가 마지막으로 우한을 방문한 때는 2000년 6월로, 그는 당시 80세의 고령이었다. 살아 있던 마지막 몇 년 동안 그의 중국 친구들은 줄곧 그에게 우한디젤엔진공장의 진상을 감히 이야기하지 못했는데, 그가 심리적으로 그러한 현실을 받아들이지 못할 것을 염려했기 때문이다. 2003년 4월 17일 게리히는 독일에서 세상을 떠났다. 2005년 어느 날 우한시 정부는 번화가 중심에 있는 한정漢正거리의 공업구 광장 중앙에 '베르너 게리히'라고 새겨진 2.78미터 높이의 동상을 세웠다. 그는 이미 사라졌지만 때때로 사람들에 의해 언급되는 신화처럼 오랫동안 그곳에 서 있을 것이다.

장싱랑과 게리히는 결국 자신의 기업을 구해내지 못했다. 그러나 그들이 시도하고 전파한 관리 이념은 당시 전국의 수많은 민영기업가들의 무상 교재가 되었다. 많은 사람들이 이후 회고하면서 "기업 관리와 경영에 대한 기초적 지식은 모두 이처럼 기운차고 강력한 계몽 색채를 띤 개혁 운동에서 얻은 것"이라고 말했다.

1985년 오랫동안 억압되어온 중국인들의 민족적 자부심이 날로 팽창하고 있었다. 5월 19일 저녁 제13회 월드컵 축구 A조 예선전이 베이징노동자운동장에서 열렸다. 중국 국가대표팀이 홍콩 대표팀에 1:2로 지고 탈락하자 경기가 끝난 후 현장의 관중은 통제력을 잃었다. 수많은 관중이 물병을 던졌고, 고의로 차량을 훼손하며 기사를 에워싼 채 구타했으며, 질서 유지 경찰에 상해를 가했고, 외국인이 탄 자동차를 가로막으면서 제멋대로 욕설을 퍼부었다. 베이징 경찰은 현장에서 120여 명을 체포했다. 이들 중 38명은 죄질이 불량하다고 판단해 12일~15일의 구류를 살렸고, 또 다른 7명은 형법을 위반해 재판을 받았다. 이것이 신중국 역사상 첫 축구팬 난동 사건으로 '5.19 축구 사건'으로 기억되고 있다.

7월 한 언론이 미국의 격류 탐험대가 창장을 타고 내려오고 있다고 보도하자 미국인보다 앞서 세계 최초로 창쟝을 래프팅한 사람이 되기 위해 서남교통대학 직원 야오마오수堯茂書가 창쟝의 근원지에서 1,270km를 표류하다 24일 진사쟝金沙江 구간에서 불행히도 사체로 발견되었다. 그의 사망에 전 국민은 큰 탄식과 함께 또 다른 비장함과 자기연민을 뒤섞어 표출했다. 11월 의지의 여자 배구대표팀이 7전 7승의 성적으로 월드컵 우승의 영예를 계속 이어갔다. 또한 처음으로 네 차례 월드컵에서 연속 우승한 여자팀이 되었다.

민족적 정서가 고양되는 것과 동시에 폼 나고 연봉이 높은 외국 기업에 취직하거나 외국으로 유학하는 것이 선망의 대상이 되었다.

가을에 독학으로 대학입시에 합격해 영어 전공 졸업장을 막 취득한 베이징의 춘수椿樹병원의 간호사 우스홍吳士宏은 호기심으로 창청長城호텔의 유리회전문 밖에서 5분 동안 다른 사람들이 어떻게 이처럼 신기한 문을 침착하게 걸어 들어가는지를 관찰했다. 그녀는 사직하고 IBM의 사무직 근무를 지원했다. 면접할 때 면접관이 "타자 칠 줄 아세요?"라고 묻자 한 번도 타자기를 만져본 적도 없는 그녀는 조건반사처럼 "할 수 있습니다"라고 대답했다.

시험장을 나온 후 그녀는 곧장 친구에게 170위안을 빌려 타자기를 사서 일주일 동안 밤낮없이 타자기를 두드려 나중에는 젓가락을 들 힘조차 없었다고 한다. 1997년 우스홍은 뛰어난 영업 실적으로 IBM의 중국 영업 부문 사장으로 임명되었고, 입지전적인 파워우먼으로 성장했다.

갈수록 많은 청년이 나라 밖으로 나갔다. 연말에 출국 유학생은 3만 8천 명을 넘어섰고, 이중 자비 유학생은 7천 명이었다. 10년 후 이들 대부분이 중국으로 돌아와 자기 회사를 창업하기 시작했고, 중국의 미래의 신기술과 IT산업은 그들에 의해 지탱되었다. 이해 저장성의 한 농민의 아들 우잉吳鷹은 미국의 뉴저지 공과대학에서 석사학위를 받았고, 10년 후 UT스타콤UT Starcom을 창업해 시티폰으로 한 시대를 풍미했다. 산시성 시안 출신인 장차오양張朝陽은 장학금으로 미국으로 유학을 떠났고, 10년 후 야후를 모방해 중국 최초의 인터넷 포털 서우후搜狐를 오픈했다.

탕쥔唐駿은 당시 유학을 가기까지의 극적인 이야기를 이렇게 들려주고 있다. 21세의 노동자 아들이던 그는 너무 외국으로 나가고 싶었다. 그는 베이징체신郵電대학의 대학원에 합격했지만 그 대학의 유학 정원은 이미 다 차 있었다. 그래서 그는 베이징의 고등교육기관들에 모두 전화를 해 남아 있는 정원이 있는지를 물었다. 그는 베이징방송(廣播)대학에 전화해 아직 유학 정원이 남아 있다는 이야기를 듣고는 전화를 끊자마자 바로 자전거를 타고 달려가 베이징방송대학의 대학원생으로 전입해줄 것을 요청했다. 그곳의 한 선생은 "잘 생각해라. 이곳은 2류 학교로, 네가 전입한다고 해도 반드시 외국에 나갈 수 있다고는 할 수 없다. 비록 우리에게 정원이 있기는 하지만 유학은 교육부가 결정하기 때문에 시간을 놓칠 수도 있다"고 이야기해주었다. 탕쥔은 조금도 주저하지 않고 직접 서류를 넘기고 돌아갔다. 교육부가 출국 정원을 마련해줄 수 있도록 하기 위해 탕쥔은 한 가지 방법을 생각해 냈다. 그는 수소문한 끝에 교육부에서 이 일을 담당하는 사람을 알아냈다. 그래서 교육부 정문에 무려 4일 동안 온종일 서 있었다. 아침 7시에 교육부 정문에 도착해서 담당자를 보면 "안녕하세요"라고 인사했고, 점심때 밥 먹으러 나오면 "식사하러 나오셨습니까?", 밥 먹고 들어오면 "식사 맛있게 드셨어요?", 퇴근 시간이 되면 "퇴근 하십니까?"라고 하면서 4일을 보냈다. 담당자는 첫날은 그를 매우 이상하게 생각했고, 둘째 날은 이 청년에 관심을 가지면서 무슨 극단적인 행동을 할까 걱정했다. 셋째 날은 이 어린 청년이 가여워 보이기 시작했고, 넷째 날에는 호기심을 참지 못하고 도대체 무슨 일인지를 물었다. 탕쥔은 사실대로 말했다. 여섯째 날 담당자는 탕쥔에게 외국에 나갈 수 있다고 알려주었다.

이렇게 해서 1985년에 탕쥔은 일본으로 갈 수 있었다. 처음 신칸센을 탔을 때 그는 당시 신칸센에서 식품을 판매하는 열차승무원이 매 칸에 들어갈 때마다 승객에게 허리를 구부려 인사하고 다음 칸에 가서도 똑같이 허리를 구부려 인사하는 모습을 목격했다. 탕쥔은 사람이 없는 열차 칸에 들어갔을 때 승무원이 사람이 없는 공간인데도 허리를 구부리고 인사하는 것을 발견했다. "이것이 바로 일본 사람들이 일하는 방식이다. 질서와 섬세함, 근면과 노력, 이것이 일본 민족의 정신이다." 여러 해가 지난 후 탕쥔은 이것이 외국에 나가서 배운 첫 번째 교훈이었다고 이야기했다. 그는 후에 다시 미국으로 갔다. 1994년을 전후해 가라오케가 미국과 일본에서 유행하기 시작했는데, 탕쥔은 가라오케 기계에서 순위를 매길 수 있는 소프트웨어를 개발했고, 바로 미국 투자자 눈에 띄어 8만 달러에 모든 권리를 팔았다. 그 후 몇 년 안에 이 소프트웨어는 1억 대의 VCD/DVD 플레이어에 사용되었다. "만약 당시 내가 소프트웨어 사용권 방식으로 로열티를 받았다면 1대당 2~3 달러였을 것이고, 나는 23억 달러를 벌었을 것이다." 2002년 탕쥔은 마이크로소프트의 중국 지역 책임자가 되었고, 2년 후에는 게임회사 상하이산다盛大의 총수를 맡아 창업한지 채 3년이 되지 않은 회사를 나스닥에 상장시켰다.

|기업사 인물|

레이위의 두 얼굴

좌천된 그날부터 레이위는 개혁의 영웅이 되었다. 오랫동안 그는 하이난 출신의 명나라 청백리 해서海瑞와 비교되었다. 1996년 61세가 되었을 때 그는 광시성 장족壯族자치구 부주석 직위에서 자발적으로 물러난 후 고향으로 돌아가 구순의 노모를 모셨는데, 이로 인해 다시 뉴스의 화제의 인물이 되어 한순간에 여론의 동정을 받았다.

하이난다오 자동차 전매 사건은 객관적으로 볼 때 고립되고 낙후되어 있던 하이난다오를 일약 개방의 최전방으로 만들었고, 줄곧 장사를 부끄러워해오던 하이난다오 사람들에게 돈에 대해 뼈에 사무치는 교훈을 경험하도록 했다. 1980년대 후반에 일어난 '하이난다오 열기'는 상당 부분 이와 관련되어 있었다. 1996년 한 신문의 경제 담당 기자이던 주젠궈朱建國는 하이난다오를 4개월 동안 취재하면서 "어떤 단위를 취재하더라도 지금 하이난다오에서 거대한 변화가 일어난 이유를 언급하기만 하면 사람들이 가장 먼저 '레이위에게 크게 빚을 지고 있다'라고 말하는 것"을 발견했다.

곰곰이 생각해보아야 할 것은 레이위가 이처럼 대담할 수 있던 이유를 당시 변화를 요구하던 많은 사람들의 심리 상태와 분리시켜 생각할 수 없다는 점이다. 훗날 그의 기억에 따르면 1980년대 초에 정무를 주관하던 당국은 각지의 돌파성 조치를 격려하는 분위기였다고 한다. 그가 하이난다오에 부임했을 즈음 중앙의 고위층은 중앙은 하이난다오에 대해 무위지치無爲之治할 것이라면서 최소 3년 동안은 '몽둥이'로 때리지 않고, '포승줄'을 쓰지도 않을 것이라고 말한 바 있었다. 그리고 덩샤오핑의 남방순회 후 고위층은 하이난다오에서 더 대담하게 하고, 어떻게든 빨리 할 수 있으면 그렇게 하라고 더욱 격려하기도 했다.

자동차 사건의 공개적 처리 후 베이징의 태도는 어투는 물론 몹시 강력했지만 의법 처리에서는 오히려 '높이 들어 올렸다가 살살 내려놓는' 격이었다. 레이위는 광둥성 화(化)현의 현위원회 부서기로 좌천된 후 3년이 지나자 광저우시 부시장으로 임명되었고, 후에는 광시장족자치구 부주석으로 임명되었다. 물론 정부 문건 상으로는 하이난다오 사건에 대해 어떠한 명예회복 조치도 없었다. 그러나 2004년 2월 하이난성 고급인민법원은 평소와는 다른 판결을 내렸다. 판결문에서 법원은 광둥성 고급인민법원이 내린 형사 판결을 취소했고, 중국공산당 하이난행정구위원회 상임위원이자 조직부장이던 원고 린타오선에게 무죄를 선고했다. 린타오선은 하이난다오 사건 중 유일하게 재판에 회부된 고위층 간부로, 당시 '투기폭리죄'로 무기징역에 처해졌고, 1996년에 세상을 떠났었다. 중국공산당 하이난성 정법위원회 서기 중위안(鍾文)과 하이난성 고급인민법원 법원장 정하오룽(鄭浩榮) 등이 린타오선의 집을 방문해 위문하는 동시에 가족들에게 사과했다.

개인적 품성으로 말하자면 레이위는 중국에서 보기 드문 능력 있고 청렴한 관리였다. 여러 사람의 증언에 따르면 그는 사람됨이 강직하고 아부하지 않았으며, 상부에 감히 직언을 했고, 일은 벼락처럼 하되 사고가 명쾌해 평판이 좋았다. 그는 재임 기간 동안 문혁의 후유증을 청산하는 데 노력했고, 섬에 있던 우파들의 명예를 모두 회복시켜주었다. 그는 사람들이 보낸 편지를 친히 처리하는 습관이 있었는데, 3년 동안 5,000여 통의 편지에 손수 답신을 보냈다. 비서가 뜯는 것을 빼고는 편지 하나하나를 직접 펼쳐 읽었고, 직접 답장을 보냈다. '자동차 사건'에 대한 사후 조사에서 레이위 개인은 한 대의 차에도 손대지 않았고, 한 푼의 돈도 받지 않은 것으로 드러나 10여 년 동안 줄곧 사람들의 존경과 동정을 받았고, 민간에서는 협객식의 청렴한 관리로 세상에 알려졌다.

레이위에 대한 사회 여론의 평가는 개혁 과정 중의 관념의 혼란과 제도의 패러독스를 가장 생동감 있게 보여주었다. 상당히 긴 시간 동안 관료와 기업가들의 경제 행위에 대한 법률적 판단은 줄곧 갈팡질팡했고, 심지어는 상당한 정도의 임의성과 단계성을 갖고 있었다.

레이위는 말년에 광저우에 거주했다. 1999년 집으로 그를 취재하러 간 한 기자는 레이위가 99세의 노모와 함께 마치 노승처럼 참선입정參禪入定하고 있는 것을 목격했다.

1986년
아무것도 가진 것 없는 역량

하지만 너는 늘 내가 가진 것 하나 없다고 웃었지.

— 추이젠崔健, 「일무소유一無所有」(1986년)

3월 26일, 일찍이 국무원 부총리를 역임한 산시성 다자이 사람 천융구이가 잠자던 중 세상을 떠났다. 30여 년 전 천융구이는 영세 농민을 인솔해 새벽부터 밤까지 열심히 일해 황토에 불과한 길이 700미터의 산골짜기를 농작물을 기를 수 있는 계단식 밭으로 만들었다. 이에 마오쩌둥이 '농업은 다자이를 배워라!'고 전국에 호소하면서 천융구이는 일약 중국 농민의 우상이 되었다. 그는 베이징으로 올라와 국무원 부총리가 된 후에도 여전히 백양 수건을 머리에 두른 채 농민의 면모를 버리지 않았다. 중병을 앓고 있을 때는 매일 의사가 처방한 약을 절반만 먹고 절반은 남겼는데, 운명할 무렵 서랍 가득 든 약을 국가에 돌려주라고 아들에게 유언했다.

천융구이의 죽음은 큰 관심을 불러일으키지는 못했다. 사람들은 이미 자연과 투쟁하며 전국에 이름을 날렸던 '융구이 아저씨'를 거의 잊어가고 있었다. 왜냐하면 이해 사람들의 마음속에 '농민 영웅'은 이미 다른 이미지를 갖고 있었기 때문이다.

향진기업 공장장, 농민 기업가 — 그들의 칭호에는 항상 흙냄새가 묻어 있다. 그들은 전체적으로 밭에서 막 농사를 짓다 나온 사람 모습을 하고 있었다. 상표가 무엇이던 양복은 항상 몸에 맞지 않았고, 극소수 사람만이 정확히 넥타이를 맬 줄 알았다. 그들이 가장 좋아하는 상표는 프랑스의 피에르가르뎅과 홍콩의 골드라이언Goldlion이었다. 그들의 표준어는 모두 형편없었고, 특히 자기 사진을 기업 소개 자료나 광고에 싣는 것을 좋아했는데, 한결 같이 우스꽝스러운 모습이었다. 커다란 사무용 책상 앞에 앉아 오른손으로는 전화를 하고 있고, 왼손으로는 또 다른 전화를 걸고 있는데, 눈은 판에 박은 듯 앞을 보고 있었다. 독일의 『슈피겔』은 "중국에서 농민은 담대하고 무모해 …… 이로 인해 기업에 활력을 불어넣고 있다"고 보도했다. 『월스트리트저널』 아시아판은 "많은 농민 기업가들은 상업 방면에서의 경험이 거의 없다"고 이야기했고, 7월 9일자 기사에서는 그들이 "어떻게 공장을 관리해야 하는지, 어떻게 재무제표를 만드는지 또 어떻게 품질 합격품을 생산할 수 있는지를 알지 못한다"고 썼다. 그러나 이들 신문이 놀라고 의아해 한 것은 그럼에도 그들의 사업이 무럭무럭 성장하고 있는 사실이었다. 마치 위화余華가 몇 년 후 『형제』라는 소설에서 묘사한 것처럼 "그들은 들풀처럼 밭에 짓밟히고, 짓밟혀도, 바퀴에 눌리고 또 눌려도 여전히 생기발랄하게 성장하고 있었다."

1986년을 전후한 시기 향진기업의 굴기는 이미 의심할 여지가 없는 사실이 되었다.

2년 전인 3월 2일, 국무원은 정식으로 사대기업을 '향진기업'으로 개명할 것을 통지함으로써 새롭고 독립적인 기업 형태로서의 향진기업이 처음으로 수면위에 떠올랐다. 관련 자료에 따르면 당시 중국의 향진기업은 실제로 165만 개로 늘어났고, 노동력은 3,848만 명을 거느리고 있었다. 그런데 2년 후인 1986년 연말 향진기업의 총수는 1,515만 개로 늘어났고, 종사 인원도 8,000만 명에 가까웠으며, 국가에 내는 세금 170억 위안에 총생산액 3,300억 위안을 실현해 전국 총생산액의 20%를 차지했다. '천하의 1/5이 그중의 하나'라는 국면이 조용히 출현하고 있었다.[1]

---

1) 향진기업의 성장 문제를 다루는데 있어 덩샤오핑은 아주 진지한 평가를 내린 적이 있다. 그는 이를 "생각지도 못한 새로운 세력이 갑자기 출현한 것"으로 이야기했다. 1987년 6월 12일 그는 북조선 대표단을 접견하면서 향진기업의 발전은 농촌 개혁 중 중앙이 전혀 예상하지 못한 최대의 수확으로, 돌연 여러 업

이해의 『인민일보』는 3월과 4월에 두 편의 장편 보도 기사 「스라이허史來賀」와 「향토의 진귀한 꽃」을 연속해서 실었다.

스라이허는 공산당이 줄곧 제창한 '먼저 고생하고 뒤에 누리고', '온 마음을 다해 인민을 위해 복무하는' 모범적인 향촌 간부였다. 1985년 스라이허와 촌의 당지부의 기타 구성원들은 거듭된 조사를 거쳐 첨단 생명공학 기술의 도입을 결정했고, 전국에서 가장 큰 이노신inosine생산 공장인 화싱華星제약공장을 설립했다. "이런 첨단 기술 프로젝트를 우리 같은 '촌놈'들이 해낼 수 있을까?"라면서 누군가 걱정하자 그가 대답했다.

일은 사람이 하는 데 있고, 길은 사람이 가는 데 있고, 사업은 사람이 창조하는 데 있다. 다른 사람이 할 수 있는 것을 우리가 왜 못하겠는가?

1986년 5월 20일, 류씨촌劉氏村 사람들이 친히 설계하고 설치한 화싱제약공장이 정식으로 생산에 들어갔다. 이후 류씨촌의 경제는 신속하게 성장했고, '중원에서 제일 잘사는 마을'이 되었다.

보도에 따르면, 수십 년 동안 류씨촌에는 형사 사건이 발생한 적이 없었고, 당원의 기율 위반도 나타나지 않았다. 가족계획과 관혼상제부터 노인 봉양과 아이를 돌보는 것까지 류씨촌의 간부와 마을 사람들은 스스로 사회주의 도덕 기풍을 준수했다. 마을에는 14개 성씨, 300여 가구, 1,600여 명의 사람들이 살았는데, 씨족 간의 모순이나 파벌 논쟁이 없었고, 봉건 미신, 도박, 싸움과 같은 불미스런 사건도 일어나지 않았다.

2004년 봄 스라이허는 조용히 세상을 떠났다. 이를 기리며 국내 언론이 공통으로 사용한 단어는 '공산당원의 모범'이었다.

류씨촌과 스라이허의 존재는 중국의 일부 향촌에 사심 없고 권위 있는 지도자 종에서 상품 경제를 행하는 각종 소형 기업이 출현했다고 지적했다. 향진기업은 9년 동안 매년마다 29%의 성장을 지속했다. 이는 중앙이 제정한 활성화 정책이 적절했고, 이 정책이 대단히 훌륭한 효과를 얻었음을 증명해주었다.

가 있다면 그는 동시에 다음의 두 가지 능력을 보유하고 있음을 증명해주었다. 하나는 얼마간의 힘의 우위와 시대 분위기를 잘 이용해 편안하면서도 주민들의 지지를 받는 정치적 분위기를 만들어내는 능력이고, 다른 하나는 상당한 시장 민감성을 갖고 있으며 종종 돈도 잘 버는 한 두 개 이상의 공장을 운영할 수 있는 능력이 그것이었다.

그러한 실력자가 인간적인 매력의 기초 위에서 형성된 권위 스타일로 마을을 통치하고 관리했던 것이다.

마을사람들은 그의 통치 하에 생활 면에서 근본적인 개선을 이루었고(재미있는 것은 이 마을이 과거에는 너무 가난해 때론 밥을 구걸하던 곳이었다는 사실이다), 인격적으로도 이 실력자에게 철저하게 의존했다.

이 마을이 어떤 조직인지를 말하기는 매우 어렵다. 행정 개념상으로는 국가의 가장 기본적인 행정 단위이며, 경제 개념상으로는 엄밀한 영리 조직으로 일부 향촌의 경우 심지어 상장 회사를 보유하기도 했다. 이들 실력자들은 통상 마을의 행정 장관인 동시에 회사의 이사장이었다. 이렇게 두 가지 권한이 합쳐진 모델은 지금까지 어느 누구의 질의도 받은 적이 없었고, 또한 그냥 보기에도 유일하게 실행 가능한 방식이었다. 곰곰이 새겨볼 만한 것은 실력자의 가족은 마을에서 가장 권세 있는 일족으로, 그들의 자녀는 실력자가 살아 있을 때 이미 마을 관리의 핵심 인물이 되거나 실력자가 늙거나 죽었을 때 종종 실력자의 권력을 넘겨받았다는 사실이다.

과거 30년 동안 이런 유형의 마을로 유명했던 곳은 허난의 류씨촌과 난제南街촌, 톈진의 다츄장, 쟝수의 화시촌, 저쟝의 헝뎬橫店 등이었다. 그들은 매우 독특한 일종의 인문 표본과 지역 기업 형태로 여겨졌고, 여러 해 동안 계속해서 신비스럽고 이해하기 어려운 매력을 발산하고 있었다.

루관츄는 스라이허와 매우 유사해 보이지만 본질적으로는 완전히 다른 농민 기업가였다. 농민 기업가라는 칭호는 루관츄에서 시작되어 이후 언론에서 공식적으로 사용되었다.

몇 년 전부터 루관츄는 저쟝성 일대에서 명성이 자자한 공장장으로, 일찍부터 자신의 공장을 전문화의 길에 올려놓았다. 자동차의 유니버설조인트 제조에 전념한 그는 1984년에 8,000위안으로 저장대학의 한 대학생을 '사'들였다. 당시 대학생이 향진기업에서 일하는 것은 상상하기 힘든 일이었다. 「향토의 진귀한 꽃」의 보도로 그는 진정 전국적인 뉴스의 중심인물이 되었다.

루관츄는 '공동 부유의 전형'으로 여겨졌다. 이 보도에서 기자는 루관츄의 경영 능력을 찬양했을 뿐만 아니라 그가 사심 없는 공산당원이고, 공동 부유의 선도자임을 흥미진진하게 이야기했다. 기자는 루관츄의 입을 빌려 "이 불길〔기업을 창업해 빈곤에서 탈피한 것을 가리킨다〕이 담장을 넘어 마을 전체 주민들을 점점 부유하게 만들었다"고 보도했다. 기자는 또 여러 사례를 열거했다. 루관츄는 자신이 마땅히 받아야 할 25만 위안의 도급금을 전부 기업에 '출연'했다. 사실 이것은 훗날 완샹그룹의 재산권 개혁을 위한 가장 큰 복선이 되었다. 당시 루관츄는 AFP 기자와의 인터뷰에서 이렇게 말했다.

만약 내 수입과 노동자의 수입에 큰 차이가 있었다면 바로 긴장 관계가 나타났을 것이다. 나는 노동자들이 열심히 일하길 희망했고, 만약 내가 그들보다 돈을 훨씬 많이 가져가는 것을 알았다면 아마 그들은 자신이 공장의 주인이라는 감정을 상실했을 것이고, 그렇게 되면 결국 사업에 이로운 것이 하나도 없었을 것이다.

그는 또한 농촌의 중고등학교 교실, 농산물 시장, 사료가공 공장을 건설하는 데도 참여해 마을에서 아직 배치되지 않았던 108명의 제대 군인을 모두 공장으로 불러들였고, 마을 주민 전체 10명 중 한 명은 그의 공장에서 일하게 했다. 그는 유니버설조인트 공장이 발전하자 마을을 관통하는 4개의 큰 도로를 만들고, 절반의 가정을 작은 서양식 건물에 거주하게 했다. 분명한 것은 이렇게 사람을 미혹시키는 묘사를 통해 정부는 능력 있는 사람의 창업을 격려하는 동시에 이들이 자신의 부 외에도 주변 사람들을 부유하게 할 책임과 의무를 감당하기를 바란 것이었다. 어떤 의미에서 정부는 당시 국영기업에 부여한 사회적 책임을 심지어 향진기업도 부담할 수 있다는 순진한 생각을 갖고 있었고, 향진기업이 흥기하자 그들은 당연히 향촌의 취업, 사회 시설, 사회공공 서비스 등을 포함한 관련된 사회 기능을 부담해야 한다고 생각했다.

이런 보도에서 볼 수 있는 그러한 생각이 당시 정부와 사회의 주류 사상이었다. 1978년 이후 농가생산도급책임제聯産承包責任制의 성공은 수억 명에 달하는 농민을 농지에서 해방시켰고, 잉여 노동력의 출로는 '위험한 자원'으로 변했다. 이에 대한 국내외 학자들의 생각은 큰 차이가 있었다. 하버드 대학 국제발전연구소 소장 퍼킨스Perkins는 『중국 농촌의 발전』에서 "유일한 현실적 해법은 농민, 특히 극빈 지역의 농민들이 도시에 들어가는 것을 허락하는 것이다. 그들이 상하이나 베이징으로 가야 한다고는 할 수 없지만 반드시 일부 지방 도시로 가야 한다"고 건의했다. 그러나 국내 연구자들은 농민이 대규모로 도시에 몰려드는 것은 분명 통제할 수 없는 결과를 만들어낼 수 있다고 보았다. 더구나 도시에서는 국영기업의 쇠락과 개혁으로 대량의 퇴직과 실업 인구를 양산하고 있었기 때문에 농촌의 잉여 노동력을 어떻게 고향에 묶어둘 것인가는 절박하고 현실적인 과제가 되었다.[2] 이런 의미에서 향진기업의 예상치 못한 흥기는 정부로 하여금 가장 좋은 해결 방안을 찾게 한 것이었다.

루관츄가 '공동 부유의 전형'으로 선택되어 열렬한 보도 대상이 되고 칭송을 받은 것은 바로 이런 배경에서 발생한 것이었다. 사실 이후 여러 해 동안 지방 정부들은 이러한 관점을 확고하게 견지했고, 동시에 거의 모든 향진기업 경영자들은 정부의 지지와 자원을 얻기 위해 장차 이러한 책임과 기능을 맡게 될 것이라고 굳게 맹세했다. 이리하여 지방 정부들은 대량의 자원을 저렴한 원가, 심지어 무상으로 이들 향진기업에 보내주었다.

이런 추세는 1992년 이후 가속화되기 시작해 정부 자원을 잘 이용하고 점유한 향진기업은 급속하게 성장했고, 또한 각종 기이한 방식으로 재산권을 명확히 했

---

[2] 1986년을 전후해 농민이 일자리를 찾아 도시로 떠나는 현상이 첫 번째 정점에 도달했다. 베이징, 상하이 등 대도시는 압력을 받아 사회질서에 교란이 생겼다. 베이징철로공안분국 베이징역공안구의 '신의 눈' 수사대장 말에 따르면 1986년과 1987년은 '대풍년의 해'였다. "어떤 날은 하루에 6명의 범죄자를 붙잡았는데, 모두 농촌에서 온 사람들이었다."

다. 10여 년 후 루관츄와 그의 완샹그룹은 중국 최대의 민영기업 중의 하나가 되었다.

이것이 향진기업의 창업으로 벼락부자가 된 기업가들의 '재산 축적 관행'이었다. 그들은 각급 정부의 절박하고 순진한 심리를 충분히 이용해 공공의 재부를 만들어내고 사회적 기능을 책임진다는 이유로 낮은 원가로 정책 지원을 유도했다. 도시의 국영기업과 비교할 때 그들이 갖고 있던 체제상의 여유, 토지 및 노동력의 저렴한 원가는 그들로 하여금 한층 더 강력한 경쟁력을 갖추게 했다. 객관적으로 이들 향진기업은 경제적 측면에서는 확실히 대규모 취업 기회를 제공했고, 현지 인민들을 대동해 공업화의 길로 나아가게 했다고 할 수 있었다.

지난 30년의 중국 기업사에서 이는 일종의 모순된 상태처럼 보였다. 체제 밖에서 번창하기 시작한 민영기업이 줄곧 직면한 가장 큰 어려움은, 정부의 금융과 산업 정책은 개혁의 모든 성과를 국영자본이라는 커다란 광주리 안에 담으려고 시도하면서도 동시에 이들 민영기업, 특히 농촌에서 일어난 향진기업이 농촌 개조와 공동 부유의 공공 책임을 부담하기를 바라는 데 있었다. 이때문에 일부 깨어있던 지방 정부는 여러 방면에서 향진기업을 지원했다. 결론적으로 말하면, 이는 일종의 이익의 교착交錯, 즉 이것을 버리고 저것을 키우는 과정이었다. 국영기업은 비록 대량의 공공자원과 정책을 투입했으나 체제의 타고난 결함으로 인해 한 발 나아가자마자 위축되었다. 반면 향진기업은 한편에서는 정책의 압박을 받았지만 또 다른 한편에서는 지방 정부의 지지를 얻었다. 그런데 이 향진기업들이 충분히 강대해졌을 때 그들은 또 계속해서 사영화된 기업으로 형태를 바꾸어나갔고, 그에 따라 정부가 애초에 기대한 목표, 즉 '공동 부유'와 '향진기업이 농촌 사회 서비스 체계를 담당한다'는 목표는 불가피하게 소홀해지게 되었다.

스라이허나 루관츄 같은 사람들이 새로운 세력이 되어 들판에서 굴기하고 있을 때 이는 동시에 중국 기업 성장의 신주류가 이미 자태를 드러내기 시작했음을 예시하는 것이기도 했다. 2월 당시 유명한 사회학자였던 76세의 페이샤오퉁費孝通이 조용히 원저우로 떠났다. 그가 원저우에 흥미를 느낀 것은 한 편의 보도를 보았기 때문이다. 지난해 5월 12일 상하이의 『해방일보』는 「향진공업은 쟝수의 남부 지방을 보고, 가내수공업은 저쟝의 남부 지방을 보라! 원저우에서 33만 명이 가내수공업에 종사하고 있다」는 제목의 기사를 싣고, 덧붙인 논평에서 최초로 '원저우 모델'이라는 새로운 용어를 제시했다. 이로부터 집체 경제의 '수난蘇南〔쟝수의 남부 지방〕 모델'과 사인私人 경제의 '원저우 모델'이 중국 민영기업의 양대 성장 모델이 되었다. 고향인 수난 농촌에 대해 자못 익숙한 페이샤오퉁은 이렇게 전해지는 '원저우 모델'에 깊은 흥미를 갖게 된 것이었다.

> 자동차로 진화金華이남 지역을 달릴 때 고속도로 양쪽에서 '원저우행 화물', '산둥행 화물' 등의 글자가 적혀있는 목판들이 보였는데, 이는 내가 쟝수에서 일찍이 보지 못한 신선한 것이었다.

페이샤오퉁은 훗날 원저우에 대한 첫 번째 인상을 이렇게 적었다. 그가 말하는 국도는 당시 국내에서 가장 바쁘고 가장 위험한 도로로 차가 뒤집혀 사람이 죽는 일이 매일 발생했다. 집체기업을 주력으로 한 수난과 비교할 때 원저우의 현지 정부는 훨씬 궁색했다. 고급 접견실도 없었고, 난방 설비도 없었다. 페이샤오퉁 일행이 소개를 듣던 향진 정부의 접견실은 사방의 유리창이 훼손되어 온전하지 않았고, 찬바람이 스산하게 들어왔다. 그는 비록 외투를 입고 있었지만 콧물은 제어할 수 없을 정도로 흘러내렸고, 양발도 얼어붙어 앉아 있을 수도 없었다. 그러나 원저우에서 본 상황은 예지력 있는 이 노인을 흥분하게 만들었다. 당시 국내에서는 원저우에 대한 비판과 토벌의 목소리가 끊이지 않았고, '8대왕 사건'의 여파는 여전히 물결치고 있었다. 그러나 페이샤오퉁은 바로 '잘라내는 방법을 쓰는 것은 효과가 없고, 잘라내도 다시 자라날 것'이라고 생각했다. 그가 편찬한 장편 조사연구보고 「원저우행」은 『요망瞭望』 10월호에 실려 커다란 반향을 불러일으켰다. 이 노인은 훗날 세 차례 더 원저우에 갔는데, 갈 때마다 장문의 글을 썼다.

『인민일보』 기자 멍샤오윈孟曉雲도 이때 원저우에 갔고, 장편기사 「시장편市場篇」을 썼다. 그녀는 기사의 한 부분에서 자못 의미 있는 한 장면을 이렇게 묘사했다. "해질 무렵 6시가 지나자 국영상점은 문을 닫았고, 개체호가 적극적으로 활동하기 시작했다."

향진기업이 사람들을 가장 의아하게 한 점은 거의 공백 상태에서 어떻게 갑작스럽게 발전할 수 있었는가였다. 일부 농촌에는 공업화의 기초도 없었고, 원자재도 없었으며, 기술도 없었고, 숙련된 노동자도 없었으며, 심지어 판매망도 없었다. 이렇게 아무것도 없는 농민이 어떻게 시장을 점유하고, 우수한 장비(적어도 설비가 있고, 노동자도 있고, 국가의 정책적 지원을 받았던)를 갖춘 국영기업을 격퇴할 수 있었을까? 유일하게 가능한 대답은 그들이 소유한 생산 요소가 모두 국영기업에서 '빌려온' 것이었고, 많은 설비는 국영기업에서 도태된 것을 사용했으며, 기술은 도시의 엔지니어가 주말에 몰래 시골에 내려가 전수한 것이었고, 노동자들은 국영기업에서 가장 기초적인 훈련을 받은 사람이 적지 않았으며, 시장은 종종 국영기업이 거들떠보지 않은 곳이었다는 것이다. 이는 바로 '창세기' 상태였고, 향진기업이 유일하게 믿고 신뢰한 것은 일부 농민 창업자가 도시의 공장장들보다 그들의 기업을 더 사랑했으며, 향진기업의 일을 자기 '사업'으로 여겼던 점에 있다. 이러한 형세는 1986년에 더욱 분명해졌다. 루관츄 같은 기업가들이 한창이었던 것에 비하면 국영기업은 시장에서의 경쟁력 부족으로 이미 역전하기 어려운 현실에 직면해 있었다. 이해의 신문 보도에 가장 빈번하게 나왔던 단어는 '연합 경영'이었다. 도시 밖에 있던 일부 사람들이 도시로 들어가 아주 낮은 가격으로 국영공장에서 놀고 있던 기계 설비를 사갖고 돌아갔고, 그러한 기계들이 대충 지어진, 아직 미장도 안 된 공장 안으로 옮겨져 밤낮으로 우르릉 소리를 냈다. 이는 국가의 대출 지원으로 국영공장이 대량의 선진 외국 설비를 구매한 것과 유사했다. 갈수록 많은 엔지니어들이 농민 공장장의 사적인 초빙에 응해 주말이면 집 앞에서 기다리는 자동차를 타고 설계도를 말아 든 채 농촌으로 출근했다. 하지만 가장 환영받던 방식은 향진기업과 국영기업이 '연합 경영' 계약을 체결하는 것이었는데, 이렇게 하면 소액의 자금으로 국영기업의 기술 지원을 받을 수 있었고, 오랫동안 육성된 유명 상표를 사용할 수도 있었다. 저장 일대에서는 '일요일 엔지니어'에 관한 이야기가 널리 알려져 있다. 1986년 저장성 샤오산蕭山현의 쉬찬화徐掁化라는 한 농민이 액체 비누 생산 공장을 설립하고는 항저우의 국영공장에서 일하던 전문 기술자를 초빙했다. 이 기술자는 액체 비누 가공의 마지막 공정에서 항상 쉬찬화 부자를 물러나게 한 후 자신의 주머니에서 하얀 가루를 아직 응결되지 않은 액체 비누에 집어넣고는 생산 과정을 끝마쳤다. 몇 년의 기술 서비스 비용을 지불한 후 쉬찬화는 2,000위안으로 이 신비한 배합 기술을 구입하기로 결정했다. 돈을 지불하자 기술자는 그에게 하얀 가루는 사실은 소금이었다고 알려주었다. 찬화그룹은 훗날 중국 최대의 염색 보조제 생산 기업 중의 하나가 되었다.

3월 28일, 『경제참고신보』는 광시성 위린玉林현의 한 자전거공장과 상하이 자전거 제3공장이 공동으로 당시 국내에서 인지도가 가장 높았던 '봉황'표 자전거를 생산했다고 보도했다. 위린의 이 공장 외에도 '봉황'이라는 상표는 저장성 사오싱 일대의 향진기업에도 팔렸다. 4월의 한 보도에서는 장수성 우시 지구의 수백 개의 향진기업이 연합 경영 방식으로 활력을 찾았는데, 국영기업이 기술 노동자를 양성했고, 설비 시운전과 제품 연구개발 진행, 외화 조달 협조, 상표 제공을 지원했다고 말했다.

허베이와 산둥 등 많은 지역에서 '경제 연합체'가 출현했다. 국영기업은 일부 업무를 도급 혹은 연합 경영 방식으로 향진기업에게 하도급을 주어 연맹 구조를 형성했다. 이렇게 몇 년 전에는 금지되었던 행위가 갑자기 장려되었는데, 이는 일종의 윈윈 전략으로 인식되었다. 연합 경영을 통해 국영기업은 원가를 낮출 수 있었고, 심지어 상표의 유상 사용을 통해 직접 이익을 얻기도 했다. 향진기업의 입장에서 보면 시장에 진입할 수 있었고, 인재, 상표, 기술 등의 방면에서 지원을 받을 수 있었다. 특히 연합 경영 방식이 국가정책의 수많은 관리 통제를 우회할 수 있다는 점이 중요했다. 연합 경영 공장은 국가의 전략 물자를 얻을 수 있었고, 금지된 업종에 진입할 수 있었으며, 심지어 국영기업 신분으로 대외적으로 각종 업무를 처리할 수 있었다.

연합 경영은 국영기업이 활력을 얻은 하나의 새로운 처방으로도 여겨졌다. 연합 경영에 대한 정부의 열정은 놀랄만했다. 랴오닝성위원회 서기 취안수런全樹仁은 신문에 '사상 저항을 타파하고, 대등한 연합을 촉진하자'고 제안했다. 그는 일부 국영 기업을 이렇게 비판했다.

> 자체 시스템 구축에 열중하고, 연합 경영에 경계심을 품고, 빠져나갈 여지를 남겨두고 있다. 전략적 안목이 부족해 연합을 일시적 조치로 여기고, 주인공 자리를 다투느라 조연을 꺼려하고 있다. 자신의 권력과 이익이 연합으로 인해 작아질 것을 두려워한다.

연합 경영의 대대적 시도를 요구하는 이러한 목소리는 강력한 추동 작용을 했다. 여러 지방에서 연합 경영의 다소가 기업 개혁에 진전이 있는지 없는지를 측정하는 정치적 지표가 되었다.

이런 지원과 연합 경영은 연해 일대의 향진기업이 신속하고 맹렬하게 발전하게 된 중요 요인 중의 하나였다. 국영기업이 연합 경영에서 얻은 효과는 최종적으로 일시적인 것이었음이 증명되었다. 그러나 민첩한 민영기업은 몸집이 방대하고 체제가 경직된 이런 '육중한 코끼리'로부터 무한정 '혈액'을 빨아먹었다. 연합 경영을 시도한 향진기업은 몇 년이 지난 후 빠르게 강대해졌지만 자원을 다 빨린 국영기업은 갈수록 힘을 잃어갔다. 이리하여 조만간 '자식이 아버지를 먹어치우는' 현상이 출현하게 되었다.

훗날 전국 주방용품의 선두 기업이 된 수보어얼蘇泊爾공사는 매우 전형적인 사례 중의 하나였다. 선양 솽시雙喜압력솥공장은 1964년 중국 최초로 압력솥을 생산했고, 줄곧 국내 최대의 전문 공장으로 자리 잡고 있었다. 1986년을 전후해 저장성 위환玉環현의 수정푸蘇增福라는 농기기공장 공장장이 솽시를 찾아와 설득한 끝에 솽시의 연합 경영 기업 중의 하나가 되었다. 수정푸는 당시를 회고하면서 "당시 매우 어려웠지만 솽시는 우리에게 기회를 주었습니다. 부품을 만들어 돈을 좀 벌었고, 몇 년 후 우리는 압력솥을 만들기 시작했습니다"라고 말했다. 그가 생산한 압력솥은 솽시 상표로 판매되었고, 오래지 않아 판매량이 선양공장을 넘어섰다. 1993년 솽시는 1년에 수정푸로부터 500만 위안의 상표 사용료를 받아갔는데, 뜻밖에도 이 금액은 솽시의 생산판매 이윤을 넘어선 금액이었다. '자식이 부모보다 커진'

결과 쌍방은 날로 반목하면서 원수가 되었고, 수정푸는 솽시를 버리고 새로운 브랜드 '수보어얼'을 만들었다. 1999년에 수보어얼은 솽시의 대부분의 시장을 잠식해 시장점유율 48%를 기록했다. 수정푸는 웃으면서 "우리 졸병 역들이 조심하지 않고 주연 배우를 앞질러 버렸습니다"라고 말했다.

수보어얼과 솽시의 우여곡절은 많은 연합 경영 기업들의 공통된 운명이었다. 국영기업은 연합 경영 과정에서 주동에서 피동으로 변해 점점 퇴보했고, 또 점차 불리한 위치로 떨어져 마지막에는 전체 시장을 내주고 만 것이었다.

향진기업은 국영기업과의 힘겨루기에서 거의 매번 승리했다. 그러나 이것이 그들의 성장이 순조로웠음을 의미하는 것은 아니다. 오히려 국가의 어떠한 정책적 지원도 없었기 때문에 그들은 끝없는 어려움을 겪어야 했다.

페이샤오퉁이 원저우에 갔을 때 당시 그의 정치적 신분은 전국정협 부주석이었다. 당연히 현지 간부들에게 둘러싸여 있었기 때문에 그가 본 것은 모두 생기 넘치는 표면적인 현상이었다. 사실 그가 원저우로 길을 떠났을 당시 '타이후이抬會'라는 이름의 지하 금융 게임이 돈으로 활성화된 이 대지 위에서 광적으로 연출되고 있었다.

'타이후이'는 저장 남부에서 민간의 금융 활동을 가리키는 말이었다. 1980년대 초기 원저우에서 민영기업이 발달함에 따라 금융 수요가 아주 절실했다. 1984년 9월 한 국영병원의 문서 수발실에서 일하던 팡페이린方培林은 창난 첸쿠錢庫진에서 신중국 최초의 개인은행 '팡싱전장方興錢庄'을 설립했다. 팡페이린의 훗날의 회고에 따르면, 그는 정책상의 근거를 찾기 위해 사방으로 중앙 문건을 뒤진 결과 당시 중국공산당 중앙(84) 1호 문건 중 한 구절을 찾아냈다. "농민이 자금을 모아 각종 사업을 창업하는 것, 특히 개발성 사업을 창업하는 것을 격려하고 ……." 팡페이린은 "만약 자금 모집이 합법적이라면 주식 배당과 성질이 비슷한 개인 사이의 이자도 가져갈 수 있다"고 당연하게 생각했다. 전장은 9월 29일에 개설되었고, 팡페이린은 문앞에 은행보다 더 혜택이 많고, 더 융통성 있는 예금 대출표를 내걸었다.

'장기예금 월 1.2%, 3개월 이상 결산 자유예금 월 1%, 수시 인출. 대출이자 월 2%, 상황에 따라 결정함.' 이튿날 현지의 농업은행이 들이닥쳐 문을 강제로 폐쇄하자 팡페이린은 간판을 내릴 수밖에 없었다. 후에 그는 자조적으로 말했다. "신중국 최초의 사영 전장이 사실 단 하루 햇빛을 보았을 뿐이었습니다."

전장이 폐쇄되자 이때부터 원저우의 민간 금융은 어쩔 수 없이 지하로 들어갈 수밖에 없었다. 당시의 금융 정책에 근거하면 국내 은행은 사인기업에 대해 어떤 성격의 대출도 할 수 없었고, 사인기업주는 합법적인 통로로 자금 지원을 받을 방법이 없었다. 또 민간 전장을 열 수도 없어서 자금 부족이 아주 심각한 난제가 되어 있었다. 이러한 상황 하에서 팡페이린의 전장 업무는 사실 한 번도 멈춘 적이 없었다. 그는 현지 정부의 묵인 하에 현지에서 대담하게 금융 서비스를 진행할 수 있었다. 하지만 줄곧 상급 은행의 인가를 얻지 못했기 때문에 법률적으로 불법 상태에 놓여 있었다. 팡페이린은 정식 신분을 얻기 위해 여러 차례 상급 정부에 요청했다. 1986년 중국 인민은행 원저우 지점이 본사에 이를 타진하는 보고를 올렸다. 11월 7일 당시 행장이 보낸 회신은 "국무원 은행관리임시조례규정에 따라 개인 전장에게 〈금융업무 경영허가증〉을 내줄 수 없다"는 내용이었다.

이처럼 애매모호한 상태는 중국의 개혁에서 나타난 매우 독특한 현상이었다. 민간의 역량이 굴기하자 기존 체제는 갈수록 적응할 방법이 없게 되었고, 그런데도 정책상의 변화는 지지부진했다. 그래서 현행 법률을 위반하거나 넘어서는 것은 개혁가들이 부득불 취할 수밖에 없는 모험 행위였다. 팡페이린의 전장과 같이 '타이후이'라고 불렸던 금융 교역 활동이 원저우 각 향촌에서 조용히 전개되기 시작했다. 그것은 처음 몇 사람 사이에서 시작되었다. 각자가 얼마의 돈을 내어 상부상조하는 모임이 만들어졌고, 돈을 쓰는 사람은 은행보다 높은 이자를 지불했다. 자료에 따르면 1984년 전후로 원저우에서 이런 방식으로 유통된 민간 자금이 3억 위안을 넘었는데, 이는 이런 자금이 현지의 사인기업의 발전에서 가장 중요한 자금 동력이 되었음을 보여준다. 당시 거의 모든 업주는 '타이후이'로부터 돈을 빌려 썼다. 일찍이 미국 해병대의 휘장 제조로 유명한 진샹金鄕휘장공장의 공장장 천자수陳加樞는 다음과 같이 말했다.

당시 공장이 발전하려면 전부 지하 통로에 의존해야 했는데, 가장 많을 때는 한 번에 1,000만 위안을 빌릴 때도 있었다.

법률의 보호와 규범의 결핍으로 '타이후이'의 활동은 순전히 고향 사람들의 개인 신용 보증에 의존했고, 평상시에는 위험이 그리 크지 않았다. 그러나 경제가 쾌속 성장하고 자금 공급과 수요가 균형을 잃게 되자 곧 생각지도 못한 사건이 발생했다. 1986년 국내 경제가 가열되고 자금 수요가 갑자기 증대하자 평소의 신용 거래로는 갈수록 커가는 금융 요구를 만족시킬 수 없게 되었다. 그때 바로 누군가가 고리의 융자를 생각해냈다. 처음에는 조심스레 시도하다가 다음에는 좀 더 대담하게 확대했다. 곧 새로운 머니 게임의 막이 올랐다.

당시 원저우성의 '타이후이'의 규칙은 이러했다. 한 회원이 입회하면서 1만 1천 6백 위안을 내면 두 번째 달부터 시작해서 회주는 매월 회원에게 9,000위안을 지급하는데, 연속 12개월 동안 총 10만 8천 위안을 지급했다. 13개월째부터 회원은 회주에게 매월 3,000위안을 88개월 동안 총 26만 4천 위안 납부하고 회주는 회원에게 매월 9,000위안을 지급하는 것이었다. 이렇게 100개월을 한 회기로 해서 돈을 굴렸다. 여기에서 가장 큰 위험은 첫 번째 해에 있었다. 회주는 1만 1천 6백 위안을 10만 8천 위안으로 만들어야 했다. 누군가의 계산에 의하면 한 사람의 회원을 유지하기 위해서는 6개월까지 회원은 반드시 22명으로 늘려야 했고, 12개월까지는 691명, 18개월까지는 20,883명의 회원이 있어야 했다.

매력적인 투자와 고수익은 마을 사람들 눈에 '타이후이'의 회주들을 재신財神으로 여기게 했다. 이 '불가능한 게임'은 요행과 열망, 그리고 군중 심리의 집단적 추동 하에 맹렬한 기세로 타올랐다. 창난의 예산뼈三鳳이라는 한 회주는 매월 120만 위안을 벌었고, 러칭에서는 크고 작은 '타이후이'가 모두 1,346개나 되었으며, 제일 큰 '타이후이' 회원은 12,122명이나 되었다. 1985~1987년 초까지 원저우성의 아홉 개 현, 두 개 구에서 30만 명이 가입했고, 모인 돈은 12억 위안에 달했다. 근본적으로 실현 불가능한 수익률은 자연스레 '타이후이'가 기하급수적으로 발전할 수 있는 원인이었고, 신규 회원은 그것을 지탱할 수 있는 유일한 수단이었다.

이러한 머니 게임은 정부가 관리력을 완전히 상실한 상황에서 1여 년 동안 지속되었다. 1986년 봄과 여름, 자금줄이 끊어지는 징조가 나타나자 각지에서 회주가 잇따라 야반도주한다는 소식이 갑자기 전해지기 시작했다. 곧바로 형세는 급전직하했고, 극도의 흥분은 바로 극도의 공황으로 바뀌었다. '타이후이' 체계는 순식간에 붕괴되었다. 가을 내내 원저우 지역은 공전의 혼란에 빠져들었다. 수많은 채권자들이 미친 듯이 회주의 집에 쳐들어갔다. 창난에서는 10여 명의 채권자들이 화약통을 들고 회주의 집에 가서 돈을 내놓지 않으면 같이 죽겠다고 협박했다. 핑양의 두 회주는 채권자들에게 붙잡혀 기둥에 묶인 채 대꼬챙이에 손이 박혔고, 채권자들은 쇠 집게로 두 회주의 가슴살을 지졌으며, 두 회주는 삼일 밤낮을 고문당한 끝에 죽음에 이르렀다. 백 곳이 넘는 초등학교가 수업을 중단했다. 이유는 학생들이 길에서 채권자들에게 인질로 잡혀갔기 때문이다. 3개월이라는 짧은 기간 동안 원저우 시 전체에서 63명이 자살했고, 200명이 잠적했으며, 1,000여 명이 불법적으로 감금되었고, 8만여 가정이 파산했다. 정부는 이때서야 비로소 꿈에서 막 깨어난 듯 일부 이름난 회주를 수배했고, 일벌백계 방식으로 분노를 가라앉히기 위해 일부 회주를 투기범이라는 죄명으로 사형에 처했다.

'타이후이'의 풍파는 피비린내 나는 방식으로 중국의 현대 개혁사의 한 토막을 장식했다. 이 사건은 공공 수요가 합법적 방식을 통해 만족을 얻을 수 없을 때, 설령 가장 이지적인 사람들조차도 미친 듯이 날뛰면서 집단 행동을 할 수 있음을 알려주었다. 그 후 10여 년 동안 원저우 사람들은 민간 금융업체를 설립하려는 시도를 멈춘 적이 없었다. 1986년 11월 1일, 양쟈싱楊嘉興이라는 사람은 31만 8천 위안의 자금을 모아 처음으로 주식합작제 신용회사인 루청鹿城도시신용사를 설립했다. 루청은 원저우의 또 다른 호칭이었다. 6일 후에 수팡중蘇方仲이라는 가구공장 공장장은 자신이 독자적으로 지배하는 신용회사를 만들었고, 가구 브랜드에서 이름을 따 둥펑東風신용사라고 불렀다. 법률상의 명문화된 지지가 없었기 때문에 이들 민간 금융기구의 운명은 사생아와 같이 매일매일 불안했고, 늘 단속과 제재 가능성을 마주하고 있었다.

1986년 원저우의 '타이후이'가 비록 파문을 일으켰지만 영향력은 저장성 남부 지역을 벗어나지는 않았다. 이후 금융 관리 정책의 모호함과 동요로 인해 베이징, 난징 등지에서도 계속해서 깜짝 놀랄만한 금융 풍파가 터져 나왔다. 2000년 초 국무원은 다시 금융 질서에 대한 정돈과 정리를 진행했고, 저장성 남부와 광둥성 지역의 민간 신용사와 농촌합작기금회를 정리하면서 국영의 농촌신용사에 합병시켰다. 광둥성에는 모두 2,000여 민간 금융기구가 영업이 금지되거나 합병되었고, 그해 2월 수팡중은 불법 예금 유치와 사기 혐의로 체포되었다.

1986년 『타임』지 첫 호에 덩샤오핑이 다시 표지인물로 등장했다. 그는 1978년에 이어 두 번째로 '올해의 인물'로 선정되었다. 지난해 10월 『타임』지는 취재팀을 중국에 보내 5일에 걸쳐 취재했다. 취재 도중 덩샤오핑 본인과 한 시간 정도의 인터뷰를 진행했고, '중국의 제2차 혁명'을 주제로 잡지의 절반을 차지할 정도 분량으로 발전 중인 중국에 대해 전면적인 해부를 실시했다.

『타임』지의 수석 기고가인 조지 처치Jeorge Church는 이렇게 썼다.

몇 년 만에 다시 중국을 방문한 외국인들은 그들이 방문한 국가가 정말 동일한 국가인지 믿지 못할 것이다. 상품들로 넘쳐나는 자유 시장, 우후죽순처럼 솟아나는 깨끗한 집들과 향진기업, 이들은 모두 이전에는 본 적이 없던 것들이다.

이 보도에서 덩샤오핑은 철저한 실용주의자, 즉 '검은 고양이든 흰 고양이든 쥐를 잡는 고양이가 훌륭한 고양이'라는 비유를 통해 철저한 실용주의자로 인정되었다.

『타임』지는 중국이 이미 식량 문제를 해결했고, 농민은 도급제 방식으로 해방되었고, 특구와 우대 정책을 통해 점점 많아지는 외국 기업이 연이어 중국에 진입하고, 도시 개혁과 국영기업 개혁이 이미 의사일정에 상정되었음을 인정했다.

11월 뉴욕증권거래소 회장 존 폴슨John Paulson이 중국을 방문해 덩샤오핑에게 뉴욕증권거래소 배지를 주었다. 답례로 덩샤오핑이 선택한 선물은 신중국이 공개 발행한 최초의 주식, 즉 코드번호가 05743, 액면가 50위안인 상하이페이러飞乐 주식이었다. 덩샤오핑은 그에게 "이 주식의 자본금은 165만 위안이고, 3만 3천 주를 발행했는데, 당신이 유일한 외국인 주주입니다"라고 말했다. 그러자 존 폴슨은 기뻐하며 "사회주의 기업의 첫 번째 미국 주주가 된 것은 참으로 영광입니다"라고 말했다. 이 상하이페이러 주식은 훗날 뉴욕증권거래소 진열실에 보관되었다. 이 일이 있기 1년 전에 중국의 첫 번째 주식 거래시장, 즉 상하이징안静安증권업무부가 1985년 12월 31일 정식 개장했는데, 당시에는 현물 거래만 허용되었다. 사실 훨씬 이전 선전, 베이징 및 상하이의 일부 기업은 이미 일반인들에게 시험적으로 주식을 팔기 시작했고, 광둥의 싱푸幸福음향, 베이징의 톈챠오天桥백화점, 상하이의 러페이乐飞음향이 주식을 발행했다. 이는 당연히 실험적인 조치였고, 자본 시장의 진정한 활성화는 몇 년을 더 기다려야 했다.

1986년에는 기념비적인 일이 매우 많았다. 미국의 자유의 여신상 건립 100주년, 독일의 자동차 발명 100주년 등 전 세계 각지에서 각기 다른 형식의 경축 행사가 진행되었다.

1월 28일에는 미국의 우주 비행선 챌린저호가 발사되었다. 인류 최초로 발사 장면이 TV으로 생중계되었는데, 수억 명의 시청자가 챌린저호 폭발 사고를 목격했다. 미국 대통령은 이후 연설에서 "인류가 모험을 확대하는 과정에서 이런 가슴 아픈 사건은 피하기 어렵다. 그러나 미래는 나약한 겁쟁이에게 속하는 것이 아니라 용감한 자에게 속해 있다"고 말했다. 3개월 후 소련의 한 핵발전소에서 방사능 누출 사고가 일어났다.

그리고 또 경제사에서 반드시 기록해야 할 중대 사건이 있었다. 기세등등하던 일본 기업을 겨냥해 미국은 첨단기술 분야에서 대책을 찾는 것 외에도 통화 정책으로 맹렬한 반격을 시작했고, 서방 7개국 재무장관과 연합해 엔화 평가절상을 강력하게 요구했다. 이런 행동은 1985년부터 시작되었다. 처음으로 미국 달러가 일본 엔화에 대해 25% 평가절하를 선언하자 1986년 초 몇 개월 동안 엔화는 40% 절상되었고, 1988년에는 86%까지 수직 상승했다. 이렇게 해서 엔화의 거품이 만들어지게 되었다. 오만한 일본인들은 내막을 알지 못하고 화폐 가치 상승을 기뻐할 뿐이었다. 이후 수년 동안 일본 정부와 기업은 대량으로 미국의 국채와 부동산을 구매하고 미국 기업들을 사들였다. 이때부터 1992년까지 일본인들은 미국 국채의 절반이상을 사들였고, 시가 720억 달러에 이르는 미국 부동산을 구입했다. 그들이 영웅심에 넘쳐 '미국 전체를 사들인다'고 과시하고 있던 그때 거품은 점점 커져갔고, 위기는 유령처럼 조용히 발을 들여놓고 있었다.

경영학자 피터 드러커는 『변화된 세계경제』를 발표하면서 다음과 같이 예측했다.

경제의 내부 구조에서는 이미 근본적인 변화가 일어났고, 이러한 변화는 개발도상국이 선진국을 따라잡는 데 거대한, 심지어는 극복하기 어려운 곤란을 증가시켰다. 첫째, 지식과 자본이 육체노동자를 빠르게 대체해 개발도상국의 노동력 우세가 점점 사라질 것이고, 둘째 기본적으로 노동집약형 공업 생산은 곧 지식집약형으로 변할 것이다. 가령 반도체 칩과 약품 제조에서 노동력 원가는 각각 12%와 10% 미만을 차지할 뿐이다. 셋째, 정보와 지식에 기초한 산업이 물질에 기초한 산업을 대체해 현대 경제 성장의 중심을 형성하고 있고, 이는 한 나라 국민에게 보편적으로 매우 높은 지식 수준을 갖출 것을 요구하고 있다.

드러커의 이런 결론은 1986년의 중국에서는 거의 들어보지 못한 말이었다. 혹자는 설령 귀에 대고 큰 소리로 읽어주어도 어떤 관심도 불러일으키지 못했을 것이라고 말했다. 중국의 기업과 이러한 경영 석학 사이의 거리는 여전히 멀고도 멀었다.

1986년 중국은 처음으로 개인이 자동차를 보유할 수 있다고 발표했다(재미있는 것은 이해 러시아도 택시 영업을 허가한 것이었다. 비록 훗날 이들은 두 가지 서로 다른 모델을 선택하지만 이 두 사회주의 국가는 거의 동시에 시장화라는 모험을 시작한 것이다). 그러나 그때의 자가용은 거의 소비 형태로 쓰이지 않았고, 구매자의 다수는 운송 혹은 영업용 택시로 사용했다. 11월 상하이에서 처음으로 'Z'자 개인자동차 번호판을 갖춘 코드 0001호가 탄생했고, 이후 자가용은 선전, 광저우 등 연해 도시 및 창춘, 충칭 등 자동차공장을 가진 도시에서도 생겨났다.

사람들이 온통 돈버는 것에만 신경을 쓰게 되면서 일부 새로운 직업이 생겨났다. 우편물은 당시의 중요한 교류 방식이었는데, 많은 사람들이 우편물을 받을 때 위쪽에 붙어 있는 우표가 없어진 것을 발견했다. 충칭, 상하이 등의 도시에서 우표 전매와 투기가 새로운 돈벌이가 되었던 것이다. 많은 도시의 우체국 문밖에는 우표를 거래하는 시장이 형성되었고, 1980년에 발행된 한 0.08위안짜리 원숭이 우표는 25위안에 팔렸는데, 6년이라는 짧은 기간 동안 무려 300배가 넘게 가치가 상승했다.

향후 한 시기를 풍미하게 될 인물들이 이해 사업가로서의 생애를 시작한 사실은 거론할만한 가치가 있다. 양위안칭楊元慶은 상하이교통대학을 졸업한 후 바로 중관촌에 뛰어들었다. 그곳에는 이미 100여 개의 기업이 출현해 있었고, 『인민일보』는 이를 '전자 거리'와 '중국의 실리콘밸리'라고 묘사했다. 양위안칭은 류촨즈의 부대에 가입했는데, 당시 류촨즈는 니광난이 개발한 중국어 컴퓨터를 팔고 있었다. 룽즈젠榮智健은 중신타이푸中信泰富에 참여했고, 당시의 중신은 이미 대기업이 되어 있었다. 중신은 특히 독자적으로 수입 심사 비준 권리를 부여 받았는데, 당시로서는 대단한 특권이었다. 우루무치에서는 탕완신唐萬新이라는 대학 수료생이 겨우 400위안의 돈으로 '친구朋友'라는 사진 인화점을 창업했다.

비록 만원호萬元戶[1980년대 경제 개혁으로 인해 출현한, 연간 수입 또는 누계 저축액이 1만 위안 이상 되는 가정]와 창업이 이제는 자랑할 만한 일이 되었고, 비키니와 벤츠가 연이어 중국에 들어왔지만 그것은 여전히 시인이나 가객들의 전유물이었던 연대였다.

몽롱시朦朧詩라는 신시체가 대학생들의 열렬한 사랑을 받아 줄곧 지하에 있던 베이다오, 수팅, 구청顧城 등이 무대로 등장했고, 그들의 시가 한데 모여 출판되자 전국의 대학에서 크게 유행했다. 니체와 실존주의 사조가 대학 교정에 진입했다. '신은 죽었다', '우상의 황혼' 등 신경질적인 니체는 모든 정체된 사상에 대한 사람들의 반발에 영합했고, 일체의 견고한 것들도 모두 연기처럼 흩어지기 시작했다. 젊은이들은 '안전하지만 사람을 질식시키는 국영기업'을 외면했고, 외자기업이나 막 흥기하던 민영기업을 새로운 선택지로 삼았다. 중관촌에는 갈수록 많은 학생들이 출몰했는데, 당시 그들의 전형적인 옷차림은 1백 위안짜리 양복을 입고, 한쪽 주머니에는 수표, 한쪽 주머니에는 영수증, 허리에는 호출기를 차는 것이었다. 훗날 중국 최대의 뉴스 포털 신랑新浪을 창업하는 왕즈둥王志東은 당시 베이징대학 무선전신과를 자퇴하고 바로 중관촌으로 가 일을 시작했다. 여러 해가 지난 후 그는 당시를 회고하며 낮에는 복제 소프트웨어와 중고 컴퓨터를 팔러 다녔고, 밤에는 음습한 지하실에서 시가 낭송회를 관람하곤 했다고 말했다.

봄, 베이징의 한 관현악단의 전문 트럼펫 연주자인 추이젠이 그의 명작 「일무소유」를 만들었다. 5월 9일 베이징에서 거행된 '국제평화의 해 콘서트'에서 그가 대청제국 시기의 긴 저고리 같은 옷을 입고, 등 뒤에는 부서진 기타를 메고 바짓단은 한쪽은 길고, 한쪽은 짧게 한 채 베이징노동자운동장의 무대에 올라왔을 때만 해도 관중들은 무슨 일이 벌어질지 아직 모르고 있었다. 음악이 연주되자 추이젠은 노래를 불렀다.

내가 일찍이 줄곧 너에게 언제 나와 함께할 것이냐고 물으면, 너는 항상 웃으면서 내가 아무것도 가진 게 없다고 했지. 내가 너에게 나의 이상과 나의 자유를 준다고 하면 너는 항상 웃으면서 내가 아무것도 가진 게 없다고 했지. 발아래에서 길은 움직이고, 옆에서 물은 흐르고 있는데, 너는 항상 웃으면서 내가 아무것도 가진 게 없다고 했지. 왜 너는 웃기만 하고, 왜 나는 추구하기만 할까? 설마 너 앞에 있는 내가 영원히 가진 게 아무것도 없을 것이라고 ······.

이는 영혼을 직접 울리는 소리였다. 거칠지만 우렁찬, 분노와 온정을 담은 목소리는 음표 하나하나에 실려 멀리 5월의 베이징의 밤을 급습해 직접적으로 모든 젊은이의 피부를 뚫고 혈액과 융합된 후 비할 바 없이 온화하게 폭발했다.

|기업사 인물|

'정씨'의 죽음

마음이 쓰라릴 정도로 아팠던 일부 가족을 제외하고는 일찍이 이 세상에 정러펀鄭樂芬이라는 원저우 여성이 있었다는 사실을 기억하는 사람은 드물다. 1991년 그녀는 투기폭리죄로 총살형에 처해졌다.

정러펀은 1986년 원저우에서 일어난 '타이후이' 사건의 주연 중의 하나였다. 당시 태풍 같던 머니 게임은 30만 명의 회원을 보유하고 있었는데, 결국 8만 명에게 채무를 지면서 회주들은 가산을 탕진하게 되었다. 정부가 이 사건을 정리하려고 결심하고 있을 무렵 그녀는 죄질이 나쁜 투기 행위의 주범으로 지목되었다.

정러펀은 융쟈永嘉의 평범한 가정주부로 남편은 운수회사 직원이었다. 지인들의 기억에 따르면 정러펀은 둥근 얼굴에 뚱뚱한 편이었고, 성격은 열정적이면서 대범했다. 그녀는 문화 수준이 낮았고, 결혼 후에는 바느질로 조그만 장사를 했다. 융쟈는 개인 기업이 매우 활발한 지역으로 일찍이 챠오터우橋頭 단추시장이 이 현에 있었다. '타이후이' 태풍이 불기 시작하자 머리를 잘 굴리고, 인맥이 넓었던 정러펀은 아주 자연스럽게 회주가 되었다. 훗날 원저우의 '타이후이'의 회주의 80%는 정러펀처럼 학력이 떨어지고, 심지어는 문맹인 농촌 부녀자들이었다는 사실이 알려졌다. 정러펀은 자백에서 당시의 상황을 묘사하면서 다음과 같이 말했다.

돈이 들어오면 벽의 양쪽 모서리에 쌓아두었는데, 네 시간이 안 되어 돈 무더기들은 서로 연결되었고, 반나절이 지나면 벽은 돈으로 가려져 보이지 않게 되었고, 저녁이 되면 방 안은 돈으로 가득 찼습니다. 발조차 제대로 들여놓을 수 없어 문을 잠그고 민병民兵을 동원해 방을 지키게 했습니다. 사람들은 흩어지지 않았고, 서로 가입하려고 아우성이었습니다. 다시 돈이 들어올 무렵이면 민병들이 칼을 휘두르며 몰려있는 사람들을 물러나게 했습니다.

정러펀의 '타이후이'의 규모는 중간 정도였다. 그녀는 427명의 회원을 보유하고 있었고, 회원들이 납부하는 돈은 6,200만 위안에 달했다. 그녀가 회원들에게 지급한 돈이 6,010만 위안이었으니, 차액 190만 위안은 그녀의 수익이었다. 정러펀은 이 돈으로 3층짜리 벽돌 건물을 지었고, 일부는 이웃들에게 빌려주기도 했다.

1986년 봄 '타이후이'의 고리가 끊어지고 붕괴되는 현상이 발생하자 공황은 각 지역의 향진으로 전염병처럼 퍼져나갔다. 3월 23일 정러펀 부부는 도망갔고, 4월 30일 남편이 상하이의 경찰 기관에 자수했다. 7월 16일 정러펀은 쟝수성 진탄金壇에서 체포되었다. 1989년 원저우 시 중급인민법원은 투기폭리죄로 피고 정러펀에게는 사형을, 남편에게는 무기징역을 선고하면서 정치 권리를 종신 박탈했다.

정러펀에 대한 이러한 판결은 당시 법조계에 많은 논란을 불러일으켰다. 한 변호사는 '타이후이' 자체가 사기극이라고 생각했다. 그리하여 회원들의 돈에 대한 불법 점유를 목적으로 했기 때문에 정러펀은 사기죄에 해당되며, 이를 근거로 보면 정러펀에 대한 사형선고는 부당하다고 주장했다.

그러나 법원은 피고의 죄의 핵심은 국가의 금융관리제도를 위반한 투기폭리죄로, 사건의 세부 정황에 근거해 극형에 처한 것이라고 했다. 법원이 제공한 증거를 보면 정러펀에게는 결코 사기 행위가 없었음을 알 수 있다. 그녀는 회원과 정식으로 계약을 맺었으며, 쌍방은 모두 '타이후이'라는 경영 방식을 인정하고 있었음을 알 수 있다. '타이후이'가 붕괴된 후 당사자들은 모두 서로가 원해서 이루어진 일로 돈을 사취하려는 동기가 없었음을 인정했다.

1980년대 중반부터 연해 각 지역의 민간 금융 활동은 멈춘 적이 없었고, 국가는 한편으로 이러한 행위를 엄금했지만 또 다른 한편에서는 개인기업의 금융 서비스 확대에 대해 속수무책이었다. 원저우의 '타이후이'와 정러펀 사건은 이러한 시대적 배경 속에서 발생한 비극이었다. 1991년 9월 18일 최고인민법원은 저쟝성 고급인민법원의 형사 판결을 비준하면서 정러펀에 대한 사형 집행을 명령했다. 비록 민간과 법조계의 동정을 받기는 했지만 정러펀은 결국 생을 마감했다.

『영국사A History of England』의 저자 우드워드E. L. Woodward는 "역사가 언급하는 것은 한 민족의 삶의 극히 작은 일부분에 불과하고, 사람들의 대부분의 삶과 창업의 고통에 대한 문자적 기록은 과거와 미래 모두 없을 것"이라고 말했다. 그는 또 『집회서Ecclesiasticus』의 한 부분을 인용해 다음과 같이 말했다.

어떤 사람은 사라져도 흔적이 없고, 죽어도 아는 사람이 없다. 마치 이 세상에 온 적이 없었던 것처럼.

정러펀은 그러한 사람이었다. 그녀는 중국 기업사에서 가장 미약한 인물이었고, 사형에 해당되는 범죄를 저지른 사람이었다. 세상을 떠날 때 그녀는 사진 한 장 남기지 않았다.

|기업사 인물|

화시촌의 가장 우런바오

중국에는 90여 개의 촌장村莊이 있고, 각각의 촌장에는 모두 촌 지부 서기가 있다. 우런바오吳仁寶는 그중에서도 아마 가장 오랫동안 촌서기를 역임한 것으로 유명한 사람이다. 그는 28세부터 48년 동안 쟝수성 쟝인현의 화시촌華西村 서기를 역임했고, 퇴직할 때는 자신의 직위를 넷째 아들에게 물려주었다.

그가 촌서기를 맡은 1960년대부터 화시촌은 '전국 전형'이 되기 시작했다. 그가 막 부임했을 때 쟝수성 남쪽의 이 작은 마을은 부채가 2.5만 위안이었지만 퇴임할 때는 고정자산 30억 위안, 마을이 운영하는 기업 58개, 마을 전체 주민 2,000여 명의 연평균 수입은 6천 달러, 집집마다 승용차 1대를 '분배'받고, 400km2 이상의 별장을 갖게 되었다. 우런바오는 비록 글공부는 며칠 밖에 하지 않았지만 주위 사람들에게서 '농민 정치가'로 인정받았다. 그는 각종 보도와 TV 뉴스 등을 통해 정치적 맥박을 정확히 짚어내 거의 48년 동안 화시촌을 매 역사 시기마다 중국 농촌의 전형으로 만들었다. 남보다 앞서 '농업은 다자이를 배우자!'라는 전형이 된 것을 시작으로 과학 영농 전형, 향진기업 전형, 빈곤구제 선진 전형, 정신 문명건설 전형 등이 되었다. 그는 퇴직하기 전 중앙이 '3개 대표'를 제창하자 바로 3개의 극본을 창작해 '3개 대표'를 찬양하기도 했다.

우런바오는 솔직히 1958년 '실적 없이 성과를 부풀리는 풍토'가 있던 시기에 허위로 생산량을 보고한 적이 있었고, 1960년대에 화시촌은 '전국이 다자이를 배우자'며 한편에서는 홍기를 휘날리는 동시에 마을 사람 20여 명을 선발해 몰래 작은 철물공장을 운영했다. "당시는 바로 자본주의 추종자를 잘라내던 시기였으니 절대 외부에 알릴 수 없는 일이었습니다." 그의 아들은 당시를 회고하면서 이렇게 말했다.

밭에는 붉은 깃발이 나부끼고 나팔소리가 울리고 있는 동안 검사하던 동지가 떠나면 우리는 몸을 돌려 공장으로 돌아갔습니다. 왜 위험을 무릅쓰면서까지 이런 공업을 했냐구요? 농사로는 정말 돈 벌기가 힘들었습니다. 당시 마을 사람들은 죽기 살기로 일했지만 농업 총생산량은 24만 위안에 불과했습니다. 그런데 20명밖에 일하지 않는 철물공장은 3년 후에 24만 위안의 매출액에 도달했습니다.

우런바오의 이런 행위는 당연히 위험을 무릅쓴 일이었다. 그는 한때 쟝인현의 현위 서기와 쟝수성위 위원을 역임했는데, 이외로 선거에서 한번 떨어진 후 다시 마을로 돌아와 계속해서 서기를 맡았다.

1978년 문혁이 끝나고 개혁개방이 시작되기 전날 화시촌의 재산은 고정자산이 모두 100만 위안, 은행예금 100만 위안, 그리고 3년 치 식량을 보유하고 있었다. 당시 담배 한 갑 가격이 0.2위안으로 쟝인현 전체의 농공업 총생산액은 겨우 수억 위안에 달할 뿐이었다.

화시촌이 진정으로 원시적 축적을 이룬 때는 1992년이었다. 당시 덩샤오핑의 남순강화가 신문과 방송에서 발표되자 우런바오는 그날 밤 바로 마을의 간부들을 소집해 새벽 2시에 회의를 열었다. 그는 전국적으로 경제가 발전할 것으로 판단하고는 모든 자금을 동원해 3개월분의 원재료를 사재기할 것을 명했다. 이전에 우런바오는 줄곧 '외채도 없고 내채도 없는' 원칙을 견지했는데, 이번에는 놀랍게도 1,000만 위안의 자금을 빌려 회전시켰다. 화시촌이 도대체 얼마의 자금을 가져다가 어떻게 운용해 결국 얼마를 벌었는지는 줄곧 하나의 수수께끼였다. 그의 아들 우세동은 훗날 수치 하나를 넌지시 내비친 적이 있다. "마을에서 당시 구입한 알루미늄 괴는 톤당 6,000여 위안이었는데, 3개월 후 가격은 톤당 18,000여 위안으로 올랐다."

화시촌이 보인 또 다른 움직임은 바로 마을에서 기업을 운영하는 것으로, 여태껏 국가가 독점해온 담배제조업에 손을 댔다. 우런바오는 영향력을 이용해 '화시촌'이라는 이름의 담배를 회인■■담배공장에서 생산하고 화시촌 바오창화섬유공사가 이를 총판하고, 다시 장인현 담배전매국이 이를 독점 판매할 수 있도록 특별히 비준했다. 1995년을 전후해 화시촌은 이 한 가지 프로젝트로 돈 한 푼 들이지 않고 중간에서 대략 2,000만 위안의 순이익을 거두었다. 1999년에는 화시촌의 주식을 상장했다. 화시촌은 중국 최초로 자본 시장에서 자금을 조달한 마을로, 3,500만 주의 주식을 발행해 모두 2억 9천만 위안의 자금을 조달했다. 2002년 우런바오는 12억 위안을 투자해 허베이성의 탕산에 연 생산량 120만 톤의 '베이철강'을 설립했다.

"정치 우위는 경제 건설을 위해 복무한다." 우런바오는 줄곧 자신의 정치경제학을 거리낌 없이 이렇게 이야기하곤 했다. "이 점에서 화시촌은 줄곧 흔들린 적이 없었다."

오랫동안 화시촌과 톈진의 다츄장은 '북대남화北大南華'로 불리었다. 이들의 발전 모델은 매우 유사했다. 강력한 권력과 정치적 지혜를 가진 지도자가 있었고, 기업 경영 방식으로 마을을 운용하고 중공업을 발전시킴으로써 신속하게 부를 이룬 것이었다. 서로 다른 점은 북방의 위줘민은 성공한 후 한때 교만해져 지방 정부와의 관계가 나빠졌으나 우런바오는 아주 원만했다는 점이다. 장인현의 한 지방관은 이렇게 말했다.

우런바오는 관료 사회에 적이 거의 없었다. 설령 진의 지도급 인사가 화시촌에 간다 해도 우런바오는 그의 직위가 낮다고 해서 불손하게 굴지 않았고, 이 점에서 위줘민과 완전히 달랐다.

우런바오는 각 방면에서 견학하러온 지도급 인사들을 접대하기 위해 '특별예술단'을 만들었다. 부단장을 맡은 지리징甘麗靜은 예전에 이런 에피소드를 들려준 적이 있다.

극단에 『삼배미주경친인三杯美酒敬親人』이라는 특별 프로그램이 있었는데, 일반적으로 이 프로그램을 공연하라는 통지가 오면 분명 고위급 인사가 왔을 때였습니다. 이 프로그램의 독창성은 공연이 진행될 때 술을 세 잔 따른 후 갑자기 무대 아래로 내려가 손님 앞에 올리는 것이었습니다. 너무 갑작스러운 나머지 손님들은 한동안 멍하니 있다가 바로 통쾌하게 웃었습니다. 이때가 손님과 주인이 마음껏 즐거워하는 순간이었습니다.

우런바오는 4명의 아들과 1명의 딸을 두었다. 네 아들의 이름은 세둥協東, 세더協德, 세핑協平, 세은協恩이었는데 전해지는 말로는 각각 마오쩌둥, 주더朱德, 덩샤오핑, 저우언라이를 기념하기 위해 지은 이름이었다고 한다. 아주 오래 전에 우런바오는 자녀들에게 직업을 정해준 적이 있었다. "큰 아들은 목수를 하고, 둘째 아들은 미장이를 하고, 딸은 재봉을 배워라." 이유는 "이 손기술이 있으면 자기 손으로 집을 짓고 옷을 만들 수 있어 의식주를 근심할 필요가 없다"는 것이었다. 하지만 자신도 가난한 마을에서 이렇게 큰 산업을 일으키고 또 그것을 자녀들에게 물려줄 기회를 갖게 될 줄은 꿈에도 생각지 못했다. 계절이 바뀌고 시간이 흐른 후 퇴직할 즈음 화시 집단 내부의 업무 분담은 이러했다. 큰 아들 세둥은 건축인테리어공사를 주관하고, 둘째 세더는 강철 산업을 맡고, 딸 펑잉은 복장공사의 총경리를 맡고, 세째 세핑은 여행사를 돌보고, 막내 세은에게는 그의 직무를 계승하게 했다. 경영권의 각도에서 보면 집체 성질의 화시촌은 이미 우씨 일가의 가족 기업이 된 것이었다.

2005년에 퇴직한 우런바오의 집을 찾아간 한 기자가 그의 집을 세밀하게 묘사한 적이 있다.

아래층은 방이 세 칸, 위층에는 침실이 있는데 방에는 어떤 가구도 없고 또 가구를 놓을 방법도 없었다. 왜냐하면 방안의 벽마다 수많은 사진이 걸려 있었기 때문이다. 이들 사진은 모두 이전에 시찰하러온 각급 지도자들과 우런바오가 함께 찍은 기념사진들이었다. 매일 해질녘 6시가 지나면 76세의 우런바오는 집으로 돌아가 기름과 소금만 넣은 국수 한 사발을 들이키고 두부에 간장을 찍어 먹고, 찻물로 찐 달걀껍질을 벗긴 후 흰자만 먹고 노른자는 먹지 않았다.

1987년
기업가 시대

당신은 마치 한 겨울의 불처럼
활활 불꽃을 내뿜으면서 나를 따뜻하게 해주었습니다.
— 페이샹費翔, 「한 겨울의 불꽃」(1987년)

허베이성 스쟈좡의 제지공장사장 마성리馬勝利는 공장 입구에 '공장장 마성리'라고 적힌 동패를 걸어놓았다. 이것은 당시의 국영기업에서 불가사의한 일이었지만 그 자신이 '마성리'였기 때문에 불합리한 일이라고 생각하는 사람은 아무도 없었다. 마성리는 당시 중국에서 가장 유명한 사장이었다.

마성리는 2년 전 도급으로 이름을 날렸다. 1984년 스쟈좡제지공장은 현지의 많은 국영기업과 마찬가지로 경영 자체가 어려웠고, 800여 명 규모의 공장은 3년 연속 적자에 허덕이고 있었다. 그해 연초 상부에서 17만 위안 이윤 실행이라는 목표치를 하달했지만 부임한 지 얼마 되지 않은 공장장은 감히 그러한 조건을 받아들이기가 어려웠다. 그러자 당시 공장의 업무과장이던 마성리는 3월 28일 공장 입구에 대자보를 붙였다. "내가 이 제지공장을 맡게 된다면 연말에 70만 위안의 이윤을 달성하고, 직원들 월급도 배로 올릴 수 있다. 만약 목표를 달성하지 못할 경우 그에 합당한 법적 처분을 받겠다." 이처럼 대담한 행동은 스쟈좡 시를 떠들썩하게 만들었는데, 보름 후 시장 왕바오화王葆華는 160인의 설명회를 조직해 마성리의 설명을 들은 후 즉석에서 그가 제지공장을 맡는 것을 허락했다.

업무과장 출신인 마성리는 주로 제품 종류의 다양화와 판촉에 노력을 기울였다. 이 제지공장이 생산하는 것은 가정용 화장지였는데, 마성리는 시장의 수요에 근거해 기존의 대형 두루마리 규격을 6종의 규격으로 변화시켰고, 색깔도 1종에서 3종으로 변화를 주었다. 그리고 향기가 나는 티슈도 개발했다. 영업사원의 시장 개척을 장려하기 위해 마성리는 새로운 고객을 발굴할 때마다 그에 합당한 보너스를 제공했다. 이러한 조치는 고인 물처럼 풀이 죽어있던 공장에 활력을 불어넣었다. 도급 1개월 만에 이 제지공장은 21만 위안의 이윤을 달성해 연초 시정부가 목표로 삼은 17만 위안을 한 달 만에 초과 달성했고, 도급 첫해 140만 위안의 이윤을 실현했다. 이어 뉴스보도와 홍보를 통해 '마씨 도급'은 전국적으로 명성을 떨치기 시작했다. 당시 4년 전 개혁의 전형으로 여겨졌던 부신성은 이미 기우는 해와 마찬가지였고, 국영기업은 개혁에 새로운 전설이 출현하기를 기다리고 있었는데, 마성리가 적절한 시기에 출현해 이러한 수요를 충족시켰고, 그의 실험은 기업 도급의 매력을 발산시켰으며 일순간에 '마성리를 배우자!'가 전국적인 붐을 이루게 되었다. 그의 개혁 맥락은 '36계'와 '72변'으로 총결되었으며, 도급제는 국영기업의 위기 탈출의 묘약이 되었다.

1985년 7월 26일 전국의 신문은 모두 신화사의 보도를 게재했는데, 이 보도의 제목은 「언제나 국가와 인민의 이익을 생각하는 공장장 마성리」였다. 부신성과 마찬가지로 마성리는 대단한 뉴스의 인물이 되었다. 그는 사방으로 강연을 다녔고, 책을 출판했으며, 이를 통해 각종 명예를 얻었다. 허베이성, 산둥성 등지에서는 성 정부가 앞장서 '마성리 배우기' 운동을 전개했다. 마성리는 몇 년 연속 흑자 행진을 이어갔는데, 1985년에는 280만 위안, 1986년에는 320만 위안의 흑자를 기록했다. 1987년 한창 주가를 올리던 마성리는 공개적으로 놀라운 결정을 발표했다. "저는 '중국마성리제지그룹'을 설립할 것이고, 앞으로 전국 20개 성과 직할시에 있는 100개의 제지 기업으로부터 도급을 맡을 것입니다."

그의 선언은 당시 가장 폭발적인 기업 뉴스였다. 이는 실제로 방대한 구상인 동시에 개혁가의 웅대한 기백을 나타낸 것이었다. 간신히 생명을 유지하던 지방의 많은 제지공장들에게는 마성리의 기치 아래로 들어가는 것이 기사회생할 수 있는 가장 좋은 기회로 생각되었다. 마성리의 선언이 각지로 퍼져나가자 전국에서 도급을 신청하는 전보가 빗발쳤다. 처음으로 도급을 신청한 기업은 산둥성의 허저(許澤)제지공장으로 마성리의 도급 팀이 현장에 도착했을 때 허저시 지역 10개 현과 시의 시장과 서기 및 고위간부들이 모여들었다. 마성리가 강연할 때 사람들은 경의에 찬 눈빛으로 그를 바라보았으며, 그는 마치 돌을 만져 금으로 변화시키는 신선의 모습과도 같았다. 마성리의 강연 현장을 취재한 한 기자는 다음과 같이 보도했다.

> 마성리는 원고나 자료 없이 강연을 진행했다. 그가 강연할 때 회의장은 개미소리 하나 나지 않았고, 세 시간에 걸친 강의는 쉬는 시간 없이 한 사람의 이탈자도 없는 가운데 진행되었다.

이러한 현상은 이후 6개월 동안 계속되었다. 마성리는 쉴 새 없이 전국을 누볐고, 가는 지역마다 현지의 톱뉴스가 되었고, 그가 도급을 떠맡는 것은 자못 격식을 갖춘 개혁의 연출이 되었다. 각급 정부나 기업, 언론이나 노동자까지 모두가 절박하게 곤란에서 벗어나길 갈망하는 상황 하에서 마성리는 마치 구세주 같았다. 1989년까지 그에게 도급을 맡긴 기업은 수십 개 업체로 모두 규모가 크지 않았으며, 적자 상태에 허덕이던 중소형 제지공장이었다. 마성리는 어떤 타당성 검토나 평가도 없이 도급 신청을 받아들였다. 한 번은 구이저우에 갔는데, 이 일을 신화사의 한 기자는 다음과 같이 기록하고 있다.

> 26일 저녁 구이양(貴陽) 도착, 27일 하루 종일 구이저우성 기업 간부들에게 보고 진행, 28일 구이양제지공장 도급 관련 협상 및 공장 관람, 29일 도급 계약 체결. 계약에는 2년째 100만 위안의 이윤 달성과 3년째 대출금 상환 등의 내용이 명시되어 있었다. 마성리는 구이양제지공장의 사장이 되었고, 이 공장은 그와 계약을 맺은 여섯 번째 기업이 되었다.

『구이저우만보』는 평론에서 다음과 같이 논평하고 있다.

마성리의 움직임을 보면 마치 개혁의 찬가가 울려퍼지는 착각을 느끼게 된다. 아닌가? 만약 다른 사람이 이 일을 맡았더라면 얼마나 많은 시일이 걸릴지 모른다. 하지만 마성리는 이틀만에 모든 것을 일사천리로 처리했다. 그처럼 결단성 있는 행동은 우리에게 아주 신선한 충격을 안겨 주었다.

마성리의 도급에 대해 타당성 조사나 경영 리스크를 생각한 사람은 아무도 없었다. 철저한 현장 조사도 없었고, 자원의 통합도 없었으며, 인재 및 기술 유출에 대한 관리도 없었고, 집단 경영에 대한 전략적인 구상도 없는 마성리의 도급은 어떤 경우에는 심지어 이상주의적인 색채까지도 띠고 있었다. 『항저우일보』는 마성리의 저장 시찰 당시의 뉴스를 다음과 같이 보도했다.

마성리가 찾아가는 기업은 대다수가 손실 기업으로 그는 이러한 기업에 대해 동정과 관심을 표명했다. 그는 '개혁은 마땅히 사회주의의 우월성을 체현해야 하고, 곤란하고, 적자를 보고, 버티기 어려운 기업일수록 더욱 지원을 아껴서는 안 된다'고 말했다.

이러한 말은 사람들이 환상을 갖도록 하기에 충분했다. 린안臨安현의 한 제지공장은 세 번이나 항저우에 와서 마성리를 찾았고, 심지어 공장에 '마성리 사장이 우리 공장의 도급을 맡아줄 것을 요구한다!'라는 플래카드를 내걸었다. 마성리의 호방한 성격은 또 많은 사람들의 개혁 열정을 유발시켰는데, 그가 항저우에서 기업의 도급을 맡을 때 현지의 한 공장장은 신문에 타유시打油詩[내용과 시구가 통속적이고 해학적인 시]를 게재했다.

항저우성에 머리에 흰 깃발을 꽂고 허베이에서 마성리가 왔네, 자고로 돈 많고 영걸이 많았는데, 한 번의 결전만으로 탄복하게 만드네!

1987년 11월부터 이듬해 1월까지 마성리는 '새벽에 움직이고 밤에는 잠을 자지 않으면서' 채 2개월이 안 되는 시간에 27개 기업에 대해 도급 작업을 진행했다.

1988년 1월 19일 '중국마성리제지그룹'이 출범했고, 베이징의 경공업부 부장과 허베이성 성장이 창립 대회에 참가했다. 4일 전 『인민일보』는 '본보기'였던 부신성의 면직 사실을 뉴스로 보도했는데, '본보기'의 신구교체가 사람들의 눈을 어지럽게 만들었다.

그러나 마씨 신화의 몰락이 부신성에 비해 훨씬 더 빠른 속도로 다가올 것이라고 생각한 사람은 아무도 없었다. 불과 4개월 후 저장성 언론들은 그의 저장성 푸장제지공장의 실패를 보도했고, 7월에는 구이저우에서 마성리가 도급 맡은 공장이 곤경에 처했다고 보도했으며, 8월에는 옌타이제지공장이 적자로 마성리와 계약을 해지했다고 보도했다. 『인민일보』는 논평에서 마성리의 실패는 예상된 것이라고 보도하면서 처음으로 마성리와 부신성을 비교했다. 연이어 무서운 도미노 현상이 발생하기 시작했고, 연말이 되자 마성리는 새로운 기업을 받아들이는 일은 없고 이제부터는 허베이를 넘어서 경영하는 일도 없을 것이라고 선언했다. 이때 이미 16개의 제지업체가 마성리를 떠났다.

기업사에서 '기업 도급의 일인자'로 불렸지만 마성리는 처음으로 도급제를 시도한 사람이 아니라 도급제로 인해 처음으로 세상의 주목을 끈 사람이었다. 1987년을 전후로 도급제는 국영기업을 구제하는 묘약이 되었다. 8월 국가경제무역위원회, 중국공산당 중앙조직부, 중화전국노동조합연합은 공장장 책임제 업무회의를 전면적으로 추진했다. 회의는 전국의 모든 중대형 공업기업이 1987년 내에 공장장 책임제를 실행할 것을 결정했고, 공장장 책임제를 기업의 근본 제도로 삼아 개혁을 가속화하기로 했다. 공표된 자료에 따르면 1987년까지 전 국민소유제 공업기업 중 공장장 책임제를 실시한 기업은 63.9%에 달했다. 이 개혁은 실험 단계에서 전면적 실행 단계로 접어들었다.

마성리의 도급제 열풍과 그룹화의 꿈은 이러한 거시적 배경 하에서 출현한 것으로, 당시의 국영기업 경영자로는 가장 풍부한 상상력을 갖고 진행한 실험이었다. 그것은 도급제, 즉 시장화를 수단으로 수많은 손실 기업을 구제하고자 한 시도였다. 마성리의 제지공장은 1,000명이 되지 않는 중형 국영기업이었지만 그가 구현한 개혁 성과와 포부는 오히려 모든 사람을 흥분하게 만들었다. 마성리가 매수한 제지공장 중 절반은 지방의 집체기업이었고, 이중에는 향진기업도 있었다. 그가 전국을 누비고 다닐 때 언론사 기자들이 항상 밀착 취재했고, 정부 관료들은 기대에 부풀어 있었으며, 경제학자들은 각종 이론으로 그러한 개혁의 의미를 진술하고 가치를 부여했다. 하지만 결국 이 대형 프로젝트의 붕괴는 수많은 사람에게 엄청난 실망감을 안겨주었다.

훗날 평론가들은 마성리의 실패가 '바꾸기만 하면 효험이 있고', '도급만 하면 살아난다'는 개혁 이념에 최초로 중대한 타격을 가한 것으로 생각했다.

마성리 외에도 1987년에 잊기 어려운 기업가가 있었는데, 그는 바로 '동방의 신비수'로 하룻밤 사이에 유명해진 리징웨이李經緯였다.

11월 광저우에서 열린 제6회 전국체전에서 처음으로 중국 기업이 다국적기업과 경쟁하는 장면이 출현했다. 광둥성은 당시 이미 대외개방의 선두주자로 자리매김한 상태였고, 이곳에서는 대규모 외국 자본과 신흥 민영기업이 우후죽순처럼 출현하고 있었다. 과거 7년 동안 광둥성은 43억 달러의 외자를 유치해 전국의 66%를 차지했고, 당시 도입된 설비는 60만 대, 생산라인은 700개에 달했고, 대외무역은 전국의 1/7을 차지했다. 제6회 전국체전의 개최는 광둥성 기업들이 전국의 국민들에게 나래를 펼칠 수 있는 최고의 기회였다.

2년 전 LA올림픽에서 세상을 놀라게 한 젠리바오는 '전국체전지정음료'라는 명칭을 얻기 위해 코카콜라와 경쟁을 벌였다. 코카콜라가 100만 위안의 돈을 내겠다고 제안하자 젠리바오의 리징웨이는 가격을 250만 위안으로 올렸고, 게다가 10만 위안 상당의 음료 무료 공급안을 제시했다. 결과는 당연히 젠리바오의 승리였고, 코카콜라는 콜라 형 음료의 지정권 획득에 만족해야 했다. 이 이야기는 오랜 시간 동안 기자들의 입에 오르내렸다. 전국체전 기간 동안 새로 건립된 메인스타디움은 젠리바오의 광고로 도배되었다. 가장 가관이었던 장면은 폐막식 당일 메인스타디움 입구에 200여 명의 사람들이 모두 젠리바오 로고가 새겨진 옷을 입고 스타디움에 입장한 8만 명의 모든 관중에게 젠리바오 음료수를 나누어 주는 장면이었다.

전국체전에서 각 기업의 광고 대전이 전개되었다. 영국과 미국의 담배업체는 각각 100만 위안과 300만 개비의 담배를 투자해 경기입장권에 홍보 문구를 인쇄했고, 후지필름은 1,200명의 기자들에게 광고가 새겨진 조끼를 제공했으며, 업무증과 기자증은 미국 플로라이드 카메라 차지였고, 대회 차량은 맥스웰 커피와 제록스 복사기 몫이었다.

다국적기업과 리징웨이가 돈 자랑을 했다면 광둥의 다른 음료기업은 머리를 충분히 이용했다. 역도 결승전 당일 세계기록을 두 번씩이나 경신한 광둥의 한 선수가 실황중계 시 갑자기 카메라 앞에서 '아시아 사이다'를 들고서 "아시아 사이다가 저를 지원했습니다!"라고 소리치는 일이 발생했다. 이 장면은 CCTV를 통해 전국의 시청자들에게 전달되었다. 당시 이러한 광고 수법에 대해 사람들은 어떠한 반감도 갖지 않고 오히려 시청자를 포함한 기자들까지도 그러한 방식에 대해 감탄해 마지 않았다.

젠리바오의 성공은 사람들의 상상력을 극대화시켰는데, 야심이 큰 기업가들이 음료 식품 영역으로 눈을 돌리게 하는 계기를 제공했다. 1987년 거의 동시에 광둥성과 저장성에서 건강식품업체 두 개가 탄생했고, 그들은 이후 10년 동안 중국의 건강식품 시장을 지배했다.

8월, 36세의 화이한신(懷漢新)은 둥관(東莞)현 황쟝(黃江)진에서 황쟝건강식품공장을 건립했다. 과거 화이한신은 광저우시체육위원회 소속의 운전기사였는데, 리징웨이의 전설적인 스토리가 그로 하여금 별안간 창업 충동을 불러일으킨 것이었다. 광둥성 체육 병원에서 일하던 화이한신의 장인이 얼마 전 광둥체육대학에 닭과 뱀에서 채취한 액을 혼합해 식욕부진과 불면증을 치료하는 보양액을 개발해준 적이 있었는데, 시음 효과가 아주 좋았다. 화이한신은 장인에게서 얻은 제조법과 5만 위안의 현금을 들고 황쟝진에 조그만 공장을 차렸다.

제품 양산에 성공하지도 않았을 때 화이한신은 리징웨이의 사업 방식을 배우게 되었다. 1988년 1월 국가체육위원회가 광저우에서 제24회 올림픽 중국 대표단 전용 음료 및 영양보충제 선정 회의를 개최하자 화이한신은 아직 출시되지도 않은 '성우젠(生物健)드링크'를 갖고 사방으로 홍보 활동을 전개해 성우젠드링크가 올림픽 중국 대표단 전용 음료 금상으로 선정되는 영예를 획득했다. 이러한 영예를 등에 업은 채 화이한신은 중국 시장 정복을 위한 여정을 시작했다. 자신의 기업에 현대적 분위기를 부여하기 위해 그는 수상 직후 공장 이름과 상품 이름 및 상표를 '타이양선太陽神'으로 통일시켰고, 또 광고 대행사를 통해 중국에서는 처음으로 '기업 이미지 식별 시스템'을 디자인했다. 타이양선은 이미지와 포장 부분에서 사람들에게 신선한 느낌을 주었고, 제품이 출시되자마자 평범하고 구시대적이던 국산 브랜드 중 단연 두각을 드러냈다.

화이한신이 광둥에서 활발하게 움직이고 있을 때 항저우의 음습한 골목에서는 47세의 중칭허우가 와하하아동식품공장을 설립했다. 그는 항저우 토박이로 사람들이 쉽게 기억하기 힘들 정도로 아주 평범한 사람이었다. 그는 일찍이 농촌으로 하방下放해 저우산舟山에서 염전을 개간한 적도 있었고, 사오싱 차 농장의 일꾼으로 일하기도 했다. 1979년 아들을 도시로 돌아오게 하기 위해 학교에서 운영하는 공장¹)에서 노동자로 일하던 어머니가 미리 퇴직하고 '직장 지표'를 그에게 물려주었다. 어머니를 대신하기 위해 항저우로 돌아온 그는 시내에서 교재를 팔거나 아이스케이크를 팔기도 했다. 뜨거운 여름날에는 삼륜차를 끌고가 초등학교 정문에서 각종 자질구레한 물건을 팔았다. 1985년을 전후로 그는 한 건강식품 회사의 화분花粉 드링크제를 팔기 시작하면서부터 건강식품 시장의 잠재력을 알게 되었다. 학교에서 운영하던 공장의 경영부 경리를 맡고 있던 그는 우연한 기회에 저장의과대학의 한 교수가 개발한 아동용 영양제를 알게 되었다. 그는 직접 교수를 방문해 제조 방법을 얻어냈다. 이 영양제는 용안육龍眼肉, 대추, 산사, 연밥 등에서 추출한 원료로 만든 드링크제로 중칭허우는 이를 '와하하'라고 명명했다.

화이한신과 중칭허우의 사업은 아주 순조롭게 진행되었다. 상품은 부족하고 수요는 날로 증가하는 시대에 제품의 품질만 일정 수준에 이르고, 포장에 약간의 특색이 있으면서 판매 수단이 자못 창의적이기만 하면 시장은 바로 수중에 있었

---

1) 당시 많은 학교가 자체적으로 '제3산업'을 운영했다. 방직공장, 인쇄공장, TV공장에서부터 서점, 어장에 이르기까지 다양했다. 1990년을 전후한 시기에 전국적으로 68만 개의 학교에서 운영하는 공장이 있었고, 연 생산액은 85억 위안이었다.

다. 중칭허우는 옛날을 기억하면서 다음과 같이 말했다.

당시 전국 시장을 공략하기 위해 한 지역을 가게 되면 먼저 신문사와 방송국을 찾아 광고계약을 체결했습니다. 그런 후 이 계약을 갖고 현지의 식품회사를 찾아가 시음을 한 다음 점포에 제품을 깔고 팔도록 요청했습니다. 그런 다음 바로 광고를 터뜨렸는데, 한 달이면 시장은 저희들 것이 되었습니다. 만약 식품회사가 이 제품에 대해 관심을 갖지 않으면 여관에 투숙하면서 현지의 전화번호부를 꺼내놓고 백화점, 마트, 판매업체에 일일이 전화를 걸어 '당신네 매장에서 와하하 영양제를 판매하고 있습니까?'라는 질문 하나만 던졌습니다. 삼일 째가 되면 식품회사 사람이 여기저기서 저희 와하하를 찾기 시작했습니다.

이것은 당시 성공한 모든 회사의 거의 공통된 경험이었고, 10여 년 동안 효과가 지속되었다. 1990년 와하하의 판매액은 1억 위안에 근접했고, 타이양선의 판매액은 2억 4천만 위안에 달해 전국의 건강식품 시장의 63%를 장악했다.

9월, 10년 전 전국과학대회에 참가했던 런정페이는 선전에서 화웨이라는 '민영 IT기업'을 설립했다. 하지만 사실상 그는 자신의 미래에 대해 여전히 아무것도 아는 바가 없었다. 이 이전의 그의 인생은 회색 빛깔로 설명할 수 있었다.

그는 7남매를 둔 가정에서 태어났고, 아버지가 일찍이 국민당의 공장에서 일한 적이 있는 '흑색분자'였기 때문에 줄곧 억압과 가난에 시달려야 했다. 런정페이는 옛날을 회상하면서 다음과 같이 말했다.

저는 어머니가 월말이 되면 항상 여기저기에서 돈을 빌려 간신히 굶주림을 때우는 것을 보고 자랐습니다. 고등학교 졸업까지 저는 셔츠라는 것을 입어본 적이 없습니다. 당시 저의 집에서는 세 명이 이불 하나를 덮었고, 게다가 낡아 찢어진 이불보 안에 들어 있던 것은 지푸라기였습니다.

고등학교 3년 동안 런정페이의 꿈은 하얀 만두 하나를 먹는 것이었다. 대학 졸업 후 그는 기초건설공병대에 들어갔다. 기술이 뛰어나 중용을 받았지만 아버지의 과거사로 인해 상 한 번 받아본 적이 없었고, 공산당에 입당할 수도 없었다. 1982년 대대적인 병력 축소의 영향으로 그는 제대하게 되었고, 그 후 한 전자업체에 취직했다. 하지만 거래 과정에서 사기를 당해 직장마저 잃게 되었다. 1987년 그는 이미 43살의 나이에 심각한 당뇨병을 앓고 있었으며 심장도 좋지 않았지만 여전히 이룬 것은 하나도 없었다. 가을, 집안 식구들을 부양하기 위해 그는 친구 다섯 명과 함께 화웨이라는 회사를 설립했다. 등록 자본금은 2만 1천 위안에 주로 홍콩에서 아날로그 교환기를 수입해서 판매했다.

당시의 모든 창업자들과 마찬가지로 런정페이도 시작은 아주 미천했다. 10여 년의 황망한 세월은 한 세대로 하여금 다시는 당당하게 나서지 못하게 만들었다. 그들은 세월에 의해 조롱당하고 고난으로 연마되었고, 하층 사회에서 뒹굴면서 이상에 대한 환멸을 경험했다. 삶에 대한 잔혹한 깨달음은 그들로 하여금 '늑대'와 같은 기질을 갖도록 만들었다. 만약 운명이 팔자를 고칠 수 있는 기회를 준다면 그들은 가진 것 모두를 내놓고 호방하게 한 판 승부를 펼칠 수 있었다.

런정페이는 말이 없는 과묵한 성격의 소유자로 평소에 용모에 전혀 신경을 쓰지 않고 어떤 여가 생활도 하지 않았다. 그는 전화통신 방면의 전문가로서 홍콩 회사의 판매대리 업무를 진행하는 동시에 몰래 자신의 디지털 교환기를 개발하기 시작했다. 그 후 4년 동안은 여전히 어려웠지만 평탄한 시간이었다. 1991년이 되어서도 화웨이의 직원은 스무 명 남짓했고, 런정페이는 대출을 위해 사방을 뛰어다녀야 했다. 그는 훗날 이렇게 고백했다.

> 오랫동안 저는 항상 실패만 생각했습니다. 성공은 바라보아도 보이지 않았고, 무슨 명예욕, 자신감, 위기감 같은 것도 없었습니다. 아마도 이래야만 살아남을 수 있다는 생각을 하고 있었습니다.

1992년 그가 연구한 대형 디지털 프로그램 제어 교환기가 출시되었고, 운명도 이때부터 그를 향해 뒤늦은 미소를 보내기 시작했다.

런정페이가 회사를 설립한지 얼마 되지 않은 11월 26일 선전시 정부는 8,588m^2에 달하는 토지에 대해 50년 사용 연한의 유상 양도 경매를 진행했다. 이는 신중국 설립 후 처음으로 진행된 토지 상품 거래였다. 언론의 기록에 따르면 44개 기업이 경매에 참가했고, 시작 가격은 200만 위안이었으며, 17분이 지난 후 선전경제특구부동산공사에게 525만 위안의 가격에 낙찰되었다. 선전의 이러한 시도는 광범위한 관심을 끌었고, 중앙정치국 위원이자 국가체제개혁위원회 주임인 리테잉李鐵映은 선전으로 와서 경매 과정을 지켜보았다. 한 달 후 광둥성 인민대회는 〈선전경제특구 토지관리 조례〉를 통과시켜 토지 사용권은 유상 양도가 가능하다고 규정했다. 다시 4개월이 지난 후 베이징은 〈헌법 수정 초안〉을 통과시켜 토지 임대 금지 조항을 폐지했고, '토지의 사용권은 법률 규정에 근거해서 양도할 수 있다'고 규정했다.

당시 선전에서 비준 문서 및 외환 지수 전매에 여념이 없던 왕스는 주변에서 일어나고 있던 이 뉴스에 바로 주목했다. 그는 자기 회사의 발전 방식이 이미 병목에 이르렀고, 반드시 새로운 사업 모델을 찾아야 하는데, 토지 제도가 느슨해진 후의 부동산 산업이 아주 전망 있는 사업이 될 것임을 인식하게 되었다. 이 무렵 향후 중국 부동산업의 상징적인 인물이 될 왕스가 이 산업에 발을 들여놓기 시작했다.

많은 경우 정확한 예견은 기업가에게서 일종의 타고난 자질이다. 왕스가 토지 경매에서 부동산의 서광을 엿볼 수 있었던 것처럼 베이징의 류촨즈劉傳志는 시끌벅적함 속에서 PC의 방향을 보게 되었다.

중관촌의 '얼리 버드early bird'들은 거의 대부분 훌륭하게 살아남아 있었다. 선견지명이 있는 기업들 모두는 자신의 미래를 신흥 컴퓨터업종에 묶어 놓고 있었다. 다른 점이 있다면 그들 모두가 각기 다른 제품을 선택했고, 그런 이유로 운명도 다를 수밖에 없었다는 점이다. 당시 중관촌에서 지명도가 가장 높았던 기업은 완룬난萬潤南의 스퉁공사였다. 스퉁은 창립 3주년 기념행사에서 외빈들에게 신제품인 MS-2401 타자기를 선보였다. 완룬난은 큰 목소리로 "우리는 다시는 컴퓨터 시대를 놓쳐서는 안 됩니다"라고 외쳤다. 그가 보기에 전자 타자기는 장차 중국 컴퓨터 시장의 주류가 될 것이고, '스통 타자기가 중국 문화사에서 최초의 제품'이었던 것이다.

그러나 회사 규모가 스통에 비해 한참 작았던 렌샹의 류촨즈는 그렇게 보지 않았다. 이 시기의 렌샹은 매년 인터페이스 카드 6,000여 세트와 IBM 마이컴 1,000여 대를 판매하고 있었고, 영업 수입은 7,000여만 위안 정도였다. 회사 직원은 100명이 약간 넘었고, 전국적으로 1,000여 개의 대리점을 보유하고 있어 작지 않은 판매망을 형성하고 있었다. 당시 국내의 인터페이스 카드 제조회사는 날로 늘어났고, 각종 버전과 시스템이 출시되어 렌샹은 고전을 면치 못하고 있었다. 이 무렵 류촨즈는 "미래 중국의 컴퓨터 시장은 틀림없이 개인 컴퓨터 천하가 될 것이므로 회사는 조만간 이 길을 걸어야 한다"는 것을 날카롭게 인식하고 있었다. 이러한 판단 위에서 류촨즈와 그의 동료들은 격렬한 논쟁을 벌였다. 회사 내부의 연구진은 모두 이미 기초를 갖춘 렌샹이라면 마땅히 연구소의 실력에 근거해서 대형 컴퓨터 개발에 투자해 중국 컴퓨터 연구 수준을 향상시키는 '역사적인 책임'을 져야 한다고 생각했다. 하지만 류촨즈는 "렌샹의 미래 방향은 우리가 결정하는 것이 아니라 사람들이 무엇을 필요로 하는가에 있다. 그러므로 시장 수요의 향방은 렌샹 성장의 전제가 된다"는 주장을 견지했다. 훗날 현실적이었던 류촨즈가 옳았음이 입증되었고, 그의 이러한 판단이 렌샹을 중관촌에서 가장 위대한 기업으로 거듭나게 했다.

1987년 류촨즈가 내린 또 다른 중요한 결정은 IBM과의 결별이었다. 당시 가장 빨리 마이컴 시장에 진입한 IBM은 정상의 위치에 있었고, 주가 총액은 8월 20일에 170억 달러를 넘어서 회사 역사상 기록을 수립했다. 전 세계 컴퓨터 기업은 모두 'IBM과 나란히'라는 구호를 내세웠고, 이를 영광으로 생각했다. 하지만 아마도 동종업계의 편승에 질려버렸는지 IBM은 전체 시장을 독식하기로 결정했고, 그래서 신제품인 PS/2 마이컴의 보급에 강력하게 나섰다. 이 모델은 완전히 자체 시스템과 자체 제작 칩에 기초한 컴퓨터로 호환성이 거의 없었다. IBM은 이러한 독점 형태의 전략을 통해 시장을 완전 장악하려 한 것이었다. IBM의 중국 최대 판매상이던 류촨즈는 중국 최초로 IBM의 전략에 치명적 실수가 있음을 깨달았다. IBM PS/2에서는 렌샹의 인터페이스 카드를 포함한 모든 한자 입력시스템이 무용지물이었다.

가을, 류촨즈는 선전에서 AST라고 불리는 겸용기기를 갖고 돌아와서 IBM과의 합작을 중단하고, AST를 대리 판매한다고 선언했다. 거인의 잘못은 또 다른 거인의 출현을 재촉했는데, IBM은 1987년의 실수로 인해 인텔과 MS로부터 일격을 당할 수밖에 없었다. 중국에서는 롄샹이 판매한 AST가 가장 성공한 마이컴이 되었고, 3년 후 류촨즈는 자신의 마이컴을 개발하게 된다.

코카콜라와 젠리바오가 제6회 광둥 전국체전에서 교전을 벌이고 있을 무렵 또 다른 다국적기업도 중국에 진입하기 시작했다. 많은 사람이 중국 시장의 장밋빛 미래를 탐지하긴 했지만 그들 중의 대다수는 아집과 낯설음으로 인해 수업료를 지불해야 했다.

1987년 프랑스 최대의 식품회사 다농Danone도 중국에 진출했다. 이 회사는 훗날 '산업 인수합병자'라는 이미지로 중국의 식품 음료 영역에 출현하게 된다. 8월 다농은 광저우 시의 우유업체와 합자로 569만 달러를 투자해 광저우다농발효유치즈유한공사를 설립하고는 다농(중국명 달능達能)이라는 브랜드로 신선 유제품을 생산하고 판매했다. 이 회사는 중국 시장에서는 처음으로 요구르트를 생산하는 기업이었지만 나오자마자 참혹한 실패를 맛보았다. 다농 요구르트는 살아있는 유산균 발효 식품에 속해 영양 가치는 비교적 높았지만 원가가 높아 당시 개당 소매가가 3위안 정도였는데, 이는 일반 소비자가 받아들이기에 적절치 않은 가격이었다. 게다가 유산균 요구르트는 판매 과정에서 냉장 보관이 필요하다는 사실은 한층 더 치명적이었다. 다농의 판매 담당자 하나가 중국 최대의 번화가인 상하이 시 난징로의 동쪽 끝에서 서쪽 끝까지 늘어선 상점들을 둘러보았는데, 냉장 쇼케이스를 보유한 상점은 단 한 곳에 불과했다. 훗날 이 사람은 다농 요구르트의 참담한 운명은 여기에서 이미 정해졌다고 말했다.

유니레버Unilever와 네슬레Nestle도 연이어 중국에 진출했는데, 전자는 상하이를 선택했고, 후자는 놀랍게도 헤이룽장의 외진 도시 솽청雙城시에 공장을 설립했다. 당시의 솽청시는 제대로 된 도로 하나 없고, 외부와의 전화 연락도 쉽지 않았으며, 은행에 계좌를 개설하는 데도 3주일이나 걸렸다. 네슬레가 유럽에서 파견한 전문가들은 낙농가의 적극성을 고취하기 위해 우유 채집망과 수매 제도를 수립하고, 현지 농가에게 젖소를 돌보는 기술과 우유 채취 기술을 교육시켰다. 이 회사는 보기에는 아주 인내심이 강한 기업 같았다. 중국의 우유 시장은 15년이 지난 후에야 성숙기에 접어드는데 당시 먼저 성공을 거둔 기업은 네이멍구의 두 중국 회사인 이리^{伊利}와 멍뉴였다.

다농과 네슬레에 비해 이해에 중국에 들어온 모토로라는 좀 더 실속이 있었다. 모토로라는 무선통신 분야의 전 세계적인 선두 기업으로 중국에서 생산하고 판매할 수 있는 제품이 자못 많았지만 의외로 그다지 대단해 보이지 않던 호출기 시장을 선택했다. 상하이에서는 1983년에 처음으로 아날로그 호출 시스템을 개통했고, 몇 년 후 호출기가 통신수단으로 사용되어 중국 젊은이들과 비즈니스맨들에게 최신 유행 기기가 되었다. 모토로라는 톈진에 호출기 생산 공장을 설립해 빠른 속도로 중국 시장에서 돈을 벌기 시작했으며, 지명도가 가장 높은 다국적기업으로 자리 잡게 되었다. 호출기 시장은 1996년이 되어서야 차츰 도태되기 시작하지만 당시 모토로라는 중국 최대의 무선통신제품 제조업체 중의 하나였다.

11월 12일 KFC는 베이징의 첸먼^{前門}에 중국의 첫 번째 매장을 오픈했다. KFC는 중국에서 태어나 미국에서 유학했으며 KFC에서 일한 경험이 있는 중국인을 사장으로 임명했고, 시작부터 중국의 음식 문화에 융화되는 현명한 전략을 따랐다. KFC는 경쟁자 맥도날드에 비해 3년 일찍 중국에 진출했다. 이후 맥도날드는 거의 20년이라는 시간을 쓰고서도 이 3년의 우위를 따라잡지 못한다.

1987년 피터 드러커는 『혁신과 기업가 정신Innovation and Entrepreneurship』을 출간했다. 그는 이 책에서 처음으로 혁신과 기업가 정신을 기업 성장의 유전인자로 보았고, 어떻게 혁신을 기업 경영에 적용시키느냐에 대해 체계적으로 서술했다. 동시에 그는 통찰력 있게 미국은 이미 '기업가 경제' 시대에 진입했다고 지적했다. 그는 아주 열정적으로 "기업과 기업가는 미국 경제 동력의 원천이 되었고, 기업가 정신의 출현은 미국 경제와 사회의 역사에서 가장 의미 있고, 가장 희망 있는 일이 되었으며, 멀지 않은 미래에 일본, 유럽 등을 포함해 경제 혁신을 진행하고 있는 모든 나라에서도 예외 없이 이러한 현상이 일어나게 될 것"이라고 썼다.

중국에서도 '기업가'라는 단어가 처음 등장했다. 이 단어가 사전에 처음 등장한 시기는 1989년이었다. 이전에는 공장장廠長 또는 경리經理로 불리었다.

연초에 미국의 『포춘』지는 전 세계에서 가장 주목받는 50대 경영자를 선정했는데, 중신공사(원명은 중국국제신탁투자공사)의 숭이런이 명단에 이름을 올렸다. 그와 나란히 이름을 올린 사람으로는 미국 GE의 잭 웰치, 한국의 대우의 김우중, 일본 스미토모은행의 고마쓰 등이 있었는데, 사회주의 중국의 기업 경영자로서는 처음으로 국제 기업가 리스트에 이름이 실린 것이었다. 『포춘』지는 다음과 같이 논평했다. "70세의 숭이런은 부활한 자본가로 지금 덩샤오핑이 제정한 해외투자 업무를 지휘하고 있다."

4월 국가과학위원회 주임이자 국무위원인 숭젠宋健은 스촨성을 시찰할 때 류씨 형제들의 메추라기 농장을 방문했다. 숭젠이 방문했을 당시 류씨 형제들은 막 20만 위안의 투자금으로 '희망'과학기술연구소를 설립했는데, 그는 이 연구소를 방문하고 떠날 때 기념 글을 남기면서 절묘하게 회사 이름을 넣었다. "중국의 경제 진흥은 사회주의 기업가들에게 희망을 걸어야 한다." 8월 공장장책임제 업무 회의에서 국가경제무역위원회는 처음으로 '중국 우수 기업가'를 선정하기로 했는데, 각 지의 정부가 추천하고 이듬해 초에 정식으로 발표하는 방식이었다. 1987년의 기업 이야기에서 우리는 날로 농후해지는 비즈니스 기질을 엿볼 수 있다. 실패한 마성리든 아니면 코카콜라와 정면으로 승부한 리징웨이든 또는 IBM과 결별한 류촨즈든 그들은 진정한 비즈니스 수단과 법칙을 동원해 기업을 경영한 기업가들이었다. 10년에 가까운 우여곡절을 거친 덕택에 중국의 소비 시장은 날로 확대되었고, 민간에서 굴기한 역량은 능력을 발휘하기 시작했는데, 이러한 여건들은 현대적 기업의 출현을 위한 최적의 토양을 제공했다.

거시경제의 관점에서 보면 몇 년에 걸친 고속 성장의 결과 중국 경제는 다시 분기점에 도달해 있었다. 10월 『인민일보』의 청년 기자 세 명은 「중국 개혁의 역사적 방향」이라는 장문의 글을 발표했는데, 이 글은 중국 기자로서는 처음으로 글로벌한 각도에서 중국의 개혁 진행에 대해 이성적으로 사고한 것이었다.

140년 전 1847년에 마르크스와 엥겔스는 「공산당 선언」을 발표했고, 70년 전인 1917년에는 순양함 오로라호의 포성이 러시아 혁명을 유발시켰다. 그리고 1987년 사회주의 진영에 이미 거대한 변화가 일어났다. 고르바초프는 장래가 불투명한 변혁을 시도했는데, 그는 『개혁과 신사유』라는 책에서 다음과 같이 경고했다.

> 개혁을 연기하게 되면 가까운 시기에 국내 상황이 더욱 악화될 것이다. 직접적으로 말해서 이러한 국면은 심각한 사회경제적·정치적 위기를 발생시킬 수 있는 위협을 숨기고 있다.

같은 해 미국의 예일대학 교수 폴 케네디 Paul M. Kennedy는 역작 『강대국의 흥망』을 출간했다. 그는 과거 500년의 강대국들의 흥망사에 대해 연구한 후 다음과 같이 예언했다.

> 강대국의 흥망성쇠 과정은 여전히 지속되고 있다. 각 강대국의 역량의 성장과 기술의 발전 속도는 각기 다른데, 이것이 앞으로 전 세계를 경제 역량의 대비에 따라 변화시킬 것이다.

비록 2년 후의 베를린 장벽의 붕괴와 3년 후의 소련의 해체도 예언하지 못했지만 그가 제기한 명제는 오히려 전 세계의 정치가들을 오싹하게 만들었다.

변화를 갈구하고 정세가 요동치는 분위기 속에서 중국의 정치 평론가들은 초조해지기 시작했고, 「중국 개혁의 역사적 방향」에서 세 명의 젊은 기자는 절박하게 개혁을 가속화해야 한다고 소리쳤다. 그들은 동시에 중국 사회가 입고 먹는 것을 충족시키는 최저 생활 유형溫飽型에서 중류 수준의 사회인 소강형小康型으로 전환하고 있고, 1인당 국민생산액이 400~1,000달러 구간에 진입했지만 이 시기가 바로 사회의 불안정기라고 보았다. 당시 32세였던 푸단대학 부교수 왕후닝王滬寧은 이를 '개발도상국의 정치 불안 상태'라고 칭했다. 이 기간 동안 개혁에 대한 인민의 기대는 상승하고 소비 욕망은 팽창하고 있었지만 사회 체제는 상대적으로 낙후되어 있었고, 국가의 거시적 관리 능력은 신속하게 변화 발전하는 산업 형세를 따라잡지 못하고 있었다.

당시는 확실히 전 인민의 심리적 불안정이 이미 남김없이 드러난 상황이었다. 누구나 할 것 없이 자신의 생활과 일에 대해 불만을 갖고 있었고, 저마다 돈을 벌 수 있는 방법과 기회를 찾고 있었다. 연해 지역 일대에서는 '제2의 직업'을 갖는 것이 새로운 유행으로 자리 잡았다. 광둥 지역에 대한 조사에 따르면 관료들이 다른 돈벌이에 종사하는 비율이 27%에 달했다. 싱가포르의 한 신문사는 중국을 방문 취재할 때 관료든 국영기업 직원이든 대부분의 사람이 공적 설비를 이용해 부수입을 올리는 데 열중하고 본업에는 전혀 관심이 없는 사실을 발견하고는 이렇게 썼다.

현재 중국에서 이득을 얻는 사람들은 두 종류가 있는데, 하나는 부지런히 온갖 수단을 사용해 자신의 이익을 꾀하는 사람이고 다른 하나는 법을 어기고 횡령을 일삼는 간사한 소인배들이다.

원망과 불평이 사방에 만연해 있었는데, 원인은 주로 먼저 부를 축적한 사람들에 대한 경시와 불만에서 비롯되었다. 예를 들어 "수술용 칼이 면도칼보다 못해 차라리 계란을 파는 게 낫다", "첫째(노동자)는 파면되고, 둘째(농민)가 논을 경작해 놓으면 아홉째(지식분자)가 와서 돈을 벌어간다", "노동자가 즐거워하고, 농민이 웃으면 지식분자는 엉덩이를 까빌리고 꽃기마에 올라탄다"는 말들이 세간에 널리 유포되었다.

전환기에는 모든 가치관이 재구성되는 것이 분명하다. 사람들은 여전히 먼저 부유해진 사람들에 대해 소박한 환상을 갖고 있었다. 언론도 이러한 예를 찾아 먼저 부유해진 사람들에게도 양심이 있다는 사실을 알리고 싶어 했다. 당시 『광저우일보』는 이러한 뉴스를 보도한 적이 있다.

광저우에는 신발을 만들어 파는 허빙阿炳이라는 사람이 있는데, 그의 말에 따르면 재산이 20만 위안이 넘었다. 하지만 그는 아주 검소한 생활을 하고 있었고, 집에는 냉장고 한 대 없었다. 만성적자인 국영 신발공장이 그에게 도움을 청했다. 그는 여섯 명의 사람을 데리고 한 달 이상 신발공장에서 일하면서 6종의 새로운 모델을 설계해주었고, 이로 인해 공장은 곤경에서 벗어날 수 있었는데도 그는 한 푼의 돈도 받지 않았다. 그는 오히려 데리고 갔던 사람에게 자기 돈으로 월급을 지불했다.

허빙 이야기가 신문에 보도되자 많은 사람 입에 회자되었다. 이러한 사례는 마치 부유해진 사람들이 멀리 떠났을 리 없고, 곧 돌아와 낙후된 자들과 어려움에 처한 국영기업을 도와줄 것이라는 사실을 사람들에게 이야기하려는 것 같았다.

『인민일보』의 세 기자는 "개혁은 매우 복잡한 사회 시스템 공정으로, 사전에 완벽하게 설계된 상황 하에서 진행될 수는 없다. 개혁 과정에서 상이한 이익집단의 마찰과 충돌은 피할 수 없는 현실"이라고 지적했다. 이러한 목소리는 당시에는 귀에 아주 거슬렸지만 절대 다수의 사람은 개혁에 대한 기대 속에서 여전히 침묵하고 있었다. 그들은 이러한 경제 변혁이 중국의 사회와 각계계층의 분야에 미치는 제도적 충격, 관념의 전복을 완전히 이해하지 못하고 있었다.

|기업사 인물|

'도급자의 전형' 마성리

스쟈좡제지공장입구에 걸려있던 '공장장 마성리'라는 동패는 1994년 강제로 철거당했고, 1년 후 58세의 마성리는 조기 퇴출당했다. 그리고 제지공장은 채무가 자산을 초과하면서 스쟈좡 중급인민법원에 파산을 신청했다.

마성리는 줄곧 자신의 퇴출이 음모의 결과라고 생각했다. 1989년 『인민일보』에 「예견되었던 마성리의 실패」가 게재된 후 마성리는 일부 언론 및 정부와 관계가 소원해졌고, 급기야는 자신을 변호하기 위해 대부분의 정력과 시간을 투자했다. 이외에 그의 제지 그룹에 동참한 36개 기업 중 2/3가 적자를 기록했고, 여기저기서 일어나는 충돌과 분규는 그를 더욱 힘들게 만들었다. '제지 전문기업'이라는 꿈이 무너짐에 따라 마성리는 막바지에 이르렀다. 1995년 10월 스쟈좡 제1경공업국 간부가 찾아와 "당신이 사표를 내면 수리하겠지만 만약 사표를 제출하지 않으면 해임될 것"이라고 말했다. 대화 시간은 전부 합해 채 5분이 되지 않았다.

마성리는 퇴임 후 3개월 동안 바깥출입을 삼갔는데, 사람들을 볼 낯이 없었기 때문이다. 그는 상급 부문이 그동안 막대한 공헌을 한 자신을 그렇게 내팽개친 것은 정말 불가사의한 일이라고 생각했다. 그는 매달 130위안의 퇴직 양로금으로 부인 및 두 딸과 함께 두 칸짜리 낡은 집에서 생활했다. 몇 달 후 그는 스쟈좡 기차역 북쪽의 길거리에서 '마성리 만두가게'를 열었는데, 그를 도와준 사람은 여동생, 부인과 여식들이었다. 당시 마성리의 명성은 전국적으로 자자했고, 많은 사람이 만두를 산다는 핑계로 그를 보러왔다. 1위안에 만두 하나를 사면서 맘씨 좋은 일부 사람들은 100위안을 몰래 두고 빈손으로 가게를 나서기도 했다. 훗날 마성리는 "가장 많이 벌 때는 한 달에 3,000위안 이상을 벌었습니다. 하지만 저는 확실히 제지업을 포기할 수 없었습니다"라고 말했다.

그가 만두가게를 운영하고 있을 때 오랜 부하 중의 하나가 수십 명의 옛 동료를 모아 제지공장을 설립했다. 그는 마성리에게 도급을 맡기면서 회사이름도 '마성리제지유한공사'로 지었다. 마성리는 회사 제품에 아주 기괴한 브랜드를 갖다 붙였는데, 화장지 브랜드는 '위안왕擦旺'이었고, 종이 냅킨 브랜드는 '6월의 눈6月雪'이었다. 전자는 '억울冤枉'이라는 단어와 발음이 비슷했고, 후자는 '여자가 한이 맺히면 오뉴월에도 눈이 온다'는 말에서 따왔다. 공상국은 등록을 거부했지만 마성리는 그냥 사용하기로 결정했다. 그는 웃으면서 "이러한 이름은 제가 아니면 어느 누구도 모방하지 않을 것입니다. 그래서 굳이 상표를 등록할 이유도 없습니다"라고 말했다.

마성리제지유한공사는 계속해서 맥없이 버티다가 몇 년 후 조용히 사라졌다. 이후에도 여러 지역을 돌면서 네 개의 제지공장에 대해 도급을 맡았지만 모두 오래가지 못했다. 마성리가 유명세를 떨치고 있을 때 '천하에 그대를 모르는 사람은 없다'고 말할 정도로 그의 일거수일투족은 언론의 집중 조명을 받았고, 사람들의 기대 또한 대단했다. 이러한 상황을 겪었기 때문에 그가 재기한다는 것은 보통사람보다 훨씬 더 힘들었다.

마성리 시대는 일순간에 지나갔다. 하지만 본인은 오히려 아직도 환상 속에서 계속 전진하고 있었다. 2003년 겨울 항저우의 칭춘바오青春寶그룹의 펑건성馮根生은 별안간 기이한 생각을 떠올렸다. 그는 1987년 '제1차 중국 우수기업가'로 선정된 행운아들을 모두 항저우의 시후에 초청했는데, 마성리도 초청에 응했다. 이 모임에서 대형 스크린에 당시 전국을 누비면서 강연하던 장면이 화면에 방영되자 현장에 있던 마성리는 흐르는 눈물을 감당할 수 없었다. 그는 "내가 태어나서 처음으로 흘리는 눈물"이라고 옆자리에 있던 젊은 기자에게 말했다.

항저우에서의 모임이 끝난 지 얼마 후 1987년에 우수기업가로 선정된 칭다오의 솽싱雙星그룹 회장 왕하이汪海가 마성리에게 솽싱그룹의 일원으로 참여할 것을 요청했고, 마성리는 다시 사업 현장으로 복귀했다. 몇 달 후 마성리가 강호에 출현했다는 뉴스가 보도되었는데, 그의 나이는 이미 65살을 넘기고 있었다.

마성리는 퇴출당한 후 문을 걸어 잠근 채 자서전 『풍우風雨 마성리』를 집필한 적이 있다. 그는 자신을 다음과 같이 평가했다.

> 나는 태어나면서부터 일하기를 좋아했고, 역경에서 빠져나오는 것을 즐겼다. 그래서 인생이 철사와 같다고 할 수 있다. 부닥쳤던 역경과 풍파는 많았고, 인생의 우여곡절을 모두 경험했다. 어려움은 항상 하나씩 하나씩 이어서 다가온다.

마성리는 회족回族이다. 외모는 평이하고 성격 좋게 보이지만 내심은 꺾일망정 굴복하지 않는 성격이었다. 만약 그해 공장 앞에 '대자보'를 붙이지 않았다면 아마 그는 계속 여유로운 영업과장으로 지냈을 것이고, 만약 100개의 제지공장을 도급할 생각을 갖지 않았다면 아마도 영광 속에서 편안하게 퇴직했을 것이다.

중국 기업사에서 마성리는 '기업 도급 일인자'로 불렸고, 일찍이 1986년과 1988년 두 차례에 걸쳐 전국 '노동절 훈장'을 받았는데, 중국 역사상 이 훈장을 두 번씩이나 받은 사람은 그가 유일했다.

1988년
자본의 소생

노점상을 하면 현의 관리를 이길 수 있고,
나팔이 울려도 성장^{成長}은 하지 않으며,
온 가족이 장사를 하면 총서기보다 낫다.

— 북방 속언(1988년)

1988년 12월 6일, 24살의 국무원 기관사무관리국 재무사^{財務司}인 왕원징^{王文京}과 그의 동료 수치창^{蘇啓强}은 중관촌에 있는 하이뎬구 공상국에 가서 사업자등록증을 수령하기로 했다. 당시 중관촌의 창업 분위기는 아주 좋았고, 얼마 전 중국 과학기술 발전 시범 지역으로 지정되어 수많은 젊은이들이 그곳을 찾아 자신의 기업을 꾸렸다.

기업 등기처 직원이 아주 열정적으로 그들에게 물었다. "당신들은 국유 성질의 기업을 등록하려고 합니까? 아니면 집체 성질의 기업을 등록하려 합니까?" 왕원징은 자신의 기업을 등록할 것이라고 대답했다. 그러자 직원은 "당신은 잘못 찾아오셨습니다"라고 말했다. 당시에 하이테크 기업을 등록하려면 국유나 집체 성질 기업으로 등록해야 했고, 다른 선택은 없었다. 많은 사람은 편의를 위해 임의로 국유 아니면 집체 성질 기업으로 등록했는데, 훗날 이로 인해 적지 않은 재산권 분쟁에 휩싸이게 되었다.

거절당한 왕원징은 기분이 나빴지만 어쩔 수 없이 옆에 있는 개체호 등록과로 가서 두 시간 후 개체 공상호 등록증을 수령했다.

사람들이 부러워하는 '철 밥그릇'을 어렵게 포기했는데도 손에 든 것은 겨우 개체 공상호 등록증뿐이었고, 이는 무척 자존심을 상하게 했다. 하지만 그는 자신의 기업이 투명한 재산권을 갖게 된 것을 위안으로 삼았다.

하이뎬구에서 개체호 사업자등록증을 수령했을 때 왕원징은 정부가 하이뎬구가 아닌 둥청구를 시범 지역으로 선택해 베이징의 1세대 사영기업의 등록을 받기 시작한 사실을 잘 모르고 있었다. 1세대 사영기업 8개는 베이징 전체 12만 개체호 중에서 선발되었다. 그중에 '탕후루〔산사자, 해당화 열매 등을 꼬챙이에 꿰어 설탕물, 엿 등을 발라 굳힌 먹거리〕 대왕' 웨이시왕魏希望의 회사가 있었는데, 그가 고용한 26명의 직원 중에는 한 명의 교수와 두 명의 엔지니어가 포함되어 있었다. 50세의 정바오링鄭寶鈴은 베이징 최초의 사영 호텔 여사장으로, 자본금은 78만 위안이었다. 가장 나이 어린 사영기업 사장은 21세의 젊은 여자로, 그녀가 고용한 직원은 모두 장애인들로 인테리어 디자인업에 종사했다. 왕원징이 설립한 융여우用友소프트웨어회사는 1990년이 되어서야 사영기업 등기를 마칠 수 있었다. 2001년 국내 최대 재무용 소프트웨어 기업이던 융여우의 상장이 비준되자 직간접적으로 55.2%의 지분을 보유한 왕원징의 자산은 50억 위안에 달했다. 그는 같은 창업 세대 대부분이 겪은 재산권 분쟁에 전혀 휘말리지 않았는데, 12년 전 기업을 등기할 때 '미천한 신분의' 사업자 등록을 했기 때문이다.

1988년 이전에 중국에서 민영기업의 출현과 발전은 무의식중에 진행되었고, 대부분은 스스로 기아에서 벗어나기 위한 것이었다. 하지만 1988년부터는 재산권에 대한 추구가 새로운 테마가 되었다. 이들 선각자들은 뛰어난 안목으로 더 멀리 바라보면서 기업의 귀속과 운명을 생각하고 있었다. 훗날 이러한 선각자들은 뛰어난 안목덕분에 그에 합당한 대가를 받을 수 있었지만 고민하지 않고 회피하기만 한 기업가들은 심각한 대가를 지불해야 했다.

재산권 의식의 소생은 계획체제 속에서 성장해온 1세대 기업가들이 자본 인격상의 독립을 시작했음을 의미했고, 어떤 의미에서는 상징적인 사건이라고 할 수도 있었다. 비록 일부 선견지명이 있던 기업가들에게 한정되긴 했지만 본질적인 의미는 너무나 선명했다.

자본 의식에 대한 왕원징의 깨달음이 선천적이었다고 한다면 이전에 창업의 길에 들어선 다른 기업가들은 재산권의 중요성을 깨닫기 시작했다고 할 수 있다. 이들에게서 지난 모든 일은 다시 되돌릴 수는 없었지만 그들은 몇몇 애매하고도 우회적인 방법을 택해 훗날 재산권 투명화를 위해 유용할 수 있는 공간을 마련하기 시작했다. 그들은 아마도 당시 기업가들 중에서는 가장 똑똑한 사람들이었지만 이는 상당히 위험한 행동이기도 했다.

1988년 1월의 어느 날 오후 거리를 걷고 있던 홍콩 상인 뤼탄핑呂譚平은 롄샹그룹의 사장 류촨즈에게서 온 전화를 받았다. "뤼선생님, 우리 두 회사가 합작 회사를 만들어 파이를 더 키우는 것에 대해 고민해보십시오." 뤼탄핑은 컴퓨터 대리상으로 홍콩에 있던 그의 회사는 업계에서의 지명도는 그다지 높지 않았지만 3년 전부터 롄샹과 거래하고 있었다.

류촨즈는 홍콩에 무역회사를 설립하기로 결정했는데, 이는 롄샹의 사업 발전을 위해 필요한 조치였다. 그는 IBM의 마이컴을 대신해 홍콩의 한 컴퓨터 기업이 생산한 AST 마이컴을 선택했는데, 홍콩에 설립한 롄샹이 베이징의 롄샹을 대신해 모든 수입 업무를 진행했다. 어떤 의미에서 이 회사는 중간상이자 중요한 이익 변압기 역할을 수행했다. 류촨즈는 합작 파트너 두 곳을 선정했는데, 한 업체는 중국기술양도유한공사로, 이 회사를 선택한 이유는 이 회사가 대규모 대출이 가능한 배경을 가졌기 때문이다. 당시 사람들이 몰랐던 사실은 이 회사 회장이 류촨즈의 아버지였다는 것이다. 다른 업체는 뤼탄핑의 홍콩다오위안導遠공사였다. 계약에 따라 3자가 30만 홍콩달러를 출자하고, 지분은 삼분하며, 사장은 뤼탄핑이 맡고, 회사가 필요로 하는 유동 자금은 중국기술양도유한공사가 해결하는 것으로 정해졌다. 1년 후 이 회사의 매출액은 2억 위안에 달했고, 이윤은 거의 2,000만 위안으로 투자자의 당해 연도 투자 수익율은 20배를 넘어섰다.

뤼탄핑의 운은 여기서 끝나지 않았다. 1993년 류촨즈의 아버지가 퇴직함에 따라 중국기술양도유한공사가 발을 빼자 홍콩 롄샹은 증자를 선언했다. 하지만 대주주의 하나인 뤼탄핑이 돈이 없다고 하자 류촨즈는 그에게 552만 달러를 빌려주었고, 뤼탄핑의 지분은 33.3%에서 43.3%로 늘어났다. 1995년 류챤즈와 니광난의 관계가 극도로 악화되었는데, 뤼탄핑이 논란의 핵심에 있었다. 1996년 류챤즈는 뤼탄핑을 홍콩 롄샹에서 권고 사직시켰고, 후자는 이에 모든 지분을 현금으로 바꿨다. 롄샹으로 인해 처음으로 억만장자의 자연인이 된 것이다.

중국 기업사에서 뤼탄핑이라는 인물의 출현은 의외가 아니었고 우연도 아니었다. 기업이 일정 규모까지 발전하게 되면 어떤 경영자라도 자신도 모르게 자신과 기업의 관계를 고민하게 된다. 1988년의 류챤즈는 이미 이 문제에 직면하기 시작했다. 롄샹은 100% 국유기업이었고, 류챤즈에게는 아직 자본의 성질을 변동시킬 만한 대담성이나 방법이 없었지만 자회사를 설립할 때 개인 투자자를 유치하는 방법을 생각해낸 것이었다. 향후 10년 동안 많은 국유기업이 이 방법을 암암리에 사용하게 되었다. 개인 투자자를 유치하는 방식을 통해 재산권이 분명한 자회사를 설립했고, 이렇게 해서 새로운 자금 운용 플랫폼을 형성시키면서 모회사의 자본 개조를 추동하고 완성시킨 것이다. 이러한 과정에서 공개된 자본 조합이나 회색의 자본 조합 모두 출현할 수 있었고, 뤼탄핑과 같은 인물은 이러한 게임에서 매우 미묘하고 결정적인 역할을 한 자연인이었다. 롄샹의 경우 자본 변신이 막 시작되었고, 일부 새로운 이야기는 훗날 더 드라마틱한 방식으로 전개된다.[1]

자본에 대해 깨달음을 얻은 또 다른 사람은 바로 루관츄였다. 항저우 교외의 한 농가에서 태어나 훗날 중국 최대 가족 기업의 당사자가 될 사람이 공장 3층 사무실에 앉아 본인, 정부 및 회사와의 관계를 생각하며 고민에 빠져 있었다.

이 시기의 루관츄는 이미 옛날과 비교할 수 없을 정도로 전국적으로 유명한 기업가가 되어 있었다. 1985년 미국의 『비즈니스 위크』는 「중국 신세대의 영웅」이라

---

[1] 우회적인 조작을 하면서도 말하지 않은 류챤즈와 달리 중관춘의 또 다른 유명 인사 스퉁공사의 완룬난은 스스로를 대중 여론의 중심으로 몰아갔다. 당시 누군가가 스퉁의 소유제 성질에 대해 의문을 제기하자 그는 『경제일보』에 글을 실어 말했다. "스퉁은 국가의 투자가 없었고, 인원 편제도 필요하지 않았고, 특수 정책의 전제 하에서 발전한 것도 아니다. 스퉁의 재산권은 국가 소유도 아니고 어떤 개인의 소유도 아니다. 그것은 스퉁 기업 자체의 소유로, 어느 개인도 분할할 권리가 없다. 이렇기 때문에 스퉁은 일종의 진정한 공유제다." 그의 논리는 격렬하게 대립된 토론을 불러일으켰다. 1989년 6월 완룬난이 해외로 도피하자 스퉁은 이때부터 점차 쇠락했다.

는 제목으로 루관츄와 그의 유니버셜조인트제조공장을 보도했는데, 이는 루관츄가 처음으로 해외 언론에 이름을 올린 것이었다. 1986년에는 중국 향진기업의 모범 인물로 선정되기도 했다. 이해 발행부수 600만 부에 달하는 『반월담半月談』은 '전국 10대 뉴스 인물'로 그를 선정하면서 이렇게 소개했다.

> 루관츄, 항저우 유니버셜조인트제조공장 공장장, 그는 조그만 향진기업을 선진국과 견줄 수 있는 기업으로 성장시켰고, 제품은 미국 시장까지 진출했다.

그는 '들판에서 세계로 향해 나가는' 기업가로 선정되는 영예도 누렸다. 1987년 그는 중국공산당 13차 전국인민대회 대표로 선정되었고, 회의 기간에 유일한 기업계 대표로 해외 언론 기자회견에 초청되었다.

차 수리공 출신인 이 중년 남자가 다른 개혁 전형과 다른 점은 화환과 영예 앞에서 한 번도 냉정을 잃지 않았다는 것이다. 그는 회사의 본사를 항저우 시내로 옮기는 것을 거절했고, 자동차 부품 이외의 업종에 대해서는 별 관심을 보이지 않았다. 업무 외 시간에는 많은 시간을 독서와 학습에 투자했고, 대학교수의 지도아래 '기업 이익 공동체'라는 신개념을 제시했다. 그는 『구시求是』에 발표한 글에서 이렇게 직접적으로 이야기했다.

> 국영기업의 전반적인 역량은 향진기업에 비해 높고, 기술력도 향진기업에 비해 좋은데, 왜 국영기업의 경제 효익은 향진기업보다 떨어지는가? 내가 보기에 주요 원인은 상당한 국영기업들이 도급책임제를 진행하는 과정에서 진정으로 재산권과 경영권의 분리 문제를 해결하지 못하고 있고, 분배에서는 '철밥통'을 철저하게 타파하지 못하고 직원들의 주인의식을 확립시키지 못한 데 있다. 하지만 향진기업은 이러한 부분에서 명확한 우위에 있다.

10월 8일 베이징에서 열린 전국경제체제개혁이론 포럼에서 루관츄는 이렇게 말했다.

도급은 마땅히 전권 도급이어야 하고, 충분한 자주권을 기업에 넘겨주어야 한다. 만약 인사권, 투자권이 없다면 기업은 시장에서 경쟁할 방법이 없고, 국제 시장에 진출할 수도 없다.

루관츄는 이미 도급제의 한계를 목격했고, 도급제는 근본적으로 자산에 대한 직원 및 경영자의 궁극적 요구를 해결할 수 없었다. 그가 경영하는 완샹(유니버설 조인트)공장은 자산 관계에서 공장이 소재한 닝웨이寧圍향 정부에 속해 있었고, 비록 그가 강경한 자세로 절대적인 경영권을 보유하고 있었지만 언제 향 정부가 종이 문건 하나로 그를 내쫓을지는 아무도 모르는 일이었다. 그래서 '기업 이익 공동체'라는 개념에서 출발해 루관츄는 더 나아가 '돈으로 매수하는 방법'을 제시했다. 루관츄는 완샹공장의 순자산을 1,500만 위안으로 평가한 후 향 정부와 협상을 거쳐 이중의 750만 위안을 정부 소속으로 하고, 나머지 부분은 기업 집체 소유로 귀속하며, 향 정부의 이익은 기준 금액을 정하고 해마다 체증되는 상납 이윤으로 구현했다.

루관츄에게 행운이었던 것은 그의 명성이 절정에 있을 때 이 일을 완성했다는 점이다. 그의 재산권 개혁은 외부에서 보기에는 아주 명확했지만 내부적으로는 모호했고, 루관츄는 자신을 위한 개인 지분을 할당하지 않았다. 그는 현명하게 가장 민감한 부분을 벗어나면서 훗날을 위해 무한한 공간을 마련해두었다. 재산권 개혁을 통해 루관츄는 기업에 대한 절대 지배권을 확보했지만 오히려 그의 기업은 집체기업의 성질을 잃어버리지는 않았다. 훗날 그는 이렇게 말했다.

완샹의 재산권 구조는 자체적인 특징이 있는데, 위로 가면 갈수록 모호해진다는 것입니다. 우리의 재산권은 기업 소유였고, 기업 직원 전체 소유였습니다. 그렇게 해야 정책 우대를 받을 수 있었습니다. 물이 너무 맑으면 물고기가 없듯이, 사람마다 개인사가 있듯이 기업도 자신의 프라이버시가 있는 법입니다.

1988년 전후의 중국 기업계는 왕원징, 류촨즈, 루관츄 등 극소수만 자본의 의미를 알고 있었고, 절대 다수의 공장장이나 사장들은 여전히 도급제의 큰 울타리 안에서 헤매고 있었다. 1987년 초 중국경제무역위원회는 베이징, 텐진의 16명의 국영기업 사장과 직접 대화를 실시한 적이 있었는데, 『경제참고보』가 1면에 이를 보도했다. 경제무역위원회 부주임 위안바오화袁寶華는 대화 중 명확하게 "공장장들은 소유권과 경영권의 분리를 위해서는 노력해야 하지만 소유권 개혁에 대해서는 언급하지 말라"고 지적했다. 구체적으로 말하면 조건이 갖추어진 소수의 중대형 국유기업은 주식제 실험을 진행할 수 있지만 국가의 이익을 손상해서는 안 되고, 소형 국유기업은 임대, 도급 경영 실험을 시행할 수 있지만 반드시 이윤이 미미하거나 적자 또는 파산에 직면한 기업이어야 하며, 반드시 통제할 수 있어야 한다는 것이었다. 위안바오화의 말은 당시 정책결정권자의 주류 사상을 대변한 것이었고, 상당한 기간 동안 양권 분리의 도급책임제는 줄곧 기업 개혁의 주제가 되었다.

4월 2일 제1차 전국우수기업가 선정이 끝났고, 20명이 국가경제무역위원회가 수여하는 영예의 칭호를 부여받았다. 그들은 하나같이 당시 각 성에서 도급제로 이름을 날리던 공장장들이었다. 이렇게 해서 그들은 처음으로 '기업가'로 불리게 되었다.[2] 우수기업가로 선정된 칭다오 제9고무공장 사장 왕하이汪海는 당시 이 칭호를 사용할 수 있는지에 대해 사회에서 한바탕 격렬한 논쟁이 일었다고 말했다. 4월 21일 베이징 중난하이에서 이 기업가들에 대한 수상식이 열렸고, 당시 중앙의 주요 간부는 모두 참가했다. 『인민일보』에 따르면 단체 촬영 시 중앙의 핵심 간부와 마성리가 진지하게 대화를 나누었다고 한다. "마 도급, 당신은 몇 개를 도급 맡았소?" "36개입니다." "도급이 그렇게 효과가 있소?" "도급과 비도급은 크게 다릅니다. 도급을 맡으면 효과가 있습니다." "당신은 또 36계가 있지 않소?" "네." 중앙의 간부는 마지막에 크게 웃으면서 "도급이 상책이야! 도급이 상책이야!"라고 말했다

---

2) '기업가'라는 단어는 과거 몇 년 동안에는 '폄의어'였다. 베이징대 교수 장웨이잉張維迎은 당시를 이렇게 회고했다. 1984년 그는 「시대는 창조적 정신을 가진 기업가를 필요로 한다」라는 글을 쓰고 이 글을 잡지 『독서』에 싣기로 결정하고는 편집자와 의견을 조율했다. '기업가'를 '실업가'로 고치면 안 될까? 기업가의 '모험정신'을 '탐험정신'으로 바꾸면 안 될까? 장웨이잉은 "당시 상황에서 이 두 단어는 폄하의 의미를 갖고 있었고, 중국인의 사전에는 부정적인 의미가 내포되어 있었다"라고 회고했다.

고 한다.

중앙의 간부가 큰소리로 "도급이 상책이야!"라고 말하고 있을 때 그는 눈앞에 있는 마성리가 억지로 기쁜 표정을 짓고 있다는 사실은 알지 못했다. 한 달 후 저장성에서 마성리의 도급 계획이 실패했다는 뉴스가 전해지자 수많은 제지공장의 도급 상황은 빠른 속도로 진흙탕 속으로 빠져들었다. 농촌에서는 시행하자마자 바로 효과를 보았던 도급제가 일단 기업에 운용되자 태생적인 결함이 수면으로 부상한 것이었다.

먼저 기업에 대한 공장장들의 도급 책임계약서는 모두 이익에 대한 책임은 부여했지만 손실에 대한 책임은 없었고, 기껏해야 집에 있던 몇 만 위안을 꺼내 상징적으로 저당잡을 뿐이었다. 1983년 완샹을 도급 맡을 때 루관츄는 시가 2만 위안 상당의 묘목을 담보로 내놓은 적이 있었다. 도급제는 경영자로 하여금 맹목적으로 생산량을 확대하도록 만들었는데, 2년 동안 공장들의 재고 급증과 통화 팽창 현상은 이것과 자못 관계가 있었다.

다음으로 경영자와 노동자 사이의 관계가 악화되는 현상이 나타났다. 도급제는 경영자들에게는 하룻밤 사이에 부를 안겨주었지만 보통 노동자들에게 돌아가는 몫이 매우 적었고, 오히려 회사에 대한 공헌, 연장 근무 등을 요구했다. 일본식의 엄격한 공장 관리가 광범위하게 활용되었고, 장싱랑식의 '만부하공작법' 경험이 전국에 확산되었다. 노동자들은 개혁의 목적을 의심하기 시작했고, 신문 지상에서도 도급자와 노동자 사이의 관계가 '사장'과 '점원' 관계와 어떤 차이가 있는지에 대한 토론이 시작되었다.

마지막으로 도급제로는 경영자와 정부의 모순적인 관계를 해결할 방법이 없었다. 기업 관리자와 재산권 소유자로서의 정부는 경영자에 대해 여전히 엄격한 제재를 가했고, 경영자의 권리는 언제든지 박탈될 수 있는 상황이었다. 『남화조보』는 8월의 한 보도에서 도급제가 기대에 미치지 못한 원인으로 네 가지를 꼽았다.

첫째, 국가와 기업 사이의 도급 계약은 기업이 결과를 고려하지 않은 채 고정 재산을 사용하도록 하는 결과를 초래했다. 둘째, 도급제를 핑계로 국가는 마땅히 국가가 지원해야 하는 기구들조차도 아예 관리하지 않아 병원, 학교, 연구소 등도 일시에 도급의 소용돌이 속으로 빠져들었다. 셋째, 인맥關係 경제가 공개적인 입찰을 대신하면서 도급 계약에 공정성이 결여되었다. 넷째, 도급제로는 국가가 자산 소유자이면서도 거시적인 관리자인 이중적 모순을 해결할 방법이 없었고, 이는 이익 충돌과 불공정 경쟁의 가능성을 만들어냈다.

1988년 이러한 문제는 보편적으로 폭발하지는 않았지만 화동과 화남 등 일부 지역에서는 아주 확실하게 드러나고 있었다. 연말이 되자 첫 번째 희생자가 마침내 광둥에서 출현했다.

이 희생자 이름은 덩샤오선鄧紹沈이었다. 1983년 덩샤오선은 당시 100명이 안 되는 광저우시의 한 소형 적자 기업을 도급맡았다. 그는 마쓰시타로부터 국내에서는 처음으로 냉장고 생산라인을 도입해 완바오 브랜드 냉장고를 생산하기 시작했다. 시작이 가장 빨랐기 때문에 덩샤오선의 공장은 빠른 속도로 재기했고, 완바오냉장고는 전국 냉장고 시장의 40%를 점유해 일시에 전국 최대의 가전 제조업체가 되었다. 1988년 완바오냉장고의 생산 규모는 100만 대를 넘었고, 연간 생산액도 10억 위안을 돌파했다. 중국 100대 전자전기업체 중 수위를 차지했고, 전체 기업 순위에도 41위에 이름을 올렸다. 당시 장루이민의 칭다오 하이얼의 냉장고 생산 규모는 20만 대에 불과했다.

완바오는 재산권이 광저우시에 속해 있었고, 집체 소유 기업으로 행정 체계의 등급 서열에서 덩샤오선은 결국 하급 간부에 불과했다. 급속한 성장을 이룬 후 덩샤오선은 자본 방면에서 기업 개조를 희망했다. 그래서 그는 사방을 돌아다녔는데, 1988년 초 국가체제개혁위원회는 완바오를 전국 국영기업 주식제 개혁 4대 시범기업 중의 하나로 지정하고, 중앙 관련 부문은 완바오의 발전 전략과 재산권 개혁에 직접 참여하기 시작했다. 모순은 이러한 변화 속에서 조용히 싹트기 시작했다.

완바오냉장고가 기세를 떨치고 있던 상황에서 광저우시는 한 무더기의 '썩은 사과(부실기업)'를 덩샤오선에게 밀어붙이기 시작했다. 완바오는 그룹을 편성하면서 적자 상태에 있던 24개의 중소형 공장을 매수했고, 이러한 기업들은 점점 완바오의 이윤과 덩샤오선의 정력을 소모시켰다.

이와 동시에 기업 내부의 투쟁도 날로 격렬해졌다. 상부에서 파견되어온 당서기와 덩샤오선의 관계는 날로 악화되었고, 기업에 대한 두 사람의 발전 전략도 평행선을 달렸다. 전자는 무조건 주관 부문의 지휘를 받아야 했던 반면 덩샤오선은 자신만의 바둑판을 준비하고 있었던 것이다. 그도 훗날 이를 인정한 바 있다.

당시 완바오의 많은 계획과 구체적인 경영 전략은 중앙과 국가체제개혁위원회에서 나온 것이었는데, 그것은 지방 정부에게 덩샤오선의 꼬리가 너무 커서 마음대로 할 수 없다는 느낌을 주었다.

꼬리가 몸보다 크면 언젠가는 잘라야 하는 날이 있기 마련이다.

표면적으로 보기에 완바오의 비극은 생산과 판매의 불균형으로 인해 야기된 것이었다. 6월부터 전국적으로 인플레이션이 가속화되었다. 광둥에서도 국내의 다른 모든 지역과 마찬가지로 사재기 현상이 나타났으며, 완바오 공장 입구에는 냉장고를 실은 차량이 끝없이 늘어섰다. 상부에서는 날마다 오르는 가전 물가를 잡으려고 덩샤오선에게 가능한 빠른 시간 내에 3만 대의 냉장고를 광저우 시장에 투입할 것을 명령했다. 덩샤오선은 3교대 근무를 지시해 밤낮으로 냉장고를 생산하는 동시에 다른 지역에 있는 냉장고를 광저우 시장으로 이동시켜 광저우의 급한 불을 끄려고 했다. 1989년 초 물가조정 실패로 국가가 거시 조정을 진행하게 되어 가전제품이 갑자기 판매 정체 상태에 빠져들 것이라고는 아무도 예상치 못했다. 덩샤오선은 창고가 이미 재고로 가득 찼고, 유동 자금이 심각한 상태에 빠져있으므로 생산을 중지하고 설비를 재정비하면서 재고를 소진해야 한다고 상부에 긴급 보고했다. 그러자 상부에서는 '지도자의 정책 결정에 영향을 주려한다'면서 그를 심하게 질책했고, 만일을 대비해서 계속 생산할 것을 지시했다. 이렇게 해서 수억 위안의 자금이 묶여버렸고, 현금은 고갈되어버렸다.

상황이 심상찮다는 사실을 발견했을 때 상부에서는 이러한 상황이 덩샤오선의 판매 능력 부족으로 조성된 문제라고 치부해버렸다. 당위원회 서기의 결정 하에 기업은 기존의 판매 방식을 변화시켰다. 기존의 판매업체를 통일적으로 경영하던 것에서 그룹 내부의 냉장고 제조 공장을 '등급별로 나누어 판매'하는 방식으로 바꾸었다. 그러자 유통 체계와 도소매 가격에서 큰 혼란이 일어났다. 각 지역의 판매업체들은 이 기회를 틈타 대량의 물건을 구입하고는 물건 값을 지불하지 않았고, 완바오는 짧은 시간에 8억 위안의 미수 손실을 기록하고 말았다. 1989년 가을 침울해 있던 덩샤오선은 조용히 회사를 떠나 캐나다로 간 다음 돌아오지 않았다. 이렇게 해서 개혁개방 후에 출현한 가전업계의 거인 '완바오전기'는 한번 넘어진 후 다시는 일어나지 못했다.

완바오의 몰락은 보기에는 경영 부실로 야기되었지만 내재적 모순과 갈등은 체제와 연관되지 않은 것이 하나도 없었다. 도급제가 유발한 창조력이 기업이 굴기한 후 신속하게 사라지자 덩샤오선은 재산권 투명화의 길목에서 뭔가 해보려는 생각으로 아주 모험적인 방식을 선택했다. 그는 기존의 재산권 소유자를 뛰어넘어 개혁 실험이라는 이름으로 더 높은 행정 부문의 지지를 도모했지만 막 한 걸음 내디뎠을 때 치명적인 저격을 당한 것이었다. 덩샤오선 같은 운명은 중국 기업사에서 드문 일이 아니었다.

덩샤오선이 말도 없이 떠난 것은 당시 도피 행각으로 간주되었다. 광저우시 시장은 인터폴에 지명수배를 요청하려고 했지만 20만 달러라는 비용으로 인해 흐지부지되고 말았다. 신화사 기자 구완밍顧萬明은 이 사건에 대해 보도했는데, 그의 보도자료를 보면 덩샤오선에 대해 열거된 죄상은 모두 추측성이 농후한 것들이었다. 가령 완바오가 생산라인을 도입할 때 6,000만 위안을 투입했는데, 한 회사 직원이 이 사안에 대해 "국제 관례에 따르면 매수자에게 최소 5~10%의 커미션이 있기 마련인데, 덩샤오선은 왜 한 푼의 돈도 회사에 돌려주지 않았느냐?"며 의심하고 고발한 것이었다. 이 외에도 덩샤오선이 싱가포르의 한 기업가와 부적절한 남녀관계를 가졌다는 등의 소문이 대부분이었다.

그런데 가장 드라마틱한 점은 '횡령 도피범'으로 알려진 덩샤오선이 5년 후 당당하게 국내로 돌아와서는 덩미가오鄧米高라는 이름으로 광둥 일대에서 다시 사업을 시작한 것이었다. 그는 에어컨 공장을 설립했지만 3년 후에 3,000만 위안의 사

자본의 소생 **317**

기 피해를 당해 가산을 탕진하고 말았다. 공장을 정리한 후 60살이던 그는 후이저우에 있는 에어컨 공장의 공장장을 역임했지만 2년 후 이사회와 마찰을 빚고는 다른 회사로 옮겨 에어컨 생산과 판매를 담당했다. 2002년 덩샤오선은 한 인터뷰에서 완바오 사태에 대해 짜증을 내며 이렇게 말했다. "당시 내가 수천만 위안의 자금을 횡령했다고 했는데 이후 회계감사 결과 나는 결백한 것으로 나왔다." 그가 이 말을 했을 때 한때 천하를 호령한 완바오는 이미 이류공장으로 변해 있었다.

덩샤오선의 도피는 화남 일대 기업들에게 적지 않은 소동을 불러일으켰다. 많은 사람은 그가 사업의 실패자였고, 횡령 혐의가 있다고 생각했지, 체제의 각도에서 이 사태를 해석한 사람은 거의 없었다. 10년 후 그와 같은 시대의 기업가였던 젠리바오의 리징웨이와 커룽의 판닝도 예외 없이 똑같은 운명의 함정으로 빠져들었다.

당시 남방의 덩샤오선에 비해 선전의 왕스는 그나마 행운아였다.

왕스의 완커는 1984년에 설립된 후 모회사인 선전특구발전총공사와 마찰이 끊이지 않았다. 1985년 모회사가 완커로부터 800만 달러를 조달하려 했으나 왕스가 꿈적도 하지 않자 이때부터 완커의 지배권과 관련해 쌍방은 줄곧 암투를 벌이게 되었다. 1986년을 전후로 선전 정부는 국영기업 시스템에 대해 주식제 실험을 추진하게 되는데, 당시 국영기업의 상황이 비교적 좋았기 때문에 많은 사람이 주식에 근거해 이사회를 설치하는 것을 시어머니가 들어오는 것이라고 생각해서 별다른 반응을 보이지 않았다. 하지만 왕스는 "완커는 지금 갈림길에 서 있는데, 주식제 개조는 완커가 자주 경영을 실현할 수 있는 기회"라고 생각했다. 그러나 선전특구발전총공사는 이를 단호하게 거부했다. 당시의 이사장이 "당신은 손오공이지만 부처님 손바닥을 벗어날 수 없습니다"라고 하자 왕스는 의미심장한 말로 그에게 말했다. "완커는 손오공이 아닙니다. 오히려 무형의 손바닥이 아래에 놓여있다는 것이 느껴지는데 언제든지 걷어낼 수 있습니다."

힘겨루기는 이때부터 시작되었다. 왕스는 친구의 소개로 선전시 정부 지도급 인사의 비서들을 알게 되었고, 시위원회 서기이자 시장이던 리하오李灝를 부정기적으로 만날 수 있었다. 왕스는 이렇게 말했다.

이러한 안배는 완전히 상부 주관 공사와 정부 관련 부문을 피해서 시위원회 서기에게 다가갈 수 있는 비밀 통로였고, 지하공작의 냄새가 나기는 했었습니다.

1988년 선전특구발전총공사는 시정부가 완커의 주식제 방안에 동의한다는 문건을 하달할 것이라는 정보를 입수하고는 이에 청원팀을 시정부에 파견해 주식제 방안 철회를 강력하게 요구했는데, 근거는 정부가 월권해 기업 내부의 정상적 관리를 간섭한다는 것이었다. 그러자 정부는 어쩔 수 없이 완커의 주식제 방안 문건을 보류하게 되었다.

고집이 강한 왕스는 모험을 무릅쓸 수밖에 없었고, 직접 리하오를 찾아 이 사실을 고했다. 왕스는 당시의 모습을 이렇게 기억하고 있다.

시위원회 사무실은 아주 작았고, 리하오는 테이블 뒤쪽에 앉아 있었습니다. 한손으로 붓을 쥔 채 저의 이야기를 들으면서 서예에 몰두했습니다. 저의 말을 다 듣고 난 다음 붓을 내려놓으면서 조용한 말투로 '개혁은 결코 쉬운 일이 아니네. 자네 젊은이들은 너무 조급해. 어려움이 크면 클수록 방법과 책략에 주의를 기울여야 돼'라고 말했습니다.

리하오의 암묵적인 지원 하에 완커의 주식제 방안은 한 달 후 결국 통과되었다. 12월 완커는 주당 1위안의 가격으로 2,800만 주를 발행했는데, 당시 완커의 순자산은 1,324만 위안에 지나지 않았다. 왕스는 친히 시내 곳곳을 돌아다니며 주식에 대해 프로모션을 진행했고, 심지어 야채시장에 가서 배추가게 앞에서 주식을 사라고 소리치기도 했다. 또 공상국의 도움을 받아 개체호협회의 회의에 나가 설명회를 가졌는데, 왕스가 설명회에서 주식 발행의 의미와 주식 투자의 가치를 반복해서 설명하자 회의에 참석한 사람들은 참지 못하고 바로 일어서서 외쳤다. "그렇게 많은 말이 필요 없습니다. 얼마면 주식을 살 수 있습니까?"[3]

3) 『왕스, 이 사람』의 저자 저우화周樺의 인터뷰에 따르면 당시 주도적으로 완커 주식을 사려고 한 기업은

1년 후 선전 증시가 개장되었고, 완커는 0002호의 번호로 상장되었다. 상업작가 왕안이(王安憶)은 한 책에서 이렇게 쓴 적이 있다. "처음 게를 먹는 사람은 죽거나 아니면 공짜로 먹는다." 실제로 지독히 운이 없던 완바오는 죽었고, 행운의 완커는 공짜로 먹었다.

왕스와 선전특구발전총공사의 투쟁은 2002년까지 12년 동안 지속되었다. 2000년 8월 10일 왕스의 기묘한 운용으로 선전특구발전총공사는 소유하고 있던 모든 지분을 중국화룬(華潤)총공사에 양도하는데 동의했고, 모자간의 투쟁은 그때서야 종결을 알렸다. 이튿날 오전 8시 왕스는 온라인에 글을 발표했다.

16년째에 이르러 완커는 완전히 선전특구발전총공사에서 독립했다. 본래 머리에 가득하던 불평불만은 어제서야 순식간에 사라졌다. 지난날을 돌아보면서 선전특구 빌딩 앞에서 이별을 고했다. 안녕!

1984~1988년 전후까지 전국 각지에서 완커처럼 주식과 채권을 발행한 기업은 결코 소수가 아니었다. 『경제참고보』는 "전국적으로 이미 6,000개의 기업이 주식제를 실현했다"고 보도했다. 그들이 처음 희망한 것은 주로 기업의 자금 부족을 해결하기 위한 것으로 훗날의 자본 시장과는 큰 관계가 없었다. 어떤 주식이 중국 최초의 주식이냐에 관한 논쟁은 끊이지 않는데, 이중 경쟁에 참여한 주식은 다음과 같다. 1980년 12월에 청두공업전시판매신탁공사가 발행한 주식, 1983년에 선전바오안연합투자공사가 발행한 출자 증서, 1984년 9월에 베이징톈차오백화주식회사가 발행한 정기 3년 주식, 1984년 11월에 상하이페이러음향공사가 발행한 주식. 덩샤오핑이 페이러 주식 한 장을 뉴욕거래소 회장 폴슨에게 선물했다고 해서 페이러를 처음이라고 하는 것이 일반적 시각이다. 페이러는 '원가와 이윤 보장, 자유로운 매매'라는 원칙을 실행했고, 주식은 집체 주식과 개인 주식으로 분류되었다. 주

두 곳이었는데, 하나는 중창집단(中創集團)이고 나머지 하나는 설립된 지 오래되지 않은 화웨이공사였다. 런정페이는 한번에 30만 주를 사고는 돈을 꺼내 완커의 영업사원에게 저녁을 샀다고 한다.

식 수익률을 기업의 1년 정기예금 이자에 근거해서 책정했기 때문에 진정한 의미의 주식과는 일정 정도 차이가 있었다. 당시 대형 국유기업은 은행 대출의 우선권을 갖고 있었고, 집체기업은 약간 어려움이 있긴 했지만 대출이 가능했으며, 향진기업은 아예 불가능했다. 그래서 우선적으로 채권 발행을 허가받은 곳은 경영이 어려워 은행 대출을 받을 수 없던 몇몇 국영기업 및 정부와의 관계가 밀접하고 경영 상태가 우수한 집체 및 향진기업이었다. 이들의 채권 발행 금액은 크지 않았다. 상하이의 경우 1,548개 중소기업에서 발행한 채권의 총규모는 2억 4천만 위안에 불과했고, 공개적으로 채권을 발행한 페이러와 옌중실업의 금액도 500만 위안에 불과했다. 이 두 업체는 상하이에서는 이름도 들어보지 못한 소형 기업이었다. 페이러는 출자금이 50만 위안에 불과한 스피커 제조공장이었고, 후자는 더 말할 필요도 없는 기업이었다. 당시 상하이는 취업난으로 고생하고 있었다. 거리에는 일거리를 찾는 청년들로 넘쳐났고, 가정주부와 장애인들이 운영하는 식품가게, 전자제품 수리가게, 이발소 등으로 붐볐다. 옌중실업유한공사는 상하이시 정부가 이러한 가게들을 관리하기 위해 조직한 관리 기구로, 등록 자본금도 50만 위안에 불과했다. 그러나 몇 년 일찍 시작했다는 이유로 명성이 자자한 상하이 기업들의 본보기가 될 것이라고는 아무도 생각하지 못했다.

당시 일반 시민들에게 주식, 채권 등은 완전히 생소한 물건이어서 감히 발을 들여놓으려고 시도하는 사람이 거의 없었다. 1986년 상하이공상은행은 전국에서 처음으로 주식 계산대를 설치해 옌중과 페이러의 주식 1,700주를 매도했지만 이후에는 하루 30주 정도의 거래에 불과해 거의 '죽은 시장'이 되었다. 1988년 선전발전은행과 완커가 선전거래소에 상장되었지만 매일 물어보는 사람 하나 없었고, 두 업체의 주식은 마치 어항 속에서 한가하게 헤엄치는 두 마리 열대어 같았다. 미국의 한 기자는 이를 이렇게 언급했다.

> 지나친 허풍으로 가득 찬 상하이 주식시장은 실제로는 부적절한, 잘못된 명사이다. 약 140개의 상하이 기업들이 주식을 발행했는데도 중국인민은행은 두 업체에 대해서만 상장을 허락했다.

분명한 것은 규범화된 자본 시장 없이 기업이 주식과 채권을 발행하는 행위는 마치 낯선 사람에게서 돈을 빌리는 것과 다를 바 없었다는 사실이다.

1988년 8월, 36세의 월스트리트의 파트너 변호사인 가오시칭高西慶과 뉴욕증권거래소 거래원인 왕보어밍王波明이 뉴욕에서 베이징으로 돌아가기로 약속했다. 아무도 돌아오라고 한 적이 없지만 국가 건설에 대한 열정이 귀국의 유일한 동력이었다. 그들이 귀국한 목적은 중국의 증권거래소를 만들기 위한 것이었다. 두 사람은 당시 귀국 후 5년 만에 목표를 달성하지 못하면 한 사람은 자전거 수리공으로, 한 사람은 만두 판매원으로 일할 것을 약속했다.

그들은 중국에서 쉽게 동반자를 찾을 수 있었다. 그해 여름 정력이 왕성한 30대 젊은이들은 국가체제개혁위원회 처장 리칭위안李靑原 집에서 열띤 토론을 벌였다. 리칭위안의 집 뜰에는 감나무가 한 그루 있었고, 그들은 이 감나무 아래서 매일 증권거래소 설립을 위한 세세한 부분에 대해 언쟁을 주고받았다. 감나무 잎이 무성해졌고, 한 여름이 되자 감꽃이 피더니 어느덧 파란 열매가 맺히기 시작했다. 가오시칭은 웃으면서 "나중에 증권거래소가 만들어지면 이 나무는 미국의 그 나무처럼 유명해질 것"이라고 말했다. 미국의 그 나무란 1792년 뉴욕의 증권 매니저 24명이 맨해튼에 있는 오동나무 아래 모여 새로운 주식시장 설립을 결정한 것과 비교한 것이었다. 지금도 뉴욕거래소 건물 앞에 세워진 동패에는 이렇게 쓰여 있다.

> 증권 매매의 중심 시장. 1792년 매일 부근의 오동나무 아래에 모였던 무역상들에 의해 세워졌다.

가오시칭과 동료들은 「중국 증권시장 창설과 관리의 구상」이라는 보고서를 썼고, 이 보고서는 처음으로 중국 증권시장을 체계적으로 진술한 전설적인 문건이었다. 11월 9일 국무원 부총리 야오이린姚依林과 중앙고문위원회 상임위원이자 중앙재경팀의 비서장 장징푸張勁夫는 중난하이에서 젊은이들의 이 보고를 들었다. 장징푸는 "금년 중국의 개혁은 한 관문에 다다랐다. 인플레이션, 경제 과열과 사재기 현상이 출현했고, 농업, 공업과 상업 모두 일련의 어려움에 직면하고 있다"고 토로했다. 중앙은 3년의 시간을 투자해 '치리정돈' 작업을 진행하기로 결정했다. 어떻게 개혁하느냐는 네 가지 방면의 개혁으로 귀결되었는데, 두 가지는 거시 조정 분야였다. 나머지 하나는 기업 제도에 대한 것으로 도대체 주식제를 어떻게 바라보아야 하는가와 주식제를 보급해야 하는 것인지 말아야 하는 것인지에 관한 것이었고, 다른 하나는 자본 시장을 건설하는 것이었다.

이 보고회에서 중앙의 고위층이 가장 관심을 표명한 부분은 자본 시장을 어떻게 건설하는가가 아니라 건설할 필요가 있느냐에 있었다. 국가경제무역위원회 부주임 뤼둥呂東이 제기한 문제는 "공유제를 기초로 하는 기업과 사유제를 기초로 하는 기업이 주식 상장에서 무슨 차이가 있느냐?"였고, 또 다른 고위층은 "공유제 기업이 상장 후 소유 성격에 변화가 있느냐?"였다. 당시 '성이 자資씨냐 아니면 사社씨냐?'는 모든 경제 개혁에서 대답해야 하는 첫 번째 질문이었다. 이에 대한 대답으로 혹자는 이 문제를 비켜가자고 했지만 가오시칭은 '집체 주식제'라는 새로운 개념을 제안했다.4)

이 보고는 증권거래소 건설에 대한 중국의 첫 번째 정식 회의였고, 이 기간 동안 중앙의 정책결정권자와 전문가들이 내린 결론은 "첫째, 조건이 성숙되지 않았다와 둘째, 설립하지 않으면 안 된다"였다.

베이징의 가오시칭과 왕보어밍이 자본 시장 건립을 위해 눈코 뜰 새 없을 때 상하이에서는 또 다른 사람들이 이미 소매를 걷어붙이고 일하고 있었다.

---

4) 당시 또 하나의 급진적 국영기업 제도개혁 방안이 나왔는데, 기안자는 전에 국가계획위원회 예측중심 총공정사였으며 당시 중국인민은행 체제개혁사무실주임을 맡고 있던 궁저밍宮著銘이었다. 그는 「중기개혁종합요강」이라는 제목의 보고에서 기업 개혁이 진행되려면 재산 소유권이 명확해져서 기업의 손실을 부담하는 사람이 있어야 하고, 국가나 사회가 모든 것을 부담하게 해서는 안 된다고 생각했다. 궁저밍이 설계한 방안은 현재의 국유기업과 대부분의 집체기업을 주식회사로 이행하도록 하는 것으로, '노동자가 주식을 갖는' 원칙에 근거해 기업 내의 모든 직원에게 무상으로 주식을 발행하고 이를 통해 대부분의 국영기업을 주식제의 집체소유기업으로 개조하는 것으로, 국가는 단지 '재판'과 '질서유지자'일 뿐이고, 더 이상 주요한 소유자나 경영자가 아니었다.

1988년 중반 상하이는 증권회사 3개를 설립했는데, 중국인민은행 상하이 지점(후에 공상은행 상하이 지점에 넘겨준다)의 선인申銀증권, 교통은행의 하이퉁海通증권과 주식제인 완궈萬國증권이 그들이었다. 선인과 하이퉁은 체제내의 통제가 비교적 많았지만 주식제인 완궈는 자연스럽게 우세를 드러냈다. 완궈의 사장 관진성管金生은 훗날 '증권 대부'라는 칭호를 얻었다.

쟝시성의 산촌의 한 가난한 집에서 태어난 관진성은 1983년에 벨기에의 브뤼셀 대학에서 상업 관리와 법학 분야에서 두 개의 석사학위를 받았다. 졸업과 동시에 귀국한 후 그는 오랜 시간 동안 별로 하는 일 없이 보내다 상하이 공산당 간부학교의 '진흥상하이연구반'에 파견되어 연구에 전념하고 있었다. 완궈증권이 설립될 무렵 41세의 관진성은 마침내 3,500만 위안 규모의 증권회사 사장으로 스카우트되었다.

완궈가 설립되고 관진성이 제일 먼저 주시한 것은 국고채권이었다. 중국은 1981년부터 국채를 발행하기 시작해 국제 관례대로 국고채권이라 불렀지만 유통성 결핍으로 인해 상당한 기간 동안 환영받지 못했다. 그래서 국무원은 특별히 국고채권판촉위원회를 조직했는데, 이 위원회는 재정부를 필두로 인민은행, 국가계획위원회, 중앙선전부, 공산당중앙군사위원회, 전국노동조합연합회, 공산주의청년단 중앙과 중국부녀연합회 등이 참여한 화려한 진용으로, 위원장은 국무원 비서장이 맡았다. 설령 그렇다고 해도 국고채권을 판매하는 일은 골치 아픈 연례 행사가 되었다. 당시의 하급 관료들에게는 두 가지 난제가 있었는데, 하나는 '계획생육〔한 자녀 갖기 운동〕'이었고, 다른 하나는 바로 국고채권 판매였다. 많은 지방 정부가 당성에 호소해 모든 당원과 관료는 반드시 채권을 구입할 것을 요구했다. 어떤 정부와 기업은 아예 월급에서 강제적으로 채권 구입 비용을 제하기도 했다. 훗날 아주 자연스럽게 국고채권 암거래가 출현했고, 일부 사람들은 40~50%의 할인가격으로 국고채권을 매수하기도 했다. 또 어떤 기업은 국고채권을 이용해 변칙적으로 가격을 싸게 해서 재고 상품을 판매하기도 했다. 각 지역의 매수 가격이 상이해 결국은 암시장이 출현하게 되었다. 이러한 행위는 불법에 속하긴 했지만 날로 만연했고, 이미 이러한 추세를 억제할 방법을 찾을 수 없는 지경에 이르렀다. 1988년 3월 재정부는 어쩔 수 없이 〈국고채권 양도시장 시험 실시 방안〉을 내놓고 국고채권을 시장에서 유통 거래하는 것을 허가했다. 4월 상하이, 선전, 우한 등 7대 도시에서 먼저 시험적으로 개방되었고, 6월에는 54개 도시로 확대되었다.

관진성은 중국 최초로 국고채권의 유통에서 비즈니스 기회를 포착한 사람이었다. 당시 전국의 은행은 네트워킹이 되어 있지 않았고, 그래서 각지의 국고채권은 모두 가격이 달랐다. 완궈의 직원은 10여 명에 불과했기 때문에 관진성은 몸소 전국의 250개 도시와 농촌을 돌면서 국고채권을 매입했다. 푸저우에 갔을 때는 한 번에 200만 위안의 국고채권을 매입한 적이 있었는데, 무수히 많은 사람들로부터 모은 액면가 5위안, 10위안인 채권들이었다. 여러 개의 마대 자루에 가득 채운 다음 자동차를 임대해 상하이로 운송하고, 나머지는 대형 여행용 가방에 넣어 비행기에 실었다. 공항 검사대에서 가방을 열어 검사를 받지 않도록 검사원을 이리저리 설득했다. 상하이에 돌아왔을 때 가방의 밑 부분은 이미 터져 있었고, 가까스로 공항을 빠져나올 수 있었다. 1989년 완궈의 영업액은 3억 위안을 돌파해 당시 전국 최대의 증권회사로 성장했다. 이중 절대 다수의 이익은 국고채권의 전매 차익에서 나온 것이었다.

석사 출신의 관진성을 비즈니스 고수라고 한다면 상하이에서 창고관리원으로 시작한 양화이딩楊懷定은 천재라고 할 수 있었다.

1988년 4월 상하이합금공장의 창고관리인 양화이딩은 사직서를 제출했다. 설 전후로 공장 창고에서 1톤이 넘는 구리를 잃어버렸는데, 양화이딩의 부인이 일하던 공장이 케이블 원료로 구리를 사용하고 있어서 사람들이 그를 중요 용의자로 여겼기 때문이다. 곧 양화이딩과 무관하다는 사실이 밝혀졌지만 기분이 몹시 상한 그는 결국 사직서를 제출하고 말았다.

양화이딩은 26장의 신문을 샀는데, 당시에는 인터넷이 없었고 모든 정보가 신문 지상의 글자 하나하나에 숨겨져 있었기 때문이다. 그는 신문에서 4월부터 중앙이 7대 도시에서 국고채권 양도 업무를 개시한다는 사실을 알게 되었다. 그의 눈꺼풀은 파르르 떨렸다.

이 이전에 암시장에서의 국고채권 거래는 이미 무슨 뉴스거리도 되지 못했지만 정책 관리 제도에서는 여전히 불법이었다. 반년 전인 1987년 10월 상하이에서 한 가지 뉴스가 신문에 보도되었다.

경찰이 공상은행 상하이 징안靜安 영업소 입구에서 방직공장에 다니는 한 청년 노동자 자오더룽趙德榮을 체포했는데, 당시 그는 100.71의 가격으로 국고채권을 전매하고 있었다. 경찰은 1,800위안의 현금과 국고채권 2,000위안을 몰수했고, 또 그의 집에서 2만 6천 위안의 국고채권을 적발했다. 하지만 자오더룽을 어떻게 처리해야 할지가 문제가 되었다. 경찰은 국고채권 전매가 투기 행위에 해당된다는 것을 인정했지만 투기 행위를 관리하는 공상국은 '이러한 암거래 행위는 모두 은행의 계산대에서 진행되는 것이므로 은행이 우리를 찾아오지 않으면 우리도 관여할 방법이 없다'고 말했다. 반면 은행은 '은행문 안에서 일어나는 일은 관리하지만 문 밖에서 일어난 일은 관리할 수 없다'고 했다. 자오더룽은 '부정한 돈'을 몰수당한 후 훈방되었다.

재수 없었던 자오더룽과 비교할 때 반년 후의 양화이딩은 아주 운이 좋았다. 그는 신문의 뉴스를 접한 후 이튿날 10만 위안을 들고 곧 안후이성 허페이合肥로 떠났다. 그는 각지의 국고채권 가격이 상이하기 때문에 가격 차이만 존재하면 돈을 벌 수 있다고 생각했다. 그는 허페이의 한 은행 입구에서 10만 위안의 국고채권을 구입한 후 상하이의 은행에 팔아넘겨 3일 만에 2,000위안의 이윤을 챙겼다. 양화이딩이 매수한 국고채권에는 허페이 은행의 봉인이 찍혀 있었는데, 그는 상하이 은행이 이 사실을 발견할까 두려워 봉인을 찢고, 일련번호를 어지럽혀 놓아 굼뜬 은행이 그가 돈을 버는 수법을 알아채지 못하도록 했다.

한 달 동안 양화이딩은 밤낮을 재촉하면서 상하이를 제외한 개방 도시 6곳을 돌아다녔다. 당시 상하이은행 국고채권 거래 규모는 하루 70만 위안 정도였는데, 그가 1/7을 차지했다. 이렇게 해서 급하게 발표됐던 중앙의 정책은 한 창고관리원의 재부 축적 수단으로 이용되었다. 양화이딩은 중국 최초로 자본 시장에 기대어 재산을 축적한 보통 사람으로, 훗날 '양바이완楊百萬'이라는 이름으로 중국 증시 초기에 이름을 날렸다.

1988년 가을 이전부터 양화이딩은 세 살 많은 관진성과 알고 지내고 있었다. 국고채권의 지역별 가격 차이에서 돈 냄새를 맡은 이들의 공통된 후각은 그들을 상하이탄의 '지기'로 만들었다. 그는 2002년에 집필한 자서전에서 당시의 에피소드 하나를 이렇게 적고 있다.

1989년 양력설이 막 지났을 때 관진성은 양화이딩에게 중국인민은행 상하이 지점에서 자금관리처 처장 장닝張寧의 테이블에 쌓여 있던 서류를 보았는데, 그것은 1988년 국고채권의 시장 거래를 준비하는 내용이라고 알려주었다. 만약 누구라도 이 정보를 접했다면 암시장가 75위안으로 매입한 국고채권이 시장이 열리면 바로 100위안이 될 것이므로 바로 25위안의 폭리를 취할 수 있을 것임을 알았을 것이다. 이는 큰돈을 벌 수 있는 기회였다. 그래서 양바이완은 완궈증권의 수권 대표 자격으로 금전등록기를 들고 하이닝海寧로 1028호 자신의 사무실에서 국고채권 매입을 진행했고, 단 기간 내에 상하이시 1988년 국고채권의 절반을 매입했다. 관진성과 양바이완의 매수 행위는 자금관리처의 주목을 끌게 되어 자금관리처 처장 장닝張寧은 어느 날 완궈로 가서 불시에 검사를 하려고 했다. 미리 소식을 접한 관진성은 절묘한 묘책을 생각해냈다. 그는 모든 국고채권을 지하실 금고에서 자신의 사무실로 옮겨놓고는, 바닥에는 천장 판을 쌓아올렸다. 장닝이 와서 검사를 했으나 아무 소득 없이 돌아갈 수밖에 없었고, 완궈증권은 화를 피할 수 있었다. 몇 달 후 1988년 국고채권이 시장에서 거래되었는데, 가격은 104위안이었다. 당시 전국 최대의 '국고채권 두더지'로서 관진성의 완궈증권과 양화이딩은 아슬아슬했지만 풍성한 원시적 축적을 완성했다.

어두움으로 넘쳐나는 자본 이야기는 여기서 잠시 멈추기로 하자. 이것은 새로운 이익 게임의 시작이었지만 전망은 결코 투명하지 않았고, 규칙은 여전히 혼탁한 가운데 있었다. 수년이 지난 후 많은 사람들은 1988년을 기억할 때 당시 사람들을 공포에 떨게 한 '물가 난관 극복'과 전국을 석권한 '사재기 열풍'에 대해 훨씬 많이 이야기하곤 했다.

1988년의 거시경제는 다시 긴축 상태에 접어들었는데, 3년에 걸친 고속 성장은 중국이라는 열차를 다시 경제 주기의 민감 지대로 몰고 들어갔다. 경공업 발전이 가속화됨에 따라 기업 수는 급증했고, 물자의 공급 부족은 날로 심해져갔다. 4년 동안의 이중가격제도는 이 시점에 마침내 모든 부정적 효과를 드러냈다. 1987년 4월 국무원 각 부서위원회는 원자재 물가 감독조사팀을 만들어 전국에 28개 팀을 파견해 조사를 진행했고, 9월에는 국무원에 "원자재의 가격 문란이 아주 심각하고, 일부 지방과 영역에서는 이미 무법천지의 지경에 이르렀다"고 확정해서 보고했다. 이후 얼마동안 여러 차례에 걸쳐 중앙이 지도 편달을 진행했지만 정부 기구와 국영 기구들이 갈수록 물자 전매에 투신하는 것을 저지할 방법이 없었다. 사람들은 수중의 크고 작은 권력을 이용해 이중가격제도에서 이익을 도모하고 있었다. 『니혼게이자이신문』은 아주 과장된 사례 하나를 이렇게 보도했다.

난징에서 1,000톤의 강재가 제자리에서 움직이지도 않은 채 129차례나 전매되었다. 가격은 세 배까지 올랐고, 이 사건에 참여한 기관은 쟝수, 광둥, 안후이 및 후베이의 83개 부문이었고, 주요 당사자는 전문 경영권을 보유하고 있는 난징물자거래센터 등의 물자 유통 부문이었다.

1988년 5개월 동안 베이징에는 700개의 기업이 늘어났고, 상하이에서는 3,000개의 업체가 늘어났다. 중앙의 국가 기관 체계에서 설립한 각종 기업이 2만 개에 달했는데, 이중 많은 기업이 전문적으로 물자 전매에 종사하는 '컨설팅 회사'였다. 민간에서는 "10억 인민 중 9억이 전매를 하고 있고, 나머지 1억은 대상을 찾고 있다"는 속언이 유행하기 시작했다. 7월 국가공상국은 원자재 전매의 95가지 중요 사안을 조사했는데, 이중 58건은 물자 주관 부문이 저지른 사건이었다. "그들은 권력을 이용해 국가가 정한 원자재 공정 가격을 조정한 후 다시 시장에 투입해서 고가에 판매하고 있다." 『경제일보』는 '전매에 의한 국가 재앙설'을 제기했다.

원자재 가격이 급상승하고, 국가가 여러 차례 이를 금지하는 지시를 내렸지만 효과는 아주 미미했다. 이러한 국면이 조성된 이유는 정부와 기업이 분리되지 않고, 관료와 상인이 분리되지 않은 기업들에 의한 전매 현상 때문이다.

가격관리제도를 이용해 사적인 이익을 도모하는 현상은 줄곧 두절되지 않았다. 2005년 한커우역 역장 류즈샹劉志祥이 유죄선고를 받았다. 그는 '차표 분배권'을 이용해 대량의 기차표를 자신의 합작 파트너에게 분배했고, 그런 후 '수속비' 명목으로 가격을 인상해 시장에 재투입하게 했다. "일반적으로 좌석당 가장 낮게는 5위안을 추가했고, 설과 같은 성수기에는 30위안을 추가하는 형식이었다." 류즈샹은 전매와 뇌물 수수 등으로 9년 동안 4,745만 위안의 불법 수입을 올렸다. 베이징대학의 경제학자 저우치런周其仁은 이 사안을 분석하면서 "가격관리제도는 세상에서 가장 효과가 없는 정책"이라고 말했다.

한편 국제 환경은 신자유주의 방향으로 급속하게 전환되고 있었다. 1988년 영국의 경제학자이자 1974년 노벨경제학상 수상자인 하이에크Hayek는 『치명적인 자만』을 발표했다. 이 영향력 있는 저작에서 그는 고도의 계획경제 추구를 이성주의자의 치명적인 자만으로 여겼고, 시스템적으로 계획경제의 한계를 증명했다. 그는 서문 「사회주의가 잘못인가?」에서 "설계를 거치지 않은 상황 하에서 생성된 질서는 사람들이 의식적으로 추구하는 계획을 크게 초월할 수 있다"고 적고 있다. 이 저서는 서구 자본주의 세계를 위해 적시에 이론상의 무기를 제공했다.

1988년, 1976년 노벨경제학상 수상자인 프리드먼Milton Friedman이 중국을 방문해 당시 중앙 고위층의 접견을 받았다. 프리드먼은 당시 국제적으로 지명도가 가장 높았던 가격 이론과 화폐 이론의 대가였다. 회담 중 줄곧 신자유주의 시장경제의 입장을 견지한 그는 중앙 정부가 가격관리제도를 포기해야 한다고 적극 주장했다. 그는 중국의 개혁은 '최후의 시점'에 도달했다고 여겼고, 홍콩의 『신보信報』는 그의 관점을 인용해 다음과 같이 보도했다.

가격 제한을 푸는 것과 인플레를 동일시해서는 안 된다. 만약 가격 제한을 포기하면 일부 상품의 가격이 올라 최초 며칠 동안은 사람들이 고통을 느끼게 되겠지만 가격이 결코 차례대로 오르지는 않는다는 것을 발견할 수 있을 것이다.

스촨을 시찰할 때 프리드먼은 스촨 성장에게 "만약 당신이 쥐의 꼬리를 자르고 싶다면 천천히 잘라서는 안 되고 한 칼에 잘라내야 합니다. 오랫동안 아픈 것보다는 잠깐 아픈 것이 낫죠"라고 말했다. 성장은 "당신은 우리 중국의 쥐는 다르다는 것을 아실 것입니다. 서로 다른 많은 꼬리들이 서로 얽혀 있는데, 도대체 어떤 꼬리부터 잘라야 하죠?"라고 물었다. 이에 프리드먼은 아무런 말을 하지 못했다. 이 일이 있은 후 장우창은 한 글에서 다음과 같이 말했다. "나에게는 답이 있었다. 하지만 당시에는 말하지 않았다. 나의 답은 모든 꼬리들을 한꺼번에 잘라 버리는 것이었다." 2001년 4월 이 경제학자는 중산대학 강연 시 이를 시인했다. "프리드먼은 줄곧 가격관리제의 포기를 주장했고 1988년 우리는 중국의 지도자들에게 이 정책을 추천했는데, 결과는 뒤죽박죽이 되고 말았다."

프리드먼과 장우창과 마찬가지로 당시 중국이라는 쥐의 꼬리를 한꺼번에 잘라 버리려고 한 사람 중에는 중앙의 고위급 지도자들도 있었다. 그들은 당면한 물가의 비정상적인 파동은 계획체제와 이중가격제도가 만들어낸 것이라고 여겼고, 체제라는 괴수의 얽매임에서 벗어나려면 벼락같은 수단을 써서 물가를 시장이 조절하는 궤도에 신속하게 진입할 수 있도록 해야 한다고 생각했다. 가격 이론 전문가인 프리드먼의 건의는 중앙의 지도자들에게 이론적인 근거를 제공했고, 중국경제체제개혁연구소가 기층 기업 직원들을 대상으로 진행한 샘플 조사는 중앙으로 하여금 자신감을 갖게 했다. 조사 결과 75.3%의 사람들이 "개혁을 잘 추진할 수만 있다면 생활이 잠시 어렵더라도 괜찮다"는 결과가 나왔던 것이다. 그래서 중앙은 가격관리제도를 포기하기로 결정했고, 이중가격제도를 폐기하고 '물가 난관 극복'을 진행했다.

난관 극복을 위한 행동은 3월에 최대 공업 도시인 상하이에서 시작되었다. 상하이는 280개 상품에 대해 소매가를 조정했는데, 대부분이 일용품이나 생필품으로, 상승폭은 20~30% 수준이었다. 4월 국무원은 부식품 소매가격 변동으로 인해 노동자들에게 적당한 보조금을 제공하는 방안을 내놓았다. 5월 19일 신화사는 이렇게 보도했다.

중국의 물가 개혁은 대담한 행동으로 일정 수준의 리스크를 감수해야 한다. 하지만 중앙은 자신감 있게 이 일을 잘 처리해야 한다 ……

가격 조정 정책의 시행은 빠른 속도로 전국으로 퍼져나갔다. 5월부터 전국 중심 도시의 돼지고기와 기타 육류 가격이 70%정도 상승했고, 기타 일용품 가격도 빠르게 상승하기 시작했다. 프리드먼과 덩샤오핑의 예측을 벗어나 '물가 난관 극복'은 아주 빠른 속도로 통제력을 전면 상실하는 무시무시한 추세를 보여주었고, 각 지역의 물가는 야생마처럼 갈피를 잡지 못하는 상황으로 발전했다. 당시 국민 예금은 3,000억 위안으로 결코 규모가 크지 않았지만 대중들의 공황 심리로 인해 전국적인 사재기 열풍이 일어나게 되었다. 이러한 현상은 '사회 심리가 인류의 영원한 경제 문제를 결정한다'는 케인스의 말과 일치했다. 당시의 신문보도는 이러했다.

사람들은 제정신이 아닌 것처럼 물건을 사재기하기 시작했다. 가치가 나가는 상품뿐만 아니라 일반 소비품도 사들였고, 심지어 재고로 쌓여있던 제품들까지도 그냥 두지 않았다. TV는 화면만 나오면 샀고, 선풍기는 돌아가기만 하면 사들였으며, 냉장고는 냉기만 있어도 사들였다.

대중의 사재기 열풍은 실제 수요 공급과도 거리가 있었다. 선풍기의 경우, 당시 전국적으로 200여 개의 선풍기 제조업체가 있었는데 연생산량은 3,400만 대에 달해 세계 최대 생산국이었다. 2년 전부터 국내에서는 공급 과잉 현상이 발생했고, 이로 인해 선풍기의 재고 적체는 아주 심각한 상황이었다. 하지만 사재기 열풍 속에서 창고 안에 있던 모든 재고가 바닥 났다. 구이저우, 윈난 등의 성에서는 사람들이 털실을 사기 위해 길거리에서 싸움을 벌이기도 했다. 물가 상승으로 인해 전국의 각계각층에서 '견딜 수 없다'는 목소리가 터져 나왔다. 일부 대학의 교수들은 물가 상승으로 인해 생계를 유지할 수 없자 학교 안에서 공개적으로 빵, 계란, 아이스케이크 등을 팔기도 했다. 그해 신화사 보도에는 이례적으로 '장관급 간부'의 말을 인용해 당시의 상황을 묘사했다.

시장에서 장을 볼 때마다 10위안이라는 큰돈이 나가니 눈이 어질어질해 가정부가 감히 장 보러 나갈 생각을 못했다.

사재기 열풍은 인플레이션을 유발한 것과 동시에 전례 없는 생산 물자 부족 상태를 초래했다. 5월 상하이시의 모든 발전소에서 석탄 재고가 부족해 수십 만 개의 기업이 사경을 헤매게 되었고, 부임한 지 얼마 되지 않은 상하이 시장 주룽지(朱鎔基)는 부득불 상하이 석탄 공급을 보장하는 결정을 내리게 되었다.

8월 28일 상하이의 사재기 열풍이 최고조에 달하자 시 정부는 부득불 긴급 조치를 취해 배급표에 근거해 소금과 성냥을 공급했고, 냄비는 옛날 것과 바꾸거나 결혼증과 호구증(주민증)을 제시해야 구매 신청이 가능하게 했다. 9월 26일 미국의 『비즈니스위크』는 「중국 개혁 노정의 우회로」라는 제목으로 다음과 같이 보도했다.

오늘, 중국의 개혁은 통제력을 상실한 상태다. 위기에 대응하기 위해 물가 개혁은 지난 달에 동결을 고했다. 갑작스런 정책 전환은 중국과 해외투자자들에게 앞날이 불투명한 시련기를 제공하고 있다. 중국은 현재 비상 통제 상태에 진입하고 있다.

국가물가국의 『중국물가연감』에는 다음과 같이 기록되어 있다.

1988년은 1950년 이래 물가 상승폭이 가장 컸고, 인플레가 심각한 한 해였다. 국가가 소매 가격 지수를 계산하는 383종의 상품 중 95%가 넘는 상품이 가격 변동을 겪었고, 1988년 소매물가 지수는 전년도에 비해 18.5% 상승했다.

'물가 난관 극복'은 1978년의 개혁개방 이후 경제에 대한 통제력을 상실한 최대 사건으로 간주되었다. 중앙은 10월이 되자 실패를 선언하고 정책 조정을 시작해 다시 '거시 조정, 치리정돈'의 방침을 제시했다. 당시의 실패는 상품 사재기와 물가 상승으로 나타났고, 이것이 거시경제에 초래한 영향은 비록 부정적이긴 했지만 결코 치명적인 생산 붕괴 사태를 초래하지는 않았다. 하지만 전 국민의 개혁 열정은 이로 인해 커다란 좌절을 맛보게 되었다. 인플레이션의 와중에서 손해를 본 사람들은 이중가격제도 아래에서 불법 전매 행위로 횡재한 '관다오官倒'를 원망하기 시작했고, 이로 인해 '개혁이 사회의 불공평을 조장한다'는 인상이 생겨나게 되었다.

물가조정 실패의 영향으로 1988년 중국의 기업들은 더 이상 말할 필요도 없는 상황이었다. '철 밥그릇' 타파로 유명한 부신성은 이미 기우는 태양이었고, 허베이의 마성리의 도급 프로젝트도 1988년 중반기부터 위험 신호가 나타나기 시작했다. 중국 정부와 인민이 겪어보지 못한 경제 위기가 무섭게 발생하고 있었다.

4월 중국에서 가장 유명한 운동선수인 26살의 '체조왕자' 리닝李寧이 106번째 금메달을 목에 건 후 은퇴를 선언했다. 그는 대학 진학, 감독, 관료가 될 수 있는 기회를 포기했고, 광둥으로 남하해서 리징웨이의 젠리바오그룹 사장 특별 비서로 스카우트되었다. 2년 후 그는 광둥리닝체육용품유한공사를 설립했고, 자신이 사장을 맡았다. 10년 후 '리닝 브랜드' 운동복은 나이키 및 아디다스와 시장을 반분했고, 중국 체육용품 시상의 절반을 차지히게 되었다.

8월 세계 최대 일용 화학제품업체인 P&G는 광저우비누공장, 홍콩의 리자청의 계열사와 함께 광저우바오제寶潔유한공사를 설립했다. P&G는 몇 년 전부터 중국 내에서 독자적인 공장 건립을 추진해왔지만 끝내 허가를 얻지 못했다. 오랜 세월 일용품을 생산해온 이 다국적기업이 중국에서 공장을 설립하기 위해서는 반드시 중국 내의 동종업종 국영기업과 합작해야 했다. 『비즈니스위크』는 논평에서 이에 대해 다음과 같이 말하고 있다.

> 덩샤오핑이 1978년 개혁개방을 추진한 이래 미국의 기업은 줄곧 거대한 중국의 소비 시장 진출을 타진해왔다. 하지만 중국 정부는 오히려 다른 생각을 갖고 있었다. 그들은 외국인들이 수출 상품과 하이테크 사업에 투자하기를 희망하고 있는데, 10억의 소비 시장만 생각

하고 있던 미국 기업들은 줄곧 무수한 장벽과 대치하고 있었던 것이다. 가령, 코카콜라와 KFC는 영업허가증에서부터 제한을 받았고, 합자기업으로부터 수익을 얻고 있는 기업은 극소수였다. 하지만 지금 상황에 변화가 일어나고 있다. 미국에서는 누구나 다 알고 있는 기업이 지금 중국 파트너와 새로운 거래를 하고 있다. P&G가 중국에서 세제와 개인 미용품 분야의 업무를 시작한 것 외에도 바슈롬Bausch & Lomb, 존슨앤존슨, 나비스코Nabisco 등 다른 업체들도 사업에 발을 들여놓고 있다. 머지않아 중국의 소비자들은 중국에서 생산된 나비스코 비스킷과 반창고와 밴드에이드를 사게 될 것이다 …….

9월 중국 최장(871m)이자 컴퓨터 제어시스템을 채용한 자동차 생산라인이 상하이다중사^{大衆}공사에서 준공되었다. 1983년에 첫 번째 자동차가 조립된 후부터 독일과 중국 전문가들은 줄곧 생산라인 국산화에 진력했다. 연초 상하이시 정부는 상하이다중공사 회장 루지안^{陸吉安}에게 엄명을 내렸다. "올해 국산화율은 25%를 달성하고 내년에는 50%를 달성해야 한다. 그렇지 못하면 인책 면직될 것이다." 연말 다중의 산타나^{桑塔納}의 국산화는 12.6%에서 30.6%로 늘어났고, 이 수치는 당시 가장 영예롭고 가장 전략적인 의미를 지닌 성과였다.

12월 15일 베이징대학은 차세대 전자출판 시스템을 개발했다. 이날 거행된 '베이징대학 화광^{華光}전자출판 시스템 기술 보고회'에는 전국의 신문사와 인쇄업종의 대표 300여 명이 참가해 이 시스템의 시연을 참관하고 있었다. 한 단락 1,000자의 가로조판 문장을 세로조판 형식으로 바꾸는 시연이었는데, 숙련된 조판기술자에게도 최소한 10여 분이 필요하던 작업이 지금은 1분도 안 되는 시간에 실현 가능하게 되었다. 이 기술을 개발한 사람은 베이징대학 교수 왕쉬안^{王選}이었다. 그는 이로 인해 '당대의 발명가'라는 칭호를 얻었고, 그가 중관촌에 설립한 팡정^{方正}그룹은 중국 최대의 전자식판시스템 공급업체로 성장하게 되었다.

|기업사 인물|

'20인'의 흥망

1988년 4월 '전국우수기업가'가 선정되었을 때 중국 사회에서 이 기업가라는 칭호는 무척 낯선 말이었다. 일 년 전 피터 드러커는 『혁신과 기업가 정신』을 발표해 기업가를 '변혁을 기회로 삼아 노력하고 개척하는 사람'이라고 정의했다. 이런 정의로 볼 때 이 20인은 전혀 손색이 없는 사람들이었다. 그들은 당시 도급제 개혁 중에 출현한 걸출한 인물들로, 이전에 생기라고는 하나도 없는 기업을 개혁을 통해 면모를 일신한 사람들이었다.

2003년 11월 제1회 '전국우수기업가'가 선정된 지 15년이 되는 해 이 행운아들은 항저우에서 모임을 가졌다. 20인 중 여전히 기업에 몸담고 있는 사람은 항저우의 칭춘바오의 펑건성과 칭다오의 솽싱의 왕하이, 옌타이 항만사무국의 주이 세 사람뿐이었다.

70세가 지난 펑건성은 여전히 현직에 있었는데, 이는 그가 1993년 국영기업 칭춘바오제약회사의 지배권을 태국 기업에게 매각했기 때문이다. 당시 언론은 "양복으로 갈아입고, 새로운 메커니즘을 도입했다"고 보도했고, 이 태국 기업은 펑에게 "그만두고 싶을 때까지 자리에 있을 수 있도록" 동의했다고 알려졌다.

20인 중 가장 젊었던 주이는 아직 퇴직 연령이 되지 않았다. 옌타이 항만사무국은 1998년 이후 불황에 빠져들었고, 2003년 8,000명의 직원과 20개의 자회사를 거느리고 있던 항만사무국의 이윤은 100만 위안에 불과했다. 주이는 언론의 인터뷰를 거절했고, 그의 부하는 "이미 10여 년이 지났습니다. 처지와 심리 상태가 당시와는 많이 다릅니다. 주 국장님은 지금 더 이상 말하고 싶은 생각이 없습니다"라고 전했다.

왕하이의 상황은 이와 달랐다. 지원군 출신의 왕하이는 만나서는 안 될 호랑이

자본의 소생 **335**

같은 사람이었다. 그의 경영 하에 솽싱은 전국 최대의 여행신발 제조업체로 변신했다. 1989년의 거시 조정 당시 상부의 규정에 따르면 국영기업은 모든 정부 기구와 마찬가지로 손님 접대 시 네 개의 요리와 하나의 탕만 제공할 수 있었다. 왕하이는 큰 쟁반에 담아 요리를 대접했는데, 매번의 쟁반 안에는 네 개의 요리 접시가 있었다. 기율위원회가 이를 질책하자 그는 "당신들 규정에는 요리를 담을 때 큰 쟁반을 이용해 요리를 담아서는 안 된다는 규정은 없습니다"라고 대답했다. 왕하이는 솽싱에서 자신을 '종신회장'이라는 직책에 봉했는데, 이는 당연히 국무원 국유자산 감독관리위원회의 관리 조례에 부합되지 않았지만 그가 그렇게 하려고 하자 어느 누구도 감히 변경하려고 하지 않았다. 2005년 왕하이는 베이징의 한 자산평가기관을 초청해 솽싱과 자신의 무형자산 가치를 평가하도록 했다. 그 결과 기업은 492억 위안이었고, 자신은 321억 위안에 달했다. 그러나 그는 만족하지 못했다. 그는 자신의 평가가치가 당연히 기업보다 높아야 된다고 생각했기 때문이다. 그는 TV 특별 프로그램 〈재부 중국〉의 진행자에게 이렇게 말했다.

이것은 현실에 그다지 부합되지 않는다고 생각합니다. 왜 이렇게 말하냐구요? 기업가가 있어야 기업의 발전이 있을 수 있고, 다시 말하면 왕하이가 있기 때문에 솽싱이 존재하는 것입니다.

20인 중 세 명은 훗날 관료가 되었다. 직급이 가장 높았던 사람은 제2자동차제조공장의 사장 천칭타이陳淸泰였는데, 그는 국가경제무역위원회 부주임, 국무원발전연구중심 부주임을 역임했다. 산시성 루안潞安광무국 국장 상하이타오尙海濤는 1995년에 석탄부 수석 엔지니어로 영전되었다. 이전에 그는 기업에서 주식제를 실시해 홍콩에 상장을 시도했지만 모두 물거품이 되었다. 그에게서 승진은 부득이한 것이었고, 그는 기자에게 원망하듯이 이렇게 말했다.

저는 관리가 되는 것을 원치 않았습니다. 관리가 되면 구속이 너무 많아 기업처럼 실제적이지 않습니다. 당시 두 가지 요소가 제가 동의하도록 만들었습니다. 하나는 기업에 있을 때 저는 아무 일도 할 수가 없었습니다. 일을 하고 싶은데도 말이죠. 저는 기업에 있어봐야 아무런 쓸모가 없다고 생각했고, 더 기다려봐야 별 의미가 없다는 것을 알게 되었습니다. 다른 하나는 당시 저를 무조건 발탁하려고 했기 때문입니다. 그들은 여기에 가라, 저기에 가라면서 내가 가지 않으면 안 된다는 식으로 이야기했습니다. 저는 결코 관리가 되고 싶은 마음이 없었는데, 만약 그랬다면 훨씬 더 이전에 이미 관리가 되었을 겁니다.

이들 중 가장 평판이 나빴던 사람은 우한의 위즈안于志安이었다. 그는 1995년에 필리핀으로 도피해 세상을 시끄럽게 한 적이 있었다. 위즈안은 12세에 입대했고, 16세에 입당했으며, 중난하이정법대학 법학과와 우한대학 철학과를 졸업했다. 1981년 그는 적자 상태에 허덕이던 우한치룬武漢汽輪발전기공장 사장으로 부임했다. 그의 경영 하에 이 공장은 빠른 속도로 성장했다. 이후 이 기업은 전국 20여 개 성과 도시로 영업 범위를 확대해 나갔으며, 10대 업종에서 국내외 200여 개의 사업체를 보유하고 있는 다국적 그룹인 창장長江동력그룹으로 성장해 중국 500대 기업에 이름을 올리기도 했다. 위즈안은 국내에서 가장 빨리 국영기업의 재산권 개조를 주장한 기업가 중의 하나였다. 그리하여 그는 20인 중 가장 전략적인 사람으로 여겨졌다. 일찍이 1988년에 그는 기업 재산권이라는 민감한 문제를 제기했고, 기업은 국가에 속해서는 안 된다고 생각했다. 당시 기의 모든 국영기업 사장들은 조심스럽게 소유권과 경영권을 어떻게 분리할 것인가에 대해 토론하고 있었다. 1993년 퇴직 연령에 임박한 위즈안은 필리핀에 50만 달러를 투자해 개인 명의로 창장동력그룹 필리핀지사를 설립했고, 한 수력발전소의 운영 업무를 수주했다. 2년 후 그는 필리핀으로 가서 돌아오지 않았다. 당시 위즈안과 정부 사이의 관계는 아주 좋지 않았다. 창장동력그룹은 우한시 기계국의 관리를 받고 있었지만 위즈안은 이를 인정하지 않았고, 심지어 재무보고조차 기계국에 보내지 않았다. 이렇게 해서 창장동력그룹은 상부 기관이 없는 기업이 되었다. 매년 우한시 관련 부문이 사람을 파견해 직무 검사를 진행할 때면 위즈안은 공장 사람들로 하여금 그들의 진입을 막도록 했다. 1995년을 전후로 중국의 유명 기업가 중에서는 훙타紅塔그룹의 추스젠褚時健이 위즈안과 마찬가지로 퇴직 연령 직전인 59세의 나이로 낙마했고, 필리핀으로 도주한 위즈안은 '해외도피 탐관 리스트'에 이름을 올렸다. 보도에 따르면 "후에 중국 측의 노력에 의해 유출된 66만 달러의 국유자산을 회수했다"고 한다.

제1회 전국우수기업가로 선정된 20인 중 기업의 재산권 투명화 개조를 완성한 사람은 하나도 없었다. 2006년에 이르러 절반의 기업이 곤경에 빠졌거나 이미 사라지고 없었다. 이중 적지 않은 이들의 말년은 사람들을 안타깝게 했다. 당시 가장 유명했던 허베이의 마성리는 1995년 면직된 후 매달 130위안의 퇴직금으로 생활하다가 결국에는 생계를 위해 어쩔 수 없이 길거리에서 만두장사를 해야 하는 처지로 전락하게 되었다. 후난의 조우펑로우雛鳳樓는 퇴직 후 한동안 생계의 위기에 직면했는데, 매월 500위안의 연금으로는 약값을 감당하기 힘들었다. 현지 언론이 '조우펑로우 현상'에 대해 공개적인 토론을 벌이자 그의 퇴직 연금은 특별히 900위안으로 올랐다.

2003년 11월의 시후 모임은 아마도 이들이 마지막으로 모습을 드러낸 모임이었을 것이다. 당시의 상황은 다음과 같았다.

펑젠성: 1934년생, 항저우제2중약제약회사 사장 역임, 정다칭춘바오그룹 회장.

저우펑러우鄒鳳樓: 1931년생, 후난궈광國光자기공장 사장 역임, 1989년 면직.

상하이타오: 1940년생, 산시루안광무국 국장 역임, 석탄부 수석 엔지니어, 퇴직.

리화중李華忠: 1935년생, 안산鞍山제철 사장 역임.

천샹싱陳祥興: 1938년생, 난징무선전신공장 사장 역임.

멍샹하이孟祥海: 1931년생, 쟈무스佳木斯제지공장사장 역임.

왕하이: 1941년생, 칭다오솽싱그룹 회장 역임, 솽싱그룹 종신회장 및 당서기.

마성리: 1938년생, 스쟈좡제지공장사장 역임, 1988년 마성리제지유한공사 설립.

주이: 1944년생, 옌타이 항만사무국 국장.

양치화楊其華: 1930년생, 광저우철도그룹 회장 역임, 1996년 위에하이粵海철도통로유한공사 회장.

저우관우: 1918년생, 서우두首都제철 사장 역임.

치시룽齊心榮: 1940년생, 상하이펑푸澎浦기계공장 사장 역임, 1997년 뇌일혈로 식물인간.

인궈마오殷國茂: 1932년생, 청두강관공장 사장 역임, 1996년 면직.

쉬여우판徐有泮: 1933년생, 선양케이블공장 사장 역임, 1996년 선양산업투자발전유한공사 고문.

훠룽화霍榮華: 1941년생, 지린화학공업공사 사장 역임, 사망.

잉즈방應治邦: 1934년생, 시베이궈멘國棉5공장 사장 역임, 1997년 직무유기죄로 징역 1년 선고, 선전에서 은거.

위즈안: 1932년생 우한창장동력공사 사장 역임, 해외도피.

황춘어黃春萼: 1940년생, 다롄석유화학공사 사장 역임, 중국석유화학 부사장 역임, 국가유색금속공업국 부국장.

싱치푸邢起富: 1935년생, 톈진페이거飛鴿그룹 사장 역임, 1996년 톈진자전거협회 회장.

천칭타이: 중국제2자동차제조공장 사장 역임, 국무원발전연구중심 당서기

1989년
꽃샘추위

나에게는 집이 하나 있다.
대해가 내다보이고, 봄날은 따뜻하고 꽃은 피는데 …….
— 하이즈^{海子},「봄날은 따뜻하고 꽃은 피는데」(1989년)

베이징대학 시인 하이즈, 25살이 된 그는 머리를 차갑고 끝없이 뻗어있는 철로 위에 올려놓고 있었다. 1989년 3월 26일 한밤중의 일이었다. 중국에서 가장 뛰어난 시인이 산하이관^{山海關}의 철로 위에 누워 자살했다. 두 달 전 그는「봄날은 따뜻하고 꽃은 피는데」를 발표했고, 이 시는 훗날 사람들 입에서 자주 오르내렸다.

내일부터 행복한 사람이 되어야지.
말을 먹이고, 나무를 하고 세상을 주유하면서
내일부터 양식과 채소에 관심을 가져야지.
내게는 집이 하나 있다. 대해가 내려다보이고, 따뜻한 봄꽃이 핀다.
내일부터 친한 사람 모두에게 연락을 해야지.
그들에게 나의 행복을 알려주면서
저 행복해 보이는 번갯불이 나에게 알려준 것을
모두에게 알려주어야지.
강 한줄기, 산 하나에도 따뜻한 이름을 지어주어야지.

낯선 사람을 보면 그를 위해 축복해 주어야지.
당신의 앞날이 찬란하기를
당신이 사랑하는 사람이 마침내 당신 품으로 들어오기를
당신이 이 세상에서 행복하기를
대해가 내려다보이는 곳에서 따뜻한 봄날 꽃이 피기만을 빌어야지.

행복하고 은은한 시임에 틀림없다. 하지만 이 시의 주인이 두 달 후에 자살을 선택하리라고는 어느 누구도 생각하지 못했다. 이 세상에서 사람 마음은 세상사와 마찬가지로 예측하기 어렵다.

먼저 1989년 세계는 어떻게 변하고 있었는지 살펴보자.

정치적으로는 불안한 한 해였다. 횡으로 누워있던 동서방의 철의 장막이 무너지고 있었고, 고르바초프는 소련에서 주도한 개혁을 통해 계획체제라는 이념에 충격을 가했으며, 폴란드에서는 레흐 바웬사Lech Watesa의 자유노조 '연대'의 기세가 하늘을 찌를듯했다. 존스홉킨스 대학의 프랜시스 후쿠야마Francis Fukuyama 교수는 1989년 여름 『내셔널 인터레스트』에 「역사의 종말?The End of History?」이라는 제목의 글을 기고했다. 그는 서방 국가가 실행하고 있는 자유민주제도가 역사적 종말을 고하고 있다고 주장했다. 이러한 관점은 서방 사회의 주류 사상이 되었고, 또 전 세계 각국의 사상가들의 사고에 중대한 영향을 주었다.

경제적으로는 일본의 경제 확장이 최고봉에 이르렀다. 9월 10일 놀라운 소식이 뉴욕과 도쿄에서 동시에 발표되었다. 일본의 소니가 34억 달러를 투자해서 미국 콜롬비아 영화사를 인수한다는 내용이었다. 10월 30일 또 하나의 뉴스가 전 세계를 진동시켰다. 일본의 미쓰비시 부동산이 8억 4천만 달러로 미국의 록펠러Rockefeller 사의 지분 51%를 확보했다는 것이다. 이중 뉴욕의 맨해튼 중심에 위치한 록펠러 광장이 미쓰비시 소유가 되었다. 이 외에도 일본의 5개 부동산업체가 3억 달러를 투자해 휴스턴 시의 종합빌딩 4동을 사들였다. 당시『뉴스위크』지는 표지에 콜롬비아영화사의 상징인 여신상을 실었는데, 손에 횃불을 든 그녀는 일본식 머리를 했고, 기모노를 입고 있었다. 그리고 표제는 "일본이 할리우드를 집어 삼켰다!" 였다. 이와 거의 동시에 일본의 우익 정치가인 이시하로 신타로와 소니 회장이 공동으로 자신감으로 충만한 『No라고 말할 수 있는 일본』을 출판해 센세이션을 일으켰다. 일본 경제는 1970년대에 부흥하기 시작해 과거 18년 동안 국민총생산이 450%나 증가했고, 일본 국민의 자부심 또한 이루 말할 수 없었다.

당시 전 세계에서 일본의 거품이 붕괴할 것이라고 생각한 사람은 아무도 없었다. 하지만 1990년 9월 도쿄 증권거래소의 시가 총액이 4일 만에 48%가 증발해버렸다. 이처럼 참담한 상황은 1987년 월스트리트의 '검은 월요일'을 무색하게 했고, 다시 3년이 지난 후 일본의 부동산 거품은 철저하게 붕괴되었다.

예일대학의 역사학자 조나단 스펜서는 중국 역사를 연구하면서 다음과 같은 결론을 내렸다. "중국의 역사는 붕괴와 건설, 혁명과 진화, 정복과 발전의 순환이다." 어떤 의미에서 1989년은 이러한 순환 속의 민감하고 혼란스러운 일환(環)이었을 것이다.

정초부터 전국은 음울한 긴장 국면으로 접어들고 있었다. 1월 1일 『인민일보』는 신년사설에 다음과 같은 글을 실었다.

우리는 지금 전대미문의 심각한 문제에 직면하고 있다. 가장 심각한 것은 경제생활 속에서 나타난 인플레이션과 물가 폭등이고, 당정 기관과 사회의 부패 현상도 사람들을 실망시키고 있다.

비록 중앙 정부가 강경한 거시 긴축 정책을 취하기 시작해 과열된 경제가 서서히 가라앉고는 있었지만 인플레와 가격 조정 실패로 인한 사회적인 심리 불안은 결코 물러날 기미를 보이지 않았다.

2월 설이 끝나자 수많은 농민공들이 도시로 밀려들어 각지의 정부가 손을 쓸 여력이 없게 되었다. 지난해 말부터 시작된 '치리정돈'은 수많은 건설 프로젝트를 하차시켰고, 그로 인해 약 500만 명에 이르는 농민공들이 고향으로 발길을 돌렸다. 하지만 이 시기 농촌에서 진행되었던 정돈 작업으로 수많은 향진기업들도 도산하거나 불황에 허덕이고 있어 결국 농민공들은 부득불 다시 도시로 몰려들게 된 것이었다. 허난, 스촨, 후베이 등 인구가 많은 지역에서 출발한 수백만 명의 사람들로 전국의 기차역과 터미널은 북새통이었고, 대도시의 취업과 치안 문제는 거대한 압력에 직면하고 있었다. 3월 9일 국무원은 〈긴급 통지〉를 하달해 '농민공들의 맹목적인 도시 진출을 차단하도록' 지시했다.

1989년 전체를 보면 경제발전 속도는 1978년 이래 최저점으로 내려앉았고, 막 싹트기 시작한 사영경제는 정체되거나 후퇴하고 있었다. 『중화인민공화국 경제사』의 기록에 따르면 1989년 하반기 동안 전국의 개체호는 300만 개가 감소했고, 사영기업은 20만 개에서 9만 개로 줄어들었는데, 이 수치는 1991년이 되어서야 완만하게 증가하기 시작했다.

경제 불안에다 소련과 동구권 정세의 지속적인 악화는 이데올로기 논쟁을 매우 민감하게 만들었다. 일부 인사들은 사영기업의 발전은 결국 사회주의 중국의 색깔을 변하게 할 것이라고 걱정했고, 개혁개방 정책에 대한 의문이 사방에서 쏟아져 나왔다. 『인민일보』의 평론가 마리청馬力誠은 『교봉交鋒』이라는 책에서 "기관총같이 쏟아지는 비판의 글들이 너무나 많다. 이러한 현상은 문화대혁명 이후 보기 힘들었던 현상"이라고 썼다.

이러한 시대 사조의 영향으로 사영기업을 겨냥해 1981년 이래 규모와 세기에서 가장 큰 정돈 운동이 시작되었다.

치리정돈은 먼저 사영기업의 탈세에 대한 공격으로 시작되었다. 민영경제가 발달한 장수성은 5월부터 사영기업의 세수를 중점 조사해 "당시 개체호의 탈세 상황은 전체 기업의 80%를 점할 정도로 아주 심각하다"는 결론을 내렸는데, 6월 20일 성 전체에서 추납한 세금이 5,170만 위안에 달했다. 8월 국가세무국은 〈성과 현의 개체 공상호 세수 질서 정돈에 관한 통지〉를 하달해 "개체호에 대한 세수 강화는 일각도 지체할 수 없고, 개체 공상호 세수는 확실한 진전이 있어야 한다"고 강조하면서, 개체 공상호에게 20일 내에 자체적으로 조사해 사실대로 보고할 것을 요구했다. 그리고 각 지역의 공상국과 세무국은 "개체 공상호 중 대형 개체호나 이름은 집체지만 실제로는 개체가 도급하거나 개체가 운영하는 주요 업종"을 중점으로 철저한 조사에 돌입하도록 했다. 탈세에 대한 전국적인 타격 운동이 시작되었던 것이다.

치리정돈의 2단계는 국영 체계 바깥의 신흥 기업을 정돈하는 것이었다. 그들은 국영기업과 원자재 쟁탈전을 벌여 인플레를 유발시키고 시장을 혼란시킨 주범으로 간주되었다. 새롭게 일어나기 시작한 가전업종이 주요 정리 대상이었는데, 이중 성장이 가장 빨랐던 냉장고업계가 핵심이었다. 당시 가정 소비의 부활로 냉장고가 가장 환영받는 제품이었다. 하지만 국내 전체의 냉장고 생산 기업은 모두 조립형 공장으로, 외국에서 직접 에어 컴프레서를 수입한 후 조립해 판매하는 기술 수준이 낮은 업종이어서 이로 인해 냉장고 공장이 우후죽순처럼 세워진 것이었다. 일찍이 1985년 국가는 국영기업을 보호하기 위해 국가계획위원회, 경제무역위원회 및 경공업부가 공동으로 문건을 하달했다. 이 문건에는 전국 20개 성과 직할시에서 42개 공장을 냉장고생산 지정공장으로 한다는 내용이 들어 있었다. 이들을 선정한 근거는 "산업의 수직적 균형과 지역별·수평적 균형을 동시에 고려한다"는 것이었는데, 당연히 그들 중 절대 다수는 국영기업이었다. 이들 지정공장은 국가로부터 수입 컴프레서 등의 부품을 제공받고 대출, 영업 및 광고 선전 등에서 우선권을 가질 수 있는 장점이 있었다. 하지만 그러한 지정을 받지 못한 기업은 생산 중지를 선고받았다. 과거 3년 동안 각 부문은 비지정기업에 대한 강력한 정리를 진행해 규정대로라면 이들은 수입한 컴프레서나 1톤의 철강도 얻을 수 없었고, 심지어는 품질검사나 매체 광고도 집행할 수 없어야 했다. 하지만 이들 기업들은 여전히 각종 루트를 통해 국산 및 수입 원자재를 사용하고 있었다. 그래서 비지정기업은 결코 줄어들지 않았을 뿐만 아니라 오히려 날로 늘어나고 있었다. 그중 가장 문제가 되었던 밀집 지역은 민영기업의 발전이 가장 빨랐던 항저우로, 이 지역에만 66개의 냉장고 공장이 있었다. 이들 중 일부 비지정기업은 연간 10만 대 이상의 생산 능력을 구비하고 있어 몇몇 지정기업보다 규모가 훨씬 컸고, 설비도 선진적이었다. 보도에 따르면 일부 국영기업은 거점 기업 자격을 얻은 지 4년이 지나도 생산라인 하나 없었고, 심지어 공장에 천정이 없는 경우도 있었다.

이러한 현상은 정부를 난처하게 만들었고, 그래서 정부는 각 지역 관련 부문과 함께 강력한 수법으로 이들에 대한 정돈 작업을 진행했다. 이를 위해 사용한 주요 방법은 두 가지였다. 하나는 비지정기업이 생산하는 제품이 '저질 상품'이라고 직접적으로 선언하고, 그런 후 강제로 문을 닫게 하는 방법이었다. 다른 하나는 중앙의 문건을 위반했다는 것을 이유로 생산 중단을 요구하는 방법이었다. 시정부는 심지어 문건을 하달해 각 지역 공상국은 모월 모일 이후부터 비지정기업에게 절대로 냉장고 생산 허가증을 발부하지 말 것을 지시했다. 이러한 관리 하에 항저우의 냉장고공장은 일시에 44개가 줄어들었지만 20여 개는 완강하게 살아남았다. 당시 베이징의 한 기자가 현장을 취재할 때 생존자들은 고생담을 모두 털어놓았다. "우리는 합법적으로 등기를 했습니다. 무엇을 근거로 종이 한 장으로 우리의 생산과 광고 권리를 박탈하는 것입니까?", "몇 통의 고발 편지로 우리 제품이 저질이라고 선포하고, 이러한 여론몰이로 우리를 공격하고 있는데, 이는 너무나 불공평한 처사입니다." "지정기업은 황제가 먹는 음식을 먹고, 비지정기업은 생존할 권리조차 없습니다. 이것은 새로운 '철 밥그릇'의 처사가 아닙니까?"

이러한 질문은 듣기에는 아주 처절했으나 어찌할 도리가 없었고, 한 기자가 경공업부 가전 담당에 전화를 걸어 문의했을 때 한 간부는 이렇게 말했다.

항저우의 비지정공장들은 국가가 다른 지역을 통제하는 틈을 이용해 급속하게 발전하면서 거액의 이윤을 획득해 소비자와 국가에 손실을 초래했습니다. 이것은 단기적인 문제에 불과하고 국가가 지정기업을 지정한 것은 더 높은 시각에서 문제를 고려한 것이고, 장기적으로 항저우의 미래를 생각한 것입니다.

연말이 되자 10개에 가까운 공장이 강제로 문을 닫게 되었다.

엄격한 세수와 업종 정돈 작업 외에 또 다른 조치는 유통 환경에 대한 정리였다. 당시 전국적으로 이미 수천 개의 전문 시장이 출현했는데, 그들은 도시와 농촌 지역 소비품의 집산지가 되었고, 향진기업의 덤핑과 구매의 주축으로 자리 잡고 있어서 이에 대한 정돈이 필요했다. 8월 상하이시는 4일 연속 베이징 동로에 위치한 철물 시장을 급습했다. 이유는 "최근 외지의 적지 않은 개체호가 상하이의 국영 및 집체기업 명의로 이곳에서 장사를 하고 있다"는 것이었다. 4일 동안 불법 소득 209만 위안을 몰수했고, 개체호의 불법 영업을 비호한 5개의 국영 및 집체기업을 처벌했다. 전문 시장에 대한 단속은 전국으로 퍼져나갔고, 1년 동안 지속되었다.

9월 25일 '바보' 녠광쥬는 두 번째 감옥행을 벗어날 길이 없었다. 일자무식의 문맹이 공금횡령 및 유용 혐의로 감옥에 들어갔고, 그의 '바보 해바라기 씨' 회사도 문을 닫게 되었다. 2년 전 전국적으로 이름을 떨쳤던 '바보'는 우후구 정부와 함께 해바라기 씨 공장을 운영했다. 그는 회계 규정에 맞추어 작성된 장부를 볼 줄 몰랐고, 그래서 기업의 재무는 엉망이었다. 그는 "돈이 얼마가 들어오고 얼마가 나갔는지 알면 되는 것 아니냐?"고 항변했다.

이 사건은 2년을 끌었고, 최종적으로 비록 장부는 깨끗하지 않지만 횡령과 유용 혐의는 드러나지 않은 것으로 인정되었다. 하지만 법원은 그를 강력범으로 몰아 징역 2년을 선고했다. 재미있는 것은 1992년 덩샤오핑이 남순강화 중에 갑자기 이 '바보'의 이름을 언급했고, 한 달 후 녠광쥬가 무죄 석방된 사실이었다.

개혁 초기의 상징적 인물이던 녠광쥬에게 1989년의 일은 결코 우연한 사건이 아니었다. 1989년 중국의 기업은 꽃샘추위로 몸살을 앓고 있었다.

정치와 경제의 이중적 압력은 많은 사영기업 사장들에게 공황 심리를 불러일으켰다. 당시는 문화대혁명과 시간적인 거리가 그리 멀지 않았고, 10여 년 전의 극좌 시대에 대한 사람들의 기억은 비교적 생생했다. 10월 16일자 『경제일보』는 1면에서 "최근 일부 지방 개체 공상호들이 휴업을 신청하거나 스스로 폐업하는 것이 사회의 주요 화두가 되고 있다"고 보도했다. 류씨 형제 중의 하나인 류융싱은 "1989년의 전체적 분위기가 아주 험악했기 때문에 사영기업에서 일하려는 사람을 찾을 수 없었고, 그래서 희망그룹은 한 사람도 채용할 수 없었습니다"라고 말했다. 저쟝성 샤오산현의 화공공장 사장 쉬촨화는 공장을 폐쇄하려 했지만 현의 책임자가 대형 납세자를 잃어버리기 싫어 그를 현의 모범노동자라고 신고한 덕택에 공장을 계속 운영할 수 있었다.

더 큰 충격을 피하기 위해 일부 사람은 자발적으로 공장을 집체로 넘겼다. 왕팅쟝王廷江은 산둥성 린이臨沂시 선취안沈泉장의 백자공장 공장장으로, 9월 천신만고 끝에 일으켜 놓은 시가 420만 위안의 공장과 180만 위안의 현금을 마을 집체에 무상으로 기부한다고 발표했다. 이와 동시에 입당신청서를 제출했다. 두 달 후 그는 마을위원회 주임이 되었고, 이어서 전국 모범노동자와 전국인민대회 대표가 되었다. 왕칭쟝의 사례와 흡사한 경우는 쟝수성에서도 일어났다. 쟝수성 이싱宜興의 케이블공장 공장장 쟝시페이蔣錫培는 자신이 180만 위안을 투자해 설립한 공장의 소유권을 집체로 넘겼고, 이로 인해 그는 집체소유제 기업의 '붉은 모자紅帽子[공산주의자를 가리킨다]'를 얻게 되었다. 1989년에 공장을 기부한 사람 중에는 훗날 자동차로 이름을 떨친 리수푸李書福도 있었다. 그는 당시 타이저우에서 '베이지화北極花'라는 냉장고 공장을 설립했는데, 이 공장은 당연히 생산허가증이 없는 비지정공장이었다. 항저우에서 비지정공장에 대해 정돈 작업을 진행하고 있을 때 그는 황망히 공장을 현정부에 넘기고는 선전으로 공부를 하러 떠났다.

왕팅쟝은 공장을 기부한 후 전국적으로 유명한 사람이 되었다. 산둥성 정부는 '왕팅쟝 배우기' 운동을 전개했고, 그가 설립한 기업은 자연스럽게 현지 정부의 대대적인 정책 지원을 얻을 수 있었다. 1996년 말 선취안장의 기업은 20개로 늘어났고, 농민들의 수입은 6,000위안에 달해 부자마을로 이름을 날렸다. 2005년 왕팅쟝이 이끄는 화성華盛그룹의 총자산은 70억 위안에 가까웠고, 그는 이 기업에 대해 절대적인 지배권을 행사하고 있었다. 왕팅쟝의 일부 친척은 억만장자가 되기 시작했다. 1989년 『신재부新財富』가 발표한 500대 부자 리스트에 왕팅쟝의 막내 동생이 6억 5천만 위안의 재산으로 233위에 이름을 올렸다. 그의 조카 왕원광王文光은 3억 3천만 위안의 재산을 보유하고 있었다. 『21세기경제보도』에 따르면 왕팅쟝의 아들과 딸도 부호 대열에 들어섰다고 했다. 쟝시페이는 기부 후 마찬가지로 전국 모범노동자와 전국인민대회 대표로 선정되었다. 그는 2002년 지분 환수를 통해 다시 기업 자산 소유자가 되었고, 당시 그의 재산은 10억 위안이 넘는 것으로 추정되었다.

왕팅쟝과 쟝시페이의 경력은 일정한 보편성을 갖고 있었다. 훗날 1989년에 재산을 기부한 기업 중 대다수는 각종 형식을 통해 기존의 소유권을 회복했지만 이는 확실히 당시 사람들의 공황 심리를 체현한 것이라 할 수 있었다. 민간 경제가 가장 발달한 광둥성에서는 해외로 도피하는 기업가가 출현했는데, 가장 유명한 덩샤오 선 외에도 선전진하이金海유기유리공사의 후춘바오胡春保, 포어산佛山의 중바오더中寶 德유색금속공사의 위전권余振國 등이 있었다. 신화사 자료에 따르면 1990년 3월까지 광둥성 전체에서 모두 222명의 공장장과 사장이 해외로 도피했고, 그들이 해외로 유출한 금액은 1억 8천만 위안이었다.

거시조정이 초래한 경제의 급속한 냉각은 인플레이션과 투자 과열을 억제하는 데 확실한 효과가 있었지만 오히려 모든 비즈니스 활동을 엉망으로 만드는 결과를 초래했다.

먼저 급격한 계획성 조정을 시행함에 따라 상품의 과열 현상은 갑자기 판매 부진 현상으로 바뀌고 말았다. TV의 경우 1988년 사재기 열풍 속에서 전국의 모든 창고는 동이 났다. 정부는 2월부터 고액의 특별소비세와 국산화 발전 기금을 징수하기 시작했는데, 4,000위안 하던 TV가 5,000위안에 육박하게 되었다. 이와 동시에 TV 전문매장을 설치한다고 선언하자 상하이시의 2,000여 개 판매점이 120개로 줄어들었다. 광둥성 둥관현의 경우 29개 향진에 허가된 전문판매점은 3곳에 불과했다. 6개월 후 전국의 재고는 172만 대로 급속하게 불어났고, 아직 사재기 열풍 속의 희열에서 깨어나지 못한 공장은 갑자기 늘어나는 재고에 당황하기 시작했다. 전문점 제도의 실시는 활기가 넘치기 시작한 TV업계에 치명타로 작용했다. 전국 62개 주요 기업의 생산/판매 비율은 70%도 되지 않았고, 일부 반응이 비교적 느렸던 국영기업들은 더 심각한 재고 적체 현상에 시달렸다.

더 심각한 것은 긴축 정책으로의 변동에 따라 기업 간의 정상적이던 화물과 자금 거래가 일시에 교란되어 자금 순환이 시작도 끝도 없는 악순환으로 바뀐 것이었다. 그래서 '삼각부채三角債'라는 새로운 개념의 명사가 경제계의 가장 큰 골칫거리로 자리 잡게 되었다.

연초부터 각지로부터 날아온 소식은 심상치 않았다. 민영기업이 발달한 저장성에서는 기업 간의 삼각부채 현상으로 전면적인 자금 부족 현상이 초래되었고, 공장에는 자재를 들여올 돈조차 없어 수출 오더가 쌓여가는데도 생산을 중단할 수밖에 없었다. 산둥성 전체의 삼각부채는 43억 위안에 달했고, 이로 인한 고뇌는 석탄과 전기 부족으로 야기되는 어려움보다 훨씬 더 심했다. 랴오닝성의 삼각부채는 45억 위안, 헤이룽장성과 지린성의 삼각부채는 60억 위안, 쟝수성의 삼각부채는 100억 위안을 돌파했다. 은행 통계에 따르면 은행의 만기도래 대출금은 전국적으로 1,085억 위안에 달했고, 여기에 일부 리스트에 포함되지 않은 대출금을 포함시키면 총액은 이미 정상적인 신용 범위를 훨씬 초과하고 있었다.

이 와중에 가장 큰 충격을 받은 곳은 원래부터 반응이 민감하지 못한 국영 대기업들이었다. 아시아 최대의 중형기기 제조공장인 치치하얼^{齊齊哈爾}의 푸라얼^{富拉爾}기계 제조공장은 삼각부채로 인해 생산 중단 압박을 받았고, 막다른 골목에 처한 공장장은 두 번씩이나 리펑 총리에게 긴급 전보를 보내기도 했다. 전국 최대의 제철 기지인 안산^{鞍山}제철공사는 삼각부채로 인해 회사 잔고가 하나도 없었는데, 마침 석탄이 바닥나자 부득불 20만 명의 직원들로부터 자금을 동원해 어려움을 해결할 수밖에 없었다. 사장 리화중^{李華山}은 자금 모집 집회에서 직원들 앞에서 눈물을 흘리면서 허리를 굽힌 채 한참을 일어서지 못했다고 한다.

리화중의 뉴스를 접한 선양케이블공장 사장 쉬여우판은 마음이 착잡했다. 왜냐하면 안산체철공사가 그에게서 300만 위안을 빌려갔기 때문이다. 그는 기전부^{機電部}〔전기기계 관리 부문〕 회의석상에서 다음과 같이 토로했다.

지금 외부로부터 받아야 하는 대출금이 1억 2천만 위안에 달하지만 받을 방법이 없습니다. 저도 상환해야 하는 돈이 5,400만 위안이 있지만 상환할 방법을 찾을 수가 없습니다. 부끄러운 이야기지만 저는 이 일로 인해 세 번씩이나 눈물을 흘렸습니다. 금년 초 저도 버틸 수가 없어 사방으로 돈을 구하러 다녔습니다. 결국은 친한 친구에게서 3,000만 위안을 빌렸지만 이는 친분에 기대어 속여서 빌려온 것이었습니다. 이제는 어느 누구도 돈을 빌려주지 않을 텐데, 그야말로 죽은 바둑돌 같은 처지입니다.

쉬여우판의 마지막 말은 자못 의미가 있었다.

비록 10년이라는 시간을 개혁에 쏟아 부었지만 기업의 각도에서 바라보면 현재 시어머니가 없으면 안 된다는 것입니다. 기업은 시장市場을 찾아나서야 할뿐만 아니라 시장市長도 찾아가야 합니다. 정부는 해결에 도움을 주지 않고 기업만 바라보는데, 기업은 사실 그러한 능력이 없습니다.

국영기업의 기업가들이 종종 이야기하는 "시장을 찾아나서야 할뿐만 아니라 시장도 찾아야 한다"는 말은 바로 여기에서 나온 말이었다.

9월 베이징에서 신중국 설립 이래 처음으로 '제1회 구상무역박람회'가 열렸다. 3일 동안 진행된 박람회에서 8억 위안의 거래가 이루어졌다. 『북경일보』는 희비를 판단하기 어려운 어투로 논평에서 다음과 같이 말했다.

구상무역은 비록 조금은 원시적인 교환 방식이지만 현재 자금이 보편적으로 부족한 상황에서 비교적 원활하고 효과적인 방식이라고 생각할 수 있다.

베이징의 구상무역박람회와 비교해 상황이 심각한 일부 지방 정부의 조치는 좀 더 급박했고 극단적이었다. 저쟝, 헤이룽쟝, 허베이 등의 성에서는 검문소를 설치해 외지 상품이 본성으로 들어오는 것을 제한하는 등 다양한 조치를 취했다. 개혁 후 처음으로 형성된 전국 범위의 대시장은 다시 살과 뼈를 찢어내야 하는 위험한 상황에 직면하게 되었다.

1989년의 기차나 비행기에서는 도처에서 온 얼굴을 찌푸린 채무 독촉자들을 찾아볼 수 있었고, 사장들의 사무실은 이러한 사람들로 둘러싸였다. 일부 지역에서는 '채무 독촉 학습반'이 가장 환영받는 학습 과정이 되었다. 5월 국무원은 인민은행을 필두로 공상은행, 농업은행, 건설은행, 중국은행, 교통은행이 공동으로 전국 범위에서 기업들의 '삼각부채'를 청산할 것이라고 선언했다. 이 프로젝트는 관련 범위가 너무 넓고 복잡해 추진하기가 무척 어려운 일이었다. 헤이룽쟝성에서 있었던 한 '부채 청산 행동'이 전국의 모범으로 널리 홍보되었다. 닝안寧安현 백화점이 무단장^張씨네^家工양조공사에 200만 위안의 채무를 갖고 있었다. 또 후자는 닝안현의 제당공장에 140만 위안의 상품 대금을 갚지 못하고 있었다. 두 지역의 정부와 은행의 협상을 통해 먼저 공상은행 무단장 지점이 양조공사에 140만 위안을 대출해주었고, 양조공사는 이 돈을 제당공장에게 지불했다. 그런 후 공상은행은 제당공장으로부터 물건값 40만 위안을 회수해 다시 백화점에게 제공해 양조공사에 대한 채무를 상환하는 데 사용하도록 했다. 마지막으로 공상은행은 양조공사로부터 대출금 전액을 회수했다. 이러한 복잡한 방식을 통해 결국 삼자 간의 부채 280만 위안을 청산하게 되었던 것이다. 이 사례의 특별한 점은 인접한 두 지역에서 발생했다는 것인데, 만약 범위가 더 확대된다면 그러한 방식의 해결의 난이도도 그만큼 더 늘어나는 것이었다. 이 외에 은행이 중개 작용을 했다는 것인데, 일단 은행이 개입하게 되면 새로운 채무관계가 생성되는 것은 부담이 아닐 수 없었다. 어쨌든 각 지역의 정부와 은행의 개입으로 11월까지 700억 위안의 채무를 청산하게 되었지만 선청산 후채무 현상이 생기면서 전체 채무는 여전히 1,000억 위안이 넘었다.

   삼각채무의 해소는 1993년 경제가 회복되면서 점점 완결되었다. 객관적으로 삼각채무 현상은 경제 구조에 대한 심각한 조정 실패와 은행의 자금공급 긴축으로 일어난 것으로, 더 깊이 바라보면 심각한 사회신용 위기의 반영이라고 할 수 있었다. 몇 년 전 일어난 진짱 가짜 약 파문 이래 상업적 이윤에 대한 추구가 상응하는 법률의 적절한 제한을 받지 않았기 때문에 대중의 가치판단에 혼란이 생기기 시작했고, 사회 전체의 상도덕이 마침내 균열의 틈을 드러낸 것이었다.

   자금 공급 긴축, 소비 체감 온도 급강하, 공장 가동 부족, 향진기업 파산, 실업인구 증가, 자금유통 악순환이 1989년 중국 경제의 현주소였다.

   9월 전국 공업총생산액은 전년 대비 0.9% 증가하는 데 그쳐 개혁개방 이래 최저 기록을 수립했다. 이와 동시에 원자재 시장에서는 심상치 않은 판매 정체 현상이 나타났다. 타이위안^{太原}에서 개최된 추계 원자재 교역회에서는 지난 수년 간 나타났던 원자재 구매 열풍이 나타나지 않았으며, 교역회에 출품된 원자재는 60억 달러 상당이었으나 실제 거래액은 4억 달러에 그쳤다.

이 이전의 11년 동안 사람들은 점차 정치적인 생활에서 벗어나 경제 건설로 돌아섰다. 이 과정에서 신구 체제의 충돌은 매우 심각했고, 기존의 국영기업은 날로 곤경에 빠져들었으며, 새로운 개인 자본이 피비린내 나는 원시적 축적을 시작하고 있었다. 대다수 사람들은 심리적으로 이러한 변화를 완전히 받아들이지 못했고, 그래서 인민들의 불편한 심리 상태가 축적되고 있었다. 이러한 과정 속에서 체제와 정책의 설계로 인해 '관권을 이용한 전매를 통해 부를 축적한 계층官倒階層'이 출현했고, 이들 일부는 직권을 이용해 체제 내의 자원을 끊임없이 체제 밖으로 빼내갔다. 이렇게 해서 그들은 민영경제의 신속한 발전에 회색 통로를 제공하는 한편 대량의 자산을 축적해서 인민들의 원성을 사게 되었다.

6월 말 국가는 비교적 말썽이 많은 기업에 대한 정돈 작업에 착수했고, 전국에서 각급 당정기관이 설립한 회사에게는 정리정돈을 요구했다. 모두 17,930개의 기업을 처리했는데, 그중 당정 기관이 운영한 회사가 90.5%를 차지했다. 8월 16일 국가회계감사처는 중국캉화康華발전총공사, 중국국제신탁투자공사, 광다光大실업공사, 중국공상경제개발공사, 중국농촌신탁공사에 대한 처벌 의견을 발표하고, 그들의 행위에 불법적인 문제가 존재한다고 인정해 벌금 및 추징금 5,133만 위안을 추가 납부하도록 했다. 그들이 저지른 불법 행위는 달러 투매, 자동차 수입, 석탄 및 강재 전매, 탈세 등 모두 대표성을 지닌 것들이었다. 이중 가장 주목을 끈 업체는 캉화발전총공사로, 이 회사는 과거 몇 년 동안 중국 최대의 설비 수입업체이자 여행 대리업체 중의 하나였다. 그리고 중국장애인복리기금 소속의 이 회사는 특별한 감세 혜택을 누렸다. 10월 국가세무국은 특별히 전문을 발송해 캉화발전총공사의 감세 혜택을 취소했고, 규정에 따라 55%의 소득세와 에너지 교통 기금을 납부하도록 했다. 그리고 그해 연말 그곳은 폐쇄되었다.

1989년은 12년의 개혁 기간 동안 축적해온 변혁 이미지와 경제 성장의 예기가 좌절을 맛본 한 해였다. 미국 정부는 중국에 대해 제재를 가하기로 결정했는데, 『포춘』지는 다음과 같이 보도했다.

중국에 진출한 대다수 서방 기업은 이미 운영을 중지하고 단지 변화를 조용히 관찰하고 있을 뿐이다. 한 미국인은 마치 대형 게임에 출전하기 전 굳게 잠긴 방안에 혼자 갇혀있는 느낌이 든다고 말했다. 우리가 계약을 재개하고 새로운 지렛대를 이용해 더 유리한 거래를 할 수 있다는 것은 확인했지만 우리가 나섰을 때 사실 갈만한 곳이 없음을 알게 될 것이다.

『LA타임스』중국 주재 기자 짐 만Jim Mann은 『베이징 지프 — 중국에서 미국 기업의 일시적이고 불행한 결혼』이라는 책을 출판했다. 이 책은 미국 자동차회사 AMC와 베이징자동차제조공사 간의 지프 생산 및 판매에 관한 스토리를 서술한 책이다. 이 책의 결론은 이러했다.

중국이 필요한 것은 세계 강대국의 기술이었고, 미국이 필요한 것은 10억 인구의 중국 시장과 저가 노동력을 통해 일본과의 경쟁에서 우위를 점하는 것이었다.

1980년대 초 베이징 지프 프로젝트는 미국의 제조업이 중국에 진출한 첫 사례이자 최대 규모였다. 합자기업은 1983년에 설립되었고, 계약에 근거해 향후 미국과 중국의 두 회사가 중국에서 지프를 공동 생산하기로 했다. 짐 만은 이렇게 쓰고 있다.

이 합자회사는 양국 지도자가 가장 자주 방문하는 곳이 되었다. 지프는 중국인들이 확실히 필요로 하는 제품이었다. 반면 미국 기업은 곤경에 처해 있어 베이징 지프가 매출액으로 공헌할 수 있기를 바랐다.

쌍방은 합작 초기에 이 프로젝트는 하늘이 내린 기회라고 생각했지만 1989년을 전후로 꿈과 현실 사이에서 충돌이 발생했다.

중국은 확실히 10억 명의 소비자를 보유하고 있지만 미국이 생산한 이 지프를 소비할 수 있는 사람은 극소수에 불과했다. 게다가 중국의 노동력도 미국 기업이 생각한 것만큼 저렴하고 효율적이지 않았다. 이 외에 문화 충돌을 피할 방법도 없었다. 미국 사람들은 중국 사람들이 점심 식사 후에 낮잠을 자는 습관을 도저히 받아들일 수 없었다. 반면 중국 사람들은 미국식의 저주를 받아들이지 못했다. 중국 사람들 눈에 미국 사람들은 교육을 못 받은 사람들로 여겨졌다. 중국인들은 예로부터 그런 불량한 말을 하는 사람을 존중하지 않았다.

『LA타임스』 기자는 또 다른 광경을 하나 기록했다. 당시 중미합작 쌍방은 미국의 라스베이거스에서 계약식을 거행했다.

어둠이 조용하게 깔렸고, 참가한 사람들은 적지 않은 술을 마셨지만 오히려 행사장은 거의 침묵에 싸여 있었다. 미국 자동차회사 회장이 축사를 했고, 울려 퍼지는 음악 속에 파티는 최고조에 달했다. AMC 브랜드의 고급 세단이 식당 입구에 진열되어 있었고, 비키니를 입은 아가씨들이 공터에서 배구를 하고 있었다. 두 명의 인디언 원주민이 무대의 커튼을 감아올리자 비치 보이스Beach Boys의 공연이 시작되었다. 이 공연은 특별히 AMC사의 중년 딜러들을 위해 준비한 것이었다. 시끄러운 소음 속에서 중국 대표들은 파티의 중심에 위치해 있었는데, 그들은 조용히 테이블에 앉아 아무런 소리도 내지 않았다. 얼마 후 중국의 고위급 인사 우중량吳忠良이 자리에서 일어났고, 그는 무표정하게 파티 장을 떠났다.

1989년 여름이 지나자 베이징 지프 합작 프로젝트는 점점 암담해지기 시작했다. 비록 미국이 대량의 자금과 기술력을 투자했고, 중국이 재정 지원에서 전력을 다하고 있었지만 기업의 효익은 줄곧 기대에 미치지 못했다. 이 기자는 책 끝에 다음과 같이 적었다.

모든 사람들이 꿈을 품고 있으나 이 꿈은 각자가 서로 달랐다. 베이징 지프 사례가 그것을 잘 설명해준다.

1989년의 외자 투자 건 중 가장 주목을 끈 것은 광둥성 후이저우의 판다자동차 투자 건으로, 이 일은 수년이 지난 후에도 여전히 자욱한 안개 속에 신비스럽게 쌓여 있었다.

공개된 정보에 따르면 판다 투자 건의 대체적인 경과는 이러했다. 장기간 자동차 부품 수출업에 종사한 김창원이라는 미국 국적의 한국인은 1988년 9월 미국의 델라웨어 주에 '판다자동차'라는 기업을 등록했다. 그리고 그는 후이저우와 접촉을 시도했고, 이 지역에 대형 자동차공장을 설립한다고 발표했다. 공장 면적은 81 km^2, 투자금액은 10억 달러, 연간 30만 대를 생산해 전량 수출을 목표로 진행되었다. 그해 12월 쌍방은 MOU를 체결했고, 이듬해 4월 토지를 확보했으며, 6월 기공식을 가졌다. 맥아더의 손자인 판다자동차 회장은 직접 테이프 커팅에 참여했다.

이 프로젝트는 마치 갑자기 하늘에서 떨어진 파이 같았다. 돌이켜 음미할 필요가 있는 부분은 이 회사 이름이 '판다熊猫'로 특별히 중국을 위해 설립된 회사였다는 점이다. 그러나 미심쩍은 부분은 연간 30만 대의 자동차를 생산하는 공장이라고 떠벌린 회사가 뜻밖에도 특별한 국제적 자동차 사업의 배경이 없었고, 그가 투자를 선택한 지역인 후이저우가 자동차 부품업종의 기지도 아니었으며, 자동차 제조를 위한 산업적 기초도 없었다는 점이다. 하지만 사기라고 치부하기에는 오히려 이상했다. 후이저우 정부의 대외 공고에 따르면 판다사는 1차 투자비용 2억 5천만 달러를 이미 기공식 이전에 투입했으며, 공장도 빠른 속도로 건설되고 있었기 때문이다. 프로젝트의 진정성을 증명하기 위해 국무원과 광둥성은 고급 엔지니어와 법률가로 구성된 조직을 꾸려 미국 현지에서 투자자의 배경, 자산신용, 시장 등에 대해 조사를 진행했다. 전하는 말에 따르면 전문가들은 현지에서 판다사가 구매한 펀칭 및 엔진 생산라인 등의 설비를 참관했고, 이미 개발된 판매가 6만 위안의 소형 자동차를 시승하기도 했다고 한다. 전문가들은 "판다사의 자금력은 우수하고, 투자자는 전략적인 안목을 갖고 있어 차세대를 겨냥하고 있다"는 결론을 얻었다.

10억 달러 규모의 판다자동차 투자 건은 당시 중국 최대의 외국 자본 유입이었기 때문에 광범위한 주목을 받아 이후 2년 동안 거의 모든 중앙의 고위급 인사들이 시찰을 다녀갔다. 비록 적지 않은 사람들이 그의 배경과 동기에 대해 의심을 갖고 있었지만 여전히 '진정한 파이'이기를 희망하고 있었다. 후이저우는 판다자동차의 갑작스런 출현으로 일시에 투자와 투기의 땅으로 변했다. 한 언론은 '1980년대는 선전, 1990년대는 후이저우'라는 구호를 제창했고, 후이저우의 부동산 가격은 순식간에 폭등하기 시작했다. 부동산업체들이 속속 후이저우로 입성했는데, 가장 많았을 때는 1,000개가 넘었다. 시내 중심지의 집값은 km^2당 200위안에서 1만 1천 위안까지 급등했다. 자동차공장이 위치하게 될 단수이滌水진은 3년 만에 인구가 2만 명에서 20만 명으로 증가했다. 1990년 말 『남방일보』 기자 린강林剛은 이렇게 취재 결과를 밝혔다.

> 지하 배관, 콘크리트 주입 등 기초 공정이 이미 완성되었고, 지금은 건물 본체의 건설이 진행 중이다. 그들에 따르면 이 공장은 미국에서도 가장 최신인 철강 구조 공장으로 만들어지고 있다. 내년이면 공장 가동이 가능하다고 했는데, 어떠한 설비도 보이지 않았다.

판다사 부회장은 이렇게 입장을 밝혔다.

> 저희는 지금 기존 설계에 문제가 있다고 생각해 수정 중에 있습니다. 공기가 약간 연장될 것 같습니다. 하지만 내년 6~7월이면 1차적으로 필요로 하는 설비가 갖추어질 것이고, 반드시 목표 기간 내 완공할 것입니다. 8월이면 첫 번째 차량이 출시될 것입니다.

그러나 실제로 판다는 기공식을 가진 이후부터 한 차례 한 차례의 교섭을 진행하면서 100% 수출한다는 처음의 약속을 바꾸어 30% 내수 판매를 하자고 제안했다. 여러 가지 행적에서 드러났듯이 판다사의 투자자들은 일종의 도박꾼과 같은 심정으로 100% 수출이라는 명분으로 중국에 진출한 후 내수 판매 가능성을 타진했던 것이다. 이 프로젝트는 아무런 계획도 없는 상황에서 갑자기 진행되었고, 시작부터 국가 자동차관리 부문의 계획에 들어 있지 않았으며, 많은 사람들이 진실한 동기가 무엇인지 의심하고 있었기 때문에 내수 판매 가능 여부와 내수 판매 비율은 논쟁의 소지가 있었다. 1991년 판다사는 마지막으로 베이징에 2년 동안 중국 내수를 위한 자동차 생산을 허가해줄 것을 신청했고, 중국 정부는 이를 완곡하게 거절했다. 이후 프로젝트는 전면 중단되었다. 2004년 사람들이 단수이진을 방문했을 때 16만km^2의 부지에 반쯤 짓다가 중단된 아시아 최대의 판다 자동차 조립공장이 우거진 풀 속에서 해결되지 않은 수수께끼를 앉고 서 있는 것을 볼 수 있었다.

6월 24일 끝난 중국공산당 13기 4중전회에서 62세의 장쩌민이 상하이시위원회 서기에서 새로운 총서기로 선출되었다. 덩샤오핑은 장쩌민이 중국 공산당 차세대 지도자의 핵심이 될 것이라고 말했다.

11월 13일 덩샤오핑은 인민대회당에서 중일경제협회 방중단을 접견했고, 그 기회를 통해 정식으로 정치와 고별했다.

85세의 고령인 노인은 친히 중국의 경제 변혁을 이끌어왔고, 과거 11년 동안 수많은 어려움 앞에서도 항상 믿음으로 전진해왔다. 그는 정치와 이별하는 마지막 담화에서도 여전히 지속적인 개혁을 주장해 전국의 개혁가들에게 무한한 믿음을 안겨주었다. 당시 어느 누구도 3년 후 그가 다시 매우 신기하고도 의외인 방식으로 중국 경제 열차의 엔진에 시동을 걸게 되리라고는 예상하지 못했다.

1989년의 중국은 비록 경제가 비탈길을 질주했고, 정치 분위기가 공전의 긴장감으로 휩싸여 모든 업종에 여러 순조롭지 않은 상황이 출현했지만 세계의 모든 주요 언론은 논평에서 '중국의 개혁은 되돌릴 수 없다'고 지적했다. 미국의 한 컨설팅 회사가 『포춘』지의 500대 CEO에 대해 조사를 진행했는데, 이중 중국의 미래에 대한 견해를 언급한 부분이 있다.

경제 개혁이 보기에는 곤경에 처해 있지만 서방의 투자자들은 여전히 장기적인 발전에 주목하고 있다. 미국의 경영자들은 이 국가가 미국의 제품과 서비스에 대해 줄곧 무한한 잠재 가치를 갖고 있다고 여기고 있다. 게다가 CEO들은 중국의 경제가 미래 5년 내에 개방에 더욱 박차를 가할 것이고, 시장화될 것이라고 믿고 있다. 또한 이들은 이러한 과정이 예상보다 늦어지고, 우여곡절을 겪을 수는 있지만 그러한 날이 도래하는 것은 피할 수 없는 사실이라고 생각하고 있다.

중국에서 이미 공장을 개설한 몇몇 다국적기업도 중국에 남을 결심을 표명했다. 이탈리아의 피아트자동차 회사의 주중 수석대표는 국무원 부총리에게 자신들은 이제껏 철수할 생각을 해본 적이 없다고 분명하게 이야기했다.

전국적인 불황 속에서도 모든 것이 어둡기만 한 것은 아니었다.

1989년 『포춘』지가 선정한 500대 기업 리스트에 중국에서는 처음으로 중국은행이 이름을 올렸다. 이것은 전 세계의 경제전문가들 눈에 중국 기업이 이미 무시할 수 없는 존재가 되었음을 의미했다. 당시 국내에서 이 뉴스를 주목한 사람은 거의 없었고, 1996년 전후가 되어서야 '세계 500대 기업 진입'이 갑자기 중국 기업의 공통된 꿈이 되었다.

남방에서도 비록 거시 조정의 영향을 받기는 했지만 일부 젊은 기업은 여전히 성장 중에 있었다. 일부 야심 있는 젊은이들이 분분히 '체제의 철갑'을 벗어던졌고, 아무런 주저함도 없이 남하해서 창업의 길로 뛰어들었다.

이전에 화난공업대학에서 함께 공부한 세 명의 대학생은 모두 두각을 드러내고 있었다. 졸업 후 후이저우로 배정된 리둥성은 1989년 마침내 사장을 맡게 되었고, 그의 TCL전화기 판매량은 이미 전국 1위를 기록하고 있었다. 반장이었던 황홍성은 몇 차례의 창업을 거쳐 홍콩에 캉웨이라는 리모컨 공장을 설립했다. 어느 날 리둥성이 홍콩에서 우연히 황홍성을 만났는데, 이들은 자신들의 업종의 규모가 너무 작으며 확장성이 부족하다는 데 의견일치를 보았다. 리둥성이 종잡을 수 없는 말을 했다. "나는 지금 새로운 업종을 알아보고 있다." 황홍성이 주위를 돌아보며 사람이 없는 것을 알고는 낮은 목소리로 "칼라TV?"라고 말했다. 이에 두 사람은 크게 웃었다. 이렇게 해서 TCL과 캉웨이는 TV 제조로 전향하게 되었다. 다른 한 사람인 천웨이룽陳偉榮은 졸업 후 선전의 캉쟈전자로 배정되었고, 일본에서 2년을 유학했다. 귀국 후 사장 비서로 배정받은 그는 회사의 모든 TV 생산 업무를 주관했다. 2년 후 그는 회사 경영자가 되었다. 훗날 캉웨이, 캉쟈, TCL은 스촨의 창홍과 함께 '중국 4대 TV 메이커'로 불리게 되었다.

주쟝 삼각주 일대 일부 향진기업의 설비와 규모는 이미 국영기업에 뒤지지 않았다. 『경제일보』 기자는 광둥 주장냉장고 기업에 대한 취재에서 이렇게 말했다.

순더 룽구이진에 위치한 이 향진기업은 8,000만 위안의 고정자산을 보유하고 있고, 수입 설비는 45%를 차지하고 있다. 많은 국영기업은 이렇게 좋은 조건을 갖추고 있지 않다. 이 공장의 원칙은 누가 가장 좋은 것을 갖고 있으면 그것을 바로 구입한다는 것으로, 생산라인의 전체 길이는 6km에 달했는데, 모두가 구미와 일본에서 수입한 최신 설비다. 이것은 절대 다수의 중형 기업은 생각지도 못할 일이다.

판닝이 설립한 이 냉장고공장은 이 시기에 이미 명성이 자자했다. 그는 '냉장고 판매 열기' 속에서 세계에서 가장 선진적인 설비를 도입했고, 단문 냉장고를 뛰어넘어 양문 냉장고를 생산했다. 이 냉장고는 국내 시장에서 소비자들의 대대적인 환영을 받았고, 완바오냉장고가 덩샤오선의 해외 도피로 헤매고 있을 때부터 판닝의 '룽성'냉장고는 주장 삼각주에서 지명도가 가장 높은 브랜드로 성장했다.

1989년 3월 재미있는 사건이 발생했다. 판닝은 어느 날 『경제일보』의 1면 기사를 보게 되었는데, 구추쥔顧雛軍이라는 30세의 젊은 과학자가 '구씨 열에너지순환 이론 및 기술'을 개발했다는 내용이었다. 기사에 따르면 그의 기술은 냉장고와 소형 에어컨에 응용되어 에너지를 20~40%까지 절감할 수 있고, 프레온 가스를 사용하지 않아도 된다는 것이었다. 판닝은 일부러 신문기사를 오려서 직원에게 이 기술을 연구해보라고 지시했다. 한 달 후 직원의 보고는 구추쥔은 젊고 혈기왕성한 사람으로, 이미 100여 개의 해외 냉장고 기업과 접촉하고 있으며, 국내 냉장고 기업에게는 기술을 양도하지 않는다는 내용이었다. 그래서 이 일은 흐지부지되었다. 12년 후 이 젊은 과학자가 애매한 방식으로 커룽(1994년 판닝은 주장냉장고 공장을 커룽집단으로 바꾸고, 에어컨 제조업에 뛰어들었다)에 들어와 커룽을 돌이킬 수 없는 나락에 빠지게 할 것이라고는 아무도 생각하지 못했다.

진위시靳羽西라는 미국 화교가 여름에 선전을 방문했다. 갈색머리에 영어를 유창하게 구사하며 중국어에도 능통한 이 미녀는 중국 여성의 새로운 우상이 되었다.

그녀는 〈세계 각지〉라는 TV프로그램을 진행했는데, 매주 두 차례 중앙방송국에서 수억 명의 시청자에게 지구촌 구석구석의 재미있는 이국적 이야기를 소개했다. 이것은 오랫동안 외국 경험이 없던 중국 사람들에게 무한한 유혹을 안겨주었고, 그녀의 지명도는 빠른 속도로 높아졌고, UPI통신에 의해 '새로운 중국의 슈퍼스타'로 선정되었다. 프로그램이 유명세를 타고 있을 무렵 사업 마인드를 갖고 있던 이 여성은 선전에서 립스틱 공장을 설립하려고 준비하고 있었다. 2년 후 진위시 화장품회사가 설립되었고, 이 회사는 아주 빠른 속도로 중국에서 판매와 브랜드 인지도 1위 기업으로 성장했다. 2004년 진위시는 자신의 회사 주식을 세계 최대 색조화장품업체인 로레알에 매각했는데, 이 중국 기업가의 계산에 따르면 약 7,600만 유로였다고 한다.

7월, 역시 선전에서 안후이 청년 스위주는 망연자실한 표정으로 널찍하지만 지저분한 대로에 서 있었다. 7년 전 스위주는 현 1위의 성적으로 저장대학교 수학과에 입학했고, 3년 전에는 다시 선전대학교에서 소프트 사이언스Soft Science 관리를 공부했다. 졸업 후 그는 안후이성 통계국으로 직장을 배정받았다. 이미 3년 동안 선전의 창업 분위기 속에 빠져있던 스위주는 공공 기관의 단조로움에서 버틸 재간이 없었다. 몇 달 후 그는 홀연히 사직서를 제출하고 기회의 땅인 선전으로 돌아왔다. 스위주의 행낭에는 여기저기서 빌린 4,000위안과 9개월 동안 심혈을 기울여 개발한 M-6401이라는 바탕 화면 조판인쇄시스템이 전부였다.

며칠 후 스위주는 일생의 첫 번째 도박을 했다. 그는 『컴퓨터 세계』라는 잡지사에 전화를 걸어 'M-6401: 역사적인 돌파'라는 8,400위안짜리 광고를 게재하기로 하고는 선광고 후지불을 요구했다. "광고 효과가 없으면 광고비의 절반만 지불하고는 줄행랑칠 작정이었습니다"라고 훗날 말했다.

13일 후 그의 은행계좌에 세 차례에 걸쳐 15,820위안이 입금되었고, 두 달 후에는 모두 10만 위안이 입금되었다. 이 돈은 그의 사업 인생에서 첫 번째 자금이었는데, 그는 이 돈을 모두 광고에 투입했고, 4개월 후 그는 묵묵하게 돈을 버는 젊은 백만장자가 되었다. 1990년 1월 스위주는 선전대학교 기숙사에 들어앉아 일주일에 한 번 라면을 사러가는 것을 제외하고는 컴퓨터 앞에서 150일 밤낮을 보내면서

'M-6402 문자처리 시스템' 계열 제품을 개발했다. 기숙사 문을 나서던 그는 집안의 모든 가구가 흔적도 없이 사라진 것을 발견했고, 수개 월 동안 보지 못한 부인은 행방을 찾을 수 없었다. 하지만 그는 새로운 사업의 기점에 서 있었다. 그는 선전에서 주하이로 가서 쥐런[쓰이라는 이름의 회사를 설립했다. 그는 쥐런이 중국의 IBM이자 동방의 거인이 될 것이라고 선언했다.

시작부터 스위주의 도박성과 마케팅에 대한 천부적 기질이 위력을 발휘하기 시작했다. 회사가 막 설립된 후 그는 모든 사람의 반대를 무릅쓰고 10개의 인터페이스 카드를 구입하는 모든 컴퓨터 판매상들에게 무료로 주하이의 쥐런 박람회에 참가할 수 있는 기회를 제공한다는 결정을 내렸다. 일순간에 200명이 넘는 상인들이 전국 각지에서 몰려들었고, 스위주는 10만 위안이 넘는 대가를 지불하면서 당시 중국 최대의 컴퓨터업계 네트워크를 구축하게 되었다. 이듬해 쥐런의 인터페이스 카드는 롄샹, 스퉁, 팡정을 차례로 넘어서면서 전국 1위를 차지했고, 회사의 이윤은 1,000만 위안을 돌파했다. 그 후 스위주는 중국어수기컴퓨터를 개발했고, 계속해서 중국어노트북, 팩스카드, 현금등록기, 재무 소프트웨어, 바이러스 백신 등의 제품을 개발했다. 이들 쥐런 제품은 모두 중국 시장을 겨냥한 '중국화'의 산물로 기술이 결코 복잡하지 않았고, 오히려 중관촌에서 무턱대고 수입, 도매하는 업체들보다 훨씬 더 경쟁력이 있었다. 쥐런은 아주 빠르게 중국에서 지명도가 가장 높고 성장 전망이 뛰어난 하이테크 기업으로 성장했다.

스위주 이야기는 '창업 카우보이'에 대한 사람들의 모든 상상에 부합되었다. 수중에 돈 한 푼 없던 변방의 소년이 홀로 낯선 도시에 들어와 자기 능력만 믿고 가장 짧은 시간에 신천지를 개척한 것이다. 스위주는 곧 중국 엘리트 청년들의 우상이 되었고, '선전에 가서 스위주가 되자'는 말은 당시 수많은 학생들이 우러러보는 꿈이 되었다. 그는 '중국 10대 개혁의 풍운아', '광둥성 10대 IT 기업가'로 선정되었다. 만족할 줄 모르는 이 안후이 청년은 기업가 인생에서 첫 번째 전성기를 맞이했다. 향후 10여 년간 그의 인생은 자유분방했고, 신비로웠다. 그는 미친 듯이 열광했고, 그런 후에 파산했으며, 또 논쟁과 의문 속에서 다시 고집스럽게 일어섰다.

1990년
급열급냉(急熱急冷)

우레 같은 소나기 소리가 창문을 두들기는데,
당신이 떠나가던 모습을 잊을 수가 없고
고독한 그림자 뒤의 쓸쓸한 마음,
영원히 원망하지 않는 것은 나의 두 눈뿐이구나!

— 루어다여우羅大佑, 〈연곡戀曲, 1990년〉(1990년)

1990년은 행운의 색채를 드리웠던 한 해로 기억된다.

『메가트렌드 차이나China's Megatrends』를 출판한 미국의 미래학자 존 나이스비트John Naisbitt는 2월 『메가트렌드 2000』을 발표해 미래 10년의 향방을 예측하려고 시도했다.

"밀레니엄이라는 이 위대한 상징이 어떤 의미를 갖는지는 그것에 대한 사람들의 이해에 의해 전적으로 결정된다. 2000년은 구시대의 종말을, 또 새로운 시대의 시작을 상징할 수도 있다. 우리는 인류가 이미 적극적인 일면을 장악하고 있다고 믿고 있다. 인류의 마음속 깊은 곳에는 생명에 대한, 이상 세계에 대한 일종의 승낙이 있다."

베이징의 중국공산당 중앙당교출판사는 6월에 이 책의 중국어판을 출판했다.

급열급냉하는 중국 경제와 비교할 때 1990년의 세계에서는 사람들을 놀라게 한 많은 대형 사건이 발생했다. 3월 아프리카 대륙의 마지막 식민지였던 나미비아가 독립을 선언했고, 5월 남북 예멘이 통일되었으며, 7월 옐친이 소련공산당 퇴출을 선언했고, 8월 이라크가 쿠웨이트를 침공해 미국은 '사막의 폭풍'이란 작전으로 이라크와 전쟁을 선포했으며, 10월 베를린 장벽이 무너진 지 1년 만에 45년간 분리되었던 독일이 통일되었고, 12월 폴란드, 헝가리, 체코슬로바키아 등의 동구 사회주의 국가들에서 계속해서 격변이 발생했다.

그야말로 인류는 뒤숭숭한 요동의 시대로 하염없이 돌진하고 있었다.

1990년의 중국은 저질 모조품을 타격하는 토벌의 목소리로 시작되었다. 저장성 남쪽의 원저우는 다시금 제일 먼저 공격 대상이 되었다.

중국의 개혁사에서 원저우는 사람들의 오해를 사기 쉬운 지역이었다. 이곳은 중국에서 사영기업이 처음으로 싹트기 시작한 지방이었다. 몇몇 사람들 눈에 원저우는 '자본주의의 온상'으로 반드시 제거해야 하는 독초였다. 하지만 또 다른 사람들의 마음속에서 원저우는 시장경제의 메카였고, 구체제를 타파하는 선구자였다. 오랜 시간 동안 원저우에 대한 평가는 개혁 입장에서의 전초전이자 온도계였다. 매번 정책에 변화를 가져올 때마다 이곳은 제일 먼저 냄새를 맡는 지역이었다.

원저우 상인들은 '중국의 유대인'으로 불렸고, 그들은 어렸을 때부터 고향을 떠나 세상을 떠돌며 경험을 축적했다. 그들은 중국에서 가장 먼저 시장 의식을 갖춘 사람들이 되었고, 처음으로 경제 활동으로 돈을 번 사람들이었다. 원저우에서는 가장 일찍 무역업자, 전문 시장, 민영 은행, 주식제 기업이 출현했고, 그들은 마치 날뛰는 메기처럼 영리 기회가 있는 곳마다 출현했다. 그들은 일용품을 구매, 운송했고, 각 지역의 부동산에 투기했으며, 산시성의 광산을 도급 맡았고, 산시성의 유전을 개발했으며, 신장성의 면화를 전매했다. 그들은 최초의 비즈니스 활동 실천가였고, 새로운 관념의 전파자였으며, 신상품 보급자였다. 또한 최초의 밀수업자였고, 싸구려 상품 제조업자였다. 그들은 항상 법률의 가장자리를 걸어 다녔고, 항상 안위도 돌보지 않은 채 누구보다도 먼저 막 싹트기 시작한 비즈니스 기회를 움켜잡았다.

원저우 상인들의 영리함에 관해 널리 알려진 이야기가 있다. 동북의 한 국영기업 사장이 원저우에 와서 협상을 벌이다 쌍방이 가격 부분에서 부딪쳤다. 원저우 사람은 국영기업 사장을 가장 좋은 해물식당으로 끌고 들어가 접대를 했고, 동북의 사장은 대취했다. 탈이 난 국영기업 사장은 한밤중에 응급실로 실려갔고, 원저우 상인은 부인을 병원에 보내어 밤새 간호하게 했다. 동북 사람인 국영기업 사장은 감동해마지 않았고, 두 사람은 곧 호형호제하는 사이로 변했다. 결국 두 사람은 작은 가격 문제로 인해 더 이상 이야기할 필요가 없게 되었다.

원저우의 한 가난한 현에서 도적들이나 생각할 법한, 자못 블랙유머 색채를 가진 경제 사건이 발생한 적이 있었다. 타이순泰順현 현지의 한 농민은 전국 각지의 국영기업에 서신을 보내 각양각색의 중고 기계 설비를 주문했는데, 이러한 설비들이 타이순에 도착하자마자 현장에서 전매되었다. 그런 후 농민들은 신문에 가짜 이름으로 부고를 게재했고, 외지 기업들이 와서 빚을 독촉하면 울면서 부고장을 보여주면서 "사람이 죽었는데 누구에게 빚을 독촉할 것인가?"라고 반문했다. 이렇게 해서 한 마을의 농민들 전체가 이 괴이한 사기 게임에 가담했고, 현지에서는 이로 인해 저쟝성 최대의 중고 기계 설비 전문시장이 형성되었다.

1980년대 말 원저우에 가본 사람은 모두 현지의 음식 문화에 대해 감탄해 마지 않았다. 그곳에서 기세를 뽐내는 사람이 접대할 때는 반드시 두 가지 탕을 식탁에 올렸다. 하나는 해산물이 가득한 탕 그릇에 100달러짜리 지폐로 접은 배를 띄우는데, 이것은 순풍에 돛을 올린다帆順風는 의미의 탕이고, 다른 하나는 해산물이 가득한 탕 그릇 중앙에 작은 그릇을 다시 띄우고는 위에 수입 고급시계 10개[중국에서는 테이블당 좌석 기준이 10명이다]를 올려놓는데, 이것은 한 사람이 하나씩 성의를 표시한다表表心意['表'는 중국에서 시계를 의미하는 동시에 표현하다는 의미로 쓰이는 글자이다]는 의미였다.

당시 전 국민을 당황하게 한 현상은 먼저 부유해지기 시작한 원저우 사람들이 황당한 '묘지 만들기 운동'을 전개한 것이다. 『중국청년보』기자 마이톈수麥天樞는 일찍이 1990년 전후의 원저우에 관해서 서술한 적이 있다.

배를 타고 어우쟝甌江을 지나가면 눈앞에 다가오는 것은 엄청난 수의 묘지였다. 온산 가득 하얀 꽃처럼 보이는 것이 천하에 이름을 떨친 원저우 의자묘倚子墳[저쟝성 남쪽 지방의 분묘 형태로 의자와 모양이 비슷하다고 해서 붙여진 이름이었다)였다. 당당하면서도 위에서 아래를 굽어보는, 천하를 향해 코웃음 치는 한 의자묘가 속에 품고 있는 것은 원저우 조상들의 피와 뼈뿐만 아니라 전통에서 온 정신의 방향이고, 또 시장에서 온 재부의 방향이었다. 한 지역의 부자 수준은 이 의자묘를 관찰하면 판단할 수 있다.

일찍이 비즈니스에서 드러나는 원저우 상인들의 지혜와 교활함은 억지로 속여 강제로 빼앗는 것과는 완전히 달랐고, 오히려 원시적 축적 과정에서 도덕적 마지노선이 없는 교활함과 피비린내라고 할 수 있었다. 시장의 번영과 인민의 부유함에 동반되어 나타났던 것은 기존 경제 질서의 파괴, 순수한 공공관념의 희석, 생태환경의 파괴 등이었다. 사실 원저우 현상은 결코 원저우에만 나타났던 것은 아니고, 경제가 발달한 모든 지역에 존재하는 현상이었다. 가령 광둥의 주장 삼각주 지대, 푸젠의 진장 지대, 쟝수의 남부 지역 등에서도 이러한 현상이 팽배해 있었다. 우리는 단지 이 시기가 선악 관념이 결핍되어 있는 시대로, '빈곤탈피'라는 시대적 명제 앞에서 모든 도덕적 가치 판단은 무력하게 보일 수밖에 없었다고 말할 수밖에 없다.

원저우 상품의 수준이 떨어진다는 사실은 훨씬 이전부터 지적받아온 사실이었다. 원저우는 푸젠의 진장, 스스와 함께 '3대 모조품 생산 중심'(어떤 사람들은 저질 컴퓨터 제품으로 가득 찬 중관촌을 넣어 '4대 모조품 생산 중심'으로 칭한다)으로 간주되었고, 이중에서 원저우가 가장 유명했다. 1985년을 전후로 원저우에서 생산된 구두, 벨트는 품질 불량으로 아주 유명했다. 1987년 8월 8일 그에 따른 폐해를 참지 못한 항저우 사람들이 시내 중심의 한 광장에서 불을 질렀고, 이로 인해 5,000켤레가 넘는 신발이 불탄 적이 있었다.

1990년을 전후로 중국 시장에 가한 저질 모조품의 충격은 국민들의 원성을 들끓게 하는 화제가 되었고, 국가 관련 부문은 저질 모조품 타격을 '치리정돈'의 중점으로 한다는 결정을 내렸다. 이 결정은 한편으로는 시장을 정화시켜 소비자의 신뢰를 향상시켰고, 다른 한편으로는 체제 바깥의 중소기업에 대한 '치리정돈'을 진행할 수 있게 해주었다. 연초 일부 중점 지역이 정해졌고, 줄곧 비판받아온 원저우가 다시 단속 대상이 되었다. 이중에서도 이전 '8대왕 사건'으로 떠들썩한 류스진이 집중 대상이 되었다.

당시의 류스진은 전국 저압전기기구의 생산 판매 집적지가 되어 있었다. 조그만 류스진에는 뜻밖에도 1,000개가 넘는 저압전기기구 수공업 공장이 들어서 있었는데, 품질 문제가 심각한 상황이었다. 신화사 기자 후훙웨이 胡宏偉는 그곳을 취재할 때 본 상황을 이렇게 기록했다.

> 막 삽을 내려놓은 사람들은 얼룩덜룩한 선반 위에서 전국 각지의 국유기업으로부터 구입해온 낡아 못쓰게 된 교류 접촉기를 해체해 사포와 구두약으로 깨끗이 닦아내고 있었다. 강가의 부두에서는 아낙네들이 모여서 전기 제품을 깨끗이 씻은 다음 강가의 빈 공간에서 고구마 절편을 말리듯이 부품들을 말리고 있었다. 벌겋게 달아오른 가마 옆에서는 노인네들이 밥을 하면서 피복전선을 흔들고 …….

돈을 벌기 위해 수공업 공장에서 상인들은 온갖 수단을 동원해 안전성이 결여된 제품을 만들어내고 있었다. 그들은 왕겨를 융접링크 Fuse Link 의 규사와 교환했고, 쇳조각으로 은을 대신해서 계전기의 프로드 Prod 를 충당했다. 국가는 저압전기기구는 반드시 허가증에 근거해서 생산해야 한다고 규정하고 있었지만 류스진에서 허가증을 갖고 생산하는 기업은 1%도 되지 않았고, 합격 제품은 0.1%도 되지 않았다. 여러 차례 검측한 결과 허가증이 없는 제품은 100% 불합격이었다. 판매를 위해 류스진 상인들은 돈을 들여 국영기업의 제품마크를 사들였고, 제품의 생산지는 모두 베이징, 상하이 등으로 표시되었다. 1989년 국가기술감독국이 저압전기기기 시장에 대해 조사를 진행했는데, 조사자는 보고서에서 분노하며 이렇게 적었다.

> 이번에 전국적으로 7,000여 개의 판매업체를 조사했는데, 적발된 불량 저압전기기기는 170만 건을 넘었으며, 금액으로는 3,000만 위안이 넘었다. 각 지역을 조사하는 과정에서 대다수의 수준 미달 및 싸구려 저압전기기기는 저쟝성의 원저우, 특히 원저우 류스진에서 생산

한 것이라는 사실을 발견할 수 있었다.

이와 동시에 전국 각지에서 전해지는 이야기들도 류스진의 진상을 폭로하고 있었다. "헤이룽쟝성의 한 광산에서 류스진에서 생산한 불량 기기로 인해 심각한 가스 폭발이 일어나 많은 사상자를 냈다." "허난성의 한 제철공장에서 테이프 커팅을 하고 있는데 갑자기 쇳물이 쏟아져 수백만 위안의 제품이 모두 폐기처리 되었는데, 조사 결과 류스진에서 생산한 저압전기기기로 인해 일어난 사고였다."

5월 국무원은 역사상 전무후무하게 류스라는 한 진을 위해 〈원저우 러칭현이 생산 판매하는 싸구려 제품의 조사 상황 및 처리 건의에 관한 통지〉를 하달했다. 6월 국가 7개 부서에서 공동으로 감독 팀을 꾸려 현지에 파견해 조사와 처리를 진행했고, 저장성과 원저우시도 업무 팀을 파견해 현지에 상주하게 하는 등 철저한 정리에 들어갔다. 류스진이 속한 러칭현에서는 154명의 인원을 14개 향진에 상주시키면서 '타격, 차단, 소통, 지원' 방침에 근거해 류스진의 저압전기기기를 단속했다. 이 단속은 5개월 동안 진행되었고, 공개된 자료에 따르면 1,267개의 저압전기기기 판매처가 모두 폐쇄되었고, 1,544개 가내 공장이 문을 닫았으며, 359개 중고품 경영 허가증 면허가 취소 처리되었다.

이와 같은 대규모의 '치리정돈'으로 류스 및 원저우는 마치 '8대왕 사건'이 재연되는 것같이 늦가을 매미처럼 아무 소리도 내지 못했다. 그러나 결과적으로 보면 이는 결코 류스진을 파멸의 길로 몰아넣지는 못했다. 이러한 과정에서 일부 실력 있는 기업들은 두각을 나타냈고, 1년에 걸친 '치리정돈'을 거쳐 규모가 비교적 컸던 25개 기업은 생산허가증을 취득하게 되었다. 연말이 되어 츄쟝求精이라는 스위치공장이 두 개로 분리되었다. 신기묘장수 출신의 난춘후이南存輝와 재봉사 출신의 후청해成은 각기 정타이正泰와 더리시德力西를 설립했고, 그들은 외국의 설비와 기술을 도입해 합작 방식으로 1천 개가 넘는 소형 가공 공장을 재통합했으며, 훗날 중국 최대의 저압전기기구 기업으로 발전시켰다. 2000년 전후로 류스의 저압기기 생산량은 전국 시장의 60%를 차지했고, 엄연히 현대화된 산업 클러스터를 형성하고 있었다.

류스진에 대한 '치리정돈'은 1990년의 치리정돈의 축소판이라 할 수 있었다. 당시 광둥성, 저장성 등 연해 지역에서는 저질 모조품 타격을 주제로 한 '치리정돈' 활동이 끊임없이 진행되었다. 9월 신화사는 「상업부 부장의 신발 구입 사기극」이라는 제목의 뉴스를 보도했다. 보도에 따르면 7월 12일 오후 상업부 부장 후핑胡平은 후베이에서 조사연구차 우한백화점에 들렀다가 구두 카운터 앞에서 소가죽 구두를 하나 골라 49.5위안을 지불하고 구입했다. 그는 이 신발을 신고 계속 백화점을 둘러보았다. 13일 오후 베이징의 집에 돌아와서 보니 신발의 한쪽 굽이 이미 떨어져 있었다. 17일 11개 도시 상업국 국장회의에서 그는 이 일을 이야기하면서 "저질 상품이 범람하고 있는데, 정말 가증스럽습니다. 이 문제는 생산자에게 책임이 있고, 판매업체도 입하 시에 엄격한 검사를 해야 하는데 그러지 못했으므로 역시 책임이 있습니다"라고 말했다. 21일 경공업부 부장 정셴린曾憲林이 후핑을 만나 "신발 품질 문제는 현재 소비자에게 민감한 문제입니다. 경공업부는 이미 저질 제품 박람회를 개최할 준비를 마쳤습니다"라고 말했다. 후핑이 바로 "지지합니다. 만약 이 박람회를 개최한다면 저는 제가 산 구두를 전시품으로 제출하겠습니다"라고 말했다.

　이 뉴스는 극히 생생한 방식으로 전국의 독자들이 가짜 저질 제품이 일상생활에 미치는 영향을 바라볼 수 있도록 해주었다. 그러나 가짜 저질 상품에 대한 '치리정돈'은 어떤 경우에는 각급 정부가 국영기업의 이익을 보호하기 위한 일종의 수단과 이유가 되기도 했다.

　랴오닝성 단둥시는 중국 방사선 기기의 생산 기지였고, 현지의 계측기 부품공장, 단둥방사선기기공장은 국가 중점 기업에 속해 있었다. 이들은 1960년대 초 중국 최초로 엑스레이 기기를 생산했다. 1980년대 중반 일부 사람들이 공장을 떠나 부근에서 같은 설비를 생산하는 사영기업을 설립했다. 보도에 따르면 이러한 사영기업은 주관 부문의 심사비준 없이 설립되었고, 검측 수단도 완비되어 있지 않았으며 완전한 방사선 오염 방지 시설도 구축되지 않았고, 기술 관련 청사진이나 기준도 없었다. 이렇게 아무것도 가진 것이 없는 상황에서 국영기업과 밥그릇 싸움을 전개한 것이었다. 작은 공장은 큰 공장에 가서 인재를 발굴했는데, 겸직을 하게 되면 매달 300위안을 더 벌 수 있었고, 엔지니어일 경우 800위안의 추가 수입을 올릴 수 있었다. 큰 공장의 설비와 부품이 사라지면 얼마 후 작은 공장에 나타났고, 큰 공장이 신제품을 출시하면 얼마 있지 않아 작은 공장의 공장장 손에 설계도가 쥐어져 있었으며, 큰 공장이 달러로 외국 바이어와 결산하면 작은 공장은 인민폐로 결산해 가격을 낮추었고, 작은 공장은 도처에서 큰 공장의 고객을 빼내갔으며, 마지막에는 큰 공장의 영업사원마저도 자기편으로 끌어들여 더 많은 인센티브를 제공했고, 심지어 10대를 팔면 아파트를 제공하기도 했다. 『경제일보』는 이에 대한 한 논평에서 여러 가지 체제의 속박으로 꼼짝도 하지 못하는 이러한 상황에서 국가의 많은 핵심 기업의 공장장들이 유일하게 할 수 있는 일은 쓴웃음을 짓는 것밖에 없다고 말했다. 당시 '치리정돈' 과정에서 이러한 소형 공장들은 "맹목적 발전, 중복 배치, 중복 건설로 인해 국가 업종 계획에 심각한 영향을 주었다"는 이유로 엄격하게 다스려졌다. 이러한 정돈 작업은 사영기업들이 활약하던 거의 모든 업종에서 일어나고 있었다.

체제 바깥의 기업을 전문적으로 겨냥한 이러한 정돈 작업은 객관적으로는 일부 업종의 질서를 회복시켰고, 날로 만연해가던 가짜 저질 상품 열기에 타격을 주었지만 동시에 민영기업을 아주 성가시게 만들었다는 점은 부인할 수 없는 사실이다. 1월 5일자 『파이낸셜 타임스』는 이러한 현상을 관찰하면서 다음과 같이 보도하고 있다.

베이징에서 중앙의 계획을 재조정하고 정부의 통제를 강화하고 있을 때 사영기업은 엄격한 통제를 받고 있었다. 그들은 비록 규모가 큰 국영기업과 병존할 수 있는 허가를 얻어내긴 했지만 국영기업이 우선적 위치에 있었고, 이러한 지위는 절대로 취소되지 않고 있다.

신화사가 발행하는 『중국기자』라는 잡지는 1990년 5월 「영예로운 신개념」이라는 글을 발표했다.

최근 신문과 여러 간행물에서 개체호와 관련된 보도를 찾기 힘들다. 원인은 무엇일까? 적지 않은 편집자들은 '정확히 판단할 수 없는 상황'이라고 느끼고 있다. 사회에서는 이보다 더 심각하다. 일부 사람들 눈에 개체 경제는 이미 시대에 뒤떨어진 산물이기에 '무겁고 빠르게' 타격하고 처벌해야 하는 것으로 여겨지고 있다. 어떤 사람은 '중앙이 이미 착수했기 때문에 공개적인 금지가 조만간에 있을 것'으로 오해하고 있다. 언론의 침묵은 어느새 불안한 심리를 확대시켰다. 몇 달 전 전국의 개체호 수는 360만 명이나 줄어들었는데, 이러한 분위기와 관련이 없다고는 할 수 없다.

당시 향진기업은 '기후 경제'라고 불렸는데, 정책의 변화에 따라 영향을 받고 성장했기 때문이다. 이와 관련된 한 가지 사실은 민간 기업의 굴기가 실제로 무시할 수 없는 존재가 되었다는 것이다. 광둥 및 저쟝성 일대에서 향진기업은 이미 많은 업종에서 선두 위치를 차지하고 있었다. 샤오산의 루관츄의 공장이 생산하는 유니버설조인트는 전국 시장의 50%를 차지했고, 장쟈강張家港 컴퓨터공장이 생산하는 컴퓨터 메모리, 창수常熟 TV부품공장이 생산하는 편향요크Deflection Yoke, 상하이 연합전등공장이 생산하는 철도 신호등 등은 모두 전국에서 1위를 차지하고 있었다. 이러한 기업은 전문성이 강한 업종에서 출발해 점점 현대적인 대기업으로 성장했다. 1990년부터 국가통계국은 전국의 공업 성장 증가율을 조사할 때 향진에서 설립된 기업을 포함시키면서 '향진급 이상 공업총생산액'이라는 개념을 채용했다, 통계 전문가들은 향진 공업이 전국 공업의 1/3을 차지하고 있는데도 이전에는 국가통계국 통계에서는 누락되었음을 인정했다. 구미의 많은 경제학자들은 중국의 기업을 연구할 때 1990년대 전후 당시의 향진기업 수 및 생산액이 급증한 것에 대해 여러 의문을 가졌는데, 이는 사실 이들 데이터들이 통계에 반영되면서 비롯된 것이었다. 1990년 전국의 공업생산액 증가는 6%였는데, 이는 향진기업이 통계에 잡히면서 최소 3% 이상의 수치가 높아진 것이었다.

10월 한 좌담회에서 농업부 부부장 천야오빙陳耀邦은 다음과 같이 인정했다.

업종마다 잘못된 풍조가 향진기업의 손실을 초래하게 했다. 일부 부문은 '치리정돈'의 기회를 이용해 제멋대로 비용을 수취하고 물자를 할당하고 벌금을 물리는 등 엄청난 압력을 가했다. 어떤 부문은 업종 관리, 생산허가증 발급, 제품 평가, 적정한 공급가 등의 이유로 향진기업을 갈라 평범하게 만들거나 향진기업을 예속 관계로 변화시켰다.

천야오방의 이 말은 사실의 일부분을 이야기했을 뿐이다. 과거 오랜 시간 동안 줄곧 존재한 현상은 이러했다. 사영기업의 기업주는 자신을 보호하고 정책상의 지원을 확보하기 위해 자신의 기업을 향진 집체에 부속시키면서 매년 일정한 관리 비용을 납부했고, 나머지 자산은 모두 자신이 처리했다. 이러한 기업들은 '부속附属경영 기업', '붉은 모자 기업', '가짜 집체기업'이라고 불렸다. 이러한 현상이 존재한 주요 이유에는 세 가지가 있었다. 첫째, 정치적 원인으로, 정치적인 홀대와 간헐적인 정돈의 타격을 피하기 위해서였다. 둘째, 경제적 원인으로, 집체기업의 우대 정책을 누릴 수 있었고, 합법적으로 원자재 등을 확보할 수 있었기 때문이다. 셋째, 운영상의 원인으로, 초기에 사영기업은 소비자와 거래업체의 신용을 얻지 못했기 때문이다. 상당히 오랜 시간 이러한 기업의 존재는 통계와 조사에서 어려움을 불러왔고, 그 결과 사영기업의 실제 상황을 정확하게 계산해내는 것이 불가능하게 된 것이다.

1989년 이후 거시적인 긴축과 사영기업에 대한 정부의 단속이 가속화됨에 따라 이러한 '부속 경영 현상'이 갑자기 급증했다. 산둥성의 왕팅장과 쟝수성의 쟝시페이처럼 자신의 기업을 집체에 기부한 사례는 결코 보편적인 현상이 아니었고, 많은 사영기업 기업주들은 '붉은 모자'를 선택했다. 10만이 넘는 이들이 집체에 부속되거나 국영기업이나 집체기업의 깃발 아래로 숨어들어갔다. 통계에 따르면 광둥성 산토우 지구에는 이런 유형의 기업이 1만 5천 개가 넘었는데, 그것은 전체 등기된 집체기업의 60%에 해당하는 숫자였다. 1990년 중반 이후 정부와 언론은 갑자기 이러한 현상에 주목해 철저한 조사를 진행했다. 『경제일보』 기자 마리췬馬立群은 이에 대한 조사보고에서 다음과 같이 말했다.

가짜 집체 현상은 사영기업이 이익을 취하고 피해를 막기 위한 행위로 특별한 구석은 없지만 이러한 현상이 국가의 이익을 침해하기 때문에 우리의 주목을 피할 수는 없다. 이러한 기업의 존재는 표면적으로는 집체 경제의 규모를 확대시켰지만 실제는 전혀 그렇지 않다. 이러한 기업이 누리는 세수, 신용대출 등의 정책 우대는 국가 재정의 손실을 초래하고 있다. 일부 지방의 가짜 집체기업은 전체 집체기업의 80%를 차지하고 있는데, 이들을 정리한다면 국가의 세수는 틀림없이 증가할 것이다.

마리췬의 이러한 관점은 당시 경제평론가와 관료들의 입장을 대변했다고 할 수 있다. 곧바로 국무원 관련 부문의 감독 하에 각지에서 '붉은 모자 기업', 즉 가짜 집체기업에 대한 정리 작업이 개시되었다.

이러한 정리 작업은 4년 동안 지속되었는데, 이 기간 동안의 집행 과정에서 아주 복잡한 상황이 출현했다. 정부 입장에서는 당연히 가짜 집체기업을 단속해 정부에서 제공하는 모든 우대 정책의 대상이 올바르게 확립되기를 희망했다. 하지만 이러한 기업들의 기업주는 아주 복잡하고 난감해했다. 그들은 한편으로는 붉은 모자를 쓴 채 계속해서 정책 우대를 누리고 싶었고, 한편으로는 신분의 투명화를 통해 재산권을 원래 상태로 회복시켜 후환을 없애고 싶었다. 특히 비교적 규모가 있었던 '붉은 모자 기업'의 경우는 모자를 벗어던지는 것이 발전에 더욱 유리했다. 한 가지 재미있는 사실은 정리 과정 중에 정말 '집체기업'이었던 일부 기업이 몰래 정리 대상으로 들어와 각종 방식을 동원해 자신의 기업이 '붉은 모자 기업'임을 증명했다. 그런 후 그들은 순조롭게 그 기업을 자기 소유로 만들었던 것이다. 4년에 걸친 정리 과정에서 그것이 진짜든 가짜든 도대체 얼마나 많은 '붉은 모자 기업'이 재산권 투명화를 완성했는지에 대한 정확한 데이터는 없지만 1992년 후에 각지의 사영기업이 급증한 것은 '남순강화'의 효과도 있었겠지만 대량의 사영기업이 붉은 모자를 벗어던진 결과라고 할 수도 있었다.

'붉은 모자 기업'과 동시에 출현한 또 다른 기업 사건은 저장성 남부와 주장 삼각주 일대에서 '주식합작제 기업'이라는 새로운 기업 모델이 유행하기 시작한 것이었다.

주식합작제 기업 모델은 변통과 융통성이 뛰어난 원저우 사람들이 고안한 것이었다. 기록에 따르면, 최초의 주식합작제 기업은 원저우시 교외의 어우하이(甌海)등산화공장으로, 이 업체는 1985년 5월 26개의 농민 공모주 7만 2천 위안으로 설립되었다. 여기서 농민들은 공장의 주주이자 직원이었다. 그래서 '주식합작'이라 불렸고, 일종의 새로운 형태의 '집체경제'였다. 그러나 이러한 합작제는 일단 규모가 커지면서 감당이 되지 않았는데, 이는 뒤늦게 취직한 사람들 모두를 주주로 인정할 수 없었기 때문이다. 1988년 원저우시의 한 간부가 좀 더 설득력 있는 재산권 모델을 찾아냈다. 8월 창난현의 챠오둔먼橋墩門맥주공장이라는 소기업을 대상으로 '주식합작기업 정관'을 만들었는데, 이 정관의 기발함은 "기업 재산 중 15%는 기업 전체 노동자가 집체소유하는 것으로서 분할할 수 없는 공공적립 자금이다"와 "그것의 독립적인 존재는 주식합작제 기업이 사영기업의 동업과 구별되어 집체경제의 구성 부분이 되는 중요한 표지의 하나"라는 규정에 있었다. 일부 공공적립 자금이 생기게 되자 주식합작제 기업은 자연스럽게 집체 경제 범주로 들어가게 되었다. 전 세계 어디서도 찾아볼 수 없는 이러한 기업 주주권 구상은 중국의 기층 개혁파들이 소유제라는 금기에 직면해 내놓은 첫 번째 대담하고 창의적인 아이디어였다. 그래서 이러한 경제 형태는 이도저도 아닌 의미를 가진 '비려비마非驢非馬 경제'로 불렸지만 이론적으로는 그럴듯하게 둘러맞추기에 충분했다. 사영기업이 주식합작제 기업으로 전환하는 것은 아주 간단했는데, 단지 기업의 자산의 15%를 '전체 노동자의 공공적립'이라고 선언하기만 하면 되었다.

원저우의 이러한 신형 기업 모델은 개혁파 이론가들의 호감을 얻었고, 사영기업이 시대적 분위기의 영향으로 어려움을 겪고 있을 무렵 주식합작제는 이상적인 과도기 모델이자 피난처가 되었다. 1990년 2월 농업부는 '제14호령'을 통해 〈농민 주식합작기업 잠정 규정〉과 〈농민 주식합작기업 시범 정관〉을 반포했는데, 원본은 바로 챠오둔먼맥주공장의 정관이었다. 농업부의 주도 하에 연해 각 지역에서는 분분히 주식합작제가 보급되었고, 많은 집체기업이 이를 틈타 재산권 개조를 진행했다. 각 지역의 상황이 달랐기 때문에 15%라는 공유제의 꼬리는 유동적이었다. 가는 꼬리는 10%에 그쳤고, 굵은 꼬리는 50%까지도 있었다. 하지만 어쨌든 이러한 모델의 시도는 사영기업에 대한 일부 사람들의 끈질긴 적대감을 줄여나갔고, 기업에게도 부분적으로 자산 소유권의 투명화를 완성하게 해주었다.

1990년을 전후로 정부는 거시 조정과 집체경제의 보호를 위해 '가짜 집체기업'의 정리를 진행하고, 일종의 새로운 주식합작제 기업 모델을 간접적으로 지원했는데, 이는 뜻밖에도 개혁개방 이래 최초의 대규모 재산권 투명화 운동으로 진화했다. 쟝수와 저쟝 및 주쟝 삼각주 일대의 많은 사영기업들은 주식합작제 형태로 상당한 시간 동안 발전하다가 정책이 점점 느슨해지자 각종 수단과 방법을 동원해 명의상으로만 존재하던 '꼬리'를 잘라버리면서 본래의 재산권 성질을 회복해갔다.

1990년의 중국은 9월에 열린 아시안게임을 경계로 확연하게 구분된다. 아시안게임 이전 시기는 대대적인 정돈을 통해 경제가 과열에서 안정으로 전환한 시기였고, 이후는 다시 개혁과 발전이라는 테마를 가동시킨 시기였다.

1988년의 물가조정 실패와 1989년에 일어났던 사회 혼란과 경제 불황은 중국의 정책결정권자들에게 미래의 개혁 모델에 대한 새로운 사고를 가져다주었다. 급진적인 사상이 점점 퇴조했고, 점진적인 개혁 이념이 새로운 주류가 되었다. 1989년 덩샤오핑은 중국 문제 중에서 가장 우선적으로 필요한 것은 '안정'이라는 사실을 각인시켰다. 그 후 '안정'이 빈번하게 출현하는 명사가 되었고, 『인민일보』는 신년 담화에서 "단지 안정을 유지하기만 한다면 설령 평온하게 수십 년을 발전하더라도 중국도 근본적인 변화를 일으킬 수 있다"라고 썼다.

"안정이 모든 것에 우선이다"와 "돌다리도 두들겨 보고 강을 건너야 한다", "검은 고양이는 흰 고양이든 쥐를 잡는 고양이가 좋은 고양이다"와 같은 덩샤오핑의 개혁 명언이 함축하는 의미는 모두 일관된 것이었다.

1989년 하반기부터 시작되었던 치리정돈은 전 세계로 하여금 중국 정부의 강력한 조정 능력에 대해 깊은 인상을 남겼다. 많은 국제 전문가들의 예상과 달리 중국 경제는 인플레 속에서 조정력을 상실한 채 급강하한 것이 아니라 신속하게 과열에서 벗어나 냉각되기 시작했다. 1989년 전국의 물가는 17.8% 상승했고, 하반기에는 40%에 육박했다. 『뉴욕타임스』의 말을 빌리면 "물가 폭등은 1949년 공산당이 중국을 접수할 때와 거의 비슷했다." 그러나 1990년 6월 물가지수는 이미 위험 경계수위에 훨씬 못 미치는 3.2% 수준이었고, 사재기 열풍은 완전히 사라졌으며 사회에 팽배한 공황 심리도 안정되고 있었다.

인플레이션이 강제로 제어된 후 소비의 지속적인 위축은 새로운 골칫거리가 되었다. 사람들은 물건 사는 것을 아까워했고, 은행예금은 급증했으며, 모든 소비 시장과 원자재 시장은 침묵 속에 갇혀 있었다. 8~9월이 되자 전국의 상품 재고는 전년 대비 21%나 증가해 1,067억 위안에 달했고, 국가예산 내의 국영기업의 재고는 45.9%를 기록해 이윤이 56%로 급감했고, 100개 기업 중 33개 기업은 손실을 기록했다.

날로 냉각되는 경제 추세도 무서운 것은 마찬가지였다. 그래서 '시장을 활성화시키기 위해서 어디부터 손을 써야 하는가?'가 전국 언론의 광범위하고 열렬한 토론 주제가 되었다. 『경제일보』는 심지어 '석탄은 많은데, 석탄 산업은 어떻게 해야 하나?'라는 특별 난을 만들어 토론을 진행하기도 했는데, 이러한 문제제기는 1년 전에는 거의 천일야화처럼 허황된 이야기였다. 각 지역 정부는 경제 열기를 상승시킬 방법을 강구하기 시작했다. 총서기 장쩌민은 하이난을 시찰하며 중앙 정부는 하이난의 특구개방 정책을 전력으로 지지한다고 재천명했고, 언론에서는 다시 '하이난 열풍'을 조장했다.

9월 제11회 아시안게임이 베이징에서 열렸다. 이는 자연스럽게 정부가 민심을 응집시키고 전 인민의 열정을 끌어내는 무대를 제공했다. 아시안게임을 위해 베이징시 정부는 25억 위안을 투입해 20여 개의 대형 체육 시설을 건설했고, 일부 막아놨던 사회간접자본 프로젝트들도 서서히 회복시키기 시작했다. 세계 언론의 주목과 수십 만 명의 참여로 2년 이상 침묵하고 있던 기업계는 수많은 비즈니스 기회를 얻게 되었다. 신화사는 논평에서 "아시안게임이 가져다 준 것은 기회와 가능성"이라고 말했다. UPI통신은 "아시안게임은 베이징 정부에게는 복음이었고, 스포츠가 경제 번영의 능력을 다시 추동시켰다"고 논평했다. 아시안게임을 계기로 젊은 컴퓨터 산업은 자신의 성과를 전시했고, 창청, 롄샹 등의 기업은 아시안게임에 필요한 시스템을 자체 개발했으며, 채택된 컴퓨터의 90%는 국산품이었다. 그러나 아시안게임 조직위원회는 만일의 사태에 대비하기 위해 IBM에게 정보 설비 작업을 담당하게 했다.

하반기에 이르러 중국 경제에 주목하고 있던 사람들의 모든 시선은 상하이와 선전에 집중되었다. 이는 사회 경제의 요동 속에서 잠시 중단되었던 자본 시장의 실험이 이 두 도시에서 마침내 성과를 내고 있었기 때문이다.

1988년 말 중난하이 보고 이후 가오시칭과 왕보어밍은 '증권거래소 구축 연합 사무실'을 개설해 증권거래소 구축 프로젝트에 착수했다. 하지만 이 업무는 얼마 되지 않아 사회 분위기의 영향으로 중단되었고, 그들은 거의 반년 동안 할 일 없이 시간을 보내야 했다. 왕보어밍은 훗날 재미있는 에피소드를 들려주었다.

저는 한 동료와 함께 매일 사무실에 앉아 시간을 보내고 있었는데, 하루는 저의 동료가 도저히 참을 수 없었는지 일이 있다고 말하고는 먼저 사무실을 나갔습니다. 조금 있으니 저도 너무나 지루해서 부근의 영화관을 찾았습니다. 그런데 앞자리에 앉아 있는 사람이 낯이 익다고 생각해서 자세히 바라봤더니 조금 전 일이 있다고 먼저 나간 동료였습니다.

그러나 기록되어야 하는 것은 실제 업무는 비록 중단되었다고 하더라도 당시 고위급 인사들에게서 증권거래소 프로젝트는 여전히 진행 중이었고, 중단된 적이 없었다는 사실이다. 1989년 12월 2일 상하이시위원회는 푸둥 개발에 관한 회의를 열고 있었는데, 상하이시 위원회 서기이자 시장인 주룽지는 상하이 증권거래소 구축을 가속화할 것을 명확하게 요구했다. 현장에 있던 일부 간부들은 이에 대해 자못 의구심을 가졌다. 은행 관료들은 거래소가 개설되면 은행의 신용대출 자금이 흘러들어갈 것을 걱정했으며, 정책 담당 인사들은 주식 거래는 도박성이 있어 정신 문명 건설에 불리할 뿐만 아니라 국영기업이 개인에게 주식을 발행하게 되면 결국 사유화의 길을 걷는 것이 아니냐고 걱정했다. 또 이데올로기를 주관하는 간부들은 거래소 개설이 상하이탄에서 또 자산 계급을 양성하는 것이 아니냐고 걱정했다. 하지만 주룽지가 분명한 태도를 보이자 이들 몇몇 간부들의 생각도 곧 수그러들었다.

자본 시장에 대한 상하이시의 열정에는 특수한 응어리가 있었다. 중국 최초의 증권 증서는 1859년 상하이에서 출현했다. 당시 미국 회사인 오거스틴 허드Augustine Heard가 은화 10만 냥을 들여 증기선을 제작하기로 하자 중국 상인들마다 은화 1

만 냥의 주식을 확보했다. 1877년 리홍장이 증기선초상국輪船招商局를 설립하자 상인들이 은화 37만 냥으로 지분에 참여했는데, 이것이 중국 최초의 주식제 기업이었다. 1949년 이전까지 상하이는 줄곧 극동 지역 최대의 금융 도시였고, 역사가들은 상하이의 몰락이 홍콩을 세계적인 금융 도시로 키웠다고 말했다. 중국 최대의 공업 도시 상하이는 매년 전국 세수의 1/6을 담당하고 있었지만 개혁개방의 각 영역에서는 오히려 광둥보다 낙후되어 있었다. 만약 특별한 수단이 없으면 상하이의 발전은 아무도 장담할 수 없는 상태였다. 1990년 2월 특별히 남쪽으로 내려가 상하이에서 설을 보낸 덩샤오핑은 푸둥 개발을 지시했다. 돌이켜 생각해보면 1980년 처음 네 개의 경제특구(선전, 주하이, 샤먼, 산토우)를 시작할 때 상하이를 추가했다면 현재의 창장 삼각주, 전체 창장 유역 나아가 전국의 개혁개방의 국면은 많이 달라졌을 것이다. 4월 18일 국무원 총리 리펑은 중국공산당 중앙과 국무원이 상하이의 푸둥 개발 가속화에 동의하고, 푸둥은 경제기술개발특구와 경제특구의 정책을 실현할 것이라고 선언했다. 푸둥 개발의 정책적 확정은 상하이가 다시 중국의 경제 발전의 리더가 되게 했고, 이 정책의 장기적인 효과는 매우 거대했다. 1990~2004년까지 푸둥의 GDP는 60억 위안에서 1,790억 위안으로 증가했다. 푸둥은 상하이 전체 인구와 면적에서 각각 1/8과 1/10를 차지하고 있었지만 상하이 전체 GDP 및 공업총생산액, 수출액, 해외투자 유치에서 차지하는 비중은 각각 1/4, 1/2, 1/3이었다. 푸둥은 중국 금융의 핵심 지역이면서 다국적기업 중국 본부가 가장 밀집되어 있는 지역으로 성장했다. 1990년 중앙의 계획에 따르면 푸둥의 우대 정책은 15년 동안 실행된다고 되어 있었는데, 2005년 이 기간이 만료되자 국무원은 다시 푸둥 신구를 종합 세트식의 개혁 시범으로 진행하는 것을 비준해 시범 효과를 계속 확대 연장시켰다.

만약 푸둥 개발이 상하이가 비상하는 전략의 한 날개였다면 증권거래소 설립은 또 다른 날개였다. 3월, 미국, 싱가포르 등을 돌아 마지막으로 홍콩에 도착했을 때 주룽지는 기자회견에서 상하이 증권거래소가 금년 내에 설립될 것이라고 선언했다. 이때 상하이의 금융 관료들은 이 타임 스케줄을 들어본 적이 없었다. 하지만 6월 35세의 중국인민은행 상하이지점 금융관리처 부처장 웨이원위안魏文淵은 상부의 지시에 따라 증권거래소 건립을 기획하기 시작했다.

웨이원위안은 빈손으로 와서 이 프로젝트를 담당했는데, 그는 훗날 친구에게 "당시 젊었으니까 일을 맡았지, 만약 이후의 우여곡절을 알았더라면 소장직을 절대로 받아들이지 않았을 걸세"라고 말했다. 그가 상부의 지시를 받고 제일 먼저 한 일은 국고채권 전매에 여념이 없던 완궈증권 사장 관진성에게 전화를 건 일이었다. 관진성은 전화에서 웃으면서 "저는 조만간 이러한 전화를 받을 것이라고 생각하고 있었습니다. 단지 누구에게서 걸려올 것이라는 것만 몰랐을 뿐이죠"라고 말했다. 웨이원위안이 당시 부딪쳤던 문제는 상하이 전체에 증권회사가 완궈, 선인, 하이퉁 세 곳뿐이라는 사실과 비교적 모양을 갖춘 주식제 기업이 11개였고, 상장 자격을 갖춘 기업은 6개에 불과한 사실이었다. 결국 웨이원위안은 세 움큼의 채소와 여섯 덩어리의 고기로 요리를 만들어야 했다.

12월 19일 상하이시는 상하이 증권거래소 개장 행사를 열었다. 주룽지가 축사를 했고, 웨이원위안이 북을 울리자 증시가 개장되었다. 한 목격자는 웨이원위안은 북을 울린 다음 너무 흥분해서 현장에서 쓰러졌고, 사람들에 의해 부축을 받으며 왁자지껄한 현장을 빠져나갔다고 전했다.[1]

당일 30종의 증권이 시장에서 거래되었는데, 국채 5종, 기업채권 8종, 금융채권 9종, 회사주식 8종이었다. 결국 40년 동안 사라졌던 자본 게임이 이렇게 해서 다시 시작되었다. 거래 첫날 거래 대상은 지금의 광뎬鹿電전자 주식이었다. 하이퉁증권이 포기를 선언한지 3초가 안 되어 완궈증권이 매수하자 무효가 선언되었다. 재경매가 시작되자 선인증권이 매수했는데 거래가는 365.7위안이었다. 이렇게 해서 3대 증권사는 중국 증권 역사에 처음으로 이름을 알리게 되었다.

상하이 증시의 개장 소식에 남방의 선전도 연쇄반응을 일으켰다. 과거 1년 동안 선전은 줄곧 중앙에 증권거래소 설립을 신청했으나 회답을 얻지 못하고 있었다. 웨이원위안이 상하이에서 개장의 북소리를 울렸을 때 선전은 더 이상 앉아서 기다

---

[1] 당시 선인증권의 총경리였던 칸쯔둥闞治東은 개소 전날 밤 웨이원위안이 고열에도 사방을 분주하게 뛰어다닌 결과 북소리가 울리자 버티지 못한 것이라고 회고했다.

릴 수 없었다. 11월 22일 선전시위원회 서기 리하오李灝는 선전거래소 준비 팀 책임자 위궈강禹國剛을 만나 "언제 개장할 수 있습니까?"라고 묻자 위궈강은 "만약 오늘 결정을 내려주신다면 내일이라도 개장할 수 있습니다"라고 대답했다.

12월 1일 선전거래소가 상하이에 앞서 시범장을 열었다. 당시 중앙 정부의 정식 비준을 얻지 못했기 때문에 선전은 상하이처럼 북을 울리는 일은 없었고, 산파역을 맡은 리하오도 참석하지 않은 상황에서 증시가 개장되었다. 급하게 시범 개장을 진행했기 때문에 거래소에는 상하이 같은 컴퓨터 거래시스템도 구축되어 있지 않았다. 첫날 선전거래소에서는 안다安達주식 8,000주가 거래되었는데, 거래 방식은 구두로 부르고 칠판에 가격을 적는 가장 원시적인 수공 방식이 사용되었다. 선전거래소의 정식 비준은 1991년 7월에서야 내려왔다. 그해 7월 3일 전국인민대회 상임위원회 부위원장 천무화陳慕華, 리하오 등이 개장 행사에 참석했다. 위궈강은 훗날 이렇게 말했다. "아이가 태어났는데 어떻게 다시 어머니 뱃속으로 들여보낼 수 있겠습니까?"

그러나 이들 거래소가 만들어진 과정이 얼마나 유치하고 엉망이었든 중국의 자본 시장은 1990년 말에 틀을 마련했다. 이 두 거래소를 중심으로 향후 중국 기업들은 계속해서 비즈니스 드라마를 연출하기 시작했다.

운동선수가 달리기를 하는 것처럼 중국의 수많은 기업들의 기복은 주기적인 거시 조정 속에서 자신의 운명을 변화시키고 있었다. 1989년 초에 시작된 치리정돈으로 무수한 기업이 압력을 느꼈지만 안목과 능력을 갖추고 있던 기업들은 쾌속 성장을 이루는 동시에 경쟁 상대를 추월하는 기회를 갖게 되었다.

일찍이 공급 부족과 조방경영 단계를 경험한 후 일부 국영기업 기업가들은 품질 향상과 기술 개발에 주의력을 집중시켰다. 칭다오에서 일본의 생산라인을 도입해 냉장고 열기 속에서 큰돈을 번 장루이민은 경쟁자들에 비해 시장에 대한 안목이 뛰어났다. 그는 푸젠에서 시장을 개척할 때 여름이 되면 사람들이 옷을 자주 빠는데도 이상하게 세탁기 시장은 불황이라는 이해할 수 없는 현상을 발견했다. 그는 바로 원인을 찾아냈다. 당시 시장에는 4kg과 5kg 용량의 두 종류의 대용량 세탁기만 있어서 여름이면 매일 빨아야 하는 셔츠, 양말 등 간단한 빨래는 수도세와 전기세를 고려할 때 손으로 빠는 것만 못했던 것이다. 사실 여름에 사람들이 세탁기를 필요로 하지 않았던 것이 아니라 적합한 작은 용량의 세탁기가 시장에 없었던 것이다. 그래서 장루이민은 하이얼 연구소에 1.5kg 용량의 소형 세탁기 개발을 지시했다. 수위는 세 단계로 조절이 가능했는데, 가장 낮은 수위는 양말 한 켤레를 세탁할 수 있는 정도의 수위였다. 이 세탁기는 시장에 출시되자마자 공급 부족에 시달렸다. 가을에 장루이민은 베이징으로부터 '국가 품질 관리상'을 받았다. 그는 또 4대의 냉장고를 독일전자박람회에 출시하면서 '3개의 1/3'이라는 기업발전 전략 목표를 제시했다. 이후 하이얼냉장고는 '국내생산 1/3 국내 판매, 국내생산 1/3 해외 판매, 해외생산 1/3 해외 판매' 전략을 밀고나갔다. 이렇듯 조금은 거친 계획 속에서 사람들은 중국이 '전세계 제조 기지'의 모델이 되었음을 알게 되었다.

베이징의 렌샹의 류촨즈는 제2회 전국 IT기업가 창업 금상을 수상했고, 렌샹은 스퉁에 이어 두 번째로 규모가 큰 컴퓨터판매업체로 성장했으며, 마이컴 PCB를 자체 생산해 판매하기 시작했다. 렌샹은 "인류에게 렌샹이 없다면 세계는 어떻게 될까!"라는 광고를 방영해 전국적인 '렌샹 열풍'을 불러일으켰다.

스촨의 몐양綿陽에서는 '창홍'이라고 하는 군수 기업이 갑자기 전국 최대의 TV 메이커로 뛰어올랐다. 창홍은 1980년에 남보다 앞서 구조 전환을 시작해 마쓰시타와 합작으로 중국에서는 처음으로 대량 생산설비를 도입한 기업이었다. TV가 한창 기세를 올리고 있던 1988년 공장장인 니룬펑은 입식 리모컨 모델을 개발하고는 200여 명의 판촉사원을 조직해 전국 방방곡곡의 시장을 공략했다. 이리하여 창홍은 곧 45개 국가 일급 기업 중의 하나가 되었는데, 이는 서부 지역에서는 유일했다.

하이얼과 창홍, 그리고 렌샹은 1988년 이전의 국영기업 서열에서 이름조차 올리지 못했고 국가 정책의 도움도 받지 못했지만 모두 걸출한 경영자를 만나면서부터 각자의 업종에서 기술 개조와 관리 제고로 시장경쟁에서 살아남았고, 국영기업의 모범으로 성장한 기업들이었다. 하지만 정책의 보호를 갈망하고, 심지어 치리정돈을 통해 업종 질서 정화를 기대한 대형 국영기업들은 계속해서 침몰했고, 급기야는 시대의 낙오자로 전락했다.

맥도날드가 선전에서 중국 대륙 1호점을 개설했는데, 그때가 1990년 10월 8일이었다.

막 대학입시시험을 치른 선전의 여학생 추제원邱潔云은 처음으로 면접에 참가한 종업원이었다. 그녀는 "저는 본래 종업원으로 지원했는데, 첫날부터 화장실 청소 담당으로 배정받았죠. 그날 하도 억울해서 청소를 하면서 계속 눈물만 닦았답니다"라고 말했다. 그녀는 훗날 선전 지점의 점장으로 성장했다. 맥도날드가 다급하게 개점한 것은 KFC의 영향이 컸다. 3년 먼저 중국에 진출한 KFC는 이미 성공가도를 달리고 있었던 것이다. 『뉴욕타임스』는 다음과 같이 보도했다.

매일 점심때가 되면 베이징의 KFC 매장은 문전성시를 이룬다. 닭다리 2개, 감자샐러드, 야채샐러드, 빵을 8.5위안이면 먹을 수 있다. 톈안먼 부근의 매장은 KFC 단일 매장 최고 매출을 갱신했고, 이 매장은 세계에서 규모가 가장 크고 이윤이 가장 많은 지점이 되었다.

일찍 중국에 진출한 외국 브랜드들은 모두 단맛을 보고 있었다. 가장 먼저 중국에 진출한 프랑스의 피에르가르뎅은 베이징의 한 매장에서 하루 평균 2만 3천 위안의 매출을 올리고 있었는데, 별거 아닌듯한 옷 한 벌 가격이 1,500위안에 달했다. 9월 피에르가르뎅 본인이 베이징을 방문해 자금성에서 특별 패션쇼를 개최했는데, 이는 과거 수백 년 동안 한 번도 없었던 파천황격인 행동이었다. 홍콩의 『문회보』는 「외국제품이 중국을 습격하다」라는 제목의 글을 실어 의식주에서부터 외국 제품이 국산 및 소비자 관념에 미친 충격을 분석했다. 기자는 "외제가 파죽지세로 들어와 시장을 가득 채우고 있는데, 그 결과는 가히 두려울 따름"이라고 썼다. 이러한 기사의 배후에서 사람들은 멀지 않은 장래에 반드시 국산 제품 진흥 운동이 펼쳐질 것이라는 사실을 알 수 있었다.

1990년, 유행을 동경하는 거의 모든 소비자들은 선전에 '중잉中英 거리'가 있고, 그곳에서 가장 싸게 외제를 살 수 있다는 사실을 알고 있었다. 중잉 거리는 길이 250m, 넓이 4m정도의 규모로 선전과 홍콩의 경계 지역인 샤터우쟈오沙頭角에 위치해 있었다. 1979년부터 이곳은 특별 허가된 면세 거리였다. 내륙의 관광객들은 지정 여행사들이 조직한 여행단이 '특별 허가증'을 발급받으면 들어가서 물건을 구매할 수 있었다. 매일 입경入境 지역에는 관광객들로 이루어진 줄이 끝없이 늘어섰고, 사람들은 '특별 허가증'을 수령한 후 바로 '중잉 거리'로 간 다음 '중국과 영국의 경계, 광서光緖 24년'이라고 적혀 있는 비석 앞에서 촬영을 하면서 호기심 어린 눈으로 지척에 있는 신비한 홍콩을 바라본 후 300여 개의 점포가 늘어서 있는 중잉 거리로 들어가 각종 상품을 미친 듯이 구매했다. 당시 한 매장의 사장은 당시를 기억하면서 다음과 같이 말했다.

> 당시 입구에서 끝까지 장사가 성황을 이루었습니다. 대륙의 관광객들은 물건이 무엇이든 상관없이 모두 관심을 가졌고, 카메라, 장식품, 의류 심지어 비누까지도 앞다투어 구입했는데, 기본적으로 가격은 의미가 없었습니다.

1997년 홍콩이 중국에 반환될 때까지 '중잉 거리에서 쇼핑하기'는 수많은 내륙 소비자들이 가장 동경한 쇼핑 행위 중의 하나였다. 이곳은 하루 1만 명 이상의 관광객들로 넘쳐났고, 연휴나 성수기가 되면 하루 10만 명이 넘는 관광객들이 이곳을 찾았으며, 1년 유동 인구가 1,500만 명을 넘는 중국에서 가장 유명한 쇼핑 관광지였다.

1990년은 이렇게 해서 예상과는 달리 국민들이 상업화된 면모를 드러냈다. 그러한 태도는 1978년 막 개혁을 시작했을 때의 막연한 동경과는 실제로 엄청난 차이가 있었다. 사람들은 갈수록 실질적으로 변했는데, 어떻게 하면 생활 상태를 빠르게 변화시킬 수 있느냐, 어떻게 하면 돈을 벌어 부유한 생활을 누릴 수 있느냐가 공개적이면서도 영광스러운 화제가 되었다. 얼마 전까지만 해도 저속한 부류의 노래를 부른다고 금기시되었던 타이완 가수 덩리쥔鄧麗君이 가장 환영받는 우상이 되었고, 타이완 작가 츙야오瓊瑤의 애정소설과 홍콩작가 김용의 무협소설은 젊은이들에게 가장 환영받는 문학 작품이 되었다. 그들의 해적판 도서는 전국의 모든 도시의 길거리와 가판대를 장식했다. 또 왕귀전汪國眞이라는 청년 시인은 저속하고 쾌락적인 내용의 『젊음의 바람』이라는 시집을 출판했는데, 100만 부가 넘게 팔렸다. 그 중 가장 유명한 시는 「나는 웃으면서 생활을 향해 걷고 있다」였다. 아마도 그는 정말로 사람들의 마음속 깊은 곳을 말하고 있었는지도 모른다.

1991년
창해의 한바탕 웃음소리

> 창해의 한바탕 웃음소리, 해안으로 끊임없이 밀려오고,
> 파도를 따라 출렁이면서 오늘을 기억하네.
> 창천의 웃음소리, 온 세상으로 흩날리는데,
> 인간사 승부는 하늘만이 알고 있네.
>
> — 황잔黃霑, 「창해의 한바탕 웃음소리滄海一聲笑」(1991년)

날로 세속화되고 상업화되는 시대의 특징으로 인해 중국은 더 이상 과거처럼 충만한 신비감을 주지 못했다. 그러나 이데올로기 영역에서는 여전히 두 가지 다른 목소리가 거리를 두고 대치하고 있었다. 만약 신문지상의 논쟁으로만 본다면 1991년의 중국은 개혁의 성씨가 '사社'씨인지 '자資'씨인지를 두고 맞서고 있었다. 하지만 논쟁이 강물 위의 어지러운 바람과 같았다면 실질적인 경제 개혁은 물밑을 헤엄쳐 다니는 물고기와 같이 여전히 꾸준히 앞을 향해 나아가고 있었다.

3년 동안의 거시 조정으로 과열된 경제가 평온을 되찾고, 각종 경제지표가 대폭적으로 하향 조정되자 사람들은 개혁에 대해 몸을 움츠리고 있었다. 비록 중앙이 푸둥 개발을 제기하고, 아울러 하이난 특구 개발 정책에 변함이 없다고 선언했지만 총체적인 발전 맥락에서 각급 관료들은 여전히 미래의 방향을 가늠하지 못하고 있었다. 이때 필요한 것은 영향력 있는 인물이 나타나 다시 사람들의 열정을 불러일으키는 것이었다. 그러한 사명은 이미 '완전히 정계에서 은퇴'한 덩샤오핑에게 떨어졌다. 2년 동안 덩샤오핑은 상하이에서 설을 보냈다. 2월 15~3월 22일까지 상하이의 『해방일보』는 그가 상하이에 있을 때의 담화를 근거로 '황푸핑黃浦平(상하이

황푸강으로부터 온 평론이라는 의미)'이라는 세 편의 평론을 발표해 해방 사상을 견지하면서 위험을 무릅쓰더라도 과감하게 개혁하고, 더 이상 '사'씨와 '자'씨의 논쟁에 얽매이지 말 것을 주장했다.

이 평론은 게재되자마자 침묵을 지키고 있던 여론에 파란을 몰고 왔다. 왜냐하면 이 평론이 그러한 사상의 출처를 표시하지 않아 일부 인사들의 질책과 포위공격을 당했기 때문이다. 모 잡지는 4월 20일 「개혁개방의 성이 '사'씨인지 '자'씨인지를 묻지 않을 수 있을까?」라는 글을 실으면서 이렇게 주장했다.

성이 '사'씨인지 '자'씨인지를 묻지 않는 것은 개혁개방을 자본주의 방향으로 몰고가 사회주의 사업을 매장시키려고 하는 것이다!

또 다른 잡지는 「'사'씨와 '자'씨를 다시 언급한다!」라는 글을 게재하면서 이렇게 문제를 제기했다.

이중적인 노예를 원하지 않는 중국인들은 개혁의 대도에 나서서 '사'씨와 '자'씨에 대해 의문을 제기하고, 개혁의 방향에서 멀어지지 않도록 항상 경계해야 할 책임과 권리가 있다.

8월과 9월 베이징의 신문들은 계속해서 「성이 '사'씨냐 아니면 '자'씨냐?」와 「현재 개혁의 세 가지 문제」를 발표하면서 이렇게 문제를 제기했다.

개혁개방의 실현은 반드시 성이 '사'씨냐 아니면 '자'씨냐를 구분해야 한다. 원인은 간단하다. 왜냐하면 현실 생활 속에는 확실히 '사'씨와 '자'씨의 서로 다른 두 종류의 개혁관이 존재하고 있기 때문이다.

이 논쟁은 덩샤오핑이 남순강화를 할 때까지 1년 동안이나 지속된 다음 마무리되었다. 각 영역에서 대담한 사람들은 일각도 지체할 수 없다는 듯이 새롭게 출발했다. 중국 개혁사의 특징은 인민들의 실천이 어떤 경우에는 중앙의 정책을 앞서 나간 데 있었다. 모든 개혁과 돌파는 매 단계마다 이데올로기 논쟁의 영향과 간섭을 받았지만 결코 그들의 전진을 방해할 수는 없었다.

5월 리루이환李瑞環이 원저우로 시찰을 떠났다. 이달 한 퇴직 간부가 베이징에 편지를 보내 원저우 사장들의 사치스런 실생활을 낱낱이 보고했기 때문이다. 이 편지는 중국공산당 중앙이 조사팀을 파견해 원저우의 실상을 파악하는 데 직접적인 영향을 미쳤고, 막 '류스 정돈 사건'에서 벗어나 한숨 돌리고 있던 원저우 사람들에게 또 다시 시련을 안겨주었다. 자못 개혁적인 풍모를 갖고 있던 리루이환은 원저우의 간부들이 받고 있는 엄청난 압력을 당연히 알고 있었다. 현지 관료들은 그에게 '주식합작제' 기업을 소개할 때 거듭 조심스럽게 "이것은 일종의 새로운 형태의 집체경제이고, 사영경제와는 본질적인 차이가 존재한다"고 말했다. 리루이환의 당시의 태도는 현지 간부들을 조금은 안심하게 만들었다.

'성이 자씨냐 아니면 사씨냐'는 논쟁은 경제 영역에서 공유제 경제와 사영경제의 비중 문제로 나타났고, 일부 인사들은 후자의 급속한 성장이 사회주의 국가의 성질을 변화시킬 것을 우려했다.[1]

이러한 시기에 시장 경쟁에서의 국영기업의 무기력함은 실제로 사람들을 실망시키고 있었다. 1월 12일의 『중화공상시보』는 다음과 같은 기사를 게재했다.

베이징에는 양말, 장갑 등 일용품 재고가 심각하게 쌓여있는데, 이들 수백 개의 국영 소기업이 있는 둥청구와 둥청구 공상국은 소재지 국영기업에게 판매 기회를 제공하기 위해 적극적으로 그들이 재래시장에 진입하도록 안배하고, 또 행정 수단을 동원해 가장 좋은 위치에 점포를 설치하도록 조치했다. 하지만 결과는 오히려 기대만큼 나오지 않았다. 백 개가 넘는 재고 적체 기업 중 17개 업체만이 사전에 점포 설치를 지원했고, 현장에 나온 업체는 6~7개에 지나지 않았다.

---

1) 이해 향진기업은 상징적 성적을 거뒀다. 전국 향진기업 총생산액은 1조 위안의 관문을 돌파했고, 종업원도 동시에 1억 명을 넘어섰다.

『중화공상시보』의 기자가 베이징 최대의 허펑리和平里 종합시장에서 본 광경은 이러했다.

국영과 개체의 점포 위치는 명확하게 구분되었다. 전자의 점포 직원은 목을 움츠리고 카운터 뒤에 숨어서는 관료적인 색채를 풍기고 있는 반면 개체호는 소리를 지르면서, 때로는 샘플을 들고 손짓을 하면서 사람들을 끌어들이고 있었다. 뼈를 에는 추위 속에서도 개체호는 여전히 해가 뜨면 문을 열었고, 해가 지면 점포 문을 닫았지만 국영기업 점포는 출퇴근 시간에 맞춰 8시간만 근무했고, 만약 연장근무를 시키려면 보너스와 근무 수당을 지급해야 했다.

이러한 국영기업 점포의 판매량은 개체호의 1/4에도 미치지 못했고, 자연스럽게 시장에서 도태되었다. 기자는 마지막에 어쩔 수 없다는 듯이 다음과 같이 말했다.

설령 국영기업을 장소, 상품, 유통 환경에서 개체호와 유사한 수준의 상황에 놓더라도 이익과 시장 메커니즘에서 개체 수준에 도달하도록 하는 것은 어렵다.

이것은 아주 강한 함축적인 의미를 가졌던 뉴스로, 완전 경쟁 영역에서의 국영기업의 피동성과 난처함을 잘 표현하고 있다.

이 시기의 국영기업 개혁에는 1980년대 중후반과 같이 "개혁하자 바로 생기가 돈다一改就靈"와 같은 기개가 없었고 대부분의 경우 비장하고 어쩔 수 없는 분위기를 띠고 있었다. 전국 양회兩會(전국인민대표대회와 중국인민정치협상회의)에서 한 베이징 대표는 "우리 마음을 마치 커다란 돌덩어리가 누르고 있는 것 같은데, 이 돌덩어리가 바로 국영 대기업과 중기업"이라고 말했다. 1984년부터 여러 형태의 개혁 조치가 해마다 새롭게 취해졌다. 이윤을 세금으로 전환하는 정책, 도급제, 정경 분리에서 능률적인 조합, 주식제, 리스제에 이르기까지 국영기업 개혁을 위한 처방은 겹겹이 쌓였지만 효과는 아주 미미했다. 근래에 들어 '편중지원', '보호' 및 대량의 대출 주입 등의 방식을 취했는데도 국영기업은 여전히 사람들을 실망시켰다. 신화사의 한 평론가는 논평에서 우울한 어조로 "사람들은 모두 대기업과 중기업이 발전할 수 없다면 향후 10년 동안 중국 경제는 성공의 희망이 없음을 알고 있다"라고 말했다. 당시 이러한 공통된 인식에 대해 유일하게 반론을 제기한 사람은 쓰촨의 경제학자 쟝이웨이牉華였다. 그는 줄곧 '새장鳥籠 경제'의 작태를 반대했고, 국가는 마땅히 국영기업에 대한 고질적인 편향을 포기하고, 더 큰 포용과 관용의 시각으로 상이한 소유제 경제를 평등하게 대우해야 한다고 주장했다. 국영기업에 대한 그의 관점은 "어떠한 약을 먹어도 약을 먹지 않는 것만 못하고, 신경 쓰지 않으면 살아날 것이다"였다.[2] 『인민일보』 기자 링즈쥔은 취재에서 돌아온 후 "나는 이 말이 마음에 들기는 하지만 오히려 무엇을 의미하는지는 잘 모르겠다"라고 말했다.

쟝이웨이의 관점은 링즈쥔만 이해를 못한 것이 아니라 다른 사람들의 인정도 받지 못했다. 사실 국영기업에 대한 모든 사람들의 절망은 하루아침에 형성된 것이 아니라 20여 년 동안의 고통스런 구제와 그것의 반복에서 비롯된 것이었다. 링즈쥔을 곤혹스럽게 한 것은 바로 이것이었다.

과거 오랜 시간 국영기업에 대해 무수한 처방을 내렸고, 처방을 내릴 때마다 모두들 '살아났다'고 말했지만 지금까지 '살아난 것'이 몇 차례인지도 모르겠고, 마음을 가라앉히고 다시 바라보니 여전히 '살아나지 않은' 상태임을 알게 되었다. 설마 우리가 이후 다시 약을 처방한다면 정말로 효과를 볼 수 있을까?

5월 또 재미있는 사건이 발생했다. 바로 언론 매체들이 개혁개방 후 투자가 가장 컸던 제철기업 상하이바오강을 대신해 빚 상환을 재촉한 사건이 바로 그것이었다. 보도에 따르면, 당시 중국에서 가장 현대화된 이 제철 기지는 과거 몇 년 동안 줄곧 삼각부채로 곤혹을 치르고 있었다. 당시까지의 부채 누계가 20억 위안을 훨씬 넘어 유동 자금의 1/3을 차지해 경영이 어려운 지경에 처해 있었던 것이다. 국가

---

2) 쟝이웨이의 또 다른 관점은 '검은 상자'론이다. 그는 "정부는 기업에 대해 밖에서 관리할 수는 있으나 손을 안으로 집어넣어서는 안 된다. 한 발 물러나서 '검은 상자'로 할 수 없다면 적어도 '유리 상자'는 되어야 한다"고 생각했다.

계획위원회, 전국부채청산사무실 및 상하이 시정부가 나서서 바오강을 대신해 부채 정리를 협의했지만 효과는 여전히 시원찮았다. 어쩔 수 없이 최후의 수단으로 주요 채무 기업(113개 국영제조기업과 유통회사)의 명단을 『중화공상시보』에 공개했다. 몇 달에 걸친 언론의 추궁과 독촉 하에 채무 기업들은 그때서야 빚을 상환하기 시작했다. 『중화공상시보』의 한 기자는 바오강에 4,400만 위안의 빚을 지고 있던 창춘제일자동차공장을 직접 찾아가 빚을 재촉한 적이 있었는데, 그 결과 800만 위안을 상환하도록 하는 성과를 거두었다. 언론이 나서서 빚을 독촉하는 역할을 맡았다는 것은 다분히 블랙유머적 성격을 띠었던 사건이라 할 수 있었다. 이것은 또 국영기업의 조정과 관리에서 관련 부문의 무기력함을 그대로 보여준 사례였다.

허베이성의 랑팡廊坊시에서 발생한 류선린劉森林 사직 파동은 국영기업의 정리 과정의 또 다른 난처함을 표출한 사건이었다. 1985년 25세의 류선린은 랑팡농공상 총공사를 믿고 화학청소업체를 설립하고는 자기 가산을 담보로 공상은행에서 5만 위안을 빌렸다. 6년 후 이 업체는 끊임없이 성장해 자산이 1,040만 위안에 달했고, 직원이 300명에 이르렀다. 계약에 따르면 류선린은 1990년에 150만 위안의 보수를 받기로 되어 있었으나 공상은행은 정책에 부합하지 않는다는 이유로 현금 지급을 거절했다. 그러자 류선린과 '시어머니'와의 관계는 급속하게 악화되었고, 류선린은 사직서를 제출하면서 핵심 요원들을 데리고 사영기업을 설립할 것이라고 선언했다. 이 사건은 언론 보도를 통해 주목을 받았고, 류선린이 떠나야 되는지에 대한 열렬한 토론이 전개되었다. 결국 랑팡시의 주도로 공상은행과의 예속 관계를 정리하고, 또 다른 '시어머니'인 랑팡시 경화학공업국의 부속회사(명의회사)가 된 다음 이 사건은 조용해졌다. 이 파동은 기업의 자주 능력의 제고로 기업과 주관 기구와의 모순이 날로 돌출되어 급기야는 해결할 수 없는 지경에 이르렀음을 증명해주는 것이었다.

여러 현상은 전통적인 의미에서의 국영기업이 이미 격렬한 시장 경쟁 속에서 날로 시들어갔고, 2년간에 걸친 치리정돈과 시장의 불황이 그나마 남아있던 진취적인 생각마저도 사라지게 만들었음을 보여주었다. 농업부 통계에 따르면 1990년 농촌 집체기업은 265억 위안의 이윤을 실현시켜 처음으로 국영기업의 이윤 246억 위안을 초과했으며, 전자의 판매 이윤율도 5.6%로 후자의 2.6%를 2배 이상 앞섰다. 농민 기업가 루관츄는 국영기업과의 경쟁에서의 향진기업의 자신감을 표현했다. 그는 전국 양회 기간에 2000년이 되면 향진기업이 생산액과 이윤에서 모두 국영기업을 추월할 것이고, 국민경제에서도 '형님' 역할을 하게 될 것이라고 예상했다. 물론 이것은 한 농민 기업가의 개인적인 호언에 지나지 않았고, 학계에서도 이를 논쟁의 대상으로 삼지 않았다. 국가도 국영기업의 진흥 전략을 다시 고민하기 시작했지만 모든 기업을 살리기에는 역부족이라고 생각했다. 그래서 지속적인 정부 지원과 규제 완화에 노력하는 것 외에 지원해도 스스로 일어설 수 없는 기업들로 하여금 자체적인 결단을 내리도록 유도하게 되었다.

8월 15일 매일 국영기업을 어떻게 해야 할 것인가를 토론한 『경제일보』는 「죽을 수 없는 소수 기업, 살려도 시원찮은 다수 기업」이라는 글을 발표했다.

> 산업구조 조정이 어려운 이유는 문제점이 소수 기업(특히 국영기업)의 손아귀에서 사라지지 않기 때문이다. 풍랑이 몰아치면 모두 땅바닥에 엎드려 있고, 풍랑이 지나가면 모두 다시 일어선다. 산업은 여전히 그 산업이고, 구조는 여전히 그 구조다. 우리가 기업을 살리고 싶지 않은 것이 아니라 객관적인 환경이 그러한 기업이 살아나기를 허락하지 않는 것이다.

이 글은 게재되자마자 일순간에 광범위한 주목을 받았고, 수많은 사람은 정책 조정의 징조를 느끼게 되었다. 『경제일보』는 당시 국무원 산하의 기관지였고, 이 신문의 수많은 관점은 정부 입장을 대변하고 있었다. 몇 달 후 『경제일보』는 스촨성을 본보기로 다시 "구제 희망이 없는 기업을 안락사시키자", "경조사는 함께 처리하자" 등의 보도를 연속적으로 내보냈다.

사실 실제로 살아남기 힘든 국영기업을 사장시키는 것은 관념 해방의 문제이기도 했지만 실질적으로 어려움이 많은 문제였다. 가장 골칫거리는 바로 해직 노동자들에 대한 보완 조치였다. 오랜 기간 국영기업의 노동자들은 '주인나리' 교육을 받아왔고, 공장을 집으로 생각했으며, 노동자 신분을 영광으로 여겨 해고에 대한 준비와 재취업 능력이 전혀 없었다. 많은 기업에서 온가족이 한 공장에서 일하고 있었고, '노동자 신분'이 심지어는 세습되는 경우도 있었다. 이러한 기업을 사장시키면 강력한 사회적 동요가 일어날 것임은 너무나 자명했다. 선전시는 1990년 4월부터 외국 투자자에게 국영기업을 매각하기 시작했다. 1991년까지 선전시는 이미 40여 개의 국영기업의 재산권을 매각했고, 거래액은 1억 9천만 위안에 달했다. 언론은 "재산권 양도 과정에서 가장 처리가 힘들었던 부분은 매수자가 종종 기업의 직원을 원하지 않는 점이었다. 선전시 관련 부문은 이 문제를 해결해야 했다"라고 보도했다.

스촨에서 국영기업을 안락사시키는 방법은 잘나가는 국영기업더러 적자 기업을 합병하게 하고, 동시에 정부가 더 많은 우대 정책과 지원을 제공하는 것이었다. 청두의 우펑(舞鳳)강관공장의 공장장은 6개의 적자 기업을 인수하면서 "합병은 기업 행위이긴 하지만 결코 기업의 자발적인 행동이 아니었다"라고 말했다. 이 말은 만약 충분한 우대가 없었다면 결코 썩은 사과를 먹지 않았을 것이라는 의미였다. 하나의 제철공장을 합병하기 위해 강관공장은 정부와 15개월 동안 협상을 진행했다. 이러한 경험은 훗날 다른 지역으로 전해졌고, 적지 않은 지역에서 방대한 규모의 국영기업 집단이 탄생하게 되었다. 그들은 종종 상장 시 융자 쿼터를 얻어내기도 했고, 세금 부분에서 특별한 우대를 받기도 했다. 이러한 과정에서 강관공장과 같이 협상에서 우위를 점한 기업은 많지 않았고, 절대 다수의 합병은 정부 의지대로 이루어졌고, 그 결과 초래된 방대한 규모의 후유증은 기업을 흥망으로 이끌었다.

1991년 11월 25일 '상하이' 자동차는 생산 중단을 선언했는데, 이로써 건국 이후 양대 자동차 브랜드로 군림한 '훙치' 자동차와 '상하이' 자동차는 문을 닫게 되었다. 적지 않은 사람들이 최후의 '상하이' 세단과 기념사진을 찍으려 소란을 피웠고, 어떤 사람은 눈물을 흘리는가 하면, 어떤 사람은 두 손으로 자동차를 어루만지며 이별을 고하기도 했다. '상하이' 자동차는 1963년에 생산을 시작했고, 개혁개방 초기에는 국가가 제품을 통제하면서 현 급 이상의 간부만 이 차량을 이용할 수 있었다. 일반인과 사인기업은 구매할 권리조차 없었다. 1983년 이후 자동차공장의 생존 위기 현상에 직면해 차츰 일반인에게도 자동차를 판매하기 시작했는데, 차량 가격은 2만 5천 위안이었다. 당시 자동차 판매에 참여한 한 직원은 이렇게 회고했다.

매번 자동차를 판매할 때는 온통 두려움으로 가득했습니다. 무슨 정치적인 잘못을 저지르는 것은 아닌지 조마조마했습니다.

'상하이' 자동차가 시장의 가장자리에서 방황하고 있을 때 독일의 폭스바겐은 중국 투자를 점점 늘려갔다. 그들이 생산한 산타나는 매년 6만 대에 달했는데, 이는 '상하이' 자동차가 과거 28년 동안 생산한 수량과 비슷했다. 그 결과 산타나는 중국 자동차의 최고 모델로 자리 잡았다. 8월의 『비즈니스위크』는 다음과 같이 논평했다.

1990년 상하이폭스바겐 上海大衆의 세후 이익이 폭스바겐의 글로벌 이윤 목표를 초과했다. 원인 중의 하나는 중국과 같은 국유경제의 조건 하에서 보통의 폭스바겐 승용차 한 대가 인민폐 17만 8천 위안에 팔렸는데, 이는 이 제품의 세계 평균가격의 6배에 달했기 때문이다.

이토록 엄청난 이윤 공간은 중국이 '상하이' 자동차를 포기하도록 만든 중요한 원인 중의 하나였다. 1985년부터 상하이폭스바겐자동차로 재조정된 후부터 기존의 '상하이' 자동차는 유명무실해졌고, 2,900명에 달한 공장의 핵심 인원 중 1,600명이 합자공장으로 이동했고, 정부 주관 부문은 기존의 생산 프로젝트에 더 이상 지원을 하지 않았다. '상하이' 자동차는 국가로부터 버려진 상황에서도 몇 년을 지속했지만 결국은 더 이상 살아남을 방법이 없었던 것이다. 1991년 5월 국가 관련 부문은 향후 4년 내에 1974년 이전에 생산된 170만 대의 차량을 폐차시키기로 결정했는데, 절대 다수의 '상하이' 자동차가 이에 포함되었다. 이러한 조치는 중국 자동차 산업에서는 절대적 호기로 작용했지만 애석하게도 국영 자동차기업은 파이를 맛볼 인연조차 없었다. 한 언론은 물자부 관료의 말을 인용해 다음과 같이 보도했다.

정부는 기관과 기업에 신차 교환에 대해 재정을 지원했는데, 신차는 대부분 중국이 미국, 일본, 독일 프랑스와 합작한 합자회사에서 생산되었다.

국영기업에 대한 '생사 토론'은 실제로는 향후 10여 년간 계속될 자본의 성대한 잔치가 조용히 시작되었음을 의미하는 것이었다. 곤경에 빠져있거나 시장경쟁의 가장자리에 처해 있던 국영 자산의 분할과 재조정 그리고 매각은 재부 축적과 개혁 성과 분배의 중요한 방식이 되었다. 만약 1988년에 엄청난 재앙거리로 간주되었던 만악萬惡의 대명사 '자본'이 다시 돌아왔다고 한다면 1990년은 이 명사가 황금색 광채를 뿜어내기 시작한 해였고, 가장 먼저 이를 인식한 사람들은 새로운 부의 총아가 되었다. 사람들이 의외라고 생각한 것은 이러한 사람들 중 일부는 방대하고 경직된 국영자본이라는 '황금 산' 위에 앉아서 각자 자신들의 '첫 번째 금맥'을 발굴하고 있었다는 사실이다.

1990년 줄곧 자신의 상업적 재능에 대해 확신을 갖고 있던 스촨 완현 사람 모어치중은 마침내 자신의 '천재성'을 증명했다.

고향을 떠난 후 그는 줄곧 선전, 베이징, 하이난 등지에서 사냥감을 찾아 나섰고, 그의 난더회사는 강재에서 털실에 이르기까지 다양한 영역의 무역에 종사했다. 성격이 호방하고 자유로운 것을 좋아한 그는 '큰 세상'에 얼굴을 내밀 수 있는 기회를 놓치지 않았다. 1989년 모어치중은 스위스 다보스 세계경제포럼의 초청을 받아 참석했는데, 이는 중국 기업가로서는 처음 있는 일이었다. 다보스의 물가는 비쌌고, 모어치중은 감히 호텔에서 음식을 먹지 못하고 매일 싼 음식을 찾아 골목길을 헤매고 다녔다. 포럼은 반 달 동안 진행됐지만 그는 물가를 견디지 못해 귀국하기로 결정했는데, 호텔 카운터에서 계산할 무렵에야 모든 비용은 포럼 주최 측에서 부담한다는 사실을 알게 되었다.

다보스에서 돌아온 지 얼마 되지 않아 그는 완현에서 베이징으로 가는 기차 안에서 허난 사람을 알게 되었는데, 그로부터 해체에 직면해 있는 소련이 Ty-154 비행기를 매각하려고 하는데 매수자를 찾지 못하고 있다는 사실을 알게 되었다. 기상천외한 그는 모험할 가치가 있는 장사라고 생각했다. 그러나 난더는 대외무역권이 없었고, 항공 경영권도 없었으며, 필요한 현금은 더욱 없었다. 그가 비행기에 대한 무역을 성사시키려고 하는 것은 그야말로 허황된 이야기였다. 하지만 그는 1년 전 개항한 스촨항공이 비행기를 구입한다는 소식을 접하고, 수차례 협상을 진행해 결국 스촨항공으로부터 이 소련 비행기 구매 동의를 이끌어냈다. 그런 후 모어치중은 스촨의 현지 국영기업으로부터 통조림, 가죽, 옷 등 대량의 재고 상품을 긁어모아 물물교환 방식으로 이 사업을 성사시킬 준비를 마쳤다. 모어치중은 사람을 잘 휘어잡는 사람이었다. 그는 소련 항공업부 관료의 접견 장소로 베이징 댜오위타이의 국빈관을 선택했다. 회담 개시 전 그는 아주 영광스럽다는 태도로 손님에게 이곳은 고르바초프가 중국 지도자와 회견한 장소라는 사실을 알려주었고, 이에 소련에서 온 손님은 바로 숙연해지면서 경의를 표했다. 이러한 모어치중의 수완으로 불가능해보였던 사업이 현실로 바뀌었다. 1991년 난더, 스촨항공과 소련은 계약에 성공했고, 중국은 인민폐 4억 위안 가치의 차량 500대 분량의 일용품으로 4대의 항공기를 구입했다. 이 교역 사례가 언론을 통해 보도된 후 모어치중은 순식간에 전국적인 뉴스 포커스 인물이 되었고, 그는 이 거래에서 8,000만~1억 위안을 벌었다고 말했다. 모어치중의 활동 방식은 항상 정책의 가장자리를 맴돌았다. 2000년 7월 스촨항공은 당시 구입한 항공기가 '밀수된 항공기'라는 이유로 경매를 실시했다.

'통조림 깡통을 비행기와 바꾼' 모어치중은 하룻밤 사이에 이름을 떨쳤고, 이를 통해 그는 자신의 '빈손 이론'을 더욱 확신하게 되었다. 그는 기자에게 다음과 같이 말했다.

과거의 경제 법칙은 아주 우습게 변했습니다. 공업 문명은 서방에 비해 낙후되었고, 이에 우리는 지혜 문명 경제의 새로운 게임 규칙을 세워야 합니다. 어떤 사람은 저의 '빈손 이론'을 이야기하는데, 이 이론은 무형 자산, 특히 지혜 문명에 대한 고도의 운용이자 중국 경제에 대한 저의 세기적인 공헌이라 할 수 있습니다.

이후 모어치중은 이 '빈손 이론'을 모든 행동에 적용했다. 그는 사람들이 황당해

할 정도의 '거대한 프로젝트'를 기획하기도 했다. 그중에는 히말라야산맥을 폭파시켜 넓이 50km, 깊이 2,000m의 공간을 확보한 다음 인도양의 따뜻한 습기를 중국의 건조한 서북 지역으로 끌어들여 그곳을 강우 지역으로 만든다는 프로젝트도 포함되어 있었다. 1990년대 모어치중은 줄곧 언론의 포커스가 되었고, '중국 10대 민영기업가', '중국 개혁의 풍운아', '중국 10대 사업가' 등 무수한 칭호를 얻었다. 그리고 난더그룹은 '중국 개혁개방의 시험대', '중국의 진정한 민영기업'으로 불렸다. 1994년 모어치중은 『포브스』지의 글로벌 부호 리스트에 이름을 올렸고, 중국의 『재부』잡지는 그를 '중국 제일의 민간 기업가'와 '대륙 최고의 부자'로 명명했다. 상상력과 개혁 열정이 충만한 스촨성 출신의 모어치중은 중국 최초로 '최고 부자'라는 왕관을 쓴 기업가가 되었다.

1991년을 전후한 모어치중의 성공은 우연한 사건이 아니었다. 13년의 개혁을 거친 후 계획체제는 점점 와해되어 가는 지경에 이르렀고, 시장 개척 능력 부족으로 초래된 상품 적체 현상은 여전히 많은 국영기업을 괴롭히는 최대 난제였다. 이러한 현상은 모어치중과 같은 사람에게 거대한 운영 공간을 제공하는 계기가 되었다. 창의적인 방식을 통해 유통 환경에서 이윤을 획득하는 방법이 이러한 모험가들에게는 언제나 효과적으로 돈을 버는 수단이 되었다. 그러나 규범화된 자본 도구와 게임 규칙의 결핍으로 인해 이러한 경영 활동은 때때로 전기적이고 기이한 색채를 띠었고 또 갖가지 불확실성으로 가득했다.

만약 모어치중이 '통조림으로 비행기를 구입했다'는 이야기가 시작부터 사람들 입에 회자되었다고 한다면, 이와 거의 동시에 활동한 또 다른 한 사람의 자본 운용은 아주 차분하고 조용한 것처럼 보였다. 하지만 이름조차 아주 신비한 이 안후이 사람은 아마도 처음으로 현대 자본 게임의 규칙에 진정으로 정통한 중국 기업가였다.

많은 시간이 흐른 후에도 사람들은 여전히 양롱의 신상에 대해 잘 모르고 있다. 알려진 바에 따르면 그의 본명은 양용(仰融)으로 시난(西南) 재경대학을 졸업한 경제학 박사였다. 양롱을 취재한 한 기자는 다음과 같이 말하고 있다.

양룽은 사상이 자유로운 사람으로 만약 그와 같이 앉아 이야기를 한다면 항상 그에 의해 끌려가게 될 것이다. 다른 기업가에 비해 그는 아주 프라이드가 강한 사람처럼 보인다. 만약 오늘 수중에 20만 위안이 있고, 또 내일 이 돈을 모두 갚아야 한다고 해도 그는 오히려 당신에게 10만 위안으로 식사를 대접하면서 안색 하나 변하지 않을 것이다.

그는 일찍이 사람들에게 셰익스피어의 명언을 암송했다고 한다.

세상사의 기복은 원래 파도와 같은 것이다. 사람들이 밀물을 만나 앞으로 쭉 나아가면 반드시 공을 이루고 이름을 얻을 수 있지만 시기를 잡지 못하면 종신토록 불우하고 이루는 일 하나 없게 된다.

그는 이후 10년 동안 확실히 그렇게 행동했다.

1989년 금융 교육자이자 중국금융대학 당위원회 서기 쉬원퉁徐文通의 높은 평가를 받아 양룽은 홍콩에서 화보어華博재무공사를 설립했는데, 초기 출자자는 쉬원퉁이 회장으로 있는 하이난화인海南華銀이었다.

몸은 홍콩에 있었지만 마음은 항상 대륙에 있었던 양룽은 국영기업의 자본 변혁이 거대한 이익 공간을 가져올 것임을 잘 알고 있었다. 선양 진베이金杯자동차는 동북에서 처음으로 주식제 개혁을 시도한 국영 대기업으로, 1988년 국내외로 1억 위안의 주식을 발행했지만 1년 동안 반응이 거의 없었다. 심지어 국가개혁위원회 건물에 게시해 주식 매매를 진행했지만 하루 종일 매각한 주식은 2만 7천 위안에 불과했다. 바로 이때 양룽이 나타나 협상을 진행했고, 1991년 7월 22일 양룽은 1,200만 달러로 진베이의 주식 40%를 매수했다. 이후 그는 주식 교환을 통해 지분율을 51%로 확장해 이 회사의 대주주가 되었다. 양룽은 이를 위해 특별히 버뮤다 제도에 '화천華晨중국자동차지주회사'라는 프로젝트 회사를 설립했는데, 이 회사는 화보어가 100%의 지분을 보유하고 있었다. 당시 양룽은 조용하게 화보어에 대한 자본 개조를 완성했는데, 지분 구조는 양룽이 70%, 자연인이 30%였고, 법정 대표는 자신의 이름으로 바꾸었다. 2003년 『21세기경제보도』가 공표한 자료에 따르면 양룽이 독자적으로 진베이를 인수하기로 계획했고, 모든 자금은 쉬원퉁이 장악하고 있던 하이난화인으로부터 나온 것이었다. 그러나 양룽 본인은 2003년 평황 TV와의 인터뷰에서 진베이에 투입한 자금의 일부는 빌려온 것이고, 일부는 상하이에서 주식 투자로 번 돈이라고 밝혔다.

일련의 자본 조합을 완성한 양룽은 미국 뉴욕증권거래소에 상장을 시도했다. 당시 중국에는 증권감독위원회가 없었고, 양룽의 상장을 위해 참고할 만한 선례도 없었다. 상장회사의 합법적이고 합리적인 신분을 위해 양룽은 비영리성의 '중국금융교육기금회'를 설립했다. 발기인은 중국인민은행, 화천지주회사, 중국금융대학과 하이난화인이었고, 등록 자본금은 210만 달러였다. 이중 200만 달러를 화천지주회사가 출자했다. 이렇게 해서 양룽은 독점성 국유자본 배경의 '붉은 모자'를 쓰게 되었다. 1992년 10월 '화천중국자동차'가 뉴욕증권거래소에 상장되어 조달한 자금은 모두 7,200만 달러였다. 이는 중국 기업으로서는 처음으로 해외에 상장된 사례였고, 뉴욕증권거래소의 입장에서는 사회주의 국가로부터 온 첫 주식이었다. 이는 당시 미국 증권시장을 떠들썩하게 했다.

1991년을 전후한 양룽의 일련의 자본 운용은 아주 능숙해 보였다. 그는 적은 자금으로 자산 구조는 양호하지만 잠시 곤경에 빠져있던 국유기업의 지배권을 장악하고는 면세 천국인 버뮤다 제도에 페이퍼컴퍼니를 설립해 '중국 주식'이라는 개념으로 해외 상장이라는 목표를 달성했다. 그의 정교하고도 글로벌적인 특징은 큰소리치기 좋아하는 모어치중과는 비교할 바가 아니었다. 하지만 두 사람의 공통된 특징은 계획체제가 희석되는 과정에서 출현한 기회를 놓치지 않았고, 자신들만의 다양한 수단을 통해 재부 축적이라는 목표를 실현했다는 점이다. 이후 오랜 시간 동안 이런 자본 운용은 수많은 비즈니스 기재들을 굴기하게 하거나 침몰시키는 핵심적인 방법이 되었다.

모어치중과 양룽 등이 한창 기세를 떨치고 있을 때 개혁 관념이 앞서있던 저장성 일대에서 소유제를 뛰어넘는 합병 사건이 발생했다. 3년 전 중칭허우가 설립한 항저우와하하아동식품공장은 이미 전국에서 가장 큰 아동 건강음료 기업으로 성장해 있었다. 하지만 학교에서 설립한 공장이어서 와하하는 줄곧 3층짜리 작은 건물 옆에 작업장을 둔 채 공장을 확장할 여지가 전혀 없었다. 11월 항저우 시의 조정 하에 중칭허우는 파산에 임박해 있던 전국 4대 통조림 기업인 항저우통조림공장을 합병했다. 화동〔중국 동부 지역으로 상하이, 산둥성, 안후이성, 쟝수성, 저쟝성, 쟝시성, 푸젠성, 타이완 지역을 포함한다〕언론은 이 사건을 "작은 물고기가 큰 물고기를 집어삼켰다"고 보도했다. 중칭허우는 인수합병 후 신속하게 생산라인을 도입해 아동음료 와하하 주스를 출시했고, 겨우 100일이라는 시간 만에 통조림공장을 정상화시키고 흑자를 실현했다.

산둥성 웨이팡濰坊에서는 막 부임한 젊은 시장이 한 걸음 더 앞서나갔다.

35세의 젊은 시장 천광陳光은 연초에 웨이팡 공청단 서기에서 웨이팡시의 현급 도시인 주청諸城시 시장으로 부임했다. 부임 후 첫 조사에서 그를 골치 아프게 한 것은 시에 소속되어 있는 150개의 국영기업 중 130개 기업이 적자에 시달리고 있는 사실이었다. 원인은 "기업 재산권 관계가 불투명해 이익 관계가 직접적이지 않다"는데 있었다. 천광은 새로 발표된 중앙의 문건에서 "국유 소기업 중 일부는 집체기업이나 개인 기업에 매각하거나 임대할 수 있다"는 문장을 찾아냈다. 그래서 그는 이러한 기업을 일률적으로 매각하기로 결정했다.

첫 번째 매각 대상으로 지정된 기업은 자산 270만 위안, 직원 177명의 주청전동기공장이었다. 시정부가 처음에 제시한 개혁 방안은 국가가 51%, 직원이 49%의 지분을 보유하는 방안이었지만 천광은 100% 매각을 제안했다. 최종 결정된 방안은 9명의 경영진이 4만 위안씩, 20여 명의 중간 간부가 2만 위안씩, 일반 직원이 6,000위안씩 출자하는 방식이었다. 이러한 개혁은 1년이라는 시간이 걸렸고, 새로운 회사 설립 모임에서 천광은 다음과 같이 말했다.

10년에 걸친 개혁, 기업은 여전히 정부 품안에 누워 있었습니다. 오늘부터 시작해 우리들의 관계는 이미 변했습니다. 여러분들이 등록을 신청하면 우리는 허가를 내주고, 여러분들이 이윤을 창출하면 우리는 세금을 징수하는 관계로 변했습니다. 여러분들이 돈을 벌면 여러분들이 즐겁고, 여러분들이 불법을 저지르면 우리가 처벌하고, 여러분들이 파산하면 우리가 동정해주는 관계로 변했습니다.

이후 2년 동안 천광은 주식제, 주식합작제, 재산권 무상양도, 파산 등 7가지 방식으로 시 전체 272개의 국영기업과 집체기업을 모두 개인에게 매각했고, 천광은 이로 인해 '천매각'이라는 칭호를 얻게 되었다.

'천매각'의 대담한 행동은 자연스럽게 일부 인사들의 공격을 초래했다. 경제 업무를 총괄하고 있던 국무원 부총리 주룽지는 국가체제개혁위원회 부주임 홍후써(洪虎)를 조장으로 하는 조사팀을 주청에 파견해 조사를 진행했다. 최종 결론은 "압력과 어려움이 많은 상황에서 주청시는 성과를 도출했는데, 이는 매우 장한 일이라 할 수 있고, 국유 소기업 제한 완화의 경험을 축적했다"는 것으로 내려졌다. 천광은 1997년에 산둥 허저(荷澤)시 위원회 부서기로 부임했다. 그곳 역시 국영기업의 재난 지역이었고, 현급 이상 국영기업의 90%가 적자에 시달리고 있었다. 천광은 이전 방식으로 매각이 가능한 기업은 매각했고, 매각이 불가능한 기업은 우수 기업들에게 선물로 주었다. 2002년 허저시는 국영기업 매각에 대한 대가로 손실 국면을 12%까지 하락시켰다.

기업사에서 천광은 국유기업 재산권 제도 개혁에서 '최고의 관리'로 불렸다. 1980년대 초부터 시작된 국유기업 개혁은 여전히 정부 부문과 국유기업 간의 관계 개선을 위주로 진행되었고, 제한 완화 개혁에서 도급제까지 각지의 정부와 경영자는 무수한 개혁 모델과 방법을 시도했지만 줄곧 가장 치명적이고도 민감한 재산권 제도 개혁을 건드린 적은 없었다. 기업의 재산권 관계는 여전히 명확하지 않은 채로 남아 있어 천광은 "노동자가 주인이면서도 주인노릇을 못하고, 공장장은 기업의 손실에 대해 책임지지 않는다"고 말했다. 1991년을 전후로 정부가 온갖 수단을 동원해도 효과가 없었고, 전체를 책임질 여력이 없는 상황에서 지방의 중소형 국영기업은 마침내 하나씩 버려지기 시작했다. 이때 민영기업은 합병 능력과 필요성을 갖고 있었다. 주청에서 천광이 실행한 방법은 당시 국내에서 결코 보기 드문 현상이 아니었지만 그의 매각 방식이 실제로 사람들을 깜짝 놀래켰기 때문에 많은 주목을 받았던 것이다.

천광이 주청을 평정한 이듬해 황훙녠黃鴻年이라는 인도네시아 화교가 중국을 방문했다. 그는 '인도네시아 두 번째 부자'의 아들이라는 신분으로 국영기업 체제 개혁이라는 커다란 솥단지에서 한몫 크게 챙겨갔다.

1991년을 전후로 전 세계와 중국에서 신기술 산업은 격변기에 놓여 있었다.

당시 미국의 실리콘밸리에서는 불안한 기운이 감돌고 있었다. 전미 휴대용 컴퓨터시장은 일본 업체들이 43%를 차지하고 있었고, 이 시장은 컴퓨터 하드웨어업종에서 성장이 가장 빠른 분야였다. 실리콘밸리가 절망감을 느낀 것은 일본이 이미 전 세계 DRAM 생산을 장악하고 있는 사실이었다. 2월 MIT의 찰스 퍼거슨Charles Ferguson 교수는 미국인을 맥 빠지게 하는 일을 경험했는데, 컴팩사의 휴대용 컴퓨터를 분해한 그는 모니터, 동력관리 시스템, 축소 기술이 모두 일본 것임을 발견했다. 이에 퍼거슨 교수는 미국의 컴퓨터업체의 전략의 취약성에 극심한 우려를 표명했다.

7월 『하버드 비즈니스리뷰』에는 「컴퓨터를 생산하지 않는 컴퓨터회사」라는 글이 실렸다. 이 글은 "이러한 경쟁력 약화는 불확정적이지만 그러한 두려움을 가질 필요가 없다"라고 시작했다. 이후 저자가 제시한 예언은 10년이 지난 후에 보면 모두 현실로 구현되었다.

2000년이 되면 가장 성공한 컴퓨터회사는 더 이상 컴퓨터를 생산하지 않고, 컴퓨터를 구매하는 회사가 될 것이다. 앞서 나가는 경영자들은 가격이 저렴하고 성능이 좋은 하드웨어를 충분히 이용해 새롭게 응용된 제품을 창조하고 공급하게 될 것이다.

이러한 논조는 미국 IT산업의 방향에 영향을 주었고, 마침내 마이크로소프트, IBM, 델과 같은 성공한 컴퓨터회사를 만들어내게 되었다.

산업의 전 세계적 변천에 호응해 시장에서 가장 먼저 성장한 중국 기업들도 처음으로 글로벌 경쟁의 압력에 직면해야 했다.

당시 컴퓨터시장에서 롄샹은 가장 성공한 슈퍼스타였고, 중국 기업의 글로벌화의 모범이었다. 류촨즈는 훗날 이렇게 말했다.

1990년을 전후로 롄샹은 3만 3천 9백 위안의 가격으로 국내시장에서 386컴퓨터를 판매했는데, 모든 원가를 제외하면 24%의 이윤을 챙길 수 있었다.

그런데 1991년 봄이 되자 상황은 갑자기 변했다. 글로벌 컴퓨터업체들이 대대적인 가격 인하에 나섰고, 컴퓨터의 마이크로칩은 하루에도 세 번씩이나 가격이 변했다. 그러자 수입품을 이용한 조립을 핵심 경쟁력으로 삼았던 롄샹은 커다란 충격을 받았다. 회사 창고에 있던 마이크로칩의 현물 가격이 70%로 떨어진 것이었다. 당시 류촨즈는 마치 뜨거운 물에 들어간 개구리처럼 급박한 상태에 놓여있었다. 3개월 동안 홍콩 롄샹이 5,000여 만 위안의 적자를 기록하자 류촨즈는 친히 홍콩으로 날아가 조립생산라인을 선전으로 철수시키고, 모든 직원을 해고하는 동시에 회사의 지출을 대규모로 축소했다. 이 외에도 다국적 브랜드의 판매 대리상을 다시 시작해 프린터, 제도기, 스캐너 등을 판매하는 등 온갖 방법을 동원한 결과 연말이 되어서야 겨우 난관을 극복할 수 있었다. 류촨즈는 롄샹을 진흙구덩이에서 구해내기는 했지만 그의 몸은 만신창이가 되어 있었다. 어느 날 웃으면서 이야기하다가 갑자기 쓰러졌고, 깨어나 보니 병원의 침상이었다. 의사는 그가 심각한 메니에르 질환을 앓고 있다고 말했다.

롄샹 사태는 중국의 신흥 기업이 글로벌 시장의 충격으로 좌절한 첫 번째 사건으로 간주되었다. 그 후 10년 동안 류촨즈는 "중국 시장이 가장 큰 국제 시장이다"를 거듭 외쳤고, 2005년 롄샹은 논쟁의 와중에서 IBM의 PC사업부를 인수했다.

만약 류촨즈가 맞이한 검은 여름이 집의 대문 앞에서 발생한 국제 비즈니스 전쟁이라고 한다면 유럽과 미국 시장에서 중국 상품을 겨냥한 전쟁도 이미 서막을 열고 있었다. 『이코노미스트』가 1979년에 논평한 것처럼 가격이 저렴하고 품질이 조악한 중국 상품이 막강한 시장 경쟁력을 갖출 것이라는 예언은 1991년을 전후로 사실로 나타났다.

1월 21일 유럽경제공동체(EU의 전신)는 2년의 조사 끝에 중국의 소형 TV에 대해 일시적인 반덤핑관세를 부과한다고 선언했다. 유럽경제공동체의 자료에 따르면 1985년 유럽이 중국에서 수입한 소형 TV는 5만 5천 대에 불과했지만 1988년 125만 대로 급증해 16.9%의 시장점유율을 기록했다. 저렴한 중국 제품과 경쟁하기 위해 유럽경제공동체의 각국 업체들은 부득불 가격을 인하해야 했고, 이에 유럽경제공동체가 중국 TV의 덤핑을 인정하면서 15~20%의 반덤핑관세를 징수한 것이었다.

미국에서는 줄곧 중국의 최혜국 대우 연장 여부에 대해 논쟁하고 있었다. 7월 중국은 미국에서의 무역 흑자가 90억 달러까지 치솟아 일본 다음의 2대 무역 흑자국이 되었다. 『비즈니스위크』는 다음과 같이 보도했다.

미국 세관이 300명의 통관 대리인, 무역 전문가로 팀을 조직해 공전의 규모로 대대적인 조사를 진행한 결과 미국과 무역을 진행하는 20여 개의 중국 기업가들이 부정에 연루된 것으로 나타났다. 뉴욕 검찰은 지금 이러한 중국 기업에 대해 무역 사기, 자금 세탁 등을 포함한 100가지에 달하는 죄에 대해 기소할 준비를 하고 있다. 또 세관조사센터는 중국이 화물 가격에서 미국 정부를 기만했고, 일부 업체는 미국 시장에서의 판매데이터를 누락시켰다고 밝혔다.

『비즈니스위크』는 또 "확실한 것은 세관이 중국의 방직업을 정조준하고 있는데, 방직 제품은 중국의 2대 수출품"이라고 보도했다.[3]

기록할 만한 가치가 있는 또 다른 사실은 구미에서 중국에 대해 연이어 반덤핑 제소를 제기하던 것과 같은 시기에 중국에서의 다국적기업의 덤핑성 행동도 빠른 속도로 진행되었다는 점이다. 감광재료업종을 예로 들면, 미국의 코닥필름과 일본

---

[3] 조사에 따르면 1979~1989년까지 중국에 대한 국외의 반덤핑 건은 65건이었다. 반덤핑 수가 가장 적었던 1979년, 1980년, 1981년과 1997년이 2건이고, 가장 많았던 1988년에 11건이었다. 1990~1998년까지 반덤핑은 275건으로 가장 적었던 것은 1990년과 1995년의 각 19건이고 가장 많았던 해는 1994년으로 42건이다.

의 후지필름이 중국 시장에서 저가 덤핑 전략을 채택했다. 일본에서의 후지필름 가격은 600~800엔이었고, 유럽 시장에서는 6~8달러에 판매했는데, 중국에서는 7.15위안으로 일본 판매 가격의 13%에 판매한 것이다. 저가 전략의 충격으로 중국 본토의 기업은 점점 위축되기 시작했다. 4대 국영필름업체였던 상하이선광$_{感光}$은 파산했으며, 궁위안$_{公元}$과 푸다$_{福達}$의 공장 가동률은 5%에도 미치지 못했고, 급기야는 1990년대 중반에 코닥에 매각되었다. 업계 최대였던 허베이 러카이$_{樂凱}$의 시장점유율도 점점 하락해 줄곧 수지 균형의 가장자리에서 배회하게 되었다. 건자재, 세제 용품, 식품 음료 등의 영역에서도 국내 기업은 다국적기업의 저가경쟁으로 인해 점점 시장을 잃어가고 있었다.

비록 갈수록 많은 외국 기업이 중국에 진입하기 시작했고, 『뉴욕타임스』의 표현대로 "베이징에 사무실을 둔 컴퓨터회사야말로 진정한 글로벌 컴퓨터회사에 이름을 올릴 수 있다"고 했지만 중국은 여전히 외국 기업의 진출 속도가 매우 느리다고 생각했다. 일부 식견이 있는 지방 관료들은 우둔하고 체제가 경직된 국영기업에 의존해서는 해당 지역의 경제 성장을 추동하는 것은 불가능하다고 생각했고, 그렇다고 막 성장하기 시작한 민영기업에 의지하는 것은 규모가 너무 작아서 갈증을 해소할 수 없다고 여겼다. 그래서 그들은 외자유치, 특히 다국적기업의 투자를 가장 빠른 첩경으로 생각했다. 5월 톈진 시는 '보세구' 설치를 선언했고, 여러 지역에서도 '경제개발구'를 설치해 외자기업에 대한 세금 우대 정책을 시행했다. 이러한 지역 중 주쟝 삼각주는 여전히 최고로 빛을 발하는 보석이었다.

『비즈니스 위크』는 부러운 어투로 다음과 같이 보도했다.

젊고 번창하고 있는 선전은 홍콩과도 견줄만하다. 이 지역 상인들은 이동전화기와 호출기를 들고 바쁘게 움직이고 있다. 선전 인구는 1980년의 5만 명에서 오늘날에는 170만 명으로 증가했다. 수많은 사람이 각지에서 몰려들어 좋은 직장을 찾느라 정신이 없다. 선전의 공업총생산액은 1,100만 달러에서 38억 달러로 증가했고, 이중 80%는 해외로 수출한다. 또 경제 성장률은 매년 40%에 달한다. 맥도날드는 이곳에 중국 1호점을 개설했고, 많은 사람이 홍콩달러와 인민폐로 빅맥을 사먹고 있다.

광둥성 광저우 기차역 맞은편에는 거대한 광고판이 서 있다. 광고판에는 마오 주석의 어록이 아니라 헤드앤숄더Head and Shoulders 샴푸, 진스웨스트Jeanswest의 청바지, 세븐업의 음료 광고가 걸려 있다. 광저우의 자유대로는 버스, 택시와 오토바이로 가득 채워져 있다. 상점에서는 언제든지 파커 만년필, 소니 CD플레이어와 바비 인형을 구입할 수 있다. 작년부터 에이본 판촉사원이 화장품을 손에 들고 방문 판매를 진행하고 있었는데, 이러한 현상은 1949년 이후에 처음으로 나타난 직판 모델이다.

매일 저녁이 되면 라디오와 말보로 담배 등이 홍콩에서 광둥 해안으로 넘어 왔다. 합법일까? 아니면 불법일까? 아무도 개의치 않는다. 매달 수백 대의 고급 세단이 광둥으로 운송되고 있다. 이중 과장 환영받는 것은 벤츠, 혼다, BMW였다.

『비즈니스위크』의 보도는 사람들로 하여금 자신감을 회복하고 경제적 활력에 넘쳐 술렁거리는 중국의 모습을 보도록 했다. 『비즈니스위크』는 마지막에서 다음과 같이 말했다.

광둥은 하나의 사례에 불과하다. 중국의 다른 지방도 천천히 변할 것이다. 그들은 변할 수 밖에 없는데, 왜냐하면 모든 사람이 생활수준의 향상을 원하기 때문이다. 미국은 이러한 과정의 속도를 조절할 수는 있지만 저지할 수는 없다.

얼마 지나지 않아 10여 년 동안 줄곧 중국 개혁의 부표 역할을 하고 있는 한 노인이 이곳에 다시 왔고, 그는 다시 개혁의 횃불을 활활 타오르게 했다.

|기업사 인물|

모어(牟)씨의 환각

'통조림과 비행기를 맞바꾼' 전설적인 무역 거래를 성사시킨 후 모어치중은 더 이상 진정한 의미에서의 사업은 하지 않았다. 1999년 1월 7일 검은색 아우디 승용차를 타고 회사로 출근할 때 베이징 시내의 도로에서 한 교통경찰이 그의 차를 막아섰다. 이전부터 그를 감시하며 기다리던 베이징과 우한의 경찰들은 신속하게 차에 올라 그를 체포했다. 전 과정에 걸린 시간은 채 3분이 되지 않아 길에 있던 사람들도 무슨 일이 있었는지 눈치 채지 못할 정도였다. 경찰이 그의 몸 안에서 찾아낸 한 장의 편지에는 지인에게 무슨 일이 생겼을 때 자식을 부탁하는 내용이 쓰여 있었다.

중국 기업사에서 모어치중은 특이한 종류의 사람이었다. 만약 그가 비즈니스맨이 되지 않았다면 그는 분명 훌륭한 선생님이나 아마추어 정치평론가 혹은 야심 있는 현 정부 관료가 되었을 것이다. 그는 급변하는 시대 속에서 모험 가득한 열정을 갖고 있었다. 그가 맨손으로 이룬 일은 당시 사람들 사이에서 흥미진진하게 회자되었고, 부를 갈망하는 한 세대를 계몽시켰다. 하지만 그는 구체적인 사업을 하는 것은 부끄럽게 여기고 자본 경영에만 무한정 열중했다.

'통조림과 비행기를 맞바꾼' 일로 명성을 얻은 후 그는 전국 각지를 날아다니며 사람들을 놀라게 하는 프로젝트를 하나하나 발표했다. 1992년 그는 난더에서 150만 달러를 출자해 매년 중국 대륙에서 2회에 걸쳐 '화인경제논단'을 개최하는 데 단독협찬하기로 하고, 전 세계 각지의 화교 기업가와 경제학자들을 초청하자고 제안했다. 그런 후 베이징에 과학기술개발구를 건립해 하이테크 기술 프로젝트의 개발과 생산을 준비하고, 난더는 5,000만 위안을 투자해 전국 각 현마다 고단백 사료 공장을 세울 것이라고 선언했다. 1993년에는 충칭대학과 산학협력 계약에

서명했다. 동시에 충칭훠궈重慶火鍋의 체인 사업을 결정하고 이 음식점을 세계 각국에 진출시켜 5년 내에 1,000억 위안의 매출을 달성할 것이라고 선언했다. 그리고 난더는 2억 위안을 투자해 충칭마라훠궈콰이찬공사를 설립하기로 하고, 1,000억 위안의 수입 중 15억 위안으로 충칭대학 교육 기금을 설립하기로 결정했다. 이 이외에도 모어치중은 충칭 현지의 디젤 자동차 수리 공장을 구매할 것이라고 선언했다. 같은 해 봄 그는 100억 위안을 투자해 만저우리滿洲里를 독자 개발해 '북방의 홍콩'으로 건설할 것을 선언했으며, 11월에는 장자제張家界시에 10억 위안을 투자하는 지역개발 협약서에 서명했다.

1994년 『포브스』 선정 전 세계 부호 리스트에 이름이 오른 후 모어치중의 명성은 최고조에 달했다. 그는 당시 사람들이 가장 존경하는 기업가가 되었고, 그의 자유분방한 기백은 날로 활발해졌다. 그는 100억 위안을 투자해 118층짜리 빌딩을 베이징이나 상하이에 짓고, 아래 광장 이름을 덩샤오핑광장으로 할 것이라고 선언했다. 그는 또 말을 타고 샨시성을 시찰하면서 감정이 격동해 샨시성 북쪽에 50억 위안의 투자를 준비하겠다고 말했다. 3월 난더는 3대 프로젝트를 선언했는데, 각각 중화거대조각, 세계화상대회와 난더 별장이었다. 이 외에 그는 한 기자회견장에서 감정이 격앙되어 31억 달러를 출자해 해군에 항공모함 1척을 사주겠다고 선언했다. 1995년 모어치중은 한 강연 중 5억 위안을 투자해 '난더 유상대학儒商大學'을 설립할 것을 선언했다. 1996년 그는 랴오닝성의 3곳의 국유기업에 대해 2억 위안의 투자를 통한 개조를 선언했고, 3월에는 히말라야를 폭파시켜 틈을 만들어 중국의 건조한 서북 지역을 비가 내리는 지역으로 만들 것을 제안했다. 또 계속해서 방향지정 발파 방식으로 산맥을 가로질러 댐을 쌓아 황하를 흐르는 물의 수량을 2,017억 km2로 끌어들이는데 570억 위안을 투자할 것을 제안했다. 같은 해 9월 그는 총 제작비가 1억 달러에 달하는 '국제위성-8호'에 대한 투자를 대외에 공표했다.

이렇게 하나하나마다 방대한 프로젝트는 매번 폭탄처럼 전국의 매체들에서 폭발했고, 모어치중은 그때마다 눈부신 플래시 세례를 받았다. 모어치중은 천재적인 연설가로 '99+1도' 등 사람들의 이목을 끄는 새로운 관점을 제시했고, 당시의 기업가들 중에서는 사상가와 전략가의 기풍이 있었다. 한 회사의 경영자로서 그는 데이터를 늘 입에서 나오는 대로 거침없이 지껄이는 습관이 있었고, 난더 공사의 자산과 순이익은 고무줄처럼 가늠하기 어려웠다. 한번은 한 회사의 고문이 "당신 회사의 돈은 어디 있죠? 당신은 어떻게 돈을 벌고 얼마의 세금을 내죠?"라고 묻자 이렇게 대답했다. "누가 나를 조사해? 어째서 나를 조사해?"

모어치중은 가장 먼저 국영기업의 해체와 체제 전환이 거대한 비즈니스 기회를 가져올 것임을 간파한 사람이었다. 그가 일전에 행한 탁상시계 전매와 '통조림과 비행기를 맞바꾼' 거래는 모두 이와 관련이 있었다. 1992년 이후 중앙이 중소 국영기업에 대해 처음으로 재산권 개조를 시행할 때 그는 이것이 백년에 한 번 맞는 자본의 대향연으로, 곤경에 처해있는 국영기업의 재편성과 전매가 다음 라운드의 재부 축적의 주요 수단임을 예민하게 인식했다. 그가 제안한 '99+1도' 이론은 바로 "계획경제에서 방치된 자원을 충분히 발굴해 시장경제에서 초과 이윤을 실현하는 것이었다." 그에게 국영기업과 정부 자원은 '99도'였고, 난더와 모어치중 자신은 물을 끓게 만드는 '마지막 1도'였다. 난더그룹의 로비에는 "중대형 국유기업을 살려내기 위해 복무하고, 사회주의 경제를 진흥한다"는, 금으로 새겨진 표어가 눈에 띄었는데, 이것이 난더의 경영 전략 목표였다. 난더를 찾은 한 경제학자가 이 표어를 보고 빙그레 웃으며 그것은 실제로 국가 모 부서의 로비에 있어야 한다고 말한 적이 있다. 모어치중은 또 3,000개의 중대형 국유기업을 살려내기 위해 '765 공정'을 제안했다. 그것은 각 국유기업에 7.65만 달러의 운영 자금을 투입해 기업 체제의 전환과 자산 활성화라는 목표를 신속하게 완성하는 것이었다. 그는 여기에 구체적인 집행 일정까지 언급했다. "첫해에 300곳에 18억 달러의 자금을 끌어들이고, 4년 안에 전체 중국의 공업화를 완성한다."

훗날의 사람들이 이런 내용을 보면 아마도 이 스촨성 완현 사람을 망상증 환자로 여길 것이다. 그러나 1990년대 중반 이런 내용은 국내의 모든 엄격한 신문에 반복해서 게재되었다. 모어치중은 전면 개조되어야 할 국영기업의 운명의 궤적을 진짜로 알아본 사람이 확실했지만 표현한 방식이 실제로 너무 과장되거나 요란했을 뿐이다. 본질적으로 말하면 그는 정치 자원과 경제 영역의 회색 지대에서 이익을 취하는 지대 추구자Rent Seeker였다. 그는 확실히 당시 정부 배경을 가진 몇몇 국유금융 기구, 즉 중국농업신탁투자공사 등과 밀접한 왕래가 있었고, 그의 모든 프로젝트는 사실 각지의 금융 기구로부터 자금을 융자하기 위한 것이었다. 자신은 투자하지 않고 이익을 챙기는 방식으로 기업 구조 전환 중에 이익을 취했다. 이후 10여 년 동안 무수한 '비즈니스 천재'들이 이런 방식으로 하룻밤 사이에 부를 축적했다. 모어치중의 잘못은 이런 떳떳치 못한 지대 추구 과정에서 자신의 사상과 이론을 표현하고자 갈망한 것과 동시에 유달리 눈에 뜨이는 이단의 변칙적 방식을 보여준 데 있었다. 그는 사람들이 눈만 크게 뜬 채 말을 못할 정도의 짓궂은 장난식의 사업 승낙을 계속함으로써 결국 정계, 경제계, 언론계와 사회 대중에게 여러 차례 실언을 하게 되었다.

모어치중의 철저한 실패는 1997년에 발생했다. 9월 불법 출판된 증간 잡지 하나가 돌연 지하에서 튀어나왔는데, 제목은 '대륙의 대사기꾼 모어치중'이었다. 전하는 말에 따르면, 이것은 '일찍이 난더에 의탁한 세 명의 고급 노동 청년이 생명의 위험을 무릅쓰고' 쓴 책으로, 모어치중을 '위로는 중앙을 속이고, 밑으로는 지방을 속인' 중국 제일의 사기꾼으로 묘사했다. 책의 표지에는 모어치중의 전임 변호사가 말한 '모어치중이 망하지 않으면 천리天理가 용납하지 않을 것이다'는 말이 쓰여 있었다. 이 불법 출판물은 손쓸 틈도 없이 전국의 대소 노점 책방에 깔렸다. 모어치중은 입이 백 개라도 할 말이 없었고, 원래 모래 위에 세워진 난더그룹은 이로 인해 붕괴되었다. 이 기간 동안 경제검찰부도 비밀리에 모어치중을 조사하기 시작했고, 그가 중국은행 후베이성 분점에서 거짓으로 신용장을 만들어 7,507만 달러를 사취한 혐의가 있음을 발견했다. 2000년 5월 30일 체포된 지 일 년이 지난 후 우한 중급인민법원은 '신용장 사기'로 59세의 모어치중에게 무기징역형을 선고했다.

모어치중은 이 책에서 다루는 중국 기업사에서 가장 음미해볼만한 사람 중의 하나이다. 『제일경제일보』의 총편집자는 그를 취재한 후의 느낌을 이렇게 서술하고 있다.

어느 핸가 모어치중을 찾아간 적이 있다. 당시 그에 관한 강호의 소문은 타락한 생활에, 세상을 흘겨보는 오만한 물건이라는 등등 여러 가지가 있었다. 하지만 일단 만나보자 그는 약간은 피로한 기색을 보이며 혼잣말하기를 좋아하는, 마오식의 올백머리를 한 창고 관리원의 체격을 가진 중년인이었다. 그와 함께 난더 회사 맞은편에 있는 작은 음식점에서 값싼 훠궈를 먹을 때 전체 식탁에서 그의 목소리가 가장 컸다. 그는 쉬지 않고 그의 이상을 말했고, 감옥에 가고, 유랑과 고독, 이해받지 못한 인생 역정에 대해 이야기했다. 그는 애국가를 들으면 곧 눈물이 난다고 말했다. 여기서 나는 그의 눈이 잠깐 축축해지는 것을 분명하게 보았다. 어느 순간 나도 결국 어느 정도 빨려들었다. 몇 년이 지나 그때 겪었던 일을 회상할 때마다 말할 수 없는 일종의 아쉬움이 여전히 남는다.

1992년
봄날 이야기

1992년, 또 봄이 왔다.
노인 한 사람이 중국의 남쪽 바닷가에서 시를 쓰고 있었고,
하늘과 땅 사이에 봄기운이 출렁거리는 가운데
출정의 길에 돛을 올리면서 ……

— 쟝카이루蔣開儒,「봄날 이야기」(1992년)

연초가 시작되자 사람들은 87세의 덩샤오핑이 남방에서 도대체 무슨 말을 하고 다니는지 궁금해하고 있었다. 1월 18일~2월 21일까지 덩샤오핑은 우창, 선전, 상하이 등지를 시찰하는 동안 수많은 말을 했다. 그의 이번 남하는 아주 신비스러웠는데, 관례적으로 동반한 신화사 기자 한 명 없었으며 언론은 어떠한 보도도 하지 않았다. 당시 덩샤오핑을 모셨던 전임 광저우시 정협 주석 천카이즈陳開枝가 난하이에서 휴가를 보내고 있을 때 광둥성 위원회 서기인 세페이謝非가 갑자기 전화를 걸어와 그들만이 알아들을 수 있는 말을 했다. "우리가 오랫동안 기다려왔던 노인장 한 사람이 왔습니다. 그러니 빨리 돌아오십시오." 천카이즈는 난하이의 관료에게 말했다. "급한 일이 있어 돌아가야 합니다. 아마 조만간 무슨 일이 있는지 알려줄 수도 있고, 영원히 알려주지 못할 수도 있을 것입니다."

덩샤오핑이 시찰 기간 동안 한 말은 훗날 모두 정리가 되었다.

기본 노선은 100년을 관리해야 하는 것이므로 동요해서는 안 된다.

각 분야의 업무의 옳고 그름을 판단하는 기준은 사회주의 생산력 발전에 보탬이 되는지의 여부, 사회주의 국가의 종합적인 국력 증강에 보탬이 되는지의 여부, 인민의 생활수준을 향상시키는지의 여부여야 한다.

사회주의의 본질은 생산력 해방, 생산력 발전, 착취 소멸, 양극화 제거를 통해 최종적으로 공동 번영의 목표에 도달하는 것이다.

계획경제와 시장경제는 사회주의와 자본주의의 본질적인 차이는 아니다.

대담하게 개혁개방을 실시하고, 기회를 붙잡아 자신을 발전시켜야 하며, 가장 중요한 것은 경제 발전이다.

중국은 '우'를 경계해야 하지만 '좌'도 방지해야 한다.

두 가지를 단단하게 붙잡아야 한다. 두 가지 문명을 건설하는 것이야말로 중국 특색의 사회주의다.

이러한 말들의 핵심은 사실상 존재하던 이데올로기 논쟁에 대한 단호한 '종결'을 의미했고, 그는 더 이상 이론적인 측면에서 계속되던 애매한 문제에 대한 토론을 진행할 인내심이 없었던 것 같았다. 사실 1월 1일 자 『인민일보』에 발표된 「원단축사」에서 중국공산당 중앙 총서기 장쩌민은 주로 경제 분야의 중요성을 역설했고, 이데올로기를 언급하는 말은 비껴나갔다. 덩샤오핑의 남순강화는 이러한 사상을 극단적으로 발전시킨 것이었다. 링즈쥔의 기록에 따르면 이러했다.

덩샤오핑의 남순강화는 비공식 통로를 통해서만 전해졌고, 정부는 이를 인정하지 않았다. 사람들은 도처에서 소식을 탐문했고, 해외언론도 떠들썩했지만 베이징의 언론계는 언론보도의 원칙만 지키면서 상부 지시만 기다리고 있었다.

3월 26일 11,000자에 달하는 장문의 「동쪽에서 불어온 바람에 봄기운이 가득했다! — 덩샤오핑 동지의 선전에서의 현장 기록」이 『선전특구보』에 게재되었고, 이튿날 전국의 언론들이 1면 톱기사로 이를 일제히 보도했다. 과거 이토록 중요한 보도는 모두 『인민일보』나 신화사가 일괄적으로 발표했는데, 이번 보도의 각별함은 곰곰이 새겨볼 만했다. 보도 당일 베이징에서는 양회가 열리고 있었는데, 『선전특구보』의 보도가 유발한 반향과 뉴스 효과는 미루어 짐작할 수 있었다. 일순간에 사상해방과 개혁 가속화가 여론의 공통된 목소리가 되었다.

중국의 개혁사에서 '덩샤오핑의 남순강화'는 중대한 사건이었다. 어떤 경우 남순강화는 심지어 역사적 전환점으로 인식되었다. 1978년의 개혁개방 이래 중국의 발전의 주축이 경제 성장으로 전이되었지만 경제 발전 영역을 둘러싸고 출현한 여러 가지 새로운 현상은 여전히 적지 않은 사람들에 의해 이데올로기적 척도로 비판받고 있었다. 거시경제가 흔들릴 때마다 비판과 질책이 유행처럼 출현했고, 이것은 중국의 지속적 성장을 저해하는 최대의 사상적 장벽이 되었다. 전년도부터 시작해 『해방일보』가 일부 사상에 대해 체계적인 비판을 가하는 사설을 발표했는데, 이는 당시 일부 인사들의 맹렬한 반발을 불러일으켰다. 하지만 개혁개방의 가속화는 결국 전 인민의 공통된 인식으로 자리매김하고 있었고, 특히 덩샤오핑의 남순강화는 경직된 사조에 치명적 일침을 가했다. 이 이후 공개된 여론에서 성이 '자資'씨냐 '사社'씨냐 등과 같은 종류의 토론은 잠잠해졌다.

덩샤오핑의 남순강화는 빠르게 중앙의 정책 결정의 핵심으로 자리 잡았다. 6월 9일 장쩌민은 중앙공산당간부학교에서 성급 간부들에게 '사회주의시장경제'라는 개념을 제시했다.[1] 그는 이 개념으로 이전의 상품경제와 계획경제를 둘러싸고 전개되었던 논쟁을 마무리지었다. 10월 중국공산당 제14차 대표대회가 개최되었고, 여기에서 사회주의시장경제 체제의 건립이라는 목표를 명확하게 제시했고, 동시에 중국 특색의 사회주의 이론과 당의 기본 노선이 당헌에 기재되었다. 덩샤오핑은 대회

---

1) '사회주의'시장경제'라는 개념은 덩샤오핑이 1985년 10월 23일 처음 제기한 것이다.

폐막식에 출현했는데, 이것이 그가 당 대표대회에 마지막으로 모습을 보인 것이었다.

역사는 이 시각에 하나의 주기를 완성했다. 중국공산당은 1978년 12월 덩샤오핑의 주관하에 중국공산당 11기 3중 전회에서 "전 당의 업무 중점을 사회주의 현대화 건설로 전이하기로 결정했다." 15년 후 역시 덩샤오핑의 주도하에 중국공산당 14차 대회는 사회주의시장경제 체제라는 목표를 확정했다. 이후의 중국 경제는 가속 발전 단계에 진입했고, 각 분야에서 투자가 확대되었다. 주요 경제지표는 경기가 과열된 1988년과 비교할만했는데, 국민총생산은 12%, 공업 성장은 20%, 사회 고정자산 투자는 36% 증가했다. 1988년의 지수는 각각 11.2%, 17.7%, 25.2%였다.

1992년 봄 '역사적인 천명'은 사람들에게 깊은 인상을 남겼고, 훗날의 여러 기억 중에서 1992년을 온전한 봄날로 기억하게 했다.

덩샤오핑의 특별한 남순강화는 정치적으로 공전의 충격을 주었을 뿐만 아니라 경제적으로도 강렬한 호소력을 불러일으켰다. 중국의 상황을 잘 알고 있던 사람들은 이로부터 거대한 비즈니스 기회의 냄새를 맡았고, 이 와중에 급속하게 발전할 수 있는 기회가 이미 출현했음을 분명하게 인식하고 있었다. 당시 필요한 것은 행동, 행동, 또 행동이었다. 장수성 화시촌에서 매일 정시에 저녁뉴스를 시청하던 우런바오는 덩샤오핑의 남순강화 뉴스를 접하자마자 그날 저녁 마을의 간부들을 소집했고, 회의는 새벽 두시까지 진행되었다. 그는 모든 자금을 동원해 원자재를 매점할 것을 지시했다. 그는 하루 종일 사방을 돌면서 대출을 시도하는 한편 알루미늄 괴를 끌어 모았다. 훗날 그의 아들 우시에은 다음과 같이 말했다. "당시 마을에서 구입한 알루미늄은 톤당 6,000위안 정도였지만 3개월이 지나자 18,000위안까지 올랐습니다."

우런바오만이 유일하게 행동에 옮긴 사람은 아니었다. 남순강화 후 전국적으로 사업 열풍이 일었다. 2월부터 베이징시에서는 매달 2,000개가 넘는 신규 회사가 설립되었는데, 이는 과거에 비해 두세 배 늘어난 수치였다. 8월 22일 베이징시가 보유하고 있던 사업자등록증이 바닥났고, 이로 인해 베이징시 공상국은 부득이하게 텐진시로부터 10,000장의 사업자등록증을 조달했다. 1991년 중관촌의 IT기업 수는

2,600개에 불과했는데, 1992년 5,180개 업체로 늘어났다. 스촨, 저쟝, 쟝수성 등에서도 신규 회사는 전년도에 비해 배 이상 늘어났고, 선전에서는 당시 최고층이던 국제무역센터에 300개 기업이 입주했다. "한 층에 25개의 사무실이 있었는데, 가장 많았을 경우 20개의 업체가 밀집해 있었고, 어떤 곳은 테이블 하나가 하나의 회사였다"는 말은 당시의 선전의 상황을 잘 설명해준다.

3월 9일 주하이는 첨단 과학기술인재 수상식을 열었다. 주하이시 생화학제약공장 공장장이자 수석 엔지니어인 츠빈위안(遲斌元)은 시장으로부터 29만 위안의 아우디 세단, 아파트 한 채, 그리고 267,184위안의 상금을 수여받았고, 수많은 해외언론이 이 현장을 취재했다. 주하이에서 열린 이 수상식은 빠른 속도로 연쇄반응을 불러일으켰다. 랴오닝성 진저우(錦州)시 정부는 76만 7천 위안을 출원해서 5명의 과학기술인재를 쟝려했고, 스촨은 80만 위안으로 농학자와 그의 조수를 지원했다. 산둥, 안후이, 쟝수성 등지에서도 분분히 현금, 세단, 아파트, 가전 등으로 현지 과학자들을 쟝려했다. 몇 년 전만 하더라도 정부 몰래 사업을 한 '일요일의 엔지니어'들은 공식적으로 프로젝트를 진행할 수 있게 되었고, 쟝수성은 엔지니어가 자기 기술로 프로젝트를 진행할 경우 기업과 소득을 분배할 수 있고, 해당 소득은 50% 이상이어야 한다고 규정했다.

과학기술인재 외에도 비즈니스 창의력을 갖고 있던 사람들도 새로운 스타로 발돋움했다. 7월 29일자『중국청년보』는 1면에「아이디어 판매로 40만 위안의 소득을 올린 허양(何陽)」이라는 독점기사를 보도했다.

사상, 기획, 아이디어로 돈을 벌 수 있다. 베이징의 허양이라는 발명가는 기업에 기획 아이디어를 제공하는 것으로 40만 위안을 벌었다. 그가 설립한 연구소는 이미 중국에서 20여 개의 특허를 보유하고 있고, 기술 양도 비용이 이미 100만 위안을 넘었다.

허양은 대학졸업 후 베이징의 한 화학공장에 배치되었다. 1988년 32살의 허양은 사직서를 제출한 후 소위 '지식 개체호'가 되었다. 그는『베이징만보』에 구인광고를 게재하려 했으나 신문사는 베이징시 인재교류센터에서 관련 증명을 발부받아와야 광고가 가능하다고 했다. 그래서 그는 인재교류중심에 서류를 요청했는데, 개체호는 광고를 게재할 수 없다는 답변이 돌아왔다. 그는 급한 마음에 길거리에서 구인광고 전단지를 뿌렸고, 오후에 네 명의 사람이 찾아왔다. 그들은 지원자가 아니라 베이징시 도시정화원들로 구인광고 전단지 한 장에 1위안의 벌금을 부과하고 갔다. 이렇게 해서 허양의 연구소는 몇 년 동안 자신이 직원이자 사장인 1인 체제로 꾸려졌다. 그는 기업에 아이디어를 제공하는 사업 모델을 생각했다. 한 번은 플라스틱 공장의 일회용 플라스틱 컵이 대량으로 방치되어 있는 것을 보고는 한 아이디어를 생각해냈다. 징광철도京廣(베이징-광저우 철도) 노선의 역명과 간단한 지도를 컵 위에 인쇄해서 징광 노선의 기차에서 팔게 했는데, 결과는 대성공이었다. 또 한 번은 전등회사의 탁상용 스탠드가 팔리지 않는 사실을 발견하고는 해당 업체에 아이디어를 제공했다. 그는 걸프전 당시 보았던 패트리어트 미사일을 생각해 업체로 하여금 패트리어트 모형 스탠드를 만들게 했다. 샘플이 홍콩전시회에 출품되었는데, 결과는 성공적이었고, 이로 인해 6만 위안의 장려금을 받았다. 저장성의 진화金華햄공장은 800년의 역사를 자랑하고 있었는데, 영업이 시원치 않았고, 이 사실을 안 허양은 아이디어를 제공했다. 햄을 통조림으로 가공하는 것이었는데, 말 한 마디로 10만 위안의 보상금을 받게 되었다.

어떠한 시대에도 허양과 같이 총명한 사람은 보배와 같은 존재이다. 1990년대 초반 중국에서는 과잉 제품 재고와 창의력 결핍은 크든 작든 모든 회사의 골칫거리였다. 허양은 천기를 간파할 정도의 총명한 아이디어를 통해 방치되어 있던 상품들을 시장에서 살아남게 했다. 『중국청년보』의 보도 후 허양은 전국적인 유명인사가 되었다. 그는 '아이디어 대왕'으로 불렸고, 그의 연구소는 전국 각지에서 도움을 받기 위해 찾아오는 기업들로 문전성시를 이루었다. 그는 각지로 강연을 다녔고, 가장 환영받는 '비즈니스 지다성鬐多星'이 되었으며, 그의 강연은 종종 현장 컨설팅 모임이 되었다. 강연에 참가한 사람이 판매가 되지 않는 상품을 제시하면 허양은 바로 '구원의 메시지'로 화답했다. 1년 후 그는 『허양의 아이디어』라는 책을 출판했는데 판매량이 50만 부를 넘었다. 이중에는 '요일을 새긴 젓가락', '불임 풍선껌', '마술 술병' 등 수십 가지의 신기한 제품 아이디어가 들어 있었다. 허양의 열기는 곧바로 컨설팅 산업 영역을 출현시켰고, 그를 이어 수많은 아이디어맨들이 생겨나게 되었다. 그들은 모두 기획과 아이디어로 이름을 떨쳤고, 중국 경제계에 빼놓을 수 없는 요소가 되었다.

허양의 유명세는 비즈니스계에 악의가 없는 모든 사람들로 하여금 '지식은 곧 돈이다!'는 인식을 갖게 했고, 일정 정도는 젊은이들이 비즈니스계에 투신하도록 만들었다.[2]

마찬가지로 남순강화의 영향은 정부의 일반 관료들에게도 창업 열풍을 불러일으켰는데, 훗날 그들은 자신들을 '92파派'라고 불렀다. 홍콩의 『아주주간』은 랴오닝성의 데이터를 인용해 1992년을 전후로 약 3만 5천 명의 관료가 사직서를 제출했고, 700여 명의 관료가 무급 재직 형태의 창업에 참가했다고 보도했다. 『중화공상시보』의 통계에 따르면 1992년 전국적으로 10만 명의 당 간부가 비즈니스계에 투신했다. 이중 유명한 사람으로는 베이징시 관광국 국장 보어시청薄熙成이 있는데, 그는 7월에 사직서를 제출하고 호텔관리회사를 설립했다.

천둥성陳東升은 '92파'라는 용어를 처음 도입한 사람이었다. 1992년 그는 국무원 발전연구센터에서 거시경제를 연구하고 있었고, 동시에 매니지먼트를 다루는 잡지 『관리세계』의 부편집장을 맡고 있었다. 오랫동안 그는 평가 시스템을 기획하고 있었는데, 그가 모델로 삼았던 것은 『포춘』지의 '세계 500대 기업'으로, 중국 내에서 '중국 500대 기업' 평가 시스템을 구축하고 싶었던 것이다. 이때 국가체제개혁위원회가 〈주식회사 잠정 조례〉, 〈유한책임회사 잠정 조례〉를 내놓자 천중성은 이 두

---

2) 이름이 알려진 허양은 계속해서 아이디어를 팔아 돈을 벌었다. 자신의 지력이 출중함을 증명하기 위해 그는 기자에게 이렇게 말했다. "성인이 된 후 베이징의 권위 있는 병원의 기구로 측정했는데, 지능지수가 단지 2점 부족한 만점을 얻었다." 그는 당시 베이징창조학회의 부비서장으로 유엔의 공업발전조직의 중국 측 전문가로 초빙되었고, 베이징대학의 박사 과정 학생과 중국인민대학의 MBA 수업 보조 교수를 역임했으며, 10여 개의 고등교육기관의 교수를 겸직했다. 1997년 허양은 '중국 10대 기획자'로 선정되었다. 1999년 11월 인촨銀川시 공안국은 닝시아寧夏의 한 음료공장 사장의 신고를 접수했는데, 허양이 회사 제품 광고 제작과 CCTV 광고를 도와준다는 구실로 100만 위안을 사취했다고 고소한 것이었다. 1개월 후 허양은 시안서 체포되었다. 2001년 3월 인촨법원은 허양에게 징역 12년에 벌금 5만 위안을 선고했다. 허양은 옥중에서 독서와 서예로 소일하면서 방문한 한 기자에게 "나는 더 이상 아무도 미워하지 않는다"라고 말했다.

가지 조례는 '중국 기업에 진정한 변혁의 전환점'을 가져다줄 것이라고 생각했다. 그는 훗날 이렇게 말했다.

당시 기업을 설립하고 싶었지만 자금을 어떻게 충당해야 할지를 몰랐습니다. 이 두 문건이 나온 후 자금 모집을 진행할 수 있다는 것을 알게 되었고, 자금 모집은 비즈니스 모델을 근거로 투자자를 모집하는 것이라는 것을 알게 되었습니다.

5월 천둥성은 사직서를 제출하고 당시 국내에는 공백 상태에 있던 경매업종을 선택해 쟈더嘉德경매회사를 설립했다.

당시는 그냥 열정이 넘쳐났습니다. 경매라는 개념도 아예 없었고, TV에서 봤던 것 외에는 아무것도 몰랐습니다. 오늘 이것을 배우면 내일은 저것을 배웠고, 홍콩에 가서 경매 현장을 참관하기도 했습니다.

학술적인 소양이 충분한 천둥성은 창조는 먼저 모방하는 것이라는 사실을 믿었다. "경매를 하려면 소더비처럼 하자. 일류 기업을 추적하고, 배우고, 추종하자!" 1996년 쟈더는 중국의 대형 경매회사로 성장했고, 이해 천둥성은 자금 모집을 통해 타이캉泰康생명보험회사를 설립했다.

마오전화毛振華는 천둥성이 우한대학에서 경제학을 공부할 당시 알던 친구였다. 그는 중난하이의 국무원 정책연구실에서 근무했고, 천둥성이 쟈더를 설립한 지 6개월 후 중국 최초의 평가회사인 '중국청신誠信증권평가유한공사'를 설립했다. 그의 목표는 중국의 스탠더드앤드푸어스와 무디스가 되는 것이었다.

물자부 대외합작사에서 일하던 텐위안田源은 천둥성과 마오전화의 친구였다. 그는 12월 중국 최초의 선물 매니지먼트사인 '중국국제선물공사'를 설립했다. 이 이전 텐위안은 정부 시스템 중 선물에 대해 가장 많이 연구한 전문가였다. 2년 전 그는 국무원발전연구센터 소속으로 미국의 콜로라도대학과 시카고 선물거래소에서 방문 연구를 진행한 바 있었다. 그는 또 중국선물시장 업무팀 팀장으로 그의 주도

하에 선물관리조례를 기획한 바 있었다. 그는 이 조례가 발표된 후 자신의 회사를 설립했다. 선물은 리스크가 아주 큰 업종으로 성패가 일순간에 결정되기 때문에 그는 자신과 직원들에게 위험 관리에 대한 주의력을 환기시키기 위해 회사의 입구에 울퉁불퉁한 돌로 만들어진 '리스크 지대'를 설치하고는 매일 들어가 고통을 느끼게 했다.

상술한 세 사람과 비교할 때 국가체제개혁위원회 간부였던 궈판성郭凡生의 창업 내력에는 곡절이 많았다. 입심이 아주 좋았던 그는 1982년 중국런민대학 공업경제학과를 졸업한 후 자원해 고향인 네이멍구자치구로 가 일을 했다. 자치구 당위원회 정책연구실은 특별히 궈판성 등 8명의 대학졸업생으로 조직된 전략팀을 꾸렸고, 그들은 네이멍구 발전을 위한 전략연구보고서를 만들어냈다. 발행부수가 100만 부가 넘었던 『중국청년』 잡지는 「20대의 전략가들」이라는 제목으로 그들을 자세하게 소개했다. 궈판성은 훗날 국가체제개혁위원회로 발령받았지만 관료로서의 승진에 별로 흥을 느끼지 못했다. 마음이 이미 콩밭에 가 있던 그는 1990년 한 IT 무역회사의 부사장을 겸임했다. 남순강화 후 궈판성은 관복을 벗고 창업하기로 결정했다. 베이징의 관료 세계에서 인맥도 자원도 없던 그는 맨손으로 사업을 시작할 수밖에 없었다. 관찰력이 뛰어났던 그는 시끌벅적한 중관촌에서 매일 각종 컴퓨터용품이 거래되고 있지만 이러한 정보에 대해 정리를 하는 사람이 없는 사실을 발견했다. 그래서 그는 매주 『후이충慧聰 시장상황 광고』라는 소책자를 발간하는 것을 주요 업무로 하는 후이충 광고정보컨설팅회사를 설립했다. 궈판성은 매일 20여 명의 자전거 부대를 인솔하면서 중관촌을 누비고 다녔다. 몇 년 후 그는 중관촌 최대의 정보제공업체로 성장했다. 전략가 출신의 궈판성은 기업을 관리할 때 이상한 규정을 제정하기도 했다. 가령 신입사원이 입사하면 주위의 산을 올라가게 한 후 규정된 시간 내에 올라가지 못하면 무조건 퇴출시켰다. 그는 '전 직원 배당 제도'를 도입했는데, 규정에는 이렇게 적혀 있었다.

어떤 사람의 배당도 총액의 10%를 초과해서는 안 된다. 또한 주주들의 배당도 총액의 30%를 초과해서는 안 된다. 매년 배당금의 70%는 주식을 보유하지 않는 직원에게 배분한다.

이 제도는 1999년까지 유지되었다. 인터넷 산업이 부흥한 2000년을 전후로 후이충은 전자상거래업체로 탈바꿈했고, 훗날 아리바바 다음으로 큰 B2B회사로 성장했다.

5월 귀판성의 동료이자 국가체제개혁위원회에서 일한 펑룬馮侖은 하이난으로 가서 운을 시험해보기로 결정했다. 그는 1년 전 사직서를 제출하고 사업에 뛰어들었는데, 잠시 난더에서 모어치중의 임시 고문을 맡기도 했다. 1992년 그는 인맥을 통해 수만 위안으로 500만 위안의 투자금을 유치한 후 '완퉁萬通실업주식회사'라는 이름을 내걸고 신바람을 내며 하이난으로 내려갔다.

당시의 하이난은 펑룬의 말에 따르면 "이미 개발 열기로 혼란스러운 지경이었다." 특구개발정책의 영향으로 하이난은 줄곧 투자자들의 관심이 집중되어 있었다. 1990년부터 매년 10만 명의 대학생들이 일확천금을 꿈꾸며 바다를 건너왔고, 남순강화 후에는 열기가 전 섬을 감싸게 되었다. 가장 먼저 열기에 휩싸인 영역은 부동산이었다. 1991년 6월 이전 하이커우 아파트의 판매가는 km2당 1,200위안 정도였는데, 1992년 6월에는 km2당 3,500위안으로 치솟았다. 부동산 투기가 가장 빠르게 돈을 버는 수단이 되었는데, 펑룬은 당시를 회상하며 이렇게 말했다.

> 베이징에서 내려온 일부 사람들이 정부 배경으로 토지를 확보하고는 종이 문서 하나로 1,000만 위안이 넘는 폭리를 취한 적도 있었습니다.

많은 부동산 매물이 비준 문서 하나로 광고에 실렸고, 택지 공사도 시작하지 않았는데 가격은 눈덩이처럼 몇 배로 불어났다. 하이난에 지난날 자동차전매 때의 광풍 현상이 다시 나타난 것이었다. 경제 전문가 옌카린鴉卡林의 통계에 따르면 1992년 하이난에서 2,884헥타르가 양도되었는데, 실제 건설된 것은 20%가 안 되었고, 대량의 토지가 그대로 방치된 채 매점되어 전매되고 있었다.

펑룬은 하이난에서 왕궁취안王功權, 판스이潘石屹, 이샤오디易小迪, 왕치푸王啓富, 류쥔

劉軍 등 다섯 명의 동지를 만나게 된다. 이들 '완퉁 6형제'는 훗날 중국 경제계의 풍운아가 되었다. 그들은 모두 정부 관료 출신으로 고등교육을 받은 사람들이었다. 그들은 문서 전매, 토지 매점 등의 방식으로 아주 빠르게 부를 축적했다. 펑룬은 훗날 당시를 기억하며 다음과 같이 말했다.

거의 협객 같은 강호의 생활이었습니다. 중국에서 강호와 협객은 실제로 체제의 언저리를 벗어난 일종의 자유 상태였죠. 모두가 모르는 사람이었고, 누구도 누구의 신세를 지지 않았고, 당신의 과거가 어떠했는지 상관하지 않았습니다. 하이난에서는 눈물을 믿지 않았고, 과거를 인정하지도 않았습니다. 모두가 그러했고, 나중에 사람이 필요하면 사람을 구하면 됐고, 돈이 없으면 여기서 저기서 구걸하면 되었습니다. 사람들에게 무슨 신분의식 같은 것은 없었습니다.

재미있는 사실은 이러한 과정 속에서 그들이 "하이난의 호경기가 오래가지 못한다"는 사실을 분명하게 알았다는 것이다. 1년 후 이들 여섯 명은 하이난에서 철수했고, 펑룬과 판스이는 베이징으로 돌아왔는데, 판스이는 이후 완퉁을 떠나 부동산업체를 설립해 SOHO 현대성 개발을 시작으로 중국 부동산업계의 상징적인 인물이 되었다.

『중국기업가』의 편집장 뉴원원牛文文은 '92파'를 다음과 같이 이야기한다.

그들은 중국의 현대적인 기업 제도의 실험자들로 이전의 중국 기업가들과 비교해 가장 먼저 분명하고 명확하게 주주 의식을 가졌던 기업가들의 대표였다. 이들은 종종 정부와 두터운 관계를 갖고 있었을 뿐만 아니라 일정한 기초 지식과 예측 능력을 갖추고 있어 기업을 설립하더라도 항상 앞서나갔다. 이들 체제 내부 출신의 기업가들은 '중국', '국제'라는 단어에 상당한 호감을 가졌는데, 그것은 어쩌면 그들이 이루지 못한 일종의 심경을 나타내는 것인지도 모른다. 그들에게 '중국'으로 시작하는 기업은 '국급단위局級單位'로 전국적인 범위에서 경영이 가능할 뿐만 아니라 자연스럽게 중국 제일인 것처럼 여겨졌다.

4월 키가 크고 얼굴이 큼직한 44세의 인도네시아 화상 한 명이 중국을 방문했다. 그는 아마도 남순강화로부터 가장 먼저 비즈니스 기회를 포착한 외국 기업가였을 것이다. 황훙녠이라고 불리는 이 중년 남자는 바로 인도네시아 2대 재벌 시나르 마스Sinar Mas 회장 황이충黃奕聰의 둘째 아들이었다. 인도네시아 화교들의 굴기는 대부분 정부와 밀접한 관계가 있었고, 그래서 정부와의 관계 유지를 특별히 중시하고 있었다. 그래서 황이충은 1960년대 초 둘째 아들을 고위간부들의 자제들이 밀집해 있던 베이징 26중학교에서 공부하게 만들었고, 황훙녠은 당시 홍위병에도 가담했었다. 30년 후 그가 중국을 전전할 때 이미 간부급 직위에 있던 사형사제들은 자연스럽게 그에게 다양한 편의를 제공했다.

중국을 떠난 후 황훙녠은 줄곧 시나르 마스에 관여하지 않았고, 혼자서 싱가포르와 홍콩 등지의 증시에서 금융업에 종사했다. 그는 후각이 아주 예민해 여러 차례 '저격'에 성공해 업계에서 '금 손가락'이라는 아호를 얻게 되었다. 황훙녠은 중국 진군을 위해 홍콩거래소에 상장되어 있는 '훙바오스紅寶石'라는 일본 자본의 손실 회사를 매수해 '중처中策(자칭 중국의 개혁개방 책략에 부합한다는 의미)'로 개명했다. 중처는 황훙녠의 30.5% 지분 외에도 리자청, 시나르 마스 및 미국의 모건스탠리 등의 증권회사들이 주요 주주로 있었고, 이 외에도 그는 일본의 이토추伊藤忠 재단과도 밀접한 관계에 있는 등 자본 배경이 아주 복잡했다. 황훙녠의 배후에 숨겨져 있는 이러한 큰손들은 모두 그의 중국 진군에 기대어 이익을 취하려고 생각하고 있었다.

황훙녠의 첫 번째 거래 대상물은 산시성 소재 기업이었다. 그는 당시를 기억하며 이렇게 말했다.

제가 산시에 갔을 당시 하루는 저녁밥을 먹고 있는데 당시 산시성위원회 서기인 마오린茂林이 내일 무슨 일이 있느냐고 물으면서 그가 담당하고 있는 공장에 같이 시찰을 가자고 했습니다. 당시 그 공장은 타이위안 고무공장이었습니다. 공장을 돌아본 후 당시 공장장이던 셰궁칭謝功慶이 보고를 진행했습니다. 이 회사의 설비와 작업장은 모두 전형적인 오래된 국영기업의 것이었습니다. 왕서기가 합자 의향이 있느냐고 타진하자 저는 현장에서 바로 허락했습니다. 우리가 합자와 계약에 대해 토론하고 새로운 회사가 설립될 때까지 걸린 시간은 1개월 정도에 불과했습니다.

황훙녠은 산시에서 첫 번째 프로젝트를 성사시킨 후 곧바로 항저우로 가서 시장 왕융밍王永明의 지원 하에 시후맥주공장과 항저우고무공장이라는 건실한 기업 두 개를 매수했고, 동시에 적자 상태에 있던 케이블공장을 사들였다. 그는 자조하는 목소리로 이렇게 말했다.

중국의 계획경제 체제하에 80%의 농민은 소농 경제를, 소농 경제는 이데올로기를 결정했습니다. 그들은 짜맞추기를 중요하게 생각했고, 그래서 적자 상태의 케이블공장을 갖다 붙였는데, 저도 모르게 승낙하고 말았던 것입니다.

항저우에서의 황훙녠의 인수합병은 언론의 관심을 끌었고, 이로 인해 '중처 현상'이라는 말이 생겨났다. 남순강화 후 발전에 대한 의식이 다시 살아나고 전국적으로 개방 바람이 불자 황훙녠은 '국영기업 개조를 위해 복무한다'는 기치를 내걸었는데, 이는 자연히 대대적인 호응을 얻었다. 지난 2년간의 개혁으로 각 지역에서 외자를 끌어들여 국영기업을 개조하는 것에 대해 점차 공통된 인식이 생기고 있었는데, 황훙녠이 나타나자 각 지역의 관료들은 이러한 뜻밖의 성과에 대단히 만족해했다. 언론도 황훙녠의 출현에 기대를 나타내며 황훙녠의 자본과 메커니즘이 동시에 투입되면 오래되어 고치기 힘든 국영기업의 개조도 가능할 것으로 생각했다.

항저우의 일이 마무리되자 황훙녠은 선산이 있는 푸젠성의 취안저우泉州로 갔다. 그는 지난 날을 회고하면서 이렇게 말했다.

시위원회 서기와 시장이 한참 이야기하다 취안저우에서 프로젝트를 하나 진행하기를 희망한 제가 시장에게 취안저우에 모두 몇 개의 공장이 있느냐고 물었죠. 시장은 모두 41개의 기업이 있다고 말했고, 저는 모두 합치면 어떠냐고 물었습니다. 시위원회 서기가 바로 성위원회 서기와 성장에게 전화를 걸어 일이 이렇게 결정되었다고 통보했습니다. 이틀 밤낮 동안 마오타이주를 마시면서 이 프로젝트 의향서에 사인했습니다. 7월 1일 우리는 홍콩에서 정식으로 계약서에 서명했습니다.

이상의 세 지역 사례로 보면 중처의 인수합병은 기본적으로 '시장市長 프로젝트' 였고, 황훙녠의 방식도 이와 비슷했다. 정부의 핵심과 직접 소통했고, 남순강화의 동풍을 틈타 정치적인 팻말을 내걸고 기세를 올린 것이었다. 취안저우의 일이 쉽게 성사되자 '중처 현상'은 전국을 강타했고, 황훙녠은 그러한 기세를 이용해 다롄에서는 101개의 국영기업을 매수했다. 1992년 4월~1993년 6월까지 중처집단은 4억 5천만 달러를 투자해 196개의 국영기업을 매수했고, 그 후 또 100여 개의 기업을 매수했다. 이후 중국 정부의 간섭으로 일부 계약을 해지하기는 했지만 중처는 아주 짧은 시간 동안에 방대한 기업 제국을 건설하기에 이르렀다.

그칠 줄 모르는 기세로 황훙녠은 추수하듯이 사방에서 기업을 사들였다. 겉으로 보기에는 몇 년 전의 마성리와 아주 흡사했지만 실질은 상당한 차이가 있었다. 마성리의 매수 대상 대다수는 곤경에 처해 있던 중소기업이었지만 황훙녠은 재무구조가 양호하고 영리 가능성이 있는 국가의 핵심 기업을 선택한 것이다. 마성리는 매입 후 개조할 능력이 없었지만 황훙녠은 시작부터 포장을 잘한 후 매각할 계획이 서 있었다.

매수 초기에 황훙녠은 고무타이어와 맥주 두 업종에 중점을 두었다. 그는 타이위안과 항저우의 두 고무공장을 버뮤다 제도에 등록한 '중국타이어지주회사'에 편입시켰고, 주식의 추가 발행을 통해 뉴욕증권거래소에 상장시켰다. 그 후 그는 1억 달러로 충칭, 다롄, 인촨 등의 고무타이어공장을 매수했는데, 황훙녠이 매수한 다섯 개의 공장 중 세 개는 중국 타이어 생산업계의 핵심 공장이었다. 맥주업계에서 중처는 베이징, 항저우 및 옌타이 등지의 여러 맥주공장을 매수했고, 이 역시 버뮤다 제도에 등록된 '중국맥주지주회사'에 편입시켜 캐나다 토론토증권거래소에 상장시켰다. 수년 후 황훙녠은 수중의 모든 주식을 일본의 이토추 그룹에 매각했고, 이토추 그룹은 다시 아사히맥주에 매각했다. 이후 황훙녠은 제약업종에 진출할 것을 기획했으나 중국 정부의 간섭으로 일을 이루지 못했다.

중처가 한 지역의 국영기업 전체를 일괄 매입한 방법은 아주 대담하고도 깊고 멀리 내다본 일이었다. 취안저우의 경우 중처는 취안저우국유자산투자관리공사와 합자로 취안저우중챠오(中僑)그룹을 설립했는데, 중국 측은 41개 국유기업의 공장과 설비 등 고정자산의 가격을 산정해 40%의 지분을 보유했고, 중처는 2억 4천만 위안을 투자해 60%의 지분을 보유했다. 중챠오가 대량의 토지를 여분으로 확보하고, 그 후에 계속한 부동산 경영은 아주 가관이었다.

황홍녠이 각지에서 거리낌 없이 매수를 진행하던 당시 경제 이론계와 언론계 인사들로 구성된 방대한 응원단이 그의 뒤를 따랐다. 그의 출현은 개혁파 이론가들에게 국영기업이 구체제로부터 벗어날 수 있는 서광처럼 보였다. 이리하여 그에 대한 칭송은 '강령과 노선'상의 결정이 되어 마침내 장밋빛 환상을 띠게 되었다. 많은 경제학자들은 '중처 현상은 국유기업 재조정의 효과적 모델'인 동시에 '경제체제 개혁 심화의 시대적 산물'로 여겼다. 또 황홍녠의 인수합병이 마침내 국유기업이 다년간 돌파하지 못한 재산권 다원화를 실현했고, 이를 통해 국영기업 개혁이 새장 속 개혁이라는 구태에서 완전히 벗어나도록 했다고 여겼다. 중국 사회과학원 부원장이자 경제학자인 류궈광(劉國光)은 논평에서 이렇게 말했다.

> 외국기업 상장이라는 원칙과 루트를 잘 아는 중처를 이용해 일부 국영기업에 대해 구조 조정을 진행한 후 국제적인 기업으로 전환시켜 지속적으로 해외에 상장시킨다면 더 많은 해외 자본이 국내 기업 발전에 투자하게 될 것이다.

이렇게 뜨거웠던 언론은 중처 현상에 비할 바 없이 숭고한 개혁의 지위를 부여했고, 이는 기업 매수 행위를 상업적 이익을 초월하는 자체 논리로 만들었다. 대중매체의 떠들썩한 옹호 하에 황홍녠과 중처는 뜻밖에 중국의 기업 개혁의 풍향계가 되었다. 황홍녠은 훗날 당시를 회고하며 이렇게 말했다.

> 중처가 중국에 갔을 때 처음에는 시험 삼아 간 것이었는데, 이처럼 큰 환영을 받고 구매 원가 또한 이처럼 우대를 받아 싸게 매수할 수 있으리라고는 생각하지 못했습니다. 그 후에

는 함께 열기에 취해 머리가 멍멍해져 많은 프로젝트를 얼떨결에 결정했습니다. 취안저우와 다롄에서의 '일괄 계획'은 그처럼 뜨거운 열기 속에서 급하게 실시되었던 '불가능한 임무'였습니다.

1992년 황훙녠의 열기로 인해 '자본 경영'이라는 단어가 시장을 달구었고, 훗날 적지 않은 경영자들이 중처를 언급할 때 당시 중처가 100권의 경영학 교재보다 더 우수한 가르침을 주었다고 말했다. 해외에서 온 중처 현상은 국내의 모어치중의 '통조림으로 비행기를 맞바꾼' 사건과 더불어 사람들에게 자원 유통이 가져오는 신기한 효과를 아주 생동감 있게 보여주었다.

황훙녠 뉴스가 각 언론의 경제면을 장식한 것은 자연스럽게 각 지역의 국영기업 공장장들의 부러움을 샀다. 그는 마치 '천사'처럼 돈 보따리를 등에 짊어지고 하늘에서 내려와서는 주권 증서를 갖고 갔지만 사람도 바뀌지 않고 일도 관여하지 않는데도 오히려 기업은 '시어머니'의 속박에서 벗어나게 되었던 것이다. 취안저우의 41개 기업이 매각된 후 취안저우 공업국과 상업국은 없어졌고, 사장들은 황훙녠 한 사람에 대해서만 책임지면 되었다. 중처가 제공한 모델은 국영기업 개혁 중 발생한 거의 모든 문제를 비껴갈 수 있게 해준 것이었다.

중처의 갑작스런 성공은 자연히 기타 국제 기업들의 모방을 불러왔다. 황훙녠이 항저우맥주공장을 인수한 후 그와 배경이 아주 비슷한 태국의 화교 부자인 정다(正大)그룹의 넷째 아들 셰귀민(謝國民)이 항저우칭춘바오제약회사를 방문했다.3) 이 업체의 사장은 청말 관영 상인 호설암(胡雪岩)이 설립한 후칭위탕(胡慶餘堂)[청말에 설립된 약국]의 마지막 제자 펑건성으로, 그는 1972년 맨손으로 이 기업을 일으켜 한때 건강식품 '칭춘바오'를 개발, 판매한 것으로 유명한 사람이었다. 그는 1988년 전국 제1회 우수기업가 선정에서 저장성 기업인으로는 처음으로 이름을 올렸다. 칭춘바오

---

3) 정다그룹의 창업자인 광둥 사람 셰이추는 채소 종자 사업으로 가업을 일으켜 아시아 최대 사료그룹의 하나가 되었다. 정다가 1979년 중국에 들어가 선전 주하이와 산토우에 세운 회사는 모두 그 지역에서 중외합작기업 영업허가증 '001'호를 받았다. 1989년 정다가 CCTV의 『정다종합예술』 프로그램을 협찬하면서 널리 사람들에게 알려졌다.

는 당시 화동 지역에서 가장 돈을 많이 벌었고, 브랜드 인지도가 가장 높았던 제약 업체였다. 펑은 경영에 뛰어났고 강직한 성격이었다. 어느 해인가 영업에 정신이 없을 때 상급 주관 부문이 경영 관리 시험을 보라고 통지하자 그는 분개해 시험을 거부해 풍파를 일으킨 적이 있었다. 1992년 59세의 펑건성은 관례대로라면 1년 후에 퇴임해야 하는 나이였다. 이때 펑건성이 앞장서 다음 해 세궈민이 순자산으로 평가된 것보다 낮은 가격으로 칭춘바오의 지배권을 획득할 수 있게 해주었다. 이에 세궈민은 펑건성이 원할 때까지 일을 할 수 있도록 허락했고, 그래서 펑건성은 2007년까지 칭춘바오의 총수로 남아 있을 수 있었다. 그는 이 일로 거의 30년 이래 가장 장수한 기업가가 되었다.

칭춘바오가 세궈민에게 회사의 지배권을 넘겼을 때 '미녀가 먼저 시집을 가야 하느냐 마느냐'에 대한 논쟁이 일어났다. 이 이전에 사람들의 생각 속에는 해외와의 합자는 모두 파산이나 경영 불능 상태에 있던 '추녀'였는데, 칭춘바오와 같은 영리 능력이 충분한 미녀가 외국 기업과 합자하는 것은 국유자산 유실이라는 혐의를 받기에 충분했기 때문이다. 훗날 보기에 이 논쟁은 기본적으로 거짓 명제였다. 왜냐하면 국제 자본은 결코 자선 조직이 아니기 때문에 가치가 올라갈 잠재성이 없으면 애초에 매입 가능성이 없었기 때문이다. 펑건성은 합자 당시 "서양 옷을 걸치더라도 흔쾌히 새로운 메커니즘을 도입하겠다"고 말한 적이 있었다. 이 말은 지배권 매각 방식으로 기존 체제에서 벗어나겠다는 뜻을 표명한 것이었지만 객관적으로는 '서양 옷을 걸침으로써' 그가 창업했지만 자산 상으로는 자신과 아무런 관계도 없던 회사를 계속 장악할 수 있었던 것이다.

만약 갑자기 나타난 황훙녠이 국영기업을 살리는 '남다른 방법'을 제공했다고 한다면, 이 외에 어떤 새롭고 특별한 방법은 찾아볼 수 없었다. 국무원이 반포한 각종 통지는 여전히 '계속 기업 경영 메커니즘을 전환하고', '생산을 억제해 재고를 줄이고', '제품의 품질과 수익을 향상시키고', '삼각채무 관계를 정리하는 것' 등이었다. 이 기간에 홍기하자마자 중도에 중지된 '삼철三鐵 타파' 개혁 운동이 발생했다.

비효율, 무대책, 늘어나는 인원은 점점 국영기업이 감당할 수 없는 부담이 되었다. 일부 조사에서 드러났듯이 절대 다수의 국영기업에는 자리는 있지만 일 없이 빈둥대는 사람들의 비중이 전체 직원의 절반을 넘어섰다. 2월부터 국영기업의 생사에 관해 열정적인 토론을 진행한 『경제일보』는 「삼철을 타파하려면 쉬저우를 봐라!」는 기사를 게재했는데, 이는 전년도 「스촨 기업의 안락사」에 이어 '삼철 타파'의 열기를 고조시켰다. 이러한 개혁적인 보도는 중앙으로부터 인정을 받았고, 신속하게 전국의 국영기업으로 파고들었다.

'삼철'은 철밥통, 철 의자, 철 봉급을 의미하는데, 실제로는 국영기업의 노동력 운용, 인사 제도, 분배 제도를 지적하는 말이었다. 이 제도들은 전통적으로 국영기업이 우월성을 갖춘 영역으로 인식되기도 했지만 내부 메커니즘의 경직으로 거추장스럽게 변해버린 것이 문제가 되었다. 소위 '삼철 타파'는 기업이 직원을 퇴출시킬 수 있고, 일자리는 더 이상 세습되지 않고, 기업의 간부도 더 이상 종신제가 아니며, 직원의 업무는 더 이상 철판 덩어리처럼 고정된 것이 아니라 이익과 실적에 근거해 움직여야 한다는 것이었다. 쟝수성의 쉬저우 시는 전년도 1년 동안 '경영이 부실해도 여전히 사장은 사장이고, 회사가 적자인데도 직원은 임금을 받으며, 생산 임무가 줄었는데도 아무도 감원하지 않는' 현상을 겨냥해 '삼철 타파'를 전면적으로 실시한 결과 기업이 활력을 되찾았다. 『경제일보』는 한 달이 되지 않는 시간 동안 무려 36편의 기사를 내보내면서 '삼철 타파'는 국영기업 개혁에서 힘겨운 싸움이라는 견해를 피력했다. 신화사는 논평에서 "금년 삼철을 제거하는 것은 기업 개혁의 주선율이 될 것"이라고 말했다. 3월 말 전국적으로 '삼철 타파'를 외쳤던 기업은 1,000여 개를 넘어섰다.

이 이전의 모든 개혁 이념과 조치가 경영층과 국유자산 관리층을 겨냥하고 있었다면 '삼철 타파'는 기업 개혁 15년 이래 처음으로 개혁의 창끝을 기업의 일반 직원들에게 돌린 것으로 사실 기업과 노동자 간의 '종신 노동 계약'을 해지하는 것이었다. 어떤 의미에서 대대적으로 전개된 '삼철 타파'는 어쩔 수 없는 상황에서의 관념적인 운동이었고, 이 운동은 결과적으로 국영기업이 더 이상 영원히 보호받아서 침몰하지 않는 큰 배가 아니라는 사실을 의식하게 해주었다. 언론의 계속된 고무와 '쉬저우 경험'에서 영감을 받은 번시本溪제철은 10만 6천 명의 직원 전체가 계약제를 실행한다고 선언했는데, 이는 중국의 대기업으로서는 처음으로 '철 밥통'을 타파한 것으로 여겨졌다. 상하이, 스촨과 베이징 등지의 오래된 국영기업들도 분분히 개혁의 심화를 명분으로 대폭적인 감원을 실시해 많은 노동자가 회사를 그만두게 되었다. 어느 지방 정부 관원은 여기서 더 나아가 삼철정신(철과 같은 얼굴, 철과 같은 수완, 철과 같은 심장)으로 '삼철을 타파'하자는 의견을 제시하기도 했다.

'삼철'은 타파되었지만 사회보장제도는 완전하지 않았다. 수많은 사람이 직업을 잃고 한순간에 의지할 데 없는 사회적 고아가 되어 버렸다. 심각한 실업 문제가 다시 수면 위로 떠오르면서 사회 위기로 부상했는데, 일부 지방에서는 해고당한 사람들이 자살하거나 보복을 행하는 사례도 발생했다. 4월 톈진시에 위치한 한 시계공장에서 '삼철 타파'를 실행한 결과 파업, 여공 자살, 공장장 면직 등의 문제가 발생했고, 이러한 소식은 급속하게 주변 지역으로 퍼져나갔다. 후에 언론의 조사를 거치면서 시계공장 사건에는 약간의 오류가 있었음이 밝혀졌지만 이런저런 소문은 전혀 근거가 없는 것은 아니었다. '삼철 타파'는 관련된 사회복지제도의 결핍으로 유발된 사회적 혼란으로 인해 결국 정책결정권자의 경계심을 불러일으켰다. 5월에 소집된 중국 경제체제개혁연구회에서 기업 경영 체제 전환은 간단하게 '삼철 타파'로 귀결될 수 없다는 사실이 분명하게 제기되었다. 신화사 산하의 『반월담』은 한 유력인사의 말을 빌려 "'삼철 타파'는 신중해야 한다"고 보도했다. 경제학자 허중톈何中天은 이렇게 비판했다.

쉬저우시가 '삼철 타파'를 실시했고, 시위원회가 손실 기업 직원과 공장장은 감봉한다고 규정했는데, 정부의 기능은 여전히 변화가 없다. 공장장과 직원의 급여를 깎는다고 기업의 메커니즘을 전환시킬 수 있는 것은 아니다.

베이징대학 총장 우수칭吳樹靑은 이렇게 말했다.

채찍을 써 굶주림을 보태는 방법으로 국영기업을 살리고자 하는 것은 실현 불가능한 일이다. 국민에게는 헌법이 보장하는 노동 권리가 있는데, 철 밥그릇을 깨부수는 것은 위법 행위라고 할 수 있다.

이리하여 1992년 중반에 접어들자 전국을 떠들썩하게 만든 '삼철 타파' 운동이 갑자기 막을 내리게 되었다.

7월, 개혁에 대한 책략은 다시 권한 이양이라는 원래의 주제로 돌아왔다. 국무원은 〈전 국민 소유제 공업기업의 경영 메커니즘 전환 조례〉를 발표해 기업에 14개 항목의 경영 자주권 부여를 선언했다. 그중에는 제품 판매권, 물자 구매권, 자금 분배권 등이 포함되어 있었다.[4] 〈조례〉는 기업 경영자에게 소유권이 전면적으로 이양되었음을 보여주었는데, 이로 인해 이것은 1978년 정부가 주창한 권한 이양 시범과 1984년 〈국영기업 자주권 확대에 관한 잠정 규정〉이 발표된 후 세 번째 대규모 권리 이양 조치로 여겨졌다. 실제 집행 상황에 대해 보면 그러한 권한 중에는 판매권 및 구매권처럼 어떤 것은 이미 이양된 것도 있었고, 자금 분배 및 투자 결정 등과 같이 애매모호한 규정도 있었다. 수출입 권한 등과 같이 국가가 독점하는 경우 정책적 배려가 없으면 아예 기업이 나설 수 없는 규정도 있었고, 심지어 할당량 거절과 같이 근본적으로 실현 불가능한 경우도 있었다. 신화사가 진행한 100개 국영기업 사장 조사에 따르면 90%의 사장이 거부권이 있지만 감히 사용할 수 없다고 응답했다. 국유자산 소유자인 국가가 도대체 어떤 방식으로 국영기업을 관리해야 하는가는 줄곧 '수렴과 이양'이라는 패러독스에서 방황하며 진퇴양난의 상황에 빠져 있었다.

덩샤오핑은 남순강화 기간에 증권업에 대해 증권과 증시를 단호하게 개방해 실험을 해보고, 문제가 있으면 고칠 수 있다는 생각을 말한 적이 있었다.

아마도 이 말의 자극을 받아 1992년의 증시는 봄부터 만반의 태세를 갖추기 시

---

[4] 14개 항목의 자주권은 각각 생산경영권, 제품노동가격결정권, 제품판매권, 물자구매권, 수입권, 투자결정권, 세후이윤지배권, 자산처분권, 연합경영겸병권, 노동자운용권, 인사관리권, 급여상여분배권, 내부기구설치권, 임무할당거절권이다.

작했다. 5월 21일 웨이원위안은 상하이증권거래소가 전면적으로 주가를 개방한다고 선언했다. 이전에는 줄곧 상하한가 거래 중단 제도를 실시해왔는데, 상하이지수는 20일 616포인트를 기록한 이래 줄곧 상승해 25일에는 1,420포인트까지 치솟았다. 당시 상하이거래소 하나만 있었고, 투자자들은 매일 물샐 틈도 없이 몰려들었다. 그래서 웨이원위안은 축구장 크기의 1/2에 해당되는 문화 광장을 임대해 임시 거래소로 사용하기로 결정했다. 당시 언론의 보도를 보면 다음과 같다.

> 문화 광장은 노천 천막이었고, 투자자들은 땅바닥에 앉아 있었다. 5분마다 시황을 발표했고, 오더를 받으면 바로 상하이거래소에 전화로 통보해 처리했다.

이 거래소는 1년 반이나 비바람을 막을 것 하나 없이 유지되다 철수되었다. 임시 거래소를 운영한 후 웨이원위안은 'VIP룸私募' 제도를 시행했다. 돈이 있는 사람은 밀폐된 공간에 들어가서 거래를 진행할 수 있었는데, 전화기, 침대와 티 테이블이 구비되어 있었다. 이 공간에서는 시가가 즉시 통보되었고, 매매에도 우선권이 주어져 문화 광장에 비해 환경이 훨씬 나았다. 중국 증시는 시작부터 제도적으로 개미 투자자와 거액 투자자들을 분리시켜 놓았는데, 훗날 또 큰손들이 등장하면서 빈익빈 부익부의 유희 공간으로 변하게 되었다.[5]

선전거래소의 과열 현상도 심각했다. 몇 년 전만 하더라도 물어보는 사람 하나 없던 주식이 이제는 만인의 보배가 되었고, 신주를 발행할 경우 부득불 추첨 방식을 통했다. 8월 7일 선전거래소가 발표한 〈신주 구입 추첨표 발부 공고〉를 보면 발행 주식은 5억 주였고 추첨표는 5백만 장을 발급해 당첨율은 10%에, 추첨표당 1,000주를 구입할 수 있었다. 구매자는 관련 수속을 마친 후 장당 100위안 하는 추첨표를 구입할 수 있었고, 1인당 최대 10개 신분증으로 추첨표를 구매할 수 있었

---

[5] 증시와 관련해 중국에서 처음으로 자살한 사람은 상하이 시민 캉보화康柏華였다. 1992년 4월 캉은 주당 293.35위안으로 앤중 주식 107주를 샀는데, 이후 가격이 수차례 엎치락뒤치락하면서 6,500 위안의 손실을 보았다. 5월 12일 캉이 목을 매 자살했다. 5월 25일 증시가 대폭 올랐고, 앤중 주식은 한번에 1,000 위안이 넘게 올랐다.

다.

공고가 나가자 선전 우체국은 눈발처럼 날아오는 신분증으로 파묻혔다. 한 소포는 무게가 17.5kg이었는데, 박스 안에는 2,500장의 신분증이 들어 있었다. 당시 선전 인구는 60만 명이었고, 이틀 동안 선전으로 유입된 인구가 150만 명을 넘었다. 광저우에서 선전으로 들어오는 기차표는 30위안이었지만 200위안을 지불해야 구입할 수 있었다. 많은 사람들은 선전특구로 들어갈 출입증이 없었기 때문에 현지 농민들을 통해 1인당 40위안을 지불하고 선전으로 잠입할 수 있었다. 7일 오후부터 선전 시내 300곳의 판매처는 그야말로 인산인해를 이루었다. 9일 정시에 추첨표는 개시 두 시간 만에 판매가 완료되었다. 100만 명이 훨씬 넘는 사람이 이틀 밤을 지새우며 기다렸지만 빈손으로 돌아간 사람도 부지기수였다. 이에 분노한 사람들이 선전시를 가득 메웠고, 시정부로 몰려가는 물결을 차단할 방법이 없었다. 시내의 모든 도로는 마비됐고, 상점이 무너졌고, 경찰차는 불에 탔다. 정부는 부득불 무장경찰을 동원해 고압 물대포로 사람들을 해산시킬 수밖에 없었다. 11일 새벽 선전시 정부는 50만 장의 추첨표를 추가로 발행한다고 선포했고, 당시 선전시장 정위란鄭良郎이 TV 담화를 발표하면서 긴박한 상황이 차츰 수그러들게 되었다.

당시 조사에 따르면 추첨표 판매에 집단적인 부정 행위가 있었음이 드러났다. 당시 판매처에서 판매된 추첨표는 44.6%에 불과했다. 부정 행위 사건은 투자자들의 믿음에 큰 충격을 주었고 4일 후 선전과 상하이의 주가가 대폭 하락하는 결과를 초래했다. 상하이 거래소는 45%나 급락했다. 선전 사건은 아주 생동감 있게 당시 중국 증시의 일면을 보여주었고, 이로 인해 증권관리기구가 탄생하게 되었다. 10월 12일 국무원 증권위원회가 설립되었고, 주룽지 부총리가 위원장을 겸임했다. 이것의 집행 기구인 중국증권감독관리위원회는 중국 증시를 직접 관리하는 최고 기관이 되었다.

수많은 투자자의 공전의 열정, 증시의 폭등과 폭락, 그리고 선전에서 발생한 부정 행위는 정책결정권자들이 가장 직관적인 방식으로 주식시장이라는 금융 도구의 이용 가능성을 볼 수 있도록 해주었다. 당시 전국 인민의 은행 저축액이 이미 1

조 3천 억 위안을 돌파해 언제든지 인플레이션을 유발시킬 수도 있을 두려운 상황이었지만 중앙 정부의 재정은 아주 궁핍해 국영기업의 자금 수요에 도움을 줄 가능성은 거의 없었다. 하지만 정책결정권자들은 이러한 증시 폭발이 진흙구덩이에 빠져있지만 수혈조차 불가능한 국영기업을 구제할 수 있는 최후의 수단이 될 것으로 생각했다. 일부 경제학자들도 잇달아 '주식시장에서 자금을 조달하는 것이 국영기업을 살리고 실력을 강화할 수 있는 전략적인 선택'이라는 방안을 제시하고 논증했다. 이 이전에 '상장의 모험'을 감행한 기업은 거의 한결같이 상하이와 선전 두 지역의 중소기업이었고, 대형 핵심 기업들은 다만 상장을 피해가지 못할까봐 두려워했다. 하지만 지금의 현실은 사람들의 생각을 하룻밤 사이에 바꾸어버렸다. 증권감독관리위원회 설립 후의 첫 번째 중대한 결정은 두 증시의 상장지표권을 중앙에 '상납'한 것이었다. 증권거래소는 결정권이 없어졌고, 이후 상장 지표는 '자본 수입'의 대명사가 되었고, 증권감독관리위원회는 가장 권세 있는 기관 중의 하나가 되었다.[6]

선전의 부정 행위 사건이 발생하는 동안 뤼젠신呂建新이라는 자유기고가는 이 모든 과정을 직접 목격했다. 그는 '뤼량呂梁'이라는 필명으로 「백만의 투자자가 선전을 조작하고 있다!」라는 제목의 생동감 있는 기사를 발표했고, 『베이징청년보』를 포함한 많은 언론이 이 원고를 전재해 적지 않은 원고료를 챙겼다. 이때부터 뤼젠신은 선전거래소의 상주 고객이 되었다. 십년 후 '뤼량'이라는 이 사람이 중국 증시에서 가장 흉폭하고 신비로운 큰손이 될 것이라고는 아무도 생각하지 못했다.

이번 추첨표를 통한 구매 승인 과정에서 이득을 본 사람 중에는 멀리 우루무치에서 사진 인화점을 차린 탕완신이라는 사람도 있었다. 1986년부터 그는 의류 도매로 시작해 국수 공장, 화학비료 공장 등을 운영했지만 돈을 번 적이 없었고, 1990년이 되어 렌샹 컴퓨터 판매 대리를 시작하면서 돈을 벌기 시작했다. 1990년

---

6) 국유기업의 융자 문제를 해결하는데 있어 가장 보편적인 방법은 지급금 대출전환과 대출금 주식전환, 즉 이전의 국가 재정의 자금 투입을 대출로 전환한 후 이러한 대출 채무를 국가 주식으로 바꾸는 것이었다. 이에 기초해 국영기업은 주식회사로 개조되었고, 증시에 상장해 자금을 조달한 것이다.

초 그는 신쟝성에서 더룽실업공사를 설립했다. 그는 선전의 추첨표 공고를 보자마자 돈 냄새를 맡았다. 그래서 5,000명의 여행단을 꾸려 선전에 도착한 후 추첨표를 구매했고, 이를 통해 더룽은 많은 돈을 벌게 되었다. 탕완신은 이때부터 증시에 빠지기 시작했다. 10여 년 후 그는 총자본 1,200억 위안을 투자해 '사막 위의 제국'을 건설했다.

중국 증시가 틀을 갖추기 시작할 무렵 떨쳐버릴 수 없는 그림자처럼 추문이 뒤따랐다. 4월 선전에서 가장 먼저 상장된 5대 기업 중의 하나인 위안예(原野)공사 대주주 펑젠둥의 주가조작 사건이 발생했다.

펑젠둥의 재산 축적 과정은 전설에 가까웠다. 1982년 32세의 펑젠둥은 선전의 빈민촌에서 장밋빛 미래를 동경하고 있었다. 그는 훗날 『월스트리트저널』 아시아판 기자에게 "저는 종종 아내를 데리고 외출했는데, 한 달 수입을 식사 한 번에 다 투자했습니다"라고 말했다. 1987년 빌붙기에 능숙한 펑젠둥은 150만 위안의 돈으로 선전의 위안예방직주식회사를 설립했는데, 두 곳의 국영기업이 60%의 지분을 보유했고, 홍콩 자본이 20%였으며 그와 친구의 지분은 10%에 불과했다. 그가 투자한 돈은 홍콩의 외삼촌에게서 뜯어낸 돈이었다. 2년이 되지 않는 기간 동안 위안예는 여섯 차례에 걸쳐 주주권 전환을 시도해 결국 국영기업 지분은 5%로 되었고, 펑젠둥이 지배하는 홍콩 룬타오(潤濤)공사가 95%의 지분을 보유하게 되었다. 이 시기 그는 이미 유명한 외상 투자자로 변신해 있었다. 1990년 2월 위안예가 선전거래소에 최초로 상장한 기업 중의 하나가 될 때 회사 설명서에는 회장 및 주요 주주에서 의외로 펑젠둥의 이름을 찾을 수 없었다. 그 후 2년 동안 위안예공사는 11차례에 걸쳐 주주권을 변경했고, 종종 사람들을 유혹할 만한 투자 전망을 발표해 주가 상승을 유도했다. 펑젠둥은 이러한 기회를 통해 이윤을 챙기기 시작했다. 1990년 6월~9월까지 그는 법인주 1,843만 주를 재판매했다. 팡젠둥은 광둥 남부 지역의 유명한 자본가가 된 후 560만 달러를 들여 홍콩에서 호화저택을 구입했고, 4,400만 위안을 들여 별장을 구입했는데, 그의 이웃에는 리쟈청이 살고 있었다. 빈민촌 출신의 펑젠둥은 10년이 안 되는 시간 만에 장밋빛 꿈을 실현하게 되었던 것이다.

1991년 연말 관리층은 위안예의 주가 조작 문제를 발견했다. 조사 결과 위안예 문제의 기본 줄거리는 이러했다.

자본 투입으로 회사 설립 — 대출을 통한 기초 공정 완성 — 주주권 전환으로 자금 전이 — 자산평가로 가치 절상 후 해외로 자본 유출, 장부상 투자 금액 확대 — 법인주 양도로 이윤 확보, 연간 영업 실적 확대. 이 안건은 관리 및 정책의 허점을 파고든 교묘한 투기 사례이다.

1992년 4월 인민은행 선전 지점은 투자자들에게 공고를 내 위안예 문제를 폭로했다. 궁지에 몰린 펑젠둥은 모험을 무릅쓰고 인민은행과 공상은행을 고소했고, 홍콩 언론을 통해 빈번하게 관리 당국의 방식에 대해 의문을 제기했다. 모순은 이때부터 공개되어버렸다. 인민은행은 위안예의 대주주 홍콩룬타오공사가 위안예의 자금 1억 위안을 해외로 유출했다고 폭로했고, 또 2억 위안의 대출금을 상환하지 않았다고 밝혔다. 7월 7일 위안예는 중국 증권 역사상 처음으로 상장 폐지되는 주식이 되었다.

위안예의 상장 폐지 후 펑젠둥은 바로 실종되었고, 8월 그는 회사의 모든 직책을 떠났다. 1995년 9월 선전시 중급인민법원은 회사공금유용 및 점유죄로 호주 국적의 펑젠둥에 대해 징역 16년을 선고했다. 법원의 판결이 선고되었을 때 펑젠둥은 200만 달러에 달하는 시드니의 별장에서 화분에 물을 주고 있었다. 그는 중국 증시의 혼란을 틈타 이익을 챙겼던 기업가 중의 하나였지만 결코 최대의 이윤을 챙긴 사람은 아니었다.

중국의 개혁개방의 가속화는 미국인과 유럽인들로 하여금 크게 한숨을 돌리게 했다. 1989년 이래 중국과 서방 국가들 사이에 가득 찼던 불신의 안개는 점점 걷혀가고 있었다.

다국적기업들은 잠시도 지체하지 않고 연달아 대중국 투자를 확대했다. 한차례 곤경에 빠졌던 GE 자동차, 모토로라, 듀폰 등의 회사의 투자는 전부 회복되었고,

크라이슬러는 북경 지프의 운영 확대를 위해 상담 중에 있었고, 보잉, 휴렛패커드와 GE 전기 등의 제조업체는 사방팔방으로 대규모 영업을 전개하고 있었다. 빌 게이츠의 감독 하에 마이크로소프트의 북경 사무실이 개설되었다. AVON의 한 상품관리자는 "우리는 시장에 대해 아주 낙관합니다. 1990년 11월 개장 이래 이미 8,000명의 여성 판매사원과 계약을 했습니다." 그리고 P&G는 중국에서의 사업이 50%의 속도로 성장하고 있다고 말했다.

여름, 미국 경제계에서 이미 전설적인 인물이 된 GE의 CEO 잭 웰치가 중국을 방문했다. 그는 덩샤오핑의 남순강화 후 다국적기업 CEO로는 처음으로 중국을 방문했는데, 이상하게도 국내외의 어떠한 언론도 그의 방중을 보도하지 않았다. 전해에 GE는 이미 난징에 쟈바오照明조명공정유한공사를 설립해 민간용 전등을 생산하고 있었는데, 잭 웰치가 CEO가 되기 전 조명 기업에서 일한 적이 있었기 때문에 아마도 당시 중국 방문은 이 조명 공장을 격려하기 위한 것과 무관하지 않았을 것이다. 베이징에서 목격한 것은 그를 아주 흥분하게 만들었고, 그는 부하 직원에게 "중국은 현재 세계에서 가장 사람을 흥분시키는 시장이고, GE는 아마 80년 후에 중국으로 복귀하게 될 것"이라고 말했다.

1월부터 중미무역회담이 워싱턴에서 열려 미국 기업의 중국 내 저작권과 특허 문제에 대해 격렬한 논쟁을 벌인 결과 쌍방은 거의 무역전쟁에 돌입할 지경에 이르렀다. 몇 달 동안 중국의 방직 제품 문제에 대해 격렬한 논쟁이 있었다. 만약 회담이 결렬된다면 워싱턴은 곧 도착할 15억 달러에 달하는 중국 수출품에 대해 보복관세를 100% 물리겠다고 위협했고, 마찬가지로 베이징도 미국의 기업들에 대해 동일한 보복 조치를 취하겠다고 위협하고 있었다.

경직되어 있던 국면은 미국이 마지노선을 언급하기 전에 타개되었다. 협정에 따르면 중국은 해적판 소프트웨어를 조사 감독하고, 농화학 제품과 약품의 특허를 보호하겠다고 승낙했다. 그러자 워싱턴도 중국을 무역 최혜국 명단에서 삭제하지 않겠다고 승낙했다. 6월 중국의 무역 최혜국 지위 회복이 거의 확정 국면에 들어섰고, 이 소식은 중국 대륙과 홍콩에 소재한 모든 미국 기업이 한숨을 돌릴 수 있도록 해주었다. 맥도날드의 한 관계자는 『비즈니스위크』와의 인터뷰에서 "우리는 손을 움켜쥐고 기다리고 있었다. 그리고 그들은 결국 모두 동의했다"고 말했다. 이 외에도 사람들이 기대한 사실은 중국이 줄곧 GATT 협정국 지위를 회복하기 위해 노력하고 있는 것이었다. 모든 사람들은 그렇게 해야 진정으로 세계 자유무역의 대순환 속에 들어간 것으로 생각했다. 하지만 이것은 퇴로가 없는 세계화의 과정임을 알고 있었다.

『포브스』지는 일종의 극적인 논조로 이렇게 보도했다.

이 세상에는 어떠한 돌발 상황도 발생할 수 있다. 그러나 중국이 언젠가는 굴기해 경제 강국이 된다는 것처럼 확정된 사실은 아주 드물다.

세계은행 수석 경제학자이자 미국의 재무부 장관을 역임한 래리 써머스Larry Summers는 "중국 GNP에 대한 구매력 평가에 따르면 중국은 2014년이 되면 총생산액 분야에서 미국을 추월할 것"이라고 예측했다. 이는 자연스럽게 적지 않은 소동을 불러 일으켰다. 이해 서방의 주류 매체에는 새로운 경제 명사인 '대중화지구大中華區Greater China'가 출현했다. 『포춘』지의 루이스 클라라Louise Clara는 「국경 없는 새로운 중국」에서 타이완과 홍콩의 자금과 관리 경험이 지금 중국 대륙의 남방을 전체 아시아의 산업 구심점으로 변화시키고 있다고 지적하고는 다음과 같이 썼다.

여기는 아시아 남부의 한 거리. 상점에는 일본 카메라, 리복, 프랑스 브랜디, 모토로라 핸드폰, M&M 사탕이 넘쳐나고, 밤에는 사람들이 대형 스크린을 갖춘 노래방과 커피숍으로 몰려들며, 어두컴컴한 나이트클럽은 젊은이들로 물샐 틈이 없고 …… 여기가 홍콩인가? 아니다! 이곳은 중국 광둥성 둥관 시 모습이다. 홍콩에서 얼마 떨어져 있지 않는 지방, 타이완과 홍콩 기업들이 6,000여 개의 공장을 지었고, 이곳에서 장난감, 의류, 플라스틱 제품들이 끊임없이 쏟아져나오고 있다.

루이스 클라라의 연이은 분석에 따르면 홍콩 및 타이완과 남중국 사이의 경계가 점점 모호해지고 있으며, 이곳은 세계에서 경제 성장이 가장 빠른 지역이었다. '대중화지구'는 정치적인 실체도 또 질서정연한 무역 지구도 아니었지만 이 지구는 동일한 문화와 공동 발전에 대한 갈망으로 일체가 된 곳이었다. '대중화지구'는 타이완의 기술과 자금, 홍콩의 국제시장 경험, 대륙의 노동력과 토지 그리고 야심을 통합시켜 놓았다. '대중화지구'는 잠재되어 있는 경제 역량이 아주 거대해 아시아에서는 유일하게 일본과 견줄 수 있는 역량을 보유하고 있었다.

날로 개방화되어 가는 중국과 비례해 전 세계 정치와 경제도 새로운 시대로 접어들고 있었다. 1990년 팀 버너스리Tim Berners-Lee가 월드와이드웹world wide web이라는 개념을 만들어낸 이래 인터넷이라는 새로운 세계가 만들어지기 시작했고, 이는 중국에서도 새로운 시대의 출현을 의미했다. 중국에서 15년간 진행된 변혁 후 세계는 중국의 왼쪽 발을 인터넷이라는 물결 속으로 끌어들였다. 이는 중국으로서는 행운이었다.

설령 하늘이 중국이라는 거대한 사자를 오랫동안 잠자게 했지만 또한 중국에 대한 연민도 보여주었다. 그것은 1949년 기나긴 내전이 끝난 후 전 국민의 힘으로 자못 군사적 색채를 띤 농업과 중공업 건설을 시작하게 했고, 1978년 이후에는 국가 성장을 주제로 이데올로기 싸움에서 다시 경제 발전이라는 궤도로 돌아오게 했다. 이리하여 10여 년이 지난 후 인터넷이라는 유령이 미국 동해안의 실험실에서 솟구쳐 나와 전체 비즈니스 세계의 게임 규칙을 교란할 때 이미 체제와 관념상의 전환을 마치고 일정한 민간 자본의 역량을 형성한 중국은 때마침 이러한 전환점에 서 있었던 것이다. 만약 중국의 경제 개혁이 10년 늦었거나 혹은 인터넷의 파도가 10년 앞섰다면 중국의 오늘과 미래가 어떤 형태를 띠었을 것인지를 상상하기는 어려운 일이다.

버너스리가 월드와이드웹을 발명했을 때 중국의 인터넷 영웅들은 각자의 운명의 길 위에서 분주하게 뛰어다니고 있었다. 3년 후 중국 제일의 인터넷 회사가 되는 잉하이웨이瀛海威의 장수신張樹新은 중관촌에서 신혼인 남편과 부지런히 호출기 만드는 일을 하고 있었다. 똑같이 중관촌에서 간신히 생계를 유지하고 있던 소프트웨어 개발자 왕지둥은 신톈디新天地 IT 연구소를 설립하고, 집에서 '중문지성中文之

星'이라는 중국어 소프트웨어 플랫폼을 개발했고, 훗날 유명한 인터넷 포털 사이트 신랑을 창업했다. 세계 최대의 B2B 전자상거래업체인 아리바바의 창업자 마윈은 당시 28세의 영어교사로, 항저우에서 조그만 번역 회사를 운영하고 있었다. 중국어 검색 엔진 회사 바이두를 창업한 리앤훙은 당시 24세로 미국의 뉴욕주립대학(버펄로 소재)에서 컴퓨터공학 석사 과정에서 공부하고 있었고, 그보다 세살 어린 왕이網易의 창업자 딩레이丁磊는 청두의 한 대학 3학년생이었다. 인터넷이 생긴 지 얼마 되지 않았을 때 미국의 MIT대학에서 막 물리학 박사학위를 획득한 쟝챠오양은 학교 안에서 뉴미디어 연구교수인 네그로폰테 교수와 사귀다가 네그로폰테의 격려와 투자로 귀국해 인터넷 포탈 소후搜狐를 창업할 결심을 하게 되었다.

1992년은 이처럼 새로운 출발의 느낌으로 충만한 한 해였고, 중국 기업들의 성장 이야기도 한창 진행 중이었다.

칭다오에서 장루이민의 하이얼은 이미 국가 일급 기업으로 성장해 있었다. 그는 1992년을 전후로 칭다오의 전기도금 공장, 에어컨 공장, 쇼케이스 공장 및 냉각기 공장을 합병해 다원화된 가전 제조 기업의 면모를 구축하고 있었다. 기업의 수익이 좋아지자 원근遠近에서 지명도가 높은 스타 기업으로 변모했고, 이로 인해 전국 각지에서 학습을 위해 몰려드는 인파로 넘쳐났다. 장루이민은 하루 종일 이들을 대동하느라 정신이 없었는데, 어떤 때는 하루에 10여 팀이 방문하는 경우도 있어 혼란스러움을 감당할 수 없을 정도였다. 그리하여 시정부는 공문을 발송해 시내의 기업은 가능한 한 참관을 자제하고, 기타 지역의 기업은 성수기에 참관을 자제해 하이얼을 소란스럽게 하지 말 것을 당부하지 않을 수 없었다.

류촨즈의 롄샹은 지난해의 검은 폭풍에서 벗어나 숨을 돌리려고 했다. 당시 롄샹은 1년에 20만 대 정도의 컴퓨터를 판매하고 있었는데, 주요 판매 대상은 정부와 기업이었다. 컴퓨터의 가정 보급 시대가 이미 도래했음을 깨달은 류촨즈는 젊은 양위안칭楊元慶을 새로 설립된 마이컴 사업부 사장으로 파견해 중국 최초의 가정용 컴퓨터 브랜드 '롄샹 1+1'을 출시했다. 그는 "인류가 롄샹을 잃어버리면 세상은 어떻게 될까?"라는 광고 문구로 전국을 뒤흔들었다.

과학용 기기 판매로 사업을 일으킨 완커는 이미 부동산을 핵심 사업으로 하면

봄날 이야기 **439**

서 모든 영역을 넘보는 그룹으로 변해 있었다. 왕스는 부동산 외에도 마트 프랜차이즈, 건자재 공장, 영화 및 TV 문화공사, 호텔 경영 기업 등을 설립했고, 그룹 산하에 50개가 넘는 기업을 거느리고 있었다. 그는 훗날 농담 삼아 이렇게 말했다. "이렇게 말하죠. 음란, 마약, 도박, 무기를 제외하고는 거의 모든 분야에 진출했습니다."

선전의 런정페이는 인생의 전환기를 맞이하고 있었다. 화웨이가 자체적으로 연구한 대형 교환기가 마침내 성공적으로 제작된 것이었다. 당시 국내의 통신설비 시장은 이미 알카텔, 루슨트 및 지멘스가 평정하고 있었다. 마오쩌둥 전집 읽기를 좋아한 런정페이는 '농촌으로 도시를 포위'하는 전략을 생각해내 낮은 가격과 소도시 시장을 돌파구로 삼았다. 연말 화웨이의 판매는 1억 위안을 돌파했다.

농촌에서 굴기한 향진기업가들도 전환점을 맞이하고 있었다. 그들의 기업은 이미 중국 경제의 절반을 차지하고 있었다.

1월 말 덩샤오핑은 남순강화 기간에 판닝의 주쟝 냉장고공장을 시찰했다. 이 국내 최대의 냉장고공장은 전 세계적으로도 가장 선진적인 생산라인을 구축하고 있었다. 넓고 현대화된 작업장에 서서 덩샤오핑은 매우 놀라워하면서 도대체 무슨 유형의 기업인지를 이해하고자 했다. 수행자가 그에게 알려주었다. "만약 행정 조직으로 계산하면 말단 조직에 해당됩니다. 하지만 경제 수익과 규모로 계산할 경우 병단급에 속합니다." 덩샤오핑은 공장을 둘러보면서 향진기업에도 이러한 규모를 가진 기업이 있다는 사실에 놀라워마지 않았다.

샤오산의 루관츄는 국내의 모든 유니버설조인트 전문 제조 공장을 격퇴시켰는데, 그의 제품은 전국 60%의 시장점유율을 자랑했다. 그는 21살인 아들 루웨이딩劉偉鼎을 완샹그룹 부회장으로 임명했는데, 그는 베이징에서 상장 관련 일로 정신이 없었다. 증권감독관리위원회를 방문했을 때 수위조차도 그를 무시했고, 점심때가 되면 그는 계단에 앉아 도시락으로 끼니를 때워야 했다. 1년 후인 11월 완샹그룹은 선전거래소에 상장되었다. 텐진의 다츄쟝은 전국에서 처음으로 1억 위안짜리 마을이 되었다. 위줘민은 철강 기업을 창업했는데, 당시의 투안보어와華西공사를 중국 최고의 부자 마을로 바꾸었다. 그러나 아무도 생각지 못한 일이 벌어졌다. 12

월 13일 다츄장의 직원 한 명이 횡령 혐의로 자백을 강요받다가 구타로 죽음을 당한 것이다.

37세의 지린성 사람 선타이푸沈太福는 베이징창청長城전기기계기술개발공사를 설립하고는 에너지를 30% 절약할 수 있는 신형 모터를 개발했다고 선전했다. 그는 베이징과 각 대도시의 신문에 광고를 퍼부어 사회에서 자금을 모집하는 방식으로 자신의 신기술 개발에 대한 투자를 유도하려고 생각하고는 이를 위해 24%라는 놀라운 이율을 제시했다. 그의 아이디어는 확실히 사람들의 관심을 끌기에 충분했다. 베테랑 사회학자인 페이샤오퉁도 이에 마음이 움직여 특별히 글을 써서 열정적으로 이를 소개했다.

선전에서도 이미 전국 청년의 모범으로 성장한 스위주가 쥐런빌딩을 건설하기로 결정했다. 당시 쥐런의 자산은 이미 1억 위안을 넘어섰다. 처음 계획은 38층 건물로, 자금은 자신이 충당하기로 했으며 부동산업을 할 것이라고는 생각하지 않았다. 1992년 하반기에 한 고위간부가 쥐런의 건축 부지를 시찰하고는 스위주에게 위치가 아주 좋은데 왜 더 높게 짓지 않느냐고 물었다. 이 말 한 마디는 훗날 스위주의 인생을 완전히 바꾸어 놓았다. 그는 바로 빌딩을 54층으로 재설계했고, 얼마 후 광저우에서 63층 건물이 들어선다는 말을 듣고는 다시 70층으로 설계 변경을 지시했다. 이렇게 해서 위기가 잠복하기 시작했고, 두화선은 이미 푸른 연기를 내뿜고 있었다.

4월 광저우에서 전례 없이 성황을 이룬 경마 초청 경기가 열렸는데, 실제 너무 열기가 뜨거웠기 때문에 정부는 이로 인해 지하 도박업체가 생겨날까 두려워 제2회 대회를 개최하지 못하게 했다.

상하이에서는 각 은행 입구에 정체불명의 사람들이 삼삼오오 모여 있었다. 자세히 다가가서 보니 그들은 "외환 있어요, 외환 필요하지 않으세요?"라고 말하고 있었다. 그들은 모두 암시장에서 외화를 거래하는 해고 노동자들이었고, 전체 수는 5만 명에 달했다. 상하이에서는 이미 외화 전매를 위한 업종 체인이 형성되어 있었는데, 길거리 곳곳에서 영업하는 곳이 있고, 중간에서 융통하는 집이 있으며, 마지막으로는 자본을 가진 몇 개의 전매회사가 있었다.

1970년대 초 '언제든지 발생할 수 있는' 세계대전에 대비하기 위해 상하이, 베이징 등의 대규모 도시에 건설된 수많은 방공호는 오랜 기간 음습한 지역으로 방치되어 있었는데, 이제 이곳은 장사와 오락을 위한 최적의 장소로 활용되고 있었다. 로이터의 한 기자는 다음과 같이 말했다.

베이징에는 14만 명의 사람들이 지하 군사 시설에서 일하고 있다. 그들은 그곳에서 탁구장, 가라오케, 영화관, 지하 숙소 등을 열어 생업에 종사하고 있다. 지하 숙소의 경우 침대가 4만 개에 달했다. 매일 어둠이 내리면 청바지를 입은 장발의 젊은이들이 그곳으로 몰려갔다. 공기는 습하고 혼탁했고, 칼라 조명등은 희미한 어둠 속에서 빙빙 돌고 있었다. 그곳에서 사람들은 남은 정력을 소비했고, 외화를 전매하는 등 새로운 생활방식을 맛보고 있었다.

방직공 출신으로 일찍이 명성을 떨쳤던 장이모어張藝謀 감독의 〈귀주이야기The Story of Qiu Ju〉라는 영화가 1992년 제49회 베니스국제영화제에서 대상인 금사자상을 수상했다. 이 영화의 개략적인 내용은 다음과 같다. '이야기는 중국 시북부의 한 산촌에서 발생한다. 츄쥐의 남편 왕칭라이는 자기 집의 소작지로 인해 마을 촌장과 논쟁을 벌이다가 화가 난 촌장에게 급소를 차여 온종일 침대에 누워 노동을 할 수 없게 된다. 츄쥐는 선량하고 주관이 있는 여자로, 촌장이 잘못을 인정하지 않으려 하자 부른 배를 안고 향 정부에 계속 고소하게 된다.' 15년 전이었다면 이해하기 어려운 이야기였을 테지만 1992년에는 많은 공감을 불러일으켰다. 전통적인 의미에서의 도덕의 시비 관념이 날로 모호해지는 상업 사회에서 사람들은 불현듯 츄쥐의 고집스런 성격을 그리워하게 되었고, '공정한 판단을 바라는 것討個說法'은 당시 사회의 유행어가 되었다.

1992년은 모순이 겹겹이 쌓인 연도였다. 사람들은 종종 눈앞의 일에 대해서는 전전긍긍하면서도 미래에 대해서는 기대로 충만해 있었다.

'혁신'의 비밀을 발견한 경제학자 슘페터가 말한 대로 "발전은 하나의 흐름 속에서 자발적이고 비연속적으로 변화하는 돌출 현상으로, 균형에 대한 이러한 교란은 이전에 존재하던 균형 상태를 지속적으로 변화시키고 대체한다." 중국 사회의 발전도 이처럼 '자발적인 변화'였다. 그것은 단순하고 경직된 균형 상태로부터 15년의 발전을 거치면서 이전의 모든 질서와 가치관을 전복시키고 의심하게 만들어, 이전의 모든 견고한 것들은 연기처럼 사라지게 만들었다.

과거 15년 동안 관념의 전환은 줄곧 개혁의 주요 동력이었다. 어떤 지역의 인민이 솔선해 계획경제의 속박에서 벗어나면 그곳은 신속하게 굴기하기 시작했고, 부는 관념이 개방된 지역으로 끊임없이 흘러들었다. 수많은 개혁은 모두 '불법'에서 시작되었다. 구체제와 얽혀있던 규제는 개혁의 속박이 되었고, 그것을 돌파하는 것이 종종 진보를 의미했다. 이것은 직접적으로 한 세대의 관례에 대한 멸시를 이끌어내 사람들이 제도적 속박에 대해 점점 신경 쓰지 않고 오로지 발전의 효율과 속도에만 관심을 갖게 만들었다. 다윈이 『종의 기원』에서 이야기한 생존의 법칙은 중국 기업사에서도 그대로 적용되는 원리였다.

살아남는 종은 결코 강한 종이나 지력이 뛰어난 종이 아니라 변화에 적극적으로 반응하는 종이다.

1992년은 새로운 단계의 기점이었다. 시장경제라는 개념이 마침내 확립된 후 불분명한 중국의 개혁 운동은 방향을 확정하게 되었고, 개혁의 동력은 관념의 돌파에서 제도 혁신으로 전환되었다. 이전에는 중국의 낙후가 주로 과학기술에 있다고 생각해 생산라인과 신기술을 전면적으로 도입하면 급속하게 성장할 수 있을 것으로 믿었다. 하지만 많은 사람은 관념의 돌파와 기술 도입으로 만들어낸 생산력만으로는 결코 중국을 성숙된 현대 국가로 변화시킬 수 없음을 이미 인식하고 있었다. 이때문에 경제학자 우징롄은 '제도가 기술보다 우선'이라고 제시한 것이었다.

앞으로 중국은 관념에 의해 움직이는 시대에서 이익에 따라 움직이는 시대로 구조를 전환하고, 정부는 강력한 참여 욕망과 행정 조정력을 발휘하게 될 것이다. 이렇게 해서 국영, 민영 및 국제, 이 3대 상업 자본은 더욱 격렬한 경쟁, 게임, 융합을 전개하게 될 것이다.

|기업사 인물|

'천사' 황씨

인도네시아 거부의 아들 황훙녠은 중국 정치를 잘 이해하고 있었다. 한 번은 강연 중에 반 농담으로 웃으면서 이렇게 말했다.

저는 1960년대 요동치는 중국에서 자랐습니다. 만약 제가 지금까지 중국에 있었다면 아마 인민공사 부사장 정도는 하고 있었을 것입니다. 하지만 저는 중국을 떠났고, 25년이 지난 오늘 중국을 위해 10억 위안이 넘는 투자를 유치했고, 국영기업의 개조를 진행하고 있습니다. 생산력 해방과 생산력 발전, 중국 특색의 공업 혁명을 위해 노력하고 있습니다."

이는 매우 듣기 좋은 발언이었다. 그는 조금도 외국 투자자 같지 않았고, 마치 유배지에서 어머니를 찾아온 나그네 같았다.

황훙녠을 만난 적이 있는 많은 국영기업 경영자들의 마음속에서 황훙녠은 '항상 중앙의 고위층과 이야기를 나누는' 절대적인 '명사'였다. 그는 많은 사진을 갖고 있었는데, 중앙의 고위간부가 그의 딸을 포옹하고 있는 가운데 온 가족이 환하게 웃고 있는 기념사진도 있었다. 매년 연말이면 각지의 중처 사장들이 베이징으로 업무 보고를 하러 왔다. 그러면 그는 반드시 중앙의 고위급이 외빈을 접견할 때 사용하는 댜오위타이 국빈관을 빌렸고, 사장들은 이곳에서 보고를 하는데 15분을 넘기는 경우가 없었다.

사업의 운용에서 황훙녠은 중국의 현행 법규의 구멍을 충분히 활용했다. 기존의 중외합자법규는 외자의 분할 납부를 허용하고 있었다. 중처의 인수합병은 종종 15~20%를 선납해 국영기업을 지배했고, 기업이 해외에 상장된 후 확보한 자금을 재투입하는 방식을 취했다. 또 중국 법률은 외자 합자측은 합자 주주권을 양도하지 못하도록 규정하고 있었지만 중처는 오히려 주주권을 소유하고 있는 해외 지주회사로서 양도를 할 수 있었다. 동시에 중처는 중국의 대외합자기업의 각종 세수 우대 정책과 환율을 이용해 이윤을 확보했다. 그가 홍바오스를 인수해 중처로 개명할 당시 회사는 1,476만 홍콩달러의 적자를 기록하고 있었는데, 1년 후 이 회사의 순이익이 3억 여 홍콩달러에 달해 홍콩 증시에서 '기적의 주식'으로 통했다.

황훙녠 본인은 사업 경험이 전무했으며, 관심도 전혀 없었다. 그는 100개가 넘는 기업을 인수했지만 한 번도 사람을 파견한 적이 없었다. 기존 사장들이 계속 경영하도록 했으며, 본사는 단지 2~3명의 재무 인력을 파견해 순회감사를 벌이는 정도였다. 인수합병 초기에 체제 해방으로 인해 생산력이 활성화되자 효익效益이 증가하게 되었다. 그러나 대륙의 경제 분위기가 날로 시장화되어 감에 따라 체제 우위는 점점 사라졌고, 기존의 산업 낙후, 설비 노화, 상품 개발 능력 결핍, 인재 운영 구조의 불합리성 등의 문제들이 부각되기 시작했다. 인수합병은 넘쳐나고, 통합 조정 능력은 결핍되어 있었으며, 진입은 신속했지만 퇴장에는 주저함이 있었기 때문에 결국 경영난에 빠져들게 되었다. 그리하여 중처 산하 기업들 중 고무타이어와 맥주 두 업종을 제외하고는 모두 곤경에 처하게 되었다. 특히 취안저우의 경우 후유증은 무궁무진했고, 다롄의 '101 프로젝트'도 중도에 폐기되었다. 이와 동시에 중처 현상에 대한 자성의 목소리가 나타나기 시작했다. 어떤 사람은 황훙녠의 수법을 '기술노 관리 경험도 없는 비즈니스 투기'로 폄하했고, 기업 전매가 국유기업 자산 유실로 나타났다고 지적했다.

1997년 동남아시아에서 금융위기가 발생하자 황훙녠은 심각한 손실을 입었고, 그는 대부분의 주식을 매각해 7억 홍콩달러를 확보한 후 중처와의 관계를 철저히 청산했다. 홍콩 언론들의 보도에 따르면 황훙녠은 인수합병과 지분 매각을 통해 26억 홍콩달러를 벌었다. 1999년 황훙녠과 이미 관계가 정리된 중처 '중국 타이어'와 기타 합자회사는 2억 3천여만 홍콩달러의 적자를 기록했다.

'중처 게임'이 종결된 후 황훙녠은 업무를 전자상거래 영역으로 전환한다고 발표했고, 회사 이름도 'China Internet Global Alliance Limited'로 바꾸었다. 그는 일찍이 중국의 한 인터넷업체의 인수를 시도했지만 중도에 흐지부지되고 말았다.

2000년 11월에는 국무원 산하의 중국싱파興發그룹과 합작으로 중싱中興책략유한공사를 설립했고, 이를 통해 여전히 개방되지 않은 통신, 금융 등의 민감한 사업에 진출하려고 했다. 중싱의 등록자본금은 1억 달러였고, 중처가 45%의 지분을 보유하고 있었다. 이 프로젝트는 공표될 무렵 자못 선풍을 일으켰지만 그런 후에는 어떠한 소식도 없었다.

황훙녠은 '자본 경영'이라는 개념을 최초로 중국에 도입한 외국 인사로, 당시 중국과 그는 아직 제대로 준비가 되어 있지 않은 상황이었다. 그리하여 그는 돈을 벌기는 했지만 — 이것은 논쟁의 소지가 있었다 — 사업의 '뿌리'를 향수가 어려 있는 중국 땅에 심어 두지는 못했다.

3부

1993~1997년
민족 브랜드 행진곡

1993년
전세의 반전

> 그들은 나의 희망,
> 나에게 살아가는 힘을 부여한다.
> 그들은 미래의 희망이요,
> 모든 아이들은 같은 존재이다.
>
> ─리중성李宗盛, 『희망』(1993년)

64세의 '천하제일장天下第一庄' 장주 위줘민이 가부좌를 틀고 커다란 온돌 위에 앉아 있었다. 표정은 거만해 보였지만 왠지 불안해 보였다. 1993년 어느 날 저녁 무렵이었다. 요 며칠 그는 자신도 어쩔 수 없는 엄청난 소용돌이 속으로 빠져들고 있었다.

과거 2년간 위줘민은 아주 득의양양하게 살아왔다. 그가 이끄는 다츄장은 염분 가득한 땅 위에 서 있는 거지촌이었지만 지금은 전국에서 가장 잘사는 부촌으로 변해 있었다. 『뉴욕 타임스』는 "다츄장은 실제로 하나의 대기업이다. 이 마을에는 모두 4,400명의 주민이 살지만 16대의 벤츠 세단과 백여 대의 고급 수입 세단이 있으며, 1990년의 1인당 평균 수입은 3,400달러로 전국 평균의 2배에 달했다. 1992년 다츄장의 공업 생산액은 40억 위안에 달했다"고 보도한 바 있다. 다츄장은 중국의 민영경제의 발전 모델로 여겨졌고, 직접 방문해 참관한 사람들 중 이곳의 깨끗함과 부유함에 놀라지 않는 사람은 하나도 없었다. 길은 잘 정돈되어 있고, 길가에는 대도시에서나 볼 수 있는 화려한 네온사인이 줄지어 서 있었다. 마을에는 또 화려한 별장이 16곳이나 있었는데, 외형은 베이징의 댜오위타이 국빈관 모습과 흡사했다.

위줘민은 별장들 중에서도 가장 눈에 띄는 별장에서 매일 가부좌를 틀고 앉아 사방에서 찾아오는 아침 문안객들을 기다리곤 했다. 그는 뛰어난 상인일 뿐만 아니라 백 년에 한 번 나올만한 농민 언어의 대가로, 그와 접촉한 사람들은 모두 그의 화려한 말재간에 놀라워했다. 다츄장의 기적을 실현한 창조자로서 그의 명성은 정점에 이르렀다. 1992년 덩샤오핑이 남순강화를 발표한 후 다츄장은 경제 발전의 호기를 놓치지 않았고, 철강 분야에서 엄청난 돈을 벌었다. 전국의 언론들이 앞 다투어 다츄장에 대한 보도에 나섰고, 위줘민은 중국 최고의 농민 기업가로 변모해 있었다. 이해 3월 1일 위줘민은 『경제일보』에 「다츄장의 최대 공헌은 중국의 농민들에게 얼굴을 그려준 것이다」라는 제목의 글을 기고했다.

그러나 명성이 정점에 이르렀을 때 이 지혜롭고 영리한 사람은 별안간 건방지고 극단적으로 변하기 시작했다. 그는 '중국 농민 대표'라며 교만하게 굴기 시작했을 뿐만 아니라 모 중앙의 지도자와 교분이 깊다면서 점점 근본을 망각하기 시작했다. 그는 이전에 시찰온 관리에게 "국장님, 저는 원한다면 부총리도 될 수 있습니다"라고 말한 적도 있었다. 또 한 번은 부장급 여섯 명이 다츄장에서 회의를 한 적이 있는데, 마중은커녕 배석소차 하시 않은 적도 있었다. 회의가 끝나고 침석한 공무원들이 떠날 준비를 하고 있을 무렵 자기 사무실에서 기자들과 한담을 하면서도 문밖에서 일어나는 일은 거들떠보지도 않았다. 기자들이 배웅해야 하지 않느냐고 일깨워주었을 때도 오히려 신경 쓸 필요 없다며 손사래를 쳤다.

1992년 5월 톈진시가 14대 당대표로 위줘민을 천거해 선출하려 했으나 의외로 낙마하고 말았다. 6월 20일 '중공다츄산위원회'는 언론에 공개서한을 발표했는데, 이중에는 열 가지 조항이 포함되어 있었다.

…… 제5조, 우리는 지금부터 당대표, 인민대회 대표 선거에 일체 개입하지 않을 것을 공개 선언한다. 제6조, 톈진시의 주요 부서에서 사람을 파견할 경우 열정적으로 맞이할 뿐만 아니라 존경을 표시할 것이다. 단, 반드시 신분증을 지참해 다른 목적에 이용되지 않도록 해야 한다. …… 제8조, 우리 간부들은 세 가지 사항을 배척하며, 무작위 검사를 금한다. …… 제10조, 우리는 분별력이 있어야 하지만 좀 더 어리석은 듯해야 한다. 분별력에 어리석음이

더해져야 대사를 이룰 수 있다.

이 공개서한에는 그들의 분노, 원한, 적대감이 그대로 드러나 있었다.

결정적 위기는 우연한 사건으로부터 시작되었다. 1992년 12월 다츄장 완취안현 쇼공사의 경리經理(사장)가 병사하자 회계 검사를 진행했는데 횡령 행위가 발견되었다. 이에 다츄장은 4명의 인원을 파견해 이 회사의 업무 담당자 웨이푸허他福和를 조사했다. 웨이푸허는 불법으로 구금되었다가 12월 13일 폭력에 의해 사망했다. 사건 발생 후 '어르신'인 위줘민은 범죄를 은닉하기로 결정했다. 용의자들 중 일부는 야밤에 다츄장을 떠나게 하고 일부는 은닉하는 등 모든 것을 앞장서서 책임지기로 했다. 1993년 1월 검찰은 여섯 명의 인원을 다츄장에 파견해 증거를 찾기 시작했고, 뜻밖에도 불법 구금 13시간 동안 어떠한 음식도 제공하지 않은 사실을 발견했다. 검찰이 4명의 용의자에게 체포영장을 발부할 무렵 이전에 와서 공무를 집행한 공안 간부와 경찰이 다츄장 내에 구류되는 일이 발생했다.

사건은 날로 악화되었다. 2월 18일 텐진시 관련 부서에서는 400명의 완전무장 병력을 동원해 다츄장으로 통하는 모든 길목을 봉쇄했다. 위줘민은 마을 전체 1백여 개 공장의 노동자들에게 파업을 명령했다. 다츄장과 주변에서 몰려온 1만여 명의 노동자들은 각목과 쇠파이프를 손에 들고 마을 입구마다 무장경찰과 전면 대치에 들어가면서 "경찰이 마을에 진입하기만 하면 목숨으로 맞설 것"이라고 외쳤다. 그리고 위줘민 본인은 2보 전진을 위한 1보 후퇴를 생각하며 외부에 임시 사퇴를 선언했다. 이와 같은 일촉즉발의 긴장 국면은 3일 밤낮 유지되었고, 위줘민은 이미 법률의 그물망에 걸려 스스로 빠져나올 수 없는 상황이 되었다. 몇 차례의 교섭 후 위줘민은 그때서야 무장경찰이 '위씨 마을'로 들어오는 것에 동의했다. 경찰은 다츄장에 대한 수사를 진행했고, 위줘민은 용의자들 모두 이미 마을을 떠나 도피했다고 위증했지만 사실 몇 명은 아직도 마을에 숨어있었다.

3월 초순 텐진시위원회와 시 정부는 다츄장에 조사팀을 파견해 상주시키고, 마을의 모든 흉기를 몰수했다. 위줘민은 범인 은닉 및 공무방해 등의 혐의로 구류처분을 받았다. 비록 풍파가 갑자기 일었음에도 불구하고 표면적으로는 여전히 잔

잔한 파도가 지나간 것에 지나지 않았다. 설 기간에 위쥐민은 CCTV의 설 특집 프로그램에 출연해 만면에 웃음을 머금기도 했다. 심지어 3월 16일에는 정협위원 신분으로 전국인민정치협상회의에도 참석하기도 했다.

모든 사람이 암암리에 사태가 악화되고 있음을 느끼고 있었지만 대부분은 여전히 요행을 바라고 있었다. 위쥐민 손에는 남방에서 막 도착한 편지 한 통이 들려있었는데, 발신자는 또 다른 향진기업의 대표적 인물인 저쟝완샹그룹의 루관츄였다. 1990년 1월 중국향진기업가협의회가 설립되었는데, 농업부 부장 허캉런(何康런)이 회장을 맡고, 두 명의 부회장 중 한 사람은 위쥐민, 또 다른 한 사람은 루관츄였다. 이 자리는 농민 기업가가 '관방 색채'를 보유할 수 있는 최고 직책이었다. 위쥐민과 류관츄는 줄곧 관계가 아주 두터웠다. 매년 강남 지역에서 새로운 차가 나오면 루관츄는 위쥐민에게 몇 보따리를 보내주었고, 그러면 위쥐민은 톈진에서 나오는 일본 닛산의 세단을 선물로 보냈다. 루관츄와 위쥐민은 성격이 완전히 다른 기업가로, 루관츄에 대한 위쥐민의 평가는 "당신네 류형은 너무 약삭빨라!"였고, 위쥐민에 대한 루관츄의 인상은 "이 늙은이는 너무 막무가내야!"였다. 연초 타살 사건 발생 이후 루관츄는 줄곧 많은 관심을 갖고 있던 이 '위형'에게 편지를 보내 이렇게 위로했다.

현재 사회 각계에서 당신과 다츄쟝에 대해 비상한 관심을 보이고 있습니다. 모두들 사건이 이 지경에 이르렀으니 타협으로 해결하는 것이 상책이라고 생각하고 있습니다. '투서기기投鼠忌器(쥐를 때려잡고 싶어도 주위의 기물을 깰까 봐 겁을 내다)'라는 말이 있듯이 저는 경제 실력을 발전시키고 증강시키는 것만이 기본이라고 생각하고 있습니다. 마음을 편하게 하시고, 옥체를 보전하시길 기원합니다.

루관츄가 말하는 '투서기기'는 정부가 개혁에 대한 그의 영향력을 고려해 엄벌에 처하지는 않을 것이라며 위쥐민을 위로하는 말로, 이를 통해 교만하지만 공포에 질려있는 '어르신'으로 하여금 한 가닥 위안을 얻을 수 있도록 한 것이었다.

하지만 사건의 변화는 위쥐민과 루관츄의 예상을 뛰어넘었다. 당국은 4월에 위줘민을 체포했으며, 8월 27일 텐진시 법원은 범인 은닉, 공무방해, 뇌물수수, 불법 구금 및 불법 통제 등 5개 죄명으로 20년 유기징역을 선고했다. 그리고 그의 아들이자 다츄장의 두 번째 인물인 위샤오정(禹紹政)에게는 징역 10월을 선고했다. 위줘민에 대한 선고에 관해 신화사는 2백 자가 안 되는 내용으로 보도했지만 전국적으로 일어난 반향은 엄청났다.『인민일보』에 재직하고 있던 링즈쥔 기자는 다음과 같이 기억하고 있다.

그 며칠 사이 집에 있던 전화 벨소리가 쉬지 않고 울렸습니다. 많은 사람이 위줘민의 상황을 물어왔습니다. 그들은 대부분 중국의 개혁 조류 속의 풍운아들로, 자신을 위줘민과 같은 사람들로 생각했으며, 자연스레 위줘민을 개혁의 상징으로 여겨왔던 것입니다. 그들은 똑같은 질문을 해왔습니다. '위줘민에 대한 공격이 개혁을 향한 것입니까 아닙니까?'

이 사건의 발생은 위줘민과 그를 처리한 텐진시 정부를 포함한 모든 개혁파들로 하여금 형용할 수 없는 곤경에 빠져들게 만들었다. 위줘민이 체포된 후 텐진시의 한 인사는 외국 언론과의 인터뷰에서 "위줘민의 체포는, 다시 말하건대 중국 정치와 법 제도의 진보성과 성숙함을 보여 주는 계기였다"고 말했다. 훗날 보기에 위줘민 사건은 결코 강한 정치적 색채를 띤 것이 아니었고, 법률적으로 아무런 문제도 없었으며, 지방 정부와 관계가 껄끄러운 한 농민 기업가가 자초한 일이었다. 위줘민에 대한 판결 이후 남방의 루관츄는 3일간 두문불출하면서 「향진기업가의 자질 제고 절실」이라는 제목의 글을 썼다. 그는 이 글에서 이렇게 적고 있다.

우리는 경영자 개인의 자질 문제에 직면해 있다. 이는 아주 곤혹스러운 문제다. 이러한 문제의 원인은 일부 농민 인재들이 자신이 짊어져야 하는 역사적 사명을 충분히 의식하지 못하고 눈앞의 성공에 도취되어 있기 때문인데, 부주의로 인한 이러한 좌절은 많은 사람의 가슴을 아프게 하고 있다. 하지만 이러한 문제의 진정한 원인은 전통적인 소농 의식과 현대적인 정신의 충돌에서 기인하고 있으므로 지금 철저한 결렬이 필요하다는 것은 아주 확실하다.

4월 중국의 기업계에 두 차례 강력한 지진이 발생했다. 하나는 다츄장의 위줴민의 낙마였고, 또 다른 하나는 당시 중국 내 중천의 태양이던 하이테크 기업가 선타이푸의 체포였다. 흥미로운 것은 두 사람 모두 정부와의 격렬한 대립 후에 갑자기 추락한 것이다.

선타이푸 이야기는 자못 황당한 색채를 띤 비즈니스계의 전설이라 할 수 있다. 키가 채 160cm도 되지 않는 선타이푸는 지린성 스핑四平시 출신으로 어려서부터 과학과 발명을 좋아하는 아주 총명하고 호기심 많은 청년이었다. 1984년 30세가 된 그는 스핑댐 공정국에서 퇴직한 후 두 형제와 함께 지린에서는 처음으로 개체호 기업인 과학기술자문공사를 설립했다. 그들은 브리스터 포장기, 이색色 수위계, 특별 카드 판독기 등과 같은 참신한 제품을 속속 개발했다. 그의 기업은 현지에서 영세하기는 하나 혁신성이 뛰어난 기업으로 유명했다. 1986년 선타이푸는 베이징으로 들어와 30만 위안의 돈으로 집체 성질의 기업 창청전기기계기술개발공사를 등록했다. 1988년까지 베이징시 공상국은 여전히 개인 성질의 하이테크 기업을 인정하지 않았다. 창청 기업의 재산권 성질은 결국 선타이푸 사건의 가장 치명적인 원인이 되었다. 1992년을 전후해 선타이푸는 동료들과 함께 고효율의 에너지 절약형 모터를 개발했다. 하지만 선타이푸에게는 생산에 투입할 정도의 풍족한 자금이 없었고, 은행 또한 위험한 프로젝트에 관심을 보이지 않았기 때문에 선타이푸는 민간 융자를 생각해냈다. 덩샤오핑이 남방을 시찰하고 돌아온 후인 1992년과 1993년은 투자 열기가 고조되어 있던 시점이어서 각종 참신한 신규 사업 프로젝트에 대한 사람들의 열정이 가득하던 때였다. 중앙의 금융은 관리와 제재 대상이었기 때문에 민간 차원에서의 자금 모집 행위가 아주 활발하게 진행되었고, 이자도 덩달아 올라갔다. 연해의 많은 지방에서는 민간 단기 대부의 경우 기본 이자가 16~20%사이에서 형성되었다. 익명의 한 베테랑급 증권회사 사장은 당시를 이렇게 기억하고 있다. "당시 증권회사는 정말 해야 할 일이 무엇인지를 몰랐고, 수억 위안의 자금이 단기 형태로 대출되면 이자 수익만 20%를 넘었습니다. 이러한 상황에서 힘들여 무엇을 할 필요가 없었습니다." 이러한 배경 하에 선타이푸의 자금 모집[1] 게임이 세상에 모습을 드러내게 되었다.

창청공사가 개발한 신형 모터는 에너지 절약형 프로젝트에 속했다. 당시 중국의 에너지 부족도는 항상 병목 상태에 놓여 있었기 때문에 에너지 절약이라는 개념의 신기술은 자못 환영받고 있었다. 한편 선타이푸는 포장과 선전에 아주 능숙한 고수였다. 1992년 5월 28일 그의 모터 기술이 댜오위타이 영빈관에서 국가급 과학기술 성과 감정을 통과했다. 보도에 따르면 국가계획위원회의 한 부주임이 그의 프로젝트 감정서에 "에너지 절약에 포함되는 중요 프로젝트에 대해 지도와 지원을 아끼지 말 것"이라고 기록했다고 한다. 선타이푸는 한술 더 떠 최근 몇 년간 5,000만 위안에 가까운 돈을 투자해 이러한 고효율의 에너지 절약형 모터를 성공적으로 개발했고, 에너지 부서의 계산에 따르면 가동 중인 송풍기의 1/3을 이 모터로 교체하기만 해도 1년에 4,000억kw의 전기를 절약할 수 있다고 외부에 떠들어댔다.

선타이푸의 자금 모집 규정은 이러했다. 투자자와 회사가 직접 기술개발 계약에 서명하고, 자금 모집의 최소 단위는 3,000위안에서 시작하되 한도에는 제한을 두지 않았다. 투자자는 언제든지 투자금을 회수할 수 있고, 회사는 분기별로 보상비를 지불하며, 연 보상율은 24%에 달해 선타이푸가 제시한 이율은 시중 은행의 2배에 달했다. 그의 첫 번째 자금 모집 활동은 6월 난하이에서 펼쳐졌는데, 전날 광고가 나가자 이튿날 회사 정문에는 긴 줄이 늘어섰고, 20일 만에 2,000만 위안이라는 거금을 모을 수 있었다. 첫 번째 전쟁에서 대승을 거둔 선타이푸는 자금 모집의 보폭을 가속화했고, 전국의 17개 도시에서 유사한 활동을 전개했다. 창청공사의 자금 모집 폭풍은 전국적으로 몰아쳤고, 그해 가장 실력 있는 하이테크 기업으로 변신했다.

이러한 자금 모집 활동에는 각지 언론기자들의 조장도 한몫했다. 특히 『과기일

---

1) 선타이푸의 행위는 실제로는 '지하 사모펀드'에 해당된다. 당시 거시경제의 회복과 엄격한 금융관리 통제로 인해 회색 지대를 오가는 민간 금융 활동이 활발했다. 선타이푸는 결코 최고의 이자를 지불한 사람이 아니었다. 참고할 만한 사례에는 다음과 같은 경우가 있다. 1993년 선전의 화웨이의 런정페이는 디지털 프로그램 제어 시스템을 개발했지만 은행으로부터 자금을 조달할 방법이 없었다. 그래서 전국 17개 성과 시의 전신국을 설득해서 3,900만 위안의 자금으로 합자기업을 설립했는데, 그가 전신국에 보장한 투자 회수율은 33%였다(관련 내용은 1997년 편을 참고하라).

보』의 순수싱係樹興 기자가 두드러졌다. 선타이푸가 난하이에서 자금 모집을 시작한 당시 순수싱은 신문 1면에 톱기사로 「20일에 2,000만 위안 모집」이라는 장편기사를 실었는데, 이것이 창청의 자금 모집에 엄청난 채찍질을 가한 셈이 되었다. 이후 몇 달 동안 순수싱은 계속해서 「하이테크와 꾸준한 개혁개방으로 새로운 만리장성 구축」, 「수많은 부모형제를 위해」 등의 장편기사를 발표해 창청공사의 자금 모집에 관한 대대적인 추적 보도를 실었다. 수많은 언론매체의 지원 속에서 선타이푸가 말을 몰고 초원을 달리면 승리하지 못하는 전쟁은 없었다. 이 기간에 선타이푸는 순수싱에게 200만 위안의 거마비, 여행용 가방, 피에르가르뎅 양복, 일본산 미놀타 전자동 카메라 등을 제공했다. 순수싱은 후일 이로 인해 7년 징역형을 선고받았다.

선타이푸는 순수싱의 소개로 『과기일보』 편집장을 역임한 후 당시 국가과학위원회 부주임으로 있던 리샤오스李效時와 친분을 맺게 되었다. 이후 선타이푸 사건에서 리샤오스는 아주 영향력 있는 역할을 맡게 된다. 『과기일보』가 창청에 대한 추적성 보도를 내보내고 있을 무렵 그는 이 에너지 절약형 프로젝트에 깊은 신뢰를 보내고 있었다. 그는 지지를 표명하기 위해 특별히 창청공사를 시찰하고 "창청의 목표가 빠른 시일에 이루어지기를 기원합니다"는 친필을 남겨 선타이푸의 모든 홍보 문건에 사용되도록 했다. 또 리샤오스는 출장을 기회로 각지에서 창청공사에 대한 홍보를 진행했다. 난하이에서는 한 기자에게 "저는 선전에서 광저우로, 광저우에서 난하이까지 줄곧 창청을 홍보해왔습니다. 저는 창청이 실행하고 있는 과학기술 사업이야말로 희망 가득한 과학기술 사업이라고 생각합니다"라고 말했다. 실제로 그는 특수한 관료 신분으로 인해 설득력이 아주 컸기 때문에 창청공사로서는 대단한 홍보 효과를 거둘 수 있었다. 리샤오스에게 보답하기 위해 선타이푸는 리샤오스의 3남 명의로 4만 위안의 베이징창청공사의 기술개발계약서에 서명했다. 처음에 리샤오스는 거절했다. 하지만 선타이푸가 다시 사람을 보내 사무실 문틈으로 계약서를 밀어넣자 더 이상 거절하지 않고 성의를 받아들여 사무실 금고에 넣어 두었다. 이 계약서로 인해 1년 후 리샤오스는 뇌물수수 및 횡령죄로 징역 20년을 선고받았다.

순수싱과 리샤오스가 창청공사를 위해 노력한 것이 정말로 사리를 위한 것이었더라도 당시 일부 학자와 전문가들은 선타이푸의 자금 모집 모델에 대해 충심어린 찬사를 보냈는데, 이들 중에는 원로 사회학자이자 전국인민대표대회 부위원장인 페이샤오퉁도 포함되어 있었다. 1993년 1월 페이샤오퉁은 「창청의 발전으로 바라본 '오로五老'의 접목」이라는 글을 써 창청 모델에 대한 이론적 근거를 제공했다. 그가 말하는 '오로'는 국유기업老大, 향진기업老鄕, 지식분자老九, 외자기업老外, 정부관원老干을 가리키는 것이었다. 페이샤오퉁은 창청이 첨단 기술 성과인 위탁 가공, 성과 양도, 민간 금융 활성화, 대외합작 및 은퇴 간부 활용 등의 분야에서 칭찬받을 만한 업적을 이루었다고 생각했다.

1993년 초에 이르러 선타이푸는 전국적으로 20여 개 지점과 100여 개 지사를 설립해 3,000여 명의 직원을 고용했다. 그들의 주요 업무는 광고, 언론 플레이, 자금 모집[2]이었다. 2월이 되어 창청은 반년도 안 되는 시간 만에 10억 위안의 자금을 끌어들였고, 투자자는 10만 명에 이르렀다. 이중에서 개인 투자자 비율은 전체 투자액의 93%였다. 5,000만 위안을 넘어서는 도시는 9개였고, 이중 베이징이 가장 많아 2억 위안을 넘어섰다. 하지만 자금 모집의 거품이 날로 커짐에 따라 선타이푸의 강연 내용도 갈수록 실제 상황과 동떨어지게 되었다. 예컨대 그가 주장하는 특허 기술만 300개가 넘었다. "주력 제품인 고효율 에너지 절약 모터는 이미 각 생산 영역에서 응용되고 있으며, 이미 주문량도 15억 위안을 넘어섰습니다. 동시에 전국의 수많은 민영기업 중 국가 업종 관리 리스트에 올라있는 기업은 창청이 유일합니다." 사실 이 기간 동안 창청이 판매한 전동기는 50여 대에 불과했고, 금액은 600만 위안을 넘어섰을 뿐이다. 경영 성과를 조작하기 위해 선타이푸는 3억 2천만 위안의 자금을 회사의 영업 수익으로 책정했고, 그 후 세무 부서에 1,100여만 위안의 세금을 납부했다. 동시에 선타이푸는 공공 관계에서도 많은 노력을 기울였는데, 정부 부서의 국장을 역임한 160여 명의 퇴직 간부를 고용해 회사의 고급 고문직을 맡김

---

2) 왕안은 『25년』이라는 책에서 창청공사는 언론 및 공무원과의 관계 유지를 위해 전력을 다했다고 토로하면서 "전하는 바에 따르면 선타이푸의 뇌물 공세에는 3,000만 위안이 사용되었다"고 기술하고 있다.

으로써 정경유착의 기반을 공고히 다졌다.

사태가 이쯤 이르자 사업의 사기성이 날로 농후해졌고, 선타이푸의 맹렬한 자금 모집 폭풍은 결국 국무원 부총리인 주룽지의 높은 관심을 끌게 되었다. 금융 리스크에 대해 본능적으로 경각심을 갖고 있던 이 중앙 정책결정권자는 만약 창청의 모델이 광범위하게 모방된다면 제도적 통제가 어려운 체제 밖의 금융 유통 구조가 급격하게 확대되어 중앙의 금융관리 정책이 전면적으로 효력을 잃게 될 것이라고 생각했다. 이에 그는 창청의 자금 모집 활동을 전면적으로 금지하는 조치를 내렸다.

1993년 3월 6일 저녁 10억 위안 모집 기념 대형 연회를 열고 있을 때 선타이푸는 중국인민은행이 발부한 〈베이징창청공사전기기계기술개발산업그룹 및 자회사의 무작위 자금 모집 문제에 관한 통보〉를 받았다. 이 통보는 "창청이 실제로 변칙적으로 채권을 발행했고, 규모 또한 순자산 가치를 대대적으로 초과했을 뿐만 아니라 담보도 유명무실한 것이다. 또한 모집한 자금의 용도도 불투명하고, 투자 리스크가 막대해 투자자의 이익을 보장하기 어렵다"고 지적하면서 정해진 기간 내에 모집한 모든 자금을 반환할 것을 요구했다.

정신이 번쩍 들게 하는 따끔한 충고였던 셈이다. 하지만 당시의 선타이푸는 이미 열정과 자신의 성공 속에 갇혀 냉철하게 상황을 인식하지 못했다. 고위층 인사와 수백 명의 퇴직 간부 및 10만 명의 투자자들이 버팀목이라 생각하고는 국가 기관과 대적할 수 있는 능력을 보유하고 있다고 믿었던 것이다. 그의 대처 방식은 결국 다츄장의 위줘민의 방식과 너무나 흡사했다. 인민은행의 통보를 접수한 그가 인민은행장 리구이셴李貴鮮을 고소하는 동시에 손해배상으로 1억 위안을 청구할 것을 선언하자 국내외 여론이 들끓기 시작했다. 이는 중국에서 일개 민간 기업이 중앙 정부에 직접 대항한 최초의 사건이었다. 3월 29일 선타이푸는 베이징에서 국내외 언론을 대상으로 기자회견을 열어 다음과 같이 선언했다.

국가과학위원회, 인민은행 본점의 보조가 일치하지 않고, 시댁과 친정 사이에 모순이 존재한다. 이는 민간 기업인 젊은 며느리로 하여금 시집살이를 하도록 하는 것과 다르지 않다.

정부의 간섭으로 회사의 경영은 어려워졌고, 이에 해외 매각을 준비 중이다. 투자자의 연이율을 24%에서 48%로 올리고자 한다.

이틀 후 국면은 선타이푸의 생각과는 반대로 발전했다. 정부는 조금도 물러설 기미를 보이지 않았고, 각지에서 투자금을 회수하려는 투자자들이 끊이지 않았다. 그가 믿고 의지하려던 퇴직 간부들과 언론은 거의 도움이 되지 않았다. 3월 31일 오전 다시 기자회견을 연 선타이푸는 오후에 베이징의 수도공항에서 붙잡혔다. 당시 그는 세 개의 신분증과 현금 가방을 갖고 해외로 도피하려던 중이었다. 4월 18일 그는 정식으로 구속되었다. 이달부터 국무원이 직접 참여하는 가운데 20여 개 조사팀이 꾸려졌다. 반년에 걸친 조사와 투자금 환수 끝에 창청의 투자자들은 70%의 원금을 회수할 수 있었는데, 전국적으로 총 회수 비율은 90% 이상이었다. 이외에도 홍콩의 『문회보』의 보도에 따르면 120여 명의 관리가 이 사건에 연루되었다고 한다.

세상 사람들은 선타이푸가 고이율로 자금을 모집하고 중앙의 금융 정책에 혼란을 야기해 체포된 것으로 알고 있지만 사실 그는 최종적으로는 횡령과 뇌물수수 혐의로 기소되었다. 베이징 중급인민법원의 기소장에는 선타이푸가 수차례 대출 명의로 회사의 자금 모집부에서 투자자들 돈을 꺼내 썼기 때문에 횡령죄에 해당되고, 국가과학위원회 부주임 리샤오스 등 21명의 국가 공무원에게 25만 위안 상당의 뇌물과 금품을 제공했으므로 뇌물수수죄에도 해당된다고 기록되어 있다. 법원은 1994년 3월 4일 피고 선타이푸에게 횡령죄로 사형, 뇌물수수죄로 징역 4년 형을 판결한 후 최종적으로 사형을 선고했으며, 종신 정치권 박탈과 전 재산 몰수를 선고했다.

선타이푸는 판결에 불복했는데, 상소 이유는 다음과 같다.

베이징창청공사는 집체라는 모자를 쓴 사영기업이다. 1988년 이전 베이징의 공상 부문은 개인이 하이테크 기업을 설립하는 것을 인가하지 않았기 때문에 피고는 횡령죄의 주체가 될 수 없고, 횡령의 동기와 행위가 없기 때문에 횡령죄는 성립되지 않는다.

그는 또 변호사에게 "어떠한 판결이 나도 나는 괜찮지만 만약 횡령으로 인해 재산을 몰수당하고 사형에 처해진다 해도 나는 여전히 불복한다"고 말했다. 일부 법률가들도 선타이푸 사건의 2심 재판에서 우선적으로 창청공사의 경제적 성질을 재차 확인해야 한다고 생각했다. 하지만 법원은 최종적으로 이 의견을 채택하지 않았다. 4월 8일 선타이푸는 결국 총살형에 처해졌다.[3]

1993년 봄과 여름이 교차하는 시기에 위줘민과 선타이푸 두 사건은 많은 사람을 불안하게 만들었다. 위저민 사건에 일정 부분 돌발적인 우연성이 있었다면 선타이푸 사건에 대한 엄격한 처벌은 당시 경제 발전의 어떤 특징을 드러낸 것이라고 할 수 있었다. 덩샤오핑의 남순강화 후 중국 경제는 다시 고속성장의 주기로 들어서게 되었는데, 기세등등하고 의기양양했던 이러한 현상들은 사람들로 하여금 기쁨과 우려가 교차하도록 만들었다.

기쁨이라면 경제가 전면적으로 회복 국면에 들어선 것이었다. 국가통계국 자료에 따르면 1991년 9,000억 위안 정도 규모에 불과했던 전국의 건설 공정이 1992년에는 2조 2천억 위안으로 늘어났으며, 1993년 전반기의 5개월 동안 전국의 고정자산투자는 전년 대비 69% 성장했는데, 이는 전대미문의 수치라 할 수 있었다. 중앙은행은 5,000억 위안을 추가 공급했지만 각지에서는 여전히 자금 부족으로 아우성이었다. 연말에 이르러 국내총생산액이 처음으로 3조 위안을 돌파했다. 각 성의 민영 업체들의 성장도 매우 만족스러웠다. 향진기업의 생산 증가 속도가 가장 빠른 세 지역인 광둥, 구이저우와 후난의 성장률은 각각 55%, 57%와 89%에 달했다.

우려라면 투자의 초고속 증가가 일련의 연쇄 반응을 유발하고 있는 데 있었다. 영국의『이코노미스트』는 1992년 연말에 다음과 같이 경고했다.

---

3) 1994년 우시에서 덩빈鄧斌 자금 모집 사건이 발생했다. 1938년생인 덩빈은 원래 우시 무선 변압기 공장의 노동자로, 퇴직 후에 우시신싱新興실업총공사를 설립했다. 2년여 동안 그녀는 영양크림, 1회용 주사기, 라텍스장갑 등의 합작 경영을 명목으로 60%의 이자로 32억여 위안을 모집했다. 이에 연루된 공무원이 270여 명에 달했는데, 이중에는 베이징시 부시장 왕바오썬, 서우강 사장 저우관우의 아들 저우베이팡 등도 포함되어 있었다. 1995년 11월 덩빈은 뇌물 수수, 독직, 투기 폭리, 공금 횡령 등의 죄로 사형에 처해졌다.

1993년 어느 시점에 활발하게 성장하고 있는 중국 경제에 경기 과열 위험이 출현할 것이다. 지난 1988년에도 중국은 하마터면 화재에 휩싸일 뻔했다.

상반기 전국의 생필품 가격지수는 44.7% 인상되었고, 화시촌의 우런바오(吳仁寶)는 맹렬한 기세로 '남순강화의 재물'을 벌어들였다. 이와 동시에 공급과 수요의 불균형 속에서 금융 질서는 문란하게 변해갔지만 지하 금융시장은 오히려 아주 활발하게 움직이고 있었다. 민간의 대출 이자는 날로 높아갔지만 정부쪽 금리는 아무런 기능도 할 수 없었다. 요령 있는 일부 사람은 9%의 은행이자로 대출을 받아 20%, 심지어 30%의 고리대금 사업을 할 수 있었다. 이러한 국면에 이르자 6월 주룽지는 친히 중국인민은행 행장을 겸임했고, 중앙은행은 "각 기업 단위는 반드시 은행에 일정 금액을 예치해 정도를 걸어야지 체제를 벗어나 돌아다녀서는 안 된다"는 엄격한 문건을 하달했다. 이러한 배경 하에서 중앙 정부는 선타이푸의 '창청 사건'에 대한 엄격한 처리를 결심한 것이었다. 지도자 입장에서 볼 때 지하 융자의 존재를 묵인하면 근본적으로 금융관리 자체를 논할 수 없었기 때문이다.

경제와 국가 관리에 있어 주룽지의 강경한 스타일은 금융 질서 보호 및 위저민과 선타이푸 두 사건에 대한 처리 과정에서 충분히 드러났다. 이어 주룽지는 한층 더 진문적이고 구체적인 방식으로 중국 경제를 관리하기 시작했다.

주룽지는 1991년 상하이시위원회 서기에서 중앙으로 진출해 경제 부총리를 맡았다. 이전에는 국가경제위원회에서 오랫동안 일했다. 상하이에서 정무를 주관하던 시기 그는 국민에게 친근하고 관리에게는 엄격한 잣대를 적용하는 것으로 유명했다. 상하이의 몇몇 청장, 국장들은 그에게 현장 업무를 보고할 때 다리를 벌벌 떨었을 정도였다고 한다. 그가 베이징으로 올라갈 무렵 일부 해외 언론은 그의 전도가 그다지 밝지 않을 것으로 예상했다. 그의 관리 스타일은 중난하이에서는 통하지 않을 것이라고 생각했고, 심지어 어떤 사람은 중난하이에서 길어야 6개월 정도 버틸 것이라고 예언하기까지 했다. 하지만 이들의 예상과는 달리 주룽지는 이후 10년 동안 중국 경제를 주도했고, 덩샤오핑을 계승해 이후 중국 경제개혁에 가장 큰 영향력을 끼친 정치가 중의 한 사람이 되었다.

주룽지가 베이징에 온 이후 처음 치룬 전쟁은 삼각채무 관계를 청산하는 것이었다. 당시 각 기업 간의 삼각채무 규모는 누계 3,000억 위안에 달했는데, 이중 80%는 전국의 800여 개 대형 국유 기업의 채무였다. 몇 년 동안 빚을 갚아왔지만 갚으면 갚을수록 늘어나는 구조였다. 주룽지가 직면한 것은 누적된 폐단으로 해결할 방법을 찾기 힘든 채무 연쇄 현상이었다.

베이징에 부임한 후 의자에 온기도 느끼지 못한 채 주룽지는 삼각채무 관계가 가장 심각한 동북 3성을 방문해 현장에서 채무 정리를 지시했다. 그는 자금 투입, 적체된 재고의 연결, 구조조정, 근원 색출, 연대채무 청산 등 해결 방안을 제시해 26일 만에 126억 위안의 채무를 청산했는데, 이로 인해 동북 지역의 문제는 기본적으로 해결되었다.

주룽지는 찬양과 칭송을 받으며 베이징으로 돌아왔다. 이튿날 그는 전국 삼각채무 관계 청산 관련 전화 회의를 소집하고 장거리 전화, 팩스, 전보를 이용해 전국 각 지방 정부에 강경한 어조의 군령을 하달했다.

각 지역은 1991년 9월 20일 21시 이전에 각 지역(성, 시, 구)의 고정자산, 투자, 채무 및 자금 투입 현황(은행대출, 자체 자금조달 및 청산 항목 수)을 국무원청산사무실로 보고하고, 만약 지시사항을 어길 경우 각 성장, 자치구정부 주석, 시장은 직접 주룽지 부총리에게 이유를 설명해야 한다.

주룽지는 또 신화사, 『인민일보』, CCTV, 중앙인민라디오방송국 등에게 감독권을 주어 각지의 청산 진행 상황을 자세하게 보도하도록 명령했다. 이후 반 년 동안 주룽지는 부채 청산 시한을 정해 한 번 명령을 내리면 반드시 실행하도록 해 각지의 관리들이 빠져나갈 수 있는 퇴로를 열어주지 않았다. 1992년 5월 전국적으로 고정자산 항목 4,283개를 청산했는데, 1위안 투입으로 3.5위안의 빚을 청산하는 효과를 얻을 수 있었다. 이렇게 중앙과 각 지방 정부 및 기업을 수년간 곤혹스럽게 만든 삼각채무 관계는 마침내 해결되었다. 이 일을 통해 주룽지는 이전에 경험하지 못한 실무적이고 강경한 스타일로 통치 권위를 확립할 수 있었다.

삼각채무와의 전쟁에서 승전고를 울린 주룽지는 금융 영역에서 두 번째 전쟁을 수행하면서 금융 정책 조정에서 강력한 통치 수단을 다시 한 번 보여주었다.

우선 그는 친히 중앙은행장을 겸임하면서 체제 외의 금융 활동을 정리하기로 마음먹고 기존의 금융 질서에 혼란을 가하는 어떠한 행위에 대해서도 가차 없이 엄벌에 처하기로 했다. 이러한 배경 하에서 선타이푸의 자금 모집 사건은 공공연히 정부 정책에 역행하는 행위로 간주되어 가장 강력한 처벌을 받았던 것이다

다음으로 그는 거대한 압력을 무릅쓰고 '분세제分稅制'를 제안해 중앙 정부와 지방 정부의 재정 관계를 재정립했다. 수년 동안 지방 경제의 발전과 국영기업의 발전은 모두 중앙 재정의 투입에 의지한 것이었다. 경제학자 마훙의 말을 빌리면 이는 '한 아버지가 수천 명의 자식을 먹여 살리는 것'과 같은 행위로, 이로 인해 그냥 내버려두자니 (지방이) 어지러워지고, 거두자니 (중앙이) 죽게 되는 국면에 빠져들게 된 것이었다. 1990년대 초에 이르러 중앙 재정은 아주 궁핍한 상태에 이르렀고, 부득불 대규모의 화폐를 발행해 곤란을 해결해야 했다. 이로 인해 초래된 통화 팽창 위기는 많은 사람을 두려움에 떨게 했다. 1992년 전국의 재정 수입은 3,500억 위안이었는데, 이중 중앙의 수입이 1,000억 위안, 지방의 수입이 2,500억 위안이었다. 하지만 중앙의 재정 지출은 2,000억 위안으로 적자가 1,000억 위안에 이르렀다. 당시 재정부장을 역임한 류중리劉仲藜의 회고에 따르면 세 번이나 주룽지 부총리를 찾아 은행 대출을 도와줄 것을 부탁했으나 끝내 들어주지 않았다고 한다. 당시 중앙의 모 부처조차도 대출이 되지 않아 월급조차 주지 못하는 지경에 처해 있었다. 재정 체계의 병폐는 상하이와 베이징에서 실상을 들여다 볼 수 있었다. 상하이가 실행한 것은 정액에다 체증분을 더해가는 모델이었다. 매년 재정 수입을 165억 위안으로 정해놓고, 100억 위안은 중앙에, 65억 위안은 지방 정부에 귀속시키고, 1억 위안씩 증가할 때마다 중앙과 지방이 5:5의 비율로 나누는 것이었다. 결과적으로 상하이는 5년 동안 재정을 도맡아 책임지고 실행했지만 재정 수입은 늘어나지 않고, 162억~165억 위안을 유지했다. 베이징이 선택한 방식은 재정수입 증가율을 책임지는 모델로, 약정한 연 증가율은 4%였다. 5년 동안 베이징의 매년 재정 수입은 4%

를 넘어선 적이 없었다. 중앙 정부는 이러한 재정 분담 시스템에 아주 피동적으로 대처했다. 이러한 현상을 고려해 주룽지는 경제학자 둥푸렁董輔礽 등의 제의를 받아들여 중앙과 지방의 살림을 나누기로 결정하고, 중앙과 각 성 정부는 세금의 종류와 비율에 대해 협상한 다음 분세제를 실행했다. 1993년 7월 23일 주룽지는 전국재정회의에서 처음으로 분세제라는 생각을 제시했고, 1개월 후 분세제 개혁의 첫 번째 방안을 내놓았다. 지방 정부를 설득하기 위해 주룽지는 두 달 이상 전국을 돌아다니면서 일진일퇴를 거듭하면서 타협도 했지만 분세제 개혁의 전국적인 통일 실시라는 대원칙에는 시종 어떠한 동요도 없었다.[4]

분세제의 실행은 중국의 재정 질서에 대변혁을 가져왔고, 중앙의 재정도 이로 인해 숨통이 트일 수 있었다. 1994~2002년 중국의 재정 수입 증가율은 연평균 17.5% 였고, 재정 수입이 국내총생산에서 차지하는 비율은 1993년의 12.6%에서 2002년에는 18.55%로 증가했다. 중앙의 재정 수입은 전국 재정 수입의 55%를 차지해 개혁 이전인 1993년보다 33%나 증가했다. 2002년 세수 반환과 체제성 보조를 제외하고 중앙이 지방에 전이하여 지급한 금액은 4,019억 위안으로 이는 1995년의 8.6배로 매년 평균 36%로 증가한 것이었다. 중국사회과학원의 금융학자 류위후이劉煜輝는 '분세제' 개혁 이후 한편에서 중앙은 재정권을 고도로 집중하여 세수에서 지방 정부가 차지하는 비중을 약화시켰고, 지방 정부에 남겨준 것은 거의 대부분 수입원이 불안정하고, 세원이 분산되어 있으며, 징수가 까다롭고, 징수 원가가 높은 중소형

---

4) 류중리는 회고록에서 각 성을 설득하기 위해 주룽지는 마지막에 억지로 1994년 후의 중앙 재정 반환은 1993년의 지방 재정 수입을 기준치로 한다는 데 동의했다고 밝혔다. 그러나 이러한 협의가 이루어졌을 때 1993년 마지막 4개월의 재정 데이터는 나오지 않았다. 그래서 지방 정부들은 1994년 후 중앙 정부로부터 더 많은 재정 반환의 여지를 획득하기 위해 의식적으로 마지막 4개월의 재정 수입을 늘려 잡았다. 사실이 이러했기 때문에 최종적으로 지방 정부가 중앙에 보고한 재정 수입은 1992년에 비해 무려 50% 가까이 증가했다. 기준치를 높이기 위해 지방 정부들은 온갖 방식을 동원했다. 가령 한 기업이 원래 도급을 맡아 추징세가 이미 감면되었지만 오히려 해당 기업더러 세금을 납부하게 해서 기준치를 높인 다음 다시 납부한 세금을 돌려주는 방식이 있었고, 한 번도 세금을 납부한 적이 없고 이미 도산한 기업에게 이체나 은행 대출을 통해 세금을 납부하도록 해 기준치를 높이는 방법도 있었다. 심지어 '인츠마오량寅吃卯粮'이라는 수법도 있었다. 즉, 이듬해 납부해야 하는 세금을 앞당겨 징수함으로써 기준치를 높였다.

세종이었다고 말했다. 또 다른 한편으로는 중앙이 점차 더 많은 직권을 지방 정부로부터 회수했고, 심지어는 종종 지방의 세권(稅權)을 희생하는 대가로 중앙의 몇 가지 정책을 수행하도록 하여 '중앙이 접대하고 지방이 계산하는' 현상이 상당수 존재했다고 말했다. 경제 발전으로 세원이 가장 풍족했던 저장성을 예로 들어보면 1993년 저장의 재정 자급률은 133.27%였지만 1994년 이후 이 비율은 60%로 대폭 하락했는데, 기타 중서부 지역의 재정 형편은 가히 짐작할 만했다.

'분세제'에 의거해 위기에 처한 중앙 정부의 재정을 구제한 것 외에 심원한 의미를 가진 주룽지의 또 다른 금융 정책은 다수의 의견을 물리치고 환율 개혁을 실시해 인민폐를 대폭 평가절하한 것이었다. 이전에 중국은 정부 환율과 시장 환율이 병존하는 환율 제도를 실시했다. 이는 계획경제의 금융 부분의 잔재로서 국유기업의 이익을 보호하기도 했지만 동시에 거대한 외환 암거래 시장의 출현을 촉진했다. 1994년 1월 11일부터 두 가지 환율이 합쳐져 시장의 수요 공급을 기초로 관리하는 단일 변동환율을 실시했고, 인민폐와 미국 달러의 환율은 8.72:1로 정해졌다. 이는 이전의 정부 환율 5.7:1을 33% 평가절하한 것이었다. 미국 1달러 대비 인민폐는 1978년에는 1.7위안, 1991년에는 4위안, 1992년 초에는 5.7위안이었다. 인민폐의 대폭적인 평가절하는 중국 상품이 국제 시장에서 단번에 가격 경쟁력을 확보하는 계기가 되었고, 더욱 중요한 것은 중국이 국제 투자의 가장 매력적인 시장으로 변한 점이었다. 독일의 경제일간지 『한델스블라트』는 "인민폐의 대폭적인 평가절하는 아시아의 네 마리 용의 저렴한 노동력의 우세가 사라지고, 중국이 전 세계 제조업의 중심으로 성장하는 것을 의미한다"라고 논평했다.

이것은 충분한 상징성을 지닌 정책 변화였다. 이후 중국 기업들의 단체 원정이 시작됨에 따라 중국 경제는 무역 주도형의 길로 들어섰는데, 이러한 변화는 2005년에 최고점에 이르러 구미 내지는 주변 국가들과의 무역 분쟁을 유발하기 시작했다.[5]

---

5) 1997년의 아시아 금융위기에서 일본, 한국, 동남아 국가들의 금융 체제의 취약성이 낱낱이 드러났다. 1997년 6월 국제금융 저격수가 마침내 태국에서 돌파구를 찾아냈고, 재난이 발생하기 시작했다.

주룽지가 주관한 '세 번째 전쟁'은 10년여 동안 일관된 통치의 주제였던 것으로, 국영기업을 활성화하는 것이 그것이었다. 이에 대한 그의 사고는 이전과는 다른 미묘한 변화가 있었다.

1980년대 이래 국영기업의 개혁 효과는 줄곧 사람들을 만족시키지 못했고, 민영기업이 발을 들여놓은 모든 업종에서 국영기업들은 한 번의 충격에도 견디기 힘들 정도로 취약성을 보여주었다. 경영 메커니즘의 전환을 수년간 시도했지만 효과는 미미했고, 국영기업가들은 여전히 권한이 너무나 작다고 불평하고 있었다. 1993년에 베이징에서 개최된 양회에서 중국 최대의 제철업체 사장 리화중李華忠은 분과 토론에서 '자주권 만세!'라고 외쳤다. 또 그는 부러운 듯 옆자리의 랴오닝성 하이청海城시 둥팡선東方紅촌의 당지부 서기인 왕궈전王國珍에게 "저의 권한은 아직 당신만도 못합니다!"라고 말했다. 하지만 다른 한편에서 보면 권한이 계속 아래로 이양됐다고 하더라도 그러한 권한을 얼마나 잘 사용하는지의 여부가 오히려 또 다른 답이 없는 문제가 되었다. 낮은 수익으로 기존의 기업들이 위축되어감에 따라 늘어나는 실업 인구의 증가는 심각한 사회 문제가 되었다.

주룽지가 보기에 당시의 기업 문제는 개혁 초기와는 비할 바가 못되었다. 개혁 초기에는 단지 국영기업만이 역량이 있었기 때문에 그들을 활성화시키지 않으면 국가는 희망이 없다고 할 수 있었다. 하지만 당시에는 이미 향진기업들이 속속들이 출현해 반 이상을 차지한 상태였고, 외자 기업들도 벌떼처럼 중국으로 몰려들어 자연스럽게 힘을 빌릴 수 있는 비즈니스 역량이 되어 있었던 것이다. 동시에 민간 자본이 날로 풍족해짐에 따라 두 개의 증시 또한 국가 재정을 대신해 기업에 수혈을 할 수 있는 도구가 되어 있었다. 이처럼 새로운 국면 하에서 국영기업의 개혁을 멈출 수는 없는 일이었다. 늘 경영 체제를 바꾸는 것에서만 맴돌던 국영기업을 시장 속으로 밀어 넣고, 중앙 정부는 전체 경제체제의 새로운 구조에 더 많은 힘을 기울여야 한다는 것이 그의 생각이었다. 주룽지는 천광이 산둥성의 주청에서 실시한 기업 개혁에 깊은 관심을 가졌고, 이에 국가체제개혁위원회 부주임 훙후첸洪虎前을 특별히 파견해 조사를 진행하도록 했다. 이 1년을 전후로 한 기간 동안

'소수만 붙잡고, 다수는 놔주자'라는 사고가 점점 싹을 틔우기 시작했다.

그해 7월 13일 중국사회과학원 공업경제연구소 소장인 저우수롄은 『광명일보』에 「국유기업 재산권의 두 가지 문제에 관해」라는 글을 기고해 "소유제는 생산력 발전의 수단이지 이데올로기적 의미 상의 목적이 아니다"라고 말했다. 이러한 판단에서 출발해 저우수롄과 다른 학자들은 모든 기업을 가슴에 품어서는 안 되고, 그렇게 할 필요도 없고, 또 할 수도 없는 일이라고 지적했다. 국가는 단지 소수 핵심, 즉 500~1,000개의 대형 기업이나 그룹만 끌어안고 활성화시키면 수많은 중소기업에게 생존 공간을 제공하게 된다는 것이었다. 경쟁력도 없고 국가의 계획이나 국민생활과 관계가 없는 중소형 기업들은 '방출'하고 정부는 성장 잠재력과 자원의 우위를 보유한 대형 기업과 이윤 창출 능력이 뛰어난 산업을 붙잡으면 된다는 것이었다. 저우수롄의 관점은 정책결정권자들의 찬사를 받았다. 분명 이는 이전과는 완전히 다른 개혁 사상으로, 국영기업의 개혁이 권한 이양 식의 체제 전환 단계에서 '중점 지원, 나머지 방출抓大抛小, 其餘放活'이라는 구조조정 단계로 진입하는 것을 의미했다. 동시에 이는 중국 기업의 성장 경로에 강력한 영향을 끼쳤다.

1993년 이러한 전략적인 사고가 싹을 틔웠지만 여전히 제대로 모양을 갖춘 짜임새와는 거리가 멀었고 숙련된 조정력을 보여주지도 못했다. 단지 경제가 비교적 활성화된 지역에서 상대적으로 강점이 없던 국유기업들이 '방출'되기 시작했고, 과거에는 금지되었던 개혁이 묵인되거나 시도되었을 뿐이다. 광둥에서 처음으로 '하강下崗, lay-off(주로 국유 집체기업이 경영상의 곤란을 해소하기 위해 노동관계는 계속 유지하면서 일부 직공을 잠시 직무에서 떠나있도록 하는 조치로 우리의 정리 해고와 비슷하나 중국적인 성격이 강하다)'이라는 신조어가 출현하게 되면서 '사상 해방' 이후 수십 년 동안 주인 역할을 해온 노동자들은 스스로 기업과 공생공존의 길을 걸을 수 없는 현실을 받아들이기 시작했다. 연말에 이르러 파산에 직면한 광저우무선전기공장은 1,000명의 직원을 정리해고 했는데, 이중 330명은 공장을 완전히 떠나면서 남은 근무 연한에 따라 연간 1,300위안의 퇴직 보상금을 지급받는 것을 선택했다. 그와 함께 이들 직원들은 공장 문을 나서는 순간 스스로 살길을 찾아야 했다. 이러한 '근무 연한 일괄 처리' 방법은 곧바로 광범위하게 채용되었다. 각 지역마다 퇴직 보상금이 수백 위안에서 수만 위안을 넘어서는 곳도 있는 등 서로 달랐지만 이러한 방식은 중소형 국유기업의 파산이나 M&A시 해고된 노동자들을 '안치安置'하는 가장 주요한 방식으로 사용되었다. 남방의 연해 지역 노동자들은 보편적으로 이런 방식을 받아들였는데, 이는 이들 지역에서는 이미 '제2의 직업'이 존재하고 있었기 때문이다. 미미한 '안치' 비용이었지만 조그만 장사 밑천이 되거나 초기 창업 자금으로는 유용했다. 하지만 북방, 특히 오래된 공업 기지의 경우 사람들은 이미 자기 인생과 기업을 하나로 생각하는데 익숙해져 있어 공장을 자기 집처럼 여겼고, 대대로 이어진 일자리와 생활양식은 독립할 용기와 능력을 상실케 했다. 더욱 치명적인 것은 그러한 지역에서는 사업과 창업 분위기가 형성되지 않아 근무 연한에 따른 퇴직 보상금은 종종 낮은 수준이지만 안정적인 생활 기반의 상실과 놀고먹으면서 벌어놓은 재산을 탕진한다는 것을 의미했다. 국영기업 체계가 점차 와해됨에 따라 거대한 생존 압력이 이들 지역에서 비할 바 없는 두려움으로 가득차기 시작했으며, 개혁의 진통 속에서 도시 빈민층이 차츰 생겨나기 시작했다.

민영경제가 가장 활발한 저장성 지역에서는 집체기업의 '계량화 개혁量化改革' 운동이 조용하게 일어나고 있었는데, 이는 기업사에서 초유의 대규모 재산권 변혁이었다. 소위 계량화 개혁이란 향진 집체기업의 자산을 재래식 방법으로 평가한 후 집체 자본 전체 또는 일부를 퇴출시키고 경영자가 이를 매수하는 방식으로 기업의 주주권을 획득하는 것을 의미했다. 이러한 개혁은 저장성 타이저우의 위환玉環과 원링溫嶺이라는 두 현에서 처음 실시되었고, 이후 아주 빠른 속도로 부근의 원저우 지역으로 확대되었으며, 계속해서 저장성 전역의 집체기업으로 퍼져나갔다.

이는 엄격한 잣대가 없는 재산권 개혁 운동으로, 구체적인 자산 평가에서 계량화의 표준과 평가 시스템이 결여되어 있었기 때문에 각 시와 현의 계량화 방식도 천차만별이었다. 대다수 기업이 '어림잡아 대충 평가하는' 방법을 택했다. 어떤 현의 경우에는 집체 자산을 일률적으로 액면가에서 40% 할증하는 방식으로 계산하는 경직된 규정도 있었다. 하지만 실제로 수년 동안의 발전을 통해 자산이 몇 배에서, 심지어 몇십 배로 불어난 기업들이 많았다. 원저우 지역의 한 물자 공사는 산하 20여 개의 기업에 대해 계량화 작업을 실시했는데, 자산 평가치는 1990년의 불변가격을 기준으로 삼았다. 사오싱의 한 방직기업의 계량화 방안은 다음과 같았다.

기업의 자산을 계량화해 10%를 50만 위안으로 환산해서 집체 주식으로 만들고 200여 명의 공장 직원들은 5,000위안씩, 경영자는 100만 위안을 출자해 자본금 250만 위안 규모의 주식회사를 설립했다. 이후 새로운 회사는 원래 기업이 보유하고 있던 기계 설비를 무상으로 사용하고, 모든 지출은 기존 회사가 부담하도록 했다. 1년을 경영한 후 새 회사는 엄청난 이윤을 창출했지만 기존의 기업은 한 푼의 이윤도 없이 파산 지경에 이르게 되었다. 다시 1년 후 새로운 회사는 아주 저렴한 가격으로 모기업을 합병하게 되었다.

1996년을 전후해 저장성의 중소형 집체기업의 80%가 재산권 계량화 작업을 완성했고, 이로 인해 대규모의 억만장자들이 출현하게 되었다. 이러한 계량화 개혁은 공평, 공정, 공개의 원칙을 보장하기 어려웠기 때문에 수많은 분규를 발생시켰다. 신화사 기자의 보도에 따르면 1993년 말까지 저장성에서 2,000개가 넘는 기업이 계량화 작업을 진행했다고 한다.

저장성에서 이루어진 이러한 재산권 개혁은 이후 몇 년 동안 줄곧 '지하 운영' 단계에 처해 있었고, 집체기업의 전국적인 재산권 개혁은 1998년이 되어서야 전면적으로 시작되었다. 재산권 계량화 작업은 정부의 공개적인 인정을 받은 적이 없었을 뿐만 아니라 이론적으로도 격렬한 논쟁을 불러일으켰다. 어떤 사람은 이를 겉모습만 바꾸어 '집체 재산을 사적으로 나누어갖는 것'이며, '사유화로 가는 경로'라고 지적했다. 당시 저장성의 한 지도자는 이러한 개혁에 대해 교묘하게 지지를 표했다. 저장성위원회 서기를 역임한 리쩌민李澤民은 계량화 개혁에 이의를 제기하는 보고서에 대해 "이러한 개혁에 대해 되돌아봐야 한다. 그러나 길을 되돌아가서는 안 된다"라고 토를 달아 회답했던 것이다.

이러한 현상은 1993년의 중국이 이미 전통적인 의미에서의 계획경제 국가가 아님을 보여주었다.

중앙 정부는 새로운 경제 추세에 보조를 맞추어 일련의 관리 개념에 대해 완전히 새로운 해석을 내놓았다. 국가공상행정관리국 국장인 류민쉐劉民學는 '투기전매'라는 명사에 대해 새로운 해석을 부여했다. 그는 계획경제체제 하에서 영리성을 띤 거의 대부분의 경상 활동을 투기 거래로 간주해 위법 시 처벌했는데, 이는 명백한 좌익 사상의 영향으로 인한 오류라고 지적했다. 과거에 투기 거래로 간주되던 행위는 지금 보면 상품 유통 과정 중에 필요불가결한 고리가 되었다. 그는 예를 들어 "잘 팔리는 상품을 매점해 현지에서 가격을 올려 되파는 행위는 과거에는 투기전매로 간주되었지만 지금 이렇게 두루뭉술하게 말하는 것은 적합하지 않다"고 말했다. 그의 이러한 발언이 지면에 소개되자마자 전국의 무역상들은 안도의 한숨을 내쉬었다. 과거 10여 년 동안 수많은 소상인이 투기전매라는 죄목으로 투옥되어 가산을 탕진하고, 심지어는 목숨을 잃는 경우도 있었다. 이 죄는 최고 사형에 처할 수 있는 죄목으로 모든 경제 범죄 행위 중 처벌이 가장 엄중했다. 이제 류민쉐 국장의 한 마디 발언으로 이들을 겨누던 칼은 마침내 눈앞에서 사라지게 되었다.

가장 상징적인 의의를 가졌던 것은 2월의 양회兩會(전국인민대표대회와 중국인민정치협상회의)에서 대표들이 처음으로 식사 시 더 이상 배급표를 제출할 필요가 없게 된 사실이었다. 5월 10일 베이징시정부는 이날부터 배급표 제도를 철폐한다고 공식 발표했다. 1955년부터 시작해 전국의 주민은 식량을 구입할 때 반드시 이러한 정액 분배의 증거를 제출해야 했다. 이후 각종 계획경제의 색채를 띤 증표들은 생활 속에서 하나씩하나씩 사라지게 되었다.

당시 양회에 류융하오, 장훙웨이 등 50여 명의 민영기업가들이 처음으로 전국정협회의장에 들어갈 수 있었다. 류융하오는 "연초, 스촨성위원회 통일전선부의 한 간부가 찾아와서는 전국정협위원으로 추천할 준비를 하고 있다고 말했고, 오래지 않아 신청서를 작성하게 했습니다. 동시에 스촨성 공상연합은 나를 전국공상연합 부주석으로 추천했습니다"라고 당시를 기억했다. 3월 18일 류융하오는 네이멍구 신여우자新億佳공사의 루항청陸航程과 함께 양회의 기자회견에 참석했는데, 이는 민영기업가가 최초로 이러한 정치적 장소에 공개적으로 모습을 드러낸 큰 사건이었다. 연말에 이르러 향진기업의 생산액은 2조 위안을 돌파해 전국 공업의 국내 생산의 절반을 차지했고, 이들이 고용한 근로자도 1억 2백만 명을 넘어서 처음으로 국영기업이 고용한 근로자 수를 넘어섰다.

배급표의 철폐 그리고 민영기업가의 정치 참여와 유사한 또 다른 상징적인 의미를 가진 기업계 이야기는 4월에 중국 소비자들이 처음으로 '밸런타인데이(중국어로 情人節이라고 한다)'를 기념한 것이었다. 베이징 언론의 보도에 따르면 홍콩인이 투자한 리쟈利嘉제화업체가 최초로 신문에 밸런타인데이와 관련된 상업 광고를 게재했다고 한다. 이 기업은 『베이징청년보』에 네 차례에 걸쳐 광고를 실어 2월 7~14일의 일주일 동안 특별 우대 혜택이 주어지는 '연인 행운권'을 추첨한다고 선전했다. 거의 동시에 왕푸징의 맥도날드에서는 '낭만적이고 아늑한 연인들의 밤'이라는 포스터를 내걸었고, 2월 14일 당일에 맥도날드에서 물건을 사는 커플들에게는 장미 한 송이를 선물했다. 5성급의 왕푸호텔은 300위안 가격의 밸런타인데이 페스티발을 계획했는데, 광고가 나가자마자 예약 전화가 빗발치는 상황이 연출되었다. 이는 훌륭한 마케팅 활동으로 보였지만 광고에 사용된 용어情人(중국에서는 연인이라는 의미와 동시에 정부情婦라는 의미로도 통한다)의 비속적인 의미로 인해 몇몇 노 간부들의 불평을 사기도 했다. 오래지 않아 관련 부서에서 광고에 '정인절'이라는 용어를 사용하는 것을 금지시켰는데, 이 금지 명령은 암묵적으로 몇 년 동안 지속되었다. 1998년 흐지부지 취소되기까지 공상 부문은 매년 2월 14일을 전후해 유사한 공문을 통해 금지 명령을 하달했다.

5월 17일 유명 스포츠 세단을 생산하는 페라리가 중국에서는 처음으로 페라리 세단의 주인을 찾게 되었는데, 주인은 발모제로 사업에 성공한 42세의 리샤오화李曉華라는 기업가였다. 페라리는 베이징의 텐탄天壇공원에서 신차 교부 축하식을 진행했는데, 리샤오화가 134,888달러짜리 스포츠카 앞에서 촬영한 기념사진은 각 신문의 오락면을 장식했다.

8월 중국은 국제저작권조약에 가입했는데, 이는 이제 지적재산권 보호가 가능함을 의미했다. 미국의 디즈니사의 미키마우스 제품이 정식으로 중국에 진출했지만 10년 전부터 이 귀여운 캐릭터는 이미 중국 아이들에게 널리 알려져 있었다. 미키마우스 캐릭터는 수많은 회화 교재, 의류, 문구, 상점 간판에 얼굴을 알리고 있었지만 이들 모두는 저작권을 도용한 저작권 침해 상품들이었다.

11월 14일 중국공산당 중앙 제14회 3중전회는 〈중국공산당 중앙의 사회주의시장경제체제 건설 문제에 관한 결정〉을 통과시켰다. 영국의 『이코노미스트』는 이에 대해 다음과 같이 논평했다.

많은 요인의 추동 하에 경쟁은 이미 전체 경제 영역으로 확대되기 시작했다. 하나의 요인은 외자와 무역의 확대이고, 또 다른 하나는 경제 권력의 하방下放이 각 성의 경쟁을 촉발시킨 것인데, 이는 미국의 연방제가 시행하는 사회적·경제적 실험과 놀랄 정도로 유사하다.

외국의 거의 모든 평론가들은 '공유제-사유제'와 '사회주의-자본주의' 등과 같은 이원화된 기준으로 지금 중국 내에서 진행 중인 모든 것을 판단하고 논의하기를 좋아했지만 현실은 분명 이보다 훨씬 더 모호하면서도 풍부했다.

1993년에 가장 장관이었던 현상은 외자가 물밀듯이 몰려온 것이었다.

이해는 다국적기업들이 중국에 대규모 투자를 개시한 원년이기도 하다. 통계에서 알 수 있듯이 1979~2000년까지 중국은 누계 3,462억 달러의 외자를 유치하지만 대부분은 1992년 이후의 것으로, 1992~2000년 사이에 유입된 금액이 전체 금액의 93%를 차지했다. 1993년 말 외자 유치 계약 금액은 1,114억 달러였으며 실제로 유입된 금액은 270억 달러로 전년도의 2배에 달했다.

시장의 유혹과 정부의 지원 하에 다국적기업들은 중국에 대한 망상에 빠져들기 시작했다. 가장 전형적인 사례는 코닥의 중국 총재로부터 나온 말이었다. "중국 인구의 절반이 매년 36매 필름을 한 통만 사용해도 전 세계 시장이 25% 확대되기에 충분하다." 이 말은 바로 인구에 기대어 특정 상품의 중국 시장 규모를 추산해낸 것인데, 이는 거의 대부분의 다국적기업이 중국에 진출할 때 가장 자주 사용하던 계산 방식이었다. 하지만 현실은 곧바로 그러한 시장 규모가 장밋빛 환상이라는 것을 깨우쳐주었다.

이해 KFC 1호점이 시안에 문을 열었고, P&G가 단숨에 4개의 판매 법인과 5개의 생산 공장을 설립했다. 세계 최대의 맥주 회사 안호이저부시Anheuser-Busch가 중국 최대의 맥주 회사인 칭다오맥주의 지분 5%를 1,640만 위안을 들여 인수했다. 코닥은 상하이에서 개최된 제1회 동아시아게임에 협찬을 했고, 노키아는 중국 시장에 GSM 이동전화기를 제공하기 시작했으며, 시티뱅크는 중국 지역 본사를 홍콩에서 상하이로 이전했다. 보잉은 중국에 한꺼번에 120대의 비행기를 판매했는데, 금액이 90억 달러를 넘는 최고의 거래였다. 포드의 국제 업무 총괄 CEO인 웨인버클은 "나의 첫 번째 임무는 중국 업무다"라고 말했다. 미국의 GM은 중국에서 처음으로 자동차를 조립했고, 이해 생산라인 직원들이 "중국이여 감사합니다. 메이드 인 아메리카!"라는 아주 재미있는 플래카드를 내걸었다. 이때가 벌써 1978년에 토마스 머피가 방문단을 이끌고 중국을 방문한지 16년이 지난 시점이었지만 독일의 폭스바겐은 이미 연 10만대의 생산 능력을 갖춘 공장을 보유하고 있었다. 1993년은 일본 기업들이 중국 투자를 증가시킨 전환점이었다. 이해 일본 기업의 투자는 1991년에 비해 급증했는데, 이미 비준된 투자 프로젝트만도 3,414개로 1991년의 3배에 달했다.

9월 '베이징·1993 다국적기업과 중국'이라는 제목의 컨퍼런스가 베이징국제무역센터에서 열려 지멘스, 바스프, 모토롤라 등 50여 개의 다국적기업 대표와 국무원, 대외경제무역합작부 관리들이 참가했으며, 대외경제무역합작부 부장 우이吳儀와 국무원 부총리 리란칭李嵐淸이 회의석상에서 다국적기업의 중국 투자를 장려했다. 그날 저녁 국가 주석 장쩌민은 이중 비교적 규모가 큰 15개 다국적기업의 대표를 중난하이로 초청했다. 『월스트리트저널』은 "이는 개혁개방 이래 중앙정부의 첫 번째 공식 초청"이라고 보도했다.

해외 자본의 대량 유입에 대해서는 다양한 해석이 있을 수 있다.

거시적인 관점에서 말하면 16년째 개혁에 들어선 중국은 이미 수많은 해외자본을 유치해왔고, 특히 1992년 이후 시장경제라는 체제 목표를 확인하고 중앙 정부가 외자 진출을 제한하는 정책을 완화했기 때문에 시장의 투자 환경도 해외 자본의 신임과 호감을 얻기에 충분했다.

정책 설계에 대해 말하자면 해외 자본의 유입은 지방 경제를 진흥시키는 첩경으로 인식되어 외자는 '초국민적 대우'를 받을 수 있었고, 각 지역은 외자와 합자기업에 대해 대대적인 우대 정책을 실시했다. 이중 보편적으로 채택된 세수 정책이 '삼면양감반三免兩減半이었다. 이는 기업 창업 시 3년간 소득세를 완전 면제해주고, 향후 2년간 반으로 줄여주는 정책이었다. 그리고 많은 지역에서 소득세 50% 감면은 실제로 기업이 이윤을 창출하고 난 이후에야 집행되었다. 소득세 징수 비율은 합자기업의 경우 15~33%였던 반면 국내 기업은 55%였다. 세수 정책에서의 이러한 '신분 차이'는 어쩔 수없는 선택으로 해외 자본의 중국 진출을 자극하기도 했지만 수많은 '가짜 외자기업'의 출현을 초래하기도 했다. 내자 기업을 중외 합자기업으로 탈바꿈시켜 '합리적으로 탈세'하는 보편적 수법은 2007년이 되어서야 시정되었다.

개혁 이념에서 외자는 기업의 메커니즘을 전환시킬 수 있는 가장 우수한 외래 동력으로 간주되었다. 우한제2인쇄공장의 예는 많은 사람 입에서 회자되었다. 이 오래된 공장은 홍콩의 한 회사와 합자를 시작했다. 우선 이 합자회사는 여전히 1960년대 초의 일본 설비를 사용하고 있던 공장의 2/3의 인원을 정리 해고했으며, 행정 관리 인원도 35명에서 3명으로 줄였다. 그리고 홍콩 측은 70%의 해외 수출 물량을 확보해 주었는데, 이렇게 되자 회사는 아주 빠른 시간에 흑자로 전환될 수 있었다. 이 사례에서 홍콩 측이 중국의 파트너에게 가져다준 것은 인원 감축, 새로운 관리 방식, 해외 판매망 개척이었다. 물론 이는 쌍방 모두에게 아주 만족스러운 결과였다.

화교 경제학자 황야성은 『개혁 시기의 외국 직접 투자』라는 책에서 "사인기업에 대한 경시는 외자에 대한 중국의 수요를 증가시켰다"라고 단정했다. 그는 1990년대에 국유 부문은 파산의 언저리에서 운영되었고, 이와 동시에 사인기업은 신속한 발전을 이룩했지만 여전히 심각한 신용 제약을 받아 금융상의 지원을 얻지 못했을 뿐만 아니라 많은 업종으로의 진출에 제한을 받아왔다고 여겼다. 효율성이 결핍된 국유자본은 효율성이 있는 합작 자본을 찾아야 했는데, 국유자본이 직면한 것은 두 자본 집단이었다. 이중 하나가 다국적자본 집단이었고, 또 다른 하나는 민간자본 집단이었다. 이러한 선택 속에서 외지에서 온 다국적자본이 선택 대상이 되었다. 1992년 이래 외자의 대량 유입은 개혁 사상의 이러한 확립과 불가분의 관계에 있었다.

전체적으로 말해 외자의 진입은 중국의 산업 국면과 경제 형태에 거대한 변화를 가져왔다. 하지만 이것이 시작될 때부터 아주 순탄하고 효율적으로 잘 조정된 과정이 아니었음을 반드시 알아야 한다. 이해의 『중화공상시보』는 「이상하다! 장기 손실인데도 여전히 합작이라니」라는 한 논평에서 광둥성의 1,090개 합자기업에 대한 소득세 종합 통계를 발표했다. 그 결과 544개 기업이 손실을 입고 있는 사실을 발견했는데, 연해 지역 각 성의 상황이 모두 비슷했다. 대체로 절반 정도의 합자기업이 재무제표상에는 손실로 표기되어 있었다. 이 논평자는 이렇게 말하고 있다.

> 일부 합자기업이 손실을 입고 있는 것은 외국 투자자가 가격을 통해 이익을 이전하거나 허위 지출 방식으로 중국 측의 이익을 잠식하고, 탈세를 해서 장부상 손실을 초래하기 때문이다. 적지 않은 기업이 7~8년 동안 손실을 기록하고 있으나 생산 규모는 오히려 계속 확대되고 있다.

이처럼 조금은 애매한 현상은 개발구의 범람에서도 나타났다. 외자를 유치하기 위해 각 지방은 쉴 새 없이 개발구를 설립했고, 공업 용지에도 우대 정책을 적용했다. 하지만 계획이 통제력을 잃게 되자 결국에는 떠들썩한 '인클로저 운동'으로 변하게 되었다. 1991년 전국에는 117개의 개발구가 있었으나 1992년 8월에는 1,951개로 늘어났고, 1993년 10월에는 각종 개발구가 8,700개를 넘어섰다. 만약 전국적으로 비준된 15,000km^2의 개발구에 물과 전기 및 도로를 공급하게 된다면 4조 5천만 위안의 투자가 필요했는데, 이는 국력이 부담할 수 있는 규모를 훨씬 넘어서는 수치였다.

많은 개발구가 외자를 유치하기 위해 제정한 우대 정책은 하나하나가 흡인력이 대단했고, 심지어 어떤 곳은 본전도 못 챙기는 지경에 이르기도 했다. 개발구의 토지 양도는 절대 다수가 이윤 없는 헐의 양도 방식으로 진행된 것으로 도처에서 검은 거래가 넘쳐났다. 『중화공상시보』는 "매년 토지 암거래로 유실되는 국가 수익은 아마도 200억 위안이 넘을 것이다. 어떤 외국 기업은 지극히 저렴한 가격으로 한꺼번에 백여 무 혹은 수백 무, 심지어 수km^2까지 구입했다가 일정 정도 시간이 지난 후 몇 배 가격으로 판매해 폭리를 취하기도 한다"고 보도했다. 광둥성은 88km^2의 토지를 양도해서 95억 위안을 벌어들였는데, 이는 m^2당 107위안에 해당되었다. 쟝수성의 한 개발구는 70년 사용권의 토지를 양도했는데, 가격은 무당 2,000위안으로 이는 매년 m^2당 0.04위안에 해당되는 가격이었다. 중부의 일부 성은 토지 사용료를 면제해주는 우대 정책을 제안하기도 했다. 타이완의 『연합보』 기자는 "지금 대륙에 가면 부동산 개발 회사의 깃발이 나부끼지 않는 곳이 없고, 토지 거래 이야기가 오가지 않는 곳이 없다"고 말했다.

국무원 조사팀의 보고에 따르면 1993년 4월까지 전국의 개발구 시공 면적은 307km^2에 달했는데, 이는 전체 계획 면적의 2%에 지나지 않은 것으로 나타났다. 또 90% 이상의 경작지가 테두리만 치고 개발되지 않았으며, 이로 인한 전국적인 경지 감소는 1,000만무에 이르렀다. 5월 16일 국무원은 맹목적인 개발구 설립을 제한하는 공문을 하달했고, 11월까지 연안 지역 7개 성 1개 구에서 개발되고 있지 않은 700개의 개발구를 폐쇄했다. 하지만 이후 10년간 개발구의 지나친 개발과 건설 현상은 사실상 완전히 억제되지 않았다.

1993년 초 전국의 주식 투자자 총수는 200만 명에 달했다.

지난 해 선전시의 추첨 부정 사건과 위안예 주가 조작 사건이 발생한 후 중앙은 증권시장에 대한 관리를 한층 더 강화했다. 그해 10월 증권감독관리위원회가 설립되었고, 1993년 4월에는 〈주식 발행과 거래 관리 잠정 조례〉가 반포되었으며, 9월에는 국내 법인에 대해 A주〔중국인 대상 주식〕 거래를 개방한다고 선포했다. 이어서 바오안 풍파寶延〔바오안그룹의 옌중실업 주식 구매 사건〕가 발생했는데, 이는 중국 증시 최초의 대규모 매입 전쟁이었다.

옌중실업은 상하이 증시에 가장 먼저 상장된 회사 중의 하나로, 이 회사는 상하이 징안구에 있는 조그만 길거리 회사였다. 이 회사의 상장은 완전히 우연한 기회에 이루어졌다. 대형 국영기업이 이윤 분배를 꺼려하는 상황에서 자본금 50만 위안의 작은 기업이던 이 회사는 의외로 가장 빠른 시점에 주식형 기업으로 변모했고, 또한 처음으로 상장된 기업이었다. 이 회사가 처음으로 가장 큰 관심을 받는 기업이 된 이유는 사실 주식 지분 구조상의 특수성 때문이었다. 옌중은 자본 조달 능력이 부족했기 때문에 주식 공모 과정에서 일반 대중주가 전체의 91%를 차지하는 아주 특이한 지분 구조를 갖게 되었고, 이에 자본 게이머들 눈에 언제든지 넘볼 수 있는 기업이 되었던 것이다.[6]

이해 봄과 여름, 전국적인 투자 붐의 형성과 극명하게 대조적인 것은 상하이 증시의 불황이었다. 덩샤오핑의 남순강화라는 호재에 힘입어 상하이 주가지수는 1,558포인트를 넘어섰지만 곧이어 내리막길을 걸었다. 5월 말 중앙이 금융 질서의 정돈을 위해 인민폐 예금 이율의 인상을 결정하자 주가 지수는 이 소식과 함께 크게 꺾여 결국 1,000포인트 아래로 미끄러졌다. 증권거래소 사장 웨이원위안은 내심 조급해지기 시작했다. 8월 선전의 최초 상장 기업인 바오안그룹의 증권부 주임 리웨이(厲偉)(유명 경제학자 리닝의 아들)가 웨이원위안을 찾아와서 상하이 증시가 어정쩡한 이유는 '메기'가 부족하기 때문이라고 말했다. 그는 "일본 어민들이 정어리를 잡아 올리면 원양에서 돌아온 정어리는 종종 반 이상이 죽어버렸습니다. 이후 어민들이 잡아온 정어리 속에 메기를 한 마리 풀어놓자 정어리들은 살아남기 위해 쉬지 않고 헤엄치면서 메기를 피해 다녔습니다. 결과적으로 정어리들의 생존율은 대대적으로 높아졌습니다"라고 말했다. 이에 웨이원위안은 웃으면서 이렇게 대답했다. "당신들이 상하이 증시로 와서 메기가 되고 싶은 거죠?"

한 달 후 바오안이라는 메기가 과연 상하이 증시에 나타났다. 바오안은 옌중을 공격하기 시작했고, 상하이 증시는 과연 요동치면서 옌중의 주가도 9위안에서 12위안으로 상승했다. 9월 30일 바오안은 이미 5%에 이르는 옌중 지분을 보유했다고 발표했다. 공고가 나가자 옌중의 주가는 급상승했고, 8일 후에는 42.2위안까지 치솟았다. 상하이 증시는 이에 따라 뜨겁게 달아올랐다.

바오안의 이번 저격에는 자못 기교가 있었다. 증권감독관리위원회 규정에 따르면 일단 5%의 회사 지분을 보유하게 되면 반드시 공고해야 했다. 바오안은 9월 29

6) 중국 증시는 주주권 설계에서 '신분 구분' 제도를 채택했는데, 이것이 독특한 현상이 되었다. 1992년 5월 15일 국가체제개혁위원회는 〈주식회사 규범 의견〉 및 13가지 문건을 반포하면서 국가주, 법인주, 대중주, 외국자본주 등 4종의 주주권 형식의 병존을 규정했다. 이로 인해 자본시장의 '주주권 다원화 구조'라는 특징이 생겨났다. 이 제도는 2005년 이후에야 개정되었다.

일 4.56%의 지분을 보유했으나 30일 증시가 개장하자마자 342만 주를 한꺼번에 매입함으로 일시에 지분 보유율이 16%에 다다랐다. 이때가 공교롭게도 공고 발표를 고의로 미루고 있던 시기였다. 옌중은 바오안의 수법이 일종의 악의적인 매입으로 시장에 대한 은폐와 기만이라고 생각했다. 옌중은 또 다른 중요한 사실을 파악하고 있었다. 그것은 바로 매입에 앞장선 바오안 상하이 계열사의 등록 자본금이 1,000만 위안인데, 주식 매입을 위해 사용한 금액은 8,000만 위안이 넘는 사실이었다. 그런데 정부 정책은 신용 대출 자금과 규정 위반 단기 대출 자금은 주식 매매에 사용할 수 없다고 규정하고 있었다. 옌중은 즉시 기자회견을 열어 법률 질서를 통해 회사의 이익을 보호할 것이라고 선언했다. 풍파는 여기서부터 시작되었다.

공개된 사실로 보건대, 저울은 이미 옌중을 향해 기울어져 있었고, 이 풍파에 관심을 갖고 있던 대형 언론들도 대다수가 옌중을 동정적인 시각으로 바라보았다. 하지만 증권감독위원회의 최종 결정은 오히려 사람들을 의아하게 만들었다. 바오안의 매입은 일종의 위법 행위에 해당하므로 100만 위안의 벌금을 납부해야 한다고 결정하면서도 동시에 바오안의 매입 행위는 유효하다고 선언한 것이다. 이에 따라 바오안 측 사람이 순조롭게 옌중실업 회장으로 선임되었다.

중국 증시의 첫 번째 매입 전쟁은 이처럼 애매한 화약 연기 속에서 일단락되었다. 웨이원위안은 옌중을 미끼로 바오안이라는 메기를 끌어들였고, 결국에는 전국의 시선을 집중시켜 상하이 증시를 활성화시킨다는 목적을 달성했다. 이후 모 증권 분석가는 "바오안 풍파의 해결 방식은 중국 증시의 회색 기조를 다지게 했다. 거의 모든 사람이 강자가 제일이고 규칙은 다음이라는 사실을 깨닫게 되었다"고 말했다.

바오안 풍파가 정정당당한 정면대결이었다면 두 달 후의 수산산(蘇三山) 사태는 한층 더 블랙유머 같았는지도 모른다. 후난성의 주저우(株洲)현의 이(李)모씨는 100만 위안을 투자해 수산산 주식 15만 주를 사들였다. 그런 후 '정다부동산' 회사의 직인을 사용해 『선전특구보』와 『하이난특구보』라는 신문사에 '당사는 이미 수산산의 주식 5.006%를 매입했다'는 내용의 편지를 보냈다. 두 신문사는 아무런 속사정도 모른 채 편지 내용을 게재했고, 이튿날 수산산의 주가가 40% 급등했다. 선전거래소가 이상 징후를 발견해 경고하기 전까지 이모씨는 이미 15만 위안의 이윤을 챙겼으나 전국의 개인 투자자들은 2,000만 위안이라는 손실을 기록했고, 1억 2천만 위안의 자금이 묶이는 사태로 발전했다. 이모씨는 현장을 떠난 후였고, 이후의 결과는 아직까지 알 수가 없다.[7]

1993년, 얼마 후 일대 풍파를 몰고올 한 기업가가 아직 성장의 길목에 서 있었다. 이후 전국 최대 가전제품 체인인 궈메이그룹의 창시자가 될 황위광黃裕光은 당시 24살로 베이징에서 장사를 하는 상인이었다. 그는 차오산潮汕의 객가客家 출신으로 자신을 리쟈청과 동향이라고 말하는 것을 좋아했다. 그는 중학교조차도 졸업하지 못하고 일찍이 고향을 떠나 사방을 떠돌며 장사를 하고 있었다. 그는 베이징에서 가전 매장을 개업했는데 1993년 뜻밖에도 2억 3천만 위안이라는 매출을 기록했다. 『경제일보』와의 인터뷰에서 그는 자신의 비결을 "다른 사람이 입고 가격과 세금에 5%의 마진을 붙일 때 저는 2%의 마진으로 판매했습니다. 그러자 소비자들이 모두 저희 매장으로 오게 된 것입니다"라고 밝혔다.

이해 마쮠런이라는 중학교 체육교사는 국가의 영웅이 되었다. 그는 엄격하고 가혹한 훈련으로 여자 장거리 멀리뛰기 선수들을 훈련하는 것으로 이름을 떨쳤다. 1988년부터 그가 데리고 있던 마가군馬家軍은 국제대회에서 좋은 성적을 올렸고, 1993년 8월 독일의 슈투트가르트에서 개최된 제4회 세계육상선수권에서 여자 1,500m 금메달, 3,000m 금, 은, 동메달과 10,000m 금메달을 석권하는 동시에 두 개의 세계신기록을 수립해 일순간에 세계를 깜짝 놀라게 했다. 그의 첫 여제자 왕쥔샤王軍霞는 1996년 애틀랜타 올림픽에서 금메달을 획득했고, 오성홍기를 몸에 두른 채 카메라 앞에 선 모습은 중국 스포츠 역사상 가장 전형적인 모습으로 남아 있

---

[7] 1993년 6월 중국 증권감독위원회와 홍콩 증권감독위원회는 감독 관리 합작 MOU를 체결했다. 이 MOU에서는 중국 내륙 기업의 홍콩 연합거래소 상장을 허락하고, 주식은 H주로 한다고 규정하고 있다. 이해에 칭다오맥주, 상하이석유화학, 광저우조선소, 베이징인민기계공장, 마안산馬鞍山강철, 쿤밍선반공장이 상장되었다. 이는 사회주의 중국의 기업이 처음으로 규모 있게 또 다른 경제체제에서 상장된 사례이다.

다.

 마가군의 휘황찬란한 성공은 국민들을 아주 통쾌하게 했고, 마치 하룻밤 사이에 '동아시아의 병주머니'라는 치욕을 날려버린 것 같은 느낌을 주었다. 사람들은 마가군에 대한 호기심으로 충만했고, 후각이 예민한 상인들도 곧바로 그러한 냄새를 맡았다. 세계육상선수권 1개월 후 한편의 광고가 TV에서 방송되었다. 마쥔런이 단상 앞에 앉아 있는데 마치 영웅의 업적 보고 대회를 열고 있는 것 같았다. 그리고 어떻게 그렇게 좋은 성적을 얻을 수 있었냐는 질문에 대답할 때 그는 별안간 건강식품 한 박스를 들고는 랴오닝성의 중후한 발음으로 "우리가 마시는 것은 중화별정繁精(자라를 이용해서 만든 건강식품)입니다"라고 외쳤다.

 '중화별정'은 저쟝성 타이저우시 톈타이天台현의 한 건강식품 회사가 출시한 상품으로 이전에는 이름 없는 상품에 지나지 않았으나 TV 광고에 힘입어 전국에서 가장 유명한 건강식품 브랜드 중의 하나로 성장했다. 마가군의 성공으로 마쥔런의 훈련 방식도 많은 사람을 궁금하게 만들었는데, 비법에 대해 선천적인 호기심을 가진 중국의 소비자들은 한층 더 그러했다. 이 점은 몇 년 전 젠리바오가 이미 동방의 신비수라는 이야기로 충분히 증명한 바 있었다. 마쥔런 또한 많은 장소에서 신속하게 체력을 회복할 수 있는 비법이 있다고 암시한 적이 있었다. 10월이 되자 전국의 상인들이 마쥔런을 찾아와 비즈니스를 이야기하면서 사람들을 흥분하게 만들 비법에 대해 듣고 싶어 했다. 하지만 강직하다 못해 상업적인 마인드라고는 눈곱만치도 없는 이 체육교사는 어찌할 바를 모르다가 랴오닝체육대학으로 숨어버렸다.

 12월 25일 마쥔런은 마침내 언론 앞에 나섰다. 이번에는 그와 즐겁게 웃으며 서 있는 사람이 있었는데, 그는 허보어취안何伯權이라는 광둥의 기업가였다. 그는 자신의 회사인 러바이스樂百氏가 1,000만 위안의 고가로 마가군의 영양 비법을 사들였다고 발표했다.

|기업사 인물|
장주莊主의 죽음

1999년 10월 병보석으로 풀려나 치료를 받던 위줘민이 향년 70세의 나이로 쓸쓸하게 세상을 떠났다. 개성이 강렬했던 이 농민 기업가의 죽음은 그가 줄곧 갈망해온 대로 억울한 누명을 벗는 것을 기다려주지 못했다. 그의 사인은 두 가지 설이 있는데, 상하이의 『해방일보』는 최초 보도시 "위줘민이 톈진톈허병원에서 치료 중 자살로 사망했고, 시신은 이미 5일 만에 화장했다"는 설을 보도했고, 신화사는 간단한 뉴스로 위줘민이 "심장병으로 돌연 사망했다"고 보도했다.

그는 전혀 자신이 무슨 잘못을 범했는지를 알지 못했다. 다츄장이 왕성했을 때는 외지에서 일하러온 사람들이 마을 사람의 3배를 넘어 이를 어떻게 관리하느냐가 당연한 문제로 대두되었다. 그런데 폭행치사를 저지른 마을 사람들의 행위가 과하긴 했지만 시발점은 오히려 다츄장의 경제 발전을 위해서였고, 마을 사람들이 일을 저질렀으니 마을의 '어르신'이 앞장서 일을 해결하는 게 당연했다. 웨이푸허 사건 3년 전에도 구타로 사람이 불구가 되는 사건이 있었는데, 범인이 잡혀가 형을 선고받자 위줘민은 마을 회의를 소집해 재소자를 위해 돈을 모금했다. 그는 우선적으로 10만 위안을 내놓으며 마을 사람들에게는 200호의 가정이 범죄자 가정을 부양할 것을 명령했다. 그가 다츄장을 위해 감옥 생활을 하고 있다고 믿었기 때문이다.

그는 심지어 400명의 무장경찰과 대치한 후 결과가 어떨지를 자세히 생각해 본 적이 없었다. 다츄장에는 당시 15정의 자동소총과 2,000발의 실탄이 있었고, 또 사냥총 공장을 갖고 있어 일단 총탄이 오가면 어떤 결과가 초래될지를 전혀 생각지 않았던 것이다.

역사는 위쥐민을 한 시대의 대표로 선택했는데, 당연히 그러한 까닭이 있었다. 염분 가득한 땅에서 자라온 이 장주는 줄곧 타고난 패기와 완강함이 있었다. 당초 압연 공장을 설립하기 위해서는 10만 위안이라는 자금이 필요했는데, 이에 다른 마을에서 5만 위안을 빌려야 했다. 마을 내부에 반대하는 사람이 있자 위쥐민은 탄식하면서 "부유해지지 않으면 내가 기어가서 당신에게 절을 하겠다"고 말했었다. 부유해진 후 그는 "다츄장에는 단체적인 지혜가 없어. 나 위쥐민이 없으면 다츄장의 오늘도 없는 거야!"라고 말했다. 1981년 조사팀이 다츄장에 와서 압연 공장이 국영기업과 원료를 놓고 다툰 사건을 추궁했을 때 그는 마을 사람을 조직해 대항했는데, 이것이 그에게는 가장 자랑할 만한 개혁 행위였지만 12년 후 그러한 완강함과 고집스러움으로 인해 갑자기 추락하고 말았다.

여러 차례 위쥐민을 접촉한 유명 기자 장젠웨이張建偉는 "그는 내가 만난 사람 중 정부 정책을 이용해 자기 목적을 달성하는 데 가장 뛰어난 농민이었다. 그가 마을을 일으킨 역사 전체는 사실 기민하고 교묘하게 정부에 대응한 이야기로 볼 수 있다"고 평가했다. 다츄장은 압연 공장을 토대로 걸음마를 시작했는데, 국영 자본이 독점하고 있는 제철업종에서 원료의 출처와 강관 판매 등 대형 국영기업과 관련이 없는 것은 하나도 없었다. 한 평론가는 일찍이 "다츄장의 20여 압연 공장과 강관 공장 규모는 크지 않고, 설비도 오래되었지만 사람들이 부러워하는 것은 공장의 뜰에 가득 쌓여있는 고철이었다. 이것은 지금도 중국에서 공급이 부족한 물품으로 상당한 능력과 확실한 관계가 없으면 손에 넣을 수 없는 것"이라고 말했다. 위저민은 다츄장의 큰 주인이었고, 그는 줄곧 자신을 정치가로 여겼다. 어떤 사람이 다츄장의 대출, 관리 인원, 각 공장의 경영 상황을 물어오면 손사래를 치면서 "직접 공장에 가서 물어보시죠. 그런 일에 저는 관여하지 않습니다"라고 말했다. 위쥐민은 자신이 관리하는 것은 다츄장의 정치라고 생각했고, 빛나는 커다란 우산처럼 다츄장을 빈틈없이 잘 덮고 있다고 생각했다. 매일 그는 자신의 별장 뜰에 앉아 두 마리의 개를 돌보면서 한 무리 또 한 무리씩 가슴 가득 경의를 품은 사람들이 찾아오는 것을 기다리고 있었다.

위줘민은 농민 언어의 대가로 간주되었는데, 그가 가장 잘 아는 말은 "머리를 숙이고 돈을 바라보고, 머리를 들어 앞을 바라보라. 돈을 볼 수 있어야만 앞을 볼 수 있다"였다. 또 "과학의 물로 농민의 밭에 물을 대라", "재물이 오려면 반드시 재능이 있어야 하고, 재능이 있으면 재물은 반드시 온다", "과학기술은 살아있는 부처요, 경배하는 사람은 수익을 얻는다", "지나치면 가난하고, 가난하면 지나친다. 가난할수록 지나치고, 지나칠수록 가난해진다" 등 그가 퍼뜨린 말은 아주 많았다. 덩샤오핑의 남순강화 후 그는 집집마다 "덩샤오핑 동지 안녕하세요!"라고 적힌 플래카드를 걸게 했다. 그는 또 신문에 「우리는 알았다. 우리는 안심이 된다. 우리는 믿을 구석이 있다」라는 긴 글을 구술한 적이 있는데, 문장은 향토색 그대로였고, 언사는 신선하고 소박해서 사람들에게 많은 감동을 주었다.

위줘민은 중국 농민의 대표임을 자처했고, 매번 관리 및 기자들과 대화할 때는 "나는 한 사람의 농민입니다"라는 말로 시작했는데, 이는 그의 언어의 시작이자 그가 가장 자랑스러워하는 신분이기도 했다. 외부에서 회의를 할 경우에는 설령 소파에 앉을 때도 항상 가부좌를 틀고 앉았다. 신발은 벗지 않은 채 담배를 피워도 재를 떨지 않았는데, 이러한 행위가 바로 농민 본색이라고 여겼기 때문이다. 그는 이렇게 아주 눈에 띄는 방식으로 지금 막 논밭에서 나온 농민이 현대 비즈니스 중국의 주력이라는 사실을 증명했다. 이러한 극단적이고 진솔한 개성으로 인해 그는 많은 사람의 사랑을 받아왔다.

1991년 그는 일시에 16대의 벤츠를 구입해 외지에서 고급 관리가 방문하거나 해외 언론이 취재올 경우 마중했는데, 이는 다츄장에 대한 첫인상을 좋게 심어줌으로써 중국 농민의 기백에 제압당하도록 하기 위한 것이었다. 그가 직접 탔던 차는 당시 중국에서는 보기 힘든 벤츠600 세단이었는데, 언론의 보도에서는 '감히 관본위에 대항할 수 있는 상징'으로 묘사되었다.

이러한 사이비 상징이 있었기 때문에 결국 위줘민도 자신을 정말로 하나의 상징으로 생각하게 되었고, 자신에 대한 침범을 바로 중국 농민에 대한 침범으로 인식하게 되었다.

1992년 외교부가 외국 사절단을 조직해 다츄장을 참관하도록 했다. 그는 불현듯 "다츄장은 건장한 젊은이들을 해외로 유학 보내고 있고, 외국 부인을 데리고 오는 자에게는 포상을 하고 있다. 100명의 가장 예쁜 외국 여자를 뽑아 다츄장의 총명한 젊은이 100명과 결혼시키면 가장 우수한 후대를 생산하게 될 것"이라고 발표했다. 이 말을 사실로 믿은 기자들은 신문에 그의 말을 그대로 실었고, 이는 민족 자존심이 강한 사람들에게는 진지한 이야깃거리가 되었다. 위줘민의 이러한 연출은 사람들로 하여금 이곳이야말로 의화단義和團이 탄생한 땅이라는 사실을 떠올리게 했다.

후에 위줘민의 거만함과 난폭함은 이미 억제하기 힘든 지경에 이르렀다. 그의 월급은 국무위원 누구와 비교해도 많았고, 그의 벨트는 장관급 누구의 것과 비교해도 비싼 것이었다. 그는 한 퇴직 간부에게 "당신은 가난한 사람으로 부자를 타도했지만 나는 가난한 사람을 부자로 변화시켰습니다"라고 말했다. 그는 의기양양하게 중앙의 모 부서 지도자에게 "당신이 보기에 나의 사무실이 중난하이의 사무실과 비교해 어떻습니까?"라고 물은 적이 있었다. 마을에 그가 잘 아는 청년을 입당시키려고 여러 차례 당 시부 회의를 열었지만 통과되지 않았다. 그러자 돌연 그는 "입당에 찬성하는 사람은 손을 들지 말고, 입당에 반대하는 사람은 손을 드시오"라고 말했다. 그의 부릅뜬 시선에 전체 당원들 중 아무도 움직이거나 소리를 내지 않자 그는 즉시 통과를 선언했다. 한 번은 홍콩의 한 기자가 그에게 "당신이 이곳의 지역 황제라고 말하는 사람이 있는데……." 위줘민은 말이 채 끝나기도 전에 웃으면서 대답했다. "네, 제가 바로 황제입니다. 제가 지역이라는 글자를 삭제했죠." 위줘민은 염분 가득한 마을을 중국의 부자 마을로 변모시킨 동시에 봉건적이고 권위적인 왕국을 건설했다. 이 사람은 오랜 세월 근절되지 않은 군왕 의식에서 벗어나지 못했다. 그는 구세주의 신분으로 출현했고, 마을 사람들은 자존심을 버리는 대신 물질적 부유함을 선택했다. 『인민일보』기자 링즈쥔은 이와 관련된 에피소드 하나를 기록한 바 있다. 한 번은 그가 다츄장으로 취재를 갔는데, 길에서 어린 소녀가 선혈이 낭자한 암탉을 안고서 통곡하고 있는 것을 보았다. 그녀는 암탉이 개에게 물려 죽었다고 말했다. 링즈쥔은 개 주인을 찾아가 배상을 요구하라고 알려주었다. 하지만 그녀는 감히 간다는 말을 못했는데, 개가 바로 위줴민의 것이었기 때문이다. 그래서 링즈쥔이 대신 가서 상황을 설명하겠다고 하자 어린 소녀는 공포에 질린 모습으로 만약 그렇게 한다면 자기네 집이 더욱 난처해질 것이라고 말했다. 링즈쥔은 후일 크게 탄식하면서 "인민을 위해 이익을 도모해 한 농민이 명망을 구축했으나 나아가서는 유아독존이요, 또 독단적이고 포악해지니, 이러한 일이 중국 농촌에서 흔하네!"라는 글을 썼다.

1991년 4월 중국향진기업가협회 제2차 연례 회의가 선양에서 열렸다. 이 회의에서 한 관리가 위줴민의 업무 형태와 교만함에 대해 완곡하게 비판을 가했다. 하지만 위줴민은 자신의 체면을 돌보지 않았다고 생각해 분개하며 사직서를 내고는 회의가 끝나지도 않았는데 자신의 장원으로 돌아가 버렸다. 톈진 지방 정부와의 관계도 이러한 정서적 대립 속에 점점 악화되었다.

다츄장은 톈진 교외의 징하이현에 자리 잡고 있다. 위줴민의 죽음 이후에도 여전히 적지 않은 사람들이 그곳을 참관하고 있다. 오랜 세월이 지난 후 날로 몰락해가는 이 마을에서는 여전히 곳곳에서 위줴민의 가시지 않는 기운을 느낄 수 있다. 그의 얼굴은 빼빼 마르고, 피부는 누렇게 뜨고, 온 얼굴에는 주름이 가득 차 있었다. 영리한 듯 보이는 가느다란 눈 위에 범상치 않은 짙은 눈썹이 걸려 있고, 크고 검은 눈동자로 인해 거의 흰자가 보이지 않았다. 그가 살던 큰 정원에 서 있으면 아마 그가 안에서 가부좌를 틀고 앉아 있고, 옆에는 열기가 퍼져 나오는 죽사발이 놓여 있고, 문 앞에는 호시탐탐 기회를 노리는 큰 개가 웅크리고 있다는 생각을 하게 될 것이다.

1994년
청춘기의 불안

하이얼은 바다를 닮아야 한다.
바다만이 넓은 가슴으로 수많은 내를 품을 수 있고,
작은 지류조차 싫어하지 않는다.
더러운 것을 받아들여 푸른 물로 정화시킬 수 있다.
—장루이민, 「하이얼은 바다다」(1994년)

허보어취안은 아주 우연히 '마가군의 비법'을 손에 쥐고 이 게임에 몰입하게 되었다. 한 번은 출장 중에 대중잡지 한 권을 보게 되었는데, 이 잡지에서 뜻밖에 마쥔런에 대한 기사를 보았다. 마쥔런의 소녀들이 기적을 창조할 수 있던 것은 이 코치의 수중에 대대로 내려오는 신기한 비법이 있고, 그것이 단 시간 내에 사람을 혈기 왕성하게 해 체력을 강화시킬 수 있다는 내용이었다. 허보어취안의 눈빛은 일순간에 번쩍거렸다.

32세의 허보어취안은 영업의 귀재였고, 그의 광저우 러바이스 음료회사는 1989년에 설립되어 배합형 아동용 과일우유를 생산하고 있었다. 몇 년간의 경영 결과 러바이스는 당시 중국의 동종업계에서 선두자리를 지키고 있었다. 얼마 전 그는 베이징대학에 가서 졸업생들을 초빙했는데, 이는 중국의 민영기업으로서는 처음으로 명문대학생을 초빙한 활동이었다. 이때 그는 마치 사냥꾼처럼 사방을 돌아다니며 비즈니스 기회를 모색하는 중이었다. 잡지에서 본 문장은 순간적으로 그에게 영감을 불어넣었고, 그는 즉시 북방으로 가서 마쥔런을 찾았던 것이다.

이는 긴장감이 거의 없는 비즈니스 담판이었다. 마쥔런은 담판에서 입에서 나오는 대로 "나의 비법은 1,000만 위안을 준다고 해도 팔 수 없습니다"라고 말했다. 허보어취안은 바로 받아서 물었다. "그럼 제가 1,000만 위안을 드릴 테니 파시겠습니까?"

마쥔런은 당연히 이 제안을 받아들였는데, 이 돈은 당시 여건이 아주 좋은 운동장 하나를 지을 수 있는 거금이었다. 1,000만 위안은 러바이스에게는 1년 이윤의 절반에 해당되는 돈이었다. 보도에 따르면 이는 중국내 민간 최대의 지적재산권 거래였고, 소식이 전해지자 전국을 뒤흔들었다. 허보어취안은 비법의 전달 의식을 규모 있고 생동감 있는 이벤트로 만들었는데, 비법 전달과 기자회견은 광저우의 5성급 호텔인 차이나호텔에서 거행되었다. 마쥔런과 그의 비법은 경찰의 호위를 받으며 성대한 의식을 치르면서 도착했고, 허보어취안은 빨간 비단으로 덮여있는 비법을 받아서 바로 중국인민은행 금고에 보관하도록 했다. 그는 곧바로 비법으로 만들어진 '생명핵능生命核能〔생명의 핵에너지〕'이라는 드링크제를 두 달 후에 정식으로 출시할 것이라고 선언했다. 몇 년 후 허보어취안은 처음 비법을 보았을 때 녹미鹿尾, 인삼, 황기, 아교, 대추 등으로 생각하지 못한 약재는 없었다고 밝혔다.

어쨌든 이처럼 수많은 언론의 지속적인 보도 히에 시장의 입맛은 오히려 이 비법에 사로잡히게 되었고, 각 성의 대리상들은 '생명핵능'의 판매를 대리할 것을 요청했지만 허보어취안은 성급 대리의 독점 판매권은 경매할 것이라고 발표했다. 후난성에서 열린 첫 번째 경매에서는 50만 위안, 시안에서의 두 번째 경매에서는 200만 위안, 쟝수성에서 열린 세 번째 경매에서는 240만 위안에 낙찰되었다. 경매는 갈수록 열기를 띠어 허어보어취안은 순식간에 1,700만 위안을 벌어들였다. 이는 마쥔런에게 지불한 비법의 비용을 훨씬 초과하는 금액이었다. '생명핵능' 사건으로 허보어취안과 러바이스는 전국적으로 유명해졌고, 러바이스는 중국내 브랜드 인지도가 가장 높은 기업 중의 하나가 되었다. 이번 현상은 중국 시장의 비이성적 광분, 즉 광활한 영토, 다양한 소비자층, 언론매체의 부채질로 몇몇 상품이 영감이나 기획에 의해 하룻밤 사이에 굴기할 수 있는 사실을 잘 보여주었다.

1994년 봄 내내 사람들은 '생명핵능'이 일으킨 열기 속에 빠져들어 있었다. 만약 이러한 야심이 출발한 지역을 한 시대의 화산의 분출구라고 한다면 1994년 전후의 중국 비즈니스계의 화산의 분출구는 건강식품과 음료식품 영역이었고, 전 중국의 가장 야심찬 기업가들은 모두 극도로 흥분해 그곳으로 몰려들었다. 과거 4년 동안 전국 건강식품 생산 기업은 100여 개에서 3,000여 개로 30배 증가했고, 제품 종류는 2만 8천여 종에 달했으며, 매출액은 300억 위안을 넘어서 12배나 증가했다. 건강식품산업은 전국에서 발전 속도가 가장 빨라 사람들이 가장 주목하는 황금의 땅으로 변했다.

지난 1년 중국 최대의 건강식품업체인 광둥타이양선의 매출액은 13억 위안이라는 기록을 넘어섰고, 이윤도 3억 위안에 달했다. 타이양선은 일종의 전위대와 선구자의 자세로 모든 중국 기업의 전면에서 달리고 있었다. 1994년 7월 미국 월드컵 기간 동안 타이양선은 CCTV의 생방송 프로그램에 '잠자는 사자가 깨어난다'라는 이름으로 45초에 달하는 이미지 광고를 내보냈다. 천년을 흘러온 황하의 얼음이 깨지고, 만리장성에서 북이 울리니, 한 마리의 수사자가 의연하게 일어나 하늘을 향해 포효한다. "노력만 하면 당신의 꿈이 실현됩니다. 태양이 솟아오를 때 우리의 사랑은 영원하리라!" 선언문과 같은 광고문구와 화려하고 장엄한 화면은 사람들의 마음을 뒤흔드는 격정을 불러일으켰다. 타이양선은 처음으로 이상주의의 빛줄기를 평범한 상업 광고에 녹여내 사람들로 하여금 오래토록 생생한 뒷맛을 맛볼 수 있도록 했다.

남방의 타이양선이 브랜드 이미지 중심의 길을 걸었다면 북방의 일부 기업들은 무차별 폭격이라는 광고 전략을 시행했다. 가장 먼저 성공한 기업은 선양페이룽飛龍건강식품이라는 업체였다. 이 회사가 판매한 것은 남녀의 신장 허약에 치료 효과가 있는 페이룽 옌성후바오延生護寶액이었다. 그들은 타이양선이 판매 기법과 브랜드 이미지를 중시한 것과는 달리 광고폭격 형태를 유일한 수단으로 삼았다. 옌성후바오는 일단 광고를 시작하면 눈에 잘 띄게 전면을 붉은색으로 인쇄하고, 며칠 동안 연속적으로 광고했다. 동시에 TV와 라디오에서도 광고를 진행해 광고 밀도를 극대화했는데, 이는 전대미문의 일이었다. 이처럼 기교와 예술적인 효과라고는 찾아볼 수 없는 광고폭격은 사람들을 질식시킬 정도로 뜨거운 분위기를 만들어내

감성적인 시장에서는 의외의 효과를 나타냈다. 이 회사의 사장인 쟝웨이姜偉는 공장조차 짓지 않았고, 자산을 구입하지 않았으며, 심지어 사무실조차 개축하지 않은 채 오로지 '광고-시장-효율'의 순환적인 영업 전략을 견지했다. 1991년부터 페이룽은 120만 위안의 광고비를 투입해 400만 위안의 이윤을 남겼다. 이듬해에는 1,000만 위안의 광고비를 투입해 6,000만 위안이라는 엄청난 이윤을 창출했다. 1994년에는 광고 투입이 1억 위안을 넘었고, 이윤은 2억 위안을 돌파했다. 이리하여 전국 건강식품산업에서 선두 기업으로 성장했고, 이 회사의 성장 속도는 전국 의약업계에서도 선두를 차지했다.

쟝웨이 식의 성공은 중국 기업계에서 엄청난 주목을 받았다. 중국 시장에서 몇 년을 필사적으로 버텨온 외국 브랜드와 홍콩, 타이완의 세일즈 고수들은 아무리 생각해도 답을 얻을 수 없었지만 출신이 초라한 민영기업가들은 오히려 그런 깨우침을 충분히 깨닫고 있었다. 또 다른 한 팀의 세일즈 천재가 이 시점에 나타났다. 8월 우빙신吳炳新과 우스웨이吳思偉 부자는 30만 위안으로 지난濟南시에서 산주三株실업유한공사를 설립했다. 그들이 생산한 드링크제는 하이테크 생물 제제製劑로 유명했는데, 주요 성분은 비피더스균으로 장기 복용하면 위장 보호 효과가 있다는 것이었다. 몇 년 전 상하이에서 앙리昂立라 불리는 건강식품업체가 이미 유사한 '앙리 1호'를 출시했는데, 우씨 부자는 앙리의 지역 판매 대리상이었다. 산주드링크제는 앙리1호와 처방과 기능 면에서 기본적으로 차이가 없었다. 그러나 자립한 산주는 오히려 특별하고 강력한 세일즈 공세를 펼쳐 나갔다.

산주는 페이룽의 모델을 배워 융단폭격 식의 광고폭격을 시장 개척의 주요 수단으로 삼았다. 당시 TV 광고가 그다지 발달하지 않은 시점이어서 매일 아침과 저녁 10시 이후 시간대의 광고 단가는 아주 저렴했다. 게다가 많은 업체가 TV 광고를 하지 않던 시절이었다. 산주는 각 지역 방송국의 비황금시간대 광고를 사들여 10분이라는 긴 시간을 방송했다. 그다지 훌륭하지는 않지만 유혹성이 강한 언어로 충만한 산주의 이미지 광고 시리즈 중 가장 두드러진 테마는 "산주는 중국 최고의 납세자가 되고 싶습니다"와 "민족공업을 진흥시키자"였다. 특히 전자의 구호는 흡인력이 뛰어나 광고를 본 사람들은 모두 "도대체 얼마나 규모가 큰 회사일까?"라는 생각을 하게 되었다. 하지만 이 회사는 자본금 30만 위안의 조그만 기업이었다.

한편 우씨 부자는 '농촌의 도시 포위'라는 사고를 전략의 근거로 삼아 농촌 시장을 강력하게 공략했다. 중국 시장은 광활해 동서로 만리를 넘고, 남북의 온도차는 50℃를 넘으며, 각 지역의 풍습과 소비 특성도 아주 상이했다. 특히 농촌 시장은 판매망이 완전하지 않았고, 비즈니스 신용도도 낮아 이전에는 거의 대부분의 중국 기업들이 중심 도시를 판매 중점으로 여겼고, 농촌 시장 공략에서는 속수무책이었다. 단지 시도만 할뿐 관심을 두지는 않았다. 우빙신은 신천지를 달렸고, 성심을 다해 농촌 시장의 4단계 영업 체계를 설계했다. 지역 자회사, 현급 사무실, 향진급 홍보센터, 촌급 홍보원의 4단계가 그것으로, 층층 침투하는 방식으로 산주 드링크제를 광범위하게 보급하기 시작했다. 이와 동시에 그는 저렴한 인건비 우위를 이용해 인해전술을 전개했다. 연인원 10만 명의 대학생을 채용해 현급, 향진급 사무실과 홍보센터에 투입했다. 특히 놀라운 것은 그가 광고 원가 없는 '벽칠 광고 전략'을 발견했다는 점이다. 매 홍보센터와 촌급 홍보원에게 한 통의 안료와 산주드링크제의 광고 거푸집을 나누어 주면서 칠할 수 있는 벽, 전봇대, 도로 난간, 가축 우리, 화장실 등 공간이 있으면 어디든지 '산주드링크제'를 칠하도록 했다. 이후 시골을 다녀온 거의 모든 사람은 사람이 사는 골목 어디든 산주의 벽칠 광고가 있는 것을 발견하고는 놀라워마지 않았다.

광고 전달에서 산주는 '의사가 말하게 하려면 먼저 환자를 보여라'라는 방식을 채택해 아주 대담하고 창조적인 '전문의 무료 진료'라는 영업 모델을 창조했다. 중심 도시에서 주말이 되면 산주는 병원의 전문의를 초청해 길거리에서 무료 진료 이벤트를 진행했다. 물론 이벤트의 목적은 산주드링크제를 판촉하는 것이었다. 나중에 무료 진료 이벤트는 도시에서 향진, 농촌으로 퍼져나갔다. 이들 지역은 문화대혁명 시기의 '농촌 의무대원採脚醫生' 이후 20여 년간 의료기구 하나 내려온 적이 없는 곳이었다. 하얀 가운을 걸친 산주의 의사들이 농촌에 도착하자 아이들, 늙은이 할 것 없이 마을사람 모두가 진료를 받으려고 줄을 섰다. 진료 후 마을사람들 대부분이 위장병을 앓고 있었고, 이를 치료할 유일한 방법은 산주드링크제를 복용하는 것이라고 친절하게 처방을 알려주었다. 불완전하지만 한 통계에 따르면 산주는 매년 각 지역에서 최소 1만회 이상의 유사한 무료 진료 이벤트를 진행했다. 보통 사람이면 생각할 수 없는 이러한 세일즈 이벤트의 효과는 그해의 중국 시장에서 증명되었다. 연말이 되자 산주의 매출액은 1억 위안을 넘어섰고, 이듬해 20억 위안이라는 엄청난 매출 기록을 세우면서 당시 하늘의 태양 같았던 음료업계 1인자 젠리바오의 매출을 따라잡았다.

페이룽, 산주의 급속한 발전은 중국의 소비 시장을 빠른 속도로 활성화시켰지만 그들이 견지했던 폭격 식 광고 세일즈 이념 및 제품 기능에 대한 임의적인 확대 해석은 장기적으로 중국 경제계에 좋지 않은 영향을 주었다. 이후 전혀 거리낌 없이 극단적으로 소비자를 우롱하는 지능적인 광고 개념이 크게 유행했다. 많은 장사꾼의 경우 판매를 촉진할 수 있는 방법이라면 어떤 것이든 시도했고, 그 결과 가장 기본적인 신용의 마지노선마저 쉽게 내버렸다. 이러한 광고와 함께 창의적인 세일즈로 이 시대를 풍미한 사례로는 다음과 같은 것이 있었다.

■ 메달 방식

판매할 때부터 거의 모든 제품이 '00성 우수 제품, 00부처 우수 제품, 국가 우수 제품'이라는 후광을 내걸었는데, 훗날 가장 유행한 구호는 '00국제 금상'과 '베스트셀러 제품'이었다. 1993년 말 저장성의 맥주업계에서는 각종 국제 박람회에서 금상을 받았다고 선전하는 업체가 자그마치 여덟 곳이나 되었다. 처음에는 언론 매체가 열정적으로 보도했고, 지존무상의 영예로 받아들여졌지만 나중에 이러한 영예가 넘쳐나면서 결국 하나의 웃음거리로 변질되고 말았다. 헤이룽쟝의 너허현의 한 맥주공장은 백여 명이 근무하는 조그만 공장이었는데, 공장장이 말레이시아로부터 국제음료박람회에서 금상을 획득했다는 희소식을 들었다. 그런데 그에 따른 조건이 수상자의 해외 체류 비용 2만 위안, 수상 비용 1만 위안, 종신 대상 2만 위안, 대리비 8,000위안이었다. 돈을 지불하고 브랜드 심사에서 선정되는 것은 이미 공공연한 비밀이었다.

■ 스타 활용 방식

수 만 위안 혹은 수십 만 위안을 사용해 유명 가수, 유명 영화배우, 스포츠 스타를 초빙해 홍콩 식 발음이 섞인 표준어로 '사용만 했는데 ……', '마시기만 했는데 ……', '입기만 했는데 ……'식의 말을 하게 했다. 만약 스타에게 이러한 비용을 지불할 형편이 못되면 더욱 절묘한 방법을 생각해냈다. 광둥의 한 신발제조업체는 다음과 같은 광고를 내보낸 적이 있다. '쇠꼬챙이처럼 마른 청년이 몸에 바짝 달라붙은 우주복을 입고 우주를 걷는다. 안개 속에서 소리를 지르는데, 멀리서 바라보니 마이클잭슨이 광고 모델을 하고 있다.'

■ 비광고 방식

당시의 광고업계에는 하나의 비결이 있었는데, '광고 촬영을 할 때 광고 같지 않을수록 효과는 더욱 좋다'가 바로 그것이었다. 보통의 소비자로 하여금 소비자를 교육하도록 하는 것이 가장 유행한 효과적인 '실증 광고'가 되었다. 가령 베이징의 왕모씨, 상하이의 장모씨, 광저우의 마모씨를 찾아 각 지방 사투리를 사용해 당신의 제품이 좋다고 광고하면 되었다. 한 분유제조업체는 다음과 같은 광고를 내보낸 적이 있다. 유명 사회자가 스튜디오에 앉아 정중하게 "신화사와『인민일보』보도에 따르면, 모 영아 분유가 순식간에 전국을 휩쓸면서 신세대 제품으로 각광받고 있습니다." 10억명 중 8억명은 이 광고를 정규 뉴스로 생각했다.

■ 브랜드 도용 방식

마쥔런의 마가군이 한창일 때 항저우의 한 건강식품업체는 '마가군'이라는 상표를 등록해 대대적인 광고를 진행했다. 나중에 마쥔런이 법원에 기소하자 이 기업의 사장은 "우리 회사의 몇몇 간부들은 성이 마씨이거나 말띠에 속하고, 또 말을 많이 닮았는데, 왜 '마가군'이라고 부를 수 없습니까?"라고 이유를 설명했다.

■ 가짜 외래어 브랜드 방식

1994년 베이징의 한 컨설팅 회사는 상품에 서양식 이름을 붙일 경우 광고 효과가 4배에 달한다는 사실을 발견했다. 그래서 "만약 향진기업이라면 회사 이름을 중외합자 OO회사라고 개명하라"고 제안했다. 이러한 방식은 의류업종에서 많이 유행했고, 원저우, 진쟝 등지의 많은 기업이 자신의 브랜드에 발음하기 어려운 구미식 이름을 갖다 붙였다. 현명한 사람들은 유럽에 직접 가서 대대로 내려오는 가족형 기업의 브랜드를 저렴한 가격으로 구매한 후 중국으로 건너와서는 '백 년 전통, 정통 혈통'으로 포장해 대대적으로 홍보했다.

■ 천일야화 방식

제품 기능에 대한 임의적 과장은 모든 광고의 영감의 원천이었다. 어떤 과일우유를 마시고 시험 성적이 100점이 나왔고, 어떤 브랜드의 선물을 보내면 프로젝트에 낙찰될 수 있고, 어떤 브랜드의 넥타이를 매면 변심한 애인이 다시 돌아온다는 등의 광고는 '말은 내가 하지만 믿고 안 믿고는 당신이 알아서 하면 된다'는 식이었다.

■ 신속한 시연 방식

30초의 TV 광고 시간 안에 소비자를 감동시키는 가장 좋은 방법 중의 하나는 시범을 보이는 것이었다. 설사를 하는 사람이 화장실과 거실을 왔다 갔다 하다가 어떤 약을 먹고는 바로 효과를 본다거나, 실내의 바퀴벌레에다 살충제를 뿌렸더니 바로 죽어버리더라는 등 효과가 이처럼 신속하다면 약효의 진실 여부는 또 다른 문제인 것이다.

■ 과장 방식

손목시계를 비행기에서 던지고, 롤러로 좌석을 누르며, 구두를 신고 마라톤을 하고, 미라에게 청심환을 먹이며, 면도기로 고릴라의 수염을 깎는 등의 지나친 과장 형태의 광고가 있었다.

■ 희소 원료 방식

시장에는 기이하고 다양한 상품들이 넘쳐났다. 천년 묵은 자라로 만든 캡슐, 천산설연(天山雪蓮)으로 만든 침제(浸劑)[규정된 방법이나 일정한 방법에 따라 생약을 우려내서 만든 약제], 바다 속의 신기한 풀로 만든 약주 등 생전 듣도 보도 못한 희귀한 재료를 모든 사람이 맛볼 수 있다는 것이었다. 이것도 모자라 화학 원소의 주기율표에서 한두 가지 생소한 원소를 찾아내기도 했는데, 정말로 효과가 있는지에 대해서는 아무도 장담할 수 없는 제품도 있었다.

이러한 광고가 천지를 뒤덮을 기세로 시장에 투입될 때 상업적 판촉에 면역력과 판단력이 결핍된 사람들은 한두 차례는 유혹되기 마련이었고, 시장은 예상을 뛰어넘는 열정을 가진 이러한 천재 기업가들이 연출한 마케팅 연극 속에 빠져들었다. 하지만 당시 사람들 누구도 이후 몇 년 안 되어 시장이 거의 동일한 수준의 냉혹함으로 모든 거품과 진실하지 못한 것에 대해 보복할 줄은 예상하지 못했다.

하지만 당시 이들 기업이 시장에서 이루어낸 업적은 실로 눈부셨고, 지난 몇 년간 성공한 기업가들도 이를 부러워하는 동시에 불안해했다. 이들 중 가장 심란해한 사람 중의 하나는 바로 광둥성 산수이의 '중국 음료 대왕' 리징웨이였다. 당시 리징웨이는 10년 동안이나 젠리바오를 이끌어오고 있었다. 회사는 줄곧 안정적으로 성장했고, 아무런 풍파도 없었다. 일찍이 1991년 그는 기상천외하게도 '고리를 당기면 상금에 당첨된다'는 식의 프로모션 아이디어를 기획해냈다. 젠리바오를 구입한 모든 소비자는 특별한 도안이 찍혀 있는 고리를 끌어내기만 하면 5만 위안의 상금에 당첨된다는 것이었다. 리징웨이는 매 년 수백만 위안을 상금으로 투입했다. 시작 당시 200만 위안이던 상금은 800만 위안까지 늘어났다. 이 이벤트는 중국의 도시와 농촌에서 의외의 성공을 거두었다. 특히 사람들을 의아하게 만든 것은 '젠리바오 고리'가 뜻밖에도 많은 농촌에서 속임수의 도구가 된 것이었다. 그들은 장거리 버스에 앉아 있다가 자신이 5만 위안의 상금에 당첨된 젠리바오를 갖고 있다고 소리를 지르고는 이익에 눈이 먼 무고한 승객에게 팔아넘겼다. 이러한 사기극은 2000년 전후에도 각지의 농촌에서 아슬아슬하게 진행되고 있었다.

이러한 프로모션의 자극과 브랜드의 지속적인 영향력에 기대어 젠리바오의 판매 실적은 지속적으로 늘어났다. 자신감에 가득 찬 리징웨이는 뉴욕에 500만 달러를 들여 젠리바오의 대표처를 개설했다. 그는 미국 기자들에게 "젠리바오의 중국 내 판매량은 코카콜라와 펩시콜라 매출을 합친 것과 같습니다. 저는 지금 이 동방의 신비수로 미국 소비자를 정복하고자 합니다"라고 말했다. 그러나 사실 중국 시장에서 젠리바오는 사방에서 공격받고 있었다. 주요 도시에서는 다국적기업과 브랜드 이미지가 상대적으로 좋았던 러바이스에게 시장을 빼앗겼고, 소도시에서는 아동 영양제에서 음료업종으로 전환한 항저우의 와하하가 강력한 판매망을 이용해 젠리바오의 시장을 잠식하고 있었다. 더욱이 줄곧 자신감을 갖도록 했던 건강이라는 개념도 더욱 대담하게 행동한 페이룽과 산주에게 빼앗기고 있었다.

산주와 페이룽의 기세등등한 광고 공세 하에 줄곧 자신만만했던 젠리바오도 어수선할 수밖에 없었다. 젠리바오의 세일즈맨들은 산주 식의 광고 문구를 꾸며 내 소비자들로부터 감사 편지를 받았다고 선전했다. 항상 침대에 자리보전을 하고 있던 노인이 젠리바오를 마신 후 신기하게도 완치됐다는 것이었다. 또 음료를 광저우 인민병원에 보내 임상 실험을 한 결과 젠리바오를 복용하면 체내 환경을 개선하고, 정신을 회복시켜주며 피로를 없애줄 뿐만 아니라 입맛을 돋우고, 체내의 전해질 균형을 가져와 정력, 체력, 소화력 강화에 확실한 효과가 있다는 것이었다. 이리하여 스포츠 마케팅으로 승리했던 동방의 신비수는 만병을 치료할 수 있는 '강호의 약수'로 변했다. 다행히 리징웨이는 제때 이러한 광고의 위험성을 인지했다. 그는 부하 직원들이 "이렇게 광고하지 않으면 젠리바오를 판매하려는 대리상이 없어진다"고 원망하는데도 불구하고 그처럼 위험한 광고 행위를 중단시켰다. 이러한 깨달음을 견지해 3년 후 건강식품 시장이 붕괴됐을 때도 젠리바오는 운 좋게도 어려움을 면할 수 있었다. 하지만 당시의 시장에서 리징웨이 같은 기업가는 극소수에 불과했고, 광고의 이러한 융단폭격으로 시장은 결국 혼탁해지기 시작했다.

건강식품 시장의 불황이 리징웨이를 쩔쩔매게 했다면 이 업종 밖에 있던 스위주에게 이런 상황은 오히려 아주 흥분되는 일이었다. 그의 인생은 이전까지는 막힘없는 강물처럼 순탄했지만 지금은 헤아릴 수 없는 벼랑 끝으로 몰려 있었다.

과거 2년 동안 스위주는 줄곧 언론과 정부의 총아였다. 한 언론이 베이징, 상하이 등 10대 도시의 1만 명의 청년을 대상으로 "가장 숭배하는 젊은 인물은 누구인가?"라는 설문을 진행했을 때 1등이 빌 게이츠였고, 2등이 바로 스위주였다. 그가 연구, 개발한 거인 6403 인터페이스 카드는 시장에서 돌풍을 일으켰다. 1993년의 판매량은 전년 대비 300% 증가해 쥐런그룹에 3,000만 위안의 이윤을 안겨주었다. 그러나 이 기간 서방의 16개국으로 조직된 대공산권수출통제위원회COCOM가 해산됨에 따라 서방 국가들이 중국으로 컴퓨터를 수출하는 수출 금지령이 효력을 상실하게 되었다. 이에 컴팩, 휴렛패커드, IBM 등의 다국적 컴퓨터 기업들이 대거 중국으로 진출하게 되자 중국의 실리콘밸리로 불리는 중관촌에서는 일대 풍파가 일었고, 막 걸음마를 시작한 컴퓨터업계는 다시 재조정 국면에 처하게 되었다. 강적들이 중국 시장을 엿보고 있는 상황에서 스위주는 위기의 출현을 직접 목격했다. 그는 한 회의에서 제2의 창업이라는 전반적인 목표를 제시했다. 그것은 컴퓨터 산업을 뛰어넘어 다원화를 통한 확장의 길로 나아가 발전을 통해 모순을 해결할 수 있는 길을 모색하는 것이었다.

수년 후 사람들은 스위주의 이러한 결정이 쥐런의 몰락을 가져온 근원이라는 것을 알 수 있었지만 비즈니스의 역사는 일반적인 논리로 복기해 재현하기가 어려운 것이 사실이다. 쥐런그룹이 당시의 기술 축적과 제조 능력으로 혹독한 가격전쟁에서 생존할 수 있었느냐는 여전히 미지수지만 스위주가 기존에 이룬 성과를 과감히 포기하고 산업의 전략적 전환을 시도한 것도 엄청난 용기와 결단력을 필요로 한 것이었다. 언뜻 보기에 문약하고 과묵하지만 마음속에 흡사 마른 장작을 산더미처럼 쌓아둔 것 같은 남자인 그는 한 점의 불꽃만 있으면 자신을 불태워 하늘을 찌를 듯한 열정을 갖고 있었다. 그가 보기에 급성장하는 중국 시장에서 컴퓨터업종에 비해 사업적 가치가 훨씬 더 높은 폭리 업종이 그를 유혹하고 있었다.

앞서 그는 부동산에서 이미 단맛을 보았다. 2년 전 전국에서 가장 높은 건물인 쥐런빌딩을 짓는다고 제안한 후부터 주하이 시정부도 이를 적극 지지해 쥐런이 점용한 지가를 m^2당 1,600위안에서 360위안이라는 거의 상징적인 가격으로 인하해주었다. 스위주의 참모들은 대출보다 훨씬 더 나은 융자 방식을 생각해냈는데, 그것은 홍콩에서 선분양을 진행하는 것이었다. 이때의 쥐런그룹은 전국에서 지명도가 가장 높은 첨단산업 기업이었고, 1995년에는 상장도 계획하고 있었다. 회사는 대중에게 '리스크 제로, 수익률 최고'라는 리스크가 없는 보증을 제공했다. "중국인민보험공사가 원금 보장 및 100% 수익 보험을 제공하고, 주하이시 대외경제변호사 사무소가 장기간 법률 증명을 제공합니다." 이러한 후광을 머리에 이고 쥐런빌딩의 선분양은 홍콩에서 아주 성공적으로 진행되었는데, 분양 가격이 m^2당 1만 홍콩달러를 넘었다. 이리하여 스위주는 한순간에 1억 2천만 위안을 손에 쥐게 되었다. 그가 보기에 이렇게 돈을 버는 것이 인터페이스 카드를 파는 것보다 훨씬 힘도 덜 들고 시간도 빨랐다.

이 시점에서 스위주는 폭발적인 건강식품 시장도 주시하고 있었다. 천성적으로 비즈니스 기회에 대해 초인적인 민감성을 갖고 있던 이 젊은 기업가는 거기서 의심할 여지없이 강렬한 폭리의 냄새를 맡았다. 이 분야는 계속 팽창하고 있는 파이였다. 그런데 그가 보기에 그곳에서 질주하고 있는 사람들은 모두 초야의 장부들이었고, 경쟁 또한 다국적기업이 즐비한 컴퓨터업계에 비할 바가 못 되었다. 이러한 판단에 기초해 스위주는 그해 여름 "쥐런그룹의 2차 창업 목표를 건강식품과 제약산업으로 정하고, 5억 위안을 투자해 1년 내에 100개 이상의 신상품을 출시한다"는 중대한 결정을 내렸다.

스위주는 영예와 손실이 겹쳐 있는 복선의 길을 무모하게 걸었다. 그는 친히 지휘권을 잡고 3대 전투 총지휘본부를 설치했다. 그는 세 번의 중대한 제품 보급 이벤트를 통해 쥐런이 건강식품산업 영역에서 패자의 지위를 확립하려 했다. 총지휘본부 아래 화동, 화중, 화남, 화북, 동북, 서남, 서북, 해외의 8군軍을 두었고, 이중 30여 개의 독립적인 지사를 군軍과 사師로 개명했으며, 각 급 사장을 모두 군사령관이나 군장軍長, 사장師長으로 불렀다. 그는 선동적인 동원령에 다음과 같이 적었다.

3대 전투에는 수억 위안의 돈이 투입되고, 이에 직간접적으로 참가하는 인원은 수십만 명에 이른다. 전투는 집단적인 군사작전 방식을 취할 것이고, 전투 목적은 매월 1억 위안의 이익 창출이다. 1만 명의 마케팅 조직을 구축하고, 장기적인 목표는 전투를 통해 간부 조직을 양성하는 것으로 2~3개월 내에 군장, 사장으로 성장시켜 몇 만 명을 통솔해 전쟁을 수행할 수 있도록 하는 데 있다.

이러한 동원령을 읽으면 누구든 거기서 열정과 화약 냄새를 맡을 수 있었다. 이처럼 사람의 뜨거운 피를 들끓게 하는 비즈니스 운동은 32세의 한 청년에 의해 점화되었다. 이러한 발상은 한 번 구축되면 영원할 수도 있지만 자칫 옥석이 모두 불에 훼손될 수도 있었다.

1994년의 중국의 비지니스계는 도처에서 산주와 페이룽 식의 열정과 스위주 식의 격정으로 가득했다. 경제의 지속적 성장으로 대중의 소비력은 날로 높아져갔고 소비 행위는 왕성하게 이루어졌다. 기업의 고속성장은 기업가들로 하여금 자신감이 넘치도록 했다. 그들의 눈앞에는 급속히 팽창하고 무한히 뻗어나가는 시장만이 있었다. '확장, 또 확장'의 충동이 중국의 기업사에서 처음으로 다원화된 조류의 탄생을 촉진시켰다.

7월 1일 오래 묵은 〈회사법公司法〉이 정식으로 반포되었다. 중국의 기업들은 마침내 국제 관례와 궤를 같이 하는 규범화된 관리 시기에 접어들었고, '현대적인 기업제도'라 불리는 개혁의 신모델이 국유기업에서 추진되기 시작했다. 핵심 내용은 공장장과 경영자들이 〈회사법〉에 근거해 기업을 관리하고 새로운 관리 제도를 수립하도록 하는 것이었다. 국무원발전연구중심의 한 보고에 따르면 국유기업의 손실 폭은 40%를 넘은 것으로 나타났다. 이와 대조적인 것은 민영기업의 팽창과 발전이었다. 『경제일보』는 "향진기업은 이미 중국 경제에서 최대의 성장 영역이 되었다"고 보도했다. 당시 농촌 총생산액의 75%, 전국 사회 총생산액의 38%, 전국 공업 총생산액의 50%, 국가 세수의 25%, 수출교역액의 절반은 모두 향진기업으로부터 나온 것이었다.

개혁개방 초기에 창업한 기업은 터를 닦는 시기를 지나 한창 성장하는 청춘기에 접어들고 있었다. 특히 1984년에 설립된 기업들은 상징적인 의미가 있는 10주년을 맞이했다. 청춘기는 이러한 단계라고 보면 된다. 기업은 불안해하는 젊은이 같이 세상에 대해서는 동경으로 충만하고, 자신의 능력에 대한 인지에서는 열등감과 자신감이 교차하며, 매일 갈망이 다시 일어나나 결정과 행동은 연속성이 결여되어 있었다. 청춘기에 있는 기업가는 반드시 전문화를 향해 가치관이나 구조를 바꿔야 한다고 생각한다. 이전에 그들은 종종 천성적으로 모험을 무릅쓰기를 좋아하는 동시에 실제 결과를 중시하는 사람이면서 창조력이 풍부해 거리낌이 없었는데, 이 시점에서 그들은 변화에 직면하게 된다. 기업의 규모가 확대됨에 따라 제도와 관리는 새로운 난관에 이르게 된다. 이 점에서 하이얼의 장루이민은 아주 뛰어난 사람 중의 하나였다. 배우기 좋아하고 사고에 충실한 이 기업가는 마쓰시타 고노스케의 관리 철학에 푹 빠졌고, 그리하여 제조업의 이윤 비결을 속속들이 알고 있었다. 그는 관리 노트에서 "우리는 과거 양으로부터의 승리에서 벗어나 품질로 승부를 걸어야 한다. 관리 부문에 노력을 기울이는 것이 하이얼이 성공할 수 있는 지름길"이라고 적고 있다. 과거 몇 년간 그는 줄곧 생산 규범화에 공을 들여 일본의 마쓰시타와 도요타로부터 많은 관리 모델을 도입했다. 1994년 그는 처음으로 '일청일고日清日高'라는 새로운 관리 명시를 제시했다. '일청'은 당일 목표를 완성하는 것을 말하는 것이었고, '일청' 이후의 더 높은 목표가 바로 '일고'였다. 이것이 의미하는 바는 모든 노동자와 관리자가 자신의 시간과 목표를 관리하도록 요구하는 것이었다. 하이얼의 연구자들은 이를 'OEC 관리법Overall Every Control and Clear'이라고 불렀는데, 이는 전방위적으로 매일 모든 사람은 모든 일에 대해 깨끗이 정리하고 통제해야 한다는 것을 의미했다. 인재 관리에서 장루이민은 "모든 사람이 다 인재이다. 경주마는 인상이 아니라 경주를 통해 얻을 수 있다"라고 말했다. 이처럼 끊임없는 노력으로 하이얼은 당시 중국에서 관리 수준이 가장 높은 제조 공장 중의 하나가 되었다. 2월 창업 10주년을 기념하기 위해 장루이민은 「하이얼은 바다」라는 제목의 글을 썼는데, 이 글은 후에 널리 알려지게 되었다.

하이얼은 바다를 닮아야 한다. 바다만이 넓은 가슴으로 수많은 내를 품을 수 있고, 작은 지류조차 싫어하지 않는다. 더러운 것을 받아들여 푸른 물로 정화시킬 수 있다. 그런 연고로 출렁이는 창장, 혼탁한 황허, 끊임없는 실개천이 있는 것이고, 끊임없이 구불구불 굽어 있는 것을 아쉬워하지 않고, 뒤질세라 두려워하며 몸을 의탁하러 온다. 모여서 한없이 넓은 푸른 물결이 되고, 만세에 마르지 않으니 무엇과도 비교할 수 없는 장관이다!

일단 바다라는 대 가정에 들어오면 모두가 긴밀하게 응집해 너와 나를 구분하지 않고 단결하는 전체가 된다. 바다의 명령에 따라 확고부동하게 동일한 목표를 향해 돌진한다. 분신쇄골도 마다하지 않는다. 이로 인해 비로소 대해大海의 거칠 것 없는 신비로움이 있게 된다.

대해가 인류로부터 가장 칭송받는 것은 일 년 또 일 년 묵묵히 끝없는 공헌을 하면서 사심 없는 흉금을 드러내기 때문이다. 낳았으되 소유하지 않고, 이루었으되 자랑하지 않고, 바라지도 요구하지도 않으면서도 자신은 영원의 존재를 얻는다. 이러한 존재는 바다 속의 모든 것을 위해 끊임없이 성장하고 존재하는 환경과 조건을 제공한다.

하이얼은 바다를 닮아야 한다. 왜냐하면 하이얼은 바다같이 웅대한 목표를 확립했고, 바다 같은 가슴을 넓게 펼쳐야 하기 때문이다. 세상의 유용한 인재를 널리 끌어 모아야 할뿐만 아니라 바다 같은 자정 능력을 갖추어 이런 분위기 속에서 모든 사람의 소질이 향상되고 승화昇華될 수 있도록 해야 한다. 하이얼 사람은 능력 있는 자여야 하고, 쓸데없는 자나 평범한 자가 있어서는 안 된다. 왜냐하면 하이얼의 발전은 각양각색의 인재가 지탱하고 보증해야 하기 때문이다.

하이얼 사람 모두가 함께 뭉쳐야만 바다 같은 역량을 발휘할 수 있다. 이를 위해 우리가 일관적으로 창도하는 '최선을 다해 보국하고, 탁월함을 추구한다!'라는 기업 정신에 의지해야 한다. 한 마음으로 일하고, 너와 나를 논하지 않는다. 수많은 불가사의와 불가능이 모두 우리 수중에서 현실과 가능으로 바뀌면 하이얼이라는 거대한 물결이 모든 장애를 뛰어넘어 세차게 전진할 것이다.

우리는 바다를 닮아야 한다. 사회와 인류를 위해 마땅히 해야 하는 공헌을 해야 한다. 우리가 사회와 인류의 사랑에 대해 영원히 진실해야 사회도 우리를 영원히 인정하게 된다. 하이얼은 바다처럼 영원의 존재를 이룩해 그 속에서 생활하는 모두가 기업을 위해 효익을 창출하고, 사회를 위해 탁월한 공헌을 하는 동시에 풍족한 보답을 받아야 한다.

하이얼은 바다다.

중국의 기업가가 처음으로 명쾌하고 전략적 기질이 풍부한 언어로 기업의 관리철학, 회사의 사명과 정신을 묘사했다. 그가 제안한 '최선을 다해 보국하고, 탁월함을 추구한다'는 기업 정신은 중국의 수많은 기업이 공통적으로 견지하는 이념이 되었다. 이러한 문구는 주체 의식과 강인한 생명력을 가진 기업가군이 이미 궐기했음을 보여주었다. 그들은 전통적인 의미의 국유기업 사장들과 큰 차이가 있었다. 그들은 보다 독립적이고, 보다 자신이 있으며, 국제적인 안목을 갖추고 있었다. 그들은 시간의 단련을 받으면서 무수한 좌절 속에서도 성숙을 향해 걸어갈 것이다.

칭다오의 장루이민과 마찬가지로 선전 완커의 왕스도 창업 10주년이라는 열정적인 감정 속에 빠져 있었다. 1993년 여름 그는 하이얼의 냉장고 공장을 참관하러 갔었다. 질서정연한 조립라인, 엄격한 품질 제어 시스템 및 화원처럼 잘 꾸며진 산뜻한 공장은 그에게 깊은 인상을 남겼다. 그는 끝없이 한담을 즐기는 사람이었으나 장루이민이 할애한 시간은 단지 30분이었다. 20분은 기본적으로 썰렁한 인사치레로 지나갔고, 나머지 10분은 그나마 두 사람이 관심을 갖는 기업에 관해서 이야기했으나 미진한 부분이 있었다. 30분이라는 시간이 흘렀다. 왕스는 한창 흥이 올라있었으나 장루이민은 "죄송합니다. 시간이 되었습니다. 이후에 다시 이야기하시죠"라며 자리에서 일어섰다. 왕스가 문을 나섰을 때 차량이 도착했는데 1초의 오차도 없었다. 왕스는 갑자기 "일단 하이얼에 들어오면 하이얼 조립라인의 부품이 되어버리는구나"라는 생각을 했다. "그런 느낌은 참으로 무서웠습니다. 당시 하이얼은 틀림없이 큰일을 내겠구나 하는 생각이 들었습니다."

그때 완커의 회사 규모는 하이얼에 비해 조금도 작지 않았다. 다양화 노선에서 왕스는 화이한신懷漢新에 비해서도 몇 년을 앞서갔다. 모든 것을 다 아우르는 종합 상사를 운영하는 것이 회사의 이상이었다. 그는 다음과 같이 말했다. "당시 특구 내의 기업 중 95%는 다원화 경영을 하고 있었습니다." 1993년을 전후로 완커 깃발 아래 55개의 자회사와 공동 경영 회사가 12개 도시에 분포되어 있었다. 완커는 홍콩에서 B주(외국인 대상 주식)를 발행하게끔 비준을 받았다.[1] 당시 '대륙'이라는 개념은 홍콩에서 뜨거운 반응을 얻어 대략 4억 5천만 홍콩달러를 조달할 수 있었다. 왕스는 아주 득의양양했다. 기획 회의에서 홍콩의 스탠다드차터드은행Standard Chartered Bank Ltd의 한 젊은 펀드 매니저가 눈을 둥그렇게 뜨고는 "왕사장님, 완커는 도대체 무엇을 하는 회사죠?"라고 왕스에게 물었다.

왕스는 나중에 이 말이 일순간에 자신을 깨우쳐주었다고 말했다. 집으로 돌아와 1984~1994년까지의 손익을 모두 더해봤더니 결과적으로 마이너스였다. 완커 아래의 많은 회사는 겉으로는 전도유망해 보였지만 실제로는 성장 동력이 결핍되어 있었고, 그에게는 근본적으로 이들을 강력하게 통합 조정할 능력이 없었다.

앞의 젊은 펀드 매니저가 왕스에게 다원화와 전문화 문제를 고민해보라고 했다면 다른 사람은 극단적인 방식으로 그에게 교훈을 주었다.

1994년 3월 30일 오전 10시 30분, 선전 최대의 증권회사인 쥔안증권의 사장 장궈칭이 왕스의 사무실에 와서 5분 동안 앉았다가 자리를 떠났다. 그는 왕스에게 "쥔안은 이미 완커의 일부 주주에게 연락해 완커의 경영 전략에 대해 불신임표를 던질 준비를 하라고 했고, 이사회를 바꿀 것을 건의하라고 했습니다. 앞으로 두 시간 반 후에 기자회견이 열릴 것입니다"라는 말을 남기고 떠났다.

2년 전에 설립된 쥔안은 깊이를 헤아릴 수 없는 증권회사로 강력한 배경과 자원을 보유하고 있었다. 1993년 쥔안은 완커의 B주를 위탁 판매했는데, 원가는 주당 12위안이었으나 결과적으로 판매가 시원찮았다. 증시의 시장가격은 주당 9위안에

---

1) B주의 정식 명칭은 '인민폐 특수 주식'이다. B주는 인민폐 액면가를 기준으로 하고, 외환으로 구매 승인과 매매를 진행하며, 중국 내(선전, 상하이) 증권거래소에서 거래를 진행했다. 1992년 2월 21일 전쿵眞空 B주가 상하이거래소에 상장되었는데, 이것이 B주로서는 처음 상장된 주식이었다.

그쳤고, 쥔안의 수중에는 1,000만 주가 쌓여 있었다. 왕스의 짐작에 따르면 장궈칭의 이번 완커 방문은 이사회 개정 뉴스를 띄어 주가를 끌어올린 다음 손해를 만회하기 위한 것이었다.

그런데 장궈칭이 완커를 공격하면서 겨냥한 것은 완커의 다원화 모델이었다. 미리 준비한 「완커의 전체 주주에게 알리는 글」에서 쥔안은 완커의 산업 구조가 회사의 자원과 관리층의 경영 중점을 분산시켜 현대의 시장 경쟁에서 적응할 수 없음을 지적했다. 완커의 B주 주식발행 인수인으로서 장궈칭은 사실 완커의 경영 상태와 왕스가 다원화를 재검토하고 있다는 사실을 일찍부터 알고 있었기 때문에 이번 그의 출수는 급소를 찌르는 행위였다고 할 수 있었다.

이는 중국 기업사상 최초의 주주와 이사회의 직접적인 대립이었고, 이로 인해 '쥔완(君萬)' 사건으로 불렸다. 코너에 몰린 왕스는 조금도 물러서지 않고 생각할 수 있는 모든 방법을 동원했다. 우선 발의에 참여한 일부 주주들을 안정시킨 후 선전증권거래소에 긴급 청구권을 발동해 '주가 인위 조작 이상 조짐 방지'를 이유로 완커 주식의 일시적 거래 중지를 요청했다. 이후 며칠간 장궈칭과 왕스가 각자 능력을 총동원해 교전을 벌이자 언론 매체는 일시에 들끓기 시작했으며, 일시 거래 정지도 4일을 끌었다. 왕스는 또 쥔안의 고위 간부가 공공자금을 이용해 2천만위안의 완커 주식을 매입해 폭리를 취하려 한 사실을 찾아냈다. 이것이 발표되자 쥔안의 정당성은 의심받게 되었다. 최종적으로 증권감독관리위원회는 왕스의 손을 들어주었고, 습격전으로 사리를 취하려고 한 장궈칭은 대세가 기운 것을 알고는 증권감독관리위원회가 파견한 대표에게 "기왕 당신들이 지시해 냄새나는 개똥을 먹게 한다면 기꺼이 삼키겠다"라고 대답하고 패배를 시인했다.

완커는 다시 한 번 커다란 위기에서 벗어났다. 이 일은 왕스로 하여금 각골명심하는 계기가 되었고, 그는 이를 평생 잊지 않았다. 그는 미국의 한 경제서의 제목을 빌려 자본으로 먹고사는 사람들을 '문 앞의 야만인Barbarians at the Gate'이라고 불렀다. 하지만 객관적으로 이 사태는 그로 하여금 전문화의 길을 걷도록 해주었다. 이후 몇 년간 그는 음료회사, 확성기 공장과 전기공급서비스회사를 매각했고, 부동산 사업에 전력을 기울였다. 그는 향후 완커 사업을 이끌어나갈 두 가지 전략적 원칙을 제시했다. 하나는 '두 개의 70% 원칙'으로, 이는 완커그룹의 이익의 70%는 반드시 부동산에서 나와야 하고, 도시 주민 주택 프로젝트가 부동산 사업의 70%를 차지해야 한다는 것으로, 완커의 주요 사업이 무엇인지 아주 명확하게 보여주었다. 또 다른 하나는 '이윤이 25%를 넘으면 하지 않는다'는 원칙이었다. 중국 시장에서 부동산 사업은 시작부터 폭리업종이었다. 몇 년 전 완커는 토지문서만 손에 쥐었다 하면 100%를 초과하는 이윤을 남겼다. 당시의 부동산은 이윤이 40%가 되지 않으면 하지 말라는 업계의 불문율이 있었다. 왕스의 이러한 원칙은 리스크가 큰 사업은 손대지 않는다는 생각이 작용한 것으로 회사가 경제 주기에 적응하는 능력을 강화시켜 주었을 뿐만 아니라 회사의 경쟁력 또한 키워주었다. 왕스의 향후 사업 동료이자 기업가인 가오닝高寧은 "성장의 길목에서 완커는 범할 가능성이 있는 거의 모든 잘못을 범하곤 했다. 그러나 그것이 행운이었다. 생존자의 행운은 잘못이 자신을 아직 망가뜨리지 않았을 때 그러한 잘못을 깨달은 데 있다"라고 말했다.

광둥성 순더의 룽구이진에서 판닝은 원대한 포부를 갖고 성공의 꿈을 이루어가고 있었다. 주장냉장고공장은 당시 중국 최대 규모이자 설비가 가장 선진적이었고, 브랜드파워도 가장 강력한 냉장고 기업이었다. 이 시기의 판닝은 이미 60살이었는데, 관례대로라면 그는 이미 퇴직할 나이에 달했지만 공개적으로 이 민감한 문제를 제기하는 사람은 아무도 없었다.

나이의 민감함 외에도 더욱 관건인 쟁점은 기업의 재산권 귀속 문제가 명확해질 가능성이 있느냐 하는 것이었다. 주장냉장고공장은 판닝이 설립하기는 했지만 재산권은 진 정부에 속해 있었다. 그러나 객관적으로 말해서 기업의 성장과 지방 정부의 전폭적 지원은 불가분의 관계에 있었다. 『경제일보』 기자 주젠중이 순더를 취재할 당시 예를 하나 든 적이 있다. 어느 해 판닝이 공장을 확장하려고 했으나 룽구이진에는 더 이상의 땅이 없었다. 진의 지도자가 지도를 펼치면서 자세하게 두들겨보더니 결국 조그만 산을 폭파시켜 평지로 만들어 판닝에게 주기로 결정했다. 주젠중은 감동해 "만약 다른 지방 정부도 이렇게 기업을 생각해준다면 경제가 발전하지 않을 이유가 어디 있을까?"라고 말했다. 이에 그는 「무서운 순더 사람들」이라는 제목으로 기사를 실었다.

지방 정부의 진보성과 전폭적인 지원으로 당시의 순더는 확실히 무서워할만했다. 전국 가전제품의 1/3이 광둥에서 생산되었는데, 이중 반을 순더가 생산하고 있었다. 순더는 전국 최대의 냉장고, 에어컨, 온수기 및 식기 소독기 생산기지였고, 세계 최대의 선풍기, 전자레인지 및 전기밥솥 제조 공장이었다. 룽성, 메이더, 완쟈러萬家樂와 거란스格蘭仕는 중국 가전 산업의 4대 꽃으로 불렸고, 이해 중국의 10대 향진 기업 중 순더의 5개 업체가 이름을 올렸다.

지방 정부의 전폭적 지원이 순더의 기업군을 만들어냈고, 정부도 기업 경영에서 아주 중요하고 강력한 역할을 맡았다. 한 가지 곰곰이 새겨볼만한 부분은 주쟝 삼각주 일대의 적지 않은 기업가들은 창업시 모두 반관반상半官半商 신분이었다는 점이다. 판닝 역시 순더의 룽구이진의 부주임이었고, 세계 최대의 전자레인지 생산업체인 거란스의 량칭더梁慶德도 창업 전에는 판닝과 같은 신분이었다. 러바이스의 허보어취안은 중산의 샤오간진小欖鎭의 공산주의청년단 서기였다.[2] 이후 십여 년간 광둥성의 기업들의 재산권 개혁은 많은 곡절과 풍파가 있었는데, 이러한 사실과 무관하지 않았다.

판닝이 당시에 처한 환경은 아주 전형적이었다. 주쟝냉장고공장은 날로 규모가 커졌지만 경영진에게는 어떠한 주주권도 없었다. 판닝은 공개적으로 혹은 암묵적으로 진 정부가 이 점을 고려해줄 것을 제기했지만 돌아온 것은 애매모호한 답변밖에 없었다. 사람들의 머리를 아프게 한 또 다른 사정은 룽성냉

---

2) 러바이스의 재산권 설계는 아주 특이한 사례라고 할 수 있다. 1988년 허보어취안은 스스로 자금을 모집해 기업을 설립했고, 그해에 이윤을 실현했다. 이듬해 봄 그는 40%의 주주권을 샤오간진 정부에 증여했고, 나머지 주주권은 모두 개인 소유로 했다. 훗날 러바이스는 토지, 노동력, 공용 설비, 세수 방면에서 지방 정부의 편애와 보호를 받았고, 다른 한편으로는 창업자의 권익도 투명한 보장을 받았다. 이로 인해 이 회사는 주쟝 삼각주의 다른 유명 기업들과는 달리 정부와 창업자 사이의 힘겨루기 게임에 빠져들지 않았다. 2006년을 전후로 순더의 가전 기업들은 이전의 경기를 누리지 못했다. 메이더가 재산권 투명화를 완성해 전국 최대의 소형가전 기업이 된 것 외에는 대다수가 쇠락의 길로 접어들었는데, 여기에는 재산권 개조의 지체가 중요한 원인 중의 하나로 작용했다.

장고가 전국적으로 잘 나가고 있을 때 이 브랜드의 소유권이 진 정부에 있다는 것을 알고 일부 진 소속 기업들이 이 브랜드를 이용해 소형가전을 생산한 것이었다. 이는 주장냉장고공장의 명성에 심각한 영향을 주었지만 판닝은 어찌할 도리가 없었다.

그러자 1994년 판닝은 다른 길을 가기로 결정했다. 그는 기업을 커룽그룹으로 변신시켜 커룽이라는 브랜드로 에어컨 시장에 진출하겠다고 선언했다. 그의 계획 속에서 커룽 브랜드는 기업 소유였고, 이로부터 점진적으로 정부의 강력한 규제에서 벗어날 수 있을 것으로 기대했다. 그의 이러한 '독립 경향'은 당연히 진 정부의 주의를 불러일으켰다. 이 시점부터 판닝과 기업의 운명은 아주 미묘하게 변하기 시작했다.

12월 8일 중관촌의 롄샹그룹은 황급히 창업 10주년 기념행사를 거행했다. 부총재인 리친(李勤)이 류촨즈에게 "만약 또 미룬다면 더 이상 시간이 없습니다"라고 말했기 때문이다. 이 시기의 류촨즈는 사실 경축식을 치를 생각은 추호도 없었다. 일련의 골치 아픈 일이 매일 그를 불안하고 초조하게 만들었기 때문이다. 창업 10년 만에 나이 50이 되어버린 그는 직업 인생에서 가장 힘든 시기에 빠져있었다. 그의 기업은 성장 동력을 상실했고, 앞날은 예측하기 어려웠다. 게다가 다년간 친밀한 합작 파트너였던 동료가 원수로 변했고, 몸은 남들이 걱정하는 지경에 놓여 있었다. 3년 전 홍콩 위기를 처리할 때 생긴 메니에르 병은 수시로 발작해 그를 고통스럽게 만들었다.

당시 롄샹은 매우 곤란한 처지에 처해 있었다. 쥐런그룹의 스위주가 직면한 상황과 마찬가지로 롄샹도 컴퓨터업계의 엄동설한 속에서 헤매고 있었다. 세계적 컴퓨터 브랜드가 맹렬하게 중국 시장을 공략하고 있었고, 거시조정의 영향을 받아서 국내 기관 사업 단위들의 구매력도 살아날 기미를 보이지 않았다. 과거 몇 년간 롄샹은 줄곧 정부 부서와 대형 국유기업의 주요 컴퓨터 공급업체였기 때문에 이 시점의 판매 정체는 회사로서는 견디기 힘든 타격이었다. 이외에도 인민폐의 지속적인 평가절하에 따른 수입 원가 상승도 롄샹으로서는 견디기 힘든 고통이었다. 데이터에서 알 수 있듯이 국산 컴퓨터의 시장 점유율은 1989년의 67%에서 1993년에는 22%로 급속도로 내려앉았다. 중국 컴퓨터 브랜드의 선두인 롄샹이 받은 충격은 상상만 해도 알만했다.

세상이 급격하게 변해야만 영웅의 본색이 드러난다. 롄샹의 기업사에서 1994년은 '전환의 해'로 정의되는데, 이는 결정적 사건들 모두가 이렇게 위급했던 시절에 발생했기 때문이다.

먼저 류촨즈를 평생 득의양양하게 해준 일부터 이야기해보자. 그는 일을 진척하기도 힘난했던 이런 상황에서 민첩한 조정을 거쳐 훗날 보기에 대단히 중요한 일 하나를 완성했다. 그것은 바로 롄샹 주주권의 투명화였다.

사실 몇 년 전부터 류촨즈는 줄곧 주주권 투명화를 위해 노력해왔다. 그는 책략이 아주 대단한 사람이었다. 그는 당시의 나라 상황에서 주주권 투명화는 녹아내리는 한 덩어리의 황금이라는 것을 깊이 깨닫고 있었다. 매력적일 수도 있었고, 또한 사람을 망가뜨릴 수도 있어서 모든 행동에 신중했고, 결코 이판사판으로 행동하지 않았다. 1988년 그는 홍콩 기업의 주주권 설계에 대해 아주 곰곰이 생각해보았다. 1992년 그는 회사를 중국과학원 컴퓨터기술연구소 관할에서 벗어나 직접 중국과학원 명의 하에 포함시켰다. 1994년 2월 롄샹은 홍콩의 증권거래소에 상장됐고, 류촨즈는 이 기회를 틈타 '주식 제도의 개선 방안'을 제안했다. 이 방안의 구상에 따르면 롄샹 자산의 55%는 국가에, 그리고 45%는 직원에게 귀속되었다. 이 방안에 대해 중국과학원은 이의를 제기하지 않았지만 오히려 재정부와 국유자산관리국이 반격을 가해왔다. 어디까지나 당시에 이처럼 대담했던 주주권 투명화는 선례가 없었고, 아무도 국유자산 유실이라는 죄명을 감히 감당하려 하지 않았다.

류촨즈는 즉시 물러나 차선책을 찾았다. 그는 초과 배당금 분배 방안을 제안했다. 즉, 65%는 중국과학원에 귀속시키고, 35%는 직원에게 귀속시킨다는 내용이었다. 이 부분에서는 중국과학원이 완전한 결정권을 갖고 있었다. 진보적인 원장 저우광샤오周光召는 롄샹에 대해 각별한 애정을 갖고 있었기 때문에 바로 이 방안에 동의했다. 류촨즈는 나아가 35%의 초과 배당금에 대해 명확한 분할을 실시했다.

1984년의 창업 멤버에게는 35%, 1986년 전에 입사한 사람에게는 25%, 1986년 이후에 입사한 사람에게는 40%를 할당했다.

당시 롄샹은 위험에 겹겹이 포위되어 있어 미래는 혼란스럽고 암담하기만 했다. 이러한 수치들은 결국 그림의 떡이었고, 이윤을 현실화할 방법도 없었다. 때문에 중국과학원의 간부에서 회사 직원까지 모두가 그것이 실현 가능한 일이라고 생각하지 않았다. 10년 후 류촨즈는 "오늘 보기에 우리는 아주 중요하면서 현명한 일을 해냈던 것이다. 왜냐하면 당시 대부분이 허무한 이야기였기 때문에 아무도 따지려고 하지도 않았다. 만약 오늘에 와서 진짜 떡이 만들어졌는데, 이 방안을 다시 제기한다면 100배는 더 어려울 것"이라고 말했다. 2000년 이 방안의 기초 위에서 35%의 초과 배당금은 류촨즈의 노력으로 주주권으로 전환되었고, 롄샹 자산의 투명도도 우여곡절 끝에 제대로 된 모습을 갖추게 되었다.

주주권의 투명화도 장기적인 발전에 속하기는 했지만 눈앞에 닥친 또 하나의 중요한 문제는 도대체 롄샹이 어느 길로 가야 하느냐 하는 것이었다. 당시 중관촌의 거의 모든 유명 컴퓨터업체들은 힘겨운 자체 브랜드 경영을 포기하고, 뒤로 물러나 다국적 브랜드의 대리 역할을 했다. 창청은 IBM, 팡정은 DEC, 스퉁은 컴팩의 대리 역할을 했고, 업계 선두주자인 스위주는 건강식품과의 전쟁을 선포했다. 이러한 일들은 롄샹 고위층 인사들의 정책 결정에 적지 않은 영향을 주었다. 이 시점에서 회사의 양대 인물인 류촨즈와 니광난 사이에 결정적인 의견의 불일치가 발생했다. 물러나거나 업종을 전환하는 것은 그들이 선택한 길이 아니었고, 의견의 불일치는 포위망을 뚫는 방향에서 일어났다.

니광난은 롄샹의 인터페이스 카드를 발명한 사람으로 줄곧 롄샹의 하이테크의 상징으로 여겨져왔다. 그러나 1994년을 전후로 소프트시스템의 업그레이드로 인터페이스 카드는 시장에서 몰락하기 시작했고, 회사에 대한 공헌도 이미 하향세를 드러내고 있었다. 니광난은 롄샹을 위해 신기술을 개발하기로 결심했는데, 그가 선택한 방향은 마이크로칩이었다. 당시 국제적으로 마이크로칩 기술은 날로 발전하고 있었고, 인텔 등의 업체가 기술의 방향을 농단했다. 만약 롄샹이 이 영역에서 돌파구를 찾을 수만 있다면 전 세계 컴퓨터업계에서 확실한 위상을 수립할 수 있을 것이었다. 니광난은 이러한 생각에 흥분을 감추지 못하고 상하이, 홍콩 등지를 돌면서 인재를 모으기 시작했다. 그 결과 그는 '롄하이聯海마이크로 설계 센터'를 설립해 이 일을 완수하려고 했다. 이러한 그의 구상은 '중국 마이크로칩' 프로젝트로 불렸고, 무한한 상상 공간으로 인해 중국과학원과 전자공업부로부터 적극적인 지원을 받았다. 중국과학원과 전자공업부는 심지어 렌샹이 선두에 서서 실력 있는 컴퓨터업체들이 공동으로 참여하는 국가 차원에서의 프로젝트 계획을 수립할 것을 요청했다.

그러나 니광난의 방안은 뜻밖에도 류촨즈의 반대에 부딪혔다. 류촨즈의 입장에서는 마이크로칩 프로젝트는 리스크가 너무 크고, 렌샹이 당시 보유한 능력으로는 지속하기 어렵다는 것이 이유였다. 그는 중국의 기업이 기술 배경, 공업 기초, 자본 실력, 관리 능력 등의 방면에서 아직 세계 컴퓨터업계의 구조를 변화시킬 방법이 없다고 생각했다. 니광난은 기술지상주의자였지 전체 시장이 어떻게 돌아가는지는 알지 못했다. 그래서 류촨즈는 니광난에게 보내는 편지에 "본인은 촉박하게 일이 진행되는 것에 동의하지 않습니다"라고 적어 보냈다. 그의 생각에 렌샹은 마땅히 자체 브랜드를 만들고, 원가에서의 우위를 발휘해 돌파구를 찾아야 했다. 그래서 그는 양위안칭을 새로 만든 마이컴 사업부 사장으로 임명했고, 전체 마이컴 사업을 30대 청년이 총괄하도록 했다. 그는 "하이테크 제품이 있다고 다 팔린다고 할 수는 없지만 팔리기만 하면 돈을 벌 수 있다"는 생각을 갖고 있었다.

이렇게 해서 10년 된 렌샹은 불안정한 갈림길로 들어섰다. 류촨즈와 니광난 두 사람의 관계는 급속하게 악화되었다. 니광난은 실망감과 류촨즈에 대한 오해를 극복할 방법이 없었고, 그래서 매 번 렌샹의 업무 회의는 두 사람 사이의 성토장으로 변했다. 두 사람 모두 자신의 판단에 대해 너무나 자신감이 컸기 때문에 서로를 설득시킬 방법이 없었다. 류촨즈는 니광난이 마구 생트집을 잡는다고 여겼고, 반면 니광난은 "나는 당신과 끝장을 볼 것"이라고 말하곤 했다. 그는 상부에 류촨즈의 독단적인 태도를 보고하기 시작했고, 나아가 심각한 경제적인 문제가 있다고 그를 고발하기에 이르렀다.

너무나 친밀했던 '쌍둥이 별'이 "너 죽고 나살자!" 식의 절박한 지경에까지 이르자 류촨즈는 상심해 친구에게 "나를 감옥에 보내지 않으면 그는 절대로 그만두지 않을 거야"라고 말했다고 한다. 관계가 아주 좋았을 때의 두 사람을 언론은 흥미진진하게 '류니 커플'이라고 칭하기도 했다. 류촨즈는 일찍이 "어떤 사람은 진주를 닮았고, 어떤 사람은 진주가 아니다. 진주처럼 반짝일 수는 없지만 그는 한 가닥 실로 진주를 꿰어 훌륭한 목걸이를 만들 수 있는 사람이다. 내 생각엔 내가 바로 그 실"이라고 말한 적이 있었다. 이 비유는 듣기에 아주 생동적이지만 이미지 상의 패러독스가 존재하고 있다. 진주를 꿰어서 훌륭한 목걸이로 만들면 실은 보이지 않게 되지만 사실 류가 실이라는 표현은 어떠한 진주에 비해서도 뛰어나다는 것을 의미하고 있었다. 실과 진주의 상호작용과 충돌은 이 두 사람의 사건에서 진실하지만 잔혹한 진실을 보여주었다.

언론은 평지에서 돌출된 두 사람 사이의 풍파를 시장주의자와 기술주의자의 한판 전쟁으로 간주했다. 모든 사람을 난처하고 고통스럽게 한 이 사건은 하반기 동안 내내 지속되었다. 중국과학원은 업무 팀을 파견해 조사를 진행했는데, 롄샹 내부의 거의 모든 고위층 인사들이 현실적인 류촨즈 편에 서 있음을 알게 되었다. 업무 팀의 보고는 "류촨즈 동지가 경제적인 문제를 야기했음을 증명하는 자료는 발견할 수 없다"고 기록했다. 1995년 초 승부가 점점 결정되기 시작했고, 6월 30일 롄샹 이사회는 '니광난 동지를 롄샹 최고기술경영자 직위에서 해고한다'고 결정했다.

어떤 기업의 전략적인 결정에 대한 평가는 두 가지 어려움에 직면하는데, 종종 '결과'가 참고할 수 있는 유일한 근거가 된다. 이후 류촨즈는 롄샹을 새로운 성장의 정점에 도달하게 했지만 수년간 많은 사람은 계속해서 고집스럽게 논쟁을 벌였다. '만약 니광난 방식대로 갔다면 롄샹은 중국의 컴퓨터 산업에 어떤 현상을 초래했을까?',

상당히 긴 시간 동안 중국의 컴퓨터와 가전 산업은 줄곧 '무역', '제조', '기술'이라는 발전의 우선순위를 두고 계속 흔들리면서 배회하고 있었다. 롄샹은 중관촌의 모든 기업과 마찬가지로 무역에 의존해 일어났고, 점진적으로 공업 제조 능력을 형성하면서 기술상에서의 발전을 추구했다. 반면 가전 산업의 하이얼, 창훙, 커룽 등의 업체는 생산라인을 도입하면서 일어났고, 그런 후 시장에서 성공을 거두었다. 그래서 '무역-제조-기술'과 '제조-무역-기술'은 양대 성장 모델이었다. 이중 하나도 예외가 없는 사실은 기술이 핵심 능력 중 가장 취약하고 정체되어 있는 부분이라는 것이었다. 이들 기업들이 점점 강성해져 다국적기업과 중국 시장에서 전면적인 경쟁을 벌일 때 기술 낙후 현상이 선명하게 대두되었다. 이때 어떤 것을 선택하느냐는 민감하면서도 가장 중요한 사안이었다. 중국의 기업사에 롄샹 사태는 아주 강력한 함의를 지니고 있었다. 이 사태는 중국의 기업가가 국제 경쟁과 기술 발전이라는 난관에 처하게 되었을 때 어떠한 사고와 선택을 해야 하는지를 보여주었다.

한 가지 회피할 수 없는 사실은 1990년대 중후반기 거의 모든 유명 기업가들은 류촨즈 방식을 선택했다는 것이다.

|기업사 인물|

교육 지원 기업

중국의 기업사에서 바이팡리白芳禮는 아마도 가장 기업가답지 않은 기업가 중의 하나라고 할 수 있을 것이다. 그가 기업가인 이유는 그가 정말로 한 회사를 설립했기 때문이다. 모든 혁혁한 기업가와 비교하면 그는 확실히 가장 가난한 기업가였지만 그가 사회를 위해 창조한 '재부'는 비교할 사람이 없을 정도였다.

1994년 바이팡리는 81세였다. 그는 삼륜차에 의지해 생계를 이어가는 노인으로 일자무식이지만 사람들에게는 아주 다정스러웠다. 1986년부터 그는 가난한 아이들이 책을 읽을 돈이 없다는 것을 알고는 매년 삼륜차로 벌어들인 돈 전부를 톈진의 학교에 기부했다. 이해 봄 그는 엄동설한에 고생해서 번 돈 3,000위안을 한 학교에 기부했는데, 학교의 교장선생님은 모든 교사와 300명의 전교생을 집합시킨 후 정연한 대오를 갖추고는 모두 그를 향해 거수경례를 하도록 했다. 집으로 돌아온 바이팡리는 밤을 새워 고민한 끝에 중요한 결정을 내렸다. 이튿날 일찍 그는 자녀들의 집을 찾아가서 "너희 엄마와 내가 남긴 두 채의 집을 팔려고 한다. 그리고 돈을 조금 더 빌려서 회사를 차려 돈을 벌어 교육 지원을 시작할까 한다"라고 이야기했다.

며칠 지나지 않아 톈진역 주변에 7m^2의 조그만 매점이 출현했는데, 매점 안에는 과자, 술과 담배 등이 진열되어 있었다. 매점에는 '바이팡리 교육 지원 기업'이라는 간판이 걸려 있었고, 바이팡리는 이 회사의 사장이 되었다. 그는 매점 직원들에게 "우리가 버는 돈의 성姓은 '교육'이고, 매월 결산해 이 돈을 기부한다"라고 선언했다.

조그만 매점은 바이팡리의 교육 지원 사업에 적지 않은 금전적 도움을 주었다. 하지만 그는 여전히 삼륜차로 생계를 이어나갔다. 그는 매점은 고용한 직원에게 모두 맡겼고, 자신은 여전히 삼륜차로 생활을 꾸려나갔다. 그는 "내가 삼륜차로 하루에 20~30위안의 돈을 버는데, 이 돈은 밥을 굶는 10여명의 아이들이 하루를 먹을 수 있는 돈"이라고 말했다. 정류소 앞에서 일의 편의를 위해 그는 얇은 철판을 걸친 3m^2 넓이의 천막을 치고, 안에는 벽돌을 쌓고 목판을 올려놓아 침대로 사용했는데, 천막의 지붕 사이로 파란 하늘이 보였다. 여름이면 내부의 기온은 40℃를 훨씬 넘어섰고, 겨울이면 물 컵이 꽁꽁 얼어붙었다. 바이팡리는 이곳에서 5년이라는 시간을 보냈다.

조금이라도 더 많은 돈을 벌기 위해 10여 년간 바이팡리는 머리에서 발끝까지 모두 주워온 옷과 신발을 걸쳤고, 하루 세끼는 종종 만두에다 냉수 한 잔이 고작이었다.

> 저는 지금까지 옷을 사본 적이 없어요. 보세요. 제가 입고 있는 셔츠, 바지 모두 평소에 주워온 것입니다. 또 신발이 있는데, 양쪽이 서로 다르죠. 보세요. 신발 안쪽도 다르잖아요. 양말도 모두 주운 것이죠. 오늘 한쪽을 주우면, 내일 또 한쪽을 줍죠. 머리에서 발끝까지, 속에서 바깥까지 입고 있는 것 중 돈을 주고 산 것은 하나도 없습니다.

한번은 쓰레기통에서 주워온 찐빵을 점심 대신 먹고 있는 모습을 본 딸이 가슴 아파하는 것을 보고는 "맘 아파하지 마라. 이 찐빵은 농민 형제들의 땀이 한 방울 한 방울 모여서 만들어졌단다. 사람들이 버리면 내가 주워서 먹는 거란다. 얼마나 낭비니?"라고 말했다.

바이팡리는 교육 지원 회사와 삼륜차로 번 돈 전부를 텐진의 각 학교에 기부했다. 1994~1998년까지 매달 홍광中光중학교의 티베트 학생 200명이 고등학교를 졸업할 때까지 지원했다. 그는 또 매달 난카이南開대학에도 1,000위안을 기부했는데, 총금액은 3만 4천 위안에 달했고, 200여 명의 난카이대학 학생들이 도움을 받았다. 어떤 통계에 따르면 그의 누계 기부액은 35만 위안을 넘어섰다. 이중에는 300여 명의 대학생들의 학비와 생활비가 포함되어 있었다. 또 어떤 사람은 삼륜차로 버는 돈을 km당 0.5위안으로 계산했을 때 10여 년간 그가 지구의 적도를 18번이나 돌았다는 재미있는 계산을 내놓은 적이 있다.

바이팡리는 교육 지원 회사를 5년간 운영했다. 1999년 톈진역이 주변을 정돈하면서 모든 점포를 일률적으로 철거할 때 그의 교육 지원 회사도 예외가 될 수는 없었다. 이때 노인은 울고 있었다. 2001년, 88세의 그는 삼륜차를 운전할 수 없게 되자 정류장에서 남의 차를 지켜주면서 도시락에 0.1위안, 0.2위안의 푼돈을 모아 500위안을 기부했다. 2005년 9월 23일 새벽 그는 93세의 나이로 운명을 달리 했다. 그는 한 푼의 재산도 남기지 않았다.

20세기 초 미국의 거부 카네기는 "죽어서도 부자는 치욕"이라는 유언을 남겼다. 바이팡리는 그에 비해 더더욱 철저했다. 그는 사람들에게 청말의 기부가 우쉰武訓과 1979년 노벨 평화상 수상자인 테레사 수녀를 떠올리도록 했다. 테레사 수녀는 인도에서 어린이집을 세워 버려진 아이들을 데려다 키웠다. 그녀는 바이팡리처럼 가난한 사람을 구제하기 위해 자신을 가장 가난한 사람으로 변화시켰다. 어린이집 벽에는 "상황을 생각하지 말고 항상 도움을 주어라. 당신의 이빨이 부러지더라고 당신이 갖고 있는 가장 좋은 것을 세상에 바쳐라. 상황을 생각하지 말고, 당신이 가진 가장 좋은 것을 세상에 바쳐라!"라는 글이 적혀 있었다. 바이팡리는 시를 쓸 줄 몰랐다. 심지어 글자도 몰랐다. 하지만 테레사 수녀의 이러한 서언誓言을 너무나 완벽하게 실천했다.

바이팡리가 사망한 후 예술가들은 그를 위해 톈진공원에 동상을 세워 그를 기념했고, 일부 대학생들은 그를 위해 www.baifangli.com이라는 사이트를 개설했다. 이 사이트의 색깔은 극히 단순하게 흑백으로 꾸며져 있고, 메인페이지에는 "여느 때처럼 평범함이 우리로 하여금 눈물 가득하게 한다"는 글이 올라 있다.

| 기업사 인물 |

쥔안 대부

'쥔완 사건' 이후 장궈칭은 더 이상 완커를 넘보지 않았다. 1998년 쥔안은 주주권 개혁으로 사람들의 주목을 받았는데, 왕스는 우연히 누군가가 장궈칭을 고발하려 한다는 것을 알았다. 그는 아마도 안타까워하는 동정심의 발로로 다른 경로를 통해 장궈칭에게 더욱 조심할 것을 암시했는데, 장궈칭은 그런 일은 불가능하다고 건성으로 회답했다. 한 달 후 왕스는 출근해서 사무실 입구에 꽃바구니가 놓여있는 것을 발견했다. 비서가 장사장이 사람을 직접 보내 배달한 것이라고 말하자 왕스는 아무 생각 없이 "장궈칭이 결국 일을 저질렀구만"이라고 중얼거렸다.

장궈칭은 MBO(Management Buyout, 경영층 주주권 환매) 방식으로 쥔안의 사유화를 시도했다. 그는 중국에서 처음으로 MBO 방식을 시도한 기업가였다.

1956년생인 후베이 사람 장궈칭은 기개와 위엄이 넘치는 사람으로 군대 식으로 일을 처리하곤 했다. 그는 군 제대 후 바로 은행 계통으로 진출했다. 1992년 8월 선전 인민은행 증권관리처 부주임이던 그는 사표를 내고 쥔안증권을 설립해 회장 및 사장으로 취임했다. 그의 군대 경력으로 인해 쥔안증권의 신비스런 배경은 줄곧 각종 추측을 불러일으켰다. 쥔안증권 설립 초기 군대 기업을 포함한 5개의 국영기업이 투자했고, 등록자본금은 5,000만 위안이었다. 쥔안 설립 후 장궈칭의 거만한 기세는 하늘을 찌를 듯했고, 그는 신비로운 배경과 막강한 수단에 의지해 아주 빠르게 성장했다. 왕스는 자서전 『길과 몽상』에서 이에 관한 자세한 내용을 시사한 바 있다.

쥔안은 일찍이 완커를 도운 적이 있는 주주로, 법인 주식을 판매한 적이 있다. 법인 주식 판매는 당시에 명문으로 금지되어 있어서 반드시 최고 증권관리기구의 비준을 받아야만 가능한 일이지만 예외적으로 집행된 것이었다. 장궈칭이 이 일을 성사시켰는데, 아마도 최고 위층과 끈이 있었던 것 같다. 그는 이로 인해 50%의 수수료를 얻었고, 1억 1천만 위안의 주주권 매매로 5,500만 위안의 수익을 올렸다. 쥔안이 승승장구하고 있을 때는 증권법이 출시되기 전이었으므로, 증권업체들은 임의로 주가를 조작했고, 게임의 규칙은 그들 손에서 놀아나고 있었다. 선전에서는 장궈칭 한 사람만 대단했는데, 아마도 남중국에서 가장 용맹한 악어였을 것이다. 1993~1998년 사이 쥔안은 1백여 기업의 A주와 B주 상장 및 배당 업무를 책임지고 있었고, 조달한 자금은 300억 위안이었다. 쥔안은 중국 내에 60여 개의 증권영업부를 설치했다. 거래량은 줄곧 선전거래소에서 1, 2위를 다투었고, 상하이거래소에서도 6위를 기록했으며, 국채 거래량도 10위권 안을 유지했다. 공개된 자료에 따르면 쥔안의 1997년 총자산은 175억 위안에 달했고, 이윤은 1억 7천만 위안으로 당시 국내 서열 1위를 차지했다. 당시에 쥔안은 중천의 태양이었고, 업계에서는 심지어 이 시기의 중국 증시를 '쥔안 시대'로 불렀다. 장궈칭은 완커의 관진성管金生, 그리고 선인申銀의 간즈둥闞治東과 함께 증시의 3대 대부로 불렸다.

사업이 정점에 달했을 무렵 장궈칭은 쥔안의 지분 개조를 고려하기 시작했다. 그는 국제적으로 통용되는 MBO 방식으로 쥔안의 주주권 개조를 구상했다. 즉 경영층이 환매 방식으로 회사의 주주권을 획득하고, 이를 통해 기업에 대한 지배권을 확보하는 것이었다. 장궈칭은 이때 회사의 사장인 동시에 이사회 이사장이었기 때문에 실제로 경영자 신분과 자본 대표자의 두 가지 신분을 모두 겸하고 있었다. 그래서 그는 규칙 제정 등의 일을 자연스럽게 진행할 수 있었다. 하지만 당시의 쥔안은 덩치가 워낙 거대해 경영층 환매에 투입되는 비용이 만만찮았다. 그래서 장궈칭 등 고위층들은 사람들을 현혹하는 방식으로 1997년 증자를 통해 주식을 7억 위안까지 확대했다. 교묘한 안배를 통해 쥔안증권 사내주식보유자모임이 회사의 실질적 대주주로 탈바꿈해 77%의 지분을 보유하게 되었다. 국영기업 중 가장 많은 지분을 보유한 기업은 7%수준에 불과했다. 쥔안의 사내주식보유자모임의 2대 주주는 신창잉新長英과 타이둥泰東이었고, 실제로는 장궈칭 조직이 대주주로 있는 투자 기업들이었다. 이 '쥔안 대부'는 1년 반이라는 시간을 들여 중국 최대의 증권회사를 개인이 대주주인 증권회사로 변모시킨 것이었다. 국영기업이 여전히 쥔안을 보유하고 있고 배당금을 받고 있었지만 권익은 이미 크게 희석되어 버렸다.

장궈칭의 대담한 조치는 즉시 증권계에 엄청난 충격으로 다가와 거의 모든 증권회사가 분분히 이러한 조치로 효과를 보고자 했다. 모든 경영자들에게서 만약 장궈칭의 MBO 방식이 합법적인 것으로 인식되었다면 그들은 휘파람을 불면서 하룻밤 사이에 회사를 자기 소유로 만들었을 것이다. 하지만 만약 장궈칭의 방식이 오로지 쥔안을 독점하기 위한 것이었다면 그는 '이익이 도를 넘어선 것'으로 틀림없이 뭇사람들에게 비난의 표적이 되었을 것이다. 당시의 모든 인과응보는 이익 분배의 결과였지 시비是非와는 무관한 일이었다.

공개된 자료에 따르면 장궈칭의 낙마는 쥔안의 내홍에서 기인했다. 당시 재무 관리를 맡고 있던 부사장이 회사 내부에서의 실권에 불만을 품고 MBO 방안 및 회사 전체 장부를 들고 기율감찰부에 고발했기 때문이다. 재난은 여기에서 시작되었다. 곧바로 증권감독관리 부문과 회계감사기구가 조사팀을 파견해 쥔안에 진주했다. 1998년 7월 회계 감사 결과 장궈칭 등이 '장부 외 불법 경영으로 은닉한 이전 수입'의 총액은 12억 3천만 위안으로, 이중 장궈칭은 5억 2천만 위안을 유용해 쥔안의 77%에 달하는 권익을 획득했다고 발표했다. 관련 부서는 국유자산 횡령, 국유자산을 개인 명의로 전환한 혐의를 인정했다. 1998년 9월 장궈칭은 허위 자산 투입, 불법 외화 도피 등의 죄목으로 4년형을 선고받았다. 2005년 8월 『21세기경제보도』는 평론에서 다음과 같이 의미심장하게 말했다.

만약 장궈칭의 MBO가 2~3년 늦게 진행되었다면 아마 그는 이런 말로를 맞이하지 않았을 뿐만 아니라 오히려 앞다투어 칭송받는 영웅이 되었을지도 모를 일이다. 21세기 초에 시작된 MBO 열기는 얼마나 많은 국영기업 경영자들을 하룻밤 사이에 억만장자의 부호로 돌변하게 만드는 동시에 명성과 영예를 누리게 해주었던가!

장궈칭 사건 선고 1년 전 완궈의 관진성은 '327국채 사건'으로 17년형을 선고받았고, 선인의 간즈둥은 '루쟈쮀이陸家嘴 주가 조작'으로 5년간 시장 진출 금지를 선고받았다. 1990년대 중국 증시의 3대 대부는 모두 재난을 당했다. 장궈칭이 구속된 후 쥔안증권은 상하이의 궈타이國泰증권과 합병되어 궈타이쥔안으로 다시 태어났고, 합병 후의 등록 자본금은 37억 3천만 위안, 총자산은 300억 위안으로 당시 중국 최대의 증권회사가 되었다.

2002년 장궈칭은 출소 후 다시 강호에 출현했다. 쥔안의 구 멤버들로 구성된 화린樺林증권이 출범했는데, 두뇌와 컴퓨터가 모두 쥔안에서 왔다고 해서 '소小쥔안'으로 불렸고, 장궈칭은 선전시 쥬이久眾투자유한책임공사를 설립해 대주주 신분으로 막후에서 조정했다. 그러나 이때의 소쥔안은 신비스런 배경이 없었고, 시대적인 운도 없었다. 장궈칭은 옛 모습을 재연하려고 노력했지만 어찌할 도리가 없었다. 이후 몇 년간 장궈칭은 화리華立지주회사, 난톈南天정보 등 여러 회사 주식으로 자본을 운영했지만 승패는 반반이었다. 계절이 바뀌고 세월이 흐르면서 후광을 잃어버린 '대부'는 결국 망망한 속세로 추락하고 말았다.

1995년
수복의 노역

외국 군단과 대결하기 위해 TCL그룹은
산업보국 '결사대'를 조직해야 한다.
나 리둥성이 바로 이 결사대 대장이다.

―리둥성, 1995년

'류니 풍파'가 잦아들자 시장파가 우위를 차지했고, '무역-제조-기술' 모델이 최종적으로 롄샹의 전략이 되었으며, 이어 류촨즈는 다시 한 번 탁월한 경영 능력을 보여주었다.

류촨즈는 자체 브랜드를 만들기로 결심하고 대담하게 부딪혀 나갔다. 그는 롄샹 마이컴사업부 사장 양위안칭에게 "우리 의지와 상관없이 우리는 민족 컴퓨터 공업의 기수를 맡아 왔다. 적어도 필사적인 도박을 해야 한다. 즉 희생을 감수해야 하고, 목숨을 걸어야 한다"고 말했다. 어떤 기자가 "만약 중국이 정말로 자체의 민족공업이 없다면 도대체 어떻게 되는 것입니까?"라고 물었다. 그는 눈을 부릅뜨면서 "없으면 별거 있습니까, 유린당하면 그만이죠"라고 대답했다.『중화공상시보』는「롄샹과 '8국 연합군'의 시장 쟁탈」이라는 제목의 기사를 썼는데, 이 시장 쟁탈은 엄연히 생사를 무릅쓴 민족 보호 전쟁이었다.

말로는 이처럼 장황했지만 실제 업무는 아주 구체적이면서 실용적으로 진행되었다. 류촨즈의 첫 번째 조치는 정부 지원을 도모한 것이었다. 그는 전자공업부에 두 가지를 제안했다. 하나는 "우리에게 관심을 갖고, 일을 잘 진행할 때 우리에게 잘한다고 해달라는 것"이었고, 또 다른 하나는 "민족공업 발전에 유리한 업종 구매정책을 제정해 기능과 가격이 동등하다는 전제 하에 우선적으로 국산 제품을 구입해 달라는 것"이었다. 전자공업부는 류촨즈의 제의를 흔쾌히 수락했다. 관련 정책의 지원 하에 롄샹은 많은 정책적 입찰에서 종종 다국적기업을 좌절시켰다.

대중 여론에서 류촨즈는 대대적으로 민족 브랜드를 진흥시키자는 강력한 분위기를 조성해냈다. 1995년 4월 1일 10만 번째의 롄샹 컴퓨터가 생산라인을 떠날 때 그는 이것이 민족 컴퓨터업계의 하나의 이정표가 되었음을 선언하고, 10만 번째 컴퓨터 증정 공익 이벤트를 기획했다. 최종적으로 그는 이 컴퓨터를 '골드바흐의 추측' 연구로 1970년대 말 중국 지식인의 모범이 된 수학자 천징룬陳景潤에게 증여했다. 이 외에도 그는 지방 정부와 공동으로 '롄샹 컴퓨터 급행열차' 이벤트를 기획해 전국적으로 3백여 개 도시에 가정용 컴퓨터와 롄샹 제품을 보급했다.

제품 제조에서 그는 양위안칭에게 반드시 원가를 절반으로 낮출 것을 지시했다. 양위안칭 팀은 놀랍게도 이를 완수했다. 그들이 출시한 '중국 최초의 경제형 컴퓨터'는 동일한 성능을 보증한다는 조건 하에 다국적기업의 제품보다 40~50% 저렴했다. 양위안칭은 보고서에서 컴퓨터의 조립 원가를 150위안에서 38위안으로 낮추었다고 말했다. 『후이충慧聰컴퓨터시장정보』는 "새로 출시된 컴퓨터의 케이스는 아주 얇고, 가공이 약간 투박하지만 제조 원가는 200위안으로 수입 제품의 1/8에 불과하다"고 보도한 바 있다.

놀라운 가격 경쟁력과 민족 브랜드 열기에 힘입어 롄샹의 저가형 컴퓨터는 전국을 석권했고, 시장 점유율도 점차 높아졌다. 롄샹의 진격에 대해 다국적기업들은 거의 반응을 보이지 않았다. 그들은 여전히 높은 가격을 유지하고 있었고, 롄샹의 가격 정책에 대해서도 전혀 무관심했다. 이러한 국면은 양위안칭조차도 의아하게 만들었지만 곧 "외국의 가격 정책은 원래 정책 결정 메커니즘이 원활하지 못해 반응이 늦다. 당연히 그들은 적을 너무 얕잡아볼 가능성도 있다"는 사실을 알게 되었다. 7월의 조사에 따르면 개인용 컴퓨터 판매 순위에서 롄샹이 5위를 차지했는데, 민족 브랜드로서는 롄샹이 유일했다. 마침 롄샹의 시범 효과도 있고 해서 중관촌의 국산 브랜드 업체들도 꿈에서 깨어난 것처럼 방침을 바꾸어 브랜드 대책을 새로 수립했다. 1995년 말 아주 혁혁한 전과가 나타났다. 가장 사랑받는 브랜드 조사에서 전체 1위는 롄샹, 2위는 창청, 3위는 IBM이었다. 10대 브랜드 중 중국 브랜드가 6개를 차지했다. 양위안칭은 조금 득의양양해서 "롄샹뿐만 아니라 다른 업체들도 모두 가격 인하에 앞장섰는데, 이는 민족공업의 승리"라고 말했다.

1995년의 중국을 전면적으로 관찰해보면 컴퓨터 산업에서 발생한 민족 브랜드 열기는 결코 컴퓨터업계 하나에만 국한된 것은 아니었다.

1992년 이후 대량의 국제 자본이 조수같이 밀려오고, 갈수록 많은 다국적기업이 중국에서 힘을 발휘함에 따라 각 업종에서 국내 기업은 미증유의 충격에 휩싸였고 시장 상황도 수시로 변했다. 이와 동시에 지난 십여 년의 발전을 통해 중국 본토의 기업들도 이미 상당한 실력을 갖추게 되었고, 소비자들도 국산품에 대해 상당한 믿음을 갖기 시작했다. 이러한 배경 하에서 민족공업 진흥이 중국의 산업 성장의 전략적 구상이 되었고, 아울러 대중들의 마음속에 강력한 영향을 끼친 것이었다.

1994년 4월 한 신문 기사가 많은 이들을 탄식하게 만들었다.

인민대회당 국연國宴에 사용되던 충칭톈허重慶天河콜라가 펩시콜라로 대체되었다. 이때까지 중국에서 탄산음료를 생산한 8대 음료회사 중 상하이의 정광허 외에 나머지 7개 업체는 모두 코카콜라와 펩시콜라에 의해 도태되었다. 이들 회사를 아직도 기억합니까? 1970년대 후반 중국에 들어왔을 때 코카콜라는 합자로 생산라인을 구축하자고 제안한 적이 있었다. 하지만 결과는 거절이었다.

이 언론은 이 기사에 '두 개의 콜라업체가 7군軍을 익사시켰다'는 자극적이고 선정적인 제목을 달았다. 이러한 현상은 본토 브랜드의 운명에 대한 우려를 낳게 했고, 동시에 아주 강력한 민족적 열정을 끓어오르게 했다. 몇몇 총명한 기업가들은 시장 마케팅에서 이러한 열정을 충분히 이용했다. 이해의 기업 광고에서 많은 업체들이 '민족공업 진흥'이라는 주제를 채택해 어필했는데, 앞서 이야기한 타이양선 광고와 산주 광고 등이 이에 해당되었다. 폭풍처럼 거세게 일어나던 대부분의 산업에서 민족 브랜드의 진흥은 가장 빛나는 숭고한 주제였다. 이러한 기치 하에 본토 기업은 가격전쟁 방식으로 역사상 전례가 없는 비즈니스 전쟁에 발동을 걸었다. 냉장고와 세탁기 양대 업종에서는 하이얼이 두 개의 전선에서 싸움을 치렀다. 장루이민은 하이얼의 제품이 기술과 품질 면에서 마쓰시타, 산요 등의 일본 제품을 능가할 수 없음을 잘 알고 있었다. 그래서 가격전쟁을 선포하는 동시에 남다르게도 '스타급 서비스'를 제시했다. 그는 '소비자가 영원히 옳다'고 선포하고, 중대형 도시에서 대량의 A/S 인력을 고용했다. 장루이민은 기자들에게 "다국적자본과 경쟁하는 것은 죽는 것과 같습니다. 하이얼도 마지막까지 죽음으로 경쟁할 겁니다"라고 말했다.[1]

칼라TV 업종에서도 전쟁은 마찬가지로 치열했다. TCL의 리둥성은 대형 TV로 베이징 시장을 점령했다. 당시 베이징의 대형 매장의 주요 전시대는 모두 일본 브랜드가 독식하고 있는 상황이었다. 리둥성은 매장 하나 하나를 찾아다니며 '최저 보장 계약'을 체결했는데, m^2당 월매출 5만위안을 보장한다는 내용이었다. 이후 일본 TV의 2/3가격보다 낮은 가격으로 전쟁을 시작했다. 그도 장루이민과 같이 아주 비장하고 격앙된 어투로 언론에 이렇게 말했다.

우리는 평소에 세계 시장으로 진출해야 한다고 말합니다. 하지만 오늘에 이르러 외국 군단이 우리의 정원을 침범하고 있습니다. 국제 브랜드들이 우리 집 앞에서 진을 치고 있는데

---

1) 하이얼은 처음으로 '수준 높은 서비스 관리'를 시스템적으로 도입한 중국 기업이었다. 하이얼은 높은 수준과 세밀화된 시스템식 서비스 관리 모델을 수립했는데, 이중에는 판매 전과 판매 중에 자세한 컨설팅 서비스를 제공하는 것 외에도 제품에 문제가 생기면 4시간 내에 답변을 주고, 24시간 내에 수리를 진행하는 등의 서비스가 포함되어 있었다. 수리에는 부품, 운송, 설치 등을 무료로 해주는 것이 포함되어 있었다. 이러한 서비스는 '1234모델'로 총결되었다. '1'은 '원만한 서비스'라는, 한 가지 결과를 의미했다. '2'는 두 가지 이념을 말하는 것으로, '고객의 고민을 갖고 가서 하이얼의 진정을 남긴다'를 의미했다. '3'은 세 가지 컨트롤로, '서비스 신고 비율을 10만 분의 1이하로 낮추고, 서비스 누락 비율을 10만 분의 1이하로 낮추며, 서비스 불만 비율을 10만 분의 1이하로 낮추는 것'을 의미했다. '4'는 네 가지 확실한 것으로, '고객의 문제를 확실하게 기록하고, 고객이 제기하는 문제를 확실하게 처리하며, 결과를 확실하게 처리하고, 결과를 확실하게 디자인, 생산, 경영 부문에 반영하는 것'을 의미했다. 하이얼은 전국적으로 방대한 서비스망을 설립했는데, 이는 하이얼이 중국 가전업계를 쟁패한 가장 핵심적인 경쟁력이 되었다.

지금 싸우지 않으면 언제까지 기다려야 합니까? 다시 말해 전쟁을 하지 않아도 괜찮은 것입니까? 언제까지고 눈을 부릅뜬 채 민족공업이 이렇게 패배해가는 것을 지켜볼 수는 없습니다. 외국 군단과 대결하기 위해 TCL그룹은 산업보국 '결사대'를 조직하고, 나 리둥성은 바로 이 결사대 대장이 될 것입니다.

몇 달 후 TCL은 베이징에서 모든 다국적 브랜드들을 물리치고 판매 선두자리에 등극했다.

리둥성이 결사대 대장으로 자신의 위상을 정립했다면 스촨 분지에 자리 잡은 니룬펑은 칼라TV 업계를 철저하게 전복한 '가격 학살자'였다.

군수 공장에서 전환한 창홍은 중국에서 가장 먼저 마쓰시타로부터 칼라TV 생산라인을 도입한 회사였다. 1985년 군인 기질로 충만한 니룬펑이 창홍을 장악했다. 그의 행동은 용맹스럽고 패기로 충만했다. 1989년 국가가 칼라TV 특별소비세를 부과하자 시장은 불황에 빠져들었다. 그는 앞장서서 칼라TV 가격을 300위안 인하한다는 결정을 내려 경직된 판매 국면을 타파했다. '가격 킬러'가 한 번 출수하자 커다란 수확물이 생긴 것이다. 이후 설, 국경절 등 판매 성수기가 되면 그는 가격 인하라는 비장의 카드를 빼들었고, 그것은 언제나 효과가 있었다. 브랜드 이미지와 제품 품질 등에서 내세울 만한 강점이 없던 창홍은 이 '천하제일 호식'에 의시해 국산 칼라TV 기업 중 판매량 3위에 올라섰다.

1995년이 되자 니룬펑은 '산업보국과 민족 번창을 임무로 한다'를 창홍의 사명으로 삼고, '우리 브랜드로 우리의 새로운 만리장성을 구축하자!'고 외쳐댔다. 창홍의 광고 문구도 아주 평범한 '천상의 창홍, 인간적인 창홍'에서 '기세당당한 창홍은 민족 번영을 임무로 삼아 당신에게 창홍의 붉은 태양을 바칩니다!'로 바꾸었다. 이러한 광고 문구는 렌샹, 하이얼 및 건강식품 시장의 산주, 쥐런 등과 호응해 일순간에 강렬한 민족적 열정을 불러일으켰다. 이때 국내 칼라TV 시장은 가장 힘든 시기로 빠져들고 있었다. 십여 년의 발전을 통해 창홍, TCL 및 캉쟈 등 대기업들은 이미 상당한 생산 능력을 구비하고 있었지만 핵심 기술과 브랜드 파워 부족으로 외국 브랜드와의 경쟁에서 시종 밀리고 있었다. 게다가 전체 칼라TV 시장은 심각한 밀수의 영향으로 불안한 상태에 있었다. 국가 상업 부문의 통계에 따르면 1995년 무역이라는 경로를 통해 정상적으로 반입된 수입 TV는 54만 9천 대에 불과했지만 시장에서 판매되는 실제 수량은 500만 대에 달했다. 가을이 되자 정부는 1996년 4월 1일부터 칼라TV의 수입 관세를 35.9%에서 23%로 낮춘다고 발표했다. 다국적기업들은 이에 흥분했다. 마쓰시타는 "30억 달러를 쓰더라도 중국 칼라TV 시장의 절대적인 점유율을 차지해야 한다"라면서 "한 기업을 쓰러뜨리는 것이 한 업종을 차지하는 길"이라는 목표를 책정했다. 이러한 정책 기대와 여론의 영향을 받아 국산 칼라TV의 판매량은 지속적으로 하락했다. 국산 칼라TV의 선두주자로 자리 잡았던 창훙의 재고도 100만 대를 넘어서 가격만 해도 20억 위안에 달했고, 매달마다 창고를 지어도 보관할 공간이 없는 지경에까지 이르렀다.

　물러갈 곳이 없는 상황에서 니룬펑은 다시 가격 킬러의 본색을 드러냈다. 그는 내부 회의에서 "위급한 병은 먼저 비상약으로 치료해야 한다. 유일한 방법은 바로 가격 우위로 적군의 브랜드 우위를 타도하는 것"이라고 선언했다. 당시 창훙과 외국 브랜드의 가격 차이는 결코 크지 않았다. 29인치 수입품 가격이 1만 위안 정도인데 창훙 제품은 8,000위안이었고, 25인치의 경우 수입품은 6,000위안 정도인데 창훙은 5,000위안이 조금 넘었다. 니룬펑은 적군의 브랜드 우위를 넘어뜨리기 위해서는 국산 제품의 가격이 적어도 30%는 저렴해야 한다고 생각했고, "이것은 승부를 결정짓는 전선"이라고 말했다.

　창훙 칼라TV의 매출 이익은 25%정도였는데, 30%라는 대폭적인 가격 인하는 결국 이윤을 포기한다는 의미였다. 이후 니룬펑은 지난날을 회고하면서 "저는 겨울 내내 고민했습니다. 설이 되었어도 여전히 고민했고, 아무리 생각하고 계산해봐도 결론은 딱 하나였습니다. 그것은 가격을 내리지 않으면 안 된다는 것이었습니다"라고 말했다. 그래서 그는 회사 내부에 한편에서는 관리를 통해 잠재력을 개발하도록 엄명을 내리고, 다른 한편에서는 교묘한 가격 인하 조합을 추진했다. 가격 인하 폭이 가장 컸던 TV는 모두 재고량이 가장 많은 제품과 수년 동안 판매가 정체된 제품이었다.

　창훙의 가격 인하 대전은 1995년 늦가을에 계획되어 1996년 3월 26일에 개시되었다. 창훙은 "전국의 61개 도시 150개 대형 매장에서 판매되는 모든 종류의 제품에 대해 대폭적인 가격 인하를 실시하고, 인하폭은 18~30%로 한다"고 선포했다. 언론의 이목을 끌기 위해 니룬핑은 판매의 최전선에 나섰다. 그는 붉은 띠를 어깨에 두르고, 청두백화점 매대 앞에서 소리를 지르면서 친히 영업사원의 임무를 수행했다. 창훙의 홍보책자에는 "수입 제품에 있는 기능은 저희 제품에도 모두 있습니다. 수입 제품이 구비하고 있는 사양은 저희도 모두 구비하고 있습니다. 수입 브랜드가 제공하는 서비스는 저희도 모두 제공하고 있습니다. 다만 동일한 기능과 동일한 품질 조건에서 저희 제품 가격이 수입 제품보다 30% 저렴합니다"라고 적혀 있었다. 창훙의 이러한 가격 인하 폭풍은 칼라TV 시장을 갑자기 격렬한 전쟁터로 만들었고, 다른 국산 브랜드들도 이를 거부할 수 없게 만들었다. 캉쟈는 6월 6일에 대폭적인 가격 인하를 선언했고, TCL도 이에 동참하게 되자 장시간 침체기에 빠져있던 소비도 활기를 띠기 시작했다. 3월에 가격 인하를 선포한 창훙은 연말이 되자 이전의 22%였던 시장 점유율을 35%까지 끌어올렸고 전례가 없던 판매 챔피언이라는 왕관을 쓰게 되었다. 1996년 말 전국의 칼라TV 시장은 창훙, TCL, 캉쟈, 슝마오熊猫 등의 국산 브랜드가 71.1%의 시장을 점유해 '외국산은 강하고 국산은 약한' 그동안의 국면은 완전히 타파되었다. 이와 동시에 가격 대전은 한차례 업계의 잔혹한 구조조정이기도 했다. 이 전쟁 이전에 전국적으로 60여 개의 칼라TV 생산업체가 있었는데, 이들은 지역별로 할거하면서 작지만 안정적인 상태를 유지하고 있었다. 하지만 창훙의 가격 인하 충격으로 대다수 브랜드들은 아주 빠르게 쇠락하기 시작했고, 이후 몇 년 만에 어느새 자취를 감추고 말았다. 이로써 칼라TV업계는 5~6개 업체가 시장을 과점하는 시대로 접어들었다. 1997년 창훙의 판매 수입은 188억 위안으로 상승했고, 사업의 정점에 서 있던 니룬핑은 중국공산당 중앙후보위원으로 피선되었다. 이는 대다수 기업가로서는 다가서기 매우 힘든 자리였다.[2]

---

2) 2007년 말까지 중국공산당 중앙후보위원으로 선임된 적이 있는 기업가는 스촨 창훙의 니룬핑과 쟝수 춘란의 타오젠싱 두 사람뿐이다.

한참이 지난 후 중국의 기업사 연구자들은 1995년 전후의 이러한 비즈니스 대전을 실지 회복을 위한 민족공업의 노르망디 상륙작전이었다고 흥미진진하게 이야기하곤 했다. 우리는 이해의 기업 뉴스 중 민족 브랜드가 막다른 골목에서 반격했다는 기사를 도처에서 읽을 수 있다. 그중에는 일희일비가 교차하는 온갖 현상이 뒤섞여 있었다.

4월 15일 챠오잉喬贏이라는 퇴역 군인이 허난성 정저우의 가장 번화한 27광장에서 면적이 100m^2가 채 되지 않는 '홍가오량紅高粱' 패스트푸드점을 열면서 글로벌 패스트푸드의 맹주인 맥도날드에 대한 전면 도전을 선언했다. 그가 선택한 이 날은 바로 40년 전 미국에서 맥도날드의 첫 번째 매장이 문을 연 날이었다. 챠오잉이 맥도날드 햄버거에 도전한 아이템은 허난성의 전통 음식인 양고기면羊肉燴面이었다. 그의 광고 슬로건은 "맥도날드가 있는 곳이면 홍가오량도 있습니다"였다. 또 그는 "2000년 지구촌에 2만 개의 매장을 보유하게 될 것이고, 이중 70%는 중국에, 30%는 국외에 있을 것입니다"라고 허풍을 떨었다. 이러한 허무맹랑한 행동은 순식간에 국내외 언론의 열렬한 보도로 이어졌고, 미국의 3대 케이블방송도 이를 취재했다. 챠오잉의 초기 행보는 아주 순조로웠다. 그해에 정저우에 7개의 매장을 오픈했고, 이듬해에는 중국의 최고 번화가인 베이징 왕푸징으로 달려가 맥도날드의 중국 1호점과 지척인 거리에 홍가오량 베이징점을 개설했다.[3]

챠오잉이 맥도날드에 도전한 것과 유사한 행동이 남방인 상하이에서 신야新亚그룹에 의해 시도되었다. 신야그룹은 룽화루지榮華雞라는 브랜드로 KFC와 겨루기 시작했다. "KFC를 여는 곳이면 룽화지도 연다"는 룽화루지의 구호처럼 상하이와 베이징에서 KFC가 있는 부근에는 반드시 룽화루지의 흔적을 찾을 수 있었다. 룽화루지 매장은 아주 성황을 이루었고, 상하이의 황푸점은 매년 300만 위안의 이윤을 남겼다. 이러한 경쟁은 2000년이 되어서야 멈추었는데, 룽화루지의 마지막 지점인

---

3) 확장의 보폭이 너무 빨랐던 관계로 홍가오량의 자금줄이 1998년 5월에 끊어졌다. 각 지역의 분점은 계속해서 무너졌고, 본사의 부채는 3,000만 위안이 넘었다. 2000년을 전후로 챠오잉은 다시 "맥도날드는 2015년에 사라질 것이고, 인류는 마우스로 밥을 먹는 디지털 요식 시대로 진입할 것"이라고 말했다. 2002년 9월 챠오잉은 3,153만 위안의 불법 자금 모집으로 4년형을 선고받았다.

베이징 융안문 지점이 문을 닫게 되자 KFC는 전국적으로 400개의 매장을 열었다고 선언했다.

저쟝성의 항저우시에서는 '국차보위전國茶保衛戰'이 발생했다. '립턴Lipton'이라는 영국의 유명 홍차 기업이 20만 위안을 투자해 룽징龍井차의 산지인 중국차박물관 입구에 브랜드 광고를 실시했다. 언론이 시끌벅적해졌고, 이를 도전으로 보았다. 여론의 압력 하에 박물관은 광고 철회를 결정했고, 국내의 차 전문가들은 일제히 열정적인 〈국차 선언〉을 발표했다.

베이징에서는 소비자들이 신문사에 일본의 유명업체 에어컨이 품질이 좋지 않고, 냉각 효과가 크게 떨어진다고 투서했다. 이 회사의 일본인 수석 엔지니어는 기자의 질문에 "에어컨 운전이 비정상적인 것은 베이징 공기가 너무 좋지 않아서입니다"라고 대답했다. 이것은 기술적인 발언에 불과했지만 바로 여론의 분노어린 폭격을 받았다. 한 독자는 "베이징 공기가 더러워 싫으면 당장 도쿄로 돌아가라!"고 신문사에 편지를 보냈다. 1980년대 중국의 가전 시장을 지배한 일본 브랜드는 이 시점에서 집단적인 위기에 직면했다. 이러한 상황이 초래된 원인은 아주 복잡했다. 1991년부터 일본 경제는 부동산과 주식시장의 거품이 붕괴된 후 장기 불황에 빠져들었고, 오래 전에 지구촌 곳곳에 투자한 기업들은 심한 내상을 입고 있었다. 다른 한편으로 일본 기업들은 줄곧 중국 시장을 본국, 구미 시장 외의 '제3시장'으로 간주해 최선진 기술과 제품을 중국 시장에 공급하는 것을 거절했는데, 이로 인해 다른 국가의 다국적기업들에게 시장에 뛰어들 수 있는 기회를 제공했다. 이 외도 중국 기업들의 굴기와 민족 정서의 고양도 이러한 국면이 초래되는 데 일조했다. 1990년대 후반에 이르면 일본의 가전업체들은 과거의 선도적인 우위와 브랜드 호소력을 상실하게 된다.

가을에 다국적기업이 결정적 우위를 점하고 있던 화장품 영역에서 드라마틱한 사건이 발생했다. 한때 한 시절을 풍미했으나 합자로 인해 없어진 메이쟈징美加淨 브랜드가 부활한 것이었다.

1962년에 탄생한 '메이쟈징'은 1980년대 중국에서 가장 유명한 국산 화장품 브랜드로 수많은 '최초'를 만들어냈다. 중국 최초의 병으로 규격화된 무스, 최초의 선크림, 최초의 핸드크림 등이 메이쟈징이 만들어낸 것이었으며, 메이쟈징 치약의 수출량은 전국 70%를 차지했다. 1990년 중국 화장품업계 최대의 국영기업이던 상하이의 쟈화稼化는 미국의 SC Johnson Wax사와 합자를 통해 브랜드 임대 방식으로 메이쟈징을 귀속시켰지만 이후 곧바로 이를 포기했다. 2년 후 메이쟈징의 판매량은 3억 위안에서 600만 위안으로 급락해 '최초' 국산 브랜드의 지위를 상실했다. 1995년 민족 브랜드 진흥이라는 대대적인 분위기 속에서 내심 마음이 달갑지 않았지만 상하이 쟈화의 회장 거원야오葛文耀는 거액을 들여 메이쟈징을 되찾아오면서 15~20년 동안 지속적으로 메이쟈징을 발전시키겠다고 맹세했다.[4]

　국내 기업이 분분히 궐기하고, 민족공업의 기세가 대세를 이루고 있을 때 다국적기업들은 아직도 중국 시장을 점령할 규칙을 발견하지 못하고 있는 것 같았다. 유럽 최대의 식품 기업인 프랑스의 다농이 중국 시장에 진출한 지 8년이 지났다. 다농은 독자적으로 제과 공장을 건립했고, 스촨의 맥주공장도 인수했지만 모두가 적자였다. 미국의 GE가 난징에 설립한 쟈바오조명공정유한공사는 이윤을 창출한 적이 없었다. 에디슨이 설립한 백년 기업이 설령 전구의 발명가일지는 몰라도 중국 시장에서는 운영 및 제조원가가 줄곧 높게 책정되어 있어 근본적으로 저쟝성 일대의 중소업체들과의 경쟁에서 이길 수 없었던 것이다. 당시 불빛이 온화하고 친환경적인 GE 전구는 1년을 사용할 수 있었는데, 가격은 10위안이었다. 반면 국내의 소형 전구업체들이 생산한 전구는 빛이 조금은 자극적이고 몇 달만 사용할 수 있었지만 가격은 2위안에 그쳤다. GE의 시장 연구원들은 어쩔 수 없다는 듯이 "중국 소비자들은 GE 전구가 가진 각종 우수한 기능보다는 전구 가격에 더 매력을

---

4) 중외합자 과정 중에 국산 브랜드가 버려지는 현상은 아주 심각했는데, 이는 인터내셔널 기업들이 본토의 경쟁 상대를 소멸시키는 책략 중의 하나로 여겨졌다. 1994년 유명 세제 브랜드인 '슝마오'의 베이징일용화학2공장은 P&G와 합자를 진행했고, P&G는 1억 4천만 위안으로 슝마오의 50년 사용권을 구매한 후 이 브랜드를 사장시켰다. 1995년 중국 10대 냉장고 브랜드 중의 하나인 쟝수성의 샹쉐하이香雪海는 한국의 삼성과 합자를 진행했는데, 중국 측은 당시 쟝수성에서 점유율이 아주 높았던 샹쉐하이 브랜드에 대한 시장 평가를 포기했고, 이 외에도 합자 3년 후에 브랜드 사용을 포기하는 데 동의했다. 상하이쟈화가 메이쟈징을 다시 사용하고자 했을 때는 다국적 브랜드들이 이미 성장했고, 국내 제일이던 이 브랜드는 왕년의 영예를 찾을 길이 없었다.

느끼는 것 같다"고 말했다. 이에 대해 당시 기세등등하던 GE의 회장 잭 웰치도 마음을 졸였지만 어찌할 방도가 없었다.

당시 다눙과 GE가 이러한 곤궁에 빠져있었다면 세계 최대의 백색가전 제조업체인 미국의 월풀Whirlpool은 더 비참한 지경에 빠져있었다.

비교적 일찍 중국에 진출한 일본 가전업체에 비해 월풀의 중국 진출은 늦어도 한참 늦었다. 그래서 월풀은 합병 방식을 통해 신속하게 시장에 진출하기 위해 냉장고, 세탁기, 전자레인지와 칼라TV의 4대 영역에서 당시 영향력이 있는 중국 기업을 찾았다. 1995년 2월 월풀은 베이징의 쉐화와 합자로 베이징월풀쉐화전기유한공사를 설립했다. 쉐화는 중국에서 가장 오래되고 가장 지명도 높은 냉장고 기업 중의 하나로 기술력이 두터운 것으로 유명했다. 1984년 순더의 판닝이 룽성냉장고를 출시했을 당시 그가 초빙한 엔지니어들이 바로 쉐화 사람들이었다. 새로 설립된 회사의 등록 자본금은 2,900만 달러로 미국이 60%의 지분을 보유했다. 이후 월풀은 상하이수이셴水仙세탁기유한공사, 광저우쎈화蚬華전자레인지유한공사, 란보어藍波에어컨공사를 합자기업으로 탈바꿈시켰다. 많은 언론이 월풀의 합자는 중국의 가전 산업에 중대한 영향을 주게 될 것이라고 논평했다.

이후 몇 년 동안 미국인들은 아주 서투른 합병 사례를 보여주었다. 냉장고 분야에서 월풀은 세계적으로 가장 선진적인 무 프레온가스 냉장고 세트 기술을 보유하고 있었지만 중국 시장은 단기간 내에 이렇게 높은 소비 수준과 소비 의식에 도달하지 않을 것이라 생각해서 월풀쉐화는 여전히 기존의 제품을 계속 생산했다. 미국 관리자와 중국인들 사이의 문화적 장벽은 시작부터 심각했다. 월풀 본사는 시종 미국의 지배 구조를 강조하면서 생산, 관리에서부터 판매까지 모든 것을 미국 측이 장악하고, 중국 측이 회사의 내부 업무에 개입하지 않기를 희망했다. 사오민邵敏이라는 당시의 한 직원은 이렇게 회고했다.

> 합자 이후 키가 크고 수염이 덥수룩한 미국 사장은 하루 종일 유리 칸막이로 가려진 사무실에 틀어박혀 있었는데, 안에서는 간혹 미국식 영어 또는 동남아식 중국어가 흘러나왔고, 표준말은 거의 듣지 못했습니다. 기존의 쉐화 직원들의 주요 업무는 뜨거운 커피를 타고

배달하는 것이었습니다."

2년 동안 합자회사는 8,986만 위안의 손실을 보았다. 1997년 11월 월풀은 60%의 지분을 200만 달러로 쉐화에게 되팔아 합자는 결국 파국을 맞이했다.

월풀수이셴의 상황도 이와 아주 비슷했다. 미국 측은 수이셴의 기존 판매망이 아주 낙후되어 각 지역의 판매상으로부터 많은 제약을 받고 있다고 생각했다. 그래서 과감하게 미국 시장의 방식을 따르기로 결정하고 직영 세일즈 팀과 채널을 건설했다. 이러한 결정은 월풀수이셴이 현지 상황에 적응하는 데 어려움을 겪게 했다. 판매량이 떨어지면서 경영 원가가 대폭 상승해 이후 몇 년간의 합자 기간 동안 회사의 손실은 매년 1억 위안을 넘어섰다. 이 회사에서는 다음과 같은 아주 전형적인 일이 발생한 적이 있었다. 영업사원이 드럼 세탁기가 고객 수중에 배달될 때 유리뚜껑이 자주 파손되는 것을 발견했다. 월풀은 통상적인 규정에 따라 연구 개발과 제품 관련 부서가 수차례 실험을 통해 재차 제품의 품질을 검사해야 했고, 이는 상당히 긴 테스트와 제품 개발 주기를 필요로 했다. 중국 측 직원은 미국 측에 "이러한 손상은 각지의 물류 인원이 운송과 하적 시에 아무렇게나 다루어 발생하는 것이기 때문에 상자에 2위안도 안 되는 스펀지 매트를 넣으면 해결됩니다"라고 이야기했다. 그러나 미국 측에서 보기에는 상자에 스펀지 매트를 장착하는 것은 미증유의 혁신에 해당했다. 그래서 몇 년에 걸친 보고와 연구, 토론을 통해 미국 측은 이 간단하긴 하지만 생각지도 못한 건의를 수용했다. 그러나 이때는 이미 월풀의 세탁기는 '품질이 나쁘다'는 인식이 전 중국에 퍼진 후였다.

전자레인지 시장에서 월풀은 한층 더 비참했다. 합병된 셴화는 당시 중국 최대의 전자레인지 기업이었는데, 합자 후 이 기업은 급속하게 대기업병을 앓기 시작했다. 시장 공략이나 신상품 개발 방안은 반드시 먼저 홍콩에 전달되었고, 다시 미국 본사에서 비준을 받아야 했는데, 무려 3개월이라는 시간이 소요되었다. 기업의 효율성은 떨어졌고, 이런 현실은 같은 지역의 국내 브랜드 거란스에게 한숨 돌릴 시간적 여유를 주었다. 거란스는 가격 인하 전략으로 시장을 야금야금 잠식해갔고, 몇 년이 지나자 월풀셴화는 중국 시장에서 퇴출되지 않을 수 없었다. 그리고 거란스는 순조롭게 규모를 확대해 마침내 세계 최대의 전자레인지 제조업체로 성장하게 되었다.

세계 가전제품 시장에서 14%의 점유율을 차지하고 있던 대기업 월풀이 중국 시장에 5억 달러를 투입했으나 소득이 하나도 없었던 사실은 사람들을 난감하게 하는 반면교사가 되었다. 월풀의 중국 지역 회장을 역임한 스탄Franklin B. Starn은 후일 이렇게 말했다.

경험이든 아니면 교훈이든 한마디로 말해 인내심을 가져야 한다는 것입니다. GE의 웰치 회장이 '중국 시장을 이해하는 가장 핵심적인 단어는 인내심!'이라고 말했듯이 중국은 면적이 넓을 뿐만 아니라 복잡한 정도도 서구 회사들이 여태까지 경험한 적이 없는 것입니다.

1995년 국유기업에게서 최대 뉴스는 개혁개방 이래 '국유기업 개혁의 전형'이던 서우강의 저우관우가 침울하게 하야한 사실이었다. 이때 그가 이끌어온 서우강은 다원화의 험로를 질주하고 있었다.

1994년 4월 프랑스의 『르 누벨 옵세르바퇴르Le Nouvel Observateur』지의 기자는 서우강과의 인터뷰에서 다음과 같은 놀라운 사실을 발견했다.

중국의 개방개혁 이후의 첫 번째 개혁 시험 대상이었던 오늘의 서우강은 철강, 면류, 자전거, 병원, 바벨, 코트, 가구, 부동산, 호텔, 기계 및 컴퓨터 등 무엇이든 경영하고 있으며, 심지어 은행, 선박까지도 보유하고 있다. 또 해외에는 24개 지사가 있고, 페루에는 1억 2천만 달러에 이르는 철광산까지 보유하고 있다.

이 시기의 서우강은 이미 업종을 초월해서 경영하는 종합상사였다.

76세의 저우관우의 가장 큰 꿈은 서우강을 일본의 미쓰비시나 한국의 대우 같은 그룹으로 변모시키는 것이었다. 일찍이 1992년 7월 국무원은 〈서우강 자주권 개혁 확대의 진일보한 시행에 관한 통지〉를 발표해 서우강의 투자 입안권, 무역 외사권外事權, 자금 융통권을 확대했다. 저우관우는 원대한 이상을 갖고 서우강의 '비철강화 및 재벌 그룹 식 성장 노선'을 제기해 중국서우강국제무역공정공사를 설립했고, 화샤(華夏)은행의 구조조정에 참여했으며, 국제 입찰을 통해 페루의 철광산을 매입했고, 홍콩에 있는 리자청의 창장실업공사와 연합해 홍콩의 둥룽(東龍)제철주식회사 및 바오쟈(寶佳)그룹 등 4개의 홍콩의 상장회사를 인수했다. 1994년 저우관우는 서우강을 최고 수준으로 끌어올렸다. 이해 서우강은 823만 7천 톤의 조강(粗鋼)을 생산해 중국 제철기업의 선두주자로 뛰어올랐다. 11월 그는 '중국 개혁의 풍운 인물'로 뽑혔다.

그러나 3개월이 막 지났을 무렵 저우관우는 아들 저우베이팡의 경제 범죄에 연루되어 쓸쓸히 하야했고, 전임 야금부 부부장이던 비춰(畢群)이 그의 자리를 대신해 서우강그룹 당위원회 서기 겸 회장을 맡게 되었다. 비춰은 나중에 서우강을 "구조 엉망, 재무 엉망, 관리 엉망, 불합리한 부채 등 한마디로 난마 덩어리"로 묘사했다.

하지만 저우관우의 낙마도 서우강이 이미 정해놓은 다원화 방침을 결코 변화시키지 못했다. 이후 10여 년간 서우강은 자본 밀집형의 철강업종에 줄곧 전념하지 못했다. 매년 80%의 이윤이 제철에서 나왔지만 서우강의 대부분의 투자는 줄곧 이 업종과 유리되어 있었다. 장기간 서우강을 관찰한 한 학자는 이렇게 말하고 있다.

> 1990년대 중반 이후 한 업종을 중심으로 다원화의 길을 가는 경영 사상이 국내 기업들을 감염시켰습니다. 서우강은 대규모의 집적회로 생산라인 건설 등 신기술 항목에 투자하기 시작했지만 전략 방향에 대한 조정을 실현할 뜻이 없이 단지 철강업 이외의 새로운 경제 성장 영역을 찾아 나서려고 할 뿐이었습니다. 이는 분명 당시 각 업종이 벌떼처럼 다원화 투자를 진행하던 풍조로 인해 일어난 현상이었습니다. 그러나 이러한 하이테크 신기술 프로젝트는 일종의 '실험' 형태로 '온실' 속에서 생겨나기 시작한 것이었습니다.

서우강의 첨단기술 산업 발전 구상에는 심각한 고민이 결여되어 있었다. 그들이 실행한 전술은 '전면 출격과 전면 발전'이었다. 첨단기술의 테두리 안에서라고는 하지만 손대는 업종이 너무 많아 수많은 업계인사들로 하여금 눈이 휘둥그레지게 만들었다.

1994년 롄샹의 니광난과 류촨즈가 마이크로칩 투자 여부로 싸우고 있을 때 컴퓨터업계와 아무런 인연이 없던 서우강이 경솔하게도 빠른 걸음을 내디뎠다. 서우강은 일본 NEC와 서우강전자유한공사를 설립했고, 이 회사는 중국에서 6인치와 0.35미크론 마이크로칩을 생산해 베이징 마이크로 전자 산업의 핵심 제조 기업이 되었다. 서우강은 또 소프트웨어 산업에도 발을 들여 놓아 칭화대학과 연합해 중관촌 과학기술단지에 입주해 소프트웨어-설계-마이크로칩으로 이어지는 마이크로 전자산업의 사슬을 형성하려고 했다. 1997년 서우강은 일본의 야스카와전기주식회사 및 이와타니주식회사와 합자로 서우강모토맨MOTOMAN로봇유한공사를 설립해 중국 로봇 산업의 돌파구를 마련했다. 서우강은 터치컴퓨터유한공사에 출자해 중국에서 이 분야 최고의 기업으로 성장했다. 이러한 영역들에 대한 서우강의 투자는 아주 놀라웠지만 경제적인 성과는 그다지 뚜렷하지 않았다. 2002년 서우강전자유한공사의 손실은 2억 3천만 위안을 돌파했다.

2000~2002년까지 서우강의 산업 사슬은 계속 여러 방향으로 뻗어나갔다. 이 2년 동안 회사는 실제로 비제철 분야에만 5억 5천만 위안을 투자했지만 투자 이익은 1,058만 위안에 불과했다. 2003년부터 서우강은 5만 명의 직원을 일시 해고해야 하는 위기를 감수해야 했고, 철강 생산량은 800만 톤에서 600만 톤으로 감산해야 했다. 동시에 현대자동차 프로젝트에 참여해 자동차 부품 산업을 발전시키겠다고 선언했다. 서우강은 또 부동산업에도 대량으로 투자해 베이징 교외 및 정저우 등지에서 건설 프로젝트를 진행했으며, 대형 테마파크를 계획하기도 했다.

2006년 중국 기업연합회가 공표한 중국 500대 기업 서열에서 10년 전 서열 10위이던 서우강은 30위로 주저앉았다. 국가 정책의 변화 및 자신의 전략적 혼란으로 인해 당시 무한한 희망을 내걸었던 기업이 재벌그룹화의 길목에서 평탄하지 못한 상황을 경험한 것이었다.

1995년 두 가지 광고가 종종 사람들 입에 오르내렸다.

5월 1일 비지니스계에서는 상징적 의의를 가진 뉴욕 맨해튼의 타임스퀘어에 최초로 중국 기업 광고판이 세워졌다. 코카콜라, 소니, 도요타 등 글로벌 브랜드 옆에 '999산쥬제약' 네온사인 광고가 사람들의 이목을 끌었다. 산쥬그룹 사장인 자오신셴이 광고판 아래에서 중국 및 미국 언론과 인터뷰를 진행했는데, 아주 자신만만하게 "이 시간이 우리 기업의 역사에서 가장 자랑스러운 순간입니다"라고 말했다. 이튿날 『뉴욕 타임스』는 "산쥬는 중국 기업으로서는 처음으로 세계에서 광고 밀집도가 가장 높고 가장 영향력이 있는 비즈니스 지역에 중국어 광고를 시작했고, 이로 인해 타임스퀘어에는 새로운 광고 언어인 중국어가 출현했다"고 보도했다. 이후 몇 년 동안 이 광고판은 중국 기업이 글로벌화를 실현한 관광지가 되어 맨해튼을 방문한 많은 사람의 필수 관람 코스가 되었다. 이 광고를 위해 산쥬그룹은 매달 12만 달러를 지출했는데, 2003년 5월 산쥬그룹이 산만한 사업 확장으로 인해 재무 위기에 부딪치자 광고는 조용히 철거되었다.

두 번째 유명한 광고판은 시끌벅적한 중관촌에 나타났다. 한겨울 바이이^{百頤}로 남단의 길모퉁이에서 매일 정신없이 길을 가던 사람들은 갑자기 거대한 광고판을 보게 되었다. "중국인들은 아직 정보고속도로에서 너무나 멀리 떨어져 있다. 북쪽으로 1,500m!" 이 광고판은 많은 사람의 이정표가 되었고, 눈코 뜰 새 없이 바쁜 교통경찰을 무적 화나게 만들었다. "넓고 넓은 황성^{皇城}의 거리에 무슨 정보고속도로?" 이 광고판은 중국의 인터넷 산업에서 기념비적 사건으로 여겨졌다. 이로 인해 이 광고판을 설치한 여인과 이름조차 알려지지 않았던 조그만 회사가 역사 속에 모습을 드러내게 되었다.

베이징 잉하이웨이정보유한공사를 설립하기 전 33세의 쟝수신은 중국과학원에서 사직한 후 사업을 시작한 비즈니스우먼으로, 중관촌에서 호출기 사업을 하고 있었다. 1994년 말 그녀는 남편과 함께 미국의 곳곳을 돌아다니다 동창 집에서 이메일 주소가 인쇄되어 있는 통신록을 보았다. 이때 '인터넷'이라는 날개를 펼친 요정이 쟝수신의 시야로 날아 들어왔다.

당시 미국에서 인터넷 경제는 막 껍데기를 박차고 나온 상태로 매우 중요한 시기에 접어들고 있었다. 마크 앤드리센^{Marc Andreessen}이 막 모자이크 웹 브라우저를 개발했고, 쟝수신보다 네 살 어린 스탠포드대학의 화교 학생 양즈위안^{楊志遠}은 박사논문 기간 동안 최초의 인터넷 검색 소프트웨어를 개발했다. 양즈위안은 박사논문을 포기하고, 트레일러 안에서 야후를 설립해 인터넷 검색 엔진의 상업화에 나섰다. 당시 인터넷에서 무료 검색서비스를 제공할 수 있던 업체는 극소수였고, 야후는 이로 인해 시장에서 광범위하게 인정받고 세계에서 가장 큰 포털 사이트로 급성장했다. 1996년 4월 12일 야후의 주식이 상장되었고, 상장 당일 총 주가가 8억 4천 8백만 달러에 달해 양즈위안은 순식간에 왕안에 이어 글로벌 화교 영웅으로 성장했다. 1994년 9월 미국의 MIT 대학의 뉴미디어 연구교수인 네그로폰테는 『디지털이다Being Digital』를 썼다. 그를 세상에 널리 알려준 이 저서에서 그는 대담하게 "사회 전체가 구축하고 있는 기본 요소는 곧 변화를 겪게 될 것"이라고 주장했다. 그는 인터넷 기술의 성숙으로 물질적인 세계는 가상 세계로 전환되고, 디지털 방식을 통해 지식, 정보 및 상품 제조와 판매가 기존과는 완전히 다른 방식으로 실현될 것으로 여겼다. 이 책은 출판되자마자 세계적 베스트셀러가 되었고, 인터넷에 대한 인식이 완전히 탈바꿈하는 데 상징적인 작용을 했다. 미국의 『비즈니스위크』 통계에 따르면 1995년 초 인터넷은 이미 세계적으로 4만 여 개의 사이트와 380만 대의 컴퓨터에 접속되었고, 154개의 국가와 지역에서 인터넷을 통해 전자메일을 주고받을 수 있었다. 미래학자 앨빈 토플러가 3년 전 『제3의 물결』에서 서술한 내용이 지금은 거의 현실화되었다. 이는 무한히 개방된 정보의 세계였다. 인터넷을 접속하면 각종 풍부한 정보가 끊임없이 밀려왔다. 인터넷 유저에게 세계가 이처럼 광활하고 친근하게 다가왔던 적은 없었다.

    네그로폰테가 '인터넷 시대'로 미래 세계를 정의했을 때 중국과 세계와의 거리는 마침내 숨소리가 서로 들릴 정도로 가까워졌다. 1994년 5월 15일 중국과학원물리연구소는 중국 최초의 웹 서버를 설치해 중국 최초의 웹 페이지를 개설했다. 내용은 중국의 하이테크 발전을 소개하는 것 외에 'Tour in China'라는 항목도 있었다. 9월 우전부郵電部 전신총국電信總局은 미국 상무부와 중미 쌍방의 국제 인터넷에 관한 계약을 체결했는데, 계약에는 전신총국이 미국의 스프린트Sprint사를 통해 두 개의 64K 전용선(하나는 베이징, 하나는 상하이)을 개설한다고 되어 있었다. 중국의 대중 인터넷인 CHINA NET의 구축이 시작되었고, 중국 최초의 네티즌이 출현했다. 이중에는 나중에 전자상거래 사이트인 아리바바를 설립한 마윈, 시나SINA를 설립한 왕즈둥, 처음으로 B2C사이트를 설립한 8848사의 왕쥔타오王峻濤 등이 포함되어 있었다. 『디지털이다』가 출판된 지 반 년 후 베이징의 청년학자 후융胡泳이 베이징에 있는 타이완의 한 도서 대리업체 사무실에서 이 책을 발견하고는 20일 만에 번역해 인터넷에 관한 세계 최고 학자의 최신 사상을 중국에 소개했다. 미래의 정보 세계에 대한 열정적 상상을 불러일으키킨 이 책의 출판은 중국의 인터넷 계몽 운동의 효시로 간주된다.

이리하여 1995년의 중국에서는 인터넷 사업에 투신하는 선구자들이 출현하게 되었다.

3월 미국의 텍사스 대학 공학박사인 텐수닝田溯寧은 미국에서 창업한 야신공사를 중국으로 이전했다. 그는 국가과학위원회와 합작으로 국내에 인터넷을 소개했다. 텐수닝은 인터넷 기술의 발전이 중국과 세계의 교류에 엄청난 비즈니스 기회를 제공하게 될 것으로 보고 다우존스를 포함한 2천여 미국의 정보서비스업체를 가입자로 확보하는 데 성공했다. 동시에 그는 중국에서 수천, 나아가 수만의 기업 가입자를 확보하려고 했다.[5] 하지만 그는 이를 계속할 수 없음을 바로 깨달았다. 첫 번째 원인은 중국 소비자들이 인터넷에 무지한 것이었고, 두 번째 원인은 근본적으로 기술을 실현할 방법이 없는 것이었다. 야신은 처음으로 인터넷 설비를 구입해 인터넷상에서 중국어를 전송하는 IETF 표준을 정했다. 당시 베이징, 상하이에서 사용하던 인터넷 라우터는 모두 합쳐서 32개의 단자였고, 하나의 단자는 대략 10~20명의 유저를 지원할 수 있었다. 이러한 현실은 야신이 건설하는 인터넷이 가장 많아야 500명의 유저를 지원할 수밖에 없음을 의미했다.

4월 항저우에서는 마윈이라는 31세의 대학 외국어 강사가 '중국 옐로우 페이지' 사이트를 개설해 자칭 인터넷상 최초의 중국어 비즈니스 정보 사이트를 자임했다.

---

[5] 사람들이 주목하지 않는 사실은 중국에서 가장 먼저 인터넷 사업에 종사한 사람들이 시작부터 전자상거래에 도박을 걸었다는 점이다. 그들은 인터넷을 사용하고 '소비'할 능력이 있는 사람들은 당연히 기업가들이라고 생각했다. 이는 확실한 갈림길이었다. 텐수닝, 마윈과 장수신 외에 1996년 귀국해 창업한 장차오양이 오픈한 사이트는 '중국상우퉁中國商務通'이었다. 훗날 그는 이 길이 잘못된 것을 발견하고는 곧바로 야후의 중국관인 '서우후'를 오픈했다.

텐수닝의 생각과 거의 마찬가지로 마윈도 기업을 대상으로 서비스하는 인터넷 비즈니스 모델을 창조하려고 했다. 그가 당시 생각한 비즈니스 모델은 기업들로 하여금 자사 비즈니스 정보를 사이트에 올리도록 하는 것이었다. 유학에서 돌아온 텐 박사에 비해 본토 출신인 그는 '인터넷'이라는 단어를 직접 '인트나이터왕因特网'이라는 중국어로 옮겼다. 외부에서 연설하던 중 어떤 사람이 그에게 "당신이 말하는 '인트나이터'는 〈인터내셔널가〉(국제노동자연맹의 공식 가요)에 나오는 '인터내셔널'과 무슨 관계가 있습니까?"라고 물은 적이 있었다. 중국어 발음에서 유사한 부분이 있는 데서 나온 에피소드였다. 이 사업에 다른 사람들도 참여할 것을 독려하기 위해 마윈은 모두가 익숙한 빌 게이츠를 예로 들어 "빌 게이츠는 인터넷이 인류의 모든 부분을 변화시킬 것이라고 말했습니다"라고 말하곤 했다. 몇 년 후 그는 이렇게 고백했다.

이 말은 사실 그가 한 말이 아니고 제가 한 말이었습니다. 1995년에서야 전국적으로 인터넷을 막 알기 시작했지만 저 마윈이 한 말이라고 말하면 믿는 사람이 없었습니다. 사실 1995년의 빌 게이츠는 인터넷을 반대한 사람이었습니다.[6]

이후 왕이를 창립한 딩레이도 이해에 창업 인생을 시작했다. 과거 2년 동안 그는 줄곧 저장성 닝보어의 전신국에서 일하고 있었다. 4월 그는 사직을 결심했다. 이러한 생각은 사람들의 강한 반대에 부닥쳤지만 그는 "이는 내가 처음으로 내 자신을 제거하는 일이다. 하지만 일보를 내디딜 수 있는 용기가 있느냐 없느냐는 인생의 성패의 분수령이 될 것"이라며 결심을 굳혔다. 그는 홀로 무더위가 꿈틀거리는 광저우로 달려가서 미국의 데이터베이스 회사인 사이베이스Sybase에 들어가 기술 지

---

6) 1995년 마이크로소프트는 이미 1만 7천여 명의 직원을 보유하고, 연매출이 130억 달러에 달하는 거대 기업이었다. 새로이 출현한 인터넷과 브라우저에 직면해 빌 게이츠는 여전히 컴퓨터의 미래의 운명을 결정할 것은 마이크로소프트의 윈도우 기술이지 결코 브라우저 기술이 될 수 없다고 생각했다. 이러한 그의 판단은 실리콘밸리의 넷스케이프로 하여금 인터넷을 기본으로 하면서 마이크로소프트와는 관련이 없는 시스템을 개발하도록 했다. 빌 게이츠는 이러한 국면을 만회하기 위해 수십 억 달러의 경쟁 대가를 지불해야 했다.

원 엔지니어 노릇을 했다. 거기서 그는 처음으로 인터넷을 접하게 되었고, 또한 중국의 1세대 네티즌이 되었다. 그는 1년 후 사직했고, 다른 사람과 인터넷 기술과 관련된 소규모 회사를 설립했다.

5월 쟝수신은 남편 쟝쥐센彰作賢과 함께 잉하이웨이공사를 설립했고, 그녀의 '잉하이웨이시공瀛海威'은 일반 가정을 대상으로 대중 정보서비스를 제공하는 국내 유일의 인터넷사이트였다. 그녀는 "잉하이웨이시공에 들어오면 당신은 전자신문을 읽을 수 있고, 인터넷카페에서는 자주 만나지 못하는 친구들과 채팅을 할 수 있으며, 인터넷논단에서는 하고 싶은 이야기를 맘껏 할 수 있고, 또 언제든지 국제적인 인터넷에 들어갈 수 있다 ……"라고 홍보했다. 잉하이웨이에 등록하고자 하는 유저는 반드시 먼저 회원에 가입하고, 일정 금액의 가입비를 납부해야 했다. 일찍이 기자 생활을 경험한 기획자 쟝수신은 잉하이웨이로 하여금 놀랄만한 지명도를 얻게 했다. 그녀는 베이징의 웨이궁麟△촌에 중국 최초의 민영 과학교육관을 개설해 모든 사람이 그곳에서 잉하이웨이 인터넷을 사용할 수 있도록 했고, 무료로 인터넷 지식을 학습할 수 있도록 했다. 그녀는 중국과학기술관에 무상으로 '중국 대중화 정보 고속도로' 전시 코너를 제공했고, 베이징도서관과 함께 잉하이웨이에서 베이징도서관 도서목록을 찾을 수 있도록 했다. 애틀랜타 올림픽 기간에는 뉴스 매체들을 위해 애틀랜타에서 베이징으로 들어오는 정보 통로를 개설했다. 쟝수신은 각종 뉴스 매체에 전문 코너를 개설해 대중들에게 "정보산업은 중화민족이 굴기할 수 있는 중요한 기회"라는 사실을 알렸다.

중국의 인터넷 발전 초기에 잉하이웨이는 계몽가와 선구자 역할을 담당했다. 잉하이웨이는 처음으로 대중적인 브랜드 효과를 만들어낸 인터넷 회사로, 제1회 '유저들에게 가장 환영받는 중국어 정보 사이트' 선정에서 아무런 이의 없이 1위를 차지했다. 단지 안타까운 사실은 쟝수닝도 당시의 텐수닝, 마윈과 마찬가지로 수익 모델을 찾지 못한 것이다. 그녀는 도시 사이트를 만들고 싶어 '인터넷 중국'이라는 프로젝트를 제안한 적이 있었고, 인터넷 도서관을 제작하려고 한 적도 있었다. 또 온라인게임 개발에 투자한 적도 있었지만 번번이 실패했다. 잉하이웨이 회사 내부에서 가장 유행한 말은 "우리는 2000년 이후 돈을 벌 수 있다는 사실은 알고 있지만 지금은 무엇을 해야 할지 모르겠다"는 것이었다.

장수신이 비즈니스 스타가 되었을 때 사람들은 그녀의 인터넷 사업에 대해 경외와 존경을 드러낸 것 외에도 그녀의 폭증하는 재산에 대해 흥미진진하게 이야기했다. 잉하이웨이는 지적재산권이 명확한 개인 회사였고, 장수신 부부는 이 사업에 100만 위안을 투자했다. 회사 설립 16개월 후 국가경제무역위원회 소속의 중국 싱파흥예그룹은 잉하이웨이에 지분 참여를 결정해 총 주식을 8,000만 주로 확대했고, 장수신은 무형 자산에 기타 주식을 합쳐 2,120만 위안의 가치를 가진 회사 주식을 보유하게 되었다. 그녀는 별안간 보기 드문 '젊고 예쁜 여성 백만장자'가 되었고, 이는 당시에 젊은이들로 하여금 무한한 상상 속에 빠져들게 했다. 『뉴스위크』는 "사람들이 돈에 대해서 말할 때 더 이상 과거처럼 부끄러워하지 않는다. 누군가 더 많은 돈을 가졌다는 사실은 가장 가치 있는 일이 되었다. 오늘의 중국에서는 백만장자가 1분에 한 명의 속도로 탄생하고 있다"고 보도했다.

1995년 2월 『포브스』는 중국의 억만장자 리스트를 발표했다. 이 리스트는 홍콩에서 출판되는 중국어 잡지 『자본가』에 먼저 발표된 것이었다. 억만장자에 포함된 사람은 모두 19명이었고, 최고 부자는 스촨의 류융하오 형제였다. 네 명의 형제는 메추라기 사육으로 사업을 시작해 이후 사료 생산 사업으로 나아갔고, 결국 당시 중국 최대의 사영기업으로 성장했다. 그들이 최고의 부자로 선정된 후 『이코노미스트』는 직접 이들 형제를 취재했다.

과거 스촨성의 산간벽촌의 홍보 간판에는 '중국인민해방군에 경의를 표한다'와 같은 말이 적혀 있었다. 그러나 지금은 거의 모든 벽돌 벽에 '희망'으로 불리는 사료업체의 광고 문구가 적혀 있다. "부자가 되고 싶으면 가축을 길러라! 희망이 당신을 돕겠다!" 혹은 "돼지가 한 근의 사료를 먹으면 두 근의 돼지고기를 생산한다!" 동시에 지방의 초등학교에서는 희망 기업의 광고 문구를 이용해 동요를 창작하기도 했다. 희망 기업은 현재 10억 위안의 매출, 60개의 공장, 1만 명의 직원과 9만 명의 시장 대리인을 보유하고 있다고 말하고 있다.

취재 중 류융하오는 그가 자본가인가라는 질문에 대해서는 답변을 피해나갔다. 그는 '그러한 질문은 이론과 관련 있을 뿐입니다. 저는 이론에 대해 심도 있게 공부한 적이 없습니다'라고 말했다. 그는 특별히 빈민 지원 계획을 포함한 희망 기업의 박애를 강조함으로써 그의 기업이 '사회주의시장경제' 성질을 띠고 있음을 증명했다. 희망 기업의 본사는 스촨성 성도인 청두 교외에 자리 잡고 있고, 두 동의 낮은 건물이 전부였다. 류융하오의 차는 아주 일반적인 중국산 '산타나'였다. 손님을 접대할 때는 보통 농가와 마찬가지로 흰 쌀밥, 채소, 고기반찬이 전부였다. 이런 것을 보면 류융하오가 부자라는 사실을 인정하기 어렵다. 하지만 류융하오의 10살짜리 딸은 달랐다. 미니스커트를 입었으며, 피자, 프라이드 치킨, 햄버거를 좋아했는데, 서방의 소비문화가 이미 미국 유학을 준비하고 있는 그녀를 깊게 물들이고 있었다.

『포브스』의 부자 리스트에서 2위부터 10위까지는 장훙웨이張宏偉, 셴두신冼篤信, 모어치중, 장궈시張果喜, 루어중푸羅忠福, 루어시쥔羅西竣, 리샤오화李曉華, 러비야熱比婭, 충칭허우 순이었다. 이 10인의 재산은 6~2억 위안까지 다양했다. 많은 중국인에게 스촨의 류씨 형제와 언론 조작에 뛰어난 모어치중 외에는 모두 낯선 사람들이었다. 이이전 사람들에게 익숙하면서도 존경받은 비즈니스계 스타들은 국유기업의 개혁형 기업가 아니면 유명한 향진기업가였다. 그런데 『포브스』의 부자 리스트는 또 다른 가치평가 기준을 사용해 새로운 답안을 내놓았다. 이로부터 시작해 재산의 많고 적음이 점점 성공 여부의 가장 중요한 평가 잣대가 되어 갔다. 물질화되어가는 시대적 분위기 속에서 아마도 사람들은 더욱 직접적이고 계산하기 쉬운 평가 방식을 정말 필요로 했던 것 같다.

『포브스』의 부자 리스트가 전국 언론의 입에 오르내리고 있을 때 그해 연말 사람들을 더욱 놀래키고 흥분시킨 '비즈니스 월계관'이 베이징에서 탄생했다. 그 배후에서 중국에서 가장 중요한 TV 매체가 전력으로 이를 추동하고 선전했기 때문에 더더욱 떠들썩하고 극적인 요소가 농후했다.

11월 8일 베이징의 미디어센터에 전국에서 가장 권위 있는 건강식품, 식품음료, 가전기업 주인들이 황사를 무릅쓰고 모여들었다. 이곳에서는 머지않아 현장에서 승리를 다투는 자극적이고 피비린내 나는 명성대전名聲大戰이 펼쳐지기로 되어 있었다.

 이 무대를 기획한 사람은 당시 CCTV의 광고부 주임을 맡고 있던 탄시숭譚希松이라는 여성 기획자였다. 1990년대 중반 전국적으로 소비 시장이 형성됨에 따라 CCTV의 방송 가치는 이미 잘 알려져 있었지만 매년 광고 수입은 10억 위안을 넘지 못했다. 탄시숭은 한 가지 묘책을 생각해냈는데, 방송국의 황금시간대 광고 시간을 전국 입찰에 부치는 것이었다. 그녀는 최고 금액을 입찰한 사람에게 허무하지만 휘황찬란한 월계관, 즉 '뱌오왕標王(업계 최고라는 의미로 쓰이는 단어)'을 수여하기로 했다. 입찰은 매년 11월 8일에 진행되었는데, 118의 중국어 발음이 돈을 번다는 '要要發 yaoyaofa'와 같았기 때문이다.

 1995년에 거행된 입찰은 2회째를 맞이하고 있었다. 1994년의 입찰은 그다지 성황을 이루지 못했다. 탄시숭이 전국적으로 초청장을 발부하고 전국 곳곳을 돌며 홍보한 끝에 수십여 개의 기업을 참석시켰는데, 이중 가장 유명한 기업이 광저우의 타이양선과 산둥의 쿵푸쟈쥬孔府家酒양조였다. 최저 입찰가가 공개되었고, 놀랍게도 낙찰자가 이전에는 전혀 지명도가 없던, 산둥의 쿵푸쟈쥬와 같은 지역에 있는 쿵푸옌쥬孔府宴酒라는 업체였다. 우승의 월계관을 쓰게 된 대가는 3,079만 위안이었다. CCTV의 열렬한 지원 하에 쿵푸옌쥬는 하룻밤 사이에 천하에 명성을 떨치게 되었고, 결과적으로 그해에 백주白酒 판매 1위를 달성했다. 뉴스와 판촉 효과의 규모는 예상을 훨씬 뛰어넘었다. 그러자 2회째가 열리게 되었을 때 전국이 들썩이기 시작했고, 베이징으로 통하는 길은 한순간에 전국에서 몰려든 기업가들로 넘쳐났다. 탄시숭은 실제로 중국인의 국민성을 아주 잘 이해하고 있는 사람이었다. 그녀는 거대한 투우장을 개설하고 옆에 있는 깃대에 영예의 우승 월계관을 걸어둔 후 영웅심이 넘쳐나는 기업가들을 집어넣고 한 판의 결투를 치르게 했다. 왕을 칭하거나 과거에 급제하는 것은 역대 모든 중국 남성의 로망이었는데, 하물며 많은 사람의 이목이 주시하는 가운데 천금을 내건 호기로써 전 국민이 모두 주목하는 갈채를 얻는 것임에랴.

 입찰 참석자들 중에 키는 중간 정도이고 얼굴에는 우직함으로 가득 한 중년 신사 지창쿵姬長孔이라는 사람이 있었다. 그는 퇴역군인으로 4년 전 현에서 손실이 가장 큰 친츠秦池라는 양조공장 공장장으로 부임했다. 그는 한 가닥 군인 기질에 의지해 대담하게 광고를 진행했는데, 뜻밖에도 공장은 회생의 기미를 보였다. 1995년 매출이 1억 위안에 달했고, 북방 시장에도 어느 정도 지명도를 갖게 되었다. 친구의 종용으로 그도 미디어센터로 달려가 열기에 동참했다. 그때 입찰 참여 기업으로는 타이양선, 와하하, 러바이스, 선양의 페이룽과 산둥의 산주 등 유명 브랜드들이 있었다. 물론 이들 중에는 타이틀을 방어하고자 하는 쿵푸엔쥬와 작년의 치욕을 설욕하고자 하는 쿵푸쟈쥬도 포함되어 있었다. 이처럼 명성 자자한 업체들 틈에 낀 친츠는 단지 눈에 띄지 않는 단역에 지나지 않았다. 지창쿵이 "금년 낙찰가는 대략 얼마나 될까?"라고 묻자 친구는 "적어도 6,000만 위안은 될 걸세"라고 대답했다. 지창쿵은 입술을 깨물면서 신음했다. 6,000만 위안은 3만 톤에 해당되는 백주로, 친츠의 반년 매출액에 해당되는 거금이었고, 중국 최고 부자인 류씨 형제 자산의 1/10에 해당되는 금액이었다.

8일 오전 10시 정각에 입찰이 진행되었다. 134개 기업가들은 모두 숙연해졌고 줄지어 입찰장으로 들어섰다. 입찰장 사방에는 현수막이 걸려있었고, 카메라 기자들이 줄줄이 서 있었다. 입찰 열기는 산둥의 두 양조업체로부터 시작되었다. 쿵푸쟈쥬가 권토중래하는 각오로 적어낸 가격은 작년 우승자의 두 배인 6,298만 위안이었다. 쿵푸엔쥬는 이 가격에 100만 위안을 추가했고, 겉으로 보기에 대세는 이미 기울었다. 그런데 별안간 예상치 못한 다크호스가 등장했다. 산둥성 친츠의 입찰 가격을 발표할 때 사회자는 입찰 종이를 펼쳐보고는 갑자기 멈춰 섰고, 전체 입찰장은 어떤 의외의 사건이라도 일어난 듯 쥐죽은 듯 적막에 휩싸였다. 몇 초 후 우렁찬 고음이 입찰장에 울려 퍼졌다. "친츠! 6,600만 위안!"

"친츠가 누구지?" "린취臨朐현이 어디야?" 당시의 사진으로부터 현장에 있던 지창쿵이 플래시 세례와 기자들의 쏟아지는 질문에 전혀 익숙하지 않은 것을 알 수 있다. 밀집된 사람들 속에서 그는 어색한 미소를 짓고 있다. 하지만 이 시각 그는 화산의 봉우리에 올라섰음을 확실히 깨닫고 있었다.

|기업사 인물|

'골칫거리 백성' 왕하이王海

왕하이는 중국 비즈니스 무대에서 최초로 '골칫거리 백성刁民'으로 불렸다. 칭다오에서 뛰쳐나온 이 청년 농민은 그러한 '칭호'를 아주 즐겼는데, 그는 "이 말은 상대적으로 간교한 상인을 일컫는 말"이라고 말했다.

1990년대 중반 중국의 상품 소비 시장에서는 짝퉁이 횡행했고, 업체들의 광고도 과대 포장되었으며, 제품의 품질과 신용은 사람들을 난감하게 할 정도였다. 1994년 정부는 〈소비자권익보호법〉을 반포했는데, 제49조에는 "경영자가 상품이나 서비스에서 사기 행위를 제공하면 소비자 요구에 따라 손실을 추가로 배상해야 하고, 추가 배상금액은 소비자가 구매한 상품 가격이나 서비스 비용의 2배로 한다"고 규정했다. 이전의 민법에 따르면 소비자가 가짜 상품을 구매했을 때 최대 보상은 구매 가격 그대로 반품하는 것이었는데, 지금은 2배에 달하게 된 것이다. 왕하이의 출현은 이 조항과 관련이 있었다.

1995년 3월 25일, 22세의 칭다오 청년 왕하이는 베이징의 룽푸隆福빌딩에서 85위안짜리 가짜 소니 이어폰을 구입한 후 곧바로 둥청구 공상국에 고발했고, 매장에 추가 배상을 요구했다. 행정 집행자가 "당신은 이 이어폰이 가짜라는 것을 아십니까?"라고 묻자 왕하이는 "당연히 알고 있습니다"라고 대답했다. 상대방이 이 말을 듣고 화가 나서 말했다. "가짜인 것을 알면서도 샀다는 겁니까? 너무 간사한 거 아닌가요?" 『중국소비자보』는 이 새로운 사건을 접하고는 「간사하다고? 총명한 소비자가 아닌가?」라는 제목으로 기사를 썼는데, 일순간에 큰 논란이 벌어져 지지와 반대 입장으로 나뉘었다. 왕하이는 신이 나서 베이징의 백화점 열 곳을 돌아다니며 특별히 가짜만 골라서 샀다. 그런 후에는 손해배상을 요구했고, 50일 동안 8,000위안에 가까운 배상금을 받아냈다. 11월 말 중국소비자협회는 '사기 행위를 제지하고, 추가 배상을 실현하자'라는 좌담회를 개최했는데, 베이징의 곳곳을 돌아다니며 추가 배상을 받아낸 왕하이를 '귀빈'으로 초대했다. 좌담회에서 정부 관리, 법학자와 백화점 사장들은 "왕하이는 가짜 상품을 타도하는 영웅인가 아니면 골칫거리인가?", "신형 소비 행위인가 아니면 법률의 빈틈을 노리는 행위인가?"에 대해 격렬한 논쟁을 벌였다. 좌담회에 참석한 일부 전문가와 관리는 이 사람은 "아주 주도면밀하고, 전문적으로 편법에 기대 돈을 벌고 있다"고 생각했다. 앳된 얼굴에 야구 모자를 눌러 쓴 왕하이가 갑자기 나타나자 많은 사람이 낄낄대며 웃었다. 왕하이는 다른 사람이 대신 써준 「나의 곤혹」을 읽었다. "…… 저는 아주 곤혹스럽습니다. 설마 제가 국가와 인민에 유익한 일을 한 것이 잘못된 것입니까?" 다음 해 3월 CCTV는 즉흥적인 대담 프로그램 〈솔직한 대담〉을 신설하기로 했다. 진행자 추이용위안崔永元은 가장 먼저 이 유명한 '골칫거리'를 떠올렸다. 왕하이는 이 프로그램에 출연하기를 간절히 원했지만 당시 어떤 업체에서 '왕하이 타도'를 외쳐대고 있어 TV에 출연하는 것은 안전하지 못하다는 생각을 하고 있었다. 또 방송에 출연하면 전 중국의 판매원이 자신의 생김새를 알아볼 것이고, 그렇게 되면 어떤 사람도 그에게 물건을 팔지 않을 것이기 때문이었다. 그러자 추이용위안은 그에게 변장을 하면 된다고 설득했다. 왕하이는 가발을 쓰고, 수염을 붙인 얼굴에 선글라스를 썼다. 거울을 보자 자신도 알아보지 못하는 모습이었다. 스튜디오에 들어선 그는 중국소비자협회 고발센터 주임 우가오한武高漢을 보고는 그를 불렀다. 우가오한은 안경을 들치며 한참을 본 후에야 누구인지를 알아보았다. 우가오한은 하마터면 눈물을 흘릴 뻔했는데, 왕하이의 변장술이 너무 비참해 보였기 때문이다. 왕하이 본인도 변장이 너무 가짜 티가 난다고 생각했지만 선글라스를 쓴 그러한 방식이 매우 안전하다고 생각해 이때부터 공개적인 자리에서는 항상 검은색 선글라스를 착용했다.

왕하이의 '골칫거리 백성' 행동은 베이징에만 그치지 않았다. 그는 곧 난징, 창사와 항저우 등 각 지역에서 가짜 상품을 구입하고는 배상을 청구했다. 그를 초청한 것은 거의 대부분 지역 언론이었고, 그들은 왕하이를 밀착 취재했다. 그리하여 왕하이가 가는 곳은 어디든지 공황 상태에 빠져들었다. 어떤 사람은 '화재 방지, 도둑 방지, 왕하이 방지'를 제안했고, 어떤 백화점은 영업사원을 파견해 왕하이의 사진을 나누어주면서 반드시 그의 생김새를 기억하라고 주지시켰으며, 완곡하게 그에게 대응할 수 있는 표준 답안을 작성하기도 했다. 일부 백화점은 왕하이가 가짜 상품을 사러왔을 때 핑계를 대고 한사코 물건을 팔지 않든가 아니면 물건을 팔아도 고의로 영수증을 애매하게 끊어주었다. 그가 광저우에 왔다는 소식을 들은 몇몇 백화점 사장은 긴급회의를 열어 대책을 강구했다. 그들은 입을 맞추어 왕하이가 광저우에서 몇 만 위안의 가짜 물건을 사더라도 모든 상가는 반품은 물론 배상도 해주지 않기로 의견을 모으고 그가 직접 고소하도록 압력을 가하기로 했다.

왕하이는 아주 태연자약하게 말을 잘했다. 그리고 천성적으로 사고가 아주 치밀한 사람이었다. 학력은 높지 않았지만 자신의 인생을 아주 잘 설계하는 사람이었던 것 같다. 1996년 말 그는 내친 김에 베이징다하이(大海)비즈니스컨설팅유한공사를 설립했고, 그의 가짜 상품 타도 사업은 이로부터 기업화 단계로 접어들었다. 다하이는 기업의 위조품 판매 단속 업무를 위탁받기 시작했다. 그의 첫 번째 사업은 광둥아이더러(愛得樂)공사를 도와 가짜 상품을 단속하는 것이었다. 이 업체는 동남아 최대의 오토바이 후미 박스와 헬멧 생산업체였다. 하지만 시장에서 매년 30~50만 개의 짝퉁이 판매되고 있었고, 회사는 이를 근절하기 위해 300만 위안이라는 돈을 들였지만 아무런 효과가 없자 왕하이를 초청해 짝퉁 상품 근절에 참여하도록 했다. 왕하이는 10여 개 도시를 돌면서 40여 개의 짝퉁 상품 은닉처를 찾아 판매 금지 조치를 취했다. 왕하이의 '가짜 상품 타도 사업화'는 자연스럽게 여론의 논쟁을 불러일으켰다. 그는 아주 태연자약하게 이렇게 말했다.

우리는 남들에게 이용당하고 있을 뿐입니다. 오늘 당신이 우리더러 그를 타도하라고 하면 내일 그는 우리더러 당신을 타도하라고 할 것입니다. 이렇게 하면 업종의 자율을 촉진시킬 수 있을 뿐만 아니라 우리도 이 와중에 돈을 벌게 되는 것입니다. 결국 소비자에게 이로운 것 아닙니까?

그의 마지노선은 '증거만 확고하면'과 '불법만 없으면', 이 두 가지였다. 1998년 고객이 의뢰한 가짜 약품 건을 조사하던 다하이는 성병 관련 떠돌이 의사 문제가 아주 심각한 것을 발견했다. 그래서 왕하이는 영업사원을 허페이, 창사, 청두, 타이위안太原, 충칭 등지로 파견해 조사하도록 했다. 그해 푸젠성 푸톈莆田현 길거리에서 쥐약을 팔던 가족이 각지의 백여 개 브랜드의 의료 기구와 합작으로 광고폭격을 통해 전국적인 '성병 진료' 그룹을 만들고, 이를 토대로 매년 성병 환자들에게서 수천만 위안의 폭리를 취하고 있었다. 왕하이는 언론에 성병 관련 떠돌이 의사 '잔詹씨 가족'의 사기극을 폭로했고, 동시에 위생부衛生部에 잔씨 가족의 불법 행위를 제보했다. 그해 말 위생부는 문건을 하달해 각 지역의 떠돌이 의사에 대한 의료 행위 금지 조치를 실시했다. 어떤 사람에 따르면 이 제보는 매년 20억 위안의 소비자 손실을 면하게 해주었다고 한다. 1998년 12월 개혁개방 20주년을 기념하기 위해 CCTV는 〈20년 20인〉이라는 특집 프로그램을 제작했는데, 왕하이, 장루이민, 우징롄, 리닝李寧, 왕스, 천장량陳章良 등이 선택되었다. 프로그램 녹화 중 경제학자 우징롄은 왕하이에게 선물한 책에 '시장 청소부'라는 칭호를 적어 주었다.

왕하이의 가짜 상품 단속은 갈수록 전문화되어갔다. 한 번은 연초전매국을 도와 베이징 최대의 짝퉁 담배 은닉처를 발견했고, 쓰리 파이브, 홍타산紅塔山 등 시가 280만 위안에 달하는 짝퉁 담배를 몰수했다. 또 저장기술감독국을 도와 전국 최대의 짝퉁 밸브 건을 해결했는데, 금액으로는 400여만 위안에 달했다. 또 공상국을 도와 베이징 최대의 가짜 술 은닉처를 발견했는데, 이 은닉처에 보관되어 있던 가짜 술은 시가 2,000만 위안에 가까웠다. 그는 또 미국의 한 변호사 사무소와 함께 전 세계적인 유명브랜드 트럼프와 자전거의 짝퉁 타도 업무를 대리했다. 심지어 록 가수 추이젠이 반 해적판 운동에 왕하이를 끌어들이기도 했다. 2004년 그는 베이징의 새로운 시민이 되어 차오양구의 전국인민대표자회의 대표 경선에 참가한다고 선언해 사람들을 놀라게 했다. 이를 위해 그는 베이징방송대학의 대학생 두 명을 초빙해 무보수로 경선 보좌관을 맡게 했고, 가는 곳마다 유권자를 위해 봉사하겠다는 주장을 알렸다. 경선 결과는 당연히 낙선이었다.

결과는 제가 예상한 바와 같습니다. 저는 정식 후보로 당선되지 못했는데, 선거에 참가할 때부터 다른 후보들과는 불평등했습니다. 5년 후 저는 다시 선거에 나설 것입니다. 하지만 선거에 나서기 전에 저는 전국인민대표자대회 등 입법 부문의 선거법에 관한 법의 개정을 건의할 것입니다. 왜냐하면 지금의 선거법은 확실히 낙후되었기 때문입니다.

사람들은 이 칭다오 출신 청년을 새로운 눈으로 대할 수밖에 없었다.

이후 왕하이는 '지역 사회 자주 관리'를 주제로 한 프로젝트팀의 초청을 받는데, 이 프로젝트 비용은 국가철학펀드에서 나온 것이었다. 그는 일찍이 〈주택단지 관리에 관한 입법 안건〉을 기안해 31명의 전국인민대표자대회 대표의 서명을 받은 후 전국인민대표자대회에 전달한 적이 있었다. 그는 또 뉴욕에서 NGO의 운영 모델을 고찰했고, 귀국 후 실제로 NGO를 설립한 후 지원자를 모집해 공공 이익을 위한 서비스를 제공했다. 이 단체는 반反사기 사이트를 개설했는데, 매일 각종 비즈니스 사기 행위와 불성실 행위에 대해 경고하고 소비자들이 사기를 당하지 않도록 하는 동시에 사회적으로 각종 사기 행위와 각종 독점 권리 침해 행위의 단서를 수집, 확인해 관련 부문에 제보하고 폭로했다.

2007년 가짜 소니 이어폰을 구입한 지 12년 후 34세의 왕하이는 "저의 이상은 국내에 공공 이익을 위해 서비스하는 비영리적인 반反사기 조직을 설립하는 것"이라고 말했다. 골칫거리 청년에서 공공 서비스 정신을 가진 '권익 보호 전문가'에 이르기까지 왕하이의 여정은 마치 모든 것이 이치에 맞게 순조롭게 진행된 것 같다.

|기업사 인물|

완궈의 어르신

　1995년 2월 26일 국제 금융계에 한 바탕 지진이 일어났는데, 233년의 역사를 자랑해온 영국의 한 유명 상업은행이 파산을 선고한 것이었다. 원인은 놀랍게도 1개월여 전 싱가포르에 있던 28세의 선물 매니저의 판단착오였다. 1월 리슨Nick Leeson이라는 젊은이가 일본 증시의 호황을 예상하고는 도쿄와 오사카에서 대량의 선물을 매입해 닛케이지수가 상승하면 폭리를 취할 수 있을 것으로 기대하고 있었다. 하지만 누가 알았겠는가? 월말에 일본의 오사카와 신주쿠에 대지진이 발생했고, 도쿄 증시는 폭락하기 시작했다. 베어링스 은행Barings Bank은 최종 손실 금액이 14억 달러에 달했고, 부득불 파산을 선고할 수밖에 없었다.[7]

　중국 최대의 증권회사인 완궈증권의 사장 관진성은 '베어링스 은행 사태'를 듣고 상하이의 또 다른 '증권 대부'인 선인증권의 간즈둥에게 "중국에서 이러한 대형 사건이 발생하려면 아마 10년은 기다려야 할 것입니다"라고 말했다. 아무도 생각지 못한 것은 그가 이 말을 한 것과 거의 동시에 그가 한 바탕 대재난의 연출을 맡은 것이었다.

---

7) 풍자적인 의미가 있는 사실은 10년 후 미국의 『포춘』지가 그를 20세기에 영향을 준 경제계 인물로 선정한 것이었다. 당시 월가에서는 월드콤과 엔론의 추문 사건이 발생했는데, 옥중의 리슨은 다음과 같이 말했다. "나는 일찍이 베어링스 은행의 파산으로 국제 금융 시장이 감독 관리를 강화할 것이라고 예측했었다. 하지만 최근 세계적으로 금융 관련 추문이 끊이지 않는 것을 보니 사정이 그렇게 간단한 것 같지는 않다."

이때의 관진성은 순풍에 돛을 단 듯이 아주 잘나가고 있었다. 그는 완궈증권을 반 칸짜리 조그만 사무실에서 네 사람이 일하던 것에서부터 시작해 이미 250여 명의 직원을 보유하면서 국내외 200여 개의 금융 기구와 합작하는 등 총자산 1억 위안이 넘는 유명 회사로 만들었던 것이다. 1994년 하반기에 시작해서 상하이 증권시장의 국채 선물 교역은 점차 최고조에 이르기 시작했고, 증권시장의 불황과 비교할 때 국채 선물의 거래량은 날로 확대되고 있었으며, 각종 선물 가격의 상승은 사람들을 흥분하게 만들었다. 국채 선물 전매로 사업을 일으킨 관진성이 이러한 시장 환경에서 다른 사람에게 뒤질 이유가 없었다. 1995년 1월 국채 선물 시장에서 최대의 궁금증은 1992년에 발행된 3년 만기 국채의 금리 인상 여부였다. 코드번호 327의 국채 규모는 240억 위안으로 6월이 만기 도래 시기였다. 9.5%의 액면 이자에다 가치 보증 보조율을 더하면 100위안의 채권이 132위안이 되지만 시장에서 유통되는 가격은 148위안 전후였다. 당시 은행의 예금 금리가 12.4%였기 때문에 시장에서는 일반적으로 327국채의 회수율이 너무 낮다고 여겨졌다. 그래서 일부 소식통은 재정부가 채권의 이율을 올릴 것이라고 이야기했다.

하지만 관진성은 그렇게 보지 않았다. 그는 지금의 거시 국면을 투자 과열과 금융 질서 혼란으로 보았다. 특히 일전에 발생한 선타이푸 자금 모집 사건이 중앙으로 하여금 이율 조정 등 민감한 문제의 결정에서 보수적인 전략을 취하게 할 것이고, 따라서 아마도 국고에서 별도 자금을 집행해 보조할 것이라고 생각했다.

그러나 이번에는 뜻밖에도 그의 생각이 틀렸다. 그의 적수는 재정부 산하 중국경제개발총공사였다. 2월 23일 재정부는 이율 인상을 선포했고, 327국채는 148.5위안에 거래되었다.

이 소식이 전해지자 327국채의 시장가격은 줄곧 오르기 시작해 당일 오전에만 151.3위안으로 상승했는데, 전일에 비해 3위안 이상 상승한 것이었다. 이때 관진성 수중에는 대량의 327국채 선물 계약이 있었는데, 이는 1위안씩 오를 때마다 10여억 위안의 손실을 의미했다. 죽음의 언저리에 몰린 관진성은 눈이 붉어지기 시작했고, 어떠한 대가를 치르더라도 가격을 원상태로 돌려놓기로 작정했다. 완궈는 시장에서 계속해서 매도를 시작했고, 공매매에 의한 참혹한 교살전이 벌어지면서 시장에서는 한차례 피비린내 나는 전쟁이 일어났다. 거래 종료 7분 전에 이미 냉정함을 상실한 관진성은 최후의 승부를 걸었다. 그는 2,112억 위안의 매도증서를 내던져 억지로 가격을 147.4위안으로 끌어내렸다.

관진성의 과도한 행위는 결국 관리층으로 하여금 더 이상 용인할 수 없게 만들었다. 이날의 공방에서 완궈는 천억 위안이 넘는 매도증서를 날렸고, 이는 최소한 100억 위안의 보증금을 필요로 했다. 하지만 이렇게 많은 보증금이 있을 리 없고, 아무런 거리낌 없는 규칙 위반 행위는 이미 돌이킬 수 없는 지경에 이르렀다. 그날 밤 상하이거래소는 16시 22분 13초(관진성이 매도증서를 날린 시각) 후의 거래는 정상이 아니며, 조사 결과 완궈 증권이 당일 결산 가격에 영향을 주었고, 이는 의도적인 규칙 위반 행위이기 때문에 이후의 모든 327국채 거래는 무효로 선언되었다. 호랑이 입에 든 음식을 탐한 관진성은 결국 호랑이에게 먹힌 것이다. 만약 147.4위안이라는 결산 가격에 따라 계산했다면 완궈는 327국채 거래에서 10여 억 위안의 이익을 챙겼겠지만 상하이거래소의 결정에 따라 완궈는 결국 60억 위안의 손실을 기록하게 되었다.

5월 19일 관진성은 체포되었다. 9월 15일 상하이거래소 사장 웨이원위안은 관리 부실로 면직되었다. 1996년 완궈와 선인이 합병되었고, 이후에는 선인완궈로 불렸다.

중국 증시를 뒤흔든 327 사건은 많은 의혹을 남겼는데, 쌍방이 다퉜던 쟁점은 327 국채의 이율 인상 여부였다. 많은 증권 전문가들은 이 사건 후에 "꿈에서도 이율을 인상할 것이라고는 생각 못했는데, 게다가 무려 5%나 올랐다"고 시인했다. 시장에서의 공매매 교살전은 규제를 벗어나기에 이르렀고, 쌍방 모두 보증금 부족, 악의적인 가격 조작 등의 방면에서 많은 불법 행위를 저질렀다.

관진성에 대한 심의 결과는 1997년 2월에야 나왔는데, 그에게 내려진 선고는 17년의 유기징역이었다. 재미있는 것은 모든 사람은 그가 327 국채 사건으로 체포된 것으로 알고 있지만 그의 고발 죄명은 뇌물수수와 공금 횡령이었다. 상하이시 제일중급인민법원 형사 판결문에 따르면 관진성은 직권을 이용해 세 차례에 걸쳐 29만 4천 위안의 뇌물을 수수했고, 이 외에도 240만 위안의 공금을 횡령해 타인에게 제공해 영리 활동을 진행했으므로 '죄질이 특히 나빴다.' 관진성은 중국 기업사에서 독특한 '법죄착위法罪錯位 현상'[8]의 또 다른 희생자였다. 쟝시성의 조그만 산촌에서 걸어 나온 증시의 효웅梟雄은 성공 직전에 무너졌다. 그는 법정에서 위탁 변호인이 없었다. 법원이 그를 위해 변호인을 지정했지만 거절했으며, 침묵으로 결연하게 자신의 태도를 표명했다.

8) 법죄착위法罪錯位: 개혁개방 시기에 많은 기업가가 처벌받았는데, 처벌된 사람들이 저지른 범죄는 동쪽에서 일어났지만 선고된 죄명은 서쪽에서 일어난 범죄라는 의미이다.

1996년
500대 기업의 꿈

사회에 이토록 많은 자산이 방치되어 있으니
산쥬는 산을 내려와 복숭아를 딸 수 있는
아주 좋은 기회를 절대로 놓치지 마라.
이 마을을 지나치면 저 가게도 없어진다.

—자오신셴趙新先(1996년)

'야오왕' 친츠가 표출한 유례없는 충동, 심지어 환상적인 색채까지 띤 과격함이 1995~1997년 봄의 중국 기업계에 자욱하게 깔려 있었다. 친츠는 비즈니스에 대한 당시 사람들의 모든 상상에 부합했다.

기적은 일순간에 탄생할 수 있고, 로마는 하루에 건설될 수 있지만 대담해야만 하늘을 포용할 수 있고, 하고 싶은 것을 이룩할 수 있는 것이다.

친츠는 이후의 연출에서 이러한 '중국식 방식'을 거의 완벽하게 증명했다. '야오왕' 타이틀을 차지한 후 친츠의 지명도는 하룻밤 사이에 폭등했고, 급속도로 중국에서 가장 잘 팔리는 백주로 성장했다. 1996년에 연매출 9억 8천만 위안을 기록했고, 이윤과 세금만 해도 2억 2천만 위안에 이르러 낙찰 이전에 비해 5배 이상의 성장을 이룩했다.

1996년 11월 8일, 천하에 명성이 자자하던 지창쿵이 다시 미디어센터에 출현했다. 그는 눈에 가장 잘 띄는 메인테이블에 앉아 기업가 대표로 발언했다. 그는

"1995년 우리는 CCTV로 산타나를 몰고 들어왔지만 나올 때는 아우디를 몰고 나왔으며, 오늘 우리는 호화 벤츠를 몰고 들어와서 나올 때는 링컨 컨티넨털을 몰고 나올 것입니다"라고 말했다. 이 말은 마치 효모처럼 미디어센터로 번져나갔고, 사람들은 저마다 자못 흥분되고 두려운 피비린내를 맡을 수 있었다. 입찰이 개시되자 친츠는 사람들 눈이 휘둥그레질 정도의 거금인 321,211,800위안으로 '뱌오왕' 자리를 이어갔다.

한 기자가 "친츠의 이 숫자는 어떻게 계산한 것입니까?"라고 묻자 지창쿵은 시원시원하게 "어떻게 계산한 것이 아니고, 바로 제 휴대폰 번호입니다"라고 대답했다.

이는 잊기 힘든 '창세기'적 장면이었다. 과거 3년간 소비 시장의 급속한 팽창과 매우 감성적인 대중 심리는 중국 기업가들에게 하고 싶은 바를 맘껏 할 수 있는 거대하고 거리낌 없는 상상 공간을 제공했다. 모든 사람은 전력을 다해 질주했고, 청사진도 계속해서 확대되었다. 그해 봄 평범한 사람의 분투를 묘사한 할리우드 영화 〈포레스트 검프 Forrest Gump〉가 중국의 극장가에서 큰 인기를 끌며 상영되었는데, 사람들은 모두 주인공인 톰 행크스가 한 명언을 기억하고 있었다. "인생은 초콜릿 상자와 같아서 무엇을 집을지 아무도 모른다." 좋다. 이왕 모른다면 이제 마음껏 상상해보자.

건강식품 분야에서 창업한지 이제 2년이 지난 산둥성의 산주기업은 온갖 수단을 다 동원하는 영업 전략으로 20억 위안의 매출액을 실현했다. 총재인 우빙신은 산주의 '5년 계획'을 이렇게 완성했다.

1995년 1,600%~2,000%의 성장 속도로 16억~20억 위안의 매출을 달성하고, 1996년에는 성장 속도가 400%로 낮아지지만 매출액은 100억 위안을 달성해야 한다. 1997년의 성장 속도는 200%로 떨어지고 매출액은 300억 위안, 1998년의 성장 속도는 100%로 떨어지고 매출액은 600억 위안, 1999년에는 성장 속도가 50%로 낮춰지지만 900억 위안의 매출을 달성해야 한다.

우빙신의 '성장'과 '하락'은 광고와 뉴스 보도 형식으로 중국에서 가장 유명한 신문에 게재되었고, 사람들로 하여금 부럽게 하기도 했고 의아하게 하기도 했다. 연말 산주는 정말로 80억 위안의 매출을 기록했고, 이름에 부끄럽지 않은 건강식품업계의 선두주자로 성장했다.

백화점업종의 경우 허난성 정저우의 야시야(亜細亜)백화점이 당시 가장 잘나가는 모범 기업으로, 전국 최초로 '스마일 서비스'와 체인 사업으로의 발전을 시도한 업체였다. 사장인 왕수이저우(王遂州)는 발전 계획을 이렇게 정했다.

2000년 전에 전국에 1,000개의 체인점을 개설하고, 매출액은 500억 위안을 달성해 업계에서 전국 최고로 성장한다. 종합 실력에서는 전국 10위권을 차지해 중국 경제에 중대한 영향력을 행사할 수 있는 국제 트러스트로 성장한다. 베이징이나 상하이에 최소 120층의 야시야 마천루를 건설해 아시아에도 이런 기념비적인 건물이 있음을 상징적으로 보여준다.

이러한 발전 계획은 전문가들의 논증을 거쳐 장엄하게 대중에게 공개되었고, 이 목표에 대해 의문을 갖는 사람은 아무도 없었다. 이러한 현상은 아마도 환상에 기대어 이상을 실현해 가는 시대였기 때문에 가능했던 것으로 보인다.

우리는 앞서 소비 시장에서 발생한 격정적인 스토리에 대해 흥미진지하게 이야기했다. 이어 1996년을 전후한 중국 기업의 상황에 대해 전체적으로 살펴보기로 하자. 사실 당시의 국면은 얼음과 불의 다른 두 세상이 공존하고 있었다.

'얼음'의 한 측면은 줄곧 저효율과 구체제로부터 벗어날 방법이 없던 국유기업 집단이었다. 1996년 국유기업의 순영업이익률은 역사상 최저점을 기록해 손실 규모는 1985년의 28.6배에 달했다. 상대적으로 비교해 전국의 향진기업의 산업 가치 성장률은 22%, 중외합자기업의 소득세 성장률은 40%에 달했다. 1996년은 파산법이 반포된 지 10년이 되는 해였다. 1986~1990년까지 전국에서 파산한 국유기업은 단지 121개에 불과했다. 1996년이 되어서야 파산이 최고조에 달했는데, 전국에서 6,232개 업체로 과거 9년간의 합계를 초과했다.

1992년 7월 국무원이 〈전민소유 소유제 공업 기업의 경영 메커니즘 전환 조례〉를 반포해 전면적으로 14가지 자주권 실현을 선포한 후부터 정책결정권자 입장에서 볼 때 마땅히 주어야 할 자주권은 이미 모두 이양되었기 때문에 이후에는 기업이 자기 나름대로의 방법과 수단을 시장에서 발휘하면 되었다. 하지만 오히려 사람들을 낙심하게 한 것은 절대 다수의 국유기업이 경쟁에서 맥없이 무너진 것이었다. 국가경제무역위원회가 전국의 국유기업에게 추천한 개혁의 전형은 한단邯鄲제철공사였다. '한단제철의 경험'은 종합해보면 두 가지로 귀결되었다. 하나는 '모의模擬 시장'이다. 즉, 최종 제품의 시장가격을 채택해 내부 이전 가격을 '모의'로 확정하고, 전 공장의 목표 이윤 보장을 중심에 놓고 10여만 개의 지표로 구성되는 원가 제어 시스템을 만드는 것이었다. 또 다른 하나는 '원가 부결否決'이다. 즉, 원가를 직원들의 행위에 영향을 주고, 유도하며 교정하는 지렛대로 삼아 기타 지표들을 얼마나 잘 완성했는가에 상관없이 분공장, 팀 혹은 개인에게 분배된 목표 원가를 달성하기만 하면 임금과 보너스에 영향을 주는 것이었다. '한단제철의 경험'은 국유기업의 효율성 제고에서 최고의 모델로 여겨져 국무원은 특별히 경제무역위원회와 야금부의 보고를 하달해 전국의 국유기업에 '한단제철 배우기'를 호소했다. 이렇게 높은 수준의 요구는 '공업의 다칭 배우기' 이후 처음 있는 일이었다. 그러나 한단제철은 30년의 기업사에서 최후의 전국적인 '개혁 전형'이었다. 한단제철의 방법은 근본적으로 말하면 백 년 전 미국의 테일러 시스템의 복제판으로, '원가 부결'도 사실은 테일러 시스템의 표준원가제도였다. 이것은 주로 생산이나 작업 효율 증대에 이용되었지만 결코 제품의 판매망 문제를 해결할 수 없었고, 더욱이 기업의 재산권 제도 혁신에는 손을 댈 수 없었다.

효과와 이익이 분명하게 드러나지 않았기 때문에 몇 년간 국유기업의 손실은 더욱 늘어갔다. 톈진, 선양, 하얼빈, 청두 등 15개 도시의 2,600여 개 국유기업에 대한 국가통계국의 조사에서 1994년 말까지 이들 기업의 자산 총액은 2,544억 위안, 부채는 2,007억 위안으로 부채 비율이 평균 78.9%였는데, 10년 전에 비해 자산은 4.1배, 부채는 8.6배 증가한 것으로 밝혀졌다. 많은 기업이 여전히 매일 생산하고 있었지만 생산된 제품은 종종 생산 라인에서 나오자마자 곧바로 창고로 옮겨졌다.

1996년 말에 이르러 전국의 향 이상의 공업 기업의 재고는 이미 1조 3천 2백억 위안을 넘어섰다. 이에 비해 1991년의 재고는 1천 3백억위안에 불과했다. 최대 공업 도시인 상하이에서 발생한 현상은 이를 잘 보여주는 하나의 축소판이었다. 1990~1999년까지 상하이는 줄곧 2차 산업을 퇴출시키고 3차 산업에 진출하는 도시 발전 전략을 진행했다. 수많은 공업 기업이 해체되거나 중심 지역을 떠나야 했다. 이것은 매우 고통스럽고 힘든 과정이었다. 근 10년간 눈부신 영광을 창조한 상하이 방직업은 파산 41개 업체, 말소 200여 개 업체에 이르렀고, 방추紡錘는 기존의 250만 개에서 70만 개로 줄어들었으며, 60만 방직공들이 정리해고되어 흩어졌다. 이 기간 상하이의 실업증가율은 9.53%에 달했는데, 1990년~1995년 사이의 평균 증가율은 이보다 훨씬 높은 13.17%였다. 이 수치는 단지 등록된 실업 인구에 대한 증가율에 지나지 않았다. 상하이의 현상은 기타 공업 기지에도 대량으로 존재했다. 여기서 반드시 기록해야 할 것은 수많은 국유기업의 직원들이 도시 경제의 개혁을 위해 어마어마한 대가를 지불했다는 점이다.

1995년 9월 『인민일보』는 〈8·5기간(1990~1995년)에 대한 보고〉라는 장편의 경제 분석 기사를 게재해 국유기업이 직면한 3대 곤경에 대해 논했다. 첫째, 손실이 고공행진 중이라는 것이었다. 국유기업의 손실은 매년 14.2%씩 증가했고, 매년 손실액은 500억 위안을 넘었다. 이중 국유기업이 차지하는 비중이 70%이상이었다. 둘째, 기업 자금의 사용 효율이 떨어지는 것이었다. 재고는 매년 30% 속도로 증가해 생산 성장 속도를 최소 10%이상 초과했다. 셋째, 국유공업의 종합적인 경제효율지수가 '7·5기간(1986~1990년)'에 비해 5.4% 떨어진 것이다. 세금과 원가 대비 이윤 비율 모두 비국유 기업에 비해 현저히 떨어졌다. 7월 국가체제개혁위원회는 1994년에 시작된 100개 현대 기업 시범 작업을 1996~1997년 말까지 1년 연장할 것을 발표했다. 중대 개혁의 연장을 공개적으로 발표한 것은 개혁개방 이후 처음 있는 조치였다. 이로부터 사람들은 시범 개혁에 온갖 어려움이 있음을 직접 느낄 수 있었다.

연이어 손실을 기록하고, 효율은 떨어졌으며, 제품은 팔리지 않고, 자금이 빠듯해졌는데, 국유기업은 이 엄동설한을 어떻게 견뎌낼 수 있었을까? 1990년대 초에 시작해 날로 번창하기 시작한 자본시장이 이러한 기업들에게 수혈과 숨 쉴 수 있는 기회를 제공했다.

1992년 여름의 '선전 구매증 사건' 이후 정책결정권자들은 증시가 국유기업을 구할 수 있는 가장 좋은 수단임을 발견하게 되었다. 경제학자들은 분분히 대책을 내놓으면서 "주식시장을 통한 자금 조달은 국유기업을 활성화시키고 강화시키는 전략적인 선택"이라고 지적했다. 베이징은 새로이 증권감독관리위원회를 조직해 주식 발행 권리를 상하이와 선전의 두 증권거래소로부터 중앙으로 넘기게 했다. 이로부터 국유기업을 전적으로 지원하는 '지표 쿼터제'라는 상장 메커니즘이 실시되었다. 즉, 중앙 정부가 주식시장의 규모와 한도를 확정한 후 시스템에 근거해 각 부서의 위원회로 분배하고, 지역에 따라 각 성, 시, 자치구로 분배하도록 했다. 각 성, 시, 자치구 및 각 부문은 상장 지표를 수령한 후 각자의 시스템에 근거해 분배를 실시했다. 이러한 지표의 절대 다수는 각 지역의 국유기업에 할당되었다.[1]

이렇게 해서 '상장 지표'는 정부가 국유기업을 구원하는 마지막 보루가 되었다. 상장 과정에서 기업에 대한 국가 재정 및 은행의 충당금 또는 대출금은 우선 채권으로 바뀌고, 이어서 주주권으로 바뀌었으며, 그런 후 주식 발행을 통해 개미 주주들에게 판매되었다. 이러한 조치는 한편으로는 이미 절체절명의 위기에 처한 국유기업에게 다시 회생의 기회를 주었으며, 다른 한편으로는 뜻밖에도 국민 예금이 급속하게 증가하는 '우리 속 호랑이籠中虎 문제'를 해결했다.[2] 그러나 이러한 제도적 안배는 증시로 하여금 시작부터 기형적인 결과를 낳게 했는데, 이는 적어도 네 가지 방면에서 선천적인 병폐를 드러냈다. 첫째, 공평성의 결여였다. 상장 조건에 부합되고 경영 효율이 뛰어난 민영기업들은 상장 기회를 얻기 어려웠다. 둘째, 상장 기업의 자질 부족이었다. 많은 지표가 각 지역에서 규모가 가장 크고 경영이 가장 어려

---

1) 단지 소수의 유명한 향진기업만 개혁 효과와 상징적인 의미의 수요로 인해 1세대 민영 상장 기업이 될 수 있었다. 이중에는 저장성의 루관츄의 완샹그룹과 쟝수성의 우런바오의 화시촌 등이 포함되어 있었다.
2) 1987년 이후 빠르게 증가한 국민 저축은 일단 우리를 벗어나면 통화 팽창과 물가 상승을 유발시킬 수 있다고 해서 '우리 속의 호랑이'로 불렸다.

운 기업에 배당되었다. 셋째, 대량의 허위 보고서를 양산했다. 쿼터를 할당받은 국유기업은 결코 상장 조건을 갖추고 있지 못했고, 그래서 부득불 대대적이고 공개적인 재무 조작을 진행했다. '자산 분할', '산업 재조정' 및 직접적인 허위보고서 작성 등의 수단을 통해 상장 목적을 이루려 했다. 행정 수단을 통해 상장 조건을 심사했기 때문에 자격심사기구는 심사 결과에 대해 어떠한 책임도 없었고, 행정 심사 부문의 묵인 하에 부채에 대한 자산 평가와 주식 판매를 담당하는 각종 중개 기구조차도 자신의 행위에 대한 책임을 회피했다. 넷째, 필요한 감독의 결핍이었다. 이로 인해 대량의 편법 거래가 이루어졌다.

당시 많은 평론가와 학자들은 소유제를 상장의 전제로 하는 이러한 제도에 대해 이의를 제기했다.『인민일보』기자 링즈쥔은 관찰 수기에서 "국유기업은 영원히 남들이 지원하는 것처럼 보였다. 과거에는 정부 재정으로, 이어서 은행, 지금은 주식시장, 지원 방식은 끊임없이 돈을 국유기업으로 보내는 것이었다"라고 적었다. 베이징대학 교수 장웨이잉張維迎은 어떤 글에서 이렇게 이야기하고 있다.

> 지금 주식시장이 국유기업의 어려움을 해결하는 유일한 방법으로 여겨지고 있지만 이는 유한한 자원이 가장 효율 있고, 가장 능력 있는 기업가에게로 흘러가는 융자 경로가 결코 아니다. 궁핍함을 구제하기 위해 주식시장을 발전시키는 이러한 사고는 결코 건강하지 못하다. 정부의 지도 시스템은 마땅히 공평한 거래를 보장하고, 투자자의 이익을 보호하는 것이지 소수의 특수한 이익을 보호하는 것은 아니다.

장웨이잉은 또 이를 위해 이렇게 건의사항을 제시했다.

> 나는 중앙에 국유기업에 대해서는 간접적으로 지원해야 하고, 잠재력 있고 실력 있는 사영기업과 비국유 기업에 상장 기회를 제공한 후 조달된 자금으로 국유기업을 매입하는 방식이 자금 문제를 해결할 뿐 아니라 메커니즘 문제도 해결할 수 있다고 건의한다.

그의 이러한 건의는 운용성이 결핍되었다는 이유로 주목받지 못했다.[3]

가짜 조작 현상은 상장 심사 과정에서 나타난 것 외에도 증자를 통해 자금을 끌어들이는 자격에까지 아무 거리낌 없이 뻗어나갔다. 1995년 증권감독관리위원회 규정에 따르면 상장사는 3년 연속 순자산 수익률이 10% 이상이어야만 증자 권리를 가질 수 있었다. 그리하여 많은 회사의 매년 수익률 목표는 10%라는 이 생명선을 지키는 것이 되었다. 베이징대학 교수 숭궈칭宋國靑은 723개의 상장 기업의 순자산 수익률에 대해 통계 조사를 실시한 결과 수익률이 10~11% 사이에 놓인 회사는 많아야 205개 업체라는 사실을 발견했다. 유명한 증권 전문 기자 허완난賀宛南은 몇몇 상장사의 허위 조작에 대해 폭로한 적이 있었다.

한 업체는 허위로 1,000만 위안의 이윤을 증가시킨 후 33%의 세율에 근거해 소득세를 납부해 순자산 수익률 10.18%를 실현시켰다. 또 다른 업체는 제품 가격을 인상해 자신에게 판매하는 방식으로 수익률을 제고하기도 했다. 200만 위안의 손실을 기록하고도 마이너스 자산을 그룹의 자회사에 분할해 관리하게 한 후 다른 자산을 투입해 수익률을 자연스럽게 10%에 이르게 하는 업체도 있었다.

이러한 '재무 게임'은 매일 매일 연출되는 공개된 비밀이었다.

이러한 토양 위에서 중국의 자본시장은 회색과 투기로 얼룩진 모험가들의 낙원으로 변해갔다. 상장된 국유기업은 하늘에서 뚝 떨어진 큰 떡을 손에 넣은 것처럼

---

3) 장웨이잉과 유사한 관점을 제기한 사람들은 많았다. 1998년 홍콩 증권 및 선물 업무 감독위원회 위원장 량딩방梁定邦이 중국증권감독위원회 수석고문으로 초빙되었는데, 이는 증권감독위원회가 중국 증시에서 시도한 상징적인 행동 중의 하나로 여겨졌다. 량딩방은 부임한지 오래지 않아 증시에 대해 공격을 시작했는데, 이중의 하나가 지표쿼터제였다. 그는 "지표쿼터 상장 방법은 아주 큰 임의성을 지니고 있는데, 절대 다수의 상장 지수는 현지의 어려움과 가난을 해결하기 위한 것이고, 이를 위해 상장과 함께 묶는 것이 보편적인 현상이다. 상장 후 기업의 메커니즘과 재무 문제가 곧바로 드러나 상당수 기업은 빈껍데기로 변한다"고 생각했다. 쿼터제 이외에도 량딩방은 중국 특색의 주식 분치 제도에 대해서도 비판했다. 모든 상장 국유기업에는 유통주와 비유통주가 존재했는데, 후자는 국유 주식이었다. 두 가지 주식의 권리는 동일했지만 보유 원가는 아주 큰 차이를 보였다. 이러한 현상은 두 종류의 주주 사이에 불균형을 초래했고, 동시에 훗날 '큰손 경제'에 자연스러운 조작 공간을 제공하게 되었다. 2005년 이후 국유주식 개혁으로 이러한 제도는 사라졌다.

생각했고, 이로 인해 개선된 메커니즘은 전혀 없었다. 그러자 '1년 우수, 2년 본전, 3년 손실'이라는 현상이 비일비재했고, 많은 기업, 특히 각 성의 문제 해결 정책에 의지해 지표를 손에 넣은 지방의 국유기업은 손쉽게 융자받은 수천 수억 위안의 자금을 하나도 남김없이 다 써버리고, 그런 후 다시금 손실의 구렁텅이로 굴러 떨어졌다. 바로 이러한 시기에 그들은 하나씩 하나씩 이름만 남은 껍데기 회사로 변해갔다. 그러자 일부 능력 있는 자본 게이머들이 이 기회를 틈타 들어와 슬금슬금 손을 써 풍파를 일으키기 시작했고, 중국의 증시는 급속도로 큰손들에 의해 놀아나는 시대로 빠져들었다.

주식 상장을 통해 국유기업의 어려움을 해결하는 방식은 결국 소수의 중대형 기업의 난제를 해결할 뿐이었고, 전국 각지의 30만여 개에 이르는 중소형 국유기업에게는 여전히 난마처럼 혼란스러운 일이었다. 이렇게 해서 자못 논쟁의 여지가 있는 '주청 경험'이 관리자층 시야에 들어왔다.

1996년 3월 중국사회과학원의 경제학자 우징롄은 별안간 시찰팀에 참가해 산둥성 주청으로 갈 것을 통지받았다. 시찰팀 팀장은 주룽지 부총리였고, 동행자에는 국가경제무역위원회 부주임 천칭타이陳淸泰와 이전에 주청에서 조사를 진행한 국가체제개혁위원회 부주임 런훙후任洪后가 포함되어 있었다. 시찰팀은 20일 주청에 도착했다. 산둥성 관리들은 주룽지가 직접 내려오자 불안해서 어찌할 바를 몰랐다. 왜냐하면 요 며칠 『경제일보』에 게재된 조사 보고에서 누군가가 지방의 주식제 시험이 국유자산의 손실을 초래했다는 비판을 제기했는데, 만약 이것이 중앙의 태도라면 주청은 틀림없이 가장 큰 전형에 해당되었기 때문이다. '주청 경험'의 선례자인 천광르陳光르는 이후 "당시 저의 인생은 마치 공중에 떠 있는 동전 같아서 저도 어떤 면으로 뒤집혀질지 몰랐습니다"라고 이야기했다. 시찰팀의 원래 계획은 3일이었다. 3일 후 주룽지는 일정을 연기하기로 결정하고 다시 반나절을 더 둘러보았다. 24일 주룽지는 지난시에서 산둥성 간부들을 대상으로 회의를 소집해 교류하면서 주청의 소기업 개혁은 아주 잘 진행되고 있다는 사실을 충분히 확인해주었다. 며칠 동안 가슴 조렸던 산둥성 간부들은 그제야 안도의 한숨을 내쉬었다.

'주청 경험'에 대한 긍정은 국유기업의 개혁에 대한 정책결정권자의 사고에 있어 한차례 전략적 조정이었고, 어떤 의미에서는 1978년에 시작된 메커니즘 개혁을 핵심으로 하는 국유기업 개혁 운동의 종결을 상징하는 것이었다. 일부 경제학자들은 이에 근거해 '큰 것은 움켜쥐고, 작은 것은 놓아주는' 신개혁 방침을 제안했다. 즉, 정부는 경력이 없고, 국가의 민생 계획과 관련이 없는 중소형 기업은 자연스레 놓아주고 성장 잠재력이 있고, 자원 우위를 가진 대형 기업 및 이윤 창출 능력이 뛰어난 산업을 움켜쥐어야 한다는 것이었다. 사실 우징롄이 시찰팀과 동행하게 된 이유는 그가 1995년 『개혁』이라는 잡지에 「국유 소형 기업의 제한 완화」라는 글을 발표해 명확하게 '작은 것을 놓아주는 것'이 국유기업 개혁을 심화시킬 수 있는 새로운 길이 될 것이라는 사실을 제기했기 때문이다. 이러한 사고는 그의 오랜 동료 저우수롄이 3년 전에 제기한 '중점 지원, 나머지는 제한 완화'라는 주장과 일맥상통했다. 관련 부문의 통계에 따르면 당시 전국적으로 32만 개의 국유기업이 있었는데, 중대형 기업에 해당되는 기업은 1만 4천여 개에 불과했고 나머지는 모두 중소형 기업이었다. '큰 것은 움켜쥐고, 작은 것은 놓아주는' 전략이 확립된 후 1993년부터 동남 연안 지역에서 암암리에 속출하고 있던 지방 국영 및 집체기업의 재산권 투명화 실험이 수면에 떠오르기 시작했다. 기업 변혁은 소유권 개혁을 주제로 하는 새로운 시기로 진입했고, 각종 희비가 엇갈리는 드라마가 하나하나 상연을 앞두고 있었다.

'큰 것은 움켜쥐고, 작은 것은 놓아주는' 전략은 보기에는 아주 쉽게 이해되었지만 집행하는 것은 결코 쉬운 일이 아니었다. '큰 것을 움켜쥐는' 행위의 경우 도대체 어떤 큰 것을 움켜쥐고, 어떻게 움켜쥐느냐 등 모두가 어려운 문제였다. 1996년, 이 전략이 막 제기되었을 무렵 '큰 것을 움켜쥐는' 행위는 불타오르고 있던 민족 기업 진흥 운동과 결합되기 시작했는데, 그 배경에는 찬란한 '500대 기업의 꿈'이 있었다.

앞에서 서술한 적이 있듯이 국내 시장의 번영과 신흥 기업의 집단적 승리는 중국의 기업가들로 하여금 처음으로 자신감이 충만하도록 만들었다. 그들은 애초에 세계가 그들이 생각한 것만큼 그리 멀지 않고, 그토록 기고만장한 다국적기업들이 결코 따라잡을 수 없는 대상이 아니라는 것을 갑자기 발견했다. 그래서 '세계 500대 기업'에 진입하는 것이 이해에 기업가들 공동의 꿈이 되었다.

'세계 500대 기업'은 미국의 『포춘』지의 순위 리스트로, 매출액과 자본 총량에 근거해 전 세계 기업을 대상으로 서열을 정해 매년 10월에 발표하는 것이었다. 1989년 중국은행이 처음으로 '세계 500대 기업'에 이름을 올렸다. 하지만 당시에는 이러한 선정에 대해 아는 사람이 별로 없었고, 기업가들도 그다지 개의치 않았다. 매년 수백억달러라는 매출액은 그들에게 요원하기만 했다. 1995년 『포춘』지는 처음으로 모든 산업 영역의 기업을 선정 범위에 넣었는데, 바로 이때 중국의 신흥업체들은 처음으로 '세계 500대 기업'에 진입하는 것을 목표로 삼았다. 1995년 말 장루이민은 처음으로 하이얼이 2006년 세계 500대 기업에 진입할 것을 선언했고, 그때가 되면 하이얼의 매출액은 세계 500대 기업 매출액의 1/18에 이를 것이라고 했다. 하이얼이 강력한 어조로 목표를 밝히자 반년 만에 30여 개 기업들이 '세계 500대 기업' 진입 시간표를 발표하기 시작했다. 일찍이 어떤 사람은 "1990년대 중반부터 매년 한 번 있는 '세계 500대 기업' 순위 리스트는 경제계의 올림픽처럼 아시아권으로부터 뜨거운 주목을 끌었다. 날이 갈수록 '세계 500대 기업'은 일종의 토템이 되어 점점 중국 기업가들의 집단 무의식 속에 뿌리내리게 되었다"라고 말했다.

'세계 500대 기업'이라는 환상에 몰입한 것은 기업가들뿐만이 아니었다. 이처럼 고양된 기세에 상응해 중앙 정부와 학계도 동시에 낙관적으로 공통된 인식을 갖게 되었다. 바로 '큰 것을 움켜쥐는' 행위로 시장에서 살아나온 기업을 전력으로 지원하면 아주 빠른 속도로 '세계 500대 기업'에 진입할 수 있다는 인식이 그것이었다. '세계 500대 기업'에 진입하는 것은 국가 차원의 경제 목표가 되었다.[4] 가을에 국가경제무역위원회는 향후 몇 년 내 바오강, 하이얼, 쟝난江南조선, 화베이제약, 베

---

4) 장웨이잉은 일찍이 "중국은 500대 기업 진입을 정부 방침으로 정한 유일한 국가다"라고 말했다. 2005년 경제학자 중펑룽鐘朋榮은 더룽 사건을 논평하면서 다음과 같이 말했다. "많은 기업가들은 본질적으로 자신의 기업을 가능한 빨리 세계 500대 기업에 진입시키려고 하지만 이러한 웅어리는 이미 많은 기업에게 결과적으로 재난을 가져다주었다."

이다팡정, 창훙 등 6개 기업을 중점 육성해 2010년에는 '세계 500대 기업'에 진입시킬 것이라고 선언했다. 이 6개의 '시드 선수'는 '세계 500대 기업'을 향해 역주하는 국가급 선두 부대가 되었다. 이중 쟝난조선은 양무운동 당시에 설립된 회사로 유구한 역사를 자랑하는 당시 중국 최대의 조선 기업이었다. 화베이제약은 건국 후 설립된 최대 제약회사였고, 기타 4개 기업은 모두 개혁개방 이후 발전한 기업이었다. 그들의 공통적인 특징은 국유자본이라는 배경을 갖고 있고, 시장 경쟁에서 기업의 경쟁력을 증명받았으며, 또 걸출한 기업가들이 있었다는 점이다. 중앙 정부가 '국가대표'를 확정한 후 각 성에서도 분분히 자신들이 지원하는 명단을 내놓고 향후 몇 년 내 이들을 '중국 500대 기업'에 진입시킬 것을 선포했고, 또 각 시에서는 이에 상응해 '성급 100대 기업'을 육성하려는 구상을 발표했다.[5] 국가의 각 부서의 위원회도 분분히 유관 영역 내의 지원 명단을 발표했는데, 국가경공업총국이 전국 68개 '글로벌 브랜드 육성에 노력하는 우수 기업' 명단을 발표한 것이 단적인 예라고 할 수 있었다. 그것은 '10년 내 중국의 경공업 기업을 중점 지원해 세계 500대 기업에 진입하도록 하는 것'을 전략적인 목표로 하고 있었다. 이렇게 해서 500대 기업이라는 목표를 둘러싸고 위에서 아래까지 '큰 것을 움켜쥐는 전략'이 점점 제모습을 갖추어갔다.

국가 차원의 6개 '시드 선수'에 대한 지원 정책은 각 기업에 매년 최소 2,000만 위안의 기술 혁신 기금을 투입하는 것을 포함해 각 기업이 대중적인 융자 기능을 갖춘 금융회사를 설립하는 것을 허락한 것이었다. 이들이 추구한 목표는 한국과 일본의 재벌 모델로, 구체적인 예는 당시 아시아에서 성장 속도가 가장 빨랐던 한국의 대우그룹이었다. 대우는 한국의 김우중이 1967년에 설립한 회사로 설립 당시 자본금 1만 달러의 조그만 무역회사였다. 1976년 김우중의 아버지 문하에서 공부한

---

5) 이러한 구도 하에 각지에서는 정부가 나서서 약간의 기업을 병합시켜 '큰 배를 만들어 원양으로 나가자'는 열기가 나타났는데, 이중 비교적 시끄러웠던 연합 구조조정이 저쟝성 항저우에서 일어났다. 항저우시는 세탁기업체 진위金魚, 냉장고업체 둥바오東寶, 선풍기업체 칭펑乘風 및 쇼케이스업체 화메이華美를 하나로 묶어 자산 규모 28억 위안의 전국 6대 가전기업 진숭金松그룹을 탄생시켰다. 이 계획은 1996년에 기획되어 1997년 8월에 진행되었다. 2000년 6월 진숭그룹은 역량 부족으로 해체되었다.

적이 있던 박정희 전 대통령은 대우를 지원하기로 결정하고, 37년 동안 적자 행진을 벌이고 있던 국영 중형 기계 제조공장을 대우에 넘겼다. 김우중은 1년 만에 적자를 흑자로 전환시켰고, 이에 한국 정부도 경영이 부실한 일부 기업을 대우가 경영하도록 해주는 동시에 특별히 금융업 진출을 허락했다. 대우는 아주 빠른 속도로 제조업과 금융업의 혼합 경영 모델을 토대로 놀랄만한 성과를 올리면서 종합기업으로 성장했다. 1993년 김우중은 '세계 경영'을 모토로 내걸면서 전면적으로 자동차, 조선, 전자, 항공기 부품, 케이블 통신 등의 중대형 산업을 경영 범주에 넣었고, 폴란드, 우크라이나, 이란, 베트남, 인도 등의 국가에 많은 공장을 설립했다. 1995년 대우는 미국의 『비즈니스위크』에 의해 아시아에서 성장이 가장 빠른 기업으로 선정되었고, 전성기의 대우는 110개 국가에서 32만 명의 직원을 고용했다. 김우중이 펴낸 『세계는 넓고 할 일은 많다』는 전 세계 21개 언어로 번역되었고, 한국에서만 200만 부가 넘게 팔렸다. 대우 신화는 중국 경제계에서도 흠모 대상이었고, 사람들로 하여금 정부의 전면적 지원과 '혼합 경영' 모델이 쾌속 성장의 비결임을 깨닫도록 했다. 많은 사람은 이러한 경영은 아시아식 경영으로 중국에서도 이러한 경영 모델을 도입하는 데 아무런 문제가 없다고 생각했다. 당시 중국의 경제학자들과 정책결정권자들은 몇몇 기업을 잘 육성하면 '세계 500대 기업'에 진입할 수 있다는 공통된 인식을 갖고 있었다. 사람들은 규모가 방대하고, 모든 영역을 포함하는 이러한 힝공모함식 재벌형 기업은 국제 경쟁 리스크에 대응할 수 있는 가장 좋은 모델인 동시에 중국 경제 굴기의 상징이라고 생각했다.

'세계 500대 기업' 진입이라는 장밋빛 동경과 '대우 모델'의 모방은 막 한창이던 다원화 열기를 새로운 정점으로 밀어붙였다. 1996년은 30년 기업사에서 가장 격정적인 해 중의 하나였다. 매 업종마다 무한한 비즈니스 기회로 가득 찼고, 모든 사람은 일각도 지체하지 않고 확장, 재확장의 길로 나섰으나 기업가들은 욕망을 제어할 수 있는 방법을 배우지 못했다. 이후의 사실은 이러한 다원화의 물결 속에서 이성과 제어력을 상실한 몇몇 기업가들이 자업자득의 결과를 맞이했음을 증명했다.

산쥬그룹의 자오신셴은 '큰 것은 움켜쥐고, 작은 것은 놓아주는' 정책에서 비즈니스 기회를 가장 먼저 인식한 기업가 중의 하나였다. 여름에 그는 직원들에게 이렇게 말했다.

사회에는 이토록 많은 자산이 방치되어 있으니 산쥬는 산을 내려가 복숭아를 딸 수 있는 아주 좋은 기회이니 절대로 놓치지 마라. 이 마을을 지나치면 이 가게도 없어진다.

산쥬는 당시 중국에서 경영 효율이 가장 우수한 중성약中成藥(한약재를 사용해 공장에서 생산한 약) 제약업체였다. 1985년 광저우제일군의대학의 약국 주임이던 자오신센은 선전 인근의 비쟈琵琶산에 이 기업을 설립하라는 명령을 받았다. 그는 중국에서 업계 최초로 중성약 자동화 라인을 설립했고, 만성위장염 치료에 효과가 뛰어난 '산쥬웨이타이三九胃泰'라는 위장약을 개발했다. 이 약을 출시하면서 그의 기업은 급속도로 성장하기 시작해 1988년에는 18억 위안의 매출액을 달성했고, 소득세 4억 위안을 납부해 전국 500대 기업 중 82위를 차지하는 기염을 토했다. 해방군은 자오신센에게 '우수 군인 기업가'라는 칭호를 부여하면서 2급 영웅 모범훈장을 수여했으며, 전군에〈자오신센 배우기에 관한 결정〉을 하달했다. 1996년 각종 경로를 통해 중앙이 '큰 것은 움켜쥐고, 작은 것은 놓아주는' 전략을 실시할 것임을 안 자오신센은 이것이 기업을 급속 성장시킬 수 있는 천재일우의 기회라고 예리하게 인식했다.

'산에서 내려와 복숭아를 따자'는 산쥬의 첫 번째 전략은 아주 성공적이었다. 스촨성의 야안雅安제약은 중약 주사약을 생산하는 가장 오래된 기업 중의 하나였는데, 1995년 말 이 오래된 국영기업은 막다른 골목에 처해 있었다. 전년도 매출액이 1,000만 위안인데 이윤은 2만 위안에 불과했던 것이다. 자오신센은 첫 번째 출장에서 이 업체를 1,700만 위안에 인수했고, 가장 실력 있는 간부를 스촨에 파견해 경영하도록 했다. 산쥬 사람들이 들어간 후 처음 한 일은 모든 직원에게 자오신센이 주관해 편집한 『산쥬 매커니즘을 말하다』라는 책을 주고 2주간 학습 토론을 진행한 것이었다. 그런 후 회사 내에서 "간부는 진급할 수도 강등될 수도 있고, 직원은 들어올 수도 퇴출될 수도 있으며, 임금은 오를 수도 깎일 수도 있다"는 시장화 관리를 실시했다. 야안제약의 주사약은 산쥬 브랜드로 산쥬 판매망을 통해 전국 시장에 유통되었다. 1년 후 매출액은 1억 위안을 돌파했고, 이윤과 세금은 2,000만 위안을 달성했다. 이러한 인수합병의 현저한 효과는 사람들의 예상을 훨씬 뛰어넘는 것이었다.[6]

야안 사례의 성공은 곧 자오신셴으로 하여금 원대한 포부를 갖도록 했다. 그는 오래된 국영기업의 모든 고질병은 체제가 만든 것이므로, 산쥬의 메커니즘과 브랜드를 투입하고 적당한 자본을 투입하기만 하면 하룻밤 사이에 새로운 모습으로 태어나게 할 수 있다고 믿었다. 1996년 말 산쥬는 야안 사례 학습회를 열었다. 그 후 자오신셴은 산쥬투자관리회사의 설립을 선언하고, 60여 명의 간부를 전국 각지로 파견해 전문적으로 인수합병을 진행하도록 했다.

비쟈산에서 호령이 한 번 울리자 한 무리의 인마人馬가 기세등등하게 산을 내려갔다. 당시 산쥬 브랜드는 전국 구석구석에 울려 퍼졌는데, 사방을 돌아봐도 정통 혈통의 국유기업이 이처럼 자금, 브랜드, 판매망을 소유한 사례는 몇 되지 않았다. 기업을 산쥬에 넘겨주면 살릴 수 있을 뿐만 아니라 국유자산을 헐값에 매각한다는 의혹에서 벗어날 수 있었다. 그래서 자오신셴이 성을 방문할 때마다 서기, 성장이 반드시 그를 맞이했고, 시에 가면 더욱 시끌벅적하게 단체로 나와 대접했다. 각지 언론도 밀착 취재를 통해 열렬한 보도 경쟁에 나섰다. 일부 외진 지역의 기업들은 산쥬가 인수합병 작업에 나섰다는 소식을 듣고는 천리를 마다 않고 선전의 본사에 몰려들어 서로 인수되겠다고 줄지어 합병을 요청했다. 허난성 란카오蘭考현에서는 한꺼번에 일곱 개의 기업이 산쥬에 인수되었고, 서부의 모 성에서는 한 양조업체 사장이 무릎을 꿇은 채 자오신셴에게 제발 자신의 공장을 '먹어' 달라고 애원하기도 했다. 1996~2001년까지 산쥬는 전국적으로 140여 개의 기업을 사들였는

---

6) 체제 우위에 기댄 기업 합병에 관한 가장 유명한 비유는 하이얼의 장루이민의 '쇼크 어休克魚 이론'이다. 쇼크 어는 물고기의 몸체는 부패하지 않는 것을 가리키는 말로, 즉 기업의 하드웨어는 좋지만 기업의 체제, 관리 및 관념에 문제가 있어 경영이 정체되어 전진하지 않고 쇼크 상태에 처해 있는 것을 말한다. 그래서 이러한 기업은 일단 새로운 관리 사상이 주입되기만 하면 빠른 속도로 살아나게 된다. '쇼크 어 이론'에 기대어 하이얼은 1988~1996년까지 19개의 손실 기업을 합병했다.

데, 이는 1개월에 평균 두 개의 업체를 인수한 셈이었다. 이러한 마구잡이식 인수합병 속에 산쥬그룹은 중국 최대 중성약업체로 성장했다. 총자산은 186억 위안으로 급증했고, 티베트를 제외한 전국의 성, 시, 자치구에 의약, 자동차, 식품, 양조, 레저, 상업, 농업과 부동산 등 8대 업종이 두루 퍼져 있었다. 산쥬의 깃발 아래에는 심지어 화난 지역 최대의 나이트클럽도 포함되어 있었다. 확장 초기에 기업의 부채 비율이 18%였는데, 1998년이 되어서는 이 비율이 80%를 넘어섰다. 인수합병의 혁혁한 전과를 전시하기 위해 자오신센은 산쥬의 역사 진열실 입구에 항공모함 모형을 배치하고 항모 갑판에 십여 기의 비행기를 올려놓았는데, 그것은 각각 그룹 직속의 2급 자회사를 대표했다. 또 이들의 깃발 아래에는 1백여 개의 3~4급 회사들이 있었다. 자오신센은 이 구상에 대해 아주 만족해 매번 귀빈이 회사를 방문하면 반드시 이 항공모함 앞에서 프리젠테이션을 진행했다. 그는 "이것이 중국 중성약 산업의 항공모함입니다. 우리는 앞으로 비행기를 100대까지 늘려갈 것입니다"라고 말했다. 그가 은퇴할 무렵에 비행기는 98대에 달했다.

1996년 자오신센 식의 격정은 조금도 뜻밖의 일이 아니었다. 기업가들은 미국의 경제학자로 1982년 노벨경제학상을 수상한 스티글러George Joseph Stigler의 말을 입에 달고 다녔다.

한 기업이 경쟁 상대를 합병하는 방식을 통해 거대 기업이 되는 것은 현대 경제사에서 두드러진 현상이다. 서구 대기업 중 어느 정도 모종의 합병 방식을 통하지 않고 성장한 기업은 하나도 없고, 내부 확장에 기대어 성장한 기업은 거의 없다.

사실 당시에 극소수 기업가들만이 이러한 광적인 열기 속에 잠복해 있는 리스크를 보고 있었다. 막 전문화의 길로 들어서기로 결심한 왕스는 자신이 창간한 『완커 주간』에서 아래와 같은 견해를 피력했다.

신흥 기업은 절대로 지금이 확장 시기라고 판단하지 마라. 지금은 '무산자'에게 있어 하나의 기회이다. 10~15%의 사람은 이로 인해 '유산자'가 되고, 능력이 떨어지면 여전히 '무산자'

일 수밖에 없다. 1980년대에서 1990년 초 사이에 창업한 기업가들에 대해서 말하자면 지금은 확장 시기가 아니므로 자신을 컨트롤해야 한다. 세상에 공짜 밥은 없다. 국가도 관리하지 못하는데 하물며 당신이 어떻게 관리할 수 있겠는가?

『완커 주간』은 공개적인 발행 번호가 없는 사내 잡지였기 때문에 왕스의 이 목소리를 들은 사람은 결코 많지 않았고, 설령 들었다고 해도 이를 맘에 새겨둘 사람도 없었다.

맹렬하게 밀려오는 사업 다각화의 물결이 세차게 몰아치자 기업가들은 진지하고 묵묵하게 한 제품을 만들어야겠다는 인내심을 잃어버렸다. "제가 보기에 중국 사람들은 너무 조급한 것 같습니다." 중국의 연해 지방을 조사하던 일본의 경영학자 오마에 겐이치大前研一가 걱정하면서 말했다. 아시아에서는 유일하게 세계 10대 경영학 석학으로 이름을 올리고 있던 이 학자는 예를 들어 이렇게 설명했다.

중국은 기회가 아주 많습니다. 중국 기업가들은 한 영역에 집중하지 못하고 있는데, 마땅히 한 영역에서 탁월한 성과를 올려야 합니다. 집중은 돈을 벌 수 있는 유일한 방법입니다. 코카콜라는 콜라에 전념해 세계 소비재 영역에서 선구자가 되었고, 도요타는 자동차에 집중해 일본에서 이윤이 가장 많은 기업이 되었습니다. 한 업종에 진입하면 전문화에 집중하고, 그런 다음 글로벌화를 진행하는 것이 돈을 벌 수 있는 유일한 방법입니다.

그는 일찍이 중국의 한 서점에서 『서구 100대 관리 경전』이라는 책을 본 적이 있었는데, 이에 대해 다음과 같이 말했다.

단지 경영 관리 서적에 나오는 개요만 읽고 5년 내 일본이 50년에 걸쳐 배운 것을 따라잡으려는 것이 지금 중국이 하려는 것입니다. 하지만 관리는 연속적인 피드백 과정입니다. 만약 당신이 이처럼 농축해 배운 후에 성급하게 행동을 취하거나 또는 다른 사람으로 하여금 조직을 개조하도록 하려 한다면 이는 그야말로 '인공으로 만든 아이'에 불과합니다.

오마에 겐이치의 이러한 목소리는 극도로 흥분한 중국 기업들이 듣기에는 정말 보수적인 생각이었다. 중관촌의 스퉁그룹 회장인 두안융지는 이렇게 주장했다.

우리는 이미 자본 경영 단계에 진입했다. 기업을 인수합병한 후 포장해 팔아버리면 기업 자체를 운영하는 것에 비해 돈을 더 많이 벌 수 있을 뿐만 아니라 시간도 훨씬 더 절약된다.

스퉁은 일찍이 중관촌에서 가장 유명한 IT기업으로 자리 잡았고, 1980년대 말 중국 하이테크 기업의 '모범'이었다. 1992년을 전후해 스퉁그룹의 순이익은 3억 위안이었는데, 매출의 70%와 이윤의 90%가 타자기 계열의 제품에서 나왔다. 하지만 이후 스퉁은 외형 성장에 빠져들어 과학기술 개발에 대한 회사의 투자를 눈에 띄게 줄였다. 스퉁그룹의 개발 업무를 주관한 부총재이자 수석 엔지니어였던 왕지즈王緝志는 후일 당시에 배정된 개발 비용은 회사 총 매출액의 0.3%가 못되었다고 말했다.

국가와 개발구의 규정에 따르면 회사는 매출액의 7%를 개발 비용으로 원가에 포함시킬 수 있었는데, 이러한 개발비를 이용해서 어디에 사용했는지는 아무도 몰랐습니다. 걸핏하면 손님 접대에 천금, 만금을 사용하고, 총재의 골프 회원카드 구입에 수십 만 위안을 사용하는데도 우리가 몇 만 위안의 개발비를 사용하려면 아주 번거로운 과정을 거쳐야 했습니다. 회사가 은행에 대출을 청구할 때 우리는 프로젝트 타당성 보고서를 작성해야 했습니다. 하지만 이 보고서는 단지 은행과 정부에 제출하기 위한 것이었을 뿐 대출금은 프로젝트 수행에 전혀 투입되지 않고 주가 조작, 선물 조작, 부동산 투자 등에 사용되었습니다.

당시 스퉁은 국민의 기대를 받고 있던 하이테크 기업으로, 일정 시기가 되면 중국의 IBM으로 성장할 것으로 여겨졌다. 그러나 왕지즈가 폭로한 사실은 사람들을 얼어붙게 했다. 두안융지 자신도 일찍이 블랙 유머식의 스퉁 스토리를 이야기한 적이 있었다. 1995년 금융계 출신의 어떤 사람이 우한의 한 증권 영업부에 스퉁의 일을 맡긴 적이 있었다. 당시 스통의 직원은 다수가 기술직 출신이어서 금융을 알지 못했고, 이러한 현실은 이 사람에게 발붙일 기회를 제공했다. 이 사람은 영업부 직인을 함부로 위조해 국채 거래 자격을 얻어낼 수 있었다. 그 결과 그는 2억여 위안의 이윤을 창출했지만 이 돈을 개인 명의로 함부로 사용했다. 이후 국가가 우한의 국채 거래를 정지시켰을 때가 되어서야 두안융지는 신문에서 스통이 국채 거래를 통해 2억여 위안을 번 사실을 알았다. 관련 규정에 따르면 스통그룹은 이 2억여 위안의 불법 이익을 반환해야 했다. 당시 스통은 직인을 도용한 이 사람을 감히 처리하지 않았을 뿐만 아니라 좋게 구슬리면서 돈을 무슨 용도로 사용했는지에 대해 명확하게 설명하도록 했다. 한 번은 이 사람과 함께 비행기를 탄 두안융지는 일반석에 앉아 있었지만 그는 일등석에 앉아 있었다. 그가 두안융지에게 "돈을 그렇게 많이 벌었는데 왜 일반석에 앉아 있는 것입니까?"라고 묻자 두안융지는 싸늘하게 "번 돈은 모두 당신 때문에 빚 갚는데 사용했어!"라고 대답했다고 한다.

훗날 밝혀진 사실은 당시 많은 기업이 표방하고 선언했던 과학기술 투자가 이미 사람들의 의심을 사고 있었다는 것이다. 이런 경박한 현상은 이미 승리감에 도취해 있던 가전업계에서 더욱 두드러졌다. 이후 많은 전문가들은 1996년을 전후로 중국의 가전업체들이 집단적으로 역사를 바꿀 수 있는 기회를 놓쳤다고 생각했다. 당시 가전업체들은 가격전쟁에 기대어 브랜드 우위로 시장을 점령한 다국적기업들을 패퇴시키면서 높은 시장 점유율을 차지해 기업의 사기와 효율이 가장 좋은 시기에 놓여 있었다. 하지만 시장에서의 성과를 공고히 하기 위해서는 반드시 기술에서 핵심 능력을 보유하고 있어야 했다. 당시 중국의 모든 가전업체는 여전히 조립 공장 수준이었다. 각종 가전의 핵심 부품은 여전히 해외 수입에 의존하고 있었고, 냉장고, 에어컨 및 칼라TV의 핵심 기술은 모두 일본과 미국이 장악하고 있었다. 1996년 7월 커룽그룹의 판닝은 "10억 위안을 투자해 일본의 신주쿠에 일본커룽주식회사(전자제품 개발 연구소)를 설립해 일본과 미국의 수준 높은 전문가들이 냉장고 압축기 기술에 대해 공격적인 연구 개발을 진행할 것"이라고 선언했다. 그는 흥분해 "만약 살아 있는 동안 100% 중국 냉장고를 생산할 수 없다면 우리 세대의 냉장고 관련 사람들은 후대 사람들에게 얼굴을 들지 못할 것"이라고 말했다. 커룽이후 하이얼, TCL, 창홍 등도 분분히 미국과 일본, 유럽 등지에 '최전방 기술 센터'를 설립한다고 선언했다.

후에 그러한 기술 센터는 단지 조작된 것이라는 사실이 밝혀졌다. 중국의 가전업체들은 다국적기업을 쓰러뜨린 후 아주 빠른 속도로 참혹한 내전 상태로 빠져들었다. 모든 기업이 동등한 기술 수준에 머물러 있었기 때문에 내전의 무기는 여전히 가격 및 기술 혁신을 술수로 하는 '개념 대전'이었다. 이후 몇 년간 중국의 가전업체들은 끊임없이 혁명적인 기술 돌파를 실현했다고 선언했다. 어떤 사람이 이러한 기술 돌파를 블랙 유머로 묘사한 적이 있다.

가령 A사가 '21세기 에어컨업계의 중대 진전을 이루었다'고 선언했는데, 사실은 여과기에 활성탄을 함유한 여과망을 장착한 것이었다. 활성탄이 습해지면 꺼내서 햇볕에 말리면 된다. 여과망의 원가는 1위안도 되지 않는다. '무균 냉장고'는 '냉장고가 녹색 시대로 진입하는 상징'이라고 선언했는데, 사실은 냉장고의 플라스틱 부품에 일부 약제를 주입한 것일 뿐으로 원가는 10위안도 되지 않는다. 하지만 이 기술에 기대어 냉장고 가격을 200위안 끌어올린다. 디지털 피사계 심도 회로를 응용한 '디지털 TV'도 사실은 TV 기술 중 전자빔 원리를 새로운 개념으로 묘사한 것에 지나지 않는다. '원형 입체 바람 에어컨'은 모 대기업에서 1억 위안이 넘는 돈을 투입해 개발한 특허 기술이지만 사실은 팬에 타이머를 장착해 시간에 따라 상하좌우로 팬을 움직이게 하는 기술에 지나지 않는다.

당시 중국에서 가장 뛰어난 가전업체도 핵심 기술상의 진전을 위한 어떠한 노력도 기울이지 않고 단지 개념 조작의 샛길을 걷고 있었다. 하이얼의 '고구마 세탁기'는 아주 전형적이고 유명한 사례로 꼽힌다.

이 사례의 '표준 판본'은 이러하다. 장루이민이 스촨성 서남 지방의 농촌을 시찰하고 있을 때 지역 농민들이 사용하는 세탁기 배수관이 자주 막히는 것을 발견하고는 지역 사람들에게 원인을 물었다. 한 농민이 "저는 세탁기로 옷을 세탁할 뿐만 아니라 고구마를 씻기도 합니다"라고 대답했다. 출장에서 돌아온 후 장루이민은 연구원들에게 "농민들은 우리 세탁기로 고구마를 씻기도 하는데, 이로 인해 배수

관이 자주 막히니 방법을 잘 강구해보시오"라고 말했다. 연구소의 한 젊은이가 장루이민에게 "세탁기는 옷을 빠는 기계입니다. 그런데 어떻게 고구마를 씻을 수 있습니까?"라고 묻자 장루이민은 "농민들이 우리에게 아주 중요한 정보를 제공했고, 이 정보는 돈을 주고도 살 수 없는 것입니다. 당신들이 고구마도 씻을 수 있는 세탁기를 개발해보시오"라고 말했다. 연구소는 세탁기 개발 과제를 부여받은 후 1개월 만에 전 세계 최초로 '고구마 세탁기'를 개발했다. 연구원들은 세탁기에 두 개의 배수관을 장착했는데, 하나는 굵은 관이고 하나는 가는 관이었다. 고구마를 씻을 때는 굵은 관을 사용하고, 옷을 빨 때는 가는 관을 사용하도록 한 것이었다. 이후 하이얼은 소비자의 수요에 근거해 '유지방을 짜는 세탁기'와 '가재를 씻는 세탁기'를 개발했다.

몇 년간 하이얼의 '고구마 세탁기'는 언론이 흥미진지하게 보도하는 혁신 스토리가 되었고, 심지어는 대학 교재에 실리기도 했다. 중웨이鍾偉라는 학자가 "고구마는 강이나 우물가에서 씻으면 힘도 덜 들이고 돈도 절약하며 깨끗이 씻을 수 있는데, 왜 물과 전기, 시간을 낭비하면서 세탁기로 씻어야 하는가?"라고 의문을 제기했다. 이처럼 제품 혁신에 대한 곡해와 오도는 결국 중국의 가전업계의 기술 진보를 형식주의와 기술 공동화라는 잘못된 길로 나아가도록 만들었다. 모든 가전제품에서 핵심 기술의 돌파는 실현되지 못했고, 2008년까지 중국은 세계 최대의 가전제품 생산기지로서 역할을 할 뿐 여전히 100% '중국 TV', '중국 에어컨', '중국 냉장고' 하나 만들어낼 방법이 없었다.

1996년, 위기는 하늘 끝의 한 점 먹구름처럼 있는 듯 없는 듯 멀리 있었다. 사람들 눈에 보이는 것은 한 폭의 장밋빛 전망이었고, 소비 시장은 전에 없는 활기로 가득했으며, 국내업체들은 활력과 열정으로 가득 차 있었다. 전 세계적 차원에서 볼 때 중국의 점진적 개혁은 가장 성공적인 것처럼 보였다. 때마침 러시아 경제는 곤경에 처해 있었다. 1992년 시행된 '쇼크 요법'과 대규모 사유화 경제개혁 이래 러시아는 심각한 인플레이션으로 거시경제는 지속적으로 바닥을 향해 내달렸고, 국민의 실제 생활수준은 30~40%로 하락했으며, 심지어 평균 수명조차 3.6년 떨어졌고, 15.9%에 달하는 영아 사망률은 세계 최고를 기록하기도 했다. 옐친 정부를 지원하기 위해 서방 국가들은 102억 달러의 긴급 지원 계획을 수립했다. 『뉴스위크』는 이에 대해 다음과 같이 보도한 바 있다.

중국은 지금 모든 영역에서 놀라운 영향력을 만들어내고 있는데, 그러한 영향력은 대만 해협에서 미국 상점의 바닥에까지 미치고 있다. 이는 1979년 덩샤오핑이 개혁개방을 실시할 당시 아무도 예견하지 못한 일이었다. 강대한 중국이 출현하기 시작했다. 경제력으로 중국은 글로벌 시장에 진입하는 동시에 시장을 변화시키고 있고, 어떤 때는 심지어 그들 자신만의 게임 규칙을 만들어내고 있다.

미래학자 존 나이스비트는 새로 출판된 『메가트렌드 아시아』에서 아시아는 세계 경제의 중심이 될 것이고, 중국은 그러한 아시아의 중심이 될 것이라고 예언했다. 이 말은 자주 인용되었지만 사실 저자가 책에서 함축적으로 한 말은 그다지 주목받지 못했다. "중국의 경제 발전 목표는 미국을 따라잡는 것이 아니라 중국인들을 부유하게 하는 데 있다." 1996년에 중국인들을 더욱 흥분시킨 것은 내년이 홍콩 반환 원년이 되어 100년의 치욕을 일순간에 씻을 수 있는 것이었다. 많은 사람은 '중국의 세기'를 향한 발걸음 소리가 이미 울리기 시작했음을 알고 있었다. 낙관적인 경기의 영향으로 상하이 주식시장은 연초의 537포인트에서 11월에는 1,200포인트까지 치솟았다.

이처럼 고양된 민족적 자긍심은 두 권의 베스트셀러에서 아주 생동감 있게 표현되었다.

5월, 『No라고 말할 수 있는 중국 — 냉전 이후의 정치와 정서 선택』이라는 정치 평론서가 출판되자마자 붐을 일으켜 초판 5만 부가 20여일 만에 모두 팔렸다. 이 책을 쓴 5명의 작가는 모두 대학을 졸업한 지 오래되지 않은 30세 전후의 문화 청년들이었다. 책 제목은 6년 전에 유명했던 『No라고 말할 수 있는 일본』의 영향을 받았고, 민족적 자긍심도 똑같이 강렬했다. 1990년대 중반 중미 관계는 1989년 이래의 긴장 관계가 여전히 지속되고 있었다. 미국 정부는 2000년 베이징이 올림픽을 개최하지 못하도록 각국을 돌면서 유세하고 있었고, 중국의 WTO 가입에 대해서도 다방면으로 저지하려고 했다. 1994년 레스터 브라운Lester Brown은 『누가 중국을 먹여 살릴 것인가?』라는 책을 발표했다. 그의 계산에 따르면 중국의 미래 30년 동안 식량 생산이 하강 국면에 접어들게 되어 중국은 중국인들을 먹여 살릴 수 없을 뿐만 아니라 세계도 중국을 먹여 살릴 수 없게 된다는 것이 요지였다. 브라운의 이 책은 국제적인 흥분과 함께 중국 인민들의 분노를 불러일으켰다. 『No라고 말할 수 있는 중국』의 가장 중요한 관점은 미국의 초강대국 지위에 대해 의문을 제기하는 것뿐만 아니라 중국 내부의 숭미, 친미 사조를 맹렬히 비판하고, 나아가서는 대담하게 중국 굴기를 외치는 것이었다. 서언에서 저자는 이렇게 적고 있다.

> 미국은 누구도 이끌 수 없고, 자기 자신만을 이끌 수 있다. 일본은 누구도 이끌 수 없고, 어떤 때는 자기 자신도 이끌 방법이 없다. 중국은 누구도 이끌고 싶어 하지 않고, 자신만을 이끌고 싶어 한다.

이 책은 빠른 속도로 번역되어 미국과 일본으로 건너갔고 주중 미국대사관은 작가를 초청해 대담을 진행했는데, 이는 중국의 민족주의 사조의 고양이 불러온 상징적인 사건으로 간주되었다.[7]

연말이 되자 또 한 권의 비즈니스 서적이 세상을 뒤흔들었다. 일찍이 렌샹그룹의 공공 관계 부서 사장을 역임한 천후이샹陳惠湘은 『렌샹은 왜?』라는 책을 집필했다. 저자 본인의 직접적 경험을 바탕으로 렌샹의 성공 과정 그리고 그 기간에 형성된 관리 사상과 경영 모델을 서술했다. 이는 처음으로 중국의 현대적 기업을 연구 표본으로 삼은 경영 서적이라 할 수 있었다. 렌샹은 중국의 굴기에서 하나의 모범으로 여겨졌고, 저자는 "미국과 일본을 잘 배우면 중국 기업의 문제를 해결할 수 있을까? 중국은 자신에 대한 연구를 필요로 하고, 중국은 집단적인 영웅주의를 필

---

7) 『No라고 말할 수 있는 중국』의 저자는 장창창張藏藏, 숭창宋强, 챠오벤喬邊, 구칭성古淸生, 탕정위湯正宇이다. 1996년 중국에는 미국의 패권주의에 대한 반격을 주제로 하는 많은 책이 출판되었는데, 비교적 영향력이 있는 것에는 또 리시광李希光의 『중국을 요괴화하는 배후』가 있었다.

요로 한다"고 주장했다. 책의 뒷표지에서 편집자는 굵은 글씨로 "이 책 앞에서 우리는 하나의 문제를 깊이 고민해야 한다. 우리는 어떻게 우리 조국을 사랑해야 하는가?"라고 적었다.

이처럼 겉보기에 심오해 보이는 문제의 배후에는 의심할 여지없이 강하고 고집 센, '나 아니면 누가 하랴'라는 호연지기가 출렁거리고 있었다.

하지만 세계는 이처럼 정말 사람을 황홀하게 했을까?

|기업사 인물|

1인 천하 산쥬

　2005년 11월 19일 자오신셴은 베이징의 이허위안頤和園에서 놀고 있었다. 그날 그는 기분이 좋아 가족들과 함께 적지 않은 사진을 찍었다. 이허위안을 나올 무렵 몇 명의 경찰이 그를 막아섰다. 이튿날 자오신셴은 선전의 메이린梅林구치소에 모습을 드러냈다. 구치소는 비쟈산 서남쪽의 외진 산간에 위치해 있었고, 사방에는 리즈荔枝나무가 빽빽하게 들어서 있었다. 자오신셴은 몇 m^2에 지나지 않는 조그만 감방에 갇혀 있었다. 감방 창문은 아주 높이 나 있어 발을 꼿꼿하게 세워야 바깥을 보면 남쪽으로 별이 총총한 하늘이 아득하게 보일 뿐이었다. 여기에서 동쪽으로 1km를 더 가 코너를 돌면 바로 산쥬그룹의 본사가 있었다.

　1985년 8월 7일 광저우 제일군의대학 산하 난팡병원의 약국주임이던 자오신셴은 선전 교외의 비쟈산으로 가서 제약 공장을 설립하라는 명을 받았고, 그를 따른 사람은 병원 직원 6명과 8명의 노동자뿐이었다. 그는 얇은 철판으로 만든 오두막에서 생활했다. 주위는 온통 풀만 무성하게 자라는 황량한 곳에서 그는 삽을 베개로 삼고, 군복을 이불로 삼은 채 쪼그리고 잠을 자야 했다. 그때 그의 나이 43살이었다.

　오두막에서 감옥까지, 자오신셴은 20년의 세월을 흘려보냈다.

　자오신셴은 산쥬그룹의 설립자다. 그는 한 군의부속공장을 중국의 중약 제약회사 중 생산액 100억 위안에 달하는 유일한 기업으로 변화시켰다. 자오신셴은 '산쥬웨이타이'라는 위장약으로 기업을 일으켰다. 이 처방은 몇 년 전 그가 위에베이

贛北라는 시골에서 얻은 것이었다. 원료는 남방 특유의 삼차고三叉苦, Euodia lepta Spreng, Merr와 구리향九里香으로, 위장병 치료에 효과가 아주 좋았다. 제품을 보급할 때 그는 다른 업체와는 달리 제품을 메고 사방을 돌아다녔고, 깨끗하고 권위 있는 군복을 입고 지역의 거점 도시로 가서 학술 보고회를 열었다. 그는 각지의 위생국, 약재 업체, 병원과 언론 매체를 한곳에 모은 다음 '산쥬웨이타이'의 병리와 약리에 대해 강연을 했다. 자오신셴은 먼저 10개 도시를 돌면서 10차례의 학술 보고회를 열었는데, 그곳에는 모두 '산쥬'의 회오리바람이 몰아쳤다. 그가 선전에 돌아왔을 때는 주문서가 눈발 휘날리듯이 날아들었다. 공장 설립 1년 만에 난팡제약은 1,100만 위안이라는 판매 수입을 올렸다.

광고 마케팅에서 자오신셴은 두 가지를 발명했다. 그는 택시 위의 케이스 광고를 발명한 사람이었다. 1988년 그는 미국 영화에서 차 위에 네온 광고 간판을 설치한 택시가 지나가는 것을 보았다. 이튿날 그는 광저우시의 택시회사와 협상을 진행해 400여 대의 택시에 '위장약의 왕, 산쥬웨이타이'라는 문구를 새긴 네온간판을 장착했다. 광고판을 장착한 택시는 시내 곳곳을 누비며 다녔는데, 광고 효과는 정말 놀라웠다. 이러한 광고 방식은 곧 전국에서 유행하기 시작했다. 자오신셴은 또 유명 연예인 광고를 창안한 사람이기도 했다. 그해에 자오신셴은 유명한 영화예술가 리모어란李黙然을 설득해 제품을 광고했는데, 이는 전국에서 처음으로 유명인을 광고 모델로 사용한 사례였다. 이 광고가 CCTV에서 방영되자마자 전국을 뒤흔들었다. 사람들은 유명인도 광고를 찍을 수 있는가, 리모어란은 도대체 얼마의 돈을 벌었을까 등에 대해 논쟁을 벌였다. 이러한 논쟁을 당초에 예상하지 못했던 리모어란은 곤경에 처했지만 산쥬웨이타이의 지명도는 오히려 날로 높아갔다. 어떤 의미에서 1980년대에 산쥬는 시장화에 가장 성공한 기업 중의 하나였다.

기업 역사상 산쥬가 가장 유명해진 것은 산쥬의 자랑스러운 성과가 아니라 산쥬의 '1인 메커니즘' 때문이었다. 회사에서 자오신셴은 사장이자 당 서기였고, 아래로는 부사장을 두지 않았다. 그룹 본사에는 당무부黨務部, 재무부와 인사부의 3개 조직만 두었고, 심지어 사장의 사무실조차 두지 않았다. 자오신셴은 다섯 명의 비서를 두고 관련된 구체적인 일은 각자 나누어 처리하도록 했다. 산쥬의 관리 모델은 당시 중국의 다른 국영기업에서는 찾아볼 수 없고, 심지어는 상상조차 할 수 없는 유일한 모델이었다. 그것은 경직된 국영 체제의 기업에 대한 속박을 타파했고, 정치와 기업의 진정한 분리라는 결과를 가져왔다. 이리하여 국영기업이 오랫동안 해결하지 못한 오래된 문제를 해결할 수 있었던 것이다.

'1인 메커니즘'과 관련된 가장 극적인 일화는 1992년 9월에 발생했다. 국무원 부총리 주룽지가 산쥬그룹을 시찰하고는 아주 만족해서 떠나려 할 때 회사 경영진과 기념사진을 촬영할 것을 제안했다. 주룽지가 "자오 사장님, 회사 부사장도 함께 사진을 찍죠"라고 하자 자오신셴은 "부총리님, 저희 회사에는 부사장이 없습니다. 지도자는 저 한 사람이고, 제가 공장장이자, 서기 겸 수석 엔지니어를 맡고 있습니다"라고 말했다.

이 에피소드는 기자들에 의해 신문에 보도되었다. '1인 메커니즘'은 일시에 전국적인 미담으로 전해졌다. 1993년 CCTV는 국영기업 개혁의 경험을 소개하는 특집 프로그램을 방송했는데, 제1편이 '하이얼의 경험'이었고, 제2편이 바로 '산쥬 메커니즘'이었다. 객관적으로 말해 퇴임하는 그날까지 자오신셴은 줄곧 혼자서 이 국유기업을 장악했기 때문에 그의 득실성패得失成敗는 '성공도 1인, 실패도 1인'으로 일컬어졌다.

산쥬의 흥망은 다각화와 관련이 있었다. 1996~2001년까지 산쥬는 140여 개의 지방 기업을 인수했는데, 매달 평균 두 개의 업체를 인수합병한 꼴이었다. 2000년 자오신셴은 자본시장에도 손을 대 1년이 채 안 되는 시간 동안 한꺼번에 세 개의 상장사 주인이 되었다. 당시의 자본시장에는 단지 탕완신의 더룽만이 샹후어쥐爿火炬, 티베트 둔허囤河와 허진合金지주회사 등 세 개의 상장사의 지배 주주였을 뿐이다. 자오신셴은 득의양양하게 "자본시장에서 산쥬는 더룽 다음"이라고 말했다.

세계 최대의 중약 제약회사의 꿈을 실현하기 위해 2000년부터 자오신셴은 국내와 국외 양대 전선에 동시에 출격했다. 전 세계에 1,000개의 중약 진료소를 설립한다는 '맥도날드 계획'과 국내에 1만 개의 약국을 개설한다는 '월마트 전략'이 그것이었다. 자오신셴은 자못 전략적인 직감을 가진 기업가였다. 그는 산업의 매 전환점마다 일찍부터 이를 의식했고, 또 신속하게 반응했다. 하지만 그는 프로젝트 집행에서는 항상 속 빈 강정이었다. 여러 차례의 포진과 돌격으로 산쥬의 기업 규모는 날로 커져갔지만 기업에 직접적인 이익을 가져다주는 프로젝트는 시종 나타나지 않았다. 2003년 사방을 돌아다니면서도 수확을 얻지 못하던 자오신셴과 그의 산쥬는 벼랑 끝에 내몰렸다. 가을, 언론에서 산쥬가 98억 위안의 은행 대출을 안고 있다고 폭로함에 따라 거액의 재무 위기에 빠져들었다. 이 기사가 나가자 한순간에 산쥬의 자금 문제가 만천하에 드러났다. 이어 1개월여 동안 은행의 '빚 독촉 대군'이 몰아닥쳤고, 산쥬 본사는 일대 혼란에 빠지게 되었다.

이러한 시기에 자구책을 강구하던 자오신셴은 갑자기 창끝을 국유자산 보유자들에게 겨누었다. 그는 "산쥬의 부채 비율이 아주 높은 근본적인 원인은 산쥬그룹이 기형아라는 데 있다. 국유 기업은 국유 출자자가 존재하지만 실제 출자가 이루어지지 않았고, 국유 출자자들은 출자 의무를 이행하지 않았다. 산쥬그룹에 대해 말하면, 국가는 한 푼의 돈도 출자하지 않았을 뿐만 아니라 지금까지 은행 대출금 주식 전환, 대출 이자 지급 등의 혜택을 누려본 적이 없다"고 말했다.

이미 60세의 퇴직 연령을 넘긴 자오신셴은 더 이상 앉아서 기다리려 하지 않고, 이번의 재무 위기를 이용해 철저하게, 최소한 부분적으로나마 산쥬의 재산권 문제를 해결하려 했다.

2004년 3월 베이징의 전국양회에서 전국정협위원인 자오신셴은 국내외 기자들과의 인터뷰에서 다시 한 번 직접 창끝을 국무원 국유자산감독관리위원회에게 겨냥하면서 "국유자산감독관리위원회는 당연히 기업의 주주가 유동 자금을 획득하도록 투자를 확대하거나 새로운 자본금을 투입해야 하는 직능에 대해 책임져야 한다"고 주장했다. 2개월 후 자오신셴은 갑자기 산쥬그룹의 사장직과 당서기 직무에서 해임되었다. 2005년 자오신셴은 해외로 자산을 이전했다는 혐의를 받아 중국공산당 기율검사기관과 정부의 행정감독기관의 조사를 받았다. 2007년 6월 자오신셴은 '국유기업 직원의 직권남용죄'로 선전시 루어후羅湖구 법원에서 1년 9개월의 징역형을 선고받았다.

1997년
'세계의 탈주술화'

무너졌다. …… 무너졌다. …… 무너졌다. …… 무너졌다. ……
— 태국의 한 운전기사(1997년)

1월 1일 그날은 베이징에 눈이 내렸다. 베이징 301병원에 입원해 있던 덩샤오핑은 사람을 시켜 TV를 켰는데, 마침 CCTV에서는 한 편의 다큐멘터리를 방영하고 있었다. 그는 정신을 집중해보았지만 TV 화면 저 멀리서 걸어오고 있는 사람이 누구인지 알아볼 수 없었다. 저쪽에서 걸어오고 있는 사람이 누구냐고 의사에게 물었다. 의사 황린黃林은 "저 사람은 바로 당신입니다. 자세히 보십시오"라고 대답했다. 화면 위의 사람이 가까이 다가오자 그도 마침내 자신임을 알아보고는 입술을 움직이면서 얼굴에 미소를 머금었다. 황린은 프로그램 제목은 〈덩샤오핑〉으로 막 촬영한 것이고, 모두 12편이라고 알려주었다. 그는 아무 말도 하지 않고 한 편 한 편 볼 뿐이었다. 황린은 그가 귀가 어두워 잘 들리지 않는다는 사실을 알고 있었기 때문에 그의 귓가에다 대사를 하나씩 반복하면서 들려주었다. TV에서 그를 칭송하는 말이 나올 때마다 황린은 노인의 얼굴에서 한줄기 겸연쩍어하는 표정을 볼 수 있었다.

50일 후인 2월 19일 93세의 이 정치가는 인생의 종착역에 도달했다.

중국인들에게 덩샤오핑의 죽음은 말할 수 없는 비통함과 충격으로 다가왔다.

과거 20년 동안 가슴이 넓고 의지가 강인했던 이 노인은 줄곧 중국의 경제체제 개혁에서 가장 중요한 수호자이자 추동자였다. 그는 중국 부흥의 역사에 아주 깊숙이 자신의 흔적을 새겼다. 그가 세상을 떠났을 때 중국이라는 동방의 거함은 '역사의 산샤三峽' 중에서 가장 아슬아슬한 시기를 이미 지나가고 있었다. 로이터 통신은 그가 세상을 떠난 이튿날 논평에서 "덩샤오핑은 경직된 계획 체제를 내버리고 자유시장의 역량에 동의했고, 중국의 대문을 세계에 개방해 진정으로 중국을 변화시켰다"고 논평했다.

덩샤오핑의 죽음으로 상반기 동안 중국은 비통함에서 완전히 벗어나지 못했다. 7월 1일 홍콩이 반환되었다. 이날은 전 중국이 환호 속에 빠져든 날이었지만 이로 인해 오히려 표현할 수 없는 아쉬움에 젖어들게 했다. 생애 마지막에 덩샤오핑이 가장 큰 관심을 가졌던 일이 홍콩 반환이었기 때문이다. 그는 일찍이 반환 당일 직접 홍콩으로 가서 역사의 현장을 지켜보길 희망했지만 안타깝게도 그날을 기다리지 못했던 것이다. 반환 당일 저녁, 온 하늘은 불꽃으로 가득했고, 이중 하나는 전적으로 그를 위해 피어올랐다.

슬픔의 운무는 계속 1997년을 휘감고 있었다.

이해 전 세계적으로 가장 유행한 영화는 미국의 할리우드 대작〈타이타닉〉이었다. 20세기 초 세계에서 가장 큰, '영원히 침몰하지 않는' 호화 여객선은 우아한 반주와 여기저기서 울려 퍼지는 비명소리 속에 북대서양의 바다 밑으로 가라앉았다. 이들과 함께 젊은 유랑화가 잭 도슨Jack Dawson과 귀족 아가씨 로즈Rose의 사랑도 가라앉았다. 중국 관중이 만감이 교차하면서 영화관을 나서고 있을 때 비즈니스 세계에서도 비극이 연출되고 있었다.

1997년은 분수령의 의미를 지니고 있는 한 해였다. 지난 3년 동안 롄샹, 하이얼, 창훙 등 국내 기업들은 가격전쟁과 민족 브랜드 깃발에 의지해 가전과 음료 등의 소비제품 영역에서 연전연승하고 있었다. 기업가들은 '500대 기업의 꿈' 속에 빠져 있었고, 정부와 기업의 자신감은 거의 폭발할 정도로 충만해 있었다. 그러나 곧이어 아시아와 중국 기업계에 발생한 뜻밖의 사건은 이러한 꿈을 산산 조각내버렸다.

가장 중대한 대형 참사는 아시아 각국에 몰아닥친 금융 위기였다. 조지 소로스 George Soros라는 미국의 투자가는 이후 몇 년 동안 아시아의 정치가들에 의해 줄곧 신비하고 사악한 색채를 띤 거대한 금융 악마로 여겨졌다. 2월부터 시작해 소로스가 이끄는 퀀텀펀드Quantum Fund는 경기 과열과 적자 위기에 처한 태국을 겨냥해 거리낌 없이 바트화를 투매하기 시작했고, 이로 인해 바트화의 달러 대비 환율은 요동쳤다. 태국 정부는 50억 달러의 외환 보유고와 200억 달러의 차관을 동원해 환율 시장에 개입했지만 여전히 바트화의 환율 하락을 저지할 수 없었다. 7월 2일 태국 정부가 환율 자율 변동제를 선언하자 하루 만에 환율은 20%가 하락했다. 소로스는 바트화를 저격한 후 방향을 틀어 말레이시아, 인도네시아, 한국 및 홍콩을 공격했는데, 공격받은 국가와 지역은 모두 거대한 금융 타격을 입었다. 아시아 금융 위기는 여름에 시작되어 4개월 이상을 끌어 아시아 각국과 모든 산업에 심각한 영향을 미쳤다. 필리핀, 말레이시아와 인도네시아 중산층의 재산은 50%, 61%, 37%로 축소되었고, 홍콩, 싱가포르와 태국의 국민 자산은 44%, 43%, 41%로 급감했다. 금융 위기가 태국을 휘감고 있을 때『뉴욕타임스』의 칼럼니스트 토머스 프리드먼Thomas Lauren Friedman은 때마침 태국에 있었다. 8년 후 그는『세계는 평평하다The World is Flat』에서 아직도 가슴이 두근거린다는 듯이 당시의 상황을 이렇게 묘사하고 있다.

태국 정부는 58개의 주요 금융 기구의 폐쇄를 선포했고, 하룻밤 사이에 개인 은행가들은 모두 가산을 탕진했다. 나는 차를 몰고 방콕으로 가던 도중 한 집회에 참가했는데, 그곳은 바로 태국의 월가로 파산한 금융 기구 대다수가 그곳에 위치해 있었다. 내 차가 천천히 파산한 은행을 지나가고 있을 때 기사가 중얼거렸다. 무너졌다 …… . 무너졌다 …… . 무너졌다 …… . 무너졌다 …… . 태국 은행들의 이러한 파산은 새로운 글로벌 시대에 일어난 첫 번째 글로벌 금융 위기 속의 도미노 현상이었다.

더구나 아시아에서 가장 발달한 국가도 이 재난을 피할 수 없었다. 한화韓貨는 공격받은 지 2개월 만에 50%로 폭락해 국가 경제는 거의 붕괴 직전에까지 도달했다. 한국 정부는 부득불 일본과 미국 및 IMF에 긴급구조를 요청했다. 차관은 전 세계적으로 유례가 없는 550억 달러에 달했다. 또 엄격한 경제 안정 계획을 실시하고 경제 성장률을 낮추도록 강요받아 경제 자주권을 거의 상실했다. 한국 정부는 모든 관리에게 허리띠를 졸라맬 것을 요구했고, 최소 월급의 10%를 은행에 예금하도록 요구했고, 국민들은 장롱 속에 놓아두었던 금은 장식품을 꺼내들었다. 이러한 폭풍 속에 한국의 실업률은 11%에 달했고, 기업들은 3조 원이라는 환차손실을 기록했으며, 외채 원리의 상환액은 4조 원을 넘어섰다. 많은 대기업은 파산을 선고하거나 절체절명의 위기 속으로 빠져들었다. 이중에는 무한한 영광을 누려 중국 기업들의 선망의 대상이던 대우그룹도 포함되어 있었다. 폭풍이 몰아치고 있을 때 줄곧 쾌속 성장 중이던 대우는 사실상 막대한 부채더미에 시달리고 있었는데, 대출금 규모가 200억 달러에 달했다. 위기에 직면해 김우중은 긴축 조치를 취했고, 이와 동시에 자동차 산업에 명운을 걸었다. 채권과 어음을 대량 발행해 132억 달러의 단기채무 자금을 융통해 계속해서 쌍용자동차와 삼성자동차를 인수하기로 결정하고, 세계 자동차 산업의 선두주자라는 목표를 추진했다. 하지만 연말에 이르러 대우의 주거래 은행이 추가 대출을 거부했다. 1999년 10월 부채 800억 달러의 대우는 마침내 파산을 선고했고, 김우중이 미국으로 출국하자 한국 여론은 '재벌 망국론'을 부르짖기 시작했다.

일본은 엔화가 직접적인 타격을 받지는 않았지만 요동치는 긴축 효과는 급속하게 모든 산업으로 번져갔다. 9월 18일 일본 유통업계의 유명 기업 야오한(八百半)은 시즈오카 지방 법원에 파산을 신청했다. 야오한은 중국의 소비자들에게 아주 유명한 전설적인 기업이었는데, 설립자인 와다 가즈오(和田一夫)는 열 살에 노동을 시작한 일본 여성으로 조그만 야채가게에서 시작해 성공한 기업가였다. 40년에 걸쳐 그녀는 야오한을 세계 각지에 400개의 백화점을 보유한 매출액 50억 달러의 대형 다국적 유통 기업으로 성장시켰다. 그녀의 일생을 원형으로 촬영한 일본 드라마 〈오싱〉은 한때 중국에서 가장 높은 시청률을 기록하기도 했다. 1995년 말 '상하이 야오한'이 문을 열었는데, 개업 당일 107만 명의 고객이 백화점을 찾아 기네스북에 기록을 올리기도 했다. 과거 몇 년간 야오한은 일본에서 확장 야심이 가장 큰 백화점

유통 업체였고, 일본에만 26개의 백화점을 보유하고 있었으며, 동남아, 구미와 중국에 40여 개의 백화점을 보유하고 있었다. 금융 위기가 내습했을 당시 야오한의 동남아 매장은 모두 문을 닫았고, 회사의 자금 회전 위기는 결국 폭발하고 말았다. 하지만 이때의 일본 은행은 남을 돌볼 겨를이 없었다. 파산 당시 야오한의 총 부채는 13억 달러에 달했다.

아시아 금융 위기는 중국의 주변 국가에서 연이어 일어났고, 참혹함은 이루 말할 수 없었다. 금융 자본주의와 글로벌화는 잔혹하고 강력하게 파괴적인 일면을 드러냈다. 이는 자연스럽게 중국의 산업 경제와 대중 심리에 영향을 주었다. 글로벌 증시의 대폭 하락 속에 과거 자못 활발했던 중국 증시는 불황에 빠졌고, 소비 시장은 더욱 얼어붙었다. 과거 몇 년간 거시조정을 통해 인플레이션의 압력이 줄어들어 통화 팽창률은 거의 제로에 가까웠지만 동시에 소비 시장의 지나친 위축 현상이 나타났다. 국가통계국의 보고에 따르면 1997년 중반 전국의 공업 재고 상품은 3조 위안을 넘어서 '구조적 과잉' 현상을 초래했고, 95%의 공업 생산품은 공급 과잉이었다. 6월 국가경제무역위원회, 국내무역부와 대외무역경제합작부 등은 공동으로 부득불 전국재고상품조절센터를 설립해 기업의 상품 유통을 가속화시켰다. 이러한 재고 누적 현상은 1990년에 딱 한 번 나타난 적이 있었다.

이런 열악한 환경 하에서 급격한 발전으로 리스크에 대해 아무런 대비가 없던 유명 기업들도 각각 서로 다른 원인으로 가공할 만한 눈사태를 맞이하게 되었다. 결국 1997년은 기업들에게서 '붕괴의 해'로 기록되었다.[1]

1월 '뱌오왕'으로 일시에 혁혁한 전과를 올리고 있던 산둥의 친츠양조는 '백주 혼합'이라는 추문에 휩싸였다. 이 이전에 친츠의 판매는 줄곧 활황을 이루어 백주 밀봉 작업 라인을 2년 전에 비해 47개나 늘렸다. 이에 친츠는 '중국에서 기업 이미지가 가장 우수한 기업'이라는 영예를 안았다. 지창쿵이 신바람 나서 베이징으로 수상을 위해 떠났을 때 『경제참고보』의 한 기자가 신문에 폭로성 기사를 게재했

---

[1] 이 책에는 '붕괴의 해'가 두 번 나오는데, 첫 번째가 1997년이고, 두 번째는 2004년이다.

다. 이 기자는 친츠의 산둥 공장의 1년 생산량이 3,000톤에 불과해 시장 수요를 충족시키지 못하는데도 불구하고 계속해서 백주가 시장에 출하되는 것을 이상하게 여겼다. 그 결과 친츠가 스촨의 한 양조공장으로부터 대량의 백주 원액을 공급받아 백주를 혼합해 제조한다는 사실을 발견했다. 기자가 친츠에 원액을 공급하는 스촨의 양조업체를 찾아냈고, 그들은 중국에서 가장 선진적이라고 이야기되는 백주 밀봉 생산라인의 실제 상황을 아주 자세하게 묘사해주었다.

> 친츠의 밀봉 생산 라인은 기본적으로 수공 작업 라인으로 매 생산 라인에는 십여 명의 작업 인부가 있으며, 술병 안쪽 뚜껑은 사람이 나무망치로 두들겨 집어넣는다.

이 보도는 물밀듯이 전국으로 퍼져나갔고, 아주 짧은 시간 내에 거의 모든 신문과 잡지에 보도되었다. 줄곧 언론에 의해 칭송받아온 지창쿵은 이러한 국면에 어떻게 대처해야 할지 전혀 몰랐다. 그가 유일하게 생각해낸 방법은 신문사에 사람을 보내 수백만 위안에 이 기사를 사겠다는 의사를 표시한 것이었다. '뱌오왕'은 이렇게 추락하기 시작했다. 이해 매출액은 전년도의 9억 5천만 위안에서 6억 위안으로 급락했고, 다음해에는 3억 위안으로 추락했다. 2000년 7월 친츠가 300만 위안의 대출금을 상환하지 못해 법원에서 '친츠' 상표를 경매에 붙였으나 어느 누구 하나 관심을 기울이지 않았다.

역시 1월 남방의 주하이에서는 열정으로 넘쳐났던 스위주도 벼랑 끝에 서 있었다. 쥐런그룹은 재무 위기에 노출되었다. 그들이 개시한 건강식품 대전에 모든 자금을 쏟아 부은 결과 같은 시기에 건설 중이던 쥐런빌딩이 지하 공정을 완성한 후 자금 부족으로 멈춰버린 것이었다. 1월 12일, 수십 명의 채권자가 쥐런그룹 본사로 몰려들어 빚을 독촉하자 소식을 듣고 기자들이 찾아왔다. 위기는 급속하게 확대되어 쥐런그룹 자산에 대해 차압이 이루어졌고, 직원들 임금은 체불되었으며, 고위 간부가 자금을 갖고 도피했다는 등의 뉴스가 속속 보도되었다. 당시 언론에 의해 '시대의 우상'으로 봉해졌지만 대중적 소통력이 부족했던 스위주는 자신을 커튼으로 드리워진 $300m^2$의 사무실에 가두고는 모든 외부 접촉을 차단하고, 십여 일 동안 햇빛 하나 들지 않는 큰 방에 혼자 쓸쓸하게 앉아 있었다. 당시 상황에 따르면 1,000만 위안의 자금만 있었어도 쥐런빌딩은 다시 공사를 재개할 수 있었고 모든 충돌은 누그러질 수 있었다. 하지만 스위주는 1,000만 위안이라는 돈을 찾아낼 방법이 없었다. 그는 하루 종일 사무실에서 웅크리고 앉아 별 궁리를 다 해보았지만 속수무책이었다. 며칠 후 그는 탄식하면서 "한 푼의 돈이 영웅을 쩔쩔매게 한다는 말의 의미를 이제야 알겠구나"라고 말했다. 언론 보도는 마침내 쥐런그룹을 철저하게 붕괴시켰고, 브랜드도 심각한 타격을 받았다. 판매상들은 질질 끌면서 상품 대금을 갚지 않았고, 각 지역의 지사들도 줄줄이 와해되었다. 반년 만에 쥐런그룹은 해체를 선언했고, 스위주는 수중에 돈 한 푼 없이 상실의 땅 주하이를 떠났다. 그는 전국을 유랑하다가 마지막으로 난징에 칩거했다. 스위주의 패주는 당시 거대한 충격을 불러일으켰다. 이후 3년 동안 줄곧 젊은이들은 편지를 보내 그의 근황을 물었고, 그가 재기하는 모습을 보고 싶다고 이야기했다. 저장대학 후배는 그에게 보낸 편지에서 "당신은 반드시 다시 일어나야 합니다. 당신은 당신의 몰락이 이 시대를 살아가는 우리에게 얼마나 큰 상실감을 주었는지 알고 계십니까?"라고 말했다. 3년 후 상처가 아문 스위주는 아주 별난 방식으로 재기했다.

건강식품업계의 또 다른 유명 기업인 산주그룹의 상황도 쥐런에 비해 조금도 나을 바가 없었다. 1996년 사람들로 하여금 혀를 내두르게 한 매출액 80억 위안을 달성한 후 회사의 관리상의 문제는 이미 통제력을 잃은 상황에 이르게 되었다. 산주는 급속한 성장을 위해 널리 인재를 구했고, 지역 1급 자회사만 300여 개, 현급 사무소는 2,210개, 향진 1급 작업소는 13,500개까지 확대되어 직접 고용한 직원만도 15만 명이 넘었다. 10만 명이 넘는 영업 대군은 메뚜기처럼 각지를 누비고 다니면서 영업 실적 과대포장, 경쟁 상대 비방 등의 각종 사고를 야기하고 있었다. 1997년 상반기에만 산주는 '허위광고'로 인해 10여 건이나 고소를 당했다. 우빙신은 내부 회의에서 진노하면서 이렇게 말했다.

임시 직원이 실무자를 속이고, 실무자는 매니저를 속이고, 매니저는 지역 책임자를 속이고, 지역 책임자는 본사를 속이는 등의 아주 나쁜 현상이 생겨나고 있습니다. 우빙제吳炳杰(우빙신의 동생)가 농촌을 둘러보고는 아주 화가 났다고 합니다. 실제 상황이 그에게 보고한 내용과 완전히 달랐기 때문입니다.

연말 산주의 판매량은 급속도로 미끄러져 매출액이 전년도에 비해 10억 위안이나 떨어졌다. 우빙신은 연말 결산 모임에서 '15대 실수'를 신랄하게 비판했다. 이중에는 시장 관리 체제에 심각한 부적응 현상이 나타나고 심각한 공룡병 및 재무 관리의 통제력 상실 등이 포함되었다. 산주그룹의 위기는 전국을 경악시켰다. 1990년대 중반 최고조에 달한 기업 산주그룹의 전면적 붕괴는 우발적 사건으로부터 야기되었다. 후난성 창더常德시 한서우漢壽현에서 천바이순陳伯順이라는 한 퇴직 조선공이 428위안을 들여 산주 드링크제 10병을 샀는데, 복용 후 전신이 붉게 부어올랐고, 가려운 증상이 나타나면서 사망하고 말았다. 천바이순의 가족은 산주를 고소했다. 1997년 말 창더법원은 산주 드링크제가 불합격품이라는 것을 인정하고 산주의 패소를 선언했다. 이 건에 대한 언론의 보도는 비바람이 몰아치고 있던 산주에게는 치명타가 되고 말았다. 1998년 5월 산주는 모든 생산을 중단했다. 사람들을 탄식케 한 것은 1998년 4월 후난성의 고급인민법원이 천바이순의 죽음이 산주 드링크제와는 필연적인 인과관계가 없다면서 산주의 손을 들어준 것이었다. 그러나 이때 산주의 영업 시스템은 이미 완전히 붕괴되어 있었다. 산주 사태는 중국 기업계에 곰곰이 새겨볼 만한 문제를 남겨주었다. "매출 80억 위안에 달하는 건강식품 제국이 어떻게 이토록 취약할 수 있단 말인가?"

건강식품 시장의 신용 붕괴와 급속한 위축은 업계 내 모든 기업에게까지 화가 미쳤다. 산주와 같이 대대적인 과대광고에 기대어 성공한 선양페이룽도 이때 마지막 숨을 고르고 있었다. 총수 쟝웨이는 언론에 1만 자에 이르는 〈나의 잘못〉이라는 긴 글을 발표해 공개적으로 20개의 잘못을 저질렀다고 발표했다. 이중에는 의사결정의 낭만성, 모호성, 조급증 등이 포함되어 있었다. 쟝웨이는 조금은 낭만적인 필치로 자신에 대해 질책했다.

총수라는 직책은 종종 사람을 조급하고, 두려움과 불공정한 심리 상태에 놓이게 해 전체 간부를 위축시키고 맙니다. 이러한 상명하달 식의 심리 상태에서 일방적 결정, 잘못된 결정, 위험한 결정이 생겨납니다.

열정이 넘쳐나는 젊은 시절에 기업가들은 아주 솔직하게 자신을 표현했고, 대중 앞에서 자기 잘못을 솔직하게 진술하는 것을 꺼리지 않았다. 하지만 이러한 '공개적인 자아비판'이 기업 경영에 어떠한 해를 끼칠 것인지는 고려하지 못했다.

연말 광저우의 타이양선의 설립자 화이한신도 서글픈 표정으로 자리에서 물러난다고 선언했다. 타이양선은 가장 일찍 다각화 전략으로 대가를 지불한 유명 기업 중의 하나였다. 매출액이 13억 위안에 도달한 후 화이한신은 사업 다각화의 나팔을 울렸다. 그는 '종적인 발전을 주로 하고, 횡적인 발전으로 보조를 맞춘다'는 회사의 오랜 전략을 '종적인 발전과 횡적인 발전을 동시에 진행한다'로 수정했다. 이와 함께 1년 동안 석유, 부동산, 화장품, 컴퓨터, 변경 무역, 숙박업 등 20개 항목에 진출했고, 티베트, 윈난, 광둥과 산둥에 '경제 발전총공사'를 설립해 대규모 인수합병 프로젝트를 진행했다. 화이한신은 이러한 프로젝트에 간절한 기대를 걸었고, 심지어는 "사람의 담이 얼마나 크냐에 따라 땅에서 수확하는 양이 달라진다"는 문화혁명기의 구호에 가까운 호언장담을 하기도 했다. 이후 2년 동안 타이양선은 이러한 프로젝트에 3억 3천만 위안을 투자했는데, 불행히도 모두 실패했고, 오히려 타이양선의 자금과 정력을 모두 허비하고 말았다. 화이한신은 고통스럽게 "고속 발전을 추구할 때 전문화된 체제를 건립하지 않았고, 규범화된 심사와 운영, 평가, 감독 시스템을 중요하게 생각하지 않아 혼란과 일련의 불필요한 자원 손실을 초래하고 말았다"고 자인했다. 1996년 회사는 1,100만 위안의 적자를 기록했고, 1997년에 적자는 1억 5천 9백만 위안으로 늘어나 홍콩에 상장된 주가도 곤두박질쳤다. 12월 화이한신은 결국 총수직에서 물러났다.

유통업계 영역에서도 승승장구하고 있던 정저우의 야시야가 똑같이 절체절명의 위기에 빠져들었다. 일본의 야오한을 모델로 중국의 유통업계 1인자가 되고 싶어했던 왕수이저우는 야심이 너무 큰 기업가였다. 그가 각지에 개설한 야시야 백화점의 경우 이윤을 남기는 곳은 하나도 없었다. 1996년 말부터 일련의 좋지 않은 사건이 자주 발생하고 있었다. 상하이 지점의 사장이 업체들에 의해 연금당했고, 황푸 강변으로 끌려가 폭행을 당했다. 텐진 등지의 백화점에는 심지어 상품을 강탈당하는 사건이 발생했다. 각지의 공급업체들은 단체로 정저우에 몰려와서 왕수이저우에게 빚을 독촉하기도 했으며, 심지어 상패와 메달로 가득 한 벽에 "야시야는 왜 빚만 지고 갚지는 않느냐?"는 플래카드를 내걸기도 했다. 1997년 3월 15일 처량한 신세의 왕수이저우는 직원들에게 자리에서 물러날 것을 선언했는데, 당시 야시야 그룹의 부채는 6억 여 위안, 자산 대비 부채 비율은 168%에 달했다. 그는 "저는 많은 교훈을 얻었습니다. 우리는 모두 경험과 교훈을 얻었습니다. 만약 야시야가 무너진다면 아마 저의 치욕이 더 클 것입니다. 하지만 여러분은 저의 옆에 있을 것입니다"라고 말했다. 이날이 그의 40세 생일이었다.

막 성장하고 있던 인터넷 영역에서의 첫 번째 실패 국면도 조만간 출현하려 하고 있었다. 잉하이웨이는 줄곧 성장의 방향을 찾지 못하고 있었고, 만능형, 과금課金 형식의 운영 모델은 네티즌의 인정을 받지 못하고 있었다. 9월이 되자 사이트의 월 수입이 30만 위안으로 하락했고, 대규모의 순회 홍보 활동을 전개했는데도 전국에서 능록한 네티즌은 6만 명에 지나지 않았다. 쟝수신은 시장에서 오는 싸늘한 반응을 몸소 느끼고 있었는데, 성탄절 일기에서 아주 감성적으로 다음과 같이 묘사했다.

> 깊은 밤, 우리는 지금 막 교외에서 집으로 돌아가고 있는데, 창밖에는 짙은 안개가 자욱하다. 우리가 차를 몰고 집으로 돌아오는 길에는 안개가 너무 짙어 모든 차들이 감속하고 있다. 앞차의 후미등이 미약한 힘으로 따라오는 차의 방향을 비추고 있다. 교차로에 다다라 앞차가 방향을 틀자 우리 차가 가장 앞에서 달리게 된다. 시야는 흐릿했고, 우리는 온 정신을 집중해 앞길을 헤집어나갔다. 뒤로는 차량 행렬이 1열로 늘어섰는데 ……. 지금의 상황이 바로 오늘의 잉하이웨이란 말인가?[2]

2) 1998년 6월 지속적인 손실로 인해 쟝수신은 면직되었다. 그녀는 "1994년 말부터 1995년 초까지 우리가 IT업종에 진출한 것은 일종의 불행이었다. 우리는 이 업종에서 잘못을 가장 많이 범한 사람이었다"라고 말했다. 4개월 후 15명의 고위직이 단체로 회사를 떠났다. 2000년의 중국 인터넷 영향력 조사

1997년을 되돌아볼 때 항상 생각나는 것이 독일 사상가 베버Max Weber의 '세계의 탈주술화The disenchantment of the world'라는 명언이다. 과거 십여 년 동안 중국에서 가장 뛰어나고 성장 속도가 가장 빨랐던 기업들 대다수는 생필품과 가전 영역에서 출현했다. 1997년에 발생한 이러한 붕괴는 이 두 산업 영역의 '폭풍 시대'가 이미 기본적으로는 끝났음을 의미하고 있었다.

중국의 경제 변혁은 종종 인생은 구불구불\하고, 고생 끝에 낙이 온다는 것을 느끼게 해주었다. 이 시기의 역사는 사람들이 예상한 노선에 따라 앞으로만 전진한 적이 한 번도 없었다. 더욱이 하나하나의 갈림길이 항상 가장 뜻하지 않은 순간에 출현했고, 이러한 갈림길은 인간의 지혜와 인내력을 극한의 도전에 직면하게 했다. 1997년에 발생한 현상들처럼 아시아 금융 위기의 갑작스런 폭발과 국내 시장의 공전의 위축은 오히려 '의외로' 중국의 국유기업들의 시장화 개조 과정에 가속도를 내게 했다.

사실 '주청 경험'에서 비롯된 중국의 국유 중소형 기업들의 재산권 개조 실험은 시작 당시에는 결코 순조롭지 않았다. 그것은 처음 이데올로기 방면에서 공격받았다. 일부 인사들은 〈만언서萬言書〉에서 재산권 개조에 대해 의문을 제시하면서 이러한 추세는 반드시 국유자산의 대대적 손실을 야기할 것이라고 주장했다.[3] 그들은 '작은 것을 놓아주는' 개혁은 사회주의적인 생산수단 공유제를 개조한다는 명의로 공유제의 '실實'을 부정한다고 생각했고, "사회주의 경제의 보충으로서의 사영 경제와 외자 경제의 발전 추세가 맹렬해 이미 공유제 경제의 주체적 지위를 위협하고 있다"고 주장했다. 이러한 논조는 모 학술 간행물과 신문에 나타났고, 농후한 비판 분위기를 형성시켰다. 그러나 개혁을 지지하는 학자들도 첨예한 반박 논리

에서 과거 1위 자리를 차지했던 잉하이웨이는 131위로 내려앉았다. 이때부터 이 사이트는 사람들의 시야에서 점점 사라지게 되었다. 잉하이웨이, 타이양선, 산주, 페이룽, 야시야, 쥐린, 친츠에 관한 자세한 사례는 『대패국大敗局』이라는 책에 상세히 나와 있다.

3) 국유기업의 퇴출 여부와 퇴출 경로에 대해 수년 동안 논쟁이 끊이지 않았고, 또 한 차례의 대규모 논쟁이 2004년도의 거시조정 기간 동안에 발생했다.

를 전개했다. 우징롄은 "개혁은 이미 전통 체제의 핵심 부분까지 추진되었고, 이러한 영역 내에서 전통 사상의 영향은 아주 강렬하고도 유해한 것임을 보여주었다"라고 말했다. 이러한 반박에 대해 반대론자들은 현실 상황을 개선할 수 있는 보다 효과적인 경제 방안을 제시하지 못했고, 전국의 국유 및 집체기업들은 바꾸지 않고서는 망할 수밖에 없는 상황에 이미 처해 있었다. 1월 제3차 전국공업전수조사 결과가 나왔는데, 각종 데이터는 기업들이 매우 위험한 밑바닥에 이르렀음을 보여주었다. 국유기업의 자본 수익률은 3.29%로 1년 만기 이상의 예금 이율에도 크게 미치지 못했다. 39개 업종 중 18개 업종은 업계 전체가 적자였다. 국유공업의 부채 총액은 이미 자산 규모의 1.92배에 달해 기업 자산으로도 부채를 탕감하기에는 역부족인 상태였다. 관련 부문은 국무원에 제출한 보고에서 일련의 데이터로 기타 조건(노동시간, 세수 등 포함)이 모두 동일하다는 조건 하에서 국유기업의 노동 원가가 사영기업에 비해 훨씬 높은데, 이것이 바로 국유기업이 사영기업과 경쟁할 수 없는 주요 원인임을 증명했다. 『원동經濟경제평론』은 새로운 국유기업 개혁을 '돌아올 수 없는 길'로 칭하며 이렇게 논평했다.

> 이는 이미 무슨 비밀이 아니다. 이러한 과정이 설령 아무리 고통스럽다 해도 중국은 더 많은 국유기업에 대해 구조 개혁을 진행해야 한다. 구조조정을 진행하지 않고, 손실을 만회하려고 할수록 오히려 손실이 늘어나 결국 본전도 회수하지 못할 것이다.

한바탕 화약 냄새가 진동했던 논쟁은 9월 12일 결론을 얻었다. 중국공산당 제15차 전국대표대회가 베이징에서 소집되었는데, 장쩌민 총서기는 보고에서 전통적인 공유제 이론에 대해 중대한 수정을 가한 '혼합형 소유제'를 제시했다. 비공유제 경제는 이미 '보충'일 뿐만 아니라 '중요한 조성 부분'이 되었고, 국유 경제의 비중은 점점 감소해 사회주의 성질에 더 이상 영향을 주지 않는 것으로 여겨졌다. 『인민일보』의 평론가 마리청과 링즈쥔은 『논쟁 – 당대 중국의 3차 사상 해방 실록』(1998년 판)이라는 책에서 '공(공유제)씨'와 '사(사유제)씨'의 논쟁을 1978년('진리 기준에 관한 토론), 1992년('사씨'와 '자씨'에 관한 토론) 이후의 제3차 중대 사상 논쟁으로 간주했고, 15차 전인대회는 중국이 제3차 '사상 해방'을 시작했음을 의미한다고 주장했다.

중앙의 고위층과 사회 개혁 역량의 추동 하에 대대적인 재산권 투명화 운동은 예정대로 진행되었고, 1998년에 최고조에 이르렀다. 이러한 재산권 개혁 운동 중에 '수난 모델'의 종결은 전형적인 의의를 가진 중대한 사건이었다. 과거 20년의 기업사에서 집체 경제를 위주로 한 수난 모델과 사영경제를 위주로 한 원저우 모델은 기업 성장의 양대 경로였다. 후자는 한없는 의혹과 어려움을 견뎌내고 우여곡절 끝에 성장했지만 전자는 끊임없는 지원 하에서도 점점 체제의 정체라는 궁지로 추락하고 있었다.

사회학자 페이샤오퉁은 '수난 모델'이라는 개념을 제안한 사람이었다. 그는 1983년에 발표한 「소도시와 진(鎭) 재탐색」에서 이렇게 쓰고있다.

1980년대 초 장수성의 농민들은 사대(社隊)기업을 분리시키지 않고, 공업을 통해 집체 경제의 실체를 보존해왔다. 또한 상하이의 경제와 기술의 복사(輻射)와 확산에 힘입어 향진기업이라는 이름으로 계속 발전해왔다. 나는 이것을 '수난 모델'로 칭한다.

많은 학자들은 서구의 경제학 용어로 이 모델을 '지방정부 기업Local State Corporation' 이라고 불렀다. 개혁개방 초기의 15년 동안 이러한 향진기업은 공유제의 성질과 국유기업에 비해 융통적인 운영 체제 및 '소규모의 기민함' 등의 우위에 기대어 전국에서 가장 선진적인 기업 모델로 발전했다. 원저우 모델이 계속해서 억압받고 있을 때 수난 모델은 순수하고 혁혁한 집체적인 성질로 인해 빛을 발했고, 이 지역은 중국의 향진경제 중 가장 활발하고 발달한 지역 중의 하나로 성장했다. 그러나 1990년대 중반 이후 집체 경제의 폐단이 점점 드러나면서 문제가 심각해지기 시작했는데, 이러한 현상은 주로 네 가지 측면에서 구체적으로 드러났다. 첫째, 정치와 기업이 분리되지 않은 점이었다. 수난 모델의 특징은 당, 정, 경(경제), 사(사회)의 네 가지가 합일된 것으로, 많은 유명 기업이 행정 단위인 마을 전체를 외양만 바꾸어놓은 행정식 기업이었다. 그래서 사장, 진(黨)장, 향(鄕)장이라는 직분을 한 사람이 담당하거나 겸임하는 형태였다. 이러한 상황은 직접적으로 기업 경영 목표의 다원화를 초래했고, 기업은 일단 커지기만 하면 '기형아'로 변했다. 둘째, '재산권 공동화' 현상이었다. '사람마다 소유하고 있지만 사람들에게 없는' 재산권의 특징은 원래 원활하게 돌아가던 기업을 점점 더 '국유기업병'에 물들게 했고, '사장은 이윤만 책임지고, 손실에 대해서는 책임지지 않는' 현상과 '가난한 절에 스님은 부자' 등의 현상이 출현했다. 곧은 소리로 유명했던 학자 동푸잉(董輔礽)은 수난을 고찰한 후 솔직하게 이렇게 말했다. "터놓고 이야기해서 수난 모델은 또 다른 국영이다." 셋째, '정치의 업적화'다. '간부 경제'는 직접적으로 정치의 업적화를 초래했다. 수난의 각 지역에서는 국내총생산액을 끌어올리기 위해 대규모로 중복 건설과 악성 경쟁을 진행했다. 넷째, 효율이 대폭으로 떨어졌고, 업적 조작이 성행했다. 수년 동안 수난 모델은 전국적인 모범이었고, 이에 따른 개혁 효과는 관리들의 승진과 직접적으로 관련이 있었다. 그래서 겉으로 드러나는 경제적인 수치를 매년 상승시키기 위해 실적 조작 풍조가 수난 지역에 횡행했다. 상하이의 『문회보』는 일찍이 1995년 6월 24일 특별히 「또다시 실적을 부풀리지 마라」라는 글을 실어 수난 지역에서 진행되고 있는 '숫자 대전'을 폭로했다. 어떤 현과 시의 통계는 거품이 50%에 달했다. 이에 필자는 수난 지역의 간부들에게 '허풍세'를 징수할 것을 건의했다. 학자 후이하이밍(惠海鳴)은 '전국의 모범'으로 칭송받는 수난 지역의 기업들은 효율이 비탈길을 내달리고 있는데도 매일 전국 각지에서 오는 참관인들을 맞이하기 위해 공장의 기계들을 공회전시키고 있다고 폭로했다.

수난 모델의 제도적 곤경은 1990년대 중반에 이르러 이미 낱낱이 폭로되었다. 극소수 기업이 특별한 기연을 얻어 재산권을 정리한 것을 제외하고는 대다수 기업은 날로 암담해지는 나락으로 깊이 빠져들었다.[4] 쟝수성의 향진기업들의 성장 속

---

4) 우시의 홍더우그룹은 극소수의 선행자 중의 하나였다. 1993년 스스로를 사생아로 칭한 저우야오팅은 현지 정부의 묵인 하에 기업에 대한 주주권 개혁을 시작했다. 그는 "시작할 때 어떤 사람이 나에게 가능한 한 50% 이상을 보유하라고 권했지만 나는 듣지 않았다. 기업의 집체 성질이 변하게 되면 위험이 아주 컸기 때문에 나는 단지 39%의 지분을 원했다"고 말했다. 이 39%는 홍더우의 운명을 철저하

도는 체제가 느슨하고 융통성이 있던 저장성에 비해 확연히 떨어졌다. 우징롄 교수는 논평에서 "20세기 말의 경제 파동 속에서 그들은 전혀 선도 작용을 하지 못했을 뿐만 아니라 오히려 후미에 처져 있었다"고 말했다. 1995년부터 수난 지역의 일부 간부와 기업가들은 몰래 원저우 지역으로 달려갔다. 그들은 몸을 굽힌 채 낯설고, 과거 그들이 경멸했던 '비려비마 경제'를 연구하기 시작했다. 아주 빠른 속도로 주식 합작제가 수난 지역으로 유입되어 이싱, 우시 등지에서 시도되었다. 1997년에 이르러 재산권 개혁의 물결이 날로 중앙의 인정을 받게 되자 수난 모델에 대한 반성은 점점 주류의 목소리가 되었다. 10월 쟝수성 서기 천환여우陳煥友는 성위원회의 9회 7차 전체위원확대회의에서 다음과 같이 말했다.

> 사회주의시장경제가 발전함에 따라 수난 모델은 새로운 상황, 새로운 문제에 직면했다. 정치와 기업의 권한과 책임이 분리되지 않았고, 기업 재산권이 불명확하며, 기존의 메커니즘의 활력은 날로 약해지고 있다. 집체 소유제의 향진기업은 이미 구체제에 동화되어 활력이 뚝 떨어졌다. 하지만 지방의 많은 지도자들은 여전히 수난 모델을 붙들고 놓지 않으면서 일방적으로 집체 성질의 공유제를 강조해 비공유제 경제의 발전을 저해하고 있다.

천환여우의 말은 국내 언론에 의해 신속하게 전파되어 쟝수에서는 물론 전국 곳곳에서 반향을 불러일으켰다. 이는 쟝수의 관리가 처음으로 수난 모델에 대해 최초로 공개적으로 반성한 것으로 인식되었다. 질책의 목소리가 사방에서 일어나자 천환여우는 거대한 압력을 느껴 며칠 후 부득불 쟝수경제고위급포럼에서 자신은 지금까지 수난 모델을 부정하려고 한 적이 없다고 발언을 번복했다. 이런 상황에서 수난 모델을 둘러싼 정치적 후광은 날로 사라지기 시작했다. 이후 몇 년간 반성의 문장은 끊이지 않았고, 수난 모델은 시작에서 종점까지 수년 동안 진통과 곡절을 겪어왔다. 2002년 말에 이르러 수난 지역의 93%에 이르는 향진 집체기업들은

게 변화시켰다. 2007년의 재산권 개혁 당시 저우야오팅의 기업은 우시에서 서열 34위였는데, 그는 14년이 지난 지금 33위까지의 기업 모두가 사라진 것을 발견했다.

각종 방식의 체제 개혁을 통해 사영기업으로 바뀌었다.

수난 모델의 종결은 집체 경제의 1차 환골탈태를 의미했다. 보다 넓은 시공간의 입장에서 보면 그것은 1950년대부터 시험을 시작한 합작사 제도 및 인민공사제도가 기층 경제 조직 내에서 완전히 사라진 것을 의미했다. 한층 더 시장화되고 재산권의 인격화를 특징으로 하는 일종의 기업 제도가 마침내 주류의 기업 성장 모델이 되었다.

아시아 금융 위기의 내습이 중국 기업의 개혁에 가져다준 또 다른 의미심장한 영향은 한국과 일본의 재벌 기업 모델에 대한 맹목적 숭상을 산산이 깨뜨린 것이었다. 특히 모방의 표본으로 여겨졌던 대우그룹의 패퇴는 정책결정권자들로 하여금 대기업의 문어발식 확장 모델을 다시 생각하게 만들었다. 그리하여 1996년 막 형성된 '큰 것을 움켜쥐는' 전략은 뜻밖에 변경되었다.

당시의 '큰 것을 움켜쥐는' 방향은 국가가 몇몇 우수 기업을 주도적으로 중점 지원해 재벌 기업으로 발전시켜 국제 경쟁력을 갖추게 하고, 중국의 실력을 대표하는 거대 기업으로 성장시키는 것이었다. 하지만 한국과 일본의 재벌이 금융 위기 하에 드러낸 취약성은 중앙 정부로 하여금 이러한 방식에 대한 믿음을 철저하게 버리도록 만들었다. 대우마저도 국제 금융 자본의 습격에 대처할 방법이 없었는데, 대우를 닮아가려는 중국의 기업들이 이러한 위기를 감당할 수 있단 말인가? 그래서 '국가는 물러나고, 민간이 나아가는' 일종의 새로운 전략이 출현했다. 그것의 기본적인 생각은 국유자본은 완전 경쟁 영역에서 대대적으로 물러나는 것이었다. 일부 보고에서 전문가들은 국영기업은 164개 경쟁 업종에서 완전히 철수하고, 동시에 상류의 에너지 관련 업종에서 독점적 지위를 형성할 것을 건의했다. 이러한 업종에는 철강, 에너지, 자동차, 항공, 전신, 전력, 은행, 보험, 미디어, 대형 기계, 군수 공업 등의 분야가 포함되었다. 이러한 영역에서 정부는 적극적으로 민간 및 국제 자본의 경쟁을 배척하고 독점을 강화함으로써 국영기업의 기존의 이익을 보장해야 하고, 국영 자본의 소유자로서 국영기업의 역할을 약화시키지 않고 더욱 강화하도록 해야 한다고 주장했다.

이러한 중국식 체제 전환은 1997년 아주 미묘하게 모습을 드러냈다. 이는 전년도와는 완전히 다른 '큰 것을 움켜쥐는' 전략이었다. 이러한 체제 전환은 이후 10여 년 동안 꿋꿋하게 진행되었고, 최종적으로는 중국을 국가 상업주의(자본주의) 시대로 들어서게 했다. 1997년을 돌아볼 때 머릿속에 남아있는 한 가지 가정 하나가 떠오른다. 만약 금융 위기가 폭발하지 않았거나 2년 후에 발생했다면 이후의 중국 기업들은 어떤 양상을 띠었을까?

역사에서 가설이란 존재하지 않는다. 중국의 기업은 재벌식 성장의 길목에서 좌절하고 원위치로 되돌아왔다. 이것이 초래한 가장 직접적인 결과는 이전에 500대 기업 육성 리스트에 들었던 '시드 기업'들이 아주 난처한 지경에 빠져든 것이었다. 왜냐하면 새로운 국유자본 퇴출 원칙에 근거해 가전업종에 종사하고 있던 하이얼과 창훙, 컴퓨터업종의 베이다팡정, 제약업종의 화베이제약 및 조선업의 장난조선소 등은 모두 정책적으로 보호해야 할 독점형 업종에 속하지 않았고, 이로 인해 그들에 대한 편중된 지원은 바로 물거품이 되어 버렸기 때문이다. 향후 드러난 사실을 통해 알 수 있듯이 2007년 말까지 중국의 22개 기업이 세계 500대 기업 리스트에 포함되었는데, 이들은 예외 없이 독점형 국유 지주 기업이었고 10년 전에 확정된 6개의 '시드 기업' 중 바오강을 제외하고는 타임 스케줄에 맞추어 500대 기업에 진입한 기업은 하나도 없었다.

혼란스러웠던 1997년에 또 사람들을 흥분시키는 사건이 발생했다. 적어도 두 가지 사건은 기억할 필요가 있다. 첫 번째 사건은 인터넷 산업에서 출현했다. 딩레이, 왕즈둥과 장차오양 등 세 명의 젊은이가 중국을 인터넷 원년의 세계에 접어들게 했다. 두 번째 사건은 아주 역사적인 의의가 있는데, 선전화웨이공사를 설립한 런정페이가 기본법을 만들어낸 것이었다.

비록 장수신의 잉하이웨이는 길을 잃은 채 헤매고 있었지만 인터넷 역사에서 1997년은 오히려 과학기술 붐이 일어난 기점이라 할 수 있었다. 앞서 있던 북미 시장에서 가장 혁혁한 인터넷 영웅은 화교 청년 양즈위안이었다. 그해 3/4분기 야후의 시장 가치는 28억 달러까지 상승해 빌 게이츠도 매우 놀랐던 브라우저 업계의 지배자 넷스케이프Netscape를 넘어섰다. 양즈위안은 웹페이지 리스트 서비스에서 시작해 인터넷의 모든 요구를 만족시키는 통합 서비스로 방향을 바꾸었고, 이 사이트는 최초의 성숙된 비즈니스 인터넷 사이트로 성장했다. 야후 효과의 추동 하에 미국 최대의 뉴스 포털사이트인 아메리카 온라인America Online은 1,000만 명의 유저라는 관문을 돌파했고, 전자 상거래 분야의 아마존 닷컴Amazon.com은 주식 공개 모집으로 반향을 불러일으켰으며, 온라인 경매 사이트 이베이eBay가 설립되었다. 네트워크를 주제로 하는 하이테크 투자 열풍은 이때부터 불기 시작했다. 중국인터넷정보중심CNNIC은 처음으로 〈중국 인터넷 발전 상황 통계 보고〉를 발표해 전국적으로 인터넷 접속이 가능한 컴퓨터가 29만 9천 대가 있고, 유저는 62만 명이 있으며, www사이트가 약 1,500개 있다고 밝혔다.

이해 6월, 26세의 딩레이는 광저우에서 왕이공사를 설립했는데, 직원은 3명, 자본금 20만 위안, 사무용 공간 7m^2가 전부였다. 딩레이의 생각은 아주 간단했다. 사람들이 인터넷에서 연락하려면 틀림없이 자신의 공간과 메일을 필요로 한다는 것이었다. 그래서 그는 처음으로 중국어 개인 웹 서비스 시스템과 무료 메일 시스템을 구축했고, 사이트 도메인은 숫자 '163'으로 표시했다. 왕이가 어떻게 돈을 벌 것인가에 대해서 그는 이후 "만약 당초에 사이트로 돈을 벌겠다고 생각했다면 저는 틀린 길을 갔을 것입니다. 당시 저는 소프트웨어를 개발해서 돈을 벌겠다는 생각뿐이었습니다"라고 말했다. 딩레이는 무의식중에 '무료여야만 생존할 수 있다'는 중국 인터넷 산업의 '진리'를 증명했다. 무료 사이트인 왕이 전자메일과 개인 홈페이지는 등록회원을 급속도로 불어나게 했고, 그 결과 1998년 5월까지 CNNIC의 발표에 따르면 전국 중국어 사이트 중 서열 1위를 차지하게 되었다. 9월 딩레이는 왕이를 야후와 유사한 포털형 사이트로 개조했다.

10월, 29세의 소프트웨어 엔지니어 왕즈둥의 스퉁리팡四通利方은 미국의 월튼Walton 그룹, BOABank of America 및 아이반호Ivanhoe그룹으로부터 650만 달러의 벤처 투자를 성사시켰는데, 이는 중국 인터넷이 이루어낸 최초의 벤처 투자였다. 스퉁리팡이 개설한 중국어 사이트는 처음에는 왕즈둥이 개발한 소프트웨어를 팔아서 돈을 벌 계획이었다. 이를 위해 그는 몇 차례 포럼을 열었는데, 뜻밖에도 기술 포럼은 시원챦았지만 스포츠 포럼은 이상하게도 열기에 넘쳐났다. 10월 31일 중국 축구 대표팀이 다롄에서 월드컵 아시아 지역 예선 10강 경기에서 뜻밖에도 인구 52만 명의 중동의 카타르에게 져 월드컵 진출이 좌절되었다. 이튿날 새벽 2시 15분에 왕췬타오라는 네티즌이 스통리팡의 스포츠 살롱에「다롄에는 눈물도 없었다!」라는 글을 올렸는데, 48시간 만에 이 글의 클릭 수가 2만 회를 넘었다. 이 글은 중국의 인터넷에서 처음으로 대중적인 반향을 불러일으킨 글이었다. 인터넷의 풀뿌리적 특징과 사람을 놀라게 하는 전파 효과가 처음으로 중국에서 실현되었던 것이다. 2주 후 발행량이 가장 많은 『남방주말』은 전면 기사로 이 사실을 보도했다. 1998년 여름의 프랑스 월드컵 기간 동안 스통리팡의 스포츠 살롱은 가히 폭발적이었고, 1일 클릭 수가 310만 회라는 초유의 기록을 달성했으며, 또 사이트는 18만 위안의 광고 수익을 창출했다. 하지만 이러한 때에 왕즈둥은 여전히 이 회사를 어느 방향으로 끌고 가야할지를 알지 못했다. 산업의 배아가 막 형성되기 시작했을 때 결코 모든 사람이 출구를 알고 있었던 것은 아니다. 그래서 어떤 때는 우연한 기회나 무심코 그은 한 획이 성공의 기점이 되기도 한다. 월드컵 기간에 스포츠 기사 편집자인 천퉁陳彤은 베이징무역센터의 휴렛패커드사를 찾아갔다. 사무실에서 친구를 기다리며 천퉁은 테이블에서 손가는 대로 사내 간행물을 보다가 무의식중에 한 문장을 읽게 되었다. 미국에서 인터넷 방문객이 가장 많은 사이트는 뉴스 채널이지 기타 채널이 아니라는 것이었다. 회사로 돌아와서 그는 왕즈둥에게 뉴스 채널을 개설하자는 의견을 제시했다. 의견 제시자가 천퉁이었기에 왕즈둥은 그에게 뉴스 채널을 책임지라고 지시했다. 연말이 되어 스통리팡은 미국의 시나^{Sina}사를 합병해 '신랑'으로 개명한다고 선언했다. 이후 신랑은 중국 인터넷 산업에서 영향력이 가장 큰 뉴스 포털사이트로 성장했다.

1997년 1월, 미국의 MIT의 박사 연구생이던 장차오양도 사이트 ITC를 개설했다. 그의 초기 사업 자금 25만 5천 달러는 두 명의 미국인 교수가 부담했는데, 그중의 한 사람은 바로 『디지털이다』를 집필한 네그로폰테였다. 사이트는 시작할 때 아무런 콘텐츠가 없었기 때문에 장차오양은 우선 『디지털이다』를 올려놓았다. 미래에 어떻게 돈을 벌 것인가에 대해서는 본인도 조금의 자신도 없었다. 그가 처음 생각한 것은 웹사이트 제작을 하청받는 것이었다. 12월이 되어 초기 창업 자금을 모두 써버린 장차오양은 투자자들에게 구조 요청을 할 수밖에 없었고, 애원하다시피 해서 다시 10만 달러를 구할 수 있었다. 1998년 2월 장차오양도 딩레이와 마찬가지로 중국에서 야후를 복제하기로 마음먹고 중국어 웹사이트 리스트 검색 소프트웨어를 개발했고, 사이트 명도 야후와 비슷한 '서우후'로 정했다. 당시 영어 실력이 없던 딩레이와 왕즈둥에 비해 해외 유학파였던 장차오양은 국제적인 우위가 있었다. 그는 네그로폰테의 제자로 자처하며 국내와 해외 언론에 종종 이름이 오르내렸다. 아주 빠른 속도로 그는 인텔과 다우존스의 자금 215만 달러를 유치했고, 10에는 중국 대표 자격으로 『타임』지에 의해 '글로벌 50대 디지털 영웅'으로 선정되었다. 이렇게 해서 산시성의 한 청년이 중국 인터넷 경제에서 처음으로 영웅적인 인물이 되었다.

딩레이, 왕즈둥과 장차오양의 출현은 중국의 인터넷 원년의 도래를 선언하는 것이었다. 이렇게 처음 시작하던 시점부터 우리는 이미 포털사이트, 검색 엔진 및 벤처투자 등 완전히 새로운 비즈니스 개념을 확인할 수 있다. 더욱 의미 있는 사실은 이러한 인터넷업체들은 탄생할 때부터 자진하여 자신을 국제적인 배경 가운데 두게 된 것과 또 명확한 재산권 구조를 갖고 있어 과거 10여 년 동안 기업들을 곤혹하게 만든 소유제 문제에서 완전히 벗어나 있던 것이었다. 이는 '제도적 원죄'가 없는 산업이자 밝은 대낮에 발생한 재부 혁명이었다.

한 기업은 자신의 전략 계획을 '기본법'으로 명명했는데, 언뜻 이러한 명칭은 아주 기이한 것처럼 들렸다. 이 일을 시행한 사람이 훗날 '기업가의 우상'이 된 런정페이였다.

1997년 런정페이의 화웨이는 이미 규모가 작지 않은 기업이었지만 기업계에서는 거의 아무런 지명도도 없었다. 1996년 중관촌의 스퉁공사의 리위주어[李玉琢]라는 부총재가 화웨이로 가려고 할 때 스퉁의 총재인 두안융지가 "어디로 갈 생각입니까?"라고 묻자 "화웨이로 갑니다"라고 대답했다. 두안융지는 놀라면서 "화웨이? 들어본 적이 없는데, 지명도도 없는 곳이지 않습니까?"라고 말했다.

이처럼 지명도도 없는 화웨이는 이때 이미 통신업계에서 예리한 발톱을 드러내고 있었다. 1990년대 초부터 시작해 중국의 통신 시장은 다시 소생하기 시작했고, 전국의 통신망은 한 차례 전면적인 갱신과 개조에 직면해 있었는데, 이는 두말 할 필요 없이 아주 커다란 비즈니스 기회였다. 프로그램 제어 교환 기술을 보유하고 있던 화웨이에게서는 천재일우의 기회였다. 이 업종에서는 노키아, 에릭슨 등의 다국적기업이 절대적인 경쟁 우위를 점하고 있었다. 런정페이는 걸음마 단계에서 '농촌에서 도시를 포위하는' 책략에 의지한 채 외진 소도시와 진의 전신국부터 시작해 대기업들이 아직 돌아볼 틈이 없던 '떡'부터 먹어치우기 시작했다. 이후 농촌에서 도시로 진출함에 따라 화웨이는 강력한 경쟁자를 접하게 되었고 화웨이와 다국적 기업들 간의 전면전이 폭발하기 시작했다. 많은 중심 도시와 발달된 성의 전신 부문은 화웨이의 제품을 믿지 못했다. 이때 런정페이는 외국 업체들이 꿈에도 생각지 못한 방법을 생각해냈다. 그는 각지의 전신국을 돌면서 화웨이와 전신국 직원들이 함께 합자기업을 설립하자고 설득했다.[5] 화웨이의 내부 문건에서 런정페이는 자신의 전략을 이렇게 서술하고 있다.

이익 공동체의 설립을 통해 시장 공고, 시장 개척과 시장 점령이라는 목적에 도달한다. 이익 관계로 매매 관계를 대체한다. 기업 경영 방식으로 대표처 직판 방식을 대처한다. 배타성을 이용해 경쟁 상대의 진입을 저격한다. 장기적인 시장 목표로 단기 목표를 대신한다 ……'.[6]

---

5) 전신국과 합자기업을 설립하려는 런정페이의 시도는 일찍이 1993년에 시작되었다. 당시 화웨이는 자금이 부족했고, 은행도 민영기업에게 대출을 해주지 않았다. 런정페이는 17개 성과 시의 전신국을 설득해 모어베이커莫貝克라는 회사를 설립했다. 모어베이커는 3,900만 위안으로 설립되었고, 런정페이는 출자자들에게 매년 33%의 고수익을 보장했다. 런정페이는 선타이푸와는 상반된 운명을 보여주었다.
6) 당시 정부 부문과 이익 공동체를 설립하는 수법이 성행했는데, 또 다른 유명한 실천가는 산주그룹이었다. 1995년 우빙신은 각 자회사들이 소재지 성의 위생청, 공상국, 의약관리국과 경제 공동체 관계를 구축할 것을 요구했는데, 구체적인 수법은 이러했다. "그들과 합작 및 연합 경영을 진행한다. 의약 부문이 매월 홍보하면 경비는 모두 우리가 부담한다. 공상 부문이 매년 광고법으로 홍보할 경우 우리는 비용을 부담한다. 그들이 직접 실무를 진행하도록 하고 우리가 노무비를 투입하면, 기층의 위생국이 우리의 대리업체가 ……."

화웨이의 합자 모델은 먼저 스촨성에서 성공을 거두었다. 1997년 스촨전신관리국은 노동조합이 출자해 스촨화웨이공사를 설립했다. 연말이 되어 화웨이는 전년도의 4천만 위안보다 엄청나게 늘어난 5억 위안의 계약을 성사시켜 일시에 12배의 매출을 기록했다. 합자 상대로서 스촨전신국도 25%의 엄청난 이윤을 챙길 수 있었다. 스촨 모델은 연쇄적인 효과를 창출했다. 1년이라는 짧은 기간 동안 화웨이는 톈진, 상하이, 산둥, 저장 등의 지역과 9개의 합자회사를 설립했다. 이 회사의 주요 업무는 화웨이의 설비를 합자인 전신 회사에 판매하는 것이었다. 이 모델은 화웨이가 눈 깜박하는 사이에 각지의 전신국을 자기 사람으로 만들 수 있도록 해주었는데, 가족이 가족의 물건을 구매하는 행위는 당연히 가장 합리적인 일이 되었다. 전신국의 설비 구입 비용은 모두 국가 재정에서 나왔고, 생산된 이윤은 내부 직원들에게 분배되었으니, 이는 실로 각지의 전신국 국장들이 거절하기 힘든 조건이었다. 화웨이는 이러한 합자 모델을 이용해 통신 시장의 독점 공급업체가 되었다. 허베이성에서 화웨이는 매출액 제로에서 일순간에 10억 위안의 매출을 기록했고, 산둥성에서는 기존의 2억 위안의 매출에서 급속히 증가해 20억 위안의 매출을 기록했다. 스퉁에서 화웨이로 옮겼던 리위주어는 합자 합작부의 책임자로 합자 프로젝트의 핵심 해결사역을 맡았다. 그는 당시 어떤 전신국은 심지어 다른 회사 설비를 철거하고 화웨이의 설비로 교체하기도 했다며 옛일을 회상했다. 1년이 조금 넘는 짧은 시간 만에 화웨이는 순식간에 중국에서 성장이 가장 빠르고 이윤이 가장 높은 전신 기업으로 성장했다. 1997년 화웨이의 매출은 41억 위안을 기록해 전년 대비 60%의 성장률을 보였다.

이러한 합자회사를 설립하기 위해 런정페이는 밤낮으로 전국을 돌아다녔다. 그는 성격이 내성적이어서 다른 사람과의 교류를 좋아하지 않았지만 전신 부문과의 담판에서는 거리낌이 없었는데, 그가 제시하는 합작 조건이 실제로 누구도 거절하기 힘든 제안이었기 때문이다. 이후 몇 년 동안 그는 줄곧 어떠한 취재에도 응하지 않았고, 언론과의 어떠한 관계도 차단시켰다. 하지만 그는 통신업종에서 화웨이와 업무 관계가 있는 사람이라면 성급의 고위 간부든 조그만 현의 관리든 누구도 마다하지 않고 몸소 대접했다. 그는 "나는 단지 내 시장 사람들에게만 모습을 드러냅니다. 왜냐하면 그들은 나의 의식부모衣食父母이기 때문입니다"라고 이야기했다. 또 경쟁에 대해서 말하면 그는 아주 직접적으로 "화웨이의 핵심 경쟁력은 바로 고객이 우리의 제품을 선택하도록 하는 것입니다"라고 말했다.

시작부터 화웨이의 합작 모델은 '불공정 거래'라며 동종업계의 공격을 받았다. 런정페이는 일찍부터 각 성에서 합자회사 설립을 시도했다. 하지만 고소하는 국내외 기업들이 너무 많아 1999년 이후 어쩔 수 없이 이러한 합자회사를 정리 개편했다. 하지만 사실상 화웨이의 시장 목표는 이미 실현된 상태였고, 합자회사의 사명도 이미 완성된 상태였다. 화웨이는 전자기업 중 성장 속도가 가장 빠른 다크호스 기업으로 성장했다.

하지만 이렇듯 단순히 자못 의심이 가는 비즈니스 모델에만 의지했다면 런정페이와 화웨이는 아마도 이렇게 빠른 속도로 성장하지는 못했을 것이다. 전환형 시대에 법 제도의 낙후와 회색 행위에 대한 관용은 수많은 기업으로 하여금 고속성장과 놀랄만한 이익을 얻도록 했다. 하지만 이 사이에 숨겨진 여러 독소도 똑같이 이들이 이와 같은 비정상적인 비즈니스 논리에서 벗어날 수 없도록 만들었다. 동시대의 기업가와 비교해 런정페이의 초인적인 점은 논쟁의 여지는 있지만 원시적 축적에 종사하면서도 동시에 단호하게 자신의 문제를 해결하려고 시도했다는 점이다. 3년 전부터 그는 런민대학의 교수 우춘보어吳春波 등과 같은 사람을 초빙해 화웨이를 위해 기업의 전략 계획을 수립하도록 했다. 전략 계획은 당시의 '홍콩 기본법'을 참고했기 때문에 '화웨이 기본법'으로 명명되었다. 런정페이는 우춘보어 등 학자들에게 "화웨이는 누구냐? 화웨이는 어디에서 왔는가? 화웨이는 어디로 가야 하는가?"라는 세 가지 문제를 해결하도록 요구했다. 1997년 3월 27일 마침내 103조의 '화웨이 기본법'이 1차 심사를 통과했다. 이후 이 '기본법'은 개혁개방 이후 중국 기업이 처음으로 제정한 기업 관리 대강으로 간주되었다.

'화웨이 기본법' 제1조에서 런정페이는 화웨이의 목표를 아래와 같이 명확하게 제시했다. "화웨이가 추구하는 것은 IT 영역에서 글로벌 선진 기업이 되는 것이다." 이 목표를 실현하기 위해 런정페이는 아주 냉정하게 전문화 발전 전략을 설정했다. "화웨이가 세계 일류의 설비 공급업체가 되기 위해 우리는 정보 서비스업종에 영원히 진출하지 않는다." 이 외에 '화웨이 기본법'은 또 아주 놀라운 두 가지 원칙을 확정했다. 하나는 직원 주식 보유 제도를 실행하는 것이다. "화웨이의 모범 직원으로 인정받으면 두루 혜택을 주고, 회사와 직원의 이익 및 운명 공동체를 수립한다. 가장 책임감 있고 재능이 있는 사람이 끊임없이 회사의 중견층으로 진입하도록 한다." 이 기업의 창시자인 런정페이는 자신이 소유하고 있던 주식을 대량 축소했다. 그는 "제가 회사에서 차지하고 있는 지분은 극히 미약한데, 아마 1% 정도일 것입니다. 화웨이의 70%의 관리층과 직원들이 화웨이 주식을 보유하고 있습니다"라고 말했다. 또 다른 하나는 기술 개발에 고집스러울 정도로 자금을 투입한다는 것이었다. 런정페이는 매년 매출액의 10%를 연구 개발에 투자하고 있는데, 이는 중국의 어떤 유명 기업에서도 찾아보기 힘든 비율이라 할 수 있다.

|기업사 인물|

시대의 표본

만약 30년 기업사에서 표본적인 인물을 하나 선정하라고 한다면 스위주가 아마도 가장 전형적일 것이다. 그에게는 비즈니스계의 전설이 갖는 모든 극적인 요소가 한데 모여 있다. 변방의 청년인 그는 명문대학을 졸업하고 수중에 돈 한푼 없이 대도시로 나와서는 단지 몇 년 만에 전국 청년의 우상으로 성장했고, 이후 또 아주 빠른 속도로 절체절명의 위기에 빠져들었으며, 이어서 불가사의하게 다시 부활했는데, 사람들을 경탄하게 한 것은 두 가지 이상의 업종에서 놀라운 성공을 거둔 것이었다. 다원주의의 신도로서 그는 '성공 지상, 생존 제일'이라는 신조를 신봉했다. 그의 경력은 "성공은 일종의 강력한 탈취제로, 그것은 당신의 과거의 모든 냄새를 제거할 수 있다"는 점을 거의 증명했다.

1997년 말 스위주는 2억 위안의 채무를 떠안고 도망치듯 황급히 주하이를 떠났다. 그는 히말라야를 오르다 도중에 길을 잃어 하마터면 동사할 뻔하기도 했다. 후일 그는 "이 목숨은 그냥 주워온 것이다. 그래서 일순간에 대범해질 수 있었다"라고 말했다. 그는 사업과 육체적인 면에서 모두 죽은 경험이 있는 사람이었기에 거리낄 것이 아무것도 없었다. 산에서 내려온 후 스위즈는 쟝수성의 쟝인현에 틀어박혀 친구가 빌려준 50만 위안으로 권토중래를 시도했다. 그는 건강식품 '나오황진腦黃金'을 '나오바이진腦白金'으로 개명하고, 재포장해 다시 출시했다. 이번에는 많은 일을 정확하게 진행했다. 첫째, 침착하게 차근차근 일을 진행하면서 한 시장을 성공적으로 공략하고 난 후 다시 다른 시장을 공략했다. 둘째, 결코 외상으로 물건을 팔지 않으면서 자금줄의 안전을 확보했다. 셋째, 계속해서 광고폭격 전략을 취했는데, 그가 가진 거의 모든 돈과 정력을 프로모션에 투자해 시장을 단시간 내에 폭발하도록 했다. 그는 일찍이 농촌을 돌며 시장을 조사했고, 농민과 한담을 나누기도 했기 때문에 그들의 심리를 꼼꼼히 헤아릴 수 있었다. 나오바이진은 현과 향진 급에서 아주 잘 팔렸다.

임의로 제품의 기능을 과대 포장하고, 감성적인 프로모션 방식으로 소비자들의 마음을 움직이게 하는 것이 스위주 프로모션의 비결이었다. 미친 듯이 광고를 진행한 것 외에도 그는 소위 '기사성 광고'라는 무기를 아주 잘 사용했다. 기사성 광고는 보기에는 신문보도 같지만 실은 기업이 돈을 들여 게재하는 광고였다. 이는 비광고 형식으로 게재되기 때문에 광고법의 제한을 교묘하게 비껴갈 수 있었는데, 이는 중국 신문업계의 기형아였다. 스위주는 손수 10편의 나오바이진 광고 문구를 작성했다. 그는 나오바이진은 '인류의 장생불로의 마지막 비결'로 미국인들이 지금 나오바이진 구매에 광분하고 있으며, 또 클론 기술과 마찬가지로 20세기 '생명과학의 양대 잔치'라고 포장해 광고했다. 그는 또 미국의 우주인들이 우주에서 나오바이진을 먹기 때문에 수면 개선 효과를 누릴 수 있었다고 꾸며댔다. 한동안 국내의 많은 현과 소도시의 신문 전면에 나오바이진의 '사과의 말씀'이 실린 적이 있었다.

나오바이진에 대한 시민들의 열정을 무시해 무수한 사람이 이벤트 현장에 왔는데도 질서 유지 안전요원이 40여 명 밖에 없어 손을 쓸 수가 없었고, 게다가 찜통더위로 현장 통제가 더욱 어려웠습니다. 안전 난간이 쓰러지고, 안전요원이 군중을 해산시키려 하자 10여 명이 신발을 잃었으며, 증정에 사용하려던 나오바이진이 약탈당했고, 심지어 10명 정도의 사람이 부상당하는 비극이 일어났습니다. 이로 인해 저희들은 무척 가슴이 아팠고, 이는 정말 상상하지 못한 일이었습니다.

그리고는 이어 긴급 수송을 통해 소비자들의 갈증을 해소시켜 주었다. 어찌나 감성적이고 충동적인 문구였는지 스위주의 광고 유혹을 이겨낸 사람은 거의 없었다.

광고와 제품의 효능이 너무나 괴리되어 있어 중국의 건강식품 시장에서는 각각 2~3년만 광고하는 철칙이 있었다. 스위주는 천재적으로 이 주기를 타파한 유일한 인물이었다. 그의 방법은 나오바이진의 복용 효능을 철저하게 분리시키는 것이었다. 그는 아예 나오바이진을 선물로 정의했다. 그리고 "올 명절에는 선물을 받지 않습니다. 선물을 받는다면 나오바이진을 받습니다"라는 TV와 신문 광고로 세상을 도배했다. 이 광고는 수년 동안 광고 관련 부문과 언론 매체에 의해 '중국 10대 저속 광고'의 첫 번째로 뽑혔지만 나오바이진의 판매량은 오히려 계속해서 상승했다. 스위주는 이에 전혀 개의치 않으면서 다음과 같이 말했다.

광고 평가 전문가들은 미美를 탐하고, 창의적인 것을 높이 평가하고 사회적 책임감을 중시하지만 제품을 팔 수 있는가는 논하지 않는다. 하지만 업체들은 오로지 제품 판매만 인정한다.

2001년 스위주는 단 3년 만에 나오바이진을 중국에서 가장 잘 팔리는 건강식품으로 등극시켰다. 2월 3일 스위주는 상하이의 한 신문에 광고를 게재하면서 올해는 쥐런빌딩의 채권자들에게 빚을 갚을 것이라고 선언했다. 그는 이러한 방식으로 자신의 재탄생을 알렸고, 또 중국 비즈니스의 주류로 다시 돌아왔음을 선포했다. '채무 상환 뉴스'는 센세이션을 불러일으켰고, 그는 그해 'CCTV 중국 경제 올해의 인물'로 선정되었다. 그러나 많은 언론은 여전히 그가 나오바이진 보급 중에 일으킨 각종 행위를 용서하려 하지 않았다. 그보다 이전에 나오바이진은 이미 제품 설명서 위조, 임의 과대 광고 및 광고법 위반 혐의로 각 지역에서 판매금지 조치를 당하고 있었다. 2002년 3월 4일 『남방주말』은 1면에 「나오바이진의 진상」이라는 장편기사를 게재해 나오바이진의 멜라토닌 기능에 대해 학술 차원에서 의문을 제기했다. 이 기사는 대규모 사실을 예로 들면서 나오바이진이 각종 광고와 광고 문구에서 제공하는 데이터와 사실은 모두 조작되거나 일방적이라는 것을 증명했다. 기자는 마지막에 "나오바이진과 스위주의 얼굴은 바로 우리 앞에 있습니다. 그들은 갈수록 모호해지고, 우리는 그들을 묘사할 적절한 어휘를 찾을 수 없습니다"라고 적었다. 극작가 양하이펑楊海鵬은 "스위주는 이 기사가 나오기 전날 저녁 광저우로 날아갔습니다. 그는 『남방주말』 편집부에서 새벽까지 여러 차례에 걸쳐 협상을 진행했지만 신문은 역시 발행되기로 결정되었습니다"라고 폭로했다. 이 보도는 스위주가 다시 주류의 세계로 돌아가기 위해 시도했던 노력에 치명상을 입혔다. 하지만 정말 기이한 현상은 스위주 본인도 이 기사가 나가자마자 나오바이진도 산주와 마찬가지로 점점 사라질 것이라고 여겼지만 시장의 반응은 오히려 의외의 '꼿꼿함'을 유지했으며, 판매량에도 그다지 충격을 받지 않았다는 점이다. 스위주의 '백독불침百毒不侵'은 사람들을 경탄하게 만들었다. 2003년 12월 스위주는 11억 7천만 홍콩달러에 나오바이진을 베이징스통의 두안융지에게 매각했다. 재미있는 사실은 두안융지가 매입 소식을 발표할 때 뜻밖에 "나오바이진은 아무것도 아닙니다"라고 말했다는 것이다.

나오바이진의 기술에 대해 말하자면 그것은 아무것도 아닙니다. 그러나 스위주는 이것을 잘도 팔아왔으며, 그것도 6년을 지속해왔습니다. 지금도 계속 성장 중에 있습니다. 진짜 백금을 백금 가격에 판 것은 수완이 좋은 것이 아닙니다. 백금이 아닌 물건을 백금 가격에 팔아야 정말 수완이 좋다고 할 수 있습니다.

대학교수 출신인 두안 선생과 일찍이 '중국 청년의 우상'으로 여겨졌던 스 선생이 '아무것도 아닌' 상품을 위해 건배하고 있을 때 전국의 소비자들은 멀리서 조용히 바라보면서 입을 다문 채 아무 말이 없었다.

온갖 구설을 겪은 나오바이진을 통째로 매각한 후 스위주는 복합 비타민류인 황진다당黃金搭檔을 출시했다. 황진다당의 보급 과정에서 스위주는 광고 문구를 다루는 능력을 더욱 적나라하게 발휘했다. 광고 문구는 나오바이진과 마찬가지로 지극히 선동적이었는데, 더욱 특이한 것은 광고에 한 번도 출품한 회사 이름을 게재하지 않은 채 '중국영양학회' 명의로 광고를 진행한 것이었다. "중국영영학회는 황진다당이 뛰어난 효능에 무독성임을 선언한다"와 같은 문구는 거의 모든 독자로 하여금 그것을 어떤 업계의 학술 단체가 발표한 정보로 인식하도록 만들었다. 스위주는 모든 광고 문구에 "가능한 한 이벤트 예고, 핫라인, 판매 주소, 광고 시청 안내 등의 항목을 포함시켜서는 안 된다. 이는 소비자가 보자마자 광고인 것을 알게 되어 은폐라는 특색이 상실되는 것을 방지하기 위한 것이다. 이벤트 예고는 핫라인, 전단지, 플래카드 등을 이용하도록 한다"는 원칙을 지키도록 요구했다. 스위주 본인은 이러한 광고 문구의 창시자였다. 일찍이 한 부하 직원은 이렇게 토로한 바 있다.

> 아마 천재의 일반적인 폐단으로, 스 사장님은 직원들에 대한 믿음이 부족합니다. 황진다당의 광고 문안을 작성하기 위해 그는 2주일 동안 매일 밤늦도록 일을 합니다. 연매출액이 1억 위안이 넘는 회사 사장인 스 사장의 행위는 일부 사람은 탄복하게 하지만 다른 사람은 탄식하게 만듭니다.

생각한 대로 황진다당은 또 다시 스위주 식의 성공을 만들어냈다.

스위주는 건강식품 시장이 가장 안전하지 않은 업종임을 깊이 깨닫고 있었기 때문에 한 번도 여생을 이 업종에 바친다는 생각을 가져본 적이 없었다. 2002년 8월 그는 칭다오써우어市場國貨의 법인주를 매입해 1대 주주로 올라섰고, 상장회사를 '칭다오젠터健特생물'로 개명했다. 젠터는 쥐런巨人 Giant의 영어식 발음이었다. 스위주는 나오바이진 회사의 배후에 몸을 숨긴 채 이 회사의 전략 고문 역만 담당했다. 몇 달 후 그는 베이징화즈인투안華資銀團과 서우강에서 1억 6천 8백만 주의 화샤은행 주식을 사들여 이 은행의 6대 주주가 되었다. 2003년 그는 베이징완통의 민생民生은행 주식 1억 4천 3백만 주를 양도받아 이 은행의 8대 주주가 되었다. 몇 년 동안 스위주는 계속 이 두 은행의 주식을 매입했고, 자본시장의 열기와 거품으로 상당한 수익을 챙길 수 있었다. 이때의 스위주는 이미 일반적인 풍랑으로는 쓰러뜨릴 수 없게 되었다. 그는 한 포럼에서 "강호는 당연히 험악하지만 이미 나의 머리를 위태롭게 할 수는 없다"고 말했다.

2004년 상하이의 산다게임이 나스닥에 상장되었고, 31세의 천텐챠오는 중국 최고 갑부가 되었다. 같은 상하이에 있던 스위주는 마음이 급변해 별안간 온라인게임과의 전쟁을 결심했다. 그의 말에 따르면, 그는 원래 IT업종의 사람이었고, 이제는 본고장으로 돌아간다는 것이었다. 온라인게임에 익숙해지기 위해 이미 42살이던 스위주는 밤새 온라인게임에 파묻혀 살고난 후 마침내 최고 수준의 게이머가 되었다. 당시의 온라인게임은 양대 추세가 있었는데, 하나는 천텐챠오가 개발한 카드 판매 방식이었고, 또 다른 하나는 미국 게임업계의 3D 조류였다. 중국의 거의 모든 게임업체는 이 두 가지 방향에서 혁신과 돌파구를 찾고 있었다. 단지 스위주만이 제3의 길을 보았는데, 그는 줄곧 '시장이 기술보다 위에 있다'라는 말을 깊이 신뢰하고 있었다. 그는 이미 많은 업체들에 의해 버려진 2D게임이 오히려 막 비옥해지기 시작하는 땅일 수도 있다고 여겼다. 그래서 천텐챠오에게 버려진 팀을 재편성해 거의 기술 우위라고는 찾아볼 수 없는 2D게임 〈정투(征途)〉를 개발했다. 이어서 그는 천텐챠오의 영리 모델을 뒤집었다. 〈정투〉가 당시의 모든 온라인게임과 달랐던 점은 무료 게임이었던 는 것으로, 단지 게이머가 장비를 추가로 장착할 때만 돈을 지불하면 되었다. 놀이공원과 비교하면 이해가 빠르다. 산다는 입장권을 사야 공원에 진입할 수 있는 반면 〈정투〉는 무료로 입장해 놀이기구를 이용할 때 돈을 내면 된다. 2005년 4월, 스위주는 중국에서 제일 높은 상하이의 진마오(金茂)빌딩에서 기자회견을 열고 '2억 위안의 도박 온라인게임'을 발표했다. 건강식품 업종에서와 마찬가지로 스위주가 온라인게임 업종에 출현했을 때 모든 것이 일시에 요동치기 시작했다. 나오바이진식의 각종 광고 문구가 전국의 각종 매체에 등장했는데, 스위주는 처음으로 CCTV에 게임 광고를 투입하면서 심지어 "게임을 하면 월급을 벌 수 있다"라고 선전했다. 〈정투〉의 게이머 수는 급상승했고, 온라인게임의 과금 모델은 철저하게 전복되었다. 결국 천텐챠오도 〈찬치(傳奇)〉의 게임 이용료가 영원히 무료임을 선언할 수밖에 없었다. 2007년 11월 1일 스위주가 지배하는 쥐런온라인이 미국의 나스닥에 상장되었다. 공모 당시 2007년 1~6월까지 쥐런온라인의 영업 수익은 6억 8천 7백만 위안, 동기 순이익은 5억 1천 7백만 위안이었다고 발표되었다. 쥐런온라인의 시장 가치는 50억 달러로 산다 게임을 제치고 중국에서 시장 가치가 가장 큰 온라인게임 업체가 되었다.

스위주의 〈정투〉 모델은 여전히 아주 큰 질문에 직면하고 있었다. 〈정투〉의 전형적인 게이머는 두 종류로 나뉘는데, 하나는 돈이 있는 사람으로 몇 만 위안을 들여 사이버 장비를 구입하는데도 눈 하나 깜박이지 않는 부류이고, 또 다른 하나는 가난한 사람으로 돈이 없는 학생이거나 촌에서 할 일 없이 노는 젊은이들로 돈이 없는데도 매일 대부분의 시간을 어떻게 소모하는지도 모른 채 게임을 즐기는 부류였다. 이들은 무료로 게임을 즐길 수 있고, 나아가 게임을 통해 돈도 벌 수 있다는 말을 듣고는 오리떼처럼 몰려들었다. 경제 작가 쉬즈위안(許知遠)은 한 논평에서 이렇게 이야기하고 있다.

〈정투〉가 판매하는 것은 희망이다. 무차별 살육을 자행하고자 하는 권력욕과 돈을 갖고 하고 싶은 대로 하고자 하는 희망은 마치 현실 사회가 숭배하는 적나라한 '사회적 다윈주의'와 같은 정서의 확대이다. 게이머들은 그러한 방종의 쾌감에 빠져들고, 또 그러한 규칙에 대해 의심할 여지없이 확신하고 있다.

스위주는 기업사에서 가장 많은 논쟁을 불러일으킨 인물이다. 그는 기업가들 중 시장 감각이 가장 뛰어나고, 업종이 폭발하는 시점을 가장 신속하게 찾아냈으며, 가장 민첩하고 효율적인 방식으로 성공을 누렸기 때문에 '스다시엔(史大仙)(일이나 업적에서 범인과 확연하게 다른 사람을 지칭할 때 사용하는 말)'으로 불렸고, 심지어 자존심 센 동년배 기업가들에게도 숭배를 받았다. 온갖 기복을 겪은 그의 경험과 불굴의 정신은 수많은 대학생들에게 큰 공감을 불러일으켰고, 이와 동시에 창업의 우상과 정신적 지주로 간주되었다. 하지만 동시에 그의 저속한 영업 수단과 탐욕스러운 유혹은 심각한 도덕적 질문을 제기하기도 했다. 스위주는 자신을 '중국에서 가장 유명한 실패자'라고 칭했다. 그래서 세상을 향해 자신을 증명하고, 심지어 자아의 숭고화라는 목표를 위해 수단과 방법을 가리지 않았으며, 결국에는 사회의 도덕적 엔드라인마저 멸시하게 된 것이다. 이러한 상업적 성공은 야만적인 피비린내, 냉혹함과 도덕적 마비로 가득 채워져 있다. 스위주의 몸에서는 이러한 비즈니스 시기의 모든 모순이 투사되어 나온다.

뉴욕증권거래소 상장 후 스위주는 한 기자에게 "퇴직 전에 저는 온라인게임, 이 일만 할 수 있을 것입니다"라고 말했다. 그가 이 말을 했을 때 기타 모든 업종의 중국 기업가들은 조용하게 안도의 한숨을 내쉬고 있었다.

4부

1998~2002년
폭풍우 속에서의 전환

# 1998년
지뢰밭으로의 돌진

> 전면이 지뢰밭이든 아니면 만장(萬丈)의 심연이든
> 나는 용감하게 전진할 것이고,
> 조금도 주저하지 않고 나아갈 것이며,
> 죽을 때까지 온 힘을 다할 것이고,
> 죽을 때까지 그만두지 않을 것이다.
>
> — 주룽지(1998년)

1998년 3월 19일, 베이징 전국인민대표대회와 중국인민정치협상회의. 이른 아침 7시 홍콩 피닉스 TV의 앵커우먼 우샤오리(吳小莉)는 인민대회당에 자리를 잡고는 질문할 기회가 있기를 바라고 있었다. 오전 10시 30분에 신임 국무원 총리 주룽지가 새로운 정부 관료들을 이끌고 기자회견장으로 들어섰다. 사회자의 말이 떨어지자마자 기자들의 손이 앞다투어 올라갔다. 우샤오리도 여러 차례 손을 들어 올렸지만 사회자의 시선밖에 있었다. 이때 사람들이 예상치도 못한 일이 발생했다. 주룽지가 기자들의 질문에 답하고 난 후 갑자기 "여러분, 홍콩 피닉스 TV의 우샤오리도 좀 배려해 주시겠습니까? 저는 그녀가 진행하는 프로그램을 아주 좋아합니다"라고 말했다. 주룽지의 서민적이고 유머러스한 표현은 사람들의 귀와 눈을 번쩍 뜨이게 했다. 이날 홍콩 증시는 300포인트나 상승했다.

우샤오리가 "외부에서는 당신이 경제의 차르라고 하는데, 이 말을 좋아하십니까?"라고 묻자 주룽지는 "좋아하지 않습니다"라고 대답했다. 이어서 그는 원기 왕성하고 격앙된 목소리로 훗날 사람들에 의해 깊이 음미된 말을 했다.

"이번 9기 전국인민대회 1차 회의는 저에게 중대한 임무를 위임했습니다. 저는 임무가 막중하다는 것을 느끼고 있지만 저에 대한 사람들의 기대를 저버릴까 두렵습니다. 하지만 저는 전면이 지뢰밭이든 아니면 만장의 심연이든 용감하게 전진할 것이고, 조금도 주저하지 않고 나아갈 것이며, 죽을 때까지 온 힘을 다할 것이고, 죽을 때까지 그만두지 않을 것입니다."[1]

'지뢰밭'과 '만장의 심연'이라는 말을 사용함으로써 중국의 개혁을 심도 있게 추진하는 것이 얼마나 막중한 임무인가를 하나도 숨김없이 드러낸 셈이었다. 주룽지는 5년 내 세 가지 일을 마무리할 것이라고 선언했는데, 첫째 인민폐의 가치가 하락하지 않도록 보호하고, 둘째 경제를 활성화시키며, 셋째 3년 내 국유기업을 곤경에서 벗어나게 하는 것이 그것이었다.

인민폐의 평가절하를 막는 것이 가장 급선무였다. 전년도부터 금융계의 무법자 조지 소로스가 동남아를 습격하자 적수는 전무했다. 이어서 그는 시선을 돌려 중국을 조준했다. 중국은 아시아 지역에서 가장 중요한 경제 대국으로, 인민폐가 '함락'된다면 이미 절체절명의 위기에 빠져 있는 각국은 설상가상의 지경에 빠질 수 있었다. 1997년 10월 말 세계은행은 홍콩에서 총회를 열었다. 당시 조지 소로스, 말레이시아 총리 마하티르 모하마드Mahathir bin Mohamad, 러시아 총리 체르노미르딘V. S. Chernomyrdin 등이 초청받았는데, 인민폐의 평가절하 여부가 총회에서 가장 민감하고 중요한 화두로 대두되었다. 세계은행은 특별히 주룽지에게 강연 기회를 주었다. 22일 강연 중에 주룽지는 정중하게 "중국은 인민폐의 평가절하를 하지 않는 정책을 견지할 것이고, 또한 아시아 금융 환경을 안정시키는 역사적 책임을 감당할 것입니다"라고 발언했다. 이 말이 나가자 현장에 있던 아시아 각국의 지도자들은 안도의 한숨을 내쉬었다. 『파 이스턴 이코노믹 리뷰Far Eastern Economic Review』는 "중국은 첫 번

---

1) 링즈쿤의 기록에 따르면 과거 2년 동안 국유기업 개혁에 대한 논쟁이 끊이지 않았는데, 베이징에서는 일찍이 재산권 개혁에 반대하는 〈만언서〉들이 나타났다. 주룽지가 개혁의 전망에 관한 심경을 처음으로 대중 앞에 드러낸 시기는 1996년 12월이었다. 베이징에서 연극 〈상앙商鞅〉을 관람하는데, 상앙이 놀라운 용기로 진나라의 개혁을 불러일으키나 결국은 반대파에 의해 거열車裂형을 당해 죽자 주룽지는 격정적으로 눈물을 흘렸다고 한다.

째의 글로벌 금융 위기 속에서 경제 대국의 풍모를 드러냈다"고 말했다.

하지만 전의에 불타고 있던 소로스가 어찌 손을 빼겠는가? 그는 중국이 국제 자본에 대해 관치 금융을 실시하고 있기 때문에 인민폐와 가장 연관이 큰 홍콩달러를 습격하기로 결정했다.[2]

1998년 1월, 홍콩에서 조류독감이 유행해 18명이 감염되었고 이중 6명이 사망하자 홍콩 전체가 공황 상태에 빠져들었다. 홍콩 정부는 130만 마리의 닭을 도살 처분했다. 조류독감은 반년동안 지속되었다. 이러한 소용돌이 속에서 홍콩달러에 대한 소로스의 저격은 8월 5일 시작되었고, 국제 투기꾼들은 하루만에 200억 홍콩달러를 투매했다.

홍콩의 금융관리국은 비축된 자금으로 달러를 액면대로 흡수해 환율 시장을 달러 대비 1:7.75달러 수준으로 안정시켰다. 이튿날 투기꾼들이 다시 200억 홍콩달러를 투매하자 금융관리국은 다시 입술을 깨물고 모두 회수했다. 이후 6일 투기꾼들은 계속해서 투매를 진행했고, 여러 차례 공방전을 펼친 결과 항생지수는 6,600포인트까지 빠졌는데, 1년 전에 비해 거의 10,000포인트나 하락해 총 시가로 2조에 달하는 홍콩달러가 증발해버렸다. 8월 13일 홍콩 정부는 주룽지 총리의 지원 하에 거액의 외환 펀드를 주식시장과 선물 시장에 투입해 투기꾼들에 직접 대항하면서 아주 강력하게 "어떠한 자금을 투입해서라도 8월의 주식 지수를 600포인트 끌어올리겠다"고 선언했다. 퀀텀펀드도 약세를 드러내지 않았다. 소로스는『월 스트리트』지에 '홍콩 정부 필패'라고 공공연하게 소리쳤다. 당시의 세계적 추세는 소로스에게 더 유리하게 작용했고, 각 지역의 증시는 비명을 지르고 있었다. 미국의 다우지수는 계속해서 곤두박질쳤고, 유럽, 라틴아메리카의 증시도 모두 3~8%의 하

---

[2] 과거 몇 년 동안 구미 언론은 홍콩 반환 전망에 대해 근심에 싸여 있었다. 일찍이 1995년 6월 26일 중국에 대해 줄곧 우호적이던『포춘』지는 놀랍게도「홍콩은 이미 죽었다」라는 제목으로 기사를 게재했다. "반환 후 영어의 중요성이 줄어들고, 외국인들은 분분히 홍콩을 떠날 것이며, 자유는 더욱 위협받게 될 것이다. 국제 경제 및 금융 센터로서의 홍콩의 지위는 사라질 것이고, 외자는 빠져……." 이 보도는 강력한 반향을 불러왔는데, 의외의 효과는 홍콩의 집정자들의 장기적인 경각심을 불러일으킨 점이었다. 훗날 홍콩의 행정장관에 당선된 정인취안曾蔭權은 이 기사를 액자에 넣어 사무실에 걸어 두었다. 그는 "이것은 나를 채찍질해 끊임없이 전진하게 하는 동력"이라고 말했다.

락폭을 기록했다. 모든 사람은 홍콩을 주시했고, 만약 항셍지수가 패배하게 된다면 수백억의 홍콩달러 투입은 모두 수포로 돌아가게 될 것이었다. 어쨌든 투기꾼들도 20억 달러 이상의 손실을 기록했다. 당시 홍콩 정부의 재정부 부장으로 이후 2대 특별행정구 행정장관을 역임한 정인취안은 당시를 기억하면서 다음과 같이 말했다.

정부가 증시에 간섭하기로 결정하기 전날 밤 저는 동료들을 모두 해산시킨 다음 홀로 사무실에 앉아서 묵묵히 눈물을 흘렸습니다. 정부가 시장에 참여하는 것은 진퇴양난의 결정이었습니다. 저는 기왕 이런 결정을 내렸기 때문에 원칙을 강력하게 지켜야 했습니다. 우리는 정말 힘들었습니다. 하지만 저는 우리 홍콩 시민이 질 것이라고는 믿지 않았습니다.

8월 28일 쌍방은 결전의 시간을 기다리고 있었다. 이날은 홍콩의 항셍지수의 선물이 약속한 결산일이었고, 국제 투기꾼들 수중에는 대량의 만기 선물 리스트가 들려있었다. 당일 투기꾼들의 선물 매도는 광적이었고, 홍콩 정부는 이를 모두 매수했다. 홍콩의 선물 시장은 요동지는 일엽편주였고, 사래 금액은 1일 최고 거래량을 기록했다. 오후 4시경 파장을 알리는 종소리가 울렸을 때 항셍지수와 선물 지수는 7,829포인트와 7,851포인트에 안착했고, 소로스는 참패했다. 정인취안은 그날 밤 "국제 투기꾼들을 타격하고 홍콩 증시와 홍콩달러를 보호하는 전투에서 홍콩 정부가 승리를 거두었습니다"라고 선언했다. 2주에 걸친 시장 개입 조치 중 중국은 1,637억 홍콩달러를 투입했다. 장우창 교수는 습관적인 어투로 이렇게 말했다.

파생적인 방법으로 거래할 경우 무한한 자본의 지원을 받는 사람은 아무도 없습니다. 만약 그럴 경우 확실히 이길 수 있지만 어떠한 사람도 당신의 적수가 되려고 하지 않을 것입니다. 금융 무법자가 홍콩달러를 저격할 때 중국 정부가 힘을 다해 버틸 것이라는 의사를 보이자 결국 투기꾼들은 놀라서 도망가고 말았던 것입니다.

인민폐의 평가절하를 방지하기 위해 주룽지는 공전의 리스크와 압력을 감당해야 했다. 금융 위기의 영향을 받아 줄곧 기세등등하던 수출 성장률도 하강 곡선을 그렸고, 국내의 상품 재고량도 급속히 증가했으며, 소비 시장도 심각한 불황에 빠지게 되었다. 6월 창장 유역에서는 100년 만의 대홍수가 일어나 29개 성과 시에서 재난을 당했고, 사망자 수가 4,150명에 달했다. 직접적인 경제 손실은 2,551억 위안을 기록했다. 당시 전 세계 여론은 이구동성으로 만약 인민폐의 가치하락이 이루어지지 않는다면 중국 경제는 어려워질 것이라고 말했다. 그러나 주룽지는 자신의 방식으로 중국 경제의 독립성과 독특성을 증명해냈다.

당시의 추세에서 경기 하향과 소비 급냉을 시정하기 위한 유일한 출구는 시선을 국내로 돌려 내수를 진작시키는 길밖에 없었다. 당시 전국의 국민 저축액은 5조 위안에 달했기 때문에 이 부분을 소비로 돌리기만 하면 경제 회복은 수월하게 해결될 수 있었다. 그래서 주룽지는 부동산 열기를 고조시키는 중대한 결정을 내렸다. 과거 몇 년 동안 인플레이션을 방지하기 위해 그는 줄곧 부동산 시장의 투기 행위에 대해 자못 경계심을 갖고 발전을 억제하는 조취를 취해왔다. 하지만 지금 그가 보기에 국민의 주머니를 풀어 상품을 구매하게 할 수 있는 유일한 방법은 부동산밖에 없었다. 1998년 1월 부동산업계의 상징적 인물 왕스는 별안간 중앙의 지도자가 만나고 싶어 하니 베이징으로 올라오라는 통지를 받았다. 그는 베이징으로 온 후에야 중앙의 지도자가 주룽지라는 사실을 알았다. 왕스는 이후 당시를 기억하면서 "주룽지 총리는 저에게 부동산 시장 추세에 대한 생각을 물었습니다"라고 말했다. 나중에서야 알게 되었지만 그것은 아주 의미 있는 일이었다.

작년부터 국무원은 이미 부동산에 대해 규제 완화 정책을 시작하고 있었다. 봄이 되자 국가계획위원회와 재정부는 건축업종의 48항의 '불합리한 비용 수취'를 취소했다. 4월 28일 중국인민은행은 '특별 긴급 문건' 방식으로 〈개인주택 대출담보 관리 잠정 방법〉을 각 은행에 발부해 "대출 기한은 최장 20년으로 하고, 대출 한도는 주택 가격의 70%로 하는" 조치를 취했다. 7월 기존의 취득세 6%, 담보 증서 세금 3%와 증여세 6%를 합쳐 3~5%의 취득세만 징수하기로 했다. 이러한 조치는 점점 시장에 활기를 불어넣었다. 1998년 7월 국무원 및 당정 기관은 일률적으로 40여 년 실시된 실물 분배 복리 주택 방식을 중지하고, 화폐 분배를 통한 주택 구입 제도를 추진한다는 중대 결정을 내렸다. 복리 주택 분배 정책의 취소는 주택 시장화의 공간을 대대적으로 확대시켰다. 거의 동시에 국무원은 〈도시 주택제도 개혁을 심화시키고 주택 건설을 촉진하는 것에 대한 통지〉를 발표해 경제형 주택을 위주로 하는 주택 제공 체제 건립을 가속화할 것을 명확하게 요구했다. 중국인민은행은 〈개인 주택 대출 관리 방법〉을 발표해 원금 이자 상환과 원금 상환의 두 가지 상환 방식이 있음을 규정하면서 각 은행이 주택 담보 대출 서비스를 실시하도록 했다. 대출 장려를 위해 중앙은행은 특별히 1,000억 위안 규모의 주택 대출금을 배정했다. 이러한 일련의 세트형 정책, 특히 담보 대출과 복리 주택 분배 취소의 양대 정책은 직접적으로 부동산 시장의 회복을 자극해 이후 10여 년에 걸친 부동산 열기를 불러일으켰고, 부의 축적에 관한 무수한 이야기가 이 부문에서 펼쳐졌다. 부동산 산업은 철강, 시멘트 등의 다른 산업과 연관성이 아주 많아 확실히 경제 회복을 자극했다. 푸단대학 교수 장쥔르張軍르는 이후 논평에서 이렇게 밝혔다.

이러한 정책은 아시아 금융 위기 후 시장 수요를 개선하는 전환점 역할을 했는데, 효과는 10년 이상 지속되었다. 소비 신용 대출은 가정의 주택 수요를 자극했을 뿐만 아니라 대규모의 기초 설비 건설은 지속적인 투자 수요를 유발시켰다. 많은 기업도 이후 투자 확장기에 접어들었다. 투자 활성화로 인해 전체 경제는 상류 기초 부문인 에너지와 원자재에 대한 수요를 지속적으로 증가시켰고, 이는 상류 국유 기업에게 유리한 시장 환경을 제공하도록 만들었다.

1998년 부동산 소비 정책의 대전환이 가져온 시행 효과는 확연히 드러났다.
지난해 '완퉁 6형제' 중의 하나인 판스이는 '단독 비행'을 시작했다. 그는 베이징의 훙싱얼궈터우紅星二鍋頭 공장 부지를 매입해 현대성이라는 주상 복합 건물을 건설하려고 했다. 그는 아주 독창적으로 '소형 오피스, 재택근무'라는 의미를 지닌 'SOHO'라는 부동산 개념을 생각해냈고, 건물 설계는 당시의 베이징에서는 보기 드문 간소한 스타일을 따랐다. 대출을 위해 그는 온갖 방법을 강구하다 결국은 대형 국유은행의 현지 지점장을 찾게 되었다. 이야기를 나누다 지점장이 그에게 "저희 은행은 개인 기업과 거래할 수 없다는 규정이 있습니다. 저희 지점은 1954년 당시 개인에게 나귀 살 돈을 빌려준 적이 있는데 결과가 어땠는지 아십니까? 아직까지 돈을 갚지 않고 있습니다"라고 말했다. 판스이는 이 말을 듣고 지점장의 의도를 파악하게 되자 일순간에 멍해졌다. 부동산 시장이 불황이었기 때문에 SOHO 현대성은 분양이 시작된 후에도 거의 판매가 일어나지 않았다. 판스이는 홍콩에서 가장 큰 부동산 대리 회사 리다싱利達行을 설립한 적이 있고, 베이징의 부동산 시장에서 오랜 경험을 가진 덩즈런鄧智仁을 특별 초빙해 프로젝트의 총기획을 담당하도록 했다. 덩즈런은 SOHO 현대성의 광고와 뉴스를 연일 내보내는 등 온갖 방법을 다 동원했으나 소비자의 마음은 움직이지 않았다. 1998년 11월 덩즈런은 결국 인내심을 상실했고, 판스이와 한바탕 싸움을 벌인 후 의기소침해서 현대성을 포기하고 떠났다. 이 달은 바로 베이징의 부동산 판매의 비수기로 판스이는 매일 회사에서 구호를 외치는 것 외에는 정말 아무런 묘안도 떠오르지 않았다. 바로 이때 운수가 갑자기 바뀌었다. 11월 20일부터 현대성의 판매가 조금씩 상승하기 시작한 것이다. 가장 많이 팔린 날은 17채에 달했고, 거래액은 순식간에 3,000만 위안을 돌파했다. 이때가 덩즈런이 현대성을 버리고 떠난 지 20일이 채 되지 않은 시점이었다. 판스이의 호시절은 이렇게 찾아왔다.

주룽지가 제시한 정책 중 '3년 안에 국유기업이 곤경에서 벗어날 수 있도록 한다'는 선언은 사람들이 보기에 가장 완수하기 힘든 임무였다. 이해 재정부 대변인은 일찍이 한 차례 상황 보고에서 "국유기업은 부득불 재무제표 조작 방식으로 현실의 곤경을 은폐해왔다"면서 조금은 절망적인 현실을 공표한 바 있었다. 재정부는 100대 중점 기업의 1997~1998년 회계 연도 보고에 대해 샘플 조사를 진행했는데, 81%의 기업에 자산 부실과 이윤 조작의 정황이 존재한다는 결과가 나왔다. 대변인은 왜 이런 일이 생겼는지에 대해 설명하지 않았지만 모두 이유를 알고 있었다. 그러나 사람들의 예상을 뛰어넘어 주룽지는 그의 선언을 예정대로 실현시켰다. 그가 취한 방법은 '개혁, 조직 개편, 개조와 관리 강화'였고, 실시한 전략은 '국퇴민진國退民進(국영기업을 시장에서 퇴출시키고, 민영기업을 시장에 진입시킨다)'이었다.

주룽지가 '국퇴'라는 결심을 가장 잘 구현한 사례는 필름산업에서 발생했다.

'지뢰밭'이라는 말을 한 5일 후 주룽지는 겉으로 보기에는 아주 정신 나간 듯한 계획에 서명했는데, 글로벌 필름산업의 거인 코닥필름이 중국 필름산업의 전 업종을 매입하는 것에 대해 중국 정부가 동의한다는 내용이었다. 계약에 따르면 중국의 필름산업의 7개 기업 전부가 코닥필름과 합자기업을 설립하고, 코닥필름은 10억 달러를 투입하기로 했으며, 또 세계 일류의 감광 기술을 중국에 들여오기로 되어 있었다. 국제 비즈니스계를 진동시킨 이 계약은 '98 계약'으로 불렸다.

코닥필름의 계획은 1994년에 싹트기 시작했다. 그해 가을 새로 부임한 코닥필름의 회장 조지 피셔George Fisher는 항저우에서 주룽지를 만나 처음으로 이 계약을 제안했다. 당시의 코닥필름은 공전의 위기에 빠져있었는데, 감광유제의 발명으로 100년 부흥의 전성기를 누려온 이 기업이 일본 후지필름의 강력한 도전을 받고 있었기 때문이다. 구미 시장에서 코닥필름은 차례차례 패퇴해 100억 달러가 넘는 거액의 부채를 떠안게 되었다. 조지 피셔가 부임했을 때 그의 새로운 동료가 당시 코닥에서 유행하던 블랙유머를 이야기해주었다. "코닥과 타이타닉이 무슨 차이가 있느냐? 답은 타이타닉은 침몰하는 과정에서 교향악 반주가 있었다는 것이다." 중국 시장에서도 코닥은 유럽에서처럼 낙후자였다. 당시 후지필름이 70%의 시장을 점령하고 있는 상황에서 통상적인 시장 경쟁 방법으로 코닥이 승리할 확률은 거의 없었다.

그래서 조지 피셔가 풍경이 아름다운 시후에서 갑자기 중국 측에 '중국 필름산업의 전 업종 매입'을 제안했을 때 현장에 있던 사람들은 모두 당황해했다. 이 제안은 이전에 토론한 적이 없던 화두였고, 심지어 조지 피셔의 부하 간부들도 처음 듣는 이야기였다. 그러나 주룽지만이 이 제안을 뜬구름 잡는 이야기로 생각하지 않았는데, 왜냐하면 그는 마음속에서 또 다른 한 수를 계산하고 있었기 때문이다.

코닥필름의 상황이 그토록 심각했다면 중국의 필름산업은 더더욱 암담했다고 할 수 있었다. 가전, 음료 등의 업종과 마찬가지로 1978년 이후의 중국의 필름산업 개조도 설비 도입으로 시작되었다. 1980년대 초부터 각 지역 정부는 앞 다투어 코닥필름, 후지필름, 독일의 아그파 등의 업체로부터 필름 생산라인을 도입했는데, 이중 샤먼의 푸다㈜는 코닥 설비 도입에 15억 위안을 투자했고, 산터우는 후지 설비 도입에 40억 위안을 투자했다. 10년이라는 짧은 기간 동안 중국에서는 7개의 필름공장이 출현해 세계에서 필름 기업을 가장 많이 보유한 국가가 되었다. 국유 기업의 온갖 고질병이 필름산업에서 집중되어 곪아 터졌다. 거액의 중복 투자, 기술 소화 능력 결핍, 시장 경쟁 불능, 메커니즘 경직 및 관리 혼란 등의 문제가 불거졌다. 1993년을 전후로 국내의 필름산업은 모두 적자를 보았고, 업계의 부채 총액은 100억 위안을 넘어섰다. 이러한 국면에 직면하자 문제 해결 전문가인 주룽지도 속수무책이었다. 바로 이러한 시점에서 마찬가지로 절체절명의 위기에 처해있던 조지 피셔가 광명의 손길을 보냈던 것이다.

조지 피셔의 방안은 사람을 유혹할 만했다.

중국 정부의 국유기업 개혁 과정에서 코닥필름은 세 가지 선물을 가져다 줄 것입니다. 첫째, 기술, 둘째 세계 수준의 관리, 셋째, 최소 10억 달러에 달하는 투자가 그것입니다.

동시에 조지 피셔는 배타적 독점을 요구했다.

저희는 해외의 어떤 경쟁 상대가 중국에 진출하려고 할 때 이를 거부할 것을 요구합니다. 왜냐하면 저희는 기존의 기업들을 재조정하는 것이지만 그들은 오히려 처음부터 새로운 공장을 설립할 것이기 때문입니다.

코닥필름의 구상은 국유기업의 개조가 불가능하게 된 현실에 처한 중국 정부의 처지와 절묘하게 부합하는 것이었다. 이는 곧 주룽지로 하여금 처음부터 한 차례의 모험을 결심하도록 했다. 그는 조지 피셔의 제안에 동의했고, 친히 이 일을 감독 처리할 것이라고 대답했다.

코닥필름의 방안은 시작부터 두 가지 장애에 직면했다. 하나는 국내 필름산업계의 반발이었고, 또 다른 하나는 일본 후지필름의 보이콧이었다.

하나의 중요한 산업 전체를 일개 다국적기업에 맡긴다는 것은 중국의 기업사에서 전대미문의 방법이었다. 게다가 각 기업에게는 이미 각각 다른 합작 파트너가 있다는 것은 말할 것도 없이, 이익은 들쭉날쭉하고, 시장에서는 모순이 겹겹이 쌓여 있는 상황에서 이러한 동의 자체는 곧 중국 필름산업의 전멸을 의미했다. 1996년을 전후로 국내 본토 기업이 활발하게 흥기하고, 민족공업 진흥의 목소리가 끊임없이 제기됨에 따라 코닥의 방안은 일시 좌초 위기에 처하게 되었다. 1997년 3월에 중국 측은 부채 규모가 가장 큰 푸다와 궁위안公元 두 업체만 코닥과 합자하도록 하는 새로운 방안을 제안하고, 또 '허베이성의 러카이樂凱'의 발전을 적극 지원해 경쟁력을 갖추도록 한다'는 전략을 채택했다.

이러한 과정에서 주룽지는 시종 전 업종 인수합병의 지지자였고, 심지어 사람들에 의해 '매국노'라고 칭해지기도 했다. 한 시찰 장소에서 그는 이렇게 말했다.

> 어떤 사람은 국유기업의 비중이 하락하고, 사영기업의 비중이 올라가고 있으니 사회주의가 변한 거 아니냐고 말하기도 합니다. 관건은 경제의 명맥命脈에 있는 것으로, 햄버거, 몇 개의 필름, 머리핀 등의 영역에 외자를 도입한다고 무슨 큰일이 있을 수 있습니까?

그가 말하는 '몇 개의 필름'은 당연히 코닥필름의 매입 방안을 겨냥한 것이었다.

시장 점령자인 일본의 후지필름으로부터 나온 보이콧은 사전에 짐작할 수 있는 것이었다. 코닥의 요구에 대한 동의는 확실히 업종에 대한 독점의 의미를 갖고 있었고, 그러한 방안이 중국 시장에서의 후지필름의 퇴출을 의미하는 것은 확실했다. 그러나 사람들을 의아하게 한 것은 중국에서 후지필름을 동정하는 사람을 찾을 수 없었다는 것이다. 그렇게 된 원인은 수년간의 거만한 횡포에서 찾을 수 있었다. 산터우의 궁위안이 40억 위안의 거금으로 후지필름의 설비를 도입한 해인 1993년을 전후로 궁위안에 경영 위기가 발생하자 당시 광둥성 성장이던 주선린朱森林은 궁위안의 경영자들과 함께 일본으로 가서 지원을 요청했다. 하지만 후지필름의 고위층은 면담에서 그들의 요구를 거절했다. 일본인들은 궁위안의 위기가 중국인들 일이지 자신들과는 관련이 없다고 생각했기 때문이다. 주선린 일행은 도쿄에서 수일을 머물렀지만 결국 빈손으로 돌아오고 말았다. 이 '거절 사건'은 아주 빠른 속도로 중국의 정계와 업계에 퍼져나가 많은 사람을 격분하게 만들었다. 그래서 당시 후지필름이 코닥필름 안을 보이콧할 때 그들을 위해 앞장서는 사람들을 찾아보기 어려웠던 것이다.[3]

1998년 3월 23일 조지 피셔가 코닥 본사가 있는 미국의 로체스터에서 코닥필름이 10억 달러를 투자해 중국의 필름산업 전 업종을 매입하기로 계약했다고 발표하자 월가의 코닥 주가는 대폭 상승했다. 주룽지의 전면적인 지원 하에 베이징은 국가계획위원회, 국가경제무역위원회, 화학공업부, 경공업부, 대외경제무역부로 구성된 중앙 조정팀을 조직했으며, 우방궈吳邦國 부총리가 조정팀 팀장을 맡았고, 국가경제무역위원회 부주임 리룽룽李榮融이 구체적 조정에 나섰다.

이후 5년 동안 코닥필름은 인수한 기업에 대해 대대적인 수술을 진행했다. 공위안, 푸다와 우시의 아얼메이阿爾梅에 대해 계속해서 1억 달러 이상의 자금을 투입해 개조를 진행해 이들을 코닥필름의 글로벌 제조 기지로 탈바꿈시켰다. 구제의 희망이 없던 상하이감광感光, 텐진감광과 랴오위안遼源에 대해서는 경제적인 보상을 진행해 공장 가동을 중지시키거나 다른 업종으로 전환시켰으며, 직원들에게는 근속 연수에 따른 경제적 보상을 지원했다. 근속 연수에 따라 보상한 것은 당시 유행한 정리 방식으로, 일반적으로 근속 연수 1년에 해당되는 금액은 500~2,000위안으로 차등 지급 되었다. 『초월 – 중국에서의 코닥필름』의 저자 위안웨이둥袁衛東의 조사에 따르면, 1천 명이 훨씬 넘는 상하이감광 직원 중 가장 많은 보상을 받은 사람의 경우 7만 위안이 넘었다.

코닥필름의 행적은 주룽지를 아주 흐뭇하게 했는데, 이는 코닥필름이 "돈은 어디서 오고, 사람은 어디로 가느냐?"라는 국유기업의 2대 난제를 해결했기 때문이

---

3) 이후 중국에서의 후지의 변화는 일사천리라는 말로 형용할 수 있을 정도로 시장을 날로 잠식당했다. 2002년 『중국경영보』는 후지가 대규모 필름 밀수 사건에 연루되었고, 심지어 샤먼의 '위안화 밀수 사건'과도 연관이 있다고 폭로했다. 이에 대해 후지는 침묵으로 일관했다. 같은 해 11월 국가경제무역위원회는 후지가 지분 참여한 주하이전커(眞科)감광재료제작공사에게 심사와 비준을 거치지 않았기 때문에 생산 중지를 명령한다는 문서를 하달했다. 이로 인해 후지는 중국에서의 생산과 판매망을 모두 제약받기 시작했다.

다. 특히 후자의 경우 더욱 흐뭇한 일이었다. 1999년 4월 13일 주룽지는 방미 동안 뉴욕에서 열린 중미무역위원회 만찬에서 코닥과의 합작 사안에 대한 심정을 이렇게 밝혔다.

제가 여러분에게 이야기를 하나 해드리겠습니다. 당시 제가 코닥필름의 조지 피셔를 만나 코닥필름이 중국과의 합작을 진행하도록 청했을 때 저는 사람들에게 매국노라는 비판을 받았습니다. 하지만 2년 동안 코닥필름이 중국에 대대적으로 투자하고, 중국 필름산업의 발전을 촉진시켰을 때 저를 매국노라고 불렀던 사람은 최근 저에게 자신이 잘못했다고 말했습니다. 저는 이러한 양보가 중미 양국 모두에게 유리한 일이라고 생각합니다.

2002년 국가경제무역위원회 주임 리룽룽은 『비즈니스 위크』와의 인터뷰에서 이렇게 말했다.

저에게는 두 가지 성공 사례가 있습니다. 하나는 코닥필름이 우리 필름산업을 재조정한 것으로, 이는 윈윈의 성공 사례로 기록될 수 있습니다. 다른 하나는 닛산과 둥펑東風자동차의 전면 합작 사례입니다. 재조정이 우리에게 주는 최대의 계시는 바로 빠른 결정으로 재조정을 추진하라는 것입니다.

중국 정부와 코닥필름의 '98 계약'은 2003년 말에 완성되었다. 10월 코닥필름은 줄곧 인수합병을 거부했던 허베이성의 러카이와 계약을 체결해 총 가치 1억 달러의 현금, 설비, 기술로 러카이의 지분 20%를 인수했다. 이에 중국 필름산업의 7개 기업 전체는 코닥필름과 합작을 진행하게 되었다. 글로벌 시장에서 후지필름의 공세에 기진맥진하던 '황색 거인' 코닥필름은 마침내 중국에서 존엄을 되찾게 되었다. 2005년을 전후로 매년 60억 달러에 달하는 코닥필름의 구매 중에서 1/6이 중국에서의 구매였고, 95%이상의 디지털카메라가 중국에서 생산된 것이었다. 코닥필름은 전국의 9,200개 현상소 중 2,000개를 디지털 현상소로 개조해 방대한 디지털 현상소 네트워크를 구축했고, 이로써 중국 시장은 코닥필름의 2대 시장으로 성장하게 되었다.

30년의 중국 기업사에서 다국적기업이 중요 산업에 대해 전 업종의 인수합병을 진행한 것은 코닥필름의 사례가 유일했다. 1998년 맥 빠진 국유기업 개조에 직면해 주룽지가 체결한 코닥필름과의 계약은 막다른 처지에 몰려 모험을 무릅쓰고 결정한 참신하고 거시적인 계획이었음에 틀림없다.

중국 기업의 변혁을 테마에 따라 나눈다면 1998년을 기점으로 둘로 양분된다고 할 수 있다. 이 이전의 테마를 경영 메커니즘의 전환이라고 할 수 있다면 이후는 재산권 재조정과 투명화였다. 차이가 있는 것은 전자의 경우 효과는 미미했지만 정책 설계는 매우 투명한 것이고, 후자의 경우 효과는 탁월했지만 정책에서는 시종 혼란스러웠다고 할 수 있다.

'국퇴민진' 운동은 1997년부터 시작되어 1998년에 대규모로 확산되었고, 2003년에서야 마무리되었다. 이는 20년 동안 메커니즘 전환과 권한 이양을 테마로 했던 국영기업 개혁 운동의 종결과 함께 중국 기업의 소유제 구조를 개혁하기 위한 것으로, 이로 인해 이후 상당 기간 동안 중국 경제에 막대한 영향을 끼쳤다. 2002년 〈중국 사영기업 조사 보고서〉에는 과거 4년 동안 조사 기업 중 25.7%의 사영기업이 국유나 집체기업에서 개조되어 만들어진 것으로 나타났다. 이러한 기업들 중 동부 지역의 기업들이 차지하는 비중이 45.7%로 가장 높았다. 체제 개혁 이전에 국유기업이던 곳은 25.3%로, 이들 중 74.7%는 향진기업이었다. 60.6%의 기업의 기업주는 원래 기업의 책임자였다. 공유제 기업의 체제 개혁으로 탄생한 사영기업 중 공산당 당원이 차지하는 비중은 50.66%에 달했다. 2003년 국무원 국유자산감독관리위원회는 실제 개혁 과정에서 절대 다수의 지방에서 진행된 국유자산 처리가 상당 정도 전부를 퇴출시킨 것으로 드러났는데, 이는 모두가 전체 양도 방식으로 지방의 국유자산을 처리한 것이었음을 시사했다. 1998~2003년까지 국유 및 국유 지주 기업 수는 23만 8천 개에서 15만 개로 줄어 40%가 감소했다.

과거와 마찬가지로 '국퇴민진' 운동이 개혁을 옹호하는 표준적인 행위로 여겨지자 각 지역 관리들이 잇달아 지지를 표명했다. 1998년 초의 신문 곳곳에서는 지방 관리들의 고조된 목소리를 들을 수 있었다. 쟝수성 성장 수성여우舒盛佑는 "순수함은 구하지 않고, 아름다움만 바란다. 비중 문제에 얽매여 자신을 속박하지 마라"고 제안했다. 후베이성 성장 챵쟝주(上)는 "주식제와 사유제를 함께 연계하는 전통 관념을 전면적으로 폐기하려면 국유자산 매도가 국유 재산 유실로 이어지는 우려를 해소시켜야 한다"고 말했다. 안후이성 성장 후이량위(回良玉)는 더욱 조바심이 나서 "지금 빨리 개혁하면 주동적이 되고, 늦게 개혁하면 피동적이 된다. 개혁하지 않으면 출구가 없다"라고 말했다. 제일 먼저 농촌 토지의 도급 책임제를 실시한 안후이성의 펑양현은 1년 동안 수백 개의 집체기업을 전부 개인에게 매각했는데, 현위원회 서기는 아래와 같이 말했다.

과거 우리는 감히 '도급'이라는 개념으로 농촌의 '일대이공一大二公(인민공사를 지칭하는 말로, '일'은 규모가 큰 것이고, '이'는 공유화 수준이 높은 것을 의미한다)'을 타파했지만 지금 우리는 감히 '매각'이라는 개념으로 소도시의 '일대이공'을 타파하고 있다. 펑양은 이후 다시는 공유제만 추구하는 기업을 운영하지 않을 것이다.

국유기업의 퇴출 속도와 비율은 개혁 정치의 업적의 잣대가 되어 많은 도시에서 백 개가 넘는 기업을 한 묶음으로 해서 매각함으로써 속도를 높여나갔다. 이후 이와 관련해 가장 세상을 떠들썩하게 한 것은 2003년 2월 시안시 정부가 한꺼번에 600억 위안의 국유자산을 매도한다고 선언한 뉴스였다.

국유기업 개혁에서 가장 중대한 전략적 조정인 '국퇴민진' 운동은 줄곧 전국적인 성격을 띤 법제화된 개혁 방안을 마련하지 못했다. 이는 이번 개혁에서 가장 이해가 되지 않는 부분이었다. 각 지방은 여전히 '돌다리를 두들기면서 강을 건넌다'는 사고에 의지해 제각기 나름대로의 방식을 갖고 움직여 수십 가지의 재산권 계량화 양도 방식이 출현했다. 이중 가장 전형적인 방식은 다음과 같았다.

관리층 MBO : 기업가들이 자신이 관리하는 기업의 지분을 매입하는 것을 허락했다. 어떤 경우는 전부 출자해 지분을 매입하기도 했고, 어떤 경우는 일정 비율의 무상주를 증여하기도 했다.

간접 MBO : 관리층이 출자해 새로운 회사를 건설하는 것이다. 그런 후 기존의 기업과 여러 형태의 경영 또는 자본 재조정을 통해 최종적으로 우회적인 방식으로 주주권을 획득하는 것이다. 이러한 사례 중에 가장 유명한 것은 광동성의 Midea美的그룹의 체제 개혁이었다. 이 기업은 1968년에 설립된 향진 집체소유제 기업이었는데, 1992년 주식회사로 개조되었다. Midea의 사유화는 1999년에 시작되었는데, 초기의 방식은 순자산 계량화의 기초 위에 일정 비율의 주식을 경영자에게 분배했다. 2000년 12월 Midea 지주회사는 메이투어美托투자라는 회사와 계약을 체결했다. 전자가 소유하고 있던 7,243만여 법인주를 주당 3위안의 가격(당시 주당 순자산가는 4.07위안이었다)으로 후자에게 매도했는데, 총 매입금액은 2억 1천 7백만 위안이었다. 양도 후 메이투어투자는 Midea의 1대 주주가 되었는데, 이 회사는 Midea그룹의 고위 간부들이 지배 주주로 되어 있었다. 이들 중 회장인 허샹젠何享健 한 사람이 보유한 지분이 25%였다.

직원의 주식 보유: 직원 주식 보유회를 조직해 전 직원이 주식을 보유하는 방식으로 기업의 자산을 계량화하는 것이다. 이중 관리층이 최대 지분을 보유하게 된다. 과감한 개혁으로 유명한 선전시는 특별히 시내의 국유기업이 전면적으로 '직원 주식보유 제도'를 시행할 것을 문건으로 지시했다.

투자 유치 계량화: 외부 자금을 유치하거나 상장하는 방식을 통해 기업 자산에 대한 재조정을 실시하는 것으로 일부는 쪼개 관리층이 보유하게 한다.

증가된 자산 가치의 계량화: 기존의 순자산을 기초로 이후의 가치 증가 부분을 계량화해 개인에게 주어 점점 개인의 주주권 비율을 확대하는 방법이다. 이러한 방법의 전형은 TCL의 체제 개혁이었다. 1997년 4월 후이저우의 TCL그룹은 우선 국유자산 위탁 경영을 진행했다. 후이저우 시정부는 리둥성 일행과 5년 만기 위탁 경영 계약을 체결했다. 계약 규정에 따라 TCL의 1996년까지의 자산 3억 위안 전부를 시정부 소유로 귀속시키고, 이후 매년 순자산 회수율을 10% 이상으로 하기로 했다. 만약 10~25% 성장을 달성하면 관리층은 그중 15%를 취득하고, 25~40%의 성장을 달성하면 관리층은 그중 30%를 취득하며, 40%이상의 성장을 이룩하면 관리층이 45%를 차지하는 것으로 했다. 이 방안은 하나의 '완벽한 정책'으로 여겨졌다.

국유자산의 기본 가치를 보전하면서도 가치 증가를 보장하고, 또한 관리층에게는 지분 참여 기회를 제공하는 것이었다. TCL의 이어진 재산권 변동은 다음과 같다. 1998년 리둥성은 위탁 경영 목표를 달성했고, 증자를 통해 관리층과 노동조합이 8.82%의 지분을 보유하게 되었다. 2000년 주식 구조는 국유 지분이 62.59%, 관리층과 노동조합이 37.41%였다. 2002년 리둥성은 전략 투자자 유치 방식을 통해 국유 지분을 4.97%까지 낮추었다. 이렇게 해서 지방 정부가 절대 지분을 소유하고 있던 국유기업이 지분 구조가 다원화된 회사로 탈바꿈하게 되었다. 2004년 1월 TCL그룹은 상장되었는데, 당시 리둥성의 지분은 5.59%로 시가 12억 위안에 달했다.

파산 체제 개혁: 먼저 회사를 파산시킨 후 개인에게 매도하는 방식이다. 오랫동안 수난 지역에서 일한 학자 신왕新望은 이에 대해 이렇게 묘사한 바 있다.

> 절정에 달했을 때 시와 현 간부들의 책상에는 기업이 파산을 신청하는 서류들로 가득했는데, '적법하게 파산을 인정하라'고 비준한 후 법원으로 넘기면 법원은 심지어 공판도 열지 않은 채 파산을 신고했다.

이러한 방법에는 통일된 법적 근거가 없었고, 또 필요한 관리 감독 제도도 없었다. 장다뎬張大典이라는 한 은행 회계사는 일찍이 각 지역의 경영자가 체제 개혁 과정 중에 보여준 '증감 수법'을 총정리한 적이 있었다.

'증增'은 부채를 증가시키는 것으로, 기업의 자산은 변동이 없지만 부채 총액을 증가시키면 기존의 각종 부채의 상환율을 감소시킬 수 있었다. 구체적인 수법에는 4종이 있었다. 첫째, 명목상 설정이다. 즉 기업의 체제 개혁 이전에 체납하거나 미지급한 비용 명의로 지급해야 할 미지급 항목을 허위로 계상하거나 지급 항목을 허위로 계상해 부채를 증가시키는 것이다. 모 기업의 경우 파산 전 자산평가가치는 640만 위안이었고, 부채는 6,000만 위안에 달했다. 이중 2,000만 위안은 진의 농공상총공사와 진의 재정부에 지급해야 할 각종 항목을 허위로 계상한 것이었다. 둘째, 임의적 증가이다. 기업이 체제 개혁 이전에 적게 지불했다거나 보고하지 않았거나 혹은 반드시 지급해야 하지만 지급하지 않았다는 것을 이유로 미지급금 항목을 마구 증가시키는 것이다. 혹은 파산 청산 비용이나 기타 비용을 추가하거나 더 많이 추정하는 수단을 써서 임의로 비용 지출을 증가시키는 것을 말한다. 셋째, 적게 계상하는 방법이다. 기업의 미지급 비용 중 은행의 대출 이자를 적게 계상해 은행이 받아야 할 이자를 공중에 떠버리도록 하여 은행으로 하여금 직접 채무를 소멸하게 하는 것이다. 넷째, 느슨한 평가다. 기업의 체제 개혁 시 기업 부채에 대해 평가할 때 이미 지불할 필요가 없거나 더 이상 지불할 필요가 없는 것으로 확인된 항목에 대해서도 느슨하게 평가하거나 해당 금액을 그대로 남겨두는 방법이다. 부채의 느슨한 평가와 자산의 저평가 모두 보편적 방식이었다.

'감減'은 온갖 수단을 동원해 자산을 감소시키는 것으로 구체적인 방법에는 4종이 있었다. 첫째, 이전 수법이다. 체제 개혁 이전에 자산을 투자나 채무상환 등의 명의로 이전하거나 아니면 분리하는 형식으로 유효 자산을 쪼개어 분리된 회사로 귀속시키는 것으로, 소위 '자산의 껍질을 벗겨내는' 방식으로 채무를 허공에 뜨게 하여 소멸시키는 것이다. 둘째, 은닉 수법이다. 기업이 체제 개혁 이전이나 재고 자산평가 과정 중에 경영 손실이나 자연 소모라는 명의로 또는 자산을 저가로 매각하거나 실물 자산을 은폐하는 수단을 써서 자산 손실을 확대하고, 거짓 손실로 자산을 은닉하는 것이다. 셋째, 소지 수법이다. 기업이 체제 개혁 이전이나 체제 개혁 과정 중에 원조나 증여 또는 오래 묵은 빚이나 본래 융자였던 것을 거짓으로 투자나 손실 등의 이유를 들어 응당 받아야 할 금액을 일괄 탕감하여 자산을 소진시키는 것이다. 넷째, 저평가 수법이다. 기업의 체제 개혁으로 자산을 평가할 때 현금화의 어려움이나 채무를 전액 독촉하여 받아내기 어렵다는 등의 이유로 실물 자산이나 미수금에 대해 저평가를 진행하는 것이다.

도대체 얼마나 많은 국유기업과 집체기업이 체제 전환 과정 중에 이러한 '증감 수법'을 동원했는지 정확한 통계는 없고, 이는 영원히 풀리지 않는 미제로 남을 것이다. 국유자산의 대방출은 어떤 의미에서는 확실히 백만장자 내지 억만장자를 제조하는 생산 라인이 되었다고 할 수 있다. 이후 각종 부자 리스트에 출현한 부자들의 상당 부분이 이러한 개혁의 최대 수혜자였고, 그래서 이 정책은 '최후의 만찬'

으로 불려졌다.

마지노선도 없고 한계도 없던 이 한바탕의 재부 게임에서 '성공하면 왕이 되고 실패하면 도적이 되는成敗王寇' 일이 눈 깜짝할 사이에 일어났다. 그리고 이 가운데에는 서로 축하하며 만족해하는 사람도 있었고, 당연히 분해서 손목을 불끈 쥘 정도로 낙담하는 사람도 있었다.

이해 여름, '음료대왕' 리징웨이는 사무실을 산수이에서 새로 지은 광저우성의 젠리바오빌딩으로 옮겼다. 38층의 넓고 호화로운 사무실에서 그는 광저우의 전경과 사시사철 녹음이 우거진 웨슈越秀공원을 굽어볼 수 있었다. 당시 회사 상황은 아주 만족스러웠다. 전년도에 50억 위안의 매출을 기록해 젠리바오는 국가 공상국이 처음으로 선포한 '중국 유명 브랜드'에 이름을 올렸고, 중국음료협회가 공표한 업계 서열에서는 생산량, 총자산 가치, 판매 수익과 세금 등의 4개 항목에서 1위를 기록해 언론에 의해 '1990년대 중국 10대 브랜드' 중의 하나로 선정되었다. 그러나 그러한 시점에서 리징웨이의 기분은 그다지 좋지 않았다.

창업 10년째인 1994년부터 리징웨이는 이미 젠리바오의 재산권 귀속 문제를 고민하고 있었다. 산수이에서 그는 가장 높은 '정치적 대우'를 누렸다. 많은 지역 행사에서 현위원회 서기와 현장이 중간에 앉았고, 바로 옆에 앉는 사람이 그였고, 그런 다음 정부의 다른 관리들이 차례에 따라 앉았다. 하지만 비할 바 없는 존중과 깊은 관심도 그의 마음속에 자리 잡고 있던 재산권 귀속 문제를 해결해 주지는 못했다. 1997년 '국퇴민진' 운동의 여론이 고조됨에 따라 국유자본은 경쟁 분야에서 점점 퇴출되고, 경영자들은 각종 방식으로 기업의 자산을 매입할 수 있었다. 리징웨이가 보기에 음료업종은 100% 경쟁 분야였기 때문에 젠리바오의 재산권을 투명화하는 것은 중앙의 정책에 완전히 부합하는 것이었다. 리징웨이의 방안은 주식 상장을 통해 주주권을 실현하는 것이었다. 리징웨이는 젠리바오를 홍콩 증권거래소에 상장하기 위한 방안을 모색했다. 이 방안에는 경영층의 주주권 배당을 포함하고 있었다. 그러나 그의 예상을 벗어나 상장 방안이 통과될 무렵 산수이 정부가 리징웨이 일행은 "홍콩 거류증이 없기 때문에 H주(1993년부터 중국 대기업이 홍콩의 주식시장에서 발행하고 홍콩연합증권교역소에 상장한 주식. 기업이 H주를 발행하려면 반드시 중국증권감독회의 비준과 홍콩연합증권교역소의 상장 기준에 부합해야 한다. 이 주식은 인민폐로 액면가를 명시하고 홍콩달러로 구매, 거래한다. H는 홍콩의 영문명 'Hongkong'의 머리글자이다)의 비상장 주식을 구입할 수 없다"는 것을 이유로 이 방안의 비준을 거절했다.

산수이의 관리들이 보기에 젠리바오의 발전은 물론 리징웨이의 공이기는 했지만 오랜 시간에 걸친 정부의 전면적 지원과 떼려야 뗄 수 없는 일이었기 때문에 개인에게 회사를 넘길 근거가 없다고 생각했다. 게다가 젠리바오가 매년 납부하는 세금이 산수이 재정의 버팀목이었는데, 일단 사유화되고 나면 자신들이 만든 '돈주머니'가 없어지게 되었다. 또 다른 이유는 리징웨이가 어디에서 나온 돈으로 그 많은 젠리바오 주식을 사는 것이며, 혹시 회사 자금으로 회사 주식을 사는 것은 아닌가 하는 의심이 있었다.

정부의 태도는 리징웨이를 극도로 실망하도록 만들었다. 그는 노발대발해서 상장을 포기하고 젠리바오 본사를 광저우로 옮겨버렸다. 이로부터 모순이 수면에 떠올랐다. 정부는 본사 이전이 세수 유실로 이어진다고 보았다. 1998년부터 산수이 정부는 젠리바오의 자금에 대한 장악력을 확대해 그룹이 신상품을 개발할 때마다 반드시 정부의 비준을 받아 정부의 재정 예산을 통해 경비를 집행하도록 했다. 상황을 알고 있던 사람들은 이렇게 말했다.

산수이 정부는 리징웨이가 신상품 개발이라는 명목으로 자산을 이전하는 것을 두려워해 모든 신규 프로젝트에 대해 정부가 직접 심사 비준을 진행하고, 자금줄을 타이트하게 관리했다. 그들은 나아가 젠리바오를 대신해서 적극적으로 합작 대상을 찾겠다고 나섰다.

1999년, 산수이 정부의 인원이 대대적으로 물갈이되어 리징웨이와 교분이 있던 오래된 관리들이 전원 퇴임하거나 부서를 이동하게 되자 그의 처지는 날로 험난해졌다. 이 시점에 리징웨이는 두 번째 체제 개혁 방안을 제기했다. 경영층이 스스로 자금을 준비해 정부가 보유하고 있는 지분을 사들인다는 것이었다. 리징웨이가 제시한 가격은 4억 5천만 위안으로 3년 내에 분할 상환한다는 내용이었다. 산수이 정부는 이를 단호하게 거절했는데, 이유는 리스크가 너무 크고, 젠리바오의 자금으로 젠리바오를 사들인다는 혐의가 있다는 것이었다. 리징웨이는 여전히 기분이 좋지 않았다. 그는 곧 선전의 한 컨설팅회사를 찾아가 세 번째 방안을 제시했다. 리징웨이그룹이 75%의 지분을 보유하고, 산수이 정부는 다시 리징웨이 개인에게 보너스로 5%의 주식을 제공한다는 것이었다. 이 방안도 정부는 반대했는데, 이유는 여전히 '경영층의 자금 출처가 불분명한 점이 우려된다'는 데 있었다.

이렇게 밀고 당기던 와중에 정부와 경영층의 관계는 거의 끝장난 상태에 이르렀고, 기업의 수익도 급속도로 하강곡선을 그리기 시작했다. 젠리바오의 경영 실적은 1997년 54억 위안을 기록한 후 매년 5억~8억 위안의 폭으로 급속히 떨어졌고, 정부에 납부하는 세금도 1억 위안에서 2,000~3,000만 위안 수준으로 줄어들었다.

이렇게 해서 날로 번성했던 기업이 정부와 경영자의 재산권 다툼으로 인해 앞날을 예측할 수 없는 상황으로 빠져들었다.

리징웨이가 재산권 투명화 제안과 관련된 다툼에서 매번 피동적이었다면 화남의 또 다른 유명 기업가는 더더욱 무능력해 보였다.

1998년 12월 어떠한 징조도 없던 상황에서 커룽그룹은 갑자기 판닝이 그룹의 총수직에서 물러난다고 공고했다. 이 시기의 커룽은 급속 확장의 중요한 시기에 놓여 있었다. 전년도에 커룽은 영업 이익 34억 위안과 이익 6억 6천만 위안을 달성했으며, 홍콩의 『아주화폐』에 의해 중국에서 가장 관리가 잘 되는 회사와 투자자와 관계가 가장 좋은 회사로 선정되었다. 판닝이 사직하기 두 달 전 커룽은 광둥에서 곤경에 처한 또 다른 가전기업 화바오(華寶)에어컨을 인수했다. 많은 당사자들의 기억에 따르면 판닝은 사직에 대해 어떠한 준비도 없었다고 한다. 1998년 내내 그는 줄곧 전국을 돌아다녔다. 그는 청두의 군수 공장을 인수해 냉장고 공장으로 개조하려 했으며, 또 허베이 등의 성에서도 북방 생산기지 구축 프로젝트를 협의하고 있었다. 당시에 판닝과 수차례 인연이 있던 베이징대학 교수 저우치런은 "판닝의 해고, 사실 그는 이 일에 대해 아무런 준비도 없었습니다. 지난 1년 동안 그는 줄곧 전국 방방곡곡을 돌면서 일에 집중해왔습니다"라고 말했다.

이후에 일어난 일련의 놀라운 사실은 판닝의 사직은 그의 재산권 개혁 방식에 대한 지방 정부의 단호한 부정을 의미한다는 것이 밝혀졌다. 과거 몇 년 동안 판닝은 줄곧 정부가 경영층에 주식을 배당할 것을 설득했고, 그가 커룽 브랜드를 새롭게 창조하려고 한 것도 이를 위한 전략적인 행보였다. 1997년 이래 시장 경쟁이 치열했던 가전 산업은 국유자산 퇴출 분야가 되었다. 후이저우의 TCL이 이미 재산권 개혁 실험을 진행하자 체제 개혁에 대한 판닝의 절박함도 날로 강렬해졌다. 하지만 그의 갑작스런 사직으로 커룽그룹의 재산권 체제 개혁은 순탄치 않은 험난한 길로 들어서게 되었다.

힘들게 창업한 지 14년, 사직을 선언할 어떠한 이유도 없던 판닝은 거의 어떠한 반항이나 해명도 없이 신속하게 캐나다 이민을 결정했다. 그는 이때부터 커룽에 대해 어떠한 것도 묻지 않았다. 그는 자신의 확실한 은퇴를 표명하기 위해 커룽과 세 가지를 약조했다. "사무실을 남기지 않고, 커룽으로부터 한 푼의 퇴직금도 받지 않으며, 커룽의 지분을 하나도 보유하지 않는다." 그가 언론의 기자들에게 말한 최후의 이야기는 이러했다.

저는 지금 물러나지만 매우 영광이라고 생각합니다. 수많은 유명 기업가들 중 어떤 사람은 진급하고, 어떤 사람은 물러나며, 심지어는 잘못을 저질러 극단적인 경우 형장으로 끌려가기도 합니다. 저처럼 65살까지 일한 기업가는 손가락으로 셀 수 있을 정도입니다. 저는 명예롭게 물러나는데, 정말로 영광스럽게 생각합니다.

그는 '골프 배우기, 사진 촬영 배우기, 운전 배우기, 태극권 배우기, 근대사 공부, 아내와 함께 여행하기' 등 6가지의 퇴직 후 계획을 밝혔다. 이전에 커룽의 직원이었던 한 사람은 이러한 일화를 소개한 바 있다. 판링이 커룽을 떠날 때 아래와 같은 즉흥시를 써 부하들에게 기념으로 삼게 했다는 것이다.

향진기업을 위해 일한 지 수십 년, 가전업계를 종횡무진하면서 선두를 다투었네. 금역禁域을 돌파하여 웅대한 사업을 이루었고, 동료들에 기대어 패권을 손에 쥐었네

재산권 변혁으로 형성된 정치와 경제의 세력 다툼은 젠리바오와 커룽으로 하여금 거대한 위기의 소용돌이 속으로 빠져들게 했다. 이후 몇 년 동안 무수한 영광을 창출했던 이 두 기업을 둘러싸고 더욱 더 격렬한 쟁탈전이 전개되었고, 결국 두 기업은 다방면의 이익 집단의 교살 속에서 마지막 숨을 몰아쉬게 되었다.

1998년의 중국 기업계는 사방에서 희비를 가리기 어려운 흥분으로 넘쳐나고 있었다. 중앙의 정책결정권자에서부터 사상계, 기업가까지 모든 사람은 심도 있는 개혁의 추진이 어렵고 힘들다는 것을 느끼고 있었고, 동시에 이 한바탕 개혁이 국가와 자신의 운명을 어느 방향으로 끌고 갈지에 대해 알 수 없는 흥분과 막막함을 갖고 있었다. 이후 몇 년 동안 사람들은 점점 더 '지뢰밭'과 '만장의 심연'이라는 표현으로부터 한층 더 많고 복잡한 의미를 되새기게 되었다. 역시 이해에 중국 최대의 가전기업인 하이얼그룹의 매출액이 200억 위안을 기록했는데, 기자가 장루이민에게 당시의 심정을 묻자 점점 외출이 줄어가던 이 기업가는 "지금 저의 심정은 매일 전전긍긍하고, 살얼음판을 걷고 있는 것戰戰兢兢, 如履薄氷 같습니다"라고 말했다.

|기업사 인물|

'담배 왕'의 시비

1998년 중국 기업계 최대의 논쟁은 추스젠褚時健이라는 기업가가 사형에 처해져야 하느냐 마느냐에 관한 것이었다.

추스젠은 윈난성의 훙타연초그룹 회장이었다. 이 회사의 전신은 위시玉溪궐련공장이었다. 일찍이 1979년 이 공장은 윈난성의 수천 개 담배제조공장 중의 하나로, 고정 자산은 1,065만 위안이었고, 생산 설비는 모두 1930~1940년대 수준이었다. 윈난성의 연초는 전국에서 가장 뛰어났고, 이중에서 위시는 '윈난 연초의 고향'으로 불렸다. 추스젠은 공장장을 맡은 후 품질과 마케팅을 확실하게 움켜잡았고, '훙타산紅塔山'과 '아스마阿詩瑪'라는 브랜드를 만들어냈다. 그는 또 양질의 담배밭을 대량으로 매입했는데, 가장 큰 것은 2,000무에 달했다. 1980년대 중반 위시담배공장은 자못 명성을 떨치기 시작했고, 매년 납부하는 세금은 5억 위안에 달했다.

위시가 급속하게 발전하기 시작한 시점은 1988년이었다. 이전에는 중국의 모든 담배 가격이 계획적으로 통제되었다. 1988년 7월 국가는 13종의 유명 담배에 대해 가격 자율권을 주어 시장 조정을 실시했다. 13종의 담배 중 9종이 윈난성 담배였는데, 추스젠의 위시담배공장은 4종을 확보했다. 당시의 신문 보도에 따르면 7월 28일 담배 가격이 자율화되면서 훙타산의 판매 가격이 1.3위안에서 3.9위안으로 올랐고, 다음날에는 5위안으로 상승했다. 이해 전국적으로 세금을 가장 많이 납부한 기업 10개 중 윈난성의 위시담배공장이 5위를 기록했다. 경제적 효율성은 전국 경공업계에서 수위로 뛰어올라 추스젠은 전국노동모범 칭호와 노동절 훈장을 수여

지뢰밭으로의 돌진 **639**

받았다. 추스젠의 가장 혁신적인 조치는 담배공장에 대한 국가의 생산량 지수 통제를 돌파하고 관련 정책을 피해가기 위해 윈난성 및 기타 지역의 소규모 공장을 인수하는 방식으로 생산 규모를 확대시켜 나간 것이었다. 훗날 보기에 이는 회색 개혁 통로였고, 이러한 방식은 국가의 담배 생산량에 대한 통제를 유명무실하게 만들 것이었다. 1990년대 중반에 이르러 위시담배공장은 200억 위안 이상의 세금을 납부했는데, 이 규모는 윈난성의 재정 수입의 60%에 달하는 것으로, 400여 개 현의 재정 수입을 전부 합친 액수에 해당되었다. 위시담배공장은 중국 연초업계 최고 자리에 등극했고, 세계 5대 연초 기업으로 성장했다. 1997년 '훙타산'의 무형자산 가치는 353억 위안으로, 중국의 모든 브랜드 중 1위를 차지했다. 추스젠이 임직했던 17년 동안 훙타그룹이 납부한 세금은 800억 위안에 달했다. 중앙의 한 간부는 이 기업을 시찰하면서 "이곳은 담배공장이 아니라 그야말로 화폐를 찍어내는 공장"이라고 말할 정도였다.

1996년 말 중앙기율검사위원회는 익명의 신고를 접수하고는 곧 추스젠에 대해 조사를 개시했다. 12월 28일 추스젠은 윈난성 남쪽 변경 허커우(河口) 관문을 통해 출국을 시도하나 출입국관리소에서 체포되었다. 이듬해 6월 추스젠은 횡령죄로 구속되었다. 그는 검찰의 예심에서 담담하게 죄를 고백했다.

1995년 7월 새로운 총재가 나의 직무를 인계받으러 오는데, 누가 오는지 명확하지가 않았습니다. 나는 직무의 인수인계가 끝나면 나의 결재권이 날아간다고 생각했습니다. 나도 한평생을 고생했는데 이렇게 결재권을 넘겨줄 수 없었고, 나도 나의 장래를 생각하게 되었습니다. 헛고생 할 이유가 없었습니다. 그래서 나는 300만 달러를 챙기기로 하고, 주위사람들에게 이 정도면 충분하다고 말했습니다. 이 정도면 한평생 먹고사는 데는 문제없다고 생각했습니다

조사에 따르면 추스젠은 또 해외에 10억 위안과 2,500만 달러의 비밀금고를 개설했는데, 그의 서명이 있어야 금고를 열 수 있었다고 한다.

추스젠은 자신의 공헌과 수입 사이의 차이에 대해 냉가슴을 앓고 있었다. 1990

년 초 '전국우수기업가'로 선정된 그는 기자에게 원망하듯이 이렇게 말했다.

위에서는 기업의 사장이 노동자의 1~3배 정도의 인센티브를 받을 수 있다고 규정하고 있지만 저희 공장의 경영층은 줄곧 노동자의 평균 수치에 해당되는 인센티브만 받았습니다. 저 개인에 대해서 말하자면 10년 전의 임금이 92위안이었습니다. 인센티브는 당시 공장에서 가장 많은 6위안을 받았고, 게다가 다른 것을 합치면 월수입은 110위안 정도에 지나지 않았습니다. 10년 후인 오늘 공장은 잘 굴러가고 있지만 저의 월 급여는 480위안이고, 기타 수입을 합치면 1,000위안 정도가 됩니다.

1995년을 전후로 추스젠은 연봉과 원난성의 인센티브를 합쳐 30만 위안 정도의 수입을 올렸다. 그가 계산해보니 훙타가 국가에 14만 위안의 세금을 납부할 때마다 자신에게 떨어지는 수입은 1위안에 지나지 않았다.

검찰 조사에 따르면 추스젠이 횡령한 금액은 700만 위안 정도로 액수가 컸기 때문에 법에 따르면 사형을 면하기 어려운 상황이었다. 그러나 이 사건이 신문에 보도된 이후 기업계와 언론계에는 큰 파문이 일었다. 거의 모든 사람이 이 보도에 동정을 보냈다. 마침 '국퇴민진' 운동과 재산권 개혁이 최고조에 이른 시점이어서 사람들은 모두 추스젠의 공헌이 탁월했고, 그의 소득이 공헌에 비해 너무 차이가 크다고 생각해 그의 탐심貪心을 이해해주는 분위기였다. 어떤 사람은 이에 근거해 '59세 현상(퇴임을 앞둔 관리들의 부정 행위)' — 사실 체포될 무렵 추스젠의 나이는 이미 근무 연령을 넘어선 69세였다 — 으로 이를 정리했다. 즉 국유기업 책임자의 수입이 너무 적었기 때문에 아마도 은퇴하기 전에 한몫 잡으려고 하는 현상이 발생할 수 있다는 것이었다. '59세 현상'은 제도가 만들어낸 함정으로 간주되었다.

추스젠의 일이 불거진 후 아내, 처제, 처남, 외손자 모두 구속되어 조사를 받았고, 딸은 옥중에서 자살했으며, 아들은 해외로 도피했다. 추스젠에 대한 동정과 성원은 흥미로운 세력 하나를 만들어냈다. 1998년 초에 베이징에서 열린 양회에서 10여 명의 기업계와 학계 출신의 인민대표와 정협위원은 추스젠을 대신해 억울함을 호소하고 선처를 구했다. 자못 감동을 준 듯한 논리는 이러했다. "민족공업을 위해 이처럼 거대한 공헌을 한 국유기업 책임자의 1년 수입이 가수가 무대에 올라 노래 한 곡 부르는 것에 미치지 못합니다."

1998년 1월 추스젠은 국가에 대한 공헌이 있었다는 이유로 무기징역에 처해졌다. 당시의 언론보도에 따르면 판결문을 읽을 때 그는 그저 고개만 흔들 뿐 아무런 말이 없었다고 한다.

이후 몇 년 동안 추스젠은 줄곧 범죄자가 아니라 억울한 죄를 뒤집어쓴 기업가의 이미지로 각종 언론에 등장했고, 많은 기업가는 그를 숭배하는 우상으로 간주했다. 휴대폰을 생산하는 보어다오波導그룹의 이사장 쉬리화徐立華는 다음과 같은 말로 그에 대해 경의를 표했다.

진정한 기업가는 추스젠이다. 그는 중국에서 둘도 없는 천하의 기업가다. 중국에서 어느 기업가가 추스젠을 넘어설 수 있는가? 없다! 나는 중국 기업가 중 가장 대단한 사람은 추스젠이라고 생각한다. 훙타산의 광고에 '산이 높기는 하나 사람이 그 위에 있다'라는 문구가 있는데, 확실히 그러하다. 지금 우리들 중 누가 그에 근접해 있는가? 아무도 없다.

많은 사람이 쉬리화의 관점을 인정했다. 또 일부 여론은 추스젠의 잘못은 "몇 년 일찍 태어난 것"이라고 여겼다.

최근 10년간 국유기업이 상장되는 과정에서 관리자가 천만장자, 억만장자가 되는 경우가 적지 않은데, 추스젠은 왜 죄인이 되어야 하는가? 만약 700만 위안을 횡령한 죄로 무기징역에 처했다면 추스젠에 대한 처벌은 가벼운 것이다. 하지만 추스젠의 말로가 이미 수많은 국유기업의 책임자들을 오싹하게 만들었다는 사실은 모든 사람이 알고 있다! 아마 다시 원래의 제도로 돌아가야 할 듯하다. '정부의 횡포로 민간이 범죄를 저지른다'는 말로 이 현상을 설명할 수 있을까? 기업가의 능력이 대접받을 수 없다면 어쩔 수 없이 훔치거나 뺏을 수밖에 없다. 그러면 형법이 당신을 기다리고 있을 것이다.

추스젠은 감옥에 오래 있지 않았다. 2000년경 그는 병보석으로 풀려나 치료를 받았다. 그는 부인과 윈난성의 아이라오^{哀牢}산에 2,000무의 산지를 빌려 감귤을 심었다. 일부 기업가는 천리가 멀다 않고 그를 찾아갔는데, 그들 중에는 완커그룹의 왕스도 있었다. 왕스는 "비록 그가 확실히 죄를 짓기는 했지만 이러한 사실이 내가 그를 기업가로 존경하는 데 장애가 될 수 없다"라고 말했다. 『중국 기업가』 기자인 류지엔창劉建强은 어떤 소문을 이렇게 기록하고 있다.

> 정부가 추스젠에게 계좌를 개설해주었는데, 그 계좌에는 치료비 명목으로 수십 만 위안의 돈이 들어 있었다. 얼마 지나지 않아 계좌에 있는 돈이 수백만 위안으로 변했는데 누가 그 돈을 이체했는지는 아무도 몰랐다.

극소수의 몇 사람만이 '추스젠 현상'에 대해 의문을 제기한 적이 있다. 거리낌 없는 직언으로 유명한 홍콩의 교수 랑시엔핑郞咸平은 다음과 같이 말했다.

> 홍타그룹 추스젠의 횡령에 대해 언론은 똑같이 그를 동정하는데, 무엇에 근거해서 그를 동정하는 것인가? 국가가 민영기업에게 담배 사업을 하도록 허가했다면 추스젠의 업적이 있을 수 있었을까? 기업이 잘 되면 자기 공로라는데 무엇에 근거해서 그렇게 말하는가? 국가가 대우와 영예를 부여하지 않았던가?

'추스젠 현상'은 전환 시대 중국의 경제계의 법제 관념과 가치판단에서의 모호함, 모순과 미망을 비추는 하나의 거울이었다.

1999년
큰손, '악의 꽃'

뒤죽박죽인 국유기업의 장부,
그리고 이웃나라 경제의 스산함,
또 유행을 쫓는 아가씨들의 화장,
이런 불안한 근거가
나의 얕은 연못을 포위했다.

—취융밍翟永明, 「잠수정의 비상」(1996년)

1999년 만감이 교차했던 1세기가 마침내 종착역에 도착했다. 사람들은 4백여 년 전 프랑스 의사 노스트라다무스가 남긴 예언을 기억해냈다.

1999년 7월, 하늘의 태양과 달 그리고 9개의 대행성이 십자가 형상을 형성하리라! 이때 하늘에서 공포의 대왕이 내려오고 앙골무아의 대왕이 부활하면서 전쟁의 신 마르스가 세상을 행복하게 지배하리라······.

하지만 조금은 공포스러운 이 예언은 끝내 실현되지 않았다.
이해는 중국 건국 50주년이 되는 시점이었다. 미국의『포춘』지는 아주 기민하게 1년에 한 번 개최되는『포춘』의 연례 회의를 중국의 상하이에서 개최한다고 발표했다. 시간은 국경절 전인 9월 말이었고, 이 행사는 해외의 유명 미디어 기구가 처음으로 글로벌한 성격을 지닌 연례 회의를 중국에서 개최하는 것이었다. 회의 주제는 사람들의 상상에 아주 부합했다. "세계는 중국을 알고, 중국은 세계를 안다." 장쩌민 총서기는 회의에 참석하기로 결정했다.

거시경제의 관점에서 보자면, 중국이 보여준 모습은 사람들로 하여금 기대로 가득하게 만들었다. 동남아 각국은 아직 금융 위기의 현기증에서 깨어나지 못했고, 러시아 경제는 다시 폭발 위기에 놓여 있었으며, 남미의 브라질에서도 심각한 금융 위기가 발발했다. 모든 개발도상국에서는 중국을 '홍일점'이라고 불렀다. 전년도에 추진한 각종 조치가 점점 효과를 나타냈고, 소비 시장도 다시 활기를 찾기 시작했으며, 부동산 시장의 회복이 각 산업에 미친 촉진 효과도 점점 모습을 드러내기 시작했다. 새로운 경제 고속성장 주기에 들어선 것이었다.

어느 누구도 생각지 못한 것은 경기의 분출이 증시에서 시작된 것이었다.

5월 19일은 수요일이었다. 보기에 어떠한 뉴스거리도 발생하지 않을 것 같은 평범한 날이었다. 중국 증시는 700여 일 동안 계속해서 위축되어 있었다. 11일 전에 미국의 미사일이 유고슬라비아에 있는 중국대사관을 오폭하는 외교 사건이 일어나 중미 관계가 급속하게 냉각되었다.[1] 그런데 5월 19일 바로 이날 선전과 상하이의 주가가 51포인트와 129포인트 상승해 1,109포인트와 2,662포인트를 기록했다. 주가 상승을 이끈 것은 동팡밍주東方明珠, 선상다深桑達 등 인터넷 관련 주식이었다. 평지에서 일어선 양봉陽棒(월봉 차트에서 그날의 종가가 시가보다 높게 끝났음을 표시하는 빨간색 막대그래프)의 기세는 갑작스러운 것이었고, 맹렬한 기세로 32일 동안 지속되었다. 이 기간 동안 중앙은행은 금리 인하를 선언했고, 〈증권법〉도 실시되었다. 줄곧 신중한 태도로 일관하던 『인민일보』도 특별 보도를 통해 모두에게 "믿음을 견지하고, 규범에 맞게 발전하며, 증시의 호전 국면을 중시해야 한다"고 요구했다. 태양을 향해 징과 북을 울리면서 두 달이 채 되지 않은 동안 상하이 증시의 종합지수는 1,700선을 들어 올렸고, 성장폭은 50%를 넘어섰다. '5·19 시황'은 이렇게 형성되었다.[2]

---

1) 1999년 3월 24일 미국을 필두로 한 나토는 유엔안보리의 승인을 거치지 않은 상황에서 유고슬라비아에 대해 78일에 걸친 폭격을 실시했다. 5월 8일 새벽 다섯 발의 크루즈미사일이 중국대사관을 폭격해 세 명의 기자가 사망하고, 20여 명의 외교관이 부상당했다.
2) 이 시황은 2년 동안 계속되었다. 2001년 6월 14일 정점인 2,245.44포인트를 기록한 후에 좌절을 겪

자본시장은 줄곧 거시 경기의 바로미터였는데, 중국에서 이 '바로미터'는 오히려 항상 구불구불하고 특이한 요술거울에 투영되고 있었다. '5·19 시황' 중에 잊을 수 없는 큰손들이 배출되었다.

뤼량은 아마 처음으로 대시황을 예언한 큰손이었을 것이다.

몇몇 사람은 분명 이 이름이 1992년의 '선전 주식구매권 사건'에 출현한 적이 있음을 기억하고 있을 것이다. 당시 그는 뤼젠신呂建新으로 불렸는데, 호기심 많고 근면한 문학청년이었다. 당시의 사건에서 그는 장편의 현장 보도 기사인 「백만의 개미 투자자들이 선전에서 투기를 하고 있다」를 썼다. 이는 당시 국내에서 선전 사건을 가장 생동감 있게 다룬 기사였다. 당시 투자자들의 소란 속에서 뤼량은 증시의 세례를 받았다. 그는 선전거래소의 단골손님이 되었고, 그의 주의력은 거래소를 떠난 적이 없었다. 선전에서의 혼란스러운 나날은 뤼량을 아주 흥분시켰지만 그는 오히려 돈은 얼마 벌지 못했다. 얼마 후 베이징으로 돌아와 대형 개인 투자자들 뒤에서 주식 투기를 하면서 끊임없이 증시에 대한 평론을 썼다. 그의 돈벌이 운은 그다지 좋지 못했다. 시작하자마자 백만 위안 이상을 벌었지만 이 돈으로 선물 투자를 해 모두 잃고 말았다. 2년에 걸친 주식 투자는 결과적으로 그에게 1,000만 위안이 넘는 부채만 안겨 주었다. 하지만 주식 평론 방면에서는 오히려 초인적인 능력을 뽐냈는데, 이전의 문학 창작이 많은 도움을 주었다. 졸렬하고 얄팍한 증시 평론에서 그는 항상 열정과 사변思辨으로 가득 찬 문장으로 사람들의 주의를 끌어모았다. 그는 아주 일찍이 중국 증시의 어두운 면을 간파해 이렇게 논평한 적이 있었다.

상장사 수준이 보편적으로 떨어져 개인 투자자들이 근본적으로 가치 있는 주식을 선택할 방법이 없는데, 이는 곧 시장 활동에 커다란 공간을 가져올 것이다. 중국의 증권시장은 어떤 의미에서 이야기들의 집합(기업의 실질적 가치를 평가할 수 없기 때문에 어떻게 이야기를 만들어내는가가 해당 기업의 가치를 만들어낸다는 약간 냉소적인 표현이다)이라 할

기 시작했고, 이후 4년에 걸친 베어마켓의 여행을 떠났다.

수 있다.

그의 많은 관점은 증권계에서 적잖은 사람들의 인정을 받아 점점 이 분야에서 커다란 명성을 얻게 되었다. 1996년부터 뤼량은 아예 Mr. K라는 스튜디오를 설립해 Mr. K라는 필명으로 주식 평론을 쓰면서 한편으로는 사람들의 주식 투자를 지도했다. 왜 그런 이름으로 쓰기 시작했느냐에 대해서 그는 두 가지 해석을 내놓았다. 첫째, 그가 주식 시황도를 K선도라고 불렀기 때문이고 둘째, K는 King의 이니셜로 그가 주식 평론의 왕이라는 것을 암시하기 위해서였다. 이러한 '이야기 모임'에 다년간 파묻혀 있으면서 그는 한껏 실력을 뽐낼 기회를 계속 기다리고 있었다.

1998년 가을 Mr. K 뤼량은 마침내 '숙명적으로 만나기로 정해진' 바로 그 사람을 만났다. 주환량朱煥良이라는 증시의 대형 개인 투자자가 뤼량에게 구원을 요청한 것이었다. 그는 일찍이 건설 현장에서 대형 덤프차를 운전하던 거친 사람이었는데, 몇 년 전 주식 전매로 적잖은 돈을 벌게 되었다. 그리하여 상하이와 선전 증시에서 가장 빨리 억만장자가 된 사람 중의 하나로 알려졌다. 그는 1996년을 전후해 선전 거래소에서 캉다얼康達爾이라는 주식에 눈이 꽂혔다. 캉다얼은 원래 선전의 바오안 구에 있는 양계 회사로, 홍콩의 닭은 대부분 캉다얼이 공급하고 있었다. 사업은 안정적이고 그런대로 괜찮았지만 1994년 상장 후 주식은 그다지 폭발적이지는 않았다. 주환량은 제2시장에서 슬금슬금 캉다얼의 주식을 매입하기 시작해 반년이 지난 후 캉다얼의 거래 주식의 90%를 보유하게 되었다. 그는 이를 위해 2억 위안이 넘는 돈을 투입했는데, 대부분은 전부인의 가산家産이었고, 일부는 고리로 빌린 것이었다. 주씨가 소매를 걷어 올리고 캉다얼에 투자하고 있을 때가 바로 1997년으로, 홍콩은 조류독감으로 몸살을 앓고 있었다. 전 지역에서 도살령이 떨어졌고, 캉다얼의 업무도 마비되었다. 캉다얼의 주가도 자연히 내려가는 엘리베이터 속에 있었고, 최고 15.4위안에서 7위안까지 추락해 추락 폭이 50%에 달했다. 주환량의 2억 위안은 모두 꼼짝도 못하고 잠기게 되었다. 그는 풀이 죽은 채 "1997년에 도살당한 닭을 제외하면 내가 선전에서 가장 불행한 사람일 것"이라고 말했다.

빚만 산더미인 두 사람과 '병든 닭 주식'은 이렇게 해서 같은 길을 걷게 되었다.

뤼량은 주환량과 함께 주식 투자에 몰입했다. 그는 증시에서의 자신의 지명도와 15%의 융자 수수료에 의지한 채 3개월 동안 4억 위안을 끌어들였다. 이어서 캉다얼을 주무르기 시작했는데, 팡보어■■라는 증권 트레이더는 훗날 이렇게 말했다.

뤼량의 지령은 아주 세밀하게 내려왔는데, 개장 가격에서부터 중반에 얼마의 돈이 매매에 투입되었는지까지, 또 어느 업체의 영업부에서 얼마를 매매했는지까지 너무나 세밀했다. 조작을 은폐하기 위해 매매는 급하지도 느리지도 않게 진행했고, 주가를 끌어올릴 필요가 있을 때는 7~8%를 초과하지 않았으며, 그래프가 보기 좋은 상태를 유지하도록 했다.

이와 동시에 뤼량은 신문에 자주 글을 발표해 증시의 봄날을 위해 노력했고, 또한 필사적으로 재조정이 끝난 캉다얼을 프로모션했다. 이러한 때 2년 동안이나 움츠리고 있던 증시가 정말로 갑자기 폭등하기 시작했다. '5·19 시황'은 뤼량에게 '중국 제일의 주식 평론가'라는 영예를 안겨주었다. 모든 상황이 그토록 암울했던 자본시장에서 사람들은 다방면에서 승리한 적이 있는 예언가를 너무나 필요로 했고, 또 기꺼이 그러한 예언가를 믿었다. 급등하는 대세의 엄호 아래 뤼량이 캉다얼의 주가를 끌어올리는 데는 아무런 거리낌이 없었고, 주가는 계속 상승해 7월에는 7위안 하던 주가가 40위안까지 치솟았다. 연말에 캉다얼은 선전거래소에서 상승폭이 가장 큰 20대 종목 중 17위에 이름을 올렸고, 상승폭은 111%에 달했다. 12월 선전시 공상국의 비준을 얻어 캉다얼은 중커■■창업으로 이름을 바꾸었다.

주가를 조정하고 더 큰 게임을 즐기기 위해 뤼량은 잇따라 국내 20여 개 지역의 120개 증권 영업부와 자금을 융통할 수 있는 관계를 만들어냈다. 증권회사들은 남들이 눈독을 들일만한 거래량과 중개 수수료를 뜯어내기 위해 사방으로 돈을 구하러 다닌 끝에 잇따라 54억 위안이라는 거금을 중커에 융통해주었다. 이렇게 해서 중커창업을 둘러싼 거대한 이익 사슬이라는 죄악이 만들어졌다. 이후 뤼량은 "만약 그때의 융자 계약을 끄집어내면 증인은 물론 서명한 변호사들도 모두 감옥에 가야 한다"는 것을 인정했다. 하지만 그 일에 참여한 거의 모든 사람은 모험을 무릅쓰기로 결의했고, 법률을 무용지물로 여겼다. 이러한 사람들은 모두 박학다

식했고, 법률 조항에 정통했으며, 개인적으로는 위엄 있는 풍모를 지니고 있어 비즈니스 사회의 엘리트라고 할만 했다. 하지만 거대한 이익의 유혹 앞에서 모두가 도덕적 마지노선을 포기했던 것이다.[3] 이러한 의미에서 뤼량의 성취는 중국 금융계의 치욕이라고 할 수 있다.

뤼량을 이해에 나타난 '새로운 큰손 권력자'라고 한다면 신쟝성 출신의 탕완신은 더욱 혁혁한 '표본'이라고 할 수 있다. 재미있는 것은 탕완신의 출발점도 7년 전의 '선전 주식 구매권 사건'이었던 것이다. 당시 28세이던 그는 5,000명을 동원해 기차를 타고 우루무치에서 선전으로 와서 줄을 서서 구매 승인 추첨표를 수령했다. 이들은 한 사람씩 조그만 나무의자 하나에 앉아 줄을 섰는데, 하루 50위안의 수고비를 받고 3일 내내 줄을 섰다. 수령한 추첨표를 비상장 주식으로 바꾸어 탕완신은 큰돈을 벌었다. 이때부터 탕완신은 돈벌이가 가장 빠른 주식시장에 빠져들었다. 그와 그의 형 탕완리(唐萬里) 등은 신쟝더룽(德隆)실업유한공사를 설립해 전문적으로 자본시장의 주식 운영에 종사했다. 그들은 신쟝, 산시 등의 서북 지역에서 대량의 국유기업 비상장 주식과 내부 직원 주식을 매입했고, 그것을 다시 신쟝의 금융기구에 판매하거나 상장 후에 헐값으로 판매해 현금을 마련했다. 한 번은 1,000만 위안의 가격으로 시베이어우쳥(西北歐承)의 1,000만 법인주를 양도받은 다음 수개월 후 되팔아 3,000만 위안의 순이익을 챙기기도 했다. 만약 주식 전매가 탕완신으로 하여금 처음으로 자본시장의 천당을 엿보게 했다면 국채 시장에서의 시도는 더룽으로 하여금 진정한 의미의 원시적 축적을 완성하도록 했다. 1990년대 초부터 재정부는 국채 일괄구입판매 정책을 실시했는데, 상당한 기간 동안 대부분의 국채는 수십 개의 증권회사가 총판을 맡고 있었다. 이후 몇 년이 지나면서 점점 비공식적

---

3) 뤼량과 같은 사람들의 주가 놀음이 어떠한 지경에 이르렀는지는 다음의 이야기로 설명될 수 있다. 2000년 2월 18일은 뤼량이 결혼한 날이었다. 전날 그는 가장 능력 있는 부하 직원에게 농담 삼아 이렇게 이야기했다. "너는 나에게 특별한 결혼선물을 해줄 수 있느냐?" 그러자 그 사람은 무슨 말인지 알아듣고는 웃었다. 18일 당일 중커의 종가가 마침 72.88위안에서 멈추었다. 신기하게도 이 사람은 자기 방식으로 사장에게 다른 사람이 전혀 눈치 챌 수 없는 선물을 안겨 주었다.

인 국채 유통 시장이 형성되기 시작했는데, 우한의 국채 장외 거래소가 당시 규모가 가장 컸고, 거래 또한 가장 활발한 곳이었다. 1994년 탕완신은 국채 환매를 통해 잇따라 3억 위안을 불법 융자했다. 이 광란의 시대에는 돈이 되는 곳을 제대로 발견하고 대담하게 행동만 하면 순식간에 벼락부자가 될 수 있었다.

젊은 탕완신이 두더지 같은 큰손들과 다른 점은 자신의 비즈니스 이상이 있는 것이었다. 그가 보기에 지금 전 세계의 산업 구조에는 거대한 변화가 발생하고 있는데, 중국은 그중에서도 가장 중요한 일환環이었다. 많은 전통 산업에도 기회가 맹렬하게 확대되고 있지만 체제와 관념이 낙후되어 있는 절대 다수의 중국 기업은 소규모에다 투자가 분산되어 경쟁력이 없었다. 그래서 자본 경영 방식을 통해 이들을 가장 능률적으로 통합 조정해야만 중국 경제가 도약할 수 있는 희망을 가질 수 있다는 것이 그의 생각이었다. 탕완신의 이념은 그보다 24살이나 많은 난더 그룹의 모어치중과 비슷해 당시에 많은 경제학자들의 호감을 얻었고, 자본 경영의 '최고 경지'로 여겨졌다. 터무니없는 과장에 능숙했던 모어 선배와는 달리 탕완신은 실제로 대담한 시도를 했다.[4]

탕완신의 제1보는 기업 매수였다. 장웨이잉張維迎과 량딩방梁定邦 등에 의해 비난받은 적이 있는 주주권 분리 제도는 큰손들의 회색 활동에 비옥한 토양을 제공했다. 모든 국유 상장사는 일부 유통되지 않는 법인주를 보유하고 있었는데, 이 법인주의 원가는 장외 시장의 투자자들 수중에 있는 주가보다 훨씬 낮았다. 그래서 무수한 큰손들은 각 지역에 있는 상장사의 국유자산 주관 기구를 조준해 그들의 수중에서 법인주를 매수했다. 이러한 주식의 거래 원가는 당연히 저렴했으며, 또 어떠한 감독과 관리도 받지 않았다. 어떤 의미에서 중국 증시의 이러한 독특한 주주권 구조는 투기꾼들이 활약할 수 있는 공간을 제공하고 있었다. 탕완신은 법인주 매수 방식으로 산장툰허申莊屯河, 선양합금과 샹후어쥐 등 3개 상장사의 1대 주주가 되어 더

---

4) 이 책에서 탕완신은 모어치중 다음으로 가장 유명한 '자본 경영 대가'이다. 두 사람은 전략 이념에서 본질적으로 비슷했을 뿐만 아니라 심지어 다른 방면에서도 놀라울 정도로 유사했다. 두 사람의 조상은 모두 충칭 완현 사람이었고, 두 사람은 모두 용띠로 24살 차이였으며, 훗날 우한에서 법의 심판을 받아 감옥에서 생활했다.

룽의 소위 '3대 마차'를 꾸리게 되었다.

탕완신의 제2보는 본인의 비즈니스 이념에 따라 이 세 개의 오래된 국유기업에 대해 전략적인 재조정을 실시한 것이었다. 외부에서 보면 이러한 재조정은 너무나 방대했고, 마치 사람들을 홀리는 것처럼 보였다. 샹후어쥐를 예로 들면, 이 기업은 원래 그저 점화 플러그를 생산하는 오래된 기업에 불과했다. 탕완신은 '자동차 부품 생산' 전략을 세워 먼저 미국 최대 브레이크 시스템 수입상인 MAT사 및 그의 9개 재중 합자기업의 주주권 75%를 매수한 다음 미국 자동차 부품 수입 시장의 일정 쿼터를 획득했다. 이후 산시성 자동차기어기업의 대주주가 되어 이 업종에서 국내 선두 기업으로 자리 잡았다. 계속해서 샹후어쥐는 둥펑자동차, 산시자동차그룹, 충칭자동차그룹 등과 각종 재조정과 합자를 진행한다고 발표했다. 2004년 샹후어쥐는 50여 개의 자회사를 보유해 기어, 점화 플러그, 군용 지프 등 3개 영역에서 중국내 최대 규모의 기업으로 성장했다. 동시에 에어컨 압축기 2대 생산업체, 자동차 브레이크 시스템 최대 수출업체로 성장했다. 신쟝툰허는 원래 신쟝건설병단 소속의 시멘트 공장이었다. 탕완신은 이를 '홍새 산업'으로 전환시키고, 9개의 토마토케첩 가공 공장을 매수 또는 설립해 단번에 세계 2대 토마토케첩 생산업체로 성장했다. 선양합금은 원래 니켈 합금 전문 제조 기업으로, 매년 4천여만 위안의 매출을 올리고 있었지만 더룽이 주인이 된 후 연속적으로 수저우, 상하이, 산시 등지의 전동 공구 기업을 매수해 전국 최대의 전문 생산 및 수출업체로 성장했다. 탕완신은 본인의 이념에 대해 자긍심을 갖고 자신을 천하제일의 기업 전략가로 여겼다. 일부 경제학자들도 이런 그를 칭송했다. 탕씨 형제와 밀접한 왕래가 있던 경제학자 중펑룽鍾朋榮은 "현재까지 중국의 민영기업가 중에는 이들과 같은 수준의 일을 해낼 수 있는 사람은 거의 없다"고 말했다.

더룽은 일련의 인수합병을 완성하기 위해 대량의 자금을 필요로 했는데, 그러한 자금은 어디에서 온 것이었을까? 그것은 바로 거래소에 상주하면서 작전으로 주가를 조작한 것이었다. 더룽의 주가 조작 기법은 아주 간단하고 민첩했다. 탕완신은 계속해서 호재에 관한 정보와 통합 재편성이라는 개념을 흘려 주가를 슬금슬금 올렸으며, 그런 후 이를 되팔아 중간에서 이익을 도모했다. 1996년부터 더룽 소속의 3대 마차가 두 발굽을 떼자 주가는 날로 치솟았다. '5·19 시황'이 도래하자 더룽 계열은 '순풍의 힘을 빌려 푸른 구름 위로 올라가' 증권시장에서 천만 명의 개인 투자자들의 눈이 휘둥그레지도록 기록을 갱신해갔다. 2001년 3월 사람들은 다음과 같은 사실을 확인했다. 샹후어쥐는 세 차례의 증자(원문은 轉配股다. 이는 중국의 주식시장의 독특한 산물로, 국가주나 법인주의 소유자가 증자 참여 권리를 다른 법인이나 개인에게 양도하고 이 법인이나 개인이 증자에 참여할 권리를 행사해 신주를 구입하는 것을 말한다)를 통해 1주를 4.7주로 만들었고, 권리 회복 후 계산하니 주가는 7.6위안에서 85위안으로 상승해 상승폭이 무려 1,100%에 달했다. 선양합금의 주식은 네 차례 증자를 통해 권리 회복 후의 주가가 12위안에서 186위안으로 상승해 상승폭이 1,500%에 달했고, 신장툰허도 수차례 증자를 통해 권리 회복 후의 주가가 127위안으로 상승해 상승폭이 1,100%에 달했다. 주식시장의 큰손 한 명이 관장한 단세 곳의 주식이 5년 내에 전부 10배 이상 올랐으니 전국을 둘러보아도 이만한 상승폭을 기록한 업체는 없었다. 그러니 더룽은 가히 '천하제일장'이라는 칭호를 얻을 만했다. 재무 분석에 정통한 홍콩 교수 랑시엔핑의 계산에 따르면 2001년 3월까지 더룽이라는 큰손이 이러한 활동 속에서 얻은 이익은 52억 위안에 달했다.

탕씨의 전략이 비즈니스 논리에서 가진 가장 큰 허점은 전통 산업의 수익 창출 능력이 결코 단기간에 폭발할 수 없다는 사실이었다. 금융 분야에 대한 전통 산업의 보답 능력은 매우 취약했다. 수익이 가장 좋은 해에도 '3대 마차'의 순이익 총합은 2억 4천만 위안에 불과해 '기적의 수익'에는 훨씬 미치지 못했다. 그래서 재조정으로 나타난 성과는 결코 금융 확장에 필요한 자금의 흐름을 지원할 수 없었다. 또 더룽 계열의 주가가 높은 수준을 유지하도록 하기 위해 탕완신은 부득불 비싸고 은밀한 자금 융통 플랫폼을 구축해야 했다.

한편으로 그는 끊임없이 자본시장에서 사람의 눈을 현혹시키는 인수합병 소식을 발표하고, 재조정의 성과를 과대 포장했다. 이것은 주가를 안정시키거나 끌어올리는 조작 수단이 되었다. 또 다른 한편으로 더룽은 여러 개의 신탁 금융 기구를 장악하거나 설립하는 동시에 은행, 증권, 금융리스, 보험, 펀드 등의 다양한 영역에서 각종 합법, 불법의 방식을 통해 위탁 재정 관리 업무를 전개했다. 이후의 조사에서 더룽은 이러한 방법을 통해 모두 250억 위안을 조달했음이 밝혀졌다. 이런 비정상적이고 규범을 벗어난 운영 모델은 더룽으로 하여금 점점 더 규모가 크긴 하나 위험천만한 '금융 괴물'로 변하게 했다. 계산에 따르면 더룽은 매년 높은 주가를 유지하는 데 10억 위안의 자금을 투입했고, 융자금에 대해 지불하는 이자는 30억 위안에 달했다. 이는 최소 40억 위안의 자금이 있어야 더룽 계열의 정상적인 운영이 보장된다는 것을 의미했다. 이는 가히 사람들을 오싹하게 하는 숫자라 할 수 있었고, 그처럼 엄청난 융자 금액은 이 게임이 시작될 때부터 참패의 운명을 타고났음을 보여주었다.

자금을 찾기 위해 더룽은 할 수 있는 일은 이미 거의 다한 상태였다. 탕완신의 안배 하에 더룽은 전국에서 매출액 5,000만 위안 이상인 18,732개의 기업을 중점 고객으로 삼아 지역에 따라 산하의 증권 금융 기구를 배치해 물샐틈없이 탐색하는 방식으로 영업을 전개했다. 어떤 기업이 종합 금융 서비스를 필요로 할 때 더룽과 업무 대리나 주주권 유대 관계가 있는 은행, 신탁 회사, 증권회사, 리스회사, 보험 회사 등이 따로 해당 기업을 방문해 서로 다른 금융 기구 명의로, 하지만 협업 방식으로 서비스를 제공했다. 그들은 위탁 재무 관리라는 명의로 기업과 계약을 체결했는데, 이러한 계약은 모두 2부로, 1부는 감독 관리 부문의 검사 시에 사용하는 것이었고, 1부는 '보충 계약'으로 더룽이 승낙한 보장 수익을 기록한 것인데, 이는 비밀이었다. 일반적으로 말해 더룽이 제공한 보장 수익률은 3~12%였고, 이후 자금줄이 마르자 가장 높을 때는 18%까지 올랐다. 업무 편의를 위해 더룽은 특별히 〈금융 상품 가이드〉라는 책자를 만들어 "어떤 금융 회사의 돈을 필요로 하든, 상대방이 어떤 금융서비스를 원하든 우리는 모두 이에 대처할 수 있다"고 홍보했다.

이렇게 해서 탕완신은 돌아올 수 없는 위험천만한 길을 떠났다. 그는 용맹한 도박사로, 공자가 말한 "맨손으로 호랑이를 때려잡고, 걸어서 강을 건너다 죽어도 뉘우침이 없다"는 바로 이런 사람을 가리키는 말이었다. 그에게는 자신이 만든 "무릇 생명을 담보로 도박을 하는 것이 가장 멋진 일"이라는 격언이 있었다. 그에게 취미가 없는 것은 아니었다. 사냥을 좋아해 종종 도요타 지프를 몰고 신장성의 각지를 돌면서 사냥을 즐기기도 했다. 그는 사나운 사냥감을 만나면 만날수록 더욱 흥분했다. 그에게는 신장성의 위민渭民현에 농장이 하나 있었는데, 농장 회의실에는 '유아독존'이라고 적힌 대형 편액이 걸려 있었다.

더룽의 '진실된 거짓말'은 5년 후에야 비로소 세상에 폭로되었지만 1999년의 증시의 폭발 속에 더룽이 보여준 것은 사람을 비추는 한줄기 빛이었다. 8월 더룽은 1,000만 달러를 들여 구소련 태평양함대의 기함이자 얼마 전에 퇴역한 항공모함 민스크를 구입해 광저우에서 대규모로 개조했다. 이 항공모함은 선전의 다펑大鵬만의 사터우쟈오沙頭角에 정박해 세계 최초의 항공모함 테마파크로 변신했다. 이 소식은 일시에 세상을 떠들썩하게 만들었고, 이후 더룽은 중국 민영기업의 항공모함으로 불렸고, 더룽은 5년 내에 세계적인 대기업으로 거듭나 글로벌 500대 기업에 진입할 것이라고 선포했다.

중국 자본시장의 큰손이던 이 '악의 꽃'은 제도의 산물이었다.

먼저, 타고난 자질이 허약했지만 '곤경 해결'을 위해 상장된 국유기업들은 큰손들이 생존하기에 적합한 첫 번째 요소가 되었다. 이러한 기업은 상장된 지 오래되지 않아 다시 곤경에 빠져들었고, 이로 인해 '빈껍데기 자원', '도마 위의 고기'가 되었다. 다음으로 유통되지 않은 주식의 존재는 큰손들로 하여금 아주 저렴하고 회색적인 수단으로 손쉽게 해당 기업을 지배할 수 있도록 해주었다. 또 감독 관리 기구의 미성숙은 무법천지의 온갖 조작 수단이 설칠 수 있는 공간을 제공했다. 상당한 기간 동안 중국 증시에서 가장 유행했던 명사는 '제재題材'였는데, 감히 상상하고 겁 없이 행동하기만 하면 '사업'을 성취할 수 있다는 것이었다. 이러한 방종의 시대에 금전의 유혹과 자본의 거대한 효과는 무수한 사람들로 하여금 기꺼이 모든 원칙을 포기하도록 만들었고, 중국 증시는 이로 인해 도덕적 마지노선이 없는 가장 야만적인 지대로 변하게 되었다. 스탠포드 대학 교수 류준이劉遵義의 연구에 따르면 1999~2000년을 전후로 중국 증시의 회전율은 400%에 달했고, 주식 평균 보유 시간은 1년 2개월로 평균 3년인 싱가포르 거래소의 30.2%에 불과했다. 자본시장에 팽배한 투기 행위가 직접적으로 야기한 상장사의 왜곡된 행위는 중국 증시의 자금 조달 기능을 극도로 위축시켰고, 기본적으로 실업형實業型 기업이 자금 조달에 기대어 성장할 수 있는 가능성을 상실하도록 만들었다.

1999년의 증시에서는 지식인 출신으로 타고난 자질이 총명하기 그지없는 몇몇 청년 큰손이 활약했는데, 그들이 보여준 '동물적 용맹성'은 누구도 도저히 잊을 수 없는 것이었다.

이해의 증시에서는 '중국 최초의 문화 개념 주식'이라고 불린 청청誠成문화의 주가가 빠르게 상승했다. 청정문화의 주인은 신동이라는 영예를 안고 있던 류보어劉波였다. 1964년생인 류보어는 일찍이 14살의 나이로 우한대학교 중문과에 합격했다. 4년 후 후난중의中醫연구원에서 석사학위를 받은 후, 다시 베이징대학 철학과 박사 과정에 들어가 유명한 문화대사 리셴린季羨林에게서 동양 철학을 공부했다. 이후 그는 선비 출신 상인儒商의 생애를 시작했다. 류보어는 평일에는 중국식의 파란 셔츠를 입었고 "운동화를 신을 수 있으면 절대로 구두를 신지 않았다." 그의 사무실은 책으로 가득해 학자 분위기를 물씬 풍겼다. 그는 베이징에서 동북 군벌 장쭤린張作霖의 옛날 집인 '사합원四合院(중국 화북 지방의 전통 가옥 건축양식)'을 장기 임대해 여기서 항상 손님을 맞이했다. 그리하여 그에게서는 명사名士의 풍모를 느낄 수 있었다. 많은 신문에서는 그를 '새로운 선비 출신 상인'으로 여겼다.

류보어의 첫 번째 자금은 문화와 관련이 있었다. 그는 123권의 『전세장서傳世藏書』를 기획하고 출판했다. 이 책은 그의 지도교수이자 국학대사인 리셴린이 편집을 주관했고, 모두 2억 7천 6백만 자로 두께는 10여 미터나 됐다. 이 책은 1천 명이 넘는 국내외 전문학자들이 모여 6년 만에 완성했다. 류보어는 청청문화공사를 설립해 총 1만 질을 인쇄했는데, 한 질 가격이 6만 8천 위안이었으니 청청문화공사는 한순간에 수억 위안의 자산 가치를 보유하게 되었다. 류보어는 『전세장서』의 발행 및 대리 판매 비용을 건설 은행에 넘겼다. 책을 주문하려는 사람은 건설은행에 먼저 돈을 지불해야 했고, 이에 대한 담보는 중국의 2대 보험사인 '핑안보험'과 '타이핑양太平洋보험'이 맡았다. 이렇게 한 바퀴 돌자 설령 이 책이 한 질도 팔리지 않더라도 모두 건설은행이 대신 지불했기 때문에 청청문화공사의 장부상의 이윤은 아주 가관이었다. 이렇게 해서 『전세장서』에 의지해 청청문화공사는 증권시장에서 자기 자신을 띄워 주가를 조작했는데, 이는 아주 그럴싸하게 진행되었다. 1999년 12

월 증시 시황이 아주 좋은 상황에서 청청문화공사는 '세 가지 중대한 투자 개편' 공고를 게시했다. 첫째는 금빛 찬란한 '커다란 그림'을 그린 것으로, 청청문화공사가 후난대학과 공동으로 '위에루(嶽麓)서원 문화교육산업유한공사'를 조직해 '천년학부논단', '학생 아파트촌', '출판발행센터', '후난대학 실험학교' 등의 프로젝트를 추진한다는 것이었다. 이 프로젝트가 진행되면 청청문화공사는 중국 최대의 교육 투자 공사로 성장한다는 것이었다. 둘째, 전자 상거래라는 새로운 개념을 도입한다는 것이었다. 청청문화공사는 베이징인문시공네트워크사를 설립해 전통적인 도서 출판사가 신흥 산업인 인터넷 산업에 진출한다고 선언했다. 그리하여 청청문화공사는 '세계 최대의 중국인 인터넷 서점'을 개설해 중국의 아마존으로 성장한다는 것이었다.5) 셋째, '자신이 팔고 자신이 사는' 것을 통해 빈손으로 수천만 위안의 이윤을 만들어내는 것이었다. 청청문화공사는 산하 기업인 '창인(創利)문화오락공사'의 주주권과 1대 주주인 하이난청청기업집단유한공사의 『전세장서』의 자산 교환 방식을 통해 5,600만 위안의 '투자 수익'을 얻었다고 선언했다. 류보어의 '그림의 떡으로 이윤을 창조한' 이러한 수법은 실로 노골적이어서 업계의 조소와 비난을 받기에 충분했지만 청청문화공사의 주가가 거듭 상승하는 것을 막지는 못했다.

류보어보다 세 살이 많은 숭차오디(宋朝弟)도 유보어와 같이 한 권의 책에 의지해 천하를 평정했다. 숭차오디도 마찬가지로 힘들게 공부한 수재 출신으로 중국과기대학에서 물리학을 전공했고, 석사 과정은 칭화대학에서 레이저 물리학을 전공했다. 1991년, 커리화(科利華)컴퓨터유한공사를 설립해 칭화대학 서문 밖에서 교육용 소프트웨어를 개발해 그해 'CSC교장사무시스템'을 출시했다. 숭차오디는 타고난 총명함에다 전문적 능력도 뛰어났다. 그는 최초로 건강식품을 판매하는 방식으로 소프트웨어를 판매한 사람이었다. 1994년 커리화가 베이징 군사박물관에서 개최한 1만 명 테스트 이벤트는 일시에 센세이션을 불러일으키면서 '1994년 중국 컴퓨터산업 10대 풍운아'로 선정되었다. 1997년 1월 커리화는 미국의 『비즈니스위크』로부터

---

5) 온라인 도서 판매를 주업으로 하는 아마존은 당시 미국에서 자본의 추종을 가장 많이 받던 사이트였다. 35세의 베조스 Jeffrey Preston Bezos는 1999년 『타임』지의 풍운아로 선정되었는데, 역사상 네 번째로 젊은 사람이었다.

중국 소프트웨어 시장의 '결정적 역량' 중의 하나라는 영예를 얻었다. 물리학도 출신인 숭차오디는 '과학기술 지식 분자 출신의 새로운 선비 상인'이라고 스스로 자랑했다. 그는 '양자量子 이론'과 '대약진 이론'을 제시했는데, 이 두 이론은 어떠한 시장도 한 걸음 한 걸음씩 개척되는 것이 아니라 도약할 수 있는 것이라고 여겼다.

정보화 시대에 다시는 'A이기 때문에 B다'는 뉴턴 역학의 사고방식에 얽매여서는 안 되고, 마땅히 양자 이론을 익혀 기적을 창조해야 한다.

1999년 1월 숭차오디는 양자 사상을 이용해 도약에 성공했다. 그는 갑자기 『학습 혁명』이라는 책을 팔기 시작했다. 그는 "학습의 시대가 도래했다! 우리는 1,000만 명의 중국인이 『학습 혁명』을 읽도록 해야 하고, 1,000만 명의 사람이 자신의 관념과 방법에 문제가 있다는 것을 깨닫도록 해야 한다"고 선언했다. 커리화는 100일 동안 연이어 1억 위안의 광고비를 투입할 것이라고 선언했다. 이를 위해 그는 유명 PD인 세진謝晉을 청해 CCTV에서 대변인을 맡게 했고, 푸단대학교 총장이자 과학자인 세시더謝希德를 청해 서문을 쓰게 했다. 사람들은 당시에는 광기에 가까운 이 독서 운동을 거의 이해하지 못했지만 거센 여론의 뜨거운 열기는 반박의 여지를 주지 않은 채 커리화와 숭차오디를 뉴스의 스포트라이트 아래 밀어 넣었다. 이후에 드러난 사실은 전국이 모두 미쳐가던 그때 원인 제공자인 숭차오디가 아마도 가장 정신이 또렷한 사람이었음을 증명했다. 왜냐하면 그는 책을 파는 동시에 두 가지 비즈니스 임무를 완성했기 때문이다.

하나는 뜨거운 학습 열기에 편승해 커리화의 학습 소프트웨어와 교장사무시스템을 전국의 초, 중, 고등학교와 대학에 판매한 것이었다. 또 다른 하나는 『학습 혁명』을 보급하기 전에 커리화는 이미 상하이 증시의 '쓰레기 주식' 아청阿城제철을 끊임없이 매수하고 있었던 것이다. 『학습 혁명』의 광풍과 CCTV의 광고에 힘입어 커리화가 아청제철을 매수할 것이라는 소식이 증시에 만연했고, 이 주식은 오르다가 멈추기를 반복해 40일 만에 3배나 올랐다. 숭차오디는 투기성이 강한 중국의 증시에서 출격하자마자 목적을 달성했다. 그는 이후 득의양양하게 언론에 "『학습 혁명』을 판매한 것은 매수 전략 중의 중요한 한 수였다"고 말했다. 2000년 『포브스』지에 게재된 중국 내 50명의 부호 중에 숭차오디는 17위에 올랐고, IT분야에서는 첫 번째로 이름을 올렸다.

아이큐가 자못 높은 류보어와 숭차오디 이 두 사람의 빈손 게임은 아주 훌륭했다. 하지만 그들과 나이가 비슷한 사오싱의 농가 출신인 숭루화^{宋如華}와 비교하면 그들을 1999년 최대의 '첨단기술 게이머'라고는 할 수 없었다.

숭루화는 1962년 저장성의 사오싱 현의 조그만 산촌에서 출생했다. 가정은 가난했으며, 일곱 살에 어머니를 잃었다. 대학에 합격하기 전까지는 비행기 모양도 본 적이 없었다. 대학에서 공부할 때는 자신에게 "외국에 안 가기, 장사 안 하기, 담배 안 하기, 음주 안 하기, 노래 안 하기, 댄스 안 하기, 영화 안 보기, 공원 거닐지 않기" 등 8가지 불^不원칙을 정했다. 그는 열심히 공부해 우수한 성적으로 졸업한 후 학교에 남아서 교직을 맡았고, 가르침에 충실한 결과 파격적으로 부교수로 승진했고, 또 학교에서는 유일하게 '청년 교육자 특등상'을 받았다. 하지만 1992년 덩샤오핑의 남순강화 열기에 영향을 받아 학교를 그만두고 투어푸^{托普}전자과기발전공사를 설립했다. 투어푸는 영어의 'TOP'을 의미했다. 숭루화는 동료에게 "무엇인가를 하려면 최고를 해야 하고, 우리의 목표는 빌 게이츠다!"라고 말하곤 했다.

처음 장사를 시작했을 때 숭루화는 삼륜차를 타고 청두 시내 곳곳을 돌면서 컴퓨터를 팔았다. 그래서 그는 후일 자랑스럽게 "저는 중국에서 유일하게 삼륜차를 탄 교수였습니다"라고 말했다. 4년 후 그는 세무 소프트웨어를 팔아 적지 않은 돈을 벌었다. 1996년 가을 그는 과기부^{科技部}가 조직한 인도 시찰단에 참가했다. '남아시아의 실리콘밸리'인 방갈로르^{Bangalore}에서 그는 소프트웨어 개발회사 클러스터와 그들의 굴기를 목격했다. 귀국 후 그는 동료들에게 "우리가 서부의 소프트웨어파크를 건설하자!"고 말했다.

그는 먼저 청두 부근의 훙광^{紅光}진으로 갔다. 이 지역은 대약진 운동 당시 전국적으로 이름을 떨친 곳으로, 스촨성 최초로 3마지기 땅에서 500kg의 작물을 생산한 공사^{公社}였다. 1958년 3월 16일 마오쩌둥이 친히 시찰함에 따라 이곳은 일시에 전국 학습의 전형이 되었다. 1997년 3월 숭루화는 이곳에서 100무의 유채 밭을 선택해 '서부소프트웨어파크'라는 팻말을 세웠다. 이렇게 해서 40년이 흐른 후 '사오싱 사부' 숭루화는 홍광진에 '대위성大衛星'을 건설했던 것이다. 아마 숭루화 본인도 이 위성이 뜻밖에도 이토록 눈부신 영예를 가져다줄지는 생각지 못했을 것이다. 투어푸가 소규모 기자회견을 열었을 때 열렬한 박수소리가 사방에서 쏟아졌다. 당시 전국의 각 성에서는 정보화 붐이 일고 있었다. 연초 스촨성은 정보산업을 중점 육성해야 할 '제1산업'으로 편성했지만 각급 시와 현에서 발 벗고 나서는 사람이 없었다. 숭루화의 '서부소프트웨어파크'가 선포되자 갑자기 사람들 눈이 빛나기 시작했다. "소프트웨어업체의 집적화 및 산업화라는 발전 이념, '서부'라는 개념의 도입." 어디서 이토록 사람을 흥분시키는 위대한 개념을 찾을 수 있단 말인가? 지방 정부는 일순간 거기서 '정치적 업적 냄새'를 맡았고, 투어푸를 지원하지 않으면 그야말로 자신이 견딜 수 없을 것 같은 느낌을 받았다. 중앙의 부서위원회에서도 전에 없던 열정을 표시했다. 경제 발전의 전면적인 정체 후 줄곧 중시되지 않던 서부 지역이 갑자기 '정보화 산업의 집약 발전의 전형'이 된다니 지원하지 않을 이유가 없었던 것이다. 숭루화기 유채 밭에 팻말을 꽂은 지 2개월 후 '서부소프트웨어파크'는 전국 4대 '제1회 국가급 햇불 프로젝트 소프트웨어 산업 기지' 중의 하나로 편입되었다.

거의 하룻밤 사이에 투어푸는 중국 서부에서 가장 전도가 밝은 하이테크 기업으로 거듭났다. 각종 지원 정책, 세금 우대 정책, 사회적 영예가 겹겹이 쏟아져 내렸다. 아직 허공에 떠있던 '서부소프트웨어파크'는 숭루화의 마음을 탁 트이게 만들었다. 그는 갑자기 중국 비즈니스의 게임 규칙이 실로 매우 신기하고, 어떤 때는 온갖 고생을 다해 만들어낸 제품이 어느 날 밤 떠오른 하나의 개념만 못하고, 재부의 응집과 분산이 흔히 대세에 따라 요동치는 사실을 발견했다. 그는 재부의 시계추가 이미 자기 앞으로 왔고, 이때 손을 내밀어 잡지 않으면 여한이 평생 갈 것임을 의식했다. 그는 동료들에게 미국의 경영학자 톰 피터스Tom Peters의 세계적 베스트셀러 『초유량 기업의 조건』 중 "만약 우리가 지금 위대한 시대를 열고 있음을 믿지 않는다면 당신은 하나의 백치에 지나지 않는다"는 말을 인용해서 말하곤 했다. 투어푸를 지원하기 위해 스촨성 성장은 친히 줄을 대 상장한 지 오래되지 않아 곧바로 곤경에 처한 상장사 '스촨 즈궁自貢시 창정長征선반유한공사'를 '껍데기 자원'으로 여기고 숭루화에게 선물했다. 당시의 많은 국유 상장사와 마찬가지로 창정은 1995년에 상장된 후 1년 만에 적자를 보고했고, 주가는 상장 당시 0.26위안에서 0.01위안으로 추락해 있었다. 숭루화는 창정 매수에서 클라이맥스가 반복되는 피비린내 가득한 한 편의 자본 드라마를 연출했다. 이 회사는 중국 민영 과학기술 기업 중 순수 100% 제재 조작에 의해 '우회 상장한' 첫 사례로 인정되었다. 숭루화는 끊임없이 새로운 개념을 내놓았다. 어떤 때는 "투어푸는 국가 100대 기업에 진입할 것이고, 중국의 3대 소프트웨어 연구 개발 기지 중의 하나로 성장할 것"이라고 말하고, 어떤 때는 창정을 '중국 정보산업의 제일 주식'으로 만들 것이라고 선언했다. 증시의 큰손들과 언론의 선동 하에 사경을 헤매던 한 선반회사는 갑자기 금빛 찬란한 '하이테크 외투'를 걸치고 사람들이 얕잡아볼 수 없게 되었다. 이와 동시에 숭루화는 적시에 증권부를 설립했는데, 투어푸 본사 건물 꼭대기에 자리 잡은 이 증권부에 일반 직원의 출입은 제한되었다. 그의 농간 하에 주가는 하루에도 세 번이나 상승하는 등 가파른 상승세를 탔다. 매수를 선포한 1997년 12월 창정의 주가는 6위안 정도였는데, 이듬해 4월 13일 24.58위안이라는 새로운 기록을 세웠다. 상승폭은 무려 400%에 달했고, 주가 수익률은 거의 1,900배나 되었다. 숭루화는 고위층 회의에서 득의양양하게 "우리는 올해 2억 위안을 벌었습니다"라고 말했다. 일찍이 순박하고 학구열이 강했던 청년 교수도 이때부터 철저하게 변하기 시작했고, 실업가에서 자본시장의 게이머로 탈바꿈했다.

1999년 숭루화는 '서부소프트웨어파크'의 놀라운 효과에 힘입어 소프트웨어파크 모델을 전국으로 복제하기로 결정했다. 그의 방식은 너무 강력해 거절하기 어려웠다. 지방 정부와 협상할 때 1억 위안 이상의 자금을 투입해 현지에 거대한 소프트웨어파크를 건설하고, 몇 년 내 100개 이상의 소프트웨어 업체를 유치해 해당 성 또는 지역에서 가장 큰 하이테크 단지가 되도록 할 것이라고 포장했던 것이다. 8월 투어푸는 1억 위안을 투자해 랴오닝성 안산鞍山에 동북 소프트웨어 단지를 건설할 것이라고 선언했다. 또 1개월 후 숭루화는 고향인 저장성 사오싱에 두 번째 바둑알을 내려놓았다. 이후 장수의 창저우常州, 난징, 우시, 저장의 쟈싱, 진화, 타이저우,

산둥의 웨이하이 및 상하이 난후이海匯 등 하나 하나 연이어 투어푸 소프트웨어 단지 공사를 시작했다. 매 지방에 이를 때마다 현지 정부의 최고 지도자가 반드시 개장식에 참석했고, 수많은 언론의 열렬한 보도가 이어져 투어푸는 각지의 하이테크 산업의 열정을 점화하는 화신이 되었다. 2002년을 전후로 투어푸는 전국의 10여 개 성에서 27개의 소프트웨어 단지를 건설했는데, 평균 2개월도 안 되는 시간에 한 개를 건설한 셈이었고, 점용 면적은 8백만m²나 되었다. 숭루화는 '소프트웨어 개념'에 의지해 기업계 최대의 'IT 지주地主'가 된 것이다.

이때의 숭루화는 이미 스스로 헤어나올 수 없는 자본의 게임 속에 빠져들어 있었다. 그가 보기에 비즈니스는 사실상 사람들이 마음대로 즐길 수 있는 '금전 인형극'을 제공하는 것이었다. 또 1999년 새로운 사물에 자못 호기심이 많던 숭루화는 인터넷 열기가 전국을 휩쓸고 있는 것을 알게 되자 당연히 이를 지나치지 않았다. 연초 그는 12만 달러의 대가를 지불하고 www.chinese.com이라는 도메인을 사들였다. 당연히 이 도메인은 정상급이었고, 누구든지 이 도메인이 가진 상업적 가치를 가늠할 수 있었다. 투어푸는 6억 위안을 투자해 전 세계 중국인을 대상으로 하는 '옌황炎皇온라인'을 건설할 것이라고 선언했다. 숭루화는 매섭게 광고를 진행해 일순간 전국의 신문지상에서 '옌황온라인'이라는 붉은 폭풍을 볼 수 있었다. 광고 문구는 눈에 아주 잘 띄는 "우리 함께 크게 만들자!"는 한 마디뿐이었다.

사실 숭루화는 시종 옌황온라인이 도대체 무엇을 크게 만들어야 할지를 알지 못했다. 사이트는 처음 개설되었을 때 '전 세계 5대주를 뛰어넘는 중국인들의 커뮤니티'로 위상을 정립했고, 이어 '전 세계 중국인들의 비즈니스 사이트'로 개념을 바꾼 후 다시 '소매업종의 해결 방안 전문가'가 될 것을 선언했다. 떠들썩한 개념 조작 하에서 숭루화는 또 조용히 '껍데기 자원'을 찾아냈다. 그것은 쟝수성의 창저우시에 있는 진스金獅주식이라는 자전거 제조공장으로, 상장 2년 후 기업의 효율이 급속히 미끄럼을 타고 있었다. 인수합병 전에 숭루화 일행은 공장으로 가서 조사를 진행했는데, 보이는 것은 무성한 잡초와 망해가는 기운으로 가득 찬 정경뿐이었다. 수행원이 농담으로 "이후의 진스주식은 두 가지가 높을 수 있는데, 하나는 주가가 높은 것이고, 다른 하나는 잡초가 높이 자라는 것"이라고 말했다고 한다.

2000년 9월 투어푸그룹은 진스 주식의 최대 주주가 되었고, 이후 회사이름을 '옌황온라인'으로 바꾸었다. 이는 중국 증시사상 최초로 사이트명을 사용해 상장한 기업이 되었다. 주가는 이때부터 지속적으로 상승했고, 최초의 10위안에서 줄곧 상승 가도를 이어가 33.18위안까지 치솟았다. 숭루화는 인터넷 영역에서 잃어버린 거액의 광고비와 자존심을 자본시장에서 한꺼번에 회수했던 것이다.[6]

이상의 세 사람은 모두 고학력에 청년 재원의 신분으로 비즈니스계에 모습을 드러냈고, 참신한 풍채는 자연히 초야 출신의 향진기업의 기업가들과는 다른 점이 있었다. 게다가 그들은 모두 '선비 상인'으로 운치가 있고 호방했으며, 사람들의 무한한 기대를 한 몸에 받았다. 그러나 방종한 자본 게임 중에 그들은 계속해서 타락했다. 그들이 받든 신앙은 거의 미국 월가의 명언에서 온 것이었다. "자신을 야수로 변화시키고, 또 처신의 고통에서 벗어나라!" 이들 세 사람 각자의 행위는 이 상향을 그르치거나 세상을 기만했고, 비즈니스 수법에서는 부끄러움을 몰랐고, 비즈니스 도덕은 조금도 없었다. 이들의 못된 행적이 드러나자 대중 여론에는 적잖은 혼란이 야기되었고, 어떤 사람은 심지어 '기업가=지식분자+건달'이라는 공식으로 이러한 기업가들을 정형화시켰다.[7]

6) 류보어, 숭차오디, 숭루화 세 사람은 모두 해외 유랑으로 중국에서의 비즈니스 전기를 마무리지었다. 2003년 9월 거액의 손실과 금융사기 혐의로 류보어는 일본으로 도주했는데, 그가 떠난 후 40억 위안의 대출금이 고스란히 남아 있었고, 만천하는 그를 성토하는 목소리로 만연했다. 숭차오디는 아청제철을 매수한 후 이를 구제할 여력이 없어 진흙탕 속으로 빠져들었다. 2003년 8월 커리화는 직원 임금 체불이라는 추문에 휩싸였고, 본사 직원은 모두 흩어졌으며, 숭차오디의 종적은 알 수 없었다. 2005년 12월 커리화는 상장 폐지되었는데, 매출은 제로였다. 숭루화의 투어푸그룹은 한때 150개 자회사를 거느리면서 총자산 100억 위안을 기록하기도 했다. 2002년 언론은 투어푸의 소프트웨어 단지가 빈껍데기라는 사실을 폭로했고, 어떤 교육 센터는 여관으로 팔렸으며, 단지의 소하천은 양어장으로 변했다. 2004년 3월 숭루화는 2위안의 가격으로 모든 지분을 양도했고, 미국으로 황급히 도망갔다.
7) 과거 30년간의 기업가들에게서 세 가지의 아주 독특하고도 음미할 만한 가치가 있는 정서를 느낄 수 있다. '마오쩌둥', '관영 상인', '선비 상인'의 정서가 그것이다. 이러한 정서는 한편으로는 대중들에게 기업가에 대한 현실에 맞지 않는 기대를 유발시켰고, 다른 한편으로는 기업가 자신을 나르시시즘식의 도덕적 악순환 속에 빠져들게 했다. 특이한 사항은 선비 상인이 가장 많이 출현한 영역이 종종 가장 회색적이고 가장 폭리적인 업종이었던 사실이다. 『중국경영보』의 한 기자는 중국 부동산의 거두는 거의 모두가 선비 상인이었음을 발견했다.

노벨경제학 수상자인 스티글리츠는 『시끄러운 90년대』라는 책에서 의미심장한 말을 한 적이 있다. 그는 "파멸의 씨앗은 무엇인가? 첫 번째가 자신을 번영시키는 것"이라고 말했다. 이 말은 거의 모든 비즈니스 영역에 들어맞는다. 1999년, 중국 증시에서 발생한 모든 '비이성적 번영'은 훗날 검증을 받았다. 그러나 당시에는 전혀 이를 알아차리지 못했다.

그런데 이해 증시 광풍과 서로 호응한 것은 똑같이 거품을 보유하고 있던 인터넷 경제의 흥기라고 할 수 있었다.

인터넷의 회오리바람은 태평양 저쪽의 미국에서 강력하게 불어왔다. 주로 인터넷업체의 주식으로 구성되어 있는 나스닥 종합지수는 1991년 4월의 500포인트에서 줄곧 상승해 1998년 7월이 되어서는 2,000포인트의 관문을 돌파했다. 이후 맹렬한 속도로 상승하더니 1999년 12월에는 5,000포인트에 근접했다. 시장의 이러한 번영은 인터넷에 대한 사람들의 열정을 들끓게 했다. 미국의 전략가인 게리 하멜Gary Hamel은 먼저 알고 있었던 것처럼 "지금이 바로 게임 규칙을 수정할 수 있는 천재일우의 호기라고 할 수 있다"라고 이야기했다. 그가 5년 전에 출판한 『미래 경쟁』에서 묘사한 적이 있는 현상이 바로 현실이 된 것이었다.

> 인터넷 시대의 도래로 통제 완화, 글로벌화, 사유화 및 신기술은 산업의 경계가 아무런 의미를 갖지 못하도록 만들고 있고, 국가와 국가 사이의 경쟁, 기업과 기업 사이의 경쟁에서의 가상 경계도 이미 허물어지고 있으며, 어떤 경제 실체의 생존 영역도 불안정해지고 예측할 수 없게 되었다.

모든 사람은 오히려 하멜의 말을 믿고 싶어 했다. 인터넷이 탄생하기 전의 모든 산업에서 후발주자였던 중국의 기업들은 이미 '미지를 창조'할 가능성이 없었다. 모든 제조업 영역에서 중국은 모두 산업의 말단에 놓여 있고, 에너지 소비, 환경 파괴, 저렴한 노동력을 특징으로 하는 세계 공장의 운명이 이미 시작부터 중국의 발전의 도로 전방에 싸늘하게 설정되어 있었다. 단지 인터넷 세계에서만큼은 영역을 타파하고, 게임 규칙을 재구축할 가능성을 찾을 수 있었다. 이러한 가능성이 비록 지극히 미미하긴 했지만 확실히 존재하고 있었다.

1999년 1월 13일 『중화공상시보』는 당시 국내의 10대 비즈니스 사이트를 발표했는데, 이들은 신랑, 163전자메일 서우후, 왕이, 귀중왕雷中網, 인민일보 사이트, 상하이핫라인, 차이나바이트, 수도온라인, 야후차이나 등의 10개 사이트였다. 사이트 유형은 거의 대다수가 뉴스나 컨설팅의 포털사이트로 영리 모델이라고는 찾아볼 수 없었고, 이들을 선정한 기구의 기준은 '방문량이 가장 중요했고, 다음이 콘텐츠, 다음은 디자인이었다.'

서열 1위의 신랑이 당연히 가장 많은 관심을 받았다. 당시 인터넷의 신속한 뉴스 보도는 이미 전통 매체가 따라갈 수 없는 것이었다. 사이트 편집장이던 천퉁은 당시를 기억하면서 이렇게 말했다.

오랜 시간 동안 저희들은 고독했습니다. 왜냐하면 저희들을 따라잡을 수 있는 경쟁자가 없었기 때문입니다. 신랑의 뉴스 보도 편집은 항상 1급 전투 준비 상태에 놓여 있었고, 24시간 당직은 이미 고정된 제도였습니다.

그래서 이들의 뉴스 보도는 절대 우위를 점하고 있었다. 5월, 유고슬로비아의 중국대사관 오폭 사건이 발생했을 때 신랑은 사건 발생 반시간 만에 이 놀라운 소식을 발표할 수 있었다. 이처럼 신속한 보도의 경우 신문이나 TV 등의 전통 매체로서는 감당할 수 없는 임무였다.

신랑의 창시자인 왕즈둥의 당시 가장 절박한 소망은 상장을 도모하는 것이었다. 그는 유명한 다국적 투자 기업 모건스탠리를 합작 파트너로 선택했다. 사실 모건스탠리와 같은 대형 투자 기업은 인터넷에 대한 이해가 부족했는데, 특히 중국의 인터넷업체는 말할 것도 없었다. 그들이 유일하게 알고 있던 것은 이 사업은 돈을 크게 벌 수 있다는 정도였다. 홍콩의 피닉스TV의 앵커우먼 정즈머어曾子墨는 당시 모건스탠리에서 근무하고 있었는데, 당시를 기억하면서 이렇게 말했다.

신랑과 접촉하기 전에 많은 고위층 인사들은 이 사업에 대해 알고는 있었으나 이해가 부족했고, 더욱이 신랑 사이트를 접속해본 사람은 극소수였다. 회사 사람들은 직위를 막론하고 모두 하이테크와 인터넷에 대해 정통할 수 없었기 때문에 고위 간부들은 특별히 회의 시작 10분 전에 이 프로젝트의 책임자를 찾아 필사적으로 이 사업을 이해하려 들었다. 그들은 '클릭 수'와 'ICP'와 같은 전문용어를 기억하고 있었을 뿐만 아니라 신랑이 결코 장난감을 판매하는 회사가 아님을 분명히 알았다.

협상 중에 당시 신랑의 미래의 전략 방향이 '포털사이트'를 개설하는 것이라고 발표하자 모건스탠리의 한 고위 간부가 고개를 끄덕이면서 옆자리에 앉아있는 프로젝트 책임자에게 조용히 물었다. "나는 줄곧 신랑이 인터넷업체라고 알고 있었는데, 그들이 '문門'을 어떻게 한다는데 도대체 무슨 말이죠?"

비록 'Portal'과 'Door'의 개념 차이에 대해 헷갈리고는 있었지만 신랑에 대한 그들의 열정은 오히려 날로 증가하고 있는 듯이 보였다. 미국의 자본시장에서의 신랑의 지명도를 높이기 위해 모건스탠리는 특별히 월가에서 가장 신비스러운 하이테크 주식 분석가이자 '여자 마법사'로 불리는 메리 미커Mary Meeker로 하여금 신랑을 방문하게 했는데, 뜻밖에도 이 '여자 마법사'는 왕즈둥의 강연 시에 고개를 숙이고는 졸고 있었다. 2000년 4월 13일 신랑은 나스닥 증시에서 정식으로 거래를 시작했고, 6,000만 달러의 자금을 유치할 수 있었다. 7월 5일 왕이도 나스닥에 상륙했고, 7일 후에는 서우후도 이들을 따라왔다. 이렇게 해서 중국의 3대 포털사이트 모두 나스닥에 정식으로 상장되었다.[8)]

1999년의 중국 인터넷 세계에는 두 가지 성장 방향이 있었다. 하나는 신랑, 왕이

---

8) 최초로 나스닥에 상장된 중국의 인터넷 컨셉 주식은 신랑이 아니라 홍콩사람 예커융葉克勇이 설립한 중화왕中華網이었다. 예커융은 1995년에 www.china.com을 등록했다. 1999년 7월 14일 중화왕은 상장을 진행해 9,600만 달러를 모집할 수 있었다. 당시 중화왕은 중국의 몇몇 온라인업체를 매수한 것 외에는 이렇다 할 큰 사안은 없었다. 그러나 중화왕은 오히려 중국 컨셉에 기대어 미국 증시에서 대대적인 호응을 얻게 되었다. 1999년 11월 중국과 미국이 중국의 WTO 가입에 합의하자 중화왕의 주가는 하루사이에 75%나 급증했고, 주가는 300달러를 돌파해 시가총액이 50억 달러를 넘었는데, 이 규모는 에릭슨과 맞먹는 것이었다. 2007년 중화왕의 주가는 5~10달러 사이에 정체해 있다.

와 서우후를 대표로 하는 '포털' 일족^族으로 그들의 잠재 가치는 이미 확실히 세상에 모습을 드러내고 있었다. 또 다른 하나는 '전자상거래' 일족이다. 이러한 사람들의 노력은 당시 보기에 아주 우스꽝스러울 정도였지만 그들은 6~7년 후에는 주류로 성장할 것이라고 믿고 있었다. 이들 중 류보어, 숭루화 등 큰손들이 인터넷 서점과 전자상거래 개념에 의지해 증시에서 떼돈을 번 것을 제외하고 다른 사람들은 묵묵히 성실하게 자신의 발걸음을 옮기고 있었다.

봄이 되자 이미 인터넷 세계에서 오랫동안 방황하고 있던 마윈은 마침내 정확한 방향을 찾아냈다. 그는 베이징에서 고향인 항저우로 돌아와 교외 호반의 집에서 '아리바바'라는 전자상거래 사이트를 개발했다. 회사가 설립된 그날 집안의 벽들이 갑자기 물에 젖었고, 그는 모두에게 "나가서 재료를 찾아보겠다"고 말하고는 밖으로 나갔다. 얼마 후 그는 폐신문지 한 뭉치를 들고 돌아와서 벽에다 신문지를 바르기 시작했다. 회사 설립 첫날은 그렇게 시작되었다.

아리바바의 등록 자본금은 50만 위안이었고, 당시의 직원은 모두 18명이었다. 마윈과 그의 부인을 포함해 직원 모두는 500위안의 월급을 받았다. 마윈은 전 직원에게 "우리가 추진하고자 하는 것은 B2B 전자상거래 회사를 건설하는 것입니다. 우리는 세 가지 목표가 있습니다"라면서 연설을 시작했다. 마윈의 강연은 현장에 있던 직원 전체를 감동시켰다. "첫째, 우리는 80년을 생존할 수 있는 회사를 건설할 것입니다."

모두가 박수를 치면서 생각했다. "80년을 생존할 수 있을지는 아무도 눈으로 확인할 수는 없지 ······." "둘째, 우리는 중국의 중소기업을 위해 서비스하는 전자상거래 회사로 발전할 것입니다." 모두가 박수를 쳤는데, 이번에는 어느 누구도 의문을 제기하지 않았다.

"셋째, 우리는 세계에서 규모가 가장 큰 전자상거래 업체로 성장해 글로벌 사이트 서열 10위권에 진입할 것입니다." 모두가 서로를 바라보면서 마음속으로 중얼거렸다. "이 목표는 너무나 구체적이야, 겨우 우리 몇 사람으로 ······."

훗날 당시를 기억하면서 마윈은 전자상거래를 시작한 그날부터 자신은 이미 마음을 굳혔다고 말했다. 그가 잘한 일은 아리바바 사이트를 민영기업이 가장 활발한 저장성에 설립한 것이었다. 이곳과 연해의 쟝수, 광둥 일대에는 대외무역으로 생존해가는 수십 만 개의 중소기업이 있었고, 아리바바는 이들을 위해 무료로 정보 플랫폼을 제공했던 것이다. 당시에 '메이드 인 차이나'가 막 힘을 발휘하기 시작했고, 무역 경험과 고객 자원이 없던 대다수 중소기업은 근본적으로 적절한 마케팅 망을 찾지 못했는데, 아리바바가 유일한 선택이 되었다. 마윈조차도 생각지 못한 것은 아리바바가 온라인 사업을 시작한 지 반년이 못 되어 미국의 『포브스』지의 주목을 받은 것이었다. 온라인 모니터링 결과 의외로 이름도 없던 이 중국 사이트가 당시 전 세계에서 가장 활발한 전자상거래 사이트였던 것이다. 『포브스』는 항저우에 기자를 파견해 마침내 '후반화위안海畔花園'이라는 한 주택단지에 있는 이 조그만 회사를 찾아냈다. 2000년 7월 세계적으로 권위가 있는 이 잡지는 처음으로 중국 기업가를 표지인물로 선택했는데, 표지에는 빼빼 마른 마윈이 파란 줄무늬 셔츠를 입고 주먹을 불끈 쥔 채 세계를 향해 활짝 웃고 있는 사진이 실렸다. 그와 어울리지 않는 이 셔츠는 사진을 찍던 그날 빌려 입은 옷이었다. 아리바바는 전 세계에서 가장 우수한 B2B사이트로 선정되었다. 『포브스』는 "아리바바는 1999년 3월 10일 설립 이래 이미 전 세계 25만 기업인을 회원으로 받아들였다. 아직도 매일 1,400명의 회원이 증가하고 있고, 공급 정보도 2,000건 이상이 늘어나고 있는데, 전 세계에서 가장 앞서나가는 온라인거래 시장이자 비즈니스 커뮤니티로 자리 잡았다"고 소개했다.

마윈이 항저우로 돌아와 창업한 때와 거의 동시에 서로 다른 업종에서 모여든 4명의 친구가 상하이 모 식당에 모여 전자상거래 시장에 투신하기로 계획을 세우고 있었다. 이들 4명 중 선난펑沈南鵬은 독일연방은행의 아시아 지역 회장, 량젠장梁建章은 중국 지역 갑골문 컨설팅 책임자였고, 지치季琦는 상하이세청協成과기공사를 설립한 적이 있으며, 판민范敏은 상하이여행사 사장과 신아新亞호텔관리공사 부사장이었다. 그들은 당시에 인터넷 서점, 건자재 시장과 온라인 비행기 및 호텔 티켓팅 등 세 가지 사업 방향을 제시했다. 귓불이 빨개질 정도의 토론을 거친 끝에 여행 마니아인 그들은 세 번째 방안을 선택했다. 6월 여행업을 정조준한 세청왕攜程網 Ctrip이 탄생했고, 이 업체는 훗날 중국 최대의 온라인 여행서비스업체로 성장했다. 2

월, 1971년생인 마화텅馬化騰은 인터넷에 기초한 온라인 통신 도구인 텅쉰騰訊(중국어로 통신이라는 발음과 비슷하다)을 개발했는데, 그것의 기능은 3년 전 이스라엘 기업이 보급했던 ICQ와 유사했다. 마화텅은 그의 텅쉰을 위해 아주 귀여운 펭귄 도안을 설계해 OICQ(1년 후 QQ로 개명된다)라는 이름도 지어주었다. 마화텅이 유저의 이용 습관, 서비스와 기술 처리에서 모두 국내 유저의 수요에 가장 근접한 방안을 채택하자 QQ를 다운로드해서 사용하는 유저는 급속도로 증가했다. 4년 후 텅쉰은 중국 인터넷 세계에서 커뮤니티가 가장 발달한 회사로 성장했다.

11월 개인 도서 판매상 경험이 있던 리궈칭李國慶과 그의 유학파 아내 위위俞渝는 온라인 도서 판매에 종사하는 '당당왕當當網'을 설립했고, 둘은 공동 회장을 맡았다. 리궈칭은 국내 출판계에서 수년 동안 단련되어 있었고, 위위는 미국의 기업계와 금융 영역에서 풍부한 경험을 갖고 있었다. 당당왕의 모델은 완전히 아마존을 복제한 것이었다. 동시에 그는 전국에서 유일하게 도서 시장의 동태와 시시각각 변하는 도서 목록 데이터베이스를 구축했다.

역시 11월, 1973년생인 천톈챠오陳天橋는 50만 위안을 빌려 상하이성다네트워크발전유한공사를 설립했다. 저장성 신창新昌현 출신인 천톈챠오는 어려서부터 개구쟁이였다 대학에서는 경제학을 전공했으며, 18세에 공산당에 입당해 '상하이 모범 학생 간부'라는 칭호를 받기도 했다. 졸업 후 국영 대기업 루쟈주이陸家嘴그룹으로 배치받았고, 3년 후 회장 비서를 역임했다. 그가 사직하고 창업을 결심했을 당시 회사가 막 주택을 분배하기 시작했다. 그는 훗날 당시를 회상하며 이렇게 말했다.

떠나기 전 어떤 사람이 저를 만류하면서 곧 주택을 분배받게 되니 그런 후에 떠나는 것이 어떠냐고 말했습니다. 당시 저는 대학을 졸업한 지 막 3년이 지난 시점이었기 때문에 주택을 분배받게 되면 엄청난 행운아라고 할 수 있었습니다. 하지만 저는 설마 내 평생 집 한 채 살 돈도 벌지 못하겠냐고 생각했습니다.

집 한 채를 잃어버린 천톈챠오가 하고 싶은 일은 당시 오리무중이던 온라인게임이었다. 당시 회사 직원은 단지 6명이었는데, 이중에는 신혼 2개월째인 아내와 친동생이 포함되어 있었다. 그들은 푸둥의 방 세 칸인 한 아파트에서 '중국 최초의 사이버 커뮤니티 온라인게임'을 개발했지만 그다지 환영받지 못했다. 천톈챠오의 앞날은 암담하기만 했다. 당시 그는 회사가 2년 후 한국의 대형 온라인게임 '미르의 전설'로 중국에서 가장 돈을 잘 버는 게임회사가 될 것이라고는 상상도 못했다. 다시 3년 후인 2004년 5월 성다온라인Shanda Online은 나스닥에 상장되었고, 전성기 때의 시가 총액은 35억 달러에 달했다. 창업 5년이 지난 천톈챠오는 95억 위안의 몸값으로 중국의 새로운 거부로 거듭 태어났다.

9월 27일, 미국의 『포춘』지의 연례 회의가 상하이에서 개최되었는데, 회의 주제는 '중국 — 미래 50년'이었다. 이는 미래를 전망한다는 의미도 있었지만 신중국 성립 50주년을 축하하는 분위기와 잘 어울렸다. 3백여 명의 다국적기업 총수들이 회의에 참가했는데, 이중에는 GE 회장 웰치 등 60여 명의 '세계 500대 기업' 총수도 있었다. 푸둥국제공항에는 하루 동안 40여 대의 최신형 전용기가 착륙했고, 이중에는 일본 리코Ricoh의 'FAL900'과 제너럴 모디스의 '걸프스트림Gulfstream-V' 등이 포함되어 있었다. 이는 일찍이 볼 수 없던 광경이었다. AP통신은 "모든 것이 흥분 그 자체였다. 시간, 장소, 의제 모두. 마치 수퍼볼Super Bowl 현장의 느낌으로, 사람들은 지금 권위 있는 시합의 한 장면을 목격하고 있다"라고 보도했다. 과거 2년 동안 중국 경제는 비록 소로스와 아시아 금융 위기의 충격을 받았지만 안정적인 성장을 유지했다. 이는 실로 전 세계를 놀라게 했으며, 다국적기업의 CEO들도 중국에서 눈으로 확인하고서야 사실로 받아들였다. 20여 년 전 저우언라이周恩来와 함께 중미 냉전 관계를 종식시킨 미국의 전 국무장관 헨리 키신저Henry Alfred Kissinger는 "미국의 역사는 200년에 지나지 않지만 중국은 5,000년 역사를 갖고 있다. 중국의 역사는 적어도 4,800년 동안 미국의 참여를 필요로 하지 않았다"고 말했다. 유머러스한 이 말은 모든 사람의 박장대소를 끌어냈다.

장쩌민 총서기는 친히 회의에 참가해 개막식 만찬에서 연설을 했다.

오늘 저녁 우리가 있는 상하이 푸둥의 루쟈주이陸家嘴는 6년 전에는 보잘것없는 주택과 논밭으로 둘러싸여 있었지만 지금은 고층 빌딩이 빼곡히 들어서 있고, 생기가 넘치는 금융 무역 지역으로 변모했습니다. 50여 년 전 상하이에서 대학을 다닐 때 저는 중국의 빈곤과 낙후, 국력 쇠락에 깊은 상처를 받았었습니다. 당시 저는 독립, 자유, 민주, 통일과 부국강병의 위업에 한 몸 바치겠다고 선언한 적이 있었습니다. 그리고 오늘까지 이를 위해 달려왔습니다.

장쩌민의 연설은 모든 참석자들을 감동시켰다. 『포춘』지 연례 회의는 상하이가 개최한 최고 수준의 국제 회의였다. 1990년 푸둥 개발 전략이 확정된 이래 동쪽 최대 도시의 면모는 나날이 새로워졌다. 1999년까지 내순환 도로와 외순환 고가도로, 양푸楊浦대교, 난푸南浦대교, 루푸盧浦대교, 지하철 2호선, 푸둥국제공항, 중국 최고 빌딩인 진마오빌딩 등 일련의 공사가 모두 완공되거나 완공을 앞두고 있었다. 이번 연례 회의는 상하이가 다시 전 세계에서 중요한 금융 중심의 대열에 들어섰음을 의미하는 행사였다. 훗날의 데이터에서 알 수 있듯이 연례 회의 개최 1년 후 다국적기업들은 연이어 상하이에 터를 잡기 시작했는데, 세계 500대 기업 중 70개가 넘는 다국적기업이 상하이에 투자, 지역 본사 및 연구 개발 기지를 두었다.

호기심 많고, 실무적인 다국적기업 총수들에 비해 회의에 참석한 2백여 명의 중국 기업가들은 한층 더 흥분했다. 이 회의가 중국에서 처음으로 개최되는 글로벌 비즈니스 잔치였기 때문에 많은 사람의 경우 이 회의에 참석할 수 있는 입장권이 바로 글로벌화로 가는 입장권임을 알고 있었다.

8월의 『포춘』지에 1년에 한 차례 발표되는 '세계 500대 기업' 리스트가 실렸고, 중국의 5개 기업이 이중에 포함되었다. 5개 기업은 중국석유화학, 중국공상은행, 중국은행, 중국화학, 중량中國糧油食品이었는데, 모두 '국國'자의 독점형 기업이었다. 그리하여 중국에서 더 많은 기업이 짧은 시간 내에 500대 기업 리스트에 이름을 올릴 수 있느냐의 여부가 중국 기업가들이 흥미진진하게 이야기하는 화두가 되었다.

중국 기업가 중 유일하게 회의에서 발언한 하이얼그룹의 장루민은 매우 강렬하게 국제화 방향을 이야기했다. 산쥬그룹의 자오신셴 등은 취재 당시 모두 민족 산업 진흥과 500대 기업 진입의 타임 스케줄을 이야기했다. 그들은 이번의 연례 회의를 하나의 선언의 무대로 바라보았다. 웰치는 미국에 돌아간 후 기자들에게 "우리가 바라본 중국의 기업가들은 모두 연기를 하고 있는 것 같았다"라고 말했다. 베이징의 『중국 기업가』 잡지는 이렇게 논평했다.

> 상하이 회의에 참석한 500대 거두들은 중국 기업가들이 500대 기업에 들어가기 위해 발버둥치는 모습을 이해하지 못했다. 미국에서는 500대 기업 진입 여부가 아마도 주식의 향방과 사장의 월급에 영향을 미치는 것 같지만 500대 기업에 대한 중국 기업가들의 열망은 기업가들의 인생의 가치와 민족적 책임을 포함하고 있다.

이러한 논평은 정곡을 찌르긴 했지만 많은 호응을 얻지는 못했다. 세기말의 중국은 실제로 너무 많은 동경을 격동시키고 있었기 때문이다. 11월 15일 진정한 세계화 입장권 한 장이 마침내 판매에 성공했다. 이날 중국과 미국은 정식으로 협약을 체결하고, 미국이 중국의 WTO 가입을 지원한다는 입장을 표명한 것이었다.

1982년부터 특별 옵서버 신분으로 GATT(WTO의 선신)의 상관급 회의에 참가해 왔고, 1989년 7월 정식으로 가입신청서를 제출한 이후 중국은 10년 내내 줄곧 이 국제적인 경제 협력 조직에 가입하기 위해 노력해왔다. 하지만 자국의 이익을 보호하려는 미국이 계속 최대의 장애물이었다. 일찍이 1997년 중국은 이미 미국을 제외한 모든 국가와의 중요한 협상을 완료했지만 중미 협상은 오히려 몇 차례 좌절을 경험했다. 1999년 4월 8일 미국은 중국의 WTO가입 후의 가혹한 시장 개방 리스트를 제시했지만 주룽지 총리의 거절에 부닥쳤다. 그는 홍콩의 한 기자에게 "저는 단지 가능한 빨리라고 말할 수밖에 없습니다. 빠르면 빠를수록 좋지만 서두를 필요가 없습니다"라고 말했다.

협상은 5월에 거의 절망적인 상태로 빠져들었다. 5월 8일, 미국의 미사일이 유고슬라비아의 중국대사관을 오폭해 기자 3명이 사망했다. 베이징의 대학생들은 길거리로 나섰고, 주미 중국대사관도 촛불을 밝혀 사망한 사람들을 추도했다. 사람들은 마음속으로 미국을 대표한다고 생각하는 다국적기업을 공격 대상으로 삼았다. 맥도날드는 하루 종일 문을 닫았고, IBM건물의 유리창은 날아오는 돌에 파손

되었으며, 마이크로소프트 아시아 태평양 총괄 사장인 마이클 로딩Michael Rawding은 긴장한 채 회사 직원들에게 "필요할 경우 회사는 문을 닫을 수도 있으니, 여러분들은 집으로 대피하셔도 됩니다"라는 위로 메일을 발송했다. 학생들의 감정은 아주 미묘했다. 베이징대학의 컴퓨터학과 학생들은 교내에 "미국 상품 배척, 컴퓨터 제외!"라는 표어를 붙이기도 했지만 더 많은 학생들은 낮에 시위가 끝난 후 밤에는 등불 아래서 토플을 공부했다. 반미 정서는 급속하게 비즈니스 세계에 침투했다. 전국 최대 음료 기업인 항저우의 와하하가 막 탄산음료 '페이창非常콜라'를 출시했는데, 오폭 사건 발생 후 곧바로 거칠고 시기적절한 애국적인 광고를 제작했다. 세 발의 미제 미사일이 긴 소리를 내면서 습격해오자 페이창콜라가 변신한 중국 미사일이 응전을 개시하고, 힘 있고 낭랑한 목소리가 울려 퍼졌다. "페이창콜라, 중국인 자신의 콜라!" 알려진 바에 따르면 이 광고는 엄청난 매출 효과를 가져왔다고 한다. 인터넷 평론가인 팡싱둥方興東은 이해 여름 『일어나라! 마이크로소프트에 도전하라』라는 책을 출판했다. 그는 "시장의 공정성을 파괴했다", "신성한 지적재산권이라는 외투를 입고 있는 침략자"라면서 마이크로소프트를 비난했다. 칭화대학 박사인 팡싱둥은 "마치 북대서양조약기구의 세 발의 미사일이 서로 다른 각도에서 중국대사관을 공격한 것처럼 중국에서의 마이크로소프트의 전방위적인 행위에 대해서도 우리는 손을 쓸 틈이 없다"라고 적었다. 이처럼 반미 정서가 고조되었을 때 미국과 일본은 아시아 주변국을 가상의 적으로 생각하는 〈미일방위협력지침〉을 발표했다.

이러한 현상들이 말해주듯이 중미 관계도 다시 와이어로프 위를 걸어가는 것 같았다. 많은 국제 언론이 이미 중국과 미국의 WTO 협상에 대해 크게 실망하고 있을 때 계약이 극적으로 체결되었다. 아마도 모든 위대한순간은 극적인 요소로 가득 차 있는 것 같다. 1백여 년 동안 중국인들은 줄곧 적극적이고 평등한 각도에서 세계 경제의 울타리 속으로 들어가려고 시도해왔고, 20세기 마지막 연도에 중국은 마침내 이 '입장권'을 손에 쥐게 되었던 것이다.

|기업사 인물|

루퍼트 후거워프Rupert Hoogewerf의 '부호 리스트'

　루퍼트 후거워프는 1970년생의 영국인이다. 1999년부터 그는 중국에서 '부호 리스트'를 발표했는데, 매년 연말이 되면 중국에서는 크지도 작지도 않은 파란이 일었다.

　루퍼트 후거워프가 중국에 온 것은 1990년이었다. 런민대학 연수생 신분으로 그는 한동안 중국어를 학습했다. 1997년 9월 글로벌 5대 회계 사무소 중의 하나인 아서 앤더슨Arthur Andersen에서 한동안 근무한 후 후거워프는 다시 중국으로 돌아왔다. 그는 상하이탄에서 그럭저럭 빈둥거리며 시간을 보내고 있었지만 특별한 아이디어가 떠오르지 않아 고향의 아버지에게 그러한 사실을 알렸다. 노인은 단 한 마디 말로 꿈속에 빠져 있던 자식을 깨우쳤다. "너는 아직도 모르겠느냐? 중국에서, 상하이에서 너는 도대체 누구냐?" 후거워프는 그때부터 유명해져 자신을 '누구'인가로 만들어야만 기회가 있게 된다는 사실을 깨달았다고 한다. 그래서 그는 회계사 재능을 발휘해 중국 부자들의 서열을 리스트로 만드는 아이디어를 생각해냈다. 일찍이 1995년 2월 『포브스』지는 중국의 부자 리스트를 작성한 적이 있었지만 이후 진행에 어려움이 있어 중단했었다. 1999년 후거워프가 만든 매우 조악한 서열 리스트가 나왔다. 그는 『파이낸셜타임스』, 『타임』, 『이코노미스트』, 『포춘』, 『비즈니스위크』, 『포브스』 등 세계적인 매체에 팩스를 발송하면서 이렇게 적어보았다.

　저는 아서 앤더슨사의 회계사입니다. 업무 외 시간에 '중국 50대 부호'를 만들어 보았습니다. 10월 1일이면 중국 건국 50주년이 되고, 만일 성공을 재산 보유로 정의한다면 이 50인은 중국에서 가장 성공한 사람들입니다. 그들의 이야기는 우리가 중국 공산당의 50년 역사를 이해하는 데 도움을 줄 것입니다. 만약 귀사에서 흥미가 있으시다면 연락주십시오

그 결과 '돈으로 명예와 이익을 평가하는 공간'을 지상과제로 삼고 있는 『포브스』가 관심을 표명해왔고, 『포브스』는 이것을 글로벌판의 표지에다 실었다. 이렇게 해서 후거워프는 이름을 날리게 되었다.

명단이 세상에 드러나자 질의와 질책의 목소리가 천지를 덮듯이 몰려왔다. 리스트에 이름을 올린 사람도 루퍼트 후거워프와 신경전을 벌였고, 리스트에 이름을 올리지 못한 사람들은 해명을 요구했다. 심지어 한 언론은 "이것은 매우 가소로운 명단이다. 자료도 정확하지 않고, 관심 범위는 협소하며, 계산 방법도 틀렸고, 심지어 이러한 수법은 그 자체로 수많은 문제점을 드러냈다"라면서 아주 혹평했다. 『중국 기업가』의 편집장 뉴원원은 일찍이 「눈을 현혹시키는 돈줄」이라는 글에서 이를 아주 생동감 있게 이렇게 서술하고 있다.

갑자기 가을이 되었는데, 우리의 친구 후거워프에게서 전화가 왔다. 그는 '내년의 『포브스』 중국 부호 리스트가 며칠 후 발행될 것입니다. 이번에는 50명이 아니라 100명으로 확대하고자 하는데, 일시에 수를 늘리다 보니 100명을 채우기가 쉽지 않습니다. 선생님께서 몇 명을 추천해 주십시오'라고 말했다. 야근을 마치고 집에 돌아오는 깊은 밤에 나는 한 손으로는 핸들을 잡고, 한 손으로는 휴대폰을 들고서 후거워프가 알지 못하는 참신한 이름 몇 개를 떠오르는 대로 이야기해주었다. 며칠 후 『포브스』의 중국 부호 리스트가 나왔다. 나는 그에게 넘겨준 12명의 이름을 떠올렸는데, 뜻밖에도 4명이 서열 12위 안에 있었고, 그중 오우야歐亞농업의 양빈楊斌이 2위 자리에 올라 있었다.

어쨌든 이로 인해 후거워프는 사람들로 하여금 애증을 느끼도록 하는 배역을 맡게 되었다. 거의 모든 중국의 정상급 부호들은 자기 이름이 누락될까 두려워했다. 하지만 정작 자기 이름이 리스트에 올랐을 때는 오히려 그것을 피해가지 못할

까봐 두려워했다. 이러한 여론의 집중적인 관심 속에서 후거워프는 하룻밤 사이에 유명인이 되었다. 그는 각종 언론에 등장했고, 모 기업가에 대한 그의 대수롭지 않은 평가도 경제 뉴스나 헛소문의 발원지가 되었다. 그가 CCTV의 〈솔직한 대담〉 프로그램에 출연했을 때 진행자 추이융위안은 마오쩌둥이 노먼 베쑨에게 했던 어조로 그에게 "후거워프, 당신은 천만리 떨어진 중국에 와서 중국 사람이 생각지도 못한 100대 부호 리스트를 만들었습니다. 이는 중국 부자들을 세계에 알리고, 세계가 중국을 이해하는 데……"라고 말했다.

이 시기에 이르러 후거워프와 그의 부호 리스트는 비즈니스 세계에서 아주 재미있는 상업적 인문 현상이 되었다. 부의 추구와 그에 대한 관심은 순위 리스트를 주목하게 했다. 반면 재산 축적의 불투명성, 리스트 순위의 비과학성 그리고 부자를 싫어하는 상당히 많은 사람의 속마음은 비즈니스 관념과 운영과 관련해 혼란을 야기했다. 매번 리스트를 발표할 때마다 세무 기관이 먼저 부호 리스트에 오른 회사를 방문해 세무조사를 했고, 종종 조사하면 리스트 결과와 맞아떨어지기도 했다. 부호 리스트에 이름이 올라 갑자기 노출된 정상급 부호들, 특히 10위권에 이름을 올린 사람들 중에는 종종 언론의 추적 하에 드러내서는 안 되는 꼬리를 드러내기도 했다. 이러한 사람에는 양룽(楊榮), 양빈, 구추쥔 등이 있었다. 이들은 모두 부호 리스트를 통해 이름이 알려졌고, 언론의 집중적 관심 속에 붕괴되거나 위축되어 사람들을 오싹하게 만들었다. 어떤 의미에서 후거워프의 100대 부호 리스트는 7~8년 전의 CCTV의 '뱌오왕'과 유사해 하룻밤 사이에 유명해지는 것도 리스트 때문이었고 패가망신하는 것도 리스트 때문이어서 심지어 '죄수 리스트' 혹은 '도살 리스트'라고 부르는 사람도 있었다.

후거워프는 자신이 중국의 경제계에 일으킨 파문에 대해 자못 흡족해했다. 취재 중에 그는 분명하게 이렇게 말했다.

『포브스』 리스트는 제 도구 중의 하나에 불과합니다. 만약 어떤 중국 사람이나 중국의 한 기구가 이 리스트를 작성했다면 아마도 이 세상 사람이 아닐 수도 있습니다. 하지만 저는 다행히 영국 사람이고, 미국의 잡지가 있습니다. 저희가 이 일을 하는 것이 좀 더 순조로운 것이죠.

후거워프의 이 말은 의심할 여지가 없는 사실이었고, 이제 30이 갓 넘은 영국 청년은 대담함과 경솔함으로 뜻밖에 굳게 닫혀 있던 지붕창을 열어젖힌 것이었다.

후거워프는 부자 명단에 의지해『포브스』와 관계를 유지했지만 미국의 이 유명한 잡지의 정식 편집을 맡아본 적은 없었고, 줄곧 '중국 지역 수석 조사연구원' 신분으로 활동했다. 중국에서 후거워프가 진정으로 논란을 일으켰을 당시『포브스』는 어찌해야 할지 갈피를 잡지 못하고 있었다. 2002년 11월『포브스』지의 편집장 스티브 포브스Steve Forbes가 난징에서 열린 세계자본포럼World Capital Forum에 참가하기 위해 중국을 방문했는데, 포럼에서 그토록 많은 기자들에게 둘러싸여 조명을 받게 될지는 생각지도 못했다. 스티브 포브스는 후거워프의 부자 명단이 중국에서 얼마나 큰 영향력이 있는지를 확실히 느낄 수 있었다. 그리고 부작용도 심상치 않다는 것을 깨달아 곧 후거워프와의 계약을 해지했다.

그러나 이때의 후거워프는 이미 날개를 단 격이었다. 그는 곧 자기 이름을 딴 '후룬胡潤(루퍼트 후거워프의 중국식 이름) 100대 부호 리스트'를 발표했는데, 그는 이미 완전히 중국 특색이 풍부한 재부 게임에 빠져들고 있었다. 그는 연이어 부동산 부호 리스트, 자선가 리스트, IT 부호 리스트, 금융 부호 리스트, 철강 부호 리스트, 사치품 리스트 등 각종 리스트를 작성해 발표했다. 그는 심지어 원저우를 위한 '원저우 부호 리스트'를 전문적으로 만들기도 했다. 그는 또 직접『바이푸百富』라는 잡지를 만들었다.

혼란스럽고 자극적인 서열 리스트는 계속해서 발표되었다. 후거워프는 자신이 점점 사실의 진상에 근접해가고 있다고 생각했다. 자료와 데이터가 많아지고, 업무 방법이 날로 다듬어짐에 따라 그는 진정한 의미의 서열 리스트를 만들어낼 자신이 생겼다. 동시에 이러한 과정 중에 총명하고 근면한 이 청년은 중국에 대해 새로운 시각을 갖게 되었다. 다국적인 시각은 그로 하여금 많은 사람이 관심을 갖지 않았던 세세한 내용을 알도록 해주었다. 그는 중국의 부호 중 가장 많은 것은 부동산 부호이고, 2003년에는 농업, 즉 토지와 관련이 있는 부호가 많이 생긴 것을 발견했다. IT업종과 관련이 있는 사람은 불과 4~5명에 불과했는데, 미국의 경우는 10대 부호 중 5명은 IT 출신이었다. 미국의 400대 부호 중에는 엔테테인먼트와 미디어가 차지하는 비중이 가장 높지만 중국은 불과 1명뿐이었다. 루퍼트 후거워프의 '바이푸 클럽'의 문턱은 1999년에는 600만 달러, 2002년에는 8,000만 달러, 2007년에는 10위권의 마지노선이 330억 위안이었다. 이러한 중국 부호들의 평균 연령은 한 번도 45세를 넘은 적이 없었고, 이중 영어를 잘 하는 사람은 2%에도 못 미쳤다. 하지만 이들의 자식 중에 영어에 능숙한 비율은 50%에 달했다. 이처럼 재미있는 자료는 만약 서열 리스트와 다각도의 분석이 없었다면 얻을 방법이 없는 자료라고 할 수 있었다. 루퍼트 후거워프는 세심한 사람이었기 때문에 서열 리스트를 사업으로 끌고 갔다. 이 외에 그는 열정적으로 각양각색의 화려한 파티를 주관했다. 이 화려한 행사장에는 부호들 외에도 미녀, 양주, 보물과 호화 세단들이 있었다. 루퍼트 후거워프는 사치라고 하는 것의 의미가 돈을 낭비하면서 남에게 자기를 과시하는 행위임을 알고 있었기 때문에 이러한 기회를 만들고 싶어 했던 것이다.

평소 후거워프는 캐주얼 의상을 좋아했다. 그래서 연노랑색의 외투를 걸쳤고, 검정색과 회색의 선으로 이루어진 격자무늬 목도리를 둘렀는데, 이는 사람들로 하여금 영국 신사에 대한 샐린저Jerome David Salinger의 묘사를 떠올리도록 했다. "그들은 우산을 끼고 있든지 아니면 담뱃대를 물고 있든지 아니면 계절을 불문하고 격자무늬 목도리를 두르고 있다." 대화할 때의 후거워프의 모습은 아주 진지했다. 상대방의 느낌에 상당한 관심을 가졌고, 약간 과장된 표정으로 수시로 상대방 말에 반응을 보였다. 그는 중국어가 유창할 뿐만 아니라 중국 문화에 대한 이해도 사람들을 놀라게 했다. 한 번은 자신에게 다가오는 기자에게 이렇게 반문했다. "중국 역사에서 처음으로 공업 문명이 출현한 시기는 언제입니까?" 기자가 머뭇거리고 있을 때 그는 "그건 바로 송나라입니다. 4대 발명품이 있지 않습니까"라고 재치있게 대답했다.

2000년
서광 후의 겨울

언젠가 역량이 있어
우리로 하여금 만면에
눈물이 흐르게 할 것이다.

─선하오^{沈灝}, 『남방주말』, 신년 발간사(2000년)

2000년 1월 1일, 새로운 천년의 첫 번째 서광이 저장성 원링溫嶺시의 스탕石塘이라는 연해의 조그만 진을 비추고 있었다. 신화사의 한 기자는 서정적이면서도 우의적인 필치로 "어촌에 등불이 점점 빛나고, 항구에는 자그만 물결이 반짝거리고 있고, 어민들의 북소리가 여명 전의 어둠을 뚫고 울리고 있다. 하늘과 바다 사이에는 연노랑과 귤색의 빛이 사방으로 비치고 있고, 아름다운 아침노을이 온 하늘을 뒤덮고 있다"라고 묘사했다. 기자는 이어서 아주 현실적으로 계산하면서 이 서광은 이 이름 없는 조그만 동네에 1억 2천만 위안의 비즈니스 기회를 가져다주었다고 말했다.

이 낭만적이면서도 현실적인 글은 당시의 대중적인 가치관을 체현하고 있었다. 상대적으로 전국에서 발행량이 가장 많은 『남방주말』은 신년 발간사에서 결연하면서도 충동적인 필치로 이렇게 말했다.

오늘은 새로운 천년의 첫날이다. 햇살이 당신 얼굴에 비치면서 우리의 마음속에 따뜻하게 머문다. 일종의 역량이 당신의 손끝으로부터 조용히 흘러나오고 있고, 일종의 관심어린 배려가 당신의 눈으로부터 가볍게 흘러나오고 있다. 이 시각 우리에게는 다른 할 말이 없고, 축복만이 있을 뿐이다. 무능력자에게는 힘을, 비관자에게는 전진을, 전진하고 있는 사람에게는 매진을, 행복한 사람에게는 더 큰 행복을! 우리는 당신을 위해 끊임없이 파이팅을 외치고 있다.

왜냐하면 당신의 희망이 우리의 희망이며, 당신의 고난이 우리의 고난이기 때문이다. 우리는 당신이 괭이자루를 치켜드는 것을 보고 있고, 우리는 당신이 낫을 휘두르는 것을 보고 있으며, 우리는 당신이 비 오듯 땀을 흘리는 것을 보고 있고, 우리는 당신의 곡식창고가 가득 차가는 것을 보고 있다. 우리는 당신이 의지할 곳 없어 떠돌아다니는 것을 보고 있고, 우리는 당신이 고통스러워하며 눈물 흘리는 것을 보고 있으며, 우리는 당신이 물살이 센 곳에서 물과 마주치고 있는 것을 보고 있고, 우리는 당신이 집안을 다시 일으키는 것을 보고 있다. 우리는 당신이 어쩔 수 없이 해고당하는 것을 보고 있고, 우리는 당신이 이를 깨물고 있는 것을 보고 있으며, 우리는 당신이 비바람 속을 걸어가는 것을 보고 있고, 우리는 당신이 웃음꽃을 활짝 피우는 것을 보고 있으며…… 우리는 당신을 보고 있고, 우리는 당신을 위해 끊임없이 파이딩을 외치고 있다. 왜냐하면 우리는 당신의 일부분이기 때문이다.

언젠가 역량이 있어 우리로 하여금 만면에 눈물이 흐르게 할 것이다. 언젠가 역량이 있어 우리로 하여금 정신을 바짝 차리게 할 것이다. 언젠가 역량이 있어 우리로 하여금 끊임없이 '정의, 사랑, 양심'을 추구하게 할 것이다. 이러한 역량은 바로 당신에게서 나오고, 당신들 한 사람 한 사람에게서 나오는 것이다.

30살의 언론인 선하오沈灝가 집필한 이 발간사는 중국의 지식인과 대학생들 사이에서 입에서 입으로 전해졌다. 사람들이 떠올린 것은 100년 전의 암울한 밤, 27살의 유신파 양계초가 일본으로 건너가는 배에서 쓴「소년중국설少年中國說」이었다.

오늘의 늙은 중국을 만든 것은 중국 늙은이들의 원통한 업적이다. 미래의 소년 중국을 만드는 것은 중국의 소년의 책임이다. …… 종縱으로는 천고千古요, 횡橫으로는 팔황八荒이고, 앞길은 구만리 같다. 훌륭하도다, 나 소년 중국이여, 천지와 더불어 늙지 말자! 장하도다,

나 중국 소년이여, 조국과 더불어 만수무강하자꾸나!

양계초가 이 글을 썼을 때는 바로 제국 열강이 중국을 분할하고 있던 절망의 시기였고, 백년이 지난 오늘 중화민족의 위대한 부흥은 마침내 사람들의 피를 들끓게 하는 현실이 되었다.

거대한 100년의 감개무량은 무수한 중국인들로 하여금 불안감을 떨쳐버리게 했고, 감정을 억누르지 못하게 했다.

이때가 바로 21세기의 첫날로, 전 세계는 모두 중국을 다시 생각하고 있었다.

아시아의 원로 정치가인 77세의 리콴유는 『리콴유 회고록』을 출판했다. 그는 감개무량해하며 22년 전 덩샤오핑과의 교류를 기억하면서 이렇게 말했다.

중국은 아마 2050년이 되면 현대화된 경제 대국이라는 목표를 실현할 수 있을 것입니다. 중국은 평등하면서도 책임감 있는 동료의 자세로 세계 무역과 금융 활동에 참여하고 있으며, 또한 세계의 중요한 구성원으로 역할을 다하고 있습니다. 만약 교육과 경제의 양대 발전 방향을 견지한다면 중국은 아마 세계 2대 무역 대국으로 성장할 것입니다. 이는 바로 '현대화, 자신감, 책임감의 대국'이라는 50년 중국의 구상입니다.

젊은 선하오에서 정치 원로 리콴유에 이르기까지 누구도 중국이 20여 년이라는 짧은 시간 만에 세계가 자신을 재인식하도록 만들었음을 부인하지 않았다. 중국에서 일어난 모든 변화는 모든 사람이 경이감을 갖도록 했다. 하지만 동시에 이곳에서 살던 사람들은 이 위대한 경제 운동에 수반된 실망, 고통과 방황을 비로소 진정으로 체감하는 중이이기도 했다.

6월 1일 새로운 세계박람회가 독일의 함부르크에서 개최되었다. 홍콩의 봉황 TV의 〈유럽 여행〉이라는 프로그램에 참여하고 있던 유명한 인문작가 위츄위余秋雨는 그곳을 지나다 특별히 중국관을 참관했다. 그는 수많은 사람이 입구에 줄을 서 있는 모습을 보았다. 경제의 굴기로 인해 중국관이 박람회에서 가장 환영받는 곳 중의 하나가 되었기 때문이다.

중국관은 주제를 찾을 수도 또 아무런 구상도 없어 보였습니다. 문밖에는 예전과 다름없이 만리장성과 경극 사진이 걸려 있었고, 안에는 산샤댐 프로젝트의 간단한 모형 외에 약간 인상적이었던 것은 두 가지였습니다. 하나는 환상 속의 중국인이 달에 발을 내딛는 모형이었고, 다른 하나는 침구 혈 자리 인체 모형을 중심으로 하는 중의를 소개였습니다. 이는 너무나 현실과 동떨어진, 생각 없는 작품으로 뜨거운 햇살 아래 길게 줄지어 서 있는 각국 관객을 우롱한 것은 아니었는지 모르겠습니다.

이러한 현상은 위츄위를 우울하게 만들었고, 그는 각성하면서 다음과 같이 말했다.

각국은 특별한 방식으로 뒤질세라 앞다투어 세상 사람들에게 신세기에 혁신과 창조에 투신할 것을 주장하고 있는데, 이에 비해 중국관의 현실은 너무나 가슴 아팠습니다. 전시는 이렇게 우연성이 있을 수 있지만 이러한 우연의 배후에는 오히려 일종의 문화 정신 생태상의 필연성이 잠복해 있는 것입니다.

위츄위의 우려는 뒤엉켜 있는 잠사처럼 심하게 뒤얽혀 있어 어디서부터 실마리를 풀어가야 할지 알 수 없는 것이었다.

4월 줄곧 순탄했던 미국의 나스닥 증시가 아무런 징조도 없는 상황에서 갑자기 폭락하기 시작했다. 종합지수가 반년 만에 최고 5,132포인트에서 40%나 빠져, 시가 8조 5천억 달러의 돈이 공중으로 날아가버렸다. 그것은 미국을 제외한 세계 모든 나라의 1년 수입을 초과하는 수치였다. AOL타임워너AOL Time Warner사는 1,000억 달러의 장부상의 자산 손실을 기록했는데, 10년 전에는 세계 어느 회사의 시가도 이 수치를 넘어서지 못했다. 거의 모든 유명 인터넷업체는 좌절을 겪었다. 시스코사의 시가는 5,792억 달러에서 1,642억 달러로 내려앉았고, 야후는 937억 달러에서 97억 달러로, 아마존은 228억 달러에서 42억 달러로 주저앉았다. 경제학자 스티글리츠는 암담한 어조로 "거품이 붕괴되었고, 경제는 쇠퇴기로 접어들었는데, 이러한 결과는 피할 수 없는 것이다. 허상의 토대 위에 건립된 1990년대는 결국 종지부를 향해 달려가고 있다"고 말했다.

인터넷 거품의 전 세계적인 대붕괴는 미국에 상장되어 있는 몇몇 중국 기업도 피해가지 않았다. 신랑의 주가는 1.06달러로 저점을 찍었고, 서우후는 60센트로 미끄러졌으며, 왕이는 더욱 비참해 주가가 53센트에 머물렀다. 취약했던 중국의 인터넷 경제는 '환멸의 밑바닥'으로 곤두박질쳤다. 훗날 보기에 이는 반드시 겪어야 하는 고통이었다. 처음 싹을 띄운 맹아는 한바탕 찬서리를 맞고 나서야 성숙할 수 있었다.

천하의 추세를 전면적으로 관찰하면 나스닥의 붕괴가 중국 경제에 끼친 영향은 결코 크지 않았고, 오히려 중국으로 하여금 홀로 연기를 펼칠 수 있는 기회를 제공해주었다.[1]

2000년 중국 경제는 사실 호황이라고 할 수 있었다. WTO가입이라는 호조건의 추동 하에 연초부터 거시경제는 줄곧 상승 가도를 달리고 있었고, 국내 총생산도 8조 9천억 위안을 넘어서 전년 대비 8%나 성장했고, 기업의 경제 효율도 개선되었다. 사람들을 의외로 흥분하게 한 현상은 줄곧 위축되어 있던 국유기업이 뜻밖에도 가장 주목을 받은 것이었다. 국유기업 수가 대대적으로 감소하자 효율은 빠르게 제고되었다. 전년도의 전체 이윤은 2,000억 위안으로 동년 대비 140%나 증가해 1990년대 이래 영리 수준이 가장 높은 시기로 기록되었다. 이 모든 것은 물론 '국퇴민진' 운동의 전략적인 조정에서 비롯된 것이었다.

2년여 전에 시작된 이 개혁은 줄곧 결연하기는 했지만 조금은 혼란스러운 상황 속에서 진행되어왔다. 중앙 정부가 줄곧 재산권 투명화 개혁의 구체적 방안을 제시한 적이 없었기 때문에 각 지역의 민영화 시험은 제각각의 방식으로 진행되고 있

---

1) 경제학자 판강樊綱은 CCTV와의 인터뷰에서 다음과 같이 말했다. "2000년에 시작된 국제 경제의 쇠퇴는 주로 IT산업의 거품 붕괴 때문이었다. 그러나 중국은 후발 국가였기 때문에 중국의 IT산업은 진정한 의미에서 국제적인 보조를 맞추지 못했다. 그래서 충격이 비교적 작았다." 여기에서 중국은 아주 운이 좋았음을 알 수 있다.

었다. 국유자본이 독점하고 있는 영역에서 개혁도 마찬가지로 진행되고 있었지만 방식은 오히려 그다지 비슷하지 않았다. 9월의 『중국 기업가』는 세 가지 변화를 서술했다. 첫째, 해외 시장에서의 전면적인 대규모 상장이다. 차이나텔레콤, 차이나유니콤, 중국석유 등이 잇따라 뉴욕과 홍콩에서 상장에 성공했는데, 줄곧 보수적이기만 했던 국유 기업이 해외로 돌진한 것은 결코 보통의 해외에서의 자금 조달 문제 때문이 아니었고, 여기에는 주동적인 변혁에 대한 커다란 결심과 고통스러운 선택이 포함되어 있었다. 둘째, 독점 타파와 경쟁 강화에 기인한 대폭적인 구조조정이다. 텔레콤 등의 업종에 대한 세인들의 질책 속에서 '과두寡頭'들은 침착하게 자신에게 수술의 칼을 들었던 것이다. 차이나텔레콤은 5개로 분리되었고, 중국석유화학은 중국석유와 중국석유화학으로 분가했으며, 중국민항은 구조조정을 진행했고, 중국유색금속그룹은 현장별로 해산되었으며, 중국 5대 군수그룹은 5개에서 10개로 분리되는 등 거의 모든 대형 국유기업들이 뼈를 깎는 구조조정 과정을 거쳤다. 셋째, 국유기업의 기업가군이 수면으로 떠올라 기업가 본색을 드러낸 것이었다. 상장과 구조조정이라는 양대 개혁의 직접적 운영자로서 그들의 잠재적인 재능은 엄청난 분발력과 추진력을 얻을 수 있었다. 국제 언론도 이러한 변화를 주시했고, 『월스트리트』 아시아판은 논평에서 독점 기업들의 이와 같은 새로운 행동은 중국의 경제 모델이 지금 중대한 개혁과 변화를 겪고 있음을 의미한다고 말했다.

석유화학업종은 상술한 내용에 대한 가장 좋은 예라고 할 수 있었다. 2000년 중국에서 가장 공급이 부족한 상품은 바로 주유소였다. 일부 지역에서는 주유소 기름값이 1년 사이에 서너 배로 뛰어올랐다. 주유소가 이토록 잘 나간 이유는 돈을 잘 벌어서가 아니라 누군가가 주유소를 매점했기 때문이다.

석유업종은 국민 경제의 지주 산업으로, WTO 규칙에 따르면 중국이 일단 WTO에 가입하기만 하면 1~2년 내에 완성품 석유의 수입 관세를 6%까지 낮추어야 했고, 3년 내에 소매 시장을 개방해야 하며, 5년 내에는 도매 시장을 개방해야 했다. 이렇게 반드시 다가올 경쟁 국면에 대응하기 위해 줄곧 시장 독점 상태에 있던 중국의 석유화학업종은 1998년 한차례 구조조정을 통해 중국석유와 중국석유화학의 양대 그룹으로 재편되었다. 당시의 계획에 따르면 양대 기업은 전국의 석유 자원과 정제 기업의 자산을 양분하면서 양쯔강을 경계로 업무를 구분하기로 되어 있었다. 이러한 방안은 수직 계열화를 통해 앞으로 직면하게 될 경쟁에서 벗어나려는 시도로 보였다.

양대 석유 그룹으로 재조정된 후 바로 주유소에 대한 경쟁이 전개되었다. 정책 결정권자 입장에서 보면 다국적 석유업체가 중국에 들어오기 전에 모든 주유소를 손에 넣기만 하면 자연히 마지노선을 구축하게 될 것이고, 이렇게 되면 적어도 협상 공간을 확보하게 되는 것이었다. 중국석유화학은 먼저 5년 내에 251억 위안을 투자해(실제로는 2003년 말 이 비용은 400억 위안을 초과했다) 주유소를 매수할 것이라고 선언했고, 중국석유도 곧바로 유사한 매수 계획을 발표했다. '강에 의한 지역 분할' 원칙에 따르면 양대 기업은 마땅히 각자의 지역에서 매수를 진행해야 했지만 이 약속은 지켜지지 않았고, 전국 각지의 주유소는 일시에 강탈 대상이 되어버렸다. 당시 경제가 발달한 연해 지역 도시에서 주유소 하나를 건설하는 데 드는 비용은 60~100만 위안으로 일정치 않았다. 매수 전쟁에서 양대 기업의 경쟁적인 매수는 판매 가격을 수직 상승시켰고, 목이 좋은 주유소의 경우 1년 사이에 서너 배로 폭등했다. 『남방주말』의 보도에 따르면 원가를 고려하지 않은 두 기업의 강탈전은 가격 원가를 상승시켰다. 스촨에서 주유소 하나를 매입하는 비용은 대략 200~800만 위안 사이였고, 광둥의 광저우와 선전에서는 1,000~1,500만 위안 사이에서 형성되었다. 푸젠성의 스스시에서는 요지에 위치한 중형 주유소를 쟁탈하기 위해 10여 차례나 전쟁을 치렀다. 2000년 말 중국석유화학은 전국적으로 9,000여 개의 주유소를 새로 매입했다고 발표했다. 이는 매일 30개 정도를 매입한 수량으로, 그룹 전체 차원에서는 25,000여 개 주유소를 보유하게 되었다. 중국석유는 4,530여 개 주유소를 새로 매입해 전국적으로 11,350개의 주유소를 보유하게 되었다. 이후 3년이 지난 시점에 전국의 8만여 개 주유소는 대부분 이 두 업체에 포획되어 민영 자본 주유소는 거의 퇴출된 상태에 이르렀다.[2]

2) 이러한 전략은 줄곧 진행 중에 있었고, 민영 주유소의 완성유는 주로 현지의 중국석유와 중국석유화학에서 구입한 것이었다. 다른 경로를 통해 기름을 구하고 싶었지만 도매 경영권이 없었고, 허가도 얻을 수 없었다. 2007년 글로벌 유가가 지속적으로 상승하자 중국석유와 중국석유화학은 직판과

기존의 주유소를 수중에 넣은 것을 제외하고 중국석유와 중국석유화학은 또 국가 이익을 명분으로 두 가지 독점형 전략을 실시했다.

하나는 신설 주유소들을 독점할 수 있는 자격을 획득한 것이었다. 2001년 국가경제무역위원회 등 세 개 부서위원회는 〈신규 주유소 문제의 엄격한 통제에 관한 통지〉를 하달해 이후 각 지역에서 신규로 설립되는 주유소는 일률적으로 중국석유와 중국석유화학이 책임진다고 명확하게 규정했다. 이처럼 엄격한 통제 정책은 일찍이 각 지방 정부의 불만을 초래했다. 통지가 하달된 지 20일 후 저장성 쟈싱시는 바로 정부에 회신을 보냈는데, 현지에 신설될 예정인 24개 주유소의 건설을 비준하고, 이중 18개는 양대 그룹 이외의 투자업체가 건설한다는 내용이었다. 이 문건은 바로 석유 주관 부문의 반감을 불러일으켜 한바탕 소란을 초래했다. 언론의 분석은 정곡을 찔렀다. 경제무역위원회 통지 이전에 각 지역은 주유소 건설 권한이 있었으나 통제 이후 세수는 중앙으로 돌아갔고, 지방은 일정 재원이 사라지게 되었으니 자연히 반감이 있을 수밖에 없었다.

다른 하나는 민영 유전에 대한 강제적인 개편과 배척을 대규모로 진행한 것이었다. 1990년대 중후반 민영자본은 이미 석유 채굴 영역에 깊숙이 침투해 산시, 신쟝 및 지린 등지에서는 민영 업주가 '연합 경영, 도급 개발' 방식으로 채굴업종에 종사하고 있었다. 이러한 유전은 모두 채굴 원가가 비교적 높고, 규모가 아주 작은 소형 유전이었고, 심지어는 국영 유전이 포기해 채굴하지 않는 '폐유정'도 있었다. 이러한 사영 업주들의 존재는 석유시장 질서의 혼란과 환경오염의 근원으로 여겨졌다. 『중국 기업가』는 실제 상황을 아주 잘 설명해주는 사례를 하나 폭로한 적이 있다. 신장성의 쿠처庫車현에 위치한 이치커리커依奇里克유전은 1958년부터 30여 년의 채굴을 통해 모두 286개의 갱을 팠고, 누계 생산량은 90여만 톤에 달했다. 날로 생

직영 또는 시스템 내의 주유소에만 기름을 공급하는 전략을 채택했고, 민영주유소에게는 도매 업무를 중단시켰다. 이로 인해 대량의 민영주유소의 기름 고갈 현상을 불러일으켰다. 8월 국가발전개혁위원회는 양대 석유 회사에 시스템 내외의 완성유 경영 기업을 동일하게 대하라는 통지를 하달됐다. 그러자 양대 석유회사는 이중 가격제를 도입해 저가유는 직영 주유소에, 고가유는 대외 도매용에 투입했다.

산량이 줄어들어 고갈 상태에 가까워지자 중국석유 타리무塔里木유전 지사는 공업적인 채굴 가치가 없다고 판단해 채굴을 중단했다. 1998년 중국석유가 이치커리커에서 철수하자마자 진허金和라는 민영기업이 유전에 진출해 지방 정부와 채굴 계약을 체결한 다음 300개에 가까운 '폐유정'에서 석유를 채굴하기 시작해 매년 4만 톤 정도를 채굴했다. 진허가 폐유정에서 석유를 채굴하자 중국석유는 자못 불쾌해 타리무 지사로 하여금 지방 정부에 항의하게 했고, 쿠처현 정부와 진허의 합작이 권한을 넘어선 자원 개발 행위로 〈중화인민공화국 광산자원법〉을 위반해 중국석유의 채광권을 침범했다고 고소했다. 쟈싱시에서 발생한 주유소 사건과 마찬가지로 유전에 대한 석유업체의 독점도 지방 정부의 반감을 사게 되었다. 2002년 7월 중국석유는 국가경제무역위원회에 제출한 보고서에서 산시성 정부가 제기한, 산베이陝北의 민영 유전을 성 정부 관할로 재편성한다는 방안에 대해 반대 입장을 표명했다. 보고서는 산베이 지구의 사영 및 현급 채굴 회사가 마구잡이식 채굴을 진행하고 있고, 민영업체와 결탁한 채굴 업주들은 중국석유 소속의 9,000km^2의 유전을 강제 점령하고 있으며, 이로 인해 10여 년 동안 수차례 분규가 발생했고, 150여 차례 집단 충돌이 있었으며, 많은 사상자를 내기도 했다고 이야기했다. 산시성 경제무역위원회도 국가경제무역위원회에 제출한 보고서에서 현지의 석유 개발은 이미 과학적이고, 규범적이며, 질서 있는 궤도에 올라서 있고, 옌창延長유전을 주체로 하는 지방 석유 기업은 합리적으로 유전을 개발할 수 있는 능력이 있다고 변론했다. 이 보고서는 또 중국석유가 국가자원관리기구와 자신들에게 유리한 조건을 이용해 산베이 지구의 대부분의 유전 자원을 미리 등기했고, 심지어 옌창유전 지대의 땅까지 자신의 명의로 등기해 자원 방치 상태를 조성하고, 실질적인 개발을 진행할 수 없게 만들었다고 밝혔다. 보고서는 또 석유가 빠져 나가자 산베이의 지방재정은 다시 곤경에 빠져들었다고 말했다.

유전 자원과 판매망에 대한 이중의 통제를 실현한 후 중국의 양대 석유 기업은 해외 상장의 보폭과 글로벌 석유업체들과의 합작을 가속화했다.

2000년 4월, 중국석유는 홍콩의 H주에 상장했다. 10월 18일 중국석유화학은 홍콩, 뉴욕, 런던의 3대 증권거래소에 상장했다. 그리고 2001년 7월 계속해서 국내의

A주 시장에서 28억 위안의 A주를 성공적으로 발행해 중국 증시 최대의 우량주로 성장했다. 일설에 따르면 주식 발행 전에 중국석유화학 고위층이 일찍이 세 차례나 홍콩의 거부이자 허황和黃그룹 총수인 리쟈청을 접견했고, 리쟈청은 성의에 감동해 1억 달러의 중국석유화학 H주를 구입했다고 한다. 중국석유화학 주식의 발행가는 당시 논란을 불러일으켰다. 이 회사가 168억 주의 H주를 발행할 때 가격은 1.6홍콩달러였으나 A주를 발행할 당시의 가격은 4.22위안으로 H주의 2.48배에 달했는데, 이처럼 국내외의 발행가에 차이를 두는 방식은 개인 투자자들에게는 커다란 논란거리였다. 상장 과정에서 중국석유와 중국석유화학의 해외 전략 투자자들은 모두 비공개 방식으로 모집되었는데, 여기에는 홍콩의 리쟈청 가족, 미국의 워런 버핏과 골드만삭스 외에도 글로벌 석유 거두인 엑손모빌Exxon Mobil, 쉘Shell 및 영국의 BP 아모코BP Amoco 등이 있었다. 세 업체가 중국석유화학이 발행한 해외 주식의 절반을 매입했는데, 특히 BP그룹은 전략 파트너 신분으로 6억 2천만 달러를 투자해 당시 유통주의 20%에 달하는 35억 주를 매입했다. 경제평론가 쟈예탄家葉檀의 계산에 따르면 2007년 3월 중국석유화학의 H주 가격은 6.3홍콩달러로, 해외 투자자들은 100억 달러에 상당하는 수입을 올렸다. 어떤 의미에서는 이러한 해외 투자자들이 중국의 개혁 성과를 함께 누리는 최대 수혜자 중의 하나였다고 할 수 있다.[5]

자본에서 혈연관계가 구축된 후 다국적 석유기업들은 중국의 석유 완성품 시장에 진출할 수 있는 자격을 얻었다. BP그룹은 중국석유와 중국석유화학과 함께 광둥성과 저쟝성에 주유소 500개를 합자로 건설할 수 있는 자격을 얻었다. 이후 BP는 중국석유와 푸젠성에서 800개의 주유소를 건설하기로 했고, 중국석유화학은 엑손모빌과 푸젠성에서 600개의 주유소를 설립하기로 했다.

일련의 강력하고 계획적이며 효율적인 전략 조정을 통해 양대 석유 기업은 면모를 일신하게 되었다. 훗날 글로벌 석유 가격이 지속적으로 상승함에 따라 그들은

---

3) 2007년 10월 워렌 버핏은 보유하고 있던 중국석유의 지분을 전부 매각했는데, 이를 통해 35억 5천만 달러의 이윤을 챙겼다.

'중국에서 가장 돈을 잘 버는 기업'으로 성장했다. 석유화학 영역에서의 이러한 변화는 매우 생동감 있게 독점 영역에서 발생한 2대 변혁의 논리를 체현해냈다. 첫째, '국가 명의로 독점해 시장 신분으로 이익을 취한다'는 논리로, 자원형 업종 내에서 국유기업 간의 '집안 경쟁 국면'을 형성해 민영자본을 모두 게임 밖으로 퇴출시켰다. 둘째, 독점이라는 전제 하에 자본화 운영과 '과두'식 다국적자본의 결합을 가속화시켰다. 이러한 '중국 스토리'는 국유자본이 통제하는 모든 독점업종에서 발생했는데, 2003년에 시장의 도전을 받기는 했지만 2004년 더욱 공고해졌다.

전제적專制的 체제는 효율을 가져왔고, 독점은 수익을 산출했다. 사실 처음부터 사람들은 독점업종의 폭리 현상에 대해 의문을 제기했다. 가장 먼저 표적이 된 것은 모든 가정과 관련이 있는 통신업체였다.

1999년 차이나텔레콤은 2,295억 위안의 수입을 달성했고, 성장률은 25%였다. 통신업체의 과금 제도에 의문을 제기하는 전문가도 있었다. 당시 통신업체의 과금 규정에 따르면 소비자가 전화를 할 경우 3분이 되지 않아도 3분을 기준으로 비용을 수취했는데, 어떤 사람이 계산해보니 통신업체가 매년 이러한 방식으로 징수하는 비용이 266억 위안에 달했다. 여론의 압력 하에 전신 부문은 한 차례 비용 관련 공청회를 개최했고, CCTV는 특별히 이를 방송했다. 언론기자들의 기세등등한 질문 공세에 전신 부문 관계자는 마지못해 "정말로 여러분에게 자세한 사항을 알려드릴 여력이 없습니다"라고 말했다.

이해 3월 저장대학의 교수 107명이 공동으로 정부와 언론에 공동 서신을 보내 '시간 계산에 따른 비용 수취는 상대방이 전화를 받은 시간부터 시작된다'는 통신회사의 또 다른 비용 수취 제도를 고소했다. 공동 서신의 발기인인 정창鄭暢은 "신호가 가지만 전화를 받지 않는 경우가 허다합니다. 이럴 경우 전화를 끊지만 전신국은 오히려 비용을 청구합니다"라고 말했다. 그들은 두꺼운 전화비 명세서를 제시했는데, 50차례의 시외 전화 기록 명세서에는 30초가 되지 않는 통화가 5차례 나왔다. 또 다른 페이지의 23차례 전화 통화 중에는 '초단시간 시외통화'가 10차례 있었다. 세심한 교수들은 특별히 테스트를 실시했다. 그들은 여러 차례 통화음이 울렸는데도 전화를 받지 않는 시외 통화에 대해 전신국의 자료를 조사한 결과 여전히 비용을 수취하고 있는 사실을 발견했다. 정교수가 간단히 계산한 결과 항저우에는 200여만 대의 전화가 있는데, 매달 한 차례의 이런 통화가 있다고 가정할 경우 수취되는 비용은 120만 위안, 1년이면 1,400만 위안이 넘었다. 교수들은 이처럼 불분명하게 지불되는 전화 요금에 대한 설명을 요구했다.

항저우 전신국은 12명의 교수 대표와 대화를 진행했다. 이전의 은사들을 대면하면서 전신국 직원들이 제시한 해석은 "초단시간 비용 수취가 나타나는 이유는 아마 상대방이 팩스기, 녹음 전화기, 서비스 기계 등을 설치했거나 수화기를 들 때 손이 미끄러워 수화기를 떨어뜨렸기 때문으로 항저우 전신국은 절대 아무런 문제가 없습니다"였다. 대화는 오래 가지 않아 끝났고, 한 교수는 씁쓸해하면서 "우리들 중에는 컴퓨터 전문가, 자동제어 전문가, 통신시스템 전문가가 있습니다. 학생들이 제시한 답변이 왜 우리가 그들에게 가르쳐준 내용이 아닌지 ……"라고 말끝을 흐렸다.

비용 조정과 '통화음 뉴스'는 한순간 세상을 시끌벅적하게 만들었지만 결국에는 흐지부지 끝나고 말았다. 통신업체의 가격 구조는 결국 시장 경쟁에 의지해 추동되었다.

2000년 12월 날로 쇠락해가는 철도 교통 부문을 지원하기 위해 국무원은 철도부가 중국철도통신공사를 설립하는 것을 비준하고 특별히 고정전화 통신 사업을 진행하도록 허가했다. 철도통신은 설립 후 우선 전화 설치비가 600위안이라고 발표했다. 과거 몇 년 동안 전화 설치비는 줄곧 통신업체 이윤의 가장 안정적이고 풍부한 부분이었다. 수년에 걸친 소비자들의 호소 하에 이 비용은 5,500위안에서 1,250위안으로 떨어졌지만 다시는 떨어질 움직임을 보이지 않았다. 그런데 이번 철도통신이 통신 영역에 진출하자 전략은 자연히 조정되어야 했다. 차이나텔레콤은 신속하게 반응해 설치비를 아예 없애버렸다. 철도통신은 '독점의 철 밥그릇'으로부터 생존 공간을 찾아보고 싶었으나 의외로 중국 소비자들에게만 실리를 제공해주는 역할을 하게 되었다.

만약 독점업종의 전략적인 재조정이 자못 효과가 있었다고 말한다면 어떻게 국유기업을 효율적으로 관리할 수 있느냐는 여전히 머리 아픈 일이었다. 그래서 블랙 유머 같은 뉴스들이 꼬리를 물고 나타났다.[4]

6월 국가공상총국은 만약 국유기업이 광고를 하고자 한다면 투입 금액은 반드시 세전 영업 이익의 2%이내로 통제되어야 한다는 정책을 발표했다. 이 '금령'은 국유기업의 무자비한 광고로 인해 국가 재산이 낭비되는 것을 방지하기 위해 만들어졌다. 최근 2년 동안 중국의 소비 시장에서 가장 큰 광고주는 동북의 하야오哈藥그룹이라는 국유 제약회사였다. 1999년 전 하야오그룹은 지명도가 그다지 높지 않은 중형 제약회사로 총자산은 1억 위안이 넘지 않았고, 매년 연구 개발비도 250만 위안을 초과한 적이 없었다. 그런데 이해부터 시작해 이 그룹은 갑자기 광고폭격 전략을 실시했는데, 1999년에 쏟아 부은 광고비는 7억 위안, 2000년 5월까지 5억 2천만 위안의 광고비를 투입해 일시에 중국 최대의 광고주가 되었다. 하야오의 지명도와 매출액은 급상승했고, 하야오의 광고 효과에 힘입어 각지의 국유 제약업체, 전자업체 등이 연달아 광고전에 뛰어들었다. 그런데 '광고액 제한령'이 내려지자 기업들은 극도로 혼란에 빠졌고, 반년이 못되어 공상국은 부득불 보충 조항을 만들 수밖에 없었다. 이에 공상국은 제약, 식품, 생필품 및 가전 등 광고 충동이 강한 업종은 광고 투입 비중을 8%까지 허용한다고 발표했다. 그러자 곧 이 '광고액 제한령'은 다시는 언급되지 않았다.

광고액 제한에 비해 한층 더 황당한 정책도 당연히 있었다. 국유 약국의 과열 경쟁을 방지하기 위해 일부 지방의 관리 감독 부문은 특별히 하나의 정책을 내놓았는데, 그것은 '500m 범위 내에 제2의 소매약국의 설립을 금지한다'는 규정이었다. 베이징대학 교수 저우치런은 쓴웃음을 지으면서 "정부가 어떻게 500m 이상이 합리적인 배치인지 보장할 수 있습니까? 500m 내에 5개의 약국을 열어 돈을 벌든 손해를 보든 경영자에게 책임이 있는데, 어떻게 정부가 쓸데없이 신경을 쓰는 것입니

---

4) 국유기업의 재조정이 효과를 볼 수 있었던 또 다른 원인은 편파적인 세수 우대였다. 2001년도 중국재정연감에 따르면 1985~2000년까지 국가 재정 세수 총액은 2,040억 위안에서 1조 2,581억 위안으로 증가해 연평균 12.89%로 증가했다. 같은 기간 국유기업의 소득세는 595억 위안에서 827억 위안으로 늘어나 연평균 2.21% 증가에 그쳤다.

까?"라고 질문했다. 저우 교수의 질문에는 아주 힘이 있었지만 반론을 제기하는 사람이 있었다. "만약 그런 국유 약국이 손해를 보게 되면 여전히 정부가 엉덩이를 닦아주어야 하는 것 아닙니까?" 이 두 가지 문제는 20여 년 지속되어온 모순을 체제 문제로까지 끌어들였다.

    감독 관리 부문의 이러한 관리 방향은 보기에는 우습지만 그것에 내재하는 논리는 아주 명확했다. 그것은 독점 또는 반독점업종에서 국유기업 간의 '상호 교살'을 방지하기 위한 것이었다. 관리, 통제하는 사람 입장에서는 모두가 한 집안 식구로, 경쟁 결과는 국유자산의 유실로 이어지기 때문에 가장 좋은 상태는 여전히 '우정이 첫째이고, 경쟁은 둘째'였던 것이다. 항공업계에서 일어난 스토리는 아주 전형적인 예라고 할 수 있다.

    1990년대 이래 각 지역에서 항공사를 설립하려는 열기가 일어나 연이어 크고 작은 34개의 국유 항공사가 생겨남에 따라 중국은 세계에서 항공사 수가 가장 많은 국가가 되었다. 이러한 업체들은 고객을 빼앗기 위해 분분히 할인 마케팅을 전개했다. 1998년 1년 동안 각 대형 항공사는 50억 위안의 이윤을 양보했고, 1999년 초 급기야 업종 전체가 적자 상태로 들어섰다. 민항총국은 마침내 더 이상 참지 못하고 "할인 경쟁의 작태는 거액의 국유자산 손실을 초래하므로 반드시 제지해야 한다"는 것을 이유로 2월에 '할인 금지령'을 하달해 각 항공사가 일률적으로 할인을 금지하도록 했다. 이 금지령이 발표되자 여론은 들끓기 시작했고, 잇따라 민항총국이 업계의 이익을 소비자보다 위에 놓고 행정 술책으로 시장 경쟁을 방해한다고 질책했다. 그러나 금지령의 효과는 즉시 나타났다. 반년 후 민항총국은 6개월 만에 손실을 만회해 2억 6천만 위안의 흑자를 기록했고, 동년 대비 4억 7천만 위안의 적자를 감소시켜, 결과적으로 할인 금지령에 기대 7억 위안의 국유자산을 회수했다고 발표했다. 하지만 금지령도 항공업계에 이미 나타난 경쟁 국면을 변화시키지는 못했다. 오래지 않아 각 항공사는 고객을 끌어들이기 위해 공개 할인을 '몰래 할인'으로 바꾸어 점점 기존의 할인 상태로 돌아가게 되었다. 민항총국이 수차례에 걸쳐 정정을 요구했지만 비즈니스 법칙의 발걸음을 멈추게 할 수 없었고, 2001년 상반기가 되자 업계 전체의 손실은 20억 위안에 이르렀다.

국유 항공업계의 내전이 멈추지 않고 있을 때 일부 민영 업주들이 이 시장에 조심스럽게 진출하고 있었다. 상하이의 춘츄春秋여행사는 여행업종에 종사하는 개인회사로, 1994년부터 전국 여행업계의 선두주자로 성장했다. 조종사 출신인 회장 왕정화王正華는 1997년부터 비행기 전세 업무를 시작했고, 대담하게 고객군을 대상으로 중소형 항공업체의 비행기를 리스했다. 비행기표 가격은 당연히 같은 노선의 국유 항공사보다 낮을 수밖에 없었다. 할인 금지 정책을 회피하기 위해 왕정화는 일부러 가이드 비용, 숙소비와 비행기 비용 등을 한데 묶어 애매하게 가격을 책정했다. 주관 당국은 크게 화가 났지만 어찌해볼 도리가 없었다. 훗날 왕정화는 "사실 우리의 비행기표 내부 가격은 매우 낮았습니다. 가령 상하이에서 샤먼까지의 가격은 기차의 침대칸보다 더 쌌습니다"라고 사실을 인정했다.[5][6]

독점업종에서 발생한 구조조정 외에도 이해 중국 기업계에서 가장 폭발력을 가진 뉴스는 세 가지였다. 첫째, 샤먼의 위안화그룹의 밀수 사건 해결, 둘째 가전업계 최초의 업계 전체 손실, 셋째 펀드업계 흑막 폭로가 그것이었다.

위안화그룹의 밀수 사건은 신중국 성립 이래 최대의 경제 범죄 사건이었다. 11월 8일 중앙기율위원회, 감찰부는 국민에게 특대 밀수 사건의 조사와 처벌 상황을 공개했다.

수범 라이창싱賴昌星은 1958년 진쟝시의 칭양靑陽현에서 태어났다. 진쟝은 개혁개방 초기에 상품 유통이 가장 활발했고, 밀수가 가장 성행한 지역 중의 하나였다. 현지의 많은 상인과 마찬가지로 라이칭싱은 초등학교도 졸업하지 않고 장사를 시작했다. 그는 방직 부품 공장을 시작으로 후에 의류 공장, 인쇄 공장, 우산 공장

---

5) 처음으로 항공 지선 업무에 종사한 민영기업가는 원저우의 왕쥔야오王均瑤였다. 1991년 7월 25세의 왕쥔야오는 창사-원저우 노선의 항공편을 도급 맡았는데, 이로 인해 그는 당시에 담이 크기로 하늘을 덮고도 남겠다는 말을 들었다. 2004년 11월 왕쥔야오는 병으로 사망하고, 회사는 친동생이 이어받았다. 2005년 6월 쥔야오그룹은 지상吉祥항공의 설립을 인가받았다.
6) 할인 금지 뉴스는 2006년에도 여전히 보도되고 있었다. 2006년 11월 춘츄항공은 베이징-지난 노선을 1위안에 판매했고, 지난 물가국은 이에 대해 15만 위안의 벌금 통지서를 발부하는 동시에 상하이-지난 노선을 취소시켰다. 법 집행 근거는 2004년 4월에 민항총국이 실시한 '할인 금지령'이었다. 국내 항공 노선의 비행기표는 기준 가격에서 상한 25%, 하한 45% 범위내에서 판매되어야 한다는 규정이 그것이었다.

을 설립했다. 1994년부터 그는 샤먼에서 방대하고 치밀한 조직을 갖춘 '밀수 왕국'을 구축했다. 조사에 따르면 1996~1999년 상반기까지 그는 샤먼에서 완제품 기름 450만 톤, 식물 기름 45만 톤, 담배 300만 상자, 자동차 3,588대 그리고 대량의 제약 원료, 화공 원료, 방직 원료, 전자기계 등 530억 위안에 달하는 물품을 밀수입했고, 탈세액만 300억 위안에 달했다.

이처럼 거액의 밀수 활동은 정부 관리의 협조가 없었다면 전혀 불가능한 일이었다. 위안화 사건 발생 후 라이창싱이 관리와 결탁한 수법이 낱낱이 폭로되었다. 공안부 부부장이자 전국 밀수근절업무팀 부팀장인 리지저우李紀周의 환심을 사기 위해 위안화그룹은 미국에 있는 그의 딸에게 한꺼번에 50만 달러를 송금하기도 했고, 리지저우 부인의 회사에 100만 위안을 보내기도 했다. 그는 160만 위안을 출자해 호주에 있는 샤먼 부시장 창란푸長藍甫의 아들을 위해 별장을 사주기도 했고, 또 1,000만 위안을 들여 샤먼세관 세관장 양첸센楊前線의 내연녀를 위해 홍콩과 샤먼에 별장을 구입해 거주하도록 했다. 라이창싱은 샤먼에 평범한 외관을 가진 7층짜리 빨간색 건물을 보유하고 있었는데, 사람들은 이를 '훙러우紅樓'라고 불렀다. 위안화는 이 건물 내부를 개조해 룸, 사우나, KTV 등의 시설을 갖추고, 전적으로 각 방면의 관리들을 접대하는 장소로 사용했다. 샤먼의 시위원회 부서기, 부시장 및 은행장 등이 이 훙러우의 단골손님이었다.

라이창싱과의 결탁으로 샤먼시의 많은 정부 부문은 계속해서 파경으로 치닫게 되었다. 샤먼 세관은 거의 라이창싱의 가족을 위해 존재하는 곳이었고, 위안화에게는 전문적인 화물 경유지가 있었다. 화물이 항구에서 직접 집하 장소에 도착하면 세관원이 먼저 검사할 컨테이너 번호에 동그라미를 쳐서 표시하고, 밀수범들은 컨테이너 번호에 근거해 담배, 자동차 등 고세율의 밀수품이 실린 컨테이너를 비운 다음 사전에 준비해둔 낮은 세율의 목재 펄프, 폴리프로필렌 등 세관 신고 품목에 부합되는 화물을 실어서 세관검사를 통과했다. 이처럼 화물 바꾸기 방식으로 밀수품은 순조롭게 통관될 수 있었다. 샤먼의 상품검사국은 위안화를 위해 허위 감정증명서를 교부해 밀수품을 합법화시켰다. 푸젠의 공안 기관은 밀수 자동차에 대해 자동차 몰수 증명을 불법으로 처리하는 방식으로 수천 대의 자동차를 국내 시장으로 유입시켰다. 일부 금융 기구는 위안화에게 대량의 금액을 대출해주었고, 샤먼교통은행의 경우 불법으로 25개의 신용장을 개설해주었는데, 금액이 3,841만 달러에 달했다.

위안화 안건이 중앙에 통보되었을 때 라이창싱은 이미 전년 8월에 캐나다로 도피한 상태였다. 2001년 위안화 사건 심리에서 3백여 명이 기소되었고, 이중 샤먼세관 세관장 양첸셴은 사형을 선고받았고, 공안부 부부장 리지저우, 샤먼시위원회 부서기 류펑劉豊, 장중쉬張宗緖, 부시장 창란푸 등도 모두 사형이나 무기징역을 선고받았다.[7] 위안화 사건은 국내외를 경악시켰는데, 이 사건은 중국 정부로 하여금 전면적인 밀수품 단속을 행동으로 실천하도록 했다. 민간에서는 이 사건을 통해 정경유착의 어두운 면을 목격하게 되었다. 2001년 8월 전체 국민에게 경고 메시지를 전하기 위해 관련 부문은 라이창싱의 홍러우에서 〈샤먼 특대 밀수 사건 조사 처벌 전람회〉를 개최했다. 50여 일 동안 20만 명, 1,300여 개 단체가 전람회를 관람했고, 홍러우는 샤먼에서 가장 유명한 관광 코스가 되었다. 사람들은 이곳에서 라이창싱의 사우나 안마 룸과 가라오케 및 선물보관실, 그리고 그가 부하들을 훈련시킨 격투실 등을 볼 수 있었다. 1층에는 라이창싱이 거액을 들여 경매에서 구입한 국가 지도자가 탄 적이 있는 방탄 세단과 그의 아들이 유명 연예인에게 선물한 포르쉐 스포츠 카 등이 전시되어 있었다. 이 전시는 두 달 동안 진행되었고 이후 홍러우는 영원히 폐쇄되었다.

더없이 호황을 누리던 중국의 TV업계 전체가 적자 상태로 빠져들었다. 많은 사람이 이해하기 힘든 현실이었다. 원인은 사실 기업가들의 전략적 사고와 관련이 있었다. 1995년 이래 가격전쟁에 의지해 다국적기업을 격퇴시킨 후 국내의 몇몇 선두 업체들은 핵심 기술의 혁신에는 신경 쓰지 않고 계속해서 저가 전략을 실시하면서 '개념 혁신'만을 만지작거리고 있었다. 1998년 말 업계 선두주자인 창홍의 니룬

---

7) 라이창싱은 도피 후 캐나다 정부에 난민 신청을 했고, 중국 정부는 줄곧 그의 인도를 위해 노력하고 있다.

펑은 기이한 방법을 생각해냈는데, 그것은 핵심 부품을 통제하는 방식으로 일거에 적수를 섬멸하는 묘책이었다. TV 제조 과정 중 칼라 브라운관은 전체 원가의 70%를 차지했다. 니룬펑은 비밀리에 국내 8대 브라운관 제조업체와 독점 공급 계약을 체결해 국산 브라운관 중 21인치 76%, 25인치 63%와 29인치와 29인치 이상의 브라운관의 거의 대부분을 합쳐 모두 300만 개를 사들였다. 이 소식이 전해지자 곧바로 큰 파문을 불러일으켰다. 창훙의 주가는 상승하기 시작했으며, 업계는 일시에 절망 같은 공황 상태로 빠져들었다. 그들은 연이어 정보산업부에 고소했으며, 주관 부문은 창훙의 이러한 방법에 대해 자못 불만을 표시했다. 1999년 4월 창훙은 난징에서 다시 대폭 가격 인하를 선언했는데, 인하폭은 10~20%였다. 기타 TV 생산업체들도 가격전쟁에 맞대응해 가격을 인하할 수밖에 없었다. 업계 회의에서 캉쟈의 천웨이룽은 분노하면서 "창훙의 처사는 모두를 압박해 건물에서 뛰어내리게 만들고 있다"고 말했다. 천웨이룽의 대학 동창인 창웨이의 황훙성이 니룬펑을 타이르면서 "건강한 생태 환경은 먼저 삼림이 있어야 하고, 나중에 큰 나무가 있는 것입니다"라고 말했다. 니룬펑은 득의양양하게 "저의 관점은 먼저 큰 나무가 있어야 하고, 나중에 삼림이 있는 것입니다"라고 대답했다.

이번 싸움은 너무 심하게 전개되어 전례 없는 참혹한 상황을 초래했다. 하지만 전장을 정리할 때 누구도 생각지 못한 것은 최대 피해자가 바로 이 사태를 야기한 창훙이라는 사실이었다. 니룬펑의 이 묘수는 악독하면서도 정확했지만 주도면밀했던 그도 빠뜨린 일이 두 가지 있었다. 하나는 브라운관 회사의 신용이었다. 그들은 오랫동안 브랜드 제조업체들의 착취를 받아왔다. 하지만 이번에는 처지가 전도되어 TV 제조회사가 서로 가지려고 하는 대상이 되었으니, 어찌 백년에 한 번 온 돈 벌 기회를 놓칠 수 있으랴하는 생각으로 생산을 확대시킨 것이었다. 그들에게는 돈 있는 사람이 고객이기 때문에 암암리에 기타 TV 생산업체들에게 브라운관을 공급한 것이었다. 두 번째는 화남 지역의 밀수 브라운관이 이로 인해 흥성하기 시작한 것이었다. 이 두 개의 회색 경로의 존재는 거액의 돈을 들여 브라운관을 매점한 니룬펑을 최대의 바보로 만들어버렸다. 창훙은 심각한 재무 압력을 등에 지게 되었고, 그가 추진한 전략은 결국 실패로 돌아갔다. 그리고 가격전쟁도 자연히 결정적인 성과를 거두지 못했다. 예기치 못한 사태의 발발로 창홍은 큰 타격을 입었다. 2000년 5월 니룬펑은 결국 낙마하고 말았다. 남방의 TCL은 이 기회를 틈타 힘을 발휘하면서 TV업계의 새로운 맹주로 탄생했다.

원인 제공자 창홍은 패배했지만 TV 시장의 가격전쟁은 이미 수습이 어려운 상황이었다. 니룬펑이 낙마한 후 1년 동안 대형 업체들은 여섯 차례의 가격전쟁을 치르면서 TV 가격은 내리고 또 내렸고, 군벌의 혼전처럼 결국 모든 참여자가 치명상을 입게 되었다. 두 번째 패자는 창홍, 창웨이 및 TCL과 더불어 '4대 가족'으로 불렸던 캉쟈였다. 가격 급락으로 캉쟈는 전쟁을 감당할 수 없었고, 2000년 적자가 8억 위안에 달해 천웨이룽은 결국 사표를 내고 회사를 떠나야 했다.

천웨이룽의 사직에 대해 동창인 황훙성은 매우 가슴 아파하면서 한 기자에게 "지금 TV 사업은 정말 재미없습니다. TV 한 대의 평균 이윤은 10위안이 못되고, 이로 인해 TV 장사는 채소장사만도 못 합니다"라고 말했다. TV를 채소와 함께 놓고 비유한 것은 황훙성의 즉흥적인 비유였지만 이러한 치욕적인 일은 바로 발생하고 말았다. 2001년 8월 우한 언론이 우한의 한양漢陽백화점과 21세기마트가 '무게로 파는 TV'라는 판촉 이벤트를 개최한다고 보도했다. 매장에는 창홍, 캉쟈, 하이신, 하이얼, TCL, 진싱, 러화樂華, 슝마오 등 10여 종 브랜드의 29인치 TV를 진열해 놓았는데, TV 위에는 '1kg당 30위안'이라는 라벨이 붙어 있었다. 29인치 TV의 무게는 52.5kg으로 1,575위안에 판매되고 있었는데, 이 가격은 전날에 비해 또 300위안이나 내린 상태였다. 백화점 책임자는 "이 TV는 공장에서 막 출시된 제품들로 품질에는 어떠한 문제도 없습니다"라고 말했다. 보도에 따르면 이 판매 방식은 효과가 있어 하루 평균 400대가 팔렸다고 한다.

이렇게 TV 산업은 확실히 막다른 골목으로 내닫고 있었고, 가격전쟁은 이중의 위기를 초래했다. 첫째는 재무 위기로, 막대한 재고, 날로 늘어나는 미수금은 모든 기업을 잠식하고 있었다. 둘째는 혁신 위기로, 연구 개발에 투자할 역량이 없었으니 당연히 하이테크의 고이윤을 누릴 기회가 없었다. 2000년에 전국적으로 3,000만 대의 TV가 생산되었으나 재고가 600만 대에 달해 처음으로 업계 전체의 적자를 초래했다. 정보산업부 관계자는 TV 가격전쟁은 전 업종에서 최소 200억 위안의 손실을 기록하도록 만들었다고 이야기했다. 이러한 상황과 대비해 수입 TV의 판매와 이윤은 오히려 강세를 나타냈고, 시장 점유율도 기존의 10%에서 일시에 30%까지 상승했다. 고가 시장에서 국산 TV는 철저하게 패자의 신분으로 돌아가고 말았다. 5년 전의 휘황찬란했던 전과는 거의 사라지고 보이지 않았다.[8]

10월 『재경』지는 표지에 '펀드 흑막'이라는 표제를 게재해 중국 증시에서 막 탄생한 신화를 파헤쳤다.

전년도에 이어 주식시장의 상승세는 여전히 계속되고 있었고, 큰손들의 행동은 여전히 기세가 맹렬하고 거리낌이 없었다. 사람들이 이에 대해 자못 염증을 느끼고 있을 때 대중 여론은 다음과 같은 이념을 전파하기 시작했다. "건강하고 안정적인 역량을 가진 주식의 존재는 지금 막 흥기하기 시작한 펀드사 덕분이다." 탐욕스런 개인 큰손들과는 달리 펀드사는 과학적이고 책임 있으며 지속적인 전문성으로 자본시장에서 신뢰할 만한 세력으로 성장했다. 1998년 이래 펀드는 시장에 들어올 때마다 서구의 성숙한 시장 경험을 도입하고 기관 투자자를 양성하는 중요한 조치로 간주되어 관리감독층의 두터운 사랑과 여론의 찬양을 받았다. 하지만 기업의 역사에서 모든 사람의 눈을 휘둥그레 만들었던 신화와 마찬가지로 이들도 빠른 시간 안에 하나의 새로운 거짓말이라는 것이 증명되었다.

신화를 깨뜨린 것은 자오위강趙瑜綱이라는 무명소졸이었다. 그는 상하이 증권거래소 감찰부 연구원이었는데, 펀드 관리의 현황에 대해 관례대로 조사 연구를 진행하고 있었다. 그는 1999년 8월 9일~2000년 4월 28일까지를 하나의 시간대로 설정

---

8) TV업계에서 발생한 기술 공동화 현상은 가전업계에 보편적으로 존재하고 있었다. 거리格力전기의 주쟝훙朱江洪은 이런 이야기를 들려준 적이 있다. "2000년을 전후로 거리와 하이얼, 춘란이 충칭의 한 체육관의 중앙 에어컨 프로젝트 입찰에 참가한 적이 있었는데, 사실은 이 3대 에어컨업체에게는 그러한 에어컨을 제조할 능력이 없었다. 자신의 능력을 보여주기 위해 그들은 모두 핵심 기술을 보유하고 있는 일본의 미쓰비시에게 가격을 문의했다. 최종적으로 거리로 낙찰되었는데, 미쓰비시의 에어컨을 구입한 후 상표를 떼어내고 100만 위안이나 내린 다음 판매했다." 주쟝훙이 일본으로 건너가 미쓰비시에게 이 기술을 구매하려고 했으나 일언지하에 거절당했다. 미쓰비시는 이 기술을 위해 16년 동안 연구했는데 중국은 돈으로 이 기술을 사려고 하느냐고 말했다.

해 국내 10개 펀드 관리 회사 산하의 22개 증권 투자 펀드에 대해 추적했다. 상하이 증권시장에서 거액으로 주식을 거래한 종합 기록에 대해 세세하게 분석을 진행한 결과 그는 〈펀드행위 분석〉과 〈펀드 풍격 및 그에 대한 평가〉라는 두 개의 보고서를 작성했다. 이 두 개의 보고서에서 자오위강은 대량의 투자 펀드의 규정 위반, 위법 조작 사실을 폭로했다. 보고서는 5월에 작성되었는데, 곧 비공식적인 방식으로 사회로 흘러들어갔다. 『재경』지 기자가 찾았을 때 자오위강은 풀이 죽은 채 기가 꺾여 있었고, 심지어 자신이 작성한 보고서에 대해 후회하고 있는 듯했다. 6월 27일 거래소 감찰부는 그에게 엄중한 경고처분을 내렸는데, 이유는 "비준 없이 함부로 업무 중에 숙지한 내부 정보를 밖으로 유출해 〈상하이 증권거래소 업무 비밀 준수 조례〉를 위반했다"는 것이었다.

편집장 후수리胡舒立의 지지 하에 『재경』지는 선별 편집 방식으로 자오위강의 보고서를 발표했다. '펀드 흑막'이라는 이 기사는 중국의 펀드 시장에 대해 6가지 분야에서 중대한 의문을 제기했다.

첫째, 시장 안정화 작용이 아직 증명되지 않았다. 정량 분석에 따르면 펀드는 시세 하락기에는 일반적으로 높은 반등을 이용해 주식 보유량을 줄였고, 시세 상승기에는 줄곧 현저하게 주식을 매도해 보유량을 줄였다. 그래서 "증권 투자 펀드 발전이 결국 누구를 위해 서비스하느냐의 문제는 현재 명확하게 밝혀지지 않고 있다."

둘째, '펀드의 인위적인 저가 매수'는 허위 거래량을 만들어냈다. 소위 '인위적인 저가 매수'는 어떤 주식이 약세에 처해 있을 때 자기 살을 도려내 팔아도 사는 사람이 없으므로 속임수 수법을 사용한다. 이 속임수 수법이 바로 자신의 계좌로 자신의 주식을 매매하는 것이다. 이는 큰손들이 주식 매입과 소재 조작을 할 때 사용하는 일상적인 수법으로 펀드 매매도 이처럼 조작된다는 것이었다. 자오위강의 조사에 따르면 대부분의 펀드는 '인위적인 조작 행위'를 한 바 있었다.

셋째, '주식 이전'을 통해 시장을 조작하는 것이다. 주식 이전은 갑을 쌍방이 사전에 약정한 가격, 수량과 시간에 시장에서 거래를 진행하는 행위다. 펀드사는 산하에 많은 펀드를 보유하고 있는 조건을 이용해 항상 펀드간의 상호 이전을 통해 시장에 투입된 펀드의 유동성 문제를 해결하고, 또 전체 펀드에 영향을 끼치지 않으면서 심지어 펀드의 순자산 가치를 제고시킬 수 있다.

넷째, 펀드의 독립성에 대한 의문이다. 보고서는 "거리낌 없는 펀드의 쌍방향 이전으로 볼 때 사람들은 메커니즘상 독립적으로 운용되지 않는 펀드와 주주 및 발기인 사이에 심각한 위법 거래 행위가 없다는 것을 믿지 않는다"고 적고 있다.『재경』지 기자는 또 시장에서 입에서 입으로 전해지는 현상을 이렇게 서술하고 있다. "열기가 무럭무럭 피어나는 사우나에서 협상하는 쌍방은 아주 솔직하고 성실하다." 녹음이나 누설의 가능성이 없어 펀드 양도를 희망하는 기구가 가격을 부르고, "내가 한 주를 양도받으면 당신에게 1위안을 주겠다"는 식의 말들이 오간다는 이야기였다."

다섯째, 마음대로 '순자산가치 게임'을 즐긴다는 것이다. 보고서가 사실들을 파헤치기 전에 사람들은 주가가 고가에서 끝없이 하락하면 큰손들도 함께 손해를 본다고 잘못 생각했다. 사실 많은 상황은 결코 이렇지 않다. 왜냐하면 만약 큰손들이 상승 단계에서 반복해서 주가를 조작하면 종종 '고포저흡高抛低吸('고'는 상대적으로 주가가 최고점에 이른 상황을, '포'는 주식을 매도하는 행위를, '저'는 주가가 저점에 이른 상황을, '흡' 주식을 매수하는 행위를 가리킨다)'해서 단계마다 이익을 취한다. 또한 시간이 충분히 길면 마지막 순간에 이르러 주식의 원가는 이미 아주 낮아진다. 이때 주가가 폭락해도 여전히 배에서, 심지어 몇 배까지의 이윤을 챙기게 되는 것이다.

여섯째, '투자 조합 공고'의 정보 오도가 점점 더 심해지는 현상이다.[9]

이 글이 세상에 알려지자 일시에 걷잡을 수 없는 풍랑이 일었다. 먼저 돈 많고 거만한 펀드사가 대노했다. 10월 16일, 10개의 펀드사가 공동명의로 성명을 발표해 고의로 과장해서 사람들을 놀라게 하는 형식을 갖고 그다지 사실에 맞지도 않고 편파적인 글을 내보냈다며 '펀드 흑막'을 이렇게 지탄했다.

---

[9] 자오위강이 조사한 10대 펀드 관리 회사는 다음과 같다. 보어스博時, 화안華安, 쟈스嘉實, 난팡南方, 화샤, 창성長盛, 펑화鵬華, 궈타이, 다청大成, 푸궈富國.

중국의 펀드사는 이미 국내에서 관리 감독이 가장 엄격하고, 제도가 가장 완전하며, 투명도가 가장 높은 투자 기구 중의 하나다. '펀드 흑막'의 자료들은 표본 추출이 정확하지 않고, 연구 방법이 비과학적이므로 펀드 거래 행위에 대한 판단은 사실과 전혀 부합되지 않는다. 이 보고서의 필자와 『재경』지는 뉴스의 객관적이고 공정한 보도라는 직업윤리를 위반하면서 중국 펀드의 2년 동안의 시험적인 성과에 대해 전면적으로 부정하고 있는데, 이는 참을 수 없는 행위다.

10대 펀드사는 필자와 언론의 비방에 대해 책임을 추궁할 것을 강력하게 주장했다. 하지만 직업적 자질까지 의심받은 후수리는 조금도 움츠러들지 않았다. 그녀는 세 개의 증권 신문에 "펀드 흑막'의 자료는 정당한 출처와 믿을 수 있는 근거를 갖고 있고, 객관적이고 공정한 보도라는 직업윤리에 부합한다"는 성명을 발표했다. 중간에 끼어 가장 난처한 사람은 가오시칭이었다. 12년 전 열정을 가득 안은 채 귀국해 중국의 자본시장을 기획하고 구축했던 월가의 변호사인 이 사람은 이때 이미 고위직 신분으로 중국증권감독위원회 위원장을 맡고 있었다. 그는 공개적으로 이렇게 말했다.

증권시장은 일정한 단계의 발전을 통해 형성된 특정한 시장 문화로, 하룻밤 사이에 변할 수 있는 것이 아니다. 사실 이 현상(펀드의 비정상적인 조작 현상)은 시장의 발육 수준과 관련이 있는 것으로, 아마도 완전히 펀드사 자체만의 문제는 아니다. 이러한 문제는 단번에 처리되는 것이 불가능하므로 반드시 시장의 발전 과정에서 해결해야 한다.

비공식적으로는 펀드사에 대해 "만약 보도가 잘못된 것이라면 고소하면 된다. 만약 잘못이 없다면 할 말이 없다……"고 말했다.

이처럼 말로 이루어진 논쟁은 단지 펀드에 대한 학술적 비판에 국한된 찻잔 속의 태풍일 뿐이었다. 하지만 한 중량급 경제학자가 돌연 이 논쟁에 끼어들어 중국 증시를 직접 겨냥할 줄은 아무도 예상치 못했다.

자발적으로 나서서 공세를 취한 이 학자는 당시 70세의 우징롄이었다. 10대 펀드사가 공동성명을 발표한 지 2주 후 우징롄이 자진해 나선 것이었다. CCTV의 〈경제 30분〉과 『남방주말』과의 인터뷰에서 그는 펀드 사건에 대해 자신의 견해를 이야기했다. 이 이전에 경제학계 전체는 입을 닫은 채 아무런 목소리도 내지 않았다. 겉으로 보기에 겸손하고 온화한 우징롄 교수의 발언은 사람들을 깜짝 놀라게 했다. 그는 직접적으로 증권시장을 '도박장'에 비유했다.

어떤 외국 사람이 중국의 증시는 도박장과 아주 비슷할 뿐만 아니라 규범에도 아주 어긋난다고 말했다. 도박장 안에서도 다른 사람의 패를 보아서는 안 된다는 법칙이 있다. 그러나 우리 증시에는 다른 사람의 패를 볼 수도 있고, 커닝을 할 수도 있으며, 사기를 칠 수도 있다. 큰손들이 주가를 조작하고 조정하는 행위는 극에 달해 있다. 현재 중국 시장에서 주가를 조작하는 것에는 중개 기구와 상장사 내부의 인사, 즉 내막을 잘 알고 있는 부류가 있다. 또 한 부류는 자금 공급자인데, 이는 은행일 수도 있고 기타의 자금 공급자일 수도 있다. 그들은 함께 공모한 후 저가로 주식을 흡수한다. 조작 방법에는 대개 두 가지가 있다. 하나는 관련 기구들 간의 상호 조작, 상호 매매로, 특히 상호 매매는 매우 빈번하게 일어난다. 다른 하나는 관련 상장사가 유리한 정보를 내보낸 후 주가를 상승시키는 방식이다. 그들은 중소 투자자들이나 외부의 대투자자들이 따라 들어올 때 조용히 빠져나가 버린다. 따라들어온 사람들이 걸려들었을 때 이미 주가는 바닥을 향해 치닫는다.

큰손과 펀드들에 대해 맹렬하게 비난을 퍼부은 후 우징롄의 예봉은 더 나아가 중국의 자본시장을 직접 타깃으로 삼았다.

증시를 렌트 추구 행위Rent-seeking Behavior[경제 주체들이 자기 이익을 위해 비생산적인 활동에 경쟁적으로 자원을 낭비하는 현상, 즉 로비, 약탈, 방어 등 경제력 낭비 현상을 말한다]의 장으로 삼지 마라! 관리층이 주식시장을 국유 기업의 자금 조달을 위한 서비스와 국유 기업에 편향적인 자금 조달 도구로 삼음으로써 상장 특권을 얻은 회사가 높은 프리미엄으로 주식을 발행해 유통주 보유자 수중에서 돈만 끌어들이고 있고, 이로 인해 주식시장은 거대한 렌트 추구 행위의 장으로 변질되었다. 그러므로 '증시를 국유기업의 자금 조달을 위한 서비스의 장'으로 한다는 방침과 '정부는 증시에 의탁해 기업의 자금을 끌어들인다'는 방식은 반드시 부정되어야 한다.

우징롄의 용감함과 솔직함은 그의 명망을 최고봉에 이르게 했다. 그는 12월 'CCTV 올해의 중국 경제 인물'에 처음으로 선정되었다. 10인의 선정 인물 중 우징롄은 유일한 학자 신분이었다. 그는 인터넷 투표에서는 선두를 질주했고, 인기 순위에서도 수위를 차지했다. 수상자 인터뷰에서 앵커가 백발이 무성한 우징롄에게 아래와 같은 질문을 던졌다.

우리는 일찍이 빙신冰心을 중국 문화 논단의 양심으로 생각했는데, 지금은 당신을 중국 경제계의 양심이라고 칭하는 사람들이 있습니다. 오늘날 중국 사회에서 '경제'라는 이 두 글자가 존재하지 않는 곳은 없습니다. 모두가 돈을 이야기하고, 모두가 재부와 영리 창조를 이야기하는데, '양심' 이 두 글자가 무슨 소용이 있습니까?

우징롄은 다음과 같이 대답했다.

옛말에 '군자는 재물을 좋아하고, 재물을 취하는 데도 도道가 있다'는 말이 있습니다. 시장경제는 사람과 사람 사이의 신뢰 관계를 필요로 하고, 신뢰 관계 없이 속임수에 의지하게 되면 지금의 시장경제를 발전시킬 수가 없습니다.

취재의 마지막에 앵커가 자못 감탄하면서 "낡은 1년은 지나갔지만 우리에게 양심을 남겼습니다. 우리는 노벨경제학상을 필요로 하지 않습니다. 하지만 우리에게는 진실을 말할 수 있는 경제학자가 필요합니다"라고 말했다. 우징롄과 마찬가지로 이번 펀드 흑막 발표에서 단호하게 입장을 표명한 후수리도 명성을 날렸다. 2001년 7월 그녀는 미국 『비즈니스위크』가 선정한 '아시아의 별' 50인 중의 한 명으로 선정되었는데, 그녀에 대한 평가는 '중국 증권계에서 가장 위험한 여인'이었다.

'펀드 흑막'에서 '증시 도박장'까지 테이블에 불이 나 결국 집 전체를 홀라당 태워버린 격이 되었다. 우징롄의 출격은 그와 같은 양심 있는 학자들을 고무시켰고, 증시에서 종횡무진하던 큰손들은 처벌받기 시작했다. 10월 말 중앙재경대학의 여성 연구원 류메이웨이劉妹威는 「란텐藍田주식에 대한 대출을 즉각 중단해야 한다」라는 글을 발표해 대형 관심주 란텐 주식은 이미 빈껍데기가 되었다고 명확하게 지적하면서 은행이 가능한 빠른 시간 내에 모든 대출 자금을 회수할 것을 건의했다. 600자에 불과한 이 호소문은 갑자기 큰 파문을 일으켰다. 우징롄의 비판이 거시적인 관점이었다면 무명의 류메이웨이의 글은 칼끝을 아주 구체적인 적군을 직접 겨냥한 것이었다. 후베이성의 란텐주식은 증권시장에서 '생태 농업'을 제재로 하는 우량주로, 1996년 상장 이후 재무 수치상으로 줄곧 신기한 성장 속도를 유지했다. 총자산이 4년 동안 10배나 늘어났는데, 란텐의 주식은 줄곧 0.60위안 이상을 유지했고, 최고가일 때는 1.15위안에 달하기도 했다. 1998년 대홍수를 겪었을 때도 불가사의하게도 0.81위안의 수익을 올려 중국 농업기업사에서 보기 드문 '란텐 신화'를 창조해 '중국 농업 제일주'라는 칭호를 얻었다. 류메이웨이의 연구에 따르면 란텐주식의 소위 휘황찬란한 업적은 모두 허위 회계에 근거해 조작 발표된 것이었다.

류메이웨이의 호소문은 아주 자연스럽게 란텐주식의 강력한 반격을 불러왔고, 이 회사는 그녀를 법정에 서게 만들었다. 후베이성 훙후洪湖시 인민법원은 '란텐에 대한 명예훼손'으로 그녀에게 법정 출석을 통지했고, 그녀의 집에는 며칠 간격으로 서로 다른 신분의 사람들이 들이닥쳐 그녀에게 공개사과로 파문을 잠재울 것을 요구했으며, 그렇지 않으면 뒷일은 스스로 책임져야 할 것이라고 말했다. 류메이웨이의 글을 게재한 잡지도 서둘러서 "본 기사는 개인적인 관점에서 쓰인 것으로 본사의 입장을 대변하는 것이 아니다"는 성명을 발표했다. 류메이웨이는 관련 기관에 이 사실을 알렸지만 어떠한 반응도 나오지 않았다. 훗날 그녀는 서글펐던 기억을 되살리며 "당시 저는 강력한 힘을 지닌 집단과 맞서고 있었기 때문에 죽음으로 맞설 수밖에 없었습니다"라고 말했다. 다행히도 양심 있는 모든 경제 매체들이 그녀 편에 섰고, CCTV의 〈경제 30분〉, 『재경』지 등의 언론기자들은 분분히 란텐주식이 있는 훙후시로 달려가 그들이 확인한 현장을 보도하고 기록했다.

란텐공업원은 잡초로 무성했고, 대부분의 창고는 자물쇠로 굳게 잠겨 있었다. 이곳에서 란텐이 야생 연근 즙을 생산하고 있다는 것은 상상하기 어려웠다. 수도관은 이미 녹슬었고, 밸브와 압력계도 녹으로 덮여 있었으며, 화학 원료를 담고 있는 유리병은 얼마나 오랫동안 방치되어 있는지 알 수 없었으며, 흘러나오는 즙은 이미 썩어 있었다.

그들이 입수한 회계 보고서는 "란텐의 수익은 회계적인 각도에서는 확인할 방법이 없고, 란텐의 경영 성과의 사실 여부도 판별할 방법이 없다"는 사실만 말하고 있었다. 사실이 만천하에 드러났는데도 거짓말쟁이는 아무런 거리낌 없이 천하를 종횡무진하고 있었으니, 이것이 자본 게임 무대 아래에 드리워진 어두운 그늘이었다. 언론이 관심을 갖게 됨에 따라 관련 은행들은 연이어 란텐에 대한 대출을 중지했고, 2002년 1월 란텐의 회장 바오티엔(保田)은 '허위 재무 정보 제공 혐의'로 구속되어 조사를 받았다. 몇 달 동안 밤낮으로 불면에 시달려온 류메이웨이는 천신만고 끝에 승리할 수 있었다. 2002년 'CCTV 올해의 중국 경제 인물'에 선정된 그녀는 우징롄에 이어 두 번째로 학자 신분의 경제계 인물이었다. 수상 소감 발언에서 그녀는 "단체로 할 말을 못하는 것은 민족의 비애일 수밖에 없다"고 말했다.

란텐주식 외에 대가를 치른 또 다른 사람은 전년도에 가장 활발하게 움직인 큰손 중커창업의 뤼량이었다.

뤼량의 패배는 완전히 신뢰의 붕괴로 야기된 것이었다. 그의 자의적인 조작으로 중커창업은 이미 22개월 연속으로 주가가 상승하는 기적을 창조했다. 이러한 시기에 그와 손잡았던 큰손 주환량은 화를 억제하지 못하고 있었다. 그는 암암리에 매도를 통해 현금을 확보하기 시작했고, 그런 후 쾌속정에 수십 상자의 현금을 실어 해외로 유출했는데, 금액이 11억 위안에 달했다. 연말에 소문이 날로 잦아지자 뤼량을 따르던 작전 세력도 갈팡질팡하면서 계속 주식을 팔았다. 이러한 흔적들은 곧바로 외부에 드러났고, 본래 높은 주가에 아주 민감한 일반 주주들도 대규모로 탈출하기 시작했다. 결국 거짓말 위에 건설된 중커의 신화는 순식간에 무너져내렸다. 중커창업의 주가 폭락에 따른 거래 중단은 12월 25일부터 시작되었다. 주가가 33.59위안에서 11.71위안으로 폭락해 하룻밤 사이에 50억 위안이라는 돈이 공중에서 증발해버렸다. 중커창업의 붕괴는 빠른 속도로 중커와 관련이 있던 중시(中西)제약, 수이바오(岁寶)전기 등에도 직격탄을 날려 이들의 주가도 며칠 만에 50%나 폭락했다.

뤼량 스토리의 결말은 다음과 같다. 2000년의 마지막 밤에 그는 기자에게 전화를 걸어 약속을 청했다. 그는 당시 자서전을 쓰고 있었는데, 모든 진상을 세상에 폭로하겠다는 것이었다. 그의 말에 따르면 중커의 조작에 참여한 기구는 400여 개에 이르고, 그것도 모두가 아주 유명한 기구라는 것이었다. 중국의 모든 언론은 숨 죽인 채 그가 '어둠의 상자'를 열어젖히고, 진상을 모두 밝히는 '위대한 반역자'가 될 수 있기를 기대했다. 이듬해 2월 3일 뤼량은 베이징 경찰에 의해 집에서 체포되었는데, 9일 거주지에서 감시를 받고 있던 그는 돌연 실종되었다. 그리고 이때부터 다시는 그의 종적을 찾지 못했다. 일설에 따르면 "그날 그는 군용 외투를 걸친 채 아윈(亜運)촌의 끊임없이 이어지는 인파 속에서 갑자기 사라졌다." 그의 결말은 세 가지 가능성이 있을 수 있다. 지금도 국내의 모 은신처에서 잠수를 타고 있거나 아니면 해외로 도피했을 가능성이 있다. 가장 비참한 가능성은 지구의 모 지역에서 누군가에 의해 살해되었을 가능성이다. 생사를 막론하고 문학청년 뤼신젠, 증권 애널리스트 뤼량과 큰손 Mr. K씨라는 이름으로 활동한 이 증권계의 인물은 모든 비밀을 밝힐 수 없었고, 또 그러한 기회도 주어지지 않았다.

|기업사 인물|

'패왕'의 숙명

니룬펑이 주도한 시기의 창훙은 일찍이 더할 나위 없이 눈부셨다. 전성기였던 1998년의 매출액은 당시 전국에서 인구가 가장 많던 스촨성의 국민총생산액의 15%에 달해 한 기업의 흥망이 파촉巴蜀(지금의 스촨성) 경제에 직접적으로 영향을 주고 있었다. 중국의 가전업계는 니룬펑 천하였고, 그는 용맹함으로 이름을 떨쳐 '패왕'이라는 칭호를 얻었다. 매번 가전업계의 거인들이 모임을 가질 때면 창훙은 피비린내 나는 가격전쟁으로 집중포화를 받았고, 브라운관을 매점한 후 니룬펑은 업계 내에서 만인의 공적으로 지탄을 받았다. 그러나 이 효웅 급의 강자는 오히려 체제 개혁에서는 갈대처럼 나약했다. 1999년을 전후로 TCL, 촹웨이 및 캉쟈 등 화남 지역의 TV업체들이 분분히 창훙으로 와 사람을 빼내갔다. 몐양綿陽시에 있는 창훙의 본사 입구에는 중국 호텔이 있었는데, 이들은 이 호텔에 장기간 투숙하면서 창훙의 기술진의 핵심 간부라면 3배 또는 그 이상의 몸값을 제공하면서 스카우트했다. 니룬펑은 목전에서 이러한 일을 당하면서도 완전 속수무책이었다. 필요한 사람들을 붙잡지 못했고, 필요 없는 사람은 떠나지 않았다. 그는 일찍이 『중국 경제시보』 기자에게 솔직하게 이렇게 털어놓은 적이 있었다.

창훙은 스촨성 산골짜기에 있는 군수 공업 기업으로, 인사 관계가 얽히고설켜 있어 매우 복잡합니다. 연해 지역의 기업들과는 아주 다릅니다. 설령 한 사람을 해고하려 해도 대부분 10여 명, 심지어 1백~2백 명의 직원들과 연관되어 있어 매우 어렵습니다.

니룬펑의 재임 시절 연봉은 20만 위안이었고, 이 외에 창훙 주식 2만 6천 주를 보유하고 있었다. 이러한 소득은 12억 위안에 달하는 리둥성의 몸값과 비교하면 실로 초라한 것이었다.

국영 체제의 낙후성을 통감한 니룬펑은 재산권 개혁을 결심했다. 기자들과의 인터뷰 중에 그는 아주 터놓고 이렇게 이야기했다. "현재 정책은 아주 명확합니다. 왜냐하면 TV는 경쟁성 제품이기 때문에 앞으로 국유 지분은 점점 퇴출되어 창훙은 민영기업으로 태어나게 될 것입니다." 그의 구상에 따르면 국유 지분 퇴출과 관리층의 MBO 실시는 창훙이 반드시 가야할 길이었다. 그러나 중서부 지역에서 가장 큰 가전업체이자 군수산업의 배경을 지닌 창훙의 '고귀한' 신분과 혁혁한 전과는 오히려 체제 전환의 최대 장애가 되었고, 여러 형태의 재산권 개혁 방안 모두 창훙에게는 적합지 않아 보였다. 이러한 줄다리기와 논쟁 속에서 니룬펑은 수차례 이렇게 고백한 바 있다. "몐양 정부는 기업에 대해 지나치게 관심이 많고, 어떤 경우에는 정부가 관심을 가져서는 안 되는 부분까지 관심을 갖고 있습니다." 그는 심지어 창훙 본사를 이전하거나 심지어 스촨성에서 떠나는 '천도' 방법을 제안하기도 했다. 이렇게 해서 그는 점점 더 국유 대주주의 눈엣가시가 되었다. 1996~1998년까지 창훙그룹은 3년 연속 중국 가전업계 선두자리를 지켰으나 1997년에 선두 수성에 실패하고 2000년에는 5위로 내려앉았다. 2000년에 니룬펑이 강력하게 추진한 브라운관 매점이 실패하자 그는 사퇴 압력을 받았다. 그러나 재미있는 사실은 8개월 만에 57세의 니룬펑이 다시 돌아와 회장을 맡게 된 점이다. 당시 많은 언론은 이런 특이한 복직은 니룬펑의 체제 개혁 방안이 이미 정부의 인정을 받아 창훙의 민영화가 멀지않았음을 의미한다고 생각했다. 니룬펑은 복직 후 바로 '재산권 투명화, 권한과 책임 명확화, 행정과 기업 분리, 과학적 관리'라는 목표를 내세워 창훙그룹을 재산권 측면에서 둘로 분리시켰다. 이중 스촨창훙전자그룹공사는 상장회사인 스촨창훙전기주식유한공사의 모회사이자 최대 주주로 53.62%의 주식을 보유해 절대적 지배권을 보유하게 되었다. 두 회사는 독립 법인으로 창훙그룹은 창훙전기의 일상적 운영에 대해 간섭하지 않았고, 브랜드는 공유하기로 했다. 니룬펑은 다음과 같이 기술한 바 있다.

조직의 구조조정을 완성한 후 창훙그룹은 주로 회사의 장기적인 전략 방향을 정립해 투자 프로젝트 연구, 새로운 경제 성장점 육성에 집중한다. 창훙전기는 상장사의 규범적인 운영 요구에 근거해 운영의 독립성을 유지함으로써 주주들을 위해 최고의 가치를 창출하는 것을 최대 목표로 삼는다.

창훙그룹과 창훙전기의 업무 분리는 모든 대형 국유기업들에게 재산권 개혁에서 반드시 거쳐야 하는 첫걸음으로 인식되었다. 다음 단계는 상장사의 주주권을 개조하는 것이었다. 니룬펑의 개혁은 여기까지는 순조로웠다. 하지만 그 이후로는 한 걸음도 더 나아가지 못했다. 이어서 발생한 자금 풍파가 장훙의 체제 개혁을 짙은 안개에 휩싸인 음모로 변질시켰던 것이다.

니룬펑은 복직 후 해외 시장으로의 진군을 선언했는데, 합작 파트너는 APEX라는 미국의 화교 기업이었다. 쟝수성 창저우^{常州}시 진탄^{金壇}현 출신의 설립자 지룽펀^{季龍粉}은 일찍이 농업에 종사하다 후에 미국으로 건너가 공부를 하면서 장사를 시작한 사람이었다. 1992년 그는 미국의 고철을 회수해서 중국 시장에 내다팔아 꽤 많은 돈을 벌었다. 자금이 어느 정도 축적되자 그는 APEX라는 회사를 설립했다. APEX의 주요 업무는 중국에서 저가의 DVD플레이어를 구입해 미국 시장에 판매하는 것이었다. 2001년에는 APEX의 DVD플레이어가 월마트에 진입했고, 2002년에는 소니를 제치고 미국 최대의 DVD플레이어 공급업체로 성장했다. 『타임』은 다음과 같은 기사로 그를 이렇게 평가했다. "지룽펀은 글로벌 영향력을 지닌 15인의 차세대 비즈니스맨 중의 하나이다." APEX의 굴기 비결에는 두 가지가 있었다. 첫째, 중국 상품의 저렴한 가격인데, 판매가가 타 브랜드의 1/2에 불과했다. 둘째, 지룽펀은 물건 값에 대한 외상을 능사로 삼고 있었다. 중국 기업과 거래 시 처음에 많은 오더를 낸 후 적시에 대금을 지불해 일정 정도 신용을 구축한 후에는 물량을 대폭 증가시키고는 대금 지불에서 생떼를 썼다. 지금까지 미지불 상태인 대금은 훙투가오커^{弘圖高科}의 2억 1천 5백만 위안, 텐다텐차이^{天大天財}의 3,562만 위안, 중국우쾅^{五礦}의

2,200만 달러 등이다. 이렇게 해서 지룽펀은 창훙 TV의 수출 파트너가 되었다. 대권을 손에 쥐고 있던 니룬펑은 미국으로 시찰을 떠났고, 거기에서 지룽펀과 합작 전략을 결정했다.

훗날 발생한 사건은 아주 모호했다. 2002년 창훙은 7억 6천만 달러를 수출했고, 이중 지룽펀이 7억 달러의 상품을 대리했다. APEX는 이로 인해 미국 TV의 5대 공급업체로 성장했고, 창훙은 해외시장 진출 전략 성공을 대대적으로 홍보했다. 창훙의 해외 매출은 660% 급성장해 총매출액의 44%를 차지했다. 2003년 창훙의 수출 물량 8억 달러 중 지룽펀이 6억 달러를 대리했다. 그런데 이상하게도 TV는 나갔지만 달러는 들어오지 않았다. 지룽펀이 품질 문제 또는 물품 미수령을 핑계로 대금 지불을 거절하거나 연기한 것이었다. 사실 쌍방은 통상적인 수출 계약을 체결했기에 물품 도착 90일 이내에 APEX는 대금을 반드시 지불해야 했다. 보도에 따르면 창훙의 해외 영업부가 업무 리스크를 발견해 일찍이 출하 금지를 내렸지만 신통하게도 지룽펀은 고위층을 설득해 물건을 발송하도록 한 것이었다. 2003년 말 창훙은 미국에 전문가를 보내 APEX와 교섭하도록 했지만 지룽펀은 그를 내팽개치고 곧바로 몐양으로 가서 고위층을 만났다. 그 결과 2004년 초 창훙은 다시 3,000만 달러의 TV를 지룽펀에게 발송했고, 이와 동시에 APEX 프로젝트를 책임지고 있던 두 매니저가 계약 기간 만료와 동시에 창훙을 떠났다. 이 기간 동안 창훙의 미수금 블랙홀은 언론의 광범위한 관심을 끌었고, 니룬펑과 관련된 각종 소문이 퍼져나가고 있었다. 2004년 6월 29일 창훙은 대외적으로 다음과 같이 선언했다. "우리는 회장이 사임할 것이라는 소식을 전혀 듣지 못했습니다. 전날에도 그는 미국 마이크로소프트의 부회장과 청두에서 전략적인 합작 계약에 서명했습니다." 9일 후 스촨성 정부는 갑자기 니룬펑을 창훙에서의 모든 직무에서 면직시키고 스촨성 성정부 경제 고문으로 위촉한다고 발표했다. 이유는 60세 정년을 모두 채웠기 때문이라고 했다. 이때 니룬펑 본인은 베이징에서 회의에 참석하고 있었다. 6개월 후 창훙그룹은 2004년의 연례 보고에서 해외 영업에서 36억 8천만 위안의 손실을 기록한 것을 인정했고, 이렇게 해서 창훙의 신화도 일시에 산산조각나 버렸다.

해외 영업에서의 창훙의 미수금 문제는 곰곰이 되돌아볼 만한 가치가 있다. 실제로 과거 몇 년 동안의 경영 관리에서 니룬펑은 자금 관리에 대해 매우 엄격했다. 2001년 니룬펑은 회사 상황에 대해 세세히 돌아본 적이 있었다.

과거 15년 동안 창훙의 매출 총액은 850억 위안이지만 부실 채권과 악성 부채는 당시 가격으로 1억 위안이 조금 넘었다. 일부 회수하기는 했지만 여전히 7,500만 위안이 남아 있었고, 공장 원가로 환산하면 5,000만 위안이었다. 재고도 일부 있었지만 그중 비정상 재고는 100만 위안 수준이었다.

그러면 이처럼 자금 흐름을 중시했던 니룬펑이 왜 APEX와의 업무에서는 대실수를 범했던 것일까? 경제전문가 랑셴핑郎咸平은 창훙 사례에 대한 분석 보고서에서 이렇게 밝히고 있다.

니룬펑은 은퇴 기간 중 미국을 방문한 적이 있는데, 복직 후 APEX와 합작 계약을 체결했으며, 자기 딸을 APEX 이사로 들여보냈다. 니룬펑의 딸은 일찍이 중화데이터방송사의 고위급 관리자로 일한 적이 있는데, 2003년 APEX는 3억 홍콩달러의 현금으로 홍콩의 상장사인 중화데이터방송사의 대주주 지분 54.06%를 양도받았다.

랑셴핑은 또 이상한 투자 운용 현상을 발견했다.

창훙은 2000년부터 10억 위안에 달하는 고객 재무 관리 대리 업무를 진행하고 있었다. 고객 재무 관리 대리는 가치 하락에 대비한 준비금을 계상하야 했는데, 창훙은 절차에 따른 단기 투자 가치 하락 준비금을 계상하지 않았다. 창훙은 이에 대해 이 미수계정은 모두 1년 내에 해당하는 것으로 경험에 따르면 2년째는 모두 회수가 가능하기 때문이라고 설명했다. 창훙의 보고서에 따르면 2000년의 99.92%, 2001년의 99.80%, 2002년의 99.76%의 단기 미수 채권은 모두 계상하지 않았고, 이 미수 채권은 한 번도 회수한 적이 없었다.

랑셴핑은 다음과 같이 추론했다.

"창홍은 계상해야 할 자산을 왜 이토록 많이 비축하고 있었을까? 내가 보기에는 한 가지 결론밖에 없다. MBO 시기가 무르익었을 때를 기다려 한꺼번에 계상해 창홍의 원가를 끌어올리고 기업 손실이 늘어나는 상황을 만들면 주가와 순자산 하락을 가져오게 되고, 그렇게 되면 니룬펑은 자연히 낮은 가격으로 창홍을 매수할 수 있었기 때문이다.

유명 컨설턴트 자오민(趙民)은 "창홍처럼 지방 정부가 통제하는 대형 기업의 경우 진정한 전략 결정자는 기업 외부에 존재하고, 이러한 객관적인 사실은 그들의 실족이 필연적임을 말해준다"고 분석했다.

중국의 기업사에서 국유기업의 경영자들은 매우 독특하고 연구할 만한 가치가 있는 집단이다. 그들은 경직된 체제에 빠진 채 거의 '불가능한 임무'를 짊어지고 있었으나 오히려 필생의 정력과 지혜로 자신이 관리하는 기업을 시장화의 길로 끌고 나가려 했다. 니룬펑, 장루이민, 류촨즈, 판닝 등은 모두 시장 개척으로 일어선 기업가들이다. 그들의 기업은 비록 국가나 집체에 속해 아주 약소하고 노후했으나 그들은 기업가의 혁신 정신에 근거해 실속 있는 대형 기업으로 성장시켰다. 그러나 이러한 신흥 기업가들은 모두 공통된 어려움, 즉 체제, 재산권, 의사결정에 대한 감독, 기업 성과 및 개인적 이해관계 문제에 직면해 있었다. 이러한 주제는 방대하고 해결하기 어려운 미스터리처럼 '국(國)'자로 시작하는 기업의 책임자들을 나날이 고뇌하도록 만들었다. 소수의 선견지명이 있는 선각자와 행운아는 이러한 장애에서 탈출했지만 대부분의 사람들은 변혁의 희생자와 소모품이 되었다. 중국 경제계에서 국유기업의 경영자는 자질이 우수하고 책임감이 강한 사람들이었지만 객관적으로 말해서 과거 30년 동안 독점적인 산업을 제외하고는 진정으로 성공한 사람을 찾기가 힘들다. '가전업계의 패왕' 니룬펑은 이 거대한 '숙명'에 아주 깊숙이 빠져서 좌충우돌하면서 음모와 공개적인 방법을 다 동원해봤지만 결국은 이로부터 벗어날 수 없었다.

2001년
WTO 가입과 도태

> 우리는 아직 너무 여리고,
> 우리 회사는 10년의 순조로운 발전으로 좌절을 경험한 적이 없다.
> 좌절을 경험하지 않았으니
> 정확한 길을 어떻게 걸어가야 하는지를 모른다.
> 고난은 일종의 자산이지만 우리는 고난을 경험한 적이 없으므로,
> 이것이 우리의 최대 약점이다.
>
> ―런정페이,『화웨이의 겨울』(2001년)

중국 증시에서 발생한 격렬한 논쟁과 란텐과 중커창업의 추문은 이후 몇 년 동안 끊임없이 재연되었고, 2004년 여름이 되어서야 단계적으로 종결되었다.[1] 영국의 천재 여류소설가 버지니아 울프가 일찍이 아주 신비한 이야기를 한 적이 있다. "1910년 12월 혹은 이를 전후해 인성에 변화가 발생할 것이다." 서양문학사에서는 이에 근거해 이때를 모더니즘 문학이 시작된 때로 간주하고 있다. 현대사에서 2001년은 그와 마찬가지로 본질적인 변화가 일어난 해라고 할 수 있다.

향후 오랜 기간 동안 21세기를 서술할 때 역사학자들은 종종 2001년 9월 11일

---

1) 사실 2001년부터 뤄량의 거래 중단을 상징으로 자본시장에서 큰손들은 이미 고전하기 시작했다. 3년 후에 붕괴된 중국 최대의 민영기업 더룽그룹 회장 탕완신은 "2001년 후 나의 매일의 업무는 위기를 처리하는 것이었다"고 말했다. 기업계에서는 오랫동안 유행했던 자본경영에 대해 의문을 제기하기 시작했다. 일련의 성공적인 인수합병으로 2001년 'CCTV의 올해의 중국 경제 인물'에 선정된 화룬그룹의 총수 닝가오닝寧高寧은 수상 소감에서 의외로 이렇게 말했다. "중국 기업계는 과거에 많은 유해한 말을 제조했다. '자본경영'이라는 말이 그중에서도 최고다. 당신은 모든 성공한 기업, 특히 서방의 성공한 기업의 사전에서 자본경영이라는 말을 찾을 수 없을 것이다."

을 기점으로 삼을 것이다. 이 날은 어떠한 징조도 없었다. 미국 동부 시간으로 08시 45분 AA11편이 항로를 바꾸어 뉴욕의 세계무역센터 북쪽 건물과 충돌한 직후인 09시 3분 UA175편이 남쪽 건물과 충돌했다. 09시 40분 AA77편이 워싱턴의 국방부 건물과 충돌하고, 이어 약 9시 59분경 세계무역센터 남쪽 건물이 붕괴된 뒤, 10시 3분 UA93편이 피츠버그 동남쪽에 추락했다. 10시 30분경 세계무역센터 북쪽 건물이 완전히 붕괴되었고, 이 여파로 인해 17시 20분 47층짜리 세계무역센터 부속 건물인 제7세계무역센터 빌딩이 힘없이 주저앉았다. '9·11'테러 사건은 미국을 극도의 공황 상태로 몰아넣었고, 동시에 전 세계를 경악시켰다. 아프가니스탄의 테러 조직 알카에다와 그의 지도자 오사마 빈 라덴은 이 사건이 자신들의 행위라고 선언했다. 1개월 후 미국은 아프가니스탄과의 전쟁을 선언했고, 2003년 테러리스트들에 대항한다는 명목으로 이라크와도 전쟁을 개시했다.

9·11 테러는 사람들을 철저하게 변화시켰고, 특히 세계에 대한 미국인들의 기본적인 판단을 변화시켰다. 『뉴스위크』는 9·11 테러를 '순수의 시대'를 종식시키는 상징으로 보았다. 과거 10년 동안 소련의 해체와 동유럽 국가들의 변화에 힘입어 이미 냉전 시대를 벗어났고, 글로벌 비즈니스를 핵심으로 하고 경제 발전을 주선율로 하는 국제 질서가 형성되고 있었다. 모든 국가는 이처럼 새로운 현실에 적응하는 중이었다. 과거의 고대 문명에 대한 자부심이 강한 일부 국가들은 신흥 시장으로 앞 다퉈 나아갔고, 과거 초강대국들의 정상회담, 심지어 유엔총회의 위상도 매년 스위스에서 개최되는 다보스포럼으로 넘어가게 되었다. 역사를 추동하는 역량은 이제 더 이상 전쟁, 이데올로기, 권력 정치가 아니라 경제, 자본과 기술이었다. 그러나 9·11 테러의 발생은 갑자기 이 모든 것을 앗아갔고, 빈 라덴은 극단적인 방식으로 일종의 새로운 전쟁 형식의 탄생을 선포한 것이었다. 전 세계 정치는 혼란에 휩싸였고, 아직까지도 이 혼란은 해소되지 않고 있다. 세계은행은 이해의 「세계 발전 보고」에서 "이데올로기 전쟁이 막 일단락을 고한 후 동서양은 다시 종교적 견해 차이로 대립을 보이기 시작하고 있고, 이것이 글로벌 경제에 미치는 영향은 더욱 심원할 것"이라고 적었다.

9·11 테러가 세계에 대한 미국의 태도를 변화시켰다면 2001년에 발생한 엔론

Enron 사건과 월드콤WorldCom의 회계 부정은 사람들로 하여금 미국 업체의 감독 관리 제도에 대해 의문을 갖도록 만들었다. 엔론은 전 세계 최대의 에너지 기업으로 『포춘』지가 2000년에 발표한 세계 500대 기업 중 7위를 차지했고, 전년도 매출이 1,000억 달러를 넘는 회사였다. 이 업체는 줄곧 월스트리트에서 가장 사랑받아온 총아였고, 4년 연속 '미국에서 혁신 정신이 가장 뛰어난 업체'로 선정되었다. 엔론의 주식은 모든 증권 등급 평가 기관이 가장 강력하게 추천하는 우량주로, 주가가 70달러가 넘어섰는데도 여전히 상승 추세에 있었다. 그러나 연초 엔론은 재무 보고 조작 혐의를 받게 되었다. 엔론의 고위층이 줄곧 수중의 주식을 몰래 팔아 현금으로 전환시켰는데, 글로벌 5대 회계 사무소 중의 하나인 아서 앤더슨도 조작 사건에 깊숙이 연루되어 있었다. 8월이 되어 추측이 사실로 증명되자 엔론의 주가는 폭락하기 시작했고, 12월 2일 엔론은 부득불 파산 보호를 신청하게 되었으며, 아서 앤더슨은 이에 연루되어 미국의 회계 업무 시장에서 퇴출되어 결국에는 해체되었다. 엔론 사건과 거의 동시에 월드콤의 회계 부정 사건이 터졌다. 미국의 2대 통신사인 월드콤이 과거 2년 동안 영업 이익 조작, 이윤 확대 등의 수법으로 투자자를 기만한 사건이었다. 2002년 7월 월드콤은 300억 달러의 부채를 감당할 길이 없어 파산 보호를 신청했는데, 이는 미국 유사 이래 최대의 파산 사건으로 기록되었다.

여기까지는 2001년의 미국이다. 9·11 테러, 엔론 사건과 월드콤의 회계 부정의 여파가 아직 가라앉지 않은 가운데 나스닥 주가 폭락 사태는 세계 제일의 대국인 미국의 정치외교와 경제를 지속적인 불안으로 이끌었다. 이와 같은 시각 중국에서는 분명히 다른 광경이 펼쳐지고 있었다.[2] 중국에서는 몇 가지 중요하면서 커다란 영향력을 가진 일이 발생하고 있었으니, 이는 오히려 중국의 경사라고 할 수 있었다.

2) 이해 미국 경제계에서 유일하게 자랑할 만한 사건은 애플의 스티브 잡스가 iPod 온라인음악 플레이어를 출시한 것이다. 이는 빠르게 소니의 워크맨에 이어 언론의 중시를 받던 신상품 중의 하나였다. 이후 6년 동안 이 기업의 주주들은 900억 달러의 부를 축적하게 되었다.

7월 13일 베이징 시간 10시 정각 만인이 주시하는 가운데 2008년 올림픽 개최지가 마침내 모스크바 국제올림픽 112차 총회에서 발표되었다. 중국의 베이징, 캐나다의 토론토, 프랑스의 파리와 터키의 이스탄불이 최후의 각축전을 벌이고 있었다. 고요한 적막 속에 올림픽조직위원회 위원장 사마란치는 최종 선택된 도시가 베이징이라고 발표했다. 수만 리 밖의 화하(華夏, 중국의 고대 명칭)의 대지는 갑자기 들끓기 시작했고, 온 하늘에는 폭죽이 수를 놓았다. 베이징은 2,800억 위안을 투입해 기본 설비와 체육관 등을 건설할 것이라고 선언했다. 중국사회과학원은 향후 몇 년 동안 올림픽 경제가 중국의 국내총생산을 0.5% 상승시킬 것이고, 2008년까지 올림픽은 투자 유발과 기대 심리로 인해 중국의 거시경제가 지속적으로 상승하도록 하는 중요한 요소 중의 하나가 될 것이라고 예측했다.

10월 7일, 중국의 남자 축구는 선양에서 예멘 대표팀을 1:0으로 격파하고 역사적인 월드컵 본선 진출에 성공했다. 이날은 불면의 밤이 되었고, 중국 축구는 마침내 세계로 향하는 꿈을 실현하게 되었는데, 이는 중국 굴기의 상징적인 사건 중의 하나로 여겨졌다.

11월 10일, 역시 역사적인 순간이었다. 이날 오후 카타르의 수도 도하에서 개최된 WTO 제4차 장관급 회의에서 회의 참가국 전원일치로 중국의 WTO 가입이 통과되었다. 중국대외경제무역부 부장 스광성(石廣生)이 중국 정부를 대신해 합의서에 서명했다. 12월 11일 중국은 정식으로 WTO 회원국이 되었고, WTO 사무총장 마이크 무어Mike Moore는 신화사 기자에게 "중국의 WTO 가입은 내 생애 가장 영광스런 일"이라고 말했다.

올림픽 유치 성공, 축구 대표팀의 월드컵 본선 진출, WTO 가입 등 일련의 대경사가 모두 2001년에 일어나 중국인들로 하여금 새로운 세기의 시작에 미증유의 흥분, 행복감과 만족감을 갖도록 했다.

중국의 WTO 가입 전후로 중국의 미래와 방향을 예측하는 것은 전 세계 경제계에서 가장 뜨거운 화제가 되었다. 일본 통산성은 백서에서 처음으로 중국이 이미 세계의 공장이 되었음을 언급했는데, TV, 세탁기, 에어컨, 냉장고, 전자레인지, 오토바이 등의 제품 영역에서 '메이드 인 차이나'가 이미 대세가 되었음을 밝혔다. 경제학자들은 더 나아가 중국 기업들이 1980년대의 일본과 마찬가지로 전 세계를 정복하는 여정을 시작했다고 여겼다. 이와 관련해 '중국 위협론'도 차츰 고개를 들기 시작했다.

물론 상술한 관점과 완전히 다른 목소리도 출현했다. 일부 학자들은 시장이 점차 개방되고 다국적자본이 벌떼처럼 몰려들면 이미 위태위태한 국유 경제체제는 충격을 감당하지 못할 것이고, 몇몇 노쇠하고 활력이 결핍된 국유기업은 아주 빠른 속도로 시장에서 퇴출될 것이며, 이는 중국 경제의 거시적인 안정과 지속적인 발전에 영향을 주게 될 것으로 예측했다. 장쟈둔章家敦이라는 미국의 화교 변호사는 『중국 붕괴론』이라는 책을 출판해 중국 경제의 번영은 거짓이고, WTO 가입 후의 강력한 충격 하에 중국의 현행 정치와 경제 제도는 길어야 5년 정도만 견딜 것이라고 주장했다. 거대 투자은행 살로먼 스미스 바니Salomon Smith Barney는 "중국은 WTO 가입 후 5년 동안 4,000만의 실업 인구가 출현할 것이고, 심각한 취업 스트레스가 조만간 이 국가를 무너뜨릴 것"이라고 예상했다. 이와 유사한 논조는 중국의 고투입, 저생산을 특징으로 하는 경제 성장 모델과 저가 노동력과 거대한 에너지 소비의 기초 위에 건설된 발전 모델은 지금 막다른 골목에 들어서고 있기 때문에 20년에 가까운 고속성장 기조를 유지하기 어려울 것이라고 보았다.

몇 년이 지난 후에 드러난 사실은 상술한 모든 예측이 들어맞지 않았고, 중국의 경제와 기업의 성장은 여전히 자기 논리대로 우여곡절을 겪으며 전진할 것이며, 지나치게 낙관적이거나 비관적인 추측과는 상관이 없음을 증명했다. 1991년 페어뱅크의 사망 이후 서방의 주류 세계에는 객관적으로 중국을 이해하는 두 번째 정치평론가가 나타나지 않았다. 영국의 『파이낸셜 타임스』 중국어 사이트 편집장인 장리펀張力奮은 다음과 같이 말했다.

> 1990년대 이후 중국 경제의 활력에 대해 거의 몇 년 간격으로 경제학자들은 부득불 사고의 방향을 바꾸어 새로운 언어나 개념을 활용해 중국의 새로운 경제 현상을 묘사하거나 분석하고 있다. 중국 경제의 운명은 이러한 틀과 개념의 전환 속에서 천천히 환골탈태해, 국제적인 게임 규칙을 공통된 언어로 삼아 날로 의기투합해서 점차 같은 길로 접어들고 있

다.

가을 『뉴욕타임스』는 『불확실성의 시대』의 저자이자 미국경제학회 회장을 역임한 갤브레이스John Kenneth Galbraith를 초청해 미래의 중미 관계에 대해 대담을 진행한 적이 있었다. 94세의 갤브레이스는 막 굴기하기 시작한 아시아의 한 나라인 인도에서 막 돌아와서는 두려운 표정으로 "나의 절반의 지식은 잘못된 것이고, 절반은 아무런 쓸모가 없었다"라고 말했다. 그리고 중국에 대해서는 "중국에 대한 우리의 많은 예언은 단지 자신의 억측에 지나지 않는다"라고 말했다.

WTO가 중국에 끼친 영향은 지속적이면서도 길고 긴 과정 속에서 드러났다. 점진적인 변혁 과정에 있는 중국에서는 어떠한 변화도 하룻저녁 사이에 생성된 것은 없었다. 사실 1998년에 시작된 '국퇴민진'도 이러한 비상시국에 대응하는 중대한 전략적 결정으로, 국유자본 집단의 진퇴와 구조조정과 관련해 WTO의 시장 개방 시간표에 근거해 확정되지 않은 것은 하나도 없었다. 또 다른 이익 집단인 다국적기업에게도 중국의 WTO 가입은 똑같이 전략의 중대한 조정을 의미했다. 세 가지 측면에서 발생한 변화가 비교적 뚜렷했다.

첫째, 다국적기업의 업종 선택에서 미묘한 태도 변화가 나타났는데, 그들은 처음 경쟁성 영역에서 시작해 점차 독점 혹은 독과점 영역으로 진입했다. 미국의 MIT 교수 황야성은 일찍이 아주 독특한 '중국 특수 사례'를 발견했다. 일반적으로 말하면 다국적기업은 개발도상국에 진출할 때는 종종 에너지, 금융, 전신 등 자원과 관련이 있고, 정부와의 관계가 밀접하며 자본 투입 규모가 비교적 큰 영역을 선택하는데, 중국에서의 전략은 오히려 완전히 이와 달랐다. 개혁개방 전기와 중기에 중국에 진출한 다국적기업은 절대 다수가 완전 경쟁 시장 영역에 진출했다. 이들 중 최대의 성공을 거둔 기업은 음료를 생산하는 코카콜라와 샴푸를 생산하는 P&G, 그리고 일본의 가전업체들이었다. 구미의 많은 경제학자들은 이를 잘 이해하지 못했다. 황야성은 이를 다음과 같이 해석했다.

다국적기업들은 처음에는 인구의 수적인 측면에서 중국 시장을 상상했고, 국내 기업은 이들의 일격을 감당할 방법이 없었다. 이러한 외국인들은 계획 체제 속의 정부 관리들과 어떻게 관계를 구축하는지 방법을 알지 못했고, 또 중앙의 정책에 어떻게 영향을 주어 이익을 쟁취하는지를 알지 못했다.

10여 년 후 시장에는 근본적인 변화가 일어났다. 특히 2002년 이후 황야성이 발견한 이 법칙은 효과를 상실했다. 소비재 영역에서 중국의 신흥업체들과 살벌하게 다투던 다국적기업들은 — 가령 가전 영역에서 만약 중국 기업들이 치명적인 잘못을 저지르지 않았다면 다국적 브랜드들은 완전 전멸했을 것이다 — 자원과 관련이 있는 업종으로 전환을 시도하면서 투자 합작 권리에 대한 우선권을 획득했다. 가장 설득력 있는 사례는 GE의 전략 전환이었다. 이 업체는 1992년에 중국에 진출한 대기업으로 경영적인 측면에서 줄곧 순조롭지 못했다. GE가 생산한 전구는 향진기업과 경쟁할 방법이 없었고, 이에 대해 글로벌 CEO 웰치도 두 손을 들고 말았다. 2001년 퇴임에 즈음해 한 기자가 중국 시장에 대한 견해를 묻자 웰치는 다음과 같이 말했다.

저는 10년 동안 줄곧 중국을 돌아다녔습니다. 매번 서기에 갈 때마다 우스갯소리로 지난번 왔을 때 알았던 것이 너무나 부족했다고 이야기했습니다. 그곳은 너무 크고, 너무 복잡합니다. 저는 정말 잘 모르겠습니다. 이것이 제가 물러나야 할 이유라고 생각합니다.

중국에서의 GE의 전환은 그의 후임자 임멜트Jeffrey R. Immelt의 손에서 일어났다. 그는 투자의 중점을 일반 소비재에서 기술 수준이 비교적 높은 기초 공정으로 옮겼다. GE의 공업 조명, 의료 설비, 가스 터빈, 송풍기, 수력 발전 설비, 비행기 엔진, 전력 수송 등의 프로젝트 투자는 모두 좋은 성과를 거두었고, 이러한 영역의 절대다수는 민영자본의 진입 금지 지대였다.

둘째, 다국적기업의 금융성 투자가 대대적으로 증가했다. 2001년 이전에 중국에서 성공해 이름을 날린 기업은 전부가 사업 투자형 기업이었다. 중국 경제가 지속적으로 성장함에 따라 '입구의 야만인'으로 불린 국제 금융 자본은 몸이 근질근질 해지기 시작했다. 그러나 중국의 환율 제도의 독립성으로 인해 기회를 찾기가 쉽지 않았다. 1998년 홍콩에 대한 소로스의 퀀텀펀드의 저격은 실패한 실험으로 증명되었다. 중국이 WTO에 가입한 후 금융 시장의 개방은 시간표에 맞추어져 있고, 다국적 금융 기구들은 각기 중국에 대한 사업 배치를 가속화했다. 2001년을 전후해 HSBC, 시티은행, AIG PB, 스탠더드차터드 등의 은행이 지역 본사를 싱가포르나 홍콩에서 상하이로 옮기고 있었다. 이전에 암암리에 배치되었던 금융 투자사들도 수면으로 고개를 내밀었다. 10월 창간된 지 얼마 되지 않은 『경제관찰보』는 다음과 같은 뉴스를 보도했다.

> 일찍이 6년 전 모건스탠리는 중국건설은행 등과 '지금까지 중국 본토에서 유일하고 가장 우수한 합자 투자 은행'인 중국국제금융공사를 조직했고, 지분 35%를 보유하고 있다.[3]

과거 몇 년 동안 거의 모든 대형 국유 독점 기업의 자본 재조정은 모두 중국국제금융공사와 관련이 있었는데, 국제금융공사는 차이나텔레콤, 중국석유, 치이나유니콤, 차이나모바일을 위해 자본시장에서 모두 191억 달러를 조달해주었다. 차이나텔레콤과 협조해 93억 달러로 쟝수, 푸젠, 허난 및 하이난 등 네 개 성의 이동통신 자산을 매수해 주 인수업자가 되었고, 또 차이나텔레콤에는 주식의 추가 발행으로 20억 달러의 자금을 모집해주었다. 또 국가전력공사와 중국산샤프로젝트개발총공사를 위해 50억 위안의 기업 채권을 발행해주었다. 이러한 업무는 국제금융공사에게 2000년 아태지역 신규 주식 발행 분야에서 1위를 차지하는 영예를 안겨주었다. 2001년 10월 중국은 처음으로 외자가 부실 자산 처리에 개입하는 것을 허가했는데, 첫 번째 입찰에서 모건스탠리가 단독으로 108억 위안의 자산을 획득했다. 이러한 부실 자산은 전국의 18개 성과 시에 분포되어 있었고, 부동산, 방직,

---

3) 1995년에 설립된 중국국제금융공사는 중국에서 처음으로 투자 은행 서비스를 제공하는 국제 금융 기구로, 등록 자본금이 1억 달러였다. 주주와 지분율은 다음과 같았다. 중국건설은행 42.5%, 모건스탠리 35%, 중국 경제기술투자담보공사 7.5%, 싱가포르정부투자기업 7.5%, 밍리名力그룹 7.5%.

야금, 제약 등의 업종에 254개 업체와 공장이 포함되어 있었으며, 이중 절대 다수는 국유기업이었다. 이러한 부실 자산이 '국퇴민진' 전략이 만들어낸 잉여 가치라는 것은 아주 분명했다. 『경제관찰보』의 기자는 한 기사에서 아래와 같이 적었다.

모건스탠리가 중국 기업과 국내외에서 융자를 통해 거대한 이윤을 함께 누린 것은 동시에 동종업계의 부러움과 질시를 받았다. 왜 모건스탠리냐? 왜 35%냐? 당시 합자의 전체 과정을 경험한 사람의 기억에 따르면 중국의 자본시장 진출 허가에는 결코 법률로써 엄격하게 제한하는 규정은 없었고, 실질적인 관문은 정책의 심사 비준에 있었다. 당시 대다수 합자기업과 마찬가지로 단지 자본시장의 개방에 더 민감하고 신중했을 뿐이었을 것이다. 아마도 합자측이 더 노력하고 더 적극적이었을 것이다. 아무리 유경험자라도 결코 이보다 더 조리정연하게 연유를 말할 수는 없을 것이다.

셋째, 다국적기업의 독자화獨資化 추세가 날로 뚜렷해졌다. 과거 오랫동안 외자가 중국에서 공장을 건설할 때는 합작 파트너를 필요로 했다. 가령 코카콜라와 펩시콜라의 각 지역 공장은 국영 식용유 회사와 합작했고, P&G의 합작 대상은 국영 일용품 공장으로 정해져 있었다. 오늘에 이르러 그러한 제한이 점점 사라졌고, 이미 합자한 다국적기업은 스스로 이미 안정적인 단계에 접어들었다고 생각되면 각종 방법을 통해 중국 투자자를 몰아내려고 했다. 일본의 마쓰시타는 중국에 설립된 50개 합자기업 모두를 독자법인으로 전환할 방법을 도모하고 있다고 언론에 밝혔다. 휴대폰을 생산하는 모토롤라도 이러한 결정을 내렸다. 9월 모토롤라는 첫 번째 글로벌 이사회를 베이징에서 개최했다. 모토롤라의 대중국 투자는 총투자액의 9%였지만 회수율은 총이윤의 17%에 달했다. 이사회는 미래 5년 내 대중국 투자를 100억 달러로 확대할 것을 결의했고, 동시에 이사들은 "독자獨資는 중국의 WTO 가입 후 합자회사의 자연스러운 선택"이라고 말했다. 당시 중국에서의 이 회사의 최대 합자기업은 저장성의 둥팡통신으로, 미국 측은 중국 측 회장 스지싱施繼興에게 중국 측이 지분을 양도하든지 아니면 미국 측이 합자를 철회하든지 할지를 결정하라고 요구했다. 스지싱은 두 번째 방안을 선택했고, 모토롤라는 즉시 사업을 철수하고 모든 기술적 지원을 중단했다. 중국 측과의 전쟁도 마다하지 않겠다는 태도로 단호한 독자 행동을 보인 업체로는 펩시콜라가 있었다. 펩시콜라는 당시에 이미 전국적으로 15개의 합자 공장을 설립했고, 9월에는 펩시콜라(중국)투자유한공사가 산둥에 독자 회사를 설립해 칭다오를 세력 범위에 둔다고 선언했다. 하지만 이전에 펩시콜라는 산둥에 합자 공장을 설립했었기 때문에 두 개의 펩시콜라 회사가 칭다오 시장을 겨냥해 가격전쟁을 벌여 외부에서 보기에 갈피를 잡을 수 없는 양상이 나타났다. 또 펩시콜라는 스촨성 청두의 중국 측 합작 파트너를 몰아내려고 시도했는데, 협상이 성사되지 않은 상황 하에서 미국 측은 농축액 가격을 대폭 올리고, 다른 브랜드의 음료 생산을 결코 허락하지 않겠다고 발표했다. 미국 측의 횡포는 중국 측의 집단적인 반발과 보이콧을 유발시켰다. 2002년 3월 미국 측은 '보이콧 동맹'의 선동자이자 상하이펩시콜라의 중국 측 사장인 천츄팡陳秋芳을 해고했다. 7월 15개의 합자 공장 중 14개가 청두에서 기자회견을 갖고 공동으로 펩시콜라를 비난했다. 한 달 후 미국의 펩시콜라는 회계 감사 불가능을 이유로 스웨덴의 스톡홀름 상공회의소 국제중재법원에 청두의 중국 측 파트너와의 계약 해지 청구를 제기했는데, 이 안건은 중국의 WTO 가입 이후 최초로 일어난 중재 안건이었다. 스웨덴 법원은 최종적으로 상표 허가 계약과 농축액 공급 계약을 종결한다고 결정함으로써 펩시콜라 손을 들어주었다. 중국의 〈계약법〉의 주요 기안자인 량후이싱은 '펩시콜라 중재 파동'의 본질은 다국적 자본이 중국의 WTO 가입을 계기로 중국의 법률과 관리의 빈틈을 이용해 약탈성 확장을 가속화한 것이라고 생각했다. 펩시콜라의 중재 파동 5년 후인 2006년 4월 이 안건에 참여했고 또 강력하게 스웨덴 중재법원에 중재를 제기했던 중국국제무역중재위원회 위원 왕성장王生長이 경제사범으로 체포되었다. 신화사는 "왕성장은 국유재산을 개인적으로 유용했고, 또 뇌물수수 혐의가 인정되었다. 그가 펩시콜라 중재 파동에서 발휘했던 역할에 의문을 더하고 있다"라고 보도했다. 펩시콜라 중국 본부는 이에 대해 아무런 논평도 하지 않았다.[1]

---

4) 중국에서의 코카콜라와 펩시콜라의 합자 모델은 연구할 가치가 있다. 코카콜라가 먼저 중국에

다국적 자본이 끊임없이 침투하고 국유자본의 강력한 재조정이 실시되던 시기, '제3의 역량'인 민영자본은 마치 바둑판 바깥의 방관자처럼 보였다. 30년의 중국 기업사에서 성질이 다른 자본 간의 게임은 줄곧 중국 경제를 곤혹스럽게 만들고 또한 추동하는 주요 요소였다. 중국이 WTO에 가입함에 따라 3대 자본 집단 간의 게임 구도에는 근본적인 변화가 발생했다. 국유와 다국적, 두 강세 자본은 이익 분배와 재조정에서 새로운 인식의 일치를 보였으나 경쟁성 시장에서 엄청난 성공을 거둔 민영자본은 갈수록 비주류 신세로 변하고 있었다. 단지 극소수 사람만이 상징적인 성공을 맛보고 있을 뿐이었다. 2001년 최소 세 사람이 줄곧 민영자본에 개방되지 않은 영역을 돌파하는 저력을 보였다.

첫 번째는 유명한 스촨의 류씨 형제의 넷째 류융하오였다.

5월 류융하오는 민생은행의 지분 7.98%를 보유해 1대 주주가 되었다고 선언했다. 금융 영역에서의 풍부한 수확으로 인해 류씨 형제는 연말 『포브스』의 중국 부자 리스트에서 1위 자리를 되찾았다. 민생은행은 개혁 분위기가 가장 농후했던 1996년에 설립되었다. 당시 전국공상연합 회장이자 금융 전문가였던 징수핑經叔平의 발기 하에 국무원은 최초의 주식제 상업은행인 민생은행의 설립을 비준했다. 징수핑이 회장을 맡았고, 발기한 주주 중에는 전국공상연합에 가입한 몇몇 민영기업가들도 있었으며, 이중 부회장이던 류융하오는 865만 위안을 출자해 1대 주주로 이름을 올렸다. 이렇게 해서 국유자본이 전적으로 독점해온 금융 영역에서 민생은행은 반관半官 성격인 전국공상연합에 기대어 세상에 모습을 드러냈다. 비록 약소하기는 했지만 중국에서는 유일한 실험적이고 재산권이 투명한 상업은행이 되었던 것

들어온 이후부터 탄산음료에 대한 외국 기업의 투자는 중앙 정부가 직접 비준했는데, 주입 공장의 수량, 지역 선정에서 농축액의 공급 가격까지 모두 정부가 결정했다. 1993년을 전후로 중국경공업총회는 코카콜라 및 펩시콜라와 별도로 음료 발전 MOU를 체결했는데, 두 업체에 대해 음료 주입 공장 건설을 요구하는 동시에 기존의 국내 유명 브랜드 음료 생산 기업을 개조할 것을 요구했다. 두 업체가 설립한 합자기업은 반드시 최소 30%의 국내 음료를 생산해야 했다. 이러한 합자 모델은 쌍방 간에 끊임없는 모순을 야기했다. 2001년 이후 탄산음료 시장이 개방되자 두 업체는 단호하게 독자 행동을 펼쳐 나갔다.

이다. 향후 몇 년 동안 거시적인 정세가 요동쳤고, 민생은행의 기복도 자못 변화가 심해 주주들의 이동도 있었다. 안목이 뛰어난 류융하오는 오히려 끈질기게 민생은행의 주식을 매입해 주식 보유율을 날로 높여갔다. 2000년 11월 민생은행의 상하이 거래소 상장이 비준되었다. 민생은행의 독특한 지위는 자본시장의 관심을 불러일으켰고, 주식 구매 신청 동결 자금이 무려 4,000억 위안을 넘어서 당시 전국 신기록을 세웠다. 류씨 형제는 과거 메추라기 사육과 사료 생산으로 부를 축적했고, 오늘날 특수한 인연을 바탕으로 금융 영역에 진출하면서 자연스럽게 사람들의 무한한 부러움을 샀다. 류융하오와 마찬가지로 전국공상연합의 부주석이자 민생은행의 개혁 효과에 기대어 금융 영역에 진출한 민영기업가에는 둥팡그룹의 장훙웨이張宏偉와 판하이泛海그룹의 루즈챵盧志强 등이 있었다. 2001년 『포브스』의 부자 리스트에서 류융하오와 그의 가족들이 1위에 이름을 올렸고, 장훙웨이와 루즈챵은 각각 24위와 36위에 이름을 올렸다.

류융하오 등이 '개혁의 모범'으로 독점 영역에 공교롭게 진출했다면 우잉吳鷹과 그의 샤오링퉁小靈通(1990년대 말과 2000년대 초반 중국에서 유행한 씨티폰의 일종)은 국유 독점 기업 간의 내전 덕을 보았다. 마찬가지로 우잉은 『포브스』 부자 리스트 19위에 이름을 올렸다.

1990년대 중반 이후 휴대폰이 보급되자 이동통신은 최고의 활황 산업이 되었고, 이 시장은 차이나모바일과 차이나유니콤의 양대 이동통신 서비스업체가 양분했다. 상대적으로 말해서 과거 통신업종의 거두였던 차이나텔레콤은 고정 전화 업무 영역에만 종사했기 때문에 거대한 시장을 향유할 방법이 없었다. 이때 일찍이 미국 벨연구소Bell Labs에서 근무한 적이 있는 중국 유학생 우잉이 이를 비집고 들어갈 비즈니스 기회를 발견했다. 그는 일본인이 개발한 PHS 무선 기술을 중국에 도입했다. 이러한 기술은 기존의 고정 전화망을 이용해서 무선 접속하는 방식으로 무선통신 서비스를 제공하는 것이었다. 이 기술의 최대 약점은 신호가 취약한 데 있었고, 어떤 경우에는 집에서도 통화가 되지 않아 일본에서조차 이미 버려진 비주류 기술이었다. 그러나 중국에서는 오히려 차이나텔레콤의 구세주가 되었다. 이 기술이 있었기 때문에 완곡하게나마 이동통신 시장에 진출할 수 있었고, 양대 이동통신사의 비싼 통화 서비스 비용은 차이나텔레콤에게 거대한 이윤 창출의 공간을 제공했다.

우잉이 설립한 UT스타콤UT Starcom은 PHS 프로젝트의 설비공급업체가 되었고, 그는 이 단말기 이름을 '샤오링퉁'이라고 불렀다. 1997년 12월 첫 번째 무선 전화가 저장성 항저우시에서 개통되었다. 샤오링퉁의 3분 통화료는 0.2위안이었는데, 차이나모바일과 차이나유니콤의 1분 통화료는 0.5위안으로 거의 7.5배에 달했다. 게다가 샤오링퉁은 착신 전화의 경우 무료였으므로, 동일한 통화인데도 실제 가격 차이는 10배에 달했다. 3개월 만에 항저우의 샤오링퉁 사용자는 양대 이동통신사의 사용자를 합친 것과 비슷했다. 샤오링퉁은 아주 빠른 속도로 저장성 전체로 보급되었고, 또한 차이나텔레콤에게는 이동통신 시장을 분할 점령하는 도구가 되었다.

이렇게 해서 일본에서 버려진 기술이 의외로 중국에서는 독점 기업 간의 통신 대전을 불러오게 했다. 차이나텔레콤은 전국 100개 이상의 도시에 샤오링퉁을 보급했는데, 각 지역의 이동통신서비스업체는 한편으로는 샤오링퉁의 진출을 저격했고, 한편으로는 지속적으로 정보산업부에 보고했다. 정보산업부는 입장이 난처해지자 "샤오링퉁은 낙후된 기술로 전국적인 범위에서의 발전에는 한계가 있다"라고 발표하고는 얼마 지나지 않아 "조사 결과 샤오링퉁은 고정 전화의 보충과 연장이기 때문에 조건저으로 치이나델레곰의 샤오링퉁 업무를 허가한다"고 발표했다. 가장 세상을 떠들썩하게 한 뉴스는 2000년 간수성 란저우시에서 일어났는데, 란저우통신이 샤오링퉁에 '6'자로 시작하는 국번을 부여한 것이었다. 그러자 란저우의 차이나모바일이 정보산업부의 비준을 거치지 않은 번호를 인정하지 않았고, 이들이 이동통신망에 들어오는 것을 거부했다. 란저우통신의 이처럼 치기어린 행동으로 전체 이동통신망과 고정통신망의 연결이 단절되어 수십 만 명의 사용자는 수십 시간 동안 휴대폰과 고정 전화를 연결할 방법이 없게 되었고, 이로 인해 웃지도 울지도 못하는 중대 사고들이 빚어졌다. 하지만 2001년까지 베이징, 상하이 등 극소수 대도시를 제외하고 샤오링퉁 업무가 전면적으로 재개되어 사용자 수가 6,000만 명을 넘어섰다.

차이나텔레콤의 샤오링퉁 보급이 확대되자 설비공급업체인 UT스타콤도 자연스럽게 놀라운 성장을 이어갔다. 2000년 3월 3일 UT스타콤이 미국에 상장되었다. 이후 17분기 동안 연속해서 이 회사는 완벽한 상승 곡선을 이어갔고, 월스트리트의 기대를 훨씬 뛰어넘는 업적을 발휘해 나스닥의 주가 폭락 시기에도 UT스타콤의 주가는 20달러 밑으로 떨어지지 않았다. 2002년 UT스타콤의 시가는 260억 위안에 달했다. 체게바라Che Guevara식의 구레나룻을 기른 우잉은 전설적인 CEO로 여겨졌고, 그는 '중국 10대 신예'와 '2001년 중국 10대 인기 기업가'로 선정되었다. 『비즈니스위크』는 일찍이 그를 아시아 금융 위기를 구원한 '아시아 50대 인물' 중의 하나로 선정했다.[5]

세 번째로 기록할만한 가치가 있는 사람은 리수푸李書福로, 이 풀뿌리형 기업가는 뜻밖에도 민영기업 최초로 자동차 제조 허가증을 수중에 넣게 되었다.

11월 9일 국가경제무역위원회가 제6차 〈차량 생산 기업 및 제품 공고〉를 발표했는데, '지리吉利JL6360'이라는 낯선 모델명이 리스트에 올라 있었다. 이는 지리의 출현이 민영자본이 처음으로 자동차 제조업에서 정부의 정식 허가를 얻었음을 의미하는 것으로 중국의 자동차 산업의 역사에서 파천황격인 사건으로 중국의 WTO 가입 후의 중대한 산업 개방 뉴스로 인식되었다. 그리고 이날은 다국적 자본이 중국의 자동차 산업에 진출한 지 만 23년이 되는 날이었다.

지리자동차 주인은 38세의 저장성 타이저우 사람 리수푸로, 그가 자동차를 제조하기에는 선천적으로 세 가지 문제가 존재했다. 첫째, 1억 위안의 제한된 자금, 둘째 자동차에 대한 전무한 경험, 셋째 전무한 정부 지원이었다. 하지만 불도저 기질을 가진 이 문외한이 결국 굳게 닫혀있던 철문을 열어젖힌 것이었다.

1982년 고등학교를 졸업한 리수푸는 아버지에게서 120위안을 얻어 카메라 한 대를 구입하고는 골목 어귀에서 사람의 사진을 찍어주면서 돈을 벌었다. 리수푸는

---

5) UT스타콤의 쇠락은 마찬가지로 독점업종의 변동 국면에서 기인했다. 2005년 차이나텔레콤은 샤오링퉁에 대한 투자를 줄여 미래 3G기술 개발을 준비하기로 결정했다. 이로 인해 UT스타콤의 수입은 30%가 줄어들었다. 우잉은 IP TV로의 사업 전환을 시도했지만 IP TV 역시 양대 독점 이익 집단인 통신업체와 방송업체로 분할되어 있었다. 우잉은 다시 샤오링퉁의 기적을 재현하기를 원했지만 애석하게도 이미 능력 밖의 일이었다. 2005년 UT스타콤은 손실을 기록했고, 시가 총액은 90%나 하락했다. 2007년 6월 1일 우잉은 조용히 회사를 떠났다.

핏속에 도박 유전자가 흐르고 있는 사람이었다. 그는 일찍이 옛일을 기억하면서 다음과 같이 말했다.

어렸을 적에 저는 도박을 한 적이 있었습니다. 1위안을 따면 모두 투입해 4위안을 만들었고, 4위안은 8위안으로, 8위안은 16위안으로 변했습니다. 어떤 사람은 1위안을 따면 0.5위안을 따로 보관하니, 그가 버는 돈은 저에 비해 현저히 적었습니다. 하지만 저는 그렇게 하다 결국 마지막에는 모두 잃었습니다.

그의 이야기처럼 이후 20여 년 동안 그는 매번 번 돈을 한 업종에 모두 걸었다. 그는 사진을 찍어 돈을 벌자 1년 후 사진관을 열었고, 사진관으로 돈을 벌게 되자 또 1년 후 냉장고 부품 공장을 만들었으며, 이로 인해 또 돈을 벌자 2년 후 아예 베이지화(北極花)라는 냉장고 공장을 설립했다. 냉장고 공장은 많은 돈을 벌게 해주었고, 이로 인해 그는 현지에서 유명한 부자가 되었다. 바로 이때 1989년의 거시조정이 발생했는데, 정치 분위기는 공전의 긴장 상태였고, 사영 경제는 한류를 맞이하게 되었으며, 일부 업주들은 공장을 집체 조직에 상납하기도 했다. 리수푸 역시 긴장하면서 창고, 재고, 토지와 함께 회사 통장까지 넘겨주고, 현금 1천여만 위안을 챙긴 채 선전대학으로 연수를 떠났다.

한 차례 풍파를 피한 후 리수푸는 타이저우로 돌아와서 여전히 전 재산을 걸고 도박을 계속했다. 1993년 그는 오토바이 제조를 결심했다. 당시 연해 지역 농촌은 이미 부유해지기 시작했고, 오토바이는 젊은이들이 유행을 쫓는 상징이었을 뿐만 아니라 단거리 화물 운송에 가장 좋은 도구였다. 리수푸는 오토바이를 제조해 본 경험이 전혀 없었지만 그의 천성은 빨간불을 비켜갈 수 있게 해주었다. 기술이 없으면 사방에서 인재를 구했고, 설계 도면이 없으면 다른 사람의 것을 그대로 모방했다. 가장 시급한 것은 허가증이었는데, 그는 베이징기계부의 오토바이관리처로 가서 덜렁대면서 "제가 오토바이를 생산하고 싶은데, 여기가 비준을 해주는 곳입니까?"라고 물었다. 질문을 받은 관리는 그에게 "당신은 국가 정책을 알고는 있습니까?"라고 반문했다. 리수푸는 "신문에 나지 않았습니까?"라고 대답했다. 관리가 웃으면서 "봤으면 됐지, 왜 여기까지 왔습니까?"라고 말했다. 리수푸는 고개를 갸우뚱하면서 어떻게 대답해야 할지 몰랐다. 그의 첫 번째 '파오부跑部'[6]는 벽에 부딪쳤지만 그는 곧 파산 지경에 이른 국유 오토바이 생산업체를 찾아냈고, 돈을 주고 허가증을 샀다. 리수푸의 오토바이 사업의 성공은 '모방 재능'에서 기인했다. 당시 타이완의 양광陽光이 막 스쿠터를 생산했는데, 여성들에게 아주 인기가 좋았다. 그래서 그는 그것을 도입해 대륙 최초의 스쿠터 생산업체가 되었다.

지리오토바이의 성공은 리수푸로 하여금 진정한 기업가로 거듭나게 해주었다. 1997년 분수를 모르는 이 사람은 갑자기 자동차를 만들겠다는 이상한 생각을 하게 되었다. 당시 중국의 자동차산업은 '폭리를 기대할 수 있으나 구도는 이미 형성되어 있는' 사업이었다. 거시적으로 보면 아시아 금융 위기 이후 중앙 정부는 내수 시장 진작을 시도하고 있었는데, 자동차와 부동산이 새로운 붐으로 형성되고 있었고, 이때부터 자가용 보유율이 급증하기 시작했다. 많은 전문가들은 중국에서도 이미 자가용 시대가 도래했다고 말하고 있었다. 이와 관련해 자동차업계의 폭리 현상이 이미 만천하에 드러났다. 어떤 사람이 중국과 미국의 자동차 가격을 비교했는데, 동일한 기능의 폭스바겐 가격이 미국보다 3.6배나 비쌌고, 뷰익의 판매가도 2.36배 비쌌으며, 도요타의 코롤라는 2.8배 비쌌다. 사람들을 놀라게 한 이러한 폭리는 자동차 산업에 여전히 거대한 성장 공간이 있음을 의미했다. 1978년의 문호개방 시 다국적 자동차기업들이 중국 내의 자동차제조 허가를 취득해 독일의 폭스바겐, 미국의 제너럴모터스, 프랑스의 푸조, 일본의 도요타, 미쓰비시, 닛산 등이 공장을 설립했고, 중국의 국산 자동차 브랜드인 홍치와 상하이는 교묘하게 사라져버렸다. 신화사 기자이자 유명한 자동차 평론가인 리안딩李安定은 일찍이 만병이 온몸에 달라붙는다는 표현으로 중국의 자동차산업을 형용한 적이 있다. "투자는 분산되고, 개발 능력은 형편없으며, 생산 원가는 높고, 판매 서비스 시스템은 거의 원시 상태에 가깝다." 그는 만약 자동차산업이 거액의 자금을 통해 구조조정과

---

6) '파오부첸진跑部前進'은 중국 경제계에서 사용되는 특수한 명사다. '파오부'는 기업이 베이징의 각종 부서에서 비준 문건을 획득하는 것을 의미하고, '쳰진'은 두 가지 의미를 갖고 있다. 전진의 의미가 있고, 중국어에서는 '전前'은 '전錢'과 발음이 같아 이익을 도모한다는 의미도 있다.

재정비를 완성하지 않으면 완전 전멸에 이를 것이라고 단언했다. 이러한 환경 속에서 리수푸는 경솔하게 자동차산업으로 돌진했던 것이다.

당시 리수푸가 갖고 있던 자금은 1억 위안 정도였는데, 그는 대담하게 5억 위안을 투자하겠다고 대외에 선언했다. 하지만 5억 위안이라는 엄청난 액수도 자동차 업계에서 듣기에는 가소로운 금액이었다. 리수푸와 동향인 유명 민영기업가 루관츄도 당시 자동차 생산의 꿈을 갖고 있었는데, 그는 자동차 부품 생산에 이미 30년을 몸담고 있었기 때문에 국산자동차 제조를 갈망하고 있었다. 한때 그는 자동차를 그린 그림을 자기 방에 걸어놓고 밤낮으로 자동차에 대한 꿈을 키우기도 했다. 이름도 들어본 적이 없는 리수푸가 자동차를 만들려고 한다는 소식을 들었을 때 그는 깜짝 놀라 겁을 먹으면서도 냉정하게 이렇게 말했다. "자동차 제조는 정부 허가와 지원이 필요하다. 또 100억 위안이 넘는 자금이 필요한데 우리 회사에는 아직 그런 자금이 없다." 리수푸도 준비가 안 되기는 마찬가지였다. 그러나 그는 자동차 제조가 아주 쉬운 일이라고 생각했다. 인터뷰에서 그는 아주 가볍게 "자동차라는 것이 오토바이에다 바퀴 두 개만 더 달면 되는 거 아닌가요?"라고 말했다. 사실 그는 오토바이 제조 방식으로 자동차를 생산하려고 했다. 과거와 마찬가지로 그는 모방 대상을 찾아냈다. 바로 당시에 국내에서 가장 많이 팔린 저가 모델인 톈진샤리夏利였다. 디자이너는 공장에서 손 기술이 뛰어난 몇몇 판금공이 맡았다. 첫 번째 자동차는 쇠망치를 두들겨서 만들었고, 이 차의 정식 도면은 대량 생산에 들어간 몇 년 후에야 전문가들에 의해 수정 보완되었다.

자동차 제조에서 민영기업의 최대 장애물은 정부 허가였기 때문에 리수푸는 여전히 변통을 통해 방법을 찾기 시작했다. 믿기 힘든 사실은 그의 자동차 허가증이 스촨성의 더양德陽의 한 감옥에서 나온 것이라는 점이다. 이 감옥 산하에는 자동차 공장이 하나 있었는데, 리수푸는 이 회사의 주식 70%를 매입한 후 전 세계 최대 비행기 제조업체인 미국의 보잉사의 이름과 유사한 '스촨보잉자동차제조유한공사'로 개명했다.

회사명은 보잉, 차종은 샤리, 가격은 단지 도요타의 고급 오토바이 가격으로 1998년 8월 8일 리수푸가 제조한 첫 모델 '지리하오칭豪情'이 정식 출하되었다. 그는 100개의 테이블을 마련해 전국의 관리와 대리업체 등에게 700장의 초청장을 발송했지만 결과적으로 저쟝성의 부성장만 참석했고, 90여 개 테이블 위의 요리들은 싸늘하게 식어갔다.

리수푸는 넓적한 코에 가느다란 눈을 가졌으며, 풀뿌리 기질이 농후한 사람이었다. 처음 그는 언론에 의해 돈키호테와 유사한, 언제든지 강력한 체제에 의해 침몰할 수 있는 서글픈 영웅으로 묘사되었지만 리수푸 본인은 그러한 캐릭터가 아주 잘 어울린다고 생각했다. 그는 천성적으로 배우 기질을 타고난 사람이었다. 어느 해 그는 한 수상식에 참가했는데, TV에서 생방송 중이었다. 리수푸의 수상 차례가 되어 단상으로 올라가야 하는데, 그의 걸음걸이는 매우 느려 마치 영화 속의 슬로비디오를 보는 것 같았다. 사회자가 이상하게 여겨 왜 그러느냐고 묻자 그는 어리둥절해하면서 PD가 천천히 걸어가라고 했기 때문이라고 답했다. 이 말이 끝나자마자 현장은 웃음바다로 변했다. 리수푸의 풀뿌리 기질과 어눌함은 언론 매체들로부터 동정과 호감을 얻도록 했다. 그러나 자동차업계에서는 오히려 도박성 강하고 살기충천한 성정을 드러냈다. 지리하오칭이 시장에 출시되자 초저가 가격으로 한바탕 피바람을 몰고 왔다. 당시 중국의 자동차 가격은 대다수가 10만 위안 이상이었고 제일 싼 텐진의 샤리가 9만 위안에 가까웠는데, 하오칭의 가격은 5만 8천 위안에 불과했다. 언론에서 "소비자들 모두가 5만 8천 위안의 자동차도 운전해 몰 수 있느냐고 묻고 있습니다"라고 말하자 리수푸는 이 말을 듣고 매우 기뻐하면서 기자에게 반문했다. "그럼 운전할 수 있다면 소비자가 확실히 이 차를 사는 것입니까?" 하오칭의 출시는 자동차업계 사람들을 매우 골치 아프게 만들었다. 이 이전에는 자동차 가격이 계속 오르던 추세여서 각 자동차 제조업체는 즐거운 나날을 보내고 있었다. 그런데 하오칭이 출시되자마자 마치 민간에서 만든 저울추 하나가 상승 중이던 가격 화살을 끌어내리는 듯했다. 이에 대응하기 위해 텐진 샤리도 가격을 내렸고, 그들이 가격을 내리자 지리도 따라서 가격을 인하했다. 마지막에 샤리가 가격을 31,800위안까지 내리자 리수푸도 곧바로 29,900위안으로 가격을 조정했다. 이 가격이 나가자 여론은 한순간에 시끌벅적해졌고, 업계는 조용한 침묵에 빠져들었다.

리수푸는 시장에서 용이 물을 만난 것처럼 설쳐댔지만 정부 앞에서는 오히려 전전긍긍했다. 그가 감옥에서 갖고 온 허가증의 출처가 의심스러웠을 뿐만 아니라 규정에 엄격하게 따르면 트럭과 왜건 차량만 생산할 수 있었기 때문이다. 지리가 크게 성공하려면 반드시 합법적인 생산 허가증이 있어야 했다. 이는 리수푸가 반드시 해결해야 할 가장 중요한 문제였다. 국가의 자동차산업 정책에 따르면 모든 자원과 정책은 중국제1자동차그룹, 중국제2자동차그룹 및 상하이자동차그룹 등 3대 자동차그룹에 맞추어져 있어 지리가 합법적인 생산 허가증을 취득하는 것은 아주 막연해 보였다. 1999년 공업을 주관하는 국무원 부총리 정페이옌曾培炎이 조사 차원에서 타이저우를 방문했고, 특별히 지리를 시찰했다. 리수푸는 바로 면전에서 살려달라고 애원했다. "민영기업에게도 과감하게 기회를 주십시오. 민영기업가에게도 차를 만들 수 있는 꿈을 실현할 수 있도록 허락해 주십시오." 목소리가 격앙되면서 리수푸는 다시 "만약 실패하더라도 저에게 실패할 기회를 허락해 주십시오"라고 말했다. 그의 목소리는 듣는 사람마다 가슴을 뭉클하게 만들었다.

2001년 늦은 봄 리수푸의 애절했던 목소리에 대한 답은 여전히 없었다. 7월 국가경제무역위원회는 새로 〈차량 생산 기업 및 제품 공고〉를 공포했는데 지리가 신청한 두 종의 모델은 여전히 명단에 들어있지 않았다. 중국이 WTO와 맺은 협의에 따르면 자동차 제조업은 6년이라는 보호 기간이 있었고, 이 기간 동안 수입 관세를 점진적으로 내리면서 수입 쿼터를 완전히 없애야 했다. 2006년 7월 1일이 되면 자동차 수입 관세는 25%로 조정되며, 자동차 부품은 수입 관세를 10%로 낮추어야 했다. 6년 중에 모든 국유 및 다국적 자동차업체는 반드시 중대한 투자 및 재조정 전략을 완수해야 했는데, 만약 지리가 생산허가증조차도 취득하지 못한다면 시장 경쟁 참여는 말할 필요도 없었다. 『중국 기업가』는 「리수푸의 생사」라는 제목의 기사에서 이렇게 보도했다.

지난 번 공고에 대해 리수푸는 너무나 많은 기대를 했다. 하지만 다른 사람이 공고가 나온 그날 지리가 이번 목록에서 배제되었다는 소식을 알려주었을 때 그는 심지어 공고를 게재한 신문조차 펼칠 기운이 없었다고 한다. 9월 어느 평온한 저녁 리수푸는 베이징의 야윈촌의 거리를 걸으며 그믐달이 떠 있는 밤하늘을 바라보면서 한숨만 내쉬고 있었다.

이 보도가 나가고 한 달 후인 11월 9일 관련 부문이 갑자기 자동차 생산 허가 공고를 추가로 발표하면서 '지리 JL6360'을 리스트에 추가했다. 이튿날 도하 회의에서 중국의 WTO 가입이 정식으로 통과되었다. 이 두 가지 뉴스는 거의 동시에 각 언론에 보도되었고, '중국의 WTO 가입'과 '리수푸의 자동차 산업 진출'의 우연한 일치는 자연스럽게 국내외 여론의 다양한 해석을 불러일으켰다. 사람들은 이러한 연상을 좋아했다. "정부, 언론, 전문가, 일반 대중에서 리수푸에게 이르기까지."

류융하오, 우잉 및 리수푸의 서로 다른 성공에는 각각 인연의 조우가 있었고, 이익이 재조정되는 혼란스런 상황에서 시장과 독점 간의 들쭉날쭉한 삼투, 타협과 게임이 생동감 있게 전개되었다. 뜻밖에 독점이나 반독점 영역으로 돌진한 기업가들은 이때부터 이윤 공간은 풍부하나 전도가 불투명한 비즈니스 여정을 시작했다. 그들의 성공은 많은 기회주의적 색채를 갖고 있었고, 그런 까닭에 불확실성 또한 충만했다.

전체적으로 말해서 2001년은 사람들을 흥분의 도가니로 몰아넣었다. 절대 다수의 중국인들에 대해서 말하면 WTO는 마치 아름다운 무지개 같았고, 그날이 되었을 때 온 나라는 마침내 한숨을 돌리는 모습이었다. 사실 결코 모든 사람이 WTO가 도대체 무엇인지 확실하게 아는 것은 아니었고, 설령 가장 우수한 기업가더라도 당시 벌어지고 있던 치열한 변화를 명확하게 보지는 못했다. 이중 사람들을 아주 실망시킨 것은 당시 전국 부동산업계의 선두주자가 된 완커그룹의 왕스가 WTO 가입 후 주택 가격이 15% 하락할 것이라고 아주 진지하게 예언한 사실이었다. 하지만 훗날 사람들은 그의 예언이 한낱 우스갯소리였음을 알게 되었다.

검무에 맞춰 춤을 춘 이 시기에도 여전히 불황에 허덕이던 업종이 있었으니 이는 바로 나스닥의 대폭락과 미국 경제의 영향을 받고 있던 인터넷 산업이었다. 그토록 기세등등하던 IT 영웅들은 직업 경력에서 최대의 한류를 맞이하고 있었다.

언뜻 보기에 가장 골치 아픈 사람은 왕이의 딩레이였다. 8월 31일 왕이는 전년도의 재무제표를 수정한다고 발표했고, 순손실은 이전의 1,730만 달러에서 2,040만 달러로 늘어났다. 4일 후 나스닥은 재무제표에 의문이 존재한다는 이유로 왕이의 주식거래 정지를 선언했고, 왕이도 딩레이가 회장과 CEO 자리에서 물러나 아무도 들어보지 못한 'CTO'라는 새로운 임무를 맡게 되었다고 발표했다. 이와 동시에 왕이가 이번 추문으로 인해 간판을 내리게 될 것이고, 홍콩의 한 인터넷업체가 다우존스 뉴스 전용 라인과의 인터뷰에서 곤경에 빠져있는 왕이를 인수할 것이라고 이야기했다는 소문이 나돌고 있었다. 딩레이는 훗날 당시를 이렇게 회고했다.

당시는 아주 막막했습니다. 왕이를 매각해야겠다는 생각을 가진 적도 있었죠. 매각하지 않은 이유는 내가 매각하지 않겠다고 말한 것이 아니라 저희의 재무 회계 감사에 문제가 생겨 사람들이 사려고 하지 않았던 거죠.

그는 친구인 광둥성의 부부가오步步高그룹의 두안용핑에게 왕이의 매각 문제를 논의한 적이 있었다. 두안용핑은 "회사를 매각해서 어떻게 한다는 건가?"라고 반문했다. 딩레이는 "회사를 팔아 돈이 생기면 다시 회사 하나를 설립해야지"라고 말했다. 두안용핑이 웃으면서 "자네는 지금 회사를 운영하고 있지 않는가? 왜 잘 안 되는가?"라고 말했다. 이 말을 들은 딩레이는 비로소 정신이 번쩍 들었다고 한다. 딩레이는 왕이의 전환을 결심하게 되었고, 그는 온라인게임 〈다화시여우大話西遊〉 개발에 투자하는 동시에 이동통신업체 다리大기와 SMS를 개발할 것이라고 발표했다. 딩레이의 모험은 그가 중국 인터넷 산업에서 직관이 가장 뛰어난 사람 중의 하나임을 증명해주었다. 이런 사람은 첫눈에 한 업종의 돈이 도대체 어디에 숨겨져 있는지를 알아내는 능력이 있다. 왕이는 2001년에 또 2억 위안의 손실을 기록했지만 자금 순환이 빠른 온라인게임과 SMS 사업은 결국 이 30세의 젊은이를 구원했다.

아리바바의 마윈은 딩레이처럼 그럴싸하지는 못했다. 왜냐하면 초조함은 덜했으나 아리바바도 당시 어려운 상황에서 몹시 애를 쓰고 있었기 때문이다. 이 이전에 미국의 골드만삭스와 일본의 소프트뱅크가 아리바바에 2,500만 달러를 투자했다. 허리에 만금을 두른 마윈은 본사를 상하이로 옮겼고, 동시에 미국, 영국, 일본과 홍콩에 자회사를 설립해 전 세계를 커버하는 회사 구조를 만들고자 했다. 그는 또 2000년 9월 항저우에서 제1회 중국 인터넷산업 고위급 회담 '시후논검'을 주관했다. 당시의 인터넷업계에는 많은 영웅호걸들이 배출되어 누구도 서로를 인정하려 들지 않아 그들을 한 자리에 모이게 한다는 것은 생각하기 힘든 일이었다. 마윈은 자신의 명망에 기대어 영웅첩을 발부해도 몇 명 오지 않을 것이라는 사실을 알고 있었다. 그래서 그는 교묘하게 무협소설의 대가 진융金庸을 초청해 직접 단상에 앉도록 했다. 진융의 열렬한 팬이던 왕쥔타오, 왕즈둥과 딩레이는 마침내 회의 참가를 승낙했다. 이로 인해 주최자인 마윈은 맹주의 기분을 만끽할 수 있었다.

하지만 인터넷 산업에 한류가 내습하자 마윈의 글로벌화 포석은 난관에 부딪쳤고, 전자상거래의 수익 모델도 찾아내지 못한 채 허비되는 돈은 날로 늘어갔다. 이러한 시기에 마윈은 갑자기 잠에서 깨어난 것처럼 신속하게 중국과 저장으로 다시 돌아가는 회귀 전략을 내놓고, 해외의 자회사를 철수시키고 본사도 다시 고향인 항저우로 옮겼다. 당시 많은 사람은 그에게 딩레이와 같이 전환을 권고했다. 당시 아리바바의 온라인 고객은 400만 업체를 넘어섰기 때문에 SMS사업이든 온라인 게임이든 모든 조건이 구비되어 있었다. 그러나 마윈은 마음을 단단히 먹고 전자상거래 한길을 끝까지 가겠다고 결심했다. 훗날 위기를 넘어선 마윈은 늘 하던 식의 우스갯소리로 "2001년 이전 우리가 생존할 수 있던 첫 번째 요인은 제가 기술에 대해 아는 것이 하나도 없었기 때문"이라고 말했다. 사실 그의 성공은 비즈니스 철칙, 즉 모든 성공은 유혹에 저항한 결과라는 것을 증명했다. 겨울에 그는 일본의 도쿄로 가서 소프트뱅크 손정의에게 회사의 상황을 보고했다. 당시 손정의 역시 일생 중 가장 힘든 시기를 겪고 있었다. 손정의는 세계 최대의 인터넷 투자가로, 과거 몇 년 동안 전 세계적으로 150여 개의 인터넷업체에 투자했고, 그 결과 소프트뱅크가 보유한 인터넷 업체의 지분은 전 세계 인터넷 업체 총 지분의 8%에 달했다. 손정의는 한순간 빌 게이츠를 넘어 세계 최고의 부자가 되었으나 당시 그의 자산은 95%나 줄어들었고, 투자한 인터넷업체들은 혼란에 빠져 모두 미래의 출구가 어디 있는지를 알지 못했다. 그날 손정의를 만난 각국의 CEO들은 하나같이 얼굴을 찌푸린 채 드나들었다. 마윈의 차례가 되었고, 그가 간단하게 아리바바의 상황을 설명하자 손정의가 가냘프게 말했다. "오늘 이곳에 온 CEO들이 하는 말은 모두 내가 그들에게 투자할 당시 했던 이야기와 다른데, 당신만이 당시에 했던 이야기와 똑같은 말을 하는군요." 항저우로 돌아온 후 마윈은 대외에 내년에는 아리바바가 돈을 벌 것이라고 선언했다. 언론에서 이익 목표가 얼마냐고 묻자 그는 아주 시원스럽게 1위안이라고 대답했다.

왕이의 전환과 아리바바의 고집은 중국의 1세대 인터넷업체가 중대 위기에 직면해 어떻게 지혜롭게 대응했는지를 잘 보여주었다. 상대적으로 말해 중국 최대 포털 사이트 신랑에게 일어난 풍파는 사람들로 하여금 또 다른 참혹함을 보게 해주었다.

6월 1일, 왕즈둥은 베이징의 완취안장萬泉庄 초등학교가 있던 자리에 위치한 사무실에서 『남방주말』 기자 신하이광信海光의 취재에 응하고 있었다. 당시 그는 기분이 아주 좋았는데, 아내이자 창업 동료인 류빙劉冰이 아기를 가졌기 때문이다. 그는 아주 흥미진진하게 신랑의 위기 대처 능력에 대해 이야기했고, 또 창업 초기에 이 싼 지역을 10년간 임대했기 때문에 얼마나 많은 돈을 절약할 수 있었는지에 대해 득의양양하게 이야기했다. 인터뷰가 끝나자 그는 이사회 참석을 위해 미국행 비행기에 올랐다. 이틀 후 큰 배를 움켜 안은 아내가 공항에서 그를 마중하면서 이사회가 어땠냐고 물었다. 그러지 그는 "그만뒀어!"라고 말했다. 6월 4일 한 줄의 뉴스가 신랑의 메인 페이지에 게재되었다. "CEO 왕즈둥이 개인적인 이유로 사직했습니다. 동시에 그는 신랑의 회장과 이사장 직무에서도 모두 물러났습니다." 막 기사를 정리하고 있던 신하이광은 급하게 신랑의 편집장 천퉁에게 전화를 걸어 물었다. 그러자 천퉁은 "저도 어제 저녁에야 알았습니다"라고 대답했다. 다시 왕즈둥의 아내에게 전화를 걸어 물었지만 알아서 생각하라는 답만 돌아왔다.

전국의 언론이 어수선하게 추측성 보도를 내보낸 지 20일 후 재미있는 일이 일어났다. 6월 25일 오전 9시 왕즈둥이 신랑의 표식이 있는 파란색 셔츠를 입고, 가슴에는 신랑의 직원 카드를 꽂고 만면에 미소를 가득 머금은 채 붉은색 마쓰다에서 내려 사무실로 출근한 것이었다. 그의 뒤에는 벌떼처럼 몰려든 기자들로 붐비고 있었다. 왕즈둥은 곧바로 진행된 기자회견에서 이렇게 선언했다.

저는 자발적으로 물러난 적이 없습니다. 저는 어떠한 서류에도 서명한 적이 없습니다. 그들이 갑자기 습격했고, 그들은 저에게 해명할 기회조차 주지 않았습니다. 저는 아직도 이유를 모르고 있습니다. 저는 아직도 법률적으로는 여전히 신랑의 법정 대표이고, 신랑에 대해 법적인 책임을 지고 있습니다. 저는 아주 단호하게 말합니다. 저는 절대로 개인적인 재미를 핑계 삼아 일선의 전우들을 떠나지 않을 것입니다.

왕즈둥의 이러한 행동으로 신랑 이사회의 내부 모순이 모두 폭로되었다.

거의 모든 여론은 왕즈둥에게로 기울었다. 33세의 이 젊은이는 신랑의 창업자였고, 이사회의 모든 이사는 자신이 직접 영입한 사람들이었는데, 지금 오히려 그들이 연합해 '개인 신상'을 이유로 그를 몰아내려고 했으니, 정을 중요하게 여기는 동방의 비즈니스 윤리에서 그러한 행위는 그야말로 천리天理가 용납하기 어려운 일이었다. 그러나 자본의 입장에서 볼 때 또 다른 사실이 존재했다. 신랑이 2000년 4월 상장된 이래 주가는 최고 55달러에서 당시 1.6달러로 내려앉은 상태였다. 신랑의 주가 흐름도를 펼쳐보면 매우 비참한 장면을 목격할 수 있었다. 신랑의 주주들은 1억 6천만 달러를 투자했고, 투자 원가는 주당 4달러였다. 만약 지속적인 하락을 억제할 수 없다면 투자자들은 본전까지도 모두 날리게 될 것이 자명했다. 주주 입장에서 볼 때 CEO로서 왕즈둥은 이러한 상황에서 아무것도 한 것이 없었고, 심지어 아무런 계획도 내놓지 않았던 것이다. 그래서 그를 교체한 것은 아주 이치에 맞은 일이었다. 『재경』지는 평론에서 다음과 같이 말했다.

신랑 입장에서든지 아니면 왕즈둥 입장에서든지 창업자의 사직은 통탄할 일임에 틀림없다. 하지만 이번 사퇴는 인터넷 조류 속에서 중국으로 도입된 것에는 외국 자본과 기술만 있는 것이 아니라 그와 동반되는 성숙된 시장 규칙도 있음을 증명해주었다. 이는 의심할 여지없이 전형적인 사례가 될 것이고, 자본의 권리를 증명해 주었으며, 또 기업가의 이성을 증명해주었다.

『재경』지의 논평은 향후 사건의 발전 방향에 부합되었다. 자본은 왕즈둥의 반항 때문에 타협하지 않았고, 왕즈둥도 지나친 흥분에서 탈피해 차츰 이성을 찾아갔다. 연극과 같은 출근 소동을 벌인지 한 달 후 왕즈둥은 새로운 회사를 설립한다고 발표했다. 몇 년 후 그는 둥팡위성방송의 한 프로그램에 출연해 "사람이 쓰러지면 바로 일어나야 합니다. 그렇지 않으면 쓰러져서 죽는 것이 아니라 다른 사람들에게 밟혀 죽습니다"라고 말했다.

2001년의 인터넷의 엄동설한 시기에 퇴출의 설움을 겪은 사람은 왕즈둥 한 사람만이 아니었다. 8월 중국 최초로 B2C 업체인 MY8848을 설립했던 왕쥔타오도 회장 직무에서 물러났다. 그는 언론에서 "사직은 업무의 새로운 시작이고, 방식을 바꾸어 다른 사업을 진행해야 합니다. 왕즈둥이 새롭게 시작했으니 이제 저도 새롭게 시작하려 합니다"라고 말했다. 그는 곧바로 새로운 회사를 설립했다. 10월 중국 최대의 온라인 문학 사이트 '룽수샤榕樹下'가 아주 저렴한 가격으로 독일의 미디어업체 BMG에게 팔렸다. 처음 BMG가 제시한 가격은 1,000만 위안이었다. 담판 중간의 휴식 시간에 BMG의 대표는 우연히 룽수샤가 입주한 건물의 관리자를 만났는데, 그로부터 몇 달 동안의 전기세, 수도세 등 관리비가 연체되었다는 사실을 알게 되었다. 회의실에 돌아와서는 100만 위안으로 가격을 제시했고, 설립자 주웨이롄朱威廉은 부득불 이 가격을 받아들일 수밖에 없었다.

12월 중국어 리눅스를 개발해 시장의 관심을 끈 선전의 란뎬도 저가로 팔렸다. 1999년, 25세 청년 네 명이 커피숍에서 모여 설립한 이 회사의 중국어 리눅스는 한 순간에 시장 점유율 80%를 달성했다. 미국의 나스닥 장외 시장 OTCBB에 등록된 란뎬 주식은 시가가 4억 달러에 달했다. 무일푼이 4억 달러가 되는데 투자된 것은 네 명의 인건비와 6개월의 시간뿐이었다. 그러나 1년이 지난 시점에 다시 기적처럼 원점으로 돌아왔는데, 란뎬의 주가가 22달러에서 0.035달러로 폭락했고, 선전의 한 자동차부품회사가 100만 위안으로 이 회사의 새로운 주인이 되었다.

이러한 시간은 낭패로 얼룩진 청춘기라 할 수 있었다. 인터넷 경제는 일찍이 과거의 회사들이 추구한 발전과 재부 축적 모델을 일순간에 뒤집었으나 세상에 나타난 지 10년 만에 아주 잔인하고 직설적인 방식으로 영원한 비즈니스 법칙을 성공을 갈망하는 모든 사람에게 알려주었다. 과거에 있던 모든 이야기처럼 모든 성장은 반드시 시련과 단련을 경험해야 하고, 훗날의 영광은 위기가 가장 훌륭한 선생님이고, 모든 고난은 가치가 있음을 증명했던 것이다.

7월 미국의 『와이어드 Wired』지에 한 데이터가 실렸다. "1984년 전미 10대 PC 소프트웨어 업체 중 마이크로소프트는 2위였다. 2001년 마이크로소프트는 1위로 도약했지만 나머지 9개 업체는 모두 사라졌다." 그리고는 자못 감정적으로 "이제 우리는 아마도 무엇이 좋은 회사인지에 대해 새로 정의해야 할 것"이라고 썼다. 이와 마찬가지로 기업의 흥망은 중국의 신경제 기업들에서도 발생했다. 관련 데이터에 따르면, 베이징의 중관촌에서 1995년부터 2001년 6월 사이에 규모가 가장 큰 상위 20% 기업 중 1/3만이 살아남았고, 살아남은 기업 중 단지 1/5만이 여전히 상위 20%에 들어있었다.

성장의 고뇌는 전체 비즈니스 세계에 가득 퍼져 있었다. 당시 미국에서 가장 많이 팔린 경영서는 짐 콜린스 Jim Collins의 『좋은 기업을 넘어 위대한 기업으로』인데, 이 책에서 토론하는 주제가 이와 관련이 있었다. 7년 전 짐 콜린스는 『성공하는 기업들의 8가지 습관』을 집필하면서 당대 최고의 비즈니스 사상가 중의 하나로 자리 잡았다. 이번 신작에서 그는 1965년 이래 『포춘』지의 역대 500대 기업(총 1,400여 개 기업) 각각에 대해 분석해 이로부터 의외의 결론을 도출했다. 그는 기업이 좋은 기업에서 위대한 기업으로의 변신을 실현하는 것은 종사하는 업종이 시대 조류 가운데 있는지의 여부와는 관계가 없음을 발견했다. 실제로 전통적인 업종에 종사해 처음에는 아무런 명성이 없던 기업도 위대한 기업으로 변할 수 있다는 것이었다. 그가 얻은 결론은 또 있었다.

기술 및 기술이 추동하는 변화가 실제로 결코 좋은 기업을 넘어 위대한 기업으로의 도약을 불러오는 것은 아니다.

합병과 인수는 회사의 도약을 추동하는 과정에 어떠한 작용도 하지 않는다.

혁명적인 도약은 반드시 혁명적인 과정을 필요로 하는 것은 아니다.

위대함은 결코 환경의 산물이 아니고, 큰 범위에서 신중한 의사결정의 결과다.

이러한 관점은 일찍이 맹렬하게 돌진하다가 지금은 인터넷의 거품에 깊숙이 빠져있던 기업가들을 분명 놀라게 했을 것이고, 또 그들로 하여금 성장 방법과 성장의 진정한 의미에 대해 다시 생각하도록 했을 것이다. 짐 콜린스는 또 위대한 기업을 창조하는 '5단계 리더십'에 대해서도 서술했다.

중국에서도 사람들은 진지하게 짐 콜린스의 생각을 곱씹기 시작했다. 한 기업가의 행위는 사람들에게 거의 '5단계 리더십'의 그림자를 보여주었다.

이해 1월 화웨이의 런정페이는 사보에 6,000자에 달하는 「화웨이의 겨울」이라는 글을 발표했다. 2000년 화웨이의 매출액은 220억 위안에 달했고, 이익도 전국 100대 전자업체 중 수위를 달렸다. 그러나 그는 아주 명확하게 인터넷 경제의 거품이 붕괴된 후 통신 시장에도 영향력이 미칠 것임을 예감했다. 우려가 많고 지극히 비관적이던 이 기업가는 글의 첫머리에서 직원들에게 이렇게 물었다.

회사의 모든 직원은 만약 어느 날 회사의 매출이 하락하고, 이윤도 줄어들어 심지어 파산 지경에 이른다면 어떻게 해야 할까를 생각해본 적이 있습니까? 우리 회사는 태평세월이 너무 길었고, 이 기간 승진한 사람도 무수히 많습니다. 이 역시 우리의 재난일 수도 있습니다. 타이타닉호도 환호성이 쏟아져 나오는 바다에 있었습니다. 저는 이러한 날이 반드시 오리라는 것을 믿습니다.

런정페이는 계속해서 예리한 어조로 써내려갔다.

지금은 아마도 봄일 것입니다. 하지만 겨울이 멀지 않았습니다. 우리는 봄과 여름에 겨울의 문제를 생각해야 합니다. IT업종의 겨울은 다른 기업의 경우에는 겨울이 아닐 수도 있습니다. 그러나 우리 화웨이에게는 겨울입니다. 화웨이의 겨울은 아마 더욱 매서울 것입니다. 우리는 아직 너무 여리고, 우리 회사는 10년의 순조로운 발전으로 좌절을 경험한 적이 없습니다. 좌절을 경험하지 않았으니 정확한 길을 어떻게 걸어가야 하는지를 모릅니다. 고난은 일종의 자산이지만 우리는 고난을 경험한 적이 없으므로, 이것이 우리의 최대 약점입니다.

물론 중국의 기업사에서 원인을 분석하면서 자성의 글을 쓴 사람이 런정페이가 처음이었던 것은 아니다. 선양페이룽의 쟝웨이, 산둥 산주의 우빙신 등도 일찍이 기업이 위기에 처했을 때 동일한 조치를 취한 적이 있었다. 그러나 런정페이는 처음으로 기업이 고도 성장 중에 있을 때 '적색경보'를 발령한 사람이었다. 그의 경고 메시지는 효과를 보았다. 2001년 전 세계의 통신 산업이 갑자기 하강 국면으로 접어들었다. 화웨이의 경쟁 상대인 미국의 시스코는 심각한 타격을 입으면서 폐기한 재고만 22억 달러에 달했다. 시스코의 주가는 폭락했고, 8,500명의 인원을 해고했으며, 그룹 총수인 챔버스Chambers는 자신의 연봉을 1달러로 정했다. 이러한 역경 속에서 겨울용 솜옷을 걸친 화웨이는 오히려 255억 위안의 매출을 기록했고, 27억 위안의 이윤을 실현했다.

2001년 거칠고 사나운 파도 속에서 23년 전 안절부절못하던 해방군 대표이자 14년 전 의기소침해 있던 창업자 런정페이는 좋은 기업을 넘어 위대한 기업으로의 도약을 완수했다.

2002년
메이드 인 차이나

중국을 50차례 비행기로 여행한 후
지금 나는 중국 경제 번영론의
가장 적극적인 주창자가 되었다.

— 오마에 겐이치(2002년)

『이코노미스트』가 1979년에 한 예언은 23년이 지난 시점에서 마침내 현실이 되었다.[1] 2002년 초 미국의 유통업계의 거두 월마트는 아시아 구매 센터를 홍콩에서 선전의 루어후구로 이전하기로 결정했다. 중국 지역 총수 장쟈성張家生은 기자들에게 "우리는 최대의 판매상을 찾았다"고 말했다. 얼마 전 『포춘』지가 공표한 세계 500대 기업 중 월마트가 2,198억 달러의 매출로 1위를 차지했는데, 서비스업체로서 500대 기업의 선두를 차지한 것은 처음이었다. 월마트가 중국에서 구매한 상품은 총 120억 달러로 중국과 러시아 사이의 무역액에 달하는 수치였다. 『뉴욕타임스』의 칼럼니스트 토머스 프리드먼은 "월마트가 만약 국가라면 월마트는 중국의 6대 수출국이자 8대 무역 파트너가 되었을 것"이라고 말했다.

1998년 전후에 시작된 '메이드 인 차이나' 물결은 2002년에 사방으로 활력을 발산했고, 가격 경쟁력을 앞세운 중국 상품은 마침내 전 세계를 향해 위세를 떨치고

---

[1] 『이코노미스트』는 1979년 3월 대담하게 다음과 같은 분석을 내놓은 바 있다. "눈앞에 보기에는 중국이 대대적인 수입을 통해 선진국의 생산을 자극할 것 같지만 장기적인 안목에서 바라보면 홍수같이 쏟아지는 중국의 수출품이 필연적인 현상이 될 것이다."

있었다. 5월에 개최된 한일 월드컵에서 중국 대표팀은 별다른 수확이 없었지만 중국 상품은 오히려 만천하에 얼굴을 알렸다. 쟝수성 양저우에 있는 한 완구공장은 30만 개의 월드컵 마스코트를 제조했고, 저쟝성 이우에 있는 한 의류업체는 225만 개의 응원 깃발과 수십 만 개의 가발을 제조했으며, 푸젠성에 있는 한 공장은 백만 개가 넘는 응원복, 손목 보호대 및 양말을 제조했다. 중국국가통계국은 8월 16일 기자회견에서 중국 경제의 비교 우세는 여전히 제조업에 있고, 과거 20년 동안의 경제 성장도 주로 제조업에 의지했으며, 제조업의 증가치는 국내총생산액의 40%정도를 유지하고 있다고 발표했다.

베이징창청기업전략연구소는 〈중국 과학기술 보고〉라는 종합 보고서에서 '메이드 인 차이나'의 윤곽을 다음과 같이 묘사하고 있다.

초보적인 통계에 따르면 중국은 백 가지 이상의 제품에서 생산량 1위를 기록하고 있다. 1990년부터 중국 대륙은 2,300억 달러의 투자를 유치해 아시아 전체의 45%를 차지했는데, 이중 제조업 분야가 투자의 핵심 영역이다. 중국은 이미 세계 4대 생산국으로 '메이드 인 차이나'는 세계적 범위에서 굴기하는 중이다. 지역 구조에서 '메이드 인 차이나'는 환발해만 창쟝 삼각주, 주쟝 삼각주의 3대 지역을 중심으로 발전하고 있다. 3대 지역의 인구수는 중국 전체 인구의 35.45%를 차지하고 있고, 면적은 전국의 10%에 미치지 못하지만 57%의 국내총생산액과 66%의 공업총생산액을 만들어내고 있다. 대외무역은 전국의 85%를 차지하고, 외자 이용도 전국의 80%에 육박하고 있다. 수출 기업 중 소형 기업이 차지하는 비중이 절대적이지만 생산액을 비교하면 대기업과 소기업이 엇비슷하다고 할 수 있다.

또 보고서는 다음과 같이 부연하고 있다.

대형 국유기업은 규모의 경제를 통해 생산 우위를 제대로 실현하고 있지만 상승 공간에는 한계가 있다. 반면 소형 기업 중 신흥 민영 제조업체가 제조업의 새로운 역량을 대표하면서 빠른 속도로 발전하고 있다. 이러한 신흥 세력이 '메이드 인 차이나'의 주요 추동 역량으로 앞으로도 발전의 주요 동력이 될 것이다.

2002년부터 진짜 같은 우스갯소리 하나가 각종 판본으로 퍼지기 시작했다. 많은 사람이 해외여행을 갔다가 돌아오면서 기념품과 유행 상품을 사갖고 오는데, 집에 와서 풀어보면 모두가 'Made In China'라고 적혀 있다는 것이었다. 울 수도 웃을 수도 없는 이 우스갯소리 뒤로는 일종의 특별한 자긍심이 흘러넘치고 있었다. 『중국경영보』는 한 논평에서 다음과 같이 적었다.

'중국 제조'는 2002년의 어느 날 저녁에 흘러나온 신조어로, 혹자는 오래된 단어라고 이야기하기도 하지만 어쨌든 2002년에 활발하게 사용되면서 새로운 의미를 부여받게 되었다. 세계 경제가 위축된 반면 중국 경제는 활기차게 발전하고 있었고, 글로벌 경제의 일체화와 비교 우위 등 다양한 원인으로 인해 세계는 점점 중국의 존재와 역량을 실감하게 되었다.

또 이 신문은 아주 자랑스럽게 이렇게 말했다.

대국의 흥망은 제조업의 흥망과 같다. 일찍이 해가 지지 않은 나라 대영제국에서 오늘날 초강대국인 미국까지, 두 차례 세계대전을 불러일으킨 독일에서 아시아의 기적을 창조한 일본까지 예외는 없었다. 동아시아의 네 마리 용도 결국에는 모두 제조업으로 길을 개척한 선구자였다. 지금과 같은 세계 경제의 일체화 추세는 제조업이라는 이 기회를 중국의 문전에서 솟아나게 만들었다.

이러한 논평은 힘 있어 보이지만 단지 사실의 절반만 관찰한 것이었다. '중국 제조'에 대한 중국 대중과 여론의 깊이 있는 인식에는 아직 시간이 더 필요했다. 사실 처음부터 '중국 제조'의 우위는 저렴한 가격에 있었다. 광둥성의 거란스는 세계 최대의 전자레인지 제조업체로 공장 둘레가 3km에 달했다. 2002년까지 거란스의 생산량은 1,200만 대를 돌파해 세계 시장의 1/3을 차지했다. 마케팅 담당 부총수 위야오창(俞堯昌)은 "우리의 유일한 비결은 저렴한 노동력 우위를 최대한 발휘하는 것"이라고 말했다. 그는 외국 기업을 패퇴시킨 이야기를 이렇게 들려주었다.

전자레인지의 중요 부품은 변압기로 일본 제품의 경우 20여 달러, 구미 제품의 경우 30여 달러였다. 일본 제품의 충격 앞에서 구미 제품은 기진맥진했다. 거란스는 미국과의 협상에서 기계를 만들도록 해주면 현재 미국의 생산량을 기준으로 제품당 8달러를 줄 것을 제안했고, 미국은 시원스럽게 동의하면서 생산라인을 이전해왔다. 거란스 직원의 임금은 아주 저렴했고, 직원들을 3교대로 돌리면 24시간 공장 가동이 가능했다. 그래서 1주일 중 하루나 이틀 정도는 미국인들을 위해 생산하고, 나머지 시간에는 거의 무료 만찬을 즐길 수 있었다. 이렇게 해서 거란스는 국내시장을 완전 점령하게 되었다. 국제 시장에서 이러한 저가 전략은 변압기를 일본인들의 계륵으로 만들어버렸다. 거란스는 일본과의 협상에서 제품당 5달러를 지급하고 생산라인을 이전받는 데 성공했다. 이렇게 해서 많은 나라의 생산 라인이 순더에 모여들었고, 거란스는 '전자레인지 세계 공장'의 선두 지위를 차지하게 되었다.

거란스의 사례가 아주 생동감 있게 '중국 제조'의 원가 우위를 이야기해주었다면 바비 인형 사례는 중국 상품의 가치 사슬상의 지위를 보여주었다. 바비는 미국의 마텔Mattel사의 가장 잘 팔리는 아동 완구로 매년 120개 국가에서 판매되었는데, 주요 생산기지가 중국에 있었다. 북미 시장에서 하나에 20달러 하는 바비 인형은 중국 공장의 제조 원가가 1달러로, 이 금액에는 제조업체와 유통업체의 원가, 이윤 및 각종 세금이 포함되어 있었다.

무역과 내수라는 양대 시장에서의 두 개의 엔진의 가동은 거시경제가 다년간 발전하는데 결정적인 역할을 했고, 아시아 금융 위기가 사라지자 WTO 가입 후의 '중국 경제 붕괴론'도 자연스럽게 사라졌다. 줄곧 중국 경제에 대해 비판적이던 인사들도 부득불 자신의 관점을 바꾸었다. 일본의 관리학자 오마에 겐이치는 일찍이 '중국 붕괴론'을 제기한 사람 중의 하나였다. 2002년에 출판한 『중국 충격China Impact』에서 그는 "중국을 50차례 비행기로 여행한 후 지금 나는 중국 경제 번영론의 가장 적극적인 주창자가 되었다. 미래 10년의 세계에서 가장 중요한 과제는 어떻게 이 강대국 중국과 공존하느냐는 것"이라고 중국의 성장을 인정했다. 일본의 전 수상 하시모토 류타로橋本龍太郎는 중국 방문 당시 CCTV 기자에게 "사실대로 말해서 저는 당신들이 매우 부럽습니다. 일본은 디플레이션이라는 경제 문제를 해결하지 못하고 있으나 중국 경제는 오히려 몇 년 동안 8%이상의 성장을 기록하고 있으니 정말 부럽습니다"라고 말했다.

어떠한 사람이라도 다음의 데이터를 읽으면 하시모토 류타로와 같이 중국을 부러워할 것이다.

2002년 3만 개의 외국 기업이 중국에 터전을 잡았고, 외자는 전년 대비 14% 증가한 500억 달러를 유치했다. 한 해 국내 민간 투자 증가율은 18%에 달해 전년도 성장 속도에 비해 100% 증가했으며, 저장, 광둥 등의 성에서는 민간 투자가 성 전체 사회 투자 총액의 60%를 차지했다. 대외 수출은 20% 증가했다. 세계은행의 통계에 따르면 중국의 1인당 국민총생산은 이미 960달러에 이르러 1,000달러에 육박하고 있다. 이는 중국 사회가 이미 최소 생활 단계인 원바오 단계를 지나 먹고살만한 샤오캉小康(중국에서 의식주를 걱정하지 않는 물질적으로 안락한 사회, 비교적 잘사는 중산층 사회를 의미한다) 단계에 접어들고 있음을 상징하는 것이다.

2002년 중국은 갈수록 더 많은 칭찬에 둘러싸여 있었다. 노벨경제학상 수상자인 스티글리츠는 "중국은 전 세계 경제 발전의 모델이나 모범 사례로 불릴 수 있다"고 말했다. 『월스트리트저널』은 "중국은 지금 아시아에서 가장 중요한 정치 역량"이라고 논평했고, 『이코노미스트』는 데이터를 인용해 "1995~2002년까지 전 세계 경제 성장에서 미국이 공헌한 부분은 20%, 중국이 공헌한 부분은 25%였다"고 말했다.

거시경제의 햇살이 눈부시게 빛날 때 기업계는 오히려 충격적인 사태로 몸살을 앓고 있었다. 리징웨이가 젠리바오에서 퇴출당했고, 구추쥔은 커룽을 손에 쥐었으며, 양룽은 화천華晨을 떠났고, 춘란春蘭은 체제 개혁으로 좌초되었다. 2002년에 발생한 이러한 사건들은 나름대로의 곡절이 있고 내막은 복잡해 보였지만 사실은 지난 4년 동안 실시된 재산권 투명화 운동과 관련이 있었다.

재산권 변혁을 주요 수단으로 한 '국퇴민진' 전략이 마지막 마무리 단계에 접어들었다. 가장 중요한 이유는 이듬해 초 진행될 중앙과 각급 지방 정부의 인사에서 국유기업의 손실 만회 비율이 가장 중요한 심사 지표 중의 하나였기 때문이다. 그래서 가능한 한 빨리 적자에 허덕이는 국유 및 집체기업을 매각하는 것이 정치와 경제에서 동시에 의미를 갖는 개혁 임무였다. 연말이 되자 업무 추진 효과는 현저했다. 쟝수의 수난, 저쟝의 사오싱과 닝보어는 원래 연해 지역에서 가장 유명한 집체 경제 지대였는데, 당시에는 민영기업 비율이 이미 90%를 넘어섰고, 10만 개에 이르는 집체기업 경영자들은 하룻밤 사이에 천만 혹은 억만장자로 변신했다. 그러나 이러한 진퇴의 조류 속에서 일부 지방 정부와 기업가들 사이에 기업의 재산권 처리에 대해 의견의 불일치가 생겨났고, 정치와 경제의 힘겨루기 게임은 직접적으로 치명적인 위기를 초래했다.

1월 9일, 젠리바오의 리징웨이는 산수이시 시장과 차가운 분위기 속에 마주 앉아 있었다. 1998년 이래 그들은 이미 젠리바오의 재산권 문제로 물과 기름 관계였다. 작년 7월 시정부는 젠리바오와 관련해 체제 전환 업무 연석회의를 개최했는데, 시위원회와 시정부 지도자들이 모두 참석했고, 회의에 참석한 관리들의 90%는 젠리바오의 매각을 주장하면서도 리징웨이 일행에게는 매각할 수 없다는 태도를 표명했다.

초기에 싱가포르의 제일식품공사가 하마터면 젠리바오의 새로운 주인이 될 뻔했다. 결정적인 연석회의 이후 3개월이 되던 때 리징웨이는 만찬에 참석하라는 통지를 받았다. 만찬에서 시장은 웨이청후이(魏成輝)라는 싱가포르 상인을 리징웨이에게 소개하면서 정부가 이미 웨이청후이에게 젠리바오를 매각하기로 결정했다는 요지의 말을 했다. 이 말을 들은 리징웨이는 날벼락을 맞은 것처럼 놀람과 분노로 가득 찼다. 이튿날 내부 인사들과 식사를 하며 그는 갑자기 통제력을 상실한 듯 시정부를 욕했다. "지랄, 시정부가 주식을 팔았는데, 나는 아는 게 없었어. 고작 밥이나 같이 먹자고 불렀다니!" 그를 더욱 참지 못하게 한 것은 정부가 4억 5천만 위안의 가격으로 젠리바오를 그에게 매각하는 것을 거절하고 싱가포르 상인에게는 3억 8천만 위안에 매각한 것이었다. 가계약 시 중국 제일의 음료 브랜드로 불리던 젠리바오의 상표 가치는 뜻밖에도 '0'이었다.

리징웨이는 왜 정부가 기업을 알지도 못하는 외국업체에게 매각하면서 기업의 창사 이래 젠리바오를 위해 평생을 바쳐 일해 왔고, 또 더 높은 가격을 제시한 자신에게 매각하지 않는 것인지 도무지 이해할 수가 없었다. 그의 막후 책동 하에 국내 언론들이 들끓기 시작했다. 일순간에 "젠리바오가 무정하게 헐값에 매각되었다", "중국 최고의 민족 브랜드 기치가 무너져 내렸다" 등의 여론이 사방으로 확대되었다. 그러한 말들 사이에 뒤섞여 있던 격한 정서는 산수이 정부로서는 분명 감당하기에 버거운 것이었다. 게다가 젠리바오는 한편에서 4억 5천만 위안의 가격으로 젠리바오의 자유를 사고 싶다고 대외에 선언했다. 리징웨이의 대응과 세차게 몰려온 여론 공세는 원래 대외 대처 능력이 부족했던 산수이 정부를 매우 난처한 상황으로 내몰았다. 훗날 한 관리는 크게 화를 내면서 "언론의 사전 개입이 우리 계획을 망가뜨렸고, 우리를 완전히 피동적인 상황으로 내몰았다"고 말했다. 싱가포르 상인에게 매각하는 방안은 물거품이 되었고, 산수이 정부도 적절한 국내 매입자를 찾지 못했다. 이렇게 해서 시장과 리징웨이는 다시 협상을 진행했다. 사회 여론에서 우위를 점한 리징웨이는 질책하는 어투로 시장에게 "왜 젠리바오의 창업 멤버들을 내버려두고 외국에다 팔려고 한 것입니까? 왜 우리에게 매각하지 않는 거죠?" 시장은 그 자리에서 이렇게 입장을 표명했다. "사고 싶으면 가능합니다. 1주일의 시간을 드리겠습니다."

일주일이라는 시간에 28세의 젊은 자본가인 장하이(張海)가 나타나 리징웨이가 제시한 가격으로 젠리바오를 인수할 것이라고는 아무도 생각하지 못했다. 젠리바오 매수의 전면에 나선 회사는 저장국제투자신탁공사라는 국유기업이었다. 답답해 어찌할 줄 모르고 있던 산수이 관리들은 오랜 지기를 만난 것 같았다. 1주일 내에 돈을 마련해오면 리징웨이에게 매각하겠다고 승낙한 지 6일째 되는 날인 1월 14일 사방에서 자금을 마련하고 있던 리징웨이가 급히 시정부에 나타났다. 그가 의자에 앉기도 전에 시장이 그에게 통보했다. "이 일은 이미 끝났습니다. 우리는 젠리바오를 저장국투에 매각하기로 결정했습니다." 이튿날 산수이의 젠리바오 산장에서 급하게 준비된 계약식은 많은 사람이 지켜보는 가운데 열렸다. 산수이 정부는 저장

국투에 75%의 지분을 양도했는데, 시가 3억 3천 8백만 위안이었다. 이 의식에서 리징웨이는 한 필의 버려진 늙은 말처럼 묵묵히 행사장 한구석에 앉아 있었다. 다음 날 그가 눈물을 머금은 채 하늘을 바라보고 있는 모습의 사진이 국내의 모든 언론과 뉴스 사이트에 게재되었다. 이 사진은 중국의 기업사 30년 중 가장 슬퍼 보이는 기업가의 사진이었다.

리징웨이의 악운은 이날 끝나지 않았다. 계약 후 9일째 되는 날 그는 갑자기 뇌일혈을 일으켜 광저우 공군병원으로 수송되어 뇌에 쌓여있던 피를 뽑아내는 대수술을 받았다. 이때부터 리징웨이는 병실을 나서본 적이 없었다. 전국적으로 그에 대한 동정의 목소리가 일었다. 10월 중순 병상의 리징웨이는 광둥성 제9회 인민대표상임위원회 제37차 회의에서 횡령 혐의로 전국인민대표대회 대표 자격을 박탈하기로 결정했다는 내용이 적혀 있는 통지서를 받았다. 검찰의 입건 사유는 "국가 기관의 위탁 관리를 받고, 국유자산을 경영하는 신분으로 국가 법률을 무시한 채 타인과 결탁하고 직무상의 편의를 이용해 보험을 구입하는 방식으로 국유자산 3,318,800위안을 착복했다"는 것이었다. 리징웨이 일행 중 세 명은 체포되었고, 한 명은 해외로 도피했다.

우여곡절이 많았던 젠리바오 재산권 거래 사건은 리징웨이의 범죄 혐의로 일단락되었다. 어쨌든 이때는 횡령 범죄자를 동정하는 사람은 하나도 없었다. 젠리바오는 이때부터 힘을 잃기 시작했고, 2004년 장하이가 경영 부실로 면직되자 이 기업은 일순간에 생산을 중단할 지경에 이르렀다. 2007년 젠리바오는 다시 타이완의 퉁이統 그룹으로 넘어갔고, 과거 '중국 제일의 음료 기업'은 이 당시에는 이미 이류 회사로 전락한 후였다. 사람들이 이해하기 힘들었던 부분은 리징웨이가 줄곧 판결을 기다리는 죄인 신분으로 병원에서 거주 제한을 받고 있었으나 검찰은 한 번도 그를 정식으로 기소하지 않은 것이었다.

객관적으로 말해서 젠리바오의 풍파 속에서 지방 정부는 결코 이 기업을 무너뜨릴 의도는 없었다. 지방 관리들이 리징웨이 일행을 포기하고 '외부인과 함께 할지언정 가족과는 함께하지 않는다'는 책략을 선택한 데는 두 가지 이유가 있었다. 첫째, 경영진이 몰래 부당한 짓을 해도 통제가 어려운 것을 두려워한 것이었고, 둘째 국유자산 유실의 책임을 회피하기 위해서였다. '국퇴민진'이 각 지역에서 실시되는 과정 중에 시종 전략만 있었지 구체적인 법적 근거가 없어 여기저기서 사사로이 주고받는 현상이 실재했고, 많은 기업은 은밀한 조작 방식을 통해 재산권 사유화를 실현했다. 그래서 그와 관련된 책임을 지는 것을 두려워한 정부 관료들은 이러한 고민에서 벗어나기 위해 기업을 인간관계가 비교적 단순한 외지인에게 매각하려고 했던 것이다. 이러한 '제도적 결함'의 전제 하에 기존 경영자들에 대한 강력한 배제는 외부에서 온 역량에 대한 맹목적인 믿음과 선명한 대조를 이루었다. 경영진들은 무정하게 자신들이 설립한 사업의 전당 밖으로 밀려났고, 소위 자본 브로커들이 손쉽게 이러한 영역으로 진출할 수 있었다. 이렇게 능란한 '문앞의 야만인들'과의 대결에서 지방 정부는 쉽게 믿는 것은 잘하나 게임에는 능숙하지 못한 치기를 드러냈다. 이런 식으로 중국의 기업 개혁에서는 사람들을 울리지도 웃기지도 못하는 현상들을 직접 목격할 수 있었다.

지방 관리들이 젠리바오의 풍파 속에서 의심과 감정적인 일처리의 일면을 드러냈다면 똑같이 화남 지역에서 발생한 커룽 사건은 또 다른 개입 방식을 보여주었다고 할 수 있다.

1월 구추줜이라는 사람이 갑자기 커룽의 새로운 주인이 되었다.

1998년 말 창업자 판닝이 날조된 죄명으로 갑자기 사직한 후 중국의 가전업체 중 가장 기술적이고 효율적이던 이 기업은 이때부터 불가사의한 혼란 속으로 빠져들었다. 판닝이 떠난 후 그를 대신한 사람은 오랫동안 스텝이었던 왕궈루이王國端였다. 왕궈루이는 취임 1년 반 후에 사직했고, 룽구이진의 진장 쉬테펑徐鐵峰이 직접 총수직을 물려받았다. 개방 바람이 자못 왕성했던 화남 지역에서 진 정부의 정식 관리가 관할 내 규모가 가장 큰 기업의 총수를 맡은 것은 선례가 없는 일이었다. 이 인사 조치는 사람들을 깜짝 놀라게 했고, 이런 예외적인 행위에서 언론들은 커룽 사건에 내재된 갈등의 냄새를 맡았다. 2000년 커룽이 보고한 손실은 6억 8천만 위안이었다. 이 업체가 8년 동안 안정적으로 중국 냉장고업계의 유명 기업으로 자리매김해온 것을 생각하면 거액의 손실은 시장에 대형 폭탄을 투척한 것과 다름없는 현상이었다. 이에 대한 시장의 반응은 거의 '쇼킹'이라는 단어로 형용할 수 있었다.

공개된 해석에 따르면 커룽의 손실은 경영 부실로 인해 야기되었다. 하지만 1997년부터 커룽의 이윤은 매년 6억 위안 이상을 유지했다. 1999년 순이익은 6억 3천만 위안이었고, 냉장고 생산 대수도 최대인 265만 대로 매출액이 58억 위안이었다. 하지만 이러한 커룽이 어찌 7억 위안에 달하는 손실을 볼 수 있고, 14억 위안의 편차는 어떻게 설명할 수 있단 말인가? 재무적인 각도로 분석하면 커룽의 손실에는 세 가지 원인이 있었다.

첫째, 시장에서 중대한 악성 사건이 돌발해 판매가 급속하게 위축되고, 운영 원가가 높아져 거액의 손실이 발생했을 가능성이다. 사실 이러한 상황은 당시에 결코 발생한 적이 없었다. 둘째, 미수금이 지나치게 많아져 재무상의 블랙홀을 조성했을 가능성이다. 일찍이 커룽의 마케팅을 주관한 취윈보어屈雲波는 "2000년 커룽은 2억 위안 정도의 광고비를 체불하고 있었습니다. 제가 오기 전에 커룽의 최대 미수금은 12억 위안이었고, 재직 시에는 7~8억 위안 정도였습니다. 2001년 커룽을 떠날 때 광고비 체불액은 몇 천만 위안에 불과했고, 장부에는 2억 위안 정도의 미수금이 있었는데 이는 정상적인 범위에 속하는 것이었습니다"라고 말했다. 만약 상황이 이랬다면 설령 2000년 전후에 회사 미수금이 많았다고 하더라도 악성 부채를 형성할 정도는 아니라고 할 수 있다. 마지막으로 대주주가 자산을 전이했을 가능성이다. 판닝이 커룽 브랜드를 만든 이후에도 상부는 여전히 룽성그룹이었고, 룽성은 커룽의 대주주이면서 정부의 위탁을 받아 집체 자산을 관리하고 있었다. 비록 커룽이 홍콩과 선전에 상장되어 기업 공개가 이루어졌지만 여전히 재산권을 장악하고 있는 룽성그룹이 시종 배후에 있었던 것이다. 커룽과 대주주 사이의 자산 상황이 어떠한지는 외부의 각종 추측이 존재하지만 한 번도 투명한 인계가 이루어진 적이 없었다. 어떤 전문가는 국유 주주가 판닝의 체제 개혁 방안을 부결한 후 자산 전이 방식으로 커룽에서 물러났고, 이로 인해 3년이라는 짧은 시간에 커룽은 철저하게 바닥을 드러내게 되었다고 대담하게 추정했다.[2]

---

2) 마케팅 전문가 취윈보어는 일찍이 2000~2001년 사이에 커룽그룹의 마케팅 부총재를 역임했다. 그

2001년 10월 31일 전국의 각 언론사 기자들은 아무런 예고도 없던 상황에서 한 가지 소식을 접했다. 이름도 들어보지 못한 그린쿨 테크놀로지Greencool Technology가 제냉 가전 선두기업인 커룽의 1대 주주가 되었다는 소식이었다. 그린쿨은 5억 6천만 위안으로 커룽전기의 주식 20.6%를 매수했다.

구추쥔은 경력이 의심스러운 기업가였다. 그는 일찍이 30살에 본인 이름으로 명명된 '구씨' 열에너지순환이론을 발명한 적이 있었는데, 이 이론에 따르면 절전형 에어컨을 생산할 수 있었다. 판닝이 일전에 사람을 파견해 이 기술의 가능성을 자문한 적이 있었다. 1991년 그는 후이저우에서 에어컨 공장을 설립해 현재 세계에서 에너지 소모량이 가장 적은 에어컨을 생산한다고 광고했다. 하지만 이후 기술감독관리국의 품질검사에서 불합격되어 공장이 강제로 폐쇄되었다. 이후 그는 톈진에서 비염화불화탄소 냉매 공장을 새로 설립했고, 회사명을 그린쿨이라고 불렀다. 2000년 그린쿨은 홍콩 증권거래소의 GEM Growth Enterprises Market에 상장되었다. 상장 첫 해에 그린쿨은 이윤 2억 6천 9백만 위안을 실현했고, 영업 이익은 과거 3년간 3,300배 증가해 GEM에서 이익 창출 1위를 달성했다고 발표했다. 2001년 연간보고서에서 회사는 매출액 5억 1천 6백만 위안, 매출 이익 4억 1천만 위안, 순이익 3억 4천만 위안을 달성했다고 발표했는데, 엄격한 재무 분석으로 유명한 『재경』지는 "이러한 수익은 그야말로 달성할 수 없는 수치"라고 보도했다. 『21세기경제보도』는 그린쿨이 말하는 업적은 허위 계약에서 나온 것이라고 폭로했다. "그린쿨 스토리의 핵심은 도처에서 허위 계약 오더를 작성하는 것으로 허위 오더는 마대 자루에 넣을 정도로 많다." 이토록 무수한 의문에 휩싸여 있던 기업가가 짙은 안개에 휩싸인 커룽으로 들어간 것이다. 『구추쥔 조사』의 저자 천레이陳磊는 커룽전기 이사회의 비서를 역임한 지인의 말을 인용해 구추쥔이 정부와 담판한 중요 조건은 바로 커

는 퇴직 후 줄곧 커룽의 진상을 밝히려 하지 않았지만 2005년 8월에 『경제관찰보』와의 인터뷰에서는 얼버무리면서 이렇게 이야기했다. "첫해에 7억 위안을 벌었고, 이듬해에는 7억 위안의 손실을 기록했습니다. 이는 사람들의 관심을 받기에 충분했는데, 손실과 이윤 사이에 14억 위안이 존재했으니까요. 특수한 상황이라면 몰라도 그렇지 않으면 전적으로 손실을 만들어냈다고 할 수 있습니다." "저는 손실이라는 사태를 좋은 일로 변화시킬 수 있었고, 고위층의 끊임없는 교체라는 사태를 좋은 일로 변화시킬 수도 있었지만 돈을 훔치는 것과 같은 나쁜 일을 좋은 일로 변화시킬 능력은 없었습니다."

롱과 룽성 사이의 장부아래 숨겨져 있는 대량의 거래 내역이었다고 폭로했다. "구추췐은 커룽을 인수하도록 허락한다면 룽성이 커룽에 진 빚은 갚지 않아도 된다는 뜻을 정부에 표했습니다."

구추췐은 훗날 커룽 인수 전후의 상황을 상세하게 기억했다.

"2001년 9월 27일 계약을 체결할 당시 우리는 1억 위안의 손실을 볼 것으로만 알았습니다. 하지만 11월 말이 되자 그들은 손실이 6억 위안을 넘을 것이라는 사실을 알려주었습니다. 당시 우리는 매우 놀랐지만 계약서는 이미 공개되어 있었습니다. 이러한 상황에서 우리는 돌아가서 회의를 열었는데, 커룽의 원가 관리에 아주 큰 문제가 있으니 만약 관리만 엄격하게 하면 이윤 창출이 가능하다는 최종 결론을 내렸습니다. 저는 2002년 1월에 커룽으로 들어갔고, 3월에 회계 감사 보고서가 나왔습니다. 커룽의 손실은 15억 위안이었습니다. 이와 같은 대규모 손실이 채권 은행으로부터 신용 상실로 이어지는 것을 우려해 우리는 인수합병을 통해 3억 위안을 회수하기로 결정했습니다. 아마도 6~8개월의 시간 동안 은행은 커룽에 대해 대출 없이 회수만 진행했습니다."

구추췐이 인수한 후 2002년 4월 커룽은 관례대로 연례 보고를 진행했다. 비록 시장이 이 회사의 실적에 대해 환상을 갖고 있지 않았지만 들려온 수치는 사람들을 깜짝 놀라게 했다. 전년도 연례 보고 때의 6억여 위안의 손실에다 2001년의 손실 15억 5천여만 위안을 더하면 2년 연속 적자가 22억 위안으로, 상장된 중국 가전업체 중 최고치를 기록한 것이었다. 이러한 데이터와 기억으로부터 한 가지 결론을 얻을 수 있었다. 구추췐이 인수한 커룽은 이미 빈털터리였던 것이다. 구추췐이 주인이 된 후 커룽은 일시적으로 부활한 적이 있었지만 구추췐이 진행한 인수합병의 광풍 속에서 커룽의 자금은 다시 한 번 대량으로 유용되었다. 2005년 커룽은 36억 9천여만 위안의 손실을 기록해 일거에 당시 국내 상장사 최고 손실 기록을 갈아치웠다. 연루된 소송도 93건으로 당시 국내 상장사 중에서 가장 많았고, 회사의 순자산은 -10억 9천만 위안이었다. 일찍이 가장 전도유망했던 가전업체가 불분명한 재산권 게임에서 희생양이 된 것이었다. 판닝과 왕래가 있던 베이징대학 저우치런

교수는 논평을 발표하면서 다음과 같이 말했다.

커룽의 체제 개혁이 그린쿨에게 기회를 준 것이 아니라 바로 제때에 개혁을 하지 못했기 때문이다. 커룽의 주요 교훈은 판닝 시대에 제때에 재산권 개혁을 완성하지 못한 것이다. 그렇지 않았다면 구추쥔이 주인이 될 기회는 없었을 것이다.

그는 「커룽, 애석하다!」라는 제목의 칼럼에서 다음과 같이 썼다.

커룽에 관한 보도를 읽으면 한 가지 문제가 고민된다. 만약 창업자인 판닝 시절의 사람이 아직도 경영하고 있다면 커룽이 오늘 이 지경에 이르렀을까? 역사가 가설을 용납하지 않는 것을 알지만 그렇게 생각되는 것도 어쩔 수 없다. 커룽의 결말은 '시時'요, '운運'이요, '명命'인 것 같다. 울고 싶지만 눈물이 흐르지 않는다.

이러한 재산권 추문은 여기저기서 끊이지 않고 일어나 보기에도 어지러울 정도였다. 기억할 만한 사실은 대대적인 재산권 개혁 과정 중에서 "소기업은 개혁이 쉽고, 대기업은 개혁이 어려우며, 무명 기업은 개혁이 쉽고, 유명 기업은 개혁이 어려우며, 손실 기업은 개혁이 쉽고, 영리 기업은 개혁이 어렵다"는 현상의 출현이었다. 그래서 일부 영리 능력이 뛰어난 유명 대기업의 재산권 개혁은 그야말로 난중지란難中之難이었다. 연초 그럴싸하게 조작된 '춘란 체제 개혁'은 정식으로 좌초를 선고받았다.

춘란의 체제 개혁은 아주 강한 표본적 의미를 지니고 있었다. 춘란의 전신인 쟝수성의 타이저우 냉기설비공장은 1985년 자산이 280만 위안이었고, 부채는 550만 위안으로 순자산은 마이너스 상태였다. 이후 타오젠싱의 경영 하에 춘란은 에어컨 시장에서 새롭게 일어선 세력이 되었고, 1994년 춘란은 중국 최대의 에어컨 생산기지이자 세계 7대 에어컨업체로 성장했다. 2000년 춘란의 자산 규모는 120억 위안, 순자산 80억 위안으로 중국 가전업계의 총아가 되었다. 타오젠싱은 이로 인해 스촨성의 창훙의 니룬펑과 함께 중국공산당 15회 중앙후보위원으로 선정되었고, 동시에 당정 기관에도 진입해 중국공산당 타이저우시위원회 상임위원직을 맡게 되었다.

2000년 10월 재산권 개혁 목소리가 점점 일어나고 '수난 모델'이 대규모 전환을 시작하던 배경 하에 춘란의 이사회는 국유자산에는 손을 대지 않는다는 전제 하에 50억 위안의 집체 자금에서 25%를 할당해 현금과 1:1의 비율에 근거해 경영진과 만여 명의 직원에게 주식을 분배한다고 공고했다. 타오젠싱은 춘란의 체제 개혁이 중앙의 정책에 부합한다고 생각해 이를 대대적으로 추진해 여론의 광범위하고 열렬한 관심을 받았다. 그는 이미 갖가지의 존재 가능한 위험을 고려하고 있는 듯 했다. 예를 들어 체제 개혁 방안은 명확하게 회사가 담보, 찬조, 대출 등 내재하는 어떠한 방식으로도 회사 지분의 구매를 도와서는 안 된다고 규정하고 있었는데, 기술적인 문제를 해결하기 위해 공상은행, 건설은행 장수성 지점과 춘란은 두 은행이 주식 저당 방식으로 춘란의 직원 전체에게 90%의 대출을 제공하기로 합의했다. 혐의에서 벗어나기 위해 타오젠싱은 또 다른 사람이 제기한, 경영진이 주식을 많이 보유해야 한다는 건의를 거절했고, 또 주동적으로 시가 수억 위안을 초과하는 주식을 포기했다. 그는 『산롄三聯생활주간』의 기자에게 이렇게 말했다.

> 관련 부문이 나에게 춘란그룹의 지분 10%를 주겠다고 했으나 저는 이를 거절했습니다. 춘란에서 죽기 살기로 일하는 것은 정말 돈을 많이 벌기 위해서가 아닙니다. 저에게 7억 위안을 주면 무엇을 하면서 이 돈을 쓰겠습니까? 저는 마음속으로 춘란과 저를 하나로 여기고 있습니다. 저에 대한 금전의 구동력은 '0'입니다.

타오젠싱의 자신감과 큰소리는 의외로 여론의 포커스가 되었다. 어떤 사람은 "춘란의 체제 개혁은 하룻밤 사이에 천 명 이상의 백만장자, 100명 이상의 천만장자, 몇 명의 억만장자를 만들 수 있고, 타오젠싱 본인의 재부가 자연히 최대의 포커스가 될 것"이라고 말했다. 체제 개혁 이전 그의 월급은 3,500위안이었는데, 개혁 방안에 따르면 그는 5,000만 위안 정도를 얻을 수 있었다. 그래서 의문들이 줄을 이었다. 첫 번째 의문은 "도대체 춘란의 성姓이 무엇이냐?"는 것이었다. 어떤 사람은

"춘란의 국유 주식 점유율은 75%이고, 춘란의 방안에 따르면 직원이 주식을 구입할 때 1:1의 비율로 직원들에게 무상주를 준다는데, 그럼 이러한 무상주는 어디에서 나오는 것인가? 국유 주주들이 인수 권리를 포기하고 이를 양도하는 것을 의미하는 것인가? 이는 국유자산 유실 문제를 안고 있는 것은 아닌지?"라고 물었다. 두 번째 의문은 "타오젠싱이 무슨 근거를 갖고 있느냐?"였다. 대형 국유기업의 경영자이자 혁혁한 정치적 지위를 누리고 있는 개혁 인물이 하룻밤 사이에 뚝딱하고 억만장자로 변한 것은 전통적인 가치관과는 실제로 너무 큰 인식 차이가 존재했다. 마지막으로 더 큰 의문은 "춘란의 효과가 무엇을 갖고 올 것인가?"라는 것이었다. 어떤 사람은 한 논평에서 다음과 같이 말했다.

현재 중국의 빈부격차는 점점 벌어지고 있는데, 그러한 현상 중의 가장 중요한 것 중 하나는 일부 경영자의 경우 국유기업의 재산권 체제 개혁 과정에서 재부의 급속한 팽창을 실현했다는 점이다. 만약 체제 전환이 성공한다면 타오젠싱은 아마도 중국의 국유기업 개혁의 선봉이자 재부의 모범이 될 것이다. 춘란그룹의 행동은 세상 사람들에게 국유기업을 해도 여전히 부자가 될 수 있음을 보여주었다. 춘란의 체제 개혁 완성 후 중국에서는 아마도 국유기업의 대규모 재산권 제도 개혁이 출현할 것이다. 칭다오의 하이얼의 장루이민, 칭다오의 하이신의 저우허우젠陳厚健, 쓰촨의 창훙의 니룬펑 등은 아마 중국의 21세기 역사에서 1세대 자본가가 될 수 있을 것이다.

이는 모두 정면에서 대답하기 어려운 질문들로, 어떤 의미에서 그것은 기업개혁 중에 줄곧 불분명하게 회피되어온 제도와 도덕의 마지노선을 건드리는 것이었다. 타오젠싱의 큰소리는 뜻밖에도 춘란의 체제 개혁을 아주 민감한 대논쟁 속으로 밀어 넣었다. 어떤 사람은 춘란의 체제 개혁을 "국내의 대형 국유기업 중 규모가 가장 큰 돌파성 변혁"으로 간주했고, 『21세기경제보도』의 기자는 "전 중국 모두가 춘란의 체제 개혁을 숨죽이고 주목하고 있다"고 보도했다. 또 다른 의견은 직설적으로 "타오젠싱은 수십 일 만에 춘란을 '분배'했다"라고 지적했다. 한 언론이 쟝수성 공업 담당 부성장 천비팅陳必亭을 인터뷰할 때 그는 아주 교묘하게 대답했다. "저

개인은 이 일에 대해 지지를 표합니다." 그러나 중앙의 관련 부문 관료는 "국가는 아직까지 이렇게 할 수 있도록 상응하는 정책을 제정하지 않았습니다"라고 말했다. 장융(張融)이라는 경제평론가는 한 논평에서 "춘란의 체제 개혁을 경제 이론 측면에서 주저 없이 말한다면 타당하지 않는 점이 거의 없는 것 같지만 영향을 받는 사람이 많고, 금액도 이전에 들어본 적이 없는 큰 액수이기 때문에 이런 식의 수량화는 실제로 사람을 깜짝 놀라게 할 것"이라고 말했다.

'사람을 깜짝 놀라게 한' 결과는 춘란의 체제 개혁이 '빛을 보자마자 요절했다'는 것이었다. 사실 춘란의 체제 개혁 뉴스가 세상에 공개되었을 때 직원들의 주식 보유 계획은 이미 기본적으로 완성되어 있었다. 하지만 거대한 여론의 압력 하에 춘란의 체제 개혁은 갑자기 멈추어섰고, 춘란의 체제 개혁은 중앙 정부의 토론으로 넘겨졌다. 결국 춘란의 체제 개혁을 부결하는 결정에 대해 많은 이유가 필요하지 않았다. 2001년 초 타오젠싱은 "이 방안은 법률적인 장애가 존재하고 있어 더 과학적이고 더 엄밀하고, 더 합리적인 논증과 계산이 필요하며, 경제학자와 법률 전문가의 검증을 거쳐야 한다"는 통지를 받았다. 2002년 이 방안은 결국 이렇게 끝을 맺었다.

춘란의 체제 개혁 중단은 재산권 투명화 운동에서 상징적인 사건이었다. 이후 그와 상황이 아주 비슷했던 대기업 하이얼, 창훙 및 하이신 등의 체제 개혁 방안이 모두 방치되었다.

이런 재산권 투명화 운동 과정에서 '애석하게 된' 사람은 리징웨이, 판닝 및 타오젠싱뿐만이 아니었다. 제도적인 보장과 규범이 없었기 때문에 거의 모든 기업의 재산권 변혁은 거대한 모험으로 변했고, 시비와 합법 및 불법에 종종 명확한 경계가 없었으며, 기업가의 운명도 하루아침에 어떻게 변할지 아무도 알 수가 없었다. 당시 중국의 우유업계의 전설적인 두 인물도 자기가 설립한 기업의 사무실에서 재산권에 대해 탐색하고 있었는데, 두 사람의 운명의 차이는 수년이 지난 후에도 여전히 사람들을 탄식하게 만들었다.

10월 8일 『인민일보』는 개혁 인물 관련 특집 기사 「정쥔하이(鄭俊海)」를 게재했다.

기사는 막 중국공산당 16대 대표로 선출된 한 기업가를 평가하면서 "정쥔하이가 처음 이리(伊利)에 온 이후부터 지금까지 근 20년이 흘렀다. 이미 52세가 된 정쥔하이는 한창 좋은 시절을 한 기업에 바쳤다. 그는 심혈을 기울여 '이리'라는 중국의 우유 브랜드를 만들어냈다"고 적었다. 1983년 이리는 후허하오터(呼和浩特)시정부 산하의 조그만 식품공장이었다. 정쥔하이의 경영 하에 이리는 중국의 우유 시장에서 발전 기회를 붙잡을 수 있었고, 당시 중국 최대의 유제품 기업을 만들어냈다. 1996년 이리는 네이멍구에서 가장 먼저 상장한 기업 중의 하나가 되었고, 2002년 매출액은 40억 위안에 달했다. 일찍이 1999년에 정쥔하이는 재산권 개혁을 시도했는데, 직접적인 재산권 투명화를 시도하는 것이 불가능하다는 전제 하에 당시 많은 사람과 마찬가지로 완곡한 MBO의 길을 선택했다. 그는 20여 명의 이리 경영진과 함께 출자해서 '화스(華世)상무공사'를 설립해 국유기업이 소유하고 있는 이리의 법인주를 매수했다. 정쥔하이 일행은 결코 많은 현금을 갖고 있지 않았기 때문에 매수 중에 불투명한 수법을 동원했다. 한 번은 정쥔하이가 이리의 150만 위안의 자금을 몰래 화스공사로 이전한 다음 이 돈으로 법인주를 구입했고, 오래지 않아 이 돈을 은밀히 반환했다. 또 한 번은 1,500만 위안의 이리 주식을 위해 이리와 밀접한 업무 관계로 왕래한 우유공장에 의도를 알린 다음 은행에 대출을 하게 했고, 화스공사는 이 돈으로 이리의 주식을 매입했다. 이후 화스공사는 주식을 담보로 대출을 받은 다음 다시 이 돈을 우유공장에 돌려주었다. 이러한 수법은 당시 보편적으로 이용되던 MBO방식이었다. 정쥔하이의 수법은 아주 순조롭게 진행된 듯이 보였지만 사실은 지방 정부의 묵인 하에 이루어진 것이었다. 후허하오터시 국유자산관리국은 보유하고 있던 국가 주식 전부를 시 재정국 명의로 이전한 다음 그중의 500만 주를 유상으로 정쥔하이의 회사로 이전했다. 이때 화스공사는 이미 치위안(啓元)투자로 개명한 상태였고, 치위안은 이리 주식의 2대 주주로 탈바꿈했다.

    정쥔하이가 우회적인 방법으로 이리의 주식을 취득하고 있을 당시 거의 동시에 그의 오랜 부하 뉴건성은 또 다른 방식을 선택했다. 정쥔하이보다 네 살이 어린 뉴건성은 일찍이 정쥔하이와 함께 천하를 도모하기 위해 필사적으로 노력한 적이 있었다. 그가 태어난 지 한 달 만에 가난했던 그의 부모는 50위안에 그를 다른 사람에게 팔아넘겼고, 그는 어려서부터 양부모와 함께 초원에서 소를 키우다가 나중에 이리의 전신인 회족식품공장에 입사했다. 입사 당시 그는 병을 씻는 단순 기능공이었는데 피나는 노력으로 공장 주임이 되었고, 1992년 정쥔화이의 관심을 받은 후 경영 부사장으로 진급했다. 뉴건성은 시장에서는 아주 혹독했지만 사람들에게는 너무나 자상했다. 이 사람은 학력이 떨어졌으나 "재물이 없으면 사람이 모이고, 재물이 모이면 사람이 없어진다"는 원리를 잘 알고 있었다. 어느 해 정쥔화이가 보너스를 주면서 그더러 고급 세단을 구입하라고 했을 때 그는 이 돈으로 몇 대의 보통 자동차를 구입해서 부하들에게 나누어주었다. 그는 이리의 마케팅과 홍보를 담당하고 있었는데, 이로 인해 언론에 자주 얼굴을 내밀었고, 언론계에서는 정 사장은 몰라도 뉴 부사장은 잘 안다는 말이 나올 정도였다. 1998년 정쥔화이와 뉴건성의 관계가 급속하게 악화되었고, 뉴건성은 갑자기 회사를 떠났다. 이듬해 뉴건성은 몇몇의 옛 동료와 함께 1,000만 위안을 투자해 멍뉴라는 회사를 설립했다. 그는 훗날 아래와 같이 회고했다.

당시 후허하오터의 한 주택단지에서 조그만 공간을 임대해 사무실로 삼았는데, 면적은 겨우 53m^2에 불과했고, 월 임대료는 200위안이었습니다. 멍뉴의 설립 당시에는 원유, 공장, 시장도 없었기 때문에 사실은 거의 백지 상태였다고 할 수 있었습니다. 전국 유제품 기업 중 서열은 1,116위였습니다.

뉴건성이 가진 것은 오랫동안 시장 경영에서 축적해온 인맥과 경험뿐이었다. 당시 세계 최대의 우유 포장 공급업체였던 테트라팩Tetra Pak이 중국에서 '리러전利樂枕'(중국에서 사용되는 베개 모양의 우유 포장의 일종)을 홍보하면서 우유공장에 무료로 생산 설비를 공급해준다고 했다. 당시 테트라가 출시한 리러전은 중국업체들에게 익숙하지 않았고, 그래서 대다수 기업은 모험을 하려 하지 않았다. 하지만 생산 설비 하나 제대로 없던 뉴건성은 이를 시도하기로 결정했고, 그 결과 생각지도 못한 대성공을 이루었다. 2001년 멍뉴의 매출액은 7억 2천만 위안을 돌파해 4대 유제품 기업으로 탈바꿈했다.

2002년 정쿼하이가 MBO방식으로 재산권 투명화 작업을 진행하고 있을 당시 뉴건성도 주주권 혁신을 진행했다. 6월 모건스탠리, CDH투자, CDC Capital Partners 등 3개 국제 투자회사가 6,000만 달러의 멍뉴 주식을 매수하겠다고 발표했다. 3개 투자회사는 투자와 동시에 다소 지나친 도박성의 계약 조건을 제시했다. 향후 3년 만약 멍뉴 주식의 연평균 성장률이 50%가 되지 않을 경우 뉴건성을 필두로 하는 경영진은 3개의 외자 주주에게 7,830만 주를 배상하거나 등가의 현금을 지불해야 한다는 조건이었다. 만약 경영진이 상기 지표를 완성할 경우 3개 외자 주주는 7,800만 주를 멍뉴에게 증정한다는 내용도 포함되어 있었다. 뉴건성은 돈에 목마른 사람처럼 다시 모험을 시도했다.[3]

　　두 사람의 운명은 이때부터 다른 방향으로 가기 시작했다. 2004년 6월 정쿼하이는 국유 재산 침탈로 고소당했는데, 우회적인 MBO 수법은 원래부터 법률의 회색지대에서 이리저리 움직인 것이었기 때문에 정쿼하이는 억울해도 변명할 말이 없었다. 법정에서 정쿼하이는 "모든 것이 경영진 주식 보유라는 근원적인 문제를 해결하기 위해서였고, 지금까지도 나의 행동이 법률에 저촉되었다는 것을 모르겠다"고 진술했다. 이 안건을 심리한 바오터우(包頭)시 중급인민법원 부원장은 언론에 "사실 만약 화스상무공사의 주주가 이리 전체 경영진이었다면, 만약 그들이 유용한 자금이 이리 이사회 전체의 동의를 거쳤다면 문제가 없었을 것"이라고 말했다. 기자는 "어느 정도의 범위가 전체 경영진이죠? 만약 이사회에서 통과되었다면 자금을 유용할 수 있습니까?"라고 물었다. 법원의 이 인사는 어떤 말이 옳은지 판단할 수 없었다. 정쿼하이는 결국 공금 유용죄로 징역 6년을 선고받았다.

　　뉴건성은 행운아였다. 우연히도 2004년 6월 10일 정쿼하이가 고소되던 같은 달 멍뉴는 홍콩 증권거래소에 상장되었는데, 조달한 자금은 13억 7천 4백만 홍콩달러

---

3) 도박성 계약은 정확하게 말하면 〈주주 계약〉 중의 평가 조정 메커니즘Valuation Adjustment Mechanism 조항이다. 이 조항의 최대 리스크는 약정한 목표에 도달하지 못할 경우 경영진이 멍뉴의 주주권을 상실하는 데 있었다. 멍뉴의 업적이 예상을 뛰어넘자 2005년 4월 6일 세 투자자들은 사전에 이 조항을 삭제했는데, 그에 대한 대가는 멍뉴의 경영진에게 598만 달러의 주식 교환권을 제공한 것이었다. 뉴건성은 안전하게 주주권을 확보할 수 있었다.

였다. 뉴젠성은 1억 3천 5백만 달러의 몸값으로 당시『포브스』지의 중국 부자 리스트에 이름을 올렸다.

이후 상당히 긴 시간 동안 기업의 재산권 개혁에 대한 토론은 중국의 시민 사회와 정치, 경제학계의 관점이 갈라지는 중대한 경제 화제가 되었다. 이중 두 가지 중요한 논쟁의 초점은 이러했다. 하나는 '국유와 집체 자산의 심각한 유실'을 어떻게 바라볼 것인가이고, 또 다른 하나는 국유나 집체기업의 경영자의 '유상 매수'를 어떻게 바라볼 것인가 하는 것이었다. 유실에 대한 논쟁은 1998년부터 어렴풋하게 시작되어 2004년에는 매우 뜨거운 설전으로 발전했다.

홍콩의 랑셴핑을 대표로 하는 관점은 '국퇴민진'은 국유 재산을 나눠 먹는 성대한 잔치로, 이 기간 '주방장이 식사를 사사로이 분배하는' 현상이 나타났고, 개혁 전략은 심각한 과실과 왜곡을 만들어냈다는 것이다. 그러나 베이징대학의 장웨이잉 교수와 홍콩에서 온 장우창 교수는 그렇게 생각하지 않았다. 그들은 비록 개혁 과정에서 다양한 회색 행위가 나타났지만 개혁의 총체적인 방향과 적극적인 효과와 반응은 의심할 여지가 없다고 생각했다. 장우창의 관점은 보다 직접적이었다.

> 그러한 상황이 전혀 없다고 할 수는 없지만 어쨌든 천천히 바뀌어왔다. 그렇게 많은 사람을 없애버리고 싶겠지만 모두를 다 없앨 수는 없는 것이다. 개혁 과정에서 어떤 일은 피할 도리가 없는 것이고, 개선해가야만 하는 것이다. 하지만 그러한 일이 있다고 해서 이 나라가 글렀다는 말을 해서는 안 된다. 어떻게 피해갈 수 있단 말인가? 이들 국영기업을 사는 데 있어 동원한 수단이 아주 정확할 필요는 없다. 하지만 적자인 국유기업을 돈 버는 기업으로 변화시키는 것은 중국 경제 전체적으로 볼 때 나쁜 일이 아니다.

장우창보다 훨씬 더 급진적인 관점은 소위 '아이스케이크 이론'이다. 일부 전문가들은 국유자산은 태양 아래의 아이스케이크 같아서 만약 먹어치우지 않으면 완전히 녹아버릴 것이라고 생각했다. 정쥔하이는 아이스케이크를 만들어 사업을 일으켰고, '아이스케이크 이론'에 걸려 꼬꾸라졌다.

2002년 중국인들의 정치 생활에서 가장 중요했던 뉴스는 중국공산당 제16차 대표대회의 개최였다. 11월 15일에 거행된 일중전회에서 후진타오胡錦濤가 중앙위원회 총서기로 선출되었다. 많은 외신은 16차 대표대회가 경제개혁의 마지막 이데올로기적 장애물을 제거했다고 논평했다. 지난날 논쟁이 되었던 것들은 지금 모두 상식으로 변했고, 국내의 주요 문제들은 갈수록 미세하고 복잡하게 변해갔다. 그러한 문제들은 철학과 이데올로기의 기본적인 충돌과는 무관했고, 오히려 공동 목표 실현의 경로 및 수단과 관계가 있었다.

　12월 3일 모나코의 몬테카를로Monte Carlo에서 개최된 세계박람회 사무국 제132차 대표 회의에서 중국의 상하이는 다른 4개의 신청 도시와의 치열한 각축전 끝에 마침내 2010년 세계박람회 개최지로 선정되었다. 이는 베이징올림픽 유치 성공에 이어 중국의 또 다른 국제적 승리를 상징했다. 세계박람회는 상하이에서 반 년 동안 개최될 것이고, 6,000만 명의 관람객을 유치할 것으로 기대되었다. 이는 베이징올림픽에 이어 중국 경제가 앞으로 수년 동안 지속적으로 성장할 수 있는 또 하나의 눈에 띄는 지표가 되었다.

　2002년 중국의 최대 수출 상품은 야오밍姚明이라는 농구선수였다. 키 2m 26cm의 이 아시아의 거인은 드래프트 1순위 신분으로 NBA에 진출했다. 어떤 사람은 만약 그가 NBA에서 38살까지 활약한다고 계산하면 2억 7천만~2억 9천만 달러의 수입을 올릴 수 있을 것으로 계산했다. 이는 광고 등의 기타 수입을 포함하지 않은 금액이었다. 이 가치를 당시의 국제 상품 시세로 계산하면, 중국이 102만 톤의 쌀이나 46만 톤의 강재 또는 239만 대의 TV 또는 630만 대의 자전거 또는 98만 톤의 원유 또는 6,489만 미터의 비단을 수출하는 금액이었다.

　상하이에서 가장 유행을 타고 시끌벅적한 곳은 '신텐디新天地'라는 곳이었다. 신텐디는 상하이 중심의 화이하이로에 위치해 있었다. 과거 몇 년 동안 루어캉루이羅康瑞라는 홍콩 상인이 2,000여 명의 주민을 다른 곳으로 이주시키고, 그들이 살던 옛 주택을 형형색색의 레스토랑, 카페, 주점, 패션가게와 화랑으로 개조했다. 시대의 유행에 민감한 화가 천이페이陳逸飛는 이곳에 '이페이의 집逸飛之家'을 열어 막 완성한 조소 작품 〈상하이 소녀上海少女〉를 설치했다. 이 작품은 높이가 2m가 넘는 청동 조소 작품이다. 신텐디의 동남쪽에는 2층짜리 고건물이 있는데, 오색찬란한 야경에서 이 건물만이 유독 평온하고 장중해 보인다. 80년 전 13명의 젊은이가 이곳에 모여서 중국공산당의 창당을 선언했다. 언론은 "장년에게는 추억을, 젊은이에게는 유행을, 외국인에게는 중국적인 것을, 중국인에게는 서양적인 것을 느끼게 해준다"라는 말로 이곳을 소개했다.

루어컹루이의 신텐디가 시끌벅적거리기 시작한 것과 거의 동시에 베이징에서는 훙황洪晃이라는 여성 문화인이 베이징 동북쪽의 회색 빛 어린 큰 공장을 바라보고 있었다. 이 공장은 1950년대 초에 설립된 국영 공장 '화베이무선전기재료연합공장'이었다. 이곳은 군수 공장 지대였기 때문에 '798'이라는 신비스런 번호가 붙어있었다.[4] 옛날 이곳에서 일한 노동자들은 자신을 아주 자랑스러워했다. "누가 저에게 어디서 일하느냐고 물어오면 항상 '저는 군수 공장에서 일하는데, 다른 것은 다 비밀입니다'라고 말했습니다." 1990년대 초부터 798은 모든 국유기업과 마찬가지로 세가 기울기 시작했다. 이 인기 절정의 대기업도 공장 가동이 반은 중단된 상태로 절반 이상의 노동자는 해고당했다. 대다수의 생산 라인은 멈추었고, 2만 명에 가깝던 직원은 4,000명이 되지 않았다. 공장은 할 일이 없자 부지를 임대하거나 팔아서 연명하고 있었다.

2002년 훙황은 갑자기 이 공장을 주시했다. 훙황은 민국시대 정치가 장스자오章士釗의 외손녀이자 중화인민공화국 전 외교부 부장 챠오관화喬冠華의 딸이었다. 그녀는 798의 독특한 국영 공장 분위기, 즉 쇠락하고 경직되어 상업적인 분위기와는 전혀 어울리지 않는 분위기가 마음에 들었다. 그래서 아주 싼 가격으로 공장 건물 하나를 임대해 자신의 스튜디오로 삼았다. 그녀와 함께 798을 마음에 들어 한 미국인 로버트는 120㎡의 회족回族 식당을 임대해 가게와 회사를 동시에 운영했다. 훙황과 로버트가 모범적으로 이곳에 정착하자 일부 전위 예술가들이 잇따라 이곳의

---

4) 화베이무선전기재료연합공장 산하에는 706, 707, 718, 797, 798, 751 공장이 있었고, 798은 이중의 하나였다.

넓은 공간과 싼 임대료에 호감을 갖고 줄줄이 공장 건물을 스튜디오나 전시 공간으로 개조하기 시작했다. 예술가들로 뭉쳐진 조그만 눈덩이는 이렇게 해서 굴러가기 시작했다. 『타임』은 이곳을 가장 문화적인 상징성을 가진 22개 도시 예술 중심의 하나로 평가했고, 심지어 이곳을 뉴욕의 현대 예술가 클러스터인 SOHO와 견줄 수 있는 지역으로 평가했다. 이렇게 해서 망하기 직전의 국영 공장은 갑자기 베이징에서 가장 유행을 따르는 지역으로 변모했다. 798공장의 모든 건물과 작업장, 심지어 얼룩덜룩한 선반, 생산라인 등은 그대로 보전되었다. 이들은 영혼을 떼어낸 한 무더기의 육체와 같았는데, 예술가들은 각자의 솜씨로 이를 철저하게 팝 아트화했다. 이곳에서 40여 년을 맴돌고 있던 노동의 열정, 혁명의 기율 및 정치 숭배는 갑자기 응고되어 일종의 과장되고 기이한 표정을 드러내게 되었다. 2004년까지 이곳에는 10여 개 국가에서 온 200여 개의 문화 기구와 개인 스튜디오가 들어섰고, 베이징시 정부는 이곳을 '근현대 우수 건축'으로 지정해 보호했다. 중국의 오래된 국영 공장이 모두 철거된 후 798은 유일한 생존자로 살아남았다. 물론 누구도 생각하지 못한 방식으로 말이다.

2002년 중국에서 가장 유행한 영화는 펑샤오캉馮小康 감독의 〈다완大腕(실력자)〉이었다. 이 영화는 신흥 벼락부자들을 맘껏 비웃는 신년맞이 영화였다. 남자 주인공은 진지하게 이렇게 말하고 있다.

당신은 어떤 사람을 성공한 사람이라고 부르는지 아십니까? 성공한 사람은 무슨 물건을 사더라도 가장 비싼 물건을 사는 사람을 말합니다. 가장 좋은 물건을 사는 사람을 일컫는 말이 아닙니다. 그래서 우리의 부동산 사업의 구호는 가장 좋은 것이 아니라 가장 비싼 것을 추구하는 것입니다.

9월 23일 『타임』은 「불쌍한 과잉」이라는 제목으로 중국 특집을 게재했다. 저널리스트 해나 비치Hannah Beech는 이름을 똑똑히 대면서 몇몇 중국 부자들의 생활을 묘사했다. 이 글 또한 형식은 다르지만 〈다완〉과 같은 교묘한 풍자였다.

이 사람들은 백악관을 모방한 조악하고 사치스런 사무실과 로코코 양식의 별장을 짓고 산다. 교외에 별장을 짓고 살지만 오히려 호화스러운 샹들리에는 켜지 못한다. 가난한 이웃 사람들이 전원을 차단할까 두렵기 때문이다. 그들의 부인은 남편의 무수한 정부情夫를 참아내야 하고, 고독을 느낄 준비를 해야 한다. 부인들은 비싼 애완동물을 기르고, 절에서 향을 피우며 아이들을 낳으면서 시간을 보낸다. 그들은 종종 비싼 포도주에 사이다를 타서 물을 마시듯이 입으로 쏟아 넣는다. 그들은 구운 장어, 푹 고은 해초, 푹 삶은 굴 …… 을 먹으면서 사치가 극에 달한 1분, 1분을 즐긴다.

중국의 가련한 졸부들에 대한 이처럼 생동감 넘치는 묘사는 급속히 인터넷을 타고 전파되었고, 취재당한 당사자들에게는 무한한 번뇌와 고통을 안겨주었다. 날로 확대되는 빈부격차는 아주 위험한 사회병을 유발하고 있었다. 런민대학의 설문 조사에서 60%의 설문 대상자가 부자는 불법적인 수단으로 부를 축적한다고 생각하는 것으로 드러났다. 평론가들은 이에 프랑스 소설가 발자크Honore de Balzac의 격언을 언급했다. "모든 거대한 재부의 배후에는 범죄가 존재한다." 또 어떤 사람은 『포브스』에 선출된 상위 50대 부자와 국가세무국이 공포한 '사영기업 50대 납세자' 명단을 비교했는데, 결과는 네 명만 이름이 중복되었다. 그래서 부자들의 탈세에 대한 토론이 오랫동안 이어졌다.

극적인 면이 풍부했던 것은 많은 사람의 원성과 지탄을 받은 사람이 『포브스』의 부자 리스트에 나오는 무위도식하는 인간들이 아니라 연예계의 파워우먼이라는 사실이었다. 여름에 자칭 억만장자인 유명 연예인 류샤오칭劉曉慶이 탈세 혐의로 체포되었다. 류샤오칭은 1980년대 중국에서 지명도가 가장 높은 여자 연예인으로, 개성 넘치고 거리낌 없는 말로 이름을 떨쳤다. 가장 널리 퍼진 류씨의 말로는 "사람이 되는 것은 어렵고, 여자가 되는 것은 더 어려우며, 유명한 여자가 되는 것은 더더욱 어렵다"가 있다. 『나의 고백』이라는 책에서 류샤오칭은 "사실 나는 26개, 심지어 더 많은 기업을 갖고 있고, 이러한 기업의 투자 총수요량은 이미 50억 위안을 넘어섰다. 나는 각종 방법을 동원해 자금을 조달했는데, 해외로부터 자금을 들여와 국내외 경험 풍부하고 실력 있는 그룹과 합작을 진행했고, 은행에서 대출을 받는 동시에 내가 갖고 있는 돈도 투입했다"고 말했다. 이렇게 자신의 부를 과시하듯 드러내자 그녀는 자연스럽게 세상의 주목을 끌었다. 부자들의 탈세에 대한 비판 여론이 날로 기세등등해지고 있을 때 그녀는 적당한 표적이 되었다. 세무기관의 조사에 따르면 그녀가 설립한 샤오칭문화예술유한책임공사는 1996년 이래 수입 누락, 과다 지출, 허위 보고 등 다양한 수법으로 1,458만 위안을 탈세했다. 이 탈세 사건은 2002년도 엔터테인먼트와 비즈니스의 두 가지 특성을 갖춘 최고의 빅뉴스였고, 연말 국가세무국,『중국세무보』와 서우후 사이트가 공동으로 선정한 '2002년 10대 세무 뉴스'에서 1위를 차지했다. 그러나 훗날 밝혀진 사실은 영화 줄거리보다 더 극적이었다. 2004년 4월 이 안건에 대한 베이징시 차오양구 인민법원의 판결에 따르면 류샤오칭의 매부가 탈세 혐의로 징역 3년을 선고받았지만 류샤오칭 본인은 기소조차 되지 않았다. 그녀는 이미 6개월 전에 보석으로 풀려났고, 또 〈영락제의 영웅 자녀永樂英雄兒女〉라는 고전 코믹 드라마를 촬영했던 것이다.

|기업사 인물|

양룽의 비극

2002년 5월 중국 자동차업계의 전설적인 인물 양룽이 미국으로 떠났다. 그의 출국은 정경의 힘겨루기 게임이 불러온 파국의 아주 전형적인 사례라 할 수 있었다.

10년 전 능란한 자본 조합을 통해 양룽은 선양 진베이金杯를 중국 기업으로는 처음으로 뉴욕 증권거래소에 상장시켰다(자세한 내용은 1991년 부분에 잘 묘사되어 있다). 화천의 상장으로 양룽은 명성을 얻게 되었고, 그는 무의식중에 발을 들여놓은 자동차업종이 중국에서 가장 성장 가능성이 높은 영역임을 바로 깨달았다. 1995년부터 양룽은 대주주 신분으로 진베이 버스의 경영권을 넘겨받아 차츰 경영 업무에 정력을 쏟아 부었다. 당시의 자동차업종은 다년간의 독점경영으로 인해 각 대형 공장들은 모두 머뭇거리며 앞으로 나아가지 않았고, 전투 의지도 없었으며, 업계 내부의 영업 규정도 너무 복잡했으며, 너무 무기력했다. 하지만 양룽이 본격적으로 경영에 뛰어든 후 이 명석하고 예리한 전략가는 곧바로 사람들이 아주 골치 아파하는 '전복자'가 되었다.

진베이의 주력 제품은 하이스海獅 브랜드 미니버스였다. 이 시장에서는 창춘자동차의 제팡解放 브랜드 승합차가 독점적인 지위로 패왕 자리에 앉아있었다. 양룽은 회사에서 실력 있는 연구원들을 모두 한 자리에 집합시킨 후 전적으로 제팡을 겨냥한 저가 하이스 모델을 개발하라고 지시했다. 이 기간 양룽의 성정을 가늠할 수 있는 비사가 발생한 적이 있었다. 양룽은 일찍이 창춘자동차 회장 겅샤오제耿昭杰를 방문한 적이 있었는데, 겅샤오제가 오만하게 굴어도 그는 분노하지 않았다. 하이스 신모델의 설계가 나온 후 양룽은 설계도를 갖고 다시 정샤오제를 찾아가서 아래와 같이 말했다.

제가 이 차를 팔기 시작하면 당신의 제팡은 틀림없이 좋지 않을 것입니다. 하지만 제가 이 차를 개발해도 틀림없이 손해를 볼 것입니다. 제가 1개월에 500대를 생산하면 1년이면 넉넉 잡아 5,000대가 될 것입니다. 당신이 1대당 1만 위안을 저에게 주시면 모두 5,000만 위안입니다. 제가 이 모델의 허가증을 당신에게 팔겠습니다. 이러한 상황은 제가 당신에게 통보하는 것입니다. 만약 당신이 동의하지 않으신다면 저는 저의 방식대로 처리할 것입니다.

지금까지 이런 부류의 사람을 본 적이 없던 겅샤오제는 그를 미친 사람 취급했다. 새로운 하이스 모델이 시장에 출시되자 참신한 이미지와 저렴한 가격 그리고 유연한 마케팅으로 인해 중소도시 사용자들로부터 열렬한 환영을 받았다. 1년 후 창춘의 제팡은 손실을 기록했고, 2년 후 시장 경쟁에서 퇴출되었다.

1997년 말부터 양룽은 독일의 기술과 설비의 도입을 준비하기 시작해 연간 10만 대를 생산할 수 있는 국산 자동차 생산라인을 구축했다. 그가 100% 지적재산권을 보유한 중국 자동차를 만들 것이라고 하자 업계 내 사람들은 고개를 가로저었다.

양룽의 자동차 제조는 다른 기업가와 같이 순서대로 하나씩 진행하며 한 계단씩 올라가는 것이 결코 아니었다. 중국에서 으뜸가는 자본 운영의 대가인 그의 포부와 포석은 당연히 보통 사람에 비할 바가 아니었다. 그가 자주적인 브랜드를 만들어내기 위해 실행한 것은 두 가지를 병행하는 전략이었다. 한편으로 설계를 위탁하고, 자신은 경험을 축적하는 방식을 통해 핵심적 연구 개발 능력을 배양했다. 화천은 1억 위안을 출자해 칭화대학과 공동으로 칭화대학자동차공정개발연구원을 설립했고, 양룽이 회장을 맡았다. 다른 한편으로는 일상적인 합작 모델을 타파했는데, 중국의 WTO 가입이라는 분위기 속에서 세계 정상급 자동차회사와 다른 형식과 내용의 합작을 추구했다. 그는 잇따라 BMW, 제너럴모터스, 도요타 등 5대 자동차 메이커들과 광범위한 합작을 전개했고, 양룽은 득의양양하게 이들을 '다섯

송이 황금 꽃'이라고 불렀다.

황금 꽃들의 호위 하에 자주 재산권을 향한 자동차 연구 개발은 더 이상 문을 닫고 차를 만드는 것이 아니었다. 자동차 산업과 자본 플랫폼 외에도 양룽은 빈번하게 다른 영역에도 발을 들여 놓았다. 그의 강력한 운영 하에 화천은 문어발식으로 수많은 촉수를 내밀었다. 2001년 전후로 양룽은 시가 246억 위안에 달하는 거대한 화천그룹을 만들어냈다. 화천그룹에는 5개의 상장회사가 있었고, 각종 관계 회사는 158개에 달했는데, 이중 138개 업체에 대해서는 지배 주주의 신분을 갖고 있었다. 화천은 모두 8개의 자동차 생산라인, 10여 개의 조립공장과 부품공장을 보유해 중국 자동차업계에서는 미증유의 '금융-실업'의 융합 체계를 형성했다. 2000년 12월 제1대 중화中華자동차가 출시됐다. 성대한 출시 세러머니에서 양룽은 흥분한 채 손으로 '중화 제일차'라고 적힌 붓글씨를 들고 현장의 귀빈과 기자들에게 자신의 꿈을 전시했다. 그는 "2006년 중국 자동차산업 격전장에서 유일하게 다국적기업과 싸울 수 있는 회사는 바로 저희 화천이 될 것입니다"라고 말했다. 이 시각 양룽은 엄연히 민족 자동차의 구세주였다.

2001년 3월, 선양시 정계에 대지진이 발생했다. 시장 무수이신慕綏新, 부시장 마샹둥馬向東이 부패 혐의로 체포되었는데, 사안이 광범위하게 얽혀있어 연루된 자만 122명에 달했다. 선양에서 가장 유명한 기업이던 화천은 정부와 아주 밀접하게 얽혀있었고, 현직 시장의 낙마는 자연히 양룽의 전략적인 사고에 영향을 주었다. 이 민감한 시기에 그는 영국의 유명한 자동차 업체 로버Rover사와 남방 지역의 자동차 생산기지와 관련해 협상을 진행하고 있었다.

로버는 1백여 년의 역사를 가진 업체로, 성장이 더뎠고, 최근 적자로 인해 마침전 세계를 대상으로 급박하게 매입자를 찾고 있었다. 양룽이 제안한 합작 방식에는 다음과 같은 것이 포함되어 있었다.

합자 후 로버의 모든 제품은 중국에서 생산한다. 로버의 영국 연구소와 유럽 마케팅 체계는 유지시키되 매년 중국에서 생산되는 제품 중 유럽으로 수출되는 제품에는 로버 브랜드를 사용하고 나머지 중국과 아태 지역에서는 중화 브랜드를 사용한다. 로버는 화천을 도와 엔진의 업그레이드와 세대교체를 완성하고, 엔진에도 중화 브랜드를 부착한다.

이는 사람들이 부러워할 정도의 대형 합작 프로젝트였고, 중국 기업으로는 처음으로 통합자와 구세주 신분으로 국제 주류 비즈니스 무대에 출현하는 것이었다. 21세기에 들어선 이후 굴기하는 중국은 글로벌 경제의 경쟁 속에서 더욱 강력한 역량을 발휘하기 시작했고, 일부 쾌속 성장 중인 대기업들은 인수합병 방식으로 국경을 뛰어넘는 발전과 산업의 업그레이드를 시도하고 있었다. 화천과 로버의 합자는 가장 시기가 빨랐고, 가장 많은 기대를 갖게 해준 프로젝트 중의 하나로, 훗날 롄샹의 IBM PC사업부 인수, TCL의 톰슨 TV 인수 등과 견줄만했다. 양룽의 기백과 야심은 이토록 대단한 것처럼 보였다. 만약 이 합자가 성공했다면 중국 자동차업계의 판도는 완전히 수정되어야 했고, 심지어 성장 항로까지도 확연하게 달라졌을 것이다. 의의는 아주 컸고, 10년 전 화천이 미국에 상장했던 일과 비교해도 뒤지지 않았다. 관련 계약에 모두 서명한 후 양룽은 그를 평생 후회하도록 할 결정을 내렸다. 이 전략가의 계산은 너무나 치밀했고, 또 모든 요소가 다 갖추어져 있었다. 그러나 그가 별로 중요하게 생각하지 않은 한 가지 사실을 빠트렸는데, 그것은 바로 동북 지방 사람들의 심리 상태였다.

랴오닝성과 선양시 정부에서 보면 양룽의 이번 구상은 '혼란을 틈타 몰래 달아나는' 형국이었다. 한 은행 투자 분석가는 "랴오닝성과 선양시의 입장에서 바라보면 양룽의 시도는 진베이 자동차를 텅 비우는 것과 같고, 진베이 자동차로 외지의 프로젝트에 수혈하는 것과 다름없다"고 말했다.

정부와 양룽 사이의 세세한 협상 이야기는 아직까지 알려지지 않았지만 그때 오고간 결론은 모두가 아는 바와 같다. 정부쪽은 양룽이 로버 프로젝트를 랴오닝의 다롄 혹은 선양에서 진행하길 희망했지만 양룽은 닝보에 공장을 세울 것을 고집했다. 분명 이는 정부가 만족할 만한 답안이 아니었다. 이렇게 해서 2001년 가을 모순이 마침내 격화되었다.

모순의 초점은 화천의 재산권 귀속에 집중되어 있었다. 양룽의 입장에서는 진베이에서 화천까지 이들 기업의 성장은 모두 그의 공로였다. 10년 전 상장을 위해 '붉은 모자'를 눌러 썼고, 지금은 결말을 볼 시점이었다.

기업은 장기간 이러한 주주권 구조로 혼란스러워서는 안 되고, 역사 문제도 결말을 지어 기업의 미래 경쟁력의 기초를 안정시켜야 한다. 그리고 이 경영진은 나를 10년 동안이나 따랐고, 나는 그들에게 보답해야 한다. 나는 매일 주주들을 위해 고민해왔는데, 왜 나의 경영진과 직원들을 고려할 수 없단 말인가?

이를 위해 그는 '자본의 미궁'을 기획하고 구축했다. 화천그룹 1백여 기업의 자산 관계를 복잡하게 꼬고 서로 관련되게 만들었는데, 복잡한 정도는 사람들의 탄성을 자아나게 할 정도였다. 세상에서 이를 분명하게 아는 사람은 그 혼자뿐이었다. 하지만 정부는 화천은 결코 양룽의 화천이 아니라고 생각했다. 10년 전의 주주권 설계에 근거하면 중국금융교육발전기금회가 회사의 진정한 소유자였고, 기금회는 분명 국유자산의 대표자였다. 과거 긴 시간 동안 정부든 양룽이든 모두 조심스레 기금회의 자산 성질에 대해 말하는 것을 피해왔다. 하지만 기금회는 마치 건물의 주춧돌처럼 묵묵히 거기에 묻혀 있었고, 만약 움직이기 시작하면 건물 전체가 붕괴될 것임은 너무나 확실했다. 밀고 당기던 협상은 2002년 설 이후에 폭발됐다. 3월 랴오닝성위원회 업무팀이 화천에 진주해 전면적인 조사를 거쳐 화천의 자산을 접수했다. 쌍방은 체면을 구겼고, 결렬은 돌이킬 수 없었다. 5월 양룽은 산시 우타이산五台山에 들어가 불상에 절을 한 후 조용히 여행비자로 미국으로 떠났다.

양룽은 정부와의 은원 논쟁으로 하마터면 국제법정에 설 뻔했다. 10월 14일 양룽은 자산 침탈과 행정권 침해를 이유로 베이징시 고급인민법원에 중국금융교육발전기금회와 재정부를 기소했다. 그가 소송한 금액은 20억 위안에 달해 신중국 성립 이후 금액이 가장 큰 재산권 분규 안건으로 기록됐다. 4일 후 랴오닝성 검찰은 경제 범죄 혐의로 전국 수배령을 내려 양룽을 체포하려 했다. 11월 베이징인민법원은 양룽의 기소가 성립되지 않는다는 이유로 이 안건을 수리하지 않는다고 발표했다. 양룽은 방향을 바꾸어 버뮤다에서 화천자동차를 기소했고, 미국 연방 콜럼비아 지역 법원에 랴오닝성정부를 기소했지만 둘 다 관할구역 외라는 이유로 기소에 실패했다.

결국 구세주였던 양룽의 기업사는 완패로 막을 내렸다. 양룽이 떠난 후 '로버 합병' 건은 바로 유산되었고, 일찍이 두려울 것 하나 없던 화천도 날로 쇠락해갔다.[5] 정부에 직접 맞서는 것은 기업에게는 상처를, 자신에게는 퇴출을 가져다주었다. 양룽 본인도 당시의 현안에 대해 반성의 뜻을 나타냈다. 2005년 8월 양룽은 언론이 찾아와 인터뷰를 요청했을 때 이렇게 말했다.

저는 프로젝트를 닝보어에서 진행하는 것이 그렇게 많은 일을 불러올 줄은 정말 몰랐습니다. 아마 다롄에서 진행한다고 했으면 아마 아무 일도 없었을 것입니다.

---

5) 2005년 상하이의 상하이자동차그룹과 장수성의 난징의 난징자동차그룹이 최종적으로 로버를 분할 합병했다. 이중 상하이자동차는 로버의 핵심 지적재산권을 대표하는 로버 25와 로버 75의 지적재산권을 매수했고, 난징자동차는 5,300만 파운드로 로버의 실물 자산을 인수했다. 이중에는 MG와 오스틴Austin 브랜드, 생산라인, 엔진 및 관련 자산이 포함되어 있었다.

5부

2003~2008년
실현되는 대국의 꿈

2003년
중형화 운동

'중국 짱!'

— 베이징 왕푸징백화점 직원의 표어(2003년)

2003년 3월 5일 주룽지는 제10회 전국인민대표대회 제1차 회의에서 정부 업무 보고를 마치고 오랫동안 그치지 않는 박수 속에서 정계 은퇴를 발표했다. 그를 대신한 사람은 61세의 중앙정치국 상임위원이자 국무원 부총리인 원쟈바오溫家寶였다.

1991년 국가의 경제 위기에 직면해 경제 부총리를 맡으면서부터 1998년 정식으로 총리가 되기까지 주룽지는 전문적이고 강력한 방식으로 중국 경제를 전면적으로 개조했는데, 재임 기간 동안 거시경제는 줄곧 '38선' 범위 내에서 안정적으로 운영되었다. 즉, 인플레이션이 3%를 초과하지 않고, 국내총생산은 줄곧 8%를 넘었다. 지속적인 고속성장은 중국을 요동치는 두 세기의 교체기에 유일하게 경제가 안정적으로 성장한 국가로 거듭나도록 해주었다. 그는 '부뚜막을 나누어 밥을 먹는' 방식으로 철저하게 중앙과 지방의 재정 수입 구조를 개조했고, 나아가 중앙 집권 능력을 강화시켰다. 그는 국유기업 개조에서 의외의 놀라운 성과를 거두었다. '큰 것은 움켜쥐고, 작은 것은 놓아 주는' 전략과 '국퇴민진' 전략을 단호하게 시행하면서 줄곧 위축되어 있던 '국유 집체' 자본이 환골탈태 수준의 성과를 이루도록 했다. 1998년 재임 기간 내 대형 국유기업에 대한 개조 임무를 완수할 것이라고 선언했을 때 국내외 여론은 미심쩍은 눈초리를 보냈지만 결국 그는 자신의 방식으로 약속을 실현하면서 당시의 선언이 허언이 아니었음을 증명했다. 총리 재임 시 첫 번째 기자회견에서 그는 홍콩 피닉스TV의 기자 우샤오리의 질문에 "전면이 지뢰밭이든 아니면 만장의 심연이든 저는 용감하게 전진할 것이고, 조금도 주저하지 않고 나아갈 것이며, 죽을 때까지 온 힘을 다할 것이고, 죽을 때까지 그만두지 않을 것입니다"라고 대답하면서 전국을 감동시킨 적이 있었다. 사람들 모두 총리가 개혁 추진의 어려움을 간파해 한 말이라고 생각했으나 지금 생각해보면 그것은 오히려 당시의 정책결정권자들도 사실 개혁의 앞날에 대해 헤아릴 수 없는 막연함으로 가득 차 있었다는 새로운 사실을 깨닫도록 해준다. 중국의 기업 30년의 변혁사에서 주룽지는 덩샤오핑 이후 가장 영향력 있는 정치가 중의 하나였다. 덩샤오핑이 개방을 지향하며 중국의 변혁의 방향을 결정했다면 주룽지는 노선의 선택을 완성했다고 할 수 있다. 향후 10년, 나아가 더 오랜 시간 동안 중국의 기업들은 그가 설정해 놓은 변혁의 논리 속을 걸어갈 것이다.

그가 정부 업무 보고를 마친 이튿날 『남방주말』은 24쪽에 달하는 분량으로 주룽지 특집을 실어 자신의 직무를 다하고, 위기의식으로 충만하며, 어떤 때는 비정하기조차도 한 모습으로 이 중국 총리를 묘사했다. 주룽지는 임기 중 각지를 방문할 때 줄곧 '기념사를 쓰지 않고, 기념 테이프를 끊지 않으며, 경례를 받지 않는다'는 3불 원칙을 고수했고, 정말 거절할 수 없는 상황에서는 자신의 이름 석 자만 적었다.

1998년 10월 7일 총리직을 수행한 지 얼마 되지 않은 주룽지는 CCTV를 시찰하면서 당시 국내에서 비평의 소리가 가장 날카롭고 영향력이 큰 〈포커스 대담〉 제작팀에게 '여론 감시, 국민 대변자, 정부 귀감, 개혁 첨병'이라는 기념 글을 남기면서 "저도 여러분들의 감시를 받고 있습니다"라고 말하고는 이어 "이 네 마디 말은 지금 막 생각한 것이 아니라 어제 저녁동안 생각한 것으로 이로 인해 혈압까지 치솟았습니다"라고 말한 적이 있었다.

2001년 4월 16일 주룽지는 상하이 국가회계대학을 시찰할 당시 이 학교를 위해 '분식 회계를 하지 않는다!'라는 교훈을 적어주었다. 10월 29일 베이징 국가회계대학을 시찰할 당시 '진심을 기본으로, 품격을 중하게, 원칙을 준수하고, 분식 회계를 하지 않는다'라는 글을 남겼다. 그는 학교에 한 가지를 조사해줄 것을 요구했다.

제가 가장 관심을 갖는 것은 학생들이 분식 회계를 하는지 여부입니다. 학생들에 대해 무기명 조사를 실시하는 것입니다. 설문지를 발급해 체크하도록 하십시오. 분식 회계 여부와 정도에 대해 조사하는 것입니다. 조사 후 백분율로 따져보십시오. 반드시 무기명으로 조사해야 합니다.

2002년 5월 주룽지는 항저우에 있는 청말의 관영 상인 호설암胡雪巖의 저택을 방문했다. 지방 관리들의 예상을 벗어나 그는 자발적으로 기념 글을 남겼다.

호설암 고거故居, 대들보와 벽돌 조각이 보이고, 건물 가옥 첩첩이 겹쳐 있네. 강남 정원의 아름다움은 극치에 이르고, 오월吳越 문화의 정교함은 최고에 달해 있네. 부유함이 국왕과 제후와 동등하고, 재물은 벽 가득 쌓여 있네. 옛말에 부자는 3대를 못 간다고 하나 관영 상인의 주도면밀함도 10년을 못 넘기는구나. 교만하고, 사치스러우며, 방탕함이 지나쳐 모든 것을 잊어버리고, 이 지경이 되었으니 어찌 경계하지 않을 수 있겠는가?

주룽지가 총리직에서 물러날 즈음 중국 사회와 거시경제는 돌연 뜻밖의 가혹한 시련에 직면했다.

3월 6일 바로 주룽지가 정부 업무 보고를 한 다음 날 베이징에서 사스SARS의 첫 번째 사례가 발견되었다. 사스는 일종의 전염성이 강하고, 심지어 사망에까지 이르게 하는 심각한 급성폐렴으로, 더 무서운 것은 당시 병의 원인이 무엇인지 아직 밝혀지지 않은 점이었다. 그래서 당시 사스를 '비전형성 폐렴'으로 명명했다. 사스는 급속도로 만연했는데, 광둥에서 홍콩으로 다시 베이징과 상하이로, 거의 매일 사망자가 속출했다. 4월 28일 베이징시의 확진환자 수는 1,199명, 의심 사례는 1,275명, 사망자 수는 59명이었다. 위생부 부장 장원캉張文康과 베이징시 부서기 멍쉐눙孟學農

學農은 예방 치료 부실로 면직되었다. 일순간에 사스에 대응하는 것이 각지, 각 계층의 최대 중대사가 되었다. 사스는 전염성이 아주 강하기 때문에 일단 의심 사례가 발견되면 즉시 주변 전체를 대대적으로 격리해야 했다. 2003년 상반기 전 중국의 정상적인 생활과 상업 활동이 전면적으로 타격을 받았고, 모든 기업은 공황 속에서 하루하루 견디기 어려운 나날을 보내고 있었다. 사스와의 전쟁은 6월 24일에서야 끝났고, 이날 WHO는 베이징에 대한 여행 경고를 해제했다. 왕푸징 백화점 건물 입구에는 한 판매사원이 기뻐하면서 '중국 짱!'이라는 축하 포스터를 내걸었다.

진짜 '짱'인 일은 여전히 발생 중에 있었다. 전 세계가 놀란 것은 이토록 엄청난 재난을 겪으면서도 2003년의 중국 경제가 별 영향을 받지 않은 것이었다. 데이터에서 보듯이 상반기 경제는 전염병의 충격으로 6.7% 성장에 그쳤지만 3분기에는 매우 빠른 속도로 반등하면서 연말 국내총생산액의 성장률이 9.1%에 달했던 것이다. 이 수치는 전년도에 비해서도 높았을 뿐만 아니라 심지어 1997년 이래 성장이 가장 빠른 해로 기록되었다. 관광, 항공, 요식과 문화, 엔터테인먼트 등의 서비스업종은 어느 정도 영향을 받았지만 제약, 식품, 방직, 전신 등의 산업은 의외의 비즈니스 기회를 얻었던 것이다. 2003년 국내총생산액은 11조 위안으로 1인당국민소득 1,000달러를 돌파했다. 재정 수입은 2조 위안을 돌파해 중국은 여전히 경제 성장률이 가장 높은 국가 중의 하나였다. 영국의 『파이낸셜타임스』의 수석 경제평론가 마틴 울프Martin Wolf는 이처럼 강력한 중국의 잠재력에 대해 자못 두려운 경의를 표했고, 연말특집란에서 200년 전의 나폴레옹의 말을 인용했다.

중국은 깊이 잠들어 있는 사자로, 일단 깨어나기만 하면 전 세계는 그로 인해 벌벌 떨게 될 것이다. 얼마 전까지만 해도 세계는 여전히 나폴레옹의 말에 개의치 않았다. 하지만 지금 중국은 세계를 뒤흔들고 있다.

마틴 울프가 놀란 것은 억제할 수 없는 중국의 경제 성장 속도가 도대체 무엇에 의지해서 지탱되고 있는가라는 것이었다. 답은 두 가지에서 얻을 수 있었다. 하나는 '메이드 인 차이나'라는 강력한 수출 드라이브였고, 또 다른 하나는 부동산을 필두로 하는 내수 시장 활성화였다.

중국의 수출 지향형 기업들이 계속해서 성장의 주연배우 역할을 했다. 국무원 발전연구중심의 한 전문가는 전국 수출입 총액이 국내 총생산액에서 차지하는 비중이 이미 50%를 넘어선 사실을 발견했다. 이는 국외 시장의 수요가 경제 성장에서 결정적인 작용을 한다는 것을 의미했다.[1] 미국의 AT 커니AT. Kearney사의 통계에 따르면 '메이드 인 차이나'는 전 세계에서 크게 성행하고 있었다. LG에서 미쓰비시, GE에서 도시바, 지멘스에서 일렉트로 룩스, 필립스에서 휴렛팩커드, 노키아에서 모토롤라, 델에서 IBM, 디즈니에서 마텔, 나이키에서 GAP까지 전 세계의 거의 모든 유명 브랜드들이 중국에서 생산한 부품을 사용하고 있었다. AT 커니의 데이터는 '메이드 인 차이나'가 이미 컨테이너, 가전, 전자완구 등의 100여 개 이상의 제품 영역에서 세계 1위를 기록하고 있음을 보여주었는데, 이중 컨테이너 90%, DVD 플레이어 80%, 완구 75%, 선물용품 70%, 스포츠용품 65%, 자전거 60%, 전자레인지 50%, TV와 냉장고 30%의 시장을 차지하고 있었다. 또한 AT 커니는 '메이드 인 차이나'는 신속하게 미국, 일본, 유럽 제조 상품을 대체해 21세기 제조업의 대명사로 거듭날 것이라고 단언했다.

대외 무역이 활발하게 이루어지고 있는 것과 동시에 국내 시장의 부동산 열기는 내수를 촉진시키는 첫 번째 동력으로 자리 잡고 있었다. 1998년 부동산 정책의 해빙 후 시장 회복은 필연적인 추세가 되었다. 먼저 불이 붙은 곳은 개인 자본이 두

---

[1] 미국의 듀크 대학의 가오바이高柏 교수는 중국과 일본의 외향형 경제 모델을 대비 연구한 바 있는데, 그 결과 국제 시장 접목 영역에서 일본 모델은 단호하게 본국 브랜드를 발전시키고 있으나 중국 모델은 완전히 글로벌 가치 사슬을 위해 서비스하고 있는 사실을 발견했다. 기술 혁신 영역에서 중국은 외자가 가져온 생산 기술에 얽매이고 있는 반면 일본은 독립적인 지적재산권을 위주로 하는 연구 개발을 중시하고 있었다. 국내총생산액의 무역 의존도도 일본은 최고였을 때 30%를 넘어선 적이 없었지만 중국은 2004년에 이미 65%를 초과했다. 에너지 이용 분야에서 일본은 줄곧 세계적인 에너지 절약 모범국인 반면 중국은 전 세계 철광과 시멘트의 1/3을 사용하면서도 전 세계 생산액의 6%정도에 머무르고 있었다. 그는 이로 인해 중국 모델의 경우 외부 조건이 중대한 변화를 일으켰을 때의 생존 능력이 일본에 비해 확실히 약하다는 사실을 발견했다. 하지만 가오바이가 고려하지 않은 점은 일본과 비교해 중국이 방대한 내수 잠재 시장을 보유하고 있는 사실이었다. 이는 위기가 발생했을 때 그것이 중국 제품의 거대한 완충 지대 역할을 할 수 있음을 의미했다.

터운 저장과 주장 삼각주였고, 이 열기는 점점 상하이로 옮겨왔다. 부동산은 투자의 새로운 초점이 되었고, '원저우 부동산 투기단'이라는 신조어가 언론에 등장하기 시작했다. 연초부터 연해 일대의 새로운 아파트 건설 현장에 한 무리 한 무리씩 원저우 사람들이 출현했고, 그들은 '원저우 부동산 구매단'이라고 적힌 팻말을 들고 있어 마치 야채를 사듯 마음에 드는 아파트를 사들이기 시작했다. 9월 23일 상하이의 『동방東方일보』는 「원저우의 1,000억 민간 자금, 전국 부동산에 투기」라는 글을 게재했다.

10만 명의 원저우 사람들이 전국 각지를 돌며 부동산 투기를 행하고 있고, 동원된 민간 자금은 1,000억 위안에 이른다. 원저우의 8만여 명이 전국에서 부동산을 사들였는데, 최소 90%가 부동산 투기에 해당된다. 보수적으로 계산해도 부동산 투기단에는 7만 명 이상의 사람이 포함되어 있는데, 화이트칼라 정부 관리 가족, 회사 책임자들까지 포함되어 있어 원저우의 모든 사람이 부동산 투기에 나서고 있는 셈이다. 회수율 15%로 계산하면 1,000억 위안 투자로 150억 위안의 수익을 올릴 것으로 보이는데, 이는 어떤 업종에 비해서도 회수율이 높은 것으로 원저우 지역에선 제일 산업으로 불리고 있다.

부동산 투기단은 전국의 부동산 시장을 4단계로 구분했다. 1급 시장은 베이징, 상하이, 선전, 항저우 등으로, m^2당 5,500위안 이상의 지역이고, 2급 시장은 다롄, 옌타이, 난징, 수저우, 푸저우 등으로, m^2당 4,000~5,500위안인 지역이며, 3급 시장은 동서부가 결합되는 지역의 성도成都나 서부의 경제 발달 도시인 후허하오터, 우한, 창사, 허페이, 난창, 우루무치 등으로 m^2당 2,500~4,000위안인 지역이고, 4급 도시는 위치가 비교적 특수한 일대로 구이린, 황산 등으로, m^2당 1,000~2,500위안인 지역이다. 원저우의 부동산 투기단에는 유휴 자본을 가진 소상인 외에도 드물지 않게 유명 인사도 끼어 있었는데, 대담하기로 유명한 왕쥔야오王均瑤는 최초로 부동산을 전전한 기업가 중 한사람이었다. 그는 2002년 초 3억 5천만 위안으로 상하이의 번화가인 쉬쟈후이徐家匯 일대의 총면적 8만m^2의 미준공 건물을 사들인 다음 간단한 인테리어를 한 후 2003년에 되팔았는데, 수입이 10억 5천만 위안이나 되었다. 이러한 폭리는 사람들로 하여금 혀를 내두르게 했다. 상하이의 미준공 건물은 1997년을 전후로 형성되었다. 1990년대 초 푸둥 개발이 본격화됨에 따라 부동산 투자 열기가 일어났다. 그런데 1997년 아시아 금융위기가 발발한 후 상하이의 부동산 시장은 급속하게 얼어붙기 시작했고, 이때 짓다만 건물들이 그대로 방치된 것이었다. 2003년 당시 상하이에는 미준공 건물이 130여 곳에 있었고, 프로젝트 총규모는 500만 m^2에 달했는데, 이들은 거의 대부분 선견지명이 있던 저장 상인들과 홍콩 상인들 수중에 들어갔다. 부동산 투기단 현상이 세상에 드러난 후 국내 여론의 평가는 일정치 않았다. 비즈니스에 대한 원저우 사람들의 재빠른 변신과 민감한 반응은 사람들을 찬탄하게 만들었지만 동시에 어떤 사람들은 이들 부동산 투기단이 각 지역의 부동산 가격을 상승시킨 원흉이라고 공격했다.

부동산 투기단에 대한 성토는 사실 부동산 폭등 시대가 이미 도래했음을 예시하고 있었다. 1970년대의 일본, 타이완, 홍콩과 마찬가지로 경제가 고속성장할 때 경기에 가장 민감한 부동산 산업은 성장이 가장 빠르고 집중적으로 폭리를 취할 수 있는 업종이었다. 부동산은 중국의 신세대 부호를 배양하는 가장 비옥한 토양이 되었고, 또 30년 동안 가장 방종하고 죄악감으로 충만한 업종이었다. 2003년 『포브스』의 '중국 대륙 100대 부자 리스트'에서 사람들을 가장 놀라게 한 것은 부동산 사업과 관련된 부자가 40명을 넘은 것이었다. 상위 10대 부자에 부동산과 관련된 사람이 6명이나 있었다. 당시 『포브스』의 '세계 100대 부자 리스트'에서 부동산과 관련된 부자는 7명이었고, 상위 10위권에는 부동산과 관련된 사람이 하나도 없었다. 베이징사범대학 금융연구센터 중웨이鍾偉 교수는 당시의 부동산 상황을 이렇게 분석하고 있다.

> 토지 제공 방면에서 정부는 1990년대에 정책을 개혁했는데, 정부는 국유 토지를 매도함으로써 토지 양도 대금을 거둬들였다. 토지 징발 방면에서는 각급 정부가 여전히 계획경제의 방법을 이용해 저가, 심지어 강제로 토지를 징발했다. 왼손으로는 권력을 통해 저가로 토지를 징발하고, 오른손으로는 여전히 권력을 통해 '시장화' 방식으로 토지를 매도한 것이다. 그것은 실제로 '너의 토지를 팔아 나는 돈을 벌고, 징발이 가혹할수록 돈을 많이 번다'

는 것이었다. 대충 계산해서 2002~2004년 사이의 3년 동안 전국의 토지 양도 수입은 9,100억 위안이었고, 토지 징발로 토지를 판매하는 행위는 이미 지방 정부의 가장 중요한 재정적 지주가 되었다. 이러한 행위도 부동산 가격이 상승하는 데 촉매 역할을 했다. 징발된 토지의 수익 분배는 부동산 개발 기업, 지방 정부, 촌급 조직, 농민 순으로 돌아갔다.

'메이드 인 차이나'와 부동산 열기는 직접적으로 무역과 내수가 모두 호황을 이루는 경제 현상을 만들어냈다. 이와 더불어 출현한 것이 상류 에너지의 기갈飢渴 현상이었다. 2003년 이래 각종 원자재와 에너지 가격이 공급 부족으로 급상승했던 것이다.

그중 가장 두드러진 것은 전력 부족이었다. 여름이 지나자 전국적으로 전력 부족 위기가 닥쳤다. 상하이, 광둥, 쟝수, 저쟝 등 전력 소모가 많은 지역은 물론 심지어 석탄 자원이 풍부한 산시도 전력 공급을 제한하는 사태가 빈번하게 발생했다. 국가전력감독관리위원회가 제공한 수치에 따르면, 이해 전국의 전력 수요가 14% 늘어나 25년 이래 전력 소모 증가폭이 가장 컸다. 철강, 화학 비료, 시멘트 등 석탄 소모가 많은 업종이 지속적으로 발전하면서 석탄 소모량이 급승했고, 이로 인해 전국적으로 전력 사용에 부하가 걸리고 전력 사용량 상승을 초래했다. 전력 부족이 나타난 데는 두 가지 이유가 있었다. 첫째가 경제의 급성장이었고, 둘째가 석탄과 전기의 두 독점업종의 다년간에 걸친 힘겨루기였다. 줄곧 석탄과 전기는 계획 배정식의 공급 방식을 실행해왔다. 매년 초에 국가의 관련 부문은 석탄, 철도 및 전력 부문의 전문가들로 조직된 석탄 주문 박람회를 개최해 1년 동안 사용할 전기와 석탄의 매매 계약을 체결한 후 '계획'에 따라 시행했다. 이러한 정책의 안배 하에 전력 부문은 늘 수익이 가장 좋은 독점 기업 중의 하나였으나 석탄 기업은 이를 불공평하다고 생각했다. 왜냐하면 매년 계획 매매 가격이 모두 시장가격보다 낮았기 때문이다. 그래서 계획 체제 시절에나 있었던 일이 다시 발생했다. 전력 부문과 석탄 부문은 해마다 싸웠고, 이로 인해 석탄 기업들은 대량의 석탄을 계획 외의 민영기업들에게 팔아왔다. 반면 전력 부문은 자신의 이익을 보장하기 위해 주문량을 줄이는 일은 있어도 가격을 올리려고는 하지 않았다. 이러한 힘겨루기는 직접적으로 전력 건설 투자가 전국의 기초 건설 투자에서 차지하는 비중을 점점 낮추게 하는 데 영향을 주었다. 이 비중은 '8·5'기간(1991~1995년)의 12.09%에서 '9·5'기간(1996년~2000년)에는 10.4%로 떨어졌고, 2002년에는 7.17%까지 떨어져 국내 총생산액의 성장 폭에도 미치지 못했다. 2003년 초의 석탄매매박람회에서는 국가의 관련 부문이 석탄 기업들의 이익을 보장하기 위해 발전용 석탄의 지도 가격을 취소하고 시장화 수단을 통해 양대 부문의 이익 불균형 상태를 해결하기를 희망했다. 하지만 이러한 조치는 전력 부문의 강력한 반발을 초래했고, 각 성의 전력업체들은 서로 연계해 저항하면서 석탄 구매를 거부했다. 결국 박람회에서 2003년도의 발전용 석탄 가격을 확정하지 못했고, 이러한 상황 하에 전력 부족 현상이 발생했던 것이다.

위기에 대응하기 위해 각 지역에서는 갖가지 기이한 방법이 동원되었다. 전력 사용의 절정기를 피하고, 스위치를 내려 전력 공급을 제한하는 방법 등 전력을 계획적으로 사용하는 방법 외에도 각 성과 도시에서는 전력과 에너지 소모가 심한 산업에 대해서는 전력을 차단하거나 부분 공급을 실시했다. 광둥성은 일단 긴급 상황이 나타나면 고가로 석탄을 수입해 공급 부족 압력을 완화하기로 결정했다. 스촨성은 12월부터 2004년 4월까지 석탄과 전기의 가격 연동 메커니즘을 실시하기로 했다. 즉 발전용 석탄과 유연탄의 톤당 가격을 5위안 올리고, 무연탄은 10위안 올리며, 전기는 1kw당 2.9%를 인상시킨다는 내용이었다. 중소기업이 밀집되어 있는 저쟝, 쟝수성은 기업들에게 '2시간 가동, 1시간 휴식', '5시간 가동, 2시간 휴식', 심지어 '3시간 가동, 4시간 휴식' 등의 전력 공급 계획을 실시하도록 압박했다. 이러한 현상은 1978년 이후 처음으로 나타난 현상이어서 많은 공장은 끝없이 죽는 소리만 낼뿐이었고, 일부 지방 도시의 상점은 저녁에 촛불을 켜고 영업을 하기도 했다. 전력 부족 사태는 심지어 국민 생활에도 영향을 주었다. 8월, 불야성으로 유명한 상하이의 와이탄은 외부 조명을 차단했고, 전기 절약을 위해 시정부는 시민들에게 에어컨 온도를 1°C 낮출 것을 호소했다. 11월부터는 후난성이 스위치 차단으로 전력 공급을 제한했다. 창사시에서는 거의 신경 쓰지 않던 양초와 비상용 등이 매진되는 진풍경도 출현했다. 12월 화중전력은 저쟝성에 공급하는 전력을 하루 70만

kw에서 15만 kw로 조정했고, 항저우시는 전기 공급선 38개에 대해 단전을 실시해 수십 만 명의 시민들의 생활에 직접적인 영향을 주었다. 같은 날 광둥성은 월 사용량이 300kw를 넘는 가정은 추가 비용을 납부해야 한다고 발표했다.

전력 부족의 영향으로 원래부터 공급이 부족했던 각종 원자재 가격이 급등하기 시작했고, 시멘트, 철강 가격은 한 달에 세 번 오르는 경우도 있었다. 창쟝 삼각주 일대에는 "1톤의 철강을 생산하려면 1,000만 위안만 투자하면 되고, 1백만 톤의 생산량은 1년이면 환수되며, 1년이면 투자를 회수할 수 있다"라는 말이 유행했다. 이익은 투자를 촉진했고, 종종 주관적·객관적 요소의 추동 하에 2003년의 중국 경제와 산업 구조에서는 '경형화輕型化로부터 중형화로의 전환'이라는 매우 중요한 변화가 일어났다.

전력을 다해 주식제 개혁을 추진해 '리厲 주식'이라는 칭호를 얻은 베이징대학 교수 리이닝厲以寧은 가장 먼저 이러한 현상을 관찰한 학자 중의 하나였다. 그는 연초에 발표한 한 글에서 1990년대 중반 이래 경공업의 고속 발전을 경험한 후 중국의 '2차 중공업화' 현상이 처음으로 나타나기 시작했다고 밝혔다. 여기에는 '경에서 중으로'라는 객관적 법칙이 작용했을 뿐만 아니라 산업 발전 자체가 설비 갱신 및 개조에 대한 거대한 수요를 발생시킨 것이기도 했다. 그래서 "정부부터 기업까지 모두 전략적 배치와 기술 혁신 등의 분야에서 이러한 추세에 순응해야 한다." 리교수의 견해를 지지할 수 있는 가장 확실한 증거는 상류 자원형 영역에 대량으로 몰려 있던 국유 독점형 기업들의 전면적 부활이었다. 에너지 부족이라는 배경 하에 기업들마다 희비가 엇갈렸는데, 상류의 독점형 기업들은 이러한 상황을 즐길 수 있었지만 하류의 민영 제조업체들은 근심이 클 수밖에 없었다. 2003년 대형 독점형 국유기업들의 이윤은 대폭 상승했다. 2002년 국유기업은 3,786억 위안의 이윤을 기록했는데, 이는 몇 년 전만 하더라도 상상할 수 없는 일이었다. 1998년의 국유기업의 이윤이 213억 위안으로 4년 만에 18배나 증가했는데, 이런 증가 속도는 사람들을 놀라게 했다. 또한 이러한 현상은 이제 막 시작된 것이었다. 2003년에 국유기업은 4,769억 위안의 이윤을 기록했다. 향후 몇 년간 국유기업의 이윤은 매년 30%가 넘는 속도로 급증했다. 어떤 사람의 계산에 따르면 중국석유, 중국석유화학, 중국해

양석유, 바오강그룹, 차이나모바일, 차이나유니콤, 차이나텔레콤 등 7개 기업이 기록한 이윤이 국유기업 전체가 기록한 이윤의 70%를 차지했고, 이중 6개 기업은 국가 독점의 석유화학과 통신 영역이었고, 3개의 석유화학기업이 가격 인상을 통해 손에 넣은 이익만 300억 위안이 넘었다.

 이익의 대폭 증가와 활력의 소생은 국유기업의 통합 조정에 전에 없던 좋은 분위기를 만들어냈다. 3월 국무원은 국유자산관리위원회를 설립한다는 중대 결정을 내렸다. 국유자산관리위원회는 중앙기업공업위원회, 재정부, 국가경제무역위원회, 국가계획위원회 등의 국유기업에 대한 관리 기능을 집합시켜 17조 8천 4백억 위안의 국유자산 및 15만 9천여 개의 국유 및 국유 공상 관리 기업을 접수했다. 이중에는 국유자산관리위원회가 직접 관리하는 중앙 직속 기업 196개가 포함되어 있었는데, 이들 '중앙군'의 대다수는 '국퇴민진' 후방에 포진한 독점형 기업이었다. 국유자산관리위원회 주임 리룽룽은 국유자산관리위원회의 목표는 2010년까지 이들 '중앙군'을 80∼100개로 조정하는 것이고, 이들 중 30∼50개는 국제적인 경쟁력을 갖도록 하는 것이라고 말했다. 국유자산관리위원회는 권력이 고도로 집중되어 있고 다양한 행정 및 시장 관리 기능을 가진 기구로, 이전에는 한 기구가 이렇게 많은 권력을 부여받은 적이 없었다. 위원회의 권한에는 국유기업 책임자 임명 및 철회, 국유기업 재조정 계획 세정, 국유자산의 분할, 합병 및 철회, 국유기업이 발행하는 채권에 대한 융자 보조, 국유 주식 양도 결정, 국유기업 전체의 임금 지도 원칙의 집행, 국유자산 가치 결정 등이 포함되어 있었다.

 위원회가 설립된 지 한 달 후 첫 번째 중앙 기업 구조조정이 실시됐다. 중국약재그룹이 중국의약그룹에 합병되어 중국 최대의 의약 그룹이 태어났다. 7월 10일 위원회는 설립 이후 첫 '가족회의'를 소집했다. 회의에서 대기업에 중앙의 대한 5개 합병안이 수면으로 떠올랐다. 중국석탄건설집단이 중국석탄에너지집단으로, 중국과학기자재수출입공사가 중국생물기술집단으로, 중국식품발효공업연구원이 중국경공집단으로, 중국약재집단이 중국의약집단으로, 중국화경실업공사가 중국공예미술공사로 합병된 것이었다. 리룽룽은 1백여 개 기업의 총수들과 일일이 업적 심사 계약을 체결했다. 위원회는 대기업에 대한 이러한 관리를 위해 잭 웰치의 '제일

제이' 전략을 참고했다. 리룽룽은 "국가는 당신들에게 3년이라는 시간을 줄 것이고, 반드시 각 업종에서 3위권에 진입해야 합니다. 스스로 대상을 찾고, 목표에 도달하지 못하면 조정을 실시할 것입니다. 당신들이 못하면 제가 직접 조정을 실시합니다"라고 말했다. 강력한 위원회의 출현은 국유자산에 대한 중앙 정부의 새로운 관리 제도가 마침내 완성되었음을 의미했고, 1978년 이래 실시되어온 '메커니즘 완화, 체제 혁신'이라는 양대 개혁의 완성을 선언한 것이었다. 사람들이 별로 관심을 갖지 않은 뉴스는 위원회가 설립된 3월에 중국의 기업 개혁에서 중요한 역할을 한 국무원의 경제체제개혁실이 없어지고, 인원들은 모두 국가발전개혁위원회로 편입된 것이었다.[2]

국유자산관리위원회의 성립과 관련 정책의 시행은 정책결정권자의 심중에 이상적인 기업 구조가 이미 형성되었음을 의미했다. 민영기업들은 산업 하류의 완전 경쟁 영역에서 생존과 발전의 공간을 획득한 반면 대형 국영기업은 상류의 독점형 업종을 전면적으로 제어하는 식으로, 양자의 경계가 명확하게 구분되었다. 하지만 현실 세계는 이러한 계획을 불가능하게 했다. '제2차 중공업화'에 대한 인식의 일치가 이루어졌을 때 경제학계에서는 중형화의 경로를 도대체 어떻게 선택해야 하는가에 대한 논쟁이 있었다. 리이닝 교수를 대표로 하는 학자들의 관점은 경제 구조가 중형화로 전환되는 과정에서 정부는 조정의 주체로 작용해야 한다는 것이었다. 왜냐하면 재정 수입과 업적 심사 때문에 정부는 분명 생산액이 많고 세수가 높은 중화학 공업의 관리를 결정할 것이기 때문이었다. 동시에 정부는 토지와 대출권이라는 두 가지 최대 자원을 보유하고 있기 때문에 중형 공업을 발전시킬 능력이 있다는 것이었다. 반면 우징롄을 대표로 하는 학자들은 산업의 구조조정은 시장이 역량을 발휘해 민영자본의 진입을 허락하도록 해야 하고, 지금 정부가 애써 거기에

---

2) 체제개혁 부문의 변천: 1982년 5월 5기 전국인민대표대회는 국가경제체제개혁위원회 설립을 결정하고 이를 국무원 산하의 부와 위원회 서열로 편입시켰고, 이는 전국 기업 개혁에서 가장 중요한 정부 부문이 되었다. 1998년 3월 체제개혁위원회는 국무원경제체제개혁실로 하향 조정되었다. 이와 동시에 유명무실한 국가체제개혁위원회를 설립했는데, 총리가 위원장을 겸임하고 관련 부장(장관)들이 위원으로 재임했다. 2003년 3월 국유자산관리위원회의 설립으로 국무원체제개혁실은 정식으로 사라졌다.

투자하고 참여하는 것은 잘못된 일이라고 여겼다. 학계의 논쟁에 호응해 2003년 중국의 민영기업들에서 불같은 '중형화 운동'이 출현했다.

3월, 41세의 다이궈팡戴國芳은 창쟝의 긴 둑에 서서 수난 지역 어투가 농후한 표준말로 취재나온 기자에게 "테번鐵本은 3년 내에 바오강을 추월할 것이고, 5년 내에 포항제철을 따라잡을 것입니다"라고 말했다. 그는 이 말을 할 때 마치 우승 트로피를 수중에 넣은 아이처럼 흥분해 있었다. 바오강과 포항제철은 중국과 한국 최대의 철강업체로, 각각 세계 5위와 3위에 올라 있는 대기업이었다. 초등학교 졸업장만 있는 다이궈팡은 창쟝 변에 840만 톤의 연산 능력이 있는 대형 제철소를 건설할 계획을 갖고 있었다.

다이궈팡은 쟝수성 창저우시의 두난薄岸촌이라는 조그만 마을에서 태어났다. 12살이 되던 해 그는 집이 너무나 가난해 학업을 포기하고 생계를 찾을 수밖에 없었는데, 처음 시작한 일이 고철을 줍는 일이었다. 그는 비즈니스 차원에서 타고난 기질이 있었던 것 같다. 돈을 조금 모으자 압축 기계 한 대를 구입했는데, 수거한 고철 조각을 압축해 덩어리로 만들면 더 큰돈을 벌 수 있었기 때문이다. 1996년 다이궈팡은 자본금 200만 위안으로 쟝수테번주강유한공사라는 회사를 설립했다. '테번'은 철로써 기업을 일으키고 본 업종을 떠나지 않겠다는 의미를 담고 있었다. 2000년을 전후로 테번의 공장 면적은 18만m^2에 달했고, 직원은 1,000명이 넘었다. 다이궈팡은 2003년 중국 400대 부호리스트에 376위로 이름을 올렸는데, 당시 그의 몸값은 2억 2천만 위안이었다.

당시 거시경제의 지속적인 고속성장으로 철강 가격도 지속적으로 상승했다. 테번 공장 입구에는 전국 각지에서 몰려온 대형 트럭들이 길게 줄지어 서서 물건을 싣는 모습이 매일 목격되었다. 다이궈팡은 중국의 철강 열기는 적어도 5년~6년은 지속될 것으로 계산했고, 그래서 대형 제철소를 건설하기로 결정했던 것이다. 테번의 프로젝트는 창저우시 정부의 열렬한 지원을 받았다. 창저우와 수저우, 우시를 합쳐 '수시창蘇錫常'으로 불렸는데 제대로 된 대형 공장은 별로 없었다. 철강이 대형 투자를 필요로 한다는 것은 누구나 알고 있었기 때문에 테번의 꿈은 일순간에 창저우의 꿈으로 변했다. 창저우의 많은 관리들이 보기에 다이궈팡은 믿고 의지할 수 있는 사람이었다. 그의 얼굴은 야위었고, 성격은 묵직해 말이 많지 않았으며, 평생 특별한 취미도 없이 하루 종일 공장에서 엔지니어들과 머리를 맞대고 고민하는 스타일이었다. 그는 현지에서는 '5불^{不} 사장'으로 유명했다. 고급 세단을 타지 않고, 오락 장소를 출입 하지 않으며, 많이 먹고 마시지 않고, 도박을 하지 않으며 고급 호텔에 머무르지 않는다는 것이었다. 평소의 생활은 아주 검소했고, 보유한 재산은 모조리 공장에 투자했으며, 아버지와 계모는 줄곧 시골에서 농사를 짓고 있었다. 그의 가족은 공장에 있는 한 낡은 건물에서 생활했는데, 건물의 한 쪽은 대형 트럭으로 벽을 대신하고 있었지만 개의치 않았다. 그가 타는 차는 낡은 산타나 2000이었고, 비록 부자 리스트에 이름을 올리기는 했지만 그에게는 어떠한 변화도 없었다.

초기에 다이궈팡의 구상은 결코 지금처럼 거대하지 않았다. 그가 생각한 프로젝트는 기존의 공장에 비해 생산 능력이 100% 늘어난 공장이었지만 관련 관리들의 열정적인 추동 하에 톄번 프로젝트는 계속 수정되며 날로 확대되었다. 6개월이라는 짧은 시간 안에 생산 규모 200만 톤의 공장이 840만 톤으로 늘어났고, 공장 면적도 133만m^2에서 625만m^2로 확장되었으며, 프로젝트 비용은 천문학적인 106억 위안이었다. 당시 톄번의 고정 자산은 12억 위안, 순자산은 6.7억 위안에 불과했다. 이러한 자본 규모로 1백억위안이 넘는 대형 프로젝트를 추진한다는 것은 말 한 마리로 대형 트럭을 끄는 격이었다. 다이궈팡은 수하에게 "정부가 이토록 열정적으로 지원하는데 어디에서도 이런 기회를 찾을 수 없을 것"이라고 말했다. 정부가 지원할 것이라는 정보를 확인한 후 현지 은행도 대담하게 대출을 실시했고, 톄번은 일시에 44억 위안이라는 은행 대출을 얻을 수 있었다.

민영기업이 100억 위안이 넘는 돈을 들여 625만m^2에 달하는 토지에서 진행하는 프로젝트는 중앙의 비준을 얻기가 쉽지 않았다. 중국의 경제개혁에는 줄곧 난관을 돌파하는 전통이 있었는데, 소위 "녹색 신호일 때는 신속하게 전진하고 적색 신호일 때는 둘러서간다"는 것이 그것이었다. 많은 개혁이 이러한 난관 돌파로 성공을 거두었고, 훗날 미담으로 이야기되었지만 이러한 과정에서 우울하게 낙마해 불법의 전형으로 기록된 사례도 적지 않았다. 개혁의 발전과 제도 설계 사이의 이러한 갭은 중국의 기업사를 관통하는 회색 현상이 나타날 수 있는 배경이 되었다. 창저우 사람들도 톄번의 프로젝트에서 이처럼 난관을 돌파할 수 있는 수단을 찾으려고 했는데, 840만 톤의 프로젝트를 7개의 소형 프로젝트와 부두 건설 프로젝트로 분리시켜 중앙에 보고했고, 톄번은 이에 상응해 7개의 대외합자공사를 설립했다. 건설 용지 사용 비준을 위해서도 14개로 나누어 비준을 신청했다. 프로젝트 소재지인 창저우시 경제 발전국은 하루 만에 모든 기초 작업 프로젝트를 신속하게 비준했다. 다이궈팡은 훗날 구치소에서 취재를 요청한 기자에게 "당시의 모든 수속은 정부가 직접 진행했고, 우리는 이러한 문제에 대해 물어본 적도 없었습니다. 정부가 공사를 시작해도 된다고 해서 공사를 진행한 것이었죠"라고 말했다.

거의 모든 영역과 마찬가지로 민영 철강 기업도 줄곧 원가에서의 우위를 갖고 있었는데, 민영기업의 제철 원가는 국영기업에 비해 톤당 60~90위안이, 제강 원가는 톤당 60~150위안이, 완제품의 경우 톤당 100~300위안이 저렴했다. 그래서 다이궈팡은 "여기에 집을 짓는 것과 마찬가지로 완성된 집을 한 채 사면 아주 비싸지만 직접 건자재를 구입해 지으면 50%는 저렴할 것입니다. 우리가 용광로 하나를 건설하는 데 드는 비용은 3억 여 위안이면 되지만 다른 사람들은 7~8억 위안을 요구합니다"라고 말했다. 장기적인 원가 우위를 위해서 다이궈팡은 호주의 한 업체와 철광석 장기 공급 계약을 체결했는데, 시장가격보다 훨씬 싼 가격이었다.

2003년에 다이궈팡만이 유일하게 철강업에 진출했던 것은 아니다. 그가 창장에서 철강에 대한 꿈을 꾸고 있을 때 상하이의 푸싱復星의 궈광창郭廣昌도 저장성의 닝보어에 제철소를 설립할 것을 계획하고 있었다. 1967년도에 태어난 궈광창은 푸단대학 철학과를 졸업했는데, 국내 민영기업에서 소장파로 통했다. 1992년에 푸싱을 설립한 그의 최초의 업무는 상하이의 부동산업체를 위해 판매와 시장 홍보를 진행하는 것이었다. 2년 후 푸싱은 자신이 개발한 부동산 프로젝트를 출시했는데, 상하이의 부동산 활황으로 회사는 폭발적으로 성장했다. 이후 푸싱은 차츰 의약, 금융, 유통 등의 영역에 발을 들여놓았고, 또 증권시장에서는 당시 중국 증시에서 유명했던 '푸싱계復星系'을 구축했다. 2002년『포브스』의 중국 부자 리스트에서 궈광창은 9위에 이름을 올렸는데, 사람들이 주목한 것은 그가 쓰고 있는 수많은 감투였다. 제9회 전국 정협위원, 제10회 전국인민대회 대표, 전국공상연합 상임위원, 상하이 10대 걸출한 청년, 상하이저장상인회 회장 등이었다. 푸싱이 철강에 진출한 때는 2001년이었다. 그해 7월 푸싱은 3억 5천만 위안을 출자해 탕산젠룽唐山建龍의 지분 30%를 매수했고, 2년 후 유명 민영 철강 기업인 난징제철그룹과 공동으로 난징제철연합유한공사를 설립해 푸싱계가 60%의 지분을 확보했다. 이와 동시에 상장사인 난징제철그룹의 지배 주주가 되었는데, 2003년 난징제철은 4억 9천만 위안의 순이익을 달성했다. 이윤이 범상치 않자 궈광창은 닝보어를 주목하기 시작했고, 12억 달러를 투자해 연생산량 600만 톤의 제철소를 건설하기로 했다.

7월, 두 번씩이나 중국의 최대 부자에 이름을 올린 류씨 가족의 류융싱은 바오터우에서 둥팡희망그룹이 그이곳에 100억 위안을 투자해 1백만 톤의 알루미늄-전기 일체화 프로젝트를 건설할 것이라고 선포했다. 류융싱은 중공업에 진출하기 위해 이미 8년을 준비했다고 말했다.

류씨 형제는 사료업종에서 '대왕'이라는 칭호를 얻은 후 독점업종에 대해 많은 관심을 표출해왔다. 막내 류융하오는 민생은행의 지분 참여를 통해 금융업에 진출했고, 둘째 류융싱이 중공업에 대해 각별한 애정을 보여온 것이다. 그의 판단은 아주 간단했다.

현재 중국의 중공업의 주요 역량은 국영기업과 외국 자본이다. 일반적인 민영기업은 자본의 문턱 때문에 진입하지 못하고 있는데, 만약 둥팡희망그룹이 중공업에 진출한다면 경영 관리에서 기존의 '신속快, 절약省, 우수好'를 십분 발휘해 저원가, 고효율의 경쟁 우위를 살릴 수 있을 것이다.

1998년부터 류융싱은 계속 적절한 프로젝트를 찾고 있었다. 그는 타이완의 석유화학 대왕이자 타이수台素그룹의 창시자인 왕융칭王永慶을 무척 숭배해 다음과 같은 우스꽝스러운 발상을 한 적이 있었다.

나는 다국적기업, 특히 화교가 경영하는 중공업에 가서 아르바이트를 할 것이다. 월급도 없이 의무 복무 3년을 목표로 전력을 다해 그 기업을 위해 일할 것이다. 만약 내가 왕융칭의 조수 생활을 3년만 할 수 있다면 틀림없이 나의 사업을 일으킬 수 있을 것이다.

듣기에 우스워 보이지만 류융싱은 농담이라고는 생각하지 않았고, 정말로 다른 사람을 통해 왕융칭에게 연락을 취하기도 했었다.

2002년 류융싱은 점점 알루미늄-전기 일체화 구상을 굳히게 되는데, 그의 계산은 이러했다.

알루미늄은 에너지 소모가 큰 산업으로, 알루미늄과 전력을 결합해야만 더 큰 산업 공간을 확보할 수 있다. 중국의 전력 공급 시스템은 누구나 알고 있듯이 아주 비효율적이다. 만약 직접 전기를 생산할 수 있다면 알루미늄 생산에 전기를 공급할 수 있을 뿐만 아니라 외부에 판매할 수도 있다.

류융싱을 흥분시킨 것은 알루미늄-전기 산업은 심지어 사료업과도 접목이 가능한 것이었다.

전기는 직접적으로 사료의 원료로 사용되는 것은 아니다. 하지만 전기를 생산할 때 발생하는 대량의 수증기를 2차로 사용할 수 있다. 열과 전기의 결합 생산을 하다보면 사료의 원료인 리신lysine(단백질 분해로 얻어지는 일종의 아미노산)의 생산이 가능하다. 나아가 발전 시의 잉여 수증기는 리신을 생산할 때 발생하는 폐수를 전부 농축하여 미량의 원소 첨가제로 만들 수 있다. 이를 소와 양의 사료에 넣으면 환경보호라는 목적도 달성할 수 있으며, 사료의 원가도 절감할 수 있다.

이렇게 해서 류융싱은 '알루미늄과 전기의 결합-전열電熱 결합생산-리신-사료생산'이라는 방대한 산업 사슬을 생각해냈다. 바오터우에서 프로젝트를 시작하기 전 그는 이미 산둥성의 랴오청聊城에 7억 5천만 위안을 투자해 알루미늄 괴를 생산하고 있었고, 이와 동시에 허난성의 산먼샤三門峽에서는 45억 위안을 투자해 105만 톤 생산 규모의 산화알루미늄 프로젝트를 개시했다. 이러한 일련의 조합식 프로젝트는 '사료 대왕'이 중국의 '알루미늄 대왕'으로 성장하겠다는 의지를 표명한 것이었다. 바오터우에서 프로젝트를 시작한 지 오래지 않아 류융싱은 민영기업계에서의 호소력을 이용해 국내에서 유명한 13개 민영기업을 베이징에 소집해 회의를 열었다. 그는 회의에서 투자업체를 공동으로 조직하자고 제안했는데, 목적은 해외에서 광산을 탐사하고, 또 해외 산화알루미늄공장에 투자하자는 것이었다. 완샹그룹의 루관츄도 대표를 보내어 회의에 참석했다. 류융싱은 몸소 행동으로 중공업의 전망을 증명하면서 이렇게 말했다.

저는 20여 년 동안 사료를 만들었지만 아직 30억 위안이 넘는 가치를 창출하지 못했습니다. 저의 두 알루미늄 공장은 2008년이 되면 1년에 105만 톤의 알루미늄을 생산하게 되는데, 지금의 시장 가치로 따져도 200억 위안이 넘는 가치를 창출할 수 있습니다.

이 두 가지를 비교하면서 회의에 참석한 사람들은 흥분했고, 중공업이 무엇인지를 깨닫게 되었다.

사실 류융싱이 알루미늄업계에 진출했을 때 중국의 전해알루미늄 생산 능력은 대폭 확대되고 있었고, 산화알루미늄 수요도 급증하고 있었다. 2003년, 전국의 산화알루미늄 수요는 1,100만 톤을 넘었지만 당시 국내 생산 능력은 이 수요의 반을 만족시키지 못했고, 반은 중국알루미늄그룹과 중국우쾅五礦그룹을 통해 수입된 것이었다. 게다가 중국알루미늄그룹이 국내 산화알루미늄 생산을 100% 지배하고 있었다. 이러한 수요 공급 상황 하에서 국내의 산화알루미늄 가격은 전년도의 톤당 1,300위안에서 3,700위안으로 급상승했다. 류융싱의 계산에 따르면, 산화알루미늄의 톤당 원가는 1,000위안으로 고도의 독점은 중국알루미늄그룹의 이윤을 300%이상 상승하게 만들었다. 많은 사람이 류융싱이 좋은 업종에 진출했다고 축하하고 있을 무렵 그는 '돈을 너무 많이 버는 업종은 우리 업종이 아닌데'라면서 걱정하기 시작했다. 과연 둥팡희망그룹의 돌진은 중국알루미늄그룹의 반감을 사기 시작했다. 중국알루미늄그룹의 회장은 "첫째, 반대하지 않고, 둘째 평가하지 않겠다. 하지만 우리는 유감을 표시한다"라고 말했다. 류융싱은 훗날 언론에서 "중국알루미늄그룹의 의사 표명으로 선양과 구이양의 두 알루미늄 설계소는 연이어 산먼샤三門峽 프로젝트에 대한 설계 작업을 중지했습니다"라고 인정했다.

항상 생각이 치밀했던 류융싱은 모든 리스크와 승산에 대해 전면적으로 고려하지 않을 수 없었다. 55세의 그는 이번 선택에 대해 심각하게 부담을 느끼고 있었다. "일단 실패하면 수십 년의 노력이 수포로 돌아가기 때문에 반드시 성공해야 한다." 그래서 그는 시작부터 아주 신중하게 움직였다. 둥팡희망그룹의 20여 억 위안의 초동 자금에는 한 푼의 대출도 없었고, 류융싱과 친분이 있는 『남풍창』의 기자 외에는 어떠한 언론사 기자도 초청하지 않을 정도로 바오터우 프로젝트의 시공식도 매우 간단하게 진행했다.

민영경제가 가장 왕성했던 저장성에서는 활기찬 '민영기업 자동차 제조 운동'이 일어났다. 저장은 줄곧 자동차 부품의 제조 기지였기 때문에 동향의 리수푸가 자동차생산 허가증을 획득했다는 뉴스는 리수푸와 유사한 기업가들에게 자동차 제조에 대한 충동을 불러일으켰다. 2003년 자동차 제조 관련 뉴스는 끊임없이 이어졌다.

저장중위中威그룹이 둥펑과 공동으로 우한중위자동차유한공사를 설립했다. 저장테뉴鐵牛실업유한공사가 출자해 자동차 부품 상장사인 ST진마金馬를 개편했다. 닝보어화상華翔그룹이 60%의 주식 양수를 통해 허베이중싱中興자동차제조공사를 인수했다. 에어컨 제조업체인 아오커스奧克斯그룹이 선양솽마雙馬자동차의 주식 95%를 매수했고, 5년 내에 80억 위안을 투자해 자동차 산업에 진군한다고 선언했다. 진화청년그룹과 구이저우항공공업그룹이 합작 계약을 체결해 구이저우 윈취에雲雀의 주인이 되었다. 호출기와 휴대폰으로 성장한 닝보어보어다오波導그룹이 40억 위안을 투자해 자동차 제조 기지를 건설한다고 선언했다.

9월 말 국가발전개혁위원회는 저장성의 40여 개 민영기업들이 완성차 생산 목록의 취득을 요구하는 신청서를 접수했다. 당시 저장성 공상연합의 조사 통계에 따르면 다음과 같다.

저장에는 이미 완성 자동차 제조에 진출한 기업이 28개 있었고, 범위도 세단, 픽업트럭, 다목적용 차, 버스 등으로 광범위하다. 이중 자동차 생산 공장이 5개로 전국의 4%를 차지하고, 튜닝 카를 생산하는 기업은 14개로 전국의 2.7%를 차지한다.

자동차 제조에 대한 저장성의 민영기업들의 열망은 중앙의 관심을 불러일으켰다. 10월 국가발전개혁위원회, 국가세무총국 등 다섯 개 부서가 저장의 대도시로 가서 자동차 산업에 대한 조사를 진행하고, 마지막으로 내린 결론은 "저장성의 민영기업들의 자동차 제조 열망은 결코 과열되지 않았고, 매우 심각한 문제도 없다"였다.

전국적인 차원에서 자동차 제조에 대한 열기도 자못 장관이었다. 광둥의 전국 최대 소형가전제조업체인 메이더그룹은 후난산상三湘객차그룹의 주주권을 양수했고, 세계에서 가장 큰 리튬전지제조업체인 비야디比亚迪그룹은 시안친촨秦川자동차유한공사의 주식 75%를 매입했으며, 충칭에서는 오토바이를 생산하는 리판力帆그룹이 충칭객차공장과 충칭특장차공사를 매수해 충칭리판상용자동차제조유한공사를 설립했고, 또 다른 오토바이 회사인 충칭룽신隆鑫은 청두산루山路자동차유한공사를 매수해 여객 운수 차량 시장에 진출했다. 허베이에서는 바오딩의 창청자동차그룹이 12월에 홍콩에 정식으로 상장되어 1억 1천 4백만 H주를 발행했고, 모집 자금은 15억 1천 6백만 위안이었다. 이는 처음으로 홍콩 증시에 상장된 민영 자동차 기업이었다. 쟝수에서는 이미 커룽을 손에 넣은 구추췐이 양저우야싱그룹이 보유하고 있던 국가 주식 60.67%를 매수해 야싱객차의 1대 주주가 되었다.

국유자본이 가장 강세를 떨치던 석유 영역에서도 민영자본이 출현했다. 텐파天發라는 민영기업이 상무부가 발부하는 완성유와 원유 수입허가증을 취득해 전국에서 유일하게 동시에 두 개의 자격증을 취득한 민영 석유 기업이 되었다. 텐파의 창시자 궁쟈룽雙家龍은 아주 일찍이 석유업종에 발을 들여놓았는데, 그는 먼저 하이난과 후베이 등지에서 석유 환매를 해왔고, 1988년을 전후로 두 개의 석유액화가스 탱크를 매입했으며, 이후 하이난룽하이瀧海석유액화가스공사의 징저우저장운반소를 설립했다. 1996년 텐파석유는 선전 증권거래소에 상장됐고, 3억 위안의 자금을 모집했다. 당시 텐파석유는 주유소 하나와 액화가스 충전소 세 개를 보유하고 있었다. 이후 몇 년 동안 중국석유와 중국석유화학이 굴기했고, 독점 분위기는 날로 농후해졌으며, 민영업자의 공간은 점점 줄어들었다. 2002년이 되어 유가가 지속적으로 상승하자 석유는 사람들 입에 자주 오르내리는 화두가 되었다. 매번 유가가 오르거나 국내 완성유 가격이 조정되면 언론 매체의 집중적인 관심을 받게 되었다. 여론은 부단히 시장 개방과 독점 타파를 외쳤다. 궁쟈룽은 이러한 추세를 틈타 상무부의 두 가지 자격증을 취득한 후 더욱 대담하게 민영석유업종협회 건립을 건의했다. 그는 민생은행의 성공적인 모델을 거울삼아 전국공상연합의 배경에 기대어 50여 명의 기업가를 회원에 가입시키고, 궁쟈룽 본인을 초대 회장에 추대했다. 그는 '민영 석유 제일인자'라고 불렸기 때문에 어떤 언론은 심지어 그에게 '독점에 도전하는 석유 투사'라는 칭호를 붙여주었다. 궁쟈룽은 대외에 '석유산업펀드'를 설립하고, 1백억위안을 모집해 해외에서 석유 자원을 찾을 것이라고 선언했다.

지금 석유 자원이 없기 때문에 민영기업이 보유하고 있는 주유소는 일반적으로 중국석유, 중국석유화학으로부터 고가로 기름을 구입하고 있습니다. 기름 공급이 부족할 때, 심지어 기름을 구할 수 없을 때 민영 석유 기업은 생존 자체가 불투명합니다. 우리가 가장 먼저 하고 싶은 일은 중국 전체에 흩어져 있는 4만개에 가까운 주유소와 연합하는 것입니다.

제철에서 알루미늄, 자동차에서 석유화학까지 민영기업이 2003년에 개시한 '중형화 운동'은 몇 년이 지난 후에도 여전히 사람들 입에 오르내렸고, 시장의 수레바퀴가 마치 견고한 독점 지대에서 고르게 터를 다지고 있는 것 같이 보였다. 과거 30년간 중국의 민영자본 역량은 1987년과 1996년 전후로 두 차례에 걸쳐 소유제 돌파를 시도한 적이 있었으나 성공하지 못했다. 그렇다면 2003년의 '중형화 운동'은 세 번째 시도로, 실력이 가장 막강한 민영기업들의 집단 돌진이었다. 이처럼 활발한 현상을 겨냥해 『중국 기업가』는 연말의 한 논평에서 다음과 같이 말했다.

한층 업그레이드된 민영기업과 중국의 신형 공업화가 지금 적시에 만나고 있다. 민영의 '기업가 정신'과 민영자본이 함께 중국의 중공업 속으로 주입될 때 사람들은 중공업 영역에서 활동하는 민영기업이 향후 수년 안에 중국의 민영기업의 최강 진용을 쇄신할 것임을 의심하지 않을 것이다. 이러한 시장의 역량을 주요 엔진으로 하는 신공업 운동은 장차 관리 출신도 아니고 정부에서 임명되지도 않은, 오로지 시장에서 검증된 실력을 가진 중국 최초의 중공업 거물을 만들어낼 것이다.

이러한 논평은 훗날 읽어보니 마치 전생의 꿈속의 이야기인 듯하다.

경제계의 이러한 움직임에 호응해 경제 이론계에서도 심각한 반성이 일고 있었다. 이전에 「중국은 어디로 가는가?」를 집필해 감옥행을 감수해야 했던 홍위병 양시광은 유명한 경제학자 양샤오카이로 변해 있었다. 그가 제기한 '후발 열세' 이론은 광범위한 논쟁을 불러일으켰다. 그는 낙후된 국가는 발전이 비교적 느리기 때문에 많은 부분에서 선진국을 모방할 수 있다고 여겼다. 모방에는 두 가지 형식이 있는데, 하나는 제도를 모방하는 것이고, 또 다른 하나는 기술과 공업화 모델을 모방하는 것이었다. 모방의 공간이 아주 거대하기 때문에 제도가 완전하지 않은 조건 하에서는 기술과 관리 모델에 대한 모방을 통해 선진국이 반드시 일정한 제도 하에서 취득할 수 있었던 성과를 취득할 수 있다는 것이었다. 하지만 기술 모방은 비교적 용이한데 비해 제도 모방은 비교적 어렵다. 양샤오카이는 더 나아가 다음과 같이 경고했다.

하지만 설령 낙후된 국가가 아주 단기간 내에 매우 훌륭한 발전을 이룬다고 해도 장기적인 발전에는 많은 후환을 남길 것이며, 심지어 장기적으로는 발전에 실패할 수도 있다. 이러한 단기적인 성공은 아마도 '후발 주자에 대한 저주'로, 기술 모방으로 제도 모방을 대체

할 경우 장기적인 대가를 치를 수도 있다. 가령 정부가 은행, 보험, 자동차 제조, 통신을 독점해 신기술과 자본주의의 관리 방법을 모방해 제도 개혁을 대체한다면 이는 바로 중국의 '후발 열세'가 되는 것이다. 이러한 '후발 열세'의 최대 병폐는 결코 국유기업의 저효율이 아니라 국가가 기회주의를 제도화하는 것이다. 국가는 심판이 될 수도 있고, 운동선수가 될 수도 있다. 이러한 제도 하에서 국유기업의 효율이 올라가면 갈수록 장기적인 경제 발전에는 더 불리해진다.

해결 방안에서 양샤오카이는 국유기업의 즉각적인 사유화를 주장하지는 않았다.

이러한 상황에서는 서둘러서도 안 되고 빨라서도 안 된다. 나는 타이완의 경험을 흡수해야 한다고 주장한다. 자유화라는 것은 사인기업에 대해서 차별대우를 하지 않는 것이다. 우리 중국 대륙은 현재 은행, 증권을 포함한 30여 개 업종에 대해 사인 경영을 불허하고 있고, 또 20여 개 업종에서는 사인 경영을 제한하고 있다. 이러한 것들은 WTO의 원칙에 부합되지 않으므로 조만간 제거해야 될 부분이다. 그러므로 자유화는 필요하지만 사유화는 반드시 필요한 것은 아니다. 타이완의 자유화는 거의 완성 단계에 이르러서야 대기업의 사유화를 진행했는데, 이는 성공적이었다. 사유화는 재산권의 대대적인 변동에 영향을 미치는 것으로 단기간 내에는 효율이 저하된다. 그러므로 마땅히 신중해야 하고, 시기를 잘 잡아야 한다. 하지만 자유화는 서두를 수도 있다. 여기에서 말하는 자유화는 자유 가격을 가리키는 것이 아니라 자동 등록제를 실시해 개인이 모든 업종을 경영하도록 하는 것을 말한다.

양샤오카이의 이러한 분석과 주장은 우징롄이 이미 11년 전에 제기한 '제도가 기술보다 우선'이라는 개혁 관점과 비슷했지만 단지 양샤오카이의 논조가 당시에 훨씬 더 긴요한 절박함을 드러냈다고 할 수 있다.

'후발 열세'에 대해 뒤돌아보는 동시에 어떤 사람은 '라틴 아메리카화'를 경계할 것을 주장했다. 12월 '2003년 중국 기업 리더 연례 회의'에서 일부 경제학자들과 민영기업가들이 이 화제에 대해 토론을 진행했다. 그들은 "거대 외국 자본을 환영하는 동시에 중국의 모든 민영기업가들은 일종의 비애감을 느껴야 했다. 왜냐하면 사인기업의 수족을 묶어놓은 다음에야 외국 자본이 대대적으로 들어오게 했기 때문"이다. 화교 경제학자이자 미국의 MIT 교수인 황야성의 관점이 가장 확실했다.

중국 경제의 주체를 바라볼 때 진정으로 중국 경제를 주도하는 것은 중국 기업이 아니다. 외국 자본에 대한 중국의 의존성은 지금 '라틴 아메리카화'를 초래하고 있다.

전국인수합병연구중심이 출판한 『중국 산업 지도』가 그의 관점을 입증해주었다. 중국이 이미 개방한 산업의 상위 5위까지는 거의 대부분이 외국 자본이 지배하고 있었다. 중국의 28개 주요 산업의 기업 중 외국 자본은 21개 영역에서 자산 통제권을 확보하고 있었다. 장원중張遠中이라는 한 민영기업가는 다음과 같은 글을 발표했다.

우리는 브라질, 나아가 전체 라틴 아메리카의 발전 경험으로부터 외자 유치를 통해 단기간에 경제 번영을 이룩할 수는 있지만 무제한적이고 지나친 개방으로 국가 발전에 가져온 위기는 오히려 근본적이고 장기적이었음을 알 수 있다. 사실 중국의 외국 자본 침투 수준은 아주 심각하다. 만약 더 이상 경계하지 않는다면 아마도 라틴 아메리카의 전철을 밟을 수도 있을 것이다. 중국의 외국 자본이 국내 총생산에서 차지하는 비중은 이미 다른 아시아 국가들보다 훨씬 높고, 심지어 일본의 30배를 넘어섰다. 중국은 외자 직접 투자가 사회 고정 자산 투자 총액에서 차지하는 비중이 이미 세계 주요 경제 주체 중에서 가장 높은 나라 중의 하나이다.

이러한 목소리에는 중국 기업의 장래에 대한 이성적인 사고뿐만 아니라 이익 집단의 요구가 뒤섞여 있었다. 이러한 목소리는 아주 명확하게 다음과 같은 사실을 드러내고 있었다.

20여 년에 걸친 발전을 경험한 후 거대 이익이 포장하고 있던 이데올로기의 외투는 이미 슬그머니 사라졌고, 국유자본, 다국적 자본, 민영자본 사이의 격렬한 게임이 이미 중국의 기업 성장에서 가장 중요하고 두드러진 특징으로 자리 잡았다.

과거와 마찬가지로 인터넷은 중국 경제에서 여전히 하나의 '다른 유형'이었다. 여기에는 어떠한 제한도 또 금역도, 질서도 없어 당연히 국내생산총액에 대한 공헌도 미미했다. 하지만 2003년 인터넷은 아주 극적인 방식으로 일반 국민의 열렬한 관심을 받았는데, 이 영역에서 갑자기 나이 어린 '중국 최고 부자'가 탄생했기 때문이다.

최고 부자에 이름을 올린 사람은 2년 전 의기소침해 있던 왕이의 딩레이였다. 스스로 "무너졌는데도 손에 한 움큼의 모래를 쥐고 있었다"고 말했던 닝보어 청년이 마침내 세상에 머리를 내민 것이었다. 2002년 2/4분기부터 왕이는 처음으로 순이익을 달성했고, 왕이의 주식도 나스닥에서 상승하기 시작했다. 2002년 왕이는 나스닥에 상장된 3,600여 개 기업 중 성적이 가장 우수했다. 블룸버그Bloomberg 통신은 논평에서 "성장성으로 볼 때 나스닥 일등주"라고 평했다. 2003년 10월 10일 왕이의 주가는 70.27달러로 최고점을 기록해 연초에 비해 617% 상승했고, 2001년 9월 1일 최저점을 기록했을 때보다 108배 상승했다. 닝레이의 액면 재산만 해도 50억 위안이 넘었고, 그는 인터넷으로는 처음으로 중국 최대 부자에 이름을 올렸다. 이 사실은 처음으로 인터넷의 재부 가치가 디지털 방식으로 투명하고 정확하게 출현했음을 말해주었다. 이는 1세대 부호들과는 확연히 다른 재부 창출 방식이었다. 당시 경제계의 스타 기업가인 류찬즈, 장루이민 등은 창업한 후 20년에 가까운 시간을 재부 창출에 투자했기 때문에 모두 딩레이와는 비교 대상이 될 수 없었고, 홍색 자본紅色資本(사회주의 현대화 건설과 조국 통일 업무에 종사함으로써 생성된 자본을 가리킨다)의 배경을 갖고 있던 룽즈젠도 10여 년이라는 시간을 들여서야 재부 축적 과정을 완성할 수 있었다. 50만 위안으로 시작한 딩레이는 최고 자리에 오르기까지 6년이라는 시간밖에 걸리지 않았다. 이는 아주 상징적인 의미를 갖는 사건으로 젊은 인터넷 창업자들도 명실상부한 경제계의 주류 역량이 될 수 있음을 보여주었다.

왕이는 3대 포털 사이트 중의 하나였지만 여기서 이야기하고 싶은 것은 그의 수익 모델이 포털과는 전혀 관련이 없었다는 사실이다. 사실 광고 수입을 영리의 원천으로 하는 포털 사이트는 2003년 전후로 이미 쇠락의 길을 걷고 있었는데, 왕이의 성공은 제일 먼저 이를 뒤집은 데 있었다. 그는 두 가지 새로운 사업 영역을 찾았다. 하나는 SMS 사업이고, 또 다른 하나는 온라인게임이었다. 휴대폰의 보급이 확대되자 이동 SMS도 갑자기 폭발하기 시작했고, 유저의 증가에 기대어 이미 돈을 많이 벌어 느긋해진 차이나모바일과 차이나유니콤은 이 사업을 개발할 겨를이 없었다. 그래서 왕이는 SMS 콘텐츠의 중요한 CP로 성장할 수 있었다. 당시의 계약에 따르면 유저가 왕이를 통해 1위안의 SMS를 발송하면 이동통신사는 0.2위안을 수취했고, 나머지 0.8위안은 왕이의 수익이 되었다. 2002년 차이나모바일이 발송한 SMS는 약 750억 건이었는데, 이중 왕이 등 CP의 SMS가 20%를 차지했다. 이는 분명 사람들이 탐낼만한 엄청난 시장이었다. 이 외에도 딩레이는 중점을 온라인게임에 놓고 〈다화시여우大話西遊〉라는 대형 온라인게임MMORPG을 출시했는데, 이 게임은 왕이에게 노다지를 가져다주었다. 딩레이는 30세의 나이에 커다란 시련을 경험했지만 죽지 않았다. 훗날 한 대학에서 강연할 때 그는 "30살 이전에 저의 가장 큰 수확은 결코 2~3억 위안을 번 것이 아니라 2~3억 위안의 손실을 경험한 적이 있었다는 것입니다"라고 말했다.

왕이의 기적적인 재기를 상징으로 인터넷 경제는 2년여의 침묵을 겪고 난 후 다시 활발하게 살아나 신랑, 서우후 등도 연이어 이익을 실현했다. 훗날 중국 인터넷 경제를 좌우하는 중요한 역량들이 이 시기에 틀을 갖추기 시작했다.

전자상거래 영역에서 마윈의 아리바바도 질주 태세를 갖추었다. 연초의 사스는 아리바바에게도 한 차례 혹독한 시련을 안겨주었다. 광저우박람회에 참가한 직원 한 명이 유사 증세를 보여 회사 직원 전체가 집으로 격리되어 회사의 정상적인 업무가 이루어지지 않고 단지 집에서 인터넷에 접속해 긴급한 임무를 처리할 수밖에 없게 된 것이다. 4년 후 마윈은 여전히 두근거리는 가슴으로 "저는 사스 당시가 저희에게 가장 큰 도전이었다고 생각합니다"라고 말했다. 그러나 그의 예상을 벗어나 사스는 중국의 전자상거래 영역에서 뜻밖의 전환점이 되었다. 당시 정상적인 비즈니스 거래와 전시회 교역이 철저하게 차단되었기 때문에 많은 기업이 인터넷에 의존해 연락을 유지하며 비즈니스 기회를 찾게 됨에 따라 아리바바의 유동량도 대폭 증가한 것이었다. 전년도에 마윈은 유상 서비스인 '청신퉁誠信通' 사업을 구상해 출시했지만 줄곧 별 반응이 없었다. 직원들이 젖 먹던 힘까지 동원해 노력했음에도 불구하고 1주일 동안의 성과는 몇 장의 오더에 불과했다. 그런데 사스가 지나가자 상황은 갑자기 바뀌기 시작했다. 적자라는 암흑 속에서 고통스럽게 방법을 모색하고 있던 아리바바는 갑자기 어둠 속에서 한 줄기 빛을 보게 된 것이다.

검색 엔진 영역에서는 글로벌 패자인 구글이 중국의 천재 청년의 저격을 받았다. 바이두라는 중국 업체가 처음으로 제3자 평가에서 구글을 넘어서 중국의 네티즌이 가장 선호하는 검색 사이트로 자리 잡았다. 3년 전, 1968년에 태어난 산시 청년 리옌훙李彦宏은 실리콘밸리에서 베이징의 중관촌으로 돌아와 바이두를 설립했다. 회사이름 바이두百度는 남송 시대의 문인 신기질辛棄疾의 글 '衆里尋他千百度, 驀然回首, 那人却在燈火闌珊處(밤이 깊어 그녀를 천백 번을 찾았지만 보이지 않았고, 무심코 뒤를 돌아보니 꺼져가는 불빛 아래 서 있네)'에서 나왔다. 바이두의 전략은 절대적으로 중국식이었다. 바이두는 특색이 풍부한 중국어 검색 서비스를 끊임없이 제공했다. 바이두가 막 토양을 뚫고 올라오는 묘목처럼 보였던 데 비해 구글은 미국에서 이식해온 분재 같았다. 2001년 10월 리옌훙은 완전히 새로운 검색서비스인 '검색 엔진 가격 경쟁 순위'를 출시해 수익의 원천으로 광범위한 중소기업을 직접 조준했다. 그것은 기업이 몇 백 위안의 광고 선금만 지불하면 검색창에서 자신의 홈페이지를 찾기 쉽도록 해주는 서비스였다. 클릭 광고와 전자상거래 간의 서비스로 바이두는 한순간에 수익의 대문을 활짝 열어젖힐 수 있었다.

딩레이, 마윈이나 리옌훙의 창업 스토리와 비교하면 일찍이 캠퍼스 시인이던 쟝난춘江南春에게는 한층 더 전기적인 색채가 있었다. 1973년에 태어난 쟝난춘은 대학 3학년 때 다른 사람들과 함께 광고회사를 설립했다. 정력 왕성하고, 영업일을 좋아했으며, 서정적인 글을 쓰는 것을 취미로 삼은 이 젊은이는 매일 네 시간만 자면서 상하이의 수많은 오피스 건물을 돌아다니면서 고객을 찾아다녔다. 이해 1월 그는 한 오피스의 엘리베이터안의 사람들 틈 속에서 멍하니 서 있었는데, 주위에는 그와 똑같이 샐러리맨들이 무표정하게 서 있었다. 바로 그 순간 문득 한 가지 영감이 머리에 떠올랐다. 그는 두 엘리베이터 사이에 있는 벽을 주시하면서 "여기에 광고방송을 하는 TV를 장착하면 어떨까?"라는 생각을 하게 되었다. 5월 펀중分衆미디어가 설립되었고, 쟝난춘은 2년에 걸쳐 전국 45개 도시를 돌면서 2만 대의 TV를 엘리베이터 공간에 설치했다. 성숙된 IT기술이 그로 하여금 새로운 광고 콘텐츠에 대한 난제를 해결하도록 해준 것이었다.

 인터넷은 이와 같이 전설적인 이야기를 만들어내는 영역이었다. 그곳은 마치 열정을 사방으로 발산하는 가마처럼 뜨거운 불길 속에서 우연이든 필연이든 매일 사람들과의 교전 속에서 절대미색의 도자기가 세상으로 얼굴을 내미는 영역이었다.

|기업사 인물|

'다우'의 자금 모집

순다우孫大午는 천만장자가 된 후 손님들과 함께 공업단지를 참관한 적이 있었다. 멀지 않은 곳에서 검소한 옷차림의 팔순노인이 힘들게 큰 대나무 광주리를 등에 진 채 폐품을 줍고 있었고, 누추한 1층짜리 건물에는 백발이 무성한 할머니가 땔감에 불을 지피면서 큰 가마솥에다 밥을 하고 있었다. 순다우는 조용하게 "저분들이 저의 아버지와 어머니입니다"라고 소개했다. 이를 듣던 사람들은 모두 대경실색했다. 이 사람은 또 다른 유형의 기업가였다. 2003년 그는 불법 자금 모집으로 체포되어 여론에서 수많은 논쟁을 불러일으켰는데, 이 사건이 바로 저 천지를 뒤흔든 '순다우 사건'이었다.

순다우는 허베이성 쉬수이徐水현에서 태어났다. 1950년대 말 이 조그만 동네는 전국에서 가장 먼저 '푸콰펑浮夸風(1958~1960년 사이에 일어난 대약진 운동의 산물로 생산량을 조작해 허위로 보고한 사건을 말한다)'이 일어나 일순간에 유명해졌다. 순다우는 매우 가난했고, 부모는 폐품 줍는 일로 생계를 이어갔다. 그가 어렸을 때 학용품을 살 형편이 못되어 아버지는 화장실에서 남이 사용하고 버린 화장지를 주워온 다음 깨끗한 모서리 부분을 오려내 순다우가 글을 익히는 데 사용하도록 했다. 순다우는 16살에 군에 입대했고, 제대 후에는 현의 중국농업은행의 인사계에서 근무했다. 1985년부터 순다우의 아내는 고향 북쪽에 있는 묘지를 임대해 양식업을 시도했다. 3년 후 그는 사직서를 내고 점차 양식업에서 사료공장으로 사업을 발전시켰다. 2000년을 전후로 다우눙무大午農牧는 16개의 공장과 학교 하나를 보유하고 있었고, 당시 매출액은 1억 위안을 넘었다. 어린 시절 가난했던 순다우는 가난한 사람에 대해서 자연스러운 감정을 갖고 있었고, 그래서 그는 확고한 인민공사 신봉자였다. 다우농무는 하나의 기업이라기보다는 차라리 유토피아의 실험 지역이라고 할 수 있었다. 이곳에는 공장, 공원, 학교, 병원이 있었고, 1,600명의 직원이 한 곳에 모여 생활했다. 그는 이러한 모델을 '상호 노동'이라고 불렀다. 사료로 닭, 돼지를 기를 수 있었고, 이들의 배설물로 메탄가스를 만들 수 있었으며, 메탄가스는 부화에 사용할 수 있었다. 노동자들을 상점과 식당 등 제3산업의 발전으로 이끌 수 있었고, 병원, 학교는 노동자와 인근 마을 사람들의 수요를 만족시켰을 뿐만 아니라 동시에 새로운 노동 공간을 만들어주었다. 다우병원에서 직원과 마을사람들은 매달 1위안으로 의료서비스를 누릴 수 있었고, 초음파와 피검사 등을 포함한 종합검사도 1회에 10위안이면 할 수 있었다. 순다우는 다우농무 입구에 자신이 작성한 대련對聯을 붙여놓았다. "어찌 순풍으로 비에 젖겠는가, 두루 사람들을 씻어 함께 화목한 시대를 누리기 위함이네安得淳風化淋雨, 遍沐人間共和年." 그는 이 대련이 자신의 인생이 궁극적으로 추구하는 목적이 무엇인지를 대표한다고 말했다. "저는 꿈이 하나 있습니다. 바로 다우성을 건설하는 것입니다. 무릉도원을 건설하는 것이죠. 사람들은 아주 평온하게 함께 생활하게 될 것입니다. 이러한 소망은 지금 이루어지고 있습니다." 그의 이러한 발언과 실천에서 과거 인민공사의 그림자를 아주 생생하게 엿볼 수 있을 것이다. 천만장자로서 순다우 자신은 오히려 시니스트Cinist(견유주의자) 생활을 하고 있었다. 그는 전용차도 없고, 왜소한 1층짜리 건물에 거주하며, 심지어 제대로 된 옷도 없었다. 그의 부모는 여전히 폐품 수집으로 생계를 잇고 있었다. 그는 일상생활 속에서 아주 인색했는데, 그래서 사람들은 그를 순다커우孫大摳(아주 인색하다고 붙인 말)라고 불렀다.

순다우가 기업을 운영할 때 가장 골치 아픈 일은 돈 빌릴 곳이 없는 것이었다. 그는 일찍이 은행에서 근무한 적이 있었지만 대출을 신청하는 것은 여전히 어려운 일이었다. 그는 훗날 "좋은 기업도 근본적으로 대출할 수가 없는데 어떻게 대출을 합니까? 10~15%의 수수료도 지불해야 합니다"라고 토로했다. 머릿속에 온통 이상주의로 가득 찬 순다우도 일찍이 대출로 인해 허리를 구부린 적이 있었다. 어느

해 다우그룹은 1,000무의 포도농장을 경영하기 위해 600만 위안의 자금이 필요했다. 당시 어떤 사람이 순다우에게 뒷문으로 걸어 들어가길 권했고, 순다우는 이에 설득당해 신용회사 간부에게 1만 위안을 쥐어주었다. 일이 성사되지 않자 돈을 돌려받으려 했지만 6,000위안밖에 돌려받지 못했다. 이후부터 그는 신용회사와 철저하게 인연을 끊었다. 자구책으로 1995년부터 순다우는 친척들로부터 돈을 모금하기로 하고, 다우농무가 차용증을 끊어주면서 일정한 이자를 지불했다. 이 모델은 이후에 다우의 직원들에게 그대로 복제되어 1,300명의 직원 중 900여명이 돈을 빌려주었거나 다우에 예금했다. 이러한 직원의 가족들이 1,000명의 예금주를 데려왔고, 이후 입에서 입으로 전달되어 점점 부근의 마을까지도 이 일에 끼어들었으며, 인원은 점점 불어 예금주가 4,600명으로 늘어났다. 순다우는 이러한 융자 모델에 '금융 상조사'라는 새로운 이름을 붙였다. 한 언론사 기자가 이 상조사의 운영 상황을 이렇게 묘사한 바 있다.

다우농무에는 전문적인 영업사원이 있는데, 그들은 인근 마을에서 제품을 판매하는 동시에 예금주를 끌어들이는 임무를 맡고 있다. 누군가가 예금할 돈을 갖고 있으면 바로 찾아간다. 다우농무가 예금주에게 남기는 증서로는 통일된 차용증이 있다. 예금에는 두 종류가 있다. 보통예금의 경우 이자가 없고, 정기예금인 경우 3.3%의 이자가 붙는다. 이자에 세금이 없기 때문에 이 이율은 당시 예금 기준율의 두 배에 이르렀다. 게다가 예금의 다소를 막론하고 모두 접수했는데, 가장 많은 경우는 40만 위안이 넘었고, 가장 적은 경우는 1,000위안이 안 되었다.

다우농무가 소재한 랑우鄭五장의 경우 거의 모든 집에서 다우농무에 예금했고, 이 돈은 언제든지 인출이 가능했다. 어떤 사람의 경우 한밤중에 병이 나서 급전이 필요했는데, 그때도 돈을 찾을 수 있었다. 1996~2003년까지 8년 동안 예금주와 다우농무 사이에는 어떠한 분쟁도 발생한 적이 없었다. 그러다 2003년 5월 27일 순다우는 '불법적으로 대중으로부터 예금을 유치한 죄'로 체포되었다.

2000년 이후 국유 은행은 상업화 개조를 진행하면서 그동안 운영 원가가 높고 영리성이 비교적 떨어진 향진 시장을 대대적으로 방치했다. 과거 농업은행과 공상은행은 향진 지역에서 사회성과 공공성이라는 명목으로 대출 서비스를 진행한 적이 있었지만 은행의 지점이 축소됨에 따라 광범위한 농촌 지역은 금융의 사각 지대가 되어버렸다. 2002년 3월 신화사는 「상업은행이 가난한 보따리를 내던져버렸다」라는 제목으로 1999년부터 4대 국유 상업은행이 대규모의 기구 통폐합을 진행하면서 3만 개가 넘는 분점과 지점을 통폐합했다고 보도했다. 낙후된 지역에서는 물러나고 강점을 집중해 대중샹 도시와 경제 발달 지역으로 진출하는 것이 4대 은행의 일치된 행동이었다. 중앙금융공작위원회 연구실의 연구원 첸샤오안陳小安 박사는 "4대 은행의 기구 통폐합 조치는 은행의 개혁 방향에 부합되고, 효율 원칙에도 부합되어 금융 서비스의 집중화에 유리하다"고 생각했다. 순다우가 체포된 2003년 향진기업, 개인 사영기업과 삼자三資 기업(중외합자기업, 중외합작기업, 외국 상사 독자 기업)을 포함한 전국의 비국유 기업 체계의 단기 대출금은 은행 전체 대출금의 14.4%에 불과했고, 중소기업 주식, 회사 채권 발행 등 직접적 융자는 전체 직접 융자 금액의 1.3%에 불과했으며, 전국 300만 사영기업의 은행 신용 대출은 10%에 지나지 않았다. 좁은 융자 경로와 대출의 어려움은 민영기업의 발전을 심각하게 제한하고 있었다. 이러한 배경 하에 민간 성격의 지하 금융 기관이 다시 부활하기 시작했고, 순다우 사건은 이러한 현실의 냉혹함과 난감함을 부각시킨 것이었다.

민간 융자에 대한 합법성 논쟁은 1980년대의 원저우의 지하 금융부터 시작해 줄곧 그치지 않고 있었고, 순다우 사건에 이르기까지 여전히 의견이 분분했다. 한 변호사는 다음과 같이 말했다.

> 다우농무의 자금 모집은 불법 점유가 없고, 무절제한 낭비도 없이 주로 다우중고등학교 건설에 사용되어 마을 복지에 일조한 것이다. 게다가 이러한 모금 행위는 회사와 상호 신뢰 관계를 갖고 있는 직원, 친척 등 특정 범위에 한정되어 있어 불특정적인 사회 일반 대중과의 사이에 이루어지는 거래와는 다른 차원이다. 그러므로 마땅히 합법적인 민간 대출 행위로 간주되어야 한다.

칭화대학의 상법 연구자인 스텐타오施天濤 교수는 "순다우의 이러한 행위는 당연히 불법에 속한다. 왜냐하면 어떤 위해를 조성했는지의 여부를 떠나 그것은 해서는 안 되는 행위이기 때문"이라고 말했다. 고참 경제학자인 마오위스茅於軾는 순다우를 위해 여기저기를 분주하게 돌아다녔는데, 그는 이 행위를 '피해자가 없는 불법 모금'이라고 불렀다. 마오위스는 "순다우는 표면적으로는 우리나라의 금융관리 규정을 위반했지만 실제로는 어떠한 사람에게도 해를 주지 않았을 뿐만 아니라 오히려 많은 사람이 이득을 보았다. 이러한 사회 행위를 만약에 범죄라고 여긴다면 제도 자체를 수정할 필요가 있는 것은 아닌지 의심이 간다"라고 말했다.

언론의 대대적인 보도 속에 순다우 사건은 2003년도 가장 시끄러운 경제 사건 중의 하나가 되었다. 10월 31일 롄샹그룹의 류촨즈는 CCTV의 특별 프로그램을 보고 난 후 개인 명의로 위로의 편지를 보냈다.

이럴 때일수록 반드시 마음을 굳게 하시고 이로 인해 마음이 흔들리는 일이 없길 바랍니다. 저도 창업 시절에 수많은 어려움을 겪은 적이 있지만 모두 견뎌왔습니다. 당신이 이러한 분투의 정신을 견지하신다면 반드시 난관을 극복할 수 있을 것입니다.

대중적인 영향력을 가진 경제계 지도자로서 류촨즈는 자신이 마땅히 해야 한다고 생각한 일을 한 것이다. 순다우가 수감된 지 6개월 후인 11월 쉬수이지방법원은 '대중의 예금을 불법적으로 유치한' 혐의가 인정된다고 여겨 순다우에게 징역 3년 집행유예 4년을 선고했다. 석방 당일 CCTV는 기자를 파견해 순다우를 밀착 취재하게 했다. 집 입구에는 85세의 노모가 49세의 아들을 안은 채 하염없이 눈물을 흘렸고, 순다우는 웃으면서 노모를 위로했다. 뒤를 돌아보니 부하 직원이 감옥에 있을 때 그가 입양한 두 아들이 학비를 지불하지 못해 하마터면 학교에서 쫓겨날 뻔했다고 알려주었다. 이 이야기를 들은 순다우는 갑자기 눈 주위가 붉어졌고, 카메라 앞에서 휴지를 꺼내어 눈물을 닦았다.

2004년
표면적 승리

잘 하면 한 걸음에 하늘에 오르고,
잘못하면 지옥으로 떨어진다!

―류찬즈(2004년)

2003년 12월 거시경제 조정의 경적이 울렸고, 다음에 4월 정식으로 실시되었다.

  1980년대 이래 중국의 거시조정은 동일한 규칙을 따랐는데, 바로 경제 과열은 에너지 부족을 초래하고 격렬한 원자재 쟁탈전을 불러오는데, 이에 중앙 정부는 행정 수단을 통해 다른 소유제 기업에 내해 조정과 재분배를 진행하는 것이었다. 이러한 조정과 재분배에서 국유기업, 다국적기업, 민영기업이 받은 정책적 대우는 등급이 각기 달랐다. 이러한 현상은 거의 3~5년 간격으로 한 번씩 출현했고, 30년 동안 경제 주기를 형성했다. 2004년의 거시조정도 확실히 이러한 정책 논리에서 벗어나지 못했다. 중앙 정부가 거시조정을 행하는 근거는 거시경제에 사람들을 걱정하게 만드는 과열 현상이 출현했다는 것이었다. 특히 중화학 공업 영역의 투자의 증가 속도는 통제하지 않으면 안 될 단계에 도달했다. 자료에 따르면 2002년 전국 제철업종의 투자 총액은 710억 위안으로 전년 대비 45.9% 증가했고, 2003년 이 숫자는 1,329억 위안에 이르러 96%나 증가했다. 철강업종과 유사하게 전해알루미늄의 투자는 92.9% 증가했고, 시멘트 투자는 121.9% 증가했다. 거시경제의 투자 과열은 점점 정책결정권자들의 공통된 인식이 되었다. 2003년 말 마침내 경적이 울렸다. 12월 23일 국무원은 〈철강, 전해알루미늄, 시멘트업종의 맹목적인 투자 제지에 관한 약간의 의견의 통지〉라는 103호 문건을 하달해 각 지역이 다양한 수단을 통해 맹목적인 투자, 저수준의 중복 건설 세태를 억제할 것을 요구했다. 2004년 1월 국무원은 다시 〈중앙경제공작회의 정신의 관철과 실시 상황에 관한 특별 점검 통지〉를 하달했다. 2월 4일 국무원은 특별히 일부 업종의 투자 과열 통제에 관한 회의를 개최해 철강, 전해알루미늄, 시멘트 3대 업종에 대해 정리 검사를 진행할 것을 명확하게 요구했다. 국무원은 심계서審計署(회계감사부처), 발전개혁위원회, 재정부, 국토자원부, 건설부, 농업부, 상무부, 인민은행 등의 인원을 8개 팀으로 조직해 각지에서 철저한 조사를 진행하도록 했다. 조사의 중점은 3대 업종에 진출해 맹목적인 투자를 진행하는 민영기업이었다. 우선적으로 충격을 받은 것은 류융싱의 전해알루미늄 프로젝트였다. 2003년 11월 말 들려온 소식에 따르면 둥팡희망그룹의 바오터우 프로젝트와 산먼샤 프로젝트 모두 강제 중지 명령을 받았다. 국가발전개혁위원회 공업사司 야금처 관리는 기자에게 이렇게 말했다.

> 그들의 많은 심사 수속에서 문제점이 발견되었고, 국가의 관련 법규를 위반했기 때문에 국가의 관련 부문이 둥팡희망그룹의 바오터우 전해알루미늄 프로젝트를 중지하도록 했고, 산먼샤의 산화알루미늄 프로젝트는 바오터우에게 상류 제품을 제공하는 프로젝트이기 때문에 지금 공사 중지와 함께 검사를 받고 있습니다.

과거의 거시조정과 마찬가지로 누군가는 재수 없는 희생양이 되어야 했다. 우리는 이미 '바보 해바라기 씨'의 녠광쥬, '원저우 8대왕', 정러펀 등의 사례를 기록한 바 있는데, 이 명부에 기록될 또 다른 사람은 바로 창저우의 다이궈팡이었다. 다이궈팡이 폭풍의 눈 속으로 들어간 것은 다소 의외의 사건에서 비롯되었다.

2월 초 신화사 기자 몇 명이 쟝수에 와서 조사 연구를 진행했다. 그들의 연구 주제는 각지에서 건설되고 있던 골프장과 대학성大學城의 토지 점유 문제였다. 난징에서 인터뷰를 하고 있을 때 한 전문가가 무의식중에 창저우에서 한 기업이 제철소를 건설한다는 말을 했다. 말하는 사람은 아무런 생각이 없었으나 듣는 사람은 그냥 지나치지 않았다. 기자들은 직감적으로 제철소 건설에는 대규모 토지가 필요할 것이라고 여겼고, 혹시 불법적인 토지 점유 현상이 있을지도 모른다고 생각했다. 그들은 국토전화부에 문의했는데 돌아온 답변은 이 프로젝트에 대해서 전혀 모른다는 것이었다. 그래서 기자들은 창저우로 방향을 틀었고, 강변에서 제철소 공사 현장을 찾아냈다. 2월 9일「2백만m^2의 토지가 징발되지 않은 상태에서 먼저 사용되고 있고, 환경 심사 비준이 나오지도 않았는데 공사가 진행되고 있다」라는 제목의 내부 참고 자료가 고위층에게 전달되었다. 오래지 않아 국가발전개혁위원회, 국토자원부와 환경보호총국이 현장 조사를 위해 창저우로 떠났다.

거시조정이라는 배경 하에서 테번 문제는 아주 빠르게 미징발 토지 사용 문제에서 규정 위반 건설 문제로 바뀌었다. 사건의 소용돌이 속에 갇힌 다이궈팡은 불안해지기 시작했고, 일이 갈수록 꼬여가는 데도 본인은 영문을 잘 알지 못했다. 그는 하루 종일 공사장에서 분주히 뛰어다녔고, 그의 계산에 따르면 5월 말에는 제철소의 첫 번째 용광로가 완공되어 곧 생산에 투입될 수 있었고, 그때가 되면 생쌀이 밥이 되어 나올 수 있는 상황이었다. 그는 부하 직원에게 "이렇게 엄청난 프로젝트는 건설하기로 했으면 해야지. 최악의 경우 벌금을 물게 될 것이고, 공장을 뜯어내기야 하겠어?"라고 반문했다. 그러나 사태는 그가 생각한 것보다 훨씬 더 심각한 방향으로 흐르고 있었다. 전년도 12월 국무원이 통지를 하달한 후에도 각 지역의 중화학공업 프로젝트 투자 열기는 조금도 식지 않았다. 국가통계국 자료에 따르면 1/4분기 전국의 고정 자산 투자는 여전히 전년 대비 43%나 증가해 1990년대 중반 이후 최고 성장률을 기록했고, 이중 철강업종의 투자 증가폭이 가장 높아 107%에 달했다. 이때 불법 점유, 불법 건설 등 많은 중대 혐의가 있던 테번 프로젝트가 수면으로 떠올랐고, 가장 적절하고, 가장 전형적인 징계 대상이 되었던 것이다.

대대적 조사에 직면해 한 번도 이러한 상황에 대처해본 적이 없던 다이궈팡은 매우 혼란스러웠다. 그와 그의 참모들은 천진난만하게 테번 문제도 돈을 쓰면 해결될 것으로 생각했다. 그래서 그는 상부에 자체 보고서를 발송했다.

저희 회사는 국가의 관련 부문 조사에서 불법 투자, 불법 용지 점령 등의 문제가 드러났을 때 자체적으로 재무 조사를 진행한 결과 경영 과정 중의 불법 문제를 발견했습니다. 2000년 회사 설립 당시부터 저희 회사는 창저우물자회수공사와 우진武進물자재생유한공사로부터 고철 10여 억 위안어치를 구매했는데, 그중 허위 영수증 발급이 2억 위안에 가깝고, 탈세 금액이 2,000만 위안 ……. 법정대표 다이궈팡은 관리 소홀로 인한 관련 책임을 질 것입니다.

돈으로 재난을 면하겠다는 이 보고서는 다이궈팡으로서는 테번을 구하기 위한 최대의 노력이었고, 그는 신속하게 탈세한 금액을 현지 세무서에 납부했다. 그가 생각지 못한 것은 이 보고서가 2년 후 검찰에서 가장 영향력 있는 고발 증거가 되어버린 것이었다.

3월 20일, 거대한 압력에 부닥친 창저우시는 테번 프로젝트 정리 업무팀을 구성해 급하게 공사 중지를 명령했다. 월말 국무원 고위층이 수저우에 도착했고, 창저우시 서기와 시장이 불려가 테번 프로젝트와 이로 인해 야기된 문제를 보고했다. 4월 초, 9개 부서로 조직된 조사단이 창저우로 가서 테번 프로젝트에 대해 전면적인 조사를 실시했다. 이는 1991년 원저우 사태 이후 처음으로 중앙 정부가 지방 정부의 프로젝트에 대해 공전의 연합 행동을 펼친 것이었다. 19일 다이궈팡과 그의 부인, 장인 등 10명이 경찰에 체포되었는데, 이유는 탈세 및 세금 포탈 혐의였다.

4월 28일, 9개 부서는 국무원에서 조사 상황을 보고하면서 다음과 같이 규정했다. "이 사건은 지방 정부와 관련 부문의 전형적인 심각한 직무 과실 및 불법 행위이자 기업의 불법 범죄 혐의가 있는 중대한 사안이다." 이튿날 신화사는 전국에 기사를 발송하면서 연합 조사팀이 인정한 테번의 5가지 문제를 열거했다. 첫째, 현지 정부와 관련 부문이 국가 관련 법률을 심각하게 위반해 22차례에 걸친 월권으로 105.9억 위안의 프로젝트를 비준했다. 둘째, 규정을 어기고 토지 436만m^2의 징발을 비준했고, 규정을 어기고 조직적으로 징발 토지에 대한 철거를 실시했다. 셋째, 테번은 허위 재무제표를 제공함으로써 은행 대출을 성사시켰고, 은행의 유동 자금 20여 억 위안 대출을 유용해 고정 자산 투자에 사용했다. 넷째, 관련 금융 기관은 국가 고정 자산 대출 심사와 현금 관리 규정을 심각하게 위반했다. 다섯째, 테번은 대량의 탈세와 세금 포탈 행위를 자행했다.

역사상 전례가 없는 테번 사건으로 여덟 명의 정부 고위층과 은행 관리가 엄중한 처벌을 받았다. 이중 창저우시 서기 판옌칭顺黑青은 당내 엄중 경고를 받았고, 창저우시 인민대표 부주임 구헤이랑顾黑郎은 파면당했으며, 양중勝시 서기 환샹바오宦祥保는 면직당했다. 또 쟝수성 국토자원청 부청장 왕밍샹王明祥, 성발전개혁위원회 부주임 친옌장秦雁江, 중국은행 창저우지점 지점장 왕젠궈王建国 등은 파면과 권고사직을 당했다. 다이궈팡의 가산 8만 위안은 몰수당했다.

테번 사건의 대대적인 처리는 2004년 거시조정의 상징적인 사건이 되었다. 『인민일보』는 사설에서 강경한 어조로 "국무원이 쟝수성과 유관 부문의 이 사안과 관련된 다른 책임자들에 대해 엄격한 처분을 내린 것은 적법 행정으로, 거시조정 법령의 원활한 수행을 위한 중요한 조치였다"라고 썼다. 사설은 동시에 다음과 같이 요구했다.

각 지방 정부는 한 치의 어김도 없이 중앙이 확정한 거시조정 조치를 관철해야 하고, 특별히 대출과 토지 공급의 두 가지 갑문을 틀어쥐어서 효율적으로 투자 규모를 제어해야 한다. 건설 중인 프로젝트를 진지하게 정리하고, 신규 프로젝트는 엄격하게 제어해 상호 경쟁과 맹목적인 성장 경향을 극복해야 한다.

이 사설은 테번이 거시조정 중에 한 역할을 빠짐없이 드러냈다. 테번 사건은 이번 조정의 분수령으로 여겨졌고, 이후 철강, 전해알루미늄, 시멘트 등에 대한 많은 민영기업의 투자 프로젝트는 잇달아 좌초했다.[1]

감히 거역할 수 없는 거시조정은 이와 동시에 부동산 영역에 대해서도 칼을 빼들었다. 부동산 열기는 직접적으로 원자재 가격의 상승을 이끌었고, 끊임없이 상승하는 부동산 가격은 대다수 서민이 주택을 구입할 수 없는 상황을 만들어 국민

---

1) 2006년 3월 다이궈팡이 수감된 지 2년 후 테번 사건에 대해 창저우시 중급법원에서 재판이 열렸다. 다이궈팡이 기소당한 죄명은 '허위로 세금을 공제하는 영수증을 발급한 것'이었는데, 검찰의 모든 증거는 다이궈팡의 자술보고서에서 나왔다.

의 원성이 들끓게 하고 있었다. 3~5월 사이 국무원은 엄격한 조정 조치를 발표했는데, 이중에는 다음과 같은 조치가 포함되어 있었다. 첫째, 화폐 발행량과 대출 규모를 통제한다. 둘째, 토지를 엄격하게 관리하고, 경작지 점유를 단호하게 제지한다. 셋째, 건설 중인 프로젝트와 신규 프로젝트에 대해 확실하게 정리하고 정돈한다. 넷째, 전국적인 범위에서 자원 절약 운동을 전개한다. 이와 관련된 문건과 조치도 잇따라 발표됐다. 3월 25일 재대출 시의 변동 이율 제도 시행령이 발표되었다. 4월 25일 중앙은행은 은행예금지급준비율을 0.5% 인상했다. 4월 27일 중앙은행은 매우 드문 전화 통지문 방식으로 각 상업은행이 긴급 대출을 잠정 중단할 것을 요구했다. 4월 29일 국무원은 엄격한 토지 관리 통지문을 하달했다. 4월 30일 원쟈바오 총리는 '은행 개혁 추진이 전체 금융 개혁에서 가장 시급한 임무'라고 말했다. 5월 1일 은행감독위원회는 '대출 리스크 관리 강화'를 위한 일곱 가지 조치를 발표했다. 이와 동시에 국내 언론들은 분분히 의견들을 발표하면서 부동산 가열에 대해 반성과 감정적인 성토를 진행했다.

이러한 긴축 정책의 실시와 강경한 여론 조성은 투자자의 수익 예측과 소비자의 주택 구매 가격 예측을 변화시켰을 뿐만 아니라 부동산 발전에 대한 정부의 지원 방식을 변화시켜 구매력 하락과 부동산 시장의 급속한 위축을 불러왔다. 부동산의 겨울이 갑자기 다가온 것이었다.

거시경제가 갑작스레 냉각됨에 따라 거의 예기치 못한 일이 발생했는데, 그것은 바로 주식시장의 눈사태였다. 4월 3일, 혼란스러운 와중에 '중국 최대 민영기업'으로 자리 잡았던 더룽그룹이 최후의 고위급 회의를 소집했고, 그룹 총수 탕완신은 '마지막 날'이 왔음을 직감했다. 이날은 바로 그의 40세 생일이기도 했다.

과거 몇 년 동안 더룽은 줄곧 중국 경제계에서 고공행진을 계속하고 있었으며, 가장 신비스러운 민영기업이기도 했다. 더룽 계열의 고주가 이미지를 유지하기 위해 탕완신은 모험적이고 급진적인 확장 전략을 선택했다. 그는 사람들이 놀랄 만한 규모의 프로젝트들을 진행해왔는데, 이중에는 100억 위안을 투자한 농촌 슈퍼마켓 프로젝트, 60~100억 위안을 투자한 중국 최대 중형자동차 그룹 프로젝트,

55억 위안을 투자한 목축업과 관광 프로젝트 등이 포함되어 있었다. 이러한 중량급 프로젝트는 사람들을 시시때때로 놀라게 하는 조명탄과 같았다. 2002년 11월 탕씨 형제의 첫째 탕완리가 중화전국공상연합회 부주석으로 당선되었다. 그는 언론에 "더룽은 3년 내에 세계 500대 기업에 진입할 것"이라고 선언했다. 이때의 더룽은 휘황찬란한 정상에 있는 것처럼 보였다. 1,200억 위안의 자산, 500여 개의 기업과 30만 명의 직원을 거느리고 있었고, 20여 개 업종을 관할하고 있어서 엄연히 중국 민영기업의 항공모함으로 불렸다. 외부에서는 더룽의 실제 상황에 대해서 잘 몰랐으나 2004년 1월 루퍼트 후거워프가 공표한 '2003년 50대 자본가' 중 더룽의 탕씨가 217억 위안으로 수위에 오르자 사람들의 관심이 집중되기 시작했다.

사실 더룽의 병은 더 이상 치료할 수 없는 상황으로 접어들어 있었다. 훗날 탕완신은 "일찍이 2001년 이후 저의 일상 업무는 위기를 처리하는 것이었습니다"라고 시인했다. 더룽 계열의 주가가 급락하는 것을 막기 위해 그는 외로운 전쟁에 돌입했다. 자금의 배치는 더룽의 생존의 최대 과제로, 새로운 자금 운용 제도를 도입해 매일 오후 3시에 회의를 소집하곤 했으나 비바람을 막을 방법이 없었다. 탕완신은 매일 친히 회의를 주관했고, 그룹 산하의 각종 금융 기구는 당일의 자금 상황을 일일이 보고했으며, 탕완신은 보고된 자금으로 매일매일 돌려가면서 급한 불을 꺼 나갔다.

탕완신의 최후의 발버둥은 지방 도시의 상업은행에 직접 진출을 시도한 것이었다. 더룽이 대형 상업은행에서 대출받을 가능성이 이미 없어진 상황에서 할 수 있는 선택은 지방 도시를 선택하는 방법밖에 없었다. 당시 국내 도시의 상업은행은 1백여 개로 자산 총액이 5,500억 위안, 예금은 4,500억 위안 수준이었다. 만약 진입이 가능했다면 더룽은 실업 투자와 금융이 긴밀하게 결합되는 진정한 재벌 그룹 모델을 형성할 수 있었을 것이고, 정상 궤도로 올라갈 수 있었을 것이다. 2002년 6월, 더룽은 6개의 유령회사를 통해 쿤밍시 상업은행의 주식 지분을 30%까지 확대해 이 은행의 대주주가 되었다. 9월 더룽은 계열사 샹후어쥐의 출자를 통해 주저우시 상업은행의 총 주식 자본의 11.73%를 매수하는 동시에 창사시 상업은행과 난창시 상업은행을 넘보기도 했다. 1년도 안 되는 시간 동안 더룽은 최소 6개 도시의 상업은행과 지분 참여 계약을 체결했다. 민영기업이 용감하게 진군한 2003년 금융업에 대한 더룽의 침투는 민영자본이 독점 영역으로 진입하는 시도로 여겨졌다. 탕완신의 입장에서는 사실 세 가지 목적이 있었다. 첫째, 은행의 이사회에 진입한 후 각종 프로젝트 및 관련 회사 이름으로 자금을 확보하는 것이었다. 훗날 더룽이 산둥의 한 도시의 상업은행으로부터 대출받은 자금은 40억 위안에 달한 것으로 알려졌다. 둘째, 증시에서 지분 참여 주식을 조작해 권태기에 놓여있던 더룽 계열의 주가를 지탱하거나 자극하는 것이었다. 셋째, 더룽의 '산업과 금융 결합' 전략을 성공적으로 이끄는 것이었다.

그러나 2004년 초에도 더룽의 자금난은 여전히 개선의 여지가 없었다. 탕완신은 더룽 계열의 비교적 양호한 자산을 계속해서 은행에 담보로 제공했지만 심각한 자금난은 완화될 기미가 보이지 않았다. 마침 이러한 시점에 거시조정의 갑문이 갑자기 열렸고, 이와 동시에 더룽이 진입을 시도한 도시의 상업은행들의 보고가 은행감독관리위원회에 의해 기각되었다. 결국 상황은 제어할 수 없는 단계까지 악화되었다. 4월 2일, 더룽 역사상 처음으로 전체 간부 회의가 침울한 분위기 속에서 열렸고, 회의에서 모든 임직원을 동원해 샹후어쥐, 허진투자, 신쟝툰허 등 3대 주식을 매수하는 최후의 자구책을 실행하기로 결정했다. 불혹의 나이에 들어선 탕완신은 서글프게 "이 고비만 넘기면 더룽은 다시 더 나은 미래가 있을 수 있습니다. 하지만 이 고비를 극복하지 못하면 다시는 이렇게 모여서 회의할 수 있는 기회가 오지 않을 것입니다"라고 말했다.

진정한 의미의 재난은 10일 후에 시작되었다. 먼저 허진투자의 주식이 급락해 거래가 중지되었고, 이어서 3대 주식 모두 좌초했다. 몇 주 후 더룽이 과거 5년 동안 창조한 기적과 액면 재산이 모두 쓸려 내려갔고, 주가총액은 207억 위안에서 2004년 5월 25일 50억 위안으로 떨어져 단시간에 160억 위안에 가까운 천문학적 거액이 사라져버렸다.[2]

---

2) 2004년 7월 중앙 정부는 화룽자산관리공사가 더룽의 모든 채권 채무를 전권 관리하도록 결정했고, 더룽은 해체되어 매각되었다. 12월 우한시 검찰원은 대중 예금 불법 수령 혐의로 탕완신을 체포했다. 2006년 4월 탕완신은 대중 예금 불법 수령 및 주가 조작 죄로 징역 8년과 40만 위안의 벌금형을 선

더룽 계열은 절름발이 공룡과 같았고, 그의 붕괴는 아주 빠른 속도로 숨죽이고 있던 주식시장을 강타했다. 연초 상하이와 선전 증권거래소는 그나마 안정적으로 유지되고 있었다. 상하이 증권거래소는 2003년 11월 1,307포인트를 기록한 후 지속적으로 상승해 4월 7일에 1,783포인트를 기록했다. 하지만 거시조정의 실시로 증시도 하락하기 시작했다. 더룽 계열의 폭락의 영향으로 시장이 위축되기 시작하면서 지수는 계속 하락했고, 결국 심리적 마지노선인 1,300포인트를 깨트리고 말았다. 연말 상하이거래소와 선전거래소의 종합지수는 각각 1,266.5포인트와 315.81포인트를 기록해 연초에 비해 15.4%와 16.6% 하락했다.

　중국의 30년 기업사에서 2004년은 1997년에 이어 두 번째 '붕괴의 연도'로 기록되었다. 당당하게 상류 독점업종으로 진군했던 민영기업들은 거의 전멸했고, 거시적인 리스크에 대비할 수 있는 경험이 부족한 기업들은 가혹한 수업료를 지불했다. 테번과 더룽 외에도 심각한 위기가 폭발한 대형 민영기업에는 IT업계의 투어푸托普, 부동산업계의 순츠順馳, 구추쥔이 접수한 커룽과 장하이가 매수한 젠리바오 등이 있었다.

　거시조정에서 행정 수단이 가진 위엄은 절대 다수의 평론가들의 예상을 완전히 뛰어넘었다. 1월 우징롄은 "중국 경제는 중요한 길목에 처해 있다"고 말하면서 과열 투자에 대해 반드시 조정 수단을 동원해야 한다고 생각하지만 "시장경제의 방법을 선택해야지 미시경제에 대한 정부의 직접적인 간섭에 의지해서는 안 된다. 왜냐하면 정부가 미시경제에 간섭해 행정 수단이라는 방법으로 자원의 배치를 진행하면 종종 효과를 보지 못하게 되고, 심지어 경제 효율에 막대한 손해를 끼칠 수 있기 때문"이라고 말했다.

　『상무주간』 8월호의 한 논평은 자못 모순적으로 상황을 설명했다.

　　지금은 판단하기 어려운 시장이다. 한편에서 국무원은 투자 체제 개혁에 대해 다음과 같이

고받았다.

호소하고 있다. 즉 하루 빨리 사회주의시장경제체제를 건립하고 완비하여 시장에 배치된 자원이 기본적인 작용을 충분히 발휘할 수 있도록 하고, 정치와 기업을 분리하는 동시에 행정 간섭을 최소화하고, 정부의 직무를 합리적으로 설정해야 한다. 다른 한편에서는 중앙 정부가 폭풍우처럼 몰아치는 이번 거시조정에서 오히려 시장과 많은 경제학자들의 행정 간섭에 대한 질책을 감수하고 있다.

그러나 중앙 정부가 이렇게 강경한 직접 간섭이라는 방법을 사용한 것은 선택의 여지가 없었기 때문이다. 정부는 처음 비교적 온화한 금융 제재 방식을 시도할 것이라는 여러 조짐을 내비쳤지만 기업과 지방 정부는 오히려 이를 대수롭지 않게 여겼다. 중앙 정부가 수차례에 걸쳐 투자 촉진에 대해 경고를 내릴 즈음 사회의 고정 자산 투자 증가율은 신기록을 작성하고 있었다. 국가통계국은 원인의 상당 부분은 국가가 긴축 투자 신호를 보낸 후 지방 정부가 해당 지역의 이익을 고려해 촉박하게 프로젝트를 진행시켜 중앙 정부의 관문을 통과할 수 있도록 추진했기 때문이라고 판단했다. 국무원 조사팀의 한 관리는 언론에 이러한 상황을 자세하게 토로한 적이 있었다.

> 그들은 오전에 관할 지역으로 돌아갔고, 오후에는 부하 직원들에게 해야 할 일은 바로 처리하라고 지시하면서 공장 몇 개 더 짓는다고 자기 목이 날아가는 것은 아니라고 말하곤 했다.

4월 25일, 중국인민은행 부행장 우샤오링吳曉靈은 하이난 보아오포럼에서 이렇게 말했다.

> 각계는 중앙은행과 게임을 해서는 안 됩니다. 중앙은행이 지금은 직접적인 조치를 취하고 있지 않은데, 이 상황을 이용해서 무언가를 조속하게 처리하려고 …… 관련 부문들이 스스로 통제해 갈등이 격화되지 않도록 해주십시오. 그렇지 않을 경우 중앙은행은 여러분들이 보고 싶지 않은 강경한 조치를 취하게 될 것이고, 그렇게 되면 모두에게 좋지 않은 상황이

초래될 것입니다.

경제학자 자오쉐(趙學)는 우샤오링의 이러한 방법의 효과에 대해 의문을 표시했다.

거시조정은 줄곧 일종의 이익 분배였다. 지금 거시조정이 반영하고 있는 심층적인 모순은 중앙과 지방의 이익 사이의 힘겨루기에 있다. 한편에서 중앙은 지방, 기업 및 은행이 연합해 중앙을 속이는 것을 두려워하고, 물가의 전면 상승을 두려워하며, 과열의 뒤탈을 두려워하고 있다. 다른 한편에서 지방과 민간은 경제 성장의 급행열차를 타고, 특히 중앙의 관문 앞으로 비집고 들어가기를 희망하고 있다. 이것이 지금의 투자 과열 추세를 강화시켜 투자 후에 투자 과잉과 경기 하강의 위기에 이르는 것은 결코 지방과 기업의 고려사항이 아니다.

이러한 힘겨루기 국면에서 중앙이 거시조정을 하지 않으면 최종적으로 중앙은 행이 부실을 떠안게 되고, 중앙이 거시조정을 하면 그로 인해 초래되는 손실과 코스트는 거의 모두 지방이 부담하게 되었다. 복잡하게 얽혀있는 이익 관계의 힘겨루기 과정에서 중국의 경제 발전의 심층적인 모순을 한 눈으로도 확인할 수 있었다. 방대한 국유자본 집단과 그들과 관련된 지방 정부의 이익은 이미 놀랄만한 '협박의 힘'으로 작용하고 있었다. 중앙 정부는 마침내 이러한 시점에서 약간의 유예 기간을 준 후 강력한 공세를 취한 것이었다.

늦은 봄에 발생한 맹렬한 거시조정의 폭풍은 국제 평론가들도 갈팡질팡하도록 만들었다. 긴축 정책이 연이어 실시되고 있던 5월 초 『뉴욕타임스』는 칼럼니스트 토마스 프리드먼의 글을 게재했다.

요즘 미국, 유럽연합, 일본 및 아시아의 주요 국가 지도자들은 자기 전에 중국을 위해 기도하고 있다. 세계는 점점 중국의 저가 노동력, 원료 수요, 외자 투자를 빌려 확보한 거대한 자본 역량을 어쩔 수 없는 상태로 묶어놓고 있다. 일단 중국의 거품이 붕괴되면 전 세계의 모든 거품도 일제히 붕괴될 것이다.

5월 27일과 28일, 한국 정부는 연이틀 긴급회의를 소집해 중국의 계획적인 거시 조정이 한국에 미치는 영향을 분석했다. 한국의 학자들은 중국이 한국의 총수출액의 18%와 무역 수지 흑자의 88%를 차지하고 있어 만약 중국 정부가 과열 상황을 면하기 위해 엄격한 조치를 취한다면 한국의 수출에 영향을 줄 것으로 판단했다. 말 한 마디에도 신중한 미국연방준비제도 의장 앨런 그린스펀Alan Greenspan도 공개적으로 우려를 표시했는데, 그는 상원 연설에서 "만약 중국이 문제를 일으킨다면 동남아 경제와 일본, 나아가 미국에게도 많은 영향을 주게 될 것입니다"라고 말했다.

　그러나 중국 경제의 추세는 다시 한 번 사람들을 놀라게 했다. 아시아개발은행은 일찍이 중국의 국내총생산액이 3/4분기에는 8.3%이하로 떨어질 것으로 예측했고, 중국 상무부의 데이터는 더 보수적으로 7.5%를 기록할 것으로 보았다. 그러나 국가통계국의 최종 수치에 따르면 2004년 중국의 국내총생산액은 여전히 10.1%의 고도성장을 이루어 1996년 이후 가장 높은 수치를 기록했다. 사회 고정 자산 투자는 7조 위안으로 전년도 대비 25.8%나 성장했고, 수출입 무역 총액은 1조 달러를 돌파했다.[3] 이는 중국 경제가 여전히 고속성장 단계에 놓여 있음을 보여주는 것이었다. CCTV의 〈중국 경제 연례 보고〉 프로그램에서 칭화대학 국제정세연구센터 주임 후안강胡鞍鋼 교수가 제시한 이에 대한 해석은 다음과 같았다. "중국은 급행열차로, 이 열차는 급정거를 해서는 안 되기 때문에 천천히 브레이크를 밟고 있는 것이다." 이 말에 대해 반박한 사람은 아무도 없었다.

　철강 영역에서 발생한 이야기는 큰 의미가 있었다. 민영자본 금지령이 내려졌을 때 국유자본과 다국적 자본은 큰 걸음으로 진군하기 시작했다. 톄번 사건의 발생과 동시에 바오강은 당시 세계 양대 철강회사인 아르셀로미탈ArcelorMittal사 및 신일본제철과 3자 합자로 1,800mm 냉간압연 프로젝트를 개시했다. 이 외에 바오강

---

3) 2004년 국내총생산액 증가율은 처음에는 9.5%로 발표되어 2003년과 동일한 수준을 유지했다. 2006년 1월 국가통계국은 새로운 경제 전수 조사 데이터에 근거해 국내총생산액에 대해 수정을 진행했다. 2003년과 2004년의 수치는 각각 10%와 10.1%로 수정되었다.

은 호주의 해머슬리Hamersley사와 연간 700만 톤의 철강석 구매 장기 계약을 체결했다. 총수이자 회장인 세치화謝企華는 바오강이 2010년 전에 500~600억 위안을 들여 생산량을 3,000만 톤까지 확대할 것이라고 선언했다. 이 뉴스는 전 세계 제철업계를 놀라게 했다. 중국 4대 제철기업인 우한제철그룹은 우한제철의 몇몇 대규모 프로젝트가 이미 국가의 비준을 통과했고, 투자 금액은 200억 위안을 넘는다고 밝혔다. 기타 국유 대형 제철기업들도 분분히 프로젝트를 개시했다. 번시本溪제철그룹은 포항제철과 합작으로 냉간압연판 프로젝트를 시작했고, 안산제철그룹은 유럽 2대 제철회사인 독일의 티센크루프ThyssenKrupp사와 공동으로 1억 8천만 달러를 투자해 연 40만 톤 규모의 열 아연도금 프로젝트를 건설했으며, 탕산제철그룹과 마안산제철그룹은 세계 최대 광산자원기업 BHP빌리턴BHP Billiton사와 300만 톤의 철광석 구매 계약을 체결했다.

다국적 제철기업들의 중국 투자 보폭은 거의 정체되지 않았다. 4월 22일 다이궈팡이 체포된 지 3일 후 창저우와 105km 떨어진 수저우공업원에서는 호주의 블루스코프BlueScope사가 17억 위안을 투자한 제철 프로젝트의 시공 행사가 열리고 있었다. 이 회사의 마오스민毛斯民은 기념사에서 "모든 것이 생각한 것보다 순조로웠습니다. 한 달이 안 되는 시간에 우리는 영업 허가증을 손에 쥘 수 있었습니다"라고 말했다. 수저우공업원은 블루스코프 프로젝트의 영업 허가증은 서류를 제출한 지 7일 만에 나왔다고 밝혔다. 한 언론은 "17억 위안 규모의 프로젝트가 7일 만에 영업 허가증을 취득한 사실은 국내 절대 다수 지역의 투자자들에게는 그야말로 천일야화 같은 이야기일 것"이라고 말했다. 왜냐하면 국가 규정에 따르면 5,000~2억 위안 사이의 투자는 반드시 국가발전개혁위원회의 심사 비준을 거쳐야 했고, 2억 위안 이상의 프로젝트는 국무원의 심사 비준을 받아야 했기 때문이다. 이러한 절차에는 보통 1년 반이 걸리기 때문에 블루스코프의 사례는 사람들을 의아하게 할 수밖에 없었다. 신화사 기자 쉬타오숭徐濤松은 테번 사태 조사에서 아주 감정적으로 다음과 같이 적었다.

동일한 산업, 동일한 시간, 동일한 지역에서 테번과 블루스코프, — 하나는 국내 기업이었고, 하나는 외국 기업이었다 — 이 두 회사의 운명은 어찌 이리도 상반된단 말인가? 한 사람은 노래 부르면서 춤을 추고 있을 것이고, 한 사람은 문을 잠근 채 눈물을 흘리고 있을 것이다.

2004년도 업계의 데이터에 따르면 사람들은 진실의 일면을 볼 수 있었다. 테번이 엄벌에 처해진 후 몇 개월 동안 전국의 철강 생산량은 거의 잠깐 동안의 통제를 받았지만 6월부터는 점차 상승하기 시작해 7월에는 하루 생산량이 역대 기록을 갱신하기 시작했고, 10월에는 하루 80만 톤을 돌파해 800,400톤을 기록했다. 2004년 10개월 동안의 철강 생산량은 2억 7천 2백만 톤으로 전년 대비 24.12%나 증가했다. 2005년 생산량은 지속적인 고도성장의 궤도에 있었고, 전국 생산량은 3억 7천만 톤에 달해 전년 대비 24.1% 증가했다. 사람들이 주목한 것은 2004년, 전국적으로 두 업체만 1,000만 톤 이상의 철강을 생산했는데 2005년에는 한순간에 8개 업체로 늘어났고, 이중 사강沙鋼을 제외하고는 모두 국유 대기업이었다.

비록 거시조정을 당한 민영기업이라 하더라도 운명은 가지각색이었다. 테번과 동시에 공사 중지를 당한 닝보어젠룽은 또 다른 생사의 길목에 서 있었다. 2004년 2월 국가발전개혁위원회, 은행감독관리위원회 등이 연합조사팀을 조직해 젠룽에 진주했다. 5월 테번 사건 1개월 후 CCTV는 젠룽 사건을 보도하면서 불법 행위 세 가지를 밝혔다. 첫째, 불법 심사 비준으로 국무원의 주관 부문이 심사를 비준해야 하는 항목을 지방의 심사 비준으로 바꾸었고 둘째, 환경 부문의 허가가 없는 상황에서 함부로 시공했으며, 셋째, 단기 대출로 장기 투자에 이용한 것으로, 7억 위안의 대출을 고정 자산에 투자했던 것이다. 이러한 상황으로 미루어 보건대 젠룽의 불법 행위는 테번과 거의 같았고, 그래서 사람들은 '제2의 테번 사태'라고 불렀다. 젠룽이 공사 중지를 당한 당시의 상황은 테번과 마찬가지로 제련 용광로, 열간공장, 부두 등이 기본적으로 완공된 상태로, 실제 투입된 자금은 48억 위안에 달했다. 프로젝트 중지 소식이 밖으로 새나가자 푸싱復星의 주가는 하락하기 시작했다. 당시 탕완신의 더룽계열이 막 붕괴되기 시작하자 민영자본 운용의 고수였던 궈광창郭廣昌이 자못 관심을 받고 있었다. 한 언론이 푸싱 계열은 이미 관련 은행들의 블랙

리스트에 올라 있어 자금줄이 언제든지 끊길 수 있을 것이라고 폭로하자 푸싱은 일시에 암운에 뒤덮이게 되었다.

테번과 달랐던 것은 사건 발생 후 닝보어시위원회와 국토자원국 등의 간부 여섯 명이 처분을 받았지만 젠룽과 닝보어 지역에서는 체포된 사람이 없었고, 프로젝트의 실질적인 책임자 궈광창도 어떠한 통제도 받지 않았기 때문에 여전히 자구책을 강구할 여유가 있었다는 것이다. 궈광창이 조사받을 당시 푸싱은 회사가 닝보어 젠룽 및 주주들과는 어떠한 관련도 없다고 발표했다. 9월 궈광창은 항저우에서 열린 한 포럼에서 젠룽이 아직 '가명 주주'를 은폐하고 있는데, 그는 바로 유명 민영기업가이자 전국공상연합 부주석인 류융하오의 신희망그룹임을 암시했다. 궈광창의 암시는 젠룽에 대한 상층의 처리 엔드라인을 계속 고려하도록 하기 위한 것에 지나지 않았다. 훗날의 사태의 발전을 보면 진정으로 젠룽 프로젝트로 하여금 새로운 전기를 맞이하도록 한 것은 저장의 대형 국유 제철기업의 참여였다.

젠룽 프로젝트가 시작되었을 때 항저우제철도 닝보어의 다세다오大榭島에서 3백 6십만㎡ 규모의 철강 프로젝트를 기획하고 있었다. 젠룽 프로젝트가 이미 50%정도 진행되었을 무렵 철거 등의 문제로 인한 분규와 효율 저하로 인해 항저우제철 프로젝트는 아직 제대로 시공도 못하고 있었다. 젠룽이 좌초된 후 저장성 정부는 즉시 젠룽과 항저우제철의 통합 의향을 내비쳤다. 이에 대해 유리한 위치에 있던 항저우제철 회장 퉁원팡童云芳은 "지배 주주가 아니면 참여하지 않겠다"고 말했다. 궈광창도 당연히 항저우제철에 먹히는 것을 달가워하지 않았다. 그는 항저우에 있을 당시 포럼에서 명확하게 정부의 종합적인 고려가 맞긴 하지만 통합은 반드시 개혁 방식으로 진행되어 가장 우수하고 가장 경쟁력 있는 시장 방식으로 누가 핵심인가 하는 문제를 해결해야 한다고 밝혔다. 그는 기자에게 "국유기업의 지분 참여는 가능하지만 지배권은 민영기업이 가져야 한다. 거시조정이라는 이름으로 국유기업이 민영기업을 지배해서는 안 된다"라고 밝혔다. 『재경』지는 이 일에 대해 다음과 같이 논평했다.

민영기업과 국유기업 및 정부의 협상 중에서 이미 불법 행위로 규제를 받고 있는 전자는 확실히 불리한 위치에 놓여 있다. 하지만 문제는 반드시 국유기업이 지배 주주가 되어야만 성사되느냐의 여부이다.

궈광창의 발버둥과 언론의 의구심은 효과가 없는 것으로 증명되었다. 2004년 8월 한 소식이 경제계에 퍼졌다. "항저우제철과 젠룽은 초보 단계에서 구조조정에 대한 협의를 이루었는데, 항저우제철이 지분의 51%를 차지하고, 궈광창이 49%의 지분을 보유하기로 했다." 젠룽 사태의 처리에 대해서 국무원은 모든 처리 권한을 저장성 정부에 넘긴다고 발표했다. 이는 구조조정 이후의 닝보어젠룽제철의 불법 프로젝트가 합법성을 가진다는 것을 의미했다. 2006년 초 국가발전개혁위원회는 '434호 문건'으로 닝보어젠룽 프로젝트를 허가했다. 비준 문건에 따르면 국가발전개혁위원회는 항저우제철그룹이 닝보어젠룽제철에 대해 구조조정을 진행하는 것에 대해 동의했고, 이로 인해 항저우그룹은 대주주로 기타 주주들을 통합해 '닝보어제철유한공사'를 설립함으로써 구조조정을 완성할 수 있게 된 것이었다. 궈광창은 지배 주주권 희생을 대가로 사지에서 살아나오게 되었다.

거시조정 중에 함락된 대형 민영기업 프로젝트는 훗날 대다수가 국유기업과 다국적기업에 의해 재조정되었다. 톄번 프로젝트는 3년 후 난징제철그룹과 아셀로미탈에 의해 재조정되었고, 사분오열된 더룽 계열은 결국 분해되고 말았다. 중량그룹이 신장툰허를 합병했고, 랴오닝기계그룹이 허진투자를 인수했으며, 샹후어쥐는 제일자동차, 상하이폭스바켄 등 20여 개 자동차업체의 경쟁 속에서 결국 산둥 웨이차이潍柴동력의 손으로 넘어갔다. 유일하게 구사일생으로 혼자 살아남은 둥팡희망그룹의 전해알루미늄 프로젝트는 자신의 자금으로 투자했기 때문에 금융 제재로부터 살아남을 수 있었다. 3년 후 줄곧 밝았던 류융싱은 의기소침해졌고, 공개적인 석상에서 거의 얼굴을 볼 수 없었다. 그는 훗날 중국알루미늄그룹이 일찍이 여러 차례 이 프로젝트를 인수하려고 했지만 모두 거절했다고 밝혔다.

민영자본의 참패가 사람들에게 준 인상은 심각한 것이었다. 이후 2~3년 동안 반성이 끊이지 않았는데, 전국정협 부주석이자 전국공상연맹 주석인 황멍푸黃孟復는 '유리문'으로 민영기업이 직면했던 난처한 국면을 묘사했다.

일부 업종과 영역으로의 진입은 정책적으로는 공개적인 제한이 없어 보이지만 실제로는 진입 조건에 제한이 많고 진입 자격에 대해 지나치게 높은 문턱을 설치해 놓고 있다. 사람들은 이러한 '명목상의 개방, 실제적인 제한' 현상을 '유리문'이라고 부르는데, 보기에는 활짝 열려 있지만 실제로는 유리가 가로막고 있어 들어가다가는 바로 벽에 부딪치게 된다.

시안하이싱海星그룹의 회장 룽하이榮海의 반성은 아주 직접적이었다.

거시조정의 교훈은 다시 한 번 민영기업은 반드시 자기 능력을 과소평가해야 한다는 사실을 증명해주었다.

거시조정이 중국의 기업 구조에 미친 영향은 아주 크고 깊었고, 그것은 상당히 긴 시간 동안 기정사실화되는 효과를 발휘했다.

경제 정책의 예측할 수 없는 변화는 비즈니스에 대한 생각의 변화에도 그대로 반영되었다.

1월, 허베이성의 한 문건은 민영기업가에 대한 '원죄 사면'을 둘러싼 논쟁을 불러일으켰다. 허베이성위원회가 '1호 문건'으로 하달한 〈정법政法 기구의 사회주의시장경제체제 완성을 위한 양호한 환경 조성에 관한 결정〉에는 다음과 같은 내용이 적혀 있었다.

민영기업 경영자의 창업 초기의 범죄 행위에 대해 이미 추가 기소 효력이 지난 것은 형사 추가 기소 절차를 진행하지 않고, 추가 기소 기간 내에 있는 것은 범죄의 성질, 경중, 결과, 회개 표현 및 기업의 경영 상태와 추세를 종합적으로 고려해서 법에 근거해 감형, 처벌유예 또는 선처에 처한다.

이 '사면 문건'은 개혁의 역사에 등장한 많은 사건과 선고와 마찬가지로 비록 법률 시행에서 여전히 검토할 부분이 있기는 했지만 오히려 아주 강력한 정책적 신호탄이 되었다. 하지만 거시조정이 개시됨에 따라 사면 문제는 빠르게 방치되어 여론이 180도 반전되었고, 재산권 개혁 중의 각종 현상에 대해 절대로 용서할 수 없는 '원죄를 청산하는 작업'이 진행되기 시작했다.

청산 운동 중에 주연 역할을 한 사람은 홍콩에서 온 금융학 교수였다. 1956년 타이완의 타오위안桃園에서 태어난 랑셴핑郎咸平은 미국의 펜실베이니아 와튼경영대학원을 졸업했는데, 이 대학원은 금융과 재무 방면에서 세계적으로 유명했다. 랑셴핑은 자칭 밝은 등불 아래에서 생활하는 것을 좋아하는 학자였다. 2000년 이후 홍콩중문대학과 베이징창장경영대학 교수였던 그는 장기간 전국을 돌면서 강연을 진행했다. 이 기간 동안 그는 금융학 도구를 이용해 중국 기업의 재무 시스템에 대한 연구를 진행했다. 2004년 여름 그는 줄곧 논문과 강연을 통해 일부 유명 기업의 재산권 개혁 방안에 대해 강력한 의구심을 제기했다.

6월 17일, 그는 TCL에 공개적으로 질의했다. 그는 TCL의 주식 개혁 방안은 실제로 국유 주주권이 희석되는 과정으로, '주주권 장려를 명분으로 하고 증권시장을 통로로 해서 국유자산을 점진적으로 개인에게 유입시키는 과정'이라고 주장했다. 그의 계산에 따르면 리둥성이 보유하고 있던 5.59%의 TCL주식은 시장 가치로 최고 12억 위안에 달했고, 이로 인해 그는 TCL 개혁의 최대 수혜자가 되었다.

8월 2일, 그는 「하이얼 변형기 — 우여곡절이 많고 교묘한 MBO」를 발표하면서 창끝을 직접 중국에서 가장 지명도 높은 가전기업 하이얼을 겨냥했다. 그는 장루이민은 하이얼의 재산권에 대해 세 차례에 걸친 '변형'을 진행했다고 분석했다. 첫 번째 변형은 1997년에 있었다. 1997년은 대규모 재산권 개혁이 시작된 해였고, 하이얼은 당시 내부 직원 주식보유회를 조직했다. 2000년, 주식보유회를 주체로 하이얼투자가 설립되었고, 후자는 하이얼 부품 구매와 상표소유권을 확보하고 있었는데, 이 두 가지 내부 거래로 34억 위안에 달하는 이윤을 확보했다. 랑셴핑은 하이얼의 상표가 하이얼그룹에 귀속되지 않고, 하이얼투자 소유로 된 것은 '주주-보모-직원'의 역할이 분리되지 않은 전형으로 생각했다. 두 번째 변형은 2001년에 있었다. 칭다오의 하이얼은 자금 모집과 보유 자금 20억 위안으로 하이얼투자로부터 액면초과 가격으로 하이얼에어컨유한공사의 지분 74.45%를 매수했고, 발생된 주주권 투자 차액 20억 위안을 일시에 하이얼투자에게 양도했다. 이후 창쟝증권 인수, 하이얼뉴욕생명보험 설립 등 하이얼의 금융 자산 확대는 거의 대부분이 하이얼투자의 명의로 진행되었다. 비금융 자산까지 합치면 하이얼투자 산하의 회사는 이미 12개를 넘어섰고, 총자산은 650억 위안을 돌파했다. 랑셴핑은 대부분의 경영 활동이 하이얼그룹에서 하이얼투자로 전이되어 주식보유회가 거의 모든 하이얼을 장악했다고 여겼다. 세 번째 변형은 2004년 전후로 발생했다. 하이얼투자는 일련의 자본 운용을 진행하면서 하이얼그룹의 백색가전 전체를 홍콩에 우회 상장된 하이얼중젠中建으로 이전한 후 하이얼중젠을 하이얼전기그룹으로 개명하는 것을 계획하고 있었다. 만약 이것이 성공한다면 하이얼투자가 하이얼중젠의 최대 주주가 되는 것이었다.

이렇게 되면 장루이민 등 고위 관리층이 통제하는 주식보유회는 우회적인 MBO를 성공시키는 것이다.

「하이얼 변형기」를 발표한 1주일 후 랑셴핑은 세 번째 폭탄을 투척했다. 그는 상하이의 푸딘 대학에서 「그린쿨: '국퇴민진' 성연 중에서의 광란」이라는 제목으로 강연을 하면서 구추쥔의 다양한 잔꾀들을 직접 겨냥했다. 구추쥔이 "지방 정부가 국퇴민진 운동을 가속화해야 한다는 사실을 이용해 인수와 체제 개혁을 한 덩어리로 묶어 쌍방 윈윈 게임을 즐겼다"는 것이었다.[4)]
세 차례에 걸친 랑셴핑의 폭격은 기업계, 언론계 및 경제 이론계에 큰 파문을 불러일으켰다. 가을 내내 심지어는 거시조정에 대한 사람들의 관심까지 변화시켰다.

---

4) 구추쥔은 커룽을 접수한 후 다시 동일한 수법으로 또 다른 냉장고업체 안후이메이링을 손에 넣었다. 당시의 메이링은 모회사인 메이링그룹과 채무 관계에 있었는데, 이 현상은 커룽과 아주 비슷했다. 구추쥔은 결정을 내린 후에 과거사에 대해서는 일절 문제 삼지 않았다. 그는 거래에 대해 설득력을 심어주기 위해 24억 9천만 위안을 들여 허페이에 그린쿨메이링 공업단지를 건설하겠다고 선언했다. 이 프로젝트는 당시 안후이성 최대의 투자 유치 프로젝트였다.

어떤 의미에서 홍콩에서 온, 감히 말할 수 있는 금융학 교수가 1998년에 시작된 재산권 투명화 운동에 대해 '총결산'을 행한 것이라 할 수 있었다. 그의 결론은 다음과 같았다.

저는 국유기업 개혁은 반대하지 않지만 현재처럼 '국퇴민진'을 통해 국유 재산을 헐값에 매각하는 방식(MBO 포함)으로 국유기업이 개인 재산으로 전환되어 효율을 향상시키는 개혁 방법은 반대합니다. 현재 법과 제도의 빈틈을 이용해 합법적으로 국유자산을 침탈하는 현상은 이전 러시아에서의 사유화 운동과 너무도 흡사합니다.

신랄하게 비판을 가한 랑셴핑은 또 아주 생동감 있는 '보모'의 비유를 들었다.

저의 집은 아주 더럽고 어지러우며 지저분합니다. 그래서 보모를 구해 집을 청소하도록 했습니다. 그녀는 자신의 공로가 있다고 생각했고, 이 집은 갑자기 가정부의 집으로 변해버렸습니다. 얼마나 황당한 일입니까.

이에 근거해 랑셴핑은 세 가지 관점을 제시했다.

반드시 재산권 거래를 중단하고, 반드시 MBO를 금지해야 한다. 그리고 민영기업과 국유기업의 이익 쟁탈 문제는 현재 경제개혁의 중점이 아니다.

랑셴핑의 폭격에 대한 3대 기업의 반응은 각기 달랐다. 하이얼은 단지 간단한 성명을 발표했을 뿐이다. "랑셴핑이 발표한 글은 하이얼이 국유기업이라는 전제 하에 이야기한 것인데 모두가 알고 있듯이 하이얼은 국유기업이 아니고, 하이얼은 어떠한 불법 행위를 한 적이 없으므로 왈가왈부하지 않겠다." TCL도 한마디로 평가하지 않는다고 밝혔다. 리둥성은 심지어 언론과의 인터뷰에서 랑셴핑이 누구냐고 반문했다. 중국 기업의 재산권 개혁 중 법률과 제도의 부재가 결국은 하나도 숨김없이 죄다 폭로되었다. 과거 몇 년 동안 거의 모든 재산권 체제 개혁 방안은

'빛을 보자마자 사라졌고', 법률적이고 재무적인 의미에서 공개 심사를 받았던 경우는 몇몇 업체에 지나지 않았다. 분명 랑셴핑이 처음으로 의구심을 제기한 사람은 아니었다. 만약 의혹을 받은 기업들 모두가 솔직히 잘못을 시인하지 않고 엉뚱한 딴 이야기로 얼버무렸다면 세 차례에 걸친 폭격은 별 의미가 없었을 것이다. 재미있는 사실은 이중 저격당한 한 사람이 뜻밖에도 반격을 가한 것이었다.

반격을 가한 사람은 자부심이 강하고 성정이 불같이 급한 구추쥔이었다. 랑셴핑이 푸단 대학에서 강연을 한 지 4일째 되던 날 구추쥔은 랑셴핑의 강연은 명예회손이라고 주장하고, 랑셴핑에게 이를 정정하고 사과할 것을 요구하면서 그렇지 않을 경우 "모든 필요한 수단을 동원해서 명예를 보호하겠다"는 단호한 변호사 의견을 발송했다. 마침 적수가 없어 고민하던 랑셴핑은 당연히 이에 굽히지 않았다. 3일 후 그는 베이징창장경영대학원 사무실에서 기자회견을 열어 구추쥔의 서한을 공개하면서 "절대로 의견을 수정하거나 사과할 생각이 없다"고 밝히는 동시에 "강권으로 학술을 짓밟을 수는 없다"고 성토했다. 이튿날 구추쥔은 즉시 홍콩 고등법원에 명예훼손죄로 랑셴핑을 고소하는 기소장을 제출했다.

이 두 사람의 논쟁은 아주 빠르게 과열되면서 한 단계 업그레이드되었다. 랑셴핑이 제기한 의혹은 중국의 기업 개혁의 노정 선택과 도덕 성향과 관련되면서 많은 경제학자들을 안으로 끌어들였고, 일순간에 논쟁은 랑셴핑과 구추쥔 양쪽으로 갈라서 갈수록 가열되었다. 일부 학자들은 랑셴핑의 논조가 지나치게 치우쳐 있어 중국의 기업 개혁의 큰 방향을 잘못 읽고 있으며 관용이 부족하다고 생각했다. 푸단 대학의 장쥔(張軍) 교수는 랑셴핑의 사례 연구는 "한 부분만 공격하고 나머지는 언급하지 않아 편파성의 오류를 범했다"고 생각했다. 베이징대학의 장웨이잉 교수는 강연에서 여론에 "기업가를 선처해야지 더 이상 그들을 요괴처럼 대해서는 안된다"고 호소했다. 동시에 '신좌파'로 자처하는 일부 학자들은 랑셴핑을 옹호하고 나섰다. 중국사회과학원 연구원 줘다페이(左大培) 등 10여 명은 공동으로 성명을 발표해 랑셴핑을 성원했다. 이러한 논쟁은 일시에 학계를 술렁이게 했고, 중국 경제계의 거의 모든 중량급 인사들은 자신의 견해를 발표했다. 그들의 입장 역시 뚜렷하게 양쪽으로 갈라서 최근 20년 이래 경제 이론계에서 규모가 가장 크고 화약 냄새가 가장 짙은 논쟁으로 발전했다.

학자들의 교전 중에 경솔하게 머리를 내민 구추쥔은 유일한 '총알받이'가 되었다. 그린쿨의 재산권 인수합병 수단은 원래 "단지 할 수만 있고, 말해서는 안 된다. 말하기만 하면 전부 잘못이 되는" 법률의 가장자리에서 움직인 것인데, 여론이라는 현미경 아래 놓고 어떻게 검증을 견뎌낼 수 있을까? 구추쥔은 결백을 증명하기 위해 국무원 발전연구중심 기업경제연구센터와 함께 '커룽 20년 발전과 중국 기업의 개혁 노정'이라는 포럼을 개최했다. 회의에서 기업경제연구센터는 보기 드물게 개혁 경험을 전면적으로 인정하는 보고서를 제출했다. 이튿날 이 보고서의 개요가 광고 형식으로 각종 경제 언론의 지면에 게재되자 구추쥔은 의기양양하게 말했다. "외부의 많은 논평이 나로 하여금 마치 문혁의 시대로 돌아가게 만든 것 같다. 하룻밤 사이에 많은 경제학자들이 내가 문제가 있는 것이 아니라고 하고 있다." 이 일 이후의 효과 면에서 보면 이번 포럼, 보고서 및 지면 광고는 마이너스 효과를 가져왔고, 대중들의 인상 속에서 구추쥔은 이미 확실하게 국유자산을 침탈한 상징적인 인물로 변해버렸다. 신랑사이트가 네티즌을 대상으로 한 조사에서 90%이상의 네티즌이 구추쥔이 확실히 문제가 있는 것으로 인식했다. 포럼이 개최된 것과 동시에 국가 회계 감사부서는 조용히 커룽에 진주하면서 조사를 진행했다. 11월 선전거래소와 홍콩 연합거래소에서는 함께 커룽의 본사에 진주해 재무 문제에 대한 집중적인 감사를 실시했다. 2005년 1월 홍콩 연합거래소는 구추쥔을 공개적으로 규탄했다. 커룽의 주가는 이와 동시에 하락하기 시작했다. 구추쥔이 자신과 커룽에 재난을 불러들인 것이다.[5]

랑셴핑이 발동한 '토벌'은 마치 본인이 원했던 것처럼 그로 하여금 스타급 경제학자가 되도록 해주었다. 그러나 랑셴핑과 구추쥔 사이의 논쟁의 마지막 국면은 사실 이 기업 재무 전문가의 최초의 소망을 이미 넘어서버렸다. 본인 스스로도 이

---

[5] 2005년 7월 29일 구추쥔은 포어산시 경찰에 체포되었다. 9월 그는 구치소에서 커룽의 주식을 칭다오하이신그룹에 양도했다. 메이링, 야싱 등의 주주권도 매수되거나 양도되었다. 2006년 8월 커룽은 전년도 손실이 37억 위안에 달했다고 발표해 상장사 손실 기록을 갈아치웠다. 또 93종의 소송에 연루되어 회사의 순자산은 마이너스 10억 9천만 위안을 기록했다.

러한 논쟁 속에서 극단적인 방향으로 걸어가 '대(大)정부주의와 권위 정부'라는 개념을 제시했고, 또 차이나텔레콤 등 독점 기업의 경영 실적으로 "중국의 국유기업은 민영기업에 비해 떨어지지 않는다"는 사실을 증명했다. 많은 사람은 랑셴핑이 마치 안데르센 동화 속의 「임금님의 새 옷」에 나오는 남자아이처럼 대담하게 진상을 밝혔으나 그러한 진상의 배후에 대한 답안은 오히려 잘못 이야기했다고 보았다. 『LA 타임스』는 논평에서 "중국의 경제개혁에 대한 랑셴핑의 일부 비판은 결코 고독한 목소리가 아니라 '신좌파'라 불리는, 날로 영향력을 키워가고 있는 단체를 대표하고 있으며, 그들은 국유기업 민영화와 중국의 경제 실험에 대해 규탄한 것"이라고 말했다. 베이징대학의 저우치런 교수는 「나는 왜 랑셴핑에 대해 반응해야 하는가」라는 글에서 "도대체 랑셴핑을 어떻게 해야 옳은지 머리를 쥐어뜯어도 생각나지 않는다"라고 말했는데, 저우치런의 관점은 이러했다.

재산권 개혁은 무슨 호사가들이 기획해낸 것이 아니다. 재산권 개혁을 주장하는 경제학자 모두를 총살하더라도 시장경제의 길을 가기만 하면 공유제 기업은 여전히 재산권 개혁을 실시해야 한다. 문제는 공유제 기업의 개혁이 실제로 누구도 해본 적이 없는 것이라는 사실이다. 당초 명확한 약정이 없었기에 다시 되돌아가 재산권 배당을 정리하는 것은 말처럼 쉽지 않다. 이러한 의미에서 나는 줄곧 실천이 가장 중요하다고 생각해왔다.

거시조정에서 랑셴핑 파동까지 2004년의 중국 기업계에는 대사가 끊이지 않았다. 가을이 되어서야 사람들은 갑자기 2004년은 많은 유명 기업의 창업 20주년이라는 사실을 기억해냈다.

1984년은 '중국의 현대 기업의 원년'으로 불렸다. 하이얼, 롄샹, 완커, 스퉁, 커룽, 젠리바오 및 모어치중의 난더 등이 모두 1984년에 설립되었다. 경제연구가들에게서 20년은 상징적인 의미를 지니고 있는 햇수이다. 1982년 맥킨지의 젊은 컨설턴트 톰 피터스Tom Peters와 로버트 워터만Robert H. Waterman은 당시 관리 흐름을 변화시킨 『초우량 기업의 조건In Search of Excellence』를 출판했는데, 연구 방법은 20년 동안 성장성이 가장 좋은 미국의 43개 기업을 분석 샘플로 해 초우량 기업의 8대 속성을 도출해낸 것이었다. 그런데 명성이 자자했던 '중국 기업 20년'으로 시선을 돌렸을 때 사람들이 목격한 것은 그들 모두가 예외 없이 성장의 포위망에 갇혀 빠져나오려고 하는 시기에 처해 있었고, 성장 경로의 관성이 한차례 성공으로 자긍심 강했던 이들 기업을 집단적 방황에 빠져들게 만든 사실이었다.

그때 가장 일찍 명성을 떨쳤던 난더그룹은 5년 전에 이미 완전히 종적을 감추었고, 왕년의 '자본 경영 대사'였던 모어치중은 이미 64세가 되었다. 우한의 감옥에서 그는 매일 4,000m를 달렸고, 겨울이면 냉수욕을 고집했으며 동시에 끊임없이 억울함을 호소했다. 2004년 탕완신이 붕괴했다는 뉴스를 접한 그는 특별히 이렇게 자신의 논평을 썼다.

내가 옥중에서 얻은 더룽 관련 자료는 매우 한계가 있다. 더룽의 뉴스는 청두성에 있는 '무후사武侯寺(제갈량의 사당)'의 한 폭의 대련을 생각나게 했다. "能攻心則反側自消,自古知兵非好戰,不審勢卽寬嚴皆誤,後來治蜀要深思"(심리전으로 적을 와해시킬 수 있으면 불안한 마음은 자연스럽게 사라지고, 자고로 병법을 알면 무력을 사용하지 않아도 된다. 형세를 제대로 분석하지 못했고 관대한 정책과 엄격한 방침은 모두 잘못되었으니, 훗날 촉을 다스리려면 깊이 사고해야 한다). 내가 보기에는 오늘 더룽은 국내의 거시적인 환경 속에서, 즉 법제 조건, 금융 조건, 도덕 조건이 아직 구비되지 않은 상황에서 특수한 모범적인 조취를 취하지 않고서도 성숙한 시장경제의 환경 속에 있다고 착각해 홀로 깊이 침투했고, 이로 인해 계획경제의 포위망에 빠져들게 되어 결과적으로 항복할 수밖에 없었던 것이다.

이 글은 감회에 젖어있으면서 자못 '남의 술잔을 빌어 자신의 응어리에 끼얹는 것' 같았다.

스퉁은 일찍이 중관촌의 하이테크 기업의 본보기였지만 당시의 스퉁은 주요 사업 영역을 찾지 못하고 있었다. 과거 몇 년 동안 스퉁이 가장 성공했던 일은 왕즈둥이라는 천재 직원을 우연히 만나 신랑사이트 개발에 투자한 것이었다. 2003년 2월~2004년 2월까지의 1년 동안 신랑의 대주주로서 스퉁전자는 15차례에 걸쳐 나스닥에서 모두 1억 4천 7백만 달러의 현금을 끌어모았다. 이것이 스통이 돈을 버는 중요한 수단이 되었다. 2003년 12월 기업 총수 두안융지는 사람들의 예상을 넘어서 11억 7천만 홍콩달러로 스위주의 '나오바이진' 인수를 발표했고, 이후 스통 발전의 양대 영역은 인터넷 문화와 건강식품이 되었다.

광동의 커룽과 젠리바오는 의심할 여지없이 과거 20년간 중국에서 가장 우수한 가전업체와 음료업체였지만 당시에는 난세에 처해 허우적거리고 있었다. 창업자인 판닝과 리징웨이는 이미 물러난 상태였는데, 전자는 해외로 출국해 부동산을 하고 있었고, 후자는 광저우의 병원에 누워서 법원의 선고를 기다리고 있었다. 애매한 수단으로 이 두 기업을 수중에 넣은 구추쥔과 장하이는 두 거함을 장악할 방법을 찾지 못했다. 2004년 구추쥔은 갑자기 랑셴핑과의 논쟁에 휩싸여 결국은 스스로 벗어날 수 없는 지경에 빠져들었다. 젊은 장하이는 리징웨이가 타깃으로 삼았던 향진 시장 중점 전략을 바꾸어 베이징, 상하이 등 대도시를 주로 공략하기 시작했고, 그 결과 젠리바오는 험난하기 이를 데 없는 영업 위기에 봉착하게 되었다. 이후 1년간 구추쥔과 장하이는 침울하게 퇴출당했고, 커룽과 젠리바오는 결국 염가에 매각되는 비참한 운명을 맞았다.

상술한 기업들과 비교해 선전의 완커그룹과 왕스는 한층 더 순조로웠다. 부동산에 진력한 후 와커에게는 별다른 힘로가 없었다. 1998년 전후로 왕스는 갑자기 심혈관 질병을 얻게 되었는데, 의사는 1년을 넘기지 못할 것이라고 단언했다. 갑작스레 찾아온 질병은 왕스를 철저하게 변화시켜 왕스로 하여금 생명과 비즈니스의 의미를 다시 생각하게 했다. 그는 자신의 '왕스Online' 웹사이트에 체코의 전임 대통령 겸 사상가인 하벨Vaclav Havel의 명언을 올려놓았다.

> 환자가 건강한 사람에 비해 건강이 무엇인지 더 잘 알고 있듯이 인생에는 수많은 가식적인 의미가 있음을 인정한 사람이 인생의 신념을 더 잘 찾을 수 있다.

이때부터 '환자 왕스'는 미친 듯이 심장과 혈관 확장에 이로운 등산에 빠져들었다. 그는 전 세계 각 대륙의 최고봉을 등반할 것이라고 맹세했다. 2002년 2월 왕스

표면적 승리 **833**

는 아프리카 대륙 최고봉인 킬리만자로를 등반했고, 5월에는 북미 최고봉인 맥킨리를 등정했다. 2003년 5월 52세의 왕스는 히말라야를 성공적으로 등반해 중국 최고령 등반자라는 기록을 세웠다. 그는 등반 일기에서 다음과 같이 기록했다.

등산은 후회스러운 운동이다. 일단 산에 들어가면 바로 머리가 어지럽고 구토가 나는 등 고산병 증상을 일으킨다. 그래서 후회를 한다. 아래에 내려다보이는 심연은 춥지도 않은데 몸을 떨게 만든다. 난이도가 높고, 등반하는 사람들이 이곳에 집중되어 있어서 어떤 경우에는 한 시간이 지나야 통과할 수 있는데, 이러한 장면을 보면 순간적으로 공포감이 든다. …… 정상에 있는 순간 한편으로는 너무 피곤하고, 한편으로는 산소 부족으로 몸이 마비되는 것을 느낀다. 그래서 무슨 숭고함이나 감동 같은 느낌도 들지 않는다.

연속 등반으로 왕스는 아주 빠르게 기업가들 중의 별종이 되었다. 그의 이름은 어떤 때는 신문의 패션과 스포츠 면에 등장했다. 그는 또 차이나모바일, 모토롤리 휴대폰과 폭스바겐 자동차의 광고 모델이 되기도 했는데, 이전에는 한 번도 이러한 일이 없었다. 사람들은 그를 버진그룹Virgin Group의 CEO 리처드 브랜슨Richard Charles Nicholas Branson과 미국 부동산의 거두 도널드 트럼프Donald John Trump와 비교하기 시작했다. 완커의 구체적인 사무는 왕스보다 14살 어린 위량郁亮에게 넘겨 처리하게 했다. 위량은 베이징대학 국제경제학과를 졸업한 숙련된 재무 관리 재원인 동시에 자못 이상을 가진 젊은이였다. 이런 때에 기묘한 현상이 발생했다. 왕스가 완커를 멀리 떠나면 떠날수록 완커에 대한 그의 영향력과 브랜드 공헌도는 커졌다. 항상 최고를 추구하고 아무것도 두려워하지 않는 낭만적 기질은 결국 완커로 하여금 왕스와 마찬가지로 중국 기업 중의 '또 다른 모범'으로 성장하게 했다.

9월, 완커는 창업 20주년 기념일을 맞이했다. 한 기자가 왕스를 초청해 감상을 듣고 있을 때 본업에 힘쓰지 않고 다른 일에 몰두하고 있던 이 기업가는 조금은 초조하게 이야기했다. 그는 두 가지 예를 들어 말했다. 2003년 10월, 왕스는 윈난성에서 중국 기업가포럼에 참석해 기업의 윤리 도덕 문제에 대해 토론한 적이 있었다. 왕스는 당시 완커는 성심으로 법을 준수했고, 뇌물 증여 같은 것은 한 번도 없었다고 발언했다. 진행자가 주위의 기업가들에게 "누가 감히 뇌물 증여를 한 적이 없다고 말할 수 있습니까? 뇌물 증여를 한 적이 없는 사람은 손을 들어 주십시오"라고 말했다. 현장에 있던 수백 명의 사장들은 서로를 바라보고 있었다. 잠시 후 어떤 사람이 손을 들었는데, 무슨 도둑이 제발 저는 것처럼 손을 드는 자세가 아주 느릿했고, 마지막까지 대여섯 명이 전부였다. 얼마 후 왕스는 한 대학의 MBA 강연에서 당시 포럼에서의 느낌을 이야기했다. 사회자가 "완커가 뇌물 증여를 하지 않았다는 사실을 믿지 못하는 사람은 손을 들어주세요"라면서 현장 조사를 진행했다. 결과적으로 손을 든 사람은 과반을 넘었다. 왕스는 "사람들은 거의 모두 대다수의 신흥 기업에는 반드시 뇌물 증여가 존재하고, 뇌물을 주지 않는 것이 비정상이라고 묵인하는 것 같습니다"라면서 다시 "우리가 병에 걸려도 너무 심각한 병에 걸린 것은 아닙니까?"라고 반문했다.

　20년 역사의 기업 중에 칭다오의 하이얼과 베이징의 렌샹은 두말할 필요 없이 사람들이 가장 주목한 회사였고, 장루이민과 류촨즈는 과거 20년 동안 업적이 가장 뛰어나고 대중적 인지도가 가장 높은 두 기업의 총수였다. 많은 경우 이 두 기업의 전도는 중국 기업 성장의 풍향계로 여겨졌다. 사람들이 놀란 것은 창업 20년, 영광의 시각이 다가올 무렵 그들은 마치 어려운 선택의 길목에 처해있는 것 같았다는 사실이다.

　하이얼의 상황은 낙관적이지 못했다. 이 기업의 운명적 전환은 사실상 1997년 전후에 있었다. 이 이전 민족 기업 진흥의 물결 속에서 하이얼은 간절한 기대를 받고 있었다. 국가의 관련 부문에 의해 '세계 500대 기업'에 들어설 수 있는 여섯 개 기업 중의 하나로 선정되었고, 장루이민도 이를 자부했다. 그러나 아시아 금융위기의 폭발로 기존의 지원 전략은 돌연 방향을 바꾸었다. 가전 산업은 더 이상 국가가 정책적으로 육성하는 중점 영역이 아니었다. 하이얼의 재벌식 확장이 도중에 중단됨에 따라 500대 기업의 꿈도 갑자기 어려워지기 시작했다. 사실 렌샹, 창훙 등의 성장 노정도 이와 비슷했다. 줄곧 열정으로 충만했던 장루이민은 갑자기 침묵하기 시작했다. 과거 6~7년 동안 그는 줄곧 두 가지 일을 결연하게 추진해왔다. 하나는 하이얼 재산권의 투명한 개조였고, 다른 하나는 하이얼의 국제화 전략이었다. 전자의 경우는 말없이 진행하는 것이었고, 후자의 경우는 북을 울리면서 진군하는 것이었다. 장루이민은 "WTO 가입 이후 중국 기업이 국제화를 실현하는 것은 필연적인 선택"이라고 생각했다. 하이얼이 발표한 데이터로 보면 하이얼은 확실히 가장 적극적으로 해외 투자를 실행한 중국 기업이었다. 2002년 말 하이얼은 필리핀, 이란, 미국 등지에 13개 공장을 설립했고, 해외 매출도 10억 달러에 달했다. 유럽 지역 리서치 전문업체인 유로모니터 인터내셔널Euromonitor International이 발표한 글로벌 가전업계 서열에서 하이얼은 백색가전 제조에서 5위를 차지했고, 하이얼 냉장고의 시장점유율은 세계 1위였다. 그러나 하이얼의 국제화 전략과 실제 성과는 여전히 여론의 의구심을 자아냈다. 2002년 3월 『비즈니스위크』는 「하이얼에 질의한다」라는 기사에서 다음과 같이 의구심을 표현했다.

하이얼의 일부 해외 투자는 결코 현명하지 못해 얻는 것보다 잃는 것이 더 많으며, 또 회사가 금융, PC 등의 영역까지 파고들어 주업무에 대한 주의력을 분산시키고 있다. 이 외에도 하이얼은 마구잡이식 확장으로 부채가 누적되고 있다. 이사회의 입막음으로 부채 문제를 전혀 언급하지 않고 있어 구체적인 부채 상황이 어떠한지 알 방법이 없다. 그러면 수익 상황은 어떠한가? 회사는 모든 부문에서 이윤을 창출하고 있다고 말하지만 구체적인 내용을 밝힌 적은 없다. 베이징의 한 미국 마케팅 고문은 '하이얼은 하나의 수수께끼다'라고 말한 적이 있다.

이 보도는 중국에서 발행부수가 가장 많은 『남방주말』에 전재되었다. 7월 국내에서 제법 영향력이 있던 정경 잡지 『남풍창』은 「하이얼에 대한 6가지 질문」을 게재했다. 해외 매출의 진실성, 회사 구조조정의 합법성, 생산 능력 확대 전략의 리스크 및 하이얼의 기업 문화 등 모두 민감한 사안으로, 하이얼 창사 이래 받았던 여론 공격 중 가장 매서운 것이었다. 이후 국내의 중요한 경제 관련 언론은 거의 모두 하이얼에 불리한 기사를 보도했고, 심지어 하이얼에 대한 폭로를 주제로 하는 경제 분야 도서도 있었다.

정면으로 공격해 들어오는 비판 여론에 대해 생각하기 좋아하고 따지는 일에 뛰어난 장루이민이 변호 한 번 하지 않으면서 침묵을 지킨 것은 뜻밖의 일이었다. 유일하게 그와 친숙한 잡지 『중국 기업가』의 사장인 류둥화劉東華가 한 수필에서 그를 위해 중재에 나섰는데, 그는 일종의 변명투의 논조로 "설마 장루이민이 우리보다 어리석다는 것인가?"라고 말했다. 2004년 막 짙은 의혹의 안개 속에서 빠져나온 장루이민은 또 다시 부정적인 뉴스에 포위당했는데, 줄곧 조용하게 진행했던 하이얼의 재산권 개혁이 다시 랑셴핑에 의해 정면으로 공격받게 된 것이었다. 장루이민은 다시 한 번 인내력의 한계에 도전하고 있었다.

12월 26일은 하이얼 창립 20주년 기념일로, 회사 문화 부문이 원래 기획한 성대한 축하 연회는 조용히 취소되고, 이를 대신해 규모가 작은 심포지엄이 열렸다. 발언에서 장루이민은 처음으로 몇 년 동안 지속되어온 의혹에 대해 반응했다.

"만약 여러 방면에서 하이얼에 대해 제기된 의구심, 심지어 악의에 찬 개별적인 중상이 없었다면 더욱 냉정한 사고와 더욱 세밀한 사유, 그리고 더욱 강해진 심리적 수용 능력으로 복잡한 국면을 관리할 수 있는 능력을 가진 오늘의 하이얼은 없었을 것입니다. 저는 이것은 좋은 일이라고 생각합니다. 이러한 의구심이 옳고 그름을 떠나 하이얼에게는 일종의 경고가 되었고, 우리는 이러한 문제를 더욱 깊이 생각할 수 있게 되었습니다. '우환 속에서 태어나 안락함 속에서 죽는다'는 말이 있듯이 기업이 문제없이 생존하는 것은 불가능합니다."

심포지엄이 끝난 후 심기가 불편했던 장루이민은 자신에게 하나의 선물을 주기로 결정했다. 1998년부터 그의 사무실에는 한 폭의 서예작품이 걸려 있었는데, 그것은 널리 알려진 명언 "전전긍긍, 여리박빙戰戰兢兢, 如履薄氷(전전긍긍하는 것이 살얼음판을 걷는 것 같다)"으로, 그는 매일 면벽하는 것처럼 단정히 그것을 바라보곤 했다. 그날 그는 사람을 시켜 사오게 한 침몰하는 타이타닉호의 모형을 책상 바로 전면에 올려놓았다. 그는 "저는 고개만 들면 이 모형을 바라봅니다"라고 말했다.[6]

---

6) 2004년을 전후로 장루이민은 심각한 위기감을 느낄 수 있었다. 2005년 11월 그는 『경제관찰보』와의 인터뷰에서 미래의 가전업계 동향을 평가하면서 허심탄회하게 이렇게 말했다. "결과를 보면 됩니다. 중국에서 진정으로 뿌리내리는 기업은 외국 기업이 될 것입니다. 중국의 모든 기업은 초등학교조차도 졸업하지 못했습니다." 그는 또 탄식하면서 이렇게 말했다. "하이얼이 국제화로 발전함에 따라

"잘 하면 한 걸음에 하늘을 오르고, 잘못하면 지옥으로 떨어진다." 하이얼이 심포지엄을 개최하기 반 달 전인 12월 8일 새벽 베이징의 하이뎬구 창예(創業)로에 위치한 롄샹빌딩 3층 원형 회의실에는 밤새 잠을 설친 류촨즈가 깊은 수심에 잠긴 채 이 말을 내뱉고 있었다. 몇 시간 후 롄샹그룹은 우저우(五洲)호텔에서 기자회견을 열었다. "12억 5천만 달러에 IBM의 PC사업부를 인수했다." 전 세계 IT업계는 이로 인해 경악했다.[7]

과거 몇 년 동안 롄샹은 인터넷사업 진출 및 PC사업으로의 회귀 등 수많은 우여곡절을 겪었다. 그래도 하이얼과 커룽 등 동기생에 비해 행운이었던 것은 류촨즈가 멀리 내다보고 일찍이 롄샹의 재산권 문제를 해결한 것이었다. 그래서 그는 장루이민처럼 두 종류의 전쟁을 치룰 필요가 없었다. 더 행운이었던 것은 류촨즈가 후계자를 찾은 것이었다. 2000년 5월 롄샹의 새로운 회계연도 결의 대회에서 류촨즈는 친히 '롄샹컴퓨터공사'와 '롄샹선저우(神州)디지털공사'라고 수놓인 깃발을 양위안칭과 궈웨이(郭爲)에게 전달했다. 이 두 사람은 그가 10여 년에 걸쳐 키워온 심복이었다. 양위안칭은 마케팅 귀재로 롄샹컴퓨터가 중국 시장에서 수많은 국내외 경쟁자들을 물리칠 때 진두지휘한 사람이었다. 궈웨이는 줄곧 롄샹그룹의 행정 재주꾼이었다. 롄샹의 유명한 광고문구 "인류에게 롄샹이 없다면 세계는 어떻게 될까?"는 그의 주도 하에 만들어진 것이었다. 류촨즈의 주도 하에 롄샹은 둘로 분리되었다. 양위안칭이 롄샹의 브랜드와 PC사업부를 이어받았고, 이중에는 90%의 재산, 80%의 직원과 사업 수입이 포함되어 있었다. 궈웨이의 선저우디지털은 IT서비스업무 분야로 분리되어 나갔다. 2001년 4월 20일, 또 다른 궐기 대회에서 양위안칭은 류촨즈로부터 '롄샹 미래'라고 적힌 편액을 부여받아 정식으로 롄샹그룹의 총수를 맡게 되었다.

젊은 장수가 무대에 오르자 자연히 모든 것이 새로워졌다. 부임 첫날 양위안칭

우리는 지금 해외에 30여 개의 생산기지를 보유하게 되었습니다. 하지만 갈수록 기업하기가 힘들다는 생각이 듭니다. 기존의 많은 성공 모델은 이미 소용이 없어졌습니다."
7) 롄샹과 IBM의 거래 가격은 최종적으로 17억 5천만 달러였다.

은 가슴에 "저를 위안칭으로 불러주세요"라는 표식을 달고, 롄상에 신선한 바람을 불어넣었다. 그는 신속하게 미래 3년의 발전 목표를 확정했고, '하이테크의 롄샹, 서비스의 롄샹, 국제화의 롄샹'이라는 3대 전략을 내걸었다. 롄샹은 매출 50% 신장을 목표로 내걸었고, 2003년까지 600억 위안을 달성하겠다는 야심찬 계획을 세우고, 이중 20~30%의 매출을 해외 시장에서 올리겠다고 선언했다. 양위안칭은 인터넷산업으로의 전면적인 진출을 선언하고, 3억 위안으로 경제 사이트 잉스퉁迎時通의 지분 40%를 인수했고, 5,000만 위안을 출자해 신둥팡교육온라인을 개설했으며, 대형 포털사이트 FM365를 개설했다. 이 외에도 미국의 타임워너Time Warner Inc사와 함께 합자회사를 설립했고, 홍콩의 리자청의 아들 리저카이李澤楷가 운영하는 잉커盈科디지털과 합자해 브로드밴드 컴퓨터 개발을 시작했다. 양위안칭은 영웅적인 기세로 "롄샹은 인터넷업체로 전환할 것"이라고 선언했다. 그러나 전도양양해 보였던 이 전략은 빠른 속도로 진창으로 빠져들었다. FM365를 설립했을 때 나스닥 지수가 급락하기 시작했고, 양위안칭은 처량한 겨울을 맞이하게 되었다. 이후 몇 년 동안 인터넷 거품이 붕괴되고 롄샹이 인터넷사업에 투자한 수억 위안의 돈은 공중에 뜨고 말았다. 1억 위안이 넘게 들어간 FM365와 신둥팡교육이 모두 문을 닫았고, 3억 위안을 들여 매입한 잉스퉁의 주가는 90%가 넘게 빠졌으며, 미국 타임워너 및 홍콩의 리저카이와 합작한 프로젝트노 순간에 흐지부지되었다. 2004년 3월, 롄샹 인터넷사업부는 대대적 인원 감축을 단행했다. 롄샹의 한 직원이 인터넷에 자신의 경험을 토대로 작성한 일기 형식의「롄샹은 나의 집이 아니었다」는 글은 광범위하게 퍼져나갔다.

오늘은 면담을 하는 날이다. 건물 1층의 조그만 회의실에서 진행되었다. 회의실에 들어온 간부가 나에게 자신의 업적을 먼저 이야기했고, 그런 후에 인원 감축의 뜻을 전달했다. 그런 후에 보상금 액수를 이야기했고, 그런 후에 이미 정리가 된 모든 자료를 넘겨주었고, 그런 후에 노동 계약 해지 문건에 사인하도록 했다. 1인당 평균 20분 정도가 소요되었다. 잘린 사람들은 아무도 자초지종을 알지 못했다. 면담 전에 모든 수속은 이미 끝나 있었다. 그들이 회의실로 불려 들어간 것과 동시에 이메일과 IC카드 등이 말소되었고, 이 소식을 들었을 때 그들은 두 시간 이내에 모두 회사를 떠나야 했다.

정리 해고의 풍파는 류촨즈가 수년간 심혈을 기울여 일으킨 롄샹의 신화를 일순간에 무너뜨렸다. 8월 양위안칭은 자신에 대한 감봉 조치로 이에 대해 책임을 졌다.

한 번도 실패라고는 경험하지 못한 젊은 장수의 참패로 인해 롄샹의 발전 전략과 후계자 계획에 대한 지탄이 쏟아졌는데, 어떤 사람은 심지어 이미 끝난 지 오래된 과거의 '류씨, 니씨 논쟁'을 다시 끄집어내어 재평가를 진행하기도 했다. 민감한 시각에 류촨즈는 압력을 견뎌내면서 "양위안칭의 실패는 받아들일 수 있다"면서 후계자 양위안칭을 두둔했다. 그는 기자들에게 "한 겨울의 물벼락은 자신의 경솔함을 씻어주었고, 자신의 심리 상태를 더욱 건강하게 만들어주었습니다. 저는 이것이 아주 큰 수확이라고 생각합니다"라고 말했다. 류촨즈와 양위안칭은 IT서비스, 인터넷, 소프트웨어 등의 영역에서 완전히 벗어나 다시 PC사업에 역량을 집중하기로 결정했다. 이 시각 롄샹의 PC사업도 위기에 처해 있었는데, 국내 시장 점유율이 2001년의 30%에서 20%로 떨어졌던 것이다. PC사업으로 다시 일어나기 위해서는 반드시 새로운 출격 지점을 찾아야 했다. 이때 별안간 IBM이 롄샹을 찾아왔고, PC사업부를 매각하겠다고 제의한 것이었다. 과거 몇 년 동안 전설적인 CEO 루이스 거스너Louis V. Gerstner의 경영 하에 IBM은 하드웨어 생산에서 서비스 제공으로 사업을 전환했는데, 이때 제조를 이익의 원천으로 삼았던 PC사업이 계륵이 되었던 것이다.[8] 2003년 PC사업은 2억 3천만 달러의 적자를 기록했다. 롄샹에게 IBM PC 사업부 인수는 일순간에 세계 9대 PC업체에서 델과 휴렛팩커드에 이어 3대 업체로 도약할 수 있는 호기였고, 매출 규모도 30억 달러에서 120억 달러로 급증해 세계 500대

---

8) IBM은 오랫동안 미국의 과학기술 실력의 상징과 국가 경쟁력의 보루로 여겨졌고, 『이코노미스트』는 심지어 IBM의 실패가 미국의 실패로 여겨진다고까지 말했다. 1993년 IBM의 손실은 160억 달러에 달해 분해 위험에까지 직면하게 되자 비IT 출신의 거스너를 CEO로 선임했다. 그는 성공적으로 IBM을 서비스 기업으로 전환시켰다. 9년 동안 IBM은 흑자를 기록하면서 주가도 10배나 상승했다. 그는 미국에서 웰치에 이어 가장 성공한 기업가 중의 하나가 되었다.

기업에 진입할 수 있는 기회이기도 했다.

그러나 인수 리스크가 너무 큰 것이 문제였다. 당시 렌샹은 4억 달러의 현금을 보유하고 있었는데, 류촨즈의 말대로 "조금만 신중하지 않으면 빈털터리가 될 뿐만 아니라 투자자들의 빚도 갚지 못하는데, 이는 감히 상상할 수조차 없는 일이었다." 그가 '등천'하느냐 아니면 '지옥'으로 떨어지느냐를 고민하고 있을 때 양위안칭은 줄곧 그의 옆에 있었다. 20년 전 40세의 류촨즈는 무일푼이지만 열정 하나로 창업했고, 이 시각 40세의 양위안칭은 수십 억 위안의 자산을 보유하고 있었는데도 오히려 인생과 사업에서 가장 중요한 도전을 받고 있었다.

설령 모든 주주가 100% 반대하더라도(이는 류촨즈가 2007년 9월에서야 외부에 토로한 사실이다) 두 사람은 결코 이 기회를 놓칠 수 없었다. 렌샹과 IBM이 체결한 인수 계약은 이러했다. IBM이 전 세계 시장의 노트북, 데스크 탑 사업과 Think계열의 브랜드를 매각하는 대신 렌샹이 제시한 가격은 17억 5천만 달러로, 이중에는 6억 5천만 달러의 현금과 6억 달러의 주식과 5억 달러의 부채가 포함되어 있었다. 기자회견에서 류촨즈는 "위험을 무릅쓰지 않으면 어떻게 하나, 중국이라는 이 땅 덩어리에서 위험을 무릅쓰지 않으면 안 된다. 돌파하지 않고 천천히 나가게 되면 위축될 뿐"이라고 말했다.

렌샹의 인수 건은 2004년의 마지막 사건이었고, 가장 중요한 기업 뉴스였다. 국내외 여론은 일시에 들끓었고, 반응은 두 가지로 나타났다. 하나는 많은 사람이 렌샹의 국제화 포부에 격려를 보낸 것이었다. IT전문가인 쟝치핑姜奇平은 "렌샹은 사람들이 오랫동안 기대해왔던 일을 정확하게 해냈다. 시장에서 브랜드를 교환함으로써 렌샹은 세계로 나가는 길을 만들었다"고 말했다. 또 『월스트리트저널』은 "인수 건은 IBM을 렌샹의 충실한 고객으로 만들었다"고 논평했다. 다른 한편으로는 우려의 목소리가 끊이지 않았다. 인수가 발표된 그날 홍콩 연합거래소에 상장된 주가는 처음 오르다가 곧 떨어졌다. 홍콩의 『신보信報』의 분석은 이러했다. "주로 증권사 대부분이 렌샹의 IBM PC사업 인수 소식을 대수롭지 않게 보았기 때문이다." 국내 언론의 보도도 아주 신중했다. 『재경』지의 표제는 '렌샹의 큰 도박'이었고, 『재경시보』의 표제는 '렌샹의 대약진 — 성공과 희생의 기로에 서다'였다.

창업 20주년의 문턱에 서 있던 류촨즈는 이때 내심 매우 불안했다. 한 번은 그가 베이징대학의 MBA에서 수업을 받을 때였다. 그가 수업 시간에 사람들에게 "이번 인수 건을 잘했다고 생각하는 사람이 얼마나 되죠?"라고 물었다. 전체 93명의 기업 CEO 중 손을 든 사람은 세 사람에 불과했다. 이중 두 사람은 롄샹그룹 사람이었다. 2년 후 류촨즈는 당시를 회상하면서 "당시 저의 가슴속으로 찬바람이 불어오는 것을 느꼈습니다"라고 말했다. 그러나 수없는 풍파를 겪은 이 기업가는 아마도 역사적 통찰력을 갖고 당시의 리스크에 정면으로 맞서기를 원했을 것이다. 인수 소식이 공표된 지 1주일 후인 12월 15일, 롄샹은 20주년 기념행사를 가졌다. 류촨즈는 단상에서 강연을 시작하자마자 역사를 함께 끌어들였다.

1995년 초 제가 처음 IBM의 PC 대리업체 회의에 참가했을 때 가장 마지막 줄에 조용히 앉아 있었는데, 막 사업에 뛰어든 심정으로 긴장하고 흥분했었습니다. 이것이 저의 새로운 사업의 시작이었습니다. 20년 후인 2004년 말, 저는 롄샹그룹을 대표해서 IBM PC사업 인수 계약에 서명하고 중국, 나아가 전 세계의 주목을 받았을 때 마찬가지로 긴장되고 흥분되었습니다. 이것은 롄샹의 꿈의 실현이고, 동시에 새로운 사업의 시작입니다.

듣고 있던 많은 사람은 생각했다. "어떤 말이 이보다 더 확실하게 중국의 기업의 진보와 역량을 증명할 수 있겠는가?"

|기업사 인물|

'강호'의 총수

2004년 9월 『중국 기업가』의 표지인물은 천쥬린陳久霖이었다. '석유 제국을 사오다'라는 표제 하에 편집자는 특별히 다음과 같은 우려를 표지에 게재했다. "천쥬린이 해외 매수에 기대 '중국항공연료'를 중국의 4대 석유업체로 성장시킬 수 있을까?" 하지만 이 잡지사는 불과 4개월 후에「누가 중국항공연료를 무너뜨렸는가?」라는 장편기사를 게재할 수밖에 없는 상황이 발생하리라고는 예상하지 못했다.

천쥬린은 비즈니스 귀재로 인정받은 사람이었다. 1997년 36살의 그는 중국항공연료그룹의 임명을 받아 싱가포르에 가서 중국항공연료(싱가포르)유한공사를 접수 관리했다. 이 업체는 1993년에 설립되어 처음 2년 동안은 적자 상태였고, 이후 2년 동안은 휴면 상태에 있었기 때문에 빈껍데기나 마찬가지였다. 싱가포르에 도착했을 때 천쥬린을 마중 나온 사람은 유일한 부하 한 사람뿐이었다. 본사에서 천쥬린에게 준 창업 자금은 21만 9천 달러가 전부였다. 7년 후 그가 제출한 성적표는 다음과 같았다. 중국항공연료(싱가포르)공사의 순자산은 890배로 증가해 1억 5천만 달러에 달했고, 사업 분야도 단일한 수입 항공연료 구매에서 점점 국제 석유 무역으로 확대되었다. 이 회사는 2001년 싱가포르 증권거래소에 상장되어 유명한 우량주로 성장했다. 중국항공연료(싱가포르)공사는 중국의 국유기업이 해외에 회사를 설립할 때 본보기가 되었고, 회사의 경영 실적과 관리 메커니즘은 싱가포르국립대학 교과 과정의 경영 사례로도 언급되었다. 이 회사는 싱가포르의 상장사 중 '가장 투명한 기업'으로 불렸고, 미국 대체거래시스템ATS 기구에 의해 아태 지역에서

'가장 독특하고, 성장이 가장 빠르며 가장 효율적인 석유 기업'에 선정되었다. 천쥬린 본인은 싱가포르의 중국자본기업협회의 제4대 회장으로 추대되었고, 2003년 10월 다보스포럼에서 '아시아 경제의 새로운 리더'로 선정되었다. 천쥬린의 연봉은 2,350만 위안으로 중국 국유기업의 최고 연봉자가 되었을 뿐만 아니라 싱가포르 상장사 관리자의 수장으로서 '중국 샐러리맨의 황제'로 불렸다.

  훗날 발표된 사실은 천쥬린의 성취는 사실 독점자의 신화였음을 말해주었다. 중국항공연료그룹은 중국 대륙의 항공연료 공급 시장 전체를 거의 독차지하고 있던 동시에 독점 수입권도 갖고 있었다. 이러한 사실은 항공연료 가격이 줄곧 고가를 유지한 사실과 무관하지 않았는데, 일본에 비해 60%, 싱가포르의 2.5배에 달했다. 어떤 때는 국내 항공유 국제 시세에 비해 100%를 초과한 적도 있었다. 서글픈 사실은 이러한 독점 경영의 우위를 갖고 있었으면서도 체제가 경직되어 있던 중국항공연료는 수년 동안 이윤을 창출하지 못한 것이었다. 천쥬린은 이러한 독점 영역에서 이익을 창출한 사람이었다. 그가 처음 싱가포르에 도착했을 때 이 회사는 그룹 내의 항공유 운송 업무만 담당하고 있었다. 그룹의 수입 원료 구매권을 확보하기 위해 천쥬린은 그룹사의 고위 간부들을 찾아가기 시작했다. 한 간부를 설득하기 위해 그는 폭설을 무릅쓴 채 집 앞에서 저녁 11시까지 기다린 적도 있었다. 이렇게 해서 그룹은 마침내 그에게 몇 만 톤의 항공유 수입쿼터를 허락했다. 하지만 천쥬린은 여전히 자금 부족의 어려움에 직면해 있었는데, 당시 유조선 한 척 분량의 항공유를 수입하는 데는 600~1,000만 달러의 자금이 필요했다. 어떠한 자산 신용도 없었던 천쥬린은 뜻밖에도 프랑스 파리국립은행을 설득해 시범조로 1,000만 달러의 융자 한도를 부여받게 되었다. 이에 기대어 그는 첫 번째 거래를 성사시켜 30만 달러의 이윤을 남겼다. 이때부터 천쥬린은 독점자의 게임에 성공적으로 진입하게 되었다. 본사로부터 더 많은 오더를 얻기 위해 천쥬린은 대량 운수, 비교 구매 등을 통해 유가를 성공적으로 억제했다. 이런 상황을 보면 그는 그룹 내의 다른 경영자들에 비해 비즈니스 책략에 밝은 사람이었다. 그의 노력으로 중국항공연료그룹의 수입유의 원가는 날로 떨어졌고, 이를 통해 얻는 이윤도 대폭 증가했다. 싱가포르 회사는 갈수록 많은 구매권을 획득했을 뿐만 아니라 그룹 본사의 유가 억제, 구매 원가 절감이라는 중책을 어깨에 짊어지게 되었다. 1998년 중국항공연료(싱가포르)공사는 그룹 본사에 대한 26척의 오더 중 21척의 오더를 따내는 쾌거를 올렸고, 이는 그룹 본사 총수입 쿼터의 92%를 차지하는 비중이었다. 2000년 3월, 그룹 본사는 "지분 참여 회사를 포함한 모든 산하 업체는 향후 몇 년간 반드시 싱가포르공사를 통해 원료 수입을 진행한다"는 공문을 하달했다. 이렇게 해서 천쥬린은 액면 21만 달러에 지나지 않던 빈껍데기 회사를 연매출 9억 달러가 넘는 대형 무역회사로 변모시켰다. 2002년부터 천쥬린은 투자 사업과 매수 쪽으로 진군하기 시작해 일개 무역회사에서 석유 사업 투자, 국제 석유 무역과 수입 항공원료 구매를 일체로 하는 종합형 기업으로의 전환을 시도했다. 그해 4월 중국항공연료(싱가포르)공사는 입찰 참여 방식으로 성공적으로 스페인 최대의 석유설비회사 CLH의 지분 5%를 확보했는데, 대가는 6,000만 유로였다. 이어 7월에는 상하이의 푸둥국제공항항공연료유한책임공사의 지분 33%를 확보해 이 회사의 2대 주주가 되었다. 2003년에는 싱가포르국가석유공사(SPC)의 지분 20.6%를 확보했는데, 이 회사는 싱가포르에서 유일한 국가가 대주주인 상장사로 석유 및 천연가스 채굴, 추출 및 원유와 완성유 판매 업무에 종사하고 있었다.

일련의 사업으로 갑자기 이름을 날리기 시작한 천쥬린은 중국항공연료그룹의 본보기가 되었고, 나아가 중국 기업의 해외 진출의 첨병이 되었다. 그러나 평가기준이 자못 기이한 국유 체제에서 그는 자못 논쟁이 없을 수 없는 별종이었다. 한번은 언론 인터뷰에서 그는 아주 솔직하게 이렇게 말했다. "위기의 순간은 항상 나를 따라다니지만 제가 가장 걱정하는 것은 관모가 어느 날 벗겨지는 것입니다." 더 큰 성공으로 자신을 증명하고 이를 공고히 하기 위해 그는 석유 파생 상품 선물 업무에도 발을 들여놓아 네이키드 콜(옵션 행사시 인도할 수 있는 기본 자산을 보유하지 않고 발행되는 옵션을 말한다. 이때 발행되는 옵션이 콜 옵션인 경우를 네이키드 콜이라고 한다) 방식의 투자를 진행했다. 천쥬린은 자신 있게 "중국항공연료는 독점적이고 안정적인 항공유 수입 업무를 확보하고 있다. 이러한 신분으로 선물에 투자하면 당연히 수익이 클 수밖에 없다"고 생각했다. 그래서 그는 자화자찬하면서 "중국인도 소로스 같은 투자가가 될 수 있습니다"라고 말했다. 그러나 선물 전문가는 그에게 "중국항공연료가 선물에 투자하는 것은 일종의 모험이자 현명하지 못한 판단입니다. 설령 돈을 번다고 하더라도 이는 옵션을 판매해서 얻는 소량의 권리금에 불과합니다. 그러나 일단 잃게 된다면 금액은 거액이 될 수도 있습니다. 이것은 리스크와 수익이 지극히 불균형을 이루는 게임입니다"라고 깨우쳐주었다. 천쥬린은 그렇게 생각하지 않았다. 하지만 훗날 이것은 한편의 비극으로 증명되었다.

2003년, 미국이 이라크를 침공하자 일정 기간 안정적이던 유가가 급등하기 시작했고, 가공 매도를 했던 천쥬린은 곤궁에 빠졌다. 2004년 3월 28일, 천쥬린은 처음으로 옵션 투자로 580만 달러의 액면 손실을 기록한 것을 알게 되었다. 이때 천쥬린 앞에는 세 가지 선택이 놓여 있었다. 첫째, 매입가보다 낮은 가격으로 판매하는 것으로 손실액을 당시 수준으로 제한해 액면 손실을 실제 손실로 전환시키는 것이었다. 둘째, 옵션 계약을 자동으로 만료시키는 것으로 액면 손실은 점차 실제 손실로 전환되는데, 이때 실제 손실은 당시의 현재 손실보다 클 수도 적을 수도 있었다. 셋째, 연장하는 것인데, 만약 유가가 옵션 매도 가격까지 하락하게 되면 손실을 면할 수 있을 뿐만 아니라 권리금까지 챙길 수도 있다. 반대일 경우에는 더욱 막대한 손실을 초래하게 된다. 손실을 은폐하기 위해 천쥬린은 위험천만하게도 세 번째 방안을 선택했다. 그는 계속 자금을 투입해 도박을 진행했다. 10월 3일 손실은 8,000만 달러까지 확대되었는데, 이는 2003년 이윤의 2.5배에 해당되는 금액이었다. 천쥬린은 어쩔 수 없이 베이징에 구원을 요청했고, 그룹 본사는 구조를 결정했다. 그는 다시 1억 7백만 달러의 자금으로 보충 매수에 투자했다. 그러나 유가는 계속해서 악화일로로 치달았고, 천쥬린이 보충 매수에 투입한 자금을 조금씩 갉아먹고 있었다. 11월 29일 중국항공연료는 한계를 느껴 고가의 옵션 모두를 매입가보다 낮게 매도했는데, 5억 5천만 달러의 손실이 현실로 드러났다. 이튿날 중국항공연료(싱가포르)공사는 현지 법원에 채무 조정을 신청했다. 영웅이 죄인으로 탈바꿈되는 데는 불과 8개월의 시간밖에 걸리지 않았다.

천쥬린의 실패 이후 국내 언론은 이 사건에 대해 기업가 신분의 각도에서 다음과 같이 추정했다.

만약 천쥬린이 사영기업주였다면 그가 경영했던 중국항공연료가 자기 것인데, 어떠한 선택을 했을까? 당시 매입가보다 낮은 가격으로 매도해 580만 달러 또는 이보다 더 많은 손실을 기록했다 하더라도 연이윤 4,000만 달러의 기업 입장에서는 하늘이 무너지는 재앙 정도는 아니었다. 그러나 계속되는 큰 도박은 자신의 자금 및 운명과 관련되는 기업주 입장에서는 감당할 수 있는 일이 아니다. 하지만 천쥬린은 국유기업의 경영자이기 때문에 잘못의 크기에 상관없이 경영 중의 어떠한 실수라도 그가 퇴출되는 이유가 될 수 있다. 결국 국유기업과 경영자의 관련도는 아주 취약하다. 손실 보고는 '도미노 골패'가 되어 그를 물러나게 할 수 있다. 계속 도박을 하더라도 마지막에는 물러나기만 하면 되는데, 왜 다시 모험을 하지 않겠는가? 천쥬린의 선택은 사실 많은 국유기업 책임자들의 공통된 인식일 것이다.

경제평론가인 왕웨이王巍는 '강호 기업가'라는 새로운 개념으로 천쥬린 식의 기업 경영자들을 묘사했다.

이러한 부류의 기업가는 시장 수요에 고도로 영합해 정부의 자원을 적극적으로 배합한다. 즉 다양한 신분을 교묘하게 이용해 이익을 확보하고, 모든 규칙을 회피하기 위해 애를 쓴다. 회사의 관리 규칙을 무시하고, 정부 조직의 제약을 회피한다. 성공하면 안정된 지위를 누리면서 개인의 포부를 실현하는 것이 되고, 실패하면 자신을 정당화하기 위해 그럴 듯하게 말하면서 전통 체제의 속박에 책임을 떠넘긴다.

왕웨이는 또 다음과 같이 말했다.

강호의 기업가는 회사의 관리 규칙을 무시하면서도 정부의 관리 체제를 피할 수 있는 특수한 무리들이다. 그들은 시장에서의 행동으로 정부의 결정을 포박하고, 정부의 행위로 시장의 이익을 약탈하는 데 아주 능숙하다. 한편으로는 능숙하게 정치적 기교를 발휘하면서 정부의 신분으로 유리한 위치에서 자원을 통제하고 시장을 분할해 시장에서 항거할 수 없도록 전횡을 남발한다. 다른 한편으로는 시장이라는 관념을 떠들어 대면서 기업이라는 체제를 이용해 무수한 강호의 규칙을 만들어놓음으로써 정부의 간섭을 차단하고는 체제 내에서 용납하기 힘든 객기를 부린다. 독점이라는 특권을 보유한 기업으로서 중국항공연료는 천쥬린의 배후에서 무대 앞으로 나와 시장의 질의를 받는 것은 당연하다. 시장의 험난한 경쟁에서 살아남기 위해 발버둥치는 무수한 중소기업들과 비교할 때 중국항공연료그룹과 같은 독점 기업군은 시장 질서를 위협하고, 정부의 규칙을 전복시키는 주력인 동시에 '강호 기업가'를 형성하는 가장 견실한 토양이다.

천쥬린 사건에는 사람들을 탄식하게 하는 일이 있었다. 5억 5천만 달러라는 거액의 손실이 드러난 후 그는 범죄 두목이었을 뿐만 아니라 유일한 책임자였기 때문에 모든 상사와 동료들이 그의 주위에서 사라졌다. 싱가포르 검찰은 중국항공연료 회장 및 이사 5명을 법원에 기소했는데, 마지막에 천쥬린만이 유죄를 확정받았고, 나머지는 모두 국토자원위원회의 보증 하에 귀국해서 정상적으로 출근했다. 모든 기구와 개인들은 천쥬린과의 관계를 청산했다. 그는 일자리를 잃었으며 취업비자도 취소되어 관광비자로 싱가포르에 머물러야 했다. 은행 예금은 동결되었고, 신용카드도 취소되었다. 그는 일찍이 회사에 생활비 일부, 자녀 양육비를 청구한 적이 있었는데, 어떠한 답도 얻지 못했다. 매번 법원에 갈 때마다 그를 데리고 간 사람은 변호사 한 명과 친구 한 명뿐이었다. 법정에서 그는 수갑을 찬 채 관련 부문에 구원을 요청하는 편지를 썼다. 얼마 전까지만 하더라도 그는 국유기업의 간부였고, 거대한 국유 이익 집단을 대표하고 있었는데, 지금은 돌연히 어떠한 조직에도 소속되지 않은 고아가 되어 버렸다. 싱가포르에 구속되어 있는 동안 노모가 위급하다는 연락을 수차례 받고 두 차례나 귀국을 신청했지만 허락을 얻지 못했다. 그로부터 13일 후 어머니는 세상을 떠났고, 그때서야 귀국을 허락받았다. 천쥬린은 고향의 무덤 앞에서 통곡하면서 일어설 줄을 몰랐다. 2006년 3월 싱가포르 초등법원은 기업 손실 은닉과 내부 거래 연루 등의 죄명으로 그에게 4년 3개월의 징역과 27만 7천 달러의 벌금형을 선고했다. 10년 전인 1995년 싱가포르에서 영국 베어링스 은행의 싱가포르 금융 딜러 니콜라스 리슨이 투기성 외환 거래로 12억 달러의 손실을 끼침으로써 223년 역사의 베어링은행을 파산시킨 바 있었다. 천쥬린이 감옥에 있을 때 그는 이미 출소해서 아일랜드에 있는 한 축구 클럽에서 재무를 맡고 있었다.

2005년
심수 구역

내 것을 갖고 나에게 보내오고,
내 것을 먹고 나더러 토하라네.
반짝이는 붉은 별에 기록했던 것들이
이 순간에 대화로 변했네.

— 화얼花兒그룹, 「시쇠쇠嘩嘶嘶」(2005년)

하이얼의 해외 공장 건설이든 아니면 렌샹의 다국적기업의 인수합병이든 모두 두 가지 사실을 드러냈다. 첫째, 해외 시장으로서의 해외 시장으로의 비범한 진격이었고, 둘째 혁신 부족과 핵심 기술에서의 결함은 이미 길고 긴 '업보'로 변했다는 점이다.

2005년은 48세의 TCL그룹 회장 리둥성의 띠에 해당되는 연도였다. 1월부터 그는 각종 수상으로 정신이 없었다. 먼저 미국 『타임』지와 CNN은 그를 '2004년, 최대 영향력을 지닌 25대 경제 지도자'로 선정했고, CCTV는 2004년 'CCTV 올해의 중국 경제 인물'로 선정했으며, 이어 중국 기업연합회와 중국 기업가협회는 베이징 인민 대회당에서 '가장 주목받는 기업가'라는 칭호를 수여했다. 2년 후 그의 이름이 『포브스』지의 '최악의 중국 기업가' 리스트에 오르리라고는 아무도 생각하지 못했다.

리둥성이 이처럼 환영받은 이유는 이전의 민족 브랜드 진흥 운동 당시 '결사대 대장'으로 국제적 인수합병에서 선봉장 역할을 했기 때문이다. 만약 류촨즈가 2004년 말 대형 위성을 하나 쏘아 올렸다면 리둥성의 당시의 노력은 훨씬 입체적이었다고 할 수 있었다. TCL은 일찍부터 다국적 경영을 시도해왔다. 1999년 TCL TV

는 베트남 시장에 진출한 18개월 만에 이윤을 창출해 현지 매출 2위의 브랜드로 성장했다. 2003년부터 리둥성은 다국적 인수합병을 위한 '용호龍虎 프로젝트'를 개시했다. 그는 먼저 미국의 DVD 플레이어와 VTR 생산업체인 Go-Video를 매수했고, 이어 파산 지경에 이른 독일의 TV업체 슈나이더 일렉트릭Schneider Electric을 매수했다. 2004년 1월 29일 리둥성과 프랑스의 톰슨전자 CEO 드엘리Charles Dehelly는 프랑스 총리의 저택에서 'TCL-톰슨전자' 설립 계약서에 사인했는데, 이 합자회사의 연간 TV 생산량은 1,800만 대에 달해 세계 최대의 공급업체가 되었다. 6개월 후 TCL은 또 알카텔 루슨트Alcatel-Lucent사와 공동으로 세계 7위, 중국 1위의 TCL-알카텔 휴대폰 기업을 설립했다고 발표했다. 이러한 인수합병 과정에서 TCL은 인수합병의 주연으로 등장했다. 리둥성은 짧은 시간 내에 그룹의 양대 사업을 국제 무대로 진출시켜 자연스럽게 센세이션을 불러일으켰다. 이중 사람들 입에 자주 오르내린 것은 톰슨사 인수 건이었다. 왜냐하면 10여 년 전 세계 최고의 CEO인 잭 웰치가 이 회사를 인수하려고 했으나 마지막에 포기한 적이 있었기 때문이다.

TCL이 톰슨사를 인수한 후인 4월 잭 웰치가 중국에 왔다. 주관 기구의 배려로 리둥성과 잭 웰치는 같은 테이블에 앉았는데, 아주 재미있는 장면을 연출했다. 잭 웰치는 리둥성을 어느 정도 이해하고 있었고, 그래서 유머러스하게 말했다.

저희 회사는 재미있는 현상에 부닥쳤습니다. 리둥성 회장님이 매수한 TV 사업은 제가 14년 전에 톰슨에 매각했던 것입니다. 톰슨더러 적자를 흑자로 전환하기를 기대했으나 그러지 못했습니다. 오늘 리둥성 회장님이 삼성, 소니 등과 경쟁하면서 이를 다시 시도하게 되었으니, 회장님이 지금 짊어지고 있는 것은 세계적인 의미가 있는 중대한 도전입니다.

이 말이 중국어로 번역되어 나오자 회의장은 박수소리로 가득 찼고, 리둥성은 황공스러워하면서도 대단히 만족하는 모습이었으나 잭 웰치는 별 감정을 드러내지 않았다.

포럼 2개월 후 도전에 대한 책임을 양 어깨에 짊어진 리둥성은 18개월 내에 TCL의 유럽 사업을 흑자로 전환시키겠다고 선언했다. 기자회견에서 그는 심지어 개인의 신용을 담보로 이렇게 말했다.

저는 책임지는 자세로 18개월 후 유럽 사업을 흑자로 전환시킬 것을 여러분 앞에서 약속합니다. 18개월 후 여러분이 확인하셔도 좋습니다. 저 개인의 신용은 그래도 괜찮은 편입니다. 사실 저는 우리의 흑자 전환에 18개월이 필요하다고 생각하지 않습니다.

리둥성의 자신감은 훗날 그를 난처하게 만들었다. 사실 류촨즈와 마찬가지로 리둥성의 '유럽 공략'도 형세의 압박에 의해 밀려나온 결정이었다. 과거 20여 년 동안 리둥성에게는 줄곧 사업 운이 충만했다. 반면 그와 같은 시점에 창업한 유명한 두 동창은 당시 곤경에 처해 있었다. 2001년 캉쟈가 TV 대전에서 패배하자 천웨이룽은 사직서를 제출하고, 자기 손으로 키운 캉쟈를 떠났다. 2005년 창웨이의 황홍성은 뜻밖의 추문에 휩싸였다. 홍콩의 염정공서廉政公署 ICAC, Independent Commission Against Corruption는 그가 횡령 수법을 통해 회사 자금을 유용했다고 의심했고, 그래서 '호산행虎山行'이라는 팀을 조직해서 비밀 조사를 진행했다. 11월 30일 염정공서는 황홍성을 체포했다.[1] 이에 비해 리둥성은 줄곧 아슬아슬하게 평지를 걸어왔다. 그와 TCL은 수차례에 걸친 중국 가전업계의 가격대전 후 살아남은 행운아 중의 하나였다. TCL은 가전업체 중에서 유일하게 새산권 개혁을 완성한 대기업이었고, 리둥성의 명성은 이미 류촨즈, 장루이민, 런정페이 등에 근접해 있었다. 그러나 앞에서 서술한 적이 있듯이 지금까지 중국의 모든 가전업체는 핵심 기술을 도외시했고, 규모와 원가 우위에 기대어 가격전쟁만 진행했기 때문에 기업 차원의 이윤은 찾아볼 수 없었다. 칼라TV로 성공한 TCL도 이처럼 가격전쟁의 진흙탕 속에서 한 번도 벗어난 적이 없었다. 2002년을 전후로 평면 TV가 고속성장기로 진입했고, 국내 기업들은 다시 가격전쟁을 치뤄 1년 만에 시장가격이 50%나 떨어졌다. 중국유럽국제공

---

1) 2006년 7월 홍콩 법원은 창웨이디지털지주회사 전임 회장 황홍성과 친동생, 창웨이의 전임 이사 황페이성黃培升에 대해 사기 및 절도 공모죄를 적용해 각각 징역 6년형을 선고했다. 법원은 황홍성 형제가 2000년 11월 1일~ 2004년 10월 31일 사이에 모친 루어위잉羅玉英 및 왕평王鵬과 공모해 창웨이디지털의 4,800만 홍콩달러와 창웨이온라인의 220만 홍콩달러를 절도했다는 사실을 인정했다.

상학원 샤오즈싱肖知興 교수의 계산에 따르면 이러했다.

평면 TV의 평판은 원가의 60~70%를 차지하고, 기계 내부의 부품이 원가의 10%를 차지한다. 이러한 부품은 모두가 일본, 한국 및 타이완으로부터 수입되고 있다. 이는 중국의 평면 TV가 돈을 벌지 못하는 가장 근본적인 원인으로, 민족 정서를 갖고 있는 업체들이 받아들이기 힘든 상황이다. 그렇다고 가격전쟁을 특효약으로 여기는 기업가들에게 이 문제를 당장 해결할 방법이 있는 것도 아니다. 중국 기업의 가격전쟁은 단지 20%의 공간에서만 진행될 수 있고, 이미 더 이상의 여지가 없는 상황이 되었다.

다른 브랜드들과 달리 리둥성은 TV 영역에서 더 이상의 이윤을 추구할 수 없는 것으로 여기고 휴대폰 시장이라는 새로운 케이크를 붙들었다. 2000년 이후부터 중국의 이동통신시장이 공전의 활황을 이루고 있었기 때문에 리둥성은 적당한 시기에 시장 진입을 시도했던 것이다. 그는 완밍젠萬明堅이라는 마케팅 귀재를 초빙해 휴대폰 사업을 전담하도록 했다. 어떠한 핵심 기술의 우위도 없는 상황에서 완밍젠은 뜻밖에도 '보석寶石 휴대폰', 즉 휴대폰 폴더에 동남아에서 수입한 원가 몇 위안짜리 옥돌을 붙여 넣은 휴대폰을 출시했다. 전문가들이 '촌장 부인의 휴대폰'이라고 비꼰 이 휴대폰은 뜻밖에도 전국의 향진 시장에서 대대적인 환영을 받아 예상 밖의 성공을 거두었다. 2001년 TCL 휴대폰은 전국에서 3대 브랜드로 자리 잡았고, 그룹에 3억 2천만 위안의 이윤을 안겨주었다. 2002년에는 놀랍게도 12억 위안의 이윤을 창출해 TCL그룹의 핵심 영역으로 성장했다. 보석 휴대폰의 출현으로 국내 휴대폰 시장은 TV와 마찬가지로 가격전쟁을 불러왔고, 그 결과 다국적기업의 휴대폰은 한순간에 물에 쓸려가듯이 사라져갔다. 그리고 국산 휴대폰이 시장의 60%를 차지하게 되었다. 그러나 이러한 호황도 2~3년을 넘기지 못했고, 어떠한 기술개발 능력도 없던 국산 휴대폰은 아주 빠른 속도로 가격과 컨셉 전쟁으로 빠져들었다. 국산 휴대폰이 시장에서 가장 호황일 때 전문가들은 이미 벗어날 수 없는 그들의 숙명을 예견했다. 전국의 90%의 휴대폰 제조업체들은 기종과 핵심 모듈을 모두 한국과 일본에서 수입했고, 80%의 공장은 재빠르게 직접 OEM을 선택했다.

다국적 제품과 비교했을 때 국산 휴대폰의 평균 A/S율은 두 배인 6%에 달했는데, 심지어 40%나 되는 브랜드도 있었다. 2004년 거대한 생산 능력과 화려한 광고 외에는 어떠한 경쟁 우위도 없던 국산 휴대폰들은 마침내 처참한 종말을 맞이하게 되었다. TCL 휴대폰의 판매량과 이윤은 평균 50%로 하락했고, 리둥성은 결국 어제의 공신이던 완밍젠을 퇴출시켰다. 이후 2년 동안 휴대폰 사업은 그룹 최대의 블랙홀로 변했고, 과거 벌어들인 모든 이윤을 토해내고 말았다.

기술상의 치명적인 약점 외에도 과거 몇 년 동안 가전업계에서 발생한 또 다른 중대한 변화는 전문적이고 강력한 매장 유통업체가 출현한 것이었다. 가장 대표적인 것이 차오산의 상인 황광위黃光裕가 설립한 궈메이와 수저우의 상인 장진둥張近東이 설립한 수닝蘇寧이었다. 황광위는 17살에 고향을 떠나 산터우에서 사업을 시작했다. 1987년 그는 베이징의 주스커우珠市口에서 면적 100m^2가 되지 않는 전자제품 매장을 열어 박리다매 기법으로 1993년부터 베이징에서 이름을 날리기 시작했다. 1999년 황광위는 전국적으로 연쇄점을 열기 시작했는데, 처음부터 면적 1,000m^2 이상을 고집했으며, 융단폭격식 광고와 저가 전략으로 신속하게 시장을 점령해 나갔다. 궈메이가 북방 지역에서 성공 신화를 쓰고 있을 무렵 난징의 장진둥은 기존의 도매 사업을 포기하고 소매 체인 사업에 뛰어들었다. 수닝은 창쟝 이남 지역에서 급속하게 성장했다. 궈메이와 수닝의 굴기로 가전업계는 '유통망이 왕'인 시대에 접어들었다. 제조업체는 자체 판매망이 설자리를 잃게 되자 시장 주도권을 철저히 잃어버리게 되었고, 그 결과 이윤 공간도 갈수록 줄어들었다. 2004년 7월 궈메이전기와 수닝전기는 각각 홍콩과 선전에서 상장되었고, 루퍼트 후거워프의 부자 리스트에 황광위는 105억 위안의 재산으로 중국 최고부자 자리에 올랐다.[2] 리둥성과 같은 총명함으로도 '유통망이 왕'인 대세에는 저항할 수 없었다. 바로 이러한 배경 하에서 리둥성은 막다른 골목에 몰린 채 갑옷을 입고 유럽 원정길에 오른 것이었

---

2) 궈메이, 수닝의 성장으로 중국 가전업계의 주연이 바뀌기 시작했다. 2006년 말 궈메이는 상하이의 또 다른 가전판매 연쇄점 융러永樂를 인수했다. 황광위는 "나는 이미 가전업계의 소매 가격을 좌우할 수 있다"고 말했다. 이 말이 전해지자 제조업의 CEO들은 아무런 소리조차 내지 못했다. 수년에 걸친 가격전쟁으로 인한 상호 교살은 여기에서 자신의 숙명을 발견하게 되었다.

다. 그의 전략적인 목표는 아주 확고했다. 그것은 '중국 홍해紅海' 또는 혹자가 말하는 '중국 고해苦海'로부터 벗어나 규모와 원가의 우위를 해외로 수출하고, 또 인수합병 방식으로 두 가지 목표를 달성하는 것이었다. 하나는 브랜드 연맹을 실현하는 것이었고, 또 다른 하나는 직접 구미 시장의 주류 유통망에 진입하는 것이었다. 이것은 당시 선택할 수 있던 유일한 전략처럼 보였다. 리둥성 본인의 말로 이야기하면 "글로벌화는 반드시 가야할 길이고, 오늘 가지 못하면 내일이라도 가야"하는 것이었다.

2005년 초에 이러한 전반적인 조망은 사람들의 주목을 끌지 못했다.

롄샹과 TCL의 인수합병 소식은 이처럼 눈부셨다. 중국의 거시경제의 지속적인 강세 하에서 사람들은 중국 경제가 중국 기업과 함께 굴기하기를 이전 어느 때보다도 희망했고, 이러한 현상은 20여 년 전 일본 기업들이 대대적으로 유럽과 미국 회사들을 인수합병하던 지난 일을 떠올리도록 했다. 사람들은 차라리 이러한 기적이 언젠가 실현될 것이라고 믿고 싶어 했다.[3]

1998년부터 흥기하기 시작한 '메이드 인 차이나'는 이즈음 마침내 세계가 저항하기 어려운 경쟁력 우위를 확보하기 시작했다. WTO에 가입한 2001년 중국의 대외무역 규모는 5,000억 달러에 달했고, 2004년에는 1조 달러라는 대관문을 돌파해 일시에 일본을 추월했다. 2005년의 대외무역 규모는 1조 4천억 달러였다. 중국 상품이 물밀듯이 중국을 빠져나가게 되자 서구의 소비자들에게 '메이드 인 차이나'는 이미 공기처럼 없어서는 안 되는 생활의 일부가 되었다.

---

3) 2005년 롄샹, TCL의 인수합병 소식이 전해졌고, 타이완의 IT기업인 밍지明基도 지멘스의 휴대폰 사업을 인수한다고 발표했다. 2005년 6월 8일 밍지·지멘스 간의 인수합병이 성사되었다. 이는 보기에는 아주 수지 맞는 장사였다. 지멘스는 휴대폰 부문의 5억 유로의 손실을 부담하면서 부채가 없는 휴대폰 자산을 밍지에게 넘겼다. 동시에 지멘스는 2억 5천만 유로의 혼수를 밍지에게 제공했고, 5천만 유로의 밍지 지분을 매수했다. 인수합병 후 밍지 휴대폰의 생산량은 5,000만 대를 돌파해 세계 4대 휴대폰업체가 되었다. 하지만 2006년 9월 전력투구했던 밍지는 독일의 휴대폰 사업을 포기한다고 선언하면서 현지 법원에 파산보호를 신청했다. 합병 기간 동안 밍지는 휴대폰 사업을 위해 8억 4천만 유로를 투입했고, 액면 손실만 6억 유로에 달했다. 밍지의 주가는 최고 35.10 타이완달러에서 18.20 타이완달러로 추락했고, 시가 총액에서 300억 타이완달러가 증발했다. 밍지·지멘스 인수합병은 완전 실패로 끝났고, 다국적 인수합병의 거대한 리스크를 그대로 보여주었다.

2005년 1월 1일 미국의 루이지애나 주의 바톤 라운지의 경제지 기자 사라 본조르니Sara Bongiorni는 가족이 중국산 제품 없이 1년을 살아보겠다는 엉뚱한 결정을 내렸다. 그녀는 이런 생각이 며칠 전 크리스마스 기간에 문득 떠오른 것이라고 했다. 당시 집안 곳곳에는 TV에서 테니스화, 크리스마스트리의 소품, 마루에 놓여있는 인형까지 모두 '메이드 인 차이나'가 아닌 것이 없었다. 하지만 그녀도 생각하지 못한 것이 있었다. "이 결정은 처음부터 머리를 아프게 했습니다. 과거 간단하게 보였던 일도 모두 사람을 고통스럽게 하는 일로 변했습니다." 그녀는 먼저 아이의 중국 신발을 바꿨다. 저렴한 가격의 신발을 사기 위해 인근의 유럽산 신발 할인매장을 찾았지만 영업이 잘 안 되어 이미 문을 닫은 상황이었다. 그녀는 어쩔 수 없이 4살짜리 아이를 위해 68달러를 지출할 수밖에 없었다. 완구점은 중국산 제품으로 가득했다. 아들 친구 생일선물로 유럽산 레고를 샀는데, 이미 그녀의 지갑은 홀쭉해져 있었다. 가정용품들은 고장이 나도 수리를 할 수 없었다. 미국산이라고 적혀있는 제품도 부품은 모두 중국산이었기 때문이다. 청소기 속의 여과기도 중국산이었기 때문에 쓰레기와 같이 생활할 수밖에 없었다. 이웃에서 선물로 받은 쥐덫, 대문에 걸려있는 전등, 생일케이크 위의 촛불, 폭죽 등 중국산이 아닌 물건을 찾는 것은 그야말로 하늘에 오르는 것처럼 어려웠다. 1년 후 본조르니는 자신의 경험을 바탕으로 『'메이드 인 차이나' 없이 1년을 살아보기A year without Made in China』라는 책을 출판해 "미국인은 '메이드 인 차이나'를 완전히 벗어날 수 없다"는 결론을 내렸다. 그녀는 책의 마지막에 이렇게 썼다.

> 원래 나의 생활 속에서 중국을 사라지게 하고 싶었지만 나중에서야 중국은 원래부터 나의 생활 속에 깊숙이 침투해 있었음을 알게 되었다. 나와 가족은 현실과 타협하는 수밖에 없었다. 그렇지 않으면 감당해야 할 생활 속의 불편함과 대가가 너무나 크다.

본조르니의 경험보다 더 현실적으로 생활 속의 '메이드 인 차이나'를 설명할 수 있는 예는 없었다. 저가, 저가, 또 저가, 이것이 '메이드 인 차이나'가 승리할 수 있던 유일한 무기였고, 또 세계가 저항하기 어려운 경쟁력이기도 했다. 중국 제품의 충격 하에 각국의 제조업은 치명적인 도전에 직면하게 되었고, 이로 인한 무역 마찰도 생겨나기 시작했다. 세계은행의 자료에 따르면 중국은 WTO 회원국 중 반덤핑 제소를 가장 많이 당하는 국가였다. 전 세계 7개 반덤핑 및 무역 구제안 중 1건은 중국을 겨냥한 것이었고, 이로 인해 중국은 매년 500억 달러의 무역 손실을 입었다. 각종 반덤핑 사례는 끊임없이 이어졌고, 당시 가장 주목받는 국제적인 정치 경제 문제가 되었다.

처음 중국 여론은 각국의 반덤핑 제소를 일종의 차별대우로 생각했고, 심지어 어떤 사람은 중국 제품에 대한 각국의 '토벌'을 '8국 연합군'이라는 말로 묘사했다. 어떤 의미에서는 반덤핑에 대한 저항이 애국주의를 표현하는 방식이 되었다고도 할 수 있었다. 이때 줄곧 저가 제품 제조로 이름을 떨친 원저우 상인들은 다시 국가의 영웅이 되었다.

2002년 6월 말 유럽연합은 중국의 원저우 지역의 라이터에 대해 반덤핑 조사를 실시한다고 발표했다. 이는 중국의 WTO 가입 후의 첫 번째 반덤핑 사례가 되었다. 당시 원저우의 수백 개 업체가 생산하던 라이터는 전 세계 금속 라이터의 90%를 차지하고 있었고, 생산 원가는 일본 라이터의 1/10에 불과했다. 원저우흡연도구협회는 주요 기업을 중심으로 조직적으로 유럽연합에 응소했다. 이 협회가 제공한 자료에 따르면 중국 라이터가 가격이 싼 이유는 싼 노동 원가에서 기인하는 것으로, 당시 중국 노동자의 연간 수입은 유럽 노동자에 비해 20배나 저렴했고, 그래서 결론은 중국 기업은 손절매 행위를 하지 않았다는 것이다. 이 소송은 결국 유럽연합이 소송을 취하하면서 결론이 났고, 국내 여론은 일시에 자긍심으로 넘쳐났다. 이 응소에서 가장 활발하게 움직인 원저우 상인 황파징黃發靜은 2003년 'CCTV 올해의 경제 인물'에 선정되었는데, 선정 이유는 "민간의 힘으로 공정한 세계 무역 질서를 추동했고, 가장 중요한 사실은 그가 승리했다는 데 있다"였다.

하지만 '라이터 보위전'의 승리는 반덤핑 조류가 세차게 요동치는 것을 결코 막아내지 못했다. 2003년 내내 전 세계에서 발생한 반덤핑 사례 중 540여 건이 중국 제품을 겨냥한 것으로, 절전등, TV, 세탁기, 목제 가구에서 철강, 방직품 등에 이르기까지 아주 다양했다. 2003년 크리스마스를 전후로 62살의 원저우 제화공 린다푸린다푸(普林達夫)는 회사 사장과 함께 스페인 동부의 조그만 도시 엘체Elche로 시장 조사를 떠났다. 스페인은 이탈리아 다음의 신발 수출 대국이었고, 엘체는 스페인 신발 제조의 요람이었다. 린다푸는 그곳에서도 원저우 신발이 이미 80%의 시장을 점령하고 있는 것을 눈으로 확인할 수 있었다. 중국산 신발 가격은 현지 신발보다 30~50% 저렴했고, 여성용 부츠의 경우 중국산은 9.8유로인데 반해 스페인산은 최소 20유로에 팔리고 있었다. 린다푸의 사장은 아주 기뻐하면서 원저우 언론의 기자에게 전화를 걸어 "원저우 신발은 가격과 품질 우위로 유럽산 신발을 패퇴시키고 있습니다. 국가를 위해 영예를 떨치면서 활개치고 있습니다"라고 말했다. 하지만 린다푸는 오히려 그렇게 생각하지 않았다. 그는 엘체의 제화공장 중 60~70%가 이미 문을 닫았고, 노동자들의 실업률은 30%에 육박해 가는 곳마다 원망의 눈빛으로 중국 상인들을 바라보고 있음을 확인할 수 있었다. 귀국길에 린다푸가 사장에게 말했다. "제가 보기에는 조만간에 일이 벌어질 것 같습니다." 몇 달 후 과연 린다푸가 우려한 일이 발생했다. 2004년 9월 16일 엘체에서 원저우산 신발을 불태우는 폭력 사건이 발생했다. 수백 명의 스페인 제화공들이 부두로 달려가 시가 100만 달러에 달하는 컨테이너 16개를 태웠고, 신발 창고를 파괴했다. 일주일 후 엘체는 또 중국 상인을 배척하는 시위를 벌였는데, 인구 20만 명의 조그만 도시에서 수천 명의 사람이 참가했다. CCTV 뉴스에서 이 사건을 보도하자 전국이 시끌벅적해졌다. 원저우 신발에 항의를 표시한 사람들 중에는 이탈리아 제화공들도 있었다. 이탈리아 신발연합회 통계에 따르면 과거 2년 동안 2억 5천만 켤레의 중국 신발이 이탈리아로 들어와 시장 점유율 증가 속도가 700%에 달했고, 처음으로 이탈리아 신발 수입량이 수출량을 초과했다. 신발 제조로 상당한 자부심을 가졌던 이탈리아로서는 치명적인 타격을 입었다. 이탈리아 여론은 모든 불경기의 원인을 중국 신발 탓으로 돌렸다. 중국 신발이 이탈리아 본토 신발 산업의 붕괴를 초래하고, 이로 인해 8,000명의 제화공이 밥그릇을 잃게 될 것이라고 이야기했다. 2005년 중국 상품에 대한 반감은 유럽의 전 지역에서 만연하기 시작했고, 유럽연합은 현지의 제조업체들을 위로하기 위해 심지어 '비중국 제조'라는 라벨을 도입하기도 했다.

중국의 전문가와 관리들은 자신의 입장에서 이처럼 난처한 국면에 대한 해결을 시도했다. 2005년 5월 3일, 취임한 지 얼마 되지 않은 상무부 부장 보어시라이薄熙來는 파리에서 열린 '중불 중소기업 합작 상담회'에 직접 참가했다. 바로 그날 7,000만 건의 방직 제품이 유럽의 각 항구에 체류되어 있어 유럽 시장으로 들어갈 수가 없었다. 유럽연합위원회는 중국에서 수입되는 9종의 방직 제품에 대해 조사와 제재 실시를 결정했고, 현지의 주요 언론은 편파적인 보도로 일관했다. 당시 언론과 인터뷰에서 보어시라이는 중국 방직품의 아주 낮은 이윤을 예를 들어 이렇게 설명했다. "여러분은 아마 계산해본 적이 없을 것입니다. 중국은 8억 벌의 셔츠를 팔아야 에어버스 380 한 대를 구입할 수 있습니다." 지난 2년 동안 중국은 30대의 항공기를 구입했는데, 그중 5대가 아주 비싼 에어버스 380이었다.

무역 마찰 전쟁은 계속해서 일어났다. 보어시라이가 교섭을 진행하고 있을 때 한국은 김치로 중국에 문제를 제기했다. 9월 한국의 한 국회의원은 중국에서 수입된 김치의 저가 덤핑과 품질 불량 문제를 제기하면서 반덤핑 실시를 요구했다. 중국의 상무부는 한국 정부 관련자와 협상을 진행했다. 그런데 협상장에서 보어시라이는 어떻게 대응해야 할지 모르는 사실 하나를 발견했다. 그것은 중국 김치업체의 90%가 한국 상인이 투자하거나 지분으로 참여하는 등 어떤 식으로든 관련이 있는 것이었다. 보어시라이는 물었다. "그들이 도대체 누구를 괴롭히고 있는 것입니까?"

『21세기경제보도』기자의 조사 결과는 이러했다.

원래 과거 몇 년 동안 많은 한국 기업이 생산기지를 원료와 노동력이 값싼 중국으로 이전했고, 칭다오, 선양 및 청두 등지에 대규모 김치 생산기지를 구축했다. 2001년 중국이 한국으로 수출한 김치는 모두 393톤에 불과했지만 2004년에는 7만 톤이 넘어 4년 동안 185배나 늘어났으며, 이러한 추세는 계속 증가 중이다. 저렴한 김치의 대량 유입은 중국으로 회사를 이전하지 않은 기업에 막대한 손실을 안겼을 뿐만 아니라 관련 농산품 가격까지도 폭락시켰다. 그래서 국민의 이익을 대표하는 국회의원이 중국 김치를 겨냥한 무역 전쟁을 선포했는데, 사실은 중국에서 기업을 설립한 또 다른 한국인이 대상이었다. 사람들을 의아하게 한 것은 김치파동이 두 달 만에 자취를 감춘 것이었다. 이유는 문제를 제기한 한국 업체가 '중국산 한국 김치'의 품질 문제가 이미 국제 시장에서의 김치 판매에 막대한 영향을 주고 있는 사실을 발견했고, 이미 구미의 슈퍼에서는 한국과 중국의 김치 모두 철거되는 수모를 당했기 때문이다.

중국 상품이 이러한 반덤핑 풍파에 어떻게 대응하느냐는 중국의 경제학자들이 답해야 하는 어려운 문제가 되었다. 9월 창장경영대학원 원장 샹빙项兵 교수는 대담한 건의로 사람들을 놀라게 했다. "우리는 왜 월마트를 매수하지 않는 것인가?" 그의 계산에 따르면 이 세계 최대의 유통업체의 1대 주주의 지분은 3.51%에 지나지 않고, 상위 5대 주주를 모두 합치면 240억 달러를 넘지 않았다. 샹빙은 "240억 달러로 세계 최대 업체 중의 하나인 월마트의 대주주가 되면 그들이 우리를 위해 일하게 되는데, 이 얼마나 좋은 생각인가?"라고 말했다. 이 기상천외한 상상은 월마트가 중국 제품 최대의 판매망이라는 데서 기인했다. 이렇게 되면 반덤핑 문제는 자연스레 해결될 수 있다는 것이었다. 샹빙은 다음과 같이 말했다.

비록 우리가 절대 월마트에 중국 상품을 구매하라고 요구할 수는 없지만 이사회 주주로서 최소한 월마트의 구매 전략에 영향을 미칠 수는 있기 때문에 더 많은 중국의 주류 상품이 구미 시장으로 들어가게 할 수 있을 것이다.

샹빙의 관점을 지지하는 사실이 하나 있었는데, 2002년부터 월마트의 중국 상품 수출 총액이 대폭 상승해 2005년에는 180억 달러에 육박했다. 월마트의 전 세계 6,000여 개 공급업체 중 80%는 중국 업체들이었다. 샹빙의 이러한 건의는 아마도 2005년에 가장 대담하고 창의적인 것이었다고 할 수 있었다. 또한 논쟁의 여지를 갖고 있는 비즈니스 구상으로, 심지어 『뉴욕타임스』의 관심을 끌기도 했다. 『뉴욕타임스』는 "글로벌 브랜드가 거의 없으면서도 상품 수량은 막대한 국가가 가치 사슬의 상층으로 올라갈 수 있는 좋은 생각"이라고 평가했다. 아쉬운 것은 샹빙이 각종 포럼과 장소에서 이러한 건의를 하고 있을 때 모든 관리는 웃기만 하면서 가부를 말하지 않은 것이었다. 이처럼 좋은 아이디어는 실행할 수 있는 좋은 방법이 결여된 듯 했다.

중국 상품이 해외에서 반덤핑으로 고민하고 있을 때 다국적기업들의 유명 브랜드도 중국에서 고전을 면치 못하고 있었는데, 이는 아주 흥미로운 현상이었다. 2005년 이래 P&G, 소니, 네슬레, 델 등 학습 사례로 여겨진 다국적기업들은 번번이 공공 관계Public Relations의 위기에 봉착했다. 어떤 사람은 심지어 2005년도를 다국적기업의 중국에서의 '수난의 해'라고 불렀다.

3월 7일, 쟝시성 난창의 소비자 뤼핑呂萍은 글로벌 최대 생활용품업체인 P&G의 고급 화장품 SK-II를 과대 홍보로 고소했다. P&G의 홍보용 책자의 아래와 같은 문구가 〈광고법〉을 위반했다는 것이다.

> SK-II는 현재 세계에서 가장 효과적으로 잔주름을 제거할 수 있고, 리프팅 효과가 가장 뛰어나며…… 사용 후 10분이면 기적이 나타나고, 2주 후면 잔주름과 주름이 줄어들며, 28일 후면 잔주름과 주름을 47% 개선할 수 있어 피부가 12년 젊어지는 효과를 볼 수 있다.

이 고소 사건은 국내외 언론에 의해 급속하게 확산되었다. 하지만 P&G의 대응은 믿기 어려울 만큼 거만함으로 일관되었다. P&G는 SK-II가 확실히 12년 젊어지는 효과가 있음을 증명하면서 한편으로는 소비자의 고소에 대해 거들떠보지도 말라고 요구했다. 고소가 악의적인 조작이고, 동기가 불순하다는 등 언론에 대해서도 거리를 두는 자세를 취하면서 단지 정의가 불투명하고 묘사가 전반적이지 않았다는 사실만 인정했다. 이러한 처리 방식은 수많은 언론의 불만을 초래했고, 어떤 기자는 일본 시장에서 SK-II 성분에 부식성 성분이 검출되었다는 사실을 폭로하며 국가의 관련 부문의 조사와 처벌을 요구했다. 9월 14일 국가품질검사총국은 일본에서 건너온 SK-II의 각종 화장품에서 사용 금지 성분인 크롬과 네오디뮴이 검출되었다고 발표했다. P&G는 미증유의 신뢰 위기에 빠져들었다. 이튿날 P&G는 잘못이 없다는 성명을 발표하면서 "소비자가 필요할 경우 SK-II 매장에서 반품 처리할 수 있다"고 선언했다. 동시에 P&G는 반품할 경우 네 가지 조건에 반드시 부합해야 한다고 요구했다. 첫째, 반환하는 제품은 이번 검사에서 사용 금지 성분을 사용한 9종 제품으로 제한한다. 둘째, 소비자가 과민 증상이 있을 경우 병원의 관련 증명을 첨부해야 한다. 셋째, 구입 시의 영수증이 있어야 한다. 넷째, 반품하는 제품의 잉여량이 제품 총량의 1/3보다 많아야 한다. 또 제품을 반품할 때 소비자는 일종의 계약서에 서명해야 했는데, 계약서에는 다음과 같은 내용이 있었다. "제품 자체는 합격품이고, 품질 문제가 존재하지 않지만 소비자에게 책임지는 태도로 반품 처리를 결정했고, 쌍방의 협의에 따라 제품가격 ○○위안을 돌려준다." 이러한 처리 방식과 조건은 타오르는 불에 기름을 부은 격이 되어 P&G와 소비자 및 여론 사이는 갈수록 벌어졌다. 9월 22일 상하이 품질검사총국은 3종의 SK-II 화장품에서 사용 금지 성분을 다시 발견했다고 발표했다. 상황이 이 지경이 되자 P&G는 부득불 "SK-II의 모든 매장을 철수하고, 잠정적으로 중국 시장에서 철수한다. 모든 소비자는 아무 조건 없이 반품할 수 있다"고 발표했다. 『중화공상시보』의 논평에는 다음과 같은 글이 실렸다.

> 표면적으로 보기에 이번 공공 관계 위기는 P&G의 유치함에서 비롯된 것이지만 실제로는 대형 다국적기업이 소비자와 대중의 알 권리 문제에서 보여준 오만함과 편견에서 비롯된 것이다.

P&G가 SK-II 문제로 골머리를 앓고 있을 때 전 세계적으로 유명한 음식회사인 하인즈Heinz와 KFC는 이보다 훨씬 더 심각한 중대 위기에 빠져 있었다. 2월 영국 식품기준국은 하인즈와 유니레버Unilever의 359개 식품에 대해 판매 금지 처분을 내렸는데, 이유는 이들 제품에 발암성 색소인 수단 1호가 함유되어 있다는 것이었다. 중국의 국가품질검사총국은 즉시 긴급 통지를 발부해 각 지역 품질검사총국이 수단 1호를 함유한 식품에 대한 감독 관리를 강화할 것을 요구했다. 광둥하인즈가 생산한 제품에 수단 1호가 함유되어 있는 것이 발견되어 30만 병의 제품이 소각되었다. 3월 16일 언론은 KFC의 양념에서 수단 성분이 발견되었다고 폭로했고, 이에 전국의 모든 KFC는 문을 닫아야 했다. KFC는 중국에서 가장 성공한 다국적 외

식 기업으로 1987년 중국에 진입한 후 전국적으로 1,100개의 매장을 운영하고 있었고, 이들의 최대 고객은 어린이와 청소년이었다. 그래서 사람들은 KFC의 양념에서 발암 물질이 발견되었다는 사실이 알려지자 경악과 당혹함을 감추지 못했다. 이 두 사례는 일시에 전국적으로 가장 관심을 끄는 화제가 되었고, 음식 안전에 대한 대중의 경각심을 불러일으킨 동시에 사람들로 하여금 다국적 브랜드에 대해 의혹을 갖도록 했다. 3월 31일 『인민일보』 논평에는 다음과 같은 글이 실렸다.

> 곰곰이 새겨볼 만한 것은 왜 KFC는 중국에서만 발암 물질을 함유한 양념을 사용하는 것인가 하는 것이다. 설마 천진난만한 미국이 우리가 살고 있는 이곳을 수단 1호의 안전지대라고 여기는 것은 아닌지?

P&G, KFC 및 하인즈 외에 다른 몇몇 생활용품업체도 위기에 빠졌다. 4월 17일 국내의 많은 언론이 미국의 과학자들의 최신 연구 결과를 게재하며 콜게이트Colgate 치약에 발암성 화학 물질이 들어있다고 보도했다. 이 뉴스가 나가자마자 각 지역의 매장에서 콜게이트 치약은 판매대에서 내려와야 했다. 신랑사이트의 조사에 따르면 88.4%의 네티즌이 과거에 콜게이트 치약을 신뢰했지만 이후에 이 제품을 사용하겠다고 응답한 사람은 9.84%에 불과했다. 얼마 지나 이 뉴스가 오보였다는 사실이 알려지기는 했지만 콜게이트 브랜드는 충격에서 벗어나지 못했다.

5월 25일, 저쟝성 공상국은 세계적 브랜드 네슬레사가 생산한 '네슬레 3+분유'에 함유된 요오드가 기준치를 초과한 사실을 발표했다. 이틀 후 네슬레는 문제 상품을 매장에서 철수시켰지만 생산 수량과 판매 경로에 대해서는 아무런 발표가 없었다. 이어서 베이징, 쿤밍 등지에서도 유사한 문제가 발생했다. 6월 5일 네슬레의 중국측 책임자가 이 사안에 대해 사과성명을 발표했고, 6월 8일 국가의 관련 부문은 요오드 기준치 요구에 부합되지 않는 영아용 분유는 생산과 판매를 금지한다고 발표했다.

6월 16일, 선전시 품질기술감독국은 한 지하 가공 공장이 하겐다즈 아이스크림을 생산하고 있다는 신고를 받았다. 원래 브랜드 도용 공장을 단속한다는 생각으로 현장에 도착한 결과, 기가 막힌 사실이 밝혀졌다. 생산 허가증도 위생 검사증도 없는 이 지하공장이 놀랍게도 하겐다즈 선전 지역의 정식 공장이었던 것이다. 이튿날 하겐다즈 중국 지역 사장이 현장에 도착해 이 일을 처리했고, 관련 부문의 조사 및 뉴스가 기본적으로 사실에 속한다고 인정했다.

다국적기업의 추문은 비단 생활용품 영역에서만 출현한 것은 아니었다. 4월 글로벌 최대 PC 제조업체인 델은 '메일 게이트' 속으로 빠져들었다. 사건은 델의 미국인 마케팅 매니저와 그가 홍보하는 목표 고객 사이의 메일에서 비롯되었다. 이 마케팅 매니저는 메일에서 이렇게 썼다.

> 저는 단지 IBM의 장래 전망에서 바라보는 것이지, 결코 경쟁 상대를 공격하는 것이 아닙니다. 모두 아시다시피 렌샹은 중국 정부가 통제하는 기업으로, 최근 IBM의 PC와 노트북 사업을 인수했습니다. 비록 미국 정부가 이미 렌샹과 IBM의 거래를 비준하기는 했지만 여러분은 한 가지 사실을 명심해야 합니다. 사람들이 IBM 제품을 사기 위해 사용하는 한 푼 한 푼의 돈이 모두 중국 정부를 직접 지원하는 것이라는 사실을 명심해야 합니다. 잘 고려해보십시오.

이 메일은 언론에 의해 공개된 후 큰 파문을 불러일으켰다. 국내 여론은 델 직원이 렌샹과의 고객 쟁탈 중 행한 중상모략은 공정 경쟁 원칙을 위반했다고 여겼다. 류촨즈는 공개적인 장소에서 불만스럽게 "기업은 도덕에 어긋나는 행위를 해서는 안 되고, 마땅히 성실하고 진지하게 일을 처리해야 한다"라고 말했다.

7월 27일, 도시바다롄유한공사의 직원 5백여 명이 파업을 일으켰다. 다롄노동감찰 부문이 도시바가 노동법이 규정한 36시간 근무 규정을 위반해 매달 초과 근무를 하는 직원이 있음을 발견했고, 이 회사에 시정 명령을 전달했다. 하지만 도시바는 생산 능력 저하를 우려해 생산라인의 속도를 높였는데, 매 작업 흐름에 소요되는 시간을 20초에서 14초로 줄였다. 비록 노동시간은 단축되었지만 노동강도는 훨씬 더 세졌다. 초과 근무를 취소하자 직원들의 급여도 줄어들었다. 27일 일부 직원이 파업으로 항의를 표시했고, 일본 관리자는 파업 참가자는 해고시킬 것이라고 발표했다. 이러한 조치는 모든 중국 노동자들을 격노케 했고, 3시간 후 전 공장의 생산라인이 멈춰 섰다. 파업은 현지 정부를 놀라게 했고, 일본 측과 타협한 결과 회사는 150위안의 월급 인상과 창사 기념일 장려금 1,000위안 지급에 동의했다.

10월, 일본의 후지필름과 미국의 제록스사가 공동으로 설립한 후지제록스실업발전유한공사가 중대 밀수 사건으로 고소당했다. 복사 기능을 가진 DT6135 고속 흑백인쇄시스템의 경우 규정에 따르면 인쇄기나 복사기로 신고해야 했지만 후지제록스는 관세가 없는 레이저 프린터로 보고해 대당 최소 4만 5천 위안을 탈세했는데, 과거 1년 동안 후지제록스가 수입한 이 기기는 백 대가 넘었다. 다른 칼라 인쇄기는 규정에 따라 정식으로 수입 절차를 밟은 것이었다. 이 외에 후지제록스는 중고 설비를 덤핑한 행위가 발견되었는데, 일본 시장의 낡은 기기를 개조한 후 중국에 전매했던 것이다.

12월, 중국 시장에서 실적이 가장 우수한 일본 가전 브랜드 소니는 연속적으로 세 건의 추문에 시달렸다. 저쟝성 공상국은 소니의 여섯 개 모델에서 30차례에 걸쳐 디지털카메라의 문제가 노출되어 국가카메라품질감독검측센터가 종합적으로 불합격 판정을 내렸다고 통보했다. 소니(중국)는 처음 이 사실을 부인했지만 수일 후 결과에 승복하며 사과 성명을 발표했다. 소니가 출시한 액정TV 5종에서 소프트웨어 결함이 발견되었고, 소니는 부득불 이미 판매된 1만 7천여 대의 TV에 대해 업그레이드를 진행했다. 베이징시 통계국이 경제 조사 데이터를 통보하면서 일부 법규를 위반한 기업을 폭로했는데, 소니가 그중에 속해있었다. 내용은 소니가 '상품 판매 총액' 지표에서 18억 위안을 허위 보고한 것이었다.

2005년은 정말 '추문의 시절'이었다. 2005년 이전에 '벤츠 파괴 사건'[4]이 있긴 했지만 이처럼 많은 다국적기업이 추문에 휩싸인 적은 전례를 찾아볼 수 없었다. 이는 소비자, 각급 정부 및 언론이 날로 성숙하고 있음을 보여준 것이었다. 또 다른

---

4) 2000년 12월 우한야생동물원유한공사가 벤츠 SLK230 세단을 구입했는데, 3개월이 못되어 조향장치에서 기름이 새고, 동력이 떨어지며, 경고등이 깜박이는 등의 문제가 나타났다. 다섯 번이나 수리를 했는데도 개선의 여지가 없자 반품을 요구했는데 벤츠사는 이를 거절했다. 2001년 12월 26일 우한야생동물원유한공사는 우한광장에서 '자동차 파괴 의식'을 거행했다.

사실은 국제적인 기업들이 이미 중국 시장의 많은 부분에 침투되어 기세등등한 중국 경제의 일부분으로 자리매김했음을 보여준 것이기도 했다. 일본의 미쓰비시전지 중국 지역 전임 마케팅 담당이던 원샤오보어文小波는 이렇게 묘사하고 있다.

다국적기업은 일찍부터 중국의 상황과 비즈니스의 내부 규칙에 대해 잘 알고 있었다. 회색거래는 그들에게서 일종의 합리적인 부패 행위였다. 또 중국에 들어왔을 때 이미 잘못이 드러났을 때 어떻게 대응해야 하는지에 대해서도 준비가 되어 있었다.

6월 6일, 중국 증시는 빙점까지 떨어졌다. 상하이거래소 지수는 998.22포인트에 멈추어 섰는데, 8년 이래 처음으로 1,000포인트 수성에 실패한 것이었다. 일찍이 사람들에게 우스갯소리로 여겨졌던 '1,000포인트론'이 마침내 울고 싶어도 흘릴 눈물도 남아 있지 않은 수많은 투자자들 눈앞에 현실로 나타났다. 그러나 30년의 중국의 개혁 역정은 다시 한 번 고생 끝에 낙이 온다는 사실을 증명해주었다. 모든 고난은 새로운 상승의 출발점이 되었는데, 2년 후 사람들은 이 규칙을 깨닫게 되었다.

오랫동안 부르짖어온 개혁은 바로 주주권 분치股權分置(상장사의 일부 주식을 증권 시장에서 유통하고, 나머지 주식을 잠시 시장에서 유통하지 않는 것을 말한다. 전자는 유통주로 대중주社會公衆股가 주를 이루고, 후자는 비유통주로 대부분 국유주와 법인주이다)였다. 중국 증시는 개장된 이래 제도적 설계의 결함으로 인해 유통주와 비유통주라는 기이한 두 가지 주주권이 존재했을 뿐만 아니라 비유통주 주주의 주식 보유율이 2/3로 비교적 높아 이들이 통상 지배 주주의 지위를 차지하고 있었다. 그 결과 상장사의 경영 구조에 심각한 결함이 존재하게 되어 한 주주가 대부분의 주식을 차지해 회사를 마음대로 하는 현상이 아주 쉽게 출현했다. 이러한 상황은 유통주 주주, 특히 중소 주주의 합법적 권익에 손실을 안겨주었을 뿐만 아니라 추악한 큰손들이 아주 쉽게 자생할 수 있는 환경을 초래해 뤼량, 탕완신, 숭루화 등이 비유통 법인주를 통제하는 방법으로 주가를 임의로 조작할 수 있었던 것이다.

10여 년 동안 이러한 현상은 줄곧 전문가들의 맹렬한 지탄을 받아왔지만 기득권 집단의 강대함으로 인해 개혁 방안은 그때마다 폐기되었다. 2001년 6월 13일, 증권감독위원회가 정중하게 국유주 보유 감소 방안이 곧 실시될 것이라고 선포하자 시장은 미리 환호했다. 이튿날 상하이거래소 지수는 2,245포인트라는 역사적인 기록을 세웠다. 하지만 감소 방안은 시간을 끌면서 발표되지 않았고 1년 후인 2002년 6월 국무원이 주식시장에서 국유주 보유 감소의 집행 중지를 발표함에 따라 개혁은 유산되었다. 2004년 이후 거시조정이 갑자기 내려오면서 상하이거래소와 선전거래소는 완전히 붕괴되었고, 크고 작은 주식 투자자들 모두 최악의 결과를 받아들일 수밖에 없었다. 증시가 깨어나지 못하고 저항력이 갑자기 와해됨에 따라 개혁은 오히려 순조롭게 진행되었다. 2005년 4월 29일 증권감독위원회는 〈상장사 주주권 분치 개혁 시행 문제에 관한 통지〉를 발표했는데, 이는 주주권 분치라는 개혁의 시행이 정식으로 가동되었음을 의미했고, 이는 '중국 증시의 제2차 혁명'으로 간주되었다.

첫 번째 개혁 시행 기업은 민영자본이 지배하고 있는 상장사인 후난의 산이중공업이었다. 이사회의 결의에 따라 이 회사는 4월 29일 총 출자금 2억 4천만 위안을 기준으로 해 유통주 주주는 매 10주당 주식 3주와 현금 8위안을 취득할 수 있도록 했고, 비유통주 주주는 소유하고 있던 비유통 주식으로 '시장 유통권'을 획득할 수 있도록 했다. 산이중공업의 주권 개혁은 '얼음을 깨고 나가는 첫 발걸음'으로 인정되었다. 이러한 조치는 주식시장이 좋지 않은 저조기에서 시작되었기 때문에 주주권 분치 개혁은 사람들이 예상한 것보다 순조롭게 진행되었다. 증권감독위원회 주석 상푸린尙福林은 훗날 "우리는 최악을 준비하고 있었는데, 실제 증시는 예상한 것보다는 덜 떨어졌습니다"라고 회고했다. 연초부터 지속적으로 하락한 증시는 급기야 6월에 와서는 1,000포인트라는 심리적 마지노선까지 무너뜨렸지만 개혁을 시행하는 회사가 계속 출현하면서 급속하게 안정되었다. 푸단 대학의 경제학 교수 화성華生은 "중국의 경제체제 개혁 이래 시간이 가장 짧고 가장 순조로우며 개혁 효과에 대해 논쟁과 갈림길이 가장 적었던 중요한 제도 변혁이었다"고 말했다. 1년이 지난 후인 2006년 9월, 1,151개의 상장사가 주주권 개혁 절차를 진행 중이거나 완성해 증시 총 시가의 92%를 차지했다. 신화사는 당월 논평에서 중국 증시가 '주주권 분치 개혁 후'의 시대로 들어섰고, 증시가 직면했던 최대 병목 문제가 기본적으로 해결되었다고 지적했다. 그때부터 중국 증시는 베어마켓Bear Market에서 홀연 깨어나기 시작했다.

주주권 분치 개혁 과정은 1980년대 후반의 '물가 난관 극복'과 1990년대 후반의 기업 재산권 개혁과 유사하게 중국의 개혁 운동의 '불不논쟁의 특징'을 그대로 보여 주었다. 어떤 중대한 개혁이 격렬한 논쟁 속에서 강행 추진될 때마다 종종 효과가 너무 미미하거나 유산되었고, 심지어 사회적 동요와 여론의 혼란을 조성했다. 하지만 모든 논쟁자들이 기진맥진했을 때 개혁은 오히려 무심결에 난관을 돌파할 수 있었다. 그리고 그러한 개혁의 진화 발전의 경로 선택의 어려움은 종종 이전에 추측했던 것보다는 작았다.

주주권 개혁은 자본시장의 오래된 고질병을 해결했을 뿐만 아니라 많은 기업 경영자에게 재산 증식 기회도 제공했다. 산이중공업의 회장 량원건梁穩根의 예가 그러했다. 그는 산이중공업의 지분 39%를 소유하고 있었는데, 비유통 주식이 상장되어 주가가 오르자 그의 재산은 급증해 2005년 루퍼트 후거워프 부자 리스트에 이름을 올리게 되었다. 그의 재산은 22억 위안이었고, 2007년에는 202억 위안까지 올라 전체 24위에 이름을 올렸다. 량원건과 달리 왕스는 또 다른 수혜자라고 할 수 있었다. 중국에서 가장 유명한 기업의 창업자인 왕스는 시작할 때 자본권의 쟁취를 포기하고 단지 60만 주가 조금 넘는 완커 주식만 보유하고 있었다. 2003년 그는 기자에게 "제 연봉은 약 60만 위안 정도입니다. 유가증권은 200만 위안이 되지 않아 단지 일개 중산층에 지나지 않습니다"라고 밝혔다. 이번 주주권 개혁에서 많은 상장사들이 잇따라 경영층의 주주권에 대한 장려 방안을 내놓았다. 완커의 2006년 장려 방안에 따르면 왕스는 장외 시장에서 구입한 2,491만 주 중 10%를 획득하게 되어 그의 주식은 62만 8천 주에서 311만 9천 주까지 늘어났다. 당시의 시가로 계산하면 왕스의 재산은 5,000만 위안에 달했다. 언론은 "왕스의 소득은 완커에 대한 그의 공헌에 비례하지 않고, 다른 부동산업자들과 비교해도 천양지차가 난다. 하지만 적어도 주주권 개혁은 그에게 공평한 보상의 기회를 제공했다"고 논평했다.

부의 재조정 외에도 주주권 분치 개혁은 중국의 비즈니스 사회에 몇 가지 의외이면서도 낯선 분위기를 가져다주었다. 제약에서 풀려난 자본 역량은 자연스럽게 우수한 기업에 쏠리는 시장 선택력을 갖게 되었고, 그것이 가진 자유와 민간 중심民本은 처음부터 비할 바 없는 강력함과 참신함을 보여주었고, 그것의 탄생은 한층 심원했고 기록할 만한 가치를 갖고 있었다.

주주권 개혁 과정 중에 줄곧 아무에게나 유린당했던 개미 투자자들은 처음으로 역량을 발휘할 수 있었다. 10월 하순 부동산을 주업으로 하던 진펑金豊투자는 주주권 분치 개혁을 시작해 비유통주 주주가 유통주 주주에게 10주당 3.2주를 증여해 유통 자격을 부여하는 방안을 제기했다. 이 방안은 유통주 주주들의 저항에 부딪치게 되었는데, 저우메이선周梅森이라는 유명 작가가 이에 대해 연속적으로 3회에 걸쳐 공개 서한을 발표했다. 「나는 분노한다. 전국의 유통주 주주들에게 보내는 편지」, 「카이사르 것은 카이사르에게로, 인민의 것은 인민에게로! 비유통주 대주주에게 보내는 편지」, 「누가 인민의 자산에 대해 책임을 지는가? 경영층과 정책결정권자에게 보내는 편지」가 그것이었다. 저우메이선은 쟝수성작가협회 부주석으로 그의 글은 예리하고 범상치 않았다.

조금도 의심할 여지없이 우리는 희생자로서 역사를 경험하고 있습니다. 이는 중국 증권사에서 가장 잔혹한 역사의 한 페이지라고 할 수 있습니다. 미래의 증권시장 연구가들은 아마 이렇게 기록할 것입니다. '2005년 5월 중국 증시가 만들어낸 역사의 원죄는 속죄할 방법이 없다. 새로운 착취가 다시 재현되고 있었다.' 상장사 등 관련 이익 집단은 강력한 힘으로 주식 개혁을 압박하고 있고, 중국 증시는 이미 가장 위험한 시기에 진입해 있습니다. 전국의 7,000만 명의 투자자들은 손실이 축적되는 상황 하에서 주식개혁 속에서 계속해서 피를 흘리고 있습니다. 이미 주식 개혁에 참가한 상장사들은 대부분 배당 이전보다 시세가 떨어졌고, 비유통주 대주주가 하사한 대가는 이미 거품으로 변해 지수 하락과 더불어 모든 것이 수포로 돌아갔습니다. 자본의 강권에 직면해 있는 우리는 약자이고, 그나마 다행인 것은 정부와 경영층이 우리에게 부결권을 주었다는 것입니다. 투자자 여러분, 당신의 부결권을 절대로 아까워하지 마십시오. 진펑투자든 인펑銀豊투자든 그들의 주식 개혁이 불공정하다고 생각하면, 그들이 다시 당신의 권리를 침해하게 되면 반드시 부결권을 행사하십시오. 반드시 투표에 참여하십시오. 1백 주만 갖고 있더라도 당신은 자본의 강권에 큰소리로 말해야 합니다. 나는 분노한다. 더 이상 참을 수 없다!

저우메이션은 거대한 자본의 힘 앞에서 목소리를 높였고, 세 통의 서한이 공개되자 여론은 들끓기 시작했다. 한 달 후 개혁 방안 표결 중 투표에 참여한 유통주 주주의 41%가 반대표를 행사했고, 이 방안은 부결되었다. 그 결과 진평투자는 처음으로 중소 투자자들에 의해 개혁 방안이 부결된 상장사가 되었다.

주식 개혁의 또 다른 성과는 곤경에 처한 시장형 기업가들을 구한 것이었다. 2005년을 전후로 주하이 거리전기의 회장 주장홍은 생사의 기로에 서 있었다. 연초 60세를 맞이한 그는 국유자본을 주관하는 고위층에게 이렇게 말했다. "저는 이미 퇴직 신청을 제출할 만반의 준비가 되어 있습니다."

주장홍은 거리의 창시자로 내성적이고 실속적인 남방 사람이었다. 1991년부터 그는 주하이에서 망해가는 선풍기공장의 공장장을 맡아 당시의 거리전기를 만들어냈다. 1996년 거리전기가 상장되었고, 거리 에어컨은 이때부터 11년 연속 업계 1위의 신화를 써가고 있었다. 이때부터 주장홍과 상급 주관 부문 사이에 모순이 발생하기 시작했다. 거리전기는 자산 형태로는 주하이특구경제 발전총공사 소속이었는데, 이 회사는 정부 기관의 특색을 많이 지닌 국유기업이었다(이와 유사했던 경우가 완커였다. 완커도 역시 선전특구경제 발전총공사 소속이었고, 왕스와 이 회사 사이의 논쟁은 완커 창업 초기의 가장 큰 모순점이었다). 거리 에어컨이 성장함에 따라 주하이발전총공사는 구조조정을 통해 거리그룹으로 개명하고, 상장회사 거리전기를 운전하는 시어머니 역할을 했다. 거리그룹은 거리의 상표권, 중대한 정책 결정, 인사권을 보유하고 있었는데, 관리 구조가 커룽그룹과 완전히 같았다. 주장홍은 거리그룹의 부회장이자 상장사의 회장이었다. 화남 지역의 판닝, 리징웨이 등의 창업가들이 줄줄이 퇴출당하고 있을 때 주장홍도 체제의 벽을 실감하고 있었다. 그는 여러 차례에 걸쳐 그룹의 재정리와 상장사의 자산과 관리 관계 재정리를 요구했고, 이로 인해 상급자들과의 관계는 날로 악화되고 있었다.

2003년, 거리의 체제 모순이 공개되자 주장홍과 그룹 회장은 물과 불의 관계로 변했으며, 이러한 상황은 언론들에 의해 급속하게 '부자지간의 논쟁'으로 묘사되며 퍼져나갔다. 이후 3년 동안 거리그룹은 세 차례나 회장을 교체했고, 그때마다 지배권에 대한 쟁탈은 가열되기만 했다. 2003년 12월『광동홍콩정보일보』는 「거리그룹, 추스젠(이전 홍타그룹 회장)식 인물 재현」이라는 글을 게재해 주장홍의 국유 자산 침탈 혐의를 직접 겨냥했다. 주장홍은 이 글이 자신을 심각하게 비방하고 있다고 여겼고, 이로 인해 저자를 법원에 기소했으며, 그 결과 승소했다(재미있는 사실은 이 글의 저자가 당시 거리그룹 회장의 동창이었다는 사실이다). 2004년 거리전기는 마케팅 문제로 국내 최대 유통업체인 궈메이와 갈라서게 되었고, 이로 인해 마케팅에서 심각한 국면을 맞이했다. 당시 주장홍 본인은 퇴직할 날을 기다리고 있었다. 이러한 거리의 풍파에 대해 지속적으로 관심을 갖고 있던 언론은 주장홍의 앞날을 비관적으로 여기고 조만간 '제2의 판닝'이 재현될 것이라고 예측하고 있었다.

그런데 신기한 대역전 드라마가 주주권 개혁 기간 중에 일어났다. 9월 주장홍은 떠날 것인지 남을 것인지의 갈림길에서 고민하고 있었다. 거리전기가 주주권 개혁 방안을 시작하자 주하이시정부는 담당 팀을 조직해 선전, 베이징, 상하이 등지로 시찰단을 파견해 주식을 보유하고 있는 증권회사를 방문하게 했다. 가는 곳마다 펀드매니저가 제기한 첫 번째 질문은 "주장홍이 유임될 수 있습니까?"였다. 심지어 어떤 사람은 "우리는 거리의 주주권 개혁의 구체적 조건에 대해서는 관심이 없습니다. 우리가 가장 관심을 가진 부분은 주장홍의 연임 여부입니다"라고 말했다. 자본시장에서 나온 압력으로 인해 정부는 기업가의 역량을 의식하게 되었고, 이렇게 해서 시장 자본이 곤궁에 처해 있던 기업과 기업의 창시자를 살려낸 것이었다. 마지막으로 전달된 거리의 주주권 개혁 방안에서는 특별히 '주장홍의 거리전기 회장 연임을 지지한다'는 조항을 명확히 했다. 2006년 8월까지 주장홍은 거리그룹의 회장, 법정대표, 총수와 당서기를 역임했고, 수년 동안 지속되었던 '부자지간의 논쟁'은 뜻밖이면서도 극적으로 종지부를 찍게 되었다.

주장홍의 이러한 경력은 아슬아슬하면서도 우연적이었고, 또한 비극적인 요소가 가미되어 있었다. 한 체제의 전환기에 많은 이성적인 결말에도 비이성적인 색채가 가득했다.

만약 인터넷이 없었다면 기업사를 다루는 이 책도 절반 정도에서 끝났을 것이다. 실험실에서 막 날아오른 요정은 처음에는 허약하고 어렸으나 점점 자본의 금빛 날개를 달게 되었고, 비즈니스의 정취에 물들면서 사회 생활의 모든 영역으로 침투해 들어갔다. 몇 년 전과 비교해 인터넷 세계는 천지를 개벽시켰고, 온라인게임, 블로그, 커뮤니티 등 신개념의 용어들을 정신없이 쏟아내고 있었다. 뉴스를 주요 소스로 한 포털사이트는 새로운 물결에 의해 추월당했고, 심지어는 후발 주자들에 의해 저격 대상으로 바뀌었다. 과거 2년간 중국의 네티즌 수는 1억 명을 넘어섰고, 산다, 첸청우여우前程無憂, 51job, 텅쉰騰訊, QQ, 세청携程, C Trip, Tom 온라인, e룽龍, 쿵중왕空中網, 금융계, 링퉁靈通 및 쥬청九城 등 10여 개의 인터넷 업체들이 연속적으로 해외에 상장되었고, 중국 인터넷업체의 주가총액은 100억 달러를 넘어섰다. 2005년은 인터넷 사업에서 진정한 '원년'의 의미를 지닌 해였다.

2005년에 가장 의기양양했던 인터넷 영웅은 산다게임의 천톈챠오였다. 50만 위안으로 사업을 시작한 천톈챠오는 2004년 8월 10일 명성을 천하에 떨쳤다. 산다게임이 나스닥에 상장되었고, 31세의 천톈챠오는 11억 달러가 넘는 주식을 보유하게 되어 그보다 두 살이 많은 저장성 동향이자 왕이의 창시자인 딩레이를 넘어서『포브스』의 부자 리스트에 새롭게 이름을 올렸다. 5년이라는 짧은 시간에 그의 몸값은 1만 8천 배나 치솟았다. 사람들은 문득 이 젊은 천톈챠오 이전에 상하이에서는 아주 오랜 기간 동안 '기업가'가 출현하지 않은 사실을 발견했고, 이는 중국 최대의 경제 도시에서 아마도 풍자적인 의미를 지닌 일로 기록되었다. 2월 19일, 천톈챠오는 인터넷업계에서 깜짝 놀랄만한 대형 사건을 저질렀다. 이날 산다는 나스닥에서 신랑의 주식 19.5%를 매수했다고 발표했고, 이로 인해 일순간에 중국 최대의 포털사이트의 대주주로 도약하게 되었다. 일부 보도에 따르면 당시 파리에 있던 천톈챠오는 신랑의 CEO였던 왕옌汪延에게 전화를 걸어 이 사실을 통보했는데, 왕옌은 이 사실을 전혀 모르고 있었다. 재미있는 것은 왕옌도 이때 파리에 있었다는 것이다. 신랑은 이튿날 산다의 악의적인 매수에 불만을 표명한다는 강력한 성명을 발표했고, 그 결과 지배권 쟁탈을 둘러싼 여론 전쟁이 일촉즉발의 상황에 놓이게 되었다. 산다의 진입을 저지하기 위해 신랑은 심지어 소위 '포이즌 필Poison Pill'을 가동했다. 즉 신랑의 모든 주주에게 저가로 주식을 매입할 수 있는 권리를 주어 만약 산다가 신랑의 주식 보유량을 계속 늘려 비율이 20%를 넘게 되면, 주주들(산다 제외)이 수중의 권리에 기대어 50%의 가격으로 신랑이 추가 발행하는 주식을 구매할 수 있도록 했다. 그 결과 산다는 주식의 추가매수를 중지했고, 신랑도 조용히 천텐챠오를 이사회의 일원으로 끌어들였다. 사실 이러한 조작 방식은 월스트리트에서는 일반적인 매수 방식으로, 모건스탠리는 '미국 법률을 준수하면서 매수를 진행했던 첫 번째 중국 사례'라고 평가했다. 중국의 인터넷 역사는 이번 사건으로 신랑, 왕이 및 서우후가 독차지하고 있던 '포털 시대'의 종결을 알렸다.

만약 천텐챠오가 사람들로 하여금 온라인이라는 새로운 세력에 대해 괄목상대하게 했다면 2005년 여름 리옌훙과 그가 창업한 바이두는 세계를 또 한 차례 놀라게 했다. 8월 5일 세계 최대 중국어 검색 엔진인 바이두가 나스닥에 상장되었는데, 첫날 주가가 120달러에 달했다. 이 파천황적인 354%라는 상승폭은 213년의 미국 증시사상 외국 업체로서는 첫날 주가 상승폭 중 최고 기록이었다. 『월스트리트저널』과의 인터뷰에서 리옌훙은 "지금 나스닥에서 가장 유행하는 명사는 '중국'과 '검색'인데, 바이두의 경우 공교롭게도 이 두 가지를 모두 갖고 있습니다"라고 말했다. 그가 이 말을 하고 있을 때 그의 등 뒤에서 마치 역사의 수레바퀴가 심한 진동소리를 내며 굴러오고 있는 것 같았다. 예일대학 경제학 교수 천즈우陳志武는 심지어 "과학기술의 진보에서 나는 '선저우神舟 6호'의 영향도 바이두의 상장만은 못하다고 생각한다"고 말했다. 그는 『남풍창』과의 인터뷰에서 이렇게 말했다.

    최근 중국의 많은 IT기업이 미국에서 상장되고 있는데, 이는 세계화의 기회를 이용한 것으로 많은 젊은이의 창조력을 단기간 내에 재부로 탈바꿈시켜주고 있다. 바이두의 상장으로 리옌훙은 하룻밤 사이에 9억 달러의 부자가 될 수 있었다. 이에 그치지 않고 바이두의 직원

---

5) 선저우 6호는 중국 최초의 유인 우주선으로, 2005년 10월 12일에 발사되었다. 선저우 6호의 발사는 당시 중국 최대 뉴스 중의 하나였다.

들 중 몸값이 1억 달러가 넘는 사람이 7명에 이르고, 1,000만 달러에 이르는 사람도 100명이 넘는데, 이들 중 많은 사람은 3~4년 전에 대학을 졸업한 사람들이다. 이러한 상황에 대한 언론의 대대적 보도는 많은 젊은이들이 과학기술에 흥미를 갖도록 해주었고, 그들 모두는 자기혁신을 통해 리옌훙과 같은 사람들이 될 수 있음을 깨닫고 있다.[6]

청춘기의 모든 산업과 마찬가지로 열정의 고조에 따르는 거침없는 야성, 특히 광분한 자본의 열기 하에 종종 도덕적인 마지노선을 잃어버리는 행위가 인터넷 경제의 단순성을 침식하기 시작했다. 이런 현상은 건강식품, 가전 등의 업종에서도 출현한 적이 있었다. 2005년에는 불량 소프트웨어와 피비린내 나는 폭력적인 온라인게임이 공해가 되고 있었다.

렌웨이(连岳)라는 칼럼니스트는 본인의 경험에 대해 이렇게 이야기한 바 있다.

친구가 모 지역 차이나텔레콤의 ADSL을 설치했는데, 이상한 일이 발생했습니다. 브라우저의 주소란에 구글의 도메인을 입력하면 갑자기 두 개의 창이 뜨면서 메시지가 뜨는 것이었습니다. 하나는 웹페이지가 존재하지 않는다는 것이고, 또 다른 하나는 '당신이 찾는 사이트가 3721입니까?'였습니다.

3721은 한 검색엔진 회사 이름이었고, 수시로 나타나는 이러한 메시지는 컴퓨터 사용자를 아주 귀찮게 만들었다. 렌웨는 "인터넷 시대에 구글이 존재하지 않는다고 소리치는 것은 마치 태양은 단지 허구에 지나지 않는다고 말하는 것과 같았습니다"라고 말했다.

9월 10일, 제5회 '시후논검(西湖論劍)'이 항저우에서 열렸다. 심포지엄 기간 동안 분노에 가득 찬 한 중년부인이 갑자기 일어서면서 폭력적이고 피비린내 나는 온라인게

---

6) 2005년 나스닥에 상장된 회사 중에는 또 중국 최대의 옥외광고업체인 펀중미디어가 있었다. 7월 13일 상장 시가 총액이 6억 8천만 달러였고, 창시자인 쟝난춘의 몸값은 2억 7천만 달러를 넘었다. 중국의 건물 광고 시장의 98%를 차지하고 있었기 때문에 펀중미디어는 월가의 관심을 끌었고, 2007년 8월에는 시가 총액이 46억 달러에 달했다.

임이 아들을 중독자로 만들었다고 성토했다. 그녀는 연단 위의 딩레이를 가리키면서 "만약 밖에서 보게 된다면 당신을 죽이고 말겠다. 내 아들이 온라인게임 중독자인데 ……"라고 말했다. 딩레이가 조심스럽게 아들이 하는 게임이 무엇이냐고 묻자 그녀는 "〈촨치傳奇(미르의 전설)〉"라고 대답했다. 그러자 얼굴이 새빨개진 딩레이는 "그것은 제가 만든 것이 아니고, 천텐챠오가 만든 것입니다"라고 대답했다. 당시 〈촨치〉는 산다가 한국에서 수입한 게임이었다.

2005년에 발생한 모든 경제 사건과 기업 뉴스는 동전의 양면처럼 서로 의존하면서도 대립하는 모순덩어리였다. 2004년에 시작된 거시조정은 또 다시 중국의 경제 성장과 제도의 심층적인 모순을 격렬하고 극적인 방식으로 드러냈다. 3월 초의 전국양회에서 경제학자이자 전국정협위원인 우징롄은 이렇게 말했다.

중국의 변혁은 이미 '심수深水 구역'으로 진입해 발걸음을 옮길 때마다 한 사람 또는 한 부문의 기득권에 저촉되어 반발에 부닥치고 있다. 이로 인해 개혁이 늦어지고 있다.

그의 발언은 많은 사람의 공감을 얻었다. 많은 사람이 듣기에 '심수 구역'이라는 비유는 함축적인 의미를 갖고 있었다. 이 말은 개혁이 더욱 어렵고 미지의 깊은 곳을 향해 추진되고 있음을 의미하는 동시에 이익 간 충돌의 복잡성과 다원성을 함유하고 있다고 여겼다. 어떤 사람은 심지어 프랑스대혁명 당시 마농 필리퐁의 말을 인용하기도 했다. "개혁, 개혁, 얼마나 많은 이익이라는 명분으로 그것을 실행해야 하는가!" 이 외에도 '심수 구역'이라는 비유는 지금 아주 깊고 광활한, 아주 생소한 비즈니스 시대로 들어서고 있음을 말해주었다. 많은 중국인에게 과거는 이미 다른 나라였다. 해외 전문가들도 중국의 변혁의 풍부함을 제대로 평가하기에는 역부족이었다. 영국의 『파이낸셜 타임스』의 수석 칼럼니스트 마틴 울프는 "아마 오늘 우리가 말하는 중국은 모두 다른 국가일 것"이라고 말했다. 6월 27일에 출판된 『타임』지는 중국의 정치가 마오쩌둥을 표지인물로 게재하면서 그의 복장에 의미심장하게 유명 브랜드 'LV'를 그려 넣었는데, 표제는 '조용한 혁명The Quiet Revolution'이었다. 그리고 과거의 수많은 관찰기와 마찬가지로 다시 한 번 물질화의 시대가 이미 중국에 도래했다고 주장했다.

11월 11일, 미국의 샌프란시스코 부근의 조그만 도시 클레어몬트에서 유명한 경영학 대가 피터 드러커가 향년 95세의 나이로 세상을 떠났다. 이로써 2차대전 이후 출현한 사상계의 거인, 마르쿠제, 사르트르, 푸코, 칼 포퍼, 하이에크 등이 모두 역사 속으로 사라졌다. 과거 10년 동안 '방관자'를 자처한 이 경영관리 분야의 석학은 GE의 전임 회장 잭 웰치와 함께 중국의 기업가들에게 가장 신망 받는 인물이었다. 사람들은 그로부터 혁신, 과학적 관리, 지식 노동자 등의 새로운 개념을 배웠다. 하지만 그가 한 이야기를 얼마나 이해했는가는 또 다른 이야기였다. 피터 드러커의 죽음은 경영 전문가들로 하여금 "드러커가 죽다니, 이젠 누가 우리를 대신해 경영에 대해 생각하게 할 것인가?"라고 할 정도로 낙심하게 만들었다. 드러커는 말년에 관심을 갖기 시작해 한 번 오고 싶어 했던 중국을 끝내 방문하지 못했다. 죽기 한 달 전 그는 "시안기업가협회의 피터드러커연구회 가입을 진심으로 환영합니다"라는 축사를 중국으로 보내기도 했다.

객관적으로 말해 어떤 사람의 죽음도 세상의 발걸음을 멈추게 할 수는 없다. 사람들이 피터 드러커로 인해 슬퍼하고 있을 때 신문기자 출신의 『뉴욕타임스』 칼럼니스트 토마스 프리드먼은 적절한 시기에 화제를 바꾸어 『세계는 평평하다 The World is Flat』라는 책을 출판했다. 이 책은 빠른 속도로 베스트셀러 경영서가 되었고, 빌 게이츠는 아주 드물게 이 책은 모든 기업가와 직원들이 읽어야 하는 필독서라고 평가했다. 프리드먼의 관점은 아주 간단했다.

베를린 장벽이 무너지고, 인터넷의 굴기와 소스코드 개방 운동으로 평평한 정치, 경제와 문화를 구축하게 되었고, 과거 권력 및 재부와 인연이 없던 사람도 직접적으로 돈벌이와 여론 조성 활동에 참여할 수 있게 되었다. 인내, 식견, 인터넷을 연결하기만 하면 된다.

분명 이토록 낙관적인 글로벌 선언은 사람들을 기쁘게 만들었지만 이러한 판단에 직면해서 미국인들과 중국인들은 서로 다른 느낌을 갖고 있었다. 미국인들은 이 '평평한 세계'를 정복할 것이라고 생각했고, 중국인들은 충만한 자신감으로 변방에서 '이미 평평해진 세계의 중심'을 향해 일로 매진할 것이라고 생각했다.

2006년
자본의 성대한 잔치

성 밖의 이야기 소리, 짙은 안개는 흩어지지 않고,
대화를 나누는 게 보이지 않네.
당신이 들을 수 없고, 바람소리도 없는데, 나 홀로 감격하고 있네.
꿈에서 깨어나니 누군가가 창문턱에 서서 꿈을 깨웠나보다!
—저우제룬周杰倫, 「천리 밖에서」(2006년)

2006년 봄, 1970년대에 태어난 경제 칼럼니스트 쉬즈위안許知遠은 미국 작가 제리 데널린Jerry Dennerline이 쓴 『첸무와 치팡챠오의 세계Qianmu and the world of seven mansions』를 가슴에 안은 채 차에 앉아서 국학國學(중국 고유의 학술과 문화를 연구하는 학문)의 대가 첸무의 고향 쟝수성 우시로 가고 있었다. 우시는 창쟝 삼각주 일대의 경제 발달 지역 중의 하나였다. 데널린의 책에는 첸무의 고향 우시의 치팡챠오의 흑백사진이 인쇄되어 있었는데, 이 사진은 1980년 전후의 강남 지역에 있던 옛 건물들을 찍은 것이었다. 쉬즈위안이 우시에 도착했을 때는 이미 밤이었다.

가랑비는 여전히 흩날리고 있었다. 네온사인과 차들의 시끄러운 경적소리는 나의 상상을 깨트려버렸다. 낡고 천편일률적인 건물들이 나타났고, 몇 층짜리 조그만 건물, 하얀 타일 벽, 짙푸른 유리, 중국의 모든 시市와 진鎭은 남방이든 북방이든, 서부든 동부든 항상 사람을 깜짝 놀라게 했다. 문인들의 고상함이 많이 드러나는 이 도시에도 다른 지역과 마찬가지로 도처에 부동산 광고가 가득했고, 정원의 풍격은 일찍이 버려진 상태였다. 사람들이 가장 큰 관심을 가진 것은 '캠브리지식 풍격'와 '북미식 별장'이었다. 하나의 예외도 없이 시

877

내에는 백화점과 같은 건물들이 들어서 있었고, 도로가를 걷고 있으면 상하이탄을 축소해 놓은 것 같다는 생각이 들었다.

9월, 제63회 베니스영화제에서 36세의 중국 감독 쟈장커賈樟柯의 〈산샤三峽의 호인〉이 최고상인 황금사자상을 수상했다. 이 영화는 한 평범한 부부가 창쟝가에서 서로를 찾고, 싸우고, 그런 후에 헤어지는 이야기를 그린 작품이었다. 영화의 촬영지는 2,000년 역사를 자랑하는 충칭시 펑제奉節현이었다. 쟈장커는 5개월의 영화 촬영 기간으로는 정경의 변화를 따라잡을 수 없음을 나중에야 발견했다. 촬영을 시작할 때 그는 멀리서 옛 건물을 볼 수 있었으나 잠시 베이징을 다녀온 후 다시 바라보니 흔적도 보이지 않았다. 2,000년 역사의 고도가 하루가 다르게 철거되고 있었다. 설령 카메라를 고정해도 곧 원래 모습을 찾아볼 수 없었다. 쟈장커는 카메라가 이런 변화의 흐름을 따라잡을 수 없는 현실을 한탄했다.

아마도 중국처럼 하루가 다르게 변하는 나라는 이 세상에 없을 것이다. 많은 사람에게 그들이 나고 자란 고향은 이미 존재하지 않았다. 당송의 시인들이 노래한 강남은 이 세상 어디에서도 찾아볼 수 없었다. 조용하고 적막했던 조그만 읍내들은 지금 세계에서 가장 중요한 공업 제조 기지로 변해버렸다. 과거 20년간 약 4억 명에 달하는 중국인들이 극도의 빈곤에서 벗어났는데, 이는 신속하고 광범위한 도시화로부터 나온 성과라고 할 수 있었다. 전문가들의 견해에 따르면 도시화는 지금도 여전히 진행되고 있고, 향후 20년 내에 4억 명의 인구가 다시 도시로 유입될 것이다. 이것이 중국의 도처가 공사장으로 변한 가장 큰 이유였다. 외신에 따르면 중국이 매일 건설하는 주택 면적은 지구촌에 건설되는 면적의 50%에 달하고, 1년에 건설되는 총량은 러시아 전체 주택 면적과 비슷했다. 10일 동안의 충칭시 건축 면적은 뉴욕 맨해튼의 크라이슬러 빌딩 15채에 해당되었다.

중국 경제의 억제할 수 없는 발전 충동은 모든 전문가의 예상을 뛰어넘을 정도로 대단했다. 2006년부터 중국 경제가 머지않아 붕괴될 것이라는 예언은 거의 들리지 않았다. 몇 년 동안이나 그런 예언이 모두 수포로 돌아갔기 때문이다. 이와 반대로 중국의 개혁을 칭송하는 책들이 잘 팔리기 시작했다. 제임스 킹James Kynge의 『중국이 뒤흔드는 세계』는 전미 베스트셀러 목록에 진입했고, 영국의『파이낸셜 타임스』는 이 책에 대해 최고 도서상을 수여했다. 프랑스의 베테랑 기자 에릭 이즈라엘르비츠Erik Izraelewicz가 2월에 출판한『중국이 세계를 바꿀 때』도 유럽에서 베스트 반열에 올랐다. 9월에『포브스』지가 발표한 〈전미 벤처 투자가 서열〉에서 1위를 차지한 세쿼이어 캐피탈Sequoia Capital의 마이클 모리츠Michael Moritz가 중국을 방문했다. 그는 야후, 구글, 페이팔Paypal에 대한 투자로 유명해진 사람이었다. 세쿼이어 캐피탈의 이전의 투자 반경은 실리콘밸리를 40마일 이상 벗어난 적이 없는 것으로 알려졌다. 그런데 이번에는 한시도 지체하지 않고 중국을 방문해 기자에게 "만약 50, 100년이 지난 후 다시 돌아본다면 중국의 위대한 기업은 어쩌면 아직 탄생하지 않았을 것입니다"라고 말했다.

모리츠의 말에는 치켜세우는 부분이 많기는 하지만 어쩌면 한 가지 사실은 올바로 말한 것이었다. 위대한 시대라고 해서 위대한 기업이 탄생할 수 있을 것이라고는 결코 보증할 수 없다는 것이 그것이었다. 1월 5일, 중국석유그룹 사장 쟝제민蔣潔敏은 중앙기업책임자회의에서 "중국석유는 아시아에서 최대 이윤을 창출하는 회사입니다. 여러 회사 중의 하나가 아니고 제일이라는 것입니다"라고 말했다. 그가 이 말을 할 때의 흥분과 거만함은 상상할 수 있지만 돈을 가장 잘 버는 중국석유가 위대하고 심지어 존경받을 만한 가치가 있는 기업이라고 생각하는 사람은 없었다.

고속성장의 통로에서 대형 국유기업들의 활약이 가장 눈부셨다. 2004년 늦은 봄의 거시조정 후 자원형 영역에서의 그들의 독점적 지위는 더욱 확고해졌다. 만약 중국의 경제 발전이 사과가 맺혀있는 사과나무라고 말한다면 그들은 틀림없이 가장 크고 가장 무성한 가지에서 사과를 수확하는 최대 수혜자라고 할 수 있었다. 동시에 현대적 기업 제도가 보급됨에 따라 이러한 기업의 자본시장화와 경쟁력도 더욱 강화되었다. 국유자산감독관리위원회 설립 3년 이래 중앙 직속 기업의 주요 업무 수입은 78.8% 증가했고, 연간 성장률도 21.4%에 달했다. 이윤은 140%나 증가해 연간 성장률이 33.8%에 달했다. 납세액은 96.5% 증가해 연간 성장률이 25.2%나 증가했고, 순자산 수익률은 10% 증가했고, 국유자산 가치 증가율은 144.4%를 기록했다. 지금 그들은 패퇴시킬 수 없는 '무적 함대'로 보였다.

과거 2년 동안 지구촌의 에너지는 전례 없이 부족해 국제 원유가는 25달러에서 70여 달러로 수직상승했다. 이러한 배경 하에 독점적 지위에 있는 중국석유, 중국석유화학 및 중국해양석유 등 3대 석유업체의 이윤이 폭증했다. 2004년 중국석유화학의 순이익은 전년 대비 70% 증가했고, 2005년에는 이 기초 위에서 다시 42% 증가했으며, 2006년에 다시 28.08% 증가했다. 중국석유의 업적은 실로 놀랄 만했는데, 2005년 매출액이 5,500억 위안을 돌파해 전년도 대비 39% 증가했고, 1,333억 위안의 이윤을 창출해 아시아에서 돈을 가장 많이 버는 기계가 되었다. 이러한 실적은 홍콩 증권거래소의 블루칩이던 HSBC와 아시아 최고 그룹이던 도요타를 능가하는 실적이었다. 『남방주말』 기자 천타오陳濤는 「중국석유, 어떻게 이 자리에 오를 수 있었는가」라는 글에서 다음과 같이 적었다.

주요 원인은 가격에 있다. 중국의 석유 가격은 국제 가격에 따라 움직인다. 국제 유가가 계속 상승했지만 채굴 원가는 고정되어 있다. 지금 국제 유가가 이미 배럴당 90달러를 넘어섰지만 중국석유의 국내 유전 채굴 비용은 배럴당 6.86달러에 지나지 않는다. 이처럼 중국석유가 번 돈은 주로 석유 자원의 돈이다. 석유 자원은 이론적으로 중국인 전체가 공유하는 것이다. 중국석유가 보유하고 있는 매장량은 116억 배럴로, 배럴당 90달러로 계산하면 총액은 7조 8천억 위안에 달한다.[1]

사람들을 경악하게 했던 것은 이와 같은 폭리를 취할 수 있는 모든 전제조건이 마련되어 있었는데도 석유업체들이 국가의 제한 가격을 넘어서 민영 주유소에 고가로 석유를 판매하고 있는 사실이었다. CCTV가 하이난의 한 민영 주유소 사장을 취재하면서 알게 된 사실은 2006년 4월 23일 양대 석유회사로부터 공급받은 석유 가격은 톤당 5,300위안이었다. 하지만 국가는 톤당 석유가격을 4,744위안으로

---

1) 2006년 7월 14일 뉴욕의 상품거래소의 원유 선물 가격이 배럴당 78.4달러에 달해 역사적인 기록을 세웠다. 천타오의 글은 2007년 11월 1일에 발표되었는데, 당시 유가는 이미 96.2달러까지 상승해 100달러 돌파를 목전에 두고 있었다.

제한하고 있었다. 중국석유의 내부 간행물에 따르면 10월 18일 국제 원유가가 배럴당 57.65달러일 때 미국의 휘발유 가격은 톤당 인민폐로 환산하면 4,118위안이었지만 중국의 당시 도매가격은 6,585위안에 달해 미국보다 2,467위안이나 더 비쌌다. 곰곰이 생각해봐야 할 것은 1월 재정부는 여전히 국가 자산 100억 위안을 양대 석유업체에 보조했다는 것이다. 국유자산감독관리위원회의 해석은 이러했다.

> 중국석유화학과 중국석유 등 대형 기업은 자신의 이익을 희생함으로써 국민 경제의 안정적 발전에 도움을 주는 것을 아까워하지 않는다. 많은 경우 중앙의 대기업은 대국적인 차원에서 자신을 희생해왔지만 이를 아는 사람들은 결코 많지 않다.

11월 14일, 『포춘』지가 공표한 '2006년 기업 사회 책임 평가' 리스트에서 중국석유는 63위를 기록했는데, 이는 뒤에서 두 번째였다. 꼴지도 중국 기업이었는데, 바로 국유기업인 국가전력공사였다.

8월 10일, 뉴욕의 증권거래소에 상장된 차이나모바일은 종가 33.42달러를 기록했다. 차이나모바일의 시가 총액은 1,325억 달러를 돌파해 처음으로 보다폰Vodafone을 넘어섰다. 이로써 차이나모바일은 세계 최대의 이동통신 운영업체로 성장했고, 2006년에는 영업 이익 2,583억 위안, 세전 이익 968억 위안을 기록했다. 이 기업의 이익 창출 역시 독점과 무관하지 않았다. 재미있는 것은 과거 몇 년 동안 통신 영역의 3대 거두는 차이나모바일, 차이나유니콤, 차이나텔레콤이었다. 이 세 업체는 격렬한 가격 경쟁을 펼친 적이 있었는데, 가입자 쟁탈과 첨예한 가격 대립으로 어떤 지역에서는 악의적인 패싸움까지 일어나기도 했다. 정보산업부의 데이터에 따르면 1998년부터 5년 동안 정보산업부에 보고된 악성 분규 사례만 540건에 달했는데, 이는 4일에 한 번꼴로 일어난 셈이었다.

2004년 11월 1일, 아주 재미있는 보직 전환 뉴스가 경제계를 뒤흔들었다. 국유자산감독관리위원회 주관 하에 3대 통신업체 경영진이 보직 이동을 실시했다. 차이나유니콤의 회장이자 총수인 왕젠저우王建宙가 차이나모바일 사장으로, 차이나모바일의 부사장인 왕샤오추王曉初가 차이나텔레콤 사장으로, 차이나텔레콤 부사장인 창샤오빙常小兵이 차이나유니콤 회장으로 보직을 옮겼고, 차이나모바일 사장인 장리구이張立貴와 차이나텔레콤 사장인 저우더창周德昌은 각각 퇴임했다. 국유자산감독관리위원회의 해석은 이러했다.

보직 이동은 과거 몇 년 동안 통신운영업체들 간에 격렬해진 악성 경쟁을 억제하고, 통신운영업체 간의 이성적인 경쟁을 유도해 국유 통신업체들의 투자 회수를 제고하기 위해서 이루어졌다.

이러한 소식이 외부에 전해지자 큰 파장이 일어났다. 자본시장과 통신 분석가들은 의문을 가진 채 신중하게 관망했다. 투자 분석가들은 행정 수단을 동원해 자본시장의 제약을 뛰어넘고 상장사 관리 구조를 파괴하는 방식은 자본시장에 대한 만행이고, 1994년의 통신 개혁 이후 통신업종의 도태라고 생각했다. '가장 위험한 여인'으로 불리던 『재경』지 편집장 후수리는 「전신업계 고위층 보직 이동은 폐단이 이익보다 많다」라는 논평에서 다음과 같이 말했다.

3대 통신사가 해외에 상장했을 때 우리는 모두 '부족한 것은 돈이 아니라 메커니즘이고, 상장은 좋은 메커니즘을 들여오기 위해서다'라는 말을 들었다. 그럼 그러한 메커니즘의 핵심은 도대체 무엇인가? 당연히 자본시장에서 인정하는 회사 관리 구조인 것이다. 그러나 이번 국유 대주주의 3대 통신업체에 대한 보직의 강제 이동은 의사결정 과정이 결코 투명하지 않았고, 심지어는 상장사 이사회와 주주총회에 사전 언급도 없었다. 그러한 방식은 소유자가 여전히 기업 관리자를 임의로 이동시킬 수 있는 관리로 생각하고 있음을 말해주고, 시장에서 통용되는 '경쟁 업종 금지' 규정과 '이익 충돌' 개념에 대해 전혀 인지하지 못하고 있음을 말해주며, 상장사의 경영진에 대한 인센티브 제도가 허상임을 말해준다. 이처럼 아무 거리낌 없이 자본시장의 제약을 넘어서면 상해를 입는 것은 바로 상장사 관리 구조 자체라는 것이다. 이는 일종의 치명상으로 3대 상장사 자체에 상처를 줄 뿐만 아니라 체제 전환 과정 중에 있는 수많은 국유기업에게도 좋지 않은 영향을 줄 수 있다.

비록 이렇게 격렬한 비판을 받기는 했지만 보직 이동의 위협 효과는 바로 나타났다. 보직 이동 이후 3대 통신업체는 신속하게 '과두寡頭 묵계'를 형성했고, 치열했던 가격 경쟁도 서서히 자취를 감추었으며, 각 사의 이익도 대폭 늘어났다.

몇 년 동안 통신 독점에 대한 지탄은 그친 적이 없었다. 4월 『경제참고보』는 전화의 '월 임대료'에 대해 의문을 제기했다. 통신 전문가 공성리鞏勝利는 '월 임대료'는 계획경제 하의 '행정 승인권'의 산물로 여태껏 국가의 어떠한 법률적 절차를 거친 적이 없다고 생각했다. 하지만 그것은 '법률 조항'과 '감독 절차'가 없는 상황 하에서 30년 가까운 세월 동안 변함없이 그대로 유지되었다. 2004년 말 중국의 고정 전화와 이동 전화 사용자 수가 5억 명을 넘어섰고, 통신업체는 '월 임대료'라는 항목에 근거해서만 1년간 2,000억 위안의 수입을 올린 것으로 나타났다. 이중 차이나모바일은 10년간 '월 임대료'에 근거해서 얻은 수익이 1조 위안을 넘었다. 수년 동안 고정 전화와 이동 전화의 월 임대료를 합치면 5조 위안의 수익이 나왔을 것이라는 것이 전문가들의 견해였다. 베이징우전대학 교수 칸카이리闞凱力는 휴대폰의 '로밍 비용'을 포격했다. 그는 휴대폰 로밍의 원가는 실제 거의 없다고 주장했다. 2005년 차이나모바일의 로밍 비용 수익은 전체 수익의 50%를 넘는 490억 위안에 달했다. 이에 비해 미국은 로밍 비용뿐만 아니라 장거리 전화 비용이라는 개념도 없다. 미국에서 중국으로 국제전화를 걸 경우 전화비는 1분당 0.13위안 정도이지만 중국에서 미국으로 전화할 경우에는 8위안이나 되어 차이가 60배가 넘었다. 칸카이리는 또 폭리의 독점적 구조는 통신 기업의 신기술 거부로 이어지고 있다고 지적했다. 구미 지역에서 전면적으로 응용되어 보급되고 있는 인터넷 전화와 Wi-Fi 기술로 인해 통신의 사용 원가가 크게 내려갔고, 심지어는 무료서비스도 존재하는데, 이에 대해 일절 고려하지 않고 거들떠보지도 않고 있다는 것이었다. 노골적인 통신 독점 현상은 사람들에게 "독점에는 좋고 나쁨이 없고, 단지 나쁜 것과 더 나쁜 것이 있을 뿐"이라는 경제학 원리를 분명하게 깨닫게 해주었다.

10월 27일, 중국공상은행은 상하이와 홍콩 증권거래소에서 동시에 상장되었고, 주식 발행 규모는 모두 합쳐 191억 달러에 달해, 기업공개IPO로는 세계 최고기록을 경신했다. 공상은행 회장 쟝젠칭姜建淸은 홍콩 증권거래소에서 아주 흥분하며 기자들에게 "저는 아주 만족스럽습니다. 오늘의 상장은 매우 성공적입니다"라고 말했다. 2005년 10월 중국건설은행이 홍콩에서 상장했을 때 여러 가지 분야에서 기록을 세웠었다. 그중에는 홍콩 증시 역사상 최대 규모의 IPO, 2001년 이후 세계 최대의 IPO가 포함되어 있었다. 그러나 공상은행의 상장과 비교했을 때 건설은행의 이러한 기록들은 별 의미가 없어 보였다. 2007년 7월 중국 증시가 수직 상승함에 따라 공상은행의 주가도 급상승해 시장 자본 총액이 2,540억 달러에 이르렀다. 이것은 미국의 시티은행의 2,510억 달러를 넘어선 수치로 이로써 공상은행은 세계 최대 은행이 되었다.

아시아에서 가장 돈을 잘 버는 기업, 세계 최대 통신기업, 세계 최대 은행. 이러한 월계관이 중국 기업들의 머리 위에 씌워졌을 때 중국 경제의 강세와 독점 역량에 의구심을 제기하는 사람은 더 이상 없었다. 9월, 국가통계국의 최신 조사 결과는 국유기업 그룹의 총자산 중 20조 위안에 가까운 금액이 독점 영역에 집중되어 있음을 보여주었다. 엔터테인먼트 산업, 컴퓨터 서비스, 건축, 인테리어 등의 영역에는 국유 및 국유 지배 구조의 기업이 없었다. 시장화 정도가 비교적 높고, 경쟁이 치열한 업종에서는 국유 및 국유 지배 구조 기업이 차지하는 비중이 비교적 낮았다. 목재 가공, 패션, 건축 인테리어 등의 업종은 10%가 되지 않았고, 방직업, 농수산물 가공, 플라스틱 비닐 가공, 화학 섬유 제조 등의 영역에서도 1/3을 넘지 않았다. 반면 석유와 천연가스 채굴, 통신 및 기타 정보 전송 서비스, 석탄 채굴, 교통운수, 설비 제조 등 국가 경제의 중요 부분과 관련 있는 핵심 업종이나 영역에서는 국유나 국유 지배 구조 기업이 차지하는 비중이 90%를 넘었다. 1998~2005년까지 국유기업의 이윤은 상승일로를 달려 213억 위안에서 9,047억 위안으로 늘어나 7년이라는 짧은 기간 동안 42.3배나 증가했고, 누계 이윤은 4조 위안을 넘어섰다. 이로부터 보건대, 국유기업은 과거 이익이 없어 곤란했던 국면을 벗어나 전에 볼 수 없던 호황을 누리고 있었음을 알 수 있다.

7월 12일, 『포춘』지는 2006년도 '세계 500대 기업'을 발표했다. 이중에 모두 22개의 중국 기업이 이름을 올렸는데, 중국석유화학이 31위에서 23위로 상승하면서 중국 기업 중 1위를 차지했다. 국가전력공사는 40위에서 32위로 상승했고, 중국석유는 46위에서 39위로 상승했다. 『중국청년보』는 「세계 500대 기업에 선정된 기업 때문에 부끄럽다」라는 제목의 글을 게재했다.

한 기업이 도대체 어느 정도 수준까지 성장해야 대기업(강한 기업)이라 할 수 있는가? 내가 보기에는 대기업이라면 적어도 아래 몇 가지 조건은 갖추어야 한다고 생각한다. 지속적으로 성장하는 영리 능력, 경쟁을 통한 업계의 선도적 지위, 핵심 경쟁의 우위, 정선된 인재와 수준 높은 인력 구조, 강력한 혁신 능력, 건전한 규율과 제도, 리스크 대처 능력, 국제화 수준, 높은 브랜드 지명도 등. 이런 기준에 비추어보면 우리는 쉽게 판단할 수 있다. 『포춘』지의 리스트에 포함된 22개 기업 중 감히 세계 500대 기업이라 자칭할 수 있는 기업이 있는가?

그러나 이러한 현상에 대해 다른 결론도 있었다. 국유자산감독관리위원회 주임 리룽룽은 "석유, 통신, 전력 등의 업종에는 거의 독점이 존재하지 않는다"고 여겼다. 2005년 12월 22일 국무원에서 가진 기자회견에서 그는 다음과 같이 말했다.

이렇게 좋은 국면의 조성에는 아주 중요한 요인이 작용했는데, 그것은 바로 경쟁이었습니다. 우리는 이러한 업종에는 거의 어떠한 독점도 없다고 말할 수 있습니다. 실제로 석유, 통신, 전력은 이미 기본 경쟁 국면을 형성했고, 또한 이러한 기업의 주요 자산은 모두 상장사에 속해 있습니다. 정확하게 말씀드려 그들의 주주권은 이미 다원화, 사회화되었다는 것입니다.

쟝젠칭이 홍콩 증권거래소에서 아주 흥분하면서 "저는 아주 만족스럽습니다. 오늘의 상장은 매우 성공적입니다"라고 말하고 있을 때 그의 뒤에는 만면에 미소를 머금은 미국의 펀드매니저가 서 있었다. 『월스트리트저널』은 자못 부러운 듯이 다음과 같이 논평했다.

최근 2년 동안의 사업 이윤 보고서를 펼쳐보면 월스트리트에서 가장 돈을 잘 버는 매니저먼트사 중 절반 이상은 중국과 관련이 있다. 한 가지 의심할 여지가 없는 사실은 이러한 투자 은행가들은 중국에서 많은 돈을 벌고 있는 것이 아니라 거의 모든 돈을 쓸어가고 있다는 것이다.

만약 2001년 이전에 국제 자본이 중국의 초국민적인 대우를 받으면서 세수 우대와 업종 우선 진입 등의 방면에서 대우를 받았다면, 이후부터 그들의 최대 수확은 국유 독점기업의 자본시장화 운용에 우선적으로 참여하는 데서 나왔다. 우리는 이미 2002년 에너지업종의 합자 현황에 대해 이야기한 적이 있다. 그러나 2006년 보다 큰 규모의 이윤 창출은 금융 영역에서 발생하고 있었다.

중국의 국유 은행들의 시장화는 20세기 말에 시작되었다. 1998년 재정부는 2,700억 위안의 특별 국채를 발행해 중국은행, 건설은행, 공상은행, 교통은행 등 4대 국유 은행에 자본금으로 투입했다. 1999년 4대 은행은 1조 4천억 위안의 부실 자산을 떨어내도록 허락받았다. 그러나 첫 번째 수혈과 떨어내는 것으로는 결코 4대 은행의 경영과 자본 상황을 근본적으로 개선하지 못했다. 2002년이 되어서야 훗날 세계 최대 은행이 된 공상은행은 연중 보고에서 자기 자본 비율이 5.54%이고, 부실자산은 7,598억 위안에 달하며, 소유주 지분(자본)은 단지 1,782억 위안에 불과하다는 사실을 인정했다. WTO의 협의 규정에 따르면 중국은 2006년에 인민폐 업무를 전면적으로 개방하기로 되어 있었고, 그래서 그 이전에 은행 개혁을 완성하는 것이 급선무였다. 2003년 12월 국무원은 450억 달러의 외환을 동원해 중국은행과 건설은행에 자본금으로 투입하기로 결정했다. 또 2005년에는 150억 달러를 동원해 공상은행의 자본금으로 투입했다. 강력한 국가 자원의 대량 투입 하에 4대 은행은 일시에 자기 자본 비율이 8%를 넘어섰고, 부실 대출도 5%이하로 대폭 하락해 대차대조표 수준이 현저하게 개선되었다. 이어서 '젊은 여인'으로 변한 4대 은행은 줄줄이 해외로 나가 공연을 펼쳤고, 그 결과 국제 전략 투자자들을 찾아 자산 재조정 후 상장을 도모하게 된 것이었다. 2006년과 2007년은 '은행 상장의 해'였고, 거의 대부분의 주요 은행은 이 당시에 상장되었다.

5월 교통은행이 홍콩 증권거래소에 상장되었고, 영국의 HSBC가 144억 6천만 위안을 출자해 91억 1천 5백만 주를 구입했다. 그 결과 19.9%의 지분을 보유했다. 상장 시 1.86위안이던 주가는 2007년 중반이 되어 10홍콩달러에 육박해 HSBC는 800억 위안이 넘는 수입을 올렸다. 2007년 교통은행은 A주를 발행했고, HSBC는 또 100억 위안이 넘는 이익을 남겼다. 한 가지 주목할 만한 사실은 이 주식의 국내 발행가가 7.9위안으로 외국인 매수가의 4.25배에 달했다는 것이다. 6월 중국 2대 은행인 중국은행이 홍콩에 상장됐다. 스코틀랜드왕립은행RBS, 싱가포르 테마섹 홀딩스Temasek Holdings, 스위스 연방은행UBS 및 아시아개발은행이 51억 7천 5백만 달러를 출자해 20%에 가까운 지분을 확보했고, 주당 매수가는 1.22위안이었다. 상장 후 2007년 9월 7일 장중 주가로 계산했을 때 이들의 주가총액은 2,335억 위안에 달했고, 이로 인해 외국 투자자들은 1,932억 위안의 순수익을 챙겼으며, 투자 수익은 4.8배에 달했다. 중국은행의 국내 발행가는 3.08위안으로 외국인 매수가의 2.52배였다. 10월에 상장된 공상은행 역시 동일한 양상을 드러냈다. 미국의 골드만삭스, 독일의 알리안츠그룹Allianz Group 및 아멕스American Express가 37억 8천만 달러를 출자해 공상은행의 지분 10%를 확보했고, 당시 주당 매수가는 1.16위안이었다. 상장 후 2007년 8월 15일 장중 주가로 계산했을 때 주가총액은 2,312억 위안으로 2,018억 위안의 수익을 챙겼는데, 이는 1년도 안 되는 시간에 6.84배의 수익을 올린 셈이었다. 이 수식의 국내 발행 가격은 3.12위안으로 외국인 매수가의 2.69배에 달했다. 2005년 10월 홍콩에 상장된 중국건설은행은 상장 전에 뱅크 오브 아메리카와 테마섹 홀딩스에 39억 6천 6백만 달러의 주식을 발행했고, 이들의 지분율은 14.1%였으며, 주당 가격은 0.94홍콩달러였다. 건설은행의 발행 가격은 2.35홍콩달러였다. 2007년 9월 건설은행은 국내에서 A주를 발행했고, 외국 투자자들의 주가총액은 2,932억 위안으로 2,600억 위안이 넘는 수익을 올렸다.

    상술한 4대 국유은행 외에도 중형 은행의 자본 재조정도 동일하게 진행되었다. 2006년 홍업興業은행은 홍콩의 항센은행HangSeng Bank과 싱가포르의 테트라드Tetrad Ventures Pte Ltd에 2억 7천만 위안의 주식을 매도했고, 주당 매도가는 2.7위안이었다. 2007년 2월 홍업은행은 상하이 증권거래소에 상장됐고, 당시 주가는 62.8위안으로 외국 투자자는 600억 위안이 넘는 이익을 챙겼다. 이 은행의 국내 발행 가격은 주당 15.98위안으로 외국인 매수가의 5.92배에 달했다. 2006년 4월 독일의 도이체방크Deutsche Bank와 살 오펜하임은행Sal. Oppenheim은 26억 위안을 출자해 화샤은행의 주식 5억 8천만 주를 매수했고, 이로 인해 14%의 지분을 확보하게 되었으며, 주당 매수가는 4.5위안이었다. 2007년 9월의 시가로 계산해 112억 위안의 수익을 올렸던 것이다. 두 외국 투자자 지분은 화샤은행의 최대 주주인 서우강을 넘어서 1대 주주로 올라섰는데, 이는 중국 은행으로서는 처음으로 외자에 지배권을 넘긴 사례로 기록되었다.

중국 정부가 방대한 국유 상업은행 체계에 대해 진행한 중대 개혁은 '한 번도 시도해보지 않은 완전히 새로운 개혁 방식과 노정을 택한' 것으로 여겨졌다. 이전의 모든 개혁과 마찬가지로 이러한 시도도 끊이지 않는 논쟁을 불러일으켰다. 일부 전문가들은 강력한 의구심을 표시했다. 그들은 은행의 이러한 재구성 모델은 '국민의 자산으로 은행을 세탁하고', '전략 투자자를 끌어들이면서 내자의 진입은 거부하는' 등 수많은 의구심이 있다고 여겼다. 하지만 국제 자금을 유입한 모든 은행은 이구동성으로 '국제 전략 투자자들을 성공적으로 유치한 후 관리 구조에서 많은 변화를 가져왔고, 이는 진정한 국제 경쟁력을 가진 현대화된 상업은행으로 태어나게 해주었다'고 주장했다. 연초 미국의 골드만삭스의 경영자이자 경제학자인 후주류胡祖六는 친히 논쟁의 장에 참가했다. 그는 『경제관찰보』에 이러한 글을 보냈다.

국제 전략 투자자들이 중국의 은행에 눈에 보이는 단기 이익과 중장기적인 잠재 가치 증가 효과를 가져다주었기 때문에 비교적 낮은 진입 가격으로 일부 프리미엄을 누릴 수 있는 것은 합리적인 '공정 거래'에 해당되고, 또 소위 국유자산의 헐값 매각이라는 문제는 존재하지 않는다.

민간 자본에 개방하지 않는다는 지적에 대해서는 더 직접적으로 대답했다.

중국에 HSBC, 시티은행이나 골드만삭스 같은 국제적인 경험과 능력을 갖춘 민간 투자자가 있는가? 그러한 기구들은 눈에 보이는 현격한 우위를 보유하고 있고, 상업은행의 상품 기술과 관리 경험을 직접 가져올 수 있으며, 또한 중국의 전통 문화인 '문당호대門當戶對(대대로 내려오는 집안의 사회적 신분이나 지위가 서로 상대가 될 만큼 비슷하다)'의 관념에도 부합된다.

그는 또 아주 가벼운 어투로 "사실 쌍방이 서로 만족하고, 합작이 순조로워 최종적으로 회사 가치를 올릴 수 있다면 구태여 투자자의 선택에 대해 왈가왈부할 필요가 있는가?"라고 말했다.

후주류의 논리의 기초는 '주주권을 이용해 경험을 산다'는 논리인데, 이것은 시장의 논리로 기술을 산다는 논조와 자못 유사했다. 후자의 거품은 이미 증명된 상태였고, 전자의 성과는 미래의 결과가 어떠할지 기다려야 했다. 과거 20여 년 동안 개혁이 갈림길에 접어들었을 때 중국의 경제 변혁 논리 깊숙한 곳에 숨어있던 '소유제라는 괴수'가 항상 유령처럼 나타나는 것을 피하지 못했고, 사람들은 그때마다 효율과 공평, 돌파와 대가, 창조와 분배 사이의 논박 속에서 동요했다.

맹렬하게 돌진하는 국유자본, 물 만난 물고기 같은 다국적 자본과 비교할 때 민영자본의 약세는 아주 두드러졌다.

『중국 기업가』의 편집장 뉴원원은 2006년 이래 기업가들이 모이는 자리에서 가장 많이 나오는 말이 "최근에는 또 누가 기업을 팔 준비를 하고 있지?"임을 발견했다. 11월 그는 「왜 기업을 팔아버리는 건가?」라는 제목의 칼럼에서 다음과 같이 썼다.

사석에서 진행되는 이러한 대화는 이미 기본이 되었고, 듣기에는 안부를 주고받는 말 같았다. 과거 1년 여의 시간 동안 자신의 기업 주식 대부분을 팔아버린 기업가들이 날로 많아졌고, 거래도 점점 빨라지고 있으며, 규모 또한 확대되고 있다. 손가락을 꼽아보니 한 달에 한두 건의 인수합병 뉴스를 접하고 있는 것 같다. 경영에 어려움이 있으면 매각하고, 정상 가도를 달리는 기업의 경우도 적지 않은 사람들이 사려고 주시하고 있다. 오늘도 회의석상에서 보았는데, 몇 달 보이지 않으면 아마 기업을 매각한 사람일 것이다. 이런 식으로 매각되는 기업은 업종, 지역, 규모의 대소에 관계없이 늘 있었다. 하지만 이런 기업들을 매수하는 주체는 대다수가 다국적기업이거나 다국적 자본이었다.

이 질문에 대한 답을 찾기 위해 그는 기자와 함께 인수합병 사례를 조사했다. 9월 22일 중국 최대의 민영 윤활유 제조업체인 퉁이석유화학이 75%의 지분을 셸Shell에 매각했다. 후자는 이로 인해 중국석유, 중국석유화학과 함께 3대 석유화학기업이 되었다. 퉁이석유화학의 사장 리쟈李嘉는 기자에게 아래와 같이 말했다.

저희는 민영기업입니다. 강력한 자원의 배경이 없어 더 이상 지탱해나갈 수 없습니다. 퉁이 윤활유는 줄곧 중국석유와 중국석유화학의 석유 독점으로 힘들었습니다. 중국에서 윤활유 산업의 하류 지대인 소매망은 이미 고도의 시장화가 이루어졌지만 산업의 최상류 지대인 원유 공급 시장에서는 중국석유와 중국석유화학이 독점하고 있는 상황입니다. 만약 해외에서 원료를 수입하게 된다면 원가는 다시 20% 정도 상승합니다. 셸 브랜드로 영업을 한다면 틀림없이 양대 독점 기업의 이러한 독점을 돌파할 수 있을 뿐만 아니라 원재료 가격 파동이 가진 리스크도 극복할 수 있을 것입니다.

뉴원원은 이에 근거해서 다음과 같은 글을 실었다.

'방법이 없다', '혼자서는 버틸 수 없다', '짊어질 수 없다' 등 많은 사람이 기업을 팔아버릴 수밖에 없는 이유는 '어쩔 수 없어' 그렇게 했다는 것이다. 최근 몇 년간 국내 기업의 경영 환경에는 많은 변화가 일어났다. 원래 느슨한 환경과 기초 위에서 구축된 경쟁 전략과 생존 능력이 치명적인 타격을 받게 되자 적지 않은 기업들이 견딜 수 없는 상황에 이르렀다. 힘들게 버티고 있는 기업들도 빛이 보이지 않는 어둠 속에서 헤매고 있다. 이러한 상황에서 '현금을 꺼내놓은' 구세주를 찾는 것이 모두의 공통된 선택이 되었다. 그럼 왜 하필이면 외국 자본에 기업을 매각하는 것일까? 이 조정 시기에 진정으로 현금을 꺼낼 수 있는 매입자는 어떤 사람일까? 답은 말하지 않아도 명확하다. 국내 금융 환경의 제약을 받지 않는, 인민폐 절상의 추세 하에 중국으로 들어오고 싶어 안달이 나 있는 다국적 자본, 다국적기업 ······. '기업을 팔려면 다국적기업에 팔아라!' 이것이 특정된 환경에 처해 있는 기업가들의 일종의 이성적인 선택인 것이다.

뉴원윈이 이 글을 발표한 지 한 달 후 '민영 석유의 일인자'로 불리던 텐파석유 회장이자 전국공상연합 석유상회 회장 궁쟈룽이 '금융 질서 문란 및 금융 어음 위조' 혐의로 형사 사건에 말려들었다. 궁쟈룽은 2003년 민영기업의 중형화 운동에서 활발하게 활동한 인물이었다. 2005년 6월 그는 자본금 8억 7천만 위안으로 중국 창청연합석유공사를 설립했는데, 석유 및 천연가스 탐사, 채굴, 정제 및 판매 등의 업무를 포괄하고 있었다. 궁쟈룽은 '중국의 민영 석유 항공모함' 구축을 모토로 중국석유와 중국석유화학 다음의 제3의 기업으로 성장했다. 이 회사는 영업허가증을 취득했지만 석유업종 경영의 4대 통행증인 완성유 도매 허가증, 완성유 소매 허가증, 완성유 수입 허가증 및 국내 광산 채굴 허가증은 취득하지 못했다. 연말에 궁쟈룽은 불법적인 수단으로 29억 위안을 은행에서 대출받았다는 소문에 휩싸였다. 궁쟈룽이 경찰에 체포되자 업계에서는 중국석유화학이 머지않아 텐파석유를 재조정할 것이라는 소문이 퍼지기 시작했다. 이미 와해 직전이던 전국공상연합 석유상회는 미약하나마 "우리는 비민영의 독점 석유 기업이 이것을 빌미로 민영 석유 기업의 자산에 손을 뻗음으로써 중국 석유 시장의 조화로운 발전을 구축하기 위한 개혁 노력에 영향을 주는 것을 단호히 반대한다"는 성명을 발표했다. 궁쟈룽이 실종된 후 애당초 여기저기서 긁어모아 만든 민영석유기업연맹은 일순간에 와해되었다. 2006년 12월 말 WTO 가입 조건에 따라 중국은 국내 원유, 완성유 도매 경영권을 개방했으나 새로 실시된 〈완성유 경영 기업 지도 지침〉의 규정에 근거해 기업이 완성유 도매 경영 자격을 신청하려면 신청자는 '독자 혹은 50% 이상의 지분으로 1만m^3 이상의 완성유 저장 탱크를 보유하고 있다는 법률 증명서'를 제출해야 했다. 이 조항은 국내 독점 거두와 다국적 석유 기업에게는 좋은 소식이었지만 힘과 세가 약한 민영기업은 죽으라고 하는 소리였다. 그래서 그러한 금령이 내려진 그날은 바로 민영기업 퇴출의 날이기도 했다. 베이징의 『경화(京華)시보』는 2007년 6

월 "전국의 90개 민영 석유 기업이 지금 다국적 석유 기업과 협상을 진행하고 있고, 이중 15개 기업은 이미 외자 기업과 인수합병 의향서에 서명했다"고 보도했다. 이들 민영 석유 기업이 매각된 근본적 이유는 줄곧 고정된 공급원이 없어 생존이 어려웠기 때문이다.

중대 업종이 재편되는 '자본의 만찬'에서 민영자본이 철저하게 변방으로 밀려나는 운명은 이미 돌이킬 수 없는 지경에 와 있었다. 2006년에 발표된 '중국 500대 기업'에서 국유자본이 차지하는 비중이 98.36%로 절대적이었고, 선정된 민영기업은 74개에 불과했다. 이 74개의 총자산을 모두 합쳐도 중국공상은행의 1/10에도 못 미쳤다. 만약 중국의 500대 기업을 『포춘』지의 세계 500대 기업과 비교하면 우리는 세계적인 범위에서 이윤 창출 능력이 좋은 기업은 주로 자동차, 식품, 전기전자, 건축자재, 농공업 설비, 유통, 무역, 은행, 보험, 제약 등의 경쟁성 업종에 집중되어 있음을 발견할 수 있을 것이다. 그러나 중국은 주로 통신, 석유, 철강, 천연가스 채굴, 석유화학, 전력 등 전통적인 독점 영역에 집중되어 있었다. 이러한 국면이 조성된 주요 원인은 이러한 업종을 여전히 정부가 기본적으로 장악하고 있었기 때문이다. 반면 중국의 민간 기업의 성장은 줄곧 강력한 자본 집단이 내려다보는 하류 지대에서 이루어졌음은 명약관화했다. 정부는 자본 보유자로서 한편으로는 정책과 게임 규칙을 장악했고, 또 다른 한편으로는 자신의 자본 이익 수호를 최고 가치로 여겼다. WTO의 시장 개방 스케줄에 따르면 중국은 금융, 보험, 통신, 방송 등의 산업을 순차적으로 개방해야 하지만 집행 과정에서는 대'외' 개방을 우선하고 대'내' 개방은 뒤로 미루는 현상이 나타나 일부 다국적기업들이 우선 진입권을 획득하게 된 것이었다. 그리고 중국의 미래의 산업 국면을 결정하는 통합 조정 과정에서 민영기업은 변방으로 밀려나 심지어 잊혀질 정도로 열세적인 위치에 놓이게 되었다.

당시 일종의 비관적인 정서가 이미 민영자본 집단에 만연해 있었다. 하이난에서 야금 일을 하던 '완퉁 6형제' 중의 하나인 완퉁그룹 회장 펑룬은 연말에 「역사의 강물을 뛰어 넘어」라는 제목의 글을 썼다. 법학박사이면서도 평소에 장난끼 많던 이 사람은 이 순간에는 놀라운 통찰력을 발휘했다.

민영자본은 이전부터 국유자본의 부속이거나 보충에 불과하다. 그래서 가장 좋은 방법은 국유자본의 독점 영역에서 멀리 떨어져 분수에 맞게 조그만 장사를 하면서 선행을 베풀거나 도로나 수리하면 된다. 아니면 국유자본과 합작이나 합자로 혼합 경제를 구축해 전문적인 능력으로 국유자본의 부가가치를 엄격하게 관리하는 동시에 민영자본이 사회의 주류의 인정을 받도록 만들어 상대적으로 안전한 발전 환경을 창조하면 된다. 훗날 조화 사회가 건설되고 발전되면 민영자본은 수량은 많고, 규모는 작으며, 취업 공간은 넓고, 사람 수가 많은 것을 특징으로 생존 공간을 국유자본과 절대 관계가 없거나 국유자본이 주동적으로 매각하려는 영역에 국한하면 된다. 국유자본을 앞에 두고 민영자본은 시종 합작은 하지만 경쟁은 하지 않고, 보충은 하지만 대체는 하지 않고, 부속이 되기는 하지만 욕심을 부리지 않는 입장을 견지해야만 진퇴가 자유롭고 지속적으로 발전할 수 있다.

2006년 여름, 전문성이 아주 강한 인수합병안이 갑자기 공전의 격렬한 논쟁을 불러일으켰다. 흥미로운 것은 이 논쟁을 유발한 사람이 인수합병 기업의 경쟁 상대였고, 또 블로그라는 풀뿌리 방식으로 논쟁을 촉발시킨 것이라는 사실이었다.

6월 22일, 후난성의 산이중공업의 CEO 샹원보어向文波는 자신의 블로그에 한 편의 글을 올렸다. 본인조차 생각지도 못하게 그 글은 며칠 사이에 급속하게 퍼져 전국에서 클릭수가 가장 많은 비즈니스 블로거가 되었다. 장수성의 쉬저우시의 쉬궁徐工기계는 중국의 건설기계업종에서 규모가 가장 큰 국유 대기업이었다. 2004년 이후 거시조정과 업계의 치열한 경쟁이라는 이중의 압력으로 쉬궁은 적자 상태에 빠져들었다. 2004년 5월 쉬저우시 정부는 글로벌 투자자에게 공개적으로 주식을 판매하기로 했는데, 10월에 미국의 투자 기관 칼라일Carlyle Group이 글로벌 기계제조 기업의 선두주자인 캐터필라Caterpillar를 물리치고 인수 대상으로 선정되었다. 계약에 따르면 칼라일은 3억 7천 5백만 달러를 투자해 쉬궁의 지분 85%를 확보하기로 되어 있었다. 2006년 1월 인수합병안이 장수성 국유자산감독관리위원회의 비준을 통과했고, 상무부와 증권감독위원회의 최종 비준 통과만 기다리고 있었다. 바로 이때 샹원보어가 나타나 3개월이라는 짧은 시간 동안 블로그에 46편의 글을 남긴 것이었다.

샹원보어는 장비제조업은 국가의 전략 산업으로 외국 자본이 지배 주주가 된다는 것은 국가 안보를 위협하므로 반드시 제지해야 한다고 말했다. 그는 매일 자신의 블로그에서 이 인수합병안에 의문을 제기했고, 또 미국의 JP모건JP Morgan의 제시 가격이 칼라일보다 10억 위안이 더 많았음을 폭로했다. 이로 인해 쉬궁은 국유자산을 헐값에 매각한다는 혐의를 받게 되었다. 샹원보어는 이미 전년도에 주주권 개혁을 완성한 산이중공업도 쉬궁 매각의 입찰 대상자 중의 하나였는데 "쉬궁의 모 인사가 산이중공업을 거부한 진짜 이유는 딱 하나로, 그것은 산이에게는 팔지 않겠다"라는 것이라고 아무 거리낌 없이 밝혔다. 그가 보기에 쉬궁과 산이야말로 '하늘이 내린 합작품'으로, "쉬궁은 건설기계업종에서 규모가 가장 큰 국유기업으로 계획경제의 최대 성과이고, 산이는 건설기계업종에서 규모가 가장 큰 민영기업으로 중국 개혁개방의 최대 성과이므로 체제에서 아주 훌륭한 상보성을 갖추고 있다"고 생각했다. 그는 심지어 블로그에서 산이는 칼라일보다 30% 높은 가격을 제시했다고 밝혔다. 샹원보어의 공격은 온라인에서 공진의 호응을 얻었고, 전문가들도 이를 근거로 국가 산업의 안보 문제를 제기하면서 "중국은 경제의 국제화라는 상황 하에서 경제와 산업에 대한 효과적인 안보 관리 메커니즘을 마련해야 한다"라고 생각했다. 이에 대해 그렇지 않다고 생각하는 학자들도 많았다. 푸단 대학의 경제학자 장쥔은 "쉬궁은 전략적인 업종에 속하지 않고, 중국은 지금 외자가 많은 것이 문제가 아니다. 칼라일의 쉬궁 인수합병을 국가 안보와 결부시켜서는 안 된다"라고 말했다.

하지만 샹원보어의 저격은 효과를 보았다. 10월 16일 칼라일은 50%의 지분 참여에 동의했다. 2007년 3월 이 비율은 다시 45%로 내려갔고, 이전에 정한 지배 주주가 되려는 의향을 포기했다. 쉬궁의 인수합병안이 논란을 불러일으키고 있을 때 또 다른 인수합병안이 유사한 운명을 맞이했다. 8월 14일 국내 최대의 주방기기 제조업체인 저장성의 수보어얼은 프랑스의 SEB그룹에 61%의 지분을 양도한다고 발표했다. 2주 후 아이스다愛仕達, 솽시, 순파順發 등 여섯 개의 주방기기업체가 베이징에서 회동을 갖고 긴급성명을 발표했다. "SEB가 수보어얼을 지배하게 되면 반드시 중국 관련 제품 시장을 독점하게 될 것이고, 그렇게 되면 국내 기업은 생존 기회조차 없어지게 된다." 12월 17일 국내 2대 저압전기기업인 원저우의 더리시는 각각 50%의 지분으로 프랑스의 슈나이더 일렉트릭과 합자로 더리시전기유한공사를 설립한다고 발표했다. 이 소식이 발표된 후 당시 업계 최대이던 정타이그룹이 즉각 반박 성명을 발표했다. "아주 흔해 보이는 합자지만 사실은 슈나이더가 독점적으로 인수합병하는 첫걸음일 뿐이다."

쉬궁의 인수합병안이 칼라일이 지배 주주가 될 의향을 바꾼 것과 달리 수보어얼과 더리시의 두 안은 훗날 최종적으로 상무부의 비준을 얻었다. 이처럼 전문성이 강한 인수합병은 대중의 큰 관심을 불러일으킨 까닭에 '저주받는 결혼'이 되었는데, 이는 어떤 의미에서는 사회의 전반적인 정서를 반영한 것이라고 할 수 있었다. 사람들은 다국적 자본이 중국 시장에서 초국민적 대우를 받는 것에 대해 불만을 가졌고, 게다가 민영기업이 차츰 변방으로 밀려나는 현상에 대해서는 비이성적이고 격렬한 반응을 보이기도 했다. 『매일경제신문』의 경제평론가 예탄葉檀은 칼럼에서 다음과 같이 말했다.

> 사실 기업들이 진정으로 호소해야 하는 것은 공정한 인수합병 환경이다. 내자와 외자, 국유기업과 민영기업을 동일시하는 세금과 대출 정책, 공평하고 투명한 인수합병 플랫폼, 완벽한 게임 규칙 등이 그것이다. 이렇게 해서 인수합병 결과가 시장의 합리성과 법치의 공평성에 부합되어야 한다.[2]

---

2) 많은 시간이 흐른 후에도 만약 사람들이 쉬궁의 인수합병 건을 기억한다면 그것은 아마도 인수합병의 내용이 아니라 형식 때문일 것이다. 샹원보어는 블로그를 이용해 여론전을 벌였는데, 이를 통해 풀뿌리와 인터넷의 역량을 훌륭하게 구현해냈다. 그는 다음과 같이 말했다. "만약 블로그 방식을 이용하지 않았다면 나의 의견은 쓰레기통에 버려졌을 것이다. 블로그는 이 업종의 사태를 공적인 사건으로 변화시켰다. 만약 내가 편지로 정부에 반대 의견을 밝혔다면 그것은 아마 문서 수발실에서 쓰레기로 변했을 것이다. 아니면 일부 지도자의 비서에 의해 쉬궁으로 전해졌을지도……. 블로그는 정책 결정권자들이 다른 목소리를 들을 수 있도록 해주었고, 이러한 여론은 국가 정책 조정을 위해 좋은 분위기를 제공했다. 나는 우리 사회에는 이러한 메커니즘이 필요하다고 생각한다."

2006년 중국의 기업계에서 어떤 뉴스가 가장 심각한 인상을 주었을까? 한때 세상을 시끄럽게 한 쉬궁 안을 빼고 푸스캉富士康의 배상 요구 사건이 있었다. 6월 15일자 『제일경제일보』는 「푸스캉 직원: 기계가 12시간 서 있도록 벌한다」는 글을 실어 타이완의 거부 궈타이밍 산하의 선전 푸스캉공사에 직원들의 초과 시간 근무 현상이 존재한다고 폭로했다. 7월 10일 푸스캉은 글을 쓴 기자와 편집위원에게 3,000만 위안의 배상을 청구하고, 나아가 두 기자의 은행계좌에 대한 압류를 신청했다. 이 사건은 즉시 전국 언론매체의 성토를 불러일으켰는데, 『제일경제일보』의 총편집위원이 그러한 협박에 절대 굴복하지 않을 것이라고 맹세하자 푸스캉은 일시에 여론의 공적이 되었다. 8월 30일 푸스캉은 손해배상금액을 상징적으로 1위안으로 내렸고, 또 3일이 지난 후 『제일경제일보』와 화해를 선언했다.

2006년 말 민감한 사람들은 이미 경기 변동의 기운을 느끼고 있었다. 2004년에 시작된 거시조정은 이미 거의 끝나가고 있었다. 과거 거의 30년 동안의 개혁 과정 중 거시조정 — 이는 1990년대 초반에는 '치리정돈'으로 불렸다 — 은 이미 중국적 특색을 선명하게 가진 명사가 되었다. 이는 거의 3~5년 간격으로 한 번씩 나타난 행사였는데, 1981년에 처음 시작된 이래 여러 차례 실시된 거시조정은 줄곧 시작 선언은 있었지만 종료가 통지된 적은 없었다.

거시조정이 끝난 가장 중요한 원인은 설정된 목표가 이미 실현되었기 때문이다. 강력한 행정 간섭을 통해 독점형 업종에서 국유기업의 지위는 더욱 공고해졌다. 많은 사람은 2004년 전후의 경제 과열 현상이 민영기업의 '중형화 운동'에서 빚어진 것으로 보고 있었다. 2006년에는 국유 은행의 대대적인 상장 외에도 기업의 인수합병 활동이 속도를 내기 시작했고, 몇몇 중대한 건설 프로젝트도 속속들이 완성되었다. 5월 20일 12년에 걸쳐 진행된 산샤댐 건설이 결실을 맺었다. 이 대규모 건설 프로젝트에는 총 240억 달러가 투입되었고, 연간 발전량은 847억kw에 달했다. 산샤댐은 브라질의 이타이푸댐Itaipu Binacional을 대체해 세계 최대 발전소로 자리 잡게 되었다. 7월 1일 총 연장 1,956km에 이르는 칭장靑藏철도가 개통되었다. 칭장철도는 960km에 이르는 부분이 해발 4,000m이상의 고지대에 위치해 있어 세계에서 해발이 가장 높고, 노선이 가장 길며, 기후 조건이 가장 열악한 고원 철도였다.

6월 6일, 국무원은 「텐진 빈하이濱海신구 개발 개방 추진 문제에 관한 의견」을 발표했다. 텐진의 빈하이신구의 계획 면적은 2,270㎢로 선전시에 비해 300㎢ 이상 넓었고, 홍콩의 2배, 상하이 푸둥의 3배에 달하는 거대한 프로젝트로 북방 중국 굴기의 금융 개방 중심을 목표로 했다. 사람들은 1980년대의 선전, 1990년대의 푸둥과 비교하면서 의견이 분분했다. 신화사는 논평에서 "새로운 개혁의 판도에서 상하이 푸둥신구, 선전시와 텐진시 빈하이신구는 중국의 개혁을 종합하는 '3대 마차'로 성장하게 될 것"이라고 말했다.

　이 중대한 투자 프로젝트의 건설과 시공은 고정 자산의 투자성 촉진이 여전히 경제 성장의 주요 모델임을 의미했고, 또 사람들로 하여금 미래에 대한 기대감으로 충만하게 했다. 그러나 경기 측면에서 가장 의미 있던 상징은 이미 2년에 걸쳐 침묵을 지키고 있던 증시와 건설 시장이 지속적으로 회복된 것이었다.

　11월 20일 상하이 증권거래소의 지수가 거의 6년 만에 2,000포인트로 복귀했다. 사람들은 2005년 6월 6일 주가가 절망적인 998.22포인트까지 추락했던 것을 기억하고 있었다. 하지만 2006년 1월 이래 10개월이라는 짧은 시간 동안 조금씩 상승하기 시작해 거의 800포인트가 올랐고, 상승폭은 70%를 넘어섰다. 주주권 분치 개혁이 완성되고, 자본시장의 부활 등이 뚜렷해짐에 따라 사람들은 은행에서 돈을 꺼내 주식시장으로 투입하기 시작했다. 10월 은행 저축이 5년 만에 처음으로 하락했다. 주식 전문가들은 2001년에 기록한 사상 최고 기록 2,242.42포인트를 언제 돌파할 수 있을지를 계산하기 시작했다. 11월에는 중국의 외환 보유고가 1조 달러를 돌파해 전 세계 외환 보유고의 1/5를 차지했고, 일본을 추월해 세계 최대 외환 보유국이 되었다. 『월스트리트저널』은 논평에서 중국의 경제 과열을 경고했다. "외환 보유고의 급속한 증가는 과다한 유동성을 조장해 인플레이션, 자산 가격의 거품 및 상업은행의 대출 충동을 유발할 수 있다." 『월스트리트저널』의 이러한 경고는 과거와 마찬가지로 6개월 후 하나하나 사실로 드러났다.

　부동산 시장의 반등도 뚜렷했다. 거시조정 이후 전국의 부동산은 오랫동안 침묵했지만 연초부터 베이징, 상하이 등 중심 도시를 필두로 상승하기 시작했다. 5월 국무원은 여섯 가지 새로운 정책을 시행해 급속하게 상승하는 주택 가격에 대한 억제를 시도했다. 그중에 가장 특색 있는 것은 "2006년 6월 1일부터 신규 비준 및 신규 시공하는 상품용 주택 건설에서 건축 면적이 90m^2이하인 주택이 차지하는 비중이 반드시 개발 건설 총면적의 70%이상이어야 한다"는 조항이었다. 이것은 거의 그대로 집행될 수 없는 법령이었고, 사실상 집행된 적도 없었다. 하반기에 중앙 정부는 계속 대응책을 내놓았다. 대출 이자 인상, 외국 자본 제한, 주택 가격이 급상승하는 도시의 관련 지도자 문책 등의 대책이 나왔는데도 불구하고 부동산 가격 상승을 제어하는 데는 불가항력이었다.

주식시장, 부동산 시장의 안정적 성장은 가장 전형적인 경기 상승 신호라고 할 수 있다. 비이성적으로 번영하는 하나의 주기가 또 시작되고 있었다.

11월 13일 CCTV의 경제 채널이 12부작 특별 프로그램을 방영했다. 이 프로그램은 지난 500년 동안 세계사 속의 9개 대국의 흥성 과정과 원인을 묘사했다. 이 9개 국가에 중국은 포함되지 않았다. 이 프로그램은 시작될 때 어떠한 홍보도 없었고, 또 황금시간대에 방송되지도 않았다. 그러나 이 프로그램은 인터넷과 지식 사회에서 폭발적인 관심을 불러일으켰고, 해설서는 베스트셀러가 되어 서점가를 장식했고, 해적판 DVD가 전국의 도시를 휩쓸었다. 이 프로그램 제목은 바로 『대국굴기大國崛起』였다.

|기업사 인물|

갑부 마을

지금 중국에서 누가 가장 부자일까? 이 물음은 줄곧 사람들의 흥미를 끌어왔고, 문제가 되어 왔다. 그래서 누군가 이러한 질문을 하게 되면 당신은 그가 어떤 의도로 질문하는 것인지 이해할 수 있을 것이다. 1995년 이래 13년 동안 모두 11명이 서로 다른 언론과 평가 기관에 의해 중국 최고 부자로 선정되었다.

1995년 2월 『포브스』가 처음으로 발표한 중국 대륙의 억만장자 리스트에는 모두 19명이 들어 있었다. 제일 부자는 스촨의 류융하오 4형제로, 그들은 메추라기 사육을 시작으로 훗날 사료 대왕으로 성장했는데, 자산 평가는 6억 위안이었다. 같은 해 한 국내 잡지사는 모어치중을 최고 부자로 선정했다. 『모어치중 — 대륙 최고 부자의 성공기』라는 제목의 베스트셀러는 자본 경영의 대가로 자칭하는 스촨성 완현 출신의 이 사람을 명예로운 정상의 자리에 올려놓았다.

이후 부자 리스트는 4년간 발표되지 않았다. 1999년이 되어서야 영국 청년 루퍼트 후거워프가 다시 이 게임을 시작했다. 이후 2년 동안 최고 부자에 선정된 사람은 류씨 형제와 '홍색 자본가'로 불린 룽즈젠이었다. 그들은 부자 리스트에서 번갈아가며 최고 자리에 선정되었고, 자산은 10억 위안 정도였다. 2003년 후 루퍼트 후거워프는 『포브스』로부터 버림을 받고, 자신이 직접 부자 리스트를 발표하기 시작했다. 이후 선전의 『신재부新財富』라는 잡지도 부자 선정에 참여했다. 같은 해 30세의 왕이 창시자 딩레이가 갑자기 두각을 나타냈다. 그는 왕이의 지분 58.5%를, 시가로는 76억 위안의 자산을 보유했다. 딩레이의 경우가 처음으로 주가총액을 기준

자본의 성대한 잔치 **899**

으로 자산을 평가받은 인물이었고, 이전의 류씨 형제와 룽즈젠의 자산은 리스트를 만든 모든 사람이 추측한 것일 뿐이었다.

딩레이부터 부자 리스트는 새로운 세력에 의해 바뀌기 시작했다. 2004년 산다게임의 천텐챠오가 88억 위안의 몸값으로 루퍼트 후거워프 부자 리스트의 최고 자리에 올랐는데, 당시 그의 나이는 31세에 불과했다. 룽즈젠과 비교할 때 천텐챠오는 5년이라는 짧은 시간 만에 정상에 올랐는데, 전자의 경우 22년이라는 시간이 걸렸다. 2005년 가전유통에 종사하던 황광위가 루퍼트 후거워프 부자 리스트의 1위 자리에 올랐는데, 그의 자산은 105억 위안이었다.

2006년을 전후로 두 명의 최고 부자가 출현했다. 1월 뉴욕의 증권거래소에 상장된 우시의 상더尙德태양에너지전력유한공사의 주가가 1주당 34.02달러를 기록했고, 회장 스정룽施正榮의 몸값은 186억 위안에 달했다. 한 달 전까지만 해도 중국의 주류 경제 언론에 그의 이름이 오르내린 적은 거의 없었다. 하지만 연말이 되자 루퍼트 후거워프 부자 리스트 1위에 오른 사람은 스정룽이 아니었고, 스정룽과 마찬가지로 생소한 이름의 장인張茵이라는 사람이었다. 1985년 27살의 장인이 3만 위안을 들고 홍콩으로 가 설립한 쥬룽玖龍제지가 2006년 홍콩의 연합거래소에 상장되어 주가총액이 375억 위안을 기록했다. 그녀가 보유하고 있던 72%의 주식은 약 270억 위안이었다. 장인은 중국 최고의 부자에 선정된 최초의 여성이었는데, 재미있는 사실은 그녀가 종사한 업종이 폐지재생업이었다는 것이다.

2007년 10월 루퍼트 후거워프와 『포브스』는 잇따라 중국 부자 리스트를 발표했는데, 과거와 달리 이번에는 논란 없이 양후이옌楊惠妍이라는 26살의 광동 여성이 중국 최고 부자로 탄생했다. 그녀는 광동성의 비구이위안碧桂園의 설립자 양궈창楊國強의 딸로, 개인의 순자산은 160억 달러 즉 인민폐 1,300억 위안에 해당되는 금액이었다. 그녀는 중국의 부호 중 처음으로 자산 1,000억 위안을 돌파했다. 양씨 집안은 천하 최고의 부자였지만 이전에 양후이옌의 얼굴을 본 사람이 거의 없을 정도로 자신을 드러내지 않았다. 그래서 네티즌들이 그녀의 흔적을 추적하기 시작했고, 마침내 한 오락프로그램에서 그녀의 결혼사진을 찾아내면서 진면목이 세상에 알려지게 되었다.

사실 상술한 사람들을 제외하고도 소문으로 전해지는 최고 부자에는 두 사람이 더 있다. 하나는 평안보험 회장 마밍저로, 그는 일찍이 2003년 『포브스』에 의해 중국 최고 부자로 선정되었는데, 당사자가 이를 부인함으로써 하나의 '라쇼몬羅生門 사건(일본의 아쿠다가와 류노스케芥川龍之介 원작의 두 단편소설로 아름다운 여자를 범하고 남편을 죽이는 도둑 이야기와 함께 끝내 진상을 규명하지 못하는 부조리를 보여주는 이야기이다)'이 된 적이 있었다. 당시 그의 재산은 100억 위안으로 알려졌다. 2005년 10월 또 한 언론은 그다지 알려지지 않은, 살인죄로 사형 선고를 받았던 베이징 부자 위안바오징袁寶璟이 해외 은행계좌에 갖고 있던 주식과 현금을 부인에게 양도할 것이라고 보도했다. 그가 말한 자산 가치 495억 위안은 당시 어떤 부자의 자산보다 더 많은 수치였다.

『파이낸셜타임스』의 계산에 따르면 중국의 억만장자는 미국 다음으로 많았다.

2007년 양후이옌은 아무런 논쟁 없이 모든 부자 리스트에서 1위를 차지했지만 어떤 언론은 폭리 산업인 부동산업계에 그녀보다 더 부자가 숨어있을 것이라고 보도했다. 주마등처럼 예측할 수 없이 변하는 중국에서 도대체 누가 당대 최고 부자인지에 대해서는 아직까지 확실한 답안은 없다. 이는 우리가 재부를 모으는 속도가 너무 빨랐고, 시대 또한 회색 분위기로 충만해 벌어진 독특한 사건이었다.

2007년
대국굴기

전 세계는 모두 중국어를 배우고 있고,
공자의 말은 날로 국제화화되고 있다.
전 세계는 모두 중국어로 말하고 있고,
우리가 하는 말을 세계는 진지하게 듣고 있다.
—타이완의 걸 그룹 S. H. E, 〈중국말〉(2007년)

『대국굴기』가 뜨거운 반응을 일으킨 배후에는 확실히 솟아오르고 싶어 하는 '대국의 응어리'가 흘러넘치고 있었다. 아마 많은 사람이 이 프로그램을 보지 못했을지도 모르지만 이 네 글자만으로도 사람들 피를 끓어오르게 하기에는 충분했다. 연초 많은 경제학자들이 연말이 되면 중국의 국내생산액이 독일을 넘어 미국, 일본 다음으로 3대 경제 대국이 될 것이라고 예언했다. 『뉴스위크』는 「미래는 중국의 것인가?」라는 글에서 "중국의 굴기는 더 이상 예언이 아니라 이미 사실이 되었다"라고 말했다. 이러한 분위기 속에서 중국인들은 자신감 있게 변하기 시작했고, 전통문화는 이미 새로운 유행이 되었다. 중국의 전통 문화를 이야기하는 TV 프로그램 〈백가강단百家講壇〉은 가장 환영받는 심야 프로그램이 되었고, 『삼국지』와 『논어』를 강의한 이중톈易中天과 위단於丹은 급속하게 유명세를 타기 시작해 전국에서 가장 지명도가 높은 교수가 되었다. 그들의 책은 베스트셀러가 되었고, 그들은 가는 곳마다 연예인 못지않은 스타 대접을 받았다. 타이완의 걸 그룹 S. H. E마저도 〈중국말〉이라는 노래를 타이틀곡으로 음반을 출시했다.

전 세계는 모두 중국어를 배우고 있고, 공자의 말은 날로 국제화화되고 있다. 전 세계는 모두 중국어로 말하고 있고, 우리가 하는 말을 세계는 진지하게 듣고 있다.

전 세계의 주목을 받는 중국이 어떤 식으로 '대국의 심리 상태'를 유지시키고, 어떤 식으로 '대국의 책임'을 표현할 것인가는 여전히 우리가 배워야 할 부분이다. 이어서 발생한 사건은 사람들로 하여금 다시 한 번 생각하도록 만들었다. CCTV의 『대국굴기』가 포커스가 되고 있을 때 이 방송국의 한 아나운서가 한바탕 논쟁을 불러일으켰다. 1월 12일 영어 아나운서 루이청강芮成鋼은 자신의 블로그에 "고궁박물관(자금성)에 있는 스타벅스를 몰아내자!"는 호소문을 발표했다. 이 블로그는 이틀 만에 50만 회의 클릭 수를 기록했다. 고궁박물관의 스타벅스 지점은 2000년에 개장된 것으로 중국 문화 냄새를 물씬 풍기는 자금성의 한 모서리에 몸을 숨긴 채 영업을 하고 있었다. 이 지점은 영업 면적이 10여m^2에 불과한, 중국에서 가장 작은 매장으로 좁은 공간에 창문에 기댄 테이블 하나와 의자 다섯 개가 전부였다. 루이청강은 품위 없고 수준 떨어지는 음식 문화의 대표적 상징인 스타벅스가 자금성 안에 있는 것은 중국의 전통 문화에 대한 모욕이라고 여겼다. 그래서 영어에 정통했던 루이청강은 개인 명의로 스타벅스 CEO 짐 도널드Jim Donald에게 항의서를 발송했다.

루이청강의 항의는 곧바로 열렬한 호응을 얻었다. 3월 전국양회에서 일부 인민대회대표는 '중국의 전통 문화를 더럽힌다'는 이유로 이 스타벅스 지점의 폐쇄를 제의했다. 중타이中泰합자헤이룽쟝실업유한공사 회장 쟝홍빈姜鴻斌은 "스타벅스는 당장 자금성에서 지점을 철거하고 더 이상 중국의 전통 문화를 더럽히지 말아야 한다. 스타벅스가 하루를 더 버티면 그만큼 더 중국의 전통 문화에 도전하는 것으로 간주하겠다"고 말했다. 7월 13일 스타벅스 자금성점은 자진해 문을 닫았고, 루이청강이 시작한 이 전통 문화 보호 싸움은 완전한 승리로 마무리되었다. 그러나 이들 문화 보호자들도 근본적으로 해결할 방법이 없던 문제는 스타벅스가 문을 닫은 후 '만약 연간 160만 명에 달하는 외국인 관광객들이 한잔씩 커피를 마신다면 그럼 어떻게 해야 하는가?'였다. 그러자 울지도 웃지도 못하는 일이 스타벅스가 철수한 지 두 달 후에 벌어졌다. 9월 21일 'Forbidden City Cafe'라는 커피숍이 조용히 문을 연 것이었다.

2007년 스타벅스를 철수하도록 만든 루이청강 외에 또 한 사람이 '민족 산업 보호자'로 탄생할 뻔했는데, 와하하그룹의 중칭허우가 바로 그였다.

4월 2일 『경제참고보』는 「중칭허우의 후회」라는 제목으로 그가 11년 전 서명한 합자 계약에 대해 크게 후회하고 있다고 밝혔다. 그는 "당시 상표와 브랜드에 대한 의식이 별로 없었기 때문에 와하하는 다농이 설치한 계략에 빠져들었다"고 말했다. 그는 동시에 다농그룹이 중국의 음료산업을 독점하려는 시도가 있었음을 지탄했고, 이를 막기 위해 사회 대중에게 민족 산업을 보호하자고 호소했다. 4일 후 중칭허우는 신랑과의 온라인 대담에서 9할 이상의 네티즌이 다농과의 계약 해지를 지지했다고 밝혔다. 프랑스의 다농그룹은 즉각 반응을 내놓았다. 그들은 중칭허우가 과거 몇 년 동안 줄곧 '사외 활동'을 해오면서 합자회사와 유리된 비합자기업 61개를 설립했고, 중칭허우 가족이 장악하고 있던 '사외' 프로젝트 규모와 경영 실적이 심지어 합자회사를 넘어섰다고 지탄했다. 다농 중국 지역 총수 판이머우範易謀는 자못 흥분해 그의 여생을 감옥에서 보낼 수 있도록 하겠다고 말했다.

쌍방 모두 화약 냄새를 물씬 풍기자 결국은 조정하기 힘든 지경까지 접어들었다. 중칭허우는 회장직에서 물러났고, 와하하의 직원과 유통업체들은 몇 편의 의화단식 공개서한을 발표했으며, 심지어 일부 직원들은 이사회가 열리던 호텔에 플래카드를 걸어 항의를 표시하기도 했다. 다농은 스웨덴 국제법원에 국제 소송을 제기했다.

와하하의 재산권 변천을 꿰뚫어보면 이번 '이혼 소송'의 시대적 논리를 분명하게 볼 수 있다. 20년 전 중칭허우는 연습장과 아이스케이크를 팔아 모은 돈으로 공장을 설립했고, 이후 체제의 시달림을 받아 부득불 집체 경제의 '붉은 모자'를 쓰게 되었다. 이후 그가 한 일은 이 기업을 다시 세탁해 자기 것으로 만든 것이었다. 1996년 그는 다농과의 합자를 통해 첫 번째 재산권 조정을 완성했다. 다농은 4,500만 달러를 출자해서 와하하의 지분 51%를 매수했다. 이어 1999년 재산권 투명화 운동에서 중칭허우는 정부의 동의를 얻어 국유자산의 54%를 그와 그의 일행들에게 양도했으며, 이중 그는 29.4%의 지분을 보유하게 되었다. 이후 중칭허우는 대규모로 '사외 회사'를 설립하기 시작했고, 이 기업의 제품은 모두 합자회사가 소유한 브랜드를 사용했다. 2006년 말 다농은 그의 이러한 행위에 대해 항의하면서 와하하 브랜드 사용을 중지하든지 아니면 '사외 회사'를 다농에게 매각할 것을 요구했다. 중칭허우는 이에 불복했고, '민족 산업 보호'를 구실로 항의의 북소리를 울린 것이었다.

와하하와 다농의 여론 싸움은 상반기 경제 뉴스 중 가장 큰 관심을 끈 부분이었다. 하지만 이러한 민족 산업 보호는 주류 경제 언론의 호응을 얻지 못했다. 많은 사람은 음료업종은 이미 완전히 개방된 경쟁 영역이기 때문에 국가가 이를 보호할 필요가 없고, 중칭허우가 계약 취소를 시도한 것에 대해서는 계약 정신이 결핍되어 있으며, 민족주의에 기대어 상업적인 목적을 달성하려 한다고 여겼다. 그래서 사람들은 그를 지지하지 않았다. 조사 과정에서 중칭허우와 그의 가족은 몇 년 전부터 외국 여권을 소지하고 있던 것으로 밝혀졌다. 1998년부터 중칭허우와 그의 가족은 해외에 조용하게 11개 회사를 설립했고, 그것들을 주제로 해서 수십 개의 사외 기업으로 발전시켜 나간 것이었다. 만약 중칭허우가 와하하 브랜드를 다농 수중에서 되돌려받았다고 하더라도 그 자본은 민족 산업과는 아무런 관계도 없었던 것이다.

연말까지 중칭허우와 다농의 '이혼 소송'은 여전히 결정 나지 않은 채 다양한 변수로 채워졌다. 그것은 중국식 비즈니스의 다양한 변통과 곡절을 보여주었고, 또 서로 다른 이익 소유자들이 정책과 환경을 어떻게 이용하고 다투는지를 보여주었다.

굴기 중인 대국에서 조정이 필요한 부분은 심리 상태 외에도 책임 부분도 있었다.

5월 노동절의 황금연휴에 타이후太湖로 여행을 떠난 관광객들은 수면에 상당히 넓은 녹색띠가 형성되어 있고, 어떤 곳에서는 죽은 물고기가 떠다니는 것을 발견했다. 전문가들은 녹조 현상 때문이라고 말했다. 5월 29일 녹조 현상으로 인해 장수성 우시시의 일부 수돗물에서 심한 냄새가 나 마실 수 없게 되자 슈퍼와 마트에 있던 광천수가 동났다. 녹조 사건은 전국을 떠들썩하게 만들었다. 타이후의 녹조 범람은 완전히 공업 오염에서 비롯된 것이었다. 타이후 연안에는 화학공장이 숲처럼 늘어서 있었는데, 그곳에서 배출하는 오수에 대한 관리 감독이 제대로 이루어지지 않은 것이었다. 타이후 유역의 공업과 생활 오수는 연간 53억 톤에 달했지만 오수 처리 능력은 단지 30% 정도에 그치고 있었다. 쟝수성의 이싱시 저우테周鐵진을 취재한 『중국청년보』의 한 기자는 총면적 73.2km^2에 지나지 않는 조그만 읍내에 300여 개의 공장이 있는 것을 발견했다. 기자가 타이후에서 본 현상은 이러했다.

> 호숫가의 채 200m^2가 되지 않는 공간이 모두 청, 녹, 흑, 회색으로 뒤덮여 있고, 위에서는 악취가 풍기고 있었다. 어떤 곳에는 수면이 보이지도 않았고, 이미 응고된 덩어리에서는 마치 똥구덩이처럼 파리가 들끓고 있었다. 세 척의 어선이 호숫가에 정박해 있었지만 이미 사용한 지 오래되어 보였다. 호숫가의 많은 갈대 줄기는 이미 녹색의 오염물질에 색이 변해 있었다. 우연히 물새들이 수면 위를 날고 있었지만 시종 낙하 지점을 찾지 못해 먼 하늘로 다시 날아가는 모습이 보였다.

타이후의 재앙은 중국의 수질 오염의 축소판이라 할 수 있었다. 7월 환경보호총국 부국장 판웨潘岳는 침통하게 말했다.

> 현재 수질 오염은 이미 위험 임계점을 압박하고 있습니다. 전국 7대 강과 하천은 물의 흐름이 많은 지역을 제외하고 거의 대부분의 지류들이 죽어가고 있습니다. 만약 효과적으로 수질 오염을 제거하지 못하면 우리는 아마 공업화와 도시화가 완성되기 전에 심각한 사회 붕괴 문제에 직면하게 될 것입니다.

다시 확대해서 보면, 수질 오염은 환경 악화의 축소판이었다. 경제의 지속적인 고속성장에서 고농도의 오염과 에너지 소모는 대국 굴기 와중에 나타난 골치 아픈 부산물이었다. 세계은행의 보고서에 따르면 전 세계 20대 오염 도시 중 중국이

16개를 차지하고 있었다. 경제 성장에 수반해 나타나는 환경오염의 심각성은 이미 감당하기 어려운 지경에 이르렀다. 세계은행은 직설적으로 "지금까지 쓰레기 제조에서 이처럼 빠른 속도로 대규모 성장을 이룬 나라는 없었다"고 말했다. 2006년 영국의 독립신문 기자 찰스 워커 Charles Walker 는 「깨어나라! 탄화물의 냄새를 맡아보라!」는 제목으로 중국이 1년간 배출하는 이산화탄소 양이 유럽 전체보다 더 많은 사실을 보도했다. 하늘에서 베이징과 상하이 상공을 바라보면 유황이 함유된 구름층이 뒤덮고 있는 것을 볼 수 있었다. 화남 지역과 광둥성의 오염은 이미 홍콩에까지 영향을 주고 있었다. 과거 3년 동안 홍콩에서는 가시거리가 줄어든 날이 두 배로 늘어났고, 이로 인해 40%의 기업이 외국인 초빙에 애를 먹고 있었다. 미국의 『뉴스위크』는 「중국은 오염을 수출하고 있다」는 제목의 기사를 게재했다.

수년 동안 베이징의 공기는 혼탁한 계란탕 같았다. 서구에서는 '메이드 인 차이나'가 싸구려 상품과 동의어로 통하지만 지금 이 국가는 값비싼 제품인 '환경오염'을 수출하고 있다. 산성비와 기타 오염 물질은 중국의 1/4에 가까운 경작지를 오염시켰고, 심지어 일본과 한국의 농작물도 중국의 산성비 습격으로 시들어 가고 있다. 과도한 벌목과 사막화는 심각한 황사를 유발시키는데, 심지어 미국의 서부 지역에까지 영향을 주고 있다. 지금 중국 국토의 27%가 사막화로 신음하고 있다. 미국이 배출하는 온실 가스가 세계에서 가장 많다. 하지만 중국이 지금 이 위치를 넘보고 있는데, 이미 전 세계 2대 배출 국가로 성장했다.

2007년, 올림픽이 점점 다가옴에 따라 베이징의 공기 오염이 다시 국제적인 관심거리가 되었다. 11월 『봉황주간』은 미국 올림픽위원회가 미국의 운동선수들의 안전을 위해 활성탄 공기여과 마스크를 준비하고 있다고 보도했다.

마스크까지 착용하고 올림픽에 참가하겠다는 발상은 중국의 체면을 손상시켰다. 하지만 미국 올림픽위원회는 운동선수의 건강을 보호하겠다는 취지에서 생각한 것이므로 이 방안을 포기할 가능성은 없다.

에너지 소모가 극심한 경제 성장 모델도 심각한 도전에 직면했다. 전문가들에 따르면 중국의 국내생산액은 전 세계 생산액의 5.5%에 지나지 않지만 이로 인해 소모되는 에너지는 놀랄 정도였다. 전 세계 석유의 8%, 석탄의 40%, 조강의 32%, 산화알루미늄의 25%, 시멘트의 48%, 유리의 33%, 화학비료의 30%를 사용하고 있었다. 중국의 자원 소비 증가 속도도 너무 빨랐다. 중국의 주요 광산 자원의 해외 의존도는 1990년의 5%에서 2007년에는 50% 이상 증가했고, 또 이러한 추세는 계속 가속화되는 상황이었다. 중국의 과도한 에너지 소비는 전 세계 에너지 부족의 중요한 요인 중의 하나가 되었고, 심지어 "중국이 사들이는 것은 무엇이든지 비싸고, 파는 것은 무엇이든지 싼" 기이한 현상까지 출현했다. 과도한 에너지 소비와 병존하는 것은 에너지 이용 효율의 저하였다. 중국의 화력발전소는 1kw의 전기를 생산하는 데 379g의 발전용 석탄을 사용해 선진국 수준보다 67g이 많았고, 1톤의 철강 생산에 705kg의 표준 석탄을 사용해 선진국 수준보다 95kg이 많았다. 또 전해알루미늄 생산에 이용되는 교류 전류는 톤당 15,080kw로 국제 수준보다 980kw가 많았다. 단위 건축 면적당 난방비는 기후가 비슷한 국가보다 두세 배 높은 것으로 나타났다.

분명 이는 지속되기 어려운 성장 모델이었다. 2007년 가을 국가발전개혁위원회는 5억 8천만 위안의 국채 자금으로 에너지 절약형 중점 프로젝트 98개를 지원하기로 결정했다. 국무원은 또 지방과 중앙의 중점 기업과 45개의 에너지 절약 목표에 서명했고, 이와 동시에 새로운 〈에너지 절약법〉을 내놓았다. "위대함은 책임 있는 행동을 대가로 한다"라고 했던 처칠의 말처럼 평화 굴기 중의 대국이 되기 위해서 중국은 반드시 진지하게 도전을 받아들여야 했다.

2007년의 중국 증시는 '전 국민이 즐겼다'라는 말로 대신할 수 있었다. 이는 또 한 차례의 '자본의 화려한 잔치'였다. 2006년 상하이 증권거래소 지수가 2,000포인트를 돌파한 이래 증시의 부활은 기정사실로 받아들여졌다. 4~9월 사이에 주가는 지속적으로 상승했고, 시장 가치는 기하급수적으로 늘어났다. 시장 이익률은 50~60배에 달했고, 심지어 수백, 수천 배가 넘는 주식도 상당히 많았다. 이 기간 동안 신규 투자자는 매일 30만 명씩 증가했고, 주식시장에 진입한 사람 중에는 도시의 직장인과 이재에 밝은 고수뿐만 아니라 대학생, 농민, 자영업자, 심지어는 이웃집 아줌마들까지도 포함되어 있었다. 각지의 전당포도 활기를 띠었고, 많은 사람이 차, 집 등을 담보로 은행 대출을 받아 주식시장에 뛰어들었다. 이러한 사람들 중에는 주가 수익률조차 모르는 사람들도 있었다. 항저우의 한 여성 투자자가 창작한 〈죽어도 팔지 않아요〉라는 노래가 많은 사람의 휴대폰 벨소리로 사용되었다. 이 노래의 가사는 이랬다.

> 죽어도 팔지 않아요. 나에게 더블을 주지 않으면 기분 나쁘죠. 우리 개미들에게는 이 정도는 되어야 하죠. 죽어도 팔지 않아요. 오르지 않으면 허탈하고 기분 나쁘죠. 중국에 투자하는 것은 나의 맘속에 영원히 존재하죠.

5월 25일, 선전과 상하이 증권거래소의 계좌 개설 숫자가 1억을 넘어섰다.

8월 9일, 두 증권거래소의 시가 총액이 21조 1천억 위안을 돌파해 전년도 국민총생산액 21조 위안을 넘어섰다. 이는 중국 증시의 시가 총액이 처음으로 국내총생산액을 초과했음을 의미했다. 만약 홍콩 증권거래소에 상장된 중국 회사의 주가까지 합친다면 중국 증시의 총 시가는 이미 일본을 넘어서 세계 2위가 되었다. 8월 23일, 만민의 기대 속에 상하이 지수가 5,000포인트의 관문을 넘어서 역사의 한 페이지를 장식했다.

자본시장이 역사적 변영의 시기에 진입함에 따라 중국 기업의 시장 가치는 전대미문의 경지에까지 올라섰다. 8월까지 중국알루미늄의 시장 가치는 이미 세계 2대 알루미늄업체를 합친 가치를 넘어섰고, 선전 완커의 시장 가치는 미국 4대 부동산업체의 시가 총액보다 40%나 많았다. 10월 16일 블룸버그의 자료에 따르면, 전 세계에서 주가총액이 가장 많은 10대 기업 중 미국과 중국이 각각 4곳으로 동률을 이루었다. 중국석유가 2위를 기록했고, 차이나모바일, 공상은행, 중국석유화학이 각각 4위, 5위, 8위를 기록했다. 이 소식이 전해지고 난 20일 후 중국 기업이 다시 한 번 세계 경제계를 놀라게 했다. 11월 5일, 중국석유가 상하이거래소에 상장되었는데 주가총액이 1조 1천억 달러를 기록해 주가총액 1위 기업이라는 영예를 안았다. 중국석유의 주가총액은 엑손모빌과 GE의 주가를 합친 것보다 많았다. 더 놀라운 사실은 이날 종가로 계산했을 때 중국석유의 A주와 H주를 합친 주가총액은 브라질이나 러시아의 경제 규모와 비슷했고, OPEC 5개 회원국의 경제 규모를 훨씬 넘어섰다.[1] 이렇게 높은 시장 가치에 대해 국내업계는 아주 복잡한 심정을 드러냈다. 중국석유의 성적은 독점의 역량과 증시의 거대한 거품을 한꺼번에 보여주었다. 중국석유를 엑손모빌과 비교해보면, 엑손모빌의 영업 이익은 중국석유의 네 배에 이르렀지만 이윤율은 중국석유의 절반에 불과했기 때문에 중국석유의 이러한 이익 상의 우위를 경쟁력 우위로 돌리기에는 많은 무리가 따랐다. 중국의 증시 규모는 이미 일본을 넘어섰지만 중국의 국내총생산액은 일본의 60%에 불과했다. 이것은 중국 경제의 발전 단계와는 걸맞지 않았다. 증시의 광분을 통과하면서 사람들은 경제 상승에 동반되는 자본의 소동과 비이성적인 시장의 번영을 경험할 수 있었다.

증시의 이러한 광분 속에서 사람들은 여전히 회색 조작과 투기 색채가 사라지지 않았을 뿐만 아니라 오히려 더욱 심해지는 현상을 절망적인 심정으로 바라보았다. 런민대학 금융증권연구소 소장 우샤오츄吳曉求에 따르면 2007년의 자본시장은 역사적으로 불법 행위가 가장 심각한 시기였다. 그는 경각심을 가져야 하는 세 가지 행위를 지적했다. 첫째, 날로 성행하는 내부 거래 행위다. 그는 "과거의 내부 거래는 여전히 소규모로 진행되었지만 지금은 전면적으로 행해지고 있고, 이는 중국의 자본시장이 지속적으로 성장하는 기초와 도덕적 마지노선을 심각하게 손상시키기 때문에 경각심을 가져야 한다"고 말했다. 두 번째는 무법천지로 자행되는 시장 조작 행위이고, 세 번째로는 날로 격렬해지는 허위 정보 누출과 대규모 주식의 임의 발행 행위였다.

우샤오츄의 이러한 경고는 사실 전혀 새로운 내용이 아니었다. 왜냐하면 2000년도에 이미 싫증이 나도록 들었던 이야기였기 때문이다. 그러나 이 사실을 기억하는 사람은 드물었다. 연초 ST바오수어寶碩의 작태는 이러한 걱정에 대한 가장 생동

---

1) 시가 총액으로 글로벌 10대 기업 순위에 들어간 기업에는 여섯 개 기업이 더 있었다. 엑손모빌(1), GE(3), 마이크로소프트(6), AT&T(10), Shell(7), 가스프롬(9).

감 있는 증거를 제공했다. 그것은 일종의 신기한 주식으로 2월부터 연속적으로 10여 차례 상한가를 쳤고, 주가는 2.3위안에서 시작해 20위안까지 치솟았다. 하지만 이처럼 시장을 달굴 수 있던 이유는 "이 주식이 중국 증시에서 쓰레기 중의 쓰레기 주였기 때문이다." ST바오수어는 허베이 성바오딩시에서 플라스틱 제품과 배관재를 생산하는 기업으로, 2006년의 회계 감사에서 16억 6천만 위안의 손실을 기록했고, 대출 만기 초과, 거액 불법 담보, 대주주의 거액 점용 등의 문제를 안고 있었다. 2007년 1/4분기에도 7,000만 위안의 적자를 기록했고, 1주당 순자산은 -4.17위안으로, 회사는 파산 절차에 돌입해 있었으며, 주주권 거래가 복잡해 시종 매수자를 찾지 못하고 있었다. 이러한 회사가 "파산에 직면했지만 매수자가 정해지지 않아 커다란 상상의 공간이 존재한다"는 이유로 투기꾼들의 관심을 받았던 것이다. 4~5월까지 ST바오수어는 세 차례에 걸쳐 파산 위험 공고를 발표했지만 오히려 주가는 연속적으로 14차례나 상한가를 찍어 사람들로 하여금 혀를 내두르게 했다.

증시 열기가 이미 정점에 달했다면 부동산 시장에서 일어나고 있던 재부의 전설은 사람들로 하여금 말문을 잇지 못하게 만들었다.

2007년 전국의 부동산은 전년도의 상승 추세를 이어갔다. 많은 도시에서 100%씩 상승했고, 심지어는 3배 상승한 곳도 있었다. 연초 베이징의 중심 지역의 중고 주택 거래가격은 m²당 7천 위안~1만 위안까지 상승했고, 10월에는 1만 6천~3만 위안까지 치솟았다. 4월 CCTV는 상하이의 모 아파트 분양 가격의 진상을 폭로했다. "실제 원가가 m²당 6,000위안인 아파트가 개발업체들이 분양을 시작할 때가 되면 1만 8천위안까지 상승한다. 분양 시작 당일 사람들은 번호표를 뽑아든 채 줄지어 늘어서 있다." 8월 항저우의 한 아파트가 경매를 시작했는데, 가격이 m²당 1만 5천 7백위안까지 뛰어 올랐다. 이 소식이 알려진 이튿날 주변 지역의 아파트 분양 개시 가격이 1만 5천위안에서 6,000위안 오른 21,000위안에 시작됐다. 집값이 이렇게 미친 듯이 오르자 돈을 번 개발업체들이 오히려 미안해하는 이상한 광경이 목격되기도 했다. 연초 선전의 한 부동산업체가 160채의 별장을 판매했는데, 이때 모여든 구매 의향자는 600명이 넘었고, 한 채에 1천만 위안에 이르는 별장이 판매 개시

2~3분 만에 다 팔렸다. 개발업체는 『남방주말』 기자에게 "지금 주택 거래 가격이 우리가 미안해 할 정도의 수준까지 올라버렸습니다"라고 말했다.

10월 1일 『포브스』지 아시아판에 발표된 2007년 중국 부자 리스트에서 생소한 26세 여성 이름이 중국 최고 부자 자리에 올라 있었다. 양후이옌이라는 이 광둥 여성은 비구이위안의 창시자인 양궈챵의 딸이었다. 그녀의 개인 자산은 160억 달러에 달했는데, 이로 인해 세 가지 기록을 갈아치웠다. 최초로 1,000억 위안을 돌파한 부자, 최초의 30세 이하 최고 부자, 전 아시아에서 가장 돈이 많은 여자 등이 그것이었다. 2005년 중국 최고 부자였던 천텐챠오의 몸값이 90억 위안이었는데, 단지 2년 만에 최고 부자의 문턱을 10여 배나 높인 것이었다. 부동산의 재부 창조의 마력은 제조업이나 유통업, 심지어 인터넷 산업에 종사하는 기업가들을 아연실색하게 만들었다.

부자 리스트에 이름을 올린 사람 중 상위 4위까지가 모두 부동산업체 종사자였고, 100위 안에는 39명이나 이름을 올렸다. 이보다 먼저 발표된 미국의 400대 부자 리스트의 상위 10위 중 6명이 IT, 인터넷업종 출신인 것과 비교할 때 자못 의아스러운 의미를 가진 리스트라 할 수 있었다. 신화사는 「포브스의 부자 리스트가 부동산업계의 폭리를 폭로했다」라는 제목의 글에서 "중국의 민영경제의 발전과 번영은 결코 부동산 개발에서 기인한 것이 아니라 제조업에서 시작된 것이다. 왜 제조업에서는 부자가 많지 않은가? 이것은 확실히 업종 이익율 문제라고 할 수 있다"라고 적었다.

비구이위안의 창시자인 양궈챵은 1955년 광저우시 순더에서 출생했다. 어릴 때부터 집이 가난했고, 17살이 되기도 전 신발도 신지 않은 채 집을 나와 생업에 종사해야 했다. 그는 거의 언론에 노출되지 않았고, 공개적인 장소에서는 거의 말이 없었다. 어떤 언론은 그가 회의를 할 때 신발을 벗은 채 다리를 꼬고 앉아있는 것을 좋아한다고 보도하기도 했다. 그는 부동산업계에 발을 들여놓은 1세대 사영기업가로 1992년 순더의 비구이위안 개발을 시작으로 다년간 주장 삼각주 일대에서 사업을 확장했다. 비구이위안은 전형적인 가족 기업으로 회사 내 이사 9명 중 8명이 양씨 성을 가진 친인척이었고, 유일하게 혈연이 아닌 사람은 회사 CEO 추이젠

보어㈻뿐이었다. 2005년 양궈챵은 자신의 보유 지분을 1981년생인 양후이옌에게 양도했다. 2007년 4월 20일 비구이위안은 홍콩 연합거래소에 상장되었고, 보유한 주식의 시가에 근거해 양후이옌은 중국 최고 부자로 탄생했다.

비구이위안은 상장 후 중국에서 시가 총액이 가장 큰 부동산업체가 되었지만 이 이전의 부동산업계에서 비구이위안은 개발 규모와 지명도 등의 방면에서 가장 두드러진 기업은 아니었고 오히려 자금 압박이 매우 심한 기업이었다. 회사의 재무를 책임진 한 인사는 2006년 말 이 기업의 부채가 40억 위안, 부채 비율은 160.1%였다고 밝혔다. 하지만 비구이위안의 상장이 열렬한 추종을 받은 가장 큰 이유는 비구이위안이 전국 최대의 '지주'였기 때문이다.『중국경영보』에 따르면 8월 중순까지 비구이위안의 토지는 5,400만m^2로 중형 도시 규모와 맞먹었다. 비구이위안이 줄곧 내세운 것은 토지 가격이 저렴하다는 것으로, 상장시 자금 조달 과정 중에 "우리는 중국에서 가장 거대하고 원가가 싼 토지를 보유하고 있는 부동산 개발업체 중의 하나이고, 이러한 토지는 우리의 미래의 성장과 이윤 추구에서 강력한 지원군이 될 것입니다"라고 발표했다. 비구이위안의 보증 추천자인 스위스은행도 보고서에서 "비구이위안의 토지의 최저 원가는 m^2당 25위안"이라는 사실을 언급했다. 비구이위안의 IR 자료에 따르면 과거 3년간 매년 전체 매출액 성장률은 56.5%였지만 순이익 증가는 141.1%였다.

부동산의 이상 폭리 현상은 업자가 분위기를 이용해 큰돈을 버는 것이기도 했지만 그보다 더 중요한 요소는 이 산업에 '회색 산업 사슬'의 죄악이 존재하기 때문이었다. 6월 25일『인민일보』산하의『시장보』는 「이윤 중 4할은 관련 부문이 먹는다」라는 기사를 게재했다. 한 개발업체 관계자는 다음과 같이 밝혔다.

저는 1992년부터 판매용 주택 건설업종에 종사했습니다. 당시 m^2당 건축 원가는 350~450위안 정도였고, 집값도 1,000~1,500위안 정도로 건축 원가는 집값의 1/4에 지나지 않았으며, 여기에 토지 양도금을 더해도 부동산 원가는 집값의 1/2~1/3정도였습니다. 하지만 이후 건축 원가가 기존에 비해 200위안 정도 올랐는데, 집값은 오히려 몇 배나 올라 건축 원가가 차지하는 비율은 집값의 20%도 되지 않습니다.

거의 모든 부동산 개발업체는 외부에 '부동산 가격 상승'의 최대 원인은 토지 가격과 원가 상승이라고 이야기했다. 하지만 상술한 개발업자에 따르면 실제로 토지 매입 비용이 집값의 원가에 미치는 영향은 그다지 크지 않았다. 토지 매입에는 일반적으로 세 가지 형태가 존재했다. 하나는 규모가 비교적 작은 경우이다. 입찰 과정에서 개발업체는 내부 정보망을 통해 정부의 토지 가격 상한선과 하한선을 미리 파악하고, 입찰에 참여하는 동종업자들과 가격 동맹을 형성했다. 한 업체가 경매에서 낙찰되고 난 후 가격 동맹에 참가한 업체들은 공동으로 건설을 진행하고, 부동산 판매 가격은 주위 환경을 고려해 결정했다. 또 하나는 규모가 수십 만m^2에 이르는 경우다. 이럴 경우에는 주로 담합 방식으로 토지를 장악했다. 개발업체는 사전에 평가 부문, 입찰심사위원회 업무를 파악한 다음 입찰 평가 방식을 통해 외지에서 경쟁자를 배제하고, 상대를 압박해 경쟁 부담을 감소시킨 후 잠재적인 원가 리스크를 낮추었다. 또 다른 경우는 계획 부문의 정보를 파악해 미래의 황금 지대를 구획하는 경우였다. 정부 이전, 도시 발전 계획 등이 나오기 전에 지방 정부의 결정권자, 특히 최고 책임자가 도시 발전에 대한 목표를 밝히면 이는 곧 부동산 개발업체들에게 전달되고, 개발업체들은 한밤중이라도 예정된 지역으로 달려가 구획을 시작했다. 이러한 정보를 파악하기 위해서는 당연히 사전 준비가 필요했고, 그러기 위해서 반드시 '모두가 함께 마실 수 있는 술'을 준비해야 했다. 매물에서 나오는 수익 중 일정 부분을 따로 준비해 평가, 계획, 경매, 토지, 정부 등의 부문과 나누었다. 한 개발업체 관련자는 "저는 그러한 비용을 꼼꼼하게 계산해보았습니다. 건물 하나를 개발하는 데 필요한 원가는 부동산 가격의 20% 정도면 충분합니다. 개발업체가 40%의 이윤을 챙기고, 나머지 40%는 각종 '회색 작업'에 투입되는 비용입니다"라고 밝혔다.

부동산업계의 방종과 폭리 현상은 이미 사회적 병폐 중의 하나가 되었다. 신화사가 출판하는 『반월담』이라는 잡지는 "조화 사회를 건설하는 과정에서 부동산이 부조화 요소를 증가시키는 역할을 담당하고 있다"라고 말했다. 중국 경제의 변천사를 연구하는 홍콩대학 아시아연구중심 주임 황사오룬黃紹倫은 『동방기업가』와의 인터뷰에서 이렇게 말했다.

부동산의 폭리 현상은 사회 전체의 직업윤리에 큰 충격을 안겨주고 있습니다. 과거에는 공장 하나를 경영하더라도 어떻게 대출을 받고, 어떻게 시장을 찾으며, 어떻게 사람을 관리하느냐는 대단히 힘든 일이었고, 노력과 대가는 일정한 관계가 있었습니다. 하지만 부동산 업계는 전혀 그렇지 않습니다. 그들의 성공이 대가 지불과 일정한 관계가 있습니까? 투기가 사회 전체의 가치관에 영향을 주고 있습니다. 우리 모두는 이로 인해 곤혹스러워하고 있습니다.

9월 최고인민검찰원이 개최한 '직무 범죄 전람회'가 베이징에서 열렸다. 통계에 따르면 2002년 이래 심각한 부패 행위를 저지른 16명의 고급 관리를 조사 처벌했는데, 이중 10명이 부동산 개발에 연루되어 있었다.[2]

증시와 부동산 시장의 공전의 활황은 20여 년 동안 지속적으로 '고속도로'를 달려온 중국 경제가 가속도를 낼 시기에 들어섰음을 의미했다. 이는 곧 다중적인 사회 상황을 야기했다. 국가와 개인의 재부의 재분배, 중산층의 확대 및 활약, 전 국민적인 투기 심리 왜곡, 중국 기업의 시장 가치 팽창, 거시경제의 거품 확대 등이 그러한 현상이었다. 과거 30년 동안 2007년은 사회 자본이 가장 활발했고, 재부의 분화 현상이 가장 현저하게 드러난 해였다.

증시와 부동산 시장의 세찬 열기는 경제계에서 일어난 다른 일에 대한 시선을 거의 흡수해버렸다. 하지만 우리는 그래도 중국의 대표적인 기업가들 이야기에 글

---

2) 중국의 부동산업의 거부 현상은 아주 특별하다. 미국의 캘리포니아 대학의 자료에 따르면 1900년 미국에는 22명의 억만장자가 있었다. 이중 철도 건설이나 철도 건설을 위한 융자를 통해 부를 축적한 사람은 14명이었고, 부동산으로 거부가 된 사람은 1명에 불과했다. 1957년 미국의 가장 부유한 억만장자 16명 중에 부동산업자는 1명에 불과했다. 1996년 10억 달러가 넘는 재산을 보유한 사람은 모두 132명이었는데, 전자, 소프트웨어, 금융 등이 선두 위치를 차지했고, 부동산업자는 4명뿐이었다. 100년이라는 시간을 보았을 때 미국에서 부동산으로 거부가 된 사람은 동시대 부자의 5%를 넘어서지 못했다.

의 일부분을 할애해야 한다. 20여 년의 성장을 거친 후 그들 모두는 '산소가 부족한 고원 지대'를 지나고 있었다. 상대는 모두 외국계 기업이었지만 자신들의 경험은 오히려 시대에 뒤떨어진 듯이 보였다.

TCL의 리둥성은 고전을 면치 못하고 있었다. 2005년 그는 18개월 내에 인수합병 효과를 보여주겠다고 선언한 바 있지만 현실은 그렇게 만만치 않았다. 과거 몇 년 동안 그는 거의 모든 수단을 동원했다. 심지어 10여 년 전과 마찬가지로 친히 백화점 매장 앞에서 오색 테이프를 두른 채 판촉을 진행하기도 했다. 외관을 아주 중시한 이 남방 사람은 더부룩한 수염에 만면에 피곤함이 역력해 보였지만 줄곧 존엄을 유지하려 한다는 것을 누구라도 알아볼 수 있었다. 2006년 6월 그는 「매의 부활」이라는 글을 썼다.

매는 세계에서 수명이 가장 긴 조류로, 거의 70년을 산다. 매는 40살이 넘어 노쇠하기 시작할 무렵 어려움에서 벗어나기 위해 중요한 결정을 해야 한다. 우선 그는 부리가 완전히 떨어져나갈 때까지 바위를 쪼고, 그런 후 새로운 부리가 나오기까지 조용히 기다린다. 매는 새로 자란 부리로 늙고 닳은 발톱을 하나씩 피가 나올 때까지 벗겨낸다. 새로운 발톱이 나오면 새로운 발톱으로 온몸의 털을 하나씩 뽑아낸다. 5개월 후 털이 자라나면 그는 다시 하늘을 날아오르며 새로운 30년을 살아간다.

이러한 묘사는 분명 비참해보였다. 2006년 TCL의 순손실은 18억 4천만 위안에 달했고, 증시에서는 'ST special treatment(재무 상황이나 기타 상황으로 인해 이상 현상이 나타났을 때 상장사 주식에 대해 특별 처리하는 것)'의 모자를 쓰면서 상장 폐지의 위기에 직면했다. 『포브스』 중국어판은 그를 '중국의 상장사 사장 중 문제가 있는 사장' 중의 하나로 평가했다. 2007년 5월 리둥성은 부득불 유럽 공장을 폐쇄했고, 핵심 영역을 중국으로 재이전한다고 발표했다. 모든 사람이 호기심 어린 눈빛으로 리둥성을 주시했다. 그는 과연 부활하는 매가 될 수 있을까?

TCL과 비교해 롄샹의 IBM 컴퓨터 사업 인수합병은 순조롭게 진행되었다. 하지만 류촨즈의 걱정도 마찬가지로 심각했다. 2004년 말부터 지금까지 새로 설립한 회사의 사업은 점점 정상 궤도에 진입했고, 매출액은 인수합병 전의 29억 달러에서 2006년 146억 달러로 늘어났으며, 컴퓨터 판매 수량도 418대에서 1,662만 대로 늘어났다. 그래서 그는 2007년 9월 IBM 브랜드를 점점 희석시켜 롄샹의 Think Pad 브랜드를 독립적으로 사용할 것이라고 선언했다. 류촨즈는 중국 경제 전체와 기업의 국제화가 아주 큰 어려움에 직면했는데, 가장 큰 문제는 중국 땅에서 이룬 과거 30년 동안의 성공 경험이 국제적으로 인정받거나 최종 평가를 받은 적이 없는 것이라고 이야기했다. 롄샹의 인수합병이 만약 성공한다면 처음으로 중국인도 다국적 기업을 제대로 경영할 수 있음을 증명한 것이었다. 그는 수십 년 동안 중국 기업은 줄곧 서구 경영자 뒤에서 그들의 메뉴판을 배워왔고, 지금도 배우면서 연구하고 있지만 언젠가는 자신도 메뉴판을 만들 수 있어야 한다고 말했다. 그는 중국 기업가의 초조함을 드러냈다.

세계의 경제 대국 중의 하나가 되었으면서도 중국은 여전히 자신의 경영 관리 사상과 비즈니스 문화가 없는데, 이것은 얼마나 부끄러운 일인가!

하이얼의 장루이민도 만만치 않았다. 중국의 가전업계는 몇 차례의 가격전쟁을 치른 후 이윤은 칼날처럼 얇아졌다. 이윤율은 겨우 2~3% 수준에 지나지 않았고, 업종 전체의 판매 수입도 3%정도 성장하는데 그쳤다. 그래서 장루이민은 유일한 출구는 글로벌 경영을 실현하고 고부가가치 상품으로 고성장을 이룩하는 것이라고 보았다. 2005년 6월 하이얼은 12억 8천만 달러로 미국의 3대 가전업체 중의 하나인 메이텍Maytag의 인수를 추진한 적이 있었다. 인수합병의 마지막 순간에 전 세계 최대 백색가전업체인 월풀이 방해하는 바람에 인수가 무산되었다. 2007년 장루이민은 이렇게 말했다.

하이얼은 국내 제일이고, 세계 4대 백색가전업체 중의 하나로 국제 경쟁력이 향상되고는 있지만 다국적기업과의 격차가 줄어들었다고 말할 수는 없다. 반면 월풀은 메이텍을 인수하면서 규모가 190억 달러로 늘어났고, 다시 하이얼과의 격차를 벌려놓았다.

30년 기업 경영의 노하우를 가진 최고 경영자인 장루이민은 또 이렇게 말했다.

하이얼은 현재 해발 5,000m의 고원 지대에 놓여있지만 우리의 최종 목표는 8,000m다. 경쟁 상대는 모두 히말라야 정상에 올라 있고, 우리가 정상까지 올라갈 수 있느냐가 문제다. 해외의 경쟁 상대는 너무나 거대하기 때문에 기존 방식으로는 따라잡을 수가 없다. 하이얼이 글로벌 경영에 매진하는 것은 생사의 관문을 통과하는 것으로, 하이얼이 글로벌 전략을 통해 진정 앞으로 나아가느냐 아니면 도태되느냐의 싸움이다.

화웨이의 런정페이는 2007년 창업 20주년을 맞이했다. 과거 여느 때와 마찬가지로 그는 깊은 수심에 잠겨 있었다.

화웨이는 과거 매년 매출액의 10%를 연구 개발에 투자했고, 최근 몇 년간은 2만 5천 명이 넘는 직원이 연구 개발 업무에 종사하고 있으며, 투입되는 금액만 해도 매년 80억 위안 이상입니다. 이런 오랜 노력 끝에 오늘에 이르렀음에도 화웨이는 혁신적인 상품을 발명하지 못하고 있습니다.

런정페이를 더욱 걱정스럽게 한 것은 글로벌 경쟁 상대인 미국의 시스코시스템즈가 문전에 불을 질러대는 것이었다. 2007년 말 시스코의 창시자인 존 챔버스John T. Chambers는 중국을 방문해 향후 5년 내에 중국에 160억 달러를 투자하겠다고 선언했다. 이로 인해 앞으로 또 어떤 악전고투를 치러야 할까?

7월 8일은 민영기업가 루관츄에게 아주 특별한 날이었다. 이날은 창업 38주년 기념일인 동시에 그가 창업한 완샹그룹이 미국 AI그룹의 최대 주주가 되었음을 선포한 날이기도 했다. 이는 완샹의 해외 사업이 처음으로 국내 사업 규모를 추월해 진정한 의미의 다국적기업이 되었음을 의미했다. AI는 미국 3대 자동차 메이커인 크라이슬러, 포드 및 GM이 공동으로 발기한 아주 특별한 회사로, 이들 3대 메이커에 자동차 부품 및 물류 서비스를 전적으로 제공하고 있었다. 완샹그룹이 중국 최대의 자동차부품업체로서 AI의 대주주가 된 것은 중국 기업이 자본 인수합병 방식으로 글로벌 자동차 산업 사슬의 핵심 부분에 직접 진출했음을 의미했다. 샤오산에 위치한 루관츄의 집에는 여전히 한 폭의 자동차 그림이 걸려 있었는데, 그의 자동차 제조의 꿈은 언제 진정 실현될 수 있을까?

20세기 초 미국의 전설적인 사업가 록펠러John Davison Rockefeller는 말년에 친구에게 "아마도 훗날 다른 사람의 재산은 나보다 훨씬 많을 걸세. 하지만 나 자신은 유일한 사람이야"라고 말했다. 이 말은 분명 루관츄, 류촨즈 및 장루이민 등에게도 동일하게 해당되는 말이라고 할 수 있다. 왜냐하면 그들이 경험한 전환 시대의 경험은 유일무이하기 때문이다. 그들은 아주 일찍부터 사업을 시작해서 지금까지 살아 있으며, 또 사업을 성공시켰다. 그러나 비즈니스는 결과로써 과정을 증명할 수밖에 없는 모험적인 게임으로, 그들은 앞으로 더 오랫동안 살아가야 한다. "소멸시킬 수 없는 자신의 것이야말로 그대를 더욱 강건하게 만들어준다." 독일 철학자 니체의 이 명언은 분명 이들 기업가들에게 공통으로 해당되는 생존의 격언이 될 수 있을 것이다.

8월 11일 포어산시의 리다利達완구유한공사 부회장이자 홍콩 상인인 장수홍張樹鴻이 자신의 3층짜리 공장 창고에서 자살했는데, 시신 옆에는 세사미 스트리트Sesame Street의 캐릭터 박스들이 쌓여있었다. 자살하기 전 그는 공장을 한 바퀴 순찰하고는 직원들 월급을 모두 계산해주었다. 그는 1993년부터 홍콩에서 포어산으로 건너와 이 공장을 일으켰는데, 공장 직원들 말에 따르면 소탈하고 직원들에게 다정다감한 사람이었다. 이 완구회사 사장의 뜻밖의 죽음은 '메이드 인 차이나'라는 화제가 다시금 국내외 경제 언론의 일면을 장식하도록 만들었다.

장수홍의 죽음의 원인은 9일 전으로 거슬러 올라갔다. 8월 2일, 미국 최대의 완구업체 마텔은 미국소비자안전위원회에 포어산의 리다가 생산한 플라스틱 완구 97만여 점의 리콜을 신청했는데, 이유는 완구에서 검출된 납이 기준치를 초과해 아동의 두뇌 발전에 심각한 영향을 초래할 수 있다는 것이었다. 사건 발생 전 리다의 완구 생산량은 포어산에서 두 번째로 많았는데, 하룻밤 사이에 합자경영실적우수

기업으로 명성이 자자했던 리다는 뭇사람의 비난의 대상이 되어버렸다. 미국 여론의 계속되는 성토 하에 국가품질감독관리총국은 이 제품에 대한 수출 중지를 명령했다. 리다는 생산 중단에 들어갔고, 2,500명의 직원들이 할 일을 잃게 되자 장수홍은 엄청난 스트레스에 시달리게 되었고, 결국 자살이라는 결정을 내린 것이었다. 장수홍이 자살한지 3일 후 마텔은 리콜된 중국산 완구가 1,820만 점을 넘었다고 발표했다.

리다 사건 발생 전후로 '메이드 인 차이나'는 신용 위기에 직면하고 있었다. 3월 18일 캐나다의 애완동물 식품업체인 메뉴푸드Menu Foods가 리콜 성명을 발표했는데, 원인은 오염 물질로 인해 애완견이 죽는 사건이 발생했기 때문이다. 이 회사 산하의 80여 개 브랜드 식품에 대해 모두 리콜 조치가 취해졌다. 이 식품들은 모두 캔이나 은종이 포장을 사용했고, 수량은 6,000만개에 달했다. FDA의 조사에 따르면 이 제품은 중국에서 수입한 밀가루와 쌀가루를 사용했는데, 이중에 멜라민과 시아누르산이 포함되어 있었다. 5월 초 파나마와 도미니카공화국은 중국산 치약에서 디에틸렌글리콜이 검출되어 수입 금지 조치를 내렸다고 발표했다. 뒤이어 미국, 일본, 싱가포르 등의 국가에서도 중국산 치약의 수입을 금지한다고 발표했다. 6월 11일 미국 타이어 판매업체 FTS는 중국업체가 생산한 자동차용 타이어 45만 개에 대해 리콜 조치를 취한다고 발표했다. 같은 달 FDA는 중국에서 수입된 수산물 5종에 대해 구류 조치를 취했는데, 이유는 동물치료제 성분이 검출되었기 때문이다. 미국 소비자안전위원회는 전 세계적으로 회수된 150만 개의 장난감 기차에서 아동에게 치명적인 납이 검출되었다고 발표했다.

끝없는 안전 사고는 중국의 상품에 치명상을 안겨주기에 충분했다. '메이드 인 차이나'를 겨냥한 공격적인 언행들이 이어졌고, 2년 전 "1년 동안 중국 제품을 사용하지 않겠다"고 선언했던 미국의 루이지애나 주의 바튼 라운지의 경제지 기자 본 조르니가 쓴 『메이드 인 차이나' 없이 1년을 살아보기』가 이 시점에 출판되었다. 『파이낸셜타임스』는 "책 속에는 불만을 드러내는 대량의 암시가 들어있다. 이는 이 책이 중국의 굴기라는 문제에 대해 대중의 우려를 표현한 또 다른 지표가 될 수 있음을 의미한다"라고 논평했다. '메이드 인 차이나'에 대한 질책은 몇몇 정치가들의

'동네북'이 되었다. 미국의 플로리다 주의 팜비치 시장은 심지어 50달러 이상의 중국 상품 또는 절반 이상의 부품을 중국에서 제조한 상품은 구매하지 않을 것이라고 선언했다. 이렇게 중국 상품에 대한 들끓어 오르는 배척 풍조 속에서 한 완구업자의 죽음은 모순을 정점으로 끌어올렸다. 중국 상품에 대한 멸시와 모욕적인 질책은 거의 이유를 필요로 하지 않았는데, 이것은 당시 비즈니스 세계에서 가장 괴이한 사건 중의 하나였다. 누구도 '메이드 인 차이나'를 떠날 수 없었지만 모두가 '메이드 인 차이나'에 대해 불만을 품고 있었던 것이다. 『파이낸셜타임스』지의 베이징 주재기자는 서구 세계의 모순적인 심리를 이렇게 묘사했다.

> 서구 소비자들은 한편으로는 막대한 이익을 누리면서 다른 한편으로는 저가 중국 제품으로 인해 직장을 잃고 있다면서 원성을 높이고 있다.

장수홍이 자살한 후 완구 리콜 사건은 품질에 대한 책임이 어디에 있는지를 확정하는 문제에서 뜻밖에도 극적인 번복이 일어났다. 처음 미국의 마텔사는 엄연한 피해자 자세로 미국 의회에서 모든 책임은 중국 업체에 있다고 증언했다. 그러나 중국 상무부는 조사 과정에서 미국에서 리콜된 완구의 대부분은 제조 과정에서의 문제가 아니라 미국의 기준이 갑자기 변해 판매업체가 리스크를 전가한 것임을 밝혀냈다. 상부무는 미국에서 리콜된 완구 2,100만 점은 두 가지 경우로 분류할 수 있다고 말했다. 하나는 사용된 도료에서 납이 기준치를 초과한 경우였다. 이 경우에 해당되는 완구는 약 300만 점으로 전체 회수 분량의 14%에 불과했다. 납 함유량이 기준치를 초과한 원인은 중국 공장의 과실인 경우도 있지만 판매업체의 검수 과정 중의 결함에 해당되는 경우도 있었다. 다른 하나는 미국 판매업체가 리스크를 전가한 경우였다. 2007년 5월 미국재료테스트협회는 완구 재료 사용에 대한 새로운 기준을 발표했는데, 중국 업체가 생산한 1,820만 점의 완구는 모두 기존의 규정에 근거해 생산된 제품이었다. 미국의 판매업체는 이것이 새로운 기준에 부합하지 않는다는 이유로 리콜을 결정하고, 여기서 발생되는 모든 리스크와 손실을 중국 기업에게 전가시킨 것이었다.

이 조사 결과는 국내 여론을 다시 시끄럽게 만들었다. 9월 21일 거대한 여론의 압력으로 마텔 사는 완구 리콜 사태에 대해 중국에 사과를 표시했고, 리콜된 완구의 절대 다수는 미국 측의 설계 결함으로 야기된 것이지 중국의 생산업체 문제가 아니었다고 밝혔다. 또 마텔 사는 성명에서 "이번 리콜 사태의 모든 책임을 당사가 질 것이고, 중국 국민과 저희 완구를 사용하는 모든 고객에게 깊은 유감을 표시한다"고 밝혔다.

완구 사태가 일파만파로 번졌던 일과 함께 2007년에 발생한 다른 많은 사건은 1998년 전후에 힘을 발휘하기 시작한 '메이드 인 차이나'가 10년이라는 황금 성장기를 거친 후 아주 민감한 갈림길에 들어섰음을 보여주었다. 미래의 '메이드 인 차이나'에는 적어도 다음 두 가지 사실이 변수로 작용하게 되었다.

하나는 중국의 제조업체들은 이미 국제 유통업체들의 착취를 감당할 수 없게 되었다는 것이다. 과거 수년 동안 저가의 중국 상품은 전 세계 상품의 물가를 억제하는데 주춧돌 역할을 해온 반면 대형 유통업체들은 그러한 과정에서 최대의 수익자였다. 그래서 이들 유통업체들과 중국 제조업체 사이의 이익 전쟁은 날로 치열해지게 되었다. 사오싱, 원저우 등지의 공장에서 흔히 볼 수 있는 현상은 하나의 생산라인에서 상표만 다른 제품이 만들어지는 것이었다. 어떤 것들은 유명한 외국 브랜드였고, 다른 것들은 국내 제조업체의 브랜드였다. 설령 동일한 생산라인에서 만들어진 것이더라도 동일한 제품에 어떤 상표를 붙이느냐에 따라 가격은 천차만별이었다. 브랜드의 역량은 이런 작업장에서 냉혹함을 보여주기도 하고 사람들을 감격하게 만들기도 했다. 하지만 제조 공장이 이러한 차이에서 얻는 이익은 매우 적었다. 원저우에서 신발 공장을 운영하던 한 사장은 다음과 같이 심정을 토로했다.

중국의 신발 수출은 현재 완전히 구미의 몇몇 유통업체에 의해 움직여지고 있습니다. 그들이 우리를 대하는 유일한 방식은 가격 인하밖에 없습니다. 신발 한 켤레에 그들은 5달러를 제시합니다. 우리가 1센트라도 더 요구하면 그들은 바로 다른 공장으로 발길을 돌립니다. 5달러로 신발을 만들라면 어떤 재료를 사용해야 합니까? 어떤 방식으로 절약해야 합니까?

쉽게 상상이 되지 않습니까? 5달러로 만들어낸 신발이 1등급 제품이기를 바라지는 않겠죠? 게다가 인민폐의 지속적인 절상으로 인해 신발 수출은 일종의 계륵이 되고 말았습니다.

7월 중국 최대의 양말 제조기업인 랑사(浪莎)그룹은 월말 마지막 물량을 완성하면 다시는 월마트의 오더를 받지 않겠다고 선언했다. 이 기업은 매년 월마트에 500만 달러의 상품을 납품해왔지만 이윤이 너무 없어 결국 오더 포기를 선언한 것이었다.[3]

다른 하나는 인민폐 절상과 국내 인플레이션의 압력으로 '메이드 인 차이나'의 가격 우위가 줄어드는 현상이 처음으로 나타난 것이었다. 7월 중국의 소비가격지수가 전년도에 비해 5.6% 증가했는데, 이는 10여 년 이래 가장 가파른 성장세였다. 식품 가격은 15.4% 증가했고, 특히 가축 전염병과 홍수의 영향으로 육류 가격은 45%나 급증했다. 인플레이션은 중국의 국내 문제에만 국한된 것은 아니었다. 중국은 전 세계적으로 가장 많은 상품을 공급하는 나라였기 때문에 중국의 원가 상승은 월마트와 같은 전 세계 유통업체들의 상품 가격에 직접적으로 영향을 주었다. 미국 상무부는 2007년 상반기에 중국에서 수입된 상품의 가격이 4.1% 상승했다고 밝혔다. 이는 미국이 2003년 중국 상품에 대해 수입 가격을 조사한 이래 가장 가파른 상승폭이었고, 미국의 물가 상승률 2%보다 높았다. 상반기 중국이 수출한 TV 2,255만 대는 전년 동기 대비 48% 급감한 수치였는데, 원인은 인민폐 절상과 원자재 원가 상승 등의 원인 외에도 해외 로열티 상승도 한몫했다. 『타임』지는 10월 말 "일부 사람들은 저가의 중국 제품이 세계의 물가를 안정시키는 데 제몫을 다하던 시대는 이미 끝났다고 경고하고 있다"라고 보도했다. 미연방준비제도 전임 의장 그린스펀은 인터뷰에서 "중국의 수출 상품 가격이 이미 상승하기 시작했는데, 이는 전 세계 인플레이션의 부활을 촉진시키게 될 것"이라고 밝혔다. 스코틀

---

3) 국제 브랜드업체와 유통업체가 제어하는 여론은 마치 중국 제품에 대한 비방을 조장하는 것처럼 보였다. 2007년 4월 〈글로벌 사치품 보고〉는 조사를 통해 중국 소비자의 86%는 사치품에 '메이드 인 차이나'라는 표시가 있으면 재구매를 하지 않을 것이라고 했다고 말했다. 이 보고서에 따르면 중국에서의 상품 생산은 사치품 시장에서의 퇴출을 의미했다.

랜드 왕립은행의 한 중국 전략가는 아주 간단명료하게 이렇게 말했다. "과거 10년 동안 중국이 통화 위축 세력이었다면 미래 10년 동안 중국은 통화 팽창의 주범이 될 것이다."

이렇듯 '메이드 인 차이나'에 대한 화제는 여전히 지속되고 있었다. 아마존강 유역 열대우림 속의 나비 한 마리가 우연히 날개를 몇 차례 움직였는데, 2주 후 미국의 텍사스 주에 토네이도를 일으켰다는 '나비효과'가 중국과 세계 사이에서 발생하자 그러는 와중에 장수홍은 무고한 피해자가 되었던 것이다.

2007년, 인터넷 산업의 부흥은 확실히 증시와 부동산 시장에 의해 가려져 있었다. 천억 위안이 넘는 부호의 출현으로 인터넷업계의 영웅들은 실의에 빠지기도 했다. 그들은 심지어 왜 하필이면 나스닥에 상장했을까 하면서 후회하기도 했다. 서우후의 장차오양은 연초에 나스닥 상장을 후회하면서 이렇게 말했다.

미국에서의 상장은 중국 인터넷업계의 비애라 할 수 있다. 수입과 장부 작성을 위해 하루 종일 이메일과 전화에 시달리면서 중국의 네티즌을 잊고 있다.

그러나 시작은 늦었지만 오히려 시장의 호기를 놓치지 않은 사람도 있었는데, 그가 바로 아리바바의 마윈이었다. 그의 회사는 11월 홍콩에 상장해 시가 총액이 가장 높은 중국 인터넷기업이 되었다.

세계 최대의 전자상거래 업체로서 아리바바는 600만 중소기업에게 대외무역 거래의 플랫폼을 제공했다. 외국어를 모르고 출국 경험도 없고, 심지어 무역 지식도 없는 중소 상인들에게까지 외국 바이어를 찾을 수 있게 해주었다. 어떤 의미에서 그는 '메이드 인 차이나'의 가장 큰 추동자 역할을 하고 있었다. 2004년 마윈은 C2C업무를 주로 하는 타오바오왕淘寶網을 설립해 2년 만에 세계 최대 경매 사이트인 eBay를 굴복시키면서 시장점유율 75%를 달성했다. 2005년 아리바바는 곤경에 처한 야후차이나의 실제 지배 주주가 되어 자신을 기술 응용형 회사에서 일류 기술을 장악하고 있는 회사로 탈바꿈했다. 빌링 시스템의 신용 문제를 해결하기 위해 마윈은 '즈푸바오支付寶'라는 제3자 지불 시스템을 개발했다. 즈푸바오는 아리바바의 거래에서 담보 역할을 해줌으로써 사기 문제를 해결했을 뿐만 아니라 본사도 간접적으로 금융서비스 영역으로 진출하도록 해주었다. 2007년의 아리바바는 방대한 시스템과 가늠하기 힘들 정도의 규모를 가진 제국으로 성장했다. 마윈은 이윤을 창출하고 있던 전자상거래 업무를 홍콩 연합거래소에 상장하기로 결정했다. 마윈은 분명 회사 상장을 위한 최적기를 선택했다. 증시의 구조적인 거품은 회사 주가의 고평가를 의미했고, 동시에 아리바바는 중국 인터넷업계에서 중국과 인터넷이라는 두 가지 상징적인 개념으로 자리 잡고 있었기 때문에 2007년이라는 시간은 상장에 있어 상당한 도움이 되었던 것이다.

아무리 상황이 그랬다고 하더라도 아리바바의 상장이 가져온 폭발적인 상황은 사람들을 놀래키기에 충분했다. 투자자 입장에서 아리바바의 최대 매력은 무한한 상상 공간이었기 때문에 타이완의 대기업 홍하이와 미국 시스코 등이 최초의 투자자가 되었다. 해외 투자자 부분에서 아리바바는 1,800억 달러의 구매 승인을 확보했고, 개미 투자자 부분에서는 4,500억 홍콩달러의 구매 승인을 확보해 홍콩 증시의 새로운 기록을 작성했다. 이 광적인 광경은 『이코노미스트』로부터 "아리바바는 china.com의 거품이 아닌가?"라는 질문을 받게 만들었다. 『이코노미스트』는 10월 말 아래와 같이 보도했다.

> 이 회사 최대의 가치는 아마도 아리바바의 창시자 마윈일 것이다. 마윈은 대중들 눈에 가장 매력 있고, 언론을 활용할 줄 아는 사람이다. 그는 대담한 생각을 갖고 있고, 거대한 시장 목표를 품고 있으며, 또 비즈니스에 아주 민감하다. 이러한 장점은 많은 사람의 시선을 한몸에 받게 만들었다.

『이코노미스트』의 계산에 따르면 아리바바의 자금 조달 목표가 실현된다면 시장 가치가 90억 달러에 이를 것이고, 이는 연간 이익의 100배에 달하는 금액이었다. 그러나 『이코노미스트』의 예상을 벗어나 시장 분위기는 상상을 초월했다. 11월 6일 아리바바가 상장됐다. 당일 종가는 발행가보다 192%나 폭등했고, 시가 총액은

1,996억 홍콩달러에 달했다. 이는 3대 포털사이트, 산다와 CTrip 등 5개 업체의 시가 총액을 모두 합친 금액과 비슷했다. 아리바바는 일순간에 중국 인터넷업계에서 처음으로 시가총액 200억 달러를 넘어선 업체가 되었다. 회사의 주가 수익률은 300배에 달했고, 2006년의 실적을 기준으로 한 주가 수익률은 1,000배에 근접했다.[4] 마윈은 상장 당일 고위 간부 회의에서 3년 내 시가 총액 1,000억 달러의 회사를 만들어 세계 3대 인터넷 기업으로 발전할 것이라고 선언했다. 회의에 참석한 한 고위 간부는 "저는 당시 멍해지는 것을 느꼈습니다"라고 말했다. 그러나 8년 전 항저우 외곽의 빗물 떨어지던 주택에서 있던 일을 생각하면 누가 감히 마윈에게 미래에 새로운 신화를 창조할 수 없을 것이라고 말할 수 있을까?

홍콩 증권거래소에서의 아리바바의 대대적 상장은 2007년 중국의 인터넷 세계에 가장 강렬한 색채를 입혀주었고, 이는 마치 새로운 '응용의 해'가 도래했음을 선언하는 것 같았다. 자랑할 만한 사실은 인터넷업계에서는 중국 기업이 거의 대부분의 글로벌 경쟁 상대를 격퇴시킨 것이었다. 다른 업종에서는 이와 같은 완승을 거둔 일이 나타난 적이 없었다. 심지어 구글 같은 회사도 예외는 아니었다. 구글의 중국 시장 점유율은 바이두의 절반에도 미치지 못했다. 또 다른 기이한 사실은 다국적기업에 합병된 기업들 모두 미래에 대해 갈피를 잡지 못하고 있는 상황이었다. 검색엔진 부분의 3721은 야후에 넘어간 후 흔적도 없이 사라졌고, B2C 영역의 줘웨卓越는 아마존에 넘어간 후 사경을 헤매는 중이었으며, C2C 영역의 이취易趣는 eBay에 병합된 후 타오바오의 충격에 휩싸여 있는 상태였다.

한층 더 사람들을 기대로 충만하게 한 것은 1960년대에 출생한 마윈, 장차오양, 리옌훙과 1970년대에 출생한 딩레이, 마화텅馬華騰 이후에 '바링허우80後[1980년대 이후에 태어난 사람들을 일컫는 말]' 세대들이 이미 공공연하게 일어서기 시작한 것이었다. 개혁개방을 시작했을 당시 아직 태어나지도 않았던 이들은 타고난 글로벌 세

---

4) 아리바바의 주가 수익률은 모든 전문가의 예상을 뛰어넘었다. 같은 기간의 다른 업체와 비교할 때 구글의 43배, eBay의 23배, 바이두의 104배, 텐센트의 74배, 신랑의 33배, 왕이의 15배에 달했다. 글로벌 인터넷업체 중 아리바바의 시가 총액 순위는 구글, eBay, 야후, 아마존에 이어 5위였다. 상위 4대 업체의 시가 총액은 각각 2,220억 달러, 474억 달러, 418억 달러, 357억 달러였다.

대이자 태어나면서부터 인터넷과 도킹했던 세대라고 할 수 있는데, 이들이 지금 모든 강력한 상대들을 전복시키기 시작한 것이었다. 그들은 개방된 가정과 사회에서 성장했고, 이데올로기의 시련도 경험한 적이 없었다. 또한 전통적인 속박을 받지 않았을 뿐만 아니라 재산권 제도의 곤혹을 치를 이유도 없었기 때문에 과거의 어떤 선배 기업가들보다도 행운아라고 할 수 있었다. 그러나 그들이 직면해야 할 도전과 재난도 이전에는 없던 것일 것이다. 그들의 시대는 가장 좋다고도 할 수 있고 가장 나쁘다고도 할 수 있다. 이탈리아 사상가 마키아벨리는 500년 전에 "꿈을 추구하는 사람들아, 이미 지불한 대가보다 앞으로 준비해야 할 대가가 훨씬 더 크다"라고 말했다. 경제계의 모든 성공 스토리는 사실 하나의 법칙으로 귀결된다. "기업의 역사 중에 발생한 모든 희비의 이야기와 마찬가지로 위대함은 모두 고생을 참고 견디는 데서 나오는 것이다."

예견할 수 있는 한 가지 사실은 미래의 어느 날 중국에서 세계적인 위대한 회사, 세계적인 명성을 지닌 위대한 기업가가 탄생한다면 인터넷이 아마 거의 유일한 영역이 될 수 있을 것이라는 것이다.

9월, 18년 동안 미연방준비제도 의장을 역임한 그린스펀은 회고록 『혼돈의 시대』를 출판했다. 81세의 이 노인은 세계의 대국을 일일이 평가했다. 유럽의 강국 영국에 대해서는 "잘 발전할 것이다", 거대한 자원을 가진 러시아에 대해서는 "법제를 철저하게 회복해야 더 나은 발전을 이룰 것이다", 중공업과 IT 분야에 강한 인도에 대해서는 "거대한 잠재력", 20세기 후반 강국이던 일본에 대해서는 "여전한 역량"으로 진단했다. 이 외에 미국과 중국의 경제를 명확하게 비교했다. 그는 전자의 미래에 대해서는 우려를 표한 반면 후자에 대해서는 2030년을 전후로 미국의 최대 경쟁자가 될 것으로 예언했다. 그는 "중국이 어떻게 진일보하게 세계 시장을 껴안는가에 따라 전 세계 경제의 운명이 결정될 것"이라고 말했다.

그린스펀의 관점은 서방의 주류의 목소리를 대변하는 것이었다. 확실히 많은 분야에서 굴기하는 중국에 비해 미국의 앞날은 예측하기가 더욱 어려웠다. 국제적으로 미국은 이라크와의 전쟁의 수렁에 빠져 있었고, 중동의 이란과의 관계도 심상치 않았다. 국내적으로 다가오는 2008년의 대통령 선거에 모든 사람의 관심이 집중되어 모든 정책이 선거의 도구가 되었다. 이해 봄 금융위기가 갑자기 발발했다. 3월 서브프라임 모기지 대출업체 뉴 센추리 파이낸셜New Century Financial Corp이 파산을 선언했다. 이에 공전의 서브프라임 모기지론 위기가 폭발해 수많은 금융 기구가 참담한 손실을 입었다. 또한 이와 연루되어 전 세계 중요 증시는 잇따라 폭락했고, 8월 2주 동안만 2조 달러가 증발했다. 외환 시장도 요동쳤고, 유럽연합과 일본은 잇따라 구원을 요청했으며, 월스트리트의 5대 은행 모두 손실을 면치 못했다. 이중 메릴 린치Merrill Lynch 회장, 시티뱅크 회장, 베어 스턴스Bear Stearns Cos 총수가 잇따라 사표를 제출했다. 연말 미국 전체의 30%의 대출자들이 부채를 상환하지 못해 가계 파산 위기에 직면했다. 신기술의 혁신 방면에서 실리콘밸리로 대표되던 혁신 역량은 이미 한계에 달했고, 이에 한 전문가는 거의 모든 중요한 인터넷 기술은 개발이 끝났고, 응용의 시대가 도래함에 따라 미국 경제의 기관차 역할도 지속적으로 줄어들게 될 것으로 예언했다.

설령 부의 누적 효과가 있다 하더라도 미국인들은 마치 도전에 직면한 듯했다. 1995년 129억 달러로 『포브스』의 부자 리스트 1위에 이름을 올린 후 빌 게이츠는 줄곧 아래로 내려간 적이 없었다. 지난 12년 동안 소프트뱅크의 손정의가 1999년 인터넷 거품의 영향을 받아 빌 게이츠의 아성을 무너뜨린 적이 한 번 있었을 뿐이다. 그러나 2007년 빌 게이츠는 연달아 두 번의 추월을 허용했다. 8월 『포춘』지에 따르면 멕시코의 통신업자 카를로스 슬림 엘루Carlos Slim Helu[5]의 개인재산은 590억 달러로, 이 수치는 빌 게이츠의 580억 달러를 추월했다. 11월 영국의 『인디펜던트』에 따르면 당시 인도의 증시 거품으로 암바니Mukesh Ambani라는 인도 기업가의 자산이 632억 달러까지 치솟아 빌 게이츠와 카를로스 두 사람의 재부를 추월해 새로운

---

5) 카를로스가 세계 최고 부자에 이름을 올리자 멕시코 사람들은 국치로 여겼는데, 이는 그의 재산 축적이 통신업의 독점에서 비롯되었기 때문이다. 멕시코 여론은 '카를로스는 멕시코의 심각한 빈부격차, 경쟁 메커니즘 결핍이라는 사회 모순의 실체를 보여주는 전형적인 실례로, 그는 정부와의 견고한 관계 위에 제국을 건설한 탐욕스러운 독점자본가에 불과'한 것으로 간주됐다. 이러한 여론을 잠재우기 위해 카를로스는 재부의 20%를 자선사업에 기부하겠다고 했지만 여론은 여전히 자선 행위에 앞서 먼저 통신비를 내리는 것이 어떠한 자선 행위보다 더 낫다고 여겼다.

세계 최고 부자가 되었다. 이러한 신흥 부자들이 생겨남에 따라 사람들은 추측하기 시작했다. 그들 대부분이 인구가 많은 개발도상국에서 정부 관리 업종이나 에너지 자원 영역에 종사하고 있는데, 이것은 시대의 도태일까 아니면 비즈니스 발전 과정의 필연일까? 또 이런 특징은 부의 형성 과정이 똑같은 중국에서 재현될 수 있을까? 전 세계 최고 가치의 회사를 가진 이후 중국은 세계 최고의 부자를 탄생시킬 수 있을까?

증시 과열, 부동산 급등, 인민폐 절상, 인플레이션 우려, 무역 마찰 확대 및 국가적 응어리의 고양 등은 사람들로 하여금 이러한 말을 떠올리게 했다. "역사는 종종 반복된다. 다만 다른 방식으로 나타날 뿐이다." 사람들은 자기 의지와는 상관없이 오늘의 중국을 지난 세기의 일본과 비교하면서 논쟁을 벌였다.

시간표로 보면 일본 부흥의 상징적 사건은 1970년 3월에 발생했다. 당시 세계 박람회가 오사카에서 열렸고, 전 세계 77개국이 참가했다. 서구에서는 "일본은 이미 세계 강국의 반열에 올랐고, 21세기는 일본의 시대가 될 것"이라고 인정했다. 이후 15년 동안 일본의 국민총생산액은 450%나 증가했고, 엔화는 지속적으로 절상되었으며, 증시와 부동산도 공전의 과열 현상을 보였다. 1989년 소니는 콜롬비아 영화사를 매수했는데, 당시 『뉴스위크』의 표지 디자인은 '기모노를 입은 자유의 여신상'이었다. 그해 가을 일본의 정치가와 기업가의 합작품인 『No라고 말할 수 있는 일본』이 출판되었다. 1990년 5월 재난은 갑자기 닥쳐왔다. 도쿄 증시가 붕괴되었고, 부동산 거품이 걷히면서 일본 경제는 이때부터 17년이라는 긴 불황의 터널을 견뎌야 했다.

눈부신 '일본의 시대'에 발생한 모든 것은 중국인들로 하여금 많은 상황을 똑똑히 볼 수 있게 해주었다. 예를 들어 미국은 왜 항상 인민폐 절상을 압박하는가? 중국 기업이 다국적기업을 인수합병하면 어떤 상황이 발생하는가? 중국의 증시와 부동산은 도대체 어떠한 곡선을 그리고 있는가? 5월, 『이코노미스트』는 재미있는 표지 디자인을 선보였는데, 그것은 할리우드 영화 〈킹콩〉에 나오는 엠파이어 빌딩에 판다가 올라서 있는 모습이었다. 이러한 창의적인 표지는 아주 자연스럽게 사람들로 하여금 18년 전 『뉴스위크』의 유명했던 표지를 떠올리게 했다. 이러한 대비는 아주 확연히 윤회의 기운으로 가득 차 있었다. 역사는 아마 질서정연하게 반복될 수는 없지만 극적인 유사함은 사람들을 놀라게 하기에 충분하다. 오늘의 중국과 당시의 일본, 당연히 완전하게 중복되는 길을 걸을 수는 없다. 하지만 폴 케네디가 『강대국의 흥망』에서 논증한 것처럼 1500년 이래 어떠한 대국의 굴기도 근본 법칙에서는 모두 유사했다.

2008년
펼쳐지고 있는 미래

이 책은 주연배우가 없는 민초들의 역사다!
이 책은 아마 카오스가 존재하는 곳이고,
아마도 역사의 진상이 존재하는 곳일 것이다!

— 우샤오보어(2008년)

2008년은 상상력이 필요한 해이다. 1백 년에 달하는 부흥의 대서사극은 이해 전대미문의 고조기에 달해 있었다.

역사는 마치 로마신화 속에 나오는 야누스처럼 두 얼굴을 갖고 있다. 하나는 과거를 돌아보고, 다른 하나는 미래를 주시하고 있다. 과거를 돌아보는 출발점은 달빛이 희미한 한밤중이다. 1869년 7월 7일 깊은 밤, 바오딩의 직예直隸총독아문의 후원에서 청제국의 무소불위의 권력자인 한족 대신 증국번曾國藩이 고민에 빠져 있었다. 그는 막료 조열문趙烈文에게 "백성은 가난한데 재물이 다 떨어졌으니 이변이 일어날까 두렵네. 나는 늘 죽고자 하는데, 왕조의 몰락을 볼까 두렵기 때문이라네"라고 말했다. 3년 후 증국번은 원하던 대로 세상을 떠났다. 그러나 마지막 몇 년 동안 이 사람은 혼신의 힘을 다해 양무운동을 추진했는데, 이것이 중국 근대 기업의 주춧돌이 되었고, 그와 이홍장, 장지동張之洞 등이 설립한 윤선초상국輪船招商局, 강남조선소, 개란광무국開灤鑛務局 등은 명맥이 지금까지도 이어지고 있다.

100년 후인 1974년 10월, 중국은 문화대혁명의 참사에 빠져들었다. 당시 중국에서 가장 중요했던 사상가 구준顧準은 생명의 마지막 순간에 처해 있었다. 그를 너무도 사랑했던 부인은 이미 절망 속에서 자살했고, 친한 친구들은 등을 돌렸으며, 심지어 자녀들조차도 그와 계급적인 경계를 확실히 했다. 이러한 문화대혁명의 대재앙은 결말을 고할 어떠한 징조도 보이지 않았다. 스산한 가을 의사는 구준의 가래를 조사하던 도중에 암세포가 있음을 발견했다. 구준은 44세의 간부학교 친구 우징롄을 병실로 불러 냉정하게 말했다.

나는 세상에 오래 있을 것 같지 않고, 오래지 않아 기관이 막혀 말을 못하게 될 걸세. 그래서 말을 할 수 있을 때 자네와 긴 담화를 나누고 쉽네. 이후에는 다시 올 필요가 없을 걸세.

당시 구준은 중국의 '신무경기神武景氣[1]', 즉 경제 발전 시기가 반드시 올 것으로 믿었지만 그때가 언제일지는 알 수가 없었다. 그래서 그는 우징롄에게 '대기수시待機守時(기회를 기다렸다가 기회가 오면 시기를 놓쳐서는 안 된다는 의미)'라는 네 글자를 건네주었다. 두 달 후 구준은 세상을 떠났고, 우징롄은 친히 그를 영안실로 데리고 들어갔다. 훗날 중국에서 가장 영향력 있는 경제학자가 된 우징롄은 이렇게 말했다.

집으로 가는 길에 너무너무 춥다고 느꼈다. 이렇게 차가운 세상에 구준이야말로 온기를 가져다준 밝은 빛이라는 사실을 느꼈다. 하지만 그는 떠났다. 하지만 나는 그가 나에게 밝은 빛을 남겨……

4년이 지난 후 구준의 예언은 사실로 드러났고, 중국은 이데올로기의 속박으로부터 이별을 고했으며, 개혁개방의 위대한 실험을 시작했다.

지도자에서부터 필부백성까지 허약하기만 했던 국가, 시작 당시 외부 원조는 바

---

1) 신무경기는 신무천황 이래의 경기를 말한다. 신무천황은 일본의 전설 속의 제1대 천황이다. 전설 속의 그는 2,600여 년 전 하늘의 명을 받아 인간 세상에 강림해 일본을 통치했다. 제2차세계대전 이후 일본 경제는 고속으로 성장했는데, 사람들은 1955~1957년까지의 경제 성장을 '신무경기'라고 불렀다.

랄 수도 없었고, 내부 자본은 궁핍했으며, 경직된 체제는 모든 사람의 손발을 묶고 있었다. 훗날 시대와 자기 운명을 변혁시킨 사람들도 비천하기 그지없었고, 또한 비즈니스 교육이라고는 받아본 적이 없는 사람들이었다. 성화는 산간벽촌에서 불붙기 시작해 동남 연안 지역까지 일어나기 시작했고, 비틀비틀하면서 사라졌다 나타났으며, 고집스럽게 전진해 마침내 온 들판을 태우게 되었다. 30년 후 그들은 지속적으로 성장하는 경제 대국을 건설했고, 전 세계를 놀라게 하는 비즈니스맨으로 성장했다.

직예총독아문 후원의 캄캄한 한밤중에서 2008년 8월 8일 불꽃 가득 찬 베이징의 저녁까지, 역사는 우여곡절 끝에 신화 같은 거대한 서사시를 완성했다. 130년에 이르는 시공의 깊숙한 곳에서 우리는 함께 '격동 30년'을 체험했고, 당연히 남다른 감회를 느낄 수 있었다.

30년 동안 중국 경제계는 완전히 환골탈태한 모습이었다. 1979년 8개의 대형 국영 공장이 전국 1차 개혁 대상으로 선정되었는데, 지금 그들 중 6개 기업은 사라지고 없고, 두 업체도 성공했다고 할 수 없는 상황이다. 녠광쥬, 부신성, 장싱랑, 마성리 등과 같은 1980년대 개혁의 상징적 인물들은 모두 역사 속의 인물로 변해버렸다. 1990년대의 모어치중, 추스젠, 판닝, 리징웨이 등과 같은 경제계 영웅들은 구름 같은 존재들이 되었다. 한때 '원저우 모델', '수난 모델' 등과 같은 개혁의 상징들은 이미 빛을 잃었다. 30년 동안 사람들은 격렬한 '사씨, 자씨姓姓資' 논쟁을 경험하면서 이미 인식의 일치를 보게 되었고, 많은 모험가들은 이를 위해 대가를 치렀으며, 심지어 목숨까지도 잃었다. 수차례의 성장 주기를 경험하면서 경제개혁의 주제와 기업 성장의 노정도 여러 차례 변화를 겪었고, 종종 사람들의 상상을 초월하는 상황들이 연출되기도 했다. 중국의 기업들은 매우 독특한 시장화의 노정에서 수많은 고초를 겪었으나 역사적 사건과 사회 변혁 과정 중(예를 들면 특구 개발, 향진기업의 의외의 굴기, 아시아 금융위기, 인터넷 경제의 탄생 및 특수한 자본시장 등)에서 끊임없이 적응하면서 전진해왔다. 이러한 다변화된 역사의 진전 속에서 경제학자들은 늘 말해온 '객관적 법칙'을 찾을 수가 없었다.

만약 역사의 이러한 진전에 무슨 공통점이 있다고 말한다면 가장 뚜렷한 두 가지 특징이 있다고 할 수 있다. 첫째, 부에 대한 전 국민과 정부의 갈망, 빈곤에 대한 단호한 고별과 현대화에 대한 강렬한 욕구가 모든 사람이 미동도 하지 않고 추구한 가치였다는 점이다. 사람들은 돌다리를 두들기면서 강을 건넜고, 흑묘든 백묘든 쥐를 잡을 수 있는 고양이가 좋은 고양이였으며, 길은 천 가지 만 가지 길이 있지만 가장 단단한 길은 발전이라는 길이었다. 이러한 공통된 인식 하에 수많은 곡절과 반복은 결국 극복되었다. 어떤 의미에서 30년 중국의 경제 기적은 경험주의 가치관의 승리였다고 할 수 있다.

둘째, 각 이익 집단이 재부와 권력 그리고 성장 공간을 둘러싸고 벌인 게임 그리고 타협과 융합이 특징이었다. 변혁의 첫날부터 3대 자본 집단의 경쟁 국면이 형성되었다. 국영기업은 효율 제고를 위해 노력했고, 체제의 속박에서 벗어나려고 발버둥쳤다. 두터운 배경을 이루어준 국가 정책과 자원의 지원으로 강력한 독점 전략에 의지해 환골탈태의 성취를 이루었다. 다국적 자본이 환영받게 되자 심지어 어떤 사람은 중국이 '외자 의존증'에 걸렸다고 생각하기도 했다. 외자는 세수, 노동력 및 토지 등에서 혜택을 누렸고, 업종 진입에서는 항상 우선권을 부여받았으며, 또 독점 영역의 자본 개방을 통해 엄청난 이익을 얻었다. 지금 그들은 중국 경제에 없어서는 안 되는 역량이 되었고, 또한 특별한 의미에서의 '중국 기업'이기도 하다.

국유자본과 다국적 자본과 비교해 중국의 변혁에 가장 공헌이 컸던 민영자본은 줄곧 운명이 기구했다. 그들은 재야로부터 굴기했고, 거의 어떠한 자원의 지원도 없었으며, 성장에 수많은 제한을 받았다. 또한 수차례에 걸친 거시조정에서 정돈과 제한의 대상이 되기도 했다. 그러나 그들은 오히려 변혁 과정에서 가장 중요하고 가장 단호했던 역량이었다. 제임스 킹은 『중국이 뒤흔드는 세계』에서 "시작부터 중국의 개혁은 하의상달下意上達의 역량과 수요가 추동하는 과정이었고, 단지 정책만이 상의하달上意下達 방식이었다"라고 서술했다. 이러한 특징은 30년 동안 지속되었고, 민간에서 발생한 자본 역량은 항상 개혁 정책의 리스크를 부담해야 했다. 그들의 행위는 정책에 의해 인정받기 전에는 항상 실패를 각오해야 했다. 그들은 계획경제의 돌파구였을 뿐만 아니라 현행 제도의 위반자로 부득불 합법과 불법의 회색 지대에 머물렀던 것이다. 소위 '원죄'는 여기에서부터 발생했고, 무수한 기업들의 비극도 여기에서 끊임없이 나타났다. 기업가의 성공은 정책의 도움이 있었던 것이 아니라 정책의 존재를 무시했기 때문이었다. 이러한 기업의 진보는 어떤 필연의 산물이 아니었다. 그들의 형성 과정과 운동 방향은 보편적인 경제학 개념으로는 설명되지 않으며, 가장 광범위하고, 가장 대표성 있는 회사의 운영 메커니즘이나 경제 규모를 통해 비교될 수도 없다. 그들의 점진적인 노정과 속도는 지금까지도 여전히 다변성으로 가득 차 있다. 이러한 과정은 상이한 단계에서 전체 국가와 지방 차원에서 분산되어 독립적으로, 점진적으로 진행되었고, 그런 후 한 시점에서 합류하게 되었던 것이다.

"중국은 이미 개혁 초기의 물가 단계에서 벗어나 지금 대하(大河)의 한가운데서 강 건너편의 도착 위치를 선택하고 있다." 이것은 노벨경제학상 수상자인 스티글리츠가 중국을 묘사한 말이다. 2008년 우리는 세계 경제사에서 중국 기업이 미국 기업이나 일본 기업과 마찬가지로 멀지 않은 장래에 어떤 특정 개념의 기업 모델이 될 수 있기를 소망하고 있다. 하지만 그것은 확실히 쉽게 도달할 수 있는 목표가 아니다.

과거 30년 동안 줄곧 두 개의 중국이 존재했다. 경제가 강력하게 성장하는 중국과 체제 소모가 심각한 중국이 그것으로, 후자는 바로 소유제 문제로 인해 초래된 결과였다.

우리는 이미 여러 차례 반복해서 한 가지 문제에 대해 생각해왔다. 왜 경제의 위대한 굴기가 있었음에도 시종 위대한 세계적 기업은 탄생하지 않았는가? 중국 기업이 처음으로 글로벌 기업 평가 시스템에 진입한 것은 1989년이었다. 이해 『포춘』지의 세계 500대 기업 리스트에 중국은행이 처음으로 이름을 올렸다. 1996년부터 중국의 글로벌 기업 건설은 하나의 꿈이 되었고, 적어도 200개가 넘는 기업이 이를 목표로 삼았다. 중국의 굴기가 이미 명백한 사실로 변한 오늘 "언제 우리는 글로벌 기업을 보유할 수 있을까?"라는 물음은 중국 경제계가 반드시 직면해야 하는 난처한 도전이 되었다.

세계적 기업은 마땅히 선진적인 경제 제도 가운데서 탄생할 것이다. 권력 집중이 효익을 가져오듯이 독점도 당연히 효익을 발생시킬 수 있지만 독점과 권력 집중은 시장화된, 공정한 경제 제도와 공존할 수 없다. 유감스러운 일은 세계 500대 기업에 이름을 올린 중국 기업 중 완전 경쟁 영역에서 탄생한 기업이 하나도 없는 것이고, 완고한 제도가 자원의 집중을 가져왔기 때문에 이러한 기업은 위대한 탄생의 범주에 포함될 수가 없다. 글로벌 기업은 마땅히 위대한 모험과 정복을 경험해야 한다. 지금 글로벌 기업이라는 이름에 어울리는 기업 중 코카콜라, 제너럴 모터스, 폭스바겐에서 소니, 삼성에 이르기까지 글로벌화의 세례를 경험하지 않은 기업은 하나도 없고, 격렬한 경쟁 중에서 성장하지 않은 기업도 없다. 이러한 기업 중에는 한국의 대우, 미국의 AT&T와 같은 실패자도 있다. 하지만 그들의 실패도 존경받을 만하고 가치가 있는 경험이다. 글로벌 기업은 또 위대한 관리 사상과 위대한 기업가가 있어야 한다. 부끄러운 사실은 중국이 이미 전 세계에서 시가가 가장 높은 기업, 아시아에서 돈을 가장 잘 버는 회사를 탄생시켰음에도 그들이 공헌할 수 있는 것은 오히려 무미건조하고, 심지어 반감을 갖게 만드는 관리 사상이라는 것이다. 그들의 배후에는 직분에 어울리지 않는 경영자와 거대한 독점 세력이 존재하고 있다. 이러한 현실은 많은 사람을 걱정스럽게 만들고 있다.

또 다른 반응으로는 중국의 기업가들에 대한 성토를 들 수 있다. 하이얼, 롄샹 같은 기업은 이미 20여 년을 성장해왔다. 그들과 동시에 설립된 델, 시스코 등의 기업은 이미 세계적인 명성을 얻었지만 우리의 기업은 왜 그러한 수준에 도달하지 못한 것일까?

이러한 질책은 많은 사람의 인정을 받았지만 결코 사실의 전부는 아니다. 그들도 아마 어떤 중요한 시점에 거대한 기회를 상실했는지도 모른다. 1990년대 후반 그들에게도 핵심 기술 능력의 제고를 통해 안정적인 시장 지위를 확보할 수 있는 기회가 있었다. 결과적으로 그들은 오히려 가격전쟁의 소용돌이에 빠져들고 말았다. 지금 중국의 제조업체 중 이름 있는 대기업들에게는 완전한 핵심 기술이 거의 없는데, 이것은 그들이 글로벌 경쟁에 참여하는 데 최대의 어려움으로 작용하고 있고, 결국 글로벌 대기업으로 성장할 수 없는 근본적인 원인이 되었다.

이 외에도 우리는 이러한 기업들이 성장에서 적어도 두 가지 부분에서 치명적인 제한을 받은 사실을 눈여겨보아야 한다. 재산권 소유에 있어서 그들은 처음부터 모호성을 갖고 있었는데, 이것은 기업가들로 하여금 상당한 양의 정력을 소모하게 만들었고, 직접적으로 우회적인 의사 결정을 초래했다. 중국의 대기업들이 재산권 문제에서 받았던 어려움은 세계적으로도 보기 드문 것이었고, 소유권이 불투명한 기업이 치열한 시장에서 전력투구할 것이라는 것은 상상하기 어려운 일이었다. 규모 확장에서는 마땅한 금융 지원이 없었기 때문에 적당한 시기에 위대한 추월을 이루어낼 방법도 없었다. 아시아 금융위기의 영향을 받아 중국은 그동안 추진해온 재벌형 기업이라는 구상을 포기해야 했고, 제조업으로 성공한 기업들은 전면적인 금융 지원을 얻어낼 방법이 없었다.

과거의 완전 경쟁 영역에서 성장한 중국의 모든 신흥 기업 중 이러한 곤욕을 치르지 않은 기업은 하나도 없었다. 이러한 의미에서 재산권 제도의 기형성과 체제의 낙후는 중국 기업이 글로벌 기업의 꿈을 완성할 수 없었던 중요한 요소로 작용했다.

피터 드러커는 아래의 네 가지 특징으로 그가 생각하는 '기업가 경제'를 묘사했다.

시장 경쟁이 충분한 정책 환경에서 넓게 퍼져있는 수많은 중형 기업이 국민 경제의 지주 역량이 되고, 전문 경영자는 독립적인 주체가 되며, 관리는 광범위한 경제와 비경제 영역에 응용되는 기술이 되고, 기업가의 행위는 사회 혁신과 새로운 질서 건설의 핵심이 되어야 한다.

피터 드러커가 '기업가 경제'를 제기한 1980년대 미국 경제는 제로 성장의 난국에서 벗어났는데, 소프트웨어 산업을 대표로 하는 신흥 기업이 처음으로 정부를 대신해 취업 문제를 해결하고 경제 위기 탈출에서 주도적 역할을 수행했다. 창의력이 풍부한 기업가 정신은 사회의 각 영역에 심대한 영향을 주었고, 이로써 미국은 새로운 도약의 발판을 마련하게 되었다.

피터 드러커의 묘사는 개혁개방 후의 중국과 비교된다. 유사한 부분이 많은 것을 볼 수 있지만 개혁 동기의 다중성과 그로 인한 제도 설계는 우리로 하여금 '기업가 경제'와는 점점 더 먼 방향으로 나아가게 만들었다. 홍콩의 경제학자 장우창은 다음과 같이 말했다.

20여 년에 걸친 중국의 개혁은 간단히 말해 계급 특권에서 방향을 전환하여 자산으로 권리를 확정지은 것이었다. 이것은 난이도가 지극히 높은 개혁이었고, 어떠한 비판을 하는 상관없이 중국의 경험은 역사상 유례없는 성공 사례가 되었다.

우리가 관찰해야 하는 것은 계급 특권이 이미 경계를 명확하게 확정한 자산 경쟁 속에서 여전히 발효되느냐 하는 것이고, 혹자가 말하는 어떤 신분의 자산이 우선적으로 자원과 발전 기회를 획득할 수 있는 특권을 보유했는지의 여부이다.

독점이 대규모로 존재한다는 것은 국가의 치욕이다. 100년에 이르는 세계 경제 문명의 여정은 현대의 경제 국가의 진화와 발전 과정이 국유자본이 날로 와해되는 과정임을 증명하고 있다. 지금의 중국에서는 국유기업이든 민영기업이든 모두 미국식의 기업 개조를 실행 중인데, 이로부터 중국은 2010년이 되면 아시아에서 미국 기업의 특징을 지닌 회사를 가장 많이 보유하게 될 것임을 쉽게 예상할 수 있다. 다른 한편으로 미국의 자유시장 경제 제도와 결코 동일하지 않은 이념이 여전히 중국 경제의 성장에 막대한 영향을 주고 있는 것 또한 사실이다. 회사 관리 구조상 점진적으로 개조를 완성한 국유기업이 미증유의 강력한 태세로 다시 경제 발전의 흐름을 장악했는데, 이 와중에서 모순과 충돌이 어떠한 방식으로 폭발하고 사그라질 것인가는 사람들의 호기심을 자아내는 과제가 되었다.

2007년 5월, 78세의 우징롄은 『법치의 시장경제를 부르짖는다』는 책을 출판했다. 서언에서 그는 아주 걱정스럽게 다음과 같이 적고 있다.

중국의 개혁은 결코 개선가를 부를 상황이 아니다. 경제개혁에서 취했던 전략은 한편으로는 개혁의 장애를 감소시키면서 개혁에 대해 많은 힘을 보태주었지만 다른 한편으로는 이원화 제도를 특징으로 하는 렌트 추구 행위를 보편화시켜 권력으로 사욕을 챙기는 부패 행위가 만연하게 만들었다.

개혁의 두 가지 길이 우리 앞에 펼쳐져 있다. 하나는 정치 문명에 기초한 법치 시장경제 노선이고, 다른 하나는 귀족 자본주의 노선이다. 이 두 갈래 길이 교전하는 가운데 후자의 기세가 아주 등등하다. 내가 보기에 이러한 위기를 극복하는 유일한 길은 정부와 민간이 함께 노력해 개혁을 성실하게 추진하고, 공정 법치의 시장경제를 건설하는 …… 경제와 정치 개혁의 지체는 두 가지 방면의 심각한 결과를 초래했다. 첫째, 중국 경제는 계속해서 자본과 기타 자원의 투입에 의존해 구동되는 조방형 성장 방식으로 질주해 사회 문제와 경제 문제를 불러일으켰다. 둘째, 정부의 개입과 렌트 추구 행위, 그로 인해 동반되는 부패 행위, 빈부격차 확대와 사회규범 위반이 날로 심해져 사회 각계 인사의 강력한 불만을 불러일으켰다.

1991년을 전후해 우징롄은 '제도가 기술보다 우선'임을 지적했고, 2003년에는 양샤오카이가 '후발 열세'를 경고했으며, 다시 2007년에는 우징롄, 장핑江平 등이 '법치 시장경제'를 호소했다. 30년의 개혁 과정 중의 후반부에 중국 학자들은 줄곧 제도 낙후에 대한 경고와 비판을 제기했다. 건강, 조화와 공평의 경제 국가를 어떻게 건설하느냐는 2008년 후 중국 경제 변혁의 최대 명제가 될 것이다. 우리는 이미 미궁의 출로를 찾은 것일까?

간디가 이야기한 "만약 세계를 변화시키고자 하면 먼저 나 자신이 변해야 한다"는 명언은 한창 성장 중인 중국인들에게도 특별한 의미를 갖는 말이다.

거시경제와 기업 발전이라는 각도에서 보면 2008년 올림픽은 국력을 드러내며 내수를 자극하는 절호의 기회로 국민의 소비 심리는 최고조에 이를 것이다. 그리고 2년 후 맞이하게 되는 건국 60주년 행사와 2010년 상하이 엑스포는 끝없는 상상의 공간으로 충만한 변화한 길이 될 것이다. 현재 그것이 중단될 것이라는 어떠한 조짐도 아직은 보이지 않는다.

그런데 이러한 경제 성장에서 우리는 거대한 부의 폭발을 받아들일 심리적·도덕적 준비를 제대로 하고 있는가? 우리는 노벨문학상 수상자인 네이폴Vidiadhar Naipaul이 말한 '자아숭배의 뜨거운 불꽃' 속에 빠져 있지는 않은가? 우리는 대국의 역할을 수행할 수 있는가? 세계적 영광은 똑같이 커다란 위기와 한 쌍의 이복형제처럼 중국 기업가들의 먼 앞날에 잠복해 있다. 광활하고 예측하기 힘든 미래 세계에서 일에 임해서 마땅히 두려워하고 필요한 경외심을 유지하는 것은 겁이 많고 나약한 것이 아니라 바로 성숙한 수양이다.

시간은 모든 개인, 모든 시대에 똑같은 의미를 갖고 있다. 과거의 반역은 점점 오늘날의 정통이 되고, 이어 또 '공양供養'은 내일의 경전이 된다. 다른 점은 점화된 빛줄기가 점점 타올라 잿더미가 되면 사람들은 빛줄기가 점화된 기원을 점점 덜 찾게 된다는 것이다. R. G. 콜링우드Collingwood는 『역사의 이념』에서 "시간은 세계를 커다란 코끼리 등위에 올려놓았지만 사람들은 더 이상 코끼리를 지탱하는 것이 무엇인지를 묻기를 바라지 않는다"라며 "우리는 너무 멀리 나가 있어 당초 출발한 목적을 잊어버릴 수 있다"라고 썼다. 우리는 어쩌면 30년의 문턱에서 당시 출발한 목적, 즉 국가를 부흥시키고, 민족을 빈곤에서 탈피시키며, 대지를 세계의 품으로 되돌아가게 해 모든 개개인들이 평등과 민주라는 보편적 권리를 누리도록 하는 것이 우리의 목적이었음을 진정으로 상기해야 한다.

30년 동안의 개혁 과정 속에서 한 세대의 중국인들은 소위 상전벽해桑田碧海를 몸소 체험해왔다. 청춘은 이미 강물처럼 흘러가버렸고, 이러한 시대에 대해 우리에게는 자연스러운 그리움이 있다. 그곳에 많은 사람이 깊이 묻어버린 과거는 한 걸음 한 걸음 그곳으로부터 멀어져가야만 비로소 점점 더 확실하게 존재를 느낄 수 있을 것이다. 우리는 사실 함께 경험한 역사에 대해 아는 것이 많지 않다. 많은 일이 사실과 이성적인 측면에서 추려져야 하고, 일부는 여전히 격렬한 변화 속에 있다. 경제계는 우연성이 충만한 영역으로 사실과 결론 사이에는 결코 유일한 대응 관계가 성립하지 않으며, 아마도 오늘 우리가 말하는 세세한 일들이 미래의 어느 시점에서는 새로운, 심지어 완전히 상반된 해석을 낳을 수도 있으며, 몇 년이 지난 후에는 다시 흥미롭고 생소한 새로운 의미를 발생시킬 수도 있을 것이다.

어쩌면 시간이 흐른 후 다시 과거를 되돌아보면서 사람들은 격심하게 요동쳤던 이 30년이 얼마나 세속적인 시기였고, 사람들마다 물질 추구를 목표로 삼아 도덕적 마지노선을 얼마나 쉽게 내팽개쳤고, 마음은 항상 얼마나 초조해하며 어디에도 안주하지 못했으며, 신분에 대한 인식은 또 얼마나 수시로 뒤바뀌는 시대였는지를 깨닫게 될지도 모르겠다.

그러나 더 많은 사람은 아마 변명하면서 우리의 가장 소중한 자산은 손잡고 걸어갔던 과거라고 말할 것이다. 이러한 경험에는 눈물, 땀, 피가 흘러들어가 있고, 단물, 쓴물, 민족혼이 들어 있다. 그것은 시대의 웅대함과 장관의 탄생을 촉진시켰고, 동시에 세속, 비열, 공허를 양육했다. 우리가 조우한 것은 전례 없이 복잡하고 대부분의 입장이 불분명한 시대였다. 급변하는 세계, 실망스러운 개인의 운명, 전통과 현대, 개인과 집단, 상이한 이익집단의 충돌과 따져 묻는 것. 이러한 것들이 30년 성장의 바탕색이었다. "1년의 변화는 상상만 못하고, 5년의 개혁은 상상하기 어려우며, 10년의 개혁은 감히 상상할 수 없다." 이것은 30년의 변천에 대한 경탄이다. 창세기 같았던 대역사 속에서 우리 한 사람 한 사람은 모두 구경꾼이 아니었다. 위대한 몽상이 계속해서 쏟아져 나왔으며, 세속을 추구하는 본인은 말하기 어려운 낭만주의의 정취를 갖고 있었다.

미래로 나가는 길 위에서 새로운 미래는 분명 우리가 알지 못하는 답안을 숨기고 있을 것이고, 아마도 가장 좋은 답안은 아직 도래하지 않았으며, 번영이 생겨날 때 부패는 이미 시작되고 있을 것이다.

비록 원망, 낙담과 초조함을 안고 있지만 몇 년이 지난 후 우리는 아마도 여전히 그때는 좋은 시절이었다고 말할 것이다. 왜냐하면 새로운 가능성이 나타나는 것을 허락했기 때문이다.